# 江苏保险年鉴

2011

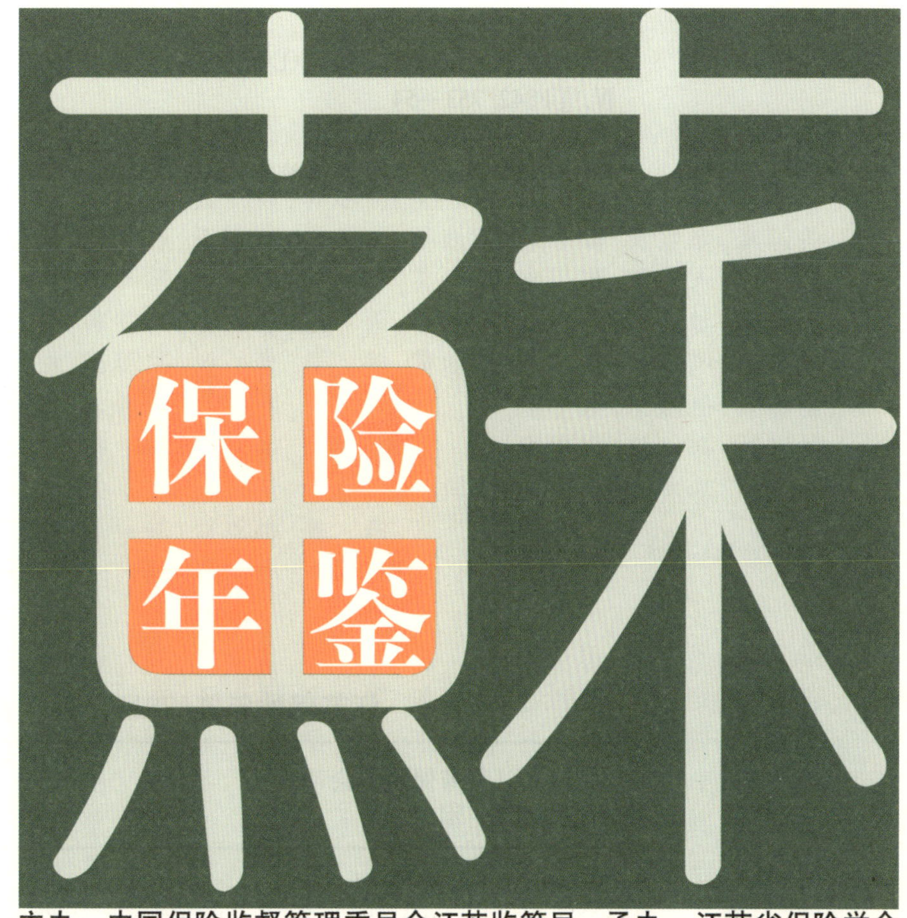


主办　中国保险监督管理委员会江苏监管局　承办　江苏省保险学会

方志出版社

# 编辑说明

一、《江苏保险年鉴》是中国保险监督管理委员会江苏监管局主办的省级保险专业年鉴，是按年度编印、全面反映江苏保险市场状况、记载江苏保险事业发展历程的资料性工具书。

二、《江苏保险年鉴》自 2004 年以来，已出 8 版，本卷为 2011 版，收编的内容为 2010 年全年度的江苏保险业情况。

三、本年鉴包括综合情况、动态信息和辅助资料三部分，共 15 个板块。综合情况分设《特载》、《领导讲话》、《行业发展》3 个板块；动态信息分设《年度要事》、《保险监管》、《财产保险》、《人身保险》、《保险中介》、《社团组织》6 个板块；辅助资料分设《领导名录》、《理论研究》、《数据统计》、《文件选编》、《光荣榜》、《通讯录》6 个板块。各公司领导名录反映 2010 年底时点状况，为了帮助业内人士了解和研究江苏保险业现状和发展趋势，2011 在《数据统计》中收集整理了《江苏省历年保险业务发展情况表(1990~2010)》、《江苏保险与国民经济和社会发展关系表(2006~2010)》、《长三角地区城市保险费收入情况表(2001~2010)》。

四、《江苏保险年鉴》中各保险机构的排列顺序是按照在江苏设立机构的先后顺序或行业惯例而定。

五、《江苏保险年鉴》根据省内各保险机构提供和编辑部收集的相关资料编辑而成。在此，谨向关心和支持年鉴编辑工作的各位领导以及付出辛勤劳动的组稿人员表示深深的谢意。在编纂过程中，难免存在疏漏之处，恳请读者批评指正。

二〇一一年九月

5月14日，保监会主席吴定富（中）视察江苏保险工作

3月12日，全国财产保险监管工作会议在江苏南京召开

10月18日，全国保险业先进典型事迹巡回报告会在南京举行

2 月 8 日，江苏保监局召开 2010 年全省保险业情况通报会

4 月 29 日上午，中国保险监督管理委员会苏州监管分局揭牌。作为全国首家地市级监管分局的正式成立，标志着保险监管力量由面到点、向基层向市场一线延伸迈出了历史性的一步

4月6~7日，全省农业保险工作会议在宿迁召开

11月9~14日，由江苏保监局联合主办、江苏省保险学会、人保财险江苏省分公司、太平洋财险江苏分公司等单位协办的全国金融系统反腐倡廉建设展南京巡展在国展中心举行

11 月 19 日，江苏保险业举行首届 “唱响时代主旋律” 歌咏比赛

9 月 16 日，以南京为主会场，苏州、徐州、盐城三市为分会场的 “保险消费者教育丛书大赠送仪式” 成功举办。江苏省保险学会将精心编印的 1 万余套 10 万余册《保险知识普及丛书》（第一套），通过省消费者协会、省教育学会，向中小学、街道、社区居委会、农村村委会免费赠阅

# 序

《江苏保险年鉴》由江苏保监局主办、江苏省保险学会承办。多年来,在各级领导的关心和年鉴撰稿人的努力下,《江苏保险年鉴》得到了长足发展。今年,正值“十二五”开局之年,《江苏保险年鉴》(2011版)首次公开发行,这体现了江苏保险行业蓬勃发展的态势,也为越来越多的居民深入了解保险行业提供了便利,可喜可贺。

《江苏保险年鉴》(2011版)全面反映了我省过去一年以来保险发展的基本情况,汇编了大量珍贵的一手资料。是一部具有指导性、实用性、可读性的工具书。为推动江苏保险业又好又快发展,提供了有益帮助,也为行业间互相交流与合作,提供了互通渠道。

“十二五”时期是我省全面建设小康社会并基本实现现代化的关键时期,也是深化改革开放、加快转变经济发展方式的攻坚时期。保险业要全面贯彻省委十一届十次全会“六个注意”、“八项工程”的重要部署,积极推进转型升级工程以及加快发展现代服务业的各项工作要求,充分发挥优化产业结构和金融体系结构的作用,提高金融创新并增强金融体系的稳定性和安全性,服务江苏经济社会发展。

希望《江苏保险年鉴》紧跟时代步伐,树立精品意识,高屋建瓴,更加全面、客观、科学地记载江苏保险业的发展情况,发挥好信息提供、政策咨询和服务功能,为江苏保险业的科学发展、跨越发展作出更大的贡献。

江苏省人民政府副秘书长
金融工作办公室主任

# 目录

## 序

## 特　载



## 领导讲话



## 年度要事



## 领导名录



## 保险监管



## 行业发展

## 财产保险



## 人身保险

## 保险中介



## 社团组织



## 理论研究



## 数据统计



## 文件选编

## 光荣榜



## 通讯录



## 索　引

ANGSU BAOXIAN NIANJIAN

# 特　载

# 江苏保险业"十一五"期间发展综述

"十一五"期间，在中国保监会和江苏省委省政府的正确领导下，江苏保险业面貌发生巨大变化，保费收入持续健康较快增长，保险覆盖面不断扩大，保险业在提升人民群众安定指数、服务和谐社会建设等方面发挥着越来越重要的作用，初步实现从"保险大省"向"保险强省"的跨越。

开拓进取，行业整体实力再上新台阶。2006年江苏保费规模在全国率先突破500亿元，短短四年间，江苏保费规模实现了翻番，突破1000亿元大关，提前实现了"十一五"规划目标。市场体系更加完善，在苏设立机构的保险公司从2005年底的29家，增加到包括2家法人机构在内的76家，专业中介机构由108家增至153家，兼业代理机构达9500余家，城乡机构网络进一步健全，市场体系不断完善，高度活跃、和谐竞争的局面逐步形成。

改革创新，科学发展方式逐步确立。"十一五"期间，江苏保险业以科学发展观为指导，坚持市场为取向、创新发展为动力，不断加大改革步伐。科学发展、创新发展、率先发展，在全国率先建立了行业统一、功能完善的"中介代理手续费结算中心"、"机动车辆联合信息平台"和"车辆价格信息库"，有效推进了"见费出单"、商业车险费率浮动机制等改革措施；充分发挥行业社团组织的自律规范作用，积极引入会计师事务所第三方力量介入行业自律检查；启动个人保单有奖查询活动，从根本上提升了保险消费者对自身合法利益和保险知识的认知度。产险行业逐步转向以效益为中心的精细化发展，扭亏为盈成效显著，2010年产险保费、承保利润位居全国首位。寿险业逐步由短期业务向长期业务转变、由趸交业务向期交业务转变，保障型业务和针对养老保障的长期储蓄型业务加快发展，业务内涵价值不断增长。

措施得力，行业风险有效防范化解。"十一五"期间，江苏保监局坚持把防范风险作为行业健康发展的生命线，按照依法监管、防范风险和保护保险消费者利益的原则，努力构建企业内控、政府监督、行业自律、社会监督"四位一体"的监管体系，探索建立教育、制度、惩戒相结合的监管模式，不断创新监管手段，率先在江苏推动保险信用体系建设，实行市场运行和风险监测定期分析制度、短信平台发布监管信息提示制度、高管问卷季度调查制度、监管组派驻制度，与公安机关建立打击"三假"联动机制，建立银监局、保监局和银行业协会、保险行业协会"2+2"合作机制等，有效维护了市场安全稳定运行。"十一五"期间，江苏保监局共处罚违规保险机构111家次，处理相关责任人118人，接受信访投诉2000余件，有效保护了被保险人的合法权益。

服务民生，"保险网"织入万户千家。"十一五"期间，江苏保险业认真贯彻《国务院关于保险业改革发展的若干意见》精神，不断推动行业服务江苏经济社会建设向纵深发展，累计为全省提供了超过50万亿元的财产风险保障和22万亿元的人身风险保障，支付各类保险赔款和给付达1100亿元。

在江苏保监局的积极推动下，2007年江苏省被中央列为全国六个农业保险试点省份之一。省委省政府的高度重视，积极推动，农业保险试点迅速在全省推开。经过"扩面、规范、提高"三年三步走的初步发展，农险试点实现了"三个基本涵盖"，即险种基本涵盖种植养殖业主要品种，保险责任基本涵盖发生较为频繁和易造成较大损失的灾害风险，参保对象基本涵盖从事农业生产和农产品加工的各类主体。运作模式上实现了统一联办共保、统一条款费率、统一实务操作流程。并在全国率先建立商业再保险和政府巨灾准备金相结合的大灾风险防范机制。四年来，江苏农业保险提供风险保障860亿元，支付各类赔款12.4亿元，受惠农户达680万户次，有效发挥了保险业服务"三农"的积极作用。

江苏保险业抓住省政府提出"平安江苏"建设的政策契机，着力推动以"平安社会"、"平安校园"、"平安医院"为主题的"三平安"系列保险的发展。契约式治安联防保险受到群众广泛欢迎。中小学校方责任险、医疗责任保险试点全面推开。无锡市成为全国环境污染责任保险首批试点城市。以责任保险替代安全生产风险抵押金的机制在全国率先试行。建筑工程责任保险试点获得省政府支持。船舶油污责任保险试点进一步深化完善。出口信用保险有效协助江苏企业抵御国际金融危机冲击，五年累计支持江苏企业出口486亿美元，对全省一般贸易出口的支持率达到26%。江苏保险业与省公安厅探索建立起交通事故快速处理机制，有效缓解了交通拥堵。保险业在提升江苏人民群众安定指数、服务和谐社会建设等方面发挥着越来越重要的作用。

"十一五"期间，江苏保险业加快发展城乡商业养老保险和健康保险，各地保险机构主动为政府部门开展中心工作提供商业化服务。中国人寿、太平洋人寿、新华人寿、中华联合参与全省22个地区的新农合管理，五年间补偿金额近13亿元，其中"江阴模式"更是成为全国保险业参与新农合管理的典范。在宜兴，保险公司参与经办的新型农村社会养老保险覆盖率达到94.6%。中国人寿、太平洋人寿、太平人寿和新华人寿等公司在全省所有省辖市和85%的县（市、区）开展计划生育保险试点，切实提高了独生子女家庭的抵抗风险能力和福利保障水平。中国人寿、太平养老、人保健康等公司发展“退休人员互助照料看护保险”，为退休人员提供了良好的保障服务。

“十二五”时期是江苏全面实现小康并向现代化迈进的重要时期，也是江苏保险业加快转变发展方式的关键阶段。江苏保险业将努力抓住加快行业发展方式转变这一贯穿各项工作的主线，把保护保险消费者利益作为工作的根本目的和出发点，以改革创新为破解问题的主要动力，以防范化解风险为重要保障，以增强保险业服务经济社会发展的能力为重要着力点，努力促进保险业和谐、健康、较快发展，建设一个规模领先、结构合理、经营稳健、竞争有序、监管科学、服务广泛、形象良好、充满活力的现代保险服务体系，为江苏富民强省、“两个率先”战略目标的实现提供优质高效的保险保障。

# 文明创建综述

2008年以来，江苏保监局贯彻落实保监会《保险业精神文明建设管理办法》，全省保险业努力找准文明建设与行业发展的结合点，紧紧围绕促进科学发展这个中心，以参加全省2007~2009年度文明行业、文明单位创建活动为契机，抓住重点、整体推进，行业发展与文明建设互动并进，取得了较好成绩。

*树立科学发展理念，开拓行业发展新境界。*一是处理好行业与全局的关系，跳出“就保险论保险”的思维定势，主动将行业置身于经济社会发展和江苏实现“两个率先”的大局中。二是处理好速度与效益的关系，打破“唯保费论”的思维局限，坚持“速度、效益、诚信、规范”并重，在市场主体由少到多、市场竞争由弱到强的过程中，适时将发展的重点从规模向效益转变，保险业经营效率、服务效率和监管效率稳步提升。三是处理好发展与基础的关系，摒弃“贪大求快”的思维惯性，突出保险消费者利益保护，强调人才队伍建设，重视行业文化、企业文化建设，行业软实力与行业发展保持同步。

*实施创建带动战略，形成文明建设新的机制。*立足行业和地方实际，在贯彻落实《保险业精神文明建设管理办法》和消化吸收江苏地方经验的基础上进行再创新。一方面，文明建设工作逐步实现常态化，每三年一个周期，一年抓行业文化建设，一年抓民主评议行风，一年抓文明行业（单位）评选，先后开展行业诚信测评、民主评议保险业行风、庆祝建国60周年书画摄影作品展、“唱响时代主旋律”青年歌咏比赛等活动。另一方面，“三位一体”的文明建设格局初步形成，监管部门、行业协会和保险主体“一岗双责”，监管部门既是行业监管者，也是文明倡导者；行业协会既要加强自律、辅助监管，也要主动协调、搞好对接；保险主体既要重视股东利益、企业利益，更要关注社会效益、客户效益。

*融入地方文明建设体系，开启文明建设新里程。*在以往江苏省市有关部门组织的文明建设活动中，保险业参与度较低，比较零散，不成规模，特别是各省级保险公司成为文明建设的空白。2007年以来，全省保险业努力找准文明建设与地方发展的切入点，主动与省市有关部门协调，积极参与地方文明创建，扩大行业社会影响力，保险业成为全省文明创建新的增长点。特别是2007~2009年省级文明单位创建期间，首次由保监局牵头，启动开展了以省级保险公司为重点的保险业省级文明单位评选推荐工作。从2010年1月下旬开始，江苏保监局联合省文明办下发了关于在全省保险业深入开展文明单位创建活动的通知，分自查申报、初评公示、推荐上报、考核验收等4个阶段对各省级保险公司文明创建工作进行了检查。作为省文明委成员单位，9月初保监局还参与了对苏州、无锡、南通等3个地市文明创建工作的考核验收。

*勇于实践敢于创新，赋予文明建设新的内涵。*突出行业特色，全省保险业将精神文明作为全行业科学发展的基本尺度、基本规范和基本导向，努力找准文明建设与日常监管、业务发展的结合点。中国人寿江苏省分公司连续多年在全省系统开展“诚信我为先”主题活动，人保财险江苏省分公司一次性向江苏省慈善总会、见义勇为基金会捐款100万元，平安人寿江苏分公司先后捐建4所希望小学。经过持续不断地引导、实践，保险业精神文明的内涵更加丰富，具体表现为六个方面：一是科学发展，产险公司突出综合成本率，寿险公司突出新单折标率；二是诚信服务，强调万元保费投诉比、机构投诉比；三是以人为本，积极参加各类社会公益活动，重视文化建设，班子坚强有力，队伍保持稳定；四是公平竞争，服从规则，遵守秩序，抵制不正当交易；五是民主管理，内部和谐，同事之间团结协作，不发生有影响的劳资纠纷；六是环境整洁，基层营业网点硬件规范、软件优美。

经过几年来全省行业的共同努力，江苏保险业行业形象逐步提升，各级党政和广大群众对保险业的满意度明显提高。2008年1月，中国人寿南京市分公司系统等19家单位被评为江苏省文明行业、文明单位。2008年7月，中国人寿江苏省分公司95519电话服务中心等5个单位被评为首届全国保险系统先进集体，中国人寿泰州市分公司、中国出口信用保险江苏分公司（本部）被评为保监会系统文明单位。2009年，中国人寿南京市分公司被评为全国文明单位。2010年全省行业共有34家单位被评为省级文明行业（单位）和先进行业（单位）。

卓有成效的文明建设既提升了江苏保险业的社会形象，也为行业实现又好又快发展提供了坚实的基础。近年来，全省保费收入连续跨过700亿元、800亿元、900亿元大关，2010年，全省保费收入在全国率先突破1千亿元，达1162.7亿元。

# 中国保险监督管理委员会行政处罚程序规定

《中国保险监督管理委员会行政处罚程序规定》已经2010年4月12日中国保险监督管理委员会主席办公会审议通过，现予公布，自2010年5月28日起实施。

主　席　吴定富

二〇一〇年四月二十七日

## 中国保险监督管理委员会行政处罚程序规定

### 第一章　总　则

第一条　为了规范和保障中国保险监督管理委员会(以下简称中国保监会)及中国保监会派出机构(以下简称派出机构)依法实施行政处罚，维护保险市场秩序，保护保险机构、保险资产管理机构、保险中介机构、外国保险机构驻华代表机构、保险从业人员、其他组织和公民(以下简称当事人)的合法权益，根据《中华人民共和国行政处罚法》(以下简称《行政处罚法》)、《中华人民共和国保险法》(以下简称《保险法》)及其他有关法律、行政法规，制定本规定。

第二条　当事人违反有关保险管理的法律、行政法规和中国保监会规定的，中国保监会及派出机构应当依法查处，并依法作出下列行政处罚：

(一)警告；

(二)罚款；

(三)没收违法所得；

(四)限制业务范围；

(五)责令停止接受新业务；

(六)责令停业整顿；

(七)吊销业务许可证；

(八)撤销外国保险机构驻华代表机构；

(九)撤销任职资格、从业资格，或者吊销资格证书；

(十)责令撤换外国保险机构驻华代表机构的首席代表；

(十一)禁止进入保险业；

(十二)法律、行政法规规定的其他行政处罚。

中国保监会及派出机构实施前款所列的行政处罚，应当遵循本规定的程序。

没有法定依据或者不遵守法定程序的，行政处罚无效。

第三条　中国保监会及派出机构实施行政处罚，应当遵循以下原则：

(一)公正、公开；

(二)保护当事人的合法权益；

(三)处罚与教育相结合；

(四)事实清楚，证据确凿，定性准确，适用依据正确，处罚适当；

(五)程序合法。

第四条　中国保监会及派出机构实施行政处罚，依法实行回避制度。



(下转第40页)

ANGSU BAOXIAN NIANJIAN

# 领导讲话

# 加快转变发展方式，着力规范市场秩序 推动江苏保险业持续健康较快发展

## ——谢宪局长在2011年全省保险业情况通报会上的讲话

(2011年1月20日)

这次会议的主要任务是：认真学习十七届五中全会、中央经济工作会议、全省经济工作会议精神，深入贯彻全国保险业情况通报会和监管工作会议的有关要求，特别是吴定富主席在两次会议上的重要讲话精神，通报2010年江苏保险业主要情况和2011年保险监管的工作打算，进一步统一思想，提高认识，坚定信心，推进全省保险业持续健康较快发展。下面我讲三点意见。

**一、2010年全省保险工作主要情况**

2010年是"十一五"收官之年，也是为"十二五"发展奠定良好基础的关键之年。在中国保监会和江苏省委、省政府的正确领导下，江苏保险业全面贯彻落实科学发展观，坚持"转方式、调结构、防风险、促发展"，深入推进改革创新，积极转变发展方式、拓宽服务领域、加强和改进监管，切实维护保险消费者利益，全面协调可持续发展的良好局面初步形成。

(一)坚持科学发展，行业实力不断增强

2010年是江苏保险业切实转变发展方式、稳步走上科学发展道路的一年。

业务稳定较快增长。2010年，江苏成为保费收入率先突破千亿元的省份之一，达到1162.7亿元，增长28.1%，比上年提高11个百分点，超过江苏GDP增速15个百分点。其中，财产险保费收入311.9亿元，增长36.6%；人身险保费收入850.8亿元，增长25.2%。保险机构总资产达到2205亿元，增加23.2%。

市场体系更加完善。法人机构建设深入推进，利安人寿获得筹建批准，东吴人寿组建工作取得积极进展，全国资本规模最大的代理公司新一站保险代理有限公司在江苏设立。全年新增省级保险公司7家，省级以下分支机构减少32家，其中营销服务部减少132家，一批基层机构升级改建，管理水平大幅提高。当前，全省共有保险主体76家，其中保险总公司2家、省级分公司75家；省级以下分支机构5600余家；中介法人机构153家，中介分支机构229家，兼业代理机构9514家。

经营质量显著提升。产险公司全年实现承保利润17.4亿元，利润总额排名全国第一，承保利润率达到6.9%，比全国平均水平高4.2个百分点。财产险业务中，非车险业务增速比上年增加22.2个百分点，超过了车险业务增速。人身险业务中，寿险新单期交比例比上年提升了0.7个百分点；折标率比上年提升3.6个百分点；意外险和定期寿险等保障型险种保费分别增长了27.3%和90.4%。营销员人均实现新单保费收入5.5万元，比上年提高了28%。机构平均实现保费收入2019万元，比上年提高了18%。

市场秩序持续好转。财产险经营规范性和数据真实性进一步提高，综合费用率下降3.9个百分点，比全国平均水平低3.9个百分点；手续费用率下降1.6个百分点，比全国平均水平低2.1个百分点；企财险平均费率回升了0.1个千分点，车损险平均费率回升了0.8个千分点。人身险销售行为逐步规范，寿险公司退保率下降了0.6个百分点。中介公司虚开发票等违法违规行为在较大程度上得到遏制。打击"三假"工作纵向深入。行业发展信心充足，全年保险高管信心指数在78%的高位保持稳定。

服务创新加快推进。大多数保险公司推出提升理赔效率的新举措，普遍承诺千元案件及时结案、小额赔付立等可取。太平洋人寿参与的"江阴新农合"管理模式不断创新，成功开办新农合补充保险，并开发了"重疾远程会诊评估服务"、"重疾本地定点医师服务"等系统，有效推动解决异地看病难问题。太平洋产险和东吴保险经纪在全国首创居家养老护理责任险，得到全国老龄办的高度评价。平安产险大力发展小额信贷保证保险业务，对促进消费增长起到了积极作用。苏州环境污染责任保险试点加快推进，在全国首创包含"自然灾害条款"的保险产品，被绿色经济政策研讨会专家称为是目前国内最完备的环境污染责任保险条款。人保财险与地方气象局联合组建气象服务网络，通过七种渠道为投保农户提供灾害预警信息。在继续发挥传统销售渠道优势的基础上，电话销售、网络销售等新兴销售方式快速发展，服务模式不断创新。

(二)坚持审慎监管，风险防范切实有效

2010年是江苏保险监管敢于揭示行业风险、加快推出组合重拳的一年。

主动出击，及时发现风险苗头。一是组织开展全行业风险排查，部分公司内部管理混乱、财务数据不真实、私印宣传资料、销售误导、招聘误导、无证展业和侵占挪用保费等问题得到规范和纠正。二是全面实施分类监管制度，并针对各风险类别采取了现场检查、限制机构业务发展等相应的监管措施。三是建立了保险公司分支机构偿付能力相关指标监控体系，对由于业务结构不合理、发展质量差导致偿付能力不达标的公司采取更为严格的监管措施。四是完善保险公司风险指标监测制度，对数据异动公司进行风险提示和质询。五是落实中介发票开具情况报送制度，监控发票接收报表数据，对发现的问题进行专项治理。

完善机制，健全风险防范体系。一是积极推动区域监管试点，在苏州成立全国第一个监管分局。二是创新打“三假”手段，开展保单有奖查询试点，较好防范侵占挪用保费和非法集资风险，部分制售假保单案件得以提前发现。三是继续完善保险公司和中介机构巡查机制，加大巡查力度，及时发现多起风险隐患。四是推动中介机构根据新监管规定要求加快增资工作进度，开展中介机构保证金和职业责任保险缴纳情况专项治理，切实提升中介机构抵御经营风险能力。五是实施银行类保险兼业代理机构资格自主申报制度，新增银行类兼业代理机构2600余家，极大地减少了以往银行兼业代理机构无证经营、超范围经营等问题。

从“头”抓起，强化高管人员监管。一是严格审批高管任职资格，严格执行“逢核必考”的规定。二是以高管培训为抓手，对500余名保险三、四级机构管理人员进行了保险法规与信访工作培训。三是严格按照新《保险法》关于机构和个人同时处罚的原则，在对违法违规机构进行处罚的同时，对直接负责的主管人员和其他责任人也进行相应的处罚。

制度先行，稳妥处置突发事件。推动公司建立突发事件应急处理机制。及时妥善处置行业发生的重大违法犯罪案件和突发事件，有效遏制风险蔓延，切实维护了受害者的权益。针对交强险部分车型投保难问题，率先在全国制定实施拖拉机和摩托车交强险费率江苏地区因子，通过建立信访快速处理机制、大范围开展暗访检查、划分市场份额、集中承保等多种方式做好交强险承保工作。

（三）坚持标本兼治，市场秩序明显规范

2010年是江苏保险业规范市场秩序力度最大、成效最显著的一年。

创新措施，从根源上堵塞违法违规漏洞。一是开展非车险部分险种“见费出单”，有效治理虚挂应收、保费不全额入账等市场顽疾。二是完善银保“2+2”机制，与银监局联合制订政策，通过严格银行代理资格管理、提高保单回访制度执行力、建立客户投诉处理第一责任人制度等措施，推动银行代理寿险业务健康发展。三是健全反洗钱制度，开展行业反洗钱教育，加大反洗钱监管力度。

加强信息化建设，以技术手段规范市场秩序。一是将商业车险纳入信息平台统一管理，从根本上解决了车险条款费率报批和执行不一的问题，有效提升了保费充足性。二是完成行业大商险沟通平台建设方案，完善大商险招投标业务沟通办法，通过系统控制确保招投标业务合规经营。三是建立江苏财产险市场规范信息采集系统，采用系统化手段来确保监管部门获取市场规范信息的及时性和有效性。四是启动行业企财险理赔查询平台建设工作，实现全省企财险理赔数据业内共享。

加大现场检查力度，严查违法违规行为。一是突出检查重点。财产险方面，重点检查经营数据不真实、大商险招投标业务不规范问题。人身险方面，重点开展内控合规、意外险以及销售误导专项检查，加大银保业务巡查力度，进一步规范电话营销和电话约访行为。中介方面，通过保险公司中介业务专项检查和中介机构经营活动专项检查，重点查处虚开中介发票、虚构个人代理人列支手续费等问题。二是加大检查频度和密度。江苏保监局全年共对88家次机构开展了现场检查。行业协会定期开展销售误导专项检查，积极引入第三方检查力量，并将第三方检查扩展到非车险。三是严肃处罚违法违规行为。对违规保险机构和中介机构实施“同查同处”。加大违法犯罪人员处罚力度，对涉嫌犯罪的，坚决向公安机关移交。及时在网站公开披露70项行政处罚，强化社会舆论监督，提高保险监管透明度。2010年，江苏保监局共处罚违规保险机构37家次，处理相关责任人22人，罚款312.2万元。其中责令停止接受新业务机构1家，责令撤换高管人员2人，向公安机关移送涉嫌犯罪案件3起。

（四）坚持服务经济社会，保险功能进一步发挥

2010年是江苏保险业着眼经济社会发展全局、服务百姓民生能力快速提升的一年。行业全年承担财产风险责任16.5万亿元和人身风险责任6.6万亿元，累计支付各类赔款和给付251.8亿元。在理赔南京“7·28”爆燃事故中，累计赔付金额超过一千万元。

巩固扩大农业保险覆盖范围。在巩固主要作物种植业保险的基础上，人保财险、中华联合、紫金产险等农险经办公司加大了高效农业保险推进力度，有力推动传统农业转型升级。全年农险保费收入及基金合计15.8亿元，其中设施农业、育肥猪、家禽等高效农业保险保费收入2.3亿元。支付赔款6.2亿元，受惠农户合计170万户次。

促进对外贸易及投资平稳发展。出口信用保险充分发挥促进和稳定出口的政策性职能，2010年支持江苏一般贸易出口241.3亿美元，位列全国首位，是2009年的1.9倍。对全省一般贸易出口的支持率达到25%，比全国同期高出3个百分点，达到了欧美发达国家的平均水平。全年提供保单融资便利238亿元，有力拉动了外贸出口的恢复性增长。

新型责任保险快速推进。推进内河船舶污染责任保险和污染高危企业环境污染责任保险取得初步成效。船舶污染责任险已累计实现保费1343万元，提供了25亿元的风险保障；环境污染责任险实现保费1036万元，是上年的6倍，提供了6亿元的风险保障。火灾公众责任险、公众聚集场所责任保险等在全省范围内得到推广。全省责任保险保费收入10.2亿元，同比增加33%。

积极参与社会保障体系建设。保险业积极协助政府完善多层次社会保障体系建设。中国人寿受托管理宜兴新型农村社会养老保险，创新经办管理机制，自主研发信息系统，搭建了便捷的养老保险服务网络，获得省领导和中央媒体的高度评价。人保健康在扬中市承办城镇职工自费医疗补充保险统筹项目。专业养老保险公司受托管理全省635个单位的企业

年金计划，受托管理资产98亿元。计划生育保险累计参保人数221万元，已累计向9.8万人次提供赔偿4081万元。保险公司参与了16个地区的新农合管理，共筹集基金70亿元，补偿金额约43亿元。

（五）坚持以人为本，行业发展基础更加坚实

2010年是全社会对保险的认识和要求不断提升、保险业发展基础不断改善的一年。

政策及法律环境进一步改善。省委、省政府高度重视保险业发展，省委书记罗志军、原常务副省长赵克志、副省长黄莉新、省政府副秘书长汪泉等领导多次对保险工作作出批示。省政府金融工作办公室大力支持行业开展多项创新举措，省法院、公安、卫生、建设、教育、农机、计生、劳动保障等部门明确多项支持保险业发展的具体政策措施。地方政府部门更多应用保险手段开展社会管理，比如苏州交巡警支队与保险公司合作建立交通事故信息共享平台，公安消防局与保险公司合作搭建"消保信息共享平台"，保险业的风险管理功能得到广泛认可。

保险消费者利益保护工作深入推进。监管部门、行业协会和保险公司信访渠道更加畅通，工作机制不断完善，信访处理更加科学迅速，行业矛盾纠纷有效化解，保险消费者正当权益得到维护。省学会集合行业力量编写《保险知识普及丛书》，向全省中小学、街道、社区、村委会赠送丛书十万余册，有力推动了保险知识普及工作。通过建立行业舆情监测制度、召开媒体恳谈会等方式，引导新闻媒体更加关注保险服务工作，进一步发挥其在保护保险消费者利益方面的监督作用。

人才队伍建设不断加强。各公司普遍加大人才培育选拔力度。江苏人保与南京大学共建金融学研究生工作站，打造理论实践结合新平台。营销员考试通过率整体呈逐年提高的趋势，2010年接近70%，较上年上升近3个百分点。全省保险高级管理人员已超过2000人、从业人员22.7万人，其中保险营销员17.6万人。素质提升、结构优化、充满活力的人才队伍逐步形成，成为促进行业发展的重要推动力。

积极开展文明创建活动。全行业一手抓科学发展，一手抓文明创建，互动并进，取得积极效果。全行业共有34家单位被评为省级文明行业(单位)和先进行业(单位)。中国信保江苏分公司被评为江苏省文明单位，中国人寿江苏分公司系统被评为创建文明行业工作先进行业，人保财险江苏省分公司、华泰人寿江苏分公司、太保寿险无锡分公司、都邦产险江苏分公司、泰康人寿江苏分公司、国寿财险江苏省分公司、平安人寿江苏分公司等七家单位被评为创建文明单位工作先进单位。

社团建设继续推进。中介自律组织建设取得突破性进展，行业协会在13个地市增设了中介委员会，并通过了中介业务自律公约。各地行业协会积极开展自律、协调、维权等工作。省行业协会、苏州行业协会被民政部授予"全国先进社会组织"称号。保险学会积极开展理论研究，在推动"低碳经济与保险创新"等专题研究方面做出积极贡献。《江苏保险》杂志和《江苏保险年鉴》的内容不断丰富，行业影响力进一步扩大。

2010年江苏保险业的成绩，是在"十一五"时期特别是十七大以来保险业发展的基础上取得的。五年来，江苏保险业开拓进取、奋勇争先，行业整体面貌发生巨变，从2005年的29家保险主体、437亿元保费收入增加到现在的76家主体、1163亿元规模，市场体系进一步完善，市场活力进一步显现，行业发展迈上新的台阶。五年来，江苏保险业与时俱进、锐意改革，以科学发展观为指导，科学发展、创新发展、率先发展，坚持市场取向，不断加大改革步伐，逐步转向以效益为中心的集约式发展新路。五年来，江苏保险业兢兢业业、求真务实，坚持把防范风险作为保险监管的首要任务，不断创新管理手段，努力构建政府监管、行业自律、企业内控和社会监督"四位一体"的监管体系，探索建立教育、制度、惩戒相结合的监管模式，有效维护了保险消费者的正当权益，行业风险得到有效防范和化解。五年来，江苏保险业甘于奉献、不辱使命，坚持以人为本，坚持服务民生，将"保险网"织入万户千家，不断推动行业服务江苏经济社会建设向纵深发展，为和谐江苏建设做出了应有的贡献。累计为全省提供了超过50万亿元的财产风险保障和22万亿元的人身风险保障，支付各类保险赔款和给付达1100亿元。

在我们积极探索具有中国特色、江苏特点的科学发展之路过程中，对如何发展好保险业也有了更加深刻的认识。即：必须始终坚持用科学发展观统领各项工作，必须始终坚持市场运作与政府推动相结合，必须始终坚持服务于经济建设和社会发展，必须始终坚持把防范化解风险作为保险业的生命线，把保护保险消费者利益作为各项工作的根本出发点和落脚点，保持强烈的事业心和责任感，勇于创新，敢于拼搏，不断推动保险事业向前发展。

2010年江苏保险业发展取得的各项成绩，是中国保监会和省委、省政府正确领导的结果，是各级党委政府和有关部门重视、关心和支持的结果，也是全省23万保险从业人员团结拼搏、共同奋斗的结果。在此，我谨代表江苏保监局向重视、关心、支持我省保险业发展的各级领导和社会各界表示衷心感谢！向在座的各位同志，向全省广大保险从业人员表示亲切的慰问并致以崇高的敬意！

**二、江苏保险业发展面临的形势**

2011年是"十二五"开局之年。江苏保险业站在新起点，进入新阶段，内外发展环境深刻变化，承担的社会责任更加重大，改革发展的任务更加紧迫。我们必须站在经济社会发展全局的高度，科学判断保险业面临的形势，准确把握行业发展的新趋势新特征，更加奋发有为地开创保险业发展新局面。

（一）江苏保险业正处于大有作为的重要战略机遇期

宏观形势对保险业发展十分有利。"十二五"时期是江苏全面建成小康社会并向率先基本实现现代化迈进的重要时期，经济平稳较快发展、社会和居民财富不断积累、金融市场改革完善、法制体系日臻健全、科技革命加快推进，为保险业提供了非常好的发展环境。江苏人均GDP在未来的五年中有望从7700美元跃升至1万美元，居民收入将通过七年实现倍增，步入高收入国家和地区之列。一些发达国家和地区的保险业发展经验表明，这一阶段也正是保险密度和保险深度加速增长、一批保险企业迅速成长、保险行业发展模式深刻变革的"黄金发展期"。

经济社会转型为保险业发展提供了更广阔的空间。“十二五”时期是江苏加快转变发展方式、推动经济转型升级的关键阶段,经济形态和社会结构都将发生重大变化,新的风险不断出现,深层次社会矛盾进一步凸显,向作为“经济助推器”和“社会稳定器”的保险业提出了更多更新的要求。建设“美好江苏”、“和谐江苏”、“绿色江苏”、“平安江苏”,实施科教与人才强省、创新驱动、城乡发展一体化、经济国际化、区域协调发展、可持续性发展“六大战略”,都离不开保险业的深度参与。保险行业有责任,更有能力融入这一轮改革创新大潮之中,充分发挥风险保障、资金融通和社会管理功能,成为推动产业结构升级、激发科技创新活力的重要动力,成为群众在消费结构升级中保障生活质量、防范转移风险和安排未来生活的重要手段,成为应对老龄化进程、健全社会保障和公共服务体系的重要组成,成为完善社会风险管理体系、促进社会和谐稳定的重要支撑。

保险业的自身积累为又好又快发展奠定了坚实的基础。在过去的五年中,江苏保险业初步实现由保险大省向保险强省的跨越。保险业务总规模屡创新高,迈上了千亿发展新平台。保险市场体系逐步完善,主体多元化、运行市场化、经营集约化、竞争差异化的市场格局基本形成。行业思想观念逐步更新,以市场为导向、以客户服务为宗旨、以效益为中心的经营理念进一步树立。保险体制改革日益深入,公司内控水平稳步提高,经营管理更加规范。行业自律体系不断完善,市场竞争更加有序,行业效益显著提高。保险监管逐步加强,监管方式不断创新,监管力量更加充实,防范化解风险更加切实有效。保险覆盖面进一步拓宽,人均长期寿险保单数由五年前的0.2件增加至0.3件,机动车保险业务承保量由五年前的435万辆增加至1154万辆,政策性农业保险试点全面推开,行业参与多层次社会保障体系建设的途径不断创新拓展。这些都为江苏保险业在“十二五”时期的发展蓄积了能量,打下了较为坚实的基础。

(二)江苏保险业正处于矛盾和问题凸显期

国外保险业发展经验和国内其他金融行业发展历程表明,快速发展时期往往也是问题集中暴露时期。随着业务规模的增加、公司内控的加强、监管体制的完善和消费者维权意识的提高,保险业长期快速发展中积累的深层次问题和矛盾正在加快显现,一些长期积累的风险和案件正在集中暴露。站在新的起点上,我们必须充分认识到行业未来发展的复杂性和多变性,不断提高驾驭复杂局面的能力,更加有效地防范化解风险、破解发展难题。

要高度关注外部环境变化带来的风险和挑战。一是经济社会转型的挑战。随着生态文明建设加快推进,资源能源环境约束不断强化,以机动车销售量增长为主要动力的产险业务增长方式将难以持续。社会保障体系建设加快推进,社会保险覆盖面和保障标准逐步提高,向保险业在更长时期、更深层次参与社会管理、为城乡居民提供差异化的补充养老和医疗保障服务提出了更高的要求。二是宏观经济变化的挑战。国际金融危机影响深远,全球经济增长速度减缓,世界经济格局复杂变化,对外向度较高的江苏经济影响更为深刻,对金融稳定和安全带来很大隐患。中央今年将继续实施积极的财政政策,货币政策由适度宽松调整为稳健,通货膨胀和加息压力进一步加大,对行业防范利率风险、流动性风险、产品定价风险提出更多的要求。三是金融环境变革的挑战。在金融综合经营和金融全球化趋势下,金融风险跨行业、跨国境传递特征更加明显。银行入股保险公司逐渐增多,银保渠道分配格局可能发生变化。银监会90号文件的下发,改变了保险公司银保业务销售模式和管理制度,给寿险业平稳发展和结构调整带来双重压力。四是监管体系更加严密给保险业经营管理提出了更高的要求。当前,保险公司外部审计监督更加严格,消费者权益保护法律法规更加健全,百姓法律维权意识不断增强,对保险企业依法合规经营的要求进一步提高。会计准则2号解释的实施,对去年产险行业盈利增加影响的比重超过50%,今年寿险业万能保险和投资连结保险的收入不再全额计入保费收入,行业发展格局将面临变化。2011年,保险业面临发展环境的更加复杂,对于行业完善风险防范长效机制、提升风险管理水平、增强发展的主动性提出了更高的要求。

要清醒认识行业发展中存在的薄弱环节和风险问题。一是经营数据不真实仍比较突出。虚假列支中介代理手续费和营业费用问题比较普遍,保费收入、赔案赔款等方面的弄虚作假仍然存在。需要注意的是,行业当前的盈利基础还比较脆弱,在行业经营效益刚刚好转时,一些非理性竞争现象有所抬头。去年三季度高管问卷调查显示,市场对违规支付手续费和不执行条款费率等问题的反映有所上升。二是侵占、挪用保费和诈骗保险资金等犯罪案件仍有发生,一些公司由于内控薄弱引发的风险开始集中暴露。不规范支付手续费引发的商业贿赂风险仍需重视。2010年全省保险业发生28件司法案件,涉案金额3096万元,严重损害了公司及行业的形象和利益。三是销售误导和理赔难的顽疾还没有从根本上解决。一些公司对诚信问题始终在思想上不重视、管控上不到位、惩治上高拿轻放,损害保险消费者利益的行为在一些领域仍然较为突出。四是内涵式发展能力总体还不强。从增长模式看,部分公司仍然缺乏对精细化管理和专业技术的钻研和投入,主要依靠铺机构、杀价格和拼手续费用等手段抢占市场。从产品功能看,全行业人身险业务的风险保障和长期储蓄作用发挥还不足,非车财产险业务总体上还未得到充分开发,与发达国家和地区差距很大。从人员管理上看,营销员大进大出和高管频繁跳槽的问题还没有得到有效解决,在引发行业增员难问题的同时,也为销售误导、集资骗保等违法违规问题埋下隐患。

(三)江苏保险业正处于全力加快转变发展方式、实现科学发展的转型攻坚期

保险业的外部环境和发展基础已经发生了深刻变化,原有的粗放式发展方式,应对不了全面开放和综合经营条件下的市场竞争,满足不了人民群众日益增长的多层次、多样化保险需求,全面转变发展方式已经到了刻不容缓的时刻。全行业要进一步提高对加快转变发展方式重要性和紧迫性的认识,通过加快转变发展方式促进行业实现全面转型。要坚持以解放思想、开拓创新为动力,提升从业人员素质,改善经营管理,加快实现从外延式发展向内涵式发展转变;要坚持以增强保

险业服务经济社会能力为着力点，培育新的业务增长点，加快实现从同质化竞争向差异化竞争转变；要坚持以保护保险消费者利益为根本目的，为社会公众提供诚信、优质和高附加值的保险服务，加快实现从粗放开发资源向和谐利用资源转变。

从总体上看，我省保险业发展面临许多有利条件，但也面临一些新的挑战和困难，行业发展中不稳定不确定因素仍然很多。我们既要坚定信心，充分利用好当前的战略机遇期，又要深刻分析，大力解决保险业面临的突出矛盾和问题，勇往直前，锐意进取，积极推进行业发展方式转变，为推动行业科学发展、建设保险强省做出积极的贡献。

**三、关于 2011 年保险监管的工作重点**

2011 年江苏保险监管工作的指导思想是：全面贯彻党的十七届五中全会、中央经济工作会议、全国保险业情况通报会、监管工作会议和全省经济工作会议精神，以邓小平理论和“三个代表”重要思想为指导，深入落实科学发展观，以科学发展为主题，以加快转变发展方式为主线，围绕转方式、促规范、防风险、稳增长，坚持依法监管、科学监管和有效监管，着力防范化解保险风险，着力规范保险市场秩序，着力保护保险消费者利益，促进保险业平稳较快发展。按照这一指导思想，2011 年保险监管将重点做好以下几个方面的工作：

（一）强化市场行为监管，着力推动市场规范发展

近年来，在监管部门和行业的共同努力下，保险市场秩序得到较大改善。但也必须清醒地看到保险市场秩序还存在不少问题，有些问题屡查屡犯，罚而再犯，没有彻底解决。我们必须把规范市场秩序放在更加突出的位置，加大市场行为的监管力度。

在财产险方面，把治理公司经营数据不真实作为规范财产险市场秩序的重中之重。一是加大现场检查力度。重点检查市场份额大、违规问题多和消费者反映强烈的公司，重点关注车险和企财险业务，重点整治虚挂中介业务、虚列营业费用和农业保险虚假承保、虚假理赔问题。二是推动引入第三方检查工作。重点针对产险中介业务、车险理赔行为和非车险条款费率执行情况等方面开展检查，加大违规行为处理力度。三是加强大商险和电销业务的监管。严查条款费率的使用情况，避免公司之间的过度价格竞争，推动价格回归理性。密切关注大商险异地承保风险，建立沟通平台，多方联动共治违规行为。

在人身险方面，以银保业务为重点，突出整治销售误导和账外暗中不规范支付手续费问题。一是开展银保专项检查。根据《关于加强银行代理寿险业务结构调整促进银行代理寿险业务健康发展的通知》等规定，对公司单证管理、销售行为、手续费支付组织开展专项检查。二是严查销售误导行为。督促各公司严格执行《人身保险新型产品信息披露管理办法》和《关于推进投保提示工作的通知》要求，完善相关制度，加强巡查，规范投保提示、产品销售、客户回访和信息披露等行为。推动行业协会将销售误导自律检查纳入日常工作，形成防范销售误导合力。三是高度关注新型渠道业务及团体年金领域存在的风险。切实关注电话销售、网络销售等新型销售渠道存在的销售人员资质、公司内部管理等问题。对团体年金业务领域存在的问题进行检查，严格意外险经营标准，进一步规范团险市场秩序。

在中介方面，以保险公司中介业务为重点，突出整治利用中介业务和中介渠道弄虚作假、虚增成本、非法套取资金等问题。一是深入开展保险公司中介业务检查。计划对 1~2 家保险公司及其分支机构开展现场检查。运用第三方自律检查手段，不断扩大中介业务检查的覆盖面。二是集中力量对保险代理市场开展清理整顿。结合专项检查工作，依法将一批严重违法违规、经营管理混乱的代理机构清理出市场，推动保险代理市场的规范化、专业化。三是规范中介业务手续费支付行为。贯彻《关于加强保险公司中介业务管理的通知》要求，实施中介业务手续费随单逐笔核算制度，建立省级分公司统一转账集中支付佣金及手续费系统平台制度。四是推动营销员体制改革工作。对保险公司和保险中介机构的营销员管理情况进行检查，促进保险机构完善营销员管理机制，提高相关政策的执行力。

加大违规行为查处力度。一是依法严查重处违规问题。对查实的违法违规问题，以处罚责任人、停业、吊销许可证、追究上级领导责任为主要手段，对违规机构和责任人依法进行严厉处罚。二是强化问责制度。深入贯彻落实《保险机构案件责任追究指导意见》，坚持违规问题向上追责原则，督促保险公司加大对省级公司、主要负责人以及相关关键岗位的问责。三是加强跨部门联合监管。严厉打击保险犯罪，在行使监管职能的过程中高度关注保险犯罪行为，一旦发现犯罪线索，坚决向司法部门移送。贯彻落实中纪委转发的《关于严厉打击利用保险业务从事商业贿赂行为的通知》，推进治理商业贿赂专项工作，大力整治违规支付手续费等商业贿赂行为。按照保监会反洗钱工作实施办法，联合有关部门加大反洗钱治理力度。四是进一步充实稽查力量。今年我局将设立稽查处，主要负责对辖区保险领域违法违规事项进行非正式调查和立案调查，依法协助司法部门办理辖区保险领域案件等。

加强机构高管人员管理。一是完善机构审批工作。建立新设分支机构观察期制度，加强对新设机构的跟踪监管，将机构新设与合规经营情况相关联，研究制定保险公司分支机构设立指引，引导公司合理发展分支机构。二是加强保险兼业代理机构管理。集中对银邮、车商等机构兼业代理资格进行清理，加大对经营保险兼业代理业务机构持证情况的检查力度。三是严格审批高管任职资格。加强对拟任高管的履职经历、学历、离任审计报告等方面的审核，在审核过程中继续征询原任职地区监管部门、协会和公司的任职意见。开展法律法规培训，将法规培训考试与资格审核挂钩。

（二）强化全面风险防范，着力推动市场稳健发展

防范化解风险是保险监管长期的任务，要充分认识保险风险的长期性、复杂性和危害性，从维护行业稳定、金融稳定、社会稳定的高度，对行业面临的风险点进行全面防控。

建立健全风险监控体系。一是完善风险防范制度。继续完善财产险公司风险评估和监测制度。指导人身险公司按照《人身保险公司全面风险管理实施指引》完善内控制度，建立全面风险管理体系。二是积极完善监管体系。今年计划成立苏中监管组，积极争取设立新的监管分局。通过向基层保险市场投放

更多的监管力量，进一步提高对基层保险市场违规问题的反应速度。三是积极关注行业潜在风险。主要包括宏观经济变化和货币政策调整可能触发的大起大落风险、销售误导可能触发的非正常退保风险、恶性竞争导致保费充足率过低可能触发的偿付能力不足风险、保费收入下降或集中满期给付可能触发的现金流不足风险以及内控薄弱可能形成重大案件的风险。四是研究省内保险司法案件特点，把司法案件管理作为日常监管的一项重要内容，继续探索行业案件风险防范工作的长效机制。

创新风险防范手段。一是加强信息技术手段在市场规范中的应用。在现有车险联合信息平台基础上启动产险业综合管理平台建设，逐步将手续费支付信息、非车险承保理赔信息和大商险招投标信息纳入平台管理，进一步推进交易行为的集中化和监管信息透明化。二是创新打击"三假"社会监督机制。制定《江苏人身保险保单信息查询服务管理办法》，方便投保人自主查询缴费、保全和赔付等信息。督促公司加强收付费环节的风险防范，全面开展个人保单信息有奖查询活动，形成制售假保单的立体防控体系，防范侵占挪用保费和非法集资风险。加大与外省保险监管部门的沟通协调力度，联合查处虚假保险机构。三是探索加强与医疗机构及鉴定机构在伤残等级评定及医疗费用审核等方面的沟通协调工作，遏制理赔风险。四是建立中介机构执业提示查询制度，明示中介机构基本信息，经营业务范围，合作保险公司及产品相关信息，保费缴存流程及查询方式。五是建立健全投保提示制度。在承保前，以提示书等书面形式帮助保险消费者正确理解并选择合乎自身需求的保险产品。在承保后，以短信等方式提示保险消费者关于保单承保、保费收取、保险金给付等情况，让消费者放心购买保险。

继续开展分类监管。一是继续完善分类监管制度。财产险方面，继续开展以"四高"指标为基础的分类监管，完善市场规范信息反馈机制，重点关注被保监会列入 CD 类的公司的分支机构。人身险方面，结合江苏实际进一步完善分支机构分类监管指标体系，采取多种措施及时掌握公司风险动态。中介方面，结合非现场监管系统的上线，完善中介机构分类监管指标体系。二是发挥分类监管的差异化监管作用。根据分类监管的结果，对偿付能力充足、经营管理规范的保险机构，给予创新试点政策支持；对经营指标长期没有好转的保险机构，采取从紧的行政许可政策，甚至限制有关业务的开展，体现扶优限劣的监管导向。三是加大对分类监管核心指标的监测力度，密切关注财产险公司结案率、综合成本率、应收保费率和人身险公司退保率、保费继续率、营销员 13 个月留存率、佣金及手续费率等核心指标变化情况，对数据异常的公司进行风险提示和异动质询，督促公司提升经营管理水平。四是密切关注中小公司发展情况。积极应对中小保险公司在激烈竞争中可能存在的现金流不足风险和业务大起大落等风险。鼓励中小公司开展精细化专业经营，开展服务、产品方面的创新。

加强内控监管。一是重点关注保险机构的年度考核制度、保费资金管理、理赔管理、中介手续费以及营业费用列支等重要内控制度，严格按要求规范业务流程，确保内部控制的健全性、合理性和有效性。二是强化制度执行力。建立制度、执行和问责相配套的工作机制，对内控执行不力的保险机构，严格追究上级公司管控不力的责任，确保公司各项制度能落到实处。三是对中介机构内控管理开展监督检查，引入第三方对专业中介机构开展年终审计，促进中介机构内控合规尤其是财务制度的完善。

(三)强化保险消费者利益保护机制，着力推动行业可持续发展

保护保险消费者利益是保险监管工作的出发点和根本落脚点。全行业要高度重视，无论是保险监管工作，还是保险经营活动，都要更加注重保护保险消费者利益。

切实提高服务水平。一是产品开发环节。以满足经济社会发展和人民群众日益增长的保险需求为立足点，积极开发相关产品。二是产品销售环节。根据保监会即将出台的《保险销售从业人员监管规定》要求，继续坚持人身险产品销售 100% 回访，完善回访的制度要求。逐步实现财产险承保信息比例回访。严厉打击投保单代签名顽疾，确保保险公司履行如实告知义务。三是保险理赔环节。稳步开展对快速理赔中心的"直赔"试点工作；初步实现对车险客户承保理赔信息的回访并逐步推广到财产险全险种。联合相关部门共同防控车险理赔过程中的欺诈风险。建立理赔服务质量测评和社会舆论监督机制，提高财产险行业理赔服务的整体水平。

稳步提高保险产品定价的科学性。一是积极贯彻保监会关于推动放开传统险预定利率的相关政策，鼓励公司发展风险保障和长期储蓄型业务。继续推动变额年金试点工作。二是稳妥推动交强险费率改革的试点工作。组织行业开展交强险经营数据真实性检验，做好交强险地区差别费率实施前的宣传沟通工作。加强与省公安厅的沟通协调，推动交通违法信息与交强险信息开展数据交换。三是探索加快商业车险费率市场化进程，营造竞争更加公平、老百姓得到更多实惠的市场环境。

加大信访投诉工作力度。一是完善信访工作制度。建立行业重点信访督查督办制度，开展对省级分公司信访投诉工作的量化考核，进一步调动公司做好信访投诉工作的积极性。二是认真核查督办重要信访投诉举报，重点查处交强险拒保、农险出险后惜赔、拖赔及银保销售误导等一批群众反映强烈、严重损害消费者利益的案件。三是推进保险合同纠纷快速解决机制建设。推动行业协会调解组织建设，推进行业协会与法院联合开展涉诉保险合同纠纷调解试点工作，研究探索新型保险合同纠纷裁决机制，切实提高保险纠纷处理效率。

加强保险消费者教育。大力宣传普及保险知识，通过网站专栏、报纸评论等多种方式，不断丰富和完善保险消费者教育的内容和形式。凝聚保险监管机构、行业组织、市场主体和社会公众等多方力量，共同构建保险消费者教育工作的长效机制。

(四)强化服务经济社会发展能力，着力提升行业覆盖面

全行业要不断拓宽服务领域，增强服务功能，改进服务水平，切实提高保险服务经济社会民生全局的能力，为全省实现"两个率先"大局服务。

巩固深化江苏农险模式。健全与政府相关部门的沟通机制，推动省政府下发 2011 年全省农业保险工作指导意见，组

织召开全省农业保险工作推进会议。不断拓展农险覆盖面，推动高效农业保险试点，关注农机具保险、渔船渔民保险试点开展情况。指导公司完善承保和理赔实务操作规程，加强农业防灾减损工作，提高农业保险服务能力。

多层次发展责任保险。继续巩固责任保险推进工作机制，协调推进相关重点责任险种发展，服务“平安江苏”建设。总结船舶油污责任保险、医疗责任保险、校园方责任保险等相对成熟的责任保险工作经验，保证规范运作。积极推动环境污染、安全生产等重点责任保险险种的试点工作。

深化保险业参与新医改工作。支持各公司积极稳妥参与医疗保障经办管理服务。抓住医改契机，推动保险公司与医疗机构互动，完善行业定点医院管理制度。大力发展商业健康保险，更好满足城乡居民在基本医疗保障之外更高层次的医疗保障和健康管理服务需求。

推动养老保险业务加快发展。鼓励公司探索经办管理新型农民养老保险业务。积极发展个人和团体养老保险。发挥专业优势，争取企业年金市场更大份额。加强与相关部门的协调，为保险公司参与江苏养老社区建设提供支持。开展个人养老保险税收递延研究，力争江苏成为首批试点地区之一。

积极拓展其他保险服务领域。加强科技保险创新，继续做好苏州、无锡市科技保险试点工作；加大出口信用保险创新力度，发挥稳外需、促外贸的作用；探索和推进涉农小额贷款保证保险试点工作，引导公司开展小额消费信贷保证保险业务。积极推动保险资金介入江苏基础设施建设领域。

（五）强化行业发展基础，着力改善行业发展环境

转变发展方式是行业在“十二五”期间的重要任务，全行业要加强人才队伍建设和信息技术积累，构建良好的外部发展环境，为在“十二五”期间根本转变发展方式奠定良好的基础。

大力转变行业发展方式。一是做好我省保险业“十二五”规划的制定工作。通过制定科学规划，切实指导全行业树立科学的发展理念，使行业更加注重提高质量、优化结构、增加效益和改善服务。二是深入推进结构调整。大力发展非车险业务、风险保障型和长期储蓄型寿险业务，合理发展投资理财类保险业务，鼓励各公司积极开展小额保险试点工作，着力创新产品，防止业务大起大落。三是继续推进销售渠道优化升级。进一步加大渠道创新力度，鼓励行业探索建立多样化的产品销售渠道，促进渠道结构合理化。落实电话营销相关制度，研究新兴渠道良性发展的监管规则。进一步关注营销员的人均产能和保险机构的平均产能。四是加大诚信体系建设力度。加强诚信教育工作。完善失信惩戒机制，建立人身保险从业人员诚信记录系统，建设高管人员、内勤管理人员、外勤销售人员诚信数据库。推动行业为社会公众提供诚信优质服务。

深入开展创先争优活动。一是将创先争优与转变发展方式结合起来，依法合规经营，改善保险服务。二是将创先争优与学习型组织建设结合起来，立足本职、刻苦钻研、扎实工作，建设一流队伍。今年保监局将联合省总工会举行全省保险业岗位业务技能竞赛，评选表彰一批省级劳动模范、先进工作者。三是将创先争优与提升基层党建科学化水平结合起来，探索推进非公有制保险机构党建工作，优化保监会直管公司分支机构基层党组织设置。四是坚持文明创建工作常态化。各公司要找准业务工作与文明创建工作的结合点，建立健全文明建设长效机制，以创建树形象，以创建促发展。

积极加强人才队伍建设。一是加强监管队伍建设。着力打造一支具有良好的政治素质、较强的开拓创新意识和事业心、坚定的组织纪律观念、饱满的精神状态和无私奉献精神的监管队伍。二是巩固保险业高管队伍基础，继续开展高管人员法规培训工作，提升高管人员合规经营意识和综合素质。三是健全培训体系，完善落实继续教育制度，着力提高从业人员专业素质。

大力加强信息化建设。鼓励和支持保险公司基于信息化的大集中管理，提高公司内部管控的技术水平和刚性约束能力。研究提高保险公司信息化验收标准，切实推动行业信息化水平。带领全行业，切实加强信息安全工作。积极推动保监会灾备中心的建设工作。启动江苏省车险理赔信息地图编制工作。组织行业根据车险信息平台中的理赔数据，绘制道路交通安全风险地图、车辆配件价格地图和医疗费用地图，逐步建立行业性的车险风险指数标准。

积极开展行业宣传工作。加强和新闻媒体的沟通联系，积极利用重大题材、重大理赔案例正面宣传保险功能作用，为行业发展造声势、扩影响、优环境。重视和加强舆情监测，建立重要舆情快速处理和反馈机制。对于负面新闻报道，各公司一方面要高度重视，及时澄清事实，沟通化解，防止发生群体性事件，另一方面要建立开放的心态，增加透明度，勇于接受社会舆论监督以改进工作。

大力加强行业社团建设。一是切实推进保险社团组织建设、制度建设、队伍建设和作风建设，提高专业化、职业化和规范化水平。建立健全以章程为核心的管理制度体系。加大对各行业协会“人、财、事”的监督力度。二是加强与政府部门的沟通协调，加强同业交流，着力解决行业发展中的矛盾与问题。三是巩固第三方自律检查成果。完善第三方检查机制，严格依法依公约进行处罚，加大行业自律执行力。四是保险学会要加强与省内院校的沟通联系，围绕保险业发展中存在的难点、热点、重点问题，加大应用理论研究比重，为“十二五”期间江苏保险业健康发展服务。

虽然今年的保险工作难度大、任务重，但我们坚信，有保监会和省委、省政府的正确领导，有全行业团结一心、顽强拼搏，我们一定能战胜各种困难和挑战，开创保险工作新局面，为社会主义和谐社会建设作出更大的贡献。

ANGSU BAOXIAN NIANJIAN

# 年度要事

# 江苏保险业十大新闻

1. 江苏鼓励民间资本参与保险机构改组改制

新闻概要:2010年10月,江苏省政府出台《关于鼓励和引导民间投资健康发展的实施意见》,鼓励民间资本发起设立金融中介服务机构,参与证券、保险等金融机构的改组改制,同时提出要逐步建立民营高新技术企业产品研发、科技成果转让的保险保障机制,其保费支出纳入企业技术开发费用,享受国家规定的税收优惠政策,保险业赢来新的发展机遇。

2. 江苏保监局及33家保险主体喜获省级文明行业(单位)

新闻概要:2010年12月,江苏省文明委下发表彰决定,授予江苏保险业34家单位文明行业和单位荣誉称号。其中国寿南京市分公司等6家公司荣膺江苏省文明行业,江苏保监局等8家单位喜获江苏省文明单位,还有国寿江苏省公司、华泰人寿江苏分公司等17家公司摘取文明行业创建工作先进单位(行业)殊荣,获奖总数列全省金融系统第一。通过精神文明创建,全省保险业行业形象和服务能力大幅提升,行业的社会认可度明显提升。

3. 江苏保费突破1000亿元大关

新闻概要:2010年10月份,江苏省保费突破1000亿元,成为全国保费率先突破1000亿元的省份之一。这是继2006年保费收入突破500亿元大关后,江苏省在不到4年时间内实现保费规模翻番,提前完成“十一五”规划目标。截至2010年10月底,江苏寿险总保费收入749.07亿元,增幅28.03%,产险总保费收入254.35亿元,增幅34.5%,其中产险总保费和利润列全国第一。“十一五”期间,在江苏设立的保险公司由29家增至76家,保险总公司2家,专业经纪、代理、公估公司由108家增至153家,兼业代理机构增至9500余家,江苏的省级保险机构数量位居全国前列。

4. 中国保监会首家地市级监管分局在苏州挂牌

新闻概要:2010年4月29日,中国保监会苏州监管分局正式挂牌成立,成为保监会系统第一家地市级监管分局,这标志着保险监管机构向基层保险市场的进一步延伸。作为全国第一个地市级监管分局,将积极探索基层监管分局有效监管的新路子,把苏州监管分局打造成“两区”标杆分局:积极维护市场秩序,努力打造规范经营的示范区;加强和改进监管,努力打造市场监管的模范区。

5. 南京“7·28”爆燃事故江苏保险业理赔超千万元

新闻概要:2010年7月28日,南京市栖霞区万寿村15号南京塑料四厂拆迁工地因丙烯泄漏发生爆燃事故,造成人员伤亡,爆燃事故现场及周边多处企业、居民财产受损。事故发生后,江苏保监局指导和组织江苏保险业积极应对,做好善后理赔工作,产险公司共计接到涉及此次事故报案582件,各保险公司迅速应对,及时组织查勘定损工作,已赔付事故损失共计1041.16万元,在帮助受灾企业和居民尽快恢复生产生活方面发挥了重要作用。

6. 引入第三方检查显成效 江苏产险业实现减亏增盈

新闻概要:2010年,在交强险严重亏损的情况下,江苏省产险业实现盈利17.35亿元,承保利润同比增加21.55亿元,三年来减亏增盈40多亿元,实现了从全国“亏损第一到盈利第一”的华丽转身。江苏保监局于2008年10月在全国率先引入会计师事务所介入车险行业自律检查,2010年,第三方检查进一步拓展到全部财产保险业务领域。实践证明,江苏保险业引入第三方检查,提高了公共管理效率,降低了公共管理成本,有效地规范了保险公司的经营行为,保护了被保险人的利益,促进了江苏保险业健康有序发展。

7. 江苏首推人身保险个人保单信息有奖查询

新闻概要:江苏保监局创新监管方式,2010年3月开展了主题为“关注您的保险保障 关注您的保险保单”的人身保险个人保单信息有奖查询活动。发放人身保险个人保单信息25万多份,有效防范利用“假保单”进行集资诈骗等犯罪活动,部分制售假保单案件得以提前发现,建立寿险防范风险长效机制收到了初步成效。

8. 江苏产险行业自律开创新局面

新闻概要:2010年,江苏产险业继续加大行业自律力度,在信息化建设和经营行为规范方面采取多项行之有效措施,开创了行业自律的新局面。建立了“一中心两平台”的盈利保障体系。“一个中心”,即手续费结算中心,通过对车险、企财险和建工险等险种的手续费进行集中结算,严格控制手续费支付标准,将展业成本控制在相对合理的水平。“两个平台”,即机动车辆统一价格平台和机动车险理赔信息平台。统一价格平台有效遏制了随意调整车价进行恶性竞争的行为,提高了商业车险条款费率的执行力和保费充足率。目前,江苏省商业车险理赔信息查询平台已经成为全国商业险平台开发的模版,2010年前5月全省日均报案率下降30%。江苏保监局还建立了风险识别系统。在月度经营指标监测和市场规范信息反馈制度基础上,对“业务非正常增速高、展业成本高、综合赔付率高和市场不良反映呼声高”等“四高”指标突出的公司进行了识别和重点关注监管。其次,以运行特征为标志,建立了风险分类系统。

9. 江苏保监局“新七条”规范银保市场

新闻概要:江苏保监局、江苏银监局联手创新监管机制,结合江苏银保市场实际,推出“新七条”,促进银行代理寿险业务健康发展。一是建立“后评价”机制,实现既合作又监督。二是对银行网点提供虚假客户信息的拒支代理手续费。三是建立限期持证上岗制度。四是建立培训档案讲师签名制。五是加强兼业代理合同、手续费支付管理。六是履行客户投诉处理第一责任人的义务。七是建立监管权变机制,形成监管合力。保监局、银监局不断完善监管合作机制,要求银行业协会、保险行业协会加强沟通交流,搭建行业交流平台,并负责监督会员公司严守自律公约。

10. 江苏首家寿险法人保险机构获准筹建

新闻概要:2010年9月3日,利安人寿保险股份有限公司筹建工作获中国保监会批复,利安人寿由江苏雨润食品产业集团有限公司、江苏凤凰出版传媒集团有限公司等9家公司共同发起筹建，注册资本为人民币10亿元。目前，江苏已有2家法人保险机构，全国资本规模最大、以网络销售为主渠道的新一站保险代理公司也在江苏设立，保险市场体系进一步完善。

## 江苏保险业十大理赔案件

2010年，江苏保险业持续快速健康发展，全年承担财产风险责任16.5万亿元和人身风险责任6.6万亿元，累计支付各类赔款和给付251.8亿元，为社会和谐、经济发展、人民群众安居乐业发挥了重要的作用。经整理，2010年江苏保险业财产险和人身险优质理赔服务以及金额较大的十件赔案如下：

### 财产险十大理赔案件

1.2010年1月21日，无锡某公司承保的玛莎拉蒂轿车在330国道与大客车相撞，造成两车及路产损失，其中标的车损失严重。事故经交警处理，被保险车辆负全责。保险公司查勘后最终赔付116万元。

2.2010年3月28日，苏州某公司承保的标的车在上海沿北新园路与电动自行车发生碰撞，导致电动车上两人倒地后被该车碾压身亡。经上海浦东公安分局交警认定，标的驾驶员负事故的全部责任。保险公司最终赔付111万元。

3. 投保人在连云港市某保险公司投保了一般机动车辆保险。2010年1月30日，操作工李某驾驶该吊车在常州延政西路吊广告牌时，因操作不当，致使该车向右侧翻，造成车辆及所吊的广告牌损失严重。事故发生后，保险公司立即赶赴现场，经全面查勘和理算，共计赔付106万元。

4.2010年10月22日，被保险人驾驶标的车在张家港市行驶中不慎剐碰立交桥，造成被保险车辆及桥梁受损。经保险公司查勘属保险责任，最终赔付总金额约94万元。

5.2009年5月4日，南京江宁一辆混凝土泵车在工地施工时，由于驾驶员操作泵臂举伸过程中未正确判断泵臂与墙体的安全距离，致使泵臂碰到墙体。在关闭电源检查泵臂无异常情况后，继续操作，此时泵车的泵臂第一节油缸杆与油缸筒脱离，造成路过的油漆工被砸身亡。经核定，保险公司共赔付人民币约88万元。

6.2009年6月14日傍晚，一场强暴风袭击了江苏省镇江市，某公司位于码头的1#桥吊被强风移动近100米，导致码头挡板被折断，桥吊顶端近60%的构件掉入长江，码头局部受损。保险公司最终赔付约2752万元。

7.2010年4月16日，苏州某电子股份有限公司的车间发生火灾，造成厂房、生产设备以及存货大范围的损失。保险公司理赔部门在接到报案后，第一时间赶赴现场。保险公司最终赔付人民币2550万元。

8.2010年9月7日，宿迁出现大面积降雨，由于降雨量过大，导致某酒厂被淹，存货和设备大面积受损。事故发生后被保险人及时向保险公司报案，保险公司理赔人员立即奔赴现场。因受灾面积较大，在公估公司的协助下，最终赔付约2175万元，为客户灾后的生产恢复提供了保障。

9. 江苏某重工公司于2008年1月投保船舶建造险，当年5月份船舶坞门尚未建成，由于被保险人对船坞临时围堰的检查和加固不到位，致使在建船舶被淹。考虑损失巨大，双方共同委托评估公司评估处理，保险公司最终赔付850万元。

10.2010年11月26日，南京城市快速内环西线南延工程进行防撞墙施工时，钢箱梁突然发生整体倾覆，导致7名施工人员与钢箱梁一同坠落，七名施工人员送医院抢救无效死亡，桥下另有3人被抛洒物砸伤。相关保险公司接到报案后紧急组成应急查勘小组赶至事故现场，组建了事故查勘专家组，初步损失估计约800余万元，为保证该事故处理及时、公正，保险公司与建设单位及公估公司三方共同达成了初步合作意向，对本次事故的定责、定损等工作，全权委托公估公司落实。

### 人身险十大理赔大案

1.被保险人扈某，男，62岁，2009年12月9日，在家中突发头疼，被送往医院治疗，诊断为脑出血，治疗无效后死亡。扈某生前曾在4家寿险公司投保，基本保额高达800.54万元。经调查，被保险人出险情况属实。根据合同条款约定，4家寿险公司合计赔付920.48万元。

2.被保险人王某，2010年4月30凌晨2点因在家中突发神志不清，由120送医院抢救无效死亡，医院诊断为猝死。经保险公司审核，符合保险责任，及时赔付了保险金247.71万元。

3.被保险人钟某，分别于2005年5月和12月在某寿险公司投保，累计基本保额120余万元。钟某于2010年8月19日因"重度药物中毒"抢救无效身故，核实确认本人出险，经公司审核后同意赔付133.92万元理赔金。

4.被保险人徐某，自1996年至2006年在某寿险公司先后为自己投保了终身保险、两全保险、重疾险、投资连结保险等，累计基本保额109万元。2009年11月6日徐某因胆管癌身故。经审核，属于保险合同约定的保险责任范围，公司向其受益人给付保险金131.34万元。

5.投保人袁某，于2000年1月19日在某寿险公司为其配偶周某投保终身保险、重疾险、两全保险(万能型)等，累计基本保额120万元。2010年10月3日周某因心源性猝死身故。经审核，属于保险合同约定的保险责任范围，公司向其受益人给付保险金123.92万元。

6.被保险人卞某，男，53岁，系某水厂厂长。2009年卞某在某寿险公司购买了两全保险，基本保额37.1万元。2010年1月31日，被保险人驾车在安徽省含山县清溪镇因车祸身故。经公司调查，卞某因雨天路滑驾驶轿车不慎滑入水塘内溺水身亡，排除酒后驾驶等免责情形。根据合同条款约定，公司给付相关权益人意外身故保险金111.4万元，所有保险合同终止。

7.被保险人刘某，在2010年4月11日13时分，因驾驶轿车于无锡锡太路与一重型普通货车相撞发生重大交通事故，经送医院抢救无效于当日死亡。刘某曾于2007年在某外资寿险公司购买了投资连结保险。刘某发生意外后，向公司报案，要求理赔。经核实，被保险人刘某此次所发生保险事故符合所投保的保险责任范围内，公司赔付被保险人刘某

某受益人109万元。

8.被保险人赵某，2010年3月30日14时35分许驾驶一面包车与一相对方向行驶的轻型货车相撞，导致其受伤，被送江阴市人民医院抢救。诊断为急性特重型颅脑外伤、双侧脑疝、外伤性蛛网膜下腔出血、左侧胸部多发性肋骨骨折。当日被保险人赵某因抢救无效死亡。赵某生前曾在某寿险公司购买了年金保险、两全保险等多份险种，其家属向公司报案，经审核，符合保险责任，公司及时赔付了保险金108.3万元。

9.被保险人毕某，男，43岁，江苏某有限公司总经理。2010年10月12日，指定受益人报案称，被保险人于2010年5月14日因肺癌身故。经查，被保险人曾于2000年2月投保某寿险公司定期保险，2006年8月因肺癌在公司申请理赔，并获得10万元重大疾病保险金赔付。被保险人身故后，根据保险合同约定，公司给付指定受益人疾病身故保险金106.2万元，保险合同终止。

10. 被保险人陈某于2010年1月29日因驾驶小轿车行驶操作不当，躲避前方车辆时撞到路边护栏，造成受伤，客户于2010年8月16日至江苏大学司法鉴定所进行了伤残程度的法医学鉴定，鉴定意见为：被鉴定人陈某因车祸致弥漫性轴索损伤，脑挫裂伤等损伤导致左侧肢体偏瘫(左侧肢体肌力4⁻级)。陈某曾在某寿险公司购买了意外伤害保险，由于陈某的残疾已构成保单条款中的第一级伤残。公司经过调查核实，被保险人意外车祸情况属实，赔付意外残疾保险金102万元。

# 大 事 记

## 重大活动

1月8日，在广东东莞举办的第四届中国保险创新大奖颁奖盛典上，人保财险江苏省分公司荣获“2009年度中国保险文化管理创新奖”、华山总经理荣获“2009年度中国保险杰出领导力奖”。这是中国人保系统唯一获此殊荣的省级分公司与总经理，也是迄今为止江苏系统与总经理分别在企业文化建设与领导市场影响力方面获得的最高荣誉。

1月13日，苏州市保险学会举行《苏州保险志》首发仪式。该志书记录了苏州保险的历史轨迹和创业者三十年来的经验教训，同时也反映了苏州市经济发展和人民生活的变化，反映了苏州对外交流和改革开放的成果，历时4年完成。

1月18日，江苏保监局、省保险学会新春联谊会暨学会新会长上任宣布会在中国人寿大楼隆重举行。中国人寿江苏省分公司总经理刘安林任学会会长。

1月19日，跨足两岸的国泰产险江苏分公司在南京正式揭牌开业。包括省市政府、保监局、台办等领导和各界嘉宾共200多位出席了在金陵饭店举行的开业典礼，自此拉开国泰产险在江苏发展的序幕。

1月21日下午，首届江苏保险理论骨干培训班结业典礼在人保大厦举行，16位学员顺利结业。该培训班由江苏省保险学会主办，于2009年2月28日开班，2009年12月27日结束，历时10个月，先后由9名专家学者授课，开设汉语、国学、诗词、小说、逻辑学、公文写作、新闻写作等14门课程。

1月27日，中国人寿养老险公司江苏省分公司联合中国人寿江苏省分公司、中国人寿财险江苏省分公司，在南京举办“后经济危机下的国际形势和中国外交”讲座，邀请到中国外交部驻欧盟使团公使衔参赞王亚军作专题报告。

1月至3月，恒安标准人寿江苏分公司联合《扬子晚报》在全省举办了“关注70后”系列养老专题讲座活动，取得了良好的效果，引发了70后人群对自主养老的更多关注。

1月31日，由中国人寿江苏省分公司承办的2010年省级金融系统新春座谈会在宁召开。省委书记梁保华、省长罗志军与省金融机构负责同志欢聚一堂，喜迎虎年春节，互致节日问候，共商发展大计。省委常委、常务副省长赵克志主持座谈会，省有关部门和近70家省级金融机构负责同志参加了座谈。座谈会上，江苏省委书记梁保华、省长罗志军分别作了重要讲话。中国人寿江苏省分公司总经理刘安林受集团公司总裁杨超、总公司总裁万峰的委托，对省委、省政府一直以来对公司的关心和支持表示了衷心感谢，并就公司近年来加快发展、做大做强，服务地方经济发展大局、支持地方经济建设所做的工作和取得的成绩作了大会主题发言，得到了梁保华书记、罗志军省长的肯定。

1月31日，出口信用保险江苏分公司与省商务厅联合举办“2010年促进江苏出口增长高层论坛”，省政府副省长张卫国、副秘书长张吉生、商务厅厅长朱民、中国信保总经理王毅以及省政府办公厅、江苏保监局和商务厅、财政厅、人行、外管局等省外经贸联席会议主要成员单位、省内各主要省级银行、各地市外经贸局、有关商协会和全省重点出口企业负责人，共计200余人参加了论坛。

2月8日，江苏保监局召开2010年全省保险业情况通报会。

3月12日，中国保监会在南京召开全国财产保险监管工作会议，中国保监会副主席周延礼要求毫不动摇地加快转变财产保险业发展方式。

3月15日，“国泰安心保医疗保险计划”在江苏市场销售。该产品具有“没事当存钱，出事就领钱，小钱变大钱，终身不用钱，医疗不用愁”五大特色，其中特别设计的“无理赔记录增值保险金”，在大陆市场上属首创。

3月16日，由江苏省保险学会主办的《保险知识普及丛书》赠阅启动仪式暨《江苏保险》发刊200期庆典在宁隆重举行。

3月22日上午，江苏省社会组织深入学习实践科学发展观活动总结表彰大会在南京召开。此次受表彰的先进社会组织有71个，其中，保险行业2个，分别为省保险学会和苏州市保险行业协会。

3月23~24日，国务院派驻中国人寿监事会魏礼江主席在中国人寿集团公司副总裁王思东、总公司审计部总经理丛凯进的陪同下，到江苏省分公司调研指导工作。调研期间，魏主席欣然题下了“中流砥柱”四个大字。

3月24日，经过盐城市政府、金融办和市保险行业协会的审核，正德人寿盐城中支成功获得政府百万元发展专项引导资金。

3月26日，中国人寿江苏省分公司召开“携手国寿　相约世博”活动启动视频会。工商、农业、中国、建设、交通、招商、江苏银行有关人员参加了会议。这是自中国人寿江苏省分公司开展银保业务以来首次同时联合各大银行举办的大型主题活动。

3月31日，“瑞福德健康保险股份有限公司江苏分公司”经批准正式更名为“和谐健康保险股份有限公司江苏分公司”。

3月，江苏保监局创新监管方式，开展了主题为“关注您的保险保障　关注您的保险保单”的人身保险个人保单信息有奖查询活动。

4月14日下午，由江苏省保险学会与南京财经大学金融学院联合组建的“南京财经大学保险精算研究所”举行揭牌仪式。

4月26~28日，中国保监会杨明生副主席、国务院派驻中国人寿监事会魏礼江主席一行赴中国人寿徐州市分公司调研指导工作。中国保监会稽查局局长裴光、江苏保监局局长谢宪、中国人寿集团公司副总裁王思东、江苏省分公司总经理刘安林等陪同调研。

4月29日，中国保监会苏州监管分局正式挂牌成立，成为保监会系统第一家地市级监管分局，这标志着保险监管机构向基层保险市场的进一步延伸。作为全国第一个地市级监管分局，将积极探索基层监管分局有效监管的新路子，把苏州监管分局打造成“两区”标杆分局；积极维护市场秩序，努力打造规范经营的示范区；加强和改进监管，努力打造市场监管的模范区。

4月30日，江苏保监局副局长宋志华，中国人寿江苏省分公司总经理刘安林、副总经理从临敏一行赴泰兴慰问在幼儿园恶性案件中受伤幼儿。在当天下午举行的预付款支付仪式上，中国人寿泰兴支公司将25.5万元预付赔款的转账支票交至泰兴市教育局局长毛华平手中。江苏省副省长曹卫星、省教育厅、保监局相关负责人、泰兴市市长高亚梓、省市分公司领导参加了本次仪式。在泰兴期间，刘安林一行还会见了泰兴市常务副市长孙云，并在孙市长的陪同下探望了部分受伤的幼儿，了解幼儿伤情，为幼儿送上鲜花和祝福，表示了慰问。

4月，由常州市保险学会组织编纂的《常州保险志》(1913-2009)由方志出版社出版。该志经常州市地方志办公室审定，常州市市长王伟成和中国保监会江苏监管局局长谢宪作序。分为上、中、下三篇，共六十一章，53万字，98页彩页。是第一部比较完整反映常州保险业诞生近百年发展历史的资料性文献，具有一定的史学价值。特别是设有社会保险篇、社团人物篇，为全国同类型保险志所罕见，是一种创新和突破。

5月5日，阳光产险江苏省分公司成立电销管理部，标志着总公司正式在江苏推进电销战略。

5月17日，“南京大学——江苏人保财险公司金融学研究生工作站”签字暨揭牌仪式在南京隆重举行。这是江苏保险业成立的首家“金融学研究生工作站”。

5月19日，苏州保险学会讲师团成立大会在平安人寿苏州分公司会议室召开，各会员公司代表共计45人参加了会议。苏州保监分局副局长王春平、苏州大学商学院金融系主任贝政新、省保险学会有关人员应邀出席会议。

5月26日，中国人寿养老险江苏省分公司副总经理(主持工作)梅国洪、总经理助理陈健参加省国资委组织召开的省部属企业负责人座谈会，代表公司对江苏省“十二五”规划以及如何加快养老保险事业发展、健全社会保障制度提出建议。

5月31日，海安县保险行业协会会员代表大会及第一届一次理事会召开，标志着江苏省内第5家县级保险行业协会正式成立。

6月1日下午，由江苏省保险学会与东南大学公共卫生学院联合组建的“东南大学医疗保险研究所”举行揭牌仪式。

6月5日，苏州市纪念“6·5”世界环境日活动暨环境污染责任险保险签约仪式在苏州市会议中心隆重举行。中国环保部政策法规司司长杨朝飞、江苏省环保局局长赵挺、江苏保监局副局长宋志华、苏州市政府副市长谭颖出席会议。

6月7~12日，人保健康总公司总裁李玉泉莅临江苏分公司调研指导。调研期间，李玉泉总裁一行拜会了江苏省人民政府常务副省长赵克志。

6月中旬，南京师范大学在江苏省银行业、证券业、保险业三大金融领域各挑选一家优秀公司共创南师大实习基地，经过综合评选，华泰人寿江苏分公司作为保险业的代表与南师大签署了共建合作协议。

6月25日，“低碳经济时代的金融业创新——2010年金融业创新论坛”在南京召开，论坛由江苏省金融学会主办，来自省内金融监管机关、金融机构、金融高校100多名领导、专家、学者参加了会议。

7月4日至5日，中国人寿江苏省分公司和省计生协联合召开计划生育系列保险表彰大会。各市分公司分管总经理，江苏保监局，省市计生委、计生协有关人员，各市分公司分管总经理、团险部经理，受表彰的县(市、区)支公司代表共214人参加了会议。省计生委副主任戴纪生、江苏保监局局长谢宪到会并讲话，省分公司副总经理刘炳懿作了会议交流发言。

7月7日至10日，“第七届中国保险精英圆桌大会暨2009中国保险年度人物颁奖典礼”在苏州召开。十位2009中国保险风云人物受颁“年度人物”大奖，30位来自两岸四地的华人保险精英获“中国保险报金圆桌奖”殊荣。

7月12日，乐爱金财产保险(中国)有限公司取得了南京市发改委对河西金融集聚区金融机构发放的一次性补贴人民币500万元。

8月1日，天安保险股份有限公司江苏省分公司“万件赔案回头看”理赔倒查活动正式启动，根据倒查出的问题案件的特点，江苏天安主要通过三种渠道进行追偿：向骗赔者追偿，向责任方追偿，对盗抢车追偿。随着相关工作的深入，截至2010年底，共追回相关款项近300万元。

8月29日上午，泰康人寿江苏分公司向“伊春空难”事件中一位江苏籍遇难客户家属支付50万元理赔款；25日，华泰人寿江苏分公司通过转账方式向遇难客户受益人支付12万元身故保险金。

9月3日，利安人寿保险股份有限公司筹建工作获中国保监会批复，利安人寿由江苏雨润食品产业集团有限公司、江苏凤凰出版传媒集团有限公司等9家公司共同发起筹建，注册资本为人民币10亿元。目前，江苏已有2家法人保险机构，全国资本规模最大、以网络销售为主渠道的新一站保险代理公司也在江苏设立，保险市场体系进一步完善。

9月8日，应关键保户江苏苏美达集团公司邀请，出口信用保险江苏分公司总经理汪涤凡、总公司贸易险承保部总经理助理黄山及有关人员赴捷克出席了全球第九大、中东欧第一大单体太阳能光伏电站VEPREK 35MW项目并网发电仪式。

9月9日，英大人寿个险“智尊久福”年金保险上市首发，这是公司改进产品开发流程后推出的首个个险产品，也是专门面向国家电网公司股东客户开发的首款股东专属养老保险产品。该产品最长可领取年金至99岁。

9月15日，恒安标准人寿江苏分公司向当地媒体发布了2010年恒安标准寿险指数并得到了广泛报道。该指数不仅持续反映国人寿险认知的特点与趋势，也开始为寿险行业提升服务水平和产品质量提供有益的数据与观点。

9月16日，以南京为主会场，苏州、徐州、盐城三市为分会场的“保险消费者教育丛书大赠送仪式”成功举办。江苏省保险学会将精心编印的1万余套10万余册《保险知识普及丛书》(第一套)，通过省消费者协会、省教育学会，向中小学、街道、社区居委会、农村村委员会免费赠阅。

9月27日下午，江苏省政府召开紫金财产保险股份有限公司增资扩股专题会，贯彻落实全省加快发展现代服务业工作会议精神，动员部署紫金保险增资扩股工作。各市政府副秘书长、金融办主任，紫金保险股东单位代表，总公司领导班子相关成员和省内各分支机构负责人参加会议。会议由省政府金融办副主任查斌仪主持，省政府副秘书长、金融办主任汪泉出席会议并作重要讲话。

9月，平安产险江苏分公司、出口信保江苏分公司、安诚产险江苏分公司、中银保险江苏分公司、太平洋寿险江苏分公司、华泰人寿江苏分公司等单位荣获江苏省平安金融创建活动领导小组颁发的江苏省“平安金融单位”荣誉称号。

10月1日起，平安人寿江苏分公司金领移动展业新模式在江苏式正式推广使用。移动展业销售模式是现代科技和保险销售的结合，它将无纸化、电子化的低碳环保理念付诸实践，成功搭建了一条高效、快捷的绿色生产线，开创了业内无纸化投保的先河，在国内乃至国际人寿保险销售领域均处于绝对领先地位。

10月8日，江苏省委组织部部务委员庄同保、中国人寿总公司人力资源部韩冰副总经理一行赴江苏省分公司，专题调研指导全省系统大学生村官招聘工作。

10月12日和13日，“第十六届海峡两岸及港澳保险业交流合作会议”与“保险行业协会职能与作用研讨会”在无锡隆重召开。本次会议由中国保险行业协会主办、无锡行业协会协办。来自港、澳、台、大陆及海外的200余名保险业精英参加会议。中国保监会副主席周延礼出席会议并致辞。江苏省政府副秘书长汪泉、江苏保监局局长谢宪、无锡市委副书记赵旻出席了会议。无锡市政府副市长王国中在会上致欢迎辞。两岸四地行业协会会长共同开启了开幕式。

10月18日，全国保险业先进典型事迹巡回报告会在南京举行。保监会党委宣传部有关负责人、江苏保监局、各保险公司省级分公司、省保险行业协会、省保险学会等各界代表720多人聆听报告。江苏保监局纪委书记、副局长葛翎主持报告会。

10月18日下午，保监会党委宣传部部长、创先争优活动领导小组办公室副主任孙抱平在江苏调研全省保险业创先争优活动开展情况。

10月19日，中国人寿丹阳支公司杨忠兴荣获由丹阳市见义勇为基金会颁发的“见义勇为”称号。杨忠兴在10月16日丹阳市发生的一起抢劫案中勇斗歹徒。

10月26日，平安健康保险股份有限公司江苏分公司在南京太和紫金大酒店隆重举行开业庆典。

10月，江苏省保费突破1000亿元，成为全国保费率先突破1000亿元的省份之一。这是继2006年保费收入突破500亿元大关后，江苏省在不到4年时间内实现保费规模翻番，提前完成“十一五”规划目标。截至10月底，江苏寿险总保费收入749.07亿元，增幅28.03%，产险总保费收入254.35亿元，增幅34.5%，其中产险总保费和利润列全国第一。“十一五”期间，在江苏设立的保险公司由29家增至76家，保险总公司2家，专业经纪、代理、公估公司由108家增至153家，兼业代理机构增至9500余家，江苏的省级保险机构数量位居全国前列。

11月5日，国泰产险第三届损害防阻研讨会在苏州隆重举行，成为江苏省保险业内首次举办的损害防阻交流活动。江苏省各级领导及来自全省80多家著名企业超过100位企业领导出席，涵盖电子、面板、IC芯片、电机、纺织、汽车等诸多行业。国泰产险是国内率先引入损害防阻研讨会的财产保险公司。

11月8日，安邦人寿保险股份有限公司江苏分公司获得开业批复。

11月9日至14日，由江苏保监局联合主办、江苏省保险学会、人保财险江苏省分公司、太平洋财险江苏分公司等单位协办的全国金融系统反腐倡廉建设展南京巡展在国展中心举行，全省保险业共约6000余人参观了巡展。

11月10日，中国人寿江苏省分公司与省委组织部联合举办全省系统大学生“村官”人才招聘会。会议采取视频形式，840名大学生“村官”，全省各市、县委组织部领导在全省13个主、分会场参加了招聘活动，659名通过报名的“村官”参加了笔试。省委组织部部务委员、省选聘办主任庄同保、中国人寿总公司人力资源部副总经理韩冰出席招聘会并作讲话。

11月10日，江苏省政协经济委员会副主任李明生、副主任谢明、副主任邢光龙，江苏保监局局长谢宪、局长助理王宝敏一行赴中国人寿江苏省分公司调研指导工作，省分公司在宁总经理室成员，办公室、财务管理中心、个险销售部、团体业务部负责人参加了座谈。

11月16日，海峡两岸金融法制建设研讨会在南京召开。研讨会就两岸金融法制建设的现状与展望、两岸金融监管与金融风险防范机制建设、两岸司法互助和交流机制建设等议题进行了交流和探讨。中国保监会和江苏保监局有关领导参加会议。

11月18日下午，人保总公司王银成总裁、贾海茂副总裁、降彩石副总裁、人保集团老领导唐运祥、邓昭雨，江苏省人民政府李小敏副省长、江苏省人民政府副秘书长兼金融办主任汪泉、江苏保监局局长谢宪在南京出席了人保财险江苏省分公司保费突破100亿元庆典。总裁王银成代表公司党委、总裁室向江苏省分公司授予了“百亿军团”奖牌，指出江苏省分公司创下了两项第一：一是成为中国非寿险市场第一家保费突破百亿的省级机构；二是成为中国人保财险第一家“百亿军团”成员。11月16日，江苏省人民政府专程发了由江苏省省长罗志军签署的贺信。

11月19日，江苏保险业举行首届“唱响时代主旋律”歌咏比赛。省文明办副主任韩松林、省政府金融办副主任查斌仪、团省委副书记万闻华以及人民银行等“一行三局”领导观看了比赛。本次比赛共有30支代表队、1700余名从业人员参加。中国人寿江苏省分公司代表队和新华人寿江苏分公司代表队荣获一等奖。

11月25日下午，太平洋安泰人寿江苏分公司和南京市建邺区民政局合作的“抗风险，保民生”低保对象意外伤害保险项目正式启动，在南京市民政局、建邺区委、区政府相关领导的见证下，双方签署了合作协议。

11月30日，中国人寿养老险江苏省分公司与中国民生银行南京分行、博时基金管理有限公司等企业年金基金管理机构在南京举行江苏丹阳农村合作银行企业年金计划启动仪式。

12月15日，江苏省社科联公布2010年度“社科应用研究精品工程”优秀成果名单，江苏省经济学会、江苏省保险学会联合报送的《关于我省政策性农业保险工作的考察报告》荣获优秀成果一等奖。

12月20日，美国史带产险公司派工作小组来到大众产险江苏分公司进行拜访、考察。双方对各自经营特点、管理模式等方面进行了沟通，互相学习，增进了大陆与海外保险界人士的友谊。

12月23日，江苏保监局举办银保业务专题记者恳谈会，部分中央媒体驻江苏记者站、省级及南京市20余家媒体记者参加了会议。

12月，徐州经济开发区、市国有资产投资集团、市高速铁路投资公司作为市政府投融资平台，代表徐州市政府出资7500万元对紫金保险增资扩股。

2010年，在交强险严重亏损的情况下，江苏省产险业实现盈利17.35亿元，承保利润同比增加21.55亿元，三年来减亏增盈40多亿元，实现了从全国“亏损第一到盈利第一”。

## 重大承保

财产险　1月初，大地保险泰州中心支公司与江苏兴达钢帘线股份有限公司签订协议，续保该公司企财险、货运险等一揽子保险，保费收入500余万元。

1月29日，民安保险江苏公司独家承保了某建筑工程有限公司的建筑工程一切险，总保费168万元。

1月，太平洋产险江苏分公司首席承保了江苏省电力国网、省网和农网资产，包括财产一切险、机器损坏险和供电责任险等，总保额约500亿元人民币。

1月、5月，永安产险南京营业部承保江苏省电力公司财产一切险+机损险+供电责任险，共计保费约422万元。

2月，常州现代交通运输产业服务中心与永诚财险公司签订了机动车辆保险合作协议，截至2010年底，该中心投保机动车辆540辆，总保费590万元。

3月1日，江苏省教育厅与人保财险江苏省分公司、太保产险江苏分公司、平安产险江苏分公司正式签订江苏省学生人身伤害事故责任险保险合同，全省1300多万在校大中小学生和在园幼儿全部纳入学生人身伤害事故责任保险范围，由省财政统一买单投保，保险赔款限额为每个学生30万元。合同期限为2010年2月1日至2013年8月31日。

4月7日，苏州三星电子液晶显示器有限公司向三星财产保险(中国)有限公司苏州分公司投保了财产一切险、财产险项下的营业中断险、机器损坏险、机损利损险、公众责任险等五个险种，保费872万元。

5月10日，平安产险江苏分公司独家承保中铁十一局集团有限公司大西铁路客运专线工程险，保费562万元。

5月，华安产险江苏分公司作为独家承保人承保江阴海润集团财产综合险、机器损坏险，总保费共计240万元。

5月，苏州市包车客运行业协会与永诚财险江苏分公司签订了机动车辆保险合作协议，截至2010年底，该协会投保机动车辆1900辆，总保费1510万元。

5月，长安责任保险江苏省分公司成功参与中国第一艘7000米载人潜水器试潜试验保险。该项目总保费500余万元。

8月，大地保险无锡中心支公司参与共保了无锡地铁2号线工程保险招标项目，为该工程提供建筑安装工程一切险、雇主责任险等保险保障，保费收入近千万元。

9月1日，紫金保险江苏分公司与人保、天安、平安、中银等4家江苏财产险公司共同承保了南京钢铁集团下属7个公司的财产险、机损险一揽子项目。总保费约1440万元。

9月28日，紫金保险苏州中心支公司与太平洋保险苏州分公司等多家保险公司组成共保体，承担起对苏州地铁2号线工程项目的建工一切险业务保险业务。该项目为苏州地区2010年度保险业务榜首，保险金额高达人民币110.12亿元，总保险费合计人民币6375.85万元。

9月28日，由《中国保险报》江苏记者站牵线，为探索保险中介和保险公司的深度合作，国华人寿江苏分公司与11家保险中介联手，举办了主题为“收获金秋”的论坛，本论坛开启了江苏保险公司与中介深度合作的新路子，搭建了一个新的思想碰撞的平台，分享了创新的智慧火花。

10月25日，人保、太平洋、平安、大地、阳光、国寿财、紫金、永诚等8家产险江苏分公司共同承保了“南京地铁三号线、十号线工程项目及一号线、一号线南延线、二号线(含东延线)运营项目”的建筑安装工程保险及财产险一揽子业务，保险金额约为387亿元，总保费约12650万元。

11月29日，中银保险江苏分公司承保塞拉尼斯(南京)化工有限责任公司及其下属5家企业的一揽子保险，共计保费收入742.8万元。

12月上旬，紫金保险镇江中支公司与镇江宝华物流有限公司签定三年战略合作协议，年保费规模约400万元。

12月20日，三星电子(苏州)半导体有限公司向三星财产保险(中国)有限公司苏州分公司投保了财产一切险、财产险项下的营业中断险、机器损坏险、机损利损险，共计保险金额176.78亿元，保费1907万元。

2010年，天安保险股份有限公司江苏省分公司承保了江苏盐阜公路运输集团有限公司客运车辆的机动车保险，

收取保险费905.91万元。

2010年，太平产险苏州分公司承保的ORIENTAL PETROCHEMICAL (SHANGHAI) CORPORATION货运险业务，累计保费约712万元。

2010年，太平产险江苏分公司承保某企业进出口海洋货物运输保险，累计保费约377万元。

人身险　1月11日，华夏人寿江苏分公司承保了中国国电集团公司谏壁发电厂“华夏福佑一生团体重大疾病保险”，总保费1070万元。

2月，苏州某银行投保人保寿险江苏省分公司寿险、医疗险，保费1020万元。

2月，江阴某造船厂投保人保寿险江苏省分公司年金险，保费3000万元。

3月11日，人保健康江苏分公司与淮安市社会医疗保险基金管理中心签订保险协议，为淮安市市直城镇职工基本医疗参保人员提供大病医疗保险以及相应健康管理服务，累计承保职工约21万人，总保险金额达226.8亿元。

3月31日，江苏省电力公司投保太平洋寿险江苏分公司的管理式团体医疗保险(A款)，投保人数63322人，投保金额5768.89万元。

4月20日，人保健康江苏分公司与南京市六合区社会保险管理中心签订保险协议，为六合区城镇职工基本医疗保险参保人员提供大病医疗保险及高额住院费用补偿服务，累计承保职工约8.51万人，总保险金额达204.24亿元。

5月11日，投保人潘某在苏州中支投保阳光人寿阳光普照两全保险D款(分红型)3单，每单保费100万，每单保额112.5万元。

6月28日，国华徐州发电有限公司投保太平洋寿险江苏分公司的信恒D团体年金保险(分红型)，投保人数3513人，投保金额4145.56万元。

7月15日，苏州客户吴某投保华泰人寿江苏分公司银保产品安心盈利终身寿险，趸交保费500万元。

7月21日，友邦保险苏州客户方先生投保“长青树终身寿险(分红型)”，保额500万，期缴保费26万元，总保费312万元。

9月29日，人保健康江苏分公司与泰州市城镇职工医疗保险管理中心签订保险协议，为泰州市直城镇职工基本医疗保险参保人员提供大病医疗保险服务，累计承保职工约16.6万人，总保险金额达210亿元。

9月，苏州某发电厂投保人保寿险江苏省分公司年金险，保费8619780元；投保医疗险，保费627万余元。

10月，平安养老江苏分公司作为投资管理人为江苏省电力公司承保企业年金5.9亿元，受托加投资管理规模位居江苏市场第一。

11月8日，被保人叶某投保平安人寿江苏分公司智盈人生+智盈重疾+无忧意外+无忧医疗+健享人生+住院日额+意外伤害，人身险保额991万元，于2010年12月30日顺利承保。

2010年，镇江徐某在中国人寿江苏省分公司投保鸿盛终身寿险（分红型）保单保额500万元，20年期交保费18.7万元，累计寿险净风险保额达800余万元。

2010年，平安养老江苏分公司签约国网电力科学研究院、沛县农信社千万集合计划项目。

2010年，平安养老江苏分公司持续承保江苏中烟工业公司企业年金共计3160万元。

## 公益活动

1月11日，由泰康人寿江苏分公司捐赠的南京市宁海中学分校校刊《百川》杂志首发。杂志定期出版，为宁海分校师生教学相长的交流平台，公司则利用每期校刊的专栏刊发公司品牌及产品新闻，同时开设保险小知识、保险超市等公益教育子栏目，依托校刊与学校合作开展各种形式的保险宣传活动，积极实践保监会“保险进学校、进社区、进农村”的要求，普及保险知识、提升公众保险意识。

1月13日，中国人寿江苏省分公司与省体育局隆重举行资助江苏田径队综合保险承保合同签约仪式。省体育局局长殷宝林、省分公司总经理刘安林参加签约仪式。本次参保人员为全省优秀运动队正式在编运动员、试训队员、集训队员、在岗教练员、领队、队医、管理人员等2000余人，保障内容包含意外、门诊医疗、住院医疗、定期寿险、团体年金等多方面。省纪委驻省体育局纪检组长高林及数十家媒体出席了签约仪式。

1月19日，友邦保险江苏分公司在南京七桥小学成立“友邦爱心图书馆”并举行揭牌仪式，捐赠价值10万元的图书，帮助改善民工子女学习环境。江苏省儿基会负责人，市、区级妇联、教委和友邦保险中国区首席执行官蔡强、友邦保险江苏分公司总经理沈子昌出席该仪式。沈子昌被授予“南京七桥小学名誉校长”荣誉称号。

3月26日，江苏省徐州铜山县三堡镇新何村平安希望小学揭牌。这是中国平安在江苏捐建的第四所平安希望小学。中国平安共捐资30万元，用于学校的翻新和扩建。10月19日，平安人寿江苏分公司又举办爱心马拉松捐助活动，募得捐款11303.6元，将全部用于帮助已建成的众多平安希望小学改善办学条件和购买学习用品。

4月21日，泰康人寿江苏分公司全省开展了“情系玉树　泰康有情”员工赈灾捐款主题活动。截至4月28日下午，江苏分公司员工捐款总数已达到167638.6元。4月29日上午，江苏分公司工会副主席张震代表公司将这笔善款专程送到了江苏省慈善总会。

4月28日，新华保险江苏分公司召开“庆祝江苏分公司——十周年华诞主题晨会”，向来自南京工程高等职业学校的地震班孩子们捐赠了18480元的员工捐款。晨会上，分公司再次募集玉树地震善款14万元。

5月12日，太平洋寿险常州分公司爱心基金会正式启动，这一基金是由分公司全体员工、业务员以及爱心客户自发设立、共同参与的一笔公益基金。启动会现场还进行了募捐，累计筹得善款12万元。

8月20日，中英人寿江苏分公司举办2010年“中英杯”高尔夫巡回赛南京站比赛，近百位高尔夫爱好者齐聚南京银杏湖高尔夫俱乐部。此次“中英杯”高尔夫巡回赛由10场分赛和1场年终总决赛构成，分赛历经8、9两月，陆续在中英人寿已开设的机构的十个省(市)份进行。分赛中脱颖而出的40名选手，参加今年年底举办的“中英杯”高尔夫巡回赛总决赛。

11月10日，国泰人寿捐赠南京大学商学院金融与保险学系奖学金10万元。

# 领导名录

IANGSU BAOXIAN NIANJIAN

## 中国保险监督管理委员会
## 江苏监管局

局　　长　谢　宪
副 局 长　宋志华（2010年9月调任青岛局局长）
　　　　　葛　翎（2010年9月到任）
局长助理　阎　波（2010年3月调任保监会政策研究室副主任）
　　　　　朱金渭
　　　　　王宝敏（2010年9月任）

## 中国保险监督管理委员会
## 苏州监管分局

局　　长　单来锦
副 局 长　王春平

## 产险公司

### 紫金财产保险股份有限公司
董 事 长　徐祖坚
总　　裁　许　坚
副 总 裁　谢　跃　赵　颖
　　　　　闵卫东
党委副书记　崔瑞华
总裁助理　沈发鸿
两核总监　陈加明
财务总监　何怀安

### 乐爱金财产保险（中国）有限公司
总 经 理　李龙文
副总经理（经营支援）　赵政来
财务负责人　张效振

### 中国人民财产保险股份有限公司江苏省分公司
总 经 理　华　山
副总经理　孙益民　娄伟民
　　　　　林幼竹　于敬东

### 中国太平洋财产保险股份有限公司江苏分公司
总 经 理　孔　兵
副总经理　焦祖滨　胡京宏
　　　　　魏新东　金　虹

### 中国平安财产保险股份有限公司江苏分公司
总 经 理　吴　军
副总经理　杨　元　黄　亮
　　　　　谭　珺　刘楚斌

### 天安保险股份有限公司江苏省分公司
总 经 理　张宇生
党委书记　袁雪楼
总经理助理　吴国安　贺晨华

### 大众保险股份有限公司江苏分公司
总 经 理　张　建
副总经理　徐东白

### 华泰财产保险股份有限公司江苏省分公司
总 经 理　彭江山
副总经理　潘传峰

### 中国出口信用保险公司江苏分公司
总 经 理　汪涤凡
副总经理　蒋殿明　潘水根

### 中华联合财产保险股份有限公司江苏分公司
总 经 理　姜跃武
副总经理　陈志标　王金城　罗利勇

### 太平财产保险有限公司江苏分公司
副总经理（主持工作）　袁　欣
副总经理　史　晋

### 中国大地财产保险股份有限公司江苏分公司
总 经 理　秦国民
副总经理　赵青杉　朱金和

### 永安财产保险股份有限公司江苏分公司
副总经理（主持工作）　史智宏
副总经理　朱荣明
总经理助理　吕　骏

### 华安财产保险股份有限公司江苏分公司
总 经 理　李　刚
副总经理　詹晓峰

### 安邦财产保险股份有限公司江苏分公司
总 经 理　吴小明
副总经理　朱　莉　尤志明
总经理助理　纪宜干

### 阳光财产保险股份有限公司江苏省分公司
总 经 理　朱印法
副总经理　刘建平　周金陵
总经理助理　王立新

### 都邦财产保险股份有限公司江苏分公司
总 经 理　陈正银
副总经理　朱长宏
副总经理　钱　寥
总经理助理　施剑锋

### 中银保险有限公司江苏分公司
总 经 理　韩安萍
副总经理　宋　纲
总经理助理　李书成

### 天平汽车保险股份有限公司江苏分公司
副总经理（主持工作）　张　巍
副总经理　刘锦虎　曹明兴

### 永诚财产保险股份有限公司江苏分公司
总 经 理　李晓浦
副总经理　张　蕾

### 民安保险（中国）有限公司江苏分公司
总 经 理　赵永斌
副总经理　钱明庆

### 中国人寿财产保险股份有限公司江苏省分公司
总 经 理　邱家洋
总经理助理　陈友松
党委委员　李亚平

### 渤海财产保险股份有限公司江苏分公司
副总经理（主持工作）　王绍发
总经理助理　牛洪强

### 安诚财产保险股份有限公司江苏分公司
总 经 理　王松林
总经理助理　陈　鸣　刘　浩

### 华农财产保险股份有限公司江苏省分公司
总 经 理　葛　飞
党委书记　周润华
总经理助理　陈　伟

长安责任保险股份有限公司江苏省分公司

总 经 理 沈庆宏

总经理助理 戎 锋 魏辉华

三星财产保险(中国)有限公司苏州分公司

总 经 理 刘明钟

紫金财产保险股份有限公司江苏分公司

总 经 理 孟善彬

副总经理 杨 勤

总经理助理 王 虹

国泰财产保险有限责任公司江苏分公司

总 经 理 马志兴

副总经理 廖永祺

日本财产保险(中国)有限公司江苏分公司

总 经 理 小林孝

英大泰和财产保险股份有限公司江苏分公司

副总经理(主持工作) 周小丹

副总经理 施鉴中

总经理助理 朱广国

## 寿险公司

中国人寿保险股份有限公司江苏省分公司

总 经 理 刘安林

副总经理 郑晓敏 从临瓯

刘炳懿 肖建友

省分公司督导员 陈苏成

中国太平洋人寿保险股份有限公司江苏分公司

总 经 理 张 东

副总经理 周建刚 袁振光

财务总监 马 勇

中国平安人寿保险股份有限公司江苏分公司

总 经 理 谭 宁

副总经理 吴有华 严维金 周京洪

丁易钰 黄 臻 张 胜

施英莲

新华人寿保险股份有限公司江苏分公司

总 经 理 陈玉龙

副总经理 吴伟民 商力杰 傅为民

泰康人寿保险股份有限公司江苏分公司

总 经 理 王 辉

副总经理 刘 涌 王 健

陈 立 李鹏飞

助理总经理 杨林春

美国友邦保险有限公司江苏分公司

总 经 理 沈子昌

太平人寿保险有限公司江苏分公司

总 经 理 张立辉

总经理助理 刘剑锋 鲍志林 周 庆

民生人寿保险股份有限公司江苏分公司

总 经 理 单 勇

副总经理 赵 承

总经理助理 金海霞 汤 淏

生命人寿保险股份有限公司江苏分公司

总 经 理 居 辉

副总经理 苏富荣

总经理助理 黄珊梅 钱 锟

信诚人寿保险有限公司江苏省分公司

总 经 理 叶永军

副总经理 黄 彪

合众人寿保险股份有限公司江苏分公司

总 经 理 朱 旗

副总经理 周益群

总经理助理 朱友强

海康人寿保险有限公司江苏分公司

总 经 理 郭 新

中宏人寿保险有限公司江苏分公司

总 经 理 赵哲明

副总经理 林海斌 纪美娟

国泰人寿保险有限责任公司江苏分公司

总 经 理 商应楷

总经理助理 许青松

中国人民健康保险股份有限公司江苏分公司

总 经 理 王 笋

总经理助理 祝 艳

海尔纽约人寿保险有限公司江苏分公司

总 经 理 徐瑞昇

中意人寿保险有限公司江苏省分公司

总 经 理 金永光

副总经理 王 昊

恒安标准人寿保险有限公司江苏分公司

总 经 理 袁 寒

副总经理 陈丹敏 颜舟燕 岳 炜

光大永明人寿保险有限公司江苏分公司

总 经 理 庞 涛

副总经理 杨绍炜

嘉禾人寿保险股份有限公司江苏分公司

副总经理 张延军

总经理助理 钱耀康 吴方锋

和谐健康保险股份有限公司江苏分公司

总 经 理 杨 晋

平安养老保险股份有限江苏分公司

总 经 理 吴 非

副总经理 於文清 陈 新 陆思东

华泰人寿保险股份有限公司江苏分公司

总 经 理 黄希武

副总经理 韩 薇

总经理助理 孙志民 陈书德

卞东杰 马 翔

招商信诺人寿保险有限公司江苏分公司

副总经理 张 玺

联泰大都会人寿保险有限公司江苏分公司

总 经 理 胡 沙

副总经理 宋 杰

瑞泰人寿保险有限公司江苏分公司

总 经 理 董春华

正德人寿保险股份有限公司江苏分公司

总 经 理 马云山

副总经理 朱 燕

中德安联人寿保险有限江苏分公司

总 经 理 贺 力

华夏人寿保险股份有限公司江苏分公司

副总经理(主持工作) 陈 旺

副总经理 徐 健

总经理助理　戚海东　李宗伟

中国人民人寿保险股份有限公司江苏省分公司
总　经　理　冶思松
副总经理　张学萍
总经理助理　赵忠良

英大泰和人寿保险股份有限公司江苏分公司
总　经　理　许春猛
副总经理　吴　蓓　康　庚

信泰人寿保险股份有限公司江苏分公司
总　经　理　朱岩芹
副总经理　高　军
后援中心主任　陈如胜

中英人寿保险有限公司江苏分公司
总　经　理　邵　静
助理总经理　魏冠云

长城人寿保险股份有限公司江苏分公司
总　经　理　顾　兵
副总经理　王　勇
总经理助理　刘　剑

金盛人寿保险有限公司江苏分公司
总　经　理　周　敏
副总经理　顾满林

太平养老保险股份有限公司江苏分公司
总　经　理　单友明
助理总经理　尹良海　刘永春

太平洋安泰人寿保险有限公司江苏分公司
总　经　理　汤　峰
总经理助理　陈永华

幸福人寿保险股份有限公司江苏分公司
总　经　理　燕　辉
副总经理　夏　焱
总经理助理　郭战宁

阳光人寿保险股份有限公司江苏分公司
总　经　理　储　良
副总经理　陈东鹏　徐晓冬
总经理助理　葛海峰

长生人寿保险有限公司江苏分公司
副总经理　渡边芳章

国华人寿保险股份有限公司江苏分公司
总　经　理　蔡立新

中国人寿养老保险股份有限公司江苏省分公司
副总经理(主持工作)　梅国洪
副总经理　童贞平
总经理助理　陈　健　许　彬

平安健康保险股份有限公司江苏分公司
副总经理(主持工作)　周　俊

安邦人寿保险股份有限公司江苏分公司
总　经　理　王金图
总经理助理　黄欣生

## 中介公司

江苏华邦代理有限公司
董事长兼总经理　刘亚耕
副总经理　张道静　陈　栋
总经理助理　刘俊伟　武文斌

## 保险学会

江苏省保险学会
秘　书　长　宫秋平
副秘书长　吴尚忠

无锡市保险学会
秘　书　长　华　晓

徐州市保险学会
秘　书　长　刘纪忠
副秘书长　杜伯彪

常州市保险学会
秘　书　长　郭文昌

苏州市保险学会
秘　书　长　胡月美

连云港市保险学会
秘　书　长　周益华

扬州市保险学会
秘　书　长　蒋汉春
副秘书长　姚步阶

镇江市保险学会
秘　书　长　刘　亮

## 保险行业协会

江苏省保险行业协会
秘　书　长　濮　阳

无锡市保险行业协会
秘　书　长　尤玲娜

徐州市保险行业协会
秘　书　长　权泰猛

常州市保险行业协会
秘　书　长　孟金贵

苏州市保险行业协会
秘　书　长　张爱华

南通市保险行业协会
秘　书　长　张建华

连云港市保险行业协会
秘　书　长　尹广志

淮安市保险行业协会
秘　书　长　顾志明
副秘书长　欧长友

盐城市保险行业协会
秘　书　长　朱志旺

扬州市保险行业协会
秘　书　长　蒋汉春
副秘书长　姚步阶

镇江市保险行业协会
秘　书　长　褚和平

泰州市保险行业协会
秘　书　长　蒋汉春

宿迁市保险行业协会
秘　书　长　武士琦

JIANGSU BAOXIAN NIANJIAN

# 保险监管

# 中国保险监督管理委员会江苏监管局

【工作概况】 2010年,江苏保监局在中国保监会和江苏省委省政府的正确领导下,全面贯彻落实科学发展观,坚持“转方式、调结构、防风险、促发展”,深入推进改革创新,积极转变发展方式、拓宽服务领域、加强和改进监管,切实维护保险消费者利益,推动全省保险业协调可持续发展的良好局面初步形成。

风险防范 2010年是江苏保险监管敢于揭示行业风险、加快推出组合重拳的一年。

主动出击,及时发现风险苗头。一是组织开展全行业风险排查,部分公司内部管理混乱、财务数据不真实、私印宣传资料、销售误导、招聘误导、无证展业和侵占挪用保费等问题得到规范和纠正。二是全面实施分类监管制度,并针对各风险类别采取了现场检查、限制机构业务发展等相应的监管措施。三是建立了保险公司分支机构偿付能力相关指标监控体系,对由于业务结构不合理、发展质量差导致偿付能力不达标的公司采取更为严格的监管措施。四是完善保险公司风险指标监测制度,对数据异动公司进行风险提示和质询。五是落实中介发票开具情况报送制度,监控发票接收报表数据,对发现的问题进行专项治理。

完善机制,健全风险防范体系。一是积极推动区域监管试点,在苏州成立全国第一个监管分局。二是创新打“三假”手段,开展保单有奖查询试点,较好防范侵占挪用保费和非法集资风险,部分制售假保单案件得以提前发现。三是继续完善保险公司和中介机构巡查机制,加大巡查力度,及时发现多起风险隐患。四是推动中介机构根据新监管规定要求加快增资工作进度,开展中介机构保证金和职业责任保险缴纳情况专项治理,切实提升中介机构抵御经营风险能力。五是实施银行类保险兼业代理机构资格自主申报制度,新增银行类兼业代理机构2600余家,极大地减少了了以往银行兼业代理机构无证经营、超范围经营等问题。

从“头”抓起,强化高管人员监管。一是严格审批高管任职资格,严格执行“逢核必考”的规定。二是以高管培训为抓手,对500余名保险三、四级机构管理人员进行了保险法规与信访工作培训。三是严格按照新《保险法》关于机构和个人同时处罚的原则,在对违法违规机构进行处罚的同时,对直接负责的主管人员和其他责任人也进行相应的处罚。

制度先行,稳妥处置突发事件。推动公司建立突发事件应急处理机制。及时妥善处置行业发生的重大违法犯罪案件和突发事件,有效遏制风险蔓延,切实维护了受害者的权益。针对交强险部分车型投保难问题,率先在全国制定实施拖拉机和摩托车交强险费率江苏地区因子,通过建立信访快速处理机制、大范围开展暗访检查、划分市场份额、集中承保等多种方式做好交强险承保工作。

规范市场秩序 2010年是江苏保险业规范市场秩序力度最大、成效最显著的一年。

创新措施,从根源上堵塞违法违规漏洞。一是开展非车险部分险种“见费出单”,有效治理虚挂应收、保费不全额入账等市场顽疾。二是完善银保“2+2”机制,与银监局联合制订政策,通过严格银行代理资格管理、提高保单回访制度执行力、建立客户投诉处理第一责任人制度等措施,推动银行代理寿险业务健康发展。三是健全反洗钱制度,开展行业反洗钱教育,加大反洗钱监管力度。

加强信息化建设,以技术手段规范市场秩序。一是将商业车险纳入信息平台统一管理,从根本上解决了车险条款费率报备和执行不一的问题,有效提升了保费充足性。二是完成行业大商险沟通平台建设方案,完善大商险招投标业务沟通办法,通过系统控制确保招投标业务合规经营。三是建立江苏财产险市场规范信息采集系统,采用系统化手段来确保监管部门获取市场规范信息的及时性和有效性。四是启动行业企财险理赔查询平台建设工作,实现全省企财险理赔数据业内共享。

加大现场检查力度,严查违法违规行为。一是突出检查重点。财产险方面,重点检查经营数据不真实、大商险招投标业务不规范问题。人身险方面,重点开展内控合规、意外险以及销售误导专项检查,加大银保业务巡查力度,进一步规范电话营销和电话约访行为。中介方面,通过保险公司中介业务专项检查和中介机构经营活动专项检查,重点查处虚开中介发票、虚构个人代理人列支手续费等问题。二是加大检查频度和密度。江苏保监局全年共对88家次机构开展了现场检查。行业协会定期开展销售误导专项检查,积极引入第三方检查力量,并将第三方检查扩展到非车险。三是严肃处罚违法违规行为。对违规保险机构和中介机构实施“同查同处”。加大违法犯罪人员处罚力度,对涉嫌犯罪的,坚决向公安机关移交。及时在网站公开披露70项行政处罚,强化社会舆论监督,提高保险监管透明度。2010年,江苏保监局共处罚违规保险机构37家次,处理相关责任人22人,罚款312.2万元。其中责令停止接受新业务机构1家,责令撤换高管人员2人,向公安机关移送涉嫌犯罪案件3起。

加强基础建设 2010年是全社会对保险的认识和要求不断提升、保险业发展基础不断改善的一年。

政策及法律环境进一步改善。省委省政府高度重视保险业发展,省委书记罗志军、原常务副省长赵克志、副省长黄莉新、省政府副秘书长汪泉等领导多次对保险工作作出批示。省政府金融工作办公室大力支持行业开展多项创新举措,省法院、公安、卫生、建设、教育、农机、计生、劳动保障等部门明确多项支持保险业发展的具体政策措施。地方政府部门更多应用保险手段开展社会管理,比如苏州交巡警支队与保险公司合作建立交通事故信息共享平台,公安消防局与保险公司合作搭建“消保信息共享平台”,保险业的风险管理功能得到广泛认可。

保险消费者利益保护工作深入推进。监管部门、行业协会和保险公司信访渠道更加畅通,工作机制不断完善,信访处理更加科学迅速,行业矛盾纠纷有效化解,保险消费者正当权益得到维护。省学会集合行业力量编写《保险知识普及丛书》,向全省中小学、街道、社区、村委会赠送丛书十万余册，有力推动了保险知识普及工作。通过建立行业舆情监测制度、召开媒体恳谈会等方式，引导新闻媒体更加关注保险服务工作，进一步发挥在保护保险消费者利益方面的监督作用。

人才队伍建设不断加强。各公司普遍加大人才培育选拔力度。江苏人保与南京大学共建金融学研究生工作站，打造理论实践结合新平台。营销员考试通过率整体呈逐年提高的趋势，2010 年接近 70%，较上年上升近 3 个百分点。全省保险高级管理人员已超过 2000 人、从业人员 22.7 万人，其中保险营销员 17.6 万人。素质提升、结构优化、充满活力的人才队伍逐步形成，成为促进行业发展的重要推动力。

积极开展文明创建活动。全行业一手抓科学发展，一手抓文明创建，互动并进，取得积极效果。全行业共有 34 家单位被评为省级文明行业（单位）和先进行业（单位）。中国信保江苏分公司被评为江苏省文明单位，中国人寿江苏分公司系统被评为创建文明行业工作先进行业，人保财险江苏省分公司、华泰人寿江苏分公司、太保寿险无锡分公司、都邦产险江苏分公司、泰康人寿江苏分公司、国寿财险江苏省分公司、平安人寿江苏分公司等七家单位被评为创建文明单位工作先进单位。

社团建设继续推进。中介自律组织建设取得突破性进展，行业协会在 13 个地市增设了中介委员会，并通过了中介业务自律公约。各地行业协会积极开展自律、协调、维权等工作。省行业协会、苏州行业协会被民政部授予“全国先进社会组织”称号。保险学会积极开展理论研究，在推动“低碳经济与保险创新”等专题研究方面做出积极贡献。《江苏保险》杂志和《江苏保险年鉴》的内容不断丰富，行业影响力进一步扩大。

**【局领导简介】** 谢宪，男，汉族，1954 年 9 月生，广东郁南人，1975 年 1 月入党，在职研究生学历，经济学硕士，高级经济师，高级政工师。1972 年 9 月参加工作，同年 12 月入伍，1991 年 7 月转业，先后在广东肇庆市工商行政管理局、中国人民保险公司深圳分公司工作，历任中国人民保险公司深圳分公司科员、科长、副主任、主任、总经理助理等职。2001 年 1 月调任中国保监会深圳特派员办公室（简称“保监办”），历任深圳保监办主任助理、副主任，深圳监管局副局长；2004 年 6 月任中国保监会宁波监管局筹备组组长，同年 8 月任党委书记、局长；2008 年 6 月任中国保监会江苏监管局党委书记、局长。

宋志华，男，汉族，1955 年 8 月生，研究生学历，高级经济师。曾在江苏省粮食局、江苏省人大常委会办公厅、江苏省人民政府办公厅任职，2001 年调入中国保监会，历任南京保监办副主任、江苏保监局局长助理，2004 年 6 月至 2010 年 9 月任江苏保监局副局长、纪委书记。2010 年 9 月调任青岛局局长。

阎波，男，汉族，1969 年 11 月生，研究生学历，经济学博士。曾在武汉大学、中国平安保险公司工作。2002 年调入中国保监会，历任政策法规部助理调研员、发展改革部副处长、政策研究室处长。2008 年 6 月至 2010 年 3 月任江苏保监局党委委员、局长助理，2010 年 3 月调任保监会政策研究室副主任。

葛翎，男，汉族，1960 年 11 月生，研究生学历，高级经济师。曾任中国人民银行南京分行非银行处副处长，2000 年 7 月进入中国保监会，历任南京保监办机构处处长；安徽保监局党委委员、副局长；2007 年 8 月任青海保监局党委书记、局长；2009 年 12 月任中国保险监督管理委员会青岛监管局党委书记、局长，2010 年 9 月任江苏保监局党委委员、纪委书记、副局长。负责纪检监察工作，分管财产保险监管处、法制处。

朱金渭，男，汉族，1964 年 7 月生，江苏盐城人，1987 年 7 月参加工作，硕士研究生学历，高级统计师。曾在中国矿业大学、北京华远公司、国家统计局工作，2005 年 6 月调入中国保监会。历任国家统计局工交司普查调查处副处长、综合处处长，中国保监会统计信息部制度处处长，2009 年 3 月任中国保监会江苏监管局党委委员、局长助理。分管人身保险监管处、统计研究处，兼管局工会工作。

王宝敏，男，汉族，1960 年 10 月生，山东平度人，1983 年 2 月入党，1979 年 9 月参加工作，中央党校经济管理专业在职大学。曾在解放军炮兵某部工作，1995 年 12 月任南京军区司令部直工部副团职参谋，1998 年 3 月任南京军区某部政治委员，2004 年 12 月转业到江苏保监局，2005 年 11 月任江苏保监局人事教育处副处长（党委组织部副部长、党委宣传群工处副处长、纪检监察处副处长）（正处级），2007 年 2 月任江苏保监局人事教育处处长（党委组织部部长、党委宣传群工处处长、纪检监察处处长），2010 年 9 月任江苏保监局党委委员、局长助理。分管办公室（党委办公室）、保险中介监管处、人事教育处（除纪检监察）。

**【处室职责】** **办公室主要职责** 拟订保监局办公规章制度，组织协调日常办公；督办局领导批办的重要事项；组织承办重要会议；负责保监局公文处理工作，对各类公文进行核稿，承担有关文件的起草；负责新闻宣传工作，会同有关处室发布保监局对外新闻和信息；负责向保监会及地方政府和有关部门报送保监局工作信息和当地保险业重要情况；负责保监局的档案、机要、保密及安全、保卫、消防工作；负责保监局行政后勤、物资采购与管理工作；负责保监局的财务管理工作，编制机关年度财务预决算；归口管理辖区内保险行业协会和保险学会等行业社团组织；负责保监局的外事管理；管理外资保险机构驻当地代表处的有关事务；承办地方有关的人大代表建议和政协提案；根据中国保监会党委工作规则，负责局党委办公室日常工作。

**财产保险监管处主要职责** 承办对辖区内财产保险市场的监管工作。根据国家法律法规及中国保监会规章，拟订和落实辖区内财产保险市场监管的相关实施细则、具体办法和工作措施；检查规范财产保险市场行为，对违法违规行为进行查处；负责辖区内财产保险公司、再保险公司分支机构的非现场监管；承办财产保险公司、再保险公司分支机构及财产保险公司营销服务部准入、变更、退出等事项的审批和管理工作；审查和管理财产保险公司、再保险

公司分支机构高级管理人员任职资格；负责财产保险条款及费率的有关管理工作；研究财产保险市场运行情况，提出政策建议。

人身保险监管处主要职责　承办对辖区内人寿保险市场的监管工作。根据国家法律法规及中国保监会规章，拟订和落实辖区内人寿保险市场监管的相关实施细则、具体办法和工作措施；检查规范人身保险市场行为，对违法违规行为进行查处；负责辖区内人寿保险公司分支机构的非现场监管；承办人寿保险公司分支机构及营销服务部准入、变更、退出等事项的审批和管理工作；审查人寿保险公司分支机构高级管理人员任职资格；负责人身保险条款及费率（含短期健康险、短期意外险）的有关管理工作；研究人身保险市场运行情况，提出政策建议。

保险中介监管处主要职责　承办对辖区内保险中介市场的监管工作。根据国家法律法规及中国保监会规章，拟订和落实辖区内保险中介市场监管的相关实施细则、具体办法和工作措施；检查规范保险中介机构及其分支机构的市场行为，会同有关处室检查规范营销员及兼业代理机构的市场行为，对违法违规行为进行查处；负责保险中介机构及其分支机构的非现场监管；根据中国保监会的授权，承办保险中介机构及其分支机构准入、变更、退出等事项的审批和管理工作，审查有关高级管理人员任职资格；承办保险兼业代理机构的准入、变更、退出等事项；负责组织辖区内保险中介从业人员基本资格考试工作；研究保险中介市场运行情况，提出政策建议。

法制处主要职责　制定或者审核贯彻实施保监会监管规章的有关文件；对辖区内行政许可事项的合法合规性进行审核；审核保监局的行政处罚程序、内容、依据及相关证据的合法性；对保监局各类监管措施的合法性进行审核；承办辖区内有关的行政诉讼、行政复议工作；监督有关行政执法工作情况和法律法规、规章的执行，协调地方立法机关、司法机关和有关政府部门之间的有关法律事务；接受保险法律咨询，组织普法宣传和法制教育；跟踪了解辖区内保险业发生的重要案件，及时收集和反映存在的问题，提出意见和建议。受理、催办、督办保险业务方面的信访投诉；受理行政许可申请，送达行政许可决定，颁发许可证。

统计研究处主要职责　归口管理当地保险业统计资料和数据，汇总、编制和报送全辖区保险业数据、报表，对保险业统计数据进行分析并向保监会报送统计分析报告；负责向办公室提供对外发布和报送地方政府及有关部门的保险业统计数据；负责维护和管理保监局的保险监管信息系统、办公自动化系统和内部网站，根据授权负责辖区内的保险业信息化建设工作；负责维护保监局网络的正常运行，维护和管理保监局的计算机设备；研究、拟订当地保险业的发展规划和政策措施；调研、分析保险市场整体运行情况，研究监管工作和保险业发展中的重要问题，提出解决的意见和建议；负责保监局有关重要文件和文稿的起草工作。

人事教育处主要职责　根据中国保监会的规章，拟订保监局人力资源管理的制度、办法并组织实施；按照干部管理权限，负责保监局的人员调配、考核任免、人员工资管理、专业技术职务管理、人事档案管理和干部教育培训等工作；负责保监局党的组织建设和党员教育管理工作；负责保监局党的思想建设、宣传和思想政治工作，负责统战、群工及工会、共青团、妇联等工作；负责保监局的纪检监察工作，承办中国保监会党委、纪委交办的其他有关工作；承办中国保监会对派出机构年度工作业绩考核、评估的有关工作。

## 中国保险监督管理委员会苏州监管分局

【工作概况】　苏州保监分局自2010年4月29日正式挂牌成立以来，在江苏保监局党委的正确领导下，坚持以邓小平理论和“三个代表”重要思想为指导，深入落实科学发展观，认真贯彻全保会、省保会和监管工作会议以及保监会吴定富主席5月14日视察讲话精神，按照“转方式、调结构、防风险、促发展”的总体要求，紧抓分局内部建设，积极探索区域试点经验，加强和改进监管，努力促进依法监管、科学监管和有效监管，切实防范化解风险，引导行业转变发展方式，不断拓宽保险服务领域，进一步提高行业经营效率、服务效率和监管效率，圆满完成了分局成立初期制定的各项工作计划，促进苏州保险业实现平稳较快发展。

树立科学发展观，引导行业向内涵式发展转变　引导行业转变发展理念。通过会议、调研、行业座谈以及“窗口指导”等多种形式积极引导行业贯彻落实科学发展观要求，正确处理速度与质量、规模与效益的关系，逐步向内涵式、集约式发展方式转变。一是分别召开了一季度、半年度苏州市保险市场情况通报会，传达全国、全省保险监管工作会议精神，并结合苏州市场实际提出了贯彻性意见；二是对市场份额占比较大的10家保险公司以及苏州市、昆山市保险行业协会开展实地调研，贴近市场一线掌握一手信息；三是加强非现场监管，对超常规发展、监管指标异常、市场反映差的16家公司约见监管谈话，提出完善发展战略、改善经营考核以及加强内控管理等方面的监管意见。

业务规模较快增长，市场体系不断健全。1~11月，全市实现保费收入178.90亿元，同比增长30.53%，占全省保费收入的16.56%。其中，财产险保费收入64.05亿元，同比增长35.82%，人身险保费收入114.85亿元，同比增长27.75%。截至12月底，全市共有保险公司56家，比年初增加5家。其中，产险公司27家，比年初增加2家，寿险公司29家，比年初增加3家。另有2家保险公司在筹。共有保险中介机构43家。保险从业人员2.49万人。

效益和质量协调发展。财产险方面，1~11月，全市产险公司共实现承保利润5.66亿元，同比增盈4.94亿元，为全省产险盈利最高的省辖市，占全省产险公司承保利润的30.14%。产险公司主要监管指标优于全省平均，其中综合费用率27.89%，比全省平均低1.41个百分点；综合赔付率61.11%，比全省平均低1.42个百分点；综合成本率89.00%，比全省平均低2.83个百分点。人身险方面，标准保费、保单继续率、退保率、营销员留存率等关键指标不断优化，新单银代期交业务稳步增长，1~11月，全市人身险公司实现保费112.01亿元，同比增长27.78%，较去年同期提高了14.36个百分点。保障程度高的普通寿险和分红险业务总的占比同比提高7.69个百分点。

*加强内部建设，尽快步入正常运转轨道* 率先在全国完成分局筹建和挂牌工作。在江苏保监局的正确领导和关心下，按照高起点高标准要求仅在一个半月时间完成了各项筹建工作，在4月29日举行了揭牌仪式，成为全国第一家地市级保险监管机构，5月14日，吴定富主席专程赴苏州分局视察，对分局前期的筹建工作给予了充分肯定。

迅速开展组织建设。分局成立后，根据分局实际和监管需求迅速完成组织架构，设立了办公室、监管处和统研处三个处室，明确各处室职责，对13名监管干部进行定人定岗定责。严格按照程序，经省局批准，成立了分局党支部，积极抓好基层党建基础性工作，包括局党委自身建设、分局和协会党支部建设、党员教育管理以及创先争优活动等。

建立健全管理制度。研究制定了约9大类33项内部管理制度，同时结合半年来的具体实践，重点完善和细化了公文处理、信访投诉、行政许可、财务管理等六项基础制度，建立起制度管人管事的运作机制。根据苏保监发〔2010〕66号文要求，明确细化了苏州分局的主要监管职责。

加强宣传和信息报送工作。及时总结上报区域监管的新工作、新经验和新成绩，八个月共向保监会报送信息56份，其中值班简报信息采纳18份，送阅信息采纳3份，监管参考采纳1份。

*主动沟通协调，营造行业发展的良好环境* 争取地方政府重视支持。积极向市委市政府汇报工作情况和发展思路。走访市财政局、银监局、工商局、环保局等十多个部门，听取对于保险业发展的意见，交流了下步工作合作的想法。

建立保险业发展战略合作。与苏州工业园区管委会签署金融战略合作协议，确定在建立信息交流机制、健全保险市场体系、引导保险创新、营造政策环境等方面加强合作共建。

推进保险法人机构建设。积极配合市政府、市金融办等部门8次赴保监会协调推进东吴人寿法人机构的筹建工作，已取得积极进展，该项工作也被苏州市政府列为2011年重点工作。

*加强和改进监管，提高依法科学有效监管水平* 推动监管创新，提高监管效率。一是创新监管制度，建立长效机制。为建立完善机构和高管档案，打击非法机构、违规任命高管等行为，下发了《关于开展苏州市保险公司分支机构和高管人员清查工作的通知》；为加强高管人员的流动管理，下发了《关于加强“不良从业记录高管人员”任职管理工作的通知》；为推进分类监管，制定了《关于实施<苏州保险市场规范信息反馈办法>的通知》；为提高行政许可审批效率，制定《苏州保监分局行政许可内部程序暂行办法》，编发了《苏州市保险公司新政许可事项申报指导手册》，建立了“行政许可时效分析制度”和“分类行政许可制度”；为掌握社会对保险业的关注状况，探索建立舆情检测制度，定期编制《苏州保险新闻汇编》；二是完善深化保险纠纷人民大调解机制。指导苏州市保险行业协会加强与公安、司法、法院等部门联动，成立保险纠纷人民调解委员会，完善深化了“一核多元、一柱多台、一专多精、一管多控”的社会大调解工作机制，取得积极成效。保险投诉总量稳步下降。2008年、2009年、2010年受理案件分别为425件、362件和369件；调解成功率基本实现100%；三是建立行业信息共享平台。与市交巡警支队在全省率先建立交通事故信息共享平台，提高车险事故现场查勘效率；与市公安消防局搭建全省首个“消保信息共享平台”，推动消保信息互动、扩大社会消防安全防范力度。

突出对市场热点、难点问题监管。一是产险方面，加强对大型招投标项目的监管力度，重点关注并适时介入了苏州地铁保险招投标项目，促进了规范运作；寿险方面，加大对银保业务的规范力度，指导协会进一步完善银保自律公约，引入第三方自律检查；二是结合苏州保险市场信息反馈情况及信访反映的问题，对市场不良反应较为集中的公司进行监管谈话，提出针对性的整改监管意见。共计对19家公司实施监管谈话25次，要求整改包括不严格执行条款费率、虚假业务套取费用、综合违规严重、短期险撕票业务等突出问题。

2010年，苏州分局共对7家保险公司分支机构和1家保险中介机构开展了8次现场检查，拟罚款20万元(处罚决定还未上报行政处罚委员会)，给予1家机构警告处分，建议3家保险公司调整负责人或拟任负责人。保单批退率、应收保费率等反映财产险市场秩序的关键指标有所下降。

发挥政策引导作用，加强保险课题研究。一是为引导苏州行业积极参与社会建设、发挥创新社会管理作用，制定下发了《苏州保险业贯彻落实<中国保监会关于保险业进一步参与加强社会建设创新社会管理的意见>有关要求的通知》，提出六条贯彻意见；二是与苏州市保险学会、苏州大学联合开展了“保险业服务苏州城乡一体化发展”课题研究工作，探索和创新保险业服务经济社会发展新模式，研究成果有望近期完成；三是为加深对保险业发展规律和地区差异的研究，初步建立了2大类36个具体指标的苏州保险业市场评价基础指标体系。

*深入排查风险，保障市场健康发展* 切实开展行业风险排查工作。认真贯彻《保险机构案件责任追究指导意见》和风险排查的各项要求，针对全市产险、寿险公司分别下发开展风险排查的通知文件，督促加强内控监管，落实风险排查。

加强对公司经营风险提示。建立对公司主要经营指标的定期监测制度，对存在经营风险隐患的公司及时进行风险提示。

及时防范苗头性风险。一是针对信访调查发现的五丰系涉嫌传销的苗头性问题，向全辖保险公司和中介机构下发风险提示函；二是针对媒体对银保销售误导的集中报道，紧急下发银保业务风险排查通知，召集被媒体点名公司负责人进行监管谈话，并实行银保业务一周一报制；三是为防止摩托车交强险投保难问题，指导苏州保险行业协会召开了摩托车交强险承

保工作会议，强调了交强险不得无故拒保等有关监管规定，统一了行业思想，落实了相关监管措施。

高度重视信访投诉工作。一是为规范信访处理流程，维护保险消费者合法权益，制定了《苏州保监分局信访工作办法》和《苏州保监分局信访工作处理规程》；二是建立信访预警制度，实现联动式监管。综合信访绝对数量、单位机构信访比例、单位保费信访比例等三个关键指标，为确定重点监管对象提供量化指标参考；三是为防范重大信访件风险，制定出台了《关于加强苏州保险业重点信访件督办工作有关意见的通知》，明确六大类重点信访件，强化责任追究机制。自分局挂牌以来共受理信访投诉32件，100%已办结，经电话回访绝大多数投诉人对处理结果表示满意，还有投诉人写来表扬信表示感谢。

*大力推进重点领域保险发展，服务“三区三城”建设* 农业保险取得阶段性成果。2010年，全市参保农户58.79万户，承保各类农作物272万亩，承保能繁母猪4.7万头，保费收入6977万元，其中各级财政补贴5725万元。承担风险保障15.26亿元，3609户次受灾农户获得赔款639万元。今年又在全国率先开发了政策性蔬菜、瓜果大棚保险等高效农业保险新险种，目前苏州农业保险已覆盖种植业、养殖业、高效设施农业以及农业机械四大类14个险种。

责任保险发展形势良好。全市665所学校、222家医院，71家旅游公司分别参保校园方责任保险、医疗责任保险和旅行社责任保险；全国保额最大的环境污染责任保险项目花落苏州，66家高危风险型企业参保获得1.32亿元的风险保障；和民政局积极合作，推动了老年人和养老机构的综合保险，创新开发了养老机构综合责任险、居家养老护理责任险，提供风险保障177.47亿元，地方财政给与80%~100%的保费补贴。

加快服务外向型经济和中小企业险种发展。出口信用保险作用进一步发挥，2010年信用保险支持的进出口贸易占苏州全市一般贸易额的比重达到12.4%；小额贷款保证保险试点稳步深入，已签单1441笔为近1亿元的银行信贷资金提供了风险保障；和园区财政局、科技局多次协调沟通，为科技保险在保费补贴政策、风险共担机制等方面争取更优政策。

推动民生类保险险种创新。一是率先开展残疾人团体人身意外保险试点。首批参保残疾人已达2.5万余名，最终将覆盖全市40余万名残疾人，市财政给予提供50%至100%的保费补贴。截至11月底，已累计赔付9.44万元；二是在全国首创优生优育疾病保险，保险责任覆盖新生儿出生后的32种疾病，为苏州4.48万名孕妇和新生儿提供风险保障。

*以发挥行业自律为着力点，不断加强协会学会建设* 继续深化引入第三方自律检查。在总结巩固车险第三方自律检查成效的基础上，实现“两个扩大”，即通过引入公估机构作为第三方加大对理赔行为的检查力度，扩大第三方检查主体；通过加强对非车险的自律检查，扩大第三方检查内容。在人身险的银保业务中尝试引入第三方自律检查规范代理手续费支行为。

扩大自律范畴。指导协会针对市场突出问题，在修订、完善车险、企财险及银保业务的基础上，在全省率先出台“车险理赔自律公约”，探索推进“短期险自律公约”。

加大自律专项检查力度。相继开展了车险、企财险、车险理赔、银保业务四次自律检查，共计对违反自律公约的31家公司扣除违约保证金50.4万元。

加强对协会学会工作的指导和支持。一是分局把协会学会工作纳入辖区保险业发展整体规划，吸收协会学会参与重大政策措施的制定；二是两次参与协会理事会议，并通过调研、专题座谈等形式指导协会学会加强自身规范管理，不断提高专业化、职业化和规范化水平。

*以提升自身履职能力为基础，打造优秀监管团队* 加强分局党组织建设。一是按照组织程序和党建工作要求，成立了分局党支部；二是切实抓好党支部制度建设，建立健全管理制度、生活制度、学习制度；三是顺利做好对协会党支部管理的交接工作，对协会的组织建设、创先争优活动作了积极指导。

认真部署开展创先争优活动。一是认真落实保监会和江苏保监局的各项要求，研究制定了分局创先争优活动方案，成立了领导小组；二是营造活动氛围，开展公开承诺活动。通过创建活动宣传栏、开辟内网学习专栏、处室公开承诺等形式营造活动良好氛围。研究制定了分局党支部创建“五个好党支部”目标任务，组织全体党员同志制定了争做优秀共产党员目标办法，并进行了公开承诺；三是组织观看红色电影、考察红色教育基地等多种形式的主题教育活动。

加强干部队伍建设，抓好机关党风廉政建设。一是加强干部教育培训。充分利用保监会、保监局的教育培训机会，有计划地安排新同志参加任职培训、业务培训。分局内部组织监管业务经验较为丰富的同志相继开展了信息系统使用、业务检查等培训；二是建立培养人制度，以老带新、AB角配合，在工作实践中边干边学、以干促学；三是加强党风廉政建设。分局在原有的各项廉政制度基础又制定下发了《关于进一步做好党风廉政建设的通知》，建立起礼品登记制度；认真组织全体干部开展了保险监管人员廉政知识测试和党政领导干部选拔任用“四项监督制度”测试，强化了廉洁从政的意识；全年共收回《现场检查廉政纪律反馈意见表》3份，无违规违纪现象。

**【局领导简介】** 单来锦，男，汉族，山东滕县人，1966年4月生，大学学历，高级会计师。曾任煤炭工业部南京设计研究院副处长、主任会计师，2003年1月进入中国保监会，历任江苏保监局检查处副处长（主持工作）、机构处副处长（主持工作）、财产保险监管处处长，2010年4月任苏州保监分局党委书记、局长。

王春平，男，汉族，江苏江都人，1974年3月生，大学学历，硕士学位，会计师。2002年4月进入中国保监会，历任江苏保监局人身保险监管处处长助理、副处长等职，2010年4月任苏州保监分局副局长。

ANGSU BAOXIAN NIANJIAN

# 行业发展

## 江苏保险业综述

**【保险市场概况】** 2010年，江苏全省实现保费收入1162.7亿元，增长28.1%，比上年提高11个百分点。江苏成为保费收入率先突破千亿元的省份之一。其中，财产险保费收入311.9亿元，增长36.6%；人身险保费收入850.8亿元，增长25.2%。保险机构总资产达到2205亿元，增加23.2%。

**【保险机构建设】** 全省共有保险主体76家，其中保险总公司2家、省级分公司75家；省级以下分支机构5600余家；中介法人机构153家，中介分支机构229家，兼业代理机构9514家。法人机构建设深入推进，利安人寿获得筹建批准，东吴人寿组建工作取得积极进展，全国资本规模最大的代理公司新一站保险代理有限公司在江苏设立。全年新增省级保险公司7家，省级以下分支机构减少32家，其中营销服务部减少132家，一批基层机构升级改建，管理水平大幅提高。

**【保险市场运行特点】** 经营质量显著提升。产险公司全年实现承保利润17.4亿元，利润总额排名全国第一，承保利润率达到6.9%，比全国平均水平高4.2个百分点。财产险业务中，非车险业务增速比上年增加22.2个百分点，超过了车险业务增速。人身险业务中，寿险新单期交比例比上年提升了0.7个百分点；折标率比上年提升3.6个百分点；意外险和定期寿险等保障型险种保费分别增长了27.3%和90.4%。营销员人均实现新单保费收入5.5万元，比上年提高了28%。机构平均实现保费收入2019万元，比上年提高了18%。

市场秩序持续好转。财产险经营规范性和数据真实性进一步提高，综合费用率下降3.9个百分点，比全国平均水平低3.9个百分点；手续费用率下降1.6个百分点，比全国平均水平低2.1个百分点；企财险平均费率回升了0.1个千分点，车损险平均费率回升了0.8个千分点。人身险销售行为逐步规范，寿险公司退保率下降了0.6个百分点。中介公司虚开发票等违法违规行为在较大程度上得到遏制。打击“三假”工作走向深入。行业发展信心充足，全年保险高管信心指数在78%的高位保持稳定。

服务创新加快推进。大多数保险公司推出提升理赔效率的新举措，普遍承诺千元案件及时结案、小额赔付立等可取。太平洋人寿参与的“江阴新农合”管理模式不断创新，成功开办新农合补充保险，并开发了“重疾远程会诊评估服务”、“重疾本地定点医师服务”等系统，有效推动解决异地看病难问题。太平洋产险和东吴保险经纪在全国首创居家养老护理责任险，得到全国老龄办的高度评价。平安产险大力发展小额信贷保证保险业务，对促进消费增长起到了积极作用。苏州环境污染责任保险试点加快推进，在全国首创包含“自然灾害条款”的保险产品，被绿色经济政策研讨会专家称为是目前国内最完备的环境污染责任保险条款。人保财险与地方气象局联合组建气象服务网络，通过七种渠道为投保农户提供灾害预警信息。在继续发挥传统销售渠道优势的基础上，电话销售、网络销售等新兴销售方式快速发展，服务模式不断创新。

**【保险业服务经济社会】** 2010年是江苏保险业着眼经济社会发展全局、服务百姓民生能力快速提升的一年。行业全年承担财产风险责任16.5万亿元和人身风险责任6.6万亿元，累计支付各类赔款和给付251.8亿元。在理赔南京“7·28”爆燃事故中，累计赔付金额超过一千万元。

农业保险覆盖范围扩大。在巩固主要作物种植业保险的基础上，人保财险、中华联合、紫金产险等农险经办公司加大了高效农业保险推进力度，有力推动传统农业转型升级。全年农险保费收入及基金合计15.8亿元，其中设施农业、育肥猪、家禽等高效农业保险保费收入2.3亿元。支付赔款6.2亿元，受惠农户合计170万户次。

对外贸易及投资平稳发展。出口信用保险充分发挥促进和稳定出口的政策性职能，2010年支持江苏一般贸易出口241.3亿美元，位列全国首位，是2009年的1.9倍。对全省一般贸易出口的支持率达到25%，比全国同期高出3个百分点，达到了欧美发达国家的平均水平。全年提供保单融资便利238亿元，有力拉动了外贸出口的恢复性增长。

新型责任保险快速推进。推进内河船舶污染责任保险和高危企业环境污染责任保险取得初步成效。船舶污染责任险已累计实现保费1343万元，提供了25亿元的风险保障；环境污染责任险实现保费1036万元，是上年的6倍，提供了6亿元的风险保障。火灾公众责任险、公众聚集场所责任保险等在全省范围内得到推广。全省责任保险保费收入10.2亿元，同比增长33%。

参与社会保障体系建设。保险业积极协助政府完善多层次社会保障体系建设。中国人寿受托管理宜兴新型农村社会养老保险，创新经办管理机制，自主研发信息系统，搭建了便捷的养老保险服务网络，获得省领导和中央媒体的高度评价。人保健康在扬中市承办城镇职工自费医疗补充保险统筹项目。专业养老保险公司受托管理全省635个单位的企业年金计划，受托管理资产98亿元。计划生育保险累计参保人数221万，已累计向9.8万人次提供赔偿4081万元。保险公司参与了16个地区的新农合管理，共筹集基金70亿元，补偿金额约43亿元。

## 无锡保险市场

**【行业概况】** 2010年，全市各保险公司共实现保费收入131.4亿元，同比增长18.01%，其中财产险业务保持快速发展趋势，保费收入41.2亿元，同比增长29.83%，产险保费同比增长率在全省的排位由2009年的第十二名上升至2010年的第八名。人身险保费收入90.2亿元，同比增长13.29%，其中寿险新单期交业务同比增长15.94%。保险深度2.29%（按GDP5758亿元计算），较上年上升0.06个百分点；保险密度2826.55元（按户籍人口467万人计算），较上年增加432.79元。

**【规模效益】** 产险综合赔付率为57.8%（因上年无此统计口径，无法同比），其中，商业车辆险赔付率比去年同期下降

16.67%，汽车交强险赔付率比去年同期下降10.57%，实现了近几年来的首次盈利。据不完全统计(不含中外合资保险公司)，全行业上缴营业税13884万元，上缴个调税5187万元，分别比上年增长39.51%、30.92%。

**【监管自律】** 按江苏保监局要求，不断加强监管制度建设，针对无锡保险市场的情况，进一步规范行业公平竞争的良好秩序，先后制订了5个自律公约和5个补充公约。一是认真贯彻落实保监发［2010]4号和江苏保监局[2010]36号文件精神，加强银行代理寿险业务结构调整，促进银行代理寿险业务健康发展，组织签订了银邮代理保险业务自律公约。二是为规范企财险市场秩序，促进企财险健康和快速发展，维护保险人和被保险人双方的合法权益，在全省第二个组织签订企财险"见费出单"自律公约。三是根据全省保险行业的统一做法，结合无锡的实际，组织签订了非车财产险自律公约。四是以贯彻关于开展全省保险中介市场治理整顿工作的通知（苏保监发[2009]146号)和关于加强中介机构行业自律工作的指导意见（苏保监发[2010]172号文件为契机，吸收11家中介机构入会，并成立了自律小组。组织产寿险公司签订了保险公司中介业务自律公约和航意险自律公约。这些公约的签订对保险业务合规经营起到规范作用。五是7月1日起非车险手续费统一由协会结算中心结算。

为落实监管部门关于摩托车、拖拉机交强险承保的有关规定，先后签订了摩托车、拖拉机交强险自律补充公约、在承保交强险时不得强制搭售商业险补充公约、按揭车辆商业车险业务自律等3个补充公约。根据去年车险、非车险自律检查中遇到的一些问题，制订和完善了2010年机动车辆保险行业自律公约和非车险补充公约。

**【赔付结付】** 为切实保护被保险人和道路交通事故受害人的合法权益，中国保监会下发了(2009)90号《关于防范车险理赔环节风险的通知》，江苏保监局同时下发了(2009)123号《关于加强车险理赔管控工作的通知》，就规范车险市场、理赔管理制度建设、理赔权限、管控环节、客户服务都提出了要求。在锡的产险公司认真学习两个文件，围绕降成本、降事故、挤水分、强服务等方面，采取各种有效措施，制订了相关行业自律公约，不定期地组织自律检查。一直处于亏损状态的车险市场迎来了一缕春风，2010年，商业车辆险赔付率比去年同期下降15.09%，汽车交强险赔付率比去年同期下降10.01%，2010年产险赔付率比2009年下降了13.17个百分点，实现了近几年来的首次盈利。寿险赔付率比2009年增加了9个百分点。

**【改革创新】** 经与无锡市公安局交巡警支队沟通，开通了移动警务通，并于2010年10月起在市区崇安大队试行，市区(含新区)原手工填写的《道路交通事故认定书》全部取消。为此，与交巡警支队一起起草了《关于实施交通事故当场简易程序处理的工作规范》，于10月22日通过会签。为了适应无锡道路交通快速发展的需要，决定扩大快速理赔点，增设"新区分中心"(即豪威点)、并推广快速理赔点提供的有关设施不收租金的模式。与中院和交警支队联系沟通，经过几次与中院民一庭座谈讨论，出台了《关于审理交通事故损害赔偿案件若干问题的指导意见》。

**【社会贡献】** 2010年，保险业为社会承担各类风险责任17283亿元（不含寿险)，累计支付赔款与给付30.6亿元。科技责任保险、环境污染责任保险分别承担237亿元、3.2亿风险保障，为无锡地铁1号、2号线建设承担220.51亿元风险。政策性农业保险试点启动并扩大到全市农村，机动车交强险制度稳定运行，安全生产和工程险在全市推开，受托管理养老和医疗保险业务探索推进，补充医疗和养老保险稳步发展，保险业在社会风险管理、经济补偿、服务新农村建设和完善社会保障体系方面发挥着越来越重要的作用。2010年，人保无锡分公司会同太保、中华联合保险公司承办政策性农业保险已进入常态化运营。太保寿江阴支公司、国寿宜兴支公司参与政府管理，承办新农合和新型农民基本养老保险的做法得到了省政府、江苏保监局的高度关注与充分肯定。江苏保监局也多次到宜调研，中国保险报等中央媒体做了专访。

**【保险机构】** 至年底，无锡市商业保险主体发展到60家，新增1家财产保险公司：紫金财产保险股份有限公司无锡中心支公司；新增4家寿险公司：国华人寿江苏分公司无锡中心支公司、中英人寿保险有限公司江苏分公司无锡营销服务部、幸福人寿保险股份有限公司无锡中心支公司，中德安联人寿保险有限公司江苏分公司无锡营销服务部。

**【"两岸四地"保险会议】** 由中国保险行业协会主办、无锡市保险行业协会协办的"第十六届海峡两岸及港澳保险业交流合作会议"与"保险行业协会职能与作用研讨会"于10月12日、13日在无锡隆重召开。来自港、澳、台、大陆及海外的200余名保险业精英齐聚锡城，探寻新形势下"两岸四地"保险业合作发展之路。中国保监会副主席周延礼出席会议并致辞，无锡市副市长王国中在"海峡两岸及港澳保险业交流合作会议"上致欢迎辞，"两岸四地"会长共同开启开幕式。江苏省人民政府副秘书长汪泉、江苏保监局局长谢宪、无锡市市委副书记赵旻出席会议。

## 徐州保险市场

**【保险主体增加　业务发展提速】** 2010年底，徐州保险公司已达44家，较上年新增4家。其中产险20家，寿险24家，保险经纪及专业代理公司7家。全年实现保费收入82.02亿元，同比增长36.42%。其中财产险保费收入20.63亿元，同比增长48.81%。寿险保费收入61.39亿元，同比增长33.68%。

**【保险覆盖面扩大】** 全市保险业承担社会风险保险金额达8367.59亿元，比上年增加2513.47亿元，同比增长17%，保险覆盖面明显扩大，为经济社会发展保驾护航。全年赔款及给付达15.35亿元，较好地发挥了社会稳定器作用。

【农业保险赔付过亿】 2011年徐州市农业保险试点地区和品种加大覆盖范围，承保水稻、小麦、玉米计837.35万亩，能繁母猪和奶牛23.24万头，还开办了高效设施蔬菜大棚保险，148.22万农户参加。全年共赔付10223万元。其中种植业赔付7296万元，养殖业赔付2927万元。切实增强农业保险的保障作用，体现党和国家支农惠农政策。

【加强行业宣传】 完善宣传组织体系，广泛开展多形式保险宣传，提高行业形象，营造良好环境。一是协会创办《徐州保险报》，学会编印《徐州保险信息参考》，每月一期，内容涵盖行业动态、核心观点、信息集锦、典型案例等。二是各公司设立通讯员，借助媒体平台——徐州广播电台、《徐州日报》、《徐州晨报》、《徐州晚报》、《电视周刊》等展现行业风采。三是积极参与科普宣传活动，开展保险咨询。四是徐州市保险学会和中国人寿徐州市分公司举办《保险知识普及丛书》赠书活动，营造良好社会氛围。

【优化经营环境】 根据徐州市保险市场实际，协会进一步修改完善非车险和车险行业自律公约，规范财产险市场秩序，做好车险见费出单，成立第二个快速理赔服务中心；进一步规范营销队伍秩序，开展寿险业务销售误导专项检查，发挥协会手续费结算中心和监督作用；协会主动作为，搞好保险纠纷诉调机制。于11月29日同徐州市中院成立徐州市保险纠纷诉调对接办公室和徐州市保险行业司法服务站，以解决保险公司和客户之间的纠纷。这样使经营环境优化，保险市场有序发展，促进徐州保险业又好又快发展。

## 常州保险市场

【行业概况】 2010年常州市保费规模达86.53亿元，其中财产保险保费24.44亿元，同比增长30%；寿险保费62.07亿元，同比增长15.48%。全年共支付赔款和给付满期保险金18.75亿元，处理赔案及给付374386件。市级保险主体增加至51家，从业人员1.35万人。常州市保险深度为2.91%，保险密度为1889元。

【探索新农合运行模式】 常州市始终将维护社会民生放在突出位置，按照“政府统筹，社会化运作”的思路，确定了由商业保险公司为实施主体，市场化运作的新型农村合作医疗保障的运行模式，探索出一条以商业保险完善社会保障体系的新路。截至2010年底，为全市155.53万农民提供了新农合管理服务，累计筹集农村医保基金4.03亿元，为234.56万人次农民提供了3.7亿元合作医疗费用补偿。

【推广政策性农业保险】 按照“政府组织推动，农民自愿参保，财政资金补助，保险公司经营”的方针，常州市农业保险覆盖面快速提高，运行模式也由起初的“联办共保”转变为“委托代办”，试点面迅速从武进区、金坛市、溧阳市扩大到全市范围。2010年，共承保种植业面积239.11万亩，覆盖率达98%，承保能繁母猪4.14万头，实现了全覆盖，农业保险赔款617万元，受益农户12506户次，为“三农”的发展提供了有效保障。

【参与构建矛盾纠纷调解机制】 常州保险业积极参与医患纠纷调解、道路交通事故赔偿纠纷调解等工作，积极探索商业保险与辅助社会管理的有机结合，引导和促进保险业服务地方经济社会发展大局，取得了显著成效。常州医疗责任保险的推广促进了医患纠纷调解机制快速建立，自2008年11月以来，常州市医患纠纷调处中心在全国首创“市区联动保障机制，公安引导调解机制，专业人员调解机制，专家支持调解机制和调保对接理赔机制”的“4+1”新型人民调解模式，有效地化解了医患纠纷矛盾。2010年3月武进区试点成功构建道路交通事故损害赔偿纠纷联动调解机制，截至2010年12月，武进区交通事故巡回法庭共受理交通事故损害赔偿案件及追偿案件639件，结案589件，其中调解和撤诉469件，调解撤诉率达79.63%；在调撤率上升同时，判决上述案件明显减少，仅为17件，平均审理天数为24.1天，而以往的调撤率仅30%左右、审理天数为75天。随着武进区的试点成功，对常州地区法院的调解和判决方式起到了一个很好的参照和导向作用，常州地区法院较同期减少了约400件保险合同纠纷案件。常州市政法委正在牵头有关部门在常州市全辖建立交通事故损害赔偿纠纷联动调解机制。

## 苏州保险市场

【保险市场发育良好】 2010年底苏州市保险公司56家比上年增加5家。中资保险公司41家，外资保险公司15家。其中财险公司27家，寿险公司29家。全年保费收入193.00亿元。同比增长30.07%。其中财险保费71.88亿元，同比增长36.88%；寿险保费121.12亿元，同比增长26.34%。保险深度为2.11%，比上年提高0.19个百分点。保险密度为3027元/人。比上年提高690.3元/人。全市共有保险分支机构788家，专业保险中介公司43家，保险从业人员约2.66万人。

【成立中国保险监督管理委员会苏州监管分局】 4月29日上午中国保险监督管理委员会苏州监管分局在苏州工业园区揭牌成立。这是全国首家地市级监管分局，标志着保险监管力量由面到点，向基层市场一线延伸迈出了历史性的一步。

【赔款减少　效益提高】 全年赔款和给付44.80亿元，同比下降10.52%。比去年减少6.57亿元。其中人身险业务赔付支出14.16亿元，同比下降34.26%，主要是分红寿险中两全寿险满期给付和年金保险年金给付同比共减少7.46亿元，占人身险赔付支出减少额98.81%；财产险赔款支出30.65亿元，同比上升7.39%，其中车险赔款支出25.02亿元，同比上升12.23%，企财险赔款支出3.38亿元，同比下降20.45%，责任险赔款支出1.32亿元，同比上升9.85%。2010年，苏州产险公司累计实现承保利润5.57亿元，承保利润继续排名全省第一位，同比增加了4.12亿元，承保利润率为9.83%，全市27家产险公司中，有17家实现盈利。效益提高主要原因是各公司效益观念加强，内部管理和风险控制措施落实。同时，不良竞争有效改变,行业自律不断加强。

【业务质量明显提高】 2010年,全市产险公司综合成本率90.17%,综合赔付率61.30%,综合费用率28.87%,均低于全省平均水平。应收保费率2.82%,比全省平均水平高。2010年,全市寿险公司新单银代期交业务实现保费6.05亿元,同比增长42.78%,保障功能较强的普通寿险和分红险业务总的占比同比提高了7.62个百分点,业务结构持续优化。

【风险保障功能进一步加强】 2010年,苏州保险业进一步发挥功能作用,提升服务能力,累计为全市提供2663万人次人身险保障,承保企业4.5万户,承保家庭3.3万个,为665所学校、222家医院和71家旅游公司分别承保校园方责任保险、医疗责任保险和旅行社责任保险,共为全市提供了总额达3.31万亿元的保险风险保障,有效地支持了苏州市经济建设和社会发展。

【车辆险保费增加依旧快速】 2010年全市承保车辆达260.2万辆。车险保费收入54.58亿元,同比增长35.27%,总量占全市财产险业务的75.93%,增量占全市财产险业务增量的73.35%,依然是拉动产险增长的主要动力。其中商业车险保费达42.1亿元,同比增长38.54%,交强险保费收入12.36亿元,同比增长29.1%。承保车数达118.5万辆,比去年增加18.5万辆。

【政策性农业保险进一步推广】 农业保险险种增加,覆盖面不断扩大。当年保费收入6542.70万元。承保水稻125万亩,小麦105.8万亩,油菜14.3万亩,蔬菜大棚1566个,能繁母猪4.69万头,养鸡2290.6万羽,农机8202台,林木480亩,蚕桑(吴江)13892张。农业保险赔款646.9万元,受益农户达6835户。

【中小公司生存压力大】 2010年苏州产、寿险市场集中度持续高位运行,一方面大公司通过资源优势、成本优势、服务水平、总对总协议等方式,牢牢掌控了绝大部分市场;另一方面,公司之间产品同质、结构趋同现象严重。中小公司在余下的市场份额中竞争更加激烈,部分中小公司业务不断萎缩。在产险市场整体盈利的情况下,部分中小公司经营仍面临较大困难,截至12月末,全市24家中小公司中有9家保费规模负增长,10家公司目前仍承保亏损;寿险方面,2010年苏州共有10家中小寿险公司保费规模负增长,其中外资公司5家。

【行业自律继续加强】 一年来,在苏州监管分局的指导下,保险行业协会进行了多次关于承保、理赔、中介业务方面的行业自律检查和自律工作座谈会。行业合规意识显著提高。保险业自律指数高达80%,超过全省平均水平8个百分点,连续八个季度保持全省最高。

【市场秩序更加规范】 首先,批退率等指标进一步优化。2010年,苏州产险公司保单批退率为4.18%,比去年同期下降了0.42个百分点,家财险、信用险、保证险和船舶险的保单批退率降幅明显。寿险公司退保率为5.87%,同比下降1.11个百分点。其次,是信访投诉量占比较低。2010年,监管部门共收到有关苏州保险市场的信访投诉33件,苏州保费占全省16.60%,保险投诉量仅占全省5.90%,市场满意度较高。再次,公司高管信心指数高。江苏保监局三季度高管问卷调查结果显示,苏州地区高管信心指数为全省最高,达到81%,反映了各保险公司管理层对苏州保险市场秩序、行业自律水平和行业发展前景有较高的满意度。

## 南通保险市场

【保险主体数量跻身全省第三】 截至2010年底,南通市经保险监管机关批准的保险主体已由2009年的52家增加到56家,首次超过苏州,列全省第三。其中,产险公司24家,寿险公司32家,另有保险中介机构16家,保险从业人员已达2万多人。

【保费收入跃居全省第三】 2010年,南通市保费规模再上新台阶,全年保费收入134.45亿元,首次超过无锡,跃居全省第三,增幅全省第二。其中,财产险保费收入21.53亿元,同比增长41.43%;寿险保费收入112.92亿元,同比增长39.56%。南通保险业共为全市提供了5625.31亿元的财产风险保障以及数百万人次的人身保险,保险赔款与给付总额22.8亿元,其中财产保险赔款支出9.69亿元,人身保险赔款与给付11.22亿元、其他各类给付1.89亿元,较好地发挥了社会经济发展"蓄水池"和"稳定器"的作用。

【产险市场步入良性发展轨道】 2010年,南通产险市场进一步规范,一方面,协会加大了行业自律的检查及落实的力度,另一方面,各产险公司效益观念大大提高,注重调整业务结构,转变增长方式。同时,认真执行条款费率,维护公平竞争的市场秩序,一些规模较大的产险公司率先扭亏为盈,步入良性发展轨道。财产保险保费收入比上年增加4.94亿元,而财产保险赔款支出仅比上年增加了0.32亿元。

【寿险市场效益明显】 2010年,南通各寿险公司围绕行业自律,规范经营这个主题,继续在调整产品结构上下功夫,大力推出期缴业务和以保障功能为主的寿险产品,同时,努力提高服务窗口和营销人员的业务素质,自觉维护和提升公司的诚信度和美誉度。保费收入一举突破百亿大关,达到112.92亿元,比上年增加33.25亿元,而人身保险赔款与给付支出却比上年减少了3.31亿元。一增一减,效益显而易见。

## 连云港保险市场

【保险主体稳步增加】 截至2010年12月底,连云港市保险主体已发展到29家(产险筹建1家),其中产险公司15家,寿险公司14家,较上年26家增加了3家。保险从业人员近万人。

【业务发展增长较快】 截至2010年12月底,连云港市产寿险实现保费总收入33.42亿元,较上年增长30.87%。其中,财产险保险费收入9.32亿元,同比增长22.78%;人身险保费收入22.22亿元,同

比增长35.71%；意外险保费收入6980万元，同比增长27.88%；健康险保费收入1.18亿元,同比增长11.26%。

【农业保险持续发展】 业务发展各项数据稳定,整体更加向好。完成全年计划的105%,提前100天完成全年任务。小麦:参保面积296.7万亩;水稻:参保面积216.2万亩；玉米：参保面积32.33万亩;能繁母猪:参保数量12.1万头;高效设施农业:参保数量1980亩。

支付各类赔款3798.99万元。其中小麦赔付2129.15万元，能繁母猪赔付11165头，赔款919.13万元，水稻赔付661.46万元,玉米赔付85.15万元,高效农业赔付4.1万元。共计受惠农户数量达9.2万户。理赔工作的及时有效开展,极大的保护了受灾农户的切身利益,维护了农村的稳定。继续贯彻落实连云港市政府连政办发《关于加强政策性农业保险服务网络建设的通知》和上级公司《关于进一步加强县支公司农业保险服务能力建设的意见》，进一步完善三农服务网点建设,重点加大对网点人员专业知识的培训,强化服务能力。东海、灌南分别荣获“全国农村保险示范县”和“全省农村保险示范县”。

【保险密度深度增大】 按连云港市2010年国民经济和社会发展统计公报提供的数据计算，连云港保险密度为660元,较上年增加144.79元;保险深度为2.85%,较上年上升0.15。

【保障功能较好发挥】 2010年,连云港市保险业为全市提供了总额近万亿元的风险保障，积极主动地参与防灾、救灾和灾后补偿工作,保险业共支出保险赔款和给付7.682714亿元,其中财产险处理各类赔案45321件，赔款支出41312.55万元；寿险赔付及各类给付35514.59万元。为受灾受损的企业和家庭灾后重建生产,恢复正常的生活秩序发挥了积极的作用。

【效益提高赔付减少】 2010年的保费总收入比上年净增78838万元，赔款和给付较上年减少11352万元，赔付率下降10.95个百分点。其中财产险赔款支出下降7.9%,寿险赔款和给付支出下降20.3%。主要是各公司效益观念提高,加强内部管理和风险控制。同时,行业自律不断加强。

## 淮安保险市场

【业务规模快速增长】 2010年全市保险业实现保费收入31.76亿元，同比增长26%,其中财产险保费收入9亿元,增长31%;人身险保费收入22.7亿元,增长24%;保险深度为2.42%,保险密度达595元/人。

【经营主体逐步增多】 全年新增3家寿险公司、1家公估公司,另有2家公司正在筹建,目前市级专业保险机构已达32家。

【服务能力明显提升】 全年承担各类风险责任9000亿元,支付赔款与保险金9.8亿元，有效弥补了人民群众生命财产损失。全行业共向地方缴纳各类税费近6100万元,同比增长40%,有力支持了地方财政增收。

【市场秩序更加规范】 保险业整体经营理念和发展方式从过去重业务规模逐步向重经营效益、重服务质量转变，市场竞争趋于理性，内控管理逐步规范，从业人员依法合规意识不断增强。特别是“财产险手续费结算中心”的成立,有效规范了财产险市场、降低了公司经营费用,全市财产险实现近年来首次扭亏为盈，预计实现盈利7100万元，较去年增加近1.1亿元。

【保障领域深入拓展】 农业保险稳步发展,其中水稻、小麦承保面积682.9万亩，为113.7万农户提供24亿元风险保障；农机具保险为1.8万农户提供近20亿元风险保障。安全生产责任险快速发展，共为310家企业提供近16亿元风险保障,其中安全生产雇主责任险已为全市155家企业、近6000名员工提供了10亿元风险保障。积极服务“平安校园”建设,为全市1487个学校、近百万名学生提供2890亿元风险保障。积极助推保障体系建设,已在4个县(区)开展新型农村合作医疗理赔业务,全年共为55.3万人次理赔719万元门诊费用,为11.2万人次理赔2.1亿元住院费用；在楚州开展新型农村养老保险业务试点,参保人数已达36.5万。积极开展环境污染责任险试点,至年底已为12家企业提供1600万元风险保障。

【大局观念显著增强】 面对交强险严重亏损的不利形势,全市保险业在协会的组织下,通过加强与市车管所、市农机局合作,在全省首创以“承保指南”方式分配承保计划，有效解决了摩托车、拖拉机交强险投保难问题,较好履行了企业社会责任。

【诚信建设成果显著】 淮安市保险业自2006年启动实施的诚信建设“五年规划”划上了圆满句号。五年来,全市保险业在市保险诚信建设领导小组的组织带领下，围绕全市经济社会发展大局，遵循保险诚信建设公约，分别开展了“保险诚信年”、“保险服务年”、“保险放心消费年”及“保险放心消费创优年”主题年活动,保险行业整体诚信水平显著提升,诚信意识深入人心。保险业得到人民群众的逐步认可,消费者对保险业的诚信满意度逐年递增，从2006年的83%上升到97%。

## 盐城保险市场

【保险业务快速增长】 2010年，全市保费规模达到64.35亿元，同比增长18.44%,较“十一五”初年实现保费规模翻一番。行业发展实现“双突破”,其中产险保费规模突破10亿元大关,达12.64亿元,同比增长32.78%;寿险保费规模突破五十亿元大关,达51.72亿元,同比增长15.38%。保险深度、密度有效提升,分别从“十一五”初年的2.29%和334.87元/人,提升至2010年的2.86%和788.50元/人。

【市场体系日益完善】 2010年,市级专业保险机构已从“十一五”初期的18家发展至36家。其中,产险公司14家,寿险公司22家。各类保险专业代理机构60家。保险分支机构及营销网点522家,遍布全市县(区)、乡(镇),形成了城乡一体的保险保障格局。全市保险营销员达17000余人,随着吸纳社会就业人数的逐年攀升,缓解了社会就业压力,为维护社会秩序稳定、促进金融行业及自身发展作出了努力。

**【服务效能显著提高】** 2010年累计赔付15.79亿元,其中产险6.43亿元,寿险9.36亿元。行业积极服务"三农",截至2010年底,保险业共为796万户次农民提供风险保障132.44亿元,支付农险赔款2.85亿元,行业积极响应市委、市政府打造"全省高效农业第一市"的号召,认真推进经济作物、养殖项目、高效农业保险试点工作。2010年底全市高效农业保险规模达到3036万元,占全市农险总规模比重从2009年的9.94%,上升到2010年的13.35%。

**【社会职能充分发挥】** 2010年全市保险业向地方纳税已达1.51亿元。为了顺应"以工兴市,富民强市"的城市发展战略,深化行业服务的触角,为东台、大丰、响水的沿海风力发电及设备制造、港口建设及全市一些重点项目、工程提供了保险保障,承担的风险总额近百亿元。以安全生产责任保险、医疗责任保险、环境污染责任保险等关系社会稳定和生产安全的保险产品正逐步有序的发展起来,全力服务于"平安盐城"建设。

**【外部环境显著改善】** 全社会对保险业发展的重视程度不断提高,政策环境、法制环境和舆论环境有效改善。市委、市政府进一步加大对保险业的支持力度,提出了加强保险行业发展的政策措施,为保险业创造了更加宽松的外部发展环境。行业与各部门联系更为紧密,通过加强合作,进一步深化保险宣传教育工作的开展,人民群众对保险功能作用的认识逐步提升,运用保险手段抵御风险的意识明显增强,保险业发展的社会基础不断夯实。

## 扬州保险市场

**【业务规模较快增长】** 截至2010年12月底,全市保险业共实现保费收入65.98亿元,同比净增保费11.91亿元,增幅为22%。其中财产险公司实现保费收入13.95亿元,同比净增保费3.54亿元,增幅为34%;寿险公司实现保费收入52.03亿元,同比净增保费8.37亿元,增幅为19%。

**【行业发展基础明显增强】** 2010年全市共有52家保险公司,其中财产保险公司24家,人寿保险公司28家。保险专业中介机构5家。全市保险业共有从业人员近16000人,其中保险营销员近12000人。

**【社会保障功能进一步提升】** 截至12月底,全行业为全市经济社会承担各类风险责任10119多亿元,累计赔付支出7.96亿元,增长7.5%。其中财产险赔付支出6.32亿元,同比增加0.58亿元,增幅为10.1%,赔付率为45%;寿险赔付支出1.63亿元,同比减少0.03亿元,赔付率为3%,短期寿险赔付率为49%。12月15日江都正和集团爆炸事故发生后,全市保险业立即启动重大突发事件应急预案,各公司迅速开展客户排查工作。大地保险公司承保了正和集团40多名未参加工伤保险的工作人员人身意外伤害保险,每人保额5万元,医疗保险每人1万元。此次事故死亡者中有1人、受伤者中有7人购买了大地保险公司的保险。保险业的赔付,使参加保险的企事业单位和个人,及时得到经济补偿,为恢复生产和稳定社会生活作出了贡献。

**【"三农"保险平稳发展】** 2010年共承保水稻305万亩,小麦276万亩,棉花4万亩,油菜14万亩,能繁母猪30031头,育肥猪9922头。全年农险赔款预计在4000万元左右,同比增长28%。通过公开快速的理赔,切实减轻农户的因灾损失,帮助恢复灾后农业生产,充分发挥农业保险经济补偿和社会稳定器的功能。2010年,由扬州市开发的肉用仔鹅保险条款经保监会批准,成为江苏省区域保险险种,并且开出了扬州鹅保险第一单。目前,全市正在积极组织开发高邮蛋鸭保险条款的论证工作。

**【摩托车交强险业务稳步开展】** 对全市摩托车交强险业务实行集中承保,将全市辖分为6个区域集中承保,由前6家业务规模较大的公司负责承办,其他公司按照市场份额分配承保数量,由各公司在柜面自行承保。该措施的实施,有效缓解了摩托车交强险购买难的问题,保护了广大群众及摩托车车主的合法权益,维护了社会稳定。目前,摩托车交强险承保工作总体运营情况良好。

## 镇江保险市场

**【经营主体与时俱增】** 2010年,镇江市级保险机构增加3家,总量达到49家。其中财险公司22家,寿险公司22家,中介代理机构5家(其中法人机构2家)。全市专业保险机构556个,兼业代理网点535个。保险从业人员11891人,其中正式员工2350人,营销员8481人,兼业代理人1060多人。

**【业务规模迅速扩展】** 2010年,镇江保险业累计实现保费收入54.04亿元,较上年增长32.6%。增长速度远远超过上年,增长率比上年度提高了8.5个百分点。显示镇江保险业依然处于高速发展阶段,并在地方经济蓬勃发展的助推下,实现了快速发展,造就了高于预期的发展业绩。作为十一五的最后一年,全市保费收入比上一个五年计划的最后一年——2005年的19.9亿元增长了172%。

2010年,全市财险公司实现保费收入11.38亿元,比上年增长35.5%。寿险公司实现保费收入42.66亿元,比上年增长31.8%。相比之下,财险的增长速度要快于寿险,但由于统计基数的不同,寿险增长的绝对值,要远高于财险。

**【经营效益大幅提高】** 2010年,镇江保险业的另一个成就是财险公司在长达6年的全行业持续性亏损后,实现了减亏增盈。主要表现在财险赔付率和寿险的给付水平都比上年度大幅下降,其中财产险综合赔付率为46.7%,比上年度下降20.4个百分点。而寿险给付在收入大幅增长的情况下,给付总额反之下降5819万元。

2010年，镇江保险业共承担各类风险8270亿元，保障覆盖面达到706万人次。全年共处理各险种赔案16.2万件，支付赔款及给付金9.62亿元，其中财险赔案7.9万件，赔付金5.32亿元；寿险赔案8.3万件，给付4.3亿元。财产险赔案中，单笔最大赔款为4100万元，寿险单笔最大给付为102万元，创造了历史记录。税收方面，镇江市保险业共上交地方税费13503万元，比上年增长60.72%，为地方财政增长了税源。显示在保险的服务领域和规模快速扩展的同时，保险业对地方经济的贡献度也在大幅提升。

**【服务领域继续扩展】** 2010年，镇江市保险业务发展最大的亮点是：随着金融危机的逐步平伏，全市保险业的经营状态开始好转，与之直接相关联的企财险业务实现了新的突破，增长率接近70%，保费收入达到13256万元。另一个亮点是财险中与民生关联度紧密的险种增长迅猛，财险公司经营的险种中，家财险比上年增长411.1%，健康险比上年增长110.7%，增长速度快捷。在寿险方面，寿险业务中投资成份高的险种似乎更受青睐，寿险公司经营的险种中，分红寿险的增长率达到46.4%，短期健康险的增长水平也达到了25.7%。增长水平远高于其他险种。

2010年，全市保险业务发展的另一个特点是，无论是财险公司还是寿险公司，健康险和伤害险的成长情况都比较好，财险公司经营健康险增长率超过了110%，伤害险的增长率也超过了60%，寿险公司经营的健康险、伤害险的增长率也分别达到26%和15%。

**【农业保险已成为财险的第四大险种】**

2010年，农业保险得到了全面的发展。其中水稻保险承保户超过43万户，承保面积达到137万亩，保险金额达到5.48亿元，保费收入2748万元，赔付643万元；能繁母猪投保1.35万户，承保头数2.66万头，保险金额达到2662万元，保费收入160万元，赔付402万元。除此以外，全市农业保险从今年起开始进入高效设施农业以及新型农业领域。承保蔬菜大棚70户，面积达6902亩，保险金额为5091万元，收取保费240万元，还开办了林木保险、奶牛保险等险种。全年农业保险总保额达到9.2亿元，保费总收入达到4578万元，赔款总额达到1115万元。

**【财险业务经营效益全面回升】** 2010年，财险公司由于保费规模增长迅猛，尤其是企财险业务的大幅度扩展，整个行业的保费收入总净增长额达到了29809万元，实现了业务规模的飞跃，同时，赔款总额也比去年减少了3167万之多。两者相形，今年的经营效益就非常耀眼，在多年的低效益经营之后，各公司的经营压力都得到了极大的缓解。

2010年，镇江市财险公司的赔付率比上年下降了20.4个百分点；交强险的赔付率仍然超过97%，离"不盈不亏"的距离还是非常遥远。

**【加强行业协调】** 一是从2009年底在全省率先按各公司市场份额，分配计划，集中签章，对全市十几万辆摩托车进行全面承保。2010年在中国保监会全面取消交强险"手工签发保单"、"不得强制搭售"等监管规定出台后，行业及时采取应对方案，保证摩托车按计划续保的措施继续落实。二是2010年初针对全市辖近万辆拖拉机、收割机的承保问题，行业与市农机部门共同推出按区域、按公司市场份额，分片承保的方案，保证了镇江所属的拖拉机应保尽保。镇江的农用拖拉机承保方法得到省农机部门的充分肯定。三是针对个体出租车、个体载重货车投保商业险难的矛盾，在江苏保监局和镇江市政府的指导下，行业多次召集全市财险公司协调，充分利用现有的保险条款和费率因子，努力降低公司的经营风险；四是对涉及社会服务和民生的行业，如出租车行业、副食品行业通过行业协会之间的沟通协调，各公司给予了最大的承保优惠。

**【险种失衡依然严重】** 从2010年情况看，机动车险在每个公司的支柱地位都没有被撼动，各公司对非车险方面的投入的成效甚微。寿险公司方面：最大险种分红险在业务总量的占比仍大幅上升，上升了6个百分点，达到了67%的比例，而一般寿险和万能险的占比却比上年度分别下降了3个百分点，这说明寿险公司业务对分红险的依赖度更趋严重，寿险公司的经营风险有所放大。

寿险业务按渠道分析，表现为直销业务继续萎缩，营销业务平稳增长，银邮代理业务继续强势扩张。这种发展态势已经持续了多年，到2010年，寿险公司的直销业务规模已经下降到了11231万元的水平，与营销业务的194216万元以及银邮代理业务的221133万元的水平相比，在业务规模方面已经完全不在同一层面。

**【寿险经营综合效益平衡提升】** 2010年，寿险公司的短险赔付率为45.6%，和上年度相比基本持平，但2010年的理赔给付总额达到10618万元，比2009年净增2587万元，只是由于2010年保费收入实现了大幅增长，抵消了赔付增长所带来的影响。短险赔付作为寿险公司的重要经营成本，对寿险公司的经营效益有着举足轻重的影响。另外，由于市场整顿等方面的原因，2010年的退保额居高不下，高于上年度1146万元，总金额达到35520万元之多。但从另一组数据看，2010年的其他给付比上年有较大幅度的减少，下降了8406万元之多。大大减少了寿险公司的经营压力。因此，寿险公司2010年的经营效益从总体上来看要好于上年，与多年来效益起伏无常的财险公司相比，寿险公司的经营相对要稳定得多。

## 泰州保险市场

**【保险主体不断增加】** 2010年全市保险业务实现了平稳较快发展，保险市场经营主体不断增加。全市共有市级保险机构38家，其中产险公司19家，寿险公司19家。另外，全市保险专业中介机构有20家。市场主体的增加促进了保险业务的快速发展。

**【保险业务平稳较快发展】** 2010年全市保费收入继续保持较快增长，全市保险业完成保费收入66.7亿元，增长34.68%，其中：财产险总保费收入13.08亿元，同比增长35%；寿险总保费收入53.62亿元，同比增长34%。保费收入全省排名第7位，增速全省排名第4位，产寿险比重更加均衡，全行业的经营效益逐步改善，可持续发展能力明显增强。

**【部分险种保费增速较快】** 财产险业务中，车险保费同比增长62%，责任险保费同比增长29%，保证险保费同比增长380%，船舶险保费同比增长30%，健康险保费同比增长146%。人身险业务中，意外险、分红险和万能寿险保费分别增长了22%、60%和62%。

**【扩大农村保险市场】** 为支持地方农业发展，相继开办了高效设施农业保险、奶牛保险，继续做好水稻保险、小麦保险、油菜保险、能繁母猪保险的承保和理赔工作，目前正在开展肉鸡保险、育肥猪保险试点工作，农村保险市场已经成为泰州市保险业新的增长点，城乡保险市场差距有所缩小。

**【主动服务重大工程项目】** 为扬子江药业、新时代造船、三福船舶、新浦化工、亚星锚链等一大批企业重点项目提供了全面的保险服务。积极参与协调市安监局企业安全生产责任保险、新浦化工财产和货运保险等招投标业务，强调行业自律有关要求，避免了恶性竞争，规范了市场行为，取得了良好效果。另外，还与市环保局就全市环境污染责任保险推广工作进行了商谈，并达成基本共识。

**【充分发挥社会“稳定器”功能】** 2010年全市共支付赔款5.07亿元，赔付率为39%，同比上升3个百分点，办理赔案70662件，共给付保险金7.36亿元。保险赔款及给付为广大受灾企业和受害家庭及时解决了生产和生活中的实际困难，较好地发挥了社会“稳定器”作用。

**【加强对寿险市场开拓】** 为顺应群众养老、医疗健康保险日益增长的趋势，积极开展了商业养老、医疗健康保险、企业补充养老保险、城镇职工大额医疗补充保险等。积极参与新型农村合作医疗管理和新型农民养老保险试点，有效防止农民因病致贫、因病返贫。全市保险业已累计吸纳大中专毕业生、下岗职工一万多人，有效缓解了社会就业压力。

## 宿迁保险市场

**【市场规模进一步扩大】** 2010年，全市实现保费收入22.869亿元。其中产险保费收入7.834亿元（含农业险4278.9万元），同比增长35.19%；人身险保费收入15.0344亿元，同比增长42%。

**【经营主体迅速扩大】** 全市经营主体迅速扩大，服务网络不断健全。截至2010年12月底，全市共有保险市级公司23家。其中产险公司14家，寿险公司9家，全市保险从业人员已突破1万人。

**【结构调整见效可喜】** 首先，财险业务结构逐步优化，呈现出健康发展的趋势：一是保费健康平稳较快增长；二是展业成本逐步降低，全行业实行交强险零手续费支付，商业车险手续费支付为6%，均比省自律协议约定的标准低；三是机动车商业险承保面逐步扩大；四是财产险中的非车险业务保费收入占比增大，基本接近20%。财险结构调整效益明显增强，全市财险简单赔付率已大幅下降，宿迁财险市场良性循环的趋势已经形成。其次，人身险业务新单、期缴保费总量逐步增大，各寿险公司注重提升自身业务质量，降低展业成本，经营效益不断增强，寿险业的综合实力和偿付能力得到稳步提高。

**【农险稳步推进】** 2010年，全市农业保险实现签单保费9802万元，向受灾农户赔付5130万元，全市共积累农业保险基金6500万元。通过政策性农业保险的有效开展，充分发挥了保险的经济补偿和社会管理功能，增强了农民防风险意识、抗灾及灾后恢复生产的能力，为宿迁市社会主义新农村建设作出了积极的贡献。

**【加大创新力度】** 依托新农村建设加快发展。重点发展高效农业、木材加工、高效养殖业等特色产业和工程建设、道路建设等大型项目保险，借助农村计划生育服务网络拓展农村计划生育系列保险覆盖面。依托邮银渠道加快发展。各产寿险公司加强与银行、证券、信用联社、邮政等其他行业在更广领域和更深层次的合作。通过销售方式和综合经营的不断创新，保险多元化和综合性服务水平逐步提高。依托市场需求加快发展。中国人寿宿迁分公司积极推进农村小额贷款保险，已取得成功经验，受到省公司监管部门的肯定；此外，积极试办中小企业贷款保证保险，推进发展购房、汽车、教育等消费信贷保证保险，加快发展和开发面向农村、民营企业、养老、医疗、教育等有市场潜力的保险产品，切实提升保险服务水平。

**【基本功能得到充分发挥】** 2010年，全市保险业为宿迁市提供了3847.66亿元的风险保障，有力地发挥了经济补偿、资金融通、社会管理等重要功能，起到了促进改革、发展经济、稳定社会和造福人民的重要作用。2010年，全市行业财产险赔款3.179亿元，简单赔付率52.9%；人身保险赔款支付4900.33万元，满期给付7114.84万元，退保1.371亿元。此外，农险赔款支出2308万元。

(上接第 4 页)

监管人员与当事人有直接利害关系或者其他关系,可能影响公正执法的,应当回避。

第五条　中国保监会及派出机构实施行政处罚,实行立案、调查与审理、决定相分离的制度。

第六条　中国保监会及派出机构在作出行政处罚决定之前,应当告知当事人作出行政处罚决定的事实、理由及依据,并告知当事人依法享有的权利。

第七条　当事人对中国保监会及派出机构所给予的行政处罚,享有陈述权、申辩权;对行政处罚不服的,有权依法申请行政复议或者提起行政诉讼。

当事人因中国保监会及派出机构违法给予行政处罚受到损害的,有权依法提出赔偿要求。

第八条　中国保监会及派出机构必须充分听取当事人的意见,复核当事人提出的事实、理由和证据;当事人提出的事实、理由或者证据成立的,应当采纳。

第九条　本规定所称保险机构,是指经保险监督管理机构批准设立,并依法登记注册的保险公司及其分支机构。

本规定所称保险资产管理机构,是指经保险监督管理机构批准设立,并依法登记注册的保险资产管理公司及其分支机构。

本规定所称保险中介机构,是指保险代理机构、保险经纪机构和保险公估机构及其分支机构。

本规定所称业务许可证,是指保险公司法人许可证、经营保险业务许可证、保险营销服务许可证、经营保险代理业务许可证、保险兼业代理业务许可证、经营保险经纪业务许可证、经营保险公估业务许可证、保险资产管理公司法人许可证和经营保险资产管理业务许可证。

## 第二章　管　辖

第十条　派出机构负责对辖区内下列机构及其从业人员的保险违法行为实施行政处罚:

(一)保险公司分支机构;

(二)保险中介机构;

(三)保监会规定的其他机构。

第十一条　派出机构负责对辖区内下列违法行为实施行政处罚:

(一)擅自设立保险公司的;

(二)非法从事商业保险业务活动的;

(三)擅自设立保险资产管理公司的;

(四)擅自设立专业保险代理机构、保险经纪机构、保险公估机构的;

(五)非法从事保险代理业务或者经纪业务活动的。

派出机构对上述违法行为实施行政处罚时,应当依照《保险法》、《非法金融机构和非法金融业务活动取缔办法》及中国保监会的有关规定执行。

第十二条　派出机构实施下列行政处罚,应当报中国保监会批准:

(一)吊销由中国保监会颁发的业务许可证;

(二)撤销由中国保监会核准的任职资格。

第十三条　派出机构管辖以外的保险违法行为,由中国保监会管辖。

第十四条　中国保监会可以直接查处派出机构管辖范围内的保险违法行为,也可以委托派出机构查处中国保监会管辖范围内的保险违法行为。

派出机构接受中国保监会委托查处保险违法行为的,应当将查处结果向中国保监会报告。

第十五条　异地实施保险违法行为的,由违法行为发生地的派出机构管辖。违法行为发生地的派出机构应当及时通知实施违法行为主体所在地的派出机构。实施违法行为主体所在地的派出机构应当积极配合违法行为的查处。

第十六条　两个以上派出机构对同一保险违法行为都有管辖权的或者保险违法行为地难以查明的,由最先立案的派出机构管辖。

两个以上派出机构因管辖权发生争议的,应当报请中国保监会指定管辖。

第十七条　派出机构发现所查处的保险违法行为不属于自己管辖时,应当及时将案件移送有管辖权的派出机构。受移送的派出机构对管辖权有异议的,不得自行移送,应当报请中国保监会指定管辖。

(下转第 108 页)

IANGSU BAOXIAN NIANJIAN

# 财产保险

## 江苏省财产保险业发展综述

**【产险市场概况】** 2010 年，江苏省财产保险公司累计实现保费收入 311.9 亿元，同比增长 36.6%，增幅高于上年同期 10.5 个百分点，保费规模居全国首位。车险业务保费收入 236.9 亿元，同比增长 36.5%，占产险公司保费收入的 76%。截至年底，全省共有产险公司法人机构 2 家，省级分公司 31 家。

**【产险市场运行特点】** 市场秩序不断规范。经过综合整顿和规范，产险市场秩序逐步好转。一是业务财务数据真实性大幅提高，乱打折、乱批退、乱报费用等“三乱”行为得到明显纠正；虚假批退等违规行为得到有效遏制。二是执行报批报备条款费率更为严格。继交强险之后，商业车险也纳入平台管理，从制度上解决了车险条款费率报行不一问题。继续强化对大商险招投标的监管，一度较为严重的费率恶性竞争势头得到遏制。三是通过实行划分份额、集中承保、加大查处力度等措施，拖拉机、摩托车交强险投保难和强制搭售等问题得到较好解决，投诉量显著下降。四是业务集中管控能力得到加强。在车险实施见费出单的基础上，非车险开始启动见费出单制度。手续费结算中心在全省推广，各公司普遍实施了理赔集中管控，行业资金管理和费用管理水平大大提高。

行业风险有效防范。一是先后建立了重大灾害事故应急反应机制、交强险单独考核机制和理赔人员管理制度，加强政策培训和窗口指导。二是全面排查行业风险隐患。2010 年 7 月开始，各地行业协会、产险公司从经营管理的各方面进行了风险排查，发现并及时处置了一批风险点。三是风险监测体系发挥积极作用。以业务非正常增速高、展业成本高、综合赔付率高和市场不良反映呼声高的“四高”指标为基础的分类监管体系初步确立。实施承保理赔信息客户自助查询机制。建立产险市场规范信息报送制度，形成了全省市场情况的定期集中反馈平台。四是实施拖拉机、摩托车交强险地区费率。稳步推进交强险地区差别费率改革试点。

经营效益显著改善。2010 年，全省产险业实现承保利润 17.4 亿元，扭转了自 2005 年以来的行业亏损局面。2010 年全省产险业的盈利是多方面因素共同作用的结果：一是会计计量方法变更。经测算，执行会计准则 2 号解释对江苏产险盈利影响的比重约 57.4%。二是市场秩序进一步规范。弄虚作假侵蚀保费的行为得到遏制，条款费率执行更加严格，保费充足性大幅提高。三是公司强化科学发展，严格内控管理，成本费用得到了有效控制，管理效益开始显现。四是外部环境不断改善。公安部门对醉驾等严重交通违法行为的打击改善了道路交通安全状况，客观上减少了车险的事故率和赔付额。

**【产险业服务经济社会】** 2010 年，全省产险业承担风险保障金额 16 万亿元，赔付金额 138.5 亿元。特别是在南京“7·28”爆燃事件等重大灾害事故中，各有关产险公司积极参与事故处理，有力促进了受灾企业群众生产生活的恢复。在关系国计民生的重点领域，产险业提供保障的广度和深度不断扩大，全省农业保险覆盖面不断扩大，出口信用保险和小额消费信贷保证保险分别在促进外贸、拉动内需等方面发挥了重要作用。产险业积极参与社会管理，责任保险已覆盖了环境污染、医疗、高危行业和旅行社等多个领域。道路交通事故社会救助基金正式建立并开始发挥作用。

**【产险存在问题及风险】** 经营行为不规范影响市场秩序。通过近几年对产险业的综合治理，市场秩序有了明显好转，但部分公司的合规意识仍比较薄弱，违规问题还没有从根本上得到解决，一些问题还比较严重。2010 年江苏保监局共对 12 家产险机构进行了行政处罚，罚款 127 万元，责令停业 1 家，责令撤换高管 2 人。全年受理的产险公司违规类信访案件达到 148 件，同比增加了 108%。违规行为主要表现在：一是经营数据不真实。虚列业务及管理费用和虚列中介手续费等问题仍不同程度存在，个别机构还存在虚假批退、阴阳单、虚挂应收应付款等严重违规行为。二是非车险业务领域特别是大商险招投标业务条款费率报行不一，恶性价格竞争的情况仍然没有根本好转。三是交强险投保难问题没有根治。部分地区拖拉机、摩托车、出租车等车型投保难、强制搭售问题仍然存在。

内控管理不到位形成风险隐患。一些公司风险管控意识不强，内控制度不健全，执行不到位。一些公司缺乏对下级机构在合规和风险管控方面的培训，疏于管理单证、承保、理赔和财务等经营环节的风险，放任违规问题的发生。一些公司不顾自身基础盲目扩张机构和业务，片面追求保费快速增长，过度投入展业费用，放松承保政策，降低了业务质量，导致赔付率上升和经营效益下降。个别公司的业务管控能力严重不足，投诉处置能力差，影响了公司的正常经营，损害行业形象。

行业基础不稳固制约科学发展。一是结构矛盾开始凸现。长期以来，车险业务过度集中并成为支撑江苏产险业务增长的主要动力，非车险发展相对滞后，不利于行业综合实力的提升和经营风险的分散。二是行业诚信度、透明度不高。存在侵害保险消费者合法权益的现象，如不给予投保人条款明确规定的费率优惠、欺骗投保人高价销售低价产品等。三是服务能力和水平还比较低。在承保方面，风险控制技术水平不高，保前查勘措施执行力不到位，防灾防损工作相对薄弱；在理赔方面，理赔客户回访等一些基础制度仍需要进一步完善；保险诈骗行为仍时有发生，理赔水分仍有挤压空间。四是盈利基础还不稳固，交强险亏损问题仍然存在。2010 年，全省交强险承保亏损 15.6 亿元，同比上升 29.5%，亏损总额全国最高。

## 紫金财产保险股份有限公司

**【概况】** 紫金财险股份公司是在江苏省委、省政府的直接领导下，由江苏省国信资产管理集团有限公司等 13 家企业共同发起成立、首家总部设在江苏省的全国性财产保险公司。公司首期注册资本金人民币 10 亿元，注册地江苏省

一周年庆典

南京市。2009年5月18日，紫金财险股份公司在南京市金陵饭店隆重举行开业庆典。紫金保险的成立，弥补了江苏长期以来法人保险机构缺失的空白，并与华泰证券、江苏银行、省再担保公司一起，形成了江苏金融服务业四足鼎立的“地方军”，丰富了全省金融服务产品，增强服务功能，提高服务水平，支撑经济社会持续较快发展。

紫金财险股份公司成立以来，秉承“始于责任，成于精细”的核心价值理念，以“追求价值保障，致力社会和谐”为使命，以“成为最具责任感的保险企业公民”为愿景，弘扬“勤俭信廉”的创业文化和创业、创新、创优的“三创精神”，实现了平稳起步和良好开局。截至2010年底，公司下辖各级分支机构43家(含在筹)，实现了跨省、跨区域经营。其中，在江苏、北京、上海、浙江、河北、广东、山东、四川、河南、安徽、湖北、宁波等12个省(市)设立了(含在筹)分公司，在江苏省内实现了13个地市全覆盖。公司员工队伍达到1278名，平均年龄33.3岁。公司关注经济社会发展需求，开办农业保险，开发小额信贷保证保险、安居投资型家庭财产综合保险，主动介入全省中小学生意外伤害责任保险、环境污染责任保险，成为江苏省道路交通事故社会救助基金的受托管理人，2010年累计实现保险业务收入超过6.08亿元，累计提供保险保障总额超过10689.9亿元。

**【经营业绩】** 2010年1~12月，累计实现原保费收入60,823.36万元。其中，车险保费收入39,990.1万元，占比65.75%；意健险保费收入3403.72万元，占比5.6%；财产险保费收入17,429.54万元，占比28.65%。

**【渠道建设】** 2010年，公司快速推动渠道建设。渠道数量较年初增长了四倍，渠道种类也进一步得到丰富，与招商银行、中国工商银行、江苏银行等大型银行渠道，MARSH、AON、WILLIS等国际经纪渠道，奥迪、丰田等品牌4S车行，盛大、泛华等大型代理渠道建立合作关系，渠道发展呈现快速增长态势。

**【内部管控】** 2010年，公司全面贯彻落实《保险法》、《保险公司管理规定》和《保险公司合规管理指引》文件精神，规范地开展业务拓展、机构筹建，加强公司合规经营、反洗钱、法律事务等各项工作的管理，控制公司各类运营风险。公司内控措施严谨，发展稳健，运营有序。

**【企业文化】** 2010年，公司通过丰富紫金企业文化，加强宣传培训，提升了紫金文化的凝聚力，激发了干部员工干事创业的工作激情。

丰富文化内涵。2010年，公司结合创业时期的实际，在“追求价值保障，致力社会和谐”的公司使命，“成为最具责任感的保险企业公民”的发展愿景，和“始于责任，成于精细”的核心价值理念的基础上，进一步总结提炼了“勤俭信廉”的紫金创业文化，公司文化的内涵更加丰富。

开展文化宣导。公司专门组成“紫金文化宣讲小组”赴全辖分支机构，开展“紫金企业文化”、“销售基础知识”、“公司资源及政策”等3个方面、11门课程的讲解宣导。

营造创业氛围。通过文化引导，在诠释创业精神、增强发展信心、推动机构建设、提升员工向心力和队伍凝聚力等方面取得了成效，增强了员工的认同感、责任感和使命感，干部员工加班加点，保持了良好的创业风貌，同时也有效培育紫金团队的学习能力、创新能力和执行能力。

**【履行社会责任】** 作为一家全国性的财产保险公司，紫金努力承担社会责任。2010年3月，向中国派驻海地等7个任务区的189名维和官兵赠送了保险金额3780万元的意外伤害保险。南京“7·28”爆炸事故发生后，紫金保险1小时内到达现场查勘，24小时内预付赔款，《中国保险报》、世纪保网等主要保险媒体给予了报道。公司还积极响应省委、省政府号召，向“安全江苏行”活动提供保险服务，主动介入全省中小学生意外伤害责任保险、环境污染责任保险，成为江苏省道路交通事故社会救助基金的受托管理人。

**【重大活动】** 1月18日，紫金财险股份公司浙江分公司开业典礼在杭州五洋宾馆举行，总公司总裁许坚，副总裁谢跃、闵卫东、赵颖，总公司机构发展部和办公室相关负责人员以及浙江分公司全体员工参加了典礼。

1月19日，紫金财险股份公司上海分公司举行开业典礼。总公司总裁许坚、副总裁谢跃出席了开业典礼。

1月20日，紫金财险股份公司成功承保农村小额贷款保证保险第一单，在全省保险行业率先参与到农村小额贷款保证保险的产品开发和业务试点之中。“江苏省农村小额贷款保证保险”成为紫金保险服务江苏地方经济社会发展，创新推出的第一款保险产品。

2月4日，紫金财险股份公司常州中心支公司在常州富都商贸饭店举行开业典礼。省政府副秘书长、金融办主

任汪泉，江苏保监局局长谢宪，常州市委副书记、市长王伟成，常州市委常委、新北区委书记戴源，紫金保险总裁许坚等领导出席开业典礼。

3月10日，紫金财险股份公司与江苏新华日报报业集团有限公司"战略合作"签约仪式在国信大酒店举行。总裁许坚和新华日报社党委书记、社长、新华日报报业集团董事长许洪祥在签约仪式上讲话，副总裁谢跃、新华日报社党委副书记、报业集团副总裁刘文平分别代表双方签署战略合作协议书。

3月18日，紫金财险股份公司苏州中心支公司在苏州会议中心举行开业典礼。省委常委、市委书记蒋宏坤，省金融办主任汪泉，江苏保监局局长谢宪，市委常委、副市长曹福龙及紫金保险董事长董启彬、总裁许坚出席开业典礼。

4月15日，紫金财险股份公司徐州中心支公司在海天假日酒店举行开业典礼。省政府副秘书长、金融办主任汪泉，徐州市委书记曹新平，市委副书记、市长张敬华，市人大主任刘忠达，江苏保监局局长助理朱金渭，紫金保险总裁许坚、副总裁谢跃、闵卫东等领导出席开业仪式。

5月18日，"创业紫金　你我同行"——紫金财险股份公司周年庆，在位于南京市建邺区兴隆大街188号的新职场举办。江苏省政府副秘书长、金融办主任汪泉，江苏省委组织部副部长徐金万，江苏保监局局长谢宪，南京市委常委、常务副市长沈健，南京市建邺区区委书记陆志鹏以及公司董事和监事，各分支机构主要负责人，总公司全体员工近200人参加了庆典。

7月29日上午10时，紫金财险股份公司非车险总经理武少兴与江苏分公司总经理孟善彬等一行5人到"7·28"爆炸事件受损企业南京百江燃气公司和人民日报南京印务中心，在24小时内预付赔款，及时帮助受灾企业恢复生产。人民日报南京印务中心负责人表示：紫金保险第一个到现场查勘、第一个送赔款，充分体现了总部在南京的优势，"紫金速度"名不虚传。

8月26日，紫金财险股份公司第一家支公司——南京市江宁支公司在天印大道职场举行开业庆典。

8月24日，紫金财险股份公司环境污染责任保险获保监会许可，使公司成为国内为数不多的拥有环境污染责任保险产品的保险公司之一。环境污染责任保险在促进环境保护、保护受害人利益、维护环境污染企业经营稳定、减轻政府财政压力等方面能够发挥积极的作用。

9月12日，紫金财险股份公司宁波中心支公司在宁波东港喜来登酒店三楼国际会议厅举行开业庆典。宁波市政府金融办公室副主任李群、宁波保监局副局长姜国富、宁波市江东区政府常务副区长张极星，慈溪市市长徐华江、奉化市市长张文杰、宁波市发展和改革委员会副书记、副主任沈传萍、象山县委常委组织部长林雅莲出席了庆典仪式。

江苏安全行授牌

9月20日，紫金财险股份公司宿迁中心支公司举行开业典礼。省政府副秘书长、省金融办主任汪泉，江苏保监局局长谢宪，市委书记、市人大常委会主任张新实，市委副书记、市长缪瑞林，市委常委、常务副市长徐惠民，副市长许步健，紫金财险股份公司董事长徐祖坚、总裁许坚、副总裁闵卫东、赵颖等出席开业典礼。

9月27日下午，江苏省政府召开紫金财产保险股份有限公司增资扩股专题会，贯彻落实全省加快发展现代服务业工作会议精神，动员部署紫金保险增资扩股工作。各市政府副秘书长、金融办主任，紫金保险股东单位代表，总公司领导班子相关成员和省内各分支机构负责人参加会议。会议由省政府金融办副主任查斌仪主持，省政府副秘书长、金融办主任汪泉出席会议并作重要讲话。

11月29日，紫金财险股份公司河北分公司举办开业仪式。

12月4日上午，首届中国（泰州）国际医药博览会展览会责任险赠送仪式在泰州市中国医药城举行，紫金财险股份公司泰州中心支公司向首届中国（泰州）国际医药博览会组委会赠送了保额为500万元的展览会责任险。

12月22日，紫金财险股份公司工会第一次会员代表大会在总公司二楼多功能厅召开。经民主推举产生的42名会员代表和工会筹备组全体成员参加会议，省总工会和总公司领导班子成员受邀出席会议。会议由工会筹备组副组长陈加明主持，筹备组组长闵卫东做工会筹备工作报告。

**【重大承保】** 2月3日，紫金财险股份公司与永诚、永安财产险江苏分公司共同承保了国电康平发电有限公司的财产一切险和机器损坏险。保险金额分别为21亿元、16亿元。

6月30日，紫金财险股份公司独家承保了江苏黄海农场的水稻种植保险。保险金额为4500万元。

6月30日，紫金财险股份公司独家承保了江苏东辛农场的水稻种植保险。保险金额为3200万元。

8月10日，紫金财险股份公司独

家承保了上海安吉日邮汽车运输有限公司的国内水路、陆路货物运输保险。保险金额为8000万元。

11月17日，紫金财险股份公司与太平洋、人保、平安、大地、阳光、永诚、国寿财、中银8家江苏财产险公司共同承保了苏州地铁二号线的建筑安装工程保险。保险金额为5.5亿元。

11月25日，紫金财险股份公司与人保、太平洋、平安、大地、阳光、永诚、国寿财7家江苏财产险公司共同承保了南京地铁十号线的建筑安装工程保险。保险金额为4.1亿元。

11月17日，紫金财险股份公司与太保、人保、天安、平安、大地6家江苏财产险公司共同承保了无锡地铁二号线的建筑安装工程保险。保险金额为3.8亿元。

11月25日，紫金财险股份公司与人保、太平洋、平安、大地、阳光、永诚、国寿财7家江苏财产险公司共同承保了南京地铁三号线的建筑安装工程保险。保险金额为9.6亿元。

11月26日，紫金财险股份公司独家承保了江苏黄海农场的小麦种植保险，保险金额为4600万元。

11月26日，紫金财险股份公司独家承保了江苏东辛农场的小麦种植保险。保险金额为3000万元。

**【重大赔付】** 5月7日，在黄埔港，被保险人船舶"顺道"轮碰撞停泊在港口的"海隆一号"，被保险船舶全责，紫金财险股份公司最终赔款人民币71.65万元。

承保常州市银程物流有限公司的货运险，7月13日，该公司承运的一票货物，行驶至江西吉安峡江县境内的樟吉高速上突然起火，由于火灾较大无法自救，造成车辆(赣C31903)及车上货上大部分烧毁，经多次协商，紫金财险股份公司赔偿被保险人人民币55万元。

7月28日，原南京第四塑料厂厂区发生可燃气体管道泄漏爆燃，并引发大火，造成人民日报社南京印务中心厂房受损，紫金财险股份公司最终赔付139万元。

9月21日，江苏黄海农场遭受强对流天气袭击，强风致使该农场水稻受损，紫金财险股份公司最终赔付1000多万元。

6月11日，无锡中心支公司开业典礼

**【对外交流】** 3月11日，中国财产再保险股份有限公司副董事长兼总经理欧伟、董事贡智奇等一行三人来到紫金财险股份公司进行拜访。双方就紫金保险筹备和营运情况、核心价值观、战略思路以及国内保险公司的发展情况等进行了探讨。

3月11日，美亚财产保险(中国)有限公司总裁暨首席执行官John Carey(柯瑞江)一行三人造访紫金财险股份公司，双方就各自的发展经验做了交流。

3月19日，澳大利亚及新西兰保险金融学会(Australian and New Zealand Institute of Insurance and Finance)首席执行官琼·菲茨帕特里克(John Fitzpatrick)女士等一行四人来到紫金财险股份公司进行拜访，双方就保险专业人才培训等方面进行了沟通和交流，并就合作提升国内保险行业专业人员技能达成共识。

3月22日，瑞士再保险公司北京分公司中国执行总裁魏希霆(Robert Wiest)及北京分公司总经理兼中国财产及意外险总经理陆勤一行四人专程到南京拜访紫金财险股份公司，双方就推进环境污染责任险合作事宜以及保险企业承担社会责任进行了富有建设性的探讨，为江苏省全面开展环境污染责任险打下一定的基础。

3月29日，怡安奔福再保顾问有限公司中国大陆及香港区首席执行官杜伟灿一行二人来到紫金财险股份公司进行拜访，双方就国内农业保险的发展情况进行了沟通和交流，并就双方今后在农业保险方面的交流和合作达成共识。

4月19日，紫金财险股份公司副总裁赵颖女士应邀参加了怡安奔福再保顾问有限公司和中再集团联合举办的2010年亚太区农业保险和再保险高峰会。与会期间各再保险公司、再保险经纪人以及直保公司交流了亚太区农业保险的发展情况和经验，为江苏农业保险的发展以及紫金保险在农业保险方面的经营和拓展提供了一定借鉴。

4月29日，通用再保险公司上海分公司副总经理、非寿险合约及临分中国区负责人邱忠东等一行四人来到紫金财险股份公司进行拜访，双方就中国保险市场和紫金财险股份公司的发展进行了坦诚的交流，并就双方今后在再保险方面的合作以及专业技术培训等进行了深入沟通。

6月20日，紫金财险股份公司派员参加了慕尼黑再保险在上海世博园举办的全球气候峰会。与会期间与各再保人交流了紫金财险股份公司的发展情况和规划，并就全球气候变化对保险公司的经营影响进行了深入交流，借鉴全球再保险公司的经验构建紫金财险

股份公司应对巨灾风险维护公司经营稳定的风险保障架构。

6月23日，慕尼黑再保险公司亚洲、亚太、中东、北非公共关系及政府事务发展部总裁董悟熹先生(Ulrich Trumpp)及地球风险研究和企业气候中心负责人Peter Hoppe教授等一行三人专程来到紫金财险股份公司进行拜访,双方就国内保险公司如何发挥服务政府的职能,再保公司如何支持直保公司发挥这项职能等方面进行了深入的沟通和交流。

9月10日，富邦财产保险有限公司再保部总经理罗文贞来访,双方就各自的发展理念、企业文化等方面进行了合作,增加了大陆与台湾保险业的相互了解。

11月4日，紫金财险股份公司副总裁赵颖女士一行拜访了中国财产再保险股份有限公司、瑞士再保险北京分公司以及太平再保险北京分公司,向各再保险人详细介绍了紫金财险股份公司的发展现状和今后发展策略,为公司在年底的再保合约的续转作了预热。

12月17日，法国再保险公司亚太区产险合约首席核保人Michel Blanc,香港分公司总经理梁焕荣及北京分公司总经理于巍东一行三人来到紫金财险股份公司进行拜访，双方就中国，尤其是江苏的保险市场进行了沟通和交流。

【公益活动】 3月,紫金财险股份公司向中国派驻海地等7个任务区的189名维和官兵赠送了保险金额3780万元的意外伤害保险。

4月,紫金财险股份公司举行向玉树地震灾区捐款活动，共募集善款20920元。此外,江苏分公司、北京分公司、宁波中心支公司等分支机构也组织开展捐款活动,支援灾区抗震救灾和灾后重建。其中,江苏分公司捐款10050元,北京分公司捐款3520元,宁波中心支公司(筹)捐款1800元。

5月,紫金财险股份公司为“安全江苏行”组委会和“安全驾驶训练营”成员无偿提供团体人身意外伤害保险。

【教育培训】 为推进紫金文化建设工作，紫金财险股份公司人力资源部于2010年二季度组成“紫金文化宣讲小组”,奔赴全国各分支机构,开展了一轮“企业文化宣导培训活动”。宣讲活动历时2个半月,共组织培训班11期。

2010年，总公司参加由中国保监会举办的第一、第二、第三、第四期保险公司高级管理人员轮训班。

## 乐爱金财产保险(中国)有限公司

【概况】 乐爱金财产保险(中国)有限公司是由韩国LIG财产保险有限公司在中国投资成立的独资财产保险公司。公司自2009年10月23日成立以来，一直秉承着韩国总公司“守护现在,肩负未来”经营理念,为客户、股东及公司员工创造价值,为中国社会做出贡献。

【经营业绩】 2010是公司成立的第二年,在公司领导的带领下,通过全体员工的共同努力，公司实现保费收入4819万,其中直保保费收入4414万元,分入保费收入406万元,赔款支出348万元。公司为了拓展中资个人险市场,开发了“乐爱天使”儿童综合保险;为了满足客户的需求,公司新增了石油化工企业财产基本险、石油化工企业财产综合险、石油化工企业财产一切险、交通工具意外伤害保险等新的险种。

【渠道建设】 公司的销售渠道主要以公司市场部门直接销售和保险专业代理销售相结合的方式。为了给苏州及周边城市的客户提供更加优质和便捷的服务,进一步开拓苏州及周边城市的市场,向中国保监会苏州分局提出了筹建苏州营销服务部的请示。另外,经过对江苏省内保险专业代理机构的考察和比较,选择了5家信誉良好的保险专业代理公司签订了保险专业代理协议。

【内部管控】 作为公司的总部,公司各项工作的开展需要制度流程来规范,因此内控制度的建设和执行是非常重要的一项工作,公司领导也非常重视公司各项制度建设及具体的执行情况。截至到2010年12月31日，根据监管部门的要求及公司管理的需要,共制定了财务、业务、人事行政管理及考核、信息管理制度、审计、合规管理等方面约30项制度。为了使公司内控制度得到全面深入的执行,合规管理部在每项新制度制定完成后，负责及时地向各部门转发，并就重要的内控制度对全体员工进行培训。公司审计部门定期对各部门的内控制度的执行情况进行审计,以确保各项内控制度落实到工作中。

【企业文化】 公司以“守护现在,肩负未来”为经营理念,以“以正直、诚实为准则,源源不断为顾客、股东、员工创造价值”为经营原则。重视人才的培养和引进,鼓励员工要勇于创造和革新,对工作要充满进取之心,对生活要充满激情。

【履行社会责任】 公司在发展业务的同时,时刻不忘回馈社会,关心弱势群体。公司全体员工在2010年植树节当日与民工子弟学校——江东门小学各年级代表在老山森林共栽下近百棵树苗,并给每位同学发放了书包、水彩笔等学习用品。在2010年元旦前夕公司员工代表前往南湖街道对十几户因病致贫家庭进行慰问。公司代表们为贫困家庭送去了食用油、崭新的被褥等日用品还有红包等。

【重大活动】 7月8日,南京市副市长王受文一行到公司进行调研视察,在听取公司相关情况汇报后,对公司的工作给予了充分的肯定,并鼓励公司再接再厉取得更好的成绩。

7月12日，乐爱金财险有限公司取得了南京市发改委对河西金融集聚区金融机构发放的一次性补贴人民币500万元。

8月30日，为了给苏州及周边城市的客户提供更加优质和便捷的服务，进一步开拓苏州及周边城市的市场，乐爱金财险有限公司向中国保监会苏州分局提交了筹建苏州营销服务部的请示。

9月16日,乐爱金财险有限公司总经理李龙文参加了南京市政府主办的“金融保险圆桌会议”,并做了《外资保险对南京保险业发展的看法》的讲话。

9月23日，为了庆祝乐爱金财险有限公司成立一周年，提升员工凝聚力，公司开展了“庆司庆，黄山行”活动。

11月1日，公司正式推出并销售第一款面向中国个人市场的保险产品“乐爱天使儿童保险”，此产品投保人为父母，保障对象为儿童，保障涵盖意外身故、残疾，医疗费及大病救助等范围。

12月13日，乐爱金财险有限公司经营企划部在公司大会议室组织召开公司营销专题研讨会，各市场部门负责人以及员工讨论了2011年部门营销计划以及个人销售计划，总经理与各部门负责人签署了2011年度销售目标确认书。

【重大承保】 1月1日，乐爱金财险有限公司与广州人保共同承保了乐金显示中国区统括保险业务，总保费约758万元。

11月1日，乐爱金财险有限公司与广州人保共同承保了乐金电子在华全部企业一揽子保险业务，总保费约1800万元。

12月1日，乐爱金财险有限公司与广州人保共同承保了丽东化学有限公司财产险、利损险和公众责任险，总保费约970万元。

12月21日，乐爱金财险有限公司与广州人保共同承保了乐金化学中国区统括保险业务，总保费约552万元。

【重大赔付】 6月20日，被保险人Pantos(深圳)有限公司广州分公司承运一批货物途经江西至江苏苏州客户处，在到达江西省东乡县时，时值暴雨并引发溃坝，导致运输车辆被淹，车上货物(液晶屏)全部水淹受损，乐爱金财险有限公司最终赔付67万多元。

11月4日，被保险人Pantos(深圳)有限公司广州分公司承运一批货物至广州客户处，在行驶至广州科学城开泰大道右转弯入新桂路时，由于驾驶员操作失误，导致车辆翻车。车上货物(亚克力板等)受损，乐爱金财险有限公司最终赔付37万多元。

11月17日，南京NS南西电子有限公司基板车间因波峰焊机上方的排烟管道内残留大量可燃物而导致火灾发生，造成车间厂房、机器设备及大量存货受损，乐爱金财险有限公司最终赔付56万多元。

【对外交流】 3月15日，劳合社再保险(中国)有限公司总经理一行到乐爱金财险有限公司访问。双方就各自经营特点、管理模式、业务合作等方面进行了沟通，增进了保险交流的深度。

10月23日，乐爱金财险有限公司业务管理部经理周丽参加了中国财产再保险公司举办的第一届外资保险公司再保险研讨会，会上根据外资保险公司的业务经验、承保能力、产品特点及再保险需求，与各外资保险公司的代表进行了交流，并提出设立外资公司再保险联合体的建议，得到了与会代表的响应和支持。

【公益活动】 3月12日植树节，乐爱金财险有限公司组织全体员工与江东门小学各年级学生代表一起前往老山森林公园进行植树活动。活动中，公司员工与同学们共同栽下了近百棵树苗。活动后，公司给每位同学发放了书包、水彩笔等学习用品。

12月27日，乐爱金财险有限公司员工代表前往南湖街道对十几户因病致贫家庭进行慰问。公司代表们为贫困家庭送去了食用油、崭新的被褥等日用品以及红包等。

【教育培训】 3月1日，乐爱金财险有限公司与韩国乐爱金管理咨询公司签署合作协议，由韩国乐爱金管理咨询公司委派专业的风险管理专家来中国，为公司的风险控制人员进行业务培训，为期半年，以提高中国公司员工的专业风险管理知识和风控能力。

3月29日，乐爱金财险有限公司聘请专业的法律人士为公司高级管理人员及部门经理等举行了监管机构相关规定的培训，以加强公司管理人员的合规经营意识。

7月8–15日，乐爱金财险有限公司举办了第一期赴韩管理人员培训班，各部门核心管理人员赴韩国总部进行培训，学习韩国市场新产品及营销方式，以加强中国区保险产品的开发和销售。

## 中国人民财产保险股份有限公司江苏省分公司

【概况】 2010年，人保财险江苏省分公司以总公司各项工作要求为指引，以建设全面领先型百亿元省级分公司为阶段性奋斗目标，按照“围绕一条主线，搭建两大平台，强化三大功能，突出四项重点，确保五项指标”的工作要求，狠抓业务发展，强化经营管控，推进改革创新，各项工作取得了显著的成绩。

【经营业绩】 2010年，人保财险江苏省分公司实现保费收入115.51亿元，增长32%。实现实收保费收入115.70亿元，增长29.2%。保费规模一举跨越了百亿元大关，一年净增保费28亿元，业务发展取得了历史性突破，市场份额36.9%。分公司在增提未决赔款准备金16.08亿元的前提下，实现利润总额6.80亿元。全省系统的13家市分公司保费全部突破3亿元，其中苏州、南京分公司超越20亿元。此外，全省有7家县区支公司突破3亿元(其中2家过4亿)；在全省156家县区支公司(含支公司级营业部)中，有28家超亿元规模，占比近20%。

【内部管控】 通过推进核保省集中，实现了承保政策制定的集中运作，提高了保费充足率，优化了销售资源配置，加强了业务的风险控制；通过实施理赔省集中，加强了车险和非车险理赔关键环节集中操作，提升了理赔管控能力；通过集中精力开展95518省集中，规范了服务标准，加强了内部管理，为实现95518主要功能的有效发挥，提高内外部服务能力和业务质量监控能力奠定了基础；通过探索财务省集中，成功推进资金支付市集中，为下一步全省系统财务集中构筑了基础。

通过作业流程标准化的持续推进，大大提高了全省系统的管理落地能力；通过推进流程优化，省市县公司形成学习、执行、反馈的良性循环，公司运营平台的运转效率得到提升；通过持续的流程e化，标准化平台文件的执行能力得以强化，为绩效考核的落地提供了支撑；通过开发推广知识化信息平台的系

统集成、协同办公、流程管理、知识管理等功能，创新了全省系统各个条线员工的协作沟通方式，提高了公司的知识共享水平，初步打造了一个开放、高效、透明、智能化的工作平台。

制定下发全省系统《案件责任追究清理工作实施方案细则》，并在此基础上进行逐案排查，重点督导，确保了该项工作的执行到位；编制《权责规范手册》，进一步加强了公司的合规和内控管理。今年国家审计署驻江苏特派办对公司进行审计后，对分公司作出了内部管理较好、无重大违规违纪问题的评价。

【企业文化】 用共同愿景凝聚人心，公司成功突破百亿元平台。提出了“要在未来三年，继续以‘规模大、管理精、实力强’的发展战略为指引，将江苏省分公司打造成‘文化理念领先、市场地位领先、经营效益领先、人才技术领先、服务品质领先’的百亿元全面领先型省级分公司，做到始终领先系统，始终主导区域，成为系统内的标杆公司和江苏财产险市场最为卓越的领军企业”的愿景目标。正是在这一愿景的引领和激励下，2010 年 11 月 17 日，省分公司保费收入突破了百亿元大关，成为中国人保财险系统第一个跨入“百亿军团”的省级分公司，也成为“中国产险业年度保费突破百亿元的首家省分公司”。

成功导入文化领先理念，公司荣获“保险文化管理创新奖”。公司提出的打造全面领先型百亿元省级分公司的愿景，包括总目标领先上的量化性指标和具体五个维度的内涵性定位。同时在“五个领先”要求中，将“文化理念领先”排在了第一位。为了在实践中真正推进文化领先理念落实，公司一方面健全了由省分公司一把手牵头，省、市、县三级代表参与的全省系统企业文化建设指导委员会，并返聘了退休的老同志作企业文化工作顾问，吸收了部分基层骨干担任委员；另一方面还聘请了四位系统外专家担任了顾问，不定期地邀请专家，充分运用专家所独具的专业特长、学术背景与丰富经验，提升全省系统企业文化建设的水平与品位。2010 年 1 月，被评为“保险文化管理创新奖”(人保财险系统唯一的分公司)单位，公司总经理华山也由此荣获大奖赛评委评予的“杰出领导力奖”。

开展企业文化提升项目，着眼公司基业常青。研究制定了《江苏人保财险企业文化提升项目实施方案》，巩固与弘扬江苏人保财险企业文化建设的成果与优势，发挥企业文化的导向、示范、辐射、激励作用，提前思考跨越百亿之后公司新的发展方向，为公司在百亿平台上实现可持续发展提供精神动力与文化支撑。整个项目分：“调研诊断，提炼、构建企业文化体系，企业文化建设评价、考核体系，企业文化长效机制建设，制定企业文化完善、维护方案，企业文化培训”等 6 个模块。通过试点、访谈、座谈、体验、问卷等形式，项目组成员历时 4 个月的时间，形成了《江苏省分公司企业文化诊断报告暨企业文化三年行动大纲(2011~2013 年)》，为公司的永续发展、基业常青奠定了基础。

构筑员工幸福感工程，实现公司发展和员工个人愿景的和谐统一。首创并率先提出“构筑员工幸福感工程”，分薪酬福利、工作环境、身心健康、自我实现、人际关系、民主管理六个维度，有计划地实施幸福感工程相关建设项目。先后设立的“员工关爱基金”和“敬老关爱金”，目前已经对公司 10 名家庭贫困、遇重大灾难和 60 岁以上的退休员工进行了近 20 万元的救助。

11月 17 日，人保财险江苏省分公司组织员工开展冲刺百亿系列活动

【获奖】 2010 年 12 月，江苏省文明委授予江苏省分公司“2007~2009 年江苏省精神文明先进单位”称号。

2010 年 4 月，江苏省人力资源和社会保障厅授予公司“2009 年度省直管企业基本养老保险业务管理工作先进单位”称号。

2010 年 1 月 8 日，在广东东莞举办的第四届中国保险创新大奖颁奖盛典上，人保财险江苏省分公司荣获“2009 年度中国保险文化管理创新奖”、华山总经理荣获“2009 年度中国保险杰出领导力奖”。

【重大活动】 1 月 5 日，人保财险江苏省分公司召开“构建基于价值、能力双提升为核心的人力资源管理体系”项目启动大会，正式邀请世界著名咨询管理公司华信惠悦作为咨询顾问，对全省系统人力资源管理进行诊断分析，提出优化与解决方案，全面推进构建基于价值、能力双提升为核心的人力资源管理体系工作项目。

1 月 8 日，在广东东莞举办的第四届中国保险创新大奖颁奖盛典上，人保财险江苏省分公司荣获“2009 年度中国保险文化管理创新奖”、总经理华山荣获“2009 年度中国保险杰出领导力奖”。

3 月 24 日，人保财险江苏省分公司举办本部部门负责人“团队学习实验室”研修班，培训并鼓励部门一把手带头授课，逐步构建知识获取、应用、创造的知识运行和管理体系，为加快公司管理升级，提升盈利能力，实现三年战略发展规划提供不竭的动力和智力保障。

3 月 30~31 日，人保财险总公司在江苏南京召开 2010 年销售能力建设工作会议，贯彻落实年初全国分公司总经理会议精神，总结回顾 2009 年销售能力建设工作会议精神落实推进情况，安排部署2010年重点工作。总裁王银成出席会议并作题为《继续深入推进销售能力建设为实现公司新时期发展战略目标贡献力量》的重要讲话。

5月4~5日，人保财险总公司副总裁赵淑贤一行到苏州视察工作，对江苏省分公司的业务发展给予了充分肯定。

5月17日上午，人保财险江苏省分公司在95518客户服务中心新职场举行了95518客户服务中心正式集中运营暨首批切换仪式，至此，省分公司已顺利完成南京、无锡两家市分公司95518客户服务中心切换上收工作。

6月28日下午，人保财险江苏省分公司总经理华山在省分公司亲切会见了连云港市常务副市长张同生一行，双方就农村金融、土地流转、政策性农业保险等方面的议题进行了交流，并就如何共同创建农业保险示范县的意见达成了共识。

6月29日下午，江苏省政府副秘书长、金融办主任汪泉率金融办副主任查斌仪、聂振平及相关人员一行专程到人保财险江苏省分公司调研指导工作。

7月24~26日，人保财险江苏省分公司组织80多名世博嘉宾参加上海世博之旅，嘉宾们先后参观了中国馆、人保馆、爱尔兰馆、城市主题馆等观看了“明星带你看世博——快乐全明星”公益晚会，大家在惊叹中国馆壮观与主题馆精彩的同时，与中国人保一起见证了世博盛况。

9月8日，人保财险江苏省分公司与上海上汽大众汽车销售有限公司江苏销售服务中心的“省对省”《品牌保险合作项目协议书》在江苏无锡签署，全省13个市分公司代表及上海上汽大众江苏省65家经销商代表近200人参加了签约仪式。

9月19日，国家环境保护部副部长潘岳在江苏考察环境污染责任保险试点工作并召开专题调研会，江苏省政府副秘书长张大强、环保厅厅长陈蒙蒙、副厅长赵挺、江苏保监局副局长宋志华和各直辖市环保局局长参加了座谈会。人保财险江苏省分公司和无锡市分公司分别介绍了环境险在江苏人保的推进情况。

11月18日，江苏人保财险向江苏省慈善总会、见义勇为基金会捐款100万元

10月21日上午，人保财险江苏省分公司召开了本部离退休老同志“分享百亿荣光、感受人保温暖”喜迎百亿座谈会，宣读了《关于建立全省系统离退休人员敬老关爱金制度的通知》，对全辖离退休老同志在满70、80、90、100周岁时，按照不同标准发放一次性敬老关爱礼金，老同志们对公司的改革、发展及管理等提出了积极的意见和建议。

10月25~26日，人保财险江苏省分公司全省系统车险理赔岗位技能大赛在南京举行，全省系统13个市分公司和省分公司核损核赔中心共60名选手参加了此次大赛。省分公司总经理华山、副总经理王笋观摩了部分比赛，并为获奖选手颁奖。

11月8日，经过前期的紧张施工，人保财险江苏省分公司本部回迁到新办公职场。建设后的新办公职场，由原先封闭式办公变为开放式办公，原则上按照产品线部门、业务支持部门、综合支持部门对各楼层办公部门进行了划分，并为未来几年公司发展预留了办公空间。

11月18日下午，人保财险总公司总裁王银成、副总裁贾海茂、降彩石、人保集团老领导唐运祥、邓昭雨，江苏省人民政府副省长李小敏、江苏省人民政府副秘书长兼金融办主任汪泉、江苏保监局局长谢宪在南京出席了江苏省分公司保费突破100亿元庆典。总裁王银成代表公司党委、总裁室向江苏分公司授予了“百亿军团”奖牌，指出江苏省分公司创下了两项第一：一是成为中国非寿险市场第一家保费突破百亿的省级机构；二是成为中国人保财险第一家“百亿军团”成员。

**【重大承保】** 1月，人保、太保、平安、大地4家江苏财产险公司和民安保险上海分公司共同承保了某光能有限公司的财产一切保险和机损险，以及两险种项下的营业中断保险，总保费约1000多万元。

1月21日，人保、平安2家产险公司共同承包了江苏某公司的建筑、安装工程一切险和第三者责任保险，总保额约20亿元。

6月25日，人保、太保、平安、天安、紫金5家产险公司共同承保了某通信公司的财产一切险和公众责任险，总保额约244亿元。

10月25日，人保、太保、平安等产险公司共同承保了“南京地铁三号线、十号线工程项目及一号线、一号线南延线、二号线(含东延线)运营项目”，保险金额约为387亿元。

12月，人保和信达财险共同承保了江苏省电力公司省网资产的财产一切险、供电责任险统保项目。

**【重大赔付】** 车险　1月21日在330国道浙江省武义县路段，被保险车辆浙GPS123玛莎拉蒂·总裁GT版轿车与一辆大客车相撞，造成两车及路产损失，其中标的车损失金额巨大。最终，人保财险江苏省分公司赔付116万元。

1月30日，操作员李某某操作被保险车辆苏G83895号徐工100K吊车在常州延政西路吊广告牌时，因为操作不当，致使该车向右侧侧翻。事故造成车辆及所吊的广告牌损失严重。最终，根据车辆的实际修理情况，人保财险江苏省分公司赔付106万元。

驾驶员徐某某驾驶被保险车辆苏A-47397混凝土泵车在南京江宁104国道高庙段中国移动南京分公司机房改造工地施工时，由于操作不当，使得断裂的泵臂坠落地面，将从泵臂下路过的工地油漆工王某某击倒，造成其当场死亡。人保财险江苏省分公司赔付88万元。

驾驶员王某驾驶被保险车辆苏A-55870混凝土搅拌车在南京江宁湖熟沿X202道由南向北行驶至X202道5公里+800米处，由于未与前车保持足够的安全距离而与同向同车道行驶俞某某驾驶的苏A32381号车进站台停车时发生追尾事故，造成苏A32381乘坐人笪某某等严重受伤及二车损坏的交通事故。人保财险江苏省分公司公司赔付80万元。

财产险 4月16日下午，被保险人苏州某公司的二楼车间发生火灾事故，造成了厂房、生产设备以及存货大范围的损失。在遵循"尊重事实、尊重合同"的原则下，人保财险江苏省分公司赔付2550万元。

6月10日，被保险人某塑胶公司厂区突发火灾，造成固定资产及大量原料受损。在委托公估机构公开、公平处理基础上，人保财险江苏省分公司赔付1917万元。

某公司于2009年1月份在检修K300透平机的抽气阀过程中，由于意外事故导致K300透平转子、轴瓦、隔板等一系列部件严重损坏。人保财险江苏省分公司赔付1360万元。

7月10日，被保险人某化工有限公司发生爆炸，导致1#涂工机(包括配套设施)、1#燃烧炉(包括配套设施)以及房屋受损。事故还造成被保险人的数名现场员工被玻璃轻微割伤，但未造成人员死亡。人保财险江苏省分公司赔付691万元。

7月19日，某公司二楼的二次镀铜线发生火灾，造成厂房、设备、存货受损严重。最终，根据公估人的理算意见，人保财险江苏省分公司赔付1064万元。

9月7日，宿迁市出现大面积降雨。由于降雨量过大，雨水无法排畅，导致被保险人洋河酒厂北厂、新区、包材厂、宿迁中联物流(外租库)被淹，存货和设备大面积受损。因受灾面积较大，财产受损严重，在公估公司的协助参与下，人保财险江苏省分公司赔付2174万元。

【公益活动】 2月6日，人保财险常州市分公司利用召开全市系统2010年度工作会议的契机，举行了为因公殉职的天宁区交巡警大队民警徐佩俊家庭奉献爱心的捐款仪式，全体80多名与会人员纷纷慷慨解囊，在不到10分钟的时间里筹得善款共计1.8万元。

4月16日，人保财险无锡市分公司团委组织团员青年，在无锡太湖之畔的龙头渚风景区开展了"为世博添彩 为人保争光"青年志愿者公益活动。向游客宣传环保意识，维护景区环境，青年志愿者向游客发放了环保袋，提示大家要共同爱护景区环境；青年志愿者还协助景区工作人员疏导交通，引导车辆有序停放。

4月14日，青海玉树地震后，人保财险江苏省分公司、江阴支公司、如东支公司、仪征支公司等3家支公司捐款70000多元。

5月19日，人保财险江都支公司10名青年员工在该公司团支部的组织下前往江都献血站义务献血。

"5·19"慈善一日捐活动中，人保财险扬州市分公司、高邮支公司、连云港东海支公司等3家分支机构纷纷捐款20000余元，奉献一片爱心。

11月18日，人保财险江苏省分公司举行保费突破百亿元庆典活动，公司压缩规模，坚持节俭办事，省下经费，向江苏省慈善总会、见义勇为基金会再次捐款，共计100万元，回馈江苏人民。

【教育培训】 2月~7月，人保财险江苏省分公司13个市分公司举办14期"团队学习实验室"研修班，省、市、县三级管理者364名参加培训，苏州、无锡、南通、连云港、徐州结合本地实际向基层公司推广，特别是无锡市分公司开发出了"无锡版"团队学习实验室教材。

6~9月，人保财险江苏省分公司举办了"深入基层、激活一线"销售培训主题活动。省分公司共举办6期示范班，计420人参训，覆盖人天数位2100；各市分公司进行转培训累计举办977期，销售人员培训覆盖率接近100%。

6月、9月，配合总公司分别组织了2期理赔员资格试点考试和统考考前培训班，人保财险江苏省分公司有2171人次报名，实际参考2066人次。

8月，人保财险江苏省分公司举办晨(夕)会大奖赛，来自13个市分公司代表队参加比赛，最终苏州代表队获得第一名，并代表江苏省分公司参加总公司举办的片区比赛，获得第三名。

11月，人保财险江苏省分公司组织全省系统新入司员工岗前培训。近700人参加岗前培训，有590多名新员工参加了11月20日统考，其中有66名同步参加总公司高考。

7月24日，人保财险江苏省分公司组织70多名嘉宾参观世博会

# 中国太平洋财产保险股份有限公司江苏分公司

【概况】 2010年，在各级主管部门的领导下，公司全体干部员工以实现可持续价值增长为目标，促进公司可持续发展。

*转变发展方式，创新运行机制*。2010年公司推出了各项改革创新举措，促进了公司业务可持续发展。主要有：以加强队伍建设为重心，创新考核方式；全面落实非车险经营责任制；创新考核办法，促进重大客户业务发展；创新理赔服务，实行车险省级集中管理；创新工作方法，对分支机构实施区域化分类管理。

*以综合成本率为主攻方向，确保公司和谐发展*。在加快发展的同时，公司不断提升业务质量，综合成本率持续优于全省同业平均水平。主要有：优化资源配置，拓宽服务领域，加大对非车险业务的支持力度；围绕"深化管理促发展，优化结构谋效益，继续深入推进车险精细化管理实现可持续价值增长"的发展思路，推进车险业务可持续价值增长；以竞赛为激励手段，加快优质业务发展步伐；加大费用考核透明度，细化费用考核模式。

*坚持以人为本，加强队伍建设*。公司坚持以人为本，不断加强队伍建设，促进业务发展，主要有：根据总公司的统一部署，实施人力资源管理优化工作；重新设置组织架构，完善了定员定编和人岗匹配方案；推进以绩效和能力为导向，以岗位职责为基础，以经营绩效、管理职责履行目标考核为核心的综合评价体系建设。

【经营业绩】 2010年公司保费规模首次突破50亿元，达到了58.28亿元，同比增长51.72%，实现净利润29900万元，共为社会提供28407.06亿元的风险保障，共赔付22.27亿元。

2010年，公司携手交通银行，在全国范围内首推银行账户盗窃保险新产品——"个人网上银行账户盗窃保险"和"个人手机银行账户盗窃保险"，为银行借记卡个人客户使用网上银行、手机银行账户提供安全保障，填补了电子消费时代保险产品的空白。

1月27–29日，太平洋产险江苏分公司召开了2010年工作会议

【渠道建设】 公司创新渠道建设，努力提升渠道业务占比，根据集团公司有关要求，构建交叉销售组织框架；探索车险经营新路，成立车商渠道业务部，全面负责车商代理业务，出台车商渠道管理办法；开展电销业务，完善业务流程，创新服务手段，推出增值服务；发挥专业、技术优势，银保业务全面提升。

【内部管控】 公司坚持以效益为中心，树立依法合规经营意识，通过对财务业务数据集中等手段，适时监控经营行为和财务执行情况，发现问题和苗头及时解决，防微杜渐，保证业务的健康发展；进一步强化核保功能，不断完善核保制度，充分利用经营分析和客户管理手段，有效控制经营风险，提高经营效益；建立统一完善的处罚办法，加大对各类违规人员的问责和处罚力度，切实增强对违规违纪人员的震慑力；建立对要害岗位和人员的重点监控制度，有效防范经营风险发生；建立健全纪检监察工作制度，完善信访举报、案件调查、责任追究等管理制度，真正使合规工作实现制度化、规范化、程序化；用经济手段和行政手段做好业务结构调整，保证业务质量，抓好理赔质量；落实全面预算管理，做好预算执行情况的跟踪、分析和考评。加强收支两条线的资金管理，严格执行收支两条线政策，对资金费用严格按保监局及上级公司规定执行，对各分支机构定期进行财务检查。

【企业文化】 2010年，公司认真做好集团公司《企业文化核心要素系统》的各项学习宣导和贯彻落实工作，开展了知识竞赛、环湖长跑等文化体育活动等，广大干部员工对《要素系统》的知晓度与认同度进一步提高。公司还将企业文化的精神内涵渗透、贯穿到公司经营的全过程，促进公司各项工作的顺利开展。

【履行社会责任】 2010年，公司在产品设计、承保销售、理赔服务、客户服务能力、保险增值服务等各个方面向客户提供负责任的全面保险服务。公司还充分实践"用心承诺、用爱负责"理念，进行了包括支持希望工程、支援灾区、扶贫助困等一系列社会公益活动。公司还通过大力推行各项绿色办公措施，提升能源与资源利用率，推广电子商务平台、客户信息自助查询、理赔短信通知、提升运营管理系统的信息化水平，助力销售服务的"低碳"发展。倡导员工投身环保公益活动，带动员工共同应对气候变化，用实际行动响应节能减排，支持环保。

【党建工作开展】 2010年，公司党委坚持以科学发展观为指导，紧扣公司发展主题，把坚持解放思想、突出实践特色、贯彻群众路线作为基层党建工作的重要内容，深入开展创先争优活动，通过主题活动，培训学习、自我教育等形

式引导党员树立良好的形象，促进公司各项工作的全面发展。

【重大活动】 1月7日，太平洋财险总公司考核小组一行5人由总公司理赔总监盛亚峰带队到南京对江苏分公司领导班子及班子成员进行任期考核。

2月5日，太平洋财险江苏分公司本部2009年度总结表彰大会暨2010年新春联欢会在南京召开。

3月15日，太平洋财险江苏分公司在南京市淮海路社区开展“太平洋保险进社区”暨“3·15”服务活动。

4月27日，太平洋财险江苏分公司在南京玄武湖公园举办“太平洋财险江苏分公司迎五一环玄武湖赛长跑”活动。

5月15日，太平洋财险江苏分公司根据总公司的统一部署，与各分支机构负责人层层签订《合规经营承诺书》。签订《合规经营承诺书》既是一次对各级机构负责人的合规教育，更是公司合规经营长效管理中的一项重要措施。

5月21日至6月4日，根据太平洋财险总公司的统一部署，太平洋财险江苏分公司围绕公司企业文化核心要素，针对车险理赔服务特点和客户对车险理赔服务的期望，组织全辖所有具备资格的查勘定损员，在徐州、淮安、扬州、南通、南京等地开展了车险查勘定损技能竞赛活动。

5月25日，江苏保监局精神文明建设领导小组在人事处处长王宝敏带领下一行三人到太平洋财险江苏分公司进行了座谈指导。太平洋财险江苏分公司副总经理胡京宏及相关部门负责人参加了座谈会。

7月1日，太平洋财险江苏分公司在南京召开全辖财务委派、合规派驻人员年度考核工作会议。

7月2日，根据保监会及总公司的统一部署，太平洋财险江苏分公司认真开展贯彻落实保险机构案件责任追究清理工作。

7月8日，为巩固“迎世博600天行动计划”工作成果，确保世博期间公司各项保险服务优质高效、万无一失，在总公司的统一部署下，太平洋财险江苏分公司开展“保平安、促运行、重服务、创一流”主题立功竞赛活动。

7月28日，位于南京市栖霞区迈皋桥的已停产的原南京塑料四厂厂区的可燃气体管道发生泄漏爆燃。在得知事故后，太平洋财险江苏分公司立即启动突发事件应急预案，以最快速度对受灾保户实施现场查勘工作。公司开通理赔绿色通道，启动预付赔款程序，以最快速度将理赔款送到客户手里。

8月5日，根据中国保监会和太平洋财险总公司的统一部署，太平洋财险江苏分公司开展“小金库”专项治理工作。

9月3日，太平洋保险集团召开深入开展创先争优活动推进(视频)大会。太平洋产寿险江苏分公司党委成员、产寿险分公司本部党支部书记、党员代表及党务工作部门人员在产险江苏分公司本部十三楼江苏分会场参加了会议。

9月20日，太平洋财险江苏分公司在南京召开“人力资源管理优化项目”启动大会。

10月11~15日，根据2010年太保集团纪检监察工作的安排，经集团公司纪委与产险公司纪委研究决定，由集团公司党务工作部副部长邱建庆任组长；集团公司党务工作部汤中炳、张顺权，寿险总公司监察室副主任方树坤，产险总公司监察室王明生等组成的集团公司巡视组对产险江苏分公司开展了为期一周的巡视工作。

10月12日，为深入贯彻落实《保险公司管理规定》，加大对县级机构的管控力度，在总公司的统一部署下，太平洋财险江苏分公司加大了对部分经营效益欠佳、业务发展滞缓的县级机构的帮扶力度，以彻底改变此类机构的经营面貌。

10月26日，太平洋保险集团召开“司庆杯·200天全员劳动竞赛”启动(视频)大会。产险江苏分公司领导班子成员、各部门负责人、直属工会负责人、直属团委负责人以及本部各工会小组长和部分职工代表参加了分会场的会议。

11月8日，根据总公司2010版车险移动视频查勘项目推广计划，分公司本部及镇江中心支公司车险移动视频查勘系统于11月8日在全辖率先正式上线运行，截至12月上旬，分公司全辖所有机构均顺利实现了上线工作。车险移动视频查勘系统的上线，提高了车险查勘质量和估损准确性，提升了车险查勘效率，防范了内外部道德风险。

11月24日，总公司理赔总监盛亚峰率总公司理赔部总经理许志春、副总经理王姝、处长牙新岩等一行五人赴江苏分公司，就分公司车险移动视频查勘项目上线运行情况进行调研。

11月22~23日，太平洋保险集团监事会在集团公司副总裁顾越等陪同下，对太平洋产、寿险江苏分公司进行巡视。监事会认为产险江苏分公司在业

5月25日，江苏保监局精神文明建设领导小组在人事处处长王宝敏带领下一行三人到太平洋产险江苏分公司进行了座谈指导。太平洋产险江苏分公司江苏分公司副总经理胡京宏及相关部门负责人参加了座谈会

务快速增长和综合成本率有效控制方面取得较好的成绩

12 月 20 日，根据总公司"人力资源管理优化工作"在全系统范围内推广的要求，太平洋财险江苏分公司高度重视，通过近 4 个月的不懈努力，顺利完成该项工作。

12 月 28 日，为了进一步强化公司员工消防安全教育，提高广大员工对突发事件的应变处理能力，太平洋财险江苏分公司开展全员消防演习活动。

【重大承保】 1 月，太平洋财险江苏分公司首席承保了江苏省电力国网、省网和农网资产，包括财产一切险、机器损坏险和供电责任险等，总保额约 500 亿元人民币。

8 月 20 日，太保、人保、大地、天安、平安和紫金六家公司共同承保了无锡市地铁 2 号线建筑安装工程保险，其中太平洋财险无锡分公司首席，总保额约 96 亿元人民币。

10 月，太保、人保、平安等六家江苏财产险公司共同承保了苏州轨道交通二号线建筑安装工程保险，其中太平洋财险苏州分公司首席，总保额约 125 亿元人民币。

10 月，太平洋财险苏州分公司独家承保了中华人民共和国外交部驻外使领馆工作人员团体人身意外险及 SOS 境外紧急救援保险，每人保额 50 万元，总计承保了 5000 余人。

11 月，太平洋财险江苏分公司参与共保了南京地铁三号线、十号线建筑安装工程保险，总保额约 230 亿元人民币。

12 月，太平洋财险无锡分公司独家承保了江苏利港电力有限公司财产一切险、机器损坏险及沿海内河船舶险等一揽子险种，总保额约 73 亿元人民币。

【重大赔付】 1 月 19 日，中国太平洋财产保险股份有限公司江苏分公司赔付江苏某船业公司船舶建造险 3000 万元（2009 年 8 月 19 日已预付 3000 万元）。2009 年 7 月 9 日，江苏某船业公司轮船由公司码头出发试航，该轮航行至张家港航段长江 47# 浮附近时，与码头发生碰撞，造成码头基本倒塌。

3 月 28 日，被保险人白某驾标的车在上海沿北新园路东侧机动车道由南向北行驶至北新圆路、洲海路北约 220 米路段处，与骑电动自行车载着王某的曾某，发生碰撞，致曾某和王某两人倒地后被标的车右侧车轮碾压，造成两人当场死亡。经上海浦东公安分局交警支队认定标的驾驶员负事故全部责任。中国太平洋财产保险股份有限公司苏州分公司赔付交强险、神行车保机动车综合险 111 万元。

11 月，中国太平洋财产保险股份有限公司江苏分公司赔付某纸业公司财产一切险、利润损失险 2251.74 万元。2009 年 6 月 14 日傍晚前后，一场强暴风袭击了江苏省镇江市，某纸业（江苏）股份有限公司 8 号码头的 1# 桥吊（轨道式巴拿马集装箱起重机）被强风吹动，移动了近 100 米撞到码头限位（挡板）后折断，桥吊顶端近 60%的构件掉入长江中，码头局部受损。

12 月 30 日，某精密工业有限公司四楼因意外事故发生火灾，因其内有大量易燃物，火灾蔓延迅速，后导致四楼、三楼设备火灾烧损严重，一二楼因消防水淋导致水损。中国太平洋财产保险股份有限公司苏州分公司最终赔付财产一切险 1100 万元，。

【公益活动】 2 月 12 日，作为南京市淮海路社区驻区单位，太平洋财险江苏分公司参加了淮海路社区"我帮您服务站"承诺大会，并向社区服务站捐赠了价值 15000 元的物品。

4 月 11~12 日，太平洋财险江苏分公司团委向全辖团员青年发出倡议，举行抗旱爱心捐赠活动，共筹集款项 54373 元，购买 3266 箱共计近 50 吨纯净水。

4 月 30 日，太平洋财险江苏分公司党委组织全辖党员干部向青海玉树县捐款，全辖各级机构共捐款 65030 元。

【教育培训】 3 月 2~3 日，太平洋财险江苏分公司组织全辖合规人员参加法律合规管理系统视频培训。

8 月 13 日，太平洋财险公司江苏分公司在本部十三楼中会议室举办新员工培训班。

## 中国平安财产保险股份有限公司江苏分公司

【概况】 中国平安保险（集团）股份有限公司是中国第一家以保险为核心的，融证券、信托、银行、资产管理、企业年金等多元金融业务为一体的综合金融服务集团。公司成立于 1988 年，总部位于深圳。公司为香港联合交易所主板及上海证券交易所两地上市公司，股票代码分别为 2318 和 601318。

2008 年，中国平安进入《财富》世界 500 强，并成为入选该榜单的中国内地非国有企业第一名。2010 年中国平安连续第三次入选《财富》杂志 2010 年世界 500 强排行榜，位列第 383 名。继入选 2010 年《福布斯》全球 2000 强前 500 名与英国《金融时报》全球市值 500 强后，中国平安再次摘得殊荣。

中国平安财产保险股份有限公司江苏分公司是中国平安财产保险股份有限公司最大省级分公司之一，经营区域覆盖江苏全省，已设立中心支公司 12 个，支公司及营销服务部 50 多家，累计服务客户达 100 多万人次。截至 2010 年底公司员工队伍达 2000 多名，2010 年保费规模为 23.64 亿元，居全省第三。

【经营业绩】 2010 年是中国平安成立 22 周年，也是保险行业呈现健康协调发展态势，充分发挥保险功能的一年。在这一年中，中国平安财产保险股份有限公司江苏分公司借助于平安集团及产险总公司强大的后援支持，坚持"聪明经营，健康超越"的发展理念，取得了领先于市场的良好业绩，凭借分公司雄厚的实力，在保险服务社会经济发展、保障社会稳定方面，最大程度地践行着企业公民责任。

2010 年，中国平安财产保险股份有限公司江苏分公司共达成保费 42.79 亿元，同比增长 59.42%，市场占有率为 13.99%，同比上升 2.21 个百分点；承保金额 15439.26 亿元，同比增长 24.72%；支付赔款 14.43 亿元，同比增长35.28%。

【渠道建设】 车行渠道建设。2010 年，

分公司持续深化车行渠道改革，全辖所有三级机构均成立了车行业务分部，由分公司委派渠道总监全权负责机构的车行经营管理，渠道总监选拔任命必须先通过平安总公司的资格考试；在条件成熟四级机构逐步开展车行集中经营。车行渠道严格按照总公司要求，通过推进总对总合作车行合作，渠道人员一年内通过上岗资格考试，学习上海车行先进经验，加强机构市场调研、内部管理、队伍建设等，提升客户服务水平，完善渠道经营模式，实现了规模和品质的跨越。

综拓渠道建设。平安在追求市场、客户利益最大化的前提下，全系统推进综合开拓交叉销售工作。2010 年，江苏产险通过寿险渠道众多的销售人力实现产险保费收入 3.2 亿元。综合开拓以平安综合金融架构为依托，将多元化的金融产品及服务与不断增长的客户需求相结合，同时也是本集团实现一个客户、一个账户、多个产品、一站式服务目标的核心战略。

电话销售渠道建设。在电话车险业务渠道上，中国平安的发展领先行业。作为首家拿到电话车险牌照的保险公司，中国平安早在 2006 年就开始在江苏搭建电话销售的基础平台，通过与传统渠道差异化的服务模式，平安在电话车险市场快速发展，业务份额领先。经过近几年的发展，中国平安已经建立了覆盖全省的销售、服务、理赔网络，除提供“万元以下、一天赔付”、“全国通赔、异地办理”、道路救援等常规增值服务外，平安电话车险还有全国统一呼入电话 4008000000，“三分钟快速报价”、“量身定做投保方案”、“所有地级市 24 小时免费送单”的独特服务，为广大车主提供了更加快捷和方便的保险服务渠道。

重客渠道建设。江苏分公司重点客户渠道始建于 2003 年，是分公司从事重点项目、统保业务、经纪业务以及特殊风险项目拓展和维护的专业销售渠道。该渠道自成立以来，以平安优质企业品牌为基础，充分发挥了重客渠道作为“特种兵”的特点，以专业化、精细化及系统化的展业风格及服务理念，成功独家及共保参与了江苏省内诸多重大项目及著名企业的承保服务工作，如扬子石化巴斯夫、田湾核电站、南京地铁及苏宁电器集团等，同时与国内外众多经纪公司建立了业务合作关系。重客渠道已成为分公司重要的业务渠道平台及利润增长点，彰显了平安品牌及行业地位。

【内部管控】 平安产险江苏分公司一向致力于构建符合国际标准和监管要求的内部管控体系。根据国家法律法规以及各监管机构的要求，结合公司综合金融发展战略和经营管理需要，践行“法规+1”，提高抵御风险的能力，确保公司稳健经营和持续健康发展，建立了“覆盖全面、运作规范、针对性强、执行到位、监管有力”的内部控制运行机制。自 2008 年 6 月 28 日，《企业内部控制基本规范》发布以来，平安产险江苏分公司高度重视，按照总公司统一部署，不断整合升级内控体系，构建内控评价平台，实现内控评价日常化，逐步实现“内控人人参与、合规人人有责、内控融入业务和流程”。

平安产险江苏分公司庆祝总公司提前达成 2010 年保费任务

【企业文化】 2010 年，平安产险江苏分公司在江苏保监局的领导下，在业务快速发展的情况下，重视宣传工作建设，始终把宣传工作作为工作的切入点，通过对内、对外有针对性的宣传工作建设，切实有效地推动了公司的科学发展。

法制文化宣传。随着保险业的迅速发展，保险系统反腐倡廉建设面临着许多新情况、新问题，然而江苏产险一贯重视合规、法制建设，根据保险行业、公司自身特点，结合商业贿赂治理工作要求，本着“教育先行、防微杜渐”宗旨，在江苏分公司全辖运用新《保险法》主题晨会、反洗钱知识讲座、合规知识学习、考试等多种形式，提高员工思想意识、筑牢拒腐防变的思想道德防线；在开展法治文化学习的同时，在公司内网开辟法制教育专栏，发布相关新闻稿件，通过内部宣传学习，持续推动江苏产险合规文化建设。

企业内部文化建设。平安产险江苏分公司在参与外部文娱活动的同时，还通过全省职工运动会及平安夜晚会等集体活动，推进公司企业文化建设，增强团队凝聚力，通过文化活动的交流，增进了部门间的协作精神，展现了公司良好的精神风貌。

除了组织各式各样的文化娱乐活动，江苏产险还在分公司内部针对各层级员工开展培训活动，培训活动包含课堂讲授、参观实践和室外拓展训练等等。通过一系列培训活动，使员工更加深入的融入平安文化之中，通过集极富挑战的项目体验中，增进了团队成员的交流和沟通，感悟团队的力量，深刻理解了“企业、团队、个人”三者之间的关系。

【获奖】 获得省委组织部颁发的“党建工作进步奖”。

9 月 28 日，平安产险江苏分公司荣获江苏省“平安金融单位”荣誉称号。

【履行社会责任】 中国平安保险(集团)股份有限公司多年来一直重视支持教育事业，尤其是关注贫困地区的教育事业。1994年，平安集团建成了第一所平安希望小学，中国平安计划在全国各省市边远地区援建100所平安希望小学，截至目前已经援建了84所。2009年教师节前夕，江苏省滨海县蔡桥镇平安希望小学挂牌，这是平安集团在江苏落成的第二所希望小学，新学期有近400位小朋友搬进了宽敞明亮的教室。江苏平安产险在平安集团、产险总公司的带领下，每年都会对平安希望小学采取帮教扶助活动，在投身公益事业的同时，联合媒体做同步宣传，向社会大众树立保险行业的公益形象。

3月26日，江苏省徐州铜山县三堡镇新何村平安希望小学揭牌。这是中国平安在江苏捐建的第四所平安希望小学。图为希望小学的同学们合影留念

【党建工作开展】 完成党委及各党支部的公推直选工作，健全党建组织。参加省委组织部组织的片区活动，每季一次。获得省委组织部颁发的“党建工作进步奖”。参与组织员工运动会等党群活动，提高员工凝聚力。组织全省员工为困难职工捐款。

【重大活动】 6月23日，平安财险江苏分公司、养老险江苏分公司联合举行了2010年产养首次联席会议。江苏产险渠道分管总经理谭珺、养老险江苏分公司副总经理於文清及相关人员出席了会议。会议围绕综合金融销售工作，就今年以来双方在产销养方面开展的主要工作、业绩达成情况及推动过程中存在的问题等进行了通报和沟通。

8月18日，平安财险江苏分公司正式启动全省新渠道客户“非事故道路救援”服务项目试点工作。本项目上线后为新渠道网、电销客户免费提供覆盖全国的非事故道路救援服务。

9月16日，江苏产险参加了由江苏保监局主办的“普及保险知识，构建和谐社会——江苏保险教育丛书大赠送活动”。

9月25日，以“绿色承诺，服务先行”为主题的2010中国平安财险第七届客户服务节在深圳拉开序幕。随即，平安财险江苏分公司的客服节活动也在全省12家三级机构全面展开，在客服节期间，江苏产险推出免费洗车、优惠检测、抽奖回馈等增值服务来回馈全省客户。

9月28日，平安财险江苏分公司获江苏省“平安金融单位”荣誉称号。江苏省平安金融创建活动领导小组向江苏分公司取得的成绩表示祝贺，并颁发了荣誉牌匾。

11月6日，平安财险苏州分公司公共自行车捐赠仪式暨第七届客户服务节闭幕式在苏州高新区狮山永利广场隆重举行，苏州平安财险成为苏州首家公共自行车捐赠单位。本次活动吸引了苏州电视台、苏州交通广播电台、苏州各大报纸及网络媒体的追踪报道。

11月11日，平安财险江苏分公司的保费规模历史性突破20亿元。

11月18日，为适应业务的快速发展，进一步提高EOA时效，针对目前新、老员工对EOA功能及使用要求缺乏清晰、统一认识的现状，平安财险江苏分公司在全辖范围内召开视频宣导会对EOA使用规则及部分功能进行沟通宣导。

11月22~28日，平安财险江苏分公司开展了为期一周的廉政教育宣传周活动。为推动此项活动的顺利开展，分公司将法律知识竞赛试题挂网发布，号召全员参与其中。并通过开展特别晨会及答疑解难等方式，普及新保险法知识，强化公司内部员工的合法合规经营意识。

【重大承保】 1月21日，平安财险苏州分公司成功中标江苏协鑫硅材料科技发展有限公司建安工一切险及第三者责任保险，共计保额近7亿元。

4月，平安财险江苏分公司承保上海金山铁路1标段工程险项目，保费128万元。

5月10日，平安财险江苏分公司独家承保中铁十一局集团有限公司大西铁路客运专线工程险，保费562万。

11月，平安财险江苏分公司承保南通市市政改造外环北路工程险项目，保费120万元。

12月，平安财险江苏分公司承保东丽集团南通公司一揽子保险，保费250万元。

12月16日，平安财险江苏分公司下辖淮安产险成功超越9家竞争对手，中标淮安市环污责任险，此次环境污染责任险的招标是经淮安市政府主要领导人批示后，由淮安市环保局组织实施。共有包括人保、太保在内的近10家保险公司参与竞标，经过三轮角逐，平安财险成功入围，并签下江苏产险第一单环境污染险。

2010年，平安财险江苏分公司成功中标无锡地铁2号线，保费328万元。

2010年，平安财险江苏分公司取得华菱锡钢建工险及进口货运险的独家承保权，保费114万元，并在年底确定获得新厂投产后财产险(共保体6家)主承保资格，2011年保费有望突破250万元。

2010年底，平安财险江苏分公司

平安产险客服节开幕

成功中标交通物流行业责任险，在2011年有望产生保费200万元。

【重大赔付】 1月14日，"奕淳6"轮2010年第六航次从长江口马迹山港装载矿粉15949吨运往江苏江阴港兴澄钢厂码头，从马迹山港开航，当"奕淳6"轮行驶到长江口转向时，由于触碰不明水下障碍物，船艉突发一声巨响，随即船舶舵效丧失。经分析，本起事故是船舶在航行中，"拖泥龙筋"与水下不明物发生直接接触或撞击而致使船舶"拖泥龙筋"折断，不排除可能由于机件本身原因所致，本船所投保的为船舶保险条款(86版)"一切险，故本次事故保险责任成立，平安财险江苏分公司最终赔付给被保险人151.82万元。

5月6日，"炜伦10号"在长江焦山水道尹公州头附近水域，与由安庆载运黄沙驶往江阴的"皖顺发9988"轮发生碰撞，碰撞事故造成"皖顺发9988"轮船舶沉没，无人员伤亡，船舶无法打捞。经事故调查及海事局出具的责任认定书，公司承担次要责任。平安财险江苏分公司最终赔付三者船舶损失220万元，沉船扫测作业费、勘探费2.87万元。

5月29日10:20左右，被保险人南京第二热电厂操作工人发现5#蒸汽炉炉内异响，有大量水汽泄漏，遂停止运行。进入炉内发现：炉内严重受损，热交换管、冷凝壁大面积变型、爆裂、破损、移位。险情发生后，平安财险江苏分公司组织了理赔队伍对现场进行了准确快速的查勘定损，组织赔付，最终赔付185万元。

6月，江苏华兰药用新材料股份有限公司发生特大火灾，报损金额4000万元。针对该起特大火灾案，经研讨和部署工作重点，有效掌控案情进展，最终达成赔付836万元的理想理赔协议并完成赔付，至此平安财险江苏分公司最大赔案顺利结案。

7月28日上午10点左右，南京市栖霞区一家废旧的塑料厂在进行拆迁时，引发了剧烈爆炸，造成离事故600米外的位于栖霞大道8号、8-1号的南京高力家具港，和高力办公室大楼房屋建筑遭受严重损失。险情发生后，平安财险江苏分公司组织了理赔队伍对现场进行了准确快速的查勘定损，组织赔付，最终赔付金额达到449.74万元。

7月29日，南京市地铁2#线中和村站开始开启基坑外的降水井，在基坑降水的过程中，发现附近双和园小区12栋、13栋、15栋、16栋楼的地下室发生不均匀沉降，造成车库的部分墙体和地面发生开裂，地下水沿着裂缝渗入车库。后期在公估公司现场查勘时又发现11、14、17、18幢楼层也出现不同程度的墙体裂缝。险情发生后，公司立即与共保方人保、太保等赶赴出险地点查勘，经定损损失为1224.02万元。此案，平安财险江苏分公司共保份额24%，故最终赔付293.77万元。

【对外交流】 9月7日，平安财险江苏分公司顺利通过由江苏保监局、江苏省级机关法制宣传办等领导组成的验收小组进行的江苏省"五五"普法验收考核。

11月10日，平安财险江苏分公司组织南京地区员工，共计300人，参观、学习了由中国人民银行、银监会、证监会、保监会、中投公司联合主办，国家外汇管理局等11家机构协办的金融系统反腐倡廉建设展。

12月26日，平安财险江苏分公司邀请南京市消防大队的教官，开展了一场消防知识讲座，江苏产险各部门代表认真倾听了讲座，教官以全国近期发生的几次大火灾为例，分别对常见火灾的种类及灭火方法，火灾的应急和逃生知识，灭火器的正确使用方法向大家进行了生动、具体、形象的讲解。同时也要求大家在平时的工作和生活中养成良好的安全行为与防火习惯。这次讲座使江苏产险干部职工对火灾的预防、现场扑救及逃生、灾后的处理有了科学的掌握，提高了安全防范意识。

【公益活动】 9月8日，平安财险江苏分公司相关人员走进淮安平安希望小学，向各位老师致以中秋佳节的慰问，并赠送了数十万元的爱心捐助。

【教育培训】 平安财险江苏分公司员工教育培训形成制式，全年贯穿的几大培训对员工的成长和提高起到了良好的推动作用。组织九期新人入司NEO培训，覆盖人员448人；组织5期绩优培训，141人参训；2期潜才、C干培训，60人参训；推荐优秀B类干部参加总公司培训；组织四级机构负责人养成班，研修班各一期，配合团渠组织直销主管培训一期；推荐重三机构负责人参加总公司专题培训；完成"贸易信用险"、"成长动力"、"货运险"三门课程的开发，形成从课程开发到培训通关，再到机构培训覆盖的成熟流程，特别是"贸易信用险，成长动力"的销售在全国取得了第一的好成绩，使"产品大讲堂"项目获得公司上下的认可。102个销售单位参加学习，参与度100%，77个团队达成30分以上，44个团队入围评优，16个团队获评标杆团队。

# 天安保险股份有限公司江苏省分公司

【概况】 2010年,是江苏天安彻底摆脱经营困境、实现有效发展的转折之年。

效益观念不断增强。随着总公司目标承接制度的推行,江苏天安提出了“以效益为中心,一切为了利润,来着力提升公司整体经营和管理水平”的经营理念,各基层机构“讲效益、争利润”的积极性明显提高,公司上下“统一思路强斗志,夯实基础严管控,优化结构推转型,效益为先促发展”的氛围已经初步形成。

经营态势持续向好。具体表现在业务规模稳定增长、经营利润大幅提升和理赔质量显著提高。

合规经营蔚然成风。2010年,江苏天安将合规经营作为企业运作的指挥棒,在日常工作中,公司通过增强机构合规经营意识、加大日常审计和各专业条线的检查力度和实施万件赔案“回头看”工程等方式,竭力提高公司的合规管理水平。经过一年的努力,公司合规经营状况已有了根本改观,假保单、埋单、阴阳单、违规退费等违规行为几近绝迹。

改革创新深入人心。随着总公司股权重组,新的经营理念和新的发展要求深入人心。2010年上半年,公司相继实施了人事改革、财务改革和销售费用改革,并在全系统范围内产生了广泛的影响,取得了预期的改革效果。

【经营业绩】 2010年,江苏天安实现保费收入6.71亿元,同比增长了7.63%。其中,财产险同比增长了2530万元,车险同比增长了1387万元,人身险同比增长了842万元。从累计险种结构来看,非车险占比29.42%,同比上升了3.16%。实现利润5951万元,同比增长4645万元,其中,财产险盈利5537万元,人身险盈利1746万元,车险亏损1653万元。全年赔付结案金额3.84亿元,同比下降了2605万元;累计已决赔付率57.21%,同比下降了8.54%;累计综合赔付率58.12%,同比下降了2.16%。事故最终赔付率53.4%,同比下降了8.5%。全辖立案数量、已决案件数、未决案件数同比分别减少了29656件、34412件、9608件;综合结案率81.57%,同比上升了0.57%。

【渠道建设】 2010年天安保险江苏省分公司渠道建设主要做法有:一是强化兼业渠道建设,保证非车险业务的增长。2010年,公司根据产品特点制定了专门银保、4S渠道业务政策,并充分发挥管理、引导、考核、费用配置产品销售的作用,重新调整组织架构、重新整合既有资源、重新建立薪酬分配体系、重新设置业绩评价考核兑现办法的原则。同时,公司通过打造销售能力强、辐射面广、渗透力强的渠道作业团队,强化了公司渠道建设,提高了产品销售能力。二是强化了公司个代渠道建设,提高了人均产能。2010年,通过设置个代相关管理部,建立业绩考核体系等方式,继续加强个人代理人销售能力建设,促使个代渠道建设在公司发展中发挥拉动作用。

【内部管控】 2010年,江苏天安继续坚持精细化管理的原则,进一步加强了对各条线的管控力度。

业务管理。以费用政策为抓手,通过实行差异化承保、车险集中核保、加强风险查勘和防灾防损工作等政策,坚持发展高品质业务,限制发展劣质业务,确保提升公司的经营效益。

理赔管理。继续强化理赔基础性管理工作,通过制定车险查勘“规定动作”、加大未决案件的清理力度等方式,竭力提高理赔管理品质。同时,在客户服务方面,公司着重强调了理赔服务的时效性、专业性和增值性,做到了基础管理与理赔服务的全面发展。

财务管理。江苏天安力求以创新管理来实现财务管理的稳健性和效益化,主要通过加强对管理费用的预拨和管理,细化销售费用的核算和实行财务集中管理等方式,来实现财务管理的精细化。

人事管理。公司以提高人均产能为目标,加强了对低绩效人员的清理工作和高技能专业化人才的引进。同时,公司还对优秀业务人员实行优厚的补贴政策,体现了公司以人为本的用人理念。

合规管理。公司坚持学习、审查和预防并重的原则,以新《保险法》为总纲领,通过加强制度的建设,加大日常审计的力度和频率,推行“阳光工程”等方式,不断提高公司的合规水平。

【企业文化】 随着股权结构的调整,新的股东带来了新的企业文化,目前天安全辖正开展以“忠诚拼搏、艰苦创业”为主题的主题教育活动,活动效果明显。具体表现在:一是改革热情更加强烈。去年江苏天安先后实施了“三大改革”,而其中的人事改革方案和财务改革方案得到了总公司赞许,并在全辖内转发。二是发展信心越发坚定。通过主题教育活动的深入开展,在“忠诚拼搏,艰苦创业”这一新的企业文化精髓入脑入心的同时,也进一步增强和激发了广大

天安保险江苏省分公司第二届“百万展业明星俱乐部”高峰会

天安保险江苏省分公司四级机构负责人培训班

员工加快发展的信心与斗志。2010 年，江苏全辖实现利润好转。

【党建工作开展】 2010 年，具体开展工作有：一是加强制度建设，完善党委管理制度。针对各机构领导班子中党员数量较多的情况，分公司党委按照“八字方针”和“六个坚持”的要求，于年初制定、下发了《2010 年江苏省分公司党委工作要点》，提出把“政治素质好、经营业绩好、团结协作好、作风形象好”作为班子建设的目标和标准，来加强和改进党的组织建设。同时，分公司还建立了《领导班子办公例会制度》，要求各机构领导班子认真贯彻执行民主集中制，提高了领导班子决策效率和工作效率。二是适时调整充实组织机构，适应公司做大做强新要求。江苏天安于 11 月份对基层党组织机构进行了调整，原三级机构党支部全部改建为党总支。同时，提拔选用了一批德才兼备、敬业爱岗的优秀青年干部，参与公司新一轮的党建工作，为保障 2011 年业务的发展提供了生机和活力。三是深入开展创先争优活动。2010 年，分公司下发了《2010 年党委工作要点》，修订并细化了《“创先争优”活动考核细则》，另外，通过开展深入学习先进基层党组织和优秀共产党员事迹的活动和公开承诺的活动，做到了创建活动“有组织、有主题、有落实、有效果”。

【重大活动】 2 月 4 日，天安保险江苏省分公司召开 2010 年工作会议，省政府金融办副主任查斌仪，江苏保监局副局长宋志华应邀到会指导，分公司总经理张宇生在会上作了题为《再造发展优势　提升盈利能力》的工作报告。

3 月 11 日，天安保险江苏省分公司董事长裘强莅临江苏分公司调研指导工作，在认真听取总经理张宇生和部分中支负责人的的工作汇报后，董事长对江苏分公司提出了要争当天安系统四个“排头兵”的要求。

6 月 2 日，天安保险江苏省分公司在常州天目湖风景区举办“百万展业明星俱乐部”高峰会，总公司副董事长康毅应邀出席并讲话，江苏省分公司总经理张宇生作了题为《如何提升销售能力》的主旨演讲。

8 月 1 日，天安保险江苏省分公司“万件赔案回头看”理赔倒查活动正式启动，根据倒查出的问题案件的特点，江苏天安主要通过三种渠道进行追偿：向骗赔者追偿，向责任方追偿，对盗抢车追偿。随着相关工作的深入，截至 2010 年底，共追回相关款项近 300 万元。

【重大承保】 1 月 1 日，天安保险江苏省分公司独家承保了苏果超市企财险及人身险，保费收入 500 万元。

2 月 1 日，天安保险江苏省分公司以 10%的份额参与承保了无锡市轨道交通 1 号线工程建筑工程一切险，保费收入 660 万元。

2 月 1 日，天安保险江苏省分公司独家承保了 AO 史密斯产品质量保证保险，保费收入 280 万元。

7 月 1 日，天安保险江苏省分公司以 9%的份额参与承保了沪昆客专江西段站前工程 HKJX-1 标段建筑工程一切险，保费收入 107 万元。

10 月 1 日，天安保险江苏省分公司以 10%的份额参与承保了无锡市轨道交通 2 号线工程建筑工程一切险，保费收入 541 万元。

2010 年，天安保险江苏省分公司承保了江苏盐阜公路运输集团有限公司客运车辆的机动车保险，收取保险费 905.91 万元。

2010 年，天安保险江苏省分公司承保了泰州市政府招标采购车辆的机动车保险，收取保险费 234.49 万元。

2010 年，天安保险江苏省分公司承保了华润苏果超市集团的机动车保险，收取保险费 143.19 万元。

2010 年，天安保险江苏省分公司承保了苏州市政府招标采购车辆的机动车保险，收取保险费 116.33 万元。

2010 年，天安保险江苏省分公司承保了吴江市汽车客运集团有限公司客运车辆的机动车保险，收取保险费 110.1 万元。

【重大赔付】 2009 年 2 月 13 日，由天安保险公司江苏省分公司参与承保的健鼎（无锡）电子有限公司厂房顶装修层上面的一根 PP 材料排风管突然发生塌落，造成车间内其余生产设备和半成品不同程度锈蚀污染损失，2010 年公司赔付 133 万元。

2009 年 8 月 21 日，由天安保险公司江苏省分公司参与承保的宝钢集团南通钢铁有限公司炼铁厂 “高炉煤气余压透平机组” 发生振动，停机拆盖检查发现，有多个静叶和动叶叶片断裂、护缸套、沉缸等均有损伤，已无法正常运行，急待修理，2010 年公司赔付 92 万元。

2009 年 8 月 26 日，由天安保险公司江苏省分公司独家承保的泰兴市润鹏化工有限公司发生火灾，造成厂房、设备、存货受损，2010 年公司赔付 285 万元。

2008 年 12 月 12 日，由天安保险公司江苏省分公司独家承保的江苏通江科技股份有限公司发生火灾，造成厂房、设备、存货受损，2010 年公司赔付 90 万元。

【公益活动】 3 月，天安保险徐州中心支公司参加由徐州市工商局、徐州市保险协会、徐州市消费者协会、徐州日报社联合举办的消费者权益日“诚信”宣传活动，并获徐州市放心消费诚信联盟签约单位称号。

5 月，天安保险江苏省分公司团支部组织开展“保护母亲山，让紫金山能够更加自由地呼吸”公益活动，广大团员人手一只垃圾袋，一副手套，一根木棍，从山地脚出发，清理山上的每一片垃圾。

11 月，天安保险无锡中心支公司响应无锡市委、市政府开展的冬季“送温暖、献爱心”慈善捐赠活动，全员参与，捐款金额总计 7445 元。

【教育培训】 8 月 16 日，天安保险江苏省分公司参加了由天安保险总公司组织的保险业务专题培训，培训邀请了上海财经大学保险学教授应世昌讲授保险风险业务知识。会议主要介绍了风险的定义、种类、构成要素、风险管理的技术、程序以及保险的基本原则等。

9 月 1 日、8 日，天安保险江苏省分公司举行了本部全体干部员工参加的汽车基础知识培训，培训主要对汽车品牌、结构构造、工作原理等基本知识进行了讲解。

11 月 12 日，天安保险江苏省分公司举行了全省业管内勤技能考试，重点对保险基础知识、出单实务操作、计算机基本技能进行了考核。

12 月 10~12 日，天安保险江苏省分公司举办了为期三天的四级机构负责人培训班。此次培训的主要内容有如何当好基层领导和带好基层队伍、合规经营与管控、理赔管理与风险控制以及理赔实务等九方面。

## 大众保险股份有限公司江苏分公司

【概况】 大众保险股份有限公司是 1995 年元月在上海注册成立的股份制商业保险公司。公司由上海国际集团、上海市城市建设投资开发总公司、上海大众公用事业(集团)股份有限公司等 24 家企业投资创立，公司注册资本为人民币 11.46 亿元，总资产超过 20 亿元。大众保险股份有限公司江苏分公司是大众保险股份有限公司设立的第一家分公司，成立于 1997 年 7 月。目前下设无锡、南通、常州、徐州、镇江、扬州六家中心支公司和分公司本部，下辖支公司以下营业机构 24 家。此外，还有总公司直管单列的苏州分公司。公司主要经营范围为:企业财产保险、家庭财产保险、建筑工程保险、安装工程保险、货物运输保险、机动车辆保险、一般责任保险、意外伤害保险、水险等。

【经营业绩】 从经营结果上看较往年成效显著。保费收入稳步增长尤其是非车险增长显著且险种结构得到进一步优化。2010 年总保费收入 36789.72 万元，同比增长 14.80%。其中，车险保费收入为 29073.46 万元，同比增长 13.0%；非车险保费收入为 7716.26 万元，同比增长 21.4%。此外，2010 年综合赔付率为 53.33%，同比下降了 14 个点。其中，车险综合赔付率为 59.01%，同比下降约 17 个点；非车险综合赔付率为 26.87%，虽同比有所上升，但仍处于较好状态。

【渠道建设】 大众保险江苏分公司积极在渠道建设方面进行了投入。一是明确并完善了分公司市场部渠道建设的管理职能；二是积极与各省级分行接洽，签订省级合作协议；三是草拟了对车商业务建立专门的管理办法，并对其给予资源配置的倾斜。江苏分公司已与江苏省农业银行、建设银行建立了业务合作关系。在专业、兼业代理渠道建设方面，公司已与江苏诚信等签订了全面合作协议。

【内部管控】 在总公司分级授权经营的管理框架下，江苏分公司对两核条线进行了集中管控模式的探索。先后在 2010 年上半年和下半年设立了宁镇扬徐(南京、镇江、扬州、徐州)和锡常通(无锡、常州、南通)理赔片区，同时对核保工作进行了全省集中。为进一步调动管理岗位员工工作激情，在降低人力成本的同时激发管理岗位员工的工作潜能，分公司对全省管理岗位及人员进行了梳理并研究草拟了定岗、定编、定薪的初步方案。为切实履行总公司授权经营所赋予的责任，提升分公司的管控能力，分公司采用外部引进和内部培养等方式充实了各管理部门关键岗位的业务骨干。为强化合规管理工作，分公司建立了合规管理组织架构并设立了专职和兼职合规管理岗位。分公司确定了合规性审查前置的风险控制模式，即在内部管理制度生效前、外部协议签订前，先进行合规性审查，以切实减少合

大众保险四级机构培训颁证仪式

规性风险的发生。

【企业文化】 大众始终以“信誉为本，服务大众”为服务宗旨，以敬业、守信、高效、创新的服务精神创造大众的信心与价值，造福于大众富裕与安宁，建设具社会领先的金融保险服务商。为体现公司“新大众、新形象、新业绩”及金融保险业的精神面貌，公司重申了职场行为规范，包括文明办公、员工着装、职场环境、考勤、加班、休假等规定。大众坚持保险业的科学发展观、坚持效益优先、坚定不移走稳健发展的道路，努力把公司建设成综合实力强、品牌信誉好、员工待遇高的一流财产保险公司。

【党建工作开展】 因2010年公司机构人员调整较大，党委成员有较大变化。江苏分公司党委仍十分重视党建工作。首先是重要的人事任免都按照程序和党管干部的原则，在党政联席会上取得一致意见后再做决定。每一段时期，都根据公司的发展以及上级党组织的要求召开党委会研究事项，并督促各党支部做好党员转正工作。

【重大活动】 2月3日，大众保险江苏分公司成立了江苏分公司二核专业委员会，负责分公司系统内重大核保项目、重大核赔案件的决策。

8月3~5日，大众保险江苏分公司在镇江召开分公司第三届工代会、第一届职代会及年中工作会议。总公司总经理陈方、副总经理吴建霞、人力资源部副总经理、江苏分公司领导班子成员、各职能部门负责人、各中心支公司班子成员以及两会代表、各中心支公司计划财务部负责人参加了此次会议。

9月3日，大众保险江苏分公司2010年度理赔会议在南京召开。参加会议的人员主要有分公司总经理室成员、分公司客服中心相关主管人员、各中支机构负责人和分管老总及内外勤主管，共计50余人。会议特邀总公司理赔部总经理丁邦宁列席参加。客服中心总经理李忠良宣导了总公司全国理赔工作会议精神。

10月18日，大众保险常州中支公司开展“优质服务季”活动。活动设“优胜部门”和“服务明星”2个奖项，每月进行评比，以流动红旗方式以示鼓励，季末活动结束后，进行总结和表彰。

12月7~8日，大众保险江苏分公司党委扩大会议、民主生活会暨2010年决算工作布置和2011年预算工作会于南京召开。总经理张建在会上讲话，副总经理徐东白主持会议，分公司各中心支公司、南京本级和各职能部门负责人参加了此次会议。

【重大承保】 6月1日，大众保险启东营销服务部承保了江苏林洋新能源有限公司的财产险系列保险项目。签单保费共计176.64万元。

【重大赔付】 标的车苏A59067于2010年1月26日行驶至阜宁县郭墅镇同泰桥西侧与横过机动车道的行人王某某发生碰撞，致标的受损，王某某受伤后经抢救无效后死亡。大众保险江苏分公司于2010年8月根据法院调解在交强险内赔偿了损失11万多元，在商业险内赔付被保险人27万多元，合计约为40万元。

7月3日下午，溧阳市明达电梯安装工程有限公司承建的安徽巢湖庐江一工地电梯安装工程，电梯安装工易某某及该项目负责人邱某某两人从10楼电梯井道口搬运东西时，钢丝绳断裂，两人从10楼井道口坠地身亡。大众保险常州中支公司派员前往事发地现场查勘，调查确认属保险责任，每名死者按满限额赔付18万元。

8月5日下午，家住溧阳市社渚镇梅山村委石家塘村的潘某某在村东水塘边用自己家的小型水泵往责任田里打水，在铺设好水泵及水管后潘直接在水塘边的电杆上380V的裸线上挂线取电时不慎触电身亡，大众保险常州中支公司确认属保险责任，按满限额赔付14万元。

驾驶员林某某持证驾驶苏B00302天籁车于2010年10月15日17时50分在金城立交桥行驶时，追尾撞上苏B29M01车，并导致苏B29M01撞到前方皖FJK518车，致使三车损坏，本车上乘坐员周某某受伤。该事故由无锡市公安局交巡警支队高架道路大队处理，标的车负事故的全部责任。大众保险无锡中支公司最终赔付约16万元。

【对外交流】 12月20日，美国史带产险公司派工作小组来到大众保险江苏分公司进行拜访、考察。双方对各自经营特点、管理模式等方面进行了沟通，互相学习。

【教育培训】 5月23~24日，大众保险江苏分公司首期四级机构负责人培训班在无锡宜兴顺利举办。江苏保监局科长黄庆、南京审计学院教授唐汇龙、总公司法律合规部经理、分公司领导班子成员及各管理部门负责人参加了此次培训和学习交流。

## 华泰财产保险股份有限公司江苏省分公司

【概况】 2010年以来，江苏省分公司面对各种严峻的形势，在全体员工的共同努力下，加快了分公司的发展步伐，成效显著：一是中支机构全力扭亏增效；二是车险业务历史性实现盈利；三是营销体制改革全面展开。

【经营业绩】 2010年度分公司完成保费收入18728万元(含电销236万元)，已赚保费综合成本率为82.95%，比去年同期117.17%下降了34个百分点。除车险、意健险保费指标完成较不理想外，其他各项指标均处于一个较好的状态，分公司实现承保利润2571万元。

车险全力改善，2010保单当期已出现盈利。通过加强业务调整力度和理赔管控，2009单满期赔付率较2009年底降低至56.68%，降幅较大；2010保单满期赔付率控制在较低水平，车险业务历史性实现盈利。

非车险贴近市场，严格风险管控依法合规经营。非车险按照年初既定的预算目标，积极开拓市场，较好地完成绩效考核目标。分公司按照总公司集约化发展的要求，利用公司的管理、技术和品牌优势做到核保政策贴近市场，费用向优质业务倾斜，强化为机构的服务意识，全年非车险业务得到了健康发展，超额完成保费预算，尤其是利润接近1800万元，以水险为主，同时火险、责任险、意健险各条线均有一定的利润，创下了历史新高。

【渠道建设】 强化中支机构基础建设。2010年是管理年、效益年，江苏省分公司又是分支机构最多的省级公司，管理的战线长、环节多、任务重，如何夯实基础，控好成本，积聚发展后劲是需要着重解决的问题。在统一管理出效益的认识上，重点任务就是中支扭亏，到年底除了泰州、镇江中支亏损外，其余中支均实现了盈利。

顺利完成销售体系改革“取其形”工作。江苏分公司从8月开始进行营销组织管理体制改革，刚刚筹建的分公司营销管理部承担了具体的改革工作，在总、分改革小组的领导下，经过一个多月的工作，顺利完成了分公司营销组织管理体系改革，按照总公司的要求，按渠道搭建了新的销售组织架构，初步构建了专业化的营销管理体系，并于2010年10月1日起，正式按照新的销售组织架构运行，改革的取其形工作顺利完成。

【内部管控】 华泰保险江苏分公司自1998年成立以来一直坚持总公司的理念：走依法合规经营和稳健发展的道路，坚持质量效益型发展。为维护市场秩序和公司运营安全，一直不断提高控制内部风险能力，增强风险意识，使公司保持健康、良性的发展态势。

2010年公司继续加强内部风险管控能力，一方面继续颁布一些规章制度，从制度上控制风险的发生。同时，加强执行检查和教育培训，从环境控制、业务控制、财务控制和信息技术控制四个方面加强公司的内控管理工作，从而保证了公司整体运作的稳定性。

【企业文化】 2010年分公司进一步深入开展和丰富企业的文化建设活动，以先进的企业文化创建和谐的公司文化氛围。

在员工中牢固树立社会主义荣辱观。弘扬“服务大局、勇担责任、团结协作、为民分忧”的行业精神，进一步树立“想全局、干本行，干好本行、服务全局”的大局意识。着力培育公司对社会、对客户、对员工以及员工对公司的诚信文化，促进保险信用体系及企业执行力建设的提升。

健全和完善责任结构及部门岗位责任的体系建设。形成以责任环环相扣、相互承担企业组织责任使命完整的“责任链”，构建全员以责定岗、以岗设人、岗责分明的责任体系，配合有效的“责任权重”、相关的激励制度建设，促使每个员工主动承担起岗位责任，强化全员的责任感和紧迫感，树立依法合规经营意识，健全和完善责任明晰、绩效考核、差错追究的责任考核体系，从而推动公司组织责任使命的实现和发展进步。

倡导“情系客户”的公司理念。以方便客户为本，推进保险标准化建设，实现服务亲情化、标准化和承保理赔便捷化、规范化。推动网上保险、远程理赔等新的服务方式，提升服务水平，提高服务效率。

提高合规意识，培养合规文化。高度重视保险合规风险管理机制的构建和完善。倡导和培养良好的合规文化，强化“合规人人有责”、“主动合规”、“合规创造价值”等理念。

建立健全规章制度和行为规范。使企业理念制度化的同时实现制度的观念化，从而实现员工行为既有价值观的导向，又有制度化的规范。价值观是企业文化的核心，把企业文化的基本理念融入到各项规章制度中，制定和完善符合现代企业经营实际的管理制度、操作规范、工作职责，形成企业共同价值观系统和全体员工积极向上的职业道德规范、原则和方式，从而激发全体员工工作的主动性、积极性和创造性，形成人与人之间和谐、部门及部门间和谐，推动公司整体与社会的和谐发展。

【重大活动】 1月18日，华泰财险总公司副总经理丛雪松、营销管理部张伟强及分公司拟任总经理彭江山至保监局拜会局长谢宪及产险处相关人员。

1月18日，华泰财险总公司副总经理丛雪松、营销管理部张伟强、分公司拟任总经理彭江山召开分公司各部门、各机构负责人会议，宣布领导交接事宜。

2月9日，华泰财险江苏省分公司召开2010年全省工作会议，分公司拟任总经理彭江山、各职能部门负责人、首席核保人、各中心支公司班子成员、计财部负责人等近40余人参加了会议。

2月10日，华泰财险江苏省分公司办公室主任至江苏保监局领取了《关于核准彭江山高级管理人员任职资格的批复》。

3月11日，华泰财险总公司总经理赵明浩在副总经理丛雪松的陪同下，莅临江苏省分公司检查指导工作，就2010年公司的营销组织管理体制改革进行调研。调研期间，分公司召开专题座谈会，部门经理以上职级的人员参加

美国ACE保险集团总裁Greenberg、ACE驻华泰代表张蓓在华泰财产总公司丛雪松副总经理的陪同下莅临江苏省分公司指导调研工作

华泰产险江苏分公司员工参加江苏保险业首届"唱响时代主旋律"青年歌咏比赛

了会议。

3月16日，美国ACE保险集团总裁Greenberg、ACE驻华泰代表张蓓及华泰人寿总经理殷晓松在华泰财险总公司副总经理丛雪松的陪同下，莅临江苏省分公司指导调研工作，听取了总经理的工作汇报并与两核部门负责人进行了沟通，会后拜会了省政府及保监局相关领导。

3月18日，华泰财险江苏省分公司总经理彭江山参加保监会召开的贯彻落实《保险机构案件责任追究指导意见》暨保险业打击"三假"工作总结视频会议，会议对保险业打击"三假"工作做了总结，并对如何深入贯彻落实《保险机构案件责任追究指导意见》做了具体部署。

5月26日，行业协会相关人员对分公司进行南京市第五次车险第三方行业自律检查以及南京市第一次非车险第三方行业自律检查。

7月15日，省、市社保联合检查小组来华泰财险江苏省分公司对2008年公司社保相关情况进行检查。

7月30日，保监局检查小组对华泰财险江苏省分公司开展为期一个月的现场检查，检查范围和内容主要是2009年1月至2010年6月30日公司经营情况。

9月28日，华泰财险江苏省分公司总经理彭江山参加行业协会召开的江苏省第十届产险公司总经理峰会，会议首先审议并签署了《江苏省非车财产险"见费出单"行业自律公约2010年第2版》及江苏省机动车联合信息平台第三年度收支及分摊还款方案，之后对《江苏省企财险理赔查询平台方案》进行了研究。

10月14日，华泰财险江苏省分公司总经理彭江山及相关人员参加总公司召开的2011~2013年发展规划汇报沟通视频会议。

11月12日，华泰财险江苏省分公司组织员工参加保监局举办的"金融系统反腐倡廉建设"南京巡展。

【重大承保】 1月，华泰财险江苏省分公司作为独家承保人承保南京华润热电有限公司财产一揽子保险，保费272.55万元。

2月，华泰财险江苏省分公司与南京邮政局签订机动车辆保险合同，保费51.47万元。

2月，华泰财险扬州中心支公司与扬州邮政局签订机动车辆保险合同，保费57.57万元。

2月，华泰财险江苏省分公司与江苏宁沪高速公路股份有限公司签订了机动车辆保险合同，总保费169万元。

7月，华泰、平安、太平洋3家江苏财产险保险公司共同承保了铜山华润电力有限公司财产一揽子保险，总保费487.58万元。

12月，华泰财险江苏省分公司作为独家承保人承保阜阳华润电力有限公司财产一揽子保险，总保费316.86万元。

【重大赔付】 1月17日台光电子材料(昆山)有限公司原材料存储罐内发生泄漏，导致罐内环氧树脂50吨、槽内已经加料的胶水12吨、当天生产的玻璃布40000米受损。华泰财险江苏省分公司最终赔付72.25万元。

1月17日至4月4日江苏省长江公路大桥指挥部出险，根据主承保提供的材料，在2009年1月17日~4月4日发生15次沉井塌方导致地面塌陷，其中还导致6间民房损坏。主承保一并处理此批案件。华泰财险江苏省分公司最终赔付71.70万元。

3月6日宜兴华润热电有限公司2#炉B排粉过程中，磨煤机启动不久，制粉装置发生爆炸。此次事故导致2#炉排风机、给粉机及其他小型装置损坏严重。华泰财险江苏省分公司最终赔付38.02万元。

3月31日南京华润热电有限公司现场人员在进行日常巡察时听见磨煤机有异响发生，当即通知了设备运行人员，设备人员判断设备有故障发生，停机检修时发现磨煤机减速箱的轴承处已经变色损坏。华泰财险江苏省分公司最终赔付44万元。

5月20日内蒙古托克托县蒙丰特钢有限公司在连铸过程中大包上的滑动机构压簧故障导致钢水泄漏，引发火灾。此次事故造成中间包本体、结晶器震动台、结晶器本体和结晶器执行缸、电磁搅拌线圈等设备受损。华泰财险江苏省分公司最终赔付85.26万元。

6月25日汕头丹南风能有限公司位于南澳岛上风电场遭受强雷暴天气，导致该风电项目一期的40台600KW风电机组全部停止了运行。后经检测共计11台风电机组不同程度地出现了故障，最为严重的是一台发电机受损。华泰财险江苏省分公司最终赔付35.18万元。

2008年12月13日保户驾驶苏B51119跃进厢式运输车行驶至无锡西太公路鹅湖与后桥交叉口时，与陈某某驾驶的自行车相撞，造成陈某某受伤、车辆损坏的交通事故。该事故因无法查证事发时双方驾车通过设有交通信号灯控制的交叉路口时，遵守交通信号灯指示通行的情况，最终交警认定无法查清事故原因。该案最终诉讼至无锡市锡山区人民法院，经过审理并判决，因伤者陈某某一个五级伤残，两个十级伤残等级。该案于2010年11月1日全部支付完毕，华泰财险江苏省分公司最终赔付32万元。

2009年10月17日16时05分，驾驶员沈亦农驾驶标的车沿南京浦口区江北大道由北向南行驶至东大路口南侧行人横道时，疏于观察，将在人行道内的行人陈永洪及沈占国撞倒，造成两行人严重受伤，经交警认定，标的车负全部责任。两伤者共计总损失40余万元。该案于2010年12月22日赔付完毕，华泰财险江苏省分公司最终赔付31万元。

## 中国出口信用保险公司江苏分公司

【概况】 2010年，面对后金融危机时代外贸发展环境的深刻变化，江苏信保在省委省政府和总公司的正确领导下，在江苏保监局、省金融办、商务厅、财政厅等有关部门的指导支持下，坚决贯彻国务院和省委省政府的战略部署，以“想全局、干本行，干好本行、服务全局”为出发点，以“思路创新、方法创新、勇担责任”为内在要求，开拓创新，在服务全省外贸出口持续回升、加快外贸发展方式转变等方面，发挥了新作用，做出了新贡献。

【经营业绩】 业务规模再上新台阶。短期险全年累计支持全省一般贸易出口241.3亿美元，同比增长87.1%，承保规模继续居全国各省市之首；项目险2010年承保项目7个，实现承保金额3.7亿美元；资信业务实现业务收入1065万元，同比增长1倍多；国内贸易险业务承保金额103.7亿元，同比增长9%；整体业务收入2010年折人民币已达到7.5亿元，比上年净增3.4亿元。

出口支持率进一步提升。2010年对全省一般贸易出口的支持率达到25%，较2009年提高了近7个百分点。这标志着全省每4美元的一般贸易出口中，就有1美元是在出口信用保险的支持下实现的。

受益企业快速增加。全年累计投保出口企业2083家，同比增长46.6%；为江苏省出口企业提供买家资信调查1.8万余次；发出各类出口风险预警信息专报90余期；支付赔款4430万美元，追回逾期应收账款5976.3万美元；提供保单融资便利238亿元。

【渠道建设】 政府认知度不断提高。精心组织了向省市政府、省有关部门的汇报、会谈，与省商务厅联合举办促进江苏出口增长高层论坛、全省信贸工作会议和“专项安排”政策宣讲会，推动省商务厅、台办、中小企业局专门下发了相关文件，深化政府部门对出口信用险工作的再认识。2010年，江苏省市党政领导先后14次作出重要批示予以肯定，省政府专门向总公司发感谢信，肯定江苏信保对地方经济发展的作用。

银行合作实现互利共赢。以互利共赢、务求实效为原则，分类推进、正确引导、规范操作，提高了合作的层次和质量，截至2010年底，江苏信保已经与10多家银行建立了战略合作关系。

商协会合作保持良好势头。江苏信保以扩大宣传、批量营销为着力点，通过开通网上信保专栏，开展联合巡回宣讲等形式，全年共与商协会联合举办宣讲会20多场。

品牌形象有了明显提升。以宣传造势、提升品牌为基点，进一步巩固和扩大了核心媒体圈，抓住各类有利契机，多次召开新闻发布会，先后在中央和地方媒体刊发新闻稿件70多篇，并被几十家主流网站广泛转载，营造了良好的舆论氛围。

【内部管控】 制度体系建设取得实效。初步形成适合江苏市场的产品和费率体系，提高了产品的市场适应性；完善内部运营和组织管理体系，使运营管理步入了规范化轨道；改良费用和核算体系，提高了财务计划管理水平；健全考核和评价体系，促进了业务快速健康发展。

合规经营工作扎实推进。不断完善内控制度建设，填补了管理空白；加强对重点行业和大限额的风险监控，保证了业务的稳健经营；推进了法律合规和反洗钱工作；开展了各项专项检查，并针对发现的问题认真分析原因，进行整改，使合规经营管理工作迈上了新的台阶。

【企业文化】 以创先争优活动和文明单位创建为抓手，制定关爱员工计划，组织开展了员工运动会、系列司庆活动、书画摄影比赛、青年足球比赛、员工休假疗养等一系列活动，进一步深化了“敢于亮剑、精益求精、风清气正、有为才有位”的企业文化精神。

【获奖】 荣获江苏省文明单位、江苏省平安金融单位、总公司“优秀单位”、“短期出口险保额综合贡献奖”、“项目险业务突破奖”和“支持国家重点行业成果奖”。

【履行社会责任】 做好挂钩帮扶涟水工作，2010年向涟水余圩无偿捐助了11台折旧电脑，划拨了4万元项目支持资金，并前往涟水中学看望了一直予以资助的15名涟水中学困难学生，捐赠了101名党员干部捐助的15000元现金，并面向涟水出口企业进行了出口信用保险政策宣讲。在面对玉树地震、

10月28日，中国信保党委书记、总经理王毅赴联系点单位——江苏信保调研指导创先争优工作，并深入重点客户无锡尚德推进江苏信保“争做客户贴心人”主题活动

云南旱情时，江苏信保发动开展了“抗震救灾”、“送温暖、献爱心”社会捐款、捐建希望小学、倡导义务献血等活动，彰显了企业的社会责任心。

【党建工作开展】 围绕中心工作，开展创先争优活动。始终把充分发挥政策职能作用，服务人民群众作为开展创先争优活动的根本落脚点，把坚持“服务地方经济发展、服务出口企业壮大、服务职工群众成长”，追求“让政府部门满意、让出口企业满意、让广大员工满意”作为服务人民群众的具体措施和标准，坚持以“把现在做的事情做得比现在更好”为根本理念，着力增强争创活动的针对性和实效性，为更好服务人民群众提供了强大动力和组织保证，得到了中央、保监会创先争优工作领导小组的好评。

按照总公司的统一部署，组织召开了二次党委民主生活会，落实党风廉政建设责任制的各项工作要求。

参加创建省文明单位和平安金融单位活动，并被评为江苏省文明单位和江苏省平安金融单位。

【重大活动】 1月，省政府副省长张卫国、保监局局长谢宪、无锡市委书记杨卫泽、无锡市长毛小平、无锡副市长方伟、常州市委书记范燕青、南通市委书记罗一民、南通市长丁大卫、南京市副市长王受文等省市领导先后作出批示，高度肯定出口信用保险对江苏外贸企稳回升作出的积极贡献。

1月31日，出口信用险江苏分公司与省商务厅联合举办“2010年促进江苏出口增长高层论坛”，省政府副省长张卫国、副秘书长张吉生、商务厅厅长朱民、中国信保总经理王毅以及省政府办公厅、江苏保监局和商务厅、财政厅、人行、外管局等省外经贸联席会议主要成员单位、省内各主要省级银行、各地市外经贸局、有关商协会和全省重点出口企业负责人，共计200余人参加了论坛。

2月6~7日，出口信用险江苏分公司举行2010年度工作会议，学习贯彻中央、全省经济工作会议和保监会、总公司工作会议精神，总结盘点2009年业务运行情况，深入分析当前形势，并对2010年工作任务作出了安排和部署。会上，出口信用险江苏分公司党委书记、总经理汪涤凡作了题为《立足新起点，开启新征程，努力在新的平台上实现新的跨越》的工作报告。

3月23日，国务院派驻国有保险公司监事会主席魏礼江，总公司副总经理、纪委书记聂清山一行到出口信用险江苏分公司视察调研。在苏期间，还会见了江苏保监局局长谢宪和副局长宋志华、朱金渭、阎波。

4月2日，出口信用险江苏分公司与江苏省工商联签署战略合作协议，省工商联副主席庞辉、出口信用险江苏分公司副总经理潘水根分别代表双方在协议上签字，搭建了服务民营企业国际化发展的新平台。

4月16日，出口信用险江苏分公司在无锡举办“江苏信用保险促进光伏出口与风险防范研讨会”，回顾总结了出口信用保险对江苏省光伏企业的支持情况，分析交流了行业当前面临的风险、未来的发展趋势与各家光伏企业的业务经验，进一步明确了支持江苏光伏产业发展的政策措施。

5月14日，出口信用险江苏分公司党委召开了以“吸取教训、警钟长鸣”为主题的专题民主生活会，会议由出口信用险江苏分公司党委书记汪涤凡主持，党委领导班子成员参加会议，各部门主要负责人列席会议。

5月26日，出口信用险江苏分公司党委书记、总经理汪涤凡应省国资委邀请，参加江苏省部属企业党委主要负责人关于江苏“十二五”规划若干重大问题的座谈会，并在会上作交流发言。

5月27日，出口信用险江苏分公司有关人员赴南通启东兆民镇，将省内第一张“信用保险E计划”保单送达南通丁布儿海苔食品有限公司。

6月4日，出口信用险江苏分公司与省商务厅联合召开2010年全省出口信用保险工作会议，贯彻落实全国出口信用保险工作会议精神，安排部署全年江苏省出口信用保险工作。

7月1日，省商务厅正式下发了《关于进一步做好出口信用保险工作促进我省外贸发展方式转变的意见》，要求各地市商务部门进一步完善信贸协作机制，分解落实2010年承保规模，加大政策宣传力度，加快推进全省出口信用保险工作。

8月8日，出口信用险江苏分公司在华美达怡华酒店举办了以“梦想·绽放·辉煌”为主题的八周年司庆晚宴，在宁全体员工参加了庆典。

8月13日，出口信用险江苏分公司苏州办事处与苏州市商务局联合召开了苏州企业“走出去”座谈会暨江苏永鼎孟加拉电站项目承保签单仪式，支持项目合同金额1.28亿美元，带动融资2300万美元，有力提高了江苏民营企业在海外工程承包市场中的竞争力。出口信用险江苏分公司副总经理潘水根、江苏永鼎股份有限公司副总经理贺昱旻代表双方签署了项目投保确认书。

8月19日，由省商务厅主办、出口信用险江苏分公司协办的“江苏大型成

1月31日，副省长张卫国出席省商务厅与江苏信保联合举办的2010年促进江苏出口增长高层论坛，并在会上发表了重要讲话

10月14日，江苏信保与中行江苏分行签订战略合作协议

套设备出口融资保险政策宣讲会"在南京中心大酒店召开，来自全省各大银行以及80多家相关企业的150余位代表参加了本次会议，出口信用险江苏分公司有关负责人参加会议并作讲话。

8月20日，出口信用险江苏分公司总经理汪涤凡与江苏省商务厅副厅长笪家祥共同启动了"中小企业信用保险E计划"网上投保平台，标志着出口信用险江苏分公司"中小企业信用保险E计划"扩大试点工作向前迈出重要一步，走在了全国前列。

9月3日，中国金融工会副主席翟晓华、总公司工会副主席胡正明一行赴出口信用险江苏分公司指导工作，听取出口信用险江苏分公司主要负责人关于建功立业劳动竞赛开展情况的汇报，并举行员工座谈，调研挖掘全国金融系统"创新金融服务，支持经济发展"劳动竞赛先进集体典型事迹材料。

9月7~10日，中央电视台、新华社、《金融时报》等中央媒体记者在总公司办公室有关人员陪同下赴江苏采访了重点客户，集中发掘体现公司支持中小企业发展和支持重点行业快速"走出去"的典型材料，并刊发了专题报道。

9月8日，应关键保户江苏苏美达集团公司邀请，出口信用险江苏分公司总经理汪涤凡、总公司贸易险承保部总经理助理黄山及有关人员赴捷克出席了全球第九大、中东欧第一大单体太阳能光伏电站VEPREK 35MW项目并网发电仪式。

9月13~17日，以总公司人力资源部总经理李可东为组长的总公司巡视检查组一行五人在出口信用险江苏分公司开展巡视检查并指导工作。在苏期间，巡视检查组专程拜访了江苏保监局，听取了江苏保监局对出口信用险江苏分公司党委班子及成员的意见和建议。

9月26~28日，由中国信保总公司与中国贸易促进委员会、南京市人民政府联合举办的"第七届中国国际信用和风险管理大会"在宁成功召开。

10月11日，出口信用险江苏分公司与省中小企业局联合下发了《关于利用政策性出口信用保险支持我省中小企业发展的通知》，全力支持江苏中小企业巩固和开拓国际市场，促进全省中小企业又好又快发展。

10月，江苏省委、省政府印发了《关于进一步深化苏台交流合作的意见》(苏发〔2010〕15号)，其中在"改善对台资企业的金融服务"的内容中，明确提出对投保信用保险的台资企业予以保费扶持。

10月14日下午，出口信用险江苏分公司与中国银行江苏分行签署了战略合作协议。副总经理蒋殿明和行长助理王兵代表双方在协议上签字。签约前，总经理汪涤凡及副总经理蒋殿明、潘水根与中行江苏分行行长谢平、行长助理王兵等举行了会谈。

10月27~29日，总公司党委书记、总经理王毅来苏专题调研、指导创先争优工作，并亲切看望、慰问了出口信用险江苏分公司全体干部员工。

11月4日，为深入贯彻落实江苏省委《关于进一步深化苏台交流合作的意见》文件精神，出口信用险江苏分公司副总经理蒋殿明应邀拜访了江苏省台湾事务办公室，与省台办经济处有关负责人举行了会谈。双方就如何落实省委、省政府文件，不断加强合作，共同服务台资企业深入交换了意见。

11月11日，江苏省出口信用保险与银行融资座谈会在宁顺利召开，16家重点合作的省级银行有关负责人与出口信用险江苏分公司探讨进一步拓展合作领域、提升合作深度的措施，共商促进双方互惠共赢、共同发展的思路。

11月19~20日，应公司重点保户熔盛重工邀请，出口信用险江苏分公司副总经理潘水根出席了熔盛重工在香港举办的重大资本交易庆祝活动。

12月8日，出口信用险江苏分公司在无锡举办了首期"国际贸易信用风险专家论坛"，德国著名律师所Paschen的法律专家Kai Engelsberg应邀进行了"欧洲经济形势分析及信用风险防控"的主题演讲，出口信用险江苏分公司重点客户代表约130人参加了论坛。

12月28日，出口信用险江苏分公司与省商务厅联合举办的"2011年促进江苏外贸转变主题研讨会"在宁召开。会议由省商务厅副厅长笪家祥主持，省商务厅厅长朱民、省财政厅巡视员李建和出口信用险江苏分公司总经理室成员等有关领导出席会议并作讲话，全省各地市商务局分管局长和信贸协作联络员，省贸促会、进出口商会、工商联等相关商协会会长，重点省级合作银行行长，重点客户主要负责人及出口信用险江苏分公司有关人员共计200余人参加了会议。

**【重大承保】** 3月31日，出口信用险江苏分公司正式向中国银行江苏省分行就江苏新时代造船有限公司出口韩国Stx Pan海运公司3艘17.6万吨散货船项目签发出口买方信贷保险单，承保金额2.5亿美元，带动项目融资1.8亿美元。这是出口信用险江苏分公司与江苏中行联手合作，为江苏省内船企提供的首笔船舶出口买方信贷项目，也是出口信用险江苏分公司承保的首笔出口买方信贷保险项目。

12月，出口信用险江苏分公司成功承保扬州大洋船厂出口韩国2艘5.8万吨散货船项目，合同金额9900万美元，带动融资5940万美元。这是出口信用险江苏分公司首次与外资银行创新合作模式，为省内船企提供的首笔海外融资租赁保险项目，有效解决了江苏船厂的融资问题。

2010年，出口信用险江苏分公司支持江苏重点省级外贸集团——江苏苏美达集团公司出口7.06亿美元，有力帮助企业增强了出口信心和接单能力。

2010年，出口信用险江苏分公司支持江苏光伏产业龙头企业——常州天合光能有限公司出口14.76亿美元，帮助江苏光伏企业在金融危机大背景下率先发展，成为国际知名品牌。

【重大赔付】 2月4日，因日本买家MARUTOMI KABUSHIKI KAISHA破产，出口信用险江苏分公司向被保险人江苏阳光进出口有限公司支付赔款300万美元。

10月25日，因西班牙买家APLICACIONES SOLARES APOLO S.L.拖欠，出口信用险江苏分公司向被保险人无锡尚德太阳能电力有限公司支付赔款375万美元。

11月25日，因古巴买家EMPRESA COMERCIALIZADORA DE ALIMENTOS开证行拖欠，出口信用险江苏分公司向被保险人江苏省粮油食品进出口集团股份有限公司支付赔款862.20万美元。

【公益活动】 3月2日，出口信用险江苏分公司工会会同机关党总支、团支部发出爱心捐款倡议，为女儿罹患重病的员工魏某募捐了3万余元。3月5日，出口信用险江苏分公司派专人前往北京看望困难员工，转达了全体员工的慰问。

4月，出口信用险江苏分公司团支部组织号召员工向西南旱区捐款救灾，广大员工纷纷响应号召，共募集善款9500元，可以维持近160户受灾家庭一个月的正常用水。

4月21日上午10点，出口信用险江苏分公司组织全体员工，向青海玉树地震遇难同胞默哀三分钟，表达了对玉树地震遇难同胞的深切哀悼。随后，出口信用险江苏分公司党委、工会向全体员工发出捐款倡议，共筹集善款20750元。

11月26日，出口信用险江苏分公司有关负责人带队走访了省委挂钩扶贫点——涟水县余圩办事处，无偿捐助了11台折旧电脑，将4万元项目资金交到了朱前村党支部书记手中，并前往涟水中学看望了2年来一直予以资助的15名涟水中学困难学生，捐赠了101名党员干部筹集的15000元现金。

【教育培训】 6月4日下午，出口信用险江苏分公司邀请江苏科普特健康教育服务中心的专业讲师在宁举办了“紧急救护及职业病预防”专题讲座。

8月9~19日，出口信用险江苏分公司在宁举办2010年新员工入职培训班，向通过培训的员工颁发了上岗资格证书。来自各部门、各办事处共计28名新员工参加了此次培训。

11月5日，出口信用险江苏分公司在南京召开客户经理目标市场分析与开发经验交流专题会议，就目标市场分析、典型保单开发以及信用保险E计划的推广进行了经验介绍。

【其它】 3月，由出口信用险江苏分公司潘水根、刘琦、李曙东等撰写的《金融危机背景下出口信用保险功能作用的再认识及未来发展的若干思考》荣获江苏省金融学会举办的以“应对金融危机，促进江苏经济健康发展——第十五届金融理论征文”三等奖。

9月16日，出口信用险江苏分公司作为协办单位代表参加了“保险消费者教育丛书赠书启动仪式”。同日，苏州办事处作为协办单位参加了“普及保险知识，构建和谐社会——苏州保险教育丛书大赠送活动”。

10月22~23日，出口信用险江苏分公司组织全体员工在无锡举办了员工运动会，把关爱员工计划落到实处。

10月，江苏信保在无锡举办了首届员工运动会

## 中华联合财产保险股份有限公司江苏分公司

【概况】 2010年是中华保险开始摆脱困境，迎来转折的一年。在总公司、江苏保监局和内控工作组的正确领导下，新一届领导班子抓住机遇，总结经验教训，坚持“以效益为中心，向管理要效益”的工作思路，点燃“二次创业”激情，取得了比预想要好的成绩：有8家机构扭亏为盈，5家机构均不同幅度减亏；人均产能从一季度的57.23万元增加到12月末的71.40万元。

【经营业绩】 2010年，公司共实现保费收入13.42亿元，完成年计划的107.45%，其中非车险（不含农险）保费收入占比16.32%，比上年的13.83%上升了2.49个百分点；综合赔付率70.39%，同比下降13.64%；综合费用率28.71%，同比下降6.80%；综合成本率99.10%，同比下降20.45%；期末应收率1.51%，同比下降0.98%；实现利润1652.68万元（报表），同比增加3.63亿元，比计划增加了9725.68万元。

【渠道建设】 截至2010年12月31日，与公司合作的银行邮政代理共有84家（其中省级银行7家），车商代理259家，其他兼业代理96家，个人代理营销员825人。个人代理人2010年保费23899.51万元，佣金1897.11万元。兼业代理业务总保费4.36万元，代理业务总保费7.46万元。为规范对代理业务的管理，2010年公司先后制定了

《营销员管理办法》、《销售人员管理办法》、《销售费用管理办法》等各项管理规定，加强了渠道销售建设，同时还对远程出单点及银保专员进行专项管理。

【内部管控】 在加强公司内部管控方面，2010年公司主要做了以下几项工作：

全面落实“三定”工作。完成了中支机构人员精简和困难机构的整合；完善了中支机构班子及非生产人员薪酬绩效考核办法，对各中支机构领导班子进行了民主评议和考核，对部分中支领导班子进行了调整；在分公司本级首次引入岗位竞聘机制，增强了队伍活力，为今后逐步建立科学的干部人事制度进行了有益尝试。提高了人均效能，提高了人力成本，极大程度调动了员工的工作积极性。

狠抓制度保证，强化合规管理和责任追究。公司与所有在册员工签订了《合规经营责任书》；针对中介、单证等重点环节开展了专项检查并按照《责任追究指导意见》进行责任落实、追究。充分保证了各项内控制度有效落实。

各条线集中管理。基本完成了分公司对核保、核赔、费用审批、资金支付、行政采购、合同审批、印章管理、人事审批等各条线的集中管理，有效控制了公司经营成本和风险。

推动全面预算管理，坚决控制费用成本。制定了预算费用分类管理办法，将预算责任落实至各归口部门，严格按照预算进行费用控制，至2010年末无一家机构费用超预算。

狠抓数据分析，推广“精算”管理理念。组建了由财务会计部牵头，包含各职能部门人员在内的精算小组，根据精算成果及时修改核保政策和费用政策，并进行业务、绩效考核，为改善经营质量，正确决策提供可靠依据和支持

严格高管离任稽核工作。2010年公司各级高管人员变动较频繁，按照《内部审计准则》，对离任的2家中支公司和10家支公司、营销服务部等机构负责人任期内的经济责任进行现场稽核，经过反复征求意见，核实并督促处理遗留问题，出具离任稽核报告。同时，对离任高管的后续遗留问题进行了必要处理。

12月15日，中华财险江苏分公司新一届领导班子成立

【企业文化】 2010年3月8日，为庆祝三八国际劳动妇女节，公司组织女员工到溧阳南山竹海游玩。

【履行社会责任】 在履行社会责任方面，公司积极响应总公司及上级部门的要求，参加各项社会公益活动。

2010年9月16日，为响应“彰显我保险业界立足公益、服务民生的社会责任”的号召，公司参加了江苏省保险学会组织的“保险消费者教育丛书大赠送仪式”，向社会赠书1000套。

【重大活动】 2月3日，中华联合财险江苏分公司在南京华山饭店召开了2010年全省工作会议，贯彻落实总公司全保会议精神，总结和回顾2009年各项工作，安排和部署2010年的各项工作任务。

4月16日，中华联合财险江苏分公司在天目湖举办了全省人身险业务精英培训班。全省50余名人身险业务精英参加了培训。

6月20日，保监会内控工作小组撤离中华联合财险江苏分公司。中华联合财险江苏分公司召开全体员工大会，总公司党委书记、副董事长贾英在会上宣布：免去张伟勇同志江苏分公司党委书记、总经理职务；免去吴耀宇同志江苏分公司党委委员、副总经理职务。同时总公司派驻工作组进驻江苏分公司，姜跃武任工作组组长主持工作组全面工作；朱明保任工作组副组长；副总经理陈志标任临时负责人。

7月29日，中华联合财险江苏分公司召开了上半年业务经营情况分析暨中支与中支班子考核暂行办法修订情况说明视频会。分析和掌握分公司上半年的业务经营情况，增强各机构经营结果与其绩效考核挂钩的执行意识和执行力度，促进年度任务目标全面完成。

10月30日上午，中华联合财险江苏分公司首次召开机关本部职能部门负责人竞聘民主评议和竞聘演讲大会。

11月22日、24日，中华联合财险江苏分公司分别在淮安、无锡分片区召开了全省系统销售及业务管理业务工作座谈会，研究布置销售及业务管理工作。

12月15日，中华联合财险江苏分公司召开全体员工大会，总公司董事长李迎春到分公司任命了江苏分公司新一届领导班子：姜跃武任中华财险江苏分公司党委书记、总经理；王金城任中华财险江苏分公司党委委员、副总经理。

12月28日下午，中华联合财险江苏分公司召开非车险“见费出单”相关工作视频会议。确保江苏省境内财产险业自2011年1月1日起正式实施非车险“见费出单”。

【重大承保】 1月1日，中华联合财险淮安中支承保江苏某工业公司财产综合险，保险标的为固定资产，总保费为228.65万元，公司参与共保，共保比例为17.49%，保费39.99万元。

1月28日，中华联合财险淮安中

支承保江苏某盐化股份有限公司财产综合险，保险标的为机器设备，保费45.32万元。

3月2日，中华联合财险淮安中支承保江苏省盐业集团某化工有限公司财产综合险，保险标的为建筑物和机器设备，保费49.46万元。

3月16日，中华联合财险无锡中支承保江苏某集团中华团体人身意外伤害保险，保费54.9万元。

4月16日，中华联合财险公司苏州中支承保昆山某五金工业有限公司中华团体人身意外伤害保险，保费37万元。

7月3日，中华联合财险常州中支承保六安市某人力资源服务有限公司(被保险人输出到常州某光能有限公司)中华团体人身意外伤害保险，保费46.92万元。

8月23日，中华联合财险江苏分公司营业总部参与共保南京钢铁股份有限公司、南京钢铁有限公司、南京金腾钢铁有限公司、南京钢铁联合有限公司、南京南钢产业发展有限公司企财一切险，标的为建筑物及机器设备(总保费为765.92万元)，公司共保比例为9%，保费68.93万元。

8月23日，中华联合财险江苏分公司营业总部参与共保南京钢铁股份有限公司、南京钢铁有限公司南京金腾钢铁有限公司、南京钢铁联合有限公司、南京南钢产业发展有限公司机器设备损坏险，标的为机器设备（总保费666.60万元），公司共保比例为9%，保费59.99万元。

10月1日，中华联合财险江苏分公司营业总部承保某纺织有限公司企业一切险，保险标的为固定资产、存货和机器设备，保费52.71万元。

【重大赔付】 2月24日，中华联合财险泰州中心支公司支付被保险人扬州科进船业有限公司赔款1296.39万元。2008年6月29日，扬州科进船业有限公司在泰州中心支公司投保了财产一切险。2009年6月14日，由于暴风袭击，厂内一台200吨龙门吊、船台、码头和厂房严重受损，报损金额5000万元。后由扬州市中级人民法院调解，达成民事调解协议。

3月24日，中华联合财险泰州中心支公司支付被保险人张某某赔款229万元（含3万元公估费）。2009年3月17日，张某某在泰州中心支公司投保了内河船舶一切险。2009年10月22日，标的船装满水沙后行驶至天津曹妃甸京塘港时，右舷触礁搁浅，货舱泥沙聚集于船左舷，引起船舶重心失衡，船舶倾覆。

4月28日，中华联合财险泰州中心支公司支付被保险人靖江市金马运输有限公司赔款134.9万元。2008年10月10日，靖江市金马运输有限公司的金马328号在泰州中心支公司投保了内河船舶一切险。2009年9月18日，标的船装载石子，运往上海崇明，行驶在嵊泗与上海交界处海域时突遇大风大浪，船舱进水，船舶沉没。

8月11日，中华联合财险江苏分公司营业总部支付被保险人陈某某赔款95万元(含公估费2万元)。2009年8月25日，被保险人陈某某在分公司营业总部投保了内河船舶一切险。2009年11月26日凌晨，标的船“宁阳航108”船运载黄砂从镇江开往常熟，进入常熟港时与“皖盛通8”相撞，造成“宁阳航108”船沉没。

8月24日，中华联合财险江苏分公司营业总部支付被保险人张某某赔款88.10万元（含公估费1.04万元）。2009年3月17日，被保险人徐某某(后批改为张某某)投保了内河船舶一切险。2010年1月27日凌晨，二等船长张生才驾驶装载1500吨重砂的“溧水机1037”船从张家港开往上海松江，在松江分水龙王庙水域，与逆向行驶的“浙余杭货01181”相撞，造成“01181”船大量进水后沉没，一人溺水死亡。

10月26日，中华联合财险苏州中心支公司支付被保险人张家港市江南建材商贸有限公司129.13万元。2009年12月28日，张家港市江南建材商贸有限公司向张家港支公司投保了财产综合险。2010年6月27日，该公司位于张家港市金港镇后塍袁家桥的10号仓库发生火灾事故，仓库内的存货及房屋受损。

11月2日，中华联合财险江苏分公司营业总部支付南京新瑞达船务有限公司赔款86.47万元（含公估费1.74万元）。2010年3月31日，被保险人南京新瑞达船务有限公司在分公司营业总部投保沿海船舶一切险，2010年6月2日，“新瑞达7”船装运芳烃2353吨从扬州仪征运往广东江宁市，途经长江江苏段100号灯浮时，发现舵机失控，碰到靠泊在镇江大港三期码头的“句容411”船拖轮后沉没，标的船受损的同时还造成8艘船舶船体受损。

11月18日，中华联合财险江苏分公司营业总部支付被保险人臧某某赔款129.6万元。2009年8月15日，被保险人臧某某在分公司营业总部投保内河船舶一切险。2010年3月13日夜，“皖宣城货3078”船运载550方砂石，航经曹妃甸域时，由于风大机舱进水，主机熄火，造成沉没，一人死亡。理赔人员赶赴事故现场查勘后认为，船舶价值已低于打捞费用，在曹妃甸海事协调下，

4月16日，中华财险江苏分公司在天目湖举办全省人险业务精英拓展培训

7月10-11日，中华财险江苏分公司召开赔付成本计量和管控培训会议

经被保险人同意放弃该船所有权，对其进行了全损处理。

12月7日，中华联合财险无锡中心支公司支付被保险人江苏华兰药用新材料有限公司赔款322.75万元（含公估费78750元）。2009年7月10日，江阴兰陵瓶塞有限公司(后批改为江苏华兰药用新材料有限公司)在无锡中心支公司投保了财产综合险。2010年6月22日，该公司涂膜车间自动温控烘箱温度失控引发火灾。

12月20日，中华联合财险常州中心支公司支付被保险人江苏开利地毯股份有限公司赔款648.45万元（其中支付被保险人赔款638万元，公估公司公估费10.45万元）。2010年4月29日江苏开利地毯股份有限公司在常州中心支公司投保了财产综合险。2010年7月8日晚上，该公司簇绒车间突发火灾，造成车间大部分过火坍塌、存货过火损毁。

【公益活动】 4月1~28日，中华联合财险江苏分公司参加了江苏省血液中心组织的无偿献血活动，46名员工共献血10800毫升。为此，南京市人民政府为公司颁发了完成献血计划证。

4月8日，中华联合财险苏州中心支公司198名员工捐款9030.7元，交由苏州市红十字会转往西南干旱灾区。

4月14日，为发扬“情系玉树　大爱无疆”的奉献精神，中华联合财险江苏分公司1685名员工踊跃投入到捐款活动中。截至4月26日，分公司共捐款11.24万元，交由江苏省红十字会转往地震灾区。

【教育培训】 1月29日，中华联合财险江苏分公司相关人员参加了省行业协会组织的全国“保险中介监管信息系统”子系统(资格考试管理、继续教育管理)上线培训。

7月10-11日，为提高公司对精算技术的认识水平，正确理解精算数据对业务发展和业务管理的重要指导意义，总公司研发部派专人队江苏分公司进行了精算知识和技术专项培训。

8月13日，中华联合财险江苏分公司就修订后的2010年下半年商业车险承保政策，召开了解释说明培训会议，加深各机构对承保政策的理解和把握，更好地指导业务发展。

2010年8月14日，分公司参加总公司召开的《总公司“三定”方案》视频培训会，认真学习《中华联合财产保险股份有限公司江苏分公司定岗定责定编方案》。

11月13日，中华联合财险江苏分公司召开全省财务基础工作视频培训会。力求进一步提高江苏分公司财务管理水平和会计信息质量，促使财务基础工作标准化、规范化，高质量、高效率地完成2010年会计年终决算工作。

【荣誉奖励】 3月22日，江苏省放心消费创建活动领导办公室授予中华联合财险泰州中心支公司“江苏省放心消费创建活动先进单位”(第三批)荣誉称号，为泰州地区保险行业中第一家获此殊荣的先进单位。

## 太平财产保险有限公司江苏分公司

【概况】 2010年，太平财险江苏分公司，坚持以集团“诚信、专业、价值”核心价值观为统领，以总公司“效益、合规、专业、执行”八字方针为指引，深化改革，坚持效益导向，践行价值管理，在经营管理、渠道建设、企业文化建设等方面迈上了新台阶，全面完成总公司下达的各项经营指标。

【经营业绩】 2010年，太平财险江苏分公司(含苏州)承保金额9406557万元，保费收入32036.66万元，市场份额1.02%，赔付支出15354.78万元，赔付率46.83%。

【渠道建设】 2010年，太平财险江苏分公司渠道建设及基础管理工作逐渐完善。直销渠道，调整新车业务政策，出台续保业务管理规定，实施差异化管理及政策倾斜，加大非车险拓展力度，推动团单业务占比、新业务增长点不断呈现；经代车商渠道，加强渠道经营理念宣导，开展素质型队伍建设，进行品质监控与调整，定期组织市场调研，指导开展销售前期工作；寿销产渠道，加强创新渠道理念宣导，推行周例会制度，开展各项竞赛的推动，实施客户经理差勤管理。

2010年，太平财险江苏分公司在总公司渠道激励竞赛活动广泛开展，成绩突出。直销渠道在“盈在2010”开门红和相约世博激励中，获得12个世博会名额，在全系统位居前列；经代渠道获第二季度非车险增长贡献奖第二名；寿销产渠道在车险理赔服务活动中获得第五名。

2010年，太平财险江苏分公司渠道业务发展及品质管理能力不断提高。2010年分公司对渠道业务发展及品质管理实施差异化管理及政策倾斜。直销渠道人均产能比上年提高11.2%，赔付率比上年下降1.22个百分点；经代车商渠道人均产能比上年提高37.6%，赔付率持续低于分公司整体水平；寿销产渠道寿销产人均产能比上年提高300%，赔

付率比上年下降16.3个百分点。

【内部管控】 2010年,太平财险江苏分公司采用机构、渠道、产品三维管理模式,通过组织架构流程再造,实现自上而下的条线垂直管理,理顺上下级机构间的权责关系及管理思路,形成了较为科学、合理、完善的内控管理机制体制,健全了一系列合规、有效的内部控制制度,内容涵盖机构管理、运营管理、销售管理、财务管理、行政管理、人力资源管理、关联交易管理、客户管理等等,基本适应公司管理要求和公司发展需要,保证了分公司各项经营活动的正常开展。

在行政管理方面,分公司对所属机构的业务、财务、行政印章实行集中管理,并建立了逐级审核、详细说明、登记、用印的流程;人事管理,采取薪酬绩效集中发放;在机构经营绩效考核方面,对重大经营违规问题实行一票否决制,与各机构签订了合规经营责任书,开展机构高管问责教育;在内部稽核方面,配合集团稽核中心定期对离任高管人员开展离任稽核审计工作;在运营集中管控方面,以总公司承保、理赔指引为蓝本,结合省行业协会自律公约的条款,完善承保、理赔业务环节操作流程,使经营风险得以有效控制;在全面预算管理方面,以预算、费用控制两个系统为支持,以财务核算、账务处理集中为手段,实施无现金和省级集中支付,实现零现金结算;在单证管理方面,实行统一印刷,领用全部通过系统分发,并严格回销及考核制度;在信息管理方面,完成新核心业务系统上线,使系统安全、可靠易升级,实现了业务、财务、再保的无缝对接,确保业务、财务数据的一致性;同时结合公司实际,开展反洗钱培训、检查,实行逐级分析和报告制度。

【企业文化】 2010年,太平财险江苏分公司以彰显企业文化、展示形象、增强信心为出发点,开展系列企业文化建设活动:一是结合江苏省地方志编纂保险志的要求,精心撰写江苏太平的发展史,使其历经的重要事件真实地载入史册;二是在江苏保险学会的支持下,分公司以庆祝江苏太平开业七周年为主题,将一组反映江苏太平展业、服务等活动的照片,登载在《江苏保险》期刊封面;同时通过江苏保险网、保险学会会刊,报道了分公司近期动态等。三是更新职场走廊宣传版,使新老员工们在浏览太平历史、分公司的发展历程和员工们艰苦创业的足迹中回味艰辛和愉悦,并增进对太平发展的认识。同时向社会和广大客户展示了太平品牌和太平人为社会大众服务的形象,并使广大员工在感受和谐积极的太平文化氛围中,敬业爱司,更加坚定2010年打平盈利的必胜信心。

【党建工作开展】 2010年,按照太平财险总公司《关于深入开展创先争优活动的通知》要求,江苏分公司党委紧密结合公司实际,以开展创先争优为契机,以"创先推动效益上水平,争优实现发展新突破"为主题,以"推动科学发展,促进社会和公司和谐,服务人民群众、客户和员工,加强基层组织"作为创先争优活动的主要内容和目标,务求实效,树立企业优质服务形象,强化队伍建设,打造和谐企业。引领全体员工以工作岗位为平台,以推动企业科学发展为己任,积极投入到创先争优活动中。

根据集团、总公司党委的安排部署,江苏分公司从实际出发,改革创新,统筹推进,认真组织开展创先争优工作。通过层层发动、建立组织、广泛宣传,结合特点确立主题和载体;号召广大党员在促进企业经营发展、努力改善服务中发挥"五带头"作用。同时联系实际,深入基层进行调研。各级党组织把发挥党的基层组织的战斗堡垒作用和党员的先锋模范作用放在重要的议事日程,健全制度,形成激励机制,在全司形成比、学、赶、帮、超的良好工作氛围,从而加强和推进基层党组织建设。

【重大活动】 2月3日,太平财险总公司总经理助理安猛,在江苏分公司总经理袁欣、副总经理史晋陪同下,拜访南京港华燃气公司、南京中萃公司等大客户并与其进行座谈。

2月7~8日,太平财险江苏分公司在南京召开2010年工作会议。分公司、三级机构班子、分公司部门和条线负责人及部分管理骨干近60人参加了此次会议。总经理袁欣做了题为"树信心下狠心,决战2010"的工作报告。

4月12日,太平财险总公司总经理张可、副总经理朱捷、企划精算部总经理戴曙燕、财产险部总经理周卫东等一行莅临江苏分公司指导工作。总经理张可希望江苏分公司能够在保险市场全面转暖的形势下,抓住机遇,狠抓业务拓展,开创业务发展新局面。

7月1日,在庆祝中国共产党建党89周年纪念之日,太平财险江苏分公司党委组织党员及分公司职能部门管理人员40余人,在江苏省美术馆参观国家重大历史题材美术创作工程作品巡回展,以重温革命历史,接受爱国主义教育。

7月30日至8月2日,太平财险江苏分公司在南京、山东临沂召开2010年年中工作会议。分公司和三级机构班

总公司直销渠道总经理安猛来南京拜访大客户

太平产险江苏分公司党委组织参观国家重大题材展

子、分公司职能部门室主任以上人员近30人参加了会议。分公司组织参观了沂蒙山老区和孟良崮战役遗址和纪念馆。

9月28日，太平财险江苏分公司积极组织参与总公司"车险运营技能大练兵、大比武"活动，获得团体奖第三名、核保岗个人奖第一名、核赔岗个人奖第二名，出单岗个人奖第三名，苏州分公司获定损岗个人奖第一名。

10月9日，太平财险江苏分公司党委组织各支部党员、部门和三级机构负责人学习总公司创先争优活动实施方案，并结合公司实际提出相关要求，实施创先争优活动的广泛动员。

10月18日，太平财险苏州分公司位于工业园区圆融时代广场的新办公职场正式启用。为太平财险苏州分公司掀开新的发展篇章。

11月17日，太平财险江苏分公司与南京港华燃气有限公司联合召开第七届"港华太平杯"道路交通安全百日竞赛动员会。

12月22日，太平财险苏州分公司获得2011、2012年度苏州市政府公务车辆保险服务资格。

【重大承保】 2010年度，太平财险苏州分公司承保的ORIENTAL PETRO-CHEMICAL (SHANGHAI) CORPORATION货运险业务，累计保费约712万元。

2010年度，太平财险江苏分公司承保某企业进出口海洋货物运输保险，累计保费约377万元。

2010年度，太平财险江苏分公司承保某公司货运有限公司机动车保险，累计保费约357.24万元。

2010年，太平财险苏州分公司承保苏州市辖区公安（消防）城管、检察院、国家安全局系统车辆保险累计保费约150万元。

【重大赔付】 1月5日，标的车辆在常州沿江高速不慎追尾，造成两车严重受损，标的车上驾驶员受伤，太平财险江苏分公司最终赔付67万元。

10月7日，某公司进口海洋货物运输保险，因其人员操作5吨位的叉车卸货，一箱不慎侧翻，导致标的严重受损，太平财险江苏分公司最终赔付112万元。

【教育培训】 1月10日起太平财险江苏、苏州分公司网上学习平台全面展开，内勤人员覆盖率、完成率均达100%。

5月19日，太平财险江苏分公司组织全辖理赔人员（含三四级机构查勘定损人员）参加总公司举办的车险定损相关技能的培训。

6月26日，太平财险苏州分公司组织全辖员工服务礼仪培训。

7月9日，奋战在太平财险江苏分公司各机构直销一线近80名客户经理云集镇江金山湖畔，参加了由分公司直销部组织的直销渠道客户经理培训班。

11月30日，太平财险江苏分公司每周课堂上，来自南京市安居防火教育培训中心培训讲师以"人人参与消防共筑和谐家园"为主题，对分公司本部全体管理人员进行消防安全教育培训。

## 中国大地财产保险股份有限公司江苏分公司

【概况】 2010年，是中国大地保险江苏分公司深化调整、加快发展的一年。全省系统上下围绕效益发展的要求，抓住机遇，推进各项工作，实现了预定发展目标。

【经营业绩】 全年保费收入7.65亿元，同比增长59.7%。宿迁、常州、淮安、徐州、连云港、泰州、无锡等7家中支保费增速超50%。保费规模在江苏市场排名第七，比2009年上升两位。

保险大项目取得了新的突破，在无锡地铁2号线、南京地铁三号、十号线工程险等项目上成功中标。

【渠道建设】 2010年，公司加强了对渠道建设工作的组织领导，在全面梳理已有渠道的基础上，加强了对重点渠道的走访，并在核保、客服上对优质渠道实行了政策倾斜。各机构普遍加大了渠道开拓力度，渠道数量和产能有了明显提升。全省车险有效渠道新增143家，总数同比翻了一番。此外，开通电销业务的中支由2010年初的3家增加到11家，实现保费收入2093万元。

【内部管控】 2010年，公司进一步加大管理力度，通过实施集中管理，强化合规经营等一系列措施，全面强化了基础管理，完善了管理体系。

集中管理稳步推进。强化了集中管理，顺利实现了省级财务集中支付，理赔集中调度、立案、核损和核赔及业务集中核保，垂直化管理体系初步建立。

业务管理更加细化。承保质量动态控制能力继续增强，差异化发展措施进一步落实，非车险、人身险"见费出单"

范围不断扩大，高风险业务得到控制，业务质量逐步改善。

财务管理不断深化。财务基础管理水平稳步提高，财务管理制度和流程操作逐步规范，全面预算管理体系初步建立，预算约束力增强，费用对接水平提高，费用“赤字”情况得到根治。应收保费控制良好，由于历史原因形成的2010年车险应收全部清零。

理赔管控力度加大。加强了对赔付率的监控分析和通报，强化了分阶段、有侧重的目标管理和考核措施，考核力度加大，理赔工作责任追究制度落实。实行了人车合影、现场比对、人伤跟踪台账、集中立案等管控措施，充实了人伤、法务和大案理赔人员，加强了对人伤探视、评残、诉讼等环节的管理。开展了理赔服务达标和“十全十美，整齐划一”等客户服务活动，实施了快速定损系统(RAS)、简易赔案、非事故救援等服务创新举措。

合规管理不断加强。加大了合规教育和培训的力度，通过进行专项审计、开展加强经营管理活动、自查自纠活动等，合规经营工作得到进一步重视和落实，内控制度体系逐步建立完善，在合规前提下应对市场竞争的能力不断增强。

【企业文化】 推进企业文化建设，加强了客服、员工满意度建设，改善了职场环境，统一了企业形象标志，开展了形式多样的员工活动，公司的凝聚力和向心力增强。公司还积极弘扬艰苦奋斗、甘于奉献、永不服输的创业文化，以“诚信、责任、价值、共享”为关键要素，开展诚信文化、责任文化、执行文化建设，在员工中创造了“做好本职、和谐工作、共享未来”的氛围。

【党建工作开展】 进一步加强党风廉政建设，认真学习十七届四中全会、中纪委十七届三次全会精神以及《国有企业领导人廉洁自律若干规定》等有关文件，严格执行中央、保监会和上级公司党委有关党风廉政建设的各项规定，认真落实党风廉政责任制，建立健全惩治和预防腐败体系各项制度，开展反腐倡廉和廉洁从业教育，确保了党员队伍和高管人员清正廉洁。加强了审计监察工作，继续开展治理商业贿赂专项工作，完善案件责任追究机制，规范信访和案件查办工作，取得了较好成效。

【重大活动】 1月30~31日，大地财险江苏分公司召开了2010年工作会议，传达学习中再集团、总公司2010年度工作会议精神，总结分公司2009年工作，安排部署2010年工作。总经理秦国民在会议上作了《深化调整转型，加强能力建设，全面推进江苏分公司稳健较快发展》的工作报告。

2月3~4日，大地财险总经理助理刘雄一行赴扬州、宿迁中心支公司进行调研，召开了由分公司总经理、以及部分三级机构负责人参加的座谈会，重点围绕理赔管理工作开展了讨论。

5月至6月，大地财险江苏分公司成立案件责任追究清理工作领导小组，对2007年1月1日至2010年6月30日期间发现的，符合相关条件案件进行了全面清理。同时，公司进一步完善了案件责任追究机制。

8月份至10月份，大地财险江苏分公司在全辖开展了“加强公司经营管理”活动，各机构认真制定计划，从合规经营、财务管理、理赔管理、业务风险控制等影响公司稳定经营、长远发展的方面入手，进行了全面、系统的梳理，通过边查边改，解决了一些重点问题。

9月份，大地财险江苏分公司启动省级财务集中工作，逐步取消了所有三级机构的费用户和支出户，实现了费用和赔款的集中审核和集中支付。截至年底，该项工作均取得明显成效，基本实现了预期目标。

截至9月15日，大地财险常州中心支公司累计保费收入突破亿元，成为江苏分公司系统首家保费收入过亿的中心支公司。9月21日，大地财险总经理蒋明专程到常州中心支公司祝贺，并号召各级机构要以常州中心支公司为榜样，深化调整转型，加快效益发展步伐。

11月份，大地财险江苏分公司组织开展了反洗钱宣传月活动，通过调研宣导、组织反洗钱业务培训、规范操作流程，悬挂宣传横幅等，进一步规范了反洗钱工作。

【重大承保】 1月初，大地财险泰州中心支公司与江苏兴达钢帘线股份有限公司签订协议，续保该公司企财险、货运险等一揽子保险，保费收入500多万元。

8月份，大地财险无锡中心支公司参与共保了无锡地铁2号线工程保险招标项目，为该工程提供建筑安装工程一切险、雇主责任险等保险保障，保费收入近千万元。

【重大赔付】 7月28日上午10时15分，原南京第四塑料厂厂区发生可燃气体管道泄漏爆燃事故，由大地财险江苏分公司承保财产综合险的南京某塑料制品企业因为距离爆炸中心较近而遭受损失。事件发生后，大地财险江苏分公司成立由主要负责人任组长的事故理赔处理领导小组，第一时间开展理赔工作，并预付赔款100万元。

9月21日，大地保险总经理蒋明到常州中心支公司调研并召开座谈会，祝贺常州中心支公司保费收入突破亿元

2010年，大地保险江苏分公司进一步完善理赔服务，图为理赔人员统一着装

【公益活动】 青海玉树地震灾情发生后，大地财险江苏分公司系统全体员工踊跃捐款，奉献爱心。截至4月23日，全体员工累计捐款70830元。

【教育培训】 6月19日，大地财险江苏分公司举办电销岗位培训班，培训内容包括电销产品及业务管理介绍、电销各岗位职责及操作实务、电销核保政策等。各三、四级机构的电销出单岗、电销/车险管理岗等人员参加了培训。

10月中下旬，分公司对新引进员工进行了为期两周的岗前培训，培训内容包括公司经营理念、车险条款、理赔基础知识和实务操作、公文写作等。培训结束后，公司组织参训人员进行了测试。

12月8~11日，中国大地财险江苏分公司举办了首期销售培训班，50多名学员接受了为期4天的培训，培训内容包括保险基础知识、保险投标流程、客户开拓与关系维护、企业文化宣讲等。培训结束后，公司还组织学员进行了考试，并评选了优秀学员和先进小组。

## 永安财产保险股份有限公司江苏分公司

【概况】 2010年是公司深化改革、实现“三步走”战略目标的关键一年，也是江苏分公司经营班子调整、实现平稳发展的开局之年。公司遏制住了2008年以来连续两年的业务下滑趋势，实现保费规模有所增长，经营效益明显提高，各项工作取得长足发展。2010年江苏分公司取得的工作成绩，得益于总公司和监管机关的正确领导与大力支持，归功于各级高管和广大员工的团结拼搏与敬业奉献。特别是在公司改革的特殊时期，广大管理人员顶住了人员减少、工作加重的巨大压力，广大业务人员克服了费用紧张、竞争激烈的重重困难，共同赢得了2010年经营工作的全面胜利。

【经营业绩】 2010年，江苏分公司共完成保费收入41288.04万元，其中车险28577.35万元，财产险8894.38万元，人身险3816.31万元，基本完成总公司下达的年度任务指标。首次实现盈利，经营绩效创历史最高水平。江苏分公司2010年实现净利润969.4万元。这一利润总额，是在消化历史包袱的基础上取得的，尽管仅仅是完成了总公司利润指标的确保目标，但对江苏分公司来说，是历史最高水平，是一次根本性的突破和跨越。

【渠道建设】 今年来，公司重视渠道建设，加强与银行、专代和经纪公司的合作，各中心支公司分别成立渠道业务部、4S店业务部，全年中介业务保费收入达20206万元，其中银保业务本年已完成签单保费2573万元，与去年同期相比增长14.06%，简单赔付率21.98%。

【内部管控】 费用管控推进，综合费用率下降。2010年，分公司人力资源费用、职场租赁费用、查勘费用及其他等分项固定费用均控制在计划范围内；严格执行总公司的销售费用政策，尽力压缩销售成本，各险种变动费用率同比均有下降，同时消化往年遗留的费用1000余万元。全年综合费用率同比下降1.29个百分点。

实现差异化管理模式，改善险种结构和赔付率指标。2010年，分公司在充分调研和听证的基础上实施了“一司一策”的差异化管理模式，鼓励优质业务和效益险种的发展。截至2010年底，非车险保费收入共达12710.69万元，比上年同期增加358.69万元，占比达30.79%，比2009年上升了0.18个百分点。全年已决赔款23768.76万元，满期赔付率52.66%，综合赔付率60.79%，好于2009年同期水平。

集中管控模式逐步形成，内控管理水平提高。2010年，分公司通过上收核保、核赔权限及理赔集中调度、远程查定分离试点等措施，初步实现了两核集中管理；通过赔款、管理人员工资、房屋租赁费等费用集中支付，基本实现了财务集中管理；通过严格各类管理人员任职资格审核和人力成本管理，初步实现了人力资源集中管理；通过印章、办公职场变更、车辆使用集中审核，初步实现了综合行政集中管理。

【企业文化】 合规文化得到加强，风险防范能力提高。各级员工合规经营意识增强，违规操作的现象得到根本性扭转，开展风险管理教育、反洗钱培训使人民银行反洗钱检查得到基本评价。业务批退率下降，平均费率有所提高，业务渠道来源的比例趋于真实可靠。

以人为本文化深化，队伍战斗力增强。按照总公司“三定”工作安排部署，分公司自7月份开始了对泰州、扬州中心支公司的试点工作，并从9月份开始，开展了分公司机关和全辖各三级机构的“三定”工作。截至12月底，分公司机关及9家中心支公司完成了部门及岗位的标准化设置，并通过中层竞聘、员工双向选择、民主测评、技能考核等多种方式，实现了人员的定编及人岗匹

2010年度工作总结表彰大会

配工作。据统计，全辖二、三级机构通过“三定”共分流、转岗管理及内勤人员70余人，完成了“三定”工作。

【党建工作开展】 在“七一”之际组织新党员宣誓，重温入党誓词；加强党员先进性教育和学习，定期召开民主生活会；认真学习《关于认真学习贯彻中国共产党永安财产保险股份有限公司第二次代表大会精神的通知》，并与分公司业务大发展相结合，在全年业务经营中各中心支公司党支部发挥了战斗堡垒作用，广大党员发挥了先锋模范作用。

【重大活动】 2月7日，永安财险江苏分公司在国际国贸酒店召开2010年工作会议，总结2009年工作，布置2010年工作，并对优秀员工进行表彰。

3月11日，永安财险总公司黄勇军副总裁莅临南京，对分公司车险业务的经营情况进行调研，听取了分公司经营情况的汇报。

3月中旬至4月中旬，为贯彻一司一策的经营指导方针，永安财险江苏分公司组成“2010年经营方案听证组”，到各中心支公司进行听证，确定了2010年中心支公司经营方案。

3月29日，永安财险总公司副总裁叶秩莅临南京，宣布江苏分公司领导班子进行调整，总经理周恩龙调总公司工作，由副总经理史智宏任临时负责人，主持分公司全面工作。

5月22~23日，永安财险总公司进行核保核赔人员资格考试，分公司共113人参加了考试。

8月2日，因实行异地交流，永安财险总公司直管的分公司计划财务部总监甘启明自广东到分公司任职，原计划财务部经理赵吉平调山东工作。

8月5日，永安财险总公司发文聘任吕骏同志为江苏分公司总经理助理。

9月21日，永安财险江苏分公司召开机关职工大会，正式启动定人、定岗、定编“三定”工作。至年底，分公司范围内的“三定”工作基本完成。

10月29日，永安财险江苏分公司组织青年员工参加江苏保险业首届“唱响时代主旋律”青年歌咏比赛，得到好评。

11月12日，在江苏保监局的组织下，永安财险江苏分公司和南京中心支公司全体员工参观了金融系统反腐败成果展览，受到了一次深刻的教育。

12月2日，永安财险总公司总裁李宝忠来分公司，宣布原镇江中心支公司总经理曹伟调任深圳分公司总经理助理的任命。

11月和12月，永安财险江苏分公司分别聘任赵荣、尹东浩、王骏为无锡、镇江、泰州中支负责人。

【重大承保】 1月21日至12月21日，永安财险泰州中心支公司承保了靖江市恒通出租汽车有限公司的机动车共500辆，总保费约417万元。

1月4日至12月28日，永安财险南京营业部承保了南京捷利运输有限公司的机动车共81辆，总保费约164万元。

1月5日至12月27日，永安财险无锡中心支公司承保了盱眙县快捷运输有限公司的机动车共169辆，总保费约220万元。

2月22日至11月18日，永安财险无锡中心支公司承保了无锡市路平货运有限公司的机动车共143辆，总保费约244万元。

4月12日至12月30日，永安财险徐州中心支公司承保了徐州中天汽车出租有限公司的机动车共170辆，总保费约122万元。

12月，永安财险南通中支承保熔盛重工有限公司及下属企业财产一切险+机损险，共计保费约73万元。

1月、5月，永安财险南京营业部承保江苏省电力公司财产一切险+机损险+供电责任险，共计保费约422万元。

6月、8月、12月，永安财险南京营业部承保南京钢铁(集团)有限公司下属企业财产一切险+机损险，共计保费约269万元。

1月、9月，永安财险泰州承保中航船舶重工有限公司船建险，保费约48万元。

【重大理赔】 圣象集团有限公司于2007年6月投保了出口货运险，2007年6月29日在装卸货物时，由于装载的货物不当，造成船舶严重倾斜并断览，致使货物落入江中受损。因对是否属于保险责任双方争议较大，经法院调解，永安财险江苏分公司于2010年1月6日赔付188万元。

常熟怡泰隆针织印染有限责任公司于2009年5月14日投保了财产综合保险，2009年6月23日被保险人的生产车间发生火灾，造成厂房、机器设备和存货损失。永安财险江苏分公司于2010年1月22日赔付91万元。

2月11日，刘某某驾驶苏A82607在江苏省淮安市洪泽县宁连公路行驶中，不慎侧翻撞到行人，致使本车受损，对方6人受伤。永安财险江苏分公司合计赔偿损失71.2万元，其中交强险赔付12万元，商业险赔付59万元。2009年12月24日南京教育旅行社有限公

荣誉证书

永安保险江苏分公司

你单位在江苏省质量协会、江苏省新闻工作者协会、江苏省法制新闻协会、江苏省律师协会联合主办的2010年度江苏"依法质量维权环省行"保险业专项明查暗访活动中，获"诚信服务先进单位"荣誉称号。

江苏省依法质量维权工作指导委员会

二〇一一年三月

2010年被评为诚信服务先进单位

司车牌为苏 A82607 投保了交强险和商业险。

2009 年 10 月 21 日南京市江宁区皖峰运输队车牌号为皖 K5A148/皖 KG776 挂的主挂车投保了交强险和商业险。5 月 13 日，王某某驾驶车牌号为皖K5A148/皖 KG776 挂的主挂车在内蒙古自治区乌兰察布市卓资县丹拉高速卓资出口行驶时，不慎追尾另一半挂车冀 HK5641/冀 HY279 挂，致使双方车损严重，三者车上货物受损，护栏受损，本车驾驶员和副驾驶受伤。合计赔偿总损失 41.35 万元，其中主车交强险中赔付 0.2 万元，商业险中赔付 37 万元，挂车交强险中赔付 0.2 万元，商业险中赔付 4 万元。

惠生(南通)重工有限公司于 2009 年 2 月投保了船舶建造险，2009 年 8 月 18 日在吊装推进器时，由于吊带突然断裂，造成推进器坠地，致使艉轴、桨叶等损坏。因案件技术难度大，双方共同委托公估公司评估处理，永安财险江苏分公司于 2010 年 7 月 8 日赔付 146 万元。

2010 年 7 月 28 日，南京市栖霞区万寿村 15 号南京塑料四厂拆迁工地因丙烯泄漏发生爆燃事故，造成人员伤亡，爆燃事故现场及周边多处企业、居民财产受损。在永安财险江苏分公司投保的江苏红太阳家居有限公司和南京南江中学因爆燃事故造成了财产损失，事故发生后，永安财险江苏分公司在第一时间组织查勘定损工作，确定损失项目及金额。最终赔付 142 万元。

南京汇正实业有限公司于 2007 年 10 月投保了道路客运承运人责任险，2008 年 10 月 4 日投保车辆行驶在二桥时，因下雨路面滑，造成方向失控，车辆侧翻，车上十几位乘客受伤。永安财险江苏分公司于 2010 年 12 月 6 日赔付 114 万元。

## 华安财产保险股份有限公司江苏分公司

【概况】 2010 年，华安保险江苏分公司围绕"转方式，调结构，防风险，促发展"的指导方针，不断强化监管体系，市场秩序日益规范，各经营主体的风险意识和效益观念提升，保险市场继续保持良好发展势头。全年共实现保费收入 19136 万元，其中车险 17439 万元；非车险 1696.98 万元。完成年度计划的 108.53%，顺利完成总公司下达的全年计划。

*加强人才队伍建设，科学量化考核指标。*(一)根据机构发展规模结合网点分布情况，对下辖机构的分类进行进一步细化，对全省人力成本进行严格管控，使得年初总公司下达的人员编制得到有效的控制。同时在机构之间实行差异化管理，鼓励有条件的机构先行发展并在人员编制上给予一定的倾斜。(二)在公平、公开的前提下，选拔并任用了一批年轻的室主任级干部，将分公司原有的部门职责进行了进一步细分，实现了分解职权，大大提高了区域管理的工作效率及工作完成质量。(三)在全省范围内推行 KPI 量化考核体系，遵循适配、指标可量化、过程可控三大原则，形成以管理目标管理指导过程的动态调整导向，根据经营状况，主动调整工作方向，逐步达成分公司的各项经营管理目标。

*坚持规范经营，差异化发展。*(一)遵循科学发展的原则，全年共接受保监局、税务等监管部门检查数次，未受到任何形式的监管行政处罚。在行业协会组织的行业自律检查以及人民银行组织的反洗钱走访工作中，基本都顺利通过，未给公司造成不良的影响。(二)针对江苏机构众多、发展不均衡的特点，结合各机构往年的经营状况、当地的市场环境以及负责人的胜任程度，分公司将机构分为正常运营机构和限制发展运营机构两种类别，制定了相应的考核方案，对赔付率较高、综合成本居高不下、经营严重亏损的三级机构实行多项管控措施，限制其发展规模，并积极引进高素质管理人员，对不能胜任的机构负责人予以调整，督促这类机构逐步健康的调整。对正常运营机构，加大机构综合成本率及经营利润的考核权重，引导机构注重经营效果，控制承保质量。通过两种不同的考核方案的实施，进一步明确各类机构发展目标，使得机构在发展的同时，根据其阶段经营状况及时转变经营方向，为 2011 年的经营打下基础。(三)制定了《2010 年江苏分公司利润达标机构奖励方案》，对达到分公司制定的奖励条件的机构，在费用预算指标内实行重奖。该方案将机构经营的主要方向调整到以利润为中心，使之成为 2010 年经营考核方案的有力补充，充分调动大家的工作积极性。

*内控制度建设。*(一)强化承保过程监控，实现车险精细化管理，提高机构的自主经营意识和管理水平。(二)制定合理可控的差异化核保政策，实现"核保引导销售"，在风险可控的前提下逐步优化保单质量。(三)在风险可控的前提下，对一些 2010 年业务增长较快的机构，且满期赔付率控制较好的机构酌情调低其综合成本率的考核，从而促进优良机构的业务发展速度。(四)对各项费用进行严格的精细化管理，从严审定各机构可用的保单获取成本、变动管理费用及变动人力成本等费用额度。

*强化客户服务管理。*(一)加强对机构理赔制度的执行力及客服基础工作的检查力度，全面提升客服人员的工作自觉性，将各层级各岗位的制度执行力纳入日常的客服管理工作中去。(二)制订了客服考核处罚规定，按月对客户服务质量、指标管理以及赔案品质等各项违规情况进行处罚，并及时加以引导和总结，进一步提高分公司的赔案时效和质量。(三)加强对核赔、注销以及撤案各关键点的审核，保证立案预估的准确性。(四)通过定期的培训与轮岗，确保客服人员由单一工种向综合性人才发展，增强单兵作战的能力。2010 年，客服部除新引进的人员以外，所有在岗人员均已通过总公司两核考试并取得相应岗位的聘任资格。

【经营业绩】 公司2010年积极推进业务发展，全年共实现保费收入19472.42万元，其中车险保费收入17439.07万元，占比89.55%，财产险保费收入1351.52万元，占比6.94%，人身险保费收入681.84万元，占比3.5%。整体保费收入较去年同比增长14.18%。全年共实现报表经营利润914.71万元，较去年同期相比，经营情况实现扭亏为盈。

【渠道建设】 为促进业务健康发展，规范中介业务管理，降低经营风险，分公司大力发展渠道业务建设，2010年开设渠道87家。公司根据中国保险监督管理委员颁布的《保险公司中介业务违法行为处罚办法》的通知，制定了合法、科学、有效的中介业务管理制度，确保公司业务经营行为依法合规。

【内部管控】 环境控制 根据《江苏分公司部门职责和岗位职责》的要求，公司各个部门和业务岗位职责明确，合理分工，权责统一。建立回避、重要岗位轮换、档案管理和劳动人事管理等各种制度。建立健全案件责任制度，制定重大案件责任追究办法。

业务控制 制定详细的核保细则、理赔标准以及再保险的规定、相应的服务质量标准、业务操作标准和服务质量标准。同时对业务部门进行了细分，目前公司由原先的大业管细化分成了目前的承保管理部和市场营销部，将业务拓展和业务管控相分离，职责明确，运行至今未出现任何问题。

财务控制 一直按照保监局及行业的规范管理要求严格执行，对于风险的管控严谨、严格，内部控制良好。

信息控制 能够在第一时间处理用户在使用过程中遇到的简单问题，上报用户提出的复杂问题；对分公司系统故障进行第一时间的响应。且公司拥有独立的承保管理系统和理赔系统，不会因为一个系统故障导致承保或理赔出现全部瘫痪，系统有着安全审核管控机制，定期对系统升级更新，满足日益增长的业务需要。

【企业文化】 江苏华安以“责任、专业、奋进”为企业经营理念，“华安保险与您共成长”作为企业文化的精髓，树立员工的品牌意识，建立起了一支素质高、业务精、朝气蓬勃的人才队伍。

通过不定期举办各种培训、讲座及网络学院学习等形式帮助员工成长，鼓励员工实现自我价值的最大化。

组织员工开展慈善活动，为西南干旱、玉树地震捐款捐物，培养员工建立社会责任感和使命感。

通过新年团拜会、晨会及各种文化体育活动的开展，体现公司积极向上的精神面貌和蓬勃朝气。

鼓励员工积极向内、外刊物投稿，增加社会对华安的了解，扩大公司品牌影响力。

【履行社会责任】 3月31日，江苏分公司开展“为西南干旱救灾捐款”活动，在总经理李刚、副总经理詹晓峰的带领下，分公司本部员工共捐善款3990元。

4月21日，江苏分公司积极响应总公司党委、工会、团委向玉树地震灾区捐款的号召，在第一时间筹得善款21030元，为灾区人民送去温暖。

【党建工作开展】 做好党员发展工作。加强对入党积极分子的培养教育，不断扩大入党积极分子队伍。

定期开展党员思想教育活动。不断加强党的思想理论教育，党的宗旨教育，使公司全体党员牢固树立科学发展观、人生观、价值观和利益观，发挥党员岗位的模范带头作用。大力倡导团结互助，组织、吸引全体员工积极参与公司开展的各项精神文明建设活动。

开展优秀党员的评比和困难党员的慰问活动。让全体党员力争做工作中的能手，让有需要的党员感受党组织的温暖。

召开全系统党员“七一”总结表彰会议，庆祝建党89周年，总结党建工作，表彰先进党员。

【重大活动】 1月8日，苏州市第五届“保险明星”、“保险服务形象大使”表彰大会隆重举行，苏州市分管金融常务副市长曹福龙、江苏保监局局长谢宪、行业协会以及各家保险公司领导出席了会议。在会上，华安财险苏州中心支公司陈星、吴莹分别荣获苏州市“服务形象大使”、“保险明星”称号。

1月24日，华安财险南通中心支公司联手南通扬子报投资理财板块，大力宣传公司企业文化、公司产品、服务理念、公司品牌等，成为南通扬子在南通地区唯一一家财险合作单位。

1月25日，中共泰州市委、泰州市政府召开2010年泰州市金融工作会议。华安财险泰州中心支公司负责人井荣同志作为泰州市35家产、寿险保险公司推选的六名先进个人人选之一，被泰州市人民政府授予“2009年度金融工作先进个人”。

4月29日，南京国贸国际酒店举行的“南京河西CBD金融商会”成立大会上，华安财险江苏分公司总经理李刚当选为“南京河西CBD金融商会”副会长。

6月29日，华安财险江苏分公司

华安保险2010年运营工作部署大会

在半年时间内迅速实现保险业务收入超亿元，为抓住发展机遇，分公司召集各部门及无锡、南通、扬州、宿迁等地机构负责人，举办2010下半年及今后业务发展研讨会。

9月3日，在南京市财贸工会召开的“南京市财贸工会财务工作‘双先’表彰会”上，华安财险江苏分公司获得“南京市财贸系统工会财务工作先进集体”荣誉称号。

8月18日，江苏分公司举办了第一届“客户服务节”，以开展客户服务节为契机，围绕“快+优”进一步细化服务内容，明确服务标准，简化理赔手续，缩短理赔周期。活动开展近一个月以来，受到了客户和业内的普遍赞许。

**【重大承保】** 5月，华安财险江苏分公司作为独家承保人承保江阴海润集团财产综合险、机器损坏险，总保费共计240万元。

6月1日，华安财险江苏分公司作为独家承保人承保上海市第二市政工程有限公司建筑工程一切险，保费为25万元。

6月24日，华安财险江苏分公司作为独家承保人承保南通中南新世界中心开发有限公司财产基本险，保费为28万元。

11月，人保、紫金、华安、华泰四家江苏财产险公司共同承保了江苏徐矿综合利用发电有限公司财产一切险、机损险、公众责任险，总保费共计270万元。

12月，人保、太平洋、华安三家江苏财产险公司共同承保了苏州三可(可成、可利、可胜)集团的财产一切险，总保费共计110万元。

**【重大赔付】** 3月21日，泰州市顺航运输有限公司投保船舶顺航机698载砂子行驶经曹妃甸海域附近，因风大在驶往避风海域航行过程中，碰撞到海底的其他沉船导致沉没，华安财险泰州中心支公司赔偿被保险人44.6万元。

10月9日，江苏分公司承保的苏A92092挂苏A5992水泥槽罐车在宁合高速南京浦口段，因雾天追尾撞击鄂L50515大客车，二车碰撞后冲下路面，翻入沟中起火，造成二车烧毁，标的车驾驶员重伤，三者车上17人死亡，22人受伤的特大交通事故。华安财险江苏分公司第一时间开通理赔绿色通道，简化了相关理赔流程和手续，于10月12日预付了69.4万元赔款，用于救治伤员及抚慰受害人家属。

**【公益活动】** 4月21日，华安财险江苏分公司积极响应总公司党委、工会、团委向玉树地震灾区捐款的号召，在第一时间筹得善款21030元，为灾区人民送去温暖。

**【教育培训】** 1月5日，华安财险江苏分公司举办“核心业务系统银保通模块中业务对账”功能培训会议，积极推进了银保通系统上线工作。

1月21日，华安财险江苏分公司对全体两核人员开展了“反腐倡廉、预防职务犯罪”廉政讲座，增强两核从业人员法制意识。

4月20日，华安财险江苏分公司召开“金惠宝”银保通上线及销售推动会，确保公司2010年金惠宝产品的顺利销售，全面达成银行渠道专项产品年度销售计划。

5月12日，华安财险江苏分公司对客服和复勘系列骨干员工进行企业文化、岗位专业技能和管理技能等方面的培训，重点强化了客服和复勘系列员工执行力度，提升客服和复勘骨干员工专业技能。

5月22日，华安财险江苏分公司为提升出单员的专业技能和工作责任心，组织全省出单员举办“大练兵”培训，全省各机构、各门店(含远程出单点)的出单员在周末休息时间集中到分公司参加了此次培训。

7月30日，华安财险江苏分公司召开客服第一期传承培训，要求客服部及人事行政部加大对客服、复堪系列员工在责任文化宣导、专业技术提升、规章制度执行、创新业务发展等方面的培训力度，促使分公司客服工作再上新的台阶。

8月4日，华安财险江苏分公司根据《反洗钱管理办法》，召开反洗钱视频培训，提高公司员工的反洗钱知识和技能和公司反洗钱工作水平。

11月8日，华安财险江苏分公司召开学贷险追偿追欠工作点评及风控查询系统升级实务操作培训视频会议，推进各相关机构的学贷险风控追欠工作，确保完成年度各项考核和工作目标。

11月10日，华安财险江苏分公司组织本部60名员工分批参观了由江苏保监局组织的“金融系统反腐倡廉建设南京巡展”。

**【其它】** 2月1日，华安财险江苏分公司召开2010年春节“温暖行动”座谈会，分公司总经理室全体成员、工会成员、中层干部、员工代表、1名本部特困员工及5名外派干部参加了此次座谈。分公司工会宣读了总公司“温暖行动”的通知和对患病员工、特困员工以及外派干部的慰问信，分公司党委向大家发放了慰问金，传达了总公司和分公司对外派干部、困难员工的新年问候。

## 安邦财产保险股份有限公司江苏分公司

**【概况】** 2010年是安邦财产保险股份有限公司的“执行力建设年”，江苏分公司在总公司的领导下，坚持保监会、江苏保监局的指导思想，坚持稳健经营的原则，坚持不懈“转方式、调结构、防风险、促发展”。通过业务创新、渠道创新、服务创新，充分发挥银保联动、车险联动、产寿联动优势，跳出保险做保险，实现业务较大发展。

**【经营业绩】** 2010年安邦产险江苏分公司实现全年实收保费9.13亿元，其中各险种的占比为：机动车辆险99.21%，非车险0.79%；历年制赔付率69.33%，较年初上升了6.4%；在江苏的市场占有率为2.92%，位居第六位。

**【渠道建设】** 安邦立足为客户创造价值，结合公司业务结构、产品结构的特点，在稳定传统业务渠道的同时，大力发展电销、4S店等新渠道，推动直销业务的发展，在遵守行业自律规定的前提下将节约的运营成本让利给客户。同时，对传统的代理关系进行重新授权、

调整，理顺代理渠道与公司的关系，确保各代理单位合规、合法开展业务。二次创业期间，全方位推行车险、非车险、信用险品牌战略，以更优质的产品和服务赢得客户，改变原有的价格为主的竞争策略，通过电销等新的销售方式，为客户提供增值服务，通过服务赢得市场知名度，打造核心竞争力。

【内部管控】 响应总公司二次创业的号召，摒弃低效益、高风险的粗放型增长方式，转而以效益为主，继续加强车险管理，做到细分市场，经营优质车险业务，拒绝“劣质业务”。同时，加大对非车险业务市场的开拓，为公司发展提供新的动力。要求各机构转变思路，不打价格战，调整险种结构，加大对所辖单位的业务结构控制和对一线业务人员的业务指导，切忌一味追求业务规模而忽视业务质量。依据江苏家用车占比高的事实，实行高端客服路线，逐步降低营运车、大货车业务占比，实现交叉销售，挖掘高层次客户资源，进而谋求安邦的可持续发展。

随着事业部制大力发展，着重从汽车、银行等相关行业引进具有丰富业务资源和人脉关系背景的高素质人才充实事业部人员力量，用机制吸引人，用家文化留人，做到爱惜每一个人才。在大力引进优秀人才的同时也加大内部人才培养，靠识人、用人、育人培养安邦自己的干部。2010年坚持用制度管理队伍，用政策激励队伍，用目标引导队伍，制定并实施对业务部门的产品知识、销售技能、风险控制等相关的基础知识培训计划。在职人员实现分级管理，从各个层面加大对人员的培训力度，形成人才梯队，为进一步大发展做好人才储备。

【企业文化】 安邦保险崇尚“水”的哲学、“互联网”文化、“家”文化，三种文化构建安邦“和谐文化”。在确保执行员工福利政策基础上，日常加大对员工综合素质和职业道德的培养，创造学习型组织。为丰富员工业余生活，江苏分公司上半年组织了以“绿色家园、和谐安邦”为主题的义务植树活动，每周安排一次健身活动，让员工感受到家庭的关怀。

【履行社会责任】 在解决行业发展难题、勇做改革排头兵的同时，安邦努力承担和谐社会企业公民责任。在公司党委的领导下，积极组织干部员工参与希望工程、扶贫、助学等社会公益活动，先后建设了6所希望小学；对汶川地震、南方雪灾、玉树地震等受灾地区捐款2000多万元；为社会提供了超过3万个就业岗位。2010年3月，江苏分公司联合江苏省血液中心组织了义务献血活动，分公司本级几十余名员工积极参与。2010年9月，安邦在汶川地震后定向援建的四川金堂县教委将所属的金沙小学正式命名为安邦保险小学。

【重大活动】 3月21日，安邦财险江苏分公司组织了以“绿色家园、和谐安邦”为主题的义务植树活动，分公司五十余人参加了此次活动。

3月31日，安邦财险江苏分公司三十余名献血志愿者相聚公司会议室，以自己的实际行动演绎了一曲“爱的奉献”。

6月1日，安邦保险会员俱乐部五周年回馈活动之一“安心水”活动在南京正式拉开帷幕。此次“安心水”活动本着安邦人性关怀的理念，给在保出险客户在炎热夏季送去一丝清凉，让安邦的客户体会到安邦服务的热情与真诚。

6月28日起，安邦财险江苏分公司晨会增加了“文化考核”内容。活动分部门进行，执委会成员为监考官，从部门经理开始到每一位职员，挨个朗诵安邦《宣誓》、安邦《司训》，唱安邦《司歌》。

7月28日，南京市栖霞区迈皋桥街道万寿村15号附近进行的拆迁作业现场，因施工挖断了丙烯管道造成丙烯泄漏。10时11分，旁边的一私家车主启动车辆时产生明火引发爆炸。安邦财险江苏分公司第一时间研究启动应急理赔预案，根据总公司提出具体查勘意见，江苏分公司副总经理兼理赔负责人李铁良一线指挥，组织理赔人员急速赶赴现场，做好人员和财产理赔服务工作。

9月19日，根据总公司下发的关于部分机构统筹管理的通知，安邦财险江苏分公司负责人吴小明带领工作组对苏锡常三个机构进行调研，详细传达总部调整政策。

12月29日，客户丁建国专门制作了一面写有“一诺千金，情系客户”的锦旗送到安邦财险南通中支理赔部，表达对安邦人为客户提供优质高效的服务赞扬。

【重大赔付】 2月11~14日，宿迁地区普降大雪，公司承保的宿迁某合板有限公司和木业公司受雪灾影响，厂房和库存品均受到不同程度的损坏。安邦财险江苏分公司分别赔付65万元，40万元。

3月15日，镇江市丹徒区沿江县北吕村发生一起交通事故，公司承保的一辆小汽车与一摩托车相撞，造成摩托车驾驶员死亡。安邦财险江苏分公司交强险赔付11.08万元，商业险赔付35.86万元，合计赔付46.94万元。

3月31日，安邦产险江苏分公司三十余名献血志愿者集体参加献血

安邦财险与和谐健康联合队参加首届"唱响时代主旋律"歌咏比赛决赛

4月21日，盐城市阜宁县231省道发生一起交通事故，标的车与一辆摩托车相撞，标的车和摩托车均受损，摩托车上一人死亡，一人重伤，安邦财险江苏分公司交强险赔付11.7万元，商业赔付31.7万元，合计赔付金额43.4万元。

【对外交流】 7月28日下午，扬州市平安金融创建活动小组在人民银行扬州市中心支行大虹桥干部培训中心二楼大会议室召开了扬州市平安金融创建表彰暨工作会议，本次表彰大会对安邦财险扬州中支2009年度平安金融创建工作所取得成果给予肯定。

【公益活动】 5月18日，安邦财险江苏分公司本部向广西品牌专员涂静捐款3220元。

10月20日，安邦财险宿迁中支理赔部员工杨捷母亲经医院诊断为肺癌，需要住院化疗，需要很大费用，中支执委会决定在宿迁全辖呼吁大家捐款，救助杨捷母亲。短短两天时间即收到员工及部分业务人员的捐款7200元。

【教育培训】 4月10日，安邦财险江苏分公司2010年度全省法务培训(第一季)在南京举行。

7月25日，安邦财险江苏分公司召开2010年度高管人员管理培训，全省中层干部以上人员全部参会。

10月27日，安邦财险江苏分公司开展了反洗钱业务培训。本次培训特别邀请了中国人民银行江苏省分行反洗钱处姚科长前来主讲，公司副总经理朱莉主持培训，公司总经理、副总经理、各部门负责人及员工等30多人参加了此次培训。

## 阳光财产保险股份有限公司江苏省分公司

【概况】 2010年是江苏阳光最值得回顾和总结的一年，是阳光产险江苏省分公司辛劳的一年，是提振信心、厚积薄发的一年，是自我发展与提升的一年，也是初创辉煌的一年。从年初以来，在江苏保监局的大力支持下，在总公司的有力领导下，公司系统上下以品质和盈利为核心追求，咬定盈利目标不动摇，创造性的开展工作，取得了前所未有的较好业绩，较圆满地完成了总公司下达的各项经营指标。

【经营业绩】 业务保持较高增长速度。2010年，全省实现保费收入58353.79万元，同比增长46.94%。其中车险实现保费收入44091.21万元，同比增长57.61%；财产险实现保费收入10573.94万元，同比增长17.53%；意健险实现保费收入3688.64万元，同比增长26.36%。车险、财产险、意健险险种占比分别为75.6%、18.1%、6.3%。

从三大险种发展的特点来分析，各险种均保持了良好的发展态势。车险在调整结构中求发展；财产险首次突破亿元；意健险在经过一段时间调整后，保持了较快的发展势头，在年底重新夺回了全系统规模第一的位置。

从机构的发展来看，有8家三级机构完成了全年保费计划；从保费贡献度来看，无锡中支首次突破亿元，成为江苏省分公司第一家过亿的机构；南通中支完成保费9414.89万元，成为全省系统内当地市场份额较高的公司；苏州中支保费贡献度超过10%。从发展速度来看，镇江中支、徐州中支、淮安中支、扬州中支同比增长均超过100%。

在四级机构中，有一批机构在2010年进步明显：如徐州邳州营销服务部实现保费收入1042.21万元，同比增长133.8%；苏州工业园区支公司实现保费收入1312.73万元，同比增长128%；常州溧阳营销服务部实现保费收入862.35万元，同比增长128%。

经营首次实现盈利。2010年，江苏省分公司全险种综合成本率为94.5%，开业五年来首次实现承保盈利，扭转了持续的经营亏损状态。

在三大险种中，车险虽然没有实现盈利，但仍然可圈可点。车险作为第一大险种，连续几年的巨额亏损，留下了很大负担，2010年车险在消化了大量的历史遗留问题后，超额完成了总公司下达的经营目标，较总公司年初下达的103.27%低了2.57个百分点。

财产险首次实现了盈利，真正实现了又好又快的发展。

意健险在原来较好的基础上又实现了新的发展，经营业绩比原来更加稳定，真正成为了有效益的险种。

从机构来看，绝大部分机构业绩有了明显改善，一改以往全省"飘红"的局面。除少数机构外，11家三级机构实现了盈利，特别是南通中支，从去年的亏损大户成为今年的利润大户。

【渠道建设】 按照总公司的统一部署和要求，江苏省分公司强力推进多元化渠道建设，各机构积极响应、行动迅速，并在较短时间内取得了明显成效。截至12月底，八大渠道在全省范围内初步建成，并逐步展现出一定的销售能力。

其中除直管渠道保持了较强的市场销售能力外，电销和车商渠道迅速崛起，帮助江苏省分公司在年底前日均平台跃上新高。渠道建设虽然时间较短，但已初步显示出威力。

【内部管控】 2010年，江苏省分公司按照总公司统一部署在全省范围内开展基础工作达标升级考核工作，省公司对全省所有三级机构进行了验收和自查工作，全省基础管理工作得到进一步加强，并通过了总公司的验收，被评为“基础工作达标单位”。尤其是理赔管理工作取得了进步，各项理赔数据趋于平稳，理赔效率指标全面达标，为全省价值发展做出了贡献。

【企业文化】 阳光文化是阳光保险快速发展和保持可持续发展能力的法宝，阳光始终坚持把品质、市场能力、盈利能力、可持续发展能力、客户满意作为一切工作的指南。阳光产险江苏省分公司自成立以来一直坚持以阳光文化为指引，进一步加强员工文化建设。2010年，公司组织新人培训，重点学习阳光文化；同时，开展客户服务节活动，切实践行“让我们的服务成为选择阳光的理由”的文化理念。

【履行社会责任】 阳光保险自开业以来一直积极参与社会公益活动。4月21日，阳光产险江苏省分公司召开特别晨会，向青海玉树地震中遇难的同胞深切哀悼，并举行了捐款仪式，省公司机关员工自发捐款共计1万余元。同时，阳光保险志愿者协会开展多种多样的公益活动，如在戒烟日开展主题为“创建无烟环境、享受健康生活”的户外公益宣传活动等。

【重大活动】 1月25日，阳光财险江苏省分公司组织南京营业本部全体员工召开南京营业本部重组会议，撤销南京运营中心，会议宣布南京本部新任班子名单。

2月5日，总公司总裁罗海平莅临江苏省分公司调研指导工作，重点调研2010年振兴方案落实情况。

5月5日，阳光财险江苏省分公司成立电销管理部，标志着总公司正式在江苏推进电销战略。

5月22日，阳光财险江苏省分公司首届客服节在南京国展中心隆重开幕，时任保监局副局长宋志华出席开幕式并讲话。

7月6日，阳光财险总公司人力资源部宣布江苏省分公司班子调整。

9月31日，阳光财险江苏省分公司经营成本率和综合成本率首次均实现了盈利。

11月8~10日，阳光保险集团董事长兼总裁张维功一行赴徐州调研，并深入沛县产寿险机构指导工作。

12月25日，阳光财险无锡中心支公司保费收入成功突破亿元，成为江苏阳光系统内首家过亿元的三级机构。

5月22日，客服节领导剪彩

【重大承保】 10月29日，人保、太平洋、平安、大地、阳光、国寿财、紫金、永诚等8家江苏财险公司共同承保南京地铁三号线和十号线工程，阳光财险按照份额保费收入达1012万元。

12月12日，阳光财险宿迁中支独家承保江苏双沟集团财产险，保费收入近百万元。

【重大赔付】 3月11日，阳光财险江苏省分公司赔付山西华圣铝业有限公司赔款169万余元，山西华圣铝业有限公司408号电解槽短路口爆炸，造成电解槽系列停电，经过抢修包括408槽以及其他21台电解槽运行异常，部分电解槽停槽大修。

6月4日，江苏梦兰集团有限公司仓库发生火灾，造成仓库内大量成品床上用品以及部分原材料、房屋等受损，阳光财险江苏省分公司最终赔付170万多元。

8月2日，阳光财险江苏省分公司赔付昆山六二丰塑胶电子有限公司赔款500万元，昆山六二丰塑胶电子有限公司因发生火灾事故，造成原材料、产成品、厂房、设备等受损。

【对外交流】 11月25日，集团多元行销总监连子智在分公司总经理朱印法的陪同下拜访苏州同程网，双方进行了亲切友好的会谈。

【公益活动】 5月30日，阳光常州中支产、寿险团委组织青年志愿者在常州青枫公园开展主题为“创建无烟环境、享受健康生活”的户外公益宣传活动。

【教育培训】 10月16~18日，阳光财险江苏省分公司在江苏司法培训学院举办2010年度全省新人培训班，全省40多名新入司员工参加培训。

12月23~24日，阳光财险江苏省分公司在南京市委党校举办2010年度全省入党积极分子培训班，全省近30名党积极分子参加了培训。

# 都邦财产保险股份有限公司江苏分公司

江苏都邦五周年司庆暨2011年迎新客户联谊会

【概况】 2010年是都邦保险实现可持续健康发展的关键之年。在都邦保险总公司和江苏保监局的正确领导下，公司始终坚持"注重品质，健康发展，提升公司内涵价值"的经营理念，坚持科学发展观，坚持走"服务、规范、创新"之路，在开拓业务、规范管理、文化建设、队伍建设等方面都取得良好业绩。全年实现保费收入6.17亿元，达成综合成本率92.9%，全面超额完成了年度各项工作目标。

【经营业绩】 全省完成保费收入6.17亿元，同比2009年增幅19.77%，首次跨越6亿平台，完成总公司保费全年计划的103.62%。其中，车险保费收入4.55亿元，占比73.74%；财产险保费收入1.19亿元，占比19.29%；意健险保费收入4344万元，占比6.97%。2010年度，都邦保险江苏分公司财产险新增四个险种，分别为保安公司责任保险、监护人责任保险条款、资产监管责任保险、"安心无忧"个人责任保险，四个新增险种2010年度共实现保单保费16万余元。

【渠道建设】 公司先后与工农建交等10多家银行和交通、城建等部门建立战略合作关系，有效拓宽业务渠道和领域。2010年在编销售人员为589人，比2009年减少了30人，人均产能由2009年的83.27万元提升到104.8万元；团队有效重组，人均产能提升，业务平台提升，人员素质提升，形成了一支认同公司理念和文化的经营管理队伍。

【内部管控】 以核保核赔、财务、人事行政、销售管理为重点的基础管理达标工作，在全省深入推动，全员规范管理的意识明显增强，机构规范基础管理工作取得较好成效。以落实保监会70号文件、销核联动、理赔管控等为重点的规范管理工作不断强化，受到协会、监管部门的良好评价。

【企业文化】 公司坚持把党建、共青团、工会工作和文明创建与公司日常经营管理紧密结合，通过精心组织各类教育培训，开展员工读书演讲、足球比赛、有奖征文等生动活泼的文化体育活动，创办《都邦故事》、《江苏都邦》文化刊物等一系列措施，使企业文化建设有内容、有载体，成为员工和谐快乐、奋发进取的"粘合剂"和"助推器"。

【获奖】 江苏都邦健康发展的良好势头、严格规范的内部管理、诚信高效的客户服务、以人为本的企业文化，已初步形成了"经营、管理、服务、文化"的核心竞争优势，赢得了行业内外的良好评价。荣获保险业知名媒体《保险文化》杂志社颁发的"2009年度文化管理创新奖"、"南京市残疾人就业工作先进单位"、江苏保险业首届"唱响时代主旋律"青年歌咏比赛三等奖、2007~2009年度南京市建邺区文明单位、2007~2009年度江苏省群众性精神文明建设先进单位、2010年度江苏省诚信服务先进单位等荣誉称号。

【履行社会责任】 3月2日，江苏分公司组织全辖机构为身患骨髓恶性肿瘤的镇江中支同事张桂荣募集捐款18万余元，帮助重病同事战胜病魔。

6月29日，江苏分公司党委书记陈正银在灌南县三口镇镇长徐茂干的陪同下，走访慰问了结对帮扶的三口镇尧河村11户特困党员群众，给他们送去党的温暖，以结对帮扶献爱心的形式，隆重庆祝党的89周岁生日。

8月3日，江苏分公司积极踊跃向吉林灾区人民捐款，总额接近10万元。

【党建工作开展】 5月21日，江苏分公司在淮安市召开"苏北党总支筹建大会"，分公司基层党组织筹建工作组组长朱长宏、人力资源部经理杨军及徐州、连云港、宿迁、淮安、盐城等五家中支党员干部代表共计20余人参加会议。

7月3日，江苏分公司苏北党总支全体党员及徐州、连云港、淮安、盐城、宿迁等五家苏北机构部分入党积极分子齐聚淮安，开展党支部活动，共庆中国共产党89周年华诞。

7月8日，为纪念七七卢沟桥事变73周年，江苏分公司党委直属党总支全体党员干部赴苏南革命根据地——江苏镇江句容茅山，参观了茅山新四军纪念馆、苏南抗战胜利纪念碑，深切缅怀在抗日战争中牺牲的革命烈士，并在茅山新四军纪念馆内重温了入党誓词。

【重大活动】 1月8日，都邦财险江苏分公司荣获保险业知名媒体《保险文化》杂志社颁发的"2009年度文化管理创新奖"，分公司党委书记、总经理陈正

银同志荣获“2009年度中国保险杰出领导力奖”。

2月7日，都邦财险江苏分公司召开2010年全省工作会议，全面部署2010年工作，并就实现盈利、注重品质、完善销售模式、严控成本、规范经营、强化服务、注重文化、加强干部作风管理等方面进行明确的要求。

3月29日，都邦财险江苏分公司与原告浦口区某单位达成调解协议，原告放弃对都邦财险索赔的诉讼请求。此案的顺利调解，首开江苏省司法界对《机动车交强险条例》第22条有利于保险人解释之审判先河。

4月29日，都邦财险江苏分公司当选南京河西中央商务区金融商会副会长单位。

8月1日，都邦财险江苏分公司举办“赢在执行”主题演讲决赛，江苏省文明办副主任刘福清、活动处处长张仕冲、江苏保监局工会主席王宝敏、《中国保险报》江苏记者站站长祖兆林、总公司董事长助理毕作成等领导担任评委。江苏全辖43家分支机构近200名员工观摩了全场比赛。

10月27日，都邦财险江苏分公司徐州中支成功签署全国第一张“个人责任险”保单，揭开了责任险发展的新篇章。

12月28日，都邦财险江苏分公司在南京金陵会议中心举行五周年司庆暨2011客户联谊迎新晚会。江苏省人民政府金融工作办公室副主任查斌仪、江苏保监局局长谢宪、副局长葛翎、江苏省保险行业协会秘书长濮阳、南京市建邺区常务副区长汤倩一、都邦财险总公司部分领导及江苏省内工行、农行、交行、建行、江苏银行、南京银行等单位领导参加晚会。

【重大承保】 1月6日，都邦财险江苏分公司作为独家承保人承保中惠(南京)房地产开发有限公司财产综合保险，保费48.33万元。

1月7日，都邦财险江苏分公司作为独家承保人承保沃得精机（中国）有限公司一揽子保险，保费27.54万元。

4月23日，都邦财险江苏分公司作为主承保人与人保、太平洋保险共同承保了南京金丝利酒店管理有限公司一揽子保险，保费50.06万元。

6月12日，都邦财险江苏分公司作为独家承保人承保无锡中彩新材料股份有限公司财综险、机损险，保费61.96万元。

6月20日，都邦财险江苏分公司作为独家承保人承保华新金猫水泥(苏州)有限公司财产一切险，保费36.83万元。

10月23日，都邦财险江苏分公司作为独家承保人承保常熟市龙腾特种钢有限公司财综险、机损险，保费58万元。

【重大赔付】 2月10日，苏北地区普降大到暴雪，造成江苏某食品有限公司生产车间及仓库房屋坍塌。接报案后，都邦财险快速地进行现场查勘，发现该生产厂房被积雪压塌受损严重，同时还有塑钢窗及墙壁，受损面积达5600平方米左右。经确认，本次事故是遭暴雪袭击所致，属于保险责任。都邦财险江苏分公司最终赔付金额为76万多元。

2月10日，淮安地区普降大到暴雪，造成淮安市某电气有限公司厂房房屋坍塌。接报案后都邦财险快速地进行了现场查勘，发现该生产厂房被积雪压塌受损，同时还有存货被压，受损面积达约1700平方米左右。经确认，本次事故是遭暴雪袭击所致，属于保险责任。都邦财险江苏分公司最终赔付金额为33万多元。

4月26日都邦财险江苏分公司赔付南京某旅游客运有限公司保险理赔金93万多元。2008年该旅游公司投保道路客运承运人责任保险，保险金额1320万元。2008年7月29日，该公司旗下的金龙客车行至杭宁高速往南京方向53公里+900米处，由于雨天以及地面原因车身打滑，车辆撞上护栏并翻入路边，造成车上一名导游死亡，另有32人不同程度的受伤，公司对该单位进行了多次预付赔款处理，截至2010年4月初，本次事故中的伤者全部治疗完毕。

11月11日，都邦财险淮安中心支公司赔付被保险人洪泽县某汽车运输有限责任公司保险理赔金24万元。2009年3月24日在该公司投保道路客运承运人责任保险，保险金额450万元，2009年10月24日15时37分标的车辆由北向南行驶到宁连公路133公里+600米处，因车上有乘客要求下车，在车辆未停稳的的情况下，车上售票员打开车门，致车上一名女性乘客摔下车受重伤，后经抢救无效死亡。

【对外交流】 4月10日，都邦财险江苏分公司与天津分公司在宁召开“机构发展经验分享座谈会”，就公司企业文化建设、车险查询系统、财产险、水险、意健险等主要险种的经营发展情况进行了经验交流与分享。

6月9日，江苏保监局人事教育处处长王宝敏、《中国保险报》江苏记者站站长祖兆林莅临江苏分公司，对都邦财险江苏分公司2007年至2009年精神文明创建工作进行考察指导。分公司副

江苏省文明办领导视察都邦产险文明创建工作

总经理朱长宏、总经理助理施剑锋及相关部门负责人陪同考察。

7月1日，江苏省文明办领导刘福清、活动处处长张仕冲莅临江苏分公司，对分公司创建江苏省省级文明单位进行详细的调研与指导。

9月3日，都邦财险江苏分公司联合江苏保监局团委共同组织部分团员青年开展“联谊交流、创造快乐”主题活动，进一步加强团员青年之间的交流与沟通，活跃和丰富广大团员青年的生活，营造健康向上的文化氛围。

【公益活动】 4月24日，都邦财险江苏分公司组织全辖机构为玉树地震灾区捐款，分公司总经理室、各部门负责人及各三级机构负责人在分公司文化厅举行了捐款仪式。

【教育培训】 1月20日，南京理赔服务中心对全体员工进行了“车险人伤知识”培训，系统讲解了车险人伤方面的基础知识及实际操作中的注意事项。

5月13~14日，都邦财险江苏分公司举办2010年全省人事行政知识培训班，就《劳动合同法》阐释、人事制度与编制管理、日常行政管理知识要点，向所辖三级机构综合管理部门相关人员进行全方位的系统培训，并对近阶段全省人事行政工作进行了安排与部署。

8月7~8日，都邦财险江苏分公司在宁举办全省银保业务知识培训班，就财产保险知识、风险查勘实务、意健险部客户二次开发、银保业务合作探讨等专题进行了系统培训与讨论。江苏分公司总经理室领导及全辖三级机构公司业务部银保专员及部分四级机构负责人共计70余人参加了培训。

10月17~22日，都邦财险江苏分公司举办全省团队主管训练营，采用“三合一”的培训方式，即“外部拓展训练+外聘培训讲师授课+公司自行组织的内训”，独特的“充电”内容充实自我，以此庆祝都邦成立五周年。

11月13~16日，都邦财险江苏分公司举办全省后线管理干部培训班，提升管理人员的管理能力与胜任素质，做好干部梯队建设。分公司部门室主任以上人员及三级机构班子副职、四级机构负责人、部分三级机构职能部门负责人共计60余人参加了此次培训。

9月3日，都邦产险分公司联合保监局团委开展快乐主题活动

## 中银保险有限公司江苏分公司

【概况】 2010年中银保险江苏分公司认真贯彻落实总公司“稳增长、调结构、促转型、重创新、强管理、增效益、作品牌”21字发展方针，结合分公司实际，重点围绕“稳增长、调结构、强管理、增效益”四个方面，狠抓落实，通过加强机制建设、渠道建设、内控建设、队伍建设，不断提高经营管理能力、内部管控能力、产品创新能力。通过发挥党工团组织作用，推进企业文化建设，取得了一定的成绩，实现了全年扭亏为盈的经营目标。

【经营业绩】 截至12月31日，中银保险江苏分公司实现保费收入25939.58万元，较去年同期增长7.58%，预算达成率99.39%，其中银保保费收入15796.95(含未注册保险卡)万元，较去年同期增长44%，预算达成率112.84%，保费规模系统排名第一。市场渠道保费收入10142.63万元，较去年同期下降39%，预算达成率83.82%，非车险保费收入14676.21万元(含未注册保险卡)，较去年同期增长75.73%，预算达成率123.3%，非车占比56.58%，较去年同期增长21.94个百分点，综合赔付率59.95%，高于预算4.95个百分点，同比下降34.03个百分点，其中，车险综合赔付率69.07%，高于预算3.48个百分点，同比下降36.6个百分点，非车险综合赔付率40.2%，高于预算5.18个百分点，同比上升9.07个百分点，综合成本率100.01%，公司首年实现账面利润218.62万，较去年同比减亏6533.12万元。

【渠道建设】 银保联动机制不断完善。分行分公司认真贯彻落实总行及总公司关于银保联动工作的各项要求，年初即成立了银保业务协调领导小组和工作小组，制定了《银保工作指引》下发全辖，指导全辖加强银保联动机制建设，明确相关部门及公司在银保联动工作中的职责、年度代理银保业务目标、推动的重点银保产品及考核激励等事项；完善了银保会议制度，明确了银保协调小组会议每季召开一次。各市分行(苏州除外)分管保险业务的副行长兼任中银保险各中支公司党支部书记的要求得到有效落实。2010年省行共召开四次银保协调领导小组会议，二次全辖党支部书记会议，解决双方在银保联动中出现的重大或迫切需要解决的问题，促进银保业务指标达成。各地区也相应建立了银保联动机制，积极开展联动工作，江苏全辖已形成条块结合的网状银保机制，为银保业务的快速健康发展打下坚实基础。

培育个金渠道开展银保业务。年初以总公司保险卡上线销售为契机，与省

行个人金融部沟通，制定了2010年江苏省分行个金条线代理销售中银保险业务活动方案并下发全辖，完成了个金条线保费任务分解，重点介绍了个金条线适合销售的产品。在总公司推出的保险卡上线销售准备工作中，加强与个金部的沟通合作，落实保险卡代理系统上线的各项工作要求，按照总公司要求时间，完成了公司内部渠道卡管理员、中银经办人以及中行代理系统中中行各级卡管理员、客户经理系统的设置工作。完成全辖客户经理及中行渠道的员工保险卡上线培训。开展中行各网点代理系统测试、留学保险卡收付及保单发票打印配送流程等各项准备工作。银保双方联合召开保险卡销售动员视频会。个金渠道基本建立，渠道销售基本实现，为今后银保产品的销售奠定了坚实基础。

*开展银保产品创新*。2010年江苏分公司积极推动新产品的销售工作，在保险卡销售工作中江苏公司排全国第三位。分公司还承保了中银保险第一单企贷保(B)业务，国内信用险保费名列全国系统第一，个贷保业务成为全公司试点公司之一。在总公司组织的“面向全辖有奖征集银保新产品金点子”的活动中，江苏分公司积极参与，组织得力，获得唯一的“创意团队”奖，并取得个人“创意之星”一等奖。

**【内部管控】** 坚持将集团合规“零容忍”的要求，贯穿在一切经营管理之中，加强教育和传导。分公司专门设置合规岗并配备专人开展合规工作，建立汇编全辖兼职合规员队伍；保险行业自律文件、分公司规章制度信息库，使公司全员清晰掌握监管政策和要求，保证合规经营；建立了定期合规信息通报制度，每季度将总公司、行业和公司的合规信息有重点的整理汇集，向全辖发送提示；强化内控合规绩效管理，制定了操作性强的分公司经营单位和管理部门的合规绩效考核方案，强化过程管理，将合规工作落到实处；制定下发《江苏分公司2010年合规内控检查工作计划》，通过现场与非现场检查相结合的方式及有重点的跟踪与约谈等方式，加强对内控的过程管理，确保经营管理的合规性；分公司每月组织一次全辖业务经营分析通报会，全面分析预算达成进度，点评各机构及各项工作完成情况，对重点问题、重点单位专门约谈负责人，督促整改。

今年分别对2家机构应收问题进行约谈、对2家机构业务发展缓慢问题进行约谈。到目前，分公司共组织对基层各类检查16次，落实了分公司《2010年合规内控检查工作计划》安排，了解掌握基层机构内控管理情况；为使合规测试起到预期的效果，督促全体员工学习相关监管法律法规，分公司自己开发测试在线考试平台，组织全辖员工开展了三次合规测试；分公司还制定了《违规问责管理办法》、《江苏分公司诉讼工作管理细则》等多项管理制度，狠抓内控基础建设；这些工作的开展，使违规“零容忍”的理念已深入公司全体员工经营行为之中。

**【企业文化建设】** 2010年分公司党工团围绕创先争优工作要求，不断加强组织建设，开展一系列的党工团活动。在党建工作上，分公司今年开展了全辖党支部的调整及改选工作，发展了两名预备党员。工会组织不断健全，对辖内的工会组织也进行了组建，选举产生了基层机构工会委员，使全辖工会工作进入了常态化。分公司共青团建设开展有声有色，分公司理赔服务部被确定为2010年白下区区级青年文明号创建单位，本部2名青年被评选为白下区优秀团干部和优秀共青团员。

**【获奖】** 11月中旬，中银保险江苏分公司荣获省“平安金融”称号。

**【重大活动】** 6月12日，中银保险江苏分公司总经理韩安萍主持召开“创先争优”动员视频会，代表中银保险江苏分公司党委对分公司“创先争优”活动进行动员和部署。

6月22日，总公司副董事长张焕科到中银保险江苏分公司调研并召开座谈会，中银保险江苏分公司总经理室成员及各部门负责人参加了座谈。

7月12日，总公司银保业务部片区会议在南京召开，河北、北京、江苏、河南、浙江、上海、大连、总公司营业部银保条线负责人参加了会议。

11月9日，中银保险总公司2010年常规稽核工作小组进驻中银保险江苏分公司，并召开稽核进场会，副董事长张焕科出席会议并做了重要讲话。

12月3日，总行副行长祝树民到中银保险江苏分公司调研，总经理韩安萍代表中银保险江苏分公司班子作了简要汇报。

12月13日，中银保险江苏分公司与中国银行江苏分行联合召开2010银保业务研讨会暨保险业务年会。总经理韩安萍做了“巩固银保联动成果　推进又好又快发展”的主题发言。

**【重大承保】** 8月25日，中银保险江

7月24日，中银保险江苏分公司举办《劳动合同法》及《劳动合同法实施条例》培训，诚邀江苏省劳动社会保障厅劳动仲裁处的领导进行辅导

苏分公司无锡中心支公司，成功签署中船澄西船舶修造有限公司雇主责任险保单，总保费为人民币93.65万元。

10月11日，中银保险江苏分公司成功代理江苏通宇钢管集团有限公司国内贸易信用保险，江苏太白集团有限公司、嘉宏资产经营管理有限公司、嘉宏融科置业发展有限公司企财险，保费收入约计163万余元。

10月18日，中银保险江苏分公司泰州中支公司成功签约中海先锋化工(泰兴)有限公司，独家承保该公司财产险，实现保费60.94万元。

10月29日，中银保险江苏分公司苏州中心支公司成功代理太仓兴达制罐有限公司信用保证险，保费收入92.56万元。

11月9日，中银保险江苏分公司承保江苏韩通船舶重工有限公司船舶建造险，共计保费收入134.5万元；承保江苏同昌电路科技有限公司、仪征化纤有限公司、江苏迅达电磁线有限公司信用保证保险，共计保费收入约131.4万元。

11月29日，中银保险江苏分公司承保塞拉尼斯(南京)化工有限责任公司及其下属5家企业的一揽子保险，共计保费收入742.8万元。

12月17日，中银保险江苏分公司在中国银行江苏省分行支持下，签署全国第一单企业应收款项信用保险暨坏账保险，保费收入264万元；签署国内贸易信用保险，保费收入42万元。

【重大赔付】 3月6日，镇江振邦化工有限公司发生火灾，被保险人报损140万。事故发生后中银保险江苏分公司理赔人员立即赶赴发生现场，以最快的速度与被保险人核定了三方认可的损失并及时结案，将赔款49.55万元送入被保险人手中。

4月9日，江苏光大动物药业有限公司发生重大火灾，厂房和机器设备受损严重。事发后第二天，中银保险江苏分公司副总经理宋纲及中银保险江苏分公司理赔部人员急赴南通予以指导工作；南通中支公司总经理秦永东也多次赴现场并亲自将赔款158.7万元送至被保险人处。此次快速理赔保证了客

4月13日，中银保险江苏分公司与江苏分行联合召开2010银保业务研讨会暨保险业务年会，江苏分公司党委书记、省中行行长助理王兵在会上作重要讲话

户尽快修复、安装完工及资金回笼。

12月31日，中银保险江苏分公司赔付江苏韩通船舶重工有限公司新船搁底事故，赔款金额286.12万元。2009年底，江苏润昌船舶重工有限公司新船下水时搁底。由于损失重大，中银保险江苏分公司立即启动重大案件应急处理机制，与公估公司、共保方、总公司、被保险人积极沟通协调推进案件处理顺利发展。

【对外交流】 4月7日，中银保险江苏分公司副总经理宋纲前往中国银行连云港市分行协调该地区东海、赣榆建立理赔查勘点工作。

6月8日，中银保险江苏分公司总经理韩安萍拜访赛拉尼斯美国总部财务负责人及该公司亚太地区财务总监。

【公益活动】 1月20日下午，中银保险江苏分公司理赔服务部的青年志愿者来到光华路街道四方新村社区广场，冒雪参加由团区委、光华路街道、中国人民银行主办，四方新村社区居委会承办的“青春火红暖社区、志愿真情耀光华”活动。

12月2日下午，中银保险江苏分公司团委与白下区委团、区法院，组织了一场为小学生讲解基础法律知识和安全自救知识的公开课。课堂上，团员和同学进行了热烈的互动，通过知识竞答加深自护知识的了解，引导学生正确认识自然、认识社会、认识自我，提高自我保护能力，进一步远离危险和防范侵害。

【教育培训】 6月19日至7月1日，中银保险江苏分公司在南京开展为期20天的新入司大学生培训。

7月24日，中银保险江苏分公司举办《劳动合同法》及《劳动合同法实施条例》培训，诚邀江苏省劳动社会保障厅劳动仲裁处的领导进行辅导，中银保险江苏分公司各机构负责人及省公司主管以上人员参加了培训。

8月26日，中银保险江苏分公司理赔服务部为进一步提高全辖理赔队伍技能，开展了历时2个月、48个课时、内容包括规章制度、人伤案件、车辆保险、非车辆保险四大板块的视频系列培训，培训范围覆盖全辖所有理赔人员。

9月6日，中银保险江苏分公司开展“每天50分钟”视频培训月活动，培训内容涉及“交际礼仪与交往艺术”、“有效沟通”等。

9月13日，中银保险江苏分公司首次国内贸易信用险培训班暨研讨会在南京召开，自大连、湖北、山东等分公司的同仁一起就共同关心的国内贸易信用险进行探讨和交流。

11月5日，中银保险江苏分公司举办全辖财会人员合规培训班，中银保险江苏分公司总经理韩安萍在开班前

讲话，要求培训注重实效，对照预算关好门，高质量高起点为2011年的“开门”做好准备。

## 天平汽车保险股份有限公司江苏分公司

【概况】 2010年，天平汽车保险有限公司江苏分公司以科学发展观精神为指导，在保监局监督指导和大力支持下，在总公司正确领导下，深入学习贯彻落实各项既定工作目标，以公司价值最大化为导向，努力实现又快又好发展，积极开拓市场，健全监督考核机制，完善优质服务措施，求真务实，各项工作得到落实和完成。

【经营业绩】 2010年完成签单保费2.44亿元，全司以及各机构均顺利超额完成了全年的预期计划。全年处理已决赔案件数2.6万件。

【渠道建设】 对于在江苏保险市场耕耘时间不长，品牌较弱的公司，如何在激烈的市场竞争中实现自身又快又好的发展，一直是工作的重中之重。公司领导班子统一认识，深入剖析挖掘江苏保险市场，并结合自身的经营特点特色，在现有的合作良好的合作伙伴的基础上，积极开拓新渠道，并且实现了传统渠道和电话销售等新渠道和谐发展的良好局面。

在2010年中，为更好地服务于客户，更贴近各地市场，继续稳步拓展新机构。2010年，南通中心支公司获准筹建并开业。

【内部管控】 随着公司业务的发展，分支机构的延伸，对于控制和防范在公司经营管理工作中出现的风险显得越来越重要。2010年江苏分公司根据行业的自律要求和总公司的各项规定和要求，积极及时地制定完善了各项内部管理制度，确保了公司发展所需的工作秩序和高效率运转。进一步完善财务派驻制，实现全面的预算管理，严格管控资金收支，加强成本管控，打造节约型的公司。公司定期上报业绩报表、单证需求表和应收管理表等各类管理工具，加强单证管理，严格验车制度，保证保单质量，进一步规范和完善业务基础管理工作。为实现扭亏为盈创造了基础条件。

公司将诚信服务作为重中之重，诚信是对客户服务的基本要求，也是与分销商、公估人合作的前提。完善售前售后服务，加快未决案件催交及清理工作，坚持重申客户服务礼仪，加强赔款支付信息培训及宣导，检查部门各岗位日常工作质量，理赔部门和业务部门合作制订客户服务方案规范、岗位服务流程，履行投保提示，设立客户服务管理岗，修订了客户投诉管理办法，完善了案件复勘制度，细化了重案大案的处理等举措。为客户提供快捷方便的理赔服务的基础上，致力于为客户提供全面的汽车安全服务。

【企业文化】 核心价值观：尊重、共享、执行、卓越。“尊重”是天平文化的基石。尊重彼此的人格、劳动、专业和创造。有尊重，才会有信任和理解，才会有团队协作，才会有执行。“共享”，天平人协作的方式。公司倡导团队精神，工作中共同分担风险、忧愁、痛苦和劳动，并共享信息、成果、荣誉与快乐。天平属于大家庭中的每一位成员。“执行”，天平成功的保证。天平强调员工的积极参与和主动创造，在此基础上贯彻执行公司的每一项战略和经营策略。“卓越”，天平人前进的方向。不满足于取得的一些进步与成绩，追求的是至善至美的卓越，每一位天平人在平凡的岗位上作出不平凡的业绩，都是对卓越的完美诠释。

经营理念：诚信、专业、创新、效益。“诚信”是保险经营的基本原则，取名“天平”立意如此。天平秉承诚信天下的原则，不仅是给客户的承诺，也是对合作伙伴、员工和每一个天平利益相关者的承诺，天平视之为立身之本。“专业”，天平定位于专业，围绕专业打造核心竞争力，并把专业贯彻到每个环节——专业产品、专业服务、专业营销、专业团队、专业精神。“创新”，不断创新是天平的动力源泉，从创立第一家汽车保险公司，到开无数个先河，到未来愿景战略，天平无处不注重创新。锐意创新是天平的竞争优势所在。天平保险效益：天平的发展遵循效益为先的原则，坚决摒弃“只要规模而忽视效益，只要数量而忽视质量”的做法，严格进行各环节风险控制，确保公司的偿付能力，为客户、员工、伙伴、社会和股东创造价值。

天平愿景：打造中国汽车保险第一品牌。天平从成立开始，便定位于专业产品与服务的提供者。为此，天平不断提升企业核心能力，以市场为导向，以客户为中心，提供最优质、最具价值、最完善、最体贴的产品和服务。天平突破保险概念寻找更多的服务客户的方式，以汽车安全服务提供商的姿态，提供更多优质服务。

天平使命：让出行更美好。“让出行更美好”是对客户的终极承诺，是公司前进的方向。

【履行社会责任】 公司严格遵守行业自律公约，遵循保险市场秩序，想为客户所想，“以客户为中心”、“您只管开车，剩下的事交给天平”是公司的工作原则和服务承诺。

【重大活动】 2月22日，天平汽车保险股份有限公司江苏分公司南通中心支公司获准筹建。

4月15日，天平汽车保险股份有限公司无锡中心支公司获准开业。

8月13日，天平汽车保险股份有限公司江苏分公司南通中心支公司获准开业。

## 永诚财产保险股份有限公司江苏分公司

【概况】 2010年，江苏分公司在总公司和总经理室的正确领导下，紧紧围绕“更新观念，创新发展，改善结构，提高效益”的经营方针，坚持以调整结构为重点，以严格管理作保证，以提高效益为中心，在各项工作中更新观念、创新办法、团结进取、真抓实干，在保持业务稳步发展的同时，优化险种结构，为公司的可持续发展奠定了坚实的基础。

【经营业绩】 分公司2010年实现保费

收入3.23亿元，同比增长15.9%。分险种来看，车险、非车险业务分别实现保费收入2.19和1.04亿元，同比分别增长1.8%和128.3%。险种结构方面，分公司年末非车险占比达32.2%，同比去年上升了15%，高出行业平均水平近8个百分点。

在人均产能达成上，分公司全员人均产能高达108.7万元/人，销售人均产能达227.5万元/人，分别达成总公司下达的计划目标的106.5%和112.1%。

而从承保效益来看，分公司年末综合成本率为98%，累计实现承保利润533.4万元；同比2009年，综合成本率大幅下降，分公司有效实现了扭亏增盈的经营目标。

【渠道建设】 2010年公司推进渠道建设，制定了渠道管理办法，规范代理合作渠道流程。集中、统一管理代理出单业务，对代理业务全面实行分类、分级管理；与中介渠道有合作协议的共88家。加强与银代中介渠道的沟通，确定合作关系6家，新签订合作协议1家。

【内部管控】 江苏分公司是总公司股份制公司治理结构下设的二级分支机构，实行总经理负责制，总经理对分公司的各项经营活动结果负总责。公司现下设人力资源部、行政部、监察审计部、财务部、财产险部、市场开发部、车险部、大商风部、股东业务部、营业二部共10个部门。下辖南京营业部，苏州、常州、扬州、镇江、南通中心支公司，江阴、太仓、昆山、吴江、张家港、常熟、通州及海门支公司，江都营销服务部。

截至2010年末，江苏分公司现有正式员工284人，其中管理人员156人，销售人员128人。管理人员平均年龄31.5岁，其中30岁及以下80人，占比51.3%；销售人员平均年龄36岁，其中30岁及以下38人，占比29.7%。管理人员中本科及以上人员95人，大专60人，大专以下1人；销售人员中本科27人，大专66人，大专以下35人。

江苏分公司现包含公司的“内部信息门户”网站，包括财务系统、销售管理系统、报表分析系统、网上理赔系统、视频会议系统、在线培训系统、航意险平台、反洗钱系统、配件查询系统、人力资源系统、客户信息系统等20余个系统或是平台。

2010年初分公司已有《工作责任追究制度》等40余部主要的内部管理制度及《非车险两核管理规范》15部主要的业务操作流程。在此基础上，2010年江苏分公司新制定、修订的各项规章制度、业务流程及工作通知约60余项，内容涵盖反洗钱、合规管理、人力资源管理、行政管理、财务管理、业务管理、两核管理等多个方面。

【企业文化】 2010年公司全面加强企业文化建设，组织形式多样的活动，丰富员工的业余生活，创造团结和谐的公司氛围。公司实行每天晨会制度，让每位员工来轮流主持晨会，搭建展现员工风采、传播公司信息的平台；组织“企业文化与我同行”征文活动，加强员工沟通交流，分享工作中点滴的感悟，表达对永诚美好前景的坚定信念；积极参加以创先争优为主题的江苏保险业首届“唱响时代主旋律”青年歌咏比赛，获二等奖。

【社会责任】 2010年公司积极参加各类慈善公益活动，履行企业公民义务。2010年4月，分公司开展了“情系玉树，大爱无疆”抗震救灾募捐活动，机关本部全体员工踊跃参加募捐活动，共募得善款5580元，通过相关部门将捐款送达灾区，为灾区人民奉献一片爱心。

【党建工作开展】 公司党委认真贯彻党的十七届四中全会和五中全会精神，围绕公司经营中心开展党建工作。根据《中国共产党章程》、《中国共产党发展党员工作细则(试行)》和有关规定，制定印发《发展预备党员及转正工作程序》、《建立党支部的一般程序》，并做好支部改选工作，切实加强党组织建设；按照上级党委的部署，分公司党委组织2010年党员领导干部述廉议廉活动，推进了公司党风廉正建设；开展争先创优活动，在全系统组织开展学习先进人物先进事迹活动，向江苏保监局推荐两名先进典型，发挥了党员先锋模范作用和党组织的战斗堡垒作用。公司将抢抓发展机遇，加大创新力度，强化内控管理，努力塑造产品和服务的核心竞争力，推动公司健康快速发展。

【重大活动】 1月15日，永诚财险总公司董事长杜林一行莅临江苏分公司开展2009年度考核测评工作。要求江苏分公司全体员工进一步解放思想、抢抓机遇、取长补短、创新发展，做好2010年的各项工作，争取更大的进步。

2月10日，永诚财险江苏分公司召开2010年度工作会议。会议传达了总公司年度工作会议及江苏保监局全省保险工作会议的精神，全面总结了2009年度的各项工作，表彰了为公司建设和发展做出突出贡献的先进个人和集体，并对2010年工作做了整体部署。会后，分公司工会还举办了新春联谊会。

时任南京市委书记朱善璐与永诚江苏分公司员工在一起

3月22~30日，永诚财险江苏分公司在全辖开展“合规管理教育学习周”活动，推进全辖的合规管理学习教育工作。

4月1~2日，永诚财险江苏分公司召开全辖战略解码培训及启动会议。传达了总公司战略解码会议精神，宣导了公司2010年战略目标，并就各战略重点的具体行动计划进行了充分讨论。

5月21日，江苏保监局同意永诚财险海门营销服务部变更经营场所。

5月24日起，永诚财险江苏分公司组织专家和相关工作人员成立专门工作组，对辖内相关单位进行了回访和现场查勘。

8月10日至9月底，永诚财险江苏分公司在全辖范围内开展全面综合治理工作，综合治理以合规经营为核心，以提高执行力为抓手，对全辖的行政管理工作开展全面的治理整顿。

9月15日，永诚财险江苏分公司召开联谊会庆贺分公司成立四周年。分公司工会组织了文体活动，提升了团队凝聚力。

10月11日起，永诚财险江苏分公司全面启动机关本部晨会工作。

10月25日，江苏保监局同意通州支公司变更营业场所。

11月9日开始，永诚财险江苏分公司企业文化推广大使先后赴全辖各地区开展企业文化宣导工作。

11月12日，永诚财险江苏分公司组织机关员工及在宁部分员工参观了“金融系统反腐倡廉建设”巡展。

11月24日，为促进经济发达地区三级机构更快的发展，优化机构资源配置，提升分支机构竞争能力。总裁孙元彪一行莅临永诚财险苏州中心支公司进行现场验收，并对战略型三级机构的经营管理工作进行了指导。

**【重大承保】** 2月，常州现代交通运输产业服务中心与永诚财险常州公司签订了机动车辆保险合作协议，截至2010年底，该中心投保机动车辆540辆，总保费590万元。

5月，苏州市包车客运行业协会与永诚财险苏州公司签订了机动车辆保险合作协议，截至2010年底，该协会投保机动车辆1900辆，总保费1510万元。

5月13~15日，永诚财产保险公司第一届高峰会议海南岛举行，图为总公司董事长杜林与江苏分公司金牌业务明星亲切合影

8月，永诚财险江苏分公司成功参与共保华润电力(温州)有限公司苍南发电厂安装工程险项目，总保额65亿元，公司共保份额35%，保费收入200余万元。

10月，永诚财险江苏分公司参与南京地铁三号线、十号线工程保险及一号线、一号线南延线、二号线(含东延线)运营项目保险招投标，该项目保险金额累计高达400亿元，公司成功参与共保，预计总保费收入380万元。

**【重大赔付】** 2008年5月1日，中午11时20分，被保险人司机徐某某驾驶苏N05282大客车，运送南京陆军指挥学院28名学员，由南京前往上海，车行至沪宁高速下行由东向西至29公里出，撞上隔离墩导致翻车，造成车上29人不同程度受伤。接报案后，公司立即委托天衡保险公估公司查勘处理，并且分公司副总经理张蕾亲自带领相关负责人前往上海。事后伤者向上海市嘉定区人民法院提起诉讼，要求客运公司承担医疗费，精神损失费等各项费用115.56万元，并将公司列为第二被告，最终经法院调解。2010年2月9日，永诚财险江苏分公司赔付各项赔偿费用合计108.88万元。

3月8日，永诚财险江苏分公司赔付扬州大洋造船厂有限公司65.13万元。2009年3月12日，被保险人厂内4号码头再建DY127号5万吨散货轮机舱发生火灾，部分设备被烧毁。消防部门认定，火灾原因是由于当时施工的电焊工气割火星点燃易燃物造成。根据船舶的实际损失情况，最终核定所有的损失及其他费用合计217.1万元，公司按照保险合同和共保协议，承担30%。

6月9日，标的(主挂车)与非机动车相撞，致三者一人死亡，此车保额为交强险12.2万元，商业险30万元，出险后公司派法务专员多次陪同被保险人与三者协谈赔偿事宜，本案正常赔偿须48万元，最终三者同意以41万的一次处理，永诚财险江苏分公司按承诺5日内支付了赔款。

10月11日下午，被保险人员工南永，在4#船台4#270船上安装边舱口围时，围板突然倒下，南永被压在围板下，后送至泰兴人民医院抢救无效死亡；经调查核实，案件情况属实，12月3日，永诚财险江苏分公司向被保险人赔付28万元。

被保险人普陀区运输公司货运一部，投保了车损、三者、不计免赔险共计保费300万元，该单位某标的于2009年12月11日在盐城建湖县发生一起交通事故，该标的(主挂车)与三者轿车相撞，导致三者车上乘员两死两伤，此车保额为交强险24.4万元，商业险100万元，分公司非常重视此案的社会影响，安排苏州中支专人多次陪同被保险人慰问伤者及死者家属，多次陪同被保险人及伤者、死者家属办理索赔事宜，本案金额较大，所产生的费用交强、商业险几乎需要满额赔偿，但因永诚财险江苏分公司的诚心帮助，三者对损失做了让步，被保险人也自愿承担一部分损失，最终以总额90万元一次性结案，并在10日内支付赔款。

【公益活动】 4月20日，永诚财险江苏分公司开展"情系玉树，大爱无疆"抗震救灾募捐活动，机关本部全体员工参加了募捐活动，共募得善款5580元，并通过相关部门将捐款送达灾区。

【教育培训】 5月8~9日，永诚财险江苏分公司举办了全辖合规经营培训班。培训班分析了当前的合规经营形势，学习传达了总公司及监管机构近期出台的相关法规，并围绕合规经营这一主题展开了深入讨论。培训结束后，分公司与各机构及各部门签订了《目标责任状》和《个人绩效合约》。

11月12日，永诚财险江苏分公司开展定位业务展业培训。总公司大型商业风险部总经理乔栋到会并针对业务分析、展业技巧和再保支持等方面的内容进行了实战分析。分公司辖内全体三级机构负责人和业务骨干参加了培训。

11月16日，永诚财险江苏分公司开展反洗钱工作培训，培训由总公司合规管理部专业人员主讲，内容覆盖了洗钱与反洗钱、反洗钱的立法现状、反洗钱实务及反洗钱工作职责等四方面内容。

## 民安保险（中国）有限公司江苏分公司

【概况】 2010年，分公司在总公司的正确领导和大力支持下，按照部署与要求，认真践行科学发展，攻坚克难，深化营销体制改革，积极推行价值管理，全面开展各项工作，经过全省员工的艰苦努力，分公司在深化改革、提高两率、夯实基础、发展业务、建设队伍、合规经营等各方面均取得一定的成效。镇江中心支公司和扬州中心支公司荣获总公司"先进集体"，分公司有二名个人、一个直销团队和四名展业人员获得总公司表彰。

【经营业绩】 江苏分公司全年实现保费收入13372万元，传统业务保费收入12850万元，非车险占比38%，水险和意外险等险种占有较大比例，险种结构均衡发展；综合满期赔付率45.46%，其中商业险满期赔付率34%，水险和个险分别为17%和19%，车险经营得到改善，满期赔付率56%；应收保费、行政费用和人事费用均控制在总公司预算额度内；分公司整体边际贡献率为23%，边际贡献覆盖率旧口径为122%，新口径为142%，三个渠道的边际贡献率和边际贡献覆盖率完成预算计划，镇江等6家机构的边际贡献覆盖率超100%；全省各项工作呈现良好发展态势，并初步实现了打平营利的目标。

【渠道建设】 2010年，分公司根据总公司部署和要求，推进改革，按照既定的方向和目标，围绕一个方针、突出两个核心、抓住三个维度、大力实施改革，不断推动深化；并按要求在健全前后分开、左右分开的新营销体制和组织架构基础上，按计划有序实施改革。针对深化改革中出现的情况，组织开展改革"回头看"，巩固改革成果，及时帮助机构解决遇到的新问题；同时，组织宣讲小组深入机构，现场办公，围绕"新两率"，以机构、产品和渠道维度为重点，抓住关键问题，提升"五大能力"，加强政策宣导，激励与帮扶并举，推进改革向纵深发展。具体工作主要包括：强化销售系列员工管理，提高人均产能，加强销售团队建设，提升销售能力；根据总公司渠道拓展规划，推动业务发展；完善大项目管理机制，加大拓展力度，提高成功率。

【内部管控】 2010年，分公司始终坚持合规经营方针不动摇，确保公司健康有序的发展，在努力推进公司销售体制改革不断深化，业务结构与品质持续优化，队伍建设和文化建设不断加强的同时，注重一手抓内控管理，一手抓合规经营。一年来分公司没有发生任何司法案件，上半年江苏保监局对全省保险信访投诉进行通报，分公司为零投诉。

合规经营是企业健康发展的内在诉求、是行业发展必须遵循的规律，是民安的生命线，分公司高度重视，强化合规意识。在建立健全管理制度和流程的基础上，实行重点管控，动态跟踪、及时处置，确保合规工作在承保、理赔、人事、财务等各个方面都得到落实和控制。特别是人事用工风险，分公司严格按照上级要求对所有内外勤员工签定劳动合同，避免了人事纠纷；在应收管控上，为有效控制应收率，成立专门应收管控小组，抽调专人，明确分工，责任到人，制定细则和考核办法，实时跟踪，加大力度，确保应收管控达标。

全年全省各机构没有发生监管处罚，也没有在自律检查中发现有严重违规行为受到处罚，南京营业部等机构在江苏省行业协会组织的多次车险、非车险经营专项审计中均顺利通过；总公司组织的年度人事达标检查，单证检查和理赔专项检查均合格。8月总公司综合检查组对分公司和镇江、无锡中心支公司及宜兴支公司进行了全面检查，对分公司内部管理和风险控制给予了高度评价。

具体工作：一是按照江苏保监局《关于开展交强险诉讼案件司法环境情况调研工作的通知》精神与要求，认真统计，如实填写全省2009年交强险诉讼案件情况统计表，同时围绕调研提纲，结合公司实际情况，对交强险诉讼案件司法环境情况作书面总结与汇报，并提出相关建议与意见。二是根据保监会"贯彻落实保险机构案件责任追究指导意见暨保险业打击'三假'工作总结视频会议"规定与要求，结合总公司转发"关于印发《保险机构案件责任追究指导意见》的通知"有关精神与要求，组织各部门、各机构学习与贯彻，要求深刻领会文件精神实质，在实际工作中着力提高执行力，并在学习基础上对相关高管人员组织考试，以进一步提高合规经营意识。三是依据《保险公司管理规定》的精神与要求，认真组织学习贯彻，并成立自查工作小组，按照《通知》规定的自查重点，对所属分支机构进行了全面认真的自查，没有发现违规情况，并按要求及时将自查及整改报告报送总公司与江苏保监局。四是在总公司转发《关于开展保险机构反洗钱工作调研的通知》基础上，结合实际，认真总结，按要求形成报告并上报总公司，同时认真

学习贯彻《保险机构反洗钱工作指引》、《反洗钱法》和人民银行有关反洗钱工作的规范性文件，制定计划，分步实施。按照监管部门和总公司要求，在进一步学习贯彻文件基础上，严格履行客户身份识别、客户身份资料和交易记录的保存、大额交易和可疑交易报告等反洗钱义务，并按规定定期向人民银行和上级公司报送反洗钱报表和报告，自觉接受监管和监督；建立反洗钱信息收集反馈制度，掌握反洗钱工作动态，防范和化解洗钱风险。五是高度重视合规经营和内控管理，积极、主动、迅速处理信访投诉，保持公司形象。

【企业文化】 为切实推进公司企业文化建设，将公司的经营理念、价值观真正扎根于每位员工心中，按照总公司相关要求，坚持每日晨会制度，并通过定期更换晨会心得交流主题，进一步提高员工对集团公司企业文化内涵的认知度，提升公司内部凝聚力和向心力，营造合规经营氛围，促进日常各项工作的有效开展。积极参加"弘扬集团核心价值观"江苏、安徽赛区演讲选拔赛。比赛中，选手激情满怀，以出色的表现赢得了评委和大家的赞誉。经过三小时激烈比拼，最终从众多参赛选手中脱颖而出，荣获三等奖，在保监局、集团领导及兄弟公司面前展示了民安人应有的精神风貌。

【履行社会责任】 应江苏省委宣传部、省级机关工委、省民政厅、省军区政治部和省慈善总会等五部门关于开展全省"送温暖、献爱心"社会捐助活动的要求，根据江苏保监局有关通知精神，分公司党委向分公司及各机构全体党员干部、团员及干部员工发出倡议，为救助对口支援地区困难群众捐款，为他们献出一份爱心，分公司党员干部及员工响应号召，纷纷踊跃捐助，仅分公司本部就给省慈善总会捐款6050元。青海玉树地震发生后，分公司总经理室、各部门负责人当场带头捐款，员工也伸出关爱之手，尽自己的一份力，为灾区群众渡过难关，重建家园奉献出民安的一份爱。捐得善款9860元在第一时间按要求汇至灾区。

在江苏保监局统领主办，保险行业协会、保险学会承办，省内保险机构和保险中介机构参与，大众传媒、学校社会、社会组织多方支持的保险消费者教育活动中，由分公司等11家省级保险公司参编的《保险知识普及丛书》，受到有关部门通报表扬；在江苏保监局会同江苏省消费者协会及江苏省教育学会举办的"保险消费者教育丛书赠书启动仪式"活动中，分公司作为丛书参编单位派员参加此次活动，并进行了现场赠书；同时参与了《保险知识普及丛书》第二套《幸福家庭的保险保障》编撰工作。

着力规范服务标准、提高服务效率。结合实际，集中加强两核管理，改善客户服务。以客户为中心，结合公司实际，提倡运营部门带头、后援部门跟上、公司上下齐努力，营造良好氛围，想方设法提高对内和对外服务的水准，针对各险种具体情况，实施精细管理，提高服务的针对性与有效性。首先是加强核保服务：根据总公司核保政策，结合市场情况制定正确核保策略；对业务品质进行跟踪监控，及时调整，为客户提供有效的保前服务。其次加强核赔服务：严格执行总公司下发的核赔制度；保证核赔"及时、准确、高效"；对结案案件进行跟踪，提高核赔质量；对要案加强跟踪，降低赔付率；加快赔案结案率，不断提高理赔时效。第三，进一步强化防灾防损工作，着眼于为客户提供全方位服务，保前认真做好风险查勘，保中及时做好灾害雨雪天气提示和风险预防工作，同时做好防灾防损检查和建议，帮助进行整改完善、有效防范风险。对重点客户提供VIP绿色通道服务，竭力打造优质、便捷和高效服务体系。

民安保险总公司领导莅临江苏分公司检查指导工作

【党建工作开展】 2010年，党委围绕"抓发展，调结构、保稳定"这个中心，加强党的思想、组织和作风建设，团结带领全体员工奋力拼搏，为完成全年的任务目标发挥了政治领导核心作用。着力党风建设，推动"创先争优"是今年党委工作的中心任务。根据上级党委要求，在"创先争优"活动中，紧贴公司发展实际，着力加强党的作风建设，推动"创先争优"活动的深入开展，为分公司的和谐发展、合力发展创造了重要条件。具体体现为：一是狠抓党员先进性教育，为党风建设、创先争优活动提供动力基础；二是紧扣创先争优活动的目标要求，认真抓好党章学习，增强党员的党员意识。坚持"三会一课"制度，引导党员拿起批评和自我批评的武器，解决思想认识问题，促进党员增强党性观念；三是深入开展"创先争优"活动，在实践中检验党员的先进性和党组织的战斗力；四是认真抓好积极分子的培养，在创争活动中考察积极分子的素质表现，共有三名积极分子在"创先争优"活动中光荣加入党组织；五是深入开展党风廉政建设和法律法规教育，增强党员廉洁自律、守法行事的责任意识。去年分公司系统没有发现任何司法案件和责任案件。

【重大活动】 1月5~6日，民安保险总

公司副总裁姚珏、人力资源部相关人员莅临江苏分公司检查指导工作，参加了分公司民主生活会，并主持了 2009 年度干部考核工作，分公司班子成员、各部门负责人、相关三级机构负责人参加相关会议。考核小组领导同分公司三级机构负责人和中层干部进行了访谈。

1 月 14 日，民安保险江苏分公司班子成员在多功能厅分会场向总公司进行了年度述职报告，并通过视频全程参加了总公司 2010 年高管述职会议。1 月 15 日，分公司辖下各中支班子成员、综合支持负责人、运营支持负责人共 32 人在规定时间内进行了年度述职报告，分公司班子成员、总公司委派财务、人事负责人、渠道和专业险部门负责人参加会议并当场进行评分。

2 月 4~6 日，民安保险江苏分公司召开 2009 年度工作总结表彰大会暨 2010 年计划工作会议。分公司全体人员、各中支公司班子成员及综合、运营支持负责人与获奖代表参加了会议。

4 月 1 日，根据总公司转发保监发[2010]26 号“关于贯彻实施《保险公司管理规定》有关问题的通知”精神与要求，民安保险江苏分公司认真组织学习贯彻，并成立自查工作小组，按照《通知》规定的自查重点，对所属分支机构进行了全面认真的自查，总体情况良好，未发现违规情况，并按要求及时将自查及整改报告报送总公司与江苏保监局。

6 月 7 日，根据省保险学会“关于编写《保险知识普及丛书》第二套《幸福家庭的保险保障》的通知”精神与要求，民安保险江苏分公司被推荐为众多省级保险公司中仅有的 3 家产险公司参加本次丛书编撰工作。

7 月 7 日，根据总公司《关于成立公司案件责任追究工作领导小组和办公室的通知》精神与要求，民安保险江苏分公司按照要求立即成立以总经理为组长的案件责任追究事务办公室，并明确分工、落实到人，以加强对此项工作的领导与督查，确保分公司合规经营、健康发展。

9 月 6 日，根据总公司党委有关通知精神与要求，民安保险江苏分公司结合实际，制定开展“创先争优”活动的实施方案，成立以分公司党委书记为组长的分公司“创先争优”领导小组，以加强对活动领导，确保工作扎实推进，并按要求及时将方案上报上级党委。

分公司员工参加集团核心价值观演讲比赛上台领奖场景

10 月 26~27 日，民安保险（中国）有限公司总裁刘世宏、人力资源部总经理刘涛和总裁办副总陈凯一行莅临江苏分公司调研指导工作，并深入民安保险苏州中心支公司进行实地调研。

11 月 9 日，江苏省保险学会召开专题会议，对 2010 年度《江苏保险》优秀宣传单位和基层阅读目标达成单位进行表彰，民安保险江苏分公司获得通报表彰。

**【重大承保】** 1 月 29 日，民安保险江苏分公司独家承保了某建筑工程有限公司的建筑工程一切险，总保费 168 万元。

5 月 14 日，民安保险江苏分公司独家承保了某机械公司的一揽子保险，总保费为 160 万元。

8 月 6 日，民安保险江苏分公司与太平共保了某建设工程有限公司的船舶险，总保费为 120 万元。

**【重大赔付】** 民安保险无锡中支于 2009 年 9 月 4 日承保了由江苏某实验装备有限公司投保的苏 BUC8XX 江铃全顺轻型客车，交强险保额 12.2 万元，车损险保额 12.38 万元，商业三者险保额 50 万元（承保不计免赔）。2010 年 1 月 21 日，董某驾驶标的在宜兴市沧浦中心村，撞到横过马路骑电动车的人，伤者送到医院经抢救无效死亡。（交强险）经法院判决公司赔付 11.1 万元，商业险赔付 32.19 万元，合计赔付 43.29 万元。

民安保险南京营业部于 2010 年 1 月 1 日承保了由南京某集装箱运输有限公司投保的苏 A331XX 明威集装箱运输半挂车，交强险保额 12.2 万元，商业三者险保额 50 万元（承保不计免赔）。2 月 11 日 21 时许，芮某驾驶标的车与李某驾驶的小型客车相撞，致使李某当场死亡，两车损坏，交警认定双方同责。经法院调解，公司交强险赔付 11.2 万元，商业险赔付 21.16 万元，合计赔付 32.36 万元。

6 月 22 日，江苏某药用新材料股份有限公司一生产车间发生火灾，致使该企业车间房屋、存货及机器设备等受损。事故发生后，民安保险江苏分公司立即派员现场进行查勘，组织力量，专案负责，同年 12 月赔付被保险人人民币 480 万元。

4 月 22 日，江苏某纺织品印花有限公司印花车间发生火灾，导致生产厂房、机器设备及存货受损，民安保险江苏分公司最终赔付被保险人人民币 26 万余元。

**【公益活动】** 许钟宇同志为南京营业部的业务骨干，去年 6 月该同志突患急性淋巴细胞白血病，同年 7 月做了三次化疗手术，前期医疗费用已自费 40 余万元。在得知该同志不幸患病后，民安保险江苏分公司第一时间向全辖发出倡议为其进行爱心募捐，民安保险南京营业部与各中支也及时组织了捐助活动，共累计收到善款2.35万元。

5月6日，继民安保险江苏分公司及各机构首次为玉树地震灾区捐款后，民安保险江苏分公司及各机构再次为玉树地震灾区进行捐款，善款累计5098元按要求汇至灾区。

【教育培训】 根据保监局通知精神与要求，全国金融系统反腐倡廉建设南京巡展于11月9–14日在南京举行，民安保险江苏分公司积极落实、妥善安排，组织全体员工参观巡展。

## 中国人寿财产保险股份有限公司江苏省分公司

【概况】 2010年，是中国人寿财险保险股份有限公司江苏省分公司第三个完整的经营年度，是公司从筹建开业向盈利经营转变的关键之年。一年来，分公司按照保监会"承保要有盈利、经营要依法合规"以及总公司"结构、节奏、效益、合规"的要求，通过开展"品质江苏年"的建设，实现了业务规模、效益经营的齐头并进。全年实现保费收入12.1亿元，完成总公司考核指标的110%；实现当年度报表利润4207万元，完成总公司利润计划的200.33%。2010年中国人寿财险江苏公司的各项工作，受到了上级公司、监管部门、社会各界的高度评价。集团公司总裁杨超、总公司总裁刘健等领导来江苏调研时，都对公司的发展给予了充分肯定。2010年11月26日，集团公司总裁杨超专门发来贺信，对江苏公司保费规模超过10亿，并提前达成总公司业务和利润指标致以祝贺。

【经营业绩】 准确把握江苏财产险行业有利的发展形势，把实现业务有效增长和当年度盈利紧密结合起来，落实中国保监会以及上级公司的发展要求，2010年业务同比增长27%，增长率比2009年提高了16个百分点；全省系统综合赔付率比2008年、2009年分别下降了19和10个百分点。中国人寿财险江苏省分公司被总公司授予"规模效益双优奖"和"承保盈利贡献奖"。

【结构调整】 在规模保持有效增长同时，在结构优化方面采取措施，全年非车险比2009年提升了2.46个百分点，主动发展的四个效益型险种同比增长50.83%，提升了非车险的经营品质和盈利能力。车险的"352结构"模式得到深化，初步扭转了车险经营的亏损局面，实现承保盈利2167万元。

【渠道建设】 积极主动落实总公司《销售体系整合优化实施方案》，推进渠道优化，拓宽渠道功能，提升发展能力。完善了营销渠道功能建设，实施了优秀人才引进办法，出台了4S店业务拓展指导意见。改善了产寿险合作环境，互动业务提速较快，大项目有一定突破，全面启动电销业务。渠道优化工作的成效，不仅为2010年业务健康发展提供了保障，也为2011年实现提速发展奠定了基础。

【内部管控】 按照上级公司部署和江苏的实际，加大了集中管理的力度，有效促进经营管理水平的提升。实施了双核全面集中，开展了理赔案件打假、复查、第三方调查以及"挤水分降赔付，提高结案率"竞赛活动。车险综合赔付率比2009年底下降了14个百分点。实施大额费用省公司审核和集中支付，完成应付手续费清理工作。高质量完成了95519自建工作，电话中心年度考核列全国系统第1位。加强全省用工编制和薪酬管理，强化了依法合规经营，加强了反洗钱工作和小金库的自查。

【企业文化】 开展了各条线"学专业、强技能"教育活动，制定《教育培训积分管理暂行办法》实施细则，开展渠道讲师培训和选拔，学习贯彻公司三个"规范"活动。开展了全员读书活动、省市公司机关作风整顿活动，实施省分公司本部部门主要负责人竞聘上岗和部门与员工双向选择工作，开展了部门在全国系统条线的争先进位活动。开展品牌宣传工作，召开社会服务义务监督员座谈会，开展了保险进社区、广场宣传、玉树地震捐款等活动，筹办了江苏保险业学习两个"规范"交流会。

【党建工作开展】 深入开展"创先争优"活动，印发了"五个好"、"五带头"考评工作表，召开了全省系统"创先争优"视频动员大会，受到了江苏省委组织部、江苏保监局和总公司的好评。

【荣誉奖励】 江苏省分公司获得了江苏省"精神文明建设工作先进单位"称号。总公司授予分公司2010年度"规模效益双优奖"、"承保盈利贡献奖"称号。分公司电话中心荣获江苏省文明办授予的"迎世博迎亚运讲文明，满意在江苏"先进集体称号，电话中心客服代表刘金婷获得"迎世博迎亚运讲文明，满意在江苏"先进个人称号。

1月19日，中国人寿财险承保盈利表彰仪式上颁发江苏省分公司承保盈利奖励基金

【重大活动】 3月9~12日，中国人寿财险总公司总裁刘健一行莅临江苏调研视察工作。

4月1日，集团公司总裁杨超莅临省分公司本部视察指导工作。

5月28日，中国人寿财险江苏省分公司总经理邱家洋赴杭州参加总公司电销业务启动大会。此次会议的召开，标志着中国人寿财险电销业务开始正式运行。

7月1日，中国人寿财险江苏省分公司召开庆祝建党89周年暨表彰先进视频大会。

8月17日，中国人寿财险江苏省分公司召开了全省系统创先争优活动动员大会。江苏省委组织部副部长徐金万、江苏保监局副局长宋志华、总公司副总裁王骥一行参加了会议。

【重大承保】 8月，中国人寿财险江苏省分公司成功参保苏州地铁项目，保费近192万元。

9月，中国人寿财险江苏省分公司成功竞标苏州市轨道交通2号线工程保险项目，保费收入为200余万元。

10月，中国人寿财险江苏省分公司成功参保云桂铁路(广西段)工程保险项目，获得了4%的承保份额。

10月27日，中国人寿财险江苏省分公司成功竞标南京地铁三号线、十号线工程保险及一号线、一号线南延线、二号线(含东延线)运营项目保险，实现共保保费近379万元。

【重大赔付】 8月22日19时20分，连云港市赣榆县突降雷阵雨，连云港市易达酒业有限公司酒精罐区遭雷击，发生爆炸引起火灾。事故发生后被保险人及时向中国人寿财险江苏省分公司工作人员报案，公司积极理赔。10月21日，中国人寿财险江苏省分公司在连云港市举行了赔款兑付仪式。仪式上，副总裁王骥向易达酒业兑现了1030余万元的赔款支票，易达酒业回赠了绣着“国寿财险　卓越品质　快速理赔　信守承诺”的锦旗，标志着江苏省分公司历史上最大一笔理赔案宣布告结。

9月7日晚，宿迁市突然遭受特大暴雨袭击，降雨量和降雨强度均超有气象记录以来的最高值。截至9月12日，中国人寿财险江苏省分公司已接到车险报案55起，接到企财险报案10起。灾害发生后，公司快速反应，迅速采取了多条应对措施。此次理赔金额219万元。

10月22日，人寿财险江苏省分公司举行连云港理赔爆炸案事故赔付仪式，此案为中国人寿财险江苏分公司目前最大一笔理赔案件

【对外交流】 4月27日，中国人寿财险江苏省分公司文明创建小组赴泰州，学习中国人寿泰州分公司文明单位创建经验。

6月8日，中国人寿财险江苏省分公司互动业务部赴浙江金华中心支公司进行了为期2天的参观学习活动。

【公益活动】 4月20日，中国人寿财险江苏省分公司本部员工开展了“青海玉树地震捐款仪式”活动。

9月16日，中国人寿财险江苏省分公司参加了“保险消费者教育丛书大赠送仪式”。

【教育培训】 3月12日，中国人寿财险江苏省分公司客服部开展了首届“学规范、强意识、比技能”客服技能大赛。

5月19日，中国人寿财险江苏省分公司举办了营销渠道第三期兼职讲师选拔赛。

5月20~23日，中国人寿财险江苏省分公司举办了全省产险服务专员培训班。

5月26日，中国人寿财险江苏省分公司财务部举办了“学专业　强技能　提升财务工作品质”的知识竞赛。

6月3~6日，中国人寿财险江苏省分公司与中国农业银行江苏省分行联合举办了2009-2010年度中国农业银行固定资产保险专项培训会议。

8月12日，中国人寿财险江苏省分公司召开全省系统“理赔队伍大学习大整顿”活动启动视频会议。

8月31日，中国人寿财险江苏省分公司召开了学习贯彻《案件责任追究实施细则》和《员工违规违纪行为处理规定》视频培训会议。

9月1日~12月31日，中国人寿财险江苏省分公司在全省系统组织开展“学专业、提技能”主题活动，制定了“学专业、提技能”主题活动方案。

9月26~28日，中国人寿财险江苏省分公司车险部举办了首期理赔骨干人员轮训活动。

9月26~28日，中国人寿财险江苏总公司客服部在南京举行了2010年电话中心运营管理培训暨运营建设工作研讨会。

11月18~23日，中国人寿财险江苏省分公司组织全省系统员工进行2010年合规测试。

12月4~8日，中国人寿财险江苏省分公司举办了第五期高管人员培训班。

12月30日，中国人寿财险江苏省分公司对非车险“见费出单”操作系统进行全省视频培训。

【其他】 4月22日下午，中国人寿财险江苏省分公司团委组织全省系统团员干部参观南京市梅园新村纪念馆，开展“调整结构促转变，我是青年我先行”

主题团日活动。

5月7日，中国人寿财险江苏省分公司机关团委一支部开展了"首届青年节活动"。

5月11日上午，中国人寿财险江苏省分公司以视频方式召开了2010年合规经营检查动员大会。

6月10日，中国人寿财险江苏省分公司完成了95519电话中心的分拆上线工作，第一批23名坐席人员已全部独立上线。

10月22日，中国人寿财险江苏省分公司在徐州召开了全省系统党委(扩大)会议。

11月，中国人寿财险江苏省分公司被江苏省委、省政府授予2007~2009年度"江苏省精神文明建设工作先进单位"称号。

## 渤海财产保险股份有限公司江苏分公司

【概况】 渤海保险江苏分公司成立于2007年6月，是经营产险业务的财产险保险公司。总公司设在天津。企业性质是国有股份制公司。下辖13个中心支公司。分别是南京营业部、宿迁、徐州、镇江、淮安、无锡、常州、苏州、扬州、连云港、泰州、南通、盐城中心支公司。另有4个四级机构，分别是姜堰支公司、溧阳支公司、宜兴营销服务部、江阴营销服务部。

公司有5个职能部门，分别是综合管理部、财务部、业务管理部、客户服务部、销售管理部。

公司共有人员121人，其中，前线业务员25人、前线事务员5人、后线91人。

【经营业绩】 2010年，江苏分公司共实现保费收入5860.36万元，保费计划达成率139.53%，其中：车险保费收入4570.82万元，占总保费收入的78%；财产险保费收入70.07万元，占总保费收入的1.2%；意健险保费收入1219.47万元，占总保费收入的20.8%。应收保费463.13万元，其中长账龄应收462.33万元。综合赔付率为134.17%，概算综合成本率为181.43%。

【渠道建设】 2010年渠道建设主要体现在和中介公司合作、按照行业协会要求开设出单点、铺设电销渠道三方面。渠道业务量约占公司整体业务量40%。合作的中介代理公司共有8家，其中宿迁3家、镇江1家、淮安1家、无锡1家、徐州1家、盐城1家，均为专业代理机构。按照保险行业协会要求成立的出单点共有6处，其中宿迁4家、徐州1家、无锡1家。另电销渠道铺设工作自2010年12月开始全面展开，目前已在五家机构正常上线操作。

【内部管控】 为加强内部管理、增强管理工作的风险防范意识、自我约束意识、提高业务管理水平和金融服务水平，江苏分公司抓住承保环节，有效管控单证管理，强化资金费用管理，理赔环节中制定客户身份信息采集系统，防范洗钱风险。

【企业文化】 渤海保险的企业文化是一种创业的文化，以建设一家受人尊重、受社会尊敬的现代金融服务企业为愿景，以艰苦奋斗、勇于奉献为企业精神，倡导广大员工要具有不断创新的意识、顽强拼搏的精神、不屈不挠的斗志、勇于向前的胆识、穷尽资源的魄力、真抓实干的态度。

为营造渤海保险拼搏向上的企业文化，激发青年员工工作激情，分公司团委举行集体观影活动，以看电影的形式丰富团员文化生活，起到寓教于乐的作用。

【履行社会责任】 在7月28日当天下午及7月29日，在分公司党委及总经理室的号召下，分两次组织党员、干部员工向"7·28"爆炸案伤者献血。

【党建工作开展】 *恢复党委、团委。*为进一步规范党员管理，保证党员能及时过组织生活，发挥党员先锋模范作用，最大限度地提高党员干部职工的服务能力，促进业务快速、健康、稳定发展，针对前期人员变动较大的情况，分公司重新改选党委委员。并深入开展"创先争优"活动，激发基层党组织和党员的进取精神，不断加强党支部的凝聚力和战斗力，提高党员的素质，促进各项工作的顺利开展。

*举行拓展训练。*为稳定员工队伍，激发工作热情，提升团队的凝聚力、战斗力，分公司组织全体干部员工，并邀请重点客户，举办二次野外拓展训练。增强员工的团队合作意识，赢得了客户的信赖，稳定了员工队伍。

*参观新四军纪念馆。*红色之旅，让所有党员干部重温了那段艰苦而卓越的战争岁月，接受革命传统教育，重温入党誓词，增强党员干部的责任意识，巩固保持共产党员先进性教育活动成果。

【教育培训】 新保险法实施以来，渤海财险总公司高度重视，统一安排全体员工学习新保险法，于2009年9月18日通过视频进行考试。经总公司评卷，江苏分公司所有员工均通过了新保险法的考试。2010年上半年，渤海财险江苏分公司组织了多场保险法知识培训，并于2010年7月21日组织了考试，经分公司阅卷、评卷，分公司全体员工均通过了此次考试。

## 安诚财产保险股份有限公司江苏分公司

【概况】 安诚财产保险股份有限公司江苏分公司(以下简称"安诚保险江苏分公司")于2007年9月3日经江苏保监局批准成立，同年9月6日正式进入江苏保险市场。公司于2010年1月搬迁至南京市庐山路158号嘉业国际城4栋801、802。目前已在苏州、无锡、常州、徐州、镇江、扬州、南通等地设立了14家分支机构。截至2010年12月末员工377人。

【经营业绩】 截至2010年12月末，安诚保险江苏分公司全年保费收入1.818亿元，综合成本率95.34%，其中，综合赔付率58.49%，综合费用率36.85%，承保利润77.89万元。2010年机动车辆险保费收入1.647亿元，占总保费收入90.61%；非车险保费收入0.170亿元，占总保费收入9.39%。

【渠道建设】 2010年公司大力推动渠

道建设，优化渠道管理，探讨各类渠道的经营模式，提高渠道销售能力，提高对渠道销售的掌控能力。2010 年，安诚保险江苏分公司与近三十余家专业、兼业代理公司签订合作协议，与中国建设银行、交通银行等多家银行签订战略合作协议。这一年，渠道总保费比例同比增长了约 10%。

【内部管控】 2010 年安诚保险江苏分公司把“合规促发展，合规出效益”作为 2010 年的工作方针，成立“合规经营检查领导小组”，保证了安诚保险江苏分公司系统机构合规、条线合规、人人合规；成立了“违规经营问责领导小组”，加强对员工队伍的管理和监督，增强全体员工的责任意识和大局意识，并建立覆盖全辖的合规人员网络，各机构、各部门明确了兼职合规管理员，分公司明确了合规管理员及反洗钱管理员，负责与总公司、保监局、人民银行的联系，各机构明确了兼职的反洗钱管理员。还在系统内聘请了 19 名员工为理赔监督员，监督理赔人员处处讲合规、事事不违规。

2010 年 7 月，安诚保险江苏分公司“合规促发展工作会”在南京消防培训中心举行，江苏分公司全体中层以上干部、中心支公司总经理、支公司负责人、各机构财务条线负责人参加了会议。会议认真分析了公司当前合规经营面临的形势、存在问题，并对今后的合规工作进行了部署。

公司高度重视风险排查工作，通过风险排查先后编发了《风险控制手册》、《合规文件汇编》等合规指导手册，风险控制手册完全来自于风险控制各岗位，来自于员工，来自于一线，是一线员工直接参与编写的。该书详尽的列出风险识别和风险防范的要点，通过人人参与、几上几下编写汇集而成，这有益于各条线人员走出对操作风险认知和风险管理的困境，使财务、承保、理赔等环节的合规性、真实性得到切实的保证。

为进一步加强销售人员及中介的管理，对前期的销售人员档案及中介协议进行检查。并对新入司人员的手续提出了规范要求，把人员合规入司放在人员管理的首位，降低用工风险。

专门成立的“稽核监察室”全天候的监控全司合规运行的状况，主要有三方面内容：(1)对制度流程监督；(2)对查勘理赔人员违纪违规进行查处；(3)投诉案件调查处理。理赔督查工作只对分公司总经理室负责，重点对理赔案件和客户投诉热点进行督查，为强化合规，还成立 4 人合规督导组，经常性对机构进行风险排查和合规性督导，并与稽核监察室合署办公，切实起到“独立调查人”和“特派员”的作用。

【企业文化】 围绕安诚保险江苏分公司“合规、执行、发展”六字方针指导思想，以合规为前提，以规范促发展、合规出利润，认识到时时、事事、人人合规的重要性，以“合规、诚信、民主、执行、感恩”和“八问江苏安诚”为文化追求，精细管理，算账经营，并将其印制成海报，张贴于分公司各部门、各机构，起到了明显的宣传效果。

【获奖】 获得省级“平安金融单位(网点)”的称号。

【履行社会责任】 3 月 15 日，安诚保险江苏分公司在新街口莱迪广场进行保险理赔咨询活动。围绕承保、理赔等相关内容为客户解难答疑，主要面向客户进行了承保及理赔的咨询和服务，告之相关承保、理赔的常识，解答客户对理赔相关程序和操作的疑惑。散发了保险常识的手册，并向客户询问了对安诚保险江苏分公司的建议和意见。

【党建工作开展】 以领导班子民主生活会、支部组织生活会等方式，认真组织学习胡锦涛和贺国强同志在第十七届中央纪委第五次全会上的重要讲话，重点学习党风廉政建设的若干文件，加强党性党风党纪教育，联系各单位(部门)干部职工思想实际、工作实际进行讨论交流，不断提高党性修养，始终保持共产党人的政治本色，牢固树立正确的事业观、工作观和政绩观，切实做到合规经营、廉洁自律。通过认真开展“创先争优”和“一讲二评三公示”活动，推动公司党风廉政建设的开展。

【重大活动】 1 月 8 日，安诚财险无锡中支从无锡市兴源北路 818 号东方时代大厦 4 层搬迁至无锡市建筑西路 567 号宝通大厦 4 楼。

1 月 13 日，安诚财险江苏分公司召开了第一届二次职工代表选举大会，会议选举产生了刘浩、尚传花、姜永、吴渭四名同志为第一届二次职工代表大会代表。

1 月 15 日，南通中支从南通市青年西路 208 号海关大楼 11 楼搬迁至南通市外环西路 49 号外滩大厦 5 楼。

1 月 16 日，安诚财险江苏分公司由南京市鼓楼区山西路 8 号金山大厦 B 座 22A 楼搬迁至南京市建邺区庐山

安诚财产保险江苏分公司员工在“系统反腐倡廉建设”南京巡展上的合影

路158号嘉业国际城4栋801、802室。

2月23日，安诚财险江苏分公司召开了2010年工作会，传达总公司党建工作会及一届二次职代会会议精神；传达江苏保监局2010年全省保险业情况通报会会议精神；介绍2010年公司考核方案；传达总公司2010年工作会，2009年工作总结和2010工作安排；与各机构签订责任书。

4月6日，南京市平安金融检查小组对安诚财险江苏分公司平安金融创建情况进行现场检查。

5月22日，安诚财险总公司副总经理胡仲林和合规负责人李洪玲、市场发展部副总经理高健、车险管理部总经理助理袁平一行到安诚财险江苏分公司调研、检查江苏分公司2010年1~4月整体发展情况，在业务拓展、两核管控、精细化管理、队伍建设、合规经营、服务创新等方面的成功经验，以及实现年度目标的差距，当前存在的主要困难及原因。着重结合经营现状、市场格局、行业监管的最新变化情况，谈解决问题的思路与对策，对总公司改进工作的意见、建议。

7月22~23日，安诚财险江苏分公司工会召开第一届一次职工代表大会。审议并通过了安诚财险江苏分公司《销售管理基本办法(试行)实施细则》和安诚财险江苏分公司《人事制度管理办法》，通报工会费用使用情况。

9月15日，由于市政工程拆迁，安诚财险张家港支公司由张家港市人民东路40号搬迁至张家港市华昌路28号新鸿基大厦5楼B517。

10月9日~12月31日，开展"一讲二评三公示"活动。安诚财险江苏分公司全体员工、机构管理部门负责人以上人员立足本机构、本部门、本岗位如何加强自身工作推进公司有效益、合规发展进行公开承诺。各机构、分公司各部门按季度对承诺人员的思想表现、履职尽责、兑现承诺等情况作出综合评价，评价结果通过简报、信息栏等方式进行公示并接受群众监督。

10月18日，安诚产险董事长一行到安诚财险江苏分公司进行调研，与各机构负责人进行了座谈。

10月21日，总公司副总经理胡仲林一行到安诚财险江苏分公司进行调研。

【对外交流】 4月28日，安诚财险江苏分公司总经理王松林参加了在联强国贸国际大酒店召开的河西CBD金融商会成立大会。

【教育培训】 3月5日，安诚财险江苏分公司总经理王松林及全辖理赔人员参加重大案件人伤案件培训。对2009年度重大案件的处理进行了总结和点评，对2010年度的重案处理、人伤案件的处理和跟踪进行了步署和计划，加强重案及人伤案件和查勘跟踪及系统录入的管理，对人伤医疗及人伤审核进行了进一步的讲解和培训，进一步细化和明确审核的范畴和要求。

5月30日，安诚财险江苏分公司总经理王松林、分公司首核陈鸣、全辖各机构理赔经理参加赔案处理流程培训。对理赔案件和各项操作流程进行了深化和巩固，对案件处理过程中出现的问题：案件材料缺失、材料上传不规范、案件上报不及时等进行了重申，对3000元以下小额案件的快速处理流程和3万元以上案件的处理流程进行了学习，加强了对未决案件的清理，对上述发生的情况实行责任到人，明确责任和分工。

7月23日，对安诚财险江苏分公司各部门、各机构负责人、党小组组长、工会小组组长50人进行了法规测试，并当场进行点评。

8月30日，安诚财险江苏分公司全辖理赔负责人及兼职法务人员参加诉讼案件处理培训。对安诚财险江苏分公司的典型诉讼案例进行了分析，并对2010年四季度的工作进行了计划和部署，根据《违规问责管理办法的要求》处理诉讼案件。

11月6日，安诚财险江苏分公司全辖理赔负责人、查勘定损人员参加查勘及医疗跟踪培训。对人伤案件的查勘跟踪的目的、职责、流程、要点进行了讲解，详细学习了《理赔人员分工》，进一步明确理赔岗位职责。

安诚总公司董事长华渝生到江苏分公司调研、座谈

## 华农财产保险股份有限公司江苏省分公司

【概况】 华农财产保险股份有限公司江苏省分公司是华农保险在北京总部以外设立的第一家分公司。公司于2007年7月24日经中国保监会批准筹建，2007年12月11日获江苏保监局批准开业，12月18日完成工商注册登记。截至目前，公司已在苏州、无锡、扬州、南通、常州等地设立了5家中心支公司，并在苏州、无锡、扬州的县区基本完成了四级机构的铺设，在江苏沿江地区具备了全面服务的能力。

华农保险江苏省分公司对内注重强抓管理，推行"忠诚、正直、勤奋、求实、廉洁"的公司理念，建立健全了承保管理、销售管理、理赔服务管理、财务管理、人事行政管理五位一体的高效管理体系，实行专业化的“承保人制度”管理，实现了全系统核心业务系统的电子化处理流程。同时为贯彻强化内控制度建设的标准，公司建立了以防范和化解风险为目的的运行机制，提升基础管理工作，在机动车辆保险、企业财产保险、工程保险、责任保险、货运保险等保险领域积累了一定的承保理赔经验。公司对外注重提升服务质量，以“人无我有，人有我优”为努力目标，推出了一系列便于快速理赔、提升客户服务的新举措，赢得了客户的信任和好评。公司专门设立了项目服务小组，拥有一批经验丰富的专业人员，以一对一的服务模式，为投保客户提供详细的风险评估与保险方案设计服务，保障客户投资经营的商业利益；并通过对客户风险情况的深入了解及分析，为客户的防损工作提出有益的建议，努力做到使客户减少损失，在增强生产能力的同时降低客户的保险成本。确保能为客户提供专业化的全程服务和优质的风险保障服务。

华农保险江苏省分公司勇于承担社会责任，在开拓传统业务的同时，秉承“农”字特色，不断创新产品及服务，为江苏的“三农”领域提供力所能及的风险保障，为政府及农民朋友分忧。公司成立以来已先后为三万多人次农民提供了拖拉机交强险的风险保障。为了响应政府惠农扶农的号召，与江苏养猪大县南通市海安县签订了政策性生猪保险“联办共保”协议，为50万头生猪上了保险。“联办共保”模式开办地方性生猪保险，解决了养猪大户无保险的问题，减轻了政府的压力，让农户得到了实惠。

**【经营业绩】** 2010全年完成保费6158万元，其中车险4276万元，非车险1654万元，农险228万元；全年赔付净支出4422万元，事故年赔付率52.69%，承保年赔付率51.45%，比上年末回落了11个百分点，公司的经营状况明显改善；费用开支比上年减少了14.32%，费用支出的可控，反映管理能力和经营水平有一定的提升；边际成本率约98%。

**【渠道建设】** 2010年9月，在与建设银行合作两年的基础上，分公司与中国农业银行江苏省分行建立了合作关系。

**【内部管控】** 2010年8月，为加强内部管控，分公司细化并下发了一系列内部管控制度。

2010年8月~9月，分公司成立专门的检查小组，对机构行政管理、承保管理和理赔管理开展了风险排查工作，及时发现存在问题并制定了整改落实方案。

2010年9月，为加强财务管控，防范资金支付风险，实现了由省分公司统一进行资金的集中支付。

**【党建工作开展】** 2010年11月，华农保险江苏省分公司党委工作部正式成立，标志着基层组织建设工作正式启动。

**【重大活动】** 6月2日，华农财险总公司董事长刘身利到江苏省分公司视察，详细了解江苏省分公司全面建设工作思路及经营转型工作情况，董事长要求江苏分公司要努力扩大农险覆盖面并积极探索农险产品创新工作。

11月22~23日，华农财险总公司党委书记刘尚义到江苏分公司进行实地调研，并在分公司本部及常州机构召开了干部员工座谈会，对江苏分公司提出了建设“三好”公司(好班子、好业务、好文化)及“三精一优”(精品、精兵、精细和优质服务)的要求，坚定了江苏分公司发展的信心。

**【重大承保】** 2010年上半年度，为响应政府“服务三农”的号召，华农财险江苏省分公司独家承保了南通地区的拖拉机交强险业务，并参与承保了扬州地区部分拖拉机交强险业务，累计承保拖拉机12021辆。

8月，华农财险江苏省分公司参与共保了蛟龙号潜水器深潜试验。

**【重大赔付】** 6月17日，王某某投保的工程车辆挖掘机在工地施工时出险，华农财险江苏省分公司赔付28.22万元。

## 长安责任保险股份有限公司江苏省分公司

**【概况】** 2010年是长安责任保险江苏省分公司面对激烈的市场竞争和复杂多变的市场形势，不断取得新突破，实现新跨越的一年；是江苏省分公司坚持科学发展观，为今后可持续发展打下扎实基础的一年；是江苏省分公司各级领导班子和全体员工团结一心，取得丰硕成果的一年。

一年来，江苏省分公司在总公司正确领导下，坚持科学发展不动摇，紧紧围绕分公司全年的各项任务目标，狠抓了机构建设、团队建设、销售渠道建设等基础工程建设，并通过强化预算经营、开展“管理年”活动，推动了公司精细化管理进程，确保了公司有质有量有效益的快速发展。在分公司全体员工的共同努力和顽强拼搏下，全年共实现保费收入42063万元，利润3450万元，超

长安责任保险各党支部书记、新党员共17人赴湖南韶山毛泽东故居参观学习

长安责任保险2010年工作会议合影

额完成了总公司下达的任务指标，从而为分公司在“十二五”时期的新一轮发展积蓄了力量、奠定了良好基础。

【经营业绩】 保费任务超额完成。2010年，分公司实现保费收入42063万元，完成了总公司下达年计划（38000万元）的110.69%。其中：车险保费32793万元，占总保费77.96%，同比增长了40.51%；财产险保费3434万元，占总保费8.16%，同比增长了93.53%；责任险保费1610万元，占总保费3.83%，同比增长了49.73%；人身险保费4225万元，占总保费10.04%，同比增长了96.44%。

利润指标圆满实现。2010年，分公司实现承保利润3170万元，完成了分公司全年承保利润指标的122.39%，其中，车险1299万元；财产险612万元；责任险694万元；人身险565万元，各分险种均实现了盈利，均超额完成了全年的利润指标。

管控水平显著提高。2010年，分公司全险种综合成本率87.83%。其中：综合赔付率为54.61%，综合费用率33.22%。具体为：车险综合成本率93.05%，其中：综合赔付率为67.08%，综合费用率25.97%；财产险综合成本率68.91%，其中：综合赔付率为19.62%，综合费用率49.29%；责任险综合成本率50.34%，其中：综合赔付率为13.43%，综合费用率36.91%；人身险综合成本率85.83%，其中：综合赔付率为27.85%，综合费用率57.98%。

【渠道建设】 在分公司及各机构的共同努力下，截至2010年底，分公司全辖已与100家代理机构签订了渠道合作协议。具体为：经纪公司6家、专业代理公司38家、兼业代理公司56家。渠道业务保费收入占总保费近40%。

与银行合作方面取得了较大突破。分公司与江苏农行、江苏省光大银行签订了合作协议；各中心支公司也与当地的一些银行建立了合作关系，并取得了一定的保费收入。

【内部管控】 2010年，江苏省分公司严格按照年初制定的预算方案，较为科学地安排了全年的各项经营工作，并通过各项管控措施的强力落实，强化了对分公司及各机构经营全过程特别是各个重点指标和重要环节的管控，确保了公司的经营效益和有质量的快速发展。

大力开展“管理年”活动。分公司出台了各项管理制度，并强化了制度的执行力，较大程度地提升了公司基础管理水平，有力地推进了精细化管理进程。

严格控制各项费用支出。在人力成本支出上，分公司对各机构采取了严厉的人力成本总额控制措施，并采取了薪酬福利由分公司统一审批、发放的办法；在经营费用支出上，分公司根据资金分类管理和专款专用的原则，对各级机构的固定费用、日常运营费用、间接理赔费用、销售费用实行了严格的分离管理，并由分公司高度集中管控。

强化业务经营全过程管控。通过进一步细化核保政策、加大事前的风险查勘和风险识别力度，确保了承保的业务质量；通过实行变动费用与赔付率联动的措施，提高了各机构经营意识和管控意识；通过成立人伤、诉讼管理办公室和专家办公室，加强了对全司重大人伤案件、诉讼案件的集中管理和全过程管控；通过对理赔案件由分公司高度集中管控的措施，严防了理赔各环节中的“跑、冒、滴、漏”；通过加强对理赔人员考核和培训，提升了理赔人员的工作责任心和工作技能，促进了理赔工作上水平；通过落实奖励措施，打击了虚假案件。据统计，分公司全年共打击虚假赔案件160件，为公司减少损失203万元，分公司奖励有功人员金额为66250元。

强化依法合规经营意识。2010年，分公司通过强化学习教育、完善内控制度、进行合规经营大检查等措施的有效落实，提升了各级机构依法合规经营意识，促进了公司持续稳健发展。

【企业文化】 2010年江苏省分公司结合自身的实际，在全司员工中深入开展了以企业文化为主题的教育活动。如全年在全司员工中广泛开展了以社会主义核心价值体系教育、依法合规教育、职业道德教育和爱岗敬业教育为内容的“四大教育”活动；8月份，分公司利用3个双休日的时间，对全司2009年7月份以后入司的员工进行了企业文化、经营理念、劳动人事制度培训等。

【党建工作开展】 2010年，江苏省分公司党委深入学习贯彻党的十七大和十七届四中、五中全会精神，紧紧围绕全年的各项工作目标，进一步加强了党建工作，并在党员群众中广泛开展“四大教育”、“创先争优”等活动，较好地发挥了党组织的政治核心作用、战斗堡垒作用和党员的先锋模范作用，为公司可持续健康发展保驾护航。

【重大活动】 2月6-7日，长安责任保险江苏省分公司在南京召开了2010年工作会议，会议总结了2009年的各项工作，安排部署了2010年的主要工作任务，表彰奖励了2009年度各项工作中成绩突出的先进集体和个人。

3月13日，长安责任保险淮安市中心支公司在淮安市东土大酒店“贵宾楼”举办了“医疗纠纷处理与防范暨医疗责任保险系列讲座”，共60余人参加了讲座。应邀出席讲座有：楚州区卫生局党委书记、局长韩海峰，楚州区人民医院、中医院、皮防院、保健院和各乡镇35家医疗机构的院长及相关负责人。

3月16日，长安责任保险江苏省

分公司成立医疗专家办公室，以加强对人伤案件的管控。所聘请的人员均为江苏省医疗界知名的专家、学者。

3月22日，长安保险江苏省分公司责任险部总经理夏量、淮安市中心支公司总经理陆剑应邀参加了淮安市教育局在金湖县举办的“2010年淮安市学校体育卫生艺术和国防教育工作会议”。根据会议主办方的安排，夏量作了“校园餐饮责任保险推广讲座”，并逐一回答了有关问题。

5月27~30日，长安责任保险股份有限公司王永文副总裁率领总公司调研组至江苏省分公司开展调研工作。调研组深入三、四级机构，就业务开展、机构建设等方面展开了全面调研。

9月10日，长安责任保险江苏省分公司成功举办了住房工程质量责任保险试点方案及课题研究方案座谈会，江苏省住建厅领导、建设工程质量责任保险课题组成员、部分房地产开发企业及施工单位代表应邀参加了此次座谈会。

11月1日，江苏保监局、江苏省金融办、江苏省卫生厅、江苏省司法厅联合下文，成立了江苏省医疗责任保险工作组，长安责任保险江苏分公司当选为工作小组成员之一。

11月5日，江苏教育电视台《保险周刊》栏目播出了题为《“冲破思维的峡谷”，专访长安责任保险江苏省分公司总经理沈庆宏》专题片。

【教育培训】 4月10日，长安责任保险江苏省分公司就销售费用集中支付流程对全辖有关财务人员进行了培训，参培人员共计40余人。

4月24~27日，长安责任保险江苏省分公司分两批对全辖所有车险定损员、中心支公司车险部经理进行了培训。培训的内容有：查勘定损实务、理赔管理、案件理算，以及分公司出台的理赔岗位量化考核办法、损余物资管理办法等多项制度。

5月21~22日，长安责任保险江苏省分公司举办了责任险、人身险业务承保培训。分公司责任险部全体人员，各中支非车险部负责人、承保理赔内勤及部分业务销售人员共计50余人参加了培训。

7月31日~8月1日，长安保险江苏分公司党委在江苏省委党校举办入党积极分子培训班，对全辖32名入党积极分子进行了党的基本知识集中培训。

8月，长安责任保险江苏省分公司利用三个双休日，对全省2009年7月份以后入司的150名新员工进行了轮训。培训内容有：保险基础知识、保险法规、企业文化、公司劳动人事制度、社交礼仪及职场行为规范等。

11月15日，长安责任保险江苏省分公司对对全辖有关财务人员进行了2011年预算编制培训，分公司计划财务部相关人员、各中心支公司财务负责人参加了培训。

12月18日，长安责任保险江苏省分公司举办了财产险承保、理赔流程培训，分公司财产险部全体人员，各中支非车险部负责人、承保理赔内勤及部分业务销售人员共计60余人参加了培训。

【重大承保】 5月，长安责任保险江苏省分公司成功参与了中国第一艘7000米载人潜水器试潜试验保险共保，总保费500余万元。

## 三星财产保险（中国）有限公司苏州分公司

【概况】 三星财产保险（中国）有限公司成立于2005年4月，是韩国三星火灾海上保险公司在中国设立的具有法人资格的独资财产保险公司。母公司是韩国最大的财产保险公司，具有50余年的经营历史。目前主要经营企业财产险、机器损坏险、利润损失险、货物运输险、工程保险、团体意外伤害险及车辆保险等险种。

三星财产保险（中国）有限公司苏州分公司成立于2008年8月，是设立在苏州的省级分公司，营业范围为江苏全省。截至目前，在江苏其他县市无下属分支机构。

【经营业绩】 截至2010年底，三星财产保险苏州分公司原保费收入9658.1万元，承保利润为1430.3万元，赔付成本为1622.7万元。2010年度，公司保费收入稳步提升，经营较为稳定。

2010年6月18日起，公司正式开展商业车险业务。截至2010年底，商业车险承保件数133件，保费收入78.93万元。

【内部管控】 三星财产保险苏州分公司每年进行一次内部控制检查，各部门首先进行自查自纠，然后部门之间互相检查，发现问题及时改正。2010年12月以前，公司的组织架构设置中未设立专门的合规部门，在内部控制制度建设及实际施行上比较欠缺，造成内部管理上的漏洞。为此总公司在2010年12月对原有人员安排做了内部调整，设置了专门的合规岗，指定具有一定业务经验的人员专职负责合规风险监测、识别，合

三星财险“一心一村”行动

规培训，内部控制管理，反洗钱等业务。

公司一贯坚持稳健发展、合规经营的原则，在开展业务时，公司严格遵循自愿投保和最大诚信的原则。

【企业文化】 三星财产保险不断发扬“以客户为中心，挑战世界，创造未来”的三星精神，更好地贯彻本地化经营方针，及时应对中国保险市场变化。

为把三星财产保险建设成为国际化的超一流企业，三星财产保险坚持以人才和技术为基础，创造最优的产品和服务，为人类社会做出贡献的经营理念。

为此，三星财产保险全体员工遵循“人才第一、最高指向、引领变革、正道经营、追求共赢”的核心价值体系。同时，遵守法律和伦理，发挥企业的作用，履行企业应承担的责任。

三星财产保险的经营原则是：遵守法律和伦理，保持廉洁的组织文化，尊重客户、股东、员工，重视环境、安全、健康，履行国际企业的社会责任。

【履行社会责任】 2010年9月10日，“三星财产保险残疾人福利基金”签约仪式在中国残疾人福利基金会举行。中国残疾人福利基金会理事长汤小泉、大中华区三星集团总裁朴根熙等参加了活动。“三星财产保险残疾人福利基金”由中国残疾人福利基金会管理，三星财产保险提供资金，将面向因交通事故致残的残疾人，为他们改善家庭生活环境以及向其子女提供奖学金。三星财产保险公司计划今后在中国每出售一份车险便向基金会捐出5元人民币。此次利用车险为残疾人福利基金会提供资金，资助因交通事故致残的人士，是符合三星财产保险企业特色的公益活动，希望能够带动其他保险公司展开类似活动。

【重大活动】 5月10日，保监会批准三星火灾海上保险（中国）有限公司申报的商业车险保险条款和保险费率，此后根据单证管理相关规定，向保监会报备公司车险单证，并在5月17日向江苏保监局报告。公司根据当地监管部门的系统建设要求以及接口文档，完成“商业险平台”对接工作，在6月18日正式开展车险业务。

5月12日，三星火灾海上保险（中国）总公司总监宣吉圭带领财务部经理张琳到苏州分公司进行年度调研视察，对分公司人事组织架构、业务流程、内控管理及财务执行等方面进行了例行检查。重点检查了财务部工作情况，通过检查，对财务任务进行了重新分配，改善了业务流程，提高了工作效率，同时要求加强员工之间的相互监督。

5月18日，三星火灾海上保险（中国）有限公司苏州分公司正式更名为三星财产保险（中国）有限公司苏州分公司。

6月15~17日，三星财产保险（中国）有限公司全体员工参加法人workshop活动，在美丽的海滨城市青岛度过了美好而难忘的三天两夜。在活动期间，总公司组织全体员工召开了2010年下半年战略会议，对2010年上半年度全法人经营情况进行了总结分析，并对下半年工作作出了安排部署。另外，还组织了团体拓展训练活动。

9月7日，第15届三星财产保险杯世界围棋大师赛在苏州新罗酒店开幕，本次比赛由三星财产保险（中国）有限公司赞助。苏州分公司全体员工在总经理的带领下为大师赛提供服务。

三星财产杯世界围棋大师赛合影

【重大承保】 3月27日，苏州三星电子电脑有限公司向三星财产保险（中国）有限公司苏州分公司投保了财产一切险、财产险项下的营业中断险、机器损坏险、机损利损险、公众责任险五个险种，保费372万元。

4月7日，苏州三星电子液晶显示器有限公司向三星财产保险（中国）有限公司苏州分公司投保了财产一切险、财产险项下的营业中断险、机器损坏险、机损利损险、公众责任险等五个险种，保费872万元。

8月24日，苏州三星电子有限公司和苏州三星电子家电有限公司分别向三星财产保险（中国）有限公司苏州分公司投保财产一切险、财产险项下的营业中断险、机器损坏险、机损利损险、公众责任险，保费分别为415万元和102万元。

12月20日，三星电子（苏州）半导体有限公司向三星财产保险（中国）有限公司苏州分公司投保了财产一切险、财产险项下的营业中断险、机器损坏险、机损利损险，共计保险金额176.78亿元，保费1907万元。

【重大赔付】 2009年3月9日11时35分许，淮安市化工路63号，被保险人（江苏韩泰轮胎有限公司）的炼胶车间内的密炼机传动装置区域发生火灾，该设备电气系统、油压系统、计量系统以及传动系统烧毁、损坏，整个密炼机受到严重水淋，另外，炼胶车间内部房屋建筑及部分存货亦有不同程度受损。接案后，公司立即委托上海恒量保险公估进行查勘。经审核公估报告及被保险人提供的理赔资料，该损失属于保险责任，2010年公司予以赔付，赔付金额为

195.38万元。

2009年9月7日，被保险人(苏州三星电子电脑有限公司)从苏州运一批笔记本电脑到土耳其伊斯坦布尔，运抵海关码头时遭遇洪水，整批货物受损。经公估公司现场查勘，共有891台受损。根据理赔材料，损失属于保险责任，2010年公司予以赔付，赔付金额为274.7万元。

【教育培训】 3月2~15日，三星火灾海上保险苏州分公司营业部朱业朋、周婷参加中国本社的新入社员工入门教育，通过了解公司历史、企业文化、核心价值等，培养了对公司文化的认同感，对工作充满了热情和期待。

3月17~19日，三星火灾海上保险苏州分公司营业部全体员工和车险理赔部参加上海总公司组织的车险集中式培训，通过培训，员工对车险的运营过程有了基本了解。

4月13~15日，三星火灾海上保险苏州分公司营业部方琳参加中国本社的SBMP新晋升主管课程培训，在短短三天的培训课程中，通过组织文化教育、领导力教育和团队协作三个部分的学习实践，使学员们对新的管理者身份和责任有了更加深刻的认识，获益匪浅。

9月8~12日，三星财产保险苏州分公司财务部马骏、张怡参加上海总公司的财务培训，对业务流程进行了重新分配，提高了工作效率，同时加强了财务相互监督。

11月21~27日，三星财产保险苏州分公司营业部翟丽赴韩国母公司—三星火灾海上株式会社海外事业部参加OJT及总部培训。

## 紫金财产保险股份有限公司江苏分公司

【概况】 紫金财产保险股份有限公司是在江苏省委、省政府的直接领导下，由江苏省国信资产管理集团有限公司等13家股东共同发起成立的，是首家总部设在江苏省的全国性保险公司。

紫金财产保险股份有限公司江苏分公司是紫金保险的第一家省级分公司，经江苏保监局批准，于2009年11月26日在南京开业。江苏分公司充分利用自身的人才优势及公司总部设立在南京的地缘优势，依托全省雄厚的经济实力、丰富的保险资源、强大的股东背景，在竞争激烈的保险市场中渐渐站稳了脚跟，并占据了一席之地。

开业一年以来，紫金保险江苏分公司围绕“稳健合规、效益为先、高效创新、科学发展”的经营理念，力争以企业文化为引领，以提升销售能力为基础，以深化服务、合规经营为保证，在产品创新、服务创新上积极探索，力争把江苏市场做深、做透、做好。

紫金江苏分公司全省队伍达725人，2010年底销售队伍513人，机构铺设工作顺利，辖内有中心支公司9家(含3家在筹)，支公司7家(含4家在筹)。

【经营业绩】 2010年是紫金江苏分公司的经营元年。一年来，分公司以又好又快发展为己任，以建设紫金和谐家园为使命，以迅速创建紫金品牌为目标，抢市场、抓项目、拓渠道、扩队伍，艰苦创业，顽强奋斗，取得了不俗的成绩。

2010年公司实现保费收入3.9亿元，车险、非车险业务占比54.93%、45.07%，江苏市场占有率1.25%，省内行业排名第13位。

【渠道建设】 渠道业务是公司提升业务品质、提高整体业绩的重要组成部分。分公司始终将渠道建设作为销售工作的重点之一，成立了开发渠道业务的车险渠道部、中介业务部，积极开拓政府、银行、代理公司、经纪公司、4S店等有效合作渠道247家，实现保费收入2.3亿元。

在渠道业务开拓上，分公司仔细审核代理资格、业务规模和业务品质等，并进行日常跟踪，对合作一个季度无业绩或业绩较低的渠道予以处理。根据不同渠道的特点，分公司制定不同的营销策略，如对于专业代理渠道着重从合规出发，注重渠道合作；对于经纪渠道则针对效益型的业务拓展；对于银行渠道注重实施双赢，积极对客户进行二次开发。渠道业务的有效开拓对分公司保费收入的不断攀升起到很大的推动作用。

【内部管控】 紫金产险江苏分公司自成立以来，根据保监会、江苏保监局和总公司的相关法律法规和监管规章的要求，以防范风险和审慎经营为宗旨，按照对风险进行事前防范、事中控制、事后监督和纠正的内控工作要求，正在逐步建立一套较为科学的内部控制制度体系和组织体系。分公司充分借鉴同业先进的内控建设经验，初步建立运作规范、相互制衡、科学合规的本公司治理结构，营造了良好的内部控制环境，内部控制覆盖财务、业务、信息技术、人力资源和审计监督检查等经营管理的各个环节，形成了健全、合理、有效的内部控制体系，并在日常经营管理中得到较好的执行，有效地防范业务风险和违规违纪行为的发生，保证了本公司持续、快速、健康发展。

【企业文化】 企业是树，文化是根。唯有和谐统一的共同理想和基本价值观才能形成对企业成员的感召力和凝聚力。紫金江苏分公司全体成员秉承和发扬“始于责任、成于精细”的核心价值观，恪守“追求价值保障，致力社会和谐”的使命，“成为最具责任感的保险企业公民”是紫金人的愿景。

分公司通过开展企业文化培训、登山、郊游、钓鱼、歌咏比赛、球类运动等活动，把紫金文化落实到每一处，渗透到每一名员工的心中，使每一名员工都能从行动上接受紫金文化。新的文化氛围，吸引、留住了大批优秀人才，员工队伍不断优化。

【履行社会责任】 2010年4月玉树地震，在一季度经营分析会上，在总经理室领导的带领下公司，全体员工们纷纷伸出援助之手，帮助玉树人民渡过难关，重建家园。

6月25日，江苏分公司在省建设厅办公室、机关车队配合下，成功举行了主旨为“您的安全，我的责任”的紫金保险夏日行车安全月宣传活动，建设厅及下属事业单位、南京市公安局车管所、南京市交警五大队等单位应邀参加。分公司派出的专业服务团队就夏日

行车安全和高温条件下的车辆保养、汛期车辆维护和风险防范做了专题演讲，并就出险报案要求和保单条款解释和与会的驾驶员进行了互动，取得了良好的效果。

苏州中心支公司独家承保了2011年和2012年苏州市七家公交企业的公交车辆责任险和全市60岁以上老人公交月票意外险。

作为江苏省道路交通事故社会救助基金管理人，在紫金总公司的统筹安排下，分公司积极推进该项目在全省的启动前的各项准备工作，全省第一批道路救助基金专员共91人已经全部上岗，省内各县市级支公司均设立服务点。

为响应中央关于建设社会主义新农村的号召，切实做到保障农业安全，增加农民收入，稳定农业生产，推进现代农业发展。紫金保险宿迁中支加深了对“两乡强则县域强，县域强则全省兴”的理解和认识，政策性农业保险工作取得突破。2010年为海陵区农业生产提供了51.12亿元的风险保险，为67862户农户提供保障。

12月4日，紫金保险泰州中心支公司向首届中国(泰州)国际医药博览会组委会赠送了保额为500万元的展览会责任险。

【党建工作开展】 经紫金总公司党委批复，紫金江苏分公司党委于2010年10月13日成立。2010年以来，在总公司党委的领导下，江苏分公司经营班子、党委一直坚持以邓小平理论、“三个代表”重要思想和科学发展观为指导，深入贯彻落实党的十七大和十七届五中全会精神，紧紧围绕总公司党委中心工作，努力抓好党组织基层建设和党员队伍建设，努力发挥党组织的战斗堡垒作用和党员的先锋模范作用，加强了分公司党政班子组织建设。通过上党课、召开民主生活会、参观爱国主义教育基地、开展反腐倡廉教育等活动，抓政治建设、思想建设、组织建设、作风建设、制度建设、纪律建设，为业务的高速发展提供了有力的保障。省内苏州、无锡、常州、泰州、南通、徐州、宿迁等中支公司党委相继成立。

【重大活动】 1月15日，紫金财险江苏分公司在南京中山大厦召开2010年销售启动大会，分公司全体人员参加了大会。总公司副总裁谢跃、销售管理部经理刘玄应邀参加会议。销售管理部以“一年之计在于春，精耕细作业务增”为宣传口号开启紫金财险2010年第一季度销售竞赛“春耕行动”。分公司销售工作也正式开始。

2月4日，紫金财险常州中心支公司在常州富都商贸大酒店举行隆重开业典礼。省政府副秘书长、金融办主任汪泉，江苏保监局局长谢宪，常州市委副书记、市长王伟成，紫金财险公司总裁许坚，常州市委常委、新北区委书记戴源及市委办局，所辖各市(区)政府、财政局，市重点企业，金融保险行业等130多位嘉宾出席开业典礼。

3月18日，紫金财险苏州中心支公司开业庆典在苏州市会议中心举办。江苏省委常委、苏州市委书记蒋宏坤，省政府副秘书长，金融办主任汪泉，江苏保监局局长谢宪，苏州市副市长曹福龙，紫金财险董事长董启彬，总裁许坚等领导出席典礼。

4月15日，紫金财险徐州中心支公司开业，省政府副秘书长汪泉、市委书记曹新平、市人大主任刘忠达、市长张敬华、市政协常务副主席吕中亚等领导亲临会场，市委、市政府各部、委、办、局、公司，各区政府、徐州经济开发区的主要领导参加了开业典礼。

6月11日，紫金财险无锡中心支公司在无锡太湖饭店举行开业典礼。无锡市委书记杨卫泽，省政府副秘书长、金融办主任汪泉，无锡市委副书记、市长毛小平，市委副书记赵旻，江苏保监局局长谢宪，紫金财险董事长董启彬，总裁许坚等领导出席了开业庆典。

8月26日，紫金财险省内首家四级机构南京市江宁支公司开业，紫金财险总部市场发展部经理李伟、江苏分公司总经理孟善彬及总经理室全体成员、分公司各部门负责人出席了开业庆典。

9月20日，紫金财险宿迁中心支公司举行开业典礼，省政府副秘书长、省金融办主任汪泉，江苏保监局局长谢宪，宿迁市委书记、市人大常委会主任张新实，市委副书记、市长缪瑞林，市委常委、常务副市长徐惠民，副市长许步健，紫金财产保险股份有限公司董事长徐祖坚、总裁许坚等出席开业典礼。

10月13日，根据中共江苏省委组织部《关于紫金财产保险股份有限公司党组织和干部管理体制有关事项的批复》(紫保党委发〔2010〕11号文)，中共紫金财产保险股份有限公司党委于10月13日发文同意设立江苏分公司党委。11月23日，紫金财险江苏分公司本部召开首次党员大会，会议由分公司党委委员吕超英同志主持，分公司30名党员出席此次会议。分公司党委委员杨勤同志宣读《关于成立江苏分公司党委的批复》(紫保党委发〔2010〕21号文件)，宣布中共紫金财险江苏分公司党委正式成立。

紫金保险江苏分公司开展保险进社区活动

11月19日，紫金财险江苏分公司组团参加江苏保监局主办的江苏保险业首届“唱响时代主旋律”青年歌咏比赛合唱比赛，这是分公司建司以来第一次参加行业内的大型活动，获二等奖。

11月24日，紫金财险镇江中心支公司在碧榆园宾馆举行开业典礼仪式。省政府副秘书长、金融办主任汪泉，江苏保监局局长谢宪，省金融办副主任查斌仪，市领导许津荣、刘捍东、陈照煌、赵腊根、孙晓南、顾大福，以及紫金财产保险股份有限公司董事长徐祖坚、监事长张伟、总裁许坚等领导出席庆典。省政府金融办副主任查斌仪、市长刘捍东在开业仪式上发表讲话。

11月26日，紫金财险江苏分公司举行分公司开业一周年庆典。总公司总裁室谢跃、闵卫东、崔瑞华、沈发鸿、陈加明出席庆典，总公司相关部门及江苏省内各机构负责人作为嘉宾也参加了此次庆典大会。庆典大会上还对十位紫金江苏分公司创业先锋颁发了奖杯。

12月，由徐州经济开发区、市国有资产投资集团、市高速铁路投资公司作为市政府投融资平台，代表徐州市政府出资7500万元对紫金财险增资扩股。

**【重大承保】** 4月23日，紫金财险江苏分公司接获从南京城建项目建设管理公司发来的中标通知，宣布在今年的城建项目南京站北广场工程保险投标中，紫金财险江苏分公司成功中标南京站北广场工程保险，与太保、人保一起共保本项目，分公司实现保费60.8万元。

5月18日，紫金财险南通中心支公司与人保、平安、太保3家公司共同承保了中交二航局武汉大道（长江二桥—岳家嘴立交）道路改造工程一标项目经理部建筑工程一切险。总保额约1.4亿元。

7月29日，紫金财险泰州中心支公司首批农险成功出单。泰州中支农业保险工作全面正式启动。泰州市委农工办副主任、市农保办主任蔡先锋，市财政局副局长朱建和以及海陵区农工办、财政局的相关工作人员亲临出单现场，指导了首批保单的出单工作，2010年紫金财险泰州中支承保泰州市海陵区农险业务总保费229.57万元。

8月8日，紫金财险江苏分公司作为独家承保人承保上海安吉日邮汽车运输有限公司货物运输保险，保费共计240万元。

8月20日，紫金财险无锡中心支公司中标无锡地铁2号线工程建工险，保费218万元。

9月1日，紫金财险江苏分公司与人保、天安、平安、中银等4家江苏财产险公司共同承保了南京钢铁集团下属7个公司的财产险、机损险一揽子项目。总保费约1440万元。

9月7日，紫金财险苏州中心支公司成功取得了“六十周岁以上老人出行综合保险”项目的独家承保资格。该业务分为“苏州市60周岁以上老人乘车意外伤害险”、“苏州市区公交车厢责任险”。其中60周岁以上老人乘车意外险涉及苏州市区20余万老年人，市区公交统保数3100余辆。

9月17日，紫金财产险江苏分公司作为独家承保人承保了南京南钢产业发展有限公司团体意外险，为该单位1.1万多人提供了55亿元的意外伤害保险保障。

9月19日，紫金财险无锡中心支公司成功承保江苏泰富兴澄特殊钢有限公司保险项目，保费收入达68.35万元。

9月20日，紫金财险泰州中心支公司与福建太平洋等四家保险公司共保合肥至福州铁路客运专线（闽赣段）土建工程HFMG-8标工程的建工一切险，总保额为4.28亿元。

9月26日，紫金财险镇江中心支公司成功承保中国远洋物流有限公司81.2万元的物流监管责任险。

9月28日，紫金财险苏州中心支公司已与太平洋保险苏州分公司等多家保险公司组成共保体，承担起对苏州地铁2号线工程项目的建工一切险业务保险业务。该项目为苏州地区2010年度保险业务榜首，总保险费合计人民币6375.85万元。

11月22日，紫金财险江苏分公司与人保、太平洋、平安、大地、阳光、永诚、中国人寿财险等7家财产险公司共同承保了南京地下铁道有限责任公司的建筑安装工程保险及财产险一揽子业务。总保费约12650万元。

12月上旬，紫金财险镇江中支公司与镇江宝华物流有限公司签定三年战略合作协议，年保费规模约400万元。

12月6日，在镇江市政府及相关部门的关心支持下，紫金财险镇江中支经过近半年的努力，成功中标镇江市农业保险，承保了丹徒区包含种植业、养殖业以及高效实施农业等20万亩的农业保险业务，2010年实现了年保费收入220万元，占比全市农险的17%。

12月7日，紫金财险南通中支作为独家承保人承保北京市政建设集团有限责任公司南通长江中路高架桥洪江路交叉口工程项目经理部建设工程一切险、机损险，共计保额1亿元。

12月9日，紫金财险南通中心支公司与人保、中银、永安、都邦4家财产险公司共同承保了江苏熔盛重工有限公司、江苏熔盛造船有限公司、南通熔烨仓储有限公司的财产一切险、机损险，总保额约55.93亿元。

**【重大赔付】** 5月29日，苏州名城世家贸易有限公司驾驶员毛某某在南环桥批发市场撞到一行人，经医院抢救无效死亡。根据被抚养人数2人，抚养义务人2人，确定被抚养人生活费为19.1万元；最终，紫金财险苏州中心支公司赔付死亡赔偿金、丧葬费等各项损失共计41.2万元。

7月28日上午10点15分，位于南京栖霞区迈皋桥原南京塑料四厂，发生可燃气体管道泄漏爆炸。爆炸产生的巨大冲击波导致许多房屋建筑受损，接到报案后，紫金财险江苏分公司高度重视，立刻成立“7·28”理赔工作组。7月29日上午10时，紫金财险江苏分公司总经理孟善彬和总公司非车险总经理武少兴等一行5人到“7·28”爆炸事件受损企业南京百江燃气公司和人民日报南京印务中心，在24小时内预付了部分赔款，及时帮助受灾企业恢复生产。该案件在一个月内赔付结案。

9月21日下午，黄海农场遭遇十级风力的暴风雨袭击，致使9.7万亩水稻受灾。接到报案以后，紫金财险江苏分公司联合工作小组赶赴受灾现场，对灾情进行了全面查勘和二次查勘、定损。紫金财险总裁许坚强调一定要做好理赔工作，必须明确理赔时效，强化理赔

责任,不拖赔、不少赔、不惜赔,真正实现“最大限度减少农场因灾损失”的政策目标。此案最终赔付2031万元,这是紫金财险开办政策性农业保险以来最大的一笔保险赔案。

11月8日,紫金财险泰州中心支公司承保车辆与电动车发生碰撞事故,导致骑车人受伤经抢救无效死亡。交强险赔付12万元,商业险赔付20.04万元。

【对外交流】 8月31日,泰州市科技局主要领导和专家以及人保泰州分公司副总及相关人员来紫金泰州中心支公司就“科技保险”试点工作的推动作深入交流,共同推进“科技保险”试点工作的开展。

8月13日,中国联合网络通信有限公司江苏省分公司副总经理俞军一行三人来到紫金财险泰州中心支公司拜访。双方就紫金财险泰州公司与联通公司的全面合作等进行了沟通。

11月26日下午,无锡市金融办由杨福良主任带队一行共15人到紫金财险无锡中心支公司现场办公,并在无锡中支召开金融办月度分析会,这是市金融办首次到保险公司召开此类会议。

【公益活动】 为支持2014年南京第二届青奥会,推动全民健身和文明南京建设,市总工会、市体育总会等单位于3月21日联合举办主题为“畅享金陵,与青奥同行”第二届紫金山登山活动。作为活动的协办单位,紫金财险江苏分公司为参加活动的人员提供了人身意外保险,并组队参加了开幕式。

7月,紫金财险江苏分公司开展了“保险进社区、保险进机关”的系列宣传活动。在人流量密集的南京全民健身中心、天津新村小区等地开展了宣传的活动,通过散发公司的品牌宣传纪念品以及与普通市民群众的互动,不仅吸引了一大批普通百姓前来咨询保险业务,而且积极有效地宣传了紫金财险,让更多南京市民了解公司的由来和现状。

12月4日,紫金财险泰州中心支公司向首届中国(泰州)国际医药博览会展览会责任险赠送仪式在中国医药城举行。《新华日报》、《扬子晚报》、江苏电台、《泰州日报》、《泰州晚报》、泰州电视台、泰州电台以及部分知名网站对此次仪式做了报道,这次赠送总保额达500万元。

【教育培训】 9月17日,紫金财险泰州中心支公司邀请泰州市人民银行反洗钱专家对全体员工进行了反洗钱业务知识培训。学习反洗钱工作的组织架构、岗位设置、权责分配、报告流程等基本知识以及客户身份识别制度和大额交易可疑案件报告制度。

为推进紫金文化建设工作,紫金财险总公司人力资源部于2010年二季度组成“紫金文化宣讲小组”,在全省各机构,开展了一轮“企业文化宣导培训活动”。宣讲活动历时2个半月,全省300余人参加了这次培训。

紫金保险启动理赔预案24小时内赔付“7·28”爆炸事件受损企业

## 国泰财产保险有限责任公司江苏分公司

【概况】 国泰财产保险有限责任公司简称国泰产险,是第一家在大陆地区经营非寿险业务的台资财产保险公司,成立于2008年9月,总部设在上海。国泰产险注册资本为4亿元,是由台湾地区最大的金融集团国泰金融控股股份有限公司旗下的国泰世纪产物保险股份有限公司与国泰人寿保险股份有限公司各出资50%共同成立的财产保险公司。

国泰金融控股公司简称国泰金控,是名列全球500大企业,为结合保险、银行、证券等多样化的金融集团。国泰金控秉持“稳健、守法、信赖、不浮夸”的企业文化,多年来持续整合集团内各公司的服务与商品,并藉由绵密的服务据点与遍及海内外的优秀行销团队,提供了客户一站购足的全方位金融服务。在台湾地区约每2个人就有1个是国泰金控的客户,深获客户的肯定与信赖。

国泰产险江苏分公司正式成立于2009年12月25日,这是国泰产险在大陆地区设立的第一家省级分公司。公司拥有丰富的集团资源与专业的经营团队,同时秉持“守法、纪律、诚信”的经营理念,与“专业、服务、创新”的核心能力,为广大的客户与企业提供更好、更优质的商品及专业风险管理的服务。

【经营业绩】 在保监会和江苏保监局的悉心关怀与指导下,国泰财产保险有限责任公司江苏分公司于2010年1月19日在南京举行了盛大开业仪式,正式开展各项经营活动。此后,在江苏保监局以及苏州监管分局的正确领导和大力支持下,公司迅速启动了营销服务部的开设工作,2010年8月,昆山营销服务部正式获得监管部门的设立批复,目前江苏分公司以及昆山营销服务部的各项工作也逐步走上正轨,业务经营情况良好。

2010年江苏分公司累计完成保费收入1460.84万元,达成年度计划的

104%。分公司业务主要以品质较好的非车险业务为主，全年满期赔付率为9%，各项经营指标处于良性发展的状态。江苏分公司也逐步建立健全了较为完善的运营流程、风险管理手段和客户服务体系，同时具备了对于下辖营销服务部的管理、指导和服务能力。

**【渠道建设】** 国泰产险江苏分公司在开业以来就非常重视业务渠道的拓展工作。江苏分公司采用“多点开花，均衡发展”的发展思路，2010年已初步形成“直销业务为主，各中介渠道为辅”的业务渠道发展局面。江苏分公司拥有一支“成熟、专业、可靠”的业务团队，并和多家国际保经代公司以及省内大中型保经代公司建立了比较良好的合作关系。

**【内部管控】** 江苏分公司按照保监会2010年财产保险监管工作重点及江苏保监局相关监管要求、总公司《2010年度合规风险管理计划》，确立了2010年度分公司开展合规工作的目标、任务及具体操作内容，包括：完善公司内部管理制度；加大反洗钱力度；指导分支机构下辖营销服务部开展合规工作；强化对新法令的宣导与培训力度，深化分公司员工的合规意识。

在江苏保监局的正确领导下，江苏分公司向来强调合规经营，坚持把合规经营作为第一要务，大力推进保险事业，赢得市场竞争的主动权；强调纪律和原则，以规章制度严格约束自身行为，做到规范严谨、令行禁止，切实提高战斗力和凝聚力。公司以江苏保监局各项监管政策和规定为指导，科学谋划工作布局，深入推进合规经营工作，以全新的精神面貌、求真务实的工作作风，开拓国泰产险江苏分公司新的未来。

**【企业文化】** 国泰产险秉承国泰金控优良的企业文化，秉持稳健踏实、永续经营的经营理念，以守法、诚信、纪律为核心价值，致力于为客户提供更好、更优质的商品与服务。

**【重大活动】** 1月19日，跨足两岸的国泰财险江苏分公司在南京正式揭牌开业。包括省市政府、保监局、台办等领导和各界嘉宾共二百多位出席了在金陵饭店举行的开业典礼，自此拉开国泰财险在江苏发展的序幕。

1月19日，国泰产险江苏分公司在南京正式揭牌

8月6日，江苏分公司举行二季度业务竞赛颁奖大会，国泰财险副总经理阙铭煌莅临南京为获奖人员颁奖，并勉励所有业务员工奋勇向前，再创佳绩。

3月8日，江苏分公司昆山营销服务部获得筹建批准并于8月19日获得苏州监管分局开业批复。8月31日江苏分公司昆山营销服务部完成各项行政许可登记，正式在苏州地区开展财产保险业务。

10月28日，国泰财险台湾母公司董事长蔡镇球在国泰财险总经理陈谨洲陪同下，莅临江苏分公司视察工作。视察期间，高管详细了解江苏分公司近一年的发展历程，并对分公司全体员工作重要工作指示。

**【重大承保】** 2月7日，国泰财险江苏分公司与中国人保、太平洋、中银保险参与台塑集团共保案件，共计保费为727.82万元。

5月1日，国泰财险江苏分公司与三星火灾海上保险(中国)有限公司苏州分公司、乐爱金财产保险(中国)有限公司、大众保险股份有限公司苏州分公司、阳光财产保险股份有限公司苏州中心支公司、中国太平洋财产保险股份有限公司中山中心支公司参与MATIC共保案件，共计保费268.38万元。

**【对外交流】** 10月11~12日，国泰财险江苏分公司总经理马志兴应邀参加在无锡举行的海峡两岸保险交流会。本次参会领导有无锡市政府副市长王国中、中国保险行业协会会长金坚强、台湾保险学会理事长石灿明、秘书长沙克兴、台湾产物保险公会理事长戴英祥等。

11月5日，国泰财险第三届损害防阻研讨会在苏州举行，成为江苏省保险业内首次举办的损害防阻交流活动。江苏省各级领导及来自全省80多家著名企业超过100位企业领导出席，涵盖电子、面板、IC芯片、电机、纺织、汽车等诸多行业。国泰财险是国内率先引入损害防阻研讨会的财产保险公司。

**【教育培训】** 3月25日，国泰财险江苏分公司举行了“2010年全国财产保险监管工作会议精神研习会”，分公司全体员工参加了此次研习，认真研读了会议精神，并根据会议要求进行了各岗位工作的检视与改善。

6月9日、10日、23日，国泰财险江苏分公司进行了《侵权责任法》系列研习，加强了公司内部员工的法律知识，综合能力得到了显著提高。

7月14日，国泰财险江苏分公司举行了“江苏省财产保险公司总经理会议精神研习会”，向分公司全体同仁宣导了会议的主要内容，要求熟知自律公约，关注自律公约的最新动向，提醒各岗位均需做到守法合规，并提交研习心得。

7月15日，国泰财险江苏分公司进行反洗钱业务知识培训，传达中国人民银行南京分行对于金融机构反洗钱工作的要求，确保分公司的经营行为符合反洗钱处的各项合规要求。

12月1日，国泰财险江苏分公司举行了非车险“见费出单”实施细则研习，研习会在认真宣导实施细则内容的

基础上，对于非车险“见费出单”对各岗位带来的影响进行了深刻的讨论与研究，并制定了各岗位最新的工作守则，以符合“见费出单”需求。

## 日本财产保险（中国）有限公司江苏分公司

【概况】 日本财产保险（中国）有限公司江苏分公司是日本财产保险（中国）有限公司（注册地为辽宁省大连市）在中国大陆开设的第三家分公司，2010年6月成立并正式开始营业。此前，日本财产保险（中国）有限公司已在上海和广州分别开设了上海分公司和广东分公司，随着江苏分公司的成立，日本财产保险（中国）有限公司成为了首家在中国北方（辽宁）、华东（上海、江苏）、华南（广东）三个地域拥有四个营业网点的日资财险公司。

日本财产保险（中国）有限公司江苏分公司现有办公室、财务部、营业部、核保与再保险部、业务革新部和理赔部六个部门，截至2010年12月底，共有员工34名，其中高管人员1名，日方员工10名，中方员工24名。

【经营业绩】 日本财产保险（中国）有限公司江苏分公司自正式开始营业以来，积极开展营业活动，努力拓展业务范围，截至2010年12月末，日本财产保险（中国）有限公司江苏分公司实现总保费收入共计1949.57万元，其中，原保费收入1809.34万元，分保费收入140.23万元。

【渠道建设】 在营销方式上，日本财产保险（中国）有限公司江苏分公司采取直接销售的展业方式。

【内部管控】 日本财产保险（中国）有限公司江苏分公司的内部控制组织架构遵循日本财产保险（中国）有限公司的相关规定和要求。董事会是日本财产保险（中国）有限公司的常设决策机构，对公司经营活动中的重大事项进行审议并做出决定。公司总经理的任职罢免由董事会决定，在董事会的领导下，全面负责公司的日常经营管理活动，组织实施董事会决议。日本财产保险（中国）有限公司同时设有合规委员会、承保与收支管理委员会和运用管理委员会三个委员会。

结合实际情况，日本财产保险（中国）有限公司江苏分公司各部门均制订了相应的岗位职责，各职能部门之间职责明确、相互牵制、互通信息，确保控制措施切实有效。

日本财产保险（中国）有限公司江苏分公司的内部控制制度遵循日本财产保险（中国）有限公司的相关规定和要求。日本财产保险（中国）有限公司制定的《董事会决议事项（规定）》、《经营会议规定》等重大规章制度，明确了董事会、经营会议的召开程序和运作要求。为了加强内部管理，公司还建立健全了内部控制制度，这些制度涵盖了投资决策、财务管理、人事行政管理、信息管理、系统管理、合规管理、业务管理等各个管理环节，确保了各项工作都有章可循，形成了规范的管理体系。

【企业文化】 日本财产保险（中国）有限公司江苏分公司秉承日本财产保险（中国）有限公司经营理念，即员工行动指针“5S”，并结合本公司自身特点，积极将此经营理念融合进公司的经营活动中：

1.Service,Not Sales（提供服务，而不是销售）；

2.Shareholder value（为股东创造价值）；

3.Set and stick to high targets（制定并实现高目标）；

4.Stimulating work environment（形成具有激励性的工作氛围）；

5.Spirit of fairness（秉持公平、客观的精神）。

日本财产保险（中国）有限公司高度重视江苏分公司发展，为本公司配备了高级别、经验丰富、专业型的外方管理人员，同时积极推进“本地化”建设。

日本财产保险（中国）有限公司江苏分公司重视员工培训，多次组织多名本地员工到日本财产保险（中国）有限公司以及其他分公司进行研修。

【重大活动】 2009年12月14日，中国保监会批准日本财产保险（中国）有限公司筹建江苏分公司（保监国际[2009]1287号文件）。

2010年5月14日，日本财险江苏分公司接受江苏保监局及中国保监会苏州监管分局联合进行的开业验收检查。

2010年6月10日，中国保监会批准日本财险江苏分公司开业，营业地域为江苏省行政辖区内（保监国际[2010]652号文件）。

2010年7月1日，日本财险江苏分公司正式开始营业。

2010年8月26日，日本财险江苏分公司举行开业典礼。

## 英大泰和财产保险股份有限公司江苏分公司

【概况】 英大泰和财产保险股份有限公司是经中国保监会批准设立的一家全国性股份制财产保险公司。公司由国网资产管理有限公司等31家国有大型骨干企业发起成立，注册资本金21亿元，总部设在北京，于2008年10月28日获准开业。

英大财险江苏分公司作为英大泰和财产保险股份有限公司设立的第八家省级分公司，于2010年9月9日获批开业，9月16日举行了开业庆典，标志着英大财险正式进军占据全国行业重要地位的江苏保险市场。江苏分公司现有员工33人，平均年龄32.1岁，45岁以下人员占全部人员的96.97%，大学本科以上学历28人，占总人数的84.8%。公司依托国家电网强大财务实力、雄厚股东资源和知名企业品牌，秉承“效益争先、服务创优、诚信树标、品牌求胜”的经营理念，精益化建设管理平台，合理化发展服务网络，绩优化经营业务团队，努力打造成为“电力行业保险专家，保险行业电力专家”。

【经营业绩】 2010年，英大财险江苏分公司实现保费收入4267万元，其中财产险保费收入3890万元，占比91%；车险保费收入377万元，占比9%。2010年末应收保费率为零，实现税前利润1079万元。

【渠道建设】 作为2010年下半年才开业的公司，渠道业务的拓展是克服成立时间短、机构网点少的有效途径。公司在依法合规经营的前提下，与长安保险经纪江苏分公司建立了全面战略合作关系，先后与2家保险经纪公司、2家专业保险代理公司、5家兼业代理公司签订了保险合作协议，尝试产寿联动，借助寿险平台发展财险业务。2010年江苏分公司依靠渠道发展的保险业务达到4359.54万元。

【内部管控】 英大财险江苏分公司从立司之初，就将加强内部管理和风险控制作为公司经营的重点工作来抓，一是成立了规章制度管理委员会，制定了包括行政人事、财务管理、业务管理、理赔管理等一系列制度，初步建立健全了公司的制度体系。二是实行集中管理，推进人财物“三集中”，实现了财务管理“六统一”(统一会计政策、统一会计科目、统一信息标准、统一业务流程、统一成本标准、统一组织体系)。三是提高目标管理能力，细化年度、月度公司及部门重点工作目标，层层落实、条条分解。四是风险排查常态化，按月召开风险分析会，查找风险点，并逐项进行督办落实。五是推进“六个能力”建设，运用公司“六个能力”系统这一创新管理工具，全面提升员工队伍风险管理、市场营销、综合服务、投资盈利、开拓创新、文化凝聚六大能力。

【企业文化】 英大财险以国家电网公司基本价值观体系(“努力超越、追求卓越”的企业精神，“诚信、责任、创新、奉献”的核心价值观，“以人为本、忠诚企业、奉献社会”的企业理念)为核心，以增强风险防范意识、打造坚强偿付能力为目标，建设兼具国家电网和保险行业特色的优秀企业文化—“123456文化”体系，即“围绕一个核心(基本价值观体系)，打造两个专家(电力行业保险专家，保险行业电力专家)，建立三个体系(基本价值理念体系、行为规范体系、企业文化管理体系)，加强‘四化’(集团化运作、集约化发展、精益化管理、标准化建设)建设，形成五个文化(品牌文化、经营文化、业务发展文化、人力资源文化、风险管理文化)，提升六个能力(风险管理、市场营销、综合服务、投资盈利、开拓创新、文化凝聚)”，形成“三两”(两翼齐飞：集团业务和市场业务协调发展、两轮齐转：承保利润和投资收益同步发展、两手齐抓：精神文明和物质文明共同发展)发展格局，最终实现“一强三优”(偿付能力坚强、资产优良、服务优质、业绩优秀)现代保险公司发展目标。

江苏分公司秉承“效益争先、服务创优、诚信树标、品牌求胜”的经营理念，致力于加强保险文化和电网文化的融合，在经营上凸现保险文化，管理上强化电网文化，学习特高压精神，科学谋划、勇于创新，形成独具公司特色的企业文化。

【党建工作开展】 在总公司党组统一领导下，英大财险江苏分公司成立了分公司党工团组织。围绕分公司建设、实现科学发展、落实总公司“三个建设”主要目标，深入开展创先争优活动，以创建“先锋党支部”和“党员示范岗”为载体，充分发挥党组织的战斗堡垒作用，形成凝人气促发展的合力。大力开展党的理论知识学习和党风廉政教育，提高党员队伍整体素质，运用巡展、座谈、问卷调查等形式，普及党建和廉政建设知识，形成“教育为主、源头预防、过程监督”的坚固体系，努力形成兼具国家电网特色和保险行业特点的党建工作新气象。

【重大活动】 9月16日，英大泰和财险江苏分公司正式成立。作为英大泰和财险设立的第八家省级分公司，江苏分公司的开业标志着英大泰和财险正式进军占据全国行业重要地位的江苏保险市场。开业仪式上，江苏分公司与江苏省电力公司、长安保险经纪江苏分公司签订了战略合作协议。

11月5日，中共江苏省委常委、南京市委书记朱善璐，中共南京市委常委、常务副市长沈健，中共南京市白下区区委书记陆平贵等一行领导莅临英大泰和财险江苏分公司视察指导。

11月26日，英大泰和财险英大泰和财险南通中心支公司获江苏保监局批复同意筹建，这是英大泰和财险江苏分公司筹建的第一家中心支公司。

12月16日，英大泰和财险江苏分公司“尊享泰和”客户俱乐部正式成立，旨在成为高端私家车的服务营地，以此推动分公司逐步提升面向市场的客户服务水平，继而在江苏产险市场打响英大保险服务品牌。

12月17日，英大泰和财险江苏分公司召开深入开展“创先争优”活动动员大会，对分公司系统深入开展“创先争优”活动、加强规范经营管理等内容作出了详细部署。

12月17日，南京市白下区人大代表团一行20余人赴英大泰和财险江苏分公司参观调研。

12月20日，英大泰和财险无锡中心支公司获江苏保监局批复同意筹建。

【重大承保】 9月份，英大泰和财险江苏分公司成功签单南通中远川崎2010年船舶建造险，当年实现保费收入268.11万元。

9月16日，英大泰和财险江苏分公司在南京举行开业庆典

11月5日，时任中共江苏省委常委、南京市委书记朱善璐等一行领导莅临英大财险江苏分公司视察指导

9月下旬，英大泰和财险江苏分公司独家承保江苏省电力公司公众事业企业客户信用保险，保费收入3303.88万元；营业中断险，保费收入359.76万元。

【教育培训】 11月下旬，英大泰和财险江苏分公司开展全员办公自动化培训，并在总公司19日举行的协同办公系统技能视频考核中荣获A评级。

11月29日，英大泰和财险江苏分公司联合南京安居防火教育培训中心，对全体员工进行了一场“增强火灾自防自救意识”的安全教育。

## 丘博保险（中国）有限公司江苏省分公司

【重大活动】 2010年12月中国保险监督管理委员会对丘博保险（中国）有限公司江苏省分公司开业进行了批复，江苏保监局颁发了经营保险业务许可证。

经中国保险监督管理委员会审核，林一峰符合《保险公司董事、监事和高级管理人员任职资格管理规定》的有关要求，同意其担任该分公司总经理职务。

2010年12月23日丘博保险（中国）有限公司江苏省分公司在江苏省工商行政管理局申请设立登记，并领取营业执照。

（上接第40页）

### 第三章　立案与调查

第一节　立案

第十八条　中国保监会及派出机构发现当事人涉嫌违反有关保险管理的法律、行政法规和中国保监会规定，依法应当受到行政处罚的，应当立案调查。

第十九条　立案应当填写《行政处罚立案审批表》，由案件调查部门负责人或者派出机构负责人批准，决定立案或者不予立案。

第二十条　案件调查部门应当在决定立案之日起3日内指定案件调查人员。

调查人员的回避应当由案件调查部门负责人或者派出机构负责人决定。

第二节　调查取证

第二十一条　调查人员应当对案件事实进行全面、客观、公正的调查，并依法收集证据。

第二十二条　调查人员调查取证时，不得少于两人，并应当向当事人或者有关人员出示中国保监会或者派出机构合法证件和监督检查、调查通知书。

调查人员少于两人或者未出示合法证件和监督检查、调查通知书的，被检查单位和个人有权拒绝。

第二十三条　调查人员调查案件，应当充分收集证据。

第二十四条　调查人员应当收集、调取与案件有关的原始凭证作为书证。调取原始证据有困难的，可以复制，复制件应当标明“经核对与原件无误”，并由书证出具人签名或者盖章。

第二十五条　调查人员可以要求当事人及证人提供证据材料或者与违法行为有关的其他材料，并由材料提供人在有关材料上签名或者盖章。拒绝签名或者盖章的，应当在材料上注明。

第二十六条　调查人员可以询问当事人及证人。询问应当个别进行。询问前应当告知其有如实陈述事实、提供证据的义务。

（下转第190页）

ANGSU BAOXIAN NIANJIAN

# 人身保险

## 江苏省人身保险业发展综述

【人身保险概况】 2010年，江苏省人身险保费收入850.8亿元，比上年增长25.2%。全年实现新单期缴保费133亿元，增长25.9%，比规模保费增速高0.7个百分点；新单期缴占比24.6%，较上年提高了1.2个百分点。其中，全省银代业务结构进一步优化，银代业务新单期缴保费40.8亿元，增长36.1%，较趸缴业务增速高出11.3个百分点；银代业务新单期缴比例为10.9%，较上年提高了0.8个百分点。

【人身保险市场运行特点】 市场秩序进一步好转。一是江苏保监局周密部署，认真组织现场检查。全年检查天数123天，组织人力705人·天，对35家保险、中介或代理机构开展了销售误导、意外险经营及银保业务现场检查。二是人身保险公司建立健全内控合规与外部保险监管相结合的风险防范机制。江苏保监局严格贯彻实施《保险公司分支机构分类监管暂行办法》，对全省42家人身险公司进行评价，对其中2家C类、1家D类公司采取了针对性的监管措施。同时，持续做好各寿险公司风险监测工作，对指标异动公司及时进行风险提示。三是健全银保“2+2”监管合作机制。2010年，江苏保监局与银监局联合下发了贯彻《关于加强银行代理寿险业务结构调整促进银行代理寿险业务健康发展的通知》的配套文件，通过严格银行代理资格管理、提高保单回访制度执行力、建立客户投诉处理第一责任人机制等措施进一步规范银保市场。联合银监局对南京地区部分银行网点代理销售情况进行不定期暗访，专门组织全省各保险行业协会开展银保业务销售误导专项自律检查，通过专项检查、自律检查和暗访等手段，银保市场销售误导行为得到一定程度遏制。

行业风险防范化解能力提升。一是江苏保监局创新打“三假”手段，开展主题为“关注保险保障，关注保险保单”的保单信息有奖查询试点，较好防范侵占挪用保险金和非法集资风险，部分制售假保单案件得以提前发现。二是结合案件处置工作，完善案件风险防范机制。通过组织案件分析，查寻案件产生的社会、内控等方面原因，提出了综合运用行政许可、保单信息查询等手段督促寿险公司强化单证、财务、内审稽核等方面工作的措施。三是寿险公司做好风险排查工作。江苏保监局组织寿险公司把挪用保费、侵占保险金、非法集资等列入重点排查内容，通过排查，发现了7起挪用保费或侵占保险金、50余起销售误导等违规违法案件，对于查出的问题，公司能够进行整改，并对相关责任人员进行了处理，较好地维护了客户利益，达到了防范和化解风险的目的。

【人身保险业服务经济社会】 2010年，人身保险业保险保障功能进一步发挥，服务民生能力不断增强。健康、养老等保障性强的传统业务日益受到重视，全省全年健康险保费收入44.4亿元，增长12.5%。人身保险业积极履行责任，全省人身险全年赔付支出117.4亿元。人身保险业还积极通过经办社会基本保险提升服务民生的能力，一是中国人寿受托管理宜兴新型农民养老保险，创新经办管理机制，自主研发信息系统，搭建了便捷的养老保险服务网络，获得省领导和中央媒体充分肯定。二是创新贯彻落实新医改政策。寿险公司利用专业优势，积极参与多层次医疗保障体系建设。截至2010年底，保险公司累计受托管理新农合基金70亿元，服务农村居民766万人。太平洋人寿参与经办江阴新农合的管理模式不断创新，成功开办新农合补充保险，并开发了“重疾远程会诊评估服务点医师服务”等系统，有效推动解决异地看病难问题。人保健康在扬中市承办城镇职工自费医疗补充保险统筹项目，社会效益明显。三是推动计划生育系列保险健康发展。2010年，全省计划生育系列保险保费收入3241万元，增长32%，计划生育系列保险基本覆盖了全省的县(市、区)，自开办以来累计为9.8万人次提供了4081万元补偿。

## 中国人寿保险股份有限公司江苏省分公司

【概况】 2010年是中国人寿江苏省分公司发展史上极不平凡的一年。一年来，面对复杂多变的发展形势和竞争挑战，全省系统坚持以科学发展观为统领，紧紧围绕建设最具价值、最具品质、最具魅力的标杆型省级分公司目标，大力弘扬创业创新创优的“三创”精神，用心用智用力战胜前进中的艰难险阻，取得了经营业绩持续快速增长、系统领先优势不断放大、两个文明建设全面进步的新成就，为“十一五”划上了圆满句号。

【经营业绩】 2010年全年实现总保费283.7亿元（会计准则2号解释统计口

1月31日，在金融新春座谈会上，中共江苏省委书记梁保华、江苏保监局局长谢宪同中国人寿江苏省分公司领导班子成员合影

径数据)，增长14.4%，市场份额35.6%，继续保持了在中国人寿全国系统和江苏寿险市场的领先优势。

【渠道建设】 业务结构持续优化 个险首年期交保费30.4亿元、增长15%，个险10年期及以上首年期交保费19.7亿元、增长3.6%；银保首年期交保费16.8亿元，增长87.5%，市场份额达38.9%；团险渠道全面完成年度短险及意外险任务。

队伍建设扩量提质 年末个险持证人力52655人，主管队伍人数5066人；银保销售人员3878人；团险销售队伍首次突破千人大关达到1014人。

【内部管控】 中国人寿江苏省分公司认真学习贯彻监管部门和上级公司关于依法合规的一系列要求，始终将严密的内部管控作为推进公司全面风险管理和保证公司持续健康发展的核心与基础，积极整合资源，充分发挥纪检监察、内控合规、销售督察、运营支持等职能部门的作用，建立依法合规的工作机制，形成依法合规的管理合力，夯实依法合规的经营基础，有效提升了全省系统内部管控水平，为全省系统建设"三最"标杆型省级分公司提供了坚强保障。

【企业文化】 公司一直高度重视和着力加强企业文化建设，充分发挥企业文化的导向、凝聚、激励、约束、辐射等功能，使员工把个人行为自觉地纳入组织行为的轨道，将公司目标变为自己的自觉行动，为公司提供了源源不断的发展动力。成功举办了江苏国寿历史上规模最大的文艺调演，荣获全省保险业青年歌咏比赛一等奖。

【获奖】 荣膺江苏省创建文明行业工作先进行业称号；所辖徐州市分公司客户服务中心工会小组被中华全国总工会授予"全国模范职工小家"称号。

【履行社会责任】 "十一五"期间，中国人寿江苏省分公司兑现各项赔款和给付302.1亿元，是"十五"的3.7倍。积极承担社会责任，从大力开办城镇职工补充医疗保险、失地农民基本养老保险、小额贷款保险等业务，到主动参与新农合、新农保；从南方冰冻雨雪灾害、汶川地震等自然灾害，到婴幼儿奶粉事件；从捐款救助，到扶贫攻坚，江苏国寿为和谐社会建设作出了应有的贡献，受到中央金融工委、中国保监会、江苏省委省政府等各级领导的高度赞扬和表彰，赢得了社会的广泛好评。

1月31日，在金融新春座谈会上，江苏省人民政府省长罗志军、江苏保监局局长谢宪同中国人寿江苏省分公司领导班子成员合影

【党建工作开展】 自2010年8月以来，中国人寿江苏省分公司省、市、县三级分支机构党组织紧紧围绕巩固学习实践科学发展观活动成果，依据党中央和上级公司党委的安排部署，坚持把创先争优活动作为全省系统各级党组织中心工作来抓，加强领导，精心组织，科学安排，务求实效，力求创先争优活动具有特色，取得了阶段性成效，有效推动了全省系统各项工作的顺利开展。

【重大活动】 1月，中国人寿江苏省分公司副总经理郑晓敏专程到江苏省检察院、江苏省高级人民法院等单位，拜访了省检察院和省高院的领导，汇报了公司2010年以来工作情况，充分表达了公司坚持依法合规、科学发展，切实履行行业责任和社会责任的意愿和做法，并对司法机关长期以来对江苏国寿的支持与帮助表示感谢。省检察院和省高院领导对公司取得的巨大成就表示祝贺，并就进一步依法保障被保险人利益、维护社会稳定等问题进行了沟通与交流。

1月31日，由中国人寿江苏省分公司承办的2010年省级金融系统新春座谈会在宁召开。省委书记梁保华、省长罗志军与省金融机构负责同志欢聚一堂，喜迎虎年春节，互致节日问候，共商发展大计。省委常委、常务副省长赵克志主持座谈会，省有关部门和近70家省级金融机构负责同志参加了座谈。座谈会上，江苏省委书记梁保华、省长罗志军分别作了重要讲话。省分公司总经理刘安林受集团公司总裁杨超、总公司总裁万峰的委托，对省委、省政府一直以来对公司的关心和支持表示了衷心感谢，并就公司近年来加快发展、做大做强，服务地方经济发展大局、支持地方经济建设所做的工作和取得的成绩作了大会主题发言，得到了梁保华、罗志军的肯定。

2月1~3日，中国人寿江苏省分公司全省系统工作会议在宁召开，省、市、县三级公司领导和省分公司助理以上干部等160余人参加了会议。省政府汪泉副秘书长、江苏保监局谢宪局长出席会议并分别作了讲话。省分公司刘安林总经理作了题为《价值 品质 魅力——奋力将标杆型省级分公司建设推向新高度》的工作报告。

2月24~25日，中国保监会"科学发展，攻坚克难"主题实践活动检查组赴中国人寿江苏省分公司及南通市分公司进行检查指导。

3月15日，中国人寿江苏省分公司、南京市分公司走进南京市马府新村社区开展了"保险进社区"暨"3·15"服务活动，江苏保监局局长谢宪、省分公司副总经理从临瓯参加活动。

3月17~19日，中国人寿总公司副总裁刘英齐赴江苏省分公司调研督导一季度业务发展和经营管理体系改革工作。

3月19日，中国人寿总公司缪平副总裁一行赴江苏省分公司，就信息技术相关工作进行调研。

3月23~24日，国务院派驻中国人寿监事会主席魏礼江在中国人寿集团公司副总裁王思东、总公司审计部总经理丛凯进的陪同下，到江苏省分公司调研、指导工作。调研期间，魏礼江欣然题下了"中流砥柱"四个大字。

3月26日，中国人寿江苏省分公司召开"携手国寿　相约世博"活动启动视频会。工、农、中、建、交、招商、江苏银行有关人员参加了会议。这是自中国人寿江苏省分公司开展银保业务以来首次同时联合各大银行举办的大型主题活动。

4月1日，中国人寿保险(集团)公司党委书记、总裁，中国人寿保险股份有限公司董事长杨超到江苏省分公司视察指导工作，了解全省系统贯彻落实全系统会议精神，推进公司改革发展的情况。视察调研期间，杨超董事长听取了省、南京市分公司的工作汇报，亲切慰问了营销员代表，并欣然题词"追求卓越，永争第一"与全省系统广大干部员工共勉。

4月7日，中国人寿江苏省分公司召开党委中心组学习(扩大)会议，省分公司党委、总经理室成员，本部各部门助理以上人员参加会议。此次会议是在前一阶段参会人员通过自学方式，学习十七届中纪委第五次全会精神和胡锦涛总书记的重要讲话、贺国强同志的工作报告，以及保监会和上级公司2010年纪检监察工作会议精神的基础上召开的，参会人员集中学习了《中国共产党党员领导干部廉洁从政若干准则》的主要内容和相关规定，并邀请了省委党校党史党建部主任董连翔教授作了"贯彻《准则》精神、加强党风廉政建设"的专题辅导讲座。

4月14~16日，中国人寿集团公司副总裁、纪委书记张响贤，总公司副总裁、纪委书记周英赴江苏省分公司就依法合规经营工作进行调研。调研期间，张响贤、周英一行听取了省分公司的专项汇报，并与省分公司班子成员、相关部门负责人进行座谈，深入了解省分公司依法合规经营工作情况。

4月26~28日，中国保监会杨明生副主席、国务院派驻中国人寿监事会主席魏礼江一行赴中国人寿徐州市分公司调研指导工作。中国保监会稽查局局长裴光、江苏保监局局长谢宪、中国人寿集团公司副总裁王思东、江苏省分公司总经理刘安林等陪同调研。

4月28~30日，中国人寿江苏省分公司在无锡召开全省系统第十届销售精英高峰会，来自全省系统的销售精英代表和省、市分公司领导共400余人齐聚无锡灵山胜地，共庆辉煌业绩。江苏保监局局长谢宪、省分公司总经理刘安林到会祝贺。

4月1日，中国人寿保险股份有限公司董事长杨超赴中国人寿江苏省分公司视察指导工作

4月30日，江苏保监局副局长宋志华，中国人寿江苏省分公司总经理刘安林、副总经理从临瓯一行赴泰兴慰问在幼儿园恶性案件中受伤幼儿。在当天下午举行的预付款支付仪式上，中国人寿泰兴支公司将25.5万元预付赔款的转账支票交至泰兴市教育局局长毛华平手中。江苏省副省长曹卫星、省教育厅、保监局相关负责人、泰兴市市长高亚梓、省市分公司领导参加了本次仪式。在泰兴期间，刘安林一行还会见了泰兴市常务副市长孙云，并在孙云的陪同下探望了部分受伤的幼儿，了解幼儿伤情，为幼儿送上鲜花和祝福，表示了慰问。

5月6日，江苏省计生协副会长申晓健、江苏保监局人身险处处长蒋正忠一行赴中国人寿江苏省分公司，就公司全省系统计划生育保险工作开展情况进行调研。

5月10日，中国人寿江苏省分公司党委召开了由党委成员、各部门主要负责人参加的中心组学习扩大会议，传达了中国保监会、总公司关于进一步贯彻落实"两个准则"的通知精神，系统学习了中国保监会《保险监管人员行为准则》和《保险从业人员行为准则》。省分公司党委书记、总经理刘安林就贯彻落实"两个准则"提出了具体要求。

5月，中国人寿江苏省分公司在全省系统开展以"诚信我为先——2010见真情"为主题的2010年第三届"诚信我为先"主题活动。

6月12日，中国人寿江苏省分公司会同财险、养老险江苏省分公司联合举办第四届"国寿客户节"，省分公司副总经理从临瓯、财险省分公司副总经理刘东、养老险省分公司副总经理童贞平到会祝贺，保监会苏州监管分局副局长王春平、苏州市体育局有关领导受邀出席活动并发表讲话。

6月29日，中国人寿江苏省分公司召开全省系统纪念建党89周年专题活动，邀请东南大学经济管理学院院长徐康宁教授作专题讲座，省、市分公司本部全体干部员工，县支公司经理室成员听取了讲座。

7月4~5日，中国人寿江苏省分公

司和省计生协联合召开计划生育系列保险表彰大会。各市分公司分管总经理,江苏保监局,省市计生委、计生协有关人员,各市分公司分管总经理、团险部经理,受表彰的县(市、区)支公司代表共 214 人参加了会议。省计生委副主任戴纪生、江苏保监局局长谢宪到会并讲话,省分公司副总经理刘炳懿作了会议交流发言。

9 月 8~9 日,中国人寿江苏省分公司召开了全省系统案件防范工作会议。省分公司总经理室成员,本部各部门、培训中心助理以上人员,运营部门二级部经理、销售部门协管以上人员,监察部、内控合规部、销售督察部全体人员,各市分公司总经理室成员、总经理协理,监察部、各运营部门和销售部门主要负责人等近 230 人参加了会议。会议由省分公司纪委书记、副总经理郑晓敏主持。会上,保监局法制处处长夏卫新作了《建立健全案件问责制度　努力做好风险管控工作》的专题报告;总公司监察部总经理史向明结合公司系统案件情况,解读了相关问责制度,对全省系统各级公司领导班子及成员提出了反腐倡廉、民主决策、依法合规、风险防范的希望和要求;省分公司业务管理中心、财务管理中心负责人分别作了案件和风险分析,提出了防范和整改要求。省分公司党委书记、总经理刘安林作了题为《高度重视案件防范　严格执行问责制度　为建设"三最"标杆型省级分公司提供坚强保障》的重要讲话。

9 月 19 日,中国人寿江苏省分公司党委中心组召开专题学习会议,省分公司党委中心组成员参加了学习,省分公司党委书记、总经理刘安林主持了会议。会议按照"制度学习、案例警示"主题教育活动计划安排,在前期自学、测试的基础上,专题学习了《胡锦涛同志在中纪委十七届五次全会上的重要讲话》、《中国共产党党员领导干部廉洁从政若干准则》等文件精神。

10 月 21 日,中国人寿江苏省分公司召开党委中心组学习(扩大)会议,学习贯彻党的十七届五中全会精神,在宁省分公司党委、总经理室成员,本部各部门负责人参加会议。与会同志集体学习了党的十七届五中全会公报。省分公司党委书记、总经理刘安林在会上畅谈了学习体会并提出相关工作要求。

2010 年中国人寿保险股份有限公司徐州市分公司客户服务中心工会小组荣获中华全国总工会颁发的"全国模范职工小家"称号

10 月 22 日,中国人寿江苏省分公司全省系统"绿色畅想"文艺演出在南京市大行宫会堂隆重举行,全国金融工会副主席杨树润、江苏省政府副秘书长汪泉、江苏保监局局长助理朱金渭、中国人寿集团公司工会常务副主任蒲彦君、总公司工会工作部总经理杨爱萍、省文明办领导等亲临现场观看演出。总经理刘安林代表省分公司党委、总经理室发表了热情洋溢的致辞。

11 月 19 日,在江苏保监局组织的首届"唱响时代主旋律"青年歌咏比赛决赛中,中国人寿江苏省分公司荣获一等奖。

11 月 22~26 日,中国人寿江苏省分公司在中国浦东干部学院举办了高级管理人员培训班,省分公司总经理室部分成员、各市分公司主要负责人以及省分公司部门负责人等 40 名领导干部参加了培训。

12 月 8~9 日,中国人寿总公司首席运营执行官许恒平一行赴江苏省分公司就业务管理、客户服务等运营工作进行调研。

**【重大承保】** 2010 年,鼓楼医院外科"一把刀"王某在中国人寿江苏省分公司投保意外险保额 300 万元。

2010 年,镇江徐某在中国人寿江苏省分公司投保鸿盛终身寿险(分红型)保单保额 500 万元,20 年期交保费 18.7 万元,累计寿险净风险保额 800 余万元。

2010 年,苏州俞某在中国人寿江苏省分公司投保鸿盈两全保险(分红型)保单保额 323 万元,趸交保费 300 万元,累计意外净风险保额 350 多万元。

**【重大赔付】** 4 月 1 日,中国人寿江苏省分公司给付被保险人扈某受益人疾病身故保险金 3227245.22 元。扈某,男,2005 年以来陆续投保国寿康宁终身等险种共 8 份。2009 年 12 月 9 日,被保险人因脑出血抢救无效死亡。

4 月 30 日,中国人寿江苏省分公司赔付被保险人卞某受益人意外身故保险金 1114050 元。卞某,男,2009 年投保国寿鸿丰两全保险(分红型)共四份。2010 年 1 月 31 日,被保险人发生交通事故身故。

11 月 19 日,中国人寿江苏省分公司赔付被保险人毕某受益人疾病身故保险金 1062000 元。毕某,男,2006 年 3 月 13 日投保国寿鸿丰两全保险(分红型)。2010 年 5 月 14 日被保险人因肺癌身故。

**【对外交流】** 9 月 26 日,中国人寿江苏省分公司与中国电信江苏公司全面战略合作协议签约仪式在中国电信未来信息馆隆重举行。省电信总经理高同庆、省分公司总经理刘安林、双方省级分公司总经理室成员及相关部门负责人,双方地市分公司总经理参加了签约仪式。

10 月 8 日,江苏省委组织部部务委员庄同保、中国人寿总公司人力资源部副总经理韩冰一行赴江苏省分公司,

11 月 19 日，在江苏保监局组织的首届“唱响时代主旋律”青年歌咏比赛决赛中，中国人寿江苏省分公司荣获一等奖

专题调研指导全省系统大学生村官招聘工作。

11 月 10 日，中国人寿江苏省分公司与省委组织部联合举办全省系统大学生“村官”人才招聘会。会议采取视频形式，840 名大学生“村官”，全省各市、县委组织部领导在全省 13 个主、分会场参加了招聘活动，659 名通过报名的“村官”参加了笔试。省委组织部部务委员、省选聘办主任庄同保、中国人寿总公司人力资源部副总经理韩冰出席招聘会并作讲话。

11 月 10 日，江苏省政协经济委员会副主任李明生、副主任谢明、副主任邢光龙，江苏保监局局长谢宪、局长助理王宝敏一行赴中国人寿江苏省分公司调研指导工作，省分公司在宁总经理室成员，办公室、财务管理中心、个险销售部、团体业务部负责人参加了座谈。

【公益活动】 1 月 13 日，中国人寿江苏省分公司与省体育局举行资助江苏田径队综合保险承保合同签约仪式。省体育局局长殷宝林、省分公司总经理刘安林参加签约仪式。本次参保人员为全省优秀运动队正式在编运动员、试训队员、集训队员、在岗教练员、领队、队医、管理人员等 2000 余人，保障内容包含意外、门诊医疗、住院医疗、定期寿险、团体年金等多方面。省纪委驻省体育局纪检组长高林及数十家媒体出席了签约仪式。

【教育培训】 1 月 13 日，中国人寿江苏省分公司召开 2010 年首次教育培训工作例会。会议听取了各市分公司关于本单位培训部成立以来的运作情况及 2010 年工作计划的汇报，就今年培训计划编制、培训预算、培训班实施细则等进行了培训，并对 2009 年度教育培训工作先进集体、先进工作者进行了表彰。

3 月 14~20 日，来自中国人寿江苏省分公司全省系统的 100 名新员工在回顾、总结全省系统第十四期新员工岗前培训班第一阶段学习心得及四个月岗位实习感悟的基础上，进行了为期一周的第二阶段学习。通过综合考察学员的学习成绩及风纪考评结果，100 名学员全部实现顺利结业。

4 月 26~29 日，中国人寿江苏省分公司举办了“百名青年员工素质提升工程”首期培训班，来自省、市、县三级公司的 119 名青年骨干参加了培训。本次培训得到了省分公司党委、总经理室的高度重视，省分公司总经理刘安林、副总经理郑晓敏、副总经理陈苏成出席开学典礼并分别作了讲话。

8 月 14~19 日，中国人寿江苏省分公司在培训中心举办了 2010 年全省系统县(市、区)支公司经理培训班。来自全省系统的县(市、区)支公司、直属经营单位主要负责人共计 123 人参加培训。培训期间，省分公司副总经理陈苏成专程前往培训中心看望学员的生活和学习情况，并提出了殷切希望。

【其他】 1 月，中国人寿江苏省分公司荣获中国人寿全国系统“诚信我为先”活动先进单位称号。

12 月，江苏省文明办召开 2007-2009 年度省文明行业评选情况通报会。中国人寿江苏省分公司被评为江苏省创建文明行业工作先进行业，是江苏省金融界唯一获此荣誉者。

## 中国太平洋人寿保险股份有限公司江苏分公司

【概况】 太平洋寿险江苏分公司成立于 2001 年 12 月 27 日，目前设有 77 家分支公司(营业部)和 475 余家营销服务部，3300 余名员工和 18000 名营销员。2010 年，太平洋寿险江苏分公司注重建设队伍、机构建设及合规建设，业务结构显著改善，经营管理模式明显优化，风险控制能力和社会服务功能不断提升，实现了公司价值的可持续增长。连续十年被评为综合经营管理等级 AAA 级；以良好的保险信用体系建设和较低的客户投诉率被评为“信用江苏诚信单位”。

【经营业绩】 2010 年，太平洋寿险江苏分公司实现保费收入 90.33 亿元，较上年增长 26.62%。各渠道业务均衡发展，个险保费收入 39.66 亿元，较上年增长 13.19%，其中个险新单保费收入 8.99 亿元，较上年增长 16.61%；银行代理渠道保费收入 39.98 亿元。

各险种的保费收入情况：分红险保费收入 65.69 亿元，较上年增长 38.94%；万能险保费收入 0.53 亿元，较上年增长-21.35%；传统险保费收入 19.15 亿元，较上年增长-2.26%。

【渠道建设】 2010 年，太平洋寿险江苏分公司在业务发展的同时，不断加强渠道队伍和网点的建设。

在网点建设方面，公司进一步推进农村乡镇网点的整合，深入推进“1+3”机构建设销售管理模式。同时，针对已有的县级和乡镇网点，制定了详细的规划目标，2010 年对新保期缴月平台 30 万元以上网点实施差异化投入，使这些网点在人力和业绩方面得到了有效提升，并带动了当地保险市场的发展。

在银保渠道经营方面，不仅工、农、中、建行等主要国有银行代理公司银保业务，与股份合资银行的合作也是公司目前正在积极推进的经营方向之一，同时根据双方监管机构最新指引，在开展常规柜面销售同时也积极探索开发银行后台保险业务，深化双方合作领域，加深双方合作范围。开拓理财服务区、理财专柜、财富中心、私人银行等专门销售区域，通过对销售区域和销售队伍的控制，提高销售品质，将合适的保险产品销售给合适的客户。

团险渠道经营方面，坚持以效益为中心，着力发展核心业务意外险，不断放开思路，拓展新的销售渠道；在业务快速发展的同时，加强销售过程管控，合规牢记依法合规经营。

【内部管控】 2010 年，太平洋寿险江苏分公司以“努力推动和实现公司价值的持续增长”为目标，坚持合规经营是公司“生命线”的经营管理理念，努力调整合规风险管理模式，将合规管理“关口前移”，推动两个转变，即变“事后管理”为“事前管理”，变“结果管理”为“过程管理”，明确合规与风险管理责任，逐步搭建了“分公司——中心支公司——支公司”三级合规风险管理网络体系。一年来公司通过梳理完善内控管理制度，组织开展多项合规自查自纠，实施内部经济责任审计，发布《中心支公司合规预警报告》，加强法律纠纷案件的监督管理，开展多种形式的反洗钱宣传，加强对合规检查、审计发现问题的整改跟踪，以及落实案件责任追究制度等各项工作的开展，使得分公司及辖内各条线、各级机构，广大干部员工的合规风险防范意识和管控能力有了一定的提高，特别是机构高管和条线负责人主动合规意识明显增强，“我要合规”“应当合规”的观念逐步得到深化。

【企业文化】 2010 年，公司结合行业特点和发展需求，开展了一系列企业文化建设，将企业文化理念宣导至每一位员工，提升了员工的凝聚力与向心力。

2010 年公司成立了青年合唱队，每周定期进行排练演习，在 2010 年 11 月的歌咏比赛中取得了优异的成绩；与“人众人”教育培训基地签署合作协议，组织全体员工进行室外拓展训练，在锻炼体能的同时，也培养提升了员工的团队协作能力和企业向心力；公司的工会还成立了羽毛球兴趣小组、乒乓球兴趣小组、摄影爱好小组，定期开展活动，丰富员工业余生活；公司在员工中开展“绿 G 划”低碳环保行动、“地球熄灯一小时”活动，从节约一张纸、一度电开始，倡导健康、科学、文明、环保的生活方式。

【荣誉奖励】 3 月 15 日，太平洋寿险江苏分公司被评为江苏省放心消费创建活动先进单位，并获得了省放心消费创建活动办公室的授牌。

9 月，太平洋寿险江苏分公司获江苏省平安金融创建领导小组颁发江苏省平安金融(单位)。

11 月，太平洋寿险江苏分公司获“江苏保险业首届青年歌咏比赛”优秀奖。

11 月下旬，在“南京金融十年风云大奖评比”活动中，荣获“卓越贡献保险机构”、“市民最信赖保险机构”、“最负责任保险机构”、“2010 年度金融业最佳合作伙伴”四项殊荣。

12 月，太平洋寿险江苏分公司获得江苏省精神文明建设指导委员会颁发的“2007~2009 年度江苏省精神文明建设工作先进单位”荣誉称号。

12 月份，太平洋寿险淮安中心支公司获得“二〇一〇年度淮安市保险业放心消费创优年创建达标单位”。

【履行社会责任】 2010 年，太平洋寿险江苏分公司坚持“用心承诺、用爱负责”的理念，积极服务和奉献社会，赢得了社会各界的广泛赞誉。公司在追求可持续价值增长的同时还致力于各类公益活动，积极开展关爱孤残、捐资助学、扶贫赈灾等公益活动，履行企业的社会责任。

2010 年太平洋寿险江苏分公司继续为江苏省两会代表提供意外综合保障、江苏分公司与徐州市计划生育协会联合举办的“关注孤残”、“关注留守儿童”活动，为孤残老人和留守儿童赠送了保险保障。太平洋寿险江苏分公司组织开展了“保险教育丛书大赠送活动”，向园区十多所中小学及数个社区赠送了《保险消费者教育丛书》。太平洋寿险江苏分公司与丹徒计生委共同在丹徒区高桥镇隆重举行了“博爱工程——生育关怀行动”启动仪式，并向贫困孤女、困难家庭赠送了大量的学习用品和慰问金。12 月 29 日，太平洋寿险江苏分公司与南京市建筑安装管理处、江苏南京长途汽车客运集团有限责任公司等单位联手，举行了“情暖返乡路”主题活动。

【党建工作开展】 太平洋寿险江苏分公司党委高度重视党的基层组织建设和党员队伍建设工作，目前，全辖中心支公司已全部建立了党委、纪委，共有党员 307 名。分公司党委积极开展党员学习教育活动，不断提升党员干部的思想政治素质，组织党员干部认真学习胡

太平洋人寿江苏分公司“315”活动

3月1日，太平洋人寿江苏分公司启动了为期10个月的"关注您的保险保障、关注您的保险保单——人身保险个人保单信息有奖查询活动"。图为中奖客户颁奖

锦涛同志在全党开展深入学习实践科学发展观活动总结大会上的重要讲话，认真学习开展创先争优活动相关的系列文件，研究公司发展中存在的瓶颈问题并积极寻求突破办法。通过学习实践，广大党员的党性观念不断增强，在公司科学发展的各项工作中均较好地发挥了先锋模范作用。分公司党委的凝聚力、创造力和战斗力日益增强。

**【重大活动】** 3月1日，太平洋寿险江苏分公司启动了为期10个月的"关注您的保险保障、关注您的保险保单——人身保险个人保单信息有奖查询活动"。

3月4日至5日，中国太平洋人寿保险股份有限公司政府合作医保业务研讨会在无锡召开。会议由太平洋寿险总公司团体业务部总经理郑建国主持。江苏保监局领导李祥俊、蔡毅钧，太平洋寿险总公司常务副总经理钟家富等主要领导及全国32家分公司有关部门负责人共95人参加了研讨会。

3月15日，太平洋寿险镇江中支被评为江苏省放心消费创建活动先进单位，并获得了省放心消费创建活动办公室的授牌。

5月7日上午，太平洋寿险江苏分公司邀请江苏保监局、江苏省保险行业协会和南京市公证处、客户代表一起进行了"个人保单有奖查询活动"第一阶段的保单客户抽奖。在抽奖现场，2名苏州保单客户和1名无锡保单客户喜中一等奖，获得上海世博彩色纪念银条套装。

7月1日，常州市城乡建设局副局长潘企强一行4人专程前往太平洋寿险常州分公司，送上锦旗，对公司在今年常州安监装备升级中提供的帮助表示感谢。

7月5日，江苏省人口和计划生育委员会、江苏保监局、江苏省计划生育协会，在南京联合召开了全省计划生育系列保险工作会议。太平洋寿险江苏分公司获得了"人口和计划生育公益事业特别贡献奖"，徐州中心支公司、连云港赣榆支公司喜获"省计划生育系列保险工作先进集体"荣誉称号。

7月8日，中国保险精英圆桌大会在苏州国际博览中心隆重举行，太平洋寿险苏州分公司副总经理费旭东被授予"最佳诚信经营奖"。

7月17日，由中国保险学会主办的"第二届中国寿险发展论坛"暨"2009中国年度十大保险经理人颁奖典礼"在北京威斯汀大酒店举行。经过激烈的角逐及专家评审团严格的评审，太平洋人寿南通中心支公司总经理季金忠在B组32名候选人中脱颖而出，成为江苏省保险行业唯一荣获"2009中国年度十大保险经理人"称号的经理人。

7月28日上午，位于南京市栖霞区和燕路的南京塑料四厂发生爆炸事故。在接到爆炸中受伤客户徐先生报案后，太平洋寿险江苏分公司客户权益部领导立即启动了重大事故应急预案并安排理赔人员前往徐先生就诊的迈皋桥医院，于次日对徐先生预付了全额赔款。

11月下旬，现代快报正式启动"南京金融十年风云大奖评比"活动，本次评比采用市民短信、网络、信件邮递等多渠道投票方式进行。经过1个半月的投票，太平洋寿险江苏分公司获得保险机构总投票数第一名，并荣获"卓越贡献保险机构"、"市民最信赖保险机构"、"最负责任保险机构"、"2010年度金融业最佳合作伙伴"四项殊荣。

12月22日，太平洋寿险无锡分公司被江苏省精神文明建设指导委员会授予"2007~2009年度江苏省精神文明建设工作先进单位"荣誉称号。

12月29日，太平洋寿险江苏分公司与南京市建筑安装管理处、江苏南京长途汽车客运集团有限责任公司等单位联手，举行了"情暖返乡路"主题活动启动仪式。太平洋寿险江苏分公司党委委员王晓明、建委宣教处处长丁昌华、南京长客集团公司总经理田吉人等领导出席了本次活动；参会人员包括外地建筑业主管部门驻宁办事处领导以及在宁建筑施工企业代表共计85人参加了启动仪式。

2010年，太平洋寿险淮安中心支公司积极参与淮安市政府、市保险协会组织的2010年"放心消费年创优年"诚信创建活动，12月份，公司参加评比的6家机构全部获得"二〇一〇年度淮安市保险业放心消费创优年创建达标单位"称号。

**【重大承保】** 1月25日，扬州市见义勇为基金会投保太平洋寿险江苏分公司的信恒D团体年金保险(分红型)，投保人数5人，投保金额700万元。

2月28日、7月11日，江苏徐塘发电有限责任公司分别投保太平洋寿险江苏分公司的信恒D团体年金保险(分红型)，投保人数1211人，投保金额743.67万元。

3月21日，江苏中烟工业有限责任公司淮阴卷烟厂，投保太平洋寿险江苏分公司的团体年金E款(十年固定定额平准型)，投保人数2020人，投保金额 920.48 万元。

3 月 31 日，江苏省电力公司投保太平洋寿险江苏分公司的管理式团体医疗保险(A 款)，投保人数 63322 人，投保金额 5768.89 万元。

6 月 28 日，国华徐州发电有限公司投保太平洋寿险江苏分公司的信恒 D 团体年金保险（分红型），投保人数 3513 人，投保金额 4145.56 万元。

【重大赔付】 1 月，太平洋寿险赔付被保险人扈某 194.70 万元。2003 年 6 月 20 日以来，投保人扈某数次向南通太保投保红利发等保险，保额累计 190 余万元。2009 年 12 月 9 日被保险人扈某在家中突发头疼，被送往医院治疗，诊断为脑出血，治疗无效后死亡。2010 年 1 月受益人提出了理赔申请，并于当月获得了保险赔款。

3 月，太平洋寿险赔付被保险人奚某某 56.12 万元。2002 年投保人奚某某投保苏州太保太平盛世·康健一生重大疾病、长寿养老保险，合计保险金额 56.12 万元，2010 年 3 月 17 日被保险人奚某某因胃癌身故。经太保苏州分公司审核，符合保险责任，及时赔付保险金 56.12 万元。

4 月 30 日，太平洋寿险苏州分公司赔付被保险人王某受益人 247.71 万元。王某分别于 2001 年 8 月 31 日、2002 年 5 月 20 日、2007 年 1 月 6 日，为自己投保老来福终身寿险 A 款(99.6)、长泰安康(A)、长泰安康(B)及小康之家·鸿运年年两全保险（分红型）。2010 年 4 月 30 凌晨 2 点，被保险人王某因在家中突然神志不清，由 120 送医院抢救无效死亡，医院诊断为猝死。

4 月，太平洋寿险赔付被保险人赵某 108.28 万元。2010 年 1 月 18 日，赵某投保鸿利年年年金保险(分红型)、太平盛世—长泰安康终身寿险(B)、小康之家—鸿运年年两全保险（分红型），2010 年 3 月 30 日，被保险人赵某驾驶一面包车与一相对方向行驶的轻型货车相撞，导致其受伤，被送江阴市人民医院抢救。诊断为急性特重型颅脑外伤、双侧脑疝、外伤性蛛网膜下腔出血、左侧胸部多发性肋骨骨折。当日被保险人赵某因抢救无效死亡。

4 月，太平洋寿险赔付被保险人陈某 100 万元。1998 年 9 月，陈某某以自己为被保险人向徐州太保投保老来福保险，保险金额 100 万元，2010 年 4 月 18 日被保险人陈某某突感心脏不适，经抢医院救无效死亡。经审核，符合保险责任并赔付保险金 100 万元。

5 月，太平洋寿险赔付被保险人康某某 50 万元。2009 年 5 月，投保人康某某向南京太保投保红利发保险，2010 年 4 月 30 日，被保险人康某某因胰腺恶性肿瘤，经省人民医院治疗无效死亡。经审核，符合保险责任并赔付了保险金 50 万元。

7 月，太平洋寿险赔付被保险人田某 50 万元。2009 年 9 月，投保人田某向农村信用社借款，同时投保南通太保安贷宝保险，保险金额 50 万元，2010 年 7 月 18 日被保险人田某意外落水，经抢救无效死亡。经审核，符合保险责任并赔付保险金 50 万元。

8 月，太平洋寿险赔付被保险人李某 97.88 万元。2009 年 9 月，投保人李某某向南京太保投保鸿运年年两全保险，2010 年 8 月 22 日，被保险人李某某因胆管癌，至上海东方医院治疗，经治疗无效后死亡。经审核，符合保险责任并赔付保险金 97.88 万元。

8 月，太平洋寿险赔付被保险人谭某某 44.8 万元。2005 年 6 月 29 日，投保人谭某某多次投保扬州太保长安定期寿险等保险，累计保额 44.8 万元，被保险人谭某某于 2010 年 7 月 26 日上卫生间时摔倒，被家人急送医院抢救，经医院抢救无效于当日宣告死亡。经审核，符合保险责任并赔付了保险金 44.8 万元。

9 月，太平洋寿险赔付被保险人奚某某 48.98 万元。1997 年 7 月、1998 年 9 月、2002 年 8 月，投保人奚某某先后投保太保常州公司太平盛世·长虹两全等长期寿险，保险金额 48.98 万元。被保险人奚某某于 2010 年 9 月 8 日因肺癌身故，经太保常州公司审核，符合保险责任并赔付保险金 48.98 万元。

【公益活动】 5 月 12 日，太平洋寿险常州分公司爱心基金会正式启动，这一基金是由分公司全体员工、业务员以及爱心客户自发设立、共同参与的一笔公益基金。启动会现场还进行了募捐，累计筹得善款 12 万元。

5 月 19 日，太平洋寿险徐州中心支公司与徐州市计划生育协会联合举办的“关注孤残”，“关注留守儿童”活动，为孤残老人和留守儿童赠送了保险保障。

10 月 23 日，太平洋寿险镇江中支与丹徒计生委共同在丹徒区高桥镇隆重举行了“博爱工程——生育关怀行动”启动仪式，并向贫困孤女、困难家庭赠送了大量的学习用品和万余元慰问金。

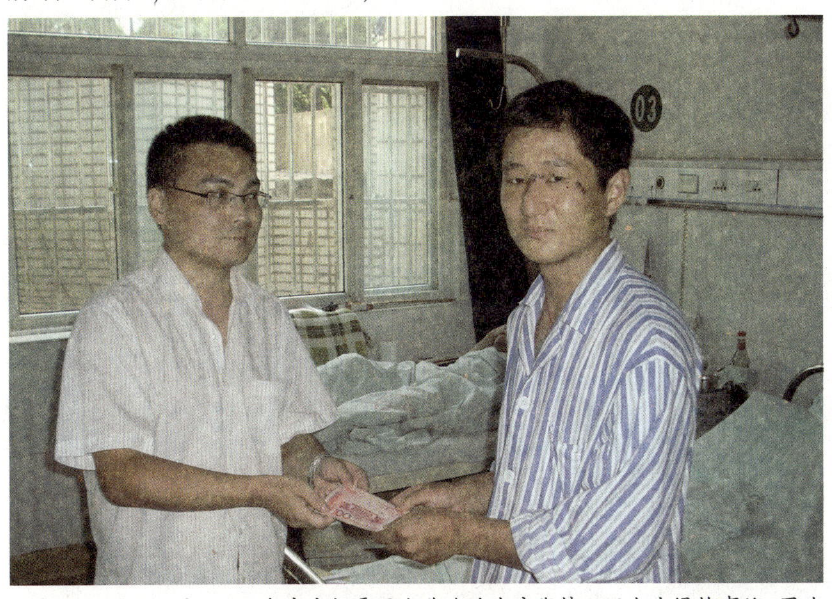


7 月 28 日上午，位于南京市栖霞区和燕路的南京塑料四厂发生爆炸事故。图为太平洋人寿江苏分公司理赔

【对外交流】 12月29日，太平洋寿险无锡分公司与无锡市文化艺术管理中心联合主办的第十六届太平洋保险无锡2011年新年音乐会，在无锡市人民大会堂隆重举行。来自瑞士的新苏黎世乐团，为一千多名无锡观众奉上一场华彩高雅的音乐盛宴，这体现了太平洋保险对广大客户的真正关爱。

【教育培训】 11月8日至12月3日，太平洋寿险江苏分公司营运中心举办"P10上线系统操作培训"，做了保全、契约、财务、续期条线FF、CAGS系统操作和P10项目总体知识培训，全辖三四级机构保全、契约、财务、续期条线内勤人员约340人参加了培训。

11月8日至12月5日，太平洋寿险江苏分公司客户权益部举办"2010年保全人员、柜面人员P10系统培训"，学习P10系统的业务流程和系统操作，全辖各机构的所有的保全人员、县支柜员约220人参加了培训。

## 中国平安人寿保险股份有限公司江苏分公司

【概况】 2010年，平安人寿江苏分公司坚持"转方式、调结构、防风险、促发展"的工作思路，整体业务经营取得稳步发展。

【经营业绩】 2010年，平安人寿江苏分公司全年累计实现保费收入111.83亿元，较上年增长12.4%。各渠道业务均衡发展，个险保费收入91.93亿元，较上年增长29.6%，其中个险新单保费收入25.13亿元，较上年增长42.8%；银行代理渠道保费收入19.06亿元。

各险种的保费收入情况：分红险保费收入44亿元，较上年增长39%；万能险保费收入48.95亿元，较上年增长1%；传统险保费收入5.78亿元，较上年增长14%；投连险保费收入3.1亿元，较上年下降3.8%。

【渠道建设】 人力发展，坚持营销队伍的健康发展，确立了以转正留存为核心的增员策略，摒弃了传统的、粗放式的大规模增员模式，强化经营管理平台建设，狠抓队伍的基础管理和岗前培训，并鼓励营销队伍以晋升文化为导向，促进新人的转正留存，努力使人力发展进入良性循环的轨道，队伍的人均产能和收入均有较大幅度的提升。

网点建设，公司进一步加大了县域和乡镇保险业务的开发力度，新设了多家网点。同时，针对已有的县级和乡镇网点，制定了详细的规划目标，追加投入相关的资源，使这些网点在人力和业绩方面得到了有效提升，并带动了当地保险市场的发展。

银保渠道经营，继续深化与各主要银行的合作，不断拓展新的网点销售渠道。始终坚持合规经营的理念，促进银保业务平台稳健、有序地发展。

9月，平安人寿江苏分公司第十二届精英高峰会在南京隆重举行。图为江苏保监局局长谢宪、江苏分公司总经理谭宁为高峰会长任娜琴颁奖

【内部管控】 为了保证公司合法、合规经营，公司通过事前的制度建设、业务流程设计，到执行过程中的制度审计、合规风险管理，再到事后的自查、稽核等多角度、多方位方式进行管控。通过上述各种有形的手段和措施进行经营风险管控的同时，公司还不断提高员工的合规意识，创建企业合规文化，将合规文化融入到企业文化建设中，构建客户、股东、员工、社会的和谐运作体系。公司通过创建合规文化建设小组、下发合规宣导通知书、开展合规大讲堂、合规主题晨会、张贴合规宣导海报以及邮件发送合规周报等各种形式，不断宣传和倡导"事事合规，人人合规"的企业文化，从靠公司的外部管控促进员工合规经营逐步向员工自发合规经营的目标迈进。

【企业文化】 中国平安吸收了中华民族优秀传统文化和西方现代管理思想的精华，形成了独具特色的企业文化。公司通过每日晨会、邮件宣导、团队活动等多种路径，开展丰富多彩、健康有益的文体活动，倡导健康、科学、文明、环保的生活方式进行企业文化、岗位责任、社会责任教育工作，将企业文化理念宣导至每一位员工，引导员工树立正确的文明的价值观。

公司努力创建学习型单位，倡导快乐工作、健康生活，通过各种内容丰富有趣的培训，不断提高干部职工的岗位技能水平和文化道德素养。在员工中开展从节约一张纸一度电开始的"低碳100行动"，倡导健康、科学、文明、环保的生活方式。关心职工生活，为员工提供补充保险，每年组织员工免费体检一次，端午节组织龙舟赛、年终组织平安夜晚会，工会还成立了羽毛球队、瑜伽活动小组、摄影爱好小组，定期开展活动，丰富员工业余生活，在员工中间引导形成了"团结互助、平等友爱、共同进步"的和谐人际关系。

【荣誉奖励】 2010年，平安人寿江苏分公司先后荣获"最具公信力保险公司"、"最受百万读者信赖的保险公司"、"2007~2009年度省级群众性精神文明建设先进单位”等多项奖项。

【履行社会责任】 2010年，平安人寿江苏分公司持续在助学、教育、医疗、急难救助等领域积极开展慈善公益活动，不断弘扬中国平安传播健康、关爱客户、回报社会的公益理念。

2010年，随着徐州平安希望小学揭牌，公司已在淮安、泰州、镇江、徐州等地建立了四所希望小学；向东海县山左口乡捐款12.5万元，帮助当地贫困乡村改善生活条件；先后组织“送温暖献爱心”捐助活动、爱心马拉松募捐活动，累计捐款3万余元；组织员工向江苏省血液中心无偿献血、赴上海为员工家属献血、为甘肃同仁之子献血等献血活动，累计献血量17000毫升。公司热心公益、奉献爱心的行为受到了社会各界的高度评价。

【党建工作开展】 2010年，公司党委始终坚持以邓小平理论和“三个代表”重要思想为指导，坚持“四有”(有地位、有能力、有保障、有作为)目标管理，紧紧围绕集团发展战略，树立和落实科学发展观，坚持理论学习、业务学习，努力提高全体党员干部的综合素质。公司围绕“抓好党建促平安业务，抓好业务促平安发展”的理念，重点进行精神文明创建工作，使全省工作面貌焕然一新，并通过了省委组织部“四有”目标管理的考核，获得“2007~2009年度精神文明建设工作先进单位”称号。卓有成效的党建工作，为公司发展稳定、为打造和谐平安提供了坚强的思想保证和组织保证。

【重大活动】 3月19日，平安集团2010年度品牌宣传系统工作会议在南京召开。江苏省保监局局长谢宪、集团副董事长兼副首席执行官孙建一等领导出席会议并发表讲话。会上，来自全国各地的170余名品牌宣传员围绕“品牌经营”等议题进行了深入的交流与讨论。

4月15日，平安人寿江苏分公司在南京正式启动了大学生励志计划。励志计划论文奖、励志奖学金、励志创业大赛等多个项目贯穿全年，鼓励高校学生励志报国、发奋图强，探索有利于中国经济健康发展的新观念、新理论，为大学生打造强劲的核心竞争力。

4月22日，平安集团董事长兼CEO马明哲到南京参加全国明星会，并与南京地区平安各系列中层以上的干部进行座谈，听取了江苏平安产、寿、养等各系列的工作汇报。

5月16日，千余户学生家庭汇聚玄武湖公园，共同参加了中国平安家庭爱心健步跑活动，书写“绿色承诺、健康生活”的环保誓言，正式宣告平安人寿第十五届客户服务节欢乐启航。5~8月客服节期间，江苏寿险以“绿色承诺·平安启航”为主题，陆续开展健康专家巡讲、环保绿点子征集、少儿安全知识竞赛、家庭才艺比赛等精彩纷呈的活动，传播绿色理念，号召健康低碳生活，在江苏引起了巨大反响。

5月26日下午，江苏省南京市商务局会议室热情洋溢，近百位劳模代表和平安人寿、中国人寿等保险公司的代表济济一堂，共同出席了2010年度保险赠劳模活动表彰会议。平安人寿江苏分公司向市劳动模范赠送了百万保额的意外保险，向劳模送去了平安对他们的尊敬和关爱。

5月27日起，中国平安启用新司训——“诚信守法、简单务实；团结进取、迎难而上；追求卓越、服务领先；创造价值、回馈社会”。平安人寿江苏分公司积极推广，32个字成为15000余名内外勤员工口中的热点词语。

6月30日，平安人寿江苏分公司党委和工会联合组织的趣味运动会，在风景秀丽的莫愁湖精彩亮相。江苏寿险南京地区近四百名员工齐聚莫愁湖畔，一同上演了精彩的拔河、龙舟友谊赛，展示平安人“快乐工作，健康生活”的风貌，也为建党89周年献上一份充满趣味的贺礼。

7月5日，平安人寿江苏分公司经营管理平台评估工作启动会在南京召开。平安人寿副总经理兼东区事业部总经理刘小军、江苏分公司总经理谭宁、东区经营管理平台评估项目小组以及江苏分公司的百余名管理干部共同出席了本次会议。

8月3日，平安人寿江苏分公司将10多万元理赔款，转账送达了“7·28”南京爆燃事故受害人邵某家人的手中。这是江苏省保险业内赔出的第一笔关于该事故的寿险保单。

9月，由江苏省级机关法宣办、江苏保监局、人民银行南京分行、江苏银监局等部门领导组成的“五五”普法检查验收小组莅临平安人寿江苏分公司，对“五五”普法工作进行现场检查验收，高度评价了公司的普法工作。

9月，平安人寿江苏分公司首期《客户服务·江苏专刊》出版，从此正式拉开了“服务式营销”战役的帷幕。

9月15日，平安人寿江苏分公司第十二届精英高峰会在南京隆重举行。来自江苏全省的400余名寿险精英汇聚南京维景大酒店，接受了分公司最高的荣誉。江苏保监局局长谢宪、江苏分公司总经理谭宁出席了表彰大会，为全省高峰精英们庆贺成功，共同见证辉煌

3月，平安人寿江苏分公司的33名员工从南京奔赴上海，为员工家属慷慨奉献，无偿献血6200毫升，谱写了一曲感人肺腑的爱心赞歌。图为献血员工合影

时刻。

9月，平安人寿江苏分公司"群英荟萃、共话服务"主题辩论擂台赛在南京火热开展。辩论赛以P-STAR核心的服务理念和服务精神为主旨，围绕"电子化会降低客户忠诚度"、"应该不遗余力追求客户百分之百满意"、"提醒客户交费是公司的义务"等三个话题展开激烈辩论。

10月1日起，平安人寿江苏分公司金领移动展业新模式在江苏正式推广使用。移动展业销售模式是现代科技和保险销售的结合，它将无纸化、电子化的低碳环保理念付诸实践，成功搭建了一条高效、快捷的绿色生产线，开创了业内无纸化投保的先河，在国内乃至国际人寿保险销售领域均处于绝对领先地位。

10月15~16日，平安人寿江苏分公司2010年度BCP与DRP联合演习近日在长贸大厦成功举办。按照BCP手册本次演习模拟火灾"重度损害"的标准，分别进行了紧急疏散、资产清点、BCP决策会议、CALL TREE、搭建临时柜面、启用备援职场、DRP验证等各环节的演习。

10月21日，平安人寿江苏分公司在扬子江畔的苏宁威尼斯酒店举行第七届综合开拓全能明星表彰庆典，来自全省各机构的130名明星们济济一堂，交流综合金融开创性实践，表彰新兴金融发展中的优秀代表。

11月19日，平安人寿江苏分公司合唱团演出的《春天的故事》和《平安颂》在江苏保险业首届青年歌咏比赛中，喜获三等奖。

11月14日上午，平安人寿江苏分公司"吉星送宝"媒体见面会在南京成功举办。扬子晚报、现代快报、金陵晚报、江苏电视台、南京电视台等南京主流媒体悉数到场，与江苏寿险的1000余名业务代表及客户共同见证了"吉星送宝少儿两全保险(分红型)"的上市发布。

12月23日晚，平安人寿江苏分公司2010年度平安夜晚会隆重举行。平安人寿江苏分公司500余位同仁与来自产险、养老险、信托、证券、信用保证保险、健康险等兄弟机构的嘉宾相聚一堂，话亲情叙友情，共享了一年一度的快乐时光。江苏保监局副局长朱金渭及40余名保监局客人也出席了当天的盛会。

【重大承保】 被保人孟某于2010年3月22日投保平安人寿江苏分公司鑫盛+附加意外，人身险保额210万元，于2010年3月26日顺利承保。

被保人刘某于2010年4月1日投保平安人寿江苏分公司鑫盛+附加意外，人身险保额305万元，于2010年4月12日顺利承保。

被保人俞某于2010年5月12日投保智盈人生+智盈重疾+无忧意外+无忧医疗，人身险保额200万元，于2010年5月24日顺利承保。

被保人祝某于2010年7月1日投保平安人寿江苏分公司鑫盛+鑫盛重疾+附加意外+意外医疗，人身险保额200万元，于2010年7月26日顺利承保。

被保人祝某于2010年7月1日投保平安人寿江苏分公司鑫盛+鑫盛重疾+附加意外+意外医疗，人身险保额180万元，于2010年7月26日顺利承保。

被保人梅某于2010年7月8日投保平安人寿江苏分公司鑫盛+鑫盛重疾+附加意外+意外医疗+健享人生，人身险保额200万元，于2010年7月31日顺利承保。

被保人尤某于2010年9月16日投保平安人寿江苏分公司幸福+附加意外+意外医疗，人身险保额280万元，于2010年9月28日顺利承保。

被保人宋某于2010年10月15日投保平安人寿江苏分公司鑫盛+鑫盛重疾+附加意外+意外医疗，人身险保额330万元，于2010年10月27日顺利承保。

被保人圣某于2010年11月5日投保平安人寿江苏分公司鑫盛+鑫盛重疾+附加意外+意外医疗，人身险保额200万元，于2010年11月23日顺利承保。

被保人叶某于2010年11月8日投保平安人寿江苏分公司智盈人生+智盈重疾+无忧意外+无忧医疗+健享人生+住院日额+意外伤害，人身险保额991万元，于2010年12月30日顺利承保。

【重大赔付】 1月22日，平安人寿苏州分公司赔付被保险人唐某身故保险金33万余元。唐某于1998年12月22日在平安人寿苏州分公司为自己投保平安福寿两全保险(利差返还型)10万元、平安全福保本终身保险(利差返还型)20万元。2009年12月16日唐某乘坐汽车发生车祸身故。

2月9日，平安人寿江苏分公司赔付被保险人徐某身故保险金131万余元。徐某自1996年至2006年在平安人寿江苏分公司先后为自己投保平安全福保本终身保险(9906)4万元、平安附加万寿两全保险(9906)7万元、重大疾病保险4万元、平安康泰终身保险(甲)(9906)1万元、住院安心保险1档、平安智富人生终身寿险(万能型,A,2004)70万元、平安财富一生两全保险(分红型)7万元、平安世纪理财投资连结保险15.9万元。2009年11月6日徐某因胆

8月，平安人寿江苏分公司将10多万元理赔款，转账送达了"7.28南京爆燃事故"受害人邵某家人的手中。这是"7.28南京爆炸事故"中江苏省保险业内赔出的第一笔寿险保单

管癌身故。

2月9日，平安人寿江苏分公司赔付被保险人郑某重大疾病保险金35万余元。郑某于1997年5月28日在平安人寿江苏分公司为自己投保重大疾病保险5万元、住院医疗保险1份1档，2007年其配偶为其投保平安智富人生终身寿险（万能型，A，2004）100万元，附加智富人生提前给付重大疾病保险(A)30万元、附加住院日额医疗保险10份。2009年11月19日郑某确诊左肾透明细胞癌。

4月26日，平安人寿江苏分公司赔付被保险人范某身故保险金56万余元。范某于2001年12月7日在平安人寿江苏分公司为自己投保平安世纪理财投资连结保险19.3万元、附加意外伤害10万元，2006年2月21日投保平安康瑞终身重大疾病保险10万元、附加意外伤害保险(2004)1.2万元、平安钟爱一生养老年金保险(分红型)10万元。2010年3月17日范某因火灾意外身故。

6月4日，平安人寿江苏分公司赔付被保险人万某身故保险金34万余元。万某于1998年5月8日在平安人寿江苏分公司为自己投保平安福临门保险10万元。2010年5月2日万某因乳腺癌晚期服药中不慎呛咳，将药物呛入气管，窒息死亡。

6月18日，平安人寿江苏分公司赔付被保险人徐某身故保险金36万余元。庞某自1996年至2005年在平安人寿江苏分公司为其妻徐某先后投保递增养老年金保险4万元、平安康泰终身保险(甲，利差返还型)10万元、平安世纪理财投资连结保险21万元、平安个人住院费用医疗保险(2004)1份2档。2010年4月29日徐某因胃癌身故。

7月23日，平安人寿苏州分公司赔付被保险人任某身故保险金42万余元。任某于1999年8月17日在平安人寿苏州分公司为自己投保平安康泰终身保险(甲)(9906)2万元、附加万寿两全保险(9906)10万元，2000年7月14日投保平安祥福终身保险(A)(1999)1万元、附加重疾终身保险(2000)2万元、附加防癌终身保险(2000)2万元，2001年6月8日再次投保平安世纪理财投资连结保险33.3万元，同年7月19日又投保个人住院费用保险(99型)1份3档。2009年10月21日任某因肺癌身故。

8月6日，平安人寿江苏分公司在扣除保单贷款后赔付被保险人王某身故保险金47万余元。华某于1999年4月24日在平安人寿江苏分公司为其夫王某投保平安永福终身保险(利差返还型)10万元、平安附加定期保险(利差返还型)20万元。2010年3月王某因壶腹部癌术后复发伴广泛转移住院，同年7月28日身故。

8月19日，平安人寿江苏分公司赔付被保险人宋某身故保险金33万余元，并豁免保险费23万余元。宋某于2003年6月26日在平安人寿江苏分公司为自己投保平安常青树终身男性重大疾病保险(分红型)40万元。2010年7月12日宋某确诊左髋恶性肿瘤。

9月29日，平安人寿南通分公司赔付被保险人宋某身故保险金31万余元。宋某于2003年5月12日在平安人寿南通分公司为自己投保平安常青树终身男性重大疾病保险(分红型)10万元、附加意外伤害保险(2002)6.25万元，2004年3月13日再次投保平安鸿鑫终身寿险(分红型)5万元。2010年7月29日宋某乘坐汽车发生车祸身故。

**【对外交流】** 9月9日至11日，平安人寿江苏分公司在常州召开了“2010年平安人寿江苏分公司合作医院、医保中心沟通会”。本次会议邀请了55家主要合作医院医务处主任及各市医保中心负责人参会，旨在加强平安与医院、医保中心的沟通合作，共同提升商保客户管理水平。

**【公益活动】** 3月12日，平安人寿江苏分公司举办爱心公益无偿献血活动，29名平安同仁慷慨奉献，为江苏省血液中心献出了6700毫升鲜血。

3月13日，平安人寿江苏分公司的33名员工奔赴上海，为员工家属慷慨奉献，无偿献血6200毫升，谱写了一曲感人肺腑的爱心赞歌。

3月26日，江苏省徐州铜山县三堡镇新何村平安希望小学揭牌。这是中国平安在江苏捐建的第四所平安希望小学。中国平安共捐资30万元，用于学校的翻新和扩建。目前该学校占地21400平方米，拥有两座教学楼，15间教室，教职工34人，学生400余人。中国平安希望小学百万维护计划、“小桔灯图书馆计划”、“希望小学优秀教师奖励计划”等也将陆续落户该校。

7月28日，平安人寿江苏分公司26名内外勤员工聚集在江苏省血液中心，为来宁做手术的甘肃寿险苗克鑫的孩子无偿献血，累计献血4100毫升。

10月19日，平安人寿江苏分公司爱心马拉松捐助活动在分公司本部、泰州、扬州、镇江、徐州等地成功举办，晨会现场募得捐款11303.6元，将全部用于帮助已建成的众多平安希望小学改善办学条件和购买学习用品。

**【教育培训】** 7月，平安人寿江苏分公司举办前线经理精英培训班，前往济南寿险星光区进行交流学习，以提升前线业绩指标。通过观摩济南星光营业区的早会运作并参与星光营业区组训、区经理、济南本部经理分享会，与会人员对“晋升工程”和前线岗位的绩效达成有了更为直观而具体的认识。此次培训班再一次升华了平安人寿江苏分公司的前线经理对号角行动中推广和倡导的绩效管理、绩效文化的理解。

**【其他】** 1月，中共江苏省委组织部在南京召开了2009年度省部属企业、科研院所党建工作总结交流会。平安人寿江苏分公司在2009年强化党建工作、积极开展党群活动，党务工作取得了突出进步，光荣获评“2009年度省部属企业、科研院所党建工作进步奖”。

1月31日，2009年度中国南京商业价值榜年终盛典在南京举行。平安人寿江苏分公司凭借在江苏地区专业、诚信、便捷的保险保障服务，一举摘得了“最具公信力保险公司”。

3月，《扬子晚报》家庭保险理财评选活动圆满落幕。平安人寿江苏分公司凭借在江苏地区专业、诚信、便捷的保险服务，受到《扬子晚报》读者的广泛好评，一举荣获“百万读者最信赖的保险公司”。巨鼎营业区的业务主任徐毅冰

也摘得了《扬子晚报》“金牌理财师”的荣誉称号。

6月11日，江苏省工商局和南京消费者协会在华山饭店举行为64家名优企业发放“12315消费维权联络站和消费者协会维权服务站”牌匾仪式。平安人寿江苏分公司作为南京地区唯一一家金融保险服务企业，被授予“两站”称号，切实为南京消费者提供有效维权服务。

7月8~10日，“第七届中国保险精英圆桌大会暨2009中国保险年度人物颁奖典礼”在苏州隆重举行。本次盛会由苏州市人民政府和中国保险报共同主办，来自两岸四地近4000名保险行业的精英代表出席了盛典。会议期间还举行了“中国保险十大年度人物”及中国保险业“金圆桌奖”颁奖典礼，表彰了过去一年来中国保险业的精英代表。平安人寿江苏分公司商中选“恒信”团队、张志远大学生团队分别荣获了最佳“诚信经营”奖、最佳“卓越成就”奖，彰显了江苏寿险在组织发展和团队建设上的实力和优势。

11月，江苏省保险学会在南京召开了《江苏保险》2010年度工作总结会议，对学会所属的《江苏保险》杂志的投稿、组稿、编辑、发行等工作进行了回顾和总结。平安人寿江苏分公司在2010年的学会工作推动中，积极投递各类宣传稿件，支持和配合学会工作的开展，受到了充分的肯定和好评，荣获“优秀宣传奖”。

## 新华人寿保险股份有限公司江苏分公司

【概况】 2010年，新华人寿江苏分公司继续深入推广“新和谐”企业文化，围绕“和谐、价值、创新”理念，全体员工共同努力，实现以合规提管理、以风控促发展的目标。公司各项工作取得稳步提升，进一步夯实了发展基础，解决了制约公司发展的历史遗留问题，实现了均衡发展。

【经营业绩】 2010年，新华人寿江苏分公司总规模保费实现47.7亿元，同比增长33.9%，市场份额5.7%，市场排名第6位。个人营销新单实现规模保费3.7亿元；银代新单规模保费达成25.3亿元，同比增长37.4%，其中，期缴5.02亿元，市场份额11.3%，市场排名第三。续收业务规模保费18亿元。法人业务累计完成6210万元，其中短险4026万元。

【渠道建设】 营销绩优顺利升级，建立统一运营模式。借助总公司“明星俱乐部”之势，营销业务顺利完成绩优标准升级工作，并依托总公司四大营销体系，建立起同一节奏下的运营模式，强化基础管理建设和组织发展推动，新增、活动率等工作均取得有效提升。

银代队伍素质提升，渠道合作关系巩固。新华人寿江苏分公司一直着力打造银代队伍，逐渐形成新人班、提升班、营业部经理轮训班、督训技能提升班等八大培训体系，同时，公司通过多种方法巩固渠道合作关系，广泛开展联合业务竞赛，提升银保合作层次，主力渠道优势突显。

创新业务渠道发展势头良好。公司新成立财富管理业务渠道，2010年底全省新渠道累计人力达到79人，网点总数达到128个，成功建立南京本部、苏州、无锡和南通四个团队，稳步推进“高价值业务”、“高端客户”的“双高战略”，目标是培养“高忠诚度、高素质、高绩效”的“三高”团队。

【内部管控】 新华人寿江苏分公司在政府、公安机关、监管机关和总公司的大力支持和指导下，很好地解决了历史遗留问题。进一步强化了员工合规意识，提升了合规经营水平，收获很多：各级管理干部综合素质显著提升，对公司的忠诚和信心也明显增强。全省上下价值导向明确，思想高度统一。公司先后开展多项风险排查，不断完善业务流程、风险防范机制，内部审计、检查制度化。公司还吸取以往经验、教训，整体内部控制及风险管理水平取得明显提高，巩固和发展了十年来的创业成果。

【企业文化】 2010年，新华人寿江苏分公司进一步推广“新和谐”企业文化，围绕“和谐、价值、创新”，统一员工思想、文化和价值观。上半年，公司发起“树文化、强作风、提效率，为江苏新华大发展注入新动力”活动，唤起员工创新思维和激情，加强前后联动，提高工作效率，有效挖掘内勤团队的潜力。下发《新华人寿江苏分公司培训记录卡》，实行课时制管理，开辟“读书心得发表专栏”；开辟员工大讲堂，组织“回顾十年、畅想未来”征文和演讲比赛，组织“满园春色、活力新华——狂野大自然”户外体验活动，发起无偿献血活动，在江苏保监局举办的“唱响主旋律”歌咏比赛中荣获行业第一名。通过以上一系列举措建立起职工教育体系，丰富员工生活，营造健康和谐氛围，增强企业凝聚力和员工幸福感。

【履行社会责任】 新华人寿江苏分公司一直恪守“客户至上，以人为本”的经

江苏新华10年顶级荣誉表彰盛典

营理念，奉行“服务创造价值”的服务理念，不断完善服务平台建设，树立和强化全员服务意识，为客户提供便捷、温馨的服务体验。一站式综合服务柜台覆盖公司所有机构网点。95567 全国统一呼叫服务中心可以为全国客户提供统一规范的产品咨询、保单信息查询、投保人信息修改等服务。新华保险官网为全球客户提供在线服务；手机短信通知、慰问服务等电子化服务手段不断完善。续期客户服务专员队伍，为老客户提供一对一专业、周到的服务；同时，公司率先将半小时结案赔付金额从业内通行的 500 元提升至 1000 元，其中部分机构提升至 2000 元，大大缩短了客户理赔等待的时间。异地赔付全国通赔、理赔款提前支付以及小额简易快速理赔等理赔新举措，使公司的理赔服务更为透明和完善。“全球化人身风险服务管理方案”为新华保险客户提供如影随形的紧急救援服务。“一生温暖，五星守候”的理赔星级标准管理模式，为新华保险客户提供酒店式精细化专业理赔服务。

新华人寿何志光总裁在江苏分公司与员工座谈

【重大活动】 2 月，新华人寿江苏分公司开展全省印鉴自查工作。自查印章包括行政类公章、负责人名章、财务专用章、业务专用印章、日常工作用章、特种专用章等。

3 月 9 日，新华人寿董事长康典赴江苏分公司调研。

4 月 27 日，新华人寿江苏分公司举办十周年司庆系列活动之“回顾十年、畅想未来”演讲比赛。

7 月 1 日，新华人寿江苏分公司党委召开庆祝建党 89 周年暨优秀党员颁奖大会，全体党员、预备党员和积极分子参会，各级基层管理干部列席会议，各中支以视频方式参加。会议表彰了 2010 年优秀党员，新党员现场面对党旗进行入党宣誓。会上，党委书记、总经理陈玉龙作了讲话。中共南京市委党校管怀仁教授，讲了题为《学习十七届四中全会决定》的党课。

7 月 28 日，新华人寿江苏分公司“十年顶级荣誉盛典”表彰大会在北京人民大会堂举行，上半年取得优秀业绩的 300 多名营销和续期将士被表彰。总公司董事长康典和培训部总经理杨红梅参加了会议。

8 月 1 日，新华人寿江苏分公司按照总公司“新简易，新体验”理赔服务升级互动活动要求，结合江苏市场特点，将简易小额案件金额由原来的 500 元提升至 1000 元(连云港、扬州、淮安除外)，并增加配备扫描仪等硬件设备，确保更快更好开展理赔资料接收工作。

9 月 9–21 日，新华人寿江苏分公司配合总公司彩云项目子项目——安永内控服务项目推广工作，进行项目推广测试。安永内控服务项目推广工作主要是为了满足股东增资需要以及公司未来在 H 股、A 股上市的需要，同时有助于分公司各部门重新梳理业务流程，发现问题及时整改，保证各项业务合规经营。

10 月 19 日，在江苏保险业首届“唱响时代主旋律”青年歌咏比赛中，新华人寿江苏分公司荣获第一名。

11 月 1 日，新华人寿江苏分公司组织“树文化 强作风 提效率 为江苏新华大发展注入新动力”培训启动会，分公司各职能部门全体内勤参加会议。分公司总经理陈玉龙就此次活动的背景、目的及要求做了宣导，指出在公司大发展的前夜，全体员工必须统一思想，前后线高度一致，才能抓住机遇，为年末任务冲刺和明年实现开门红赢得先机。

11 月 1 日，新华人寿江苏分公司召开全体职工大会，进行第三届工会换届选举。选举结果如下：选举吴伟民同志担任本届工会主席、成燕同志任组织委员、高扬同志任宣传委员、杨华同志任文体委员、郝燕军同志任女工委员，同时产生第三届工会经费审查委员会委员 2 名，刘君同志任主任委员，华建同志任副主任委员。

11 月 9~14 日，金融系统反腐倡廉建设南京巡展在南京国展中心召开。11 月 11 日下午，新华人寿江苏分公司组织内勤员工及在宁培训的全省营销业务区经理共 200 余人参观了巡展，作为分公司“树文化、强作风、提效率”活动的一部分，给员工们上了一堂生动、形象、直观的思想教育课，为打造一支纪律严明、作风过硬的江苏新华员工队伍做出努力。

为积极响应全省“12.4”法制宣传日系列活动，进一步增强员工法律意识。11 月 10 日至 19 日，新华人寿江苏分公司组织全体员工参加第二届“万人学法”竞赛网上考试。12 月 4 日，选派 5 名员工参加第二届“万人学法”书面竞赛。

12 月 15 日，新华人寿江苏分公司 2011 年开门红宣传方案正式启动，全省 12 个地市的超过 30 辆公交车、150 块公交站牌同时发布开门红画面。“江苏新闻 937”与“江苏经典流行 975”两个覆盖全省的广播电台分别播放好利年年与红双喜的产品广告。

【重大承保】 1 月，客户蒋华娟投保新华人寿江苏分公司尊享人生险种，累计保额 202 万元，年交保费 100.3 万元。

1 月，客户狄爱英投保新华人寿江

苏分公司尊享人生险种，累计保额210万元，年交保费101.9万元。

2月，客户吴美华投保新华人寿江苏分公司银代产品红双喜A款，累计保额207万元，趸交保费180万元。

3月，客户蒋惠江投保新华人寿江苏分公司银代产品红双喜A款，累计保额287.5万元，趸交保费250万元。

11月，客户王瑛投保新华人寿江苏分公司银代产品红双喜A款，累计保额230万元，趸交保费200万元。

【重大赔付】 1月27日，新华人寿南通中心支公司赔付被保险人扈某身故保险金290.75万元，另加终了红利9.56万元。扈某曾于2004年至2006年期间先后4次投保红双喜A款险种，累计保费金额230万元。2009年12月9日扈某因突发脑溢血在南通人民医院抢救无效死亡。

5月26日，新华人寿苏州中心支公司赔付被保险人王某身故保险金44.28万元。王某于2009年3月19日投保"红双喜新C款两全保险（分红型）"2010年4月2日王某在驾驶轿车回家途中发生车祸，不幸身亡。

9月16日，新华人寿南京本部赔付被保险人钟某身故保险金36.36万元，另结算终了红利1.63万元。钟某于2003年、2004年分别购买"红双喜两全保险(分红型)(A款)"共4份，2010年8月9日，因服用治疗心脏病药物后感不适，自己打120被送至医院后抢救无效身故。死亡原因为重度药物中毒。

9月25日，新华人寿常州中心支公司赔付被保险人巢某身故保险金33万元。巢某于2010年2月27日投保"红双喜两全保险(A款)(分红型)"，2010年9月3日因胃癌不治身故。

【对外交流】 3月28日，新华人寿江苏分公司在《扬子晚报》全省版刊登了全彩整版广告，向全省发出"新华有缘人"召集令。

4月1日，新华人寿江苏分公司与江苏城市频道《万家灯火》栏目正式签约合作。

6月24日，交通银行总行私人金融部高级经理陈铭铭会同交行南京分行个人金融部高级经理樊晓江一行前往新华人寿江苏分公司调研，总经理陈玉龙、副总经理吴伟民参加会见，共商下半年度银保业务推动工作。

为响应江苏省保险学会和江苏省保险行业协会共同组织的全省《保险知识普及丛书》大赠送活动，新华人寿江苏分公司于9月27日和29日分别向南京理工大学经济管理学院以及公司驻地的洪武路街道武学园社区进行了《保险知识普及丛书》的赠送。此次赠书活动增强了公司和学校、社区的交流，也使得社会群众对保险行业的认识更加深入。

10月16日至18日，新华人寿江苏分公司财富业务联合华夏银行南京分行，举办首期"卓越展示"PTT培训班，双方单位40名学员参训。

新华人寿10周年司庆向南京工程高等职业学校地震班捐款

【公益活动】 4月28日，新华人寿江苏分公司召开"庆祝江苏分公司——十周年华诞主题晨会"，向来自南京工程高等职业学校的地震班孩子们捐赠了18480元的员工捐款。晨会上，分公司再次募集玉树地震善款14万元。

4月28日，新华人寿江苏分公司组织员工开展义务献血活动，共42名员工踊跃参与，献出近9000cc鲜血，用实际行动向社会奉献一份爱心。

4月29日，新华人寿江苏分公司参加中国扶贫基金会2010年全国贫困地区及"5·12"灾区学生六一关爱行动，捐赠现金5000元，为贫困地区及"5·12"灾区小学生购买书包、文具、及体育用品，再次体现新华人的爱心与社会责任。

5月11日，新华人寿镇江中心支公司员工陈俊在江苏省人民医院采集室捐献造血干细胞，挽救北京的一名白血病患者生命。

【教育培训】 2月2~3日，新华人寿江苏分公司在南京举办江苏新华2010年开门红绩优特训营，全省各机构75位学员参训。此次培训邀请了南京审计学院金融学院院长汪祖杰演讲。

4月1日，新华人寿江苏分公司召开"增强合规意识 明确从业责任"全体内勤员工合规知识视频培训，培训内容主要包括合规基础知识讲解、反洗钱及治理商业贿赂宣导。

在江苏省级机关第二届"万人学法"竞赛活动中，新华人寿江苏分公司荣获"先进单位"称号，成为江苏保险行业唯一一家获奖的保险公司。同时，在书面法律竞赛考试环节中，还有2名选手荣获了"先进个人"三等奖。

自5月起，新华人寿江苏分公司各部门全面推行读书制度，要求各部门负责人每季度为每位员工选赠1本书，并在部门会议上开设"读书心得分享专栏"。通过读书制度的建立，引领员工成长，建设学习型团队。

7月29日，新华人寿江苏分公司举办健康知识讲座。特邀请到南京瑜伽协会首席教练，江苏卫视《万家灯火》栏目特邀健康专家陈诚莅临现场授课。讲座内容包括愉悦饮食、健康运动，避免运动伤害等。通过举例、演示，帮助纠正员工日常工作中不良身姿，缓解脊背酸痛、肩周炎等疾病。

8 月 26 日，新华人寿江苏分公司组织本部员工参加员工培训大讲堂第二期——《快乐工作，快乐沟通》，培训使员工掌握了沟通的正确方法，学会了说话的艺术，了解了沟通障碍的处理方法，提升了人际交往的能力。

11 月 15 日，新华人寿江苏分公司特邀南京安居防火教育培训中心老师在分公司晨会上宣导安全防火知识。培训通过消防典型案例向员工讲解了构筑社会消防安全“防火墙”工程、加强社会单位消防安全“四个能力”建设、消除重大火灾隐患、预防重特大火灾事故的重要性，也讲述了在火灾发生时多种自救、逃生方式、消防设备的分类、使用、维护等等。

## 泰康人寿保险股份有限公司江苏分公司

**【概况】** 2010 年是泰康人寿江苏分公司实现快速发展的一年，全年实现规模保费 48.12 亿元，同比增长 49.55%，创下历史新高。2010 年，公司上下齐心协力、奋力拼搏，积极贯彻落实总公司新三年战略，应对复杂的市场竞争，超额达成了全年总体工作目标，营销标保实现了在系统内部、江苏市场的“双四”目标。

**【经营业绩】** 2010 年，泰康人寿江苏分公司实现总规模保费 48.12 亿元，其中营销业务标保 2.68 亿元；银行代理业务规模保费 35.63 亿元，其中期缴 2.93 亿元，年度任务达成率 73%；法人业务达成规模保费 1.83 亿元，其中，短险保费 6372 万元，交叉销售保费 1672 万元，年度任务达成率 129%；个险续期实收保费 7.27 亿元，计划达成率 112%；电话销售实现年化标保 1892 万元。

2010 年，公司积极贯彻总公司坚持以价值为导向，以营销为核心，发展大个险，建设大分公司；以客户为中心，基础管理、基础建设、专业化经营的新三年战略。

*开门红勇夺“开泰杯”铜奖* 泰康人寿江苏分公司在 2010 年的“开泰杯”竞赛中，实现总规模保费 18.26 亿元，同比增长 86%，竞赛达成率 149%，年度达成率 45%，个险三月收官创承保 5800 万元新高，银保提前 47 天达成规模目标，团险短 AB 单季保费过千万元，各条业务线全面达成“开泰杯”竞赛目标，荣获了总公司“开泰杯”业务竞赛总保费铜奖等 7 个团体奖项和优秀总经理奖等 7 个个人奖项，共计 14 个奖项。

*个险业务快速增长* 2010 年，泰康人寿江苏分公司个险新契约标保 2.68 亿元，系统排名由 2009 年第九位提升至第四位，在当地市场位列第四位，全省业务发展整体呈现快速增长态势。

*法人业务价值增长* 2010 年，法人业务狠抓风险管控，追求利益险种，各项指标提升明显，短险、短 AB、交叉 AB 均超额达成全年计划任务，市场地位稳步提升，效益型险种非健康险近三年持续保持 80%以上的同比增长。

*银保业务突飞猛进* 2010 年，公司银保业务坚定“以期缴为核心、强化组织发展与基础建设、做大规模确保市场份额”为指导思想，着力价值经营，统筹规划，积极推动，规模保费提前三个月完成全年目标，期交业务成倍增长，取得了高速发展。

*电销业务发展加快* 电销中心坚持“加强基础、加快发展”的指导思想，以业务发展、组织发展、基础管理为工作重点，落实“组织发展驱动业务发展”的增长方式，建立了一支 150 人的在线销售队伍，月度保费登上 250 万元平台，全年业务规模较去年增长 5.3 倍，业绩持续保持南京市场第一。星级队伍建设初见成效，两人暂入围总公司世纪圣典。

**【渠道建设】** 2010 年，泰康人寿江苏分公司渠道管理部大力发展渠道业务，明确渠道发展方向，制定渠道发展举措，各项保费指标均提升明显，同时严格按照保监会监管要求推行系统出单，7 月底全面完成借款人意险“信保通”系统上线及培训工作，电脑联网，实时管理，保证保单的原始信息实时进入公司的核心业务承保系统；9 月协调总分公司各部门完善中介操作流程及制度，业务发展、风险管控两不误。

**【内部管控】** 2010 年，泰康人寿江苏分公司加强内控体系建设，强化合规培训，实施全面“普法”工作：4 月，开展“法规学习成长月”活动，组织全省内勤、团银外勤学习相关法律、法规知识。全省内外勤在这次学习中，收获颇丰，泰康人寿江苏分公司也荣获全系统“优秀组织奖”。

5 月和 10 月组织开展反洗钱宣传月活动，利用易拉宝、横幅、展板、电子屏、网络平台、短信等多种宣传形式，向公司的广大客户、内外勤伙伴宣传反洗钱知识。在中国人民银行泰州市中心支行举办的泰州市金融机构反洗钱知识竞赛中，泰州中心支公司荣获团体三等奖，在所有 32 家参加竞赛的保险公司中，名列第三位。

在抓好基础工作的同时，泰康人寿江苏分公司内控合规部还加强风险监控，全年共向全省发出风险提示 6 份，有效防范和化解了公司经营中存在的风险隐患，为公司经营发展保驾护航。

**【企业文化】** 2010 年，公司结合行业特点和发展需求，开展了一系列企业文化建设，提升了员工的凝聚力与向心力。

*员工摄影初级培训班* 2 月 26 日，泰康人寿江苏分公司员工摄影初级培训班首次授课，江苏分公司总经理王辉等公司领导以及来自各部门员工近 40 人参加了培训。摄影初级培训班是 2010 年江苏分公司工会组织的一项面向全体员工的活动，旨在丰富员工 8 小时外业余生活，提高个人摄影兴趣及水平。课程为期 4 个月，分为器材常识、摄影技巧、作品赏析、后期处理等 8 次授课以及 3 次户外采风。

*春季公益植树踏青* 3 月 19 日至 20 日，泰康人寿江苏分公司组织内勤员工前往江南名城常熟，开展 2010 年春季公益植树踏青活动。19 日下午，大家首先前往隆力奇生物工业园参观了洗化日用品生产线以及隆力奇生物科

5月25日，泰康人寿江苏分公司与扬州市邗江区瓜洲镇签约城乡共建

技研究中心。3月20日，在虞山公园开展了春季植树活动，随后赴全国爱国主义教育示范基地——沙家浜进行了革命传统教育。

健康生活倡环保绿色骑行　10月17日，泰康人寿江苏分公司开展了一场“喜迎青奥看新城　健康生活倡环保”的绿色骑行户外活动。来自分公司本部的四十多名工会会员从南京河西中央公园出发，经中国绿化博览园跨越长江，到达江心洲环岛骑行。

【获奖】　9月，泰康人寿江苏分公司获江苏省平安金融创建领导小组颁发江苏省平安金融(单位)。

11月，泰康人寿江苏分公司获“江苏保险业首届青年歌咏比赛”优秀奖。

12月，泰康人寿江苏分公司获得江苏省精神文明建设指导委员会颁发的“2007~2009年度江苏省精神文明建设工作先进单位”荣誉称号。

【履行社会责任】　保险宣传进校园　1月11日，由泰康人寿江苏分公司捐赠的南京市宁海中学分校校刊《百川》杂志首发。杂志定期出版，为宁海分校师生教学相长的交流平台，公司则利用每期校刊的专栏刊发公司品牌及产品新闻，同时开设保险小知识、保险超市等公益教育子栏目，依托校刊与学校合作开展各种形式的保险宣传活动，积极实践保监会“保险进学校、进社区、进农村”的要求，普及保险知识、提升公众保险意识。

“情系玉树　泰康有情”赈灾捐款　4月21日，泰康人寿江苏分公司全省开展了“情系玉树　泰康有情”员工赈灾捐款主题活动。截至4月28日下午，江苏分公司员工捐款总数已达到167638.6元。4月29日上午，江苏分公司工会副主席张震代表公司将这笔善款专程送到了江苏省慈善总会。

城乡签约共建文明　5月25日，泰康人寿江苏分公司与扬州市邗江区瓜洲镇进行签约城乡共建，签约仪式上，江苏分公司向扬州市邗江区瓜洲镇冻青村等捐赠“泰康图书室”5间，惠农小网吧电脑1台。还向瓜洲镇50名孤寡老人每人捐赠了66000元的人身意外保险，总保额330万，解决了诸多困难群体的后顾之忧。未来，江苏分公司将与瓜洲镇多方合作，共同促进经济社会发展。

捐赠爱心图书室　9月13日，泰康人寿江苏分公司携手南京市鼓楼区教育局在宁海中学分校举办了“泰康人寿向鼓楼区学校捐赠爱心图书室”仪式。仪式上，分公司向鼓楼区三所学校捐赠了《医患对话丛书》、《保险教育丛书》以及7万元图书经费用于挂牌三所泰康图书室。江苏省文明办主任助理刘福清、江苏保监局人教处处长王宝敏、南京市鼓楼区副区长冯雯兰、江苏分公司总经理王辉，受捐学校校长及近两百名师生代表参加了仪式。

【党建工作开展】　5月28日，泰康人寿江苏分公司本部党支部的42位党员挂牌上岗。“党员示范岗”在全省各中支党支部进行推广。

7月1日上午，为庆祝中国共产党成立八十九周年，泰州中支党支部组织现有党员，到中国人民解放军海军诞生地纪念馆，进行了重温入党誓词、党员座谈、发党员贺卡一系列活动。在泰康人寿江苏分公司党委的正确指引下，上下一心，团结一致，发挥一个党员一面旗的骨干作用，影响和带领全辖伙伴努力工作，形成各系列全力进行业务冲刺、后援系列全力做好保障的良好局面。

【重大活动】　1月中旬，江苏省关工委副主任沙仁林等一行四人，在盐城东台市关心下一代工作委员会主任陆树瑧、周森等领导的陪同下，视察了位于盐城富安镇的“泰康德育学校”、“泰康爱心书屋”，并给予了高度评价。

1月15~16日，泰康人寿江苏分公司在南京九龙湖宾馆召开了2010年计划工作会暨2009年度表彰大会。分公司总经理室成员等160多人参加了本次大会。

2月22~23日，泰康人寿江苏分公司在扬州会议中心召开江苏分公司明星俱乐部表彰暨2010年开泰杯“千军万件”誓师大会。会议对荣获总公司泰康杯的32位伙伴、世纪圣典的14位伙伴以及杰出营业部组、2009年度保费王汤慧芳、年度件数王赵兰艳、年度新人王吴伯华和年度增员王许锡妹进行了表彰，同时针对春节市场经营进行了部署。

3月1日开始，作为江苏六家保险公司的代表之一，泰康人寿江苏分公司在全省开展持续一年，主题为“关注您的保险保障　关注您的保险保单”的人身保险个人保单信息有奖查询活动。

5月6日，泰康人寿财富人生终身年金保险(分红型)”上市新闻发布会通过高清视频系统在全国32家分公司同时展开，别具一格的发布形式、优质创新的产品内容受到参会媒体、与会客户的交口称赞。在江苏发布会现场，共有《扬子晚报》、《金陵晚报》、《南京晨报》、《南京日报》等15家媒体到会采访报道。

6月17日，泰康人寿江苏分公司银保部与交通银行江苏省分行联合召开FIC项目启动大会。会上，交行江苏省分行个金部和泰康人寿江苏分公司银保部联合向与会人员介绍了FIC项目，并针对相关业务进行了推荐。

7月26~27日，泰康人寿江苏分公司在南京召开2010年年中工作会议。大会全面传达了总公司2010年年中工作会议精神，总结了分公司上半年经营状况，对下半年工作及新三年的工作进行部署和规划。

8月29日上午，泰康人寿江苏分公司向“伊春空难”事件中一位江苏籍遇难客户家属支付50万元理赔款。

9月5~6日，泰康人寿董事长陈东升赴江苏分公司视察指导工作。在江苏期间，陈东升专程参加了江苏分公司“季度明星俱乐部表彰大会”，并深入分公司后援职场、新生活广场、电话中心、电销中心等一线部门调研指导，与机构负责人及经理座谈交流。

10月29日，泰康人寿总裁刘经纶赴江苏分公司视察指导工作。在专题汇报会上，刘经纶详细听取分公司工作汇报，了解了个、团、银、续、电等业务线的发展情况。同时，结合总公司的战略规划，对分公司下阶段的工作进行了指导，个险事业部总经理何承周陪同视察。

【重大承保】 1月，泰康人寿江苏分公司与南京锦湖轮胎有限公司签署了员工福利保障合作协议，为其2302位员工及163位子女提供了意外伤害、补充门急诊、补充住院等综合福利保障，此项目总规模保费为94.75万元。

3月，泰康人寿江苏分公司与江苏省信用合作联社共同开发借款人意外伤害系统，该系统在2010年6月份试运行，2010年7月1日正式运行，当年度通过该系统与各地的信用联社合作借款人意外伤害保险，共为7631位借款人，合计提供了8.8亿总保额的意外伤害保障，实现保费收入202.57万元，该项目的启动为与江苏省内其他联社的合作打下了基础。

【重大赔付】 6月10日，泰康人寿江苏分公司赔付被保险人曹先生身故受益人身故保险金71万余元。曹先生，私营业主，2009年4月和6月，曹先生为自己投保了泰康“金满仓”两全保险(分红型)，年缴保费50万元，缴费期限5年。6月9日呕血送医院就诊，因上呼吸道大出血，呼吸循环衰竭导致身故。

10月14日，泰康人寿江苏分公司赔付被保险人钟女士身故受益人身故保险金133万余元。钟女士，商人，2005年5月、12月，钟女士分别为其本人投保了泰康“安享人生”两全保险、泰康“恒泰保证年金”保险，年缴保费11万元，缴费期限15年。今年8月12日因药物中毒、心源性休克，经抢救无效不幸身故。

10月7日，泰康人寿江苏分公司工会开展了一场“喜迎青奥看新城 健康生活 倡环保”的绿色骑行户外活动

【教育培训】 2010年，泰康人寿江苏分公司共举办了四期龙蟠战略系列新进内勤员工培训班，共培训新进员工196人；举办了两期龙蟠战略系列优秀基层主管培训班，共培训79位优秀基层主管；举办了一期校园招聘衔接培训，共有36人参加了培训；同时举办了一期广播体操领操员培训，共有20人参加了培训。

2010年，泰康人寿江苏分公司与大光路派出所携手开展警民共建文明活动。4月23日下午，公司的理财讲师为大光路派出所的警官们带来一场别开生面、形式新颖《家庭理财知识讲座》，辅导大家如何投资理财。8月19日，泰康人寿江苏分公司工会的代表来到南京市白下区大光路派出所，为值勤民警送去了清凉饮料。

## 美国友邦保险有限公司江苏分公司

【概况】 2010年，美国友邦保险江苏分公司按照集团总部和中国区总部的发展战略和总要求，坚持依法合规经营，通过多元的营销渠道，创新的产品，高效的服务，强大的后援，提升了核心竞争力，确保了业务的平稳运行，并取得了稳健的市场表现。截至2010年底，公司设有1家中心支公司及26家营销服务部，业务范围遍及南京、苏州、南通、徐州、无锡、泰州、常州和扬州8个城市。公司拥有内勤员工438人，其中本科及以上学历占比56.6%；营销员2726人，持证率100%。

【经营业绩】 2010年，美国友邦保险江苏分公司实现保费收入48821万元，同比增长22.72%。个人代理仍然是公司保费收入的主要销售渠道，2010年，个人代理保费收入35680万元，同比增长30.4%；银行保险渠道保费收入11913万元；其他渠道保费收入1228万元。2010年的总保费收入中，保障性保险的保费收入20593万元，同比增长30%，体现了友邦江苏执行公司一贯注重业务品质的经营理念，进一步强化“回归保险保障根本”的经营思路。同时，在新业务价值领域，友邦保险江苏分公司实现了39%的的快速增长，这标志着友邦保险江苏分公司，乃至友邦中国并不单纯注重保费的增长，而是更专注于提升保单内含价值，以确保企业的盈利能力，致力于为股东和客户创造价值，确保企业的可持续性发展。

友邦始终致力于健康盈利和可持续的发展模式，并以此为基础，积极执行寿险行业“调结构、防风险、稳增长”的要求，进一步优化调整产品结构，并取得成效。2010年，友邦新增11个险种，包括：《友邦全佑一生“五合一”疾病保险》、《友邦附加添馨女性疾病保险》、《友邦康悦重大疾病保险计划》、《友邦附加添益少儿综合住院II医疗保险》、《友邦金喜多多年金保险计划》、《友邦金喜洋洋年金保险计划》、《友邦金瑞年金保险》、《友邦金色年华II年金保险计划》、《友邦聚宝盆II两全保险（分红型）》、《友邦乐游神州网络特惠意外伤害保险》、《友邦海外风情网络特惠意外伤害保险》；停售3个险种，包括：《友邦附加添益少儿综合住院医疗保险》、《友邦聚宝盆两全保险(分红型)》、《附加职业伤害每日给付团体收入保障》。

【渠道建设】 2010年，友邦积极寻求发展机会，主动改变和创新。友邦继续坚持建立具备足够规模的强大的销售队伍，以个人营销渠道作为主要销售渠道，以银保作为辅助渠道，同时实施多元交叉渠道开发战略开拓团险、电话营销、电子商务等综合渠道。借助产品说明会、客户答谢会等方式多层次拓展业务。

个人营销　作为中国保险营销员制度的“引入者”，友邦积极响应保监会关于“提升营销员团队素质，推进营销员体制创新发展”的精神，精心推进营销团队改革计划。此项计划旨在通过深入巩固营销员制度的根基，提升队伍的稳定性和生产力。通过“稳定队伍，提升素质，创新模式”，构建一个收入与业绩挂钩、基本保障健全、合法规范、渠道多元、充满活力的保险销售新体系，同时也造就一支职业品行良好、专业素质较高、服务全面升级、可持续发展的保险营销队伍。

银保　公司成功推广了客户提升计划训练营销模式，通过对银行销售人员的保险销售观念、销售习惯、销售技巧的培训，有效提升银行销售人员的厅堂销售技能和产能，获得银行方面的赞誉。

团险　公司推出友邦环球精英团体医疗险，为企业高管提供了全方位的保障与服务，除此之外，结合SOS海外急难救助与第三方理赔直付服务的优势，公司力争为被保险人提供更人性化及便利的服务。

电话营销　公司开拓了更广泛的兼业合作渠道，尝试与相关企业进行合作洽谈，针对特定客户资源，进行精准化电话营销。

【内部管控】 2010年，美国友邦保险江苏分公司在严格遵循监管工作方向、遵照公司总部工作要求的基础上，结合公司实际经营和风险状况，继续加强内部控制的制度建设和执行，取得了一定成效。除反洗钱、监管法规培训、差异分析和整改措施跟进、内控评估等固定工作外，合规部在2010年重点加强了对银保渠道合规管理、分支机构管理等方面的工作；管理方式更多地采用现场检查的方式，积极深入各分支机构、各部门，做到全程参与和管控。这一年，合规部更加注重各项制度的实际执行情况，保证公司各项制度的严格贯彻执行。

2010年，友邦保险江苏分公司配合总部完成了一次内部审计工作，审计内容包括营销员证照管理，招募及产品说明会等营销活动的管理，分支机构精简计划的管理；现金保费收取，公章管理等方面。

2010年，友邦保险江苏分公司未发生重大风险、事故和诉讼案件。

【企业文化】 对于公司的管理队伍，友邦保险江苏分公司倡导“公平”、“公正”、“透明”、“客观”的管理风气建设。公平是指公平的人才发展空间及利益回报；公正是以绩效为导向，以执行力为抓手建立公正的评估体系，杜绝务虚不务实的作风；透明是透明的绩效追踪系统，开放直接的沟通机制，做到政策、制度、考核高度透明化；客观是以市场实际状况为依据，以资源投入为衡量，制定发展目标并高度配合友邦中国整体发展要求。

对于所有内外勤队伍，友邦保险江苏分公司倡导“开放与直率”、“以客户为中心”、“以人为本”、“绩效导向”、“好学”的企业文化，建立“诚信”、“谦虚”、“互信”、“互相尊重”、“公平公正”的核心价值观。开放与直率给予员工和管理者更多平等和自由的直接沟通机会；以客户为中心是友邦的服务之本，为客户提供优质的保险服务是公司持久发展的根本保障；以人为本体现了公司珍视每一位员工的辛勤付出，体现了公司重视人才的培养，重视营销队伍建设的理念，公司鼓励员工自我创造，做到专于业务、精于修身；绩效导向是明确的绩

3月13日，友邦保险江苏分公司携手江苏电视台少儿频道，在南京举办“共植青奥林”活动

效考核制度，让每一位员工拥有"奖惩有制"的公正发展空间；好学是指公司给予每一位员工丰富全面的培训课程，并激励员工通过多种方式进行自我提升，不断进取。

【履行社会责任】 友邦保险江苏分公司自2002年来，一直积极回报社会、奉献爱心。除通过保险为广大市民提供保障外，积极投入社会公益活动，每年都在资助病残、孤儿、孤老、支援灾区等解困济贫的社会慈善和民政事业上贡献自己的一份力量。

2010年1月，为帮助改善民工子女学习环境，友邦保险捐赠价值10万元的图书，在南京七桥小学成立"友邦爱心图书馆"。携手江苏省儿童少年福利基金会、《现代快报》以及爱心企业，发起慈善爱心拍卖公益活动，所有筹集的善款用于资助南京七桥小学品学兼优的贫困学童赴上海参观世博会。4月，为援助我国西南地区的抗旱救灾工作，美国友邦保险江苏分公司在员工和营销员中发起了"每人捐出一箱水，友邦甘露送旱区"的募捐活动。并在苏州举办了名为"甘露行动　爱心捐赠"的现场活动，现场募集善款约4万元。6月，友邦江苏南通营销服务部继续向南通盲校盲人足球队捐助2万元善款，改善其生活、运动条件，激励其自强不息的奋斗精神；徐州营销服务部员工前往当地社区服务中心向小朋友捐助图书；无锡营销服务部志愿者也前往当地福利院，与福利院的小朋友共度"六一节"，奉献爱与关怀。11月，友邦江苏南通营销服务部向南通市红十字会"红十字希望之星"助学项目捐款1万元，用于资助南通地区3位品学兼优的贫困学子完成学业。12月，在友邦江苏苏州中心支公司成立8周年之际，为了帮助身患白血病无钱医治的秦露雨小朋友，友邦苏州内、外勤同仁在10天时间内筹集到4万余元善款，汇同公司捐款合计约6万余元。

【重大活动】 4月18日，美国友邦保险江苏分公司南京营销服务部在北京东路4号江苏广电城大厦举行了面向广大市民的开放日活动。透过实体参观、专题介绍、培训体验、专场讲座、产品发布等一系列活动，为市民提供近距离接触保险，了解保险的机会，并让所有参与者身临其境地体会友邦保险的企业文化，以一个普通人的视角审视和体验真实的保险生活。

8月10日，友邦保险江苏分公司携手江苏儿童少年福利基金会，组织南京七桥小学品学兼优的贫困学童赴上海参观世博会

7月1日，美国友邦保险江苏分公司推出全佑一生"五合一"疾病保险。该产品集重大疾病保障、疾病终末期阶段保险金、老年长期护理保险金、全残保险金及身故保险金于一体，投保年龄为18至55周岁，可以终身提供保障。

9月5日，友邦保险在苏州主办"2010年第二届高端财富论坛"系列讲座。汇添富基金首席投资理财师刘建位作了题为《通胀预期下的中国式家庭理财》的专题演讲。

【重大承保】 2月23日，友邦保险苏州客户宋女士投保"金喜洋洋年金保险（分红型）"，期缴保费206429元，总保费1651432元。

5月29日，友邦保险南京客户蔡女士投保银保通产品"赢利宝两全保险（分红型）"，趸缴保费1351500元。

7月21日，友邦保险苏州客户方先生投保"长青树终身寿险（分红型）"，保额500万元，期缴保费260000元，总保费3120000元。

11月19日，友邦保险苏州客户（瑞典籍）FILIP投保"安益意外伤害保险"，保额1000万，保费27088元。

【重大赔付】 4月21日，美国友邦保险江苏分公司苏州中心支公司赔付被保险人田某之父疾病身故金51万元。被保险人田某，某公司内勤，2004年7月29日投保"友邦智尊宝终身寿险"，年缴保费10000元，2010年3月20日，被保险人因乳癌身故。

4月23日，美国友邦保险江苏分公司苏州中心支公司赔付被保险人胡某之妻疾病身故金10万元。被保险人胡某，某公司业务经理，2006年12月20日投保"守御神重大疾病保险"，年缴保费3270元，2010年3月3日，被保险人因肝功能衰竭身故。

5月7日，美国友邦保险江苏分公司苏州中心支公司赔付被保险人夏某之妻意外身故金40万元。被保险人夏某，公司模板工，2009年3月2日投保"友邦综合个人意外伤害保险"，年缴保费3075元，2010年2月14日，被保险人因围墙倒塌致胸腹腔创伤死亡。

6月2日，美国友邦保险江苏分公司苏州中心支公司赔付被保险人陈某之妻意外身故金10万元。被保险人陈某，某公司内勤，2008年7月29日投保"年年红二十年两全保险附加定期寿险"，年缴保费2802元，2010年5月11日，被保险人因车祸身故。

【公益活动】 1月19日，美国友邦保险江苏分公司在南京七桥小学成立"友

9月5日，友邦保险在苏州主办“2010年第二届高端财富论坛”系列讲座

邦爱心图书馆”并举行揭牌仪式，捐赠价值10万元的图书，帮助改善民工子女学习环境。江苏省儿基会负责人，市、区级妇联、教委和友邦保险中国区首席执行官蔡强、美国友邦保险江苏分公司总经理沈子昌，出席该仪式。沈子昌总经理被授予“南京七桥小学名誉校长”荣誉称号。

3月13日，在南京成功获得世界青奥会承办权之际，美国友邦保险江苏分公司在植树节来临前夕，以实际行动履行自身的企业社会责任，同时邀请员工、营销员和客户共同感受“节能减排”和“绿色环保、低碳生活”理念。友邦保险江苏分公司南京营销服务部携手江苏电视台少儿频道，在南京共同举办“共植青奥林”活动。

4月8日，为援助我国西南地区的抗旱救灾工作，美国友邦保险江苏分公司在员工和营销员中发起了“每人捐出一箱水，友邦甘露送旱区”的募捐活动。并在苏州举办了名为“甘露行动　爱心捐赠”的现场活动，现场募集善款约4万元。

6月1日，美国友邦保险江苏分公司徐州营销服务部员工，前往当地社区服务中心向小朋友捐助图书。无锡营销服务部志愿者也前往当地福利院，与福利院的小朋友共度“六一节”，以体现社会关爱。

6月，美国友邦保险江苏分公司南通营销服务部向南通盲校盲人足球队捐助2万元善款，改善其生活、运动条件，激励其自强不息的奋斗精神。

7月10日，美国友邦保险江苏分公司携手江苏儿基会、《现代快报》以及爱心企业南京凡德、南京宝莱纳，共同发起“聚你我的爱心　为慈善的力量——慈善爱心拍卖，和谐世博之旅”公益活动。透过企业捐献拍品，进行慈善拍卖的方式，筹集善款资助民工子弟学校的优秀学生走进世博园。现场募集善款全部用于南京七桥小学贫困学童赴上海参观世博会。

8月10日，美国友邦保险江苏分公司携手江苏儿童少年福利基金会，组织南京七桥小学品学兼优的贫困学童赴上海参观世博会。

11月，美国友邦保险江苏分公司南通营销服务部向南通市红十字会“红十字希望之星”助学项目捐款1万元，用于资助南通地区3位品学兼优的贫困学子完成学业。友邦保险南通志愿者与南通市特殊教育中心、南通市红十字会、共同参与了此次活动，看望了友邦保险此前一直捐助的南通市特殊教育中心的两名贫困学生和其他三位来自不同学校的贫困学生。

12月12日，“美国友邦保险江苏分公司苏州中心支公司8周年庆——儿童嘉年华日”大型活动在苏州科文中心隆重举办，友邦伙伴与现场近300个苏州市民家庭参加本次活动。活动现场，江苏分公司总经理沈子昌将公司及员工捐赠的6万余元，通过苏州市红十字会捐给患儿秦某家属。

## 太平人寿保险有限公司江苏分公司

【概况】　太平人寿江苏分公司成立于2003年7月3日。截至2010年底，已在省内13个地市开设2家分公司、11家中支和48家四级机构，服务网络覆盖全省各地级市，并逐步向县域机构延伸。公司拥有内勤员工1253人，其中本科及以上学历占比42%；营销员2586人，持证率100%。

【经营业绩】　2010年，太平人寿江苏分公司总保费28.68亿元，较上年增长37.51%。各渠道的业务平台均取得了较快发展，个险保费收入754.65万元，较上年增长54.67%；银保实现保费收入1970.52万元，较上年增长33.16%；共计赔付1.47亿元。

【渠道建设】　2010年，太平人寿江苏分公司加强结构调整、转变发展方式，发展保障型、储蓄型、期缴型产品，增强保险保障功能。建立健全投连和万能产品销售资格和销售行为管理制度，进一步加大力度发展长期业务、期缴业务，注重产品的保障功能。坚持客观看待保费规模和市场份额增长指标，从规模、保障、结构、品质四个方面构筑不断完善结构调整的评价指标，综合评估结构调整的成效。

【内部管控】　太平人寿江苏分公司按照“高效整改、规范运作、文化渗透、保障发展”的总体思路开展合规工作，坚持以合规文化建设为核心，同时不断加强内控制度建设，坚持用制度来规范、约束员工的日常行为，以机制保障合规管理的有效性和约束力。

2010年，太平人寿江苏分公司通过建立合规例会制度、建立合规简报、规范合规信息报送、推进稽核整改追踪机制、做好两项风险评估、巩固和深化反洗钱、建设合规文化等一系列工作，“合规人人有责”、“主动合规”等合规理念已由表及里、由浅入深渗透到每位员工的日常工作中。分公司严厉打击“三假”、小金库等违法违规行为，切实履行反洗钱义务，着力加强对违规销售行为的防范、监督和查处，有效控制了经营风险。

【企业文化】 太平人寿江苏分公司着力培养"快乐、友好、合作、分享"的企业文化，通过组织开展全省内勤员工进行"2010，我们相依相随"主题演讲、分公司合理化建议征文、分公司员工扑克牌比赛、歌咏比赛、送温暖活动，员工春游、秋游、庆生会、羽毛球、篮球、晨练等一些列活动，加强企业文化建设，增强公司凝聚力。

【社会责任】 太平人寿江苏分公司在实现自身的经济效益的同时，不断增加对利益相关者的关怀，致力于建立企业与员工、客户等之间的和谐关系，为公司创造良好的外部发展环境。

太平人寿江苏分公司积极组织公益服务活动。"3·15"期间，通过社区宣传、广场宣传咨询服务活动，宣传保险法，讲解保险知识，提供维权的通道和平台，提升公司服务质量，树立良好的服务形象；8月25日，太平人寿扬州中心支公司组织全体员工发起"甘肃舟曲特大泥石流灾害献爱心"募捐活动，捐款共计8000元；11月8日，太平人寿南通中心支公司举办了"和谐南通，情暖老区"的慈善基金募集活动，为构建和谐江苏奉献了自己的力量。

【党建工作开展】 太平人寿江苏分公司在集团和总公司党委领导下，坚持党在企业的政治核心地位不变，认真贯彻落实党的十七大和十七届三中、四中全会精神，以邓小平理论和"三个代表"重要思想为指导，全党同志积极坚持从严律己。通过对全体党员开展创先争优的党性教育，通过党与群众的密切联系，在全省范围内形成了创先争优的良好氛围，全省党员、骨干员工、积极分子们对党的认识有了进一步提高。

太平人寿江苏分公司致力于加强党的基层组织建设。按照集团"把业务骨干发展成党员，把党员培养成业务骨干"的党建工作方针，通过加强学习党委有关文件、结合单位实际细化创先争优标准、发挥先进党员模范带头作用等一系列工作，不断扩大入党积极分子的培养，培养党的后备干部，不断壮大基层队伍力量。

【重大活动】 2月8日，太平财富定投两全保险（分红型）上市。

1月1日至12月31日，太平人寿江苏分公司开展人身保险个人保单信息有奖查询活动。

3月31日，太平人寿总经理郑荣禄出席江苏分公司2010年个险一季度三星表彰大会暨4月份主管季度轮训大会。其间，郑荣禄总经理听取了全省各级机构负责人的工作汇报，并对江苏分公司一季度的工作成绩表示了肯定。

5月14日，中国太平保险集团系统党建工作研讨会在扬州召开。研讨会期间，中国太平保险集团党委书记、董事长林帆率集团、集团各子公司领导，及参会的分公司、中心支公司相关人员一行30余人，在江苏分公司党委书记张立辉、扬州中心支公司党支部书记吴博的陪同下到扬州中支视察指导基层党建工作。

5月27日，太平人寿董事会荣誉宴在南京索菲特钟山高尔夫酒店隆重举行。中国太平保险集团公司董事长林帆、中国太平保险集团公司总经理、太平人寿保险有限公司董事长宋曙光，富通集团董事长 Mr.JozefG.De Mey 以及集团的董事、监事、太平人寿总经理郑荣禄等领导出席了本次荣誉宴。江苏保监局局长谢宪、江苏保监局人身险处处长蒋正忠也应邀出席了本次荣誉宴。

7月，太平人寿江苏分公司为加强公司文化建设，丰富员工业余生活，提升员工知识储备和综合素质，在分公司"员工之家"完善书架管理，建立了员工图书室。

8月1日至9月30日，太平人寿江苏分公司为加强代理人服务意识，进一步提高服务水平，提高客户满意度，举办"保险之星"评选活动。活动通过邀请新老客户填写"保险之星"评选选票，检验代理人服务水平，并为提供更好的服务提供依据。

9月15日，太平人寿通州支公司正式开业。

10月28日，太平人寿助理总经理傅文胜携总公司保费部经理黄晓东赴江苏分公司保费部指导工作，其间同保费部同事进行了亲切交流。

12月24日，太平人寿广陵支公司正式开业。

【重大承保】 2月21日，无锡客户严某投保太平人寿福寿连连险种，年缴保费30万余元。

3月3日，无锡客户王某投保太平人寿福寿连连险种，年缴保费58万余元。

3月25日，无锡客户冯某投保太平人寿福寿连连险种，年缴保费28万余元。

4月23日，南通客户胡某投保太平人寿财富定投险种，年缴保费30万余元。

5月19日，扬州客户葛某投保太平人寿财富定投险种，年缴保费20万余元。

5月25日，无锡客户邱某投保太平人寿财富定投险种，年缴保费20万余元。

10月9日，南通客户钱某投保太平人寿财富定投险种，年缴保费20万

5月27日，太平人寿董事会荣誉宴在南京隆重举行

余元。

10月12日，泰州客户刘某投保太平人寿财富定投险种，年缴保费50万余元。

【重大理赔】 3月23日，太平人寿江苏分公司赔付被保险人王某重大疾病保险金201125.2元。王某，在2006年8月18日投保“太平福禄双至终身寿险(分红型)”，保险金额20万元。今年2月21日被诊断为“急性淋巴细胞白血病”。5月15日客户家属正式提出理赔申请。

5月21日，太平人寿徐州中支赔付被保险人江某身故保险金140084.33元。江某，2009年1月16日投保“太平福禄双至终身寿险（分红型)2007”，保险金额14万元。今年2月10日下午，江某骑自行车与一辆酒后驾驶车辆发生交通事故身故。5月17日，客户家属正式提出理赔申请。

6月1日，太平人寿淮安中支赔付被保险人翟某重大疾病保险金200281.11元。翟某，2009年4月22日投保“太平福禄双至终身寿险(分红型)2007”，保险金额20万元。今年3月21日在汽车修理厂等待修车时，翟某意外从检修架上摔下，后脑着地，导致重型颅脑损伤，一直处于植物生存状态。5月16日，翟某无好转迹象，其家属向公司提交理赔申请。

7月7日，太平人寿无锡中支赔付被保险人李某身故保险金130364.88元。李某，2006年1月1日投保“太平福禄双至终身寿险(分红型)”，保险金额13万元。今年6月1日，李某因突然摔倒死亡。6月22日，客户家属正式提出理赔申请。

9月3日，太平人寿徐州中支赔付被保险人侣某身故保险金150293.09元。朱某，2008年7月22日为侣某投保“太平综合意外伤害保险2006”、“太平福禄双至终身寿险(分红型)”，保险金额15万元。今年8月7日下午侣某在徐州微山湖赵庙水域游泳时意外溺水身故。9月1日，客户家属正式提出理赔申请。

9月25日，太平人寿江苏分公司赔付被保险人吕某身故保险金308260.27元。吕某，2009年10月17日投保“太平盈丰两全保险C款(分红型)”。今年1月3日，吕某因肺癌身故。9月17日，客户家属正式提出理赔申请。

12月17日，太平人寿常州中支赔付被保险人汤某身故保险金150112.77元。汤某，2009年11月21日投保“太平福禄双至终身寿险”。今年11月22日，汤某因车祸身故。12月13日，客户家属正式提出理赔申请。

【教育培训】 1月26~29日，太平人寿江苏分公司银保条线根据2010年“实现队伍规模增长，规范银保培训体系运作，保障队伍专业化成长”的经营思想，在南京举办了首期兼职讲师授权培训班，来自全省20位学员参训。

3月18~20日，太平人寿江苏分公司保费部举办续收新人培训班，全省29位新人参加了此次培训。

3月27~28日，太平人寿江苏分公司运营服务部组织全省11家中支运营经理和38家四级机构综合内勤进行系统培训。会议通过对典型案例、易发问题的剖析，联系各层次、各岗位的实际情况，进行解难释疑，教育引导大家要立足岗位，充分发扬“奉献、服务、进取、担当”的运营文化，在平凡的工作岗位上作出贡献。

4月7~9日，太平人寿江苏分公司银保条线采用军事化管理方式培训，在南京举办了2010年第二期新人培训班，全省54名新人参加了培训。

【公益活动】 3月15日，太平人寿江苏分公司各机构围绕着“消费与服务”的宣传主题，积极行动，深入社区、街道、广场，广泛宣传保险知识及公司服务举措；在南京，将“3·15”活动开进社区，让老百姓在家门口就了解到丰富实用的保险知识，享受到形式多样的保险服务。在无锡、淮安、泰州、盐城，通过广场活动为来往市民提供消费维权和宣传咨询服务。

8月25日，太平人寿扬州中心支公司组织全体员工发起“甘肃舟曲特大泥石流灾害献爱心”募捐活动，捐款共计8000元。《扬州日报》对此次爱心捐助活动进行了采访报道。

11月8日，太平人寿南通中心支公司举办了“和谐南通，情暖老区”的慈善基金募集活动。

## 民生人寿保险股份有限公司江苏分公司

【概况】 2010年，民生人寿江苏分公司以打造特色民生为主线，不断强化企业管理，内控制度管控，企业文化建设，优化个险业务结构，实现银保业务转型，巩固中介市场竞争优势，全面提升管理团队专业水平和执行能力，走内涵式发展道路，核心指标明显改善，公司竞争实力和可持续发展能力不断提升，各方面均有较大的发展。

【经营业绩】 2010年，民生人寿江苏分公司共实现总规模保费102026.25万元，同比增长62.95%。个险业务实现规模保费30042.16万元，同比增长21.17%；银保业务实现规模保费66860.5万元，团险业务实现规模保费96.96万元，续期业务实现规模保费30771.42万元，同比增长66.36%。

【渠道建设】 民生人寿江苏分公司将实现结构优化调整、提升业务平台，扩大市场占比作为工作中的重点。全面贯彻落实“稳健经营、以效益为中心”的指导思想，积极推进业务结构的战略性调整。按照总公司的统一部署，在分公司总经理室带领下全体员工转变观念，提高市场竞争和危机意识，严抓基础管理，拓宽业务渠道，以个人期缴作为业务发展核心。公司不断优化业务结构，提升业务质量，在业务结构、质量、规模、效益等方面都实现了新的突破，得到了较大的发展。民生人寿践行“为民生服务”的企业使命，将一份安心和保障送到千家万户。

个险业务　继续坚持走内涵价值的路线，以个人期缴为业务核心，优化业务结构，加大业务推动力度；加强基础管理，狠抓队伍建设，落实各项改革措施。以营销标准部的建设作为基点，以提升有效人力为突破口，强化新增管理。深入推进重点四级机构战略，稳健提升机构产能。持续推动绩优工程，建立绩优体系。理顺和完善培训组织架构，以新人育成为核心，持续提升新人留存率。

银行保险　2010年业务发展特点是在业务规模稳健提升的同时，做好业务结构调整，大力发展长期趸交和期缴业务，重点提升期缴业务在总保费中的占比。通过销售模式的创新与发展，深化、拓展渠道关系，重点运作期缴训练营和资源互助型销售模式，重点关注业务品质指标。

中介业务　进一步巩固市场优势，加大对代理公司的培训支持，深化与代理公司的合作机制，完善后援支持。利用各机构资源搭建多层面沟通平台，在业务对接上形成渠道合作的架构优势。强化中介客户经理的岗位职能，打造服务型外勤团队，赢取渠道合作的特色服务优势。深层次发掘合作方式及合作内容，凸显江苏民生中介条线的专业优势。

客服续收　在加大客户服务专员技能技巧培训的基础上，强化区域管理，加强续期知识的培训和管理。客户服务工作方面从抓服务入手，加强对客服工作的管理力度，加强县区内勤管理体现服务品质。全年通过“理赔绿色通道服务”、“客服嘉年华”等活动的开展，牢固树立“以客户为中心”的理念，扎扎实实抓基础、全力以赴抓服务，积极打造民生人寿优质服务的品牌。

【内部管控】2010年，民生人寿江苏分公司内控管理工作进一步加强，基础管理不断完善，管理的专业化、集约化、规范化水平进一步提升。从总公司到分公司都高度重视管理工作，始终坚持“一手抓业务，一手抓管理，两手抓，两手都要硬”的原则，结合自己的实际情况，顺应业务发展的要求，全面加强和改善各项内部管理工作。通过各项规章制度的贯彻和落实，民生人寿江苏分公司的基础管理工作进一步加强，管理水平进一步提升，实现了向管理要效益，通过管理促发展的健康发展的道路。通过一系列行之有效的措施，促进了团队的稳定和基础管理工作，内控机制得到了强化，经营风险得到了控制，各条业务线在稳健经营中不断发展。

12月22日，民生人寿江苏分公司召开“2010年总结表彰大会”，江苏分公司单勇总经理为员工颁奖

【企业文化】为不断提高公司思想政治工作和企业文化建设工作水平，提升公司凝聚力和荣誉感，2010年公司扎实开展“创先争优”活动，将思想政治工作与公司经营管理相结合，做到“抓基层、打基础”。开展“五好”党组织建设和“五带头”党员创建活动，推选出的优秀党员标兵参加全系统“红色摇篮井冈山之旅”，赴革命圣地井冈山，学习井冈精神，接受革命传统教育。民生人寿江苏分公司还积极响应省文明办、江苏保监局的号召，在全省范围内深入开展精神文明创建活动。一方面在公司内优化客服柜面服务礼仪、提高服务效率，另一方面在公司外开展保险服务进社区活动，为居民普及保险知识，提供保险服务、产品的咨询，向居民宣传新《保险法》，切实做好“以创建树形象，以创建促发展”。

【重大活动】3月12日，民生人寿江苏分公司参加江苏华邦保险代理有限公司“第九届‘华邦之夜’高峰年会”，分公司总经理室参会，并向华邦代理公司授予“最佳合作单位”奖牌，向其6家分支机构颁发“最佳合作渠道”奖牌。

4月28日，民生人寿镇江中心支公司接到一起理赔案，客户史先生在青海玉树地震中不幸罹难。民生人寿在确定保险责任后，如约以双倍有效保额的理赔款进行理赔。

7月13日，民生人寿江苏分公司参加由泰州市保险行业协会主办的深入贯彻落实保险行业“两个准则”座谈会，多家业务渠道负责人、营销员代表和泰州保险业行风监督员代表参会。

7月21日，民生人寿江苏分公司收展高峰会在无锡举行，上半年度表现优异的续期督导和业务竞赛中获奖的优秀内外勤伙伴参加了此次为期三天的会议。

8月1日，民生人寿江苏分公司在全省员工中开展的“服务、创新大练兵活动”正式拉开帷幕。此次活动以锻炼、培训和考核的办法提高员工的服务水平、服务质量和创新意识，打造一支“专业强、素质高、作风正、队伍精”的民生专业队伍。

9月11日，民生人寿副总裁黄敏来到江苏视察指导工作。

10月29日，民生人寿江苏分公司参加江苏保险业首届“唱响时代主旋律”青年歌咏比赛。

11月12日，民生人寿江苏分公司组织全体内、外勤员工参加了由当地举办的金融机构反腐倡廉宣传报告会，通过图文的介绍认真学习了反腐倡廉工作的积极意义。

12月22日，民生人寿江苏分公司召开“2010年总结表彰大会”，分公司总经理单勇做年度工作报告，并对全省完成各条线计划任务的三级机构及分公司部门进行表彰，同时对2011年工作进行布置安排。

【重大赔付】 4月14日，玉树发生地震，被保险人史先生在青海玉树经商时不幸罹难。民生人寿江苏分公司公司接到报案后，理赔人员迅速启动了应急预案，第一时间核实出险人身份及保单资料，迅速完成案件调查，确定此案属于保险责任范围后，当天完成了赔付工作，将60000元理赔款送至受益人手中。

5月7日，民生人寿江苏分公司赔付被保险人徐某受益人疾病身故保险金20万元。徐某于2009年11月6日，因胆管癌经多家医院积极治疗无效死亡。其受益人于2010年5月5日，向公司提出理赔申请，公司经快速调查核实符合"民生金玉满堂两全保险D款(分红型)"给付条件。

10月27日，民生人寿江苏分公司赔付被保险人陈某意外残疾保险金1021420元，这是江苏分公司成立以来赔付的最大金额。陈某于2007年1月1日为自己投保了"民生康顺意外伤害保险、附加意外伤害医疗保险"，2010年1月29日，陈某因驾驶小轿车行驶操作不当，躲避前方车辆时撞到路边护栏，造成受伤，经江苏大学司法鉴定所鉴定：陈某因车祸致弥漫性轴索损伤，脑挫裂伤等损伤导致左侧肢体偏瘫(左侧肢体肌力4⁻级)。其已构保险条款中的第一级伤残。公司于10月13日接到理赔申请后迅速完成理赔。

【教育培训】 5月17日，民生人寿江苏分公司举办了续期主任培训班，提升续收主任新契约开拓的技能。

5月20日，民生人寿江苏分公司举办新契约技能培训班，规范并提高新契约承保质量，贯彻总公司文件精神。

5月28日，民生人寿江苏分公司举办全省四级机构负责人、组训产说会运作专题训练班。

6月2日，民生人寿江苏分公司举办新员工入司培训，20多位新入司员工对公司文化、规章制度、运作流程等方面进行了深入的学习和了解。

7月16日，为了建立起江苏民生自己的储备干部队伍，江苏分公司举办全省D类潜质干部选拔活动，报名条件为：入司2周年以上、工作认真、责任心强、积极进取、年度考评良好，全省40多位D员工参加了此次选拔。

7月19日，民生人寿江苏分公司召开全省"新基本法"培训班，会后要求各中支首先组织内勤员工学习贯彻"新基本法"内容并对全辖普法活动做了详细安排和统一的部署。要求各营业区首先安排在大早会进行宣导，利用基本法衔接办法对各层级主管进行面谈沟通，制定了详细的工作计划。

12月4日，民生人寿江苏分公司在南京举办了为期两天的"民生人寿首届高效办公培训"，来自全省的48名学员作为分公司和机构的传承者，首先接受此次高效办公培训。培训结束后所有参训人员将肩负起将本次培训中学习到的经验、技能和高效办公的理念逐步推广到全省的重任。

民生人寿江苏分公司五四青年节活动

## 生命人寿保险股份有限公司江苏分公司

【概况】 生命人寿江苏分公司于2003年11月获准筹建，2004年8月获准开业，公司位于南京市洪武路29号东方金融大厦16、17楼。目前分公司下辖苏州、无锡、常州、扬州、徐州、盐城、南通、镇江、泰州、淮安、连云港11个分支机构，拥有5100多名内勤员工与专职销售队伍。

【经营业绩】 2010年，生命人寿江苏分公司累计实现总保费88043.62万元，同比增长73%。其中，实现新单保费收入71198.16万元，同比增长82%；实现续期保费收入16845.46万元，同比增长44%。全年实现新单标准保费7840万元，同比增长63%。

2010年分公司累计赔付结案1105件，赔付金额643万元。

【内部管控】 2010年生命人寿江苏分公司通过建章建制，强化了内控管理力度。一是加强了职场租赁、印章管理、合规审核、合规培训、法务工作、信访举报、离任审计和反洗钱等工作的力度。二是积极开展自查自纠活动，加强现场检查和稽核力度，严格落实责任追究制度和违规处罚制度，果断处理有可能恶化的事件。三是进一步加强了合规、财务、营运等部门的交流合作，充分发挥合规审计在内控体系中的纽带作用，把制度建设、内部管理和业务监控提升到了一个新的高度。四是加强了人事工作方面的沟通和指导，及时解决和防范用人、用工风险的发生。五是加强了机构财务管理工作，严格审批财务支出申请，杜绝可能发生的财务风险。2010年生命人寿江苏分公司的内部管控工作获得了总公司的肯定和表扬。

【企业文化】 "携手提升生命价值"是生命人寿秉承的核心理念。"生命者，乃一切财富中的第一财富也。"(日莲《事理供养御书》)。生命人寿要做的是提升生命价值的事业，核心理念是为客户、股东、员工和社会提升价值。

2010 年生命人寿江苏分公司通过深入贯彻执行张峻董事长的讲话精神和总公司“学西点、找差距”的活动，统一了思想，强化了员工的责任意识和执行力度；通过分公司晨会制度、填写《工作日志》和学习日等活动，不断提高员工的综合素质和工作效率；通过组织丰富多彩的团队活动，不断凝聚人心，增强了企业活力。生命人寿江苏分公司还在 2010 年举办的江苏首届保险行业歌咏比赛中取得了三等奖的好成绩。

7 月，生命人寿江苏分公司全体内勤人员到江苏美术馆参观“国家重大历史题材美术创作”画展

**【获奖】** 2010 年 8 月上旬，生命人寿江苏分公司扬州中心支公司在扬州平安金融创建表彰工作会议上，成为第一批获得江苏省“平安金融单位”称号的保险公司。生命人寿江苏分公司泰州中支、盐城中支也相继获得了“平安金融单位”的称号。

11 月，生命人寿江苏分公司在江苏保险业首届“唱响主旋律”青年歌咏比赛中获得了三等奖的好成绩。

**【重大活动】** 3 月 26 日，生命人寿江苏分公司与中国农业银行江苏省分行“火红 2010　超越共赢”业务启动大会胜利召开，生命人寿总公司董事长助理、总精算师杨智呈先生亲临会场，生命人寿江苏分公司居辉总经理、辖属各机构一把手和银代分管总出席会议，农业银行江苏省分行相关领导出席会议。

5 月 31 日，总公司副总经理赵子良在江苏分公司总经理居辉的陪同下，莅临江苏分公司盐城中心支公司检查指导工作，亲切看望慰问中支干部和员工，与中支公司中层以上干部及营销骨干举行了座谈会。

8 月 30 日至 9 月 3 日，生命人寿张峻董事长一行莅临江苏分公司视察工作。视察期间，张峻董事长拜会了江苏保监局领导，并分别与江苏省农行、建行、工行等银行领导进行了合作交流与沟通。

8 月中旬，生命人寿江苏分公司由南京市洪武路 23 号隆盛大厦 27 楼迁址至南京市洪武路 29 号东方金融大厦 16F—17F。

8 月底，为期三个月的生命人寿第四届客服节在江苏分公司全面启动。江苏分公司总结以往的活动经验，积极调动各部门的合作与交流，建立起前线业务与后援一体化运作模式，切实让客户感受到了“心手相连·生命有爱”的客服口号。

9 月 19 日，生命人寿江苏分公司与中国工商银行江苏省分行隆重召开了“金秋鼎盛　携手共进”业务启动会。工行江苏省分行相关领导出席会议，生命人寿江苏分公司总经理居辉、银代分管总苏富荣和分公司各机构总经理及银代分管总参加会议。

11 月，江苏保监局举办的关于创先争优保险业首届“唱响时代主旋律”歌咏比赛拉开帷幕。全省共 34 家保险公司参加此次比赛。最终，生命人寿脱颖而出，荣获江苏保险行业首届歌咏比赛的第三名。

**【重大赔付】** 1 月，生命人寿江苏分公司赔付被保险人罗某重疾保险金 20 万元。被保险人 2009 年 6 月 23 日因“脑梗塞、高血压 3 级、肺部感染”住院治疗，180 天后鉴定为“神志模糊、四肢瘫痪”，生活完全不能自理。被保险人罗某 2007 年 7 月以年交 8640 元的保费投保了“生命安康终身重大疾病保险(B 款)”，保额 20 万元。

3 月 14 日，杨某因“肝癌”身故。生命人寿江苏分公司赔付被保险人杨某身故保险金 12 万元。杨某于 2009 年 6 月 3 日以年交 6000 元的保费投保了“生命智鑫终身寿险（万能型）”，保额 12 万元。

3 月 18 日，被保险人薛某因心脏病身故。生命人寿江苏分公司给付被保险人薛某身故保险金 12 万元。被保险人于 2008 年 12 月 28 日以年交 6000 元的保费投保了“生命智鑫终身寿险(万能型)”，保额 12 万元。

4 月 23 日，生命人寿江苏分公司赔付被保险人吕某 30.4 万元。被保险人 2009 年 6 月 1 日因意外右手断离，而被保险人曾于 2008 年 9 月 10 日在其工作单位投保“生命永泰团体意外伤害保险”，保费 1.7 万元。

5 月 20 日，生命人寿江苏分公司赔付身故保险金 20 万元。被保险人贾某于 2009 年 9 月 20 日因意外从高空坠落身亡，而被保险人曾于 2009 年 2 月 12 日在其工作单位投保“生命团体建筑装修工程意外伤害保险（A 款）”，保费 7800 元。

7 月 12 日，因被保险人李某“车祸身亡”，经调查核实，生命人寿江苏分公司予以给付意外身故保险金 26.56 万元。被保险人李某，男，51 周岁，2010 年 7 月投保“生命红上红 D 款两全保险(分红型)”，保额 13.28 万元。

7 月 26 日，被保险人常某被鉴定符合意外全残保险责任，生命人寿江苏分公司合计赔付 42.04 万元。被保险人常某，男，53 周岁，2007 年 2 月投保“生命超越两全保险（分红型）”，保额为

21.02 万元。

12 月 31 日，被保险人赵某“车祸身亡”，经调查核实，生命人寿江苏分公司予以赔付身故保险金 20 万元。被保险人赵某曾于 2010 年 11 月 26 日在其工作单位投保“生命永泰团体意外伤害保险”，保费 6000 元。

【教育培训】 1 月 19~21 日，生命人寿江苏分公司培训部在南京江苏饭店举办了“财富高手论坛暨金牌讲师培训班”，全省 25 名财富销售高手及各机构培训负责人参加了此次培训。

2 月 24~26 日，生命人寿江苏分公司培训部在盐城西园宾馆和常州园外园宾馆举办了“2010 年首期英才培训班”，来自全省各机构的 64 位伙伴参加了此次培训。

7 月 13~15 日，生命人寿江苏分公司培训部举办“2010 年第二期新进主管培训班”，以加强新进营销经理对公司的认同、明确下阶段发展目标、提升增员技能。

7 月 22~25 日，生命人寿江苏分公司培训部举办“2010 年保险代理人资格考试种子讲师培训班”，来自全省各地 42 位优秀的内外勤讲师参加了本次培训。

8 月 4 日，生命人寿江苏分公司举办“分区经理发展战略研讨培训班”，全省 52 位优秀的分区经理和总监参加培训。

8 月 16~18 日，生命人寿江苏分公司机构发展部在淮安举办了“新筹机构第二期骨干培训班”。

9 月 10 日，生命人寿江苏分公司 2010 年度教师节表彰暨培训工作会议在南京华山饭店隆重召开。生命人寿江苏分公司总经理居辉、2010 年度教师节评优获奖人员、全省培训系列讲师及新培专员参加了此次盛会。

11 月 2~4 日，生命人寿江苏分公司主管晋升培训班在南京华江饭店隆重举办，来自全省 8 家机构的 34 名新晋升的营销主管参加了此次培训。

11 月 30 日至 12 月 2 日，生命人寿江苏分公司培训部在南京悦客假日酒店举办了“PTT 讲师培训班”，江苏连云港、淮安中支 30 名营销经理层级及以上主管参加培训。

11 月 23~27 日，2010 年生命人寿江苏分公司黄埔军官集训班在南京陆军指挥学院召开，来自全省 10 家中支的 162 名学员参加了培训。

## 信诚人寿保险有限公司江苏省分公司

【概况】 2010 年以来，信诚人寿江苏省分公司秉承“聆听所至，信诚所在”的经营理念，积极贯彻监管部门的各项政策和规定，经营业绩保持稳定、健康的发展势头。目前覆盖的区域为南京、苏州、无锡、常州、南通和镇江，有 15 个营销服务部。

【经营业绩】 信诚人寿江苏省分公司全年实现总保费 3.35 亿元，同比增长 53%，其中，营销员渠道实现总保费 1.09 亿元，银行保险渠道实现总保费 2.20 亿元，直销电销渠道实现总保费 0.06 亿元。

【渠道建设】 2009 年以前，信诚人寿江苏省分公司业务经营一直以个人代理渠道为主，同时开展银邮代理和少部分的直销业务（团险）。为降低个人代理渠道的经营风险，2010 年一季度，信诚人寿江苏省分公司充分发挥不同渠道的优势，银邮代理渠道通过加大银行网点维护与开拓力度，大力开展期缴训练营等项目以及与银行合作向客户提供多种增值服务等举措，实现了银行保险渠道的新单标准保费占比提升。

2010 年，信诚人寿江苏省分公司在各个渠道都有新产品推出，并根据渠道和对象的不同，差异化设计了缴费周期和保障内容，迎合了市场与消费者对保障型分红养老的需求。银行保险渠道：新推出了“六福盈门”两全分红型期缴产品，以及瞄准相对高端客户的“安享未来”养老年金保险 C 款产品，缴费期既有趸交，也有分 5、10、15、20 年期，销售良好。个人代理渠道：“安康连连”的升级版“康赢年年”，新增月缴功能，为客户提供更多选择。团险直销渠道：在“众享无忧”员工福利保障计划的基础上，推出了信诚团体“寰宇畅行”境外旅行意外伤害保险，及其附加的医疗和定期寿险产品。

【内部管控】 总分公司之间建立以风险控制为导向的三道防线或三个层次的管理框架——董事会（直接管理）、风险管理委员会（监督控制）、审计委员会（独立审计），三道防线互相配合，共同对分公司风险进行严密而有效的管理。分公司有专门的风险合规协调人，负责与总、分公司对口部门的协调沟通。

公司对内部控制的建设十分重视，始终作为公司健康发展的一项重要工作，公司内部控制经过多年的改进和完善，未存在重大缺陷。在风险管理方面，公司秉承双方股东重视风险管理的传统和文化，一直将风险管理文化建设融入企业文化建设的全过程，在企业内部各个层面营造风险管理文化氛围，推动

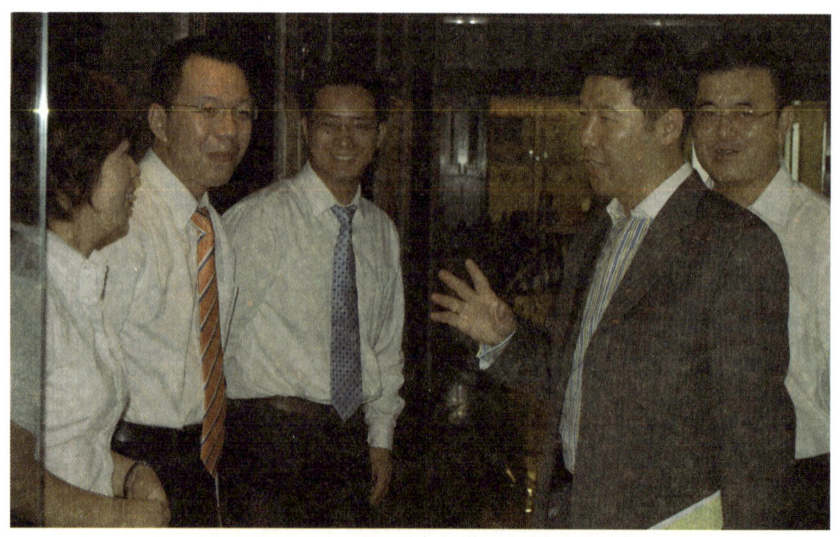

8 月，信诚 CEO 谭强莅临江苏分公司视察工作

将风险管理意识转化为全体员工的共同认识和自觉行动。借鉴双方股东风险管理的技术和经验,公司不断修订和完善风险管理制度、方法和流程,持续强化风险识别、评估、应对与控制、沟通与报告、监督的工作制度建设和执行,促进公司建立系统、规范、高效的风险管理机制。2010年,未发现影响公司稳健经营或突破公司风险管理目标的主要风险事项。

**【重大活动】** 1月,信诚人寿推出两款全新分红险"六福盈门"及"安康连连"升级版。此次推出的两款分红险,除覆盖了2009年初热销分红险的保障及收益特色,还根据销售渠道特色差异化地设计了缴费周期和保障内容。"六福盈门"主打5年期银保趸缴,包含三项身故赔付(疾病身故、意外身故、特殊意外身故)及满期金给付,最低保额1万元起,费率不受年龄和性别影响。营销员渠道升级版"安康连连"继承原有姊妹产品特色,增设5年期缴费期,更方便具有一定购买力的消费者购买。

1月22日,信诚人寿江苏省分公司举办新春联谊会。晚会对信诚江苏2009年的五星员工、五星主管、五星团队进行了隆重表彰,对去年绩效突出的个人、团队给予了充分肯定。

2月27日,信诚人寿江苏省分公司在南通召开了三月份月度经营分析会议,分公司总经理及各机构负责人参加了此次会议,会上,分公司市场部对合规经营相关工作进行了宣导,并将三月定为"合规经营月"。

3月15日,为做好"3.15"节日服务宣传工作,信诚江苏南京营销服务部开展"走进社区"活动,利用保单咨询存折向居民提供保险理财咨询服务。当天上午,江苏保监局副局长宋志华、副局长阎波及江苏省行业协会秘书长濮阳来到公司展位,对公司的"保险宣传扑克"小工具、健康知识小手册等很感兴趣,对公司工作表示肯定。

3月,信诚人寿推出银保渠道专享的年金产品——信诚人寿"安享未来C款"养老产品。该产品目标客户为银行高端客户,除具有一般养老产品所有的保障、年金、红利给付和优质服务功能之外,最大特点是年金领取额高,年缴保费门槛在100万元以上;投保简便,总保费5000万元以下免提供财务资料和体检报告。除高额年金给付、身故保障之外,该产品还向被保险人提供祝寿金、满期红利和特别红利,在确保资金安全的情况下,分享公司发展成果。

5月1日,第五届"高力家具港杯轮滑邀请赛"决赛正式打响,通过预赛的200多名"追风少年"进行最后的角逐。考虑到轮滑比赛的危险性,扬子晚报社联合了信诚人寿免费为小选手们在预赛和决赛当天提供每人50000元的团体人身意外伤害险。南京营销服务部的伙伴在比赛间隙给参赛小选手的家长们提供了全方位的保险咨询,活动受到参赛家长的好评。

5月3日,信诚人寿江苏省分公司在常州举办"梦回春秋,传奇淹城"客户联谊会,举办了淹城春秋乐园游乐、淹城遗址公园烧烤等活动。

7月,信诚人寿江苏省分公司以"用心聆听,我们了解每一双小手画出的美丽世界"为主题,与《现代快报》联合举办"小手画世界"首届儿童创意绘画大赛,本次大赛是江苏省首届儿童创意绘画大赛,参与人数上万人,大赛组委会宣布在此次大赛中获得名次的101名小画家的参赛作品将结集成由南京师范大学出版,画册封面由《创意美术》杂志主编戴迎春亲自设计。分公司市场部还甄选出了集中在南京、苏州、常州、南通、无锡及镇江6个城市的5160个家庭名单,对它们提供一份详细的保险理财规划。

7月,信诚人寿推出了银保渠道专属的新款"福连金生"B款投资连结产品。与老产品相比,该产品通过产品组合的方式,提高了客户的最高年缴保费上限,同时设置了保费缓交期功能。

8月1日至12月31日,信诚人寿江苏省分公司客户服务部开展"我来发现风险点"的专题活动。

8月23日,信诚CEO谭强莅临江苏分公司视察工作并听取江苏分公司中长期发展规划报告。

8月18日,南京和苏州银保、团险达成全年目标。

9月8日,南京CSO以承保APE2181万元,同比增长20%,成为江苏第一个、全国第一个提前达成全年APE目标的CSO。

9月19日,信诚人寿镇江营销服务部经江苏保监局批准正式开业。分公司副总经理黄彪自6月17日起兼任镇江营销服务部负责人。至此,公司已在7个省、3个直辖市、1个自治区,32个城市设立分支机构。

9月,信诚人寿江苏分公司在《南京日报》金融机构评选中,荣获"最佳服务保险公司"称号。

10月,信诚人寿推出了"康赢年年"年金保险C款(分红型)。该产品不能附加任何附加险,已投保"康赢年年"年金保险A款、其保额达到30万元的客户方可投保该产品。

年底,信诚人寿江苏省分公司荣获《现代快报》颁发的"南京金融十年风云大奖"中"最佳理赔服务保险机构"称号。

**【重大承保】** 9月,杨女士购买信诚人寿江苏省分公司两全分红保险,保额200万元。

7月,吕女士购买信诚人寿江苏省分公司投资连结保险,保额400万元。

6月,张女士购买信诚人寿江苏省分公司养老年金保险,保额300万元。

**【重大赔付】** 信诚人寿江苏省分公司赔付被保险人潘某家人保险金20万元。潘某于2005年12月15日投保信诚智胜未来终身寿险,保额20万元,年缴保费4800元。潘某于2010年6月15日在家中因胸闷摔倒,家人将其送至江苏省中医院进行救治无效死亡,医院诊断为猝死。

## 合众人寿保险股份有限公司江苏分公司

**【概况】** 合众人寿江苏分公司成立于2005年5月26日。作为合众人寿保险股份有限公司最大的省级分公司之一,合众人寿江苏分公司已基本实现以南京为中心、辐射全省的战略布局,在除苏州外全省所有地市行政区域均设有分支机构。2010年,在江苏保监局的正

11月5日，合众人寿江苏分公司举办第五届合众助学行活动

确领导与监督下，公司深入落实科学发展观，全面贯彻全保会及省保会会议精神，坚持转方式、调结构、防风险、促发展，注重发展方式的转变，注重经营水平的提升，注重行业风险的防范，注重维护被保险人的利益，明确了“内涵成长”的经营主题和“放量成长”的经营目标，确立了“鼓士气，练内功，赢未来”的总体经营方针。

【经营业绩】 2010年，合众人寿江苏分公司实现保费收入98157万元，较去年增长17%，其中续期保费收入26683万元，较去年增长29%，新单保费收入71474万元，较去年增长13%。个险业务保费收入32107万元，较去年增长14%；银代业务保费收入64467万元，较去年增长16%；团险保费收入1583万元，较去年增长463%。

【渠道建设】 个险方面，营销员活动率、三个月转正率、人均保单件数和保费继续率等关键经营指标大幅提升，外勤团队各职级人力收入同比增幅显著，高产能绩优人员比例继续增长，并尝试了新型行销模式；银代方面，规模保费继续领跑合众系统，主力渠道业务继续成为业务发展的支撑点，高产能绩优人员比例继续增长，部分弱体机构业务得到提升，销售支持系统更加完善；团险方面，销售险种结构优化，利润险种意外险保费收入同比增长338%。

【内部管控】 合众人寿江苏分公司始终高度认识内控建设的重要性，不断健全公司内部稽核体系与风险处理机制，持续完善公司内控制度，加大风险管控力度；持续深入做好新保险法的学习工作；坚决执行“零现金”管理政策，深入推进“零现金”系统的全面上线与配套措施的及时到位；提高客户服务意识，理顺服务工作流程，重视投诉信访工作，关注潜在风险动向，预防经营风险发生，最大限度维护客户利益。

【企业文化】 秉承“投资于人”的理念，合众人寿江苏分公司将员工视为公司最重要的资源和最宝贵的财富，为员工提供具有竞争优势的薪酬福利待遇与学习培训机会，努力营造良好的人才成长环境，使公司成为引才、纳才、聚才、留才之地。通过明晰的企业战略、明确的发展目标、宽松和谐的工作氛围、奖惩分明的工作制度，全面激发员工的最大潜能，实现个人与公司事业的双重成功。

秉承“和合各方利益，实现多赢共好”的企业价值理念，合众人寿江苏分公司积极参加各种公益活动，关注社会，奉献爱心，并在全省范围内持续推行“合众助学行”大型公益活动，使更多的贫寒学子将从该项活动中受益。合众人寿江苏分公司始终致力于“为客户提供最好的产品及服务”的目标，积极落实“合众保险，理赔不难”服务举措、倡导“成长、分享、快乐”的经营理念，获得了公众的认同与赞誉。

【重大活动】 3月26日，合众人寿江苏分公司2009年度表彰暨2010年工作会议在南京吉华酒店会议厅拉开序幕。江苏分公司总经理室成员、各中心支公司负责人、各营销服务部负责人、分公司各部门负责人以及员工代表近150人参加了此次会议。

6月22日，全国政协委员、合众人寿董事长戴皓一行赴江苏调研。在调研期间，戴皓董事长听取了江苏分公司的工作报告，视察了扬州中心支公司并与前线将士共进午餐。

10月21日，中国共产党合众人寿保险股份有限公司江苏分公司委员会正式成立。经过第一次全体会议选举并报中共合众人寿保险股份有限公司委员会批准，朱旗任中共合众人寿保险股份有限公司江苏分公司委员会书记；魏波任中共合众人寿保险股份有限公司江苏分公司委员会纪检委员；梅德钊任中共合众人寿保险股份有限公司江苏分公司委员会宣传委员；严宏任中共合众人寿保险股份有限公司江苏分公司委员会组织委员。

【重大承保】 1月6日，投保人咸家荣向合众人寿江苏分公司投保了合众长红两全保险(分红型)(A)款，保额106.4万元，保费100万元。

2月7日，投保人王美兰向合众人寿江苏分公司投保了合众长红两全保险(分红型)(A)款，保额319.2万元，保费300万元。

6月1日，合众人寿江苏分公司承保好孩子儿童用品有限公司综合保险项目。该项目总保费240万余元，保险金额约120万元。投保险种包括健康险、意外险、定期寿险。

7月21日，投保人顾志强向合众人寿江苏分公司投保了合众福寿齐添年金保险(分红型)，保额100万元，保费51.75万元。

【重大赔付】 2月25日，合众人寿南

通中心支公司赔付被保险人扈某身故保险金112.31万元。扈某，私营企业主，分别于2006年3月30日购买合众鼎惠两全保险，保额46万元，附加鼎惠两全保险，保额4.4万元，趸交保费40万元，2007年6月28日购买合众白金长红两全保险(分红型)，保额59.25万元，趸交保费50万元。2009年12月9日，被保险人因脑出血抢救无效身故。

4月29日，合众人寿南通中心支公司赔付被保险人蒋某重大疾病保险金19.1万元。蒋某，公司内勤，2008年5月23日购买合众幸福人生终身寿险(分红型)，附加合众幸福人生提前给付重大疾病保险，保额均为19.1万元，年交保费7506.3元。2009年11月6日被保险人被确诊为尿毒症。

8月27日，合众人寿江苏分公司本部分别赔付被保险人鞠某和蒋某身故保险金40万元，合计赔付金额80万元。鞠某和蒋某分别于2010年8月20日投保合众综合交通工具意外伤害保险(航意险)，保额40万元。2010年8月24日，鞠某和蒋某在乘坐哈尔滨至伊春的飞机时，发生飞机失事，造成鞠某和蒋某当场身故。

12月8日，合众人寿南通中心支公司赔付被保险人丁某身故保险金30.82万元。丁某，承包商，于2006年3月7日分别购买合众永福养老终身寿险（分红型），保额10万元，年交保费32220元，合众永康重大疾病保险，保额5万元，年交保费5270元。2010年9月6日被保险人乘车时发生交通事故，当场死亡。

12月9日，合众人寿江苏分公司本部赔付被保险人严某身故保险金34.56万元。严某，私营业主，2010年5月9日购买合众长红两全保险(分红型)(D)款，保额34.35万元，趸交保费30万元。2010年11月28日被保险人因脑梗抢救无效身故。

【公益活动】 5月23日，江苏合众与江苏省血液中心共同举办的大型广场无偿献血公益活动在南京新世界中心东广场举行，分公司近百名员工参与了此次献血活动。江苏合众用实际行动体现了合众人寿反哺社会、回馈百姓的博爱精神，表达了“我为人人、人人为我”的和谐思想。活动中，江苏省血液中心授予了江苏合众“应急献血志愿小分队”的光荣称号。

9月11日，“合众助学行”励志学子演讲南京站活动隆重举行，来自北京大学的贫困学子张洪涛和来自中国人民大学的苏江山向广大客户讲述了自己励志成长的感人历程，百余位嘉宾客户应邀参加了本次演讲活动。

11月5日，合众人寿江苏分公司携手中国青少年发展基金会、盐城市团委、《东方生活报》在盐城市尚庄小学成功举办了第五届合众助学行活动。本次活动，合众人寿江苏分公司联合盐城中支通过中国青少年发展基金会向尚庄小学提供了总价值1万多元的课外读物，公司员工及爱心客户同时以个人名义向贫困学子捐赠了大量书籍。

【教育培训】 1月19日至1月21日，合众人寿江苏分公司举办了全省第一期新员工培训班，在为期三天的培训中，各部门负责人针对公司企业文化、寿险运作流程等知识进行了详细讲解，使新员工掌握了岗位基础知识和专业技能。

6月22日至6月23日，合众人寿江苏分公司在扬州举办了第一期高级管理培训班，邀请资深财务管理专家戴玮讲解《非财务经理的财务管理》课程。通过本次课程学习，使广大干部充分认识到财务管理在企业管理中的重要性，有效提升了他们的财务管理水平。

11月26日至11月27日，合众人寿江苏分公司在常州溧阳天目湖举办了全省干部拓展培训。

## 海康人寿保险有限公司江苏分公司

【概况】 海康人寿江苏分公司于2005年9月正式成立，是海康人寿第一家省级分公司。截至2010年12月31日，海康人寿在江苏境内共有南京、无锡、南通、常州、镇江、扬州、徐州、江阴、宜兴、溧阳等十家分支机构，其中无锡、江阴、南通均为当地首家中外合资人寿保险公司，南通营销服务部更是整个苏北地区的首家“洋保险”。

【经营业绩】 在业绩平台稳步提升的同时，海康人寿江苏分公司基本上实现了各机构业务规模均衡发展。成立五年多来，不仅年年业绩在海康保险总公司系统排名第一，而且持续领跑江苏外资合资寿险市场。2010年，海康人寿江苏分公司共实现保费收入49090.25万元，同比下降17%。其中，公司直销业务保费收入3202万元，同比增长15%；个人代理业务保费收入9629万元，同比增长5%；保险专业代理业务保费收入16032万元，同比增长13%；银邮业务保费收入20036万元，同比下降38%；保险经纪业务保费收入141万元，同比下降18%。

此外，结合市场情况，海康人寿及时调整产品结构，不断推出新险种。2010年，银保渠道推出“海康附加多重给付重大疾病险”，经代渠道推出“钱多多”两全保险分红型，代理人渠道推出“海康附加‘关爱天使’少儿重大疾病保险”及“海康附加住院费用补偿医疗保险（C型）”，并于同年九月再次推出“‘家倍安心’人身意外伤害保险计划”。

【渠道建设】 海康人寿江苏分公司非常重视渠道建设与员工发展。公司有强大而稳定的培训教师队伍，除不定期外聘专业机构进行专题培训外，全省固定与兼职的各级讲师数量近百名。所有部门的负责人均是兼职讲师，在日常员工的教育培训中充当不同的授课角色。从企业文化、员工守则、财务要求、沟通技巧、团队管理等各方面进行不定期的培训。

除了公司统一的教育培训之外，海康人寿各业务渠道也针对本渠道特点，建立了本渠道的教育体系。从岗前培训到继续教育培训，从业务知识到相关政策、法规，各个业务渠道都有系统的教材支持，通过新人培训班、主管培训班、组训培训班、专题研讨会等多种形式，不仅提高了员工在产品、销售技能、规范经营及售后服务等各方面的专业素养，也为合作伙伴与客户提供了更好的服务。

【内部管控】 海康人寿江苏分公司及

下辖营销服务部的合规管理工作，主要通过总公司法律合规部下设的合规管理区域中心来协调处理，法律合规部在合规内控方面、业务行为方面、规章制度执行方面、反洗钱方面均制订了相关制度及考核管理办法，定期组织合规培训，从新入职员工到高管，均需接受与其职责相适应的培训。此外，总公司还会不定期对分公司进行合规现场检查，以贯彻落实合规政策的推动和执行。

分公司各部门负责人、渠道总作为合规责任人，对其职责范围内的合规管理工作负有直接和第一位的责任；分公司各部门均指定专人作为合规联系人，由其负责将本部门或渠道内的合规状况分别向合规管理区域中心的合规管理人、总公司对口部门的合规联系人汇报，并将公司的合规政策向本部门或渠道进行传达，有效的预防、识别、评估和应对合规风险。

【企业文化】 “专业、诚信、前瞻性思考”一直是海康人寿企业文化的重要内容之一，并在员工培训中始终得到强调。

2010年，海康人寿在全国开展“品牌重塑”二期项目，在品牌得到深入发展的基础上，提出了最新的使命宣言：即“通过为客户及合作伙伴提供最佳的“财务保障”型产品和服务，使海康成为中国最值得推荐的人寿保险公司。”同时，对原有企业文化进行了符合发展阶段的升级，升级后的企业文化核心为：责任、团队合作、前瞻性思考、尊重、诚信、专业。在坚持“专业、诚信、前瞻性思考”的同时强调了“团队合作、责任与尊重”。随着公司发展，这一企业文化已经深入每个员工的认知，并表现在业务发展、产品开发和团队建设等方面，通过一次次脚踏实地、负责任的服务，为海康人寿获得了社会和客户的广泛认可。

【履行社会责任】 2010年，海康人寿开展了多项公益活动：4月，海康人寿江苏分公司组织员工在南京新世纪广场进行“为玉树祈福”活动，参加人员为海康人寿江苏分公司爱心基金会人员以及各界爱心人士；5月和9月，海康人寿江苏分公司先后两次组织员工到南京婷婷聋童幼儿园开展爱心活动，捐助各类用品以及与孩子们一起表演节目，奉献爱心；7月，海康人寿江苏分公司组织员工到省血液中心进行义务献血活动。

【重大活动】 9月7日，海康人寿江苏分公司举办五周年庆典活动。

9月10日，海康人寿全国代理人渠道高峰会在上海举行，南京有16名代理人参加。

10月18日，海康人寿新的一轮品牌宣传正式启动。新一轮的广告宣传攻势将在海康人寿的主要市场全面铺开，以继续提升海康人寿品牌认知度，深化“实力团队”的品牌定位。全新的广告片再次以清新幽默的方式演绎了海康人寿品牌大使郎朗和实力团队的故事。

【重大承保】 1月27日，海康人寿江苏分公司承保了分红险180万元。韩某，燃料公司总经理，于2010年1月27日投保了“海康串串红两全保险”，保额180万元，趸缴。

3月19日，海康人寿江苏分公司与瑞士再保险共同承保了意外险300万元。许某，电子工程总经理，于2010年3月19日投保了“海康都来保两全保险”，保额300万元，年缴保费4.8万元，缴费期15年。

3月29日，海康人寿江苏分公司承保了万能险150万元。吴某，贸易公司总经理，于2010年3月29日投保了“海康创富赢家终身寿险”，保额150万元，趸缴。

4月14日，海康人寿江苏分公司承保了720万元分红险。龚某，贸易公司总经理，于2010年4月10日投保了“海康超满意两全保险”，保额720万元，年缴保费1264320元，缴费期10年。

4月30日，海康人寿江苏分公司与瑞士再保险共同承保了意外险500万元。阚某，环保公司总经理，于2010年4月30日投保了“海康人身意外伤害保险”，保额500万元，年缴保费11142元，缴费期1年，每年续缴。

6月8日，海康人寿江苏分公司与瑞士再保险共同承保了意外险440万元。韩某，开发公司总经理，于2010年6月8日投保了“海康都来保两全保险”，保额440万元，年缴保费5.06万元，缴费期20年。

6月13日，海康人寿江苏分公司与瑞士再保险共同承保意外险256万元。蔡某，金融业总经理，于2010年6月13日投保了“海康都来保两全保险”，保额256万元，年缴保费7.04万元，缴费期10年。

6月13日，海康人寿江苏分公司与瑞士再保险共同承保意外险244万元。蔡某，金融业总经理，于2010年6月13日投保了“海康都来保两全保险”，保额244万元，年缴保费6.71万元，缴费期10年。

6月21日，海康人寿江苏分公司承保了意外险220万元。卞某，贸易公司总经理，于2010年6月21日投保了“海康都来保两全保险”，保额220万元，年缴保费5.94万元，缴费期10年。

11月29日，海康人寿江苏分公司承保了意外险162万元。李某，建筑公

海康人寿江苏分公司员工受邀参加南京国际梅花节

司总经理，于2010年11月29日投保了“海康都来保两全保险”,保额162万元,年缴保费4.86万元,缴费期10年。

【重大赔付】 1月15日，海康人寿江苏分公司向吴某赔付了10万元的重大疾病保险金。吴某,教师,于2006年6月21日投保了海康人寿江苏分公司“卓越理财终身寿险”,保额10万元,年缴保费5000元;2009年11月09日在上海交通大学同济医院诊断出右肾癌。

1月19日，海康人寿江苏分公司向叶某赔付了35万元的重大疾病保险金。叶某,台胞,于2007年3月21日投保了海康人寿江苏分公司《安康无忧重疾养老保险计划》,保额25万元,20年缴，年缴保费3166元;2007年6月11日再次投保了“安康无忧重疾养老保险计划”,保额10万元,10年缴,年缴保费2111元。2009年10月29日在台湾长庚医院确诊为海绵窦性脑膜瘤。

2月10日,海康人寿江苏分公司向吴女士赔付了20万元的重大疾病保险金。吴某丈夫陶某，驾驶员，于2008年10月4日投保了海康人寿江苏分公司“都来保两全”,10份，年缴保费3200元,15年缴;2009年12月25日在连云港浦南高速西服务区追小偷被他人杀害。

3月18日，海康人寿江苏分公司向吉某赔付了10万元的重大疾病保险金。吉某,物流企业主管,于2007年7月27日投保了海康人寿江苏分公司“安康无忧重疾养老保险计划”，保额10万元,年缴保费4710元,至55周岁;2010年2月25日在江苏省江源医院诊断出甲状腺癌。

3月22日，海康人寿江苏分公司向石某赔付了10万元重大疾病保险金。石某,财务主管,于2008年5月8日投保了海康人寿江苏分公司“定期重大疾病”，保额10万元，年缴保费30元,至60周岁;2010年2月5日在江苏省肿瘤医院诊断出胃癌。

4月28日，海康人寿江苏分公司向范女士亲属赔付了15万元的身故保险金。范女士,于2007年10月23日投保了海康人寿江苏分公司“海康健康赢家两全”,保额10万元,每月639元,10年缴;于2010年1月11日投保了“海康健康赢家两全”，保额5万元，每月357元,10年缴;2010年3月17日在出租房内遭遇火灾身故。

6月8日,海康人寿江苏分公司向王某赔付了10万元的重大疾病保险金。陈某之母,于2009年10月29日为其投保了海康人寿江苏分公司“定期重大疾病”,保额10万元,每年354元,至65周岁;2010年5月8日在无锡市人民医院诊断出白血病。

6月14日，海康人寿江苏分公司向袁某赔付了12万元的重大疾病保险金。袁某,教师,于2007年3月31日投保了海康人寿江苏分公司“安康无忧重疾养老保险计划”,保额12万元,每年3660元,20年缴;2010年3月17日在南通大学附属医院诊断出尿毒症。

10月22日,海康人寿江苏分公司向蒋某赔付了35万元的身故保险金。蒋某之子系军医。于2010年3月11日投保了海康人寿江苏分公司“海康安心365意外伤害保险”，保额35万元,月缴129元。2010年6月4日运送伤员在高速公路上遭遇车祸身故。

11月3日，海康人寿江苏分公司向陈某亲属赔付了213659.29元的重大疾病保险金。陈某,法官,于2006年12月21日投保了海康人寿江苏分公司“卓越理财终身寿险”,保额20万元,每年5000元;2010年4月14日因疾病身故。

海康人寿江苏分公司看望聋童幼儿园小朋友(为了保护孩子隐私,照片中孩子的脸部进行了模糊处理)

【公益活动】 4月,海康人寿江苏分公司组织员工在南京新世纪广场进行“为玉树祈福”活动,参加人员为海康人寿江苏分公司爱心基金会人员以及各界爱心人士。

5月和9月,海康人寿江苏分公司先后两次组织员工到南京婷婷聋童幼儿园开展爱心活动,捐助各类用品以及与孩子们一起表演节目,给他们爱心。

7月,海康人寿江苏分公司组织员工到省血液中心进行义务献血活动。

【教育培训】 1月、4月、8月，海康人寿江苏分公司在南京举办了3次业务主任晋升训练班,培训针对外勤业务一线新晋升的业务主任进行了有针对性的提升培训。

3月和5月,海康人寿江苏分公司在南京、无锡分别举办了初级讲师训练班,培训针对外勤业务一线新选拔的讲师进行了有针对性的提升培训。

7月19日至22日,海康人寿江苏分公司连续举办了2期卓越经理人培训班，对江苏分公司各机构业务主管、各机构代理人渠道负责人、区部经理和培训负责人进行征募的训练及研讨。

9月6日,海康人寿江苏分公司举办了教师节庆祝活动,活动分为:讲师评优、专题早会、主题研讨交流会三个部分,充分表达了对100位讲师的肯定和尊重。

# 中宏人寿保险有限公司江苏分公司

【概况】 2005年12月19日，中宏人寿保险有限公司江苏分公司正式开业，这是中宏在江苏省设立的第一个分支机构，亦是国内第一批获得批准进入江苏省的中外合资保险公司之一。在江苏保监局、江苏各级政府及广大客户的支持下，中宏人寿江苏分公司秉承中宏人寿“易变的岁月，不变的承诺”的服务理念，以客为尊、合规经营，锐意开拓、稳健发展。目前，中宏人寿江苏分公司除在南京直接开展业务活动外，在江苏省内拥有无锡、常州、镇江、苏州、南通、扬州、盐城等七家地市级分支机构，同时拥有昆山、江宁(筹)两家区县级分支机构。

【经营业绩】 2010年，中宏人寿江苏分公司共实现保费收入24393万元，同比去年上升37%，其中新单趸缴保费收入9万元，同比去年下降93%，新单期缴保费收入8475万元，同比去年上升6%；续期保费收入15909万元，同比去年上升63%。所有保费收入中个险保费收入24030万元，团险保费收入363万元。

按产品类别划分，保费收入主要集中在新型产品上，至本季度新型产品保费收入19134万元，同比去年同期上升37%，占总保费收入78%，主要来自于分红产品保费收入；相对于新型产品，健康险产品保费收入4744万元，意外险产品保费收入442万元，定期等其他产品保费收入73万元。

公司赔款及死伤医疗给付共计1804万元，发生年金给付209万元，去年同期赔款给付支出116万元；退保金支出为637万元，去年同期退保支出为503万元，总体来说，与保费收入相比，公司的退保率维持在相当低的水平上，本期的退保率仅为2.61%，远低于5%的监管风险指标。江苏分公司2010年全年13个月的保单持续率为90.2%，如此高的保单持续率带来了稳定的续期保费，使总保费收入逐年上升幅度明显。

12月末，公司保险营销员2021人，100%持证上岗。

2010年，中宏根据市场需求，不断推出新产品，主要有：(1)中宏长保无忧两全保险——新黄金套餐(分红型)，在对费率进行适当调整的基础上，保持了原黄金套餐的产品特征和市场优势，给客户提供重疾、身故保障以及期满利益。(2)快速返还型保险理财产品——中宏金福连连A款/B款两全保险（分红型)，该产品具有保本增值、快速返还、长期收益、领取灵活、现金分红等优势，填补了公司在快速返还型保险理财产品方面的空缺。(3)中宏金福连连C款/D款两全保险(分红型)，继承了A/B款的优势，并对产品利益进行了一些调整，以适应不断变化的市场需求。(4)中宏安享无忧重大疾病保险计划，这是一款专为年轻人设计，兼顾重疾保障和强制储蓄功能，初期缴费压力相对较小，定期20年保障，满期还本的重疾组合计划。

【渠道建设】 中宏保险长期以来专注于个险市场，采取个人营销方式，无论个险或者团险，销售渠道均集中在个人营销一项。2008年中宏保险开始着手银行代理销售渠道的筹建，该渠道由总部垂直管理，2009年中宏人寿江苏分公司银行代理销售渠道正式启动，目前尚处在起步阶段，2010年，保费收入占总保费比例极小。

【内部管控】 中宏实行的是总部高度集中管控的模式，总公司各职能部门统一制定规章制度及流程，分支机构遵照执行。各项业务的权限均由总公司统一管理、控制，依据相关的规章制度和流程对分支机构进行系统及操作的授权。总部还负责规章制度和流程的推行、检查、督导及评价执行效果。

公司对各个部门均有工作职责要求，并且总公司、分公司相应部门对基层公司作条线监督及评估管理，同时每年人力资源部门进行绩效考核管理。其中合规工作考评是绩效考核中的重要因素。

【企业文化】 中宏不断加强对于品牌和文化的投入，互相支持和辅助，站在中国保险业快速发展的前端，以文化聚队伍，以诚信专业建品牌，创建和谐发展新局面。

诚信基石铸就优质品牌，堆砌企业文化。正如中宏的理念“易变的岁月、不变的承诺”，中宏保险携全体员工和营销员致力于追求优质的客户服务。保险产品的推出以客户的需求为中心，先进的信息系统不断提升以提高管理效率和客户服务的品质。中宏将其成功的运作模式和理念传递到其各个分支机构，包括营销管理、营销员培训、产品发展、客户服务和信息系统等各方面先进的经验。

锻造知名市场活动，品牌深入人心。围绕品牌理念，中宏稳健开展品牌建设。中宏宝宝活动已经连续举办八届，“非常宝宝·梦想学府”客户关怀活动拉开中宏保险2010年“非常·关爱”客户服务计划的大幕，在两个月的时间里，上万名中宏宝宝和父母共同参与，展开一场“智慧与梦想”的比拼。

真情回报社会，企业文化建设的重

1月14-18日，中宏江苏分公司业绩优异营销员参加了马来西亚高峰会议

要驱动力。在迈向全国的过程中，中宏非常注重锻造企业文化，使中宏大家庭以统一的理念、健康向上的精神凝聚在一起。在十多年里，中宏保险不断通过积极投身各项社会公益事业来关心市民、回馈社会，涉及环保、癌症研究、关怀病儿等多个领域。

【履行社会责任】 作为国内首家中外合资寿险公司，中宏保险自2004年开始，连续七年坚持开展"社会关怀承诺日" 公益活动，2010年度中宏社会关怀承诺日活动以"37℃温暖"为主题，携手四川省残疾人福利基金会共同举办为期两个多月的义卖"爱心小夜灯"活动，筹集善款为四川贫困地区的白内障老人提供手术费用，帮助他们重见光明。"37℃温暖"白内障老人复明工程历时3个月，在全国41座城市近万名中宏志愿者的共同努力下，共义卖出近3万盏爱心小夜灯，将实现450位贫困白内障老人重返光明的梦想。中宏保险江苏分公司自2005年12月成立以来，积极参与了每年的"社会关怀承诺日"公益活动，此次"37℃温暖"白内障老人复明工程中，江苏各营销机构共计义卖2312盏爱心小夜灯，筹集善款约57800元。

【重大活动】 1月14~18日，中宏人寿江苏分公司业绩优异营销员参加了马来西亚高峰会议。

1月31日，中宏人寿常州市营销服务部在常州富都戴斯大酒店举办了三周年司庆暨2009年度颁奖晚宴，常州保险行业协会秘书长孟金贵到会祝贺，中宏高级副总裁暨江苏分公司总经理赵哲明、助理副总裁暨江苏分公司副总经理林海斌出席了本次晚宴。

2月1日，中宏长保无忧两全保险——新黄金套餐(分红型)正式上市。新黄金套餐在对费率进行适当调整的基础上，保持了原黄金套餐的产品特征和市场优势，给客户提供重疾、身故保障以及期满利益。

2月23日，中宏人寿江苏分公司在南京金陵会议中心举行了2009年度群英会，表彰2009年度绩优营销员，江苏省保险行业协会秘书长濮阳到会祝贺，中宏人寿保险公司高级副总裁赵哲明、副总裁张明仪出席会议。

2月23日，中宏保险江苏分公司在南京金陵会议中心举行了2009年度群英会

3月5日，镇江市保险行业协会进行"第三届诚信服务创优活动"表彰通报，中宏人寿镇江市营销服务部荣获寿险公司 "三星级诚信服务先进单位"称号，三星级为本次评比最高荣誉。

3月6日，全新快速返还型保险理财产品——中宏金福连连A款/B款两全保险(分红型)正式上市。该产品具有保本增值、快速返还、长期收益、领取灵活、现金分红等优势，填补了公司在快速返还型保险理财产品方面的空缺。

5月8日，中宏人寿江苏分公司南京本部在南京紫金山举办了"低碳环保踏青紫金山亲子游"活动，向广大南京市民倡导低碳环保的生活方式，约300名嘉宾及代理人参加了本次活动。

6月7~11日，中宏人寿江苏分公司业绩优异营销员参加了日本福冈高峰会议。

6月11日，中宏金福连连C款(分红型)上市，继承了A/B款的优势，并对产品利益进行了一些调整，以适应不断变化的市场需求。

8月19日，人民银行常州市中心支行召开了平安金融创建活动达标单位的表彰大会，中宏人寿保险常州市营销服务部在此次创建活动中获得了"平安金融单位"奖牌。

9月16日，中宏人寿保险有限公司盐城市营销服务部正式获得江苏保监局开业批复。

10月15日，中宏安享无忧重大疾病保险计划正式上市。这是一款专为年轻人设计，兼顾重疾保障和强制储蓄功能，初期缴费压力相对较小，定期20年保障，满期还本的重疾组合计划。该产品旨在进一步细分重大疾病健康险市场需求，并为公司新业务同仁提供多样化的市场拓展武器。

10月30日至31日，中宏人寿江苏分公司在苏州阳澄湖举办营销管理进修会，全省高级营业主任以上级别的人员参加了培训。

12月1日，金福连连D款两全保险(分红型)上市。金福连连D款继承了A/B款的优势，并对产品利益进行了一些调整，以适应不断变化的市场需求。

12月3日至4日，中宏人寿江苏分公司南京本部、扬州市营销服务部在扬州市会议中心联合举办了2011年度策划汇报会。中宏保险高级副总裁赵哲明参加会议并讲话，台湾寿险业名师王基恩作了分享和交流。会议结束前，江苏分公司副总经理纪美娟主持了达成2011年业务目标的誓师仪式。

12月17日，中宏人寿江苏分公司在南京天丰大酒店举行了成立5周年化妆舞会，活动共约270位嘉宾及业务伙伴参加。

【重大承保】 5月30日，中宏人寿江苏分公司承保了被保险人张女士终身寿险产品，产品名称为中宏终身寿险(分红型)——轻松保计划，保险金额100万元，年缴保险费65840元。

7月25日，中宏人寿江苏分公司承保了被保险人沈先生年金产品，产品名称为中宏丰裕年年年金保险 (分红型)，保险金额10000元，年缴保险费

216417元。

9月28日，中宏人寿江苏分公司承保了被保险人缪女士年金产品，产品名称为中宏丰裕年年年金保险（分红型），保险金额10000元，年缴保险费202094元。

10月21日，中宏人寿江苏分公司承保了被保险人张先生重大疾病产品，产品名称为长保无忧两全保险——新黄金套餐(分红型),保险金额60万元，年缴保险费25410元。

【重大赔付】 10月20日，中宏人寿保险江苏分公司向被保险人张某的受益人赔付身故保额及利息合计304542.14元。5月27日，张某向中宏人寿保险江苏分公司投保中宏终身寿险（分红型）——轻松保计划，保额100000元，附加无忧意外伤害保额200000元，附加康宝综合住院保额8000/100元，年缴保费合计4362元，缴费期间20年。8月18日，被保险人张某在维修起重机的工作过程中，登高作业，不慎从6米高处坠落，事后由周围人员紧急送至江阴市人民医院，虽积极抢救，但终因严重多发伤于当日身故。9月3日，被保险人家属向中宏人寿保险江苏分公司递交书面理赔申请。

【公益活动】 2010年度中宏社会关怀承诺日活动以“37℃温暖”为主题，携手四川省残疾人福利基金会共同举办，开展为期两个多月的义卖“爱心小夜灯”活动，筹集善款为四川贫困地区的白内障老人提供手术费用，帮助他们重见光明。在全国41座城市近万名中宏志愿者的共同努力下，共义卖出近3万盏爱心小夜灯，将实现450位贫困白内障老人重返光明的梦想。此次“37℃温暖”白内障老人复明工程中，江苏各营销机构共计义卖2312盏爱心小夜灯，筹集善款约57800元。

## 国泰人寿保险有限责任公司江苏分公司

【概况】 国泰人寿江苏分公司作为总公司自落户大上海后设立的第一家分支机构，于2006年2月在江苏南京正式成立，下辖南京、苏州、无锡、常州、昆山、南通、扬州、镇江、泰州九家营销服务部。

2010年，是国泰人寿江苏分公司在江苏市场的第5个经营年度，在总公司及分公司各级主管领导和公司全体内外勤员工的共同努力下，分公司各项业务有序开展、稳步前进。

【经营业绩】 国泰人寿江苏分公司2010全年实现总保费收入1.978亿元，同比增长7.7%。其中个险保费收入4512.3万元，增长4.8%，银保收入9832万元，同比减少4.5%，团险收入5403万元，同比增长44.5%。

【渠道建设】 2010年，国泰人寿江苏分公司个险总保费收入4512万元，市场占有率为0.13%，在39家寿险公司中排名第23位，在16家合资寿险公司中排名第8位。

配合监管机构调结构、防风险的发展精神，国泰人寿江苏分公司银保渠道稳步推进结构调整，优化产品结构，发挥风险管理和保障功能优势，不断满足消费者日益增加的保障需求。继续维持“追求适当保费规模的同时坚持期缴导向”，重点开发推动期缴型和风险保障型产品。

团险方面，为响应省政府号召，照顾台籍同胞，分公司从台湾母公司申调多名台籍干部进驻江苏市场，现在一直维持很好的口碑。省内台资企业年保费收入约占公司团体保险总保费收入的79%。今后国泰人寿会继续秉持为江苏省内企业提供良好服务的理念，积极寻求合作机会。

【内部管控】 内控是保险公司的一种自律行为，内控制度的建设与完善，是寿险业进一步深化体制改革的迫切要求，有利于提高寿险公司内部活力和外部竞争能力。国泰人寿江苏分公司根据业务规模、组织架构和风险管理工作的需要，在综合行政部下设合规内控岗，负责分公司内部合规管理工作，以及指导辖下营销服务部合规人员开展合规工作。

2010年通过开展合规工作，国泰人寿江苏分公司各部门（含下属机构）在总体运作及具体工作的落实执行上，基本符合法律法规及公司内控管理制度的要求，各项工作运行有序，合规风险被有效控制，分公司各部门(含下属机构)总体上处于良好的运行控管状态。

【企业文化】 江苏分公司作为国泰人寿在大陆成立的第一家分公司，努力秉承“诚信为本、以客为尊”的企业价值观，始终牢记“传播幸福、散播爱”的国泰使命，为实现国泰愿景“打造民族保险新旗舰”而不辍耕耘。同时，分公司鼓励员工，充分发挥“诚信、热忱、主动、进取”的员工特质，努力践行“专业、服务、创新、执行力”的员工行为，勇于接受挑战，以旺盛的斗志，坚强的毅力，为江苏客户提供高度专业化的服务。

人才是企业发展的基石，国泰人寿一直重视企业人才的培训和发展。2010年培训工作在原有基础上进行细化和扩展，除了进行常规性训练，更细分培训课程，以满足不同需求。随着职级晋升，公司还为不同级别管理人员安排集中课程，以提供各地管理者面对面交流与学习机会，加快技能提升，用专业度提高服务的层次。

【履行社会责任】 国泰人寿江苏分公司自进入江苏市场以来，一直致力于公益事业，不仅经常举办小区免费义诊、健康讲座，积极参与南京市无偿献血事业，更热心于推动少儿美术教育事业的发展。

2010年7月至12月期间，江苏分公司与南京市青少年宫第五次联手，成功举办了“参与世博 共享快乐，2010国泰人寿少儿绘画比赛”，为广大爱好绘画的小朋友提供了展示才华的舞台。当“7·28”爆炸事件发生后，在分公司总经理商应楷的大力支持下，公司多名同仁响应南京市红十字血液中心的号召，第一时间赶赴献血现场，帮助血液中心进行献血导医和献血招揽工作。另外，在8月、10月和12月，分公司三组志愿者分别进行了三次别开生面的志工活动，在新街口地区无偿献血车进行献血导医和献血招揽工作，帮助推动南京市无偿献血事业向前迈进，不遗余力地以实际行动回馈社会大众。

【重大活动】 1月1日，国泰人寿推出网络投保业务平台，以及为网络投保渠道量身打造的两款意外险（航空意外与公共交通意外）及一款分红险（储蓄分红型）产品。

3月15日，“国泰安心保医疗保险计划”在江苏市场销售。该产品具有“没事当存钱，出事就领钱，小钱变大钱，终身不用钱，医疗不用愁”五大特色，其中特别设计的“无理赔记录增值保险金”，在大陆市场上属首创。

4月28日，国泰人寿推出“国泰组合”电子化航空旅行保障计划。这是一款专为东航国内航班旅客设计的航空意外险+旅游不便险的组合保障计划，由国泰人寿与国泰产险合作推出。

5月18日，“国泰意外宝综合意外保障计划”在江苏市场销售。该计划的投保、付款等各个环节均依托网络进行，同时，保单生效时间、保单期限与保单份数都可以自由选择。

5月26日，国泰人寿江苏分公司被南京市商务局和南京日报社授予“2010年度保险赠劳模活动荣誉企业”称号。

7月9日，许青松接替陈世杰担任国泰人寿江苏分公司总经理助理。

8月3日，国泰人寿“全心保手术医疗保险计划”在江苏市场销售。该产品除具有手术理赔项目多样化、1200倍医疗额度保障、32项重大疾病额外给付等特点，更将无理赔纪录增值保险金及无理赔则加计利息退还已交保费的设计纳入产品中。

8月4日，国泰人寿保险有限责任公司总经理吴惠斌赴江苏分公司进行工作视察，召开江苏分公司营销部总经理会议，了解各地经营状况，对江苏分公司工作进行指导。

10月19日，国泰人寿“美福人生重大疾病保险计划”在江苏市场销售。该产品集返还、养老、重疾、身故于一体，在一张保单内实现重疾、养老、还本、分红等多重保险利益。

11月17日，经国泰人寿董事会决议通过，股东双方各注资2亿元人民币，公司注册资本金从8亿元人民币增至12亿元人民币，双方持股比例不变。

11月24日，经国泰人寿董事会决议通过，吴惠斌接替龚志荣担任国泰人寿保险有限责任公司总经理。

11月24日，国泰人寿保险有限责任公司总经理吴惠斌赴江苏分公司出席总经理荣誉宴。会上总经理对南京营销部绩优人员进行了表彰，并对南京营销部的工作进行了指导。

【重大承保】 6月30日，国泰人寿江苏分公司承保中芯国际集成电路制造（上海）有限公司团体险，总保费约400万元。

【重大赔付】 2月23日，国泰人寿江苏分公司赔付被保人李某25万元。李某，常州市时代包装有限公司员工，在压箱机上协助工作时发现箱板没放正，就将机器停下想拿回来重新放置，结果机器突然启动，右手被压箱机夹伤，出险后被及时送往无锡市手外科医院就诊，诊断为右前臂毁损伤，鉴定为五级伤残。

4月25日，国泰人寿江苏分公司赔付被保人韩某35万元。韩某，江苏瑞凯进出口贸易有限公司员工，由其出口贸易公司派遣至安哥拉出国劳务。因在工地作业发生意外，被其驾驶的装卸车挤压导致身故。

9月24日，国泰人寿江苏分公司赔付被保人邹某50万元。邹某，溧阳市溧浦电梯工程有限公司员工，与其同事在宜兴某大楼内调试电梯，当时其同事处于电梯轿厢中，邹国金准备下轿顶，就在下轿顶过程中，电梯突然上行，致其挤压身亡。

10月8日，国泰人寿江苏分公司赔付被保人林某50万元。林某，南通振兴电梯安装有限公司员工，于福清市宏路街道石门江滨御景15号五层安装电梯时，被电梯井道内脱落的水泥砸中头部，当场抢救无效死亡。

10月19日，国泰人寿江苏分公司赔付被保人吴某50万元。吴某，溧阳市富奎电梯工程有限公司员工，与其同事在井道内拆除脚手架，在脚手架拆除到1层与-1层之间时，因未能抓住脚手架钢管，坠落到-1层电梯底坑，后送至医院抢救无效死亡。

10月23日，国泰人寿江苏分公司赔付被保人徐某和贺某各50万元。徐某和贺某，溧阳市溧浦电梯工程有限公司员工，于福建泉州某工地准备上楼安装电梯时，搭乘了被另一组员工拆卸了一半的电梯，电梯升至高空时意外坠落以致两人身故。

【公益活动】 7月20日，国泰人寿第七届少儿绘画比赛在江苏开赛。大赛以“大家来比画——参与世博 共享快乐”为主题，继续为广大少年儿童搭建展现艺术才能的平台。赛事覆盖南京、苏州、无锡、常州、昆山、南通、扬州、镇江、泰州9个城市。

7月28日，南京爆炸事故发生后，国泰人寿江苏分公司员工第一时间赶往血液中心支援现场献血导医工作。据了解，国泰人寿江苏分公司是事故发生后首个前往南京市血液中心协助现场工作的保险公司。

8月14日，国泰人寿江苏分公司志工第一组在中央商场、地铁小屋和新华书店献血车，协助南京红十字会血液中心进行献血导医和献血招揽工作。

9月18日，国泰人寿江苏分公司及无锡营销服务部分别在南京国防园和无锡东林书院举办儿童绘画比赛大型现场写生活动。

10月23日，国泰人寿江苏分公司志工第二组在中央商场、地铁小屋和新华书店献血车，协助南京红十字会血液中心进行献血导医和献血招揽工作。

10月23日，国泰人寿江苏分公司苏州营销服务部在苏州白塘公园举办儿童绘画比赛大型现场写生活动。

11月10日，国泰人寿捐赠南京大学商学院金融与保险学系奖学金10万元。

12月18日，国泰人寿江苏分公司志工第三组在中央商场、地铁小屋和新华书店献血车，协助南京红十字会血液中心进行献血导医和献血招揽工作。

## 中国人民健康保险股份有限公司江苏分公司

【概况】 2010年人保健康保险江苏分

公司认真贯彻落实集团公司、总公司工作部署，围绕“效益、特色、能力”抓发展，着力转变发展方式，大力提高发展效益，不断打造专业特色，全面提升发展能力，努力实现团、个、银三条业务渠道全面快速均衡发展，努力扩大公司的影响力和品牌知名度，营造出业务快速发展、能力得到提升、风险有效防范的良好局面，将公司推向新的、更高的发展层次。

【经营业绩】 2010 年，人保健康保险江苏分公司实现财务口径保费收入 42449.8 万元，同比增长 153.9%。其中团险实现保费 17942.5 万元，较上年同期增长 60.4%；个险实现保费 5610.8 万元，较上年同期增长 90%；银保实现保费 18896.5 万元。

【内部管控】 通过开展各类自查自纠活动，坚决落实问责制度，内部控制措施得到有效实行，其中 2010 年先后问责了 2 家机构及相关人员，保证了制度执行的严肃性。按照保监会《保险公司分支机构分类监管暂行办法》，江苏保监局对公司经营和风险状况进行了非现场评估，风险状况类别为“A”。

【企业文化】 2010 年，人保健康保险江苏分公司致力于建设和谐文化，促进员工发展。一是通过专项会议开展大讨论，研究制订 2010 年企业文化发展方案，明确发展方向和实现途径。二是通过参加“世博知识竞赛”、“防灾减灾知识竞赛”等活动，增强了员工学习的积极性与主动性。三是公司工会进一步落实了针对员工及其家属的患病探视制度，解决了员工中午就餐问题，为每位过生日员工准时送上蛋糕券，让员工感受到了公司的关爱和温暖，将以人为本落到实处，凝聚人心，营造和谐奋进的企业氛围。

【重大活动】 2 月 6~7 日，人保健康保险江苏分公司召开 2009 年全省工作会议。

4 月 11 日，人保健康保险江苏分公司在南京举办首届精英高峰会，表彰在 2009 年度取得突出销售业绩的团险、个险渠道的优秀销售人员及在后援服务中表现优异的内勤人员。

5 月 17 日，人保健康总公司总裁助理陈志刚一行莅临江苏分公司调研指导。调研期间，陈总一行拜访了江苏保监局局长谢宪，传达了吴定富主席在人保健康考察期间的讲话精神，介绍了人保健康成立以来的发展成果，并就保险创新发展模式等问题进行了探讨和交流。

5 月 19 日，人保健康保险江苏分公司召开公司成立四周年特别晨会。

6 月 6 日，人保健康保险江苏分公司在全省范围内开展“人保健康欢乐社区行”爱眼宣传日活动。邀请了南京市鼓楼医院的眼科专家到现场为居民讲解眼病防治保健的相关知识，并为部分患者进行免费检查。活动得到多家省级以上媒体全程跟踪报道。

6 月 7~12 日，人保健康总公司总裁李玉泉莅临江苏分公司调研指导。调研期间，李玉泉一行拜会了江苏省人民政府常务副省长赵克志，详细汇报了人保健康几年来取得的成绩，并就江苏分公司如何参与、服务好地方医疗保障体系建设，加快“湛江模式”推广等方面进行了亲切交谈，双方还就开发无锡“互助照料看护保险”、开展农村妇女“两癌”筛查体检、探索职工自费药医疗补充项目等达成诸多共识。李总一行还拜会了江苏保监局、人力资源和社会保障厅的领导同志，并深入泰州、无锡、苏州、扬中等地与地方政府分管社保工作的副市长和金融办、人劳局、卫生局、民政局等相关部门的负责人详细介绍公司发展的最新情况，推介“湛江模式”，并就如何进一步深化社保补充项目合作交换了意见，达成了共识，为分公司的业务拓展创造了良好外部环境。

12 月 18 日，人保健康保险江苏分公司召开第二届精英高峰会，隆重表彰 2010 年度为公司发展做出突出贡献的销售精英及后援服务人员。江苏省金融办、江苏保监局、省行业协会及人保系统兄弟公司等单位领导到会并为精英们颁奖。

【重大承保】 2 月 10 日，人保健康保险江苏分公司与高淳县职工医疗保险管理中心签订保险协议，为高淳县城镇职工基本医疗保险参保人员提供大病医疗保险服务，累计承保职工约 4.85 万人，个人保额依据当地医保规定采用上不封顶政策。

3 月 11 日，人保健康保险江苏分公司与淮安市社会医疗保险基金管理中心签订保险协议，为淮安市市直城镇职工基本医疗参保人员提供大病医疗保险以及相应健康管理服务，累计承保职工约 21 万人，总保险金额达 226.8 亿元。

4 月 20 日，人保健康保险江苏分公司与南京市六合区社会保险管理中心签订保险协议，为六合区城镇职工基本医疗保险参保人员提供大病医疗保险及高额住院费用补偿服务，累计承保职工约 8.51 万人，总保险金额达 204.24 亿元。

9 月 29 日，人保健康保险江苏分公司与泰州市城镇职工医疗保险管理

6 月 7~12 日，人保健康总公司总裁李玉泉莅临江苏分公司调研指导。在宁期间，江苏省常务副省长赵克志与其会谈

中心签订保险协议，为泰州市直城镇职工基本医疗保险参保人员提供大病医疗保险服务，累计承保职工约16.6万人，总保险金额达210亿元。

9月30日，人保健康保险江苏分公司与镇江市社会保险基金支付中心签订保险协议，为镇江市区城镇职工基本医疗保险参保人员提供社会医疗保险自费医疗补充保险服务，累计承保职工约40.2万人，该项目为全国地级市中率先开展，个人保额依据当地医保规定采用上不封顶政策。

4月11日，人保健康江苏分公司在南京举办首届精英高峰会

【重大赔付】 1月9日，人保健康保险南京本部赔付被保险人吴某社保补充医疗保险金239590.62元。吴某为南京江宁区谷里街道职工，于2009年1月1日向人保健康保险江苏分公司投保社保补充团体医疗保险(保额无上限)。吴某于2008年11月14日至2009年1月23日因“胃癌”在上海梅山医院住院治疗。

1月19日，人保健康保险南京本部赔付被保险人徐某意外伤害保险金20万元。徐某系江苏省交通规划设计院有限公司职工，该公司于2008年4月21日为其向人保健康保险江苏分公司投保团体意外伤害保险 (20万元)。徐某于2009年2月26日因外伤致颅脑损伤死亡。

3月22日，人保健康保险无锡中心支公司赔付被保险人周某意外身故保险金20万元，周某系无锡海源重工有限公司职工，该公司于2008年9月15日为其向人保健康无锡中心支公司投保团体意外伤害保险(20万元)。周某于2009年9月6日骑自行车逆向行驶与一辆普通客车相撞身亡

4月12日，人保健康保险扬州中支赔付被保险人管某保险金20万元。管某为扬州长江轻钢彩板有限公司职工，于2009年7月17日向人保健康扬州中支投保福佑专家团体意外伤害保险(20万元)。管某于2010年3月18日在安徽天长施工工地上被卸货的卡车倒车时碰到后辗压致死。

5月11日，人保健康保险南京本部赔付被保险人黄某意外伤害保险金20万元。黄某系联创科技(南京)有限公司职工，该公司于2010年1月1日为其向人保健康保险江苏分公司投保团体意外伤害保险(20万元)。黄某于2010年3月20日在新疆维吾尔自治区吉木萨尔县因车祸死亡。

8月20日，人保健康保险南通营销服务部赔付被保险人潘某身故受益人保险金201935.32元。潘某为人保健康南通营销服务部个险营销员，于2008年8月30日向人保健康南通营销服务部投保健康宝个人护理保险(万能型)(保额6万元)、2008年10月15日投保康健无忧综合保障计划(保额2万元)、2009年1月10日投保开心上班族卡单1份(保额10万元)。潘某于2010年7月19日因车祸抢救无效身故。

9月10日，人保健康保险无锡中心支公司赔付被保险人田某意外伤残保险金267210.40元。田某系无锡市顺丰速运有限公司职工，该公司于2009年4月1日为其向人保健康无锡中心支公司投保团体意外伤害保险补充工伤保险。田某于2009年6月30日驾驶摩托车派件时与一辆轿车相撞，经确诊为腹部闭合性损伤、脾脏破裂、左脚踝关节骨折、全身多处损伤。经南京市高淳县劳动和社会保障局认定为工伤，伤残等级符合六级。

9月16日，人保健康保险扬州中支赔付被保险人黄某保险金20万元。黄某为扬州市邮城建筑安装工程有限公司职工，于2010年6月14日向人保健康扬州中支投保建筑工程团体意外伤害保险(20万元)。黄某于2010年8月23日下雨前收拾焊接工具时遭雷击，送高邮市人民医院抢救无效后死亡。

10月11日，人保健康保险扬州中支赔付被保险人吴某保险金20万元。吴某为江苏天泽建设工程有限公司职工，于2010年4月12日向人保健康扬州中支投保建筑工程团体意外伤害保险(20万元)。吴某于2010年8月10日在该工地从事龙门架维护时，因升降机钢丝绳断裂，从高处坠落，经送高邮市人民医院抢救无效后死亡。

12月27日，人保健康保险南通营销服务部赔付被保险人倪某身故受益人意外伤害保险金20万元。倪某系南通朗能机械制造有限公司职工，该公司于2008年3月12日向人保健康南通营销服务部投保团体意外伤害保险(20万元)、团体意外医疗保险(1万元)、团体住院定额保险(住院30/日)。倪某于2008年10月12日在安徽芜湖一艘7000方刨吸式工程船实行装配安装任务，其在船尾部采沙管上紧螺丝时，由于用力过猛致重心不稳从采沙管上滑下坠入江中，多人下水寻找未果，后经当地派出所认定为意外事故死亡。

【公益活动】 4月19日，人保健康保险江苏分公司利用晨会时间举行了一场为舟曲地震灾区爱心捐款活动。短短几十分钟募得款项1万多元。

5月5日，人保健康保险江苏分公司参加了“金融职工宣传世博服务世博

活动知识竞赛”。

6月6日，人保健康保险江苏分公司在全省范围内开展“人保健康欢乐社区行”爱眼宣传日活动。邀请了南京市鼓楼医院的眼科专家到现场为居民讲解眼病防治保健的相关知识，并为部分患者进行免费检查。

【教育培训】 3月8日，人保健康保险江苏分公司工会组织全辖女员工参加了一场妇女健康知识讲座，通过知名专家耐心细致的讲解，加强了广大女员工对于自我健康保健的认识，取得了良好的培训效果。

6月30日，人保健康保险江苏分公司党委主要负责人以“以党史为鉴，推动公司全面发展”为主题给全体党员干部和机关人员上了一堂党课，带领大家重温了中共产党成立89年来的光荣历史和优良传统，要求全体员工以党史为鉴，正确认识公司发展现状，统一思想，勤奋工作，努力学习，发扬艰苦奋斗的优良传统，并对全体党员和员工提出了工作要求。党课开始前，分公司还举行了入党宣誓仪式，6名新党员、7名新转正党员面对鲜艳的党旗，立下了为共产主义奋斗终身的庄重誓言。

【其他】 7月1日，人保健康保险江苏分公司以“科学发展我争先，人保辉煌我奉献”为主题，正式启动创先争优竞赛活动。竞赛分为三个阶段进行，每季度预评测一次，对获得“四星级”以上的“四强”党支部和“五优”党员，在“创先争优专栏”内公示表彰，对不合格的进行警示考核，强化先进典型的引领示范作用。每阶段竞赛结束时，分公司都将抽调党员代表、群众代表组成考评小组，对党支部和党员创先争优活动开展情况测评打分，确定阶段评分结果。

8月23日，人保健康保险江苏分公司60多名员工参加2010年“中国人保——全国防灾减灾知识大赛”。

9月底，人保健康保险江苏分公司与镇江市医保中心签署协议，正式承办该市城镇职工自费医疗补充保险项目，该项目覆盖人群41余万人，保费规模达2600余万元。协议的签订也标志着公司更深入地进入到自费医疗补充保险领域，公司在服务新医改、探索新项目方面取得了新的进展。

11月16日，人保健康保险江苏分公司参加了“促发展、增效益、防风险”知识竞赛，105名员工填写了答题卡，顺利完成了比赛任务。

## 海尔纽约人寿保险有限公司江苏分公司

【概况】 海尔纽约人寿保险有限公司是由海尔集团和美国纽约人寿共同出资设立的一家合资寿险公司，经中国保险监督管理委员会批准，于2002年11月28日正式成立，总部设在上海陆家嘴金融贸易区，注册资本金8亿元，为社会大众提供各类人寿保险、健康保险和人身意外伤害保险等产品。海尔纽约人寿保险有限公司江苏分公司成立于2006年7月，设立了南京、苏州、无锡、常州、扬州共6个营业服务部，开展了个人代理销售渠道和电话销售渠道。

【经营业绩】 2010年，海尔纽约人寿江苏分公司业绩基本保持稳定，以新的保费折标标准统计，业务保费收入4810.69万元，其中，新单保费1562.19万元，续期保费3248.5万元。从销售渠道来看，个人代理保费收入3354.63万元，电话销售渠道1456.06万元。

【渠道建设】 海尔纽约人寿江苏分公司在江苏省辖区内开展了个人代理销售渠道和电话销售渠道。其中个险营销业务，走专业化经营道路，严要求、高标准，通过股东纽约人寿的黄金系统造就高素质营销代理人队伍。进行系统化培训，聘请美国和台湾资深寿险顾问对代理人进行日常培训和销售指导。实施以客户需求为导向的销售模式，根据各类客户需求表格进行分析，为客户进行全面的人身保障及个性化财务规划。注重诚信建设，狠抓品质管理。电话营销业务，在江苏省范围内设立了南京呼叫中心，专门从事电话销售，避开与银行及其他产业的合作方式，采用电话销售、上门签单、转账收费的特有模式，稳妥发展电话销售业务。

【内部管控】 日常营运方面，海尔纽约人寿江苏分公司采取投保单当地扫描、集中录入、核保、承保保单集中打印模式，提高出单速度，降低差错率。对购买一年期以上产品的客户进行百分百回访，对购买一年期以内产品的客户进行手机短信回访，确保销售品质。

财务方面，按照财务集中的原则，重点做好预算资源优化配置和财务集中工作，会计基础工作扎实。同时，创新了各机构、各部门费用管控执行力评分制度，通过对可控费用预算达成率、当月业务推动及其他渠道营销费用达成率、当月应酬费达成率、当月差旅住宿费达成率、费用预提情况、报销单据齐全情况等指标的考核，每月对各机构、各部门进行评分。从而发挥各机构、各部门主动积极性，提高费用管理意识，引导各部门更合理有效地使用各项资源。

日常行政方面，江苏分公司通过人事(e-HR)系统及工作流程(BPM)系统，将日常人员考勤、薪酬发放、支出采购等工作实现网上处理，进一步提高了工作效率。

【企业文化】 海尔纽约人寿江苏分公司秉持“诚信正直、创新求实、客户导向、品质第一”的核心价值观，始终致力于向江苏的社会大众提供真诚而专业的保险服务，力争成为最值得信赖、最受尊敬的寿险公司。

## 中意人寿保险有限公司江苏省分公司

【概况】 中意人寿保险有限公司江苏省分公司，于2006年6月8日获中国保监会筹备批准，9月20日获开业批复，10月18日正式挂牌营业。经过4年多发展，江苏省分公司已设立了无锡中心支公司、泰州中心支公司、南京营销服务部、苏州营销服务部、扬州营销服务部、江阴营销服务部、宜兴营销服务部、仪征营销服务部、昆山营销服务部。其中，无锡中心支公司、江阴营销服务部、宜兴营销服务部、扬州营销服务部的保费收入一直稳居当地合、外资保险公司前列。江苏省分公司依托双方股东的雄厚实力，狠抓业务发展，坚持合规经营，持续深入服务网络的开设，凭借科学的人身保障方案和服务，逐步赢得了江苏居民的广泛认可。目前，南通营销服务部、宝应营销服务部的筹备工作正在紧锣密鼓的开展当中。

【经营业绩】 2010年，中意人寿江苏省分公司达成总规模保费12617.35万元，其中新单规模保费8757万元，新单标准保费5642万元。其中，个人营销渠道新单标准保费3366万元，兼业代理渠道达成新单标准保费749万元，团险渠道达成新单标准保费1526万元。

【渠道建设】 个人营销渠道，定位为打造知识型、专业化的营销队伍，通过高品质、创新型业务推动活动确保绩效的达成，在人均产能、活动率、标准活动率及件均产能等几项关键指标上一直名列中意系统前列；兼业代理渠道与省内各大银行之间保持着紧密、良好的合作，已设机构的银行服务网点得到了广泛而深入的覆盖。同时，兼业代理渠道不断进取，创新思维，改善销售结构，创新期缴新模式，加快推动了全省期缴业务的全面发展。团险渠道在原有的业务基础上增设内勤直销渠道，积极主动与其它渠道保持良好沟通与合作，提高新的业务增长点，并取得了良好成效。

【内部管控】 中意人寿江苏省分公司内部控制制度已经形成比较完善的体系，覆盖主要的业务经营和控制环节。江苏分公司严格执行《保单服务标准》、《保险单基本业务服务承诺时限》、《初审作业标准》、《个险和兼业代理渠道常规作业时效标准》等规定，对主要业务处理的每一项流程都有相应的制度规定，规定了承保、理赔、保单服务等环节的服务时间和质量标准。自开展业务以来，至今未发生一起重大投诉案件和非正常集中退保事件，在江苏保监局每季度信访投诉处理情况通报中投诉案件数量始终在行业内保持最低水平。

【企业文化】 中意人寿江苏省分公司坚持秉承“学习、和谐、专业、进取、稳健”的核心价值观，坚持学习型创新组织发展。江苏省分公司制定了完善的员工培训体系，定期组织公司制度文件、企业文化的学习培训，规范员工的行为，提高员工的职业道德水准。在充分利用内部资源的前提下，江苏省分公司不遗余力地为员工创造更多的培训机会，为员工精心制定了入职培训、专业技能培训、管理培训等系列培训计划。根据不同岗位和部门的发展需要，定期安排培训课程，让员工在有效沟通、项目管理、问题解决等方面的素质不断提升，逐步成长为其领域的专家能手。江苏省分公司还建立图书室，定期开展读书月活动和价值观之星评选活动，定期组织员工参加LOMA（北美寿险管理师资格考试），财务员工参加财务资格考试，IT员工参加信息技术专业考试，努力提高各部门员工的专业水平和实际工作能力。

【履行社会责任】 中意人寿江苏省分公司热心公益事业，不断践行企业社会责任。由江苏省分公司工会委员会负责运作的“江苏分公司慈善基金”汇集员工的自愿捐款，持续开展爱心捐助工作，定期帮扶当地社会福利院的孤儿和民工子弟学校的少年儿童。

【重大活动】 1月1日，经无锡政府管理部门审核批准，位于中意人寿江苏省分公司无锡营销服务部门前的公交站台被命名为“中意人寿”站。

1月30日，中意人寿江苏省分公司2010新年晚宴在南京阳光酒店4楼宴会厅成功举办。

2月4日，由《金陵晚报》主办的“2009南京地区年度最佳雇主”正式揭晓。中意人寿江苏省分公司获得“2009南京地区年度最佳雇主”荣誉称号。

2月21日，中意人寿江苏省分公司调任扬州营销服务部原负责人朱庆国为江苏省分公司个人营销业务部负责人，聘任沈海滨为江苏省分公司扬州营销服务部负责人。

2月23~25日，中意人寿董事长王林莅临江苏省分公司本部、南京营销服务部、扬州营销服务部视察，并在江苏省分公司总经理金永光、助理总经理王昊的陪同下，专程拜访江苏保监局局长谢宪。

3月12日，中意人寿江苏省分公司个人营销渠道2009年度荣誉会在南京丁山花园大酒店成功举办。

4月1日，中意人寿江苏省分公司2010年第一季度员工大会在南京营销服务部职场顺利召开。江苏省分公司总经理金永光、助理总经理王昊出席了本次大会。

4月，中意人寿宜兴个人营销业务渠道业绩创出历史新高，标准保费首次突破100万元大关，当月达成132.9万元，承保112.6万元。

6月18日，中意人寿无锡营销服务部在无锡黄金海岸大酒店召开中意“福瑞来”上市新闻发布会。

6月20日，中意人寿宜兴营销服务部在宜兴荆溪大酒店举办中意“福瑞来”上市新闻发布会。

7月2~11日，“纵情春夏　全景日本”——中意人寿江苏省分公司第四届全省高峰会在日本圆满落下了帷幕。在江苏省分公司个人营销业务渠道负责人朱庆国和各机构负责人的率领下，全省94名达标精英先后分两批顺利开展了日本之旅。

7月7日，中意人寿总经理易思乐莅临江苏省分公司视察指导工作。在江苏省分公司总经理金永光和助理总经理王昊的陪同下，易思乐先后参观了江苏省分公司本部、南京营销服务部职场。

7月8日，中意人寿总经理易思乐在江苏省分公司总经理金永光的陪同下莅临苏州营销服务部视察指导工作。

8月10日，“我中意　畅游港澳”——儿童绘画大赛优秀作品展及“幸运大奖”抽奖活动在江苏省分公司个人营销业务部举行。江苏省分公司总经理金永光、个人营销业务部负责人朱庆国、江苏教育电视台《保险周刊》栏目记者莅临活动现场。

8月18日，中意人寿董事长王林在江苏省分公司总经理金永光、助理总经理王昊的陪同下，拜访江苏保监局，与谢宪局长进行了亲切会谈。第二日，在助理总经理王昊的陪同下拜访苏州监管分局。

8月19日，中意人寿江苏省分公司仪征营销服务部正式开业。

9月3日和9月10日，中意人寿江苏省分公司全体员工及部分员工家属先后分两批前往浙江普陀山，开展了2010年度员工旅游活动。

9月6日，南京市平安金融创建活动领导小组授予中意人寿江苏省分公司南京营销服务部"2008~2009平安金融单位"荣誉称号。

9月16日，中意人寿江苏省分公司聘任徐培培女士为江苏省分公司兼业代理营销部部门主管。

10月29日，中意人寿江苏省分公司50位员工参加江苏省保险业首届青年歌咏比赛。

11月1日，在首届江苏省保险业"唱响时代主旋律"青年歌咏比赛中，中意人寿江苏省分公司代表队获得了"比赛组织奖"荣誉称号。

12月2~3日，中意人寿江苏省分公司2011年经营策划会在仪征顺利召开，江苏省分公司总经理金永光、助理总经理王昊、分公司各部门主管及各分支机构负责人参加了本次会议。

【教育培训】 2月26至28日，中意人寿江苏省分公司个人营销业务渠道新人ABCD培训系统传承暨增员直通车培训在无锡营销服务部培训教室成功举办。

5月8日，中国银行江苏分行与中意人寿江苏省分公司联合举办的"航行于新时代——对公业务顾问式行销模式"的培训在南京大学成功举行。

6月5~6日，中意人寿江苏省分公司运作人员全省电话回访技能专题培训暨二季度运作业务培训在江苏省分公司顺利举行。

6月19日，全省各机构员工分别在溧阳天目湖拓展训练基地和无锡龙头渚拓展训练基地开展了为期一天的团队拓展活动。

10月9~10日，中意人寿江苏省分公司个人营销渠道员工培训在南京丽锦花园酒店成功举办。总部个人营销业务部首席个人营销发展官朱勇先生、副首席个人营销发展官王朝蓬先生、精算部产品开发中心康小平先生、江苏省分公司总经理金永光先生、助理总经理王昊先生、个人营销渠道负责人朱庆国先生、人力资源部郭丽莲女士及江苏个人营销渠道全体内勤同仁参加了此次培训。

11月25~26日，中意人寿江苏省分公司兼业代理营销部SSP——"超级战士计划" 全省培训在南京隆重举行。总部兼业代理营销部的房鼎新、陈兰、北京分公司兼业代理营销部范超、韩峰、江苏省分公司总经理金永光、助理总经理王昊全程参与了培训。

11月27日，中意人寿江苏省分公司人力资源部在南京营销服务部培训教室举办了为期一天的"非人力资源经理的人力资源管理"培训。总部人力资源部主管王前进授课。江苏省分公司管理层、各分支机构负责人、分公司各部门主管、各中心主管参加了本次培训。

## 恒安标准人寿保险有限公司江苏分公司

【概况】 恒安标准人寿江苏分公司于2006年10月26日在南京正式开业，2007年先后在扬州、无锡、南通、盐城和常州设立营销服务部，2008年成功开设徐州营销服务部和苏州营销服务部。

【经营业绩】 2010年，恒安标准人寿江苏分公司以"持续危机意识、建立系统管理、提倡厚德载学、完善品牌沉淀"为管理计划核心，全体员工积极进取、团结协作，共实现保费收入2.72亿元，其中新单保费1.81亿元，个人业务保费收入2.43亿元。

【渠道建设】 恒安标准人寿江苏分公司自2006年成立以来，始终致力于提升行业形象和专业水准，希望成为消费者尊重和信赖的合资寿险品牌。公司构建了个险、银保、团险、多元行销四大营销渠道，全方位为客户提供服务。

【内部管控】 恒安标准人寿总公司及江苏分公司历来强调对经营风险的有效管控是企业健康、快速、可持续发展的基础，并根据该原则陆续制定和不断完善各级机构内控制度及流程，通过多种形式强化工作人员的风险防控意识，提升各级员工识别、控制风险的能力，保证各项工作有序进行。

总公司设置合规及运营风险委员会，总、分公司均设有合规与运营风险部，对下级机构定期进行相关政策培训，对分支机构合规经营情况进行监督和定期检查。江苏分公司在总公司内控制度基础上，结合江苏监管机构的要求和公司发展需要，对制度、标准、流程等不断改进和完善，并定期对各分支机构执行情况进行检查、评估和总结；严格贯彻和落实责任追究制度，明确风险事件上报的时限和要求，严防机构出现与监管及总公司要求不一致的行为和现象的发生。江苏分公司各分支机构致力于与同业公司一起共同创造当地市场

10月15日，恒安标准人寿江苏分公司徐州营销服务部收到溺水客户张某父亲(右二)赠送的"信誉如山 大爱无边"锦旗

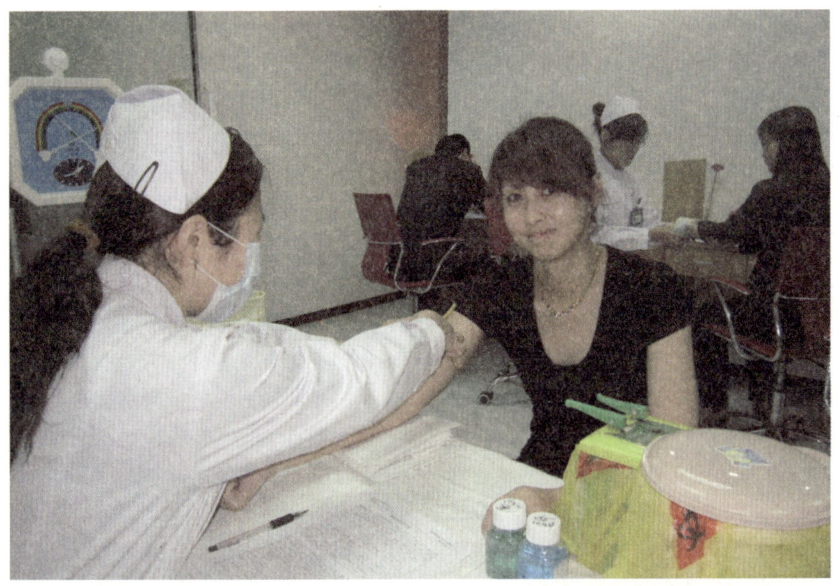

4月27日，恒安标准人寿江苏分公司“情牵玉树 血脉相融”义务献血活动

平等的竞争环境、互为补充，为客户提供多样化的保障选择和服务，为繁荣当地保险市场做出越来越大的贡献。

【企业文化】 恒安标准人寿深知，一个企业的价值观是企业文化形成的基础，是企业持续发展的保障，能使企业获得强大的并能够持续发展的生命力。公司确立了“始于自律、合于知行、成于同心”的价值观，要求员工诚信、专业、具有创新和团队合作精神，积极进取，服务客户。公司提出“生活比生存更广阔”的品牌主张，旨在启发公众对寿险功能和意义更深层次的思索——寿险可以为客户在不同人生阶段提供安全保障，帮助其实现财富积累，提高生活品质。愿景：让中国每个拥有梦想的家庭体验到恒安标准人寿专业化的寿险和财务规划服务。使命：通过具有高水准的产品和服务，秉承与客户建立长期关系的理念，恒安标准人寿专注于在它所选择的每一个业务渠道和拓展城市都取得成功，致力于成为一个全国领先的寿险公司，为客户、股东、员工和社会带来良好价值。价值观：始于自律，合于知行，成于同心。

【重大活动】 3月15日，恒安标准人寿江苏分公司徐州营销服务部参加了“诚信徐州·服务消费”暨九大行业百家企业承诺大型宣传活动，并获得了百家诚信单位铜牌。

4月16日，恒安标准人寿代理总经理胡丽云、副总经理贾孝林莅临江苏分公司视察并指导工作。

8月24日，恒安标准人寿总公司评审小组由胡丽云总经理亲自带队在江苏分公司开展了领导班子成员德、能、勤、绩等方面的全面考评大会。分公司全体员工及三级机构的负责人和各渠道负责人参与了考评。

9月中下旬，为积极响应中国保监会号召，恒安标准人寿江苏分公司组织全体员工参加了“贯彻落实两个准则知识竞赛活动”，公司全员认真学习、践行两个准则，积极参与竞赛活动。

12月19日，“2010恒安标准人寿江苏分公司年终晚会暨年度表彰会”在中心大酒店百花园召开。

【重大赔付】 10月13日，恒安标准人寿江苏分公司徐州营销服务部赔付被保险人张某保险金240798元。2009年6月11日，被保险人张某投保“恒安标准人寿稳健人生A款”，保额23万元，年缴保费1288元；2009年8月28日又投保“恒安标准人寿恒爱一生两全保险”，保额2万元，年缴保费5339元。2010年8月18日晚，张某不幸溺水身亡。从接到客户理赔申请到支付赔款，公司仅用了2天时间。

【公益活动】 1月至3月，恒安标准人寿江苏分公司联合《扬子晚报》在全省举办了“关注70后”系列养老专题讲座活动，取得了良好的效果，引发了70后人群对自主养老的更多关注。

4月22日，一纸“众志成城　祈福玉树”的捐款倡议在恒安标准人寿江苏分公司内得到踊跃响应，全司上下通过江苏省慈善总会共向灾区捐赠爱心款37064元。4月27日下午，公司又举办了“情牵玉树　血脉相融”义务献血活动。

6月至9月，恒安标准人寿江苏分公司开展“非凡的眼睛，非凡的未来——我们是世界”少儿填图活动。该活动在江苏分公司所在各地市全面展开，得到了广大客户的热情参与。

9月15日，恒安标准人寿江苏分公司向当地媒体发布了2010年恒安标准寿险指数并得到了广泛报道。寿险指数四年来的守望，正逐渐赢得行业同仁和公众的认可；指数研发的硕果，不仅持续反映国人寿险认知的特点与趋势，也开始为寿险行业提升服务水平和产品质量提供有益的数据与观点。

【教育培训】 7月，恒安标准人寿江苏分公司所有C级别以上员工参与了“HASL管理论坛”培训。培训针对各业务阶段需要面对的现场实际管理问题展开，旨在提升管理技能，取得了良好的效果。

7月至10月，恒安标准人寿江苏分公司展开了《赢在执行》读书活动。以征文、知识问答、座谈会等多种形式，让员工通过该商业管理书籍的学习不断提升自我，提高执行力，与公司共成长。同时，让员工充分了解公司品牌，并以品牌承诺统一行为。

## 光大永明人寿保险有限公司江苏分公司

【概况】 2010年，随着总公司增资转制工作的顺利完成，光大永明人寿江苏分公司迅速发展。光大永明人寿江苏分公司作为总公司第一家综合试点改革单位，分公司总经理庞涛提出了“整合资源、重树形象、集中突破、全面超越”的十六字方针。通过未来三年滚动的商业计划，公司要力争新单保费收入进入

江苏寿险市场前十位，公司各条业务渠道协同发展，公司整体经营情况要达到收支平衡，在市场上树立光大永明的服务品牌。

【经营业绩】 2010年，光大永明人寿江苏分公司累计完成保费收入16890.72万元，较去年同比增长898.56%。新单保费15166.17万元，较去年同比增长118.3%，其中期交保费1172.45万元，占新单保费的7.73%，较去年同比下降40.11%。10年期及以上期交保费占所有期交保费的57.73%。趸交保费占新单保费的92.27%。

【渠道建设】 2010年，光大永明人寿江苏分公司在业务发展的同时，不断加强渠道的建设。

个险渠道 作为公司内涵价值型的渠道，江苏分公司始终将个险渠道定位于长期战略性渠道，极其重视个险渠道的发展。在发展过程中，通过改造老机构，优化老团队，引进新团队，高起点地筹建新机构的个险队伍，目前无论新机构还是老机构都呈现出积极的变化，不同程度得到了改善，在竞争激烈的个险环境中，江苏分公司的个险发展正在朝着好的方向发展。

银保渠道 作为总公司近三年核心的渠道，江苏分公司高度重视银保渠道的发展。经过公司上下的努力，目前已经拥有了农行、工行、光大、建行等主渠道合作伙伴，还在积极开发中行、交行、邮政、江苏银行等新的渠道。经过全省银保将士的努力，在全省层面已经获得了农行网点的合作，即将实现工行的全省合作，光大银行实现独家合作，建行个别地区的合作网点实现突破，江苏分公司银保渠道已经具备实现突破和快速发展的能力。

团险渠道 作为江苏分公司启动较晚的一个销售渠道，经过总、分公司之间的沟通，目前在全系统内是唯一一家同意分公司采用“预留赔付率动态管理+销售费用打包”的管理方式，对江苏分公司未来建立准事业部模式的团险业务发展赢得了良好的政策环境。

【内部管控】 “合规经营，人人有责”。光大永明人寿江苏分公司以负责的态度和诚信为本的企业精神开展各项保险业务，严格遵守国家所制定的各类法律法规，决不姑息任何违法违规和不道德的行为。江苏分公司已经建立了一套具有约束力的公司指导原则，要求所有管理人员和员工以及业务人员遵纪守法。

通过资深律师团队为公司管理层及各部门提供专业的法律指导意见与咨询服务，随时追踪最新法律法规与监管政策并进行深层研究与解读，确保公司依法经营、健康发展。

通过建立完善的规章制度和管理流程，利用培训、沟通、调查、监督、管控、研究更新等手段，以定期会议、工作讨论、现场或非现场检查等形式，对公司内部的合规工作进行管理，并定期向公司股东、董事会、政府监管部门汇报，以保证公司运营的合法合规性。

为了有效地落实反洗钱法律法规和监管要求，通过多种形式、渠道了解和掌握反洗钱监管信息和行业动态；制订总公司级反洗钱管理规定；组织落实监管机关在反洗钱方面的管理规定和工作要求；检查司内、外各项反洗钱管理规定和工作要求的执行情况，督促落实整改措施；参加或组织开展内外部反洗钱培训和宣传教育工作。通过这一系列的举措，来切实履行保障社会与国家金融秩序安全的企业责任。

【企业文化】 “光大永明路走公益计划”是由解植春董事长亲自发起与推动的长期公益项目，它的宗旨是倡导低碳、环保、健康的生活方式，号召社会公众多走路、少乘车，做“爱走爱生活”的路走族。路走公益计划由于项目公益性、传播广泛性，吸引了大众的关注。2010年10月30日，南京白马公园，三千位游客参与了“光大永明人寿路走嘉年华”大型公益活动，共享“爱走爱生活”的理念。南京电视台知名方言脱口秀节目《老吴韶韶》主持人吴晓平还担任了本次南京路走活动的形象大使及路走俱乐部荣誉会员。截至2010年底，路走俱乐部注册会员达到76820人；路走网的独立IP访问量近70万；卡路里计算器软件下载量超过22万人次。路走公益计划将是公司长期推广的一项公益举措，未来还将继续通过路走网、路走嘉年华活动等方式，让低碳、环保、健康的生活理念更加深入人心，希望能有越来越多的人“多走路，少开车”。

【荣誉奖励】 2010年9月26日，光大永明人寿江苏分公司荣获国家九部委颁发的“国家级软件正版化示范企业”。

【履行社会责任】 2010年，光大永明人寿江苏分公司持续在环保、急难救助等领域积极开展慈善公益活动，不断弘扬光大永明人寿传播健康、关爱客户、回报社会的公益理念。

为实践“低碳环保，绿色生活”的理念，4月10日，光大永明人寿南京分公司组织全体内勤员工及家属赴栖霞山开展了义务植树活动。自2008年起，光大永明人寿展开了一项为期5年的“绿色中国”公益环保植树活动，承诺将每年的4月定为“公司植树月”，每位员工

10月30日，光大永明人寿路走公益计划——路走嘉年华南京站

每年种下一棵树。分公司在履行承诺的同时也一直注重对员工社会责任感的培养，鼓励和支持员工参加各种环保公益活动，树立"生态文明"的观念，积极履行社会责任。

4月23日，光大永明人寿南京分公司全体员工向玉树灾区人民捐款1万余元。

8月23日，光大永明人寿江苏分公司的员工向舟曲灾区捐款6730元。

【重大活动】 4月22日上午，光大永明人寿南京分公司举行庆祝活动共贺公司八周年华诞。

5月12日，光大永明总公司副总经理李静拜访了江苏保监局，就分公司下一步发展思路和重点工作进行了汇报。保监局领导对公司转制后业务规模的快速提升给予充分肯定，并对分公司的发展寄予高度期望。

5月17日，庞涛担任光大永明人寿南京分公司总经理。

7月20日，经江苏保监局批复同意，光大永明人寿保险股份有限公司"南京分公司"更名为"江苏分公司"；8月26日，获得江苏省工商局批准更名并取得新的工商营业执照。

8月28~29日，光大永明人寿江苏分公司在扬州召开了推进落实《改革调整实施纲要》暨综合改革试点研讨会。江苏分公司总经理室，分公司中层管理人员及各机构负责人参加了会议。

年初，光大永明人寿南京分公司积极响应《江苏省2010年推进企业使用正版软件工作计划》要求，认真遵守总公司制定的《标准软件安装规定》相关要求，一贯支持和配合上级领导部门在软件知识产权保护方面所进行的教育、宣传和执法活动。2010年，经江苏保监局层层筛选，光大永明江苏分公司作为江苏保险行业唯一代表，报国家九部委参与全国评选，最终光大永明江苏分公司被评为国家级软件正版化示范企业。9月26日，公司代表应邀参加了正版化示范企业表彰授牌大会。

【对外交流】 3月20日，光大永明人寿无锡机构的"百人事业说明会"顺利召开，共有126位嘉宾到场参会。

3月3~10日，3月19~27日，光大永明人寿南京分公司分别派遣两名客服员工前往上海分公司，帮助处理因开门红业务量增加引起的大量新契约和保全管理工作。

【公益活动】 3月27日晚，光大永明人寿南京分公司组织宝宝们参加了在南京中山植物园举办的"地球一小时——萤火虫爱心传递活动"。

【教育培训】 3月24日，光大永明人寿南京分公司举办了分公司主管层级以上人员的管理培训课程——《情绪与压力管理之情商领导力》。课程为学员系统介绍了当今管理者的新挑战及情绪对管理者的影响，为大家提供了一个非常有效的改善自主情绪的方法：快速和谐法。

5月11日至13日，"2010全国中阶主管培训班"在光大永明人寿南京分公司举办，江苏地区的全体中阶主管参训。总公司个险部负责人葛熙诚到场授课，从招募、辅导训练、活动量管理、团队经营能力等基本功方面对主管进行了综合训练。

## 嘉禾人寿保险股份有限公司江苏分公司

【概况】 嘉禾人寿保险股份有限公司2007年1月1日正式开业，公司位于南京市中山路348号中信大厦14-15楼。开业四年来，在全省已成功开设了7家三级机构，13家四级机构，全系统内勤管理队伍147人，外勤人力规模850人。在江苏保险市场同期开设的寿险公司中已初步成为具有一定影响力、一定保费规模、一定市场美誉度和知名度的公司。

【经营业绩】 嘉禾人寿江苏分公司目前在全省范围内主要采用个人代理、银邮代理、公司直销三种模式，经营各类人寿保险、健康保险、意外伤害保险等各类人身保险业务。2010年全年累计规模保费14099万元，共赔付395.3万元。2010年7月1日，嘉禾财智赢家理财计划(万能型)停售。

【渠道建设】 嘉禾人寿江苏分公司积极与银行进行新业务模式的推展，加大对银代市场产品需求的调研，拓宽合作渠道，适度开发中小型银行及其他合作伙伴，实现差异化经营。在客户经理合理组合产品的同时提升现有渠道产能，开发潜在客户。在产品上，根据市场的需求和发展状况，适时调整产品结构来适应渠道开拓的需求，大力发展保障型产品。通过建立学习型客户经理团队，打造"期交训练营"等一系列特色的培训机制，有序开展各渠道的银代服务。

团险渠道通过开展旅游意外保险、航空意外保险、建筑工程意外保险、乘客意外保险等一系列关系国计民生的团体业务，深层次地参与社会管理，积极服务和谐社会建设，塑造了良好的社会形象。

【内部管控】 坚持以开展依法合规经营主题教育活动为契机，大力开展理想信念教育、职业道德教育和诚信教育，不断增强广大干部员工尤其是销售人员的合规经营意识，积极参与"两个准则"的学习，深化贯彻落实"两个准则"，参与中国保监会组织的"两个准则"知识竞赛；进一步加大治理商业贿赂工作力度，积极开展案件预防和查处、内控自我评估与业务风险评估、反洗钱等工作，高度重视监管机构检查反馈问题的整改工作，组织开展对内控合规、团体短险业务合规经营的自查自纠工作，加大对各项制度落实情况的监督检查力度。

【企业文化】 嘉禾人寿保险股份有限公司在成立之初即秉持着"以信立业、以实求健、以绩创新、以效争优"的经营理念，以"诚信为人、用心做事"为公司司训，以"终身对客户负责、时刻为客户服务"为服务宗旨，坚持稳健经营、持续发展的价值成长模式，以人为本，注重实效，全力打造一支高素质、高产能、高绩效的精兵团队，为业务发展奠定坚实的基础。

嘉禾人寿江苏分公司自2008年起发展了文化标识系统，确立了企业文化的核心价值观——以人为本，服务客

12月18日，嘉禾人寿江苏分公司在宁召开2011年度一季度业务发展“开门红”动员大会

户。在统一价值观的基础上，通过推行合理化建议、关爱员工等富有创新性的文化建设活动，宣传、渗透、深化了企业的核心价值观，增强了团队凝聚力。作为中国科学院投资背景的寿险公司，热心支持社会公益事业，以高度的责任感为己任，关注灾区群众、关注弱势群体，得到了市场的信任和支持。

【重大活动】 8月25日，嘉禾人寿总公司总经理助理田凯一行莅临江苏分公司检查、督导银行保险业务发展情况，做出“责任重于泰山”的指示，江苏分公司全面完成竞赛任务目标。

12月18日，嘉禾人寿江苏分公司在宁召开2011年度一季度业务发展“开门红”动员大会，动员全省广大内外勤员工认真贯彻总公司年度计划工作会议精神，大力发扬“奋发、拼搏”的精神，全力实现“开门红”业务发展目标，勇于挑战更高业绩平台。

【重大赔付】 5月17日，嘉禾人寿江苏分公司赔付被保险人方某意外身故保险金(含账户价值)122739.46元。方某，2010年1月29日下午在镇江焦山公园内一山坡下与其他工人拆卸混凝土搅拌机时，被山坡上飞下来的石块砸中头部，当场死亡。经审核，被保险人意外身故属“嘉禾财智赢家终身寿险(万能型)”保险责任。

12月3日，嘉禾人寿江苏分公司赔付被保险人袁某疾病身故保险金127422.12元。2010年11月7日，被保险人袁某因“晚期肾肿瘤”在家中身故。经审核，被保人疾病死亡属“嘉禾财智赢家终身寿险(万能型)”保险的保险责任。

【公益活动】 6月7~9日，嘉禾人寿江苏分公司在全省多个地区组织了题为“金榜题名·嘉禾护航”的高考护考公益活动，帮助广大考生轻松应考和学生家长安心陪考，营造了舒适和谐的考试环境，《现代快报》、《彭城晚报》、《徐州广播电视新周刊》、《今日泰兴报》等多家媒体对本次活动做了报道。

【教育培训】 7月14日，嘉禾人寿江苏分公司召开全省视频会议，传达江苏保监局和总公司关于“案件责任追究”相关会议精神，要求全省内外勤员工坚决贯彻落实监管部门及总公司的相关规定。

10月29日，嘉禾人寿江苏分公司召开全省视频培训会，进行反洗钱和合规方面的专题培训，深化依法合规经营与反洗钱意识，营造“知规、用规、守规”的良好氛围。

## 和谐健康保险股份有限公司江苏分公司

【概况】 和谐健康保险股份有限公司(简称“和谐健康保险”)是经中国保险监督管理委员会最早批准开业的全国性、专业性健康保险公司之一，公司注册资本金10亿元。目前，公司总部设在上海，拥有上海、江苏两家省级分公司及六家地市级机构，初步形成了覆盖华东地区的服务网络。

开业以来，和谐健康保险江苏分公司始终坚持“健康伴您一生”的服务理念，全面推行健康保障和健康管理相结合的创新服务模式。目前，公司已推出涵盖疾病、医疗、失能、护理、意外保险等在内的多种健康保障和健康管理服务项目，依托4008-816-816呼叫中心和网络服务平台，全天侯满足广大客户的服务需求，赢得了社会大众的广泛认同和赞誉。

【经营业绩】 2010年，是和谐健康保险股份有限公司重组后的第一年。面对公司重组和产品短缺的艰难局面，江苏分公司全年累计实现保费收入170.24万元，较上年大幅下降91.48%。其中，团体保险产品保费收入157万元，较上年下降91.55%；银行代理渠道保费收入13万元，较上年增长90.58%。

【渠道建设】 2010年下半年，随着“和谐一号健康护理服务计划”产品的上市销售，银行代理业务随之启动。

【内部管控】 2010年，和谐健康保险股份有限公司严格按照国家监管部门和总公司要求对公司内部控制目标进行了安排，基本明确了与总公司及下属中支机构之间在业务经营权限的划分。2010年度主要配合总公司检查组及公司重组的尽职调查工作，在上半年顺利完成重组工作，新的业务全面正规开展，对于公司各项业务和管理活动中的内控方面的原则及基本要求，在职能和层次上也将得到进一步的完善。

在组织结构方面，严格遵守国家法律、法规规定以及监管部门的要求，并根据公司业务规模、经营管理的需要，遵循相互监督、相互制约、协调运作的原则，合理、精简、高效设置部门和岗位。明确各机构、部门、岗位、人员的职责和权限，关键岗位、特殊岗位、不相容岗位按内部控制要求设置，并配备相应具有专业知识、经验和技能的人员，确保其有效履行岗位职责。

公司组织架构基本完善。2010年3月31日正式重组更名，所辖三级机构5个，四级机构2个。人员的职责、权限分明，关键岗位、特殊岗位、不相容岗位都按内部控制的相关要求合理设置，并配备相应具有专业知识、经验和技能的人员，确保其有效履行岗位职责。

在人力资源方面，公司建立了完备的制度和程序，对员工招聘、晋升、绩效考核、薪酬、奖惩等进行明确规定，并充分考虑人力资源管理中的风险，明确各岗位人员，特别是与风险和内部控制有关的人员的适任条件，确保相关人员能够胜任。

【企业文化】 和谐健康保险股份有限公司在企业文化方面，积极开展有关培训，建立诚信道德观念，树立合规意识和风险意识，提高员工职业道德水准，规范员工职业行为。

【重大活动】 3月31日，瑞福德健康保险股份有限公司江苏分公司经批准正式更名为和谐健康保险股份有限公司江苏分公司。

4月，为贯彻落实保监会对内控建设工作有关要求，切实提升公司内控水平，按照保监发〔2006〕6号文、〔2008〕16号文及保监寿险〔2009〕209号文的要求，公司开展了2009年度公司内部控制自我评估工作。

4月下旬，公司认真学习了保监会下发的关于《关于开展案件责任追究清理工作的通知》(保监稽查〔2010〕192号)文件，严格按照文件要求做好了清查工作。

4月29日，在总公司的带领下，认真学习了保监会下发的《关于印发杨明生副主席在贯彻落实保险机构案件责任追究指导意见暨保险业打击“三假”工作情况通报会议上的讲话的通知》(保监稽查〔2010〕276号)文件，深刻领会了讲话精神，并做好了贯彻落实工作。

4月30日，和谐健康保险股份有限公司第一批产品上市销售，其中包括银邮及团险两个渠道，共10款产品。

5月，为了有效防范公司不良案件的发生，防范和控制风险，促进公司稳定持续健康快速发展，公司制定了《和谐健康保险股份有限公司案件责任追究实施办法》，并向保监局报备。

5月至6月，根据保监会下发的《关于贯彻实施〈保险公司管理规定〉有关问题的通知》(保监发〔2010〕26号)内容要求，进行了自查及整改工作。

7月14日，江苏保监局核准梁健和谐健康保险股份有限公司江苏分公司副总经理(主持工作)高级管理人员任职资格。

7月14日，江苏保监局核准黄颖筠和谐健康保险股份有限公司无锡中心支公司总经理高级管理人员任职资格。

7月，公司就管理架构的改变以及国家监管规定的更新，开展了对现有的管理制度(规定)进行有效性和合规性的清理工作，以确保公司严格依法、合规经营。

8月2日，“和谐一号健康护理服务计划”上市销售。

8月4日，苏州保监分局核准曹燕东和谐健康保险股份有限公司苏州中心支公司总经理高级管理人员任职资格。

11月19日，由安邦产险与和谐健康江苏分公司组成的联合队，荣获江苏保险业首届“唱响时代主旋律”青年歌咏比赛三等奖。

12月25日，江苏保监局同意和谐健康保险股份有限公司徐州营销服务部改建为和谐健康保险股份有限公司徐州中心支公司。核准葛孝林和谐健康保险股份有限公司徐州中心支公司总经理的高级管理人员任职资格。

【教育培训】 8月20~21日，和谐健康保险江苏分公司银保部开展了《和谐一号健康管理服务计划》种子讲师的培训活动，制定了详细的学习计划和方案，通过阶段性的学习和考核，使全省银保序列员工逐步学习如何做好一名合格的讲师，最终牢牢把握新产品的精髓和亮点。

## 平安养老保险股份有限江苏分公司

【概况】 平安养老保险股份有限江苏分公司于2007年3月26日获国家保监会批准正式成立，在江苏省委、省政府和江苏保监局等上级主管部门的正确领导下，认真学习和贯彻落实科学发展观，坚持诚信为本、合法经营，认真贯彻全国保险监管工作会议精神，加强社会主义核心价值体系建设，培育优秀企业文化，坚持合规经营，防范和化解风险，不断实践着“服务至上、诚信保障”的诺言。分公司成立4周年以来，各项业务发展迅速，险种结构不断优化，年金合作持续扩大，经营管理水平稳步提高。

2010年平安养老保险股份有限公司江苏分公司紧抓中央扩大内需，促进经济增长的契机，积极应对金融危机不利因素影响，全面贯彻落实中央及江苏省政府决策部署；认真学习《国务院办公厅关于当前金融促进经济发展的若干意见》，积极响应省政府提出的“完善社会保障制度，构建和谐江苏”号召，大力发展团体保险与企业年金业务，发挥保险职能，提高服务效率，为保持经济平稳较快增长服务。

【经营业绩】 2010年，平安养老保险江苏分公司整体保费累计收入27456.27万元，其中养老险账套19712.52万元。其中，短期险业务保费收入20439.61万元(寿险账套1540.39万元，养老险账套18899.22万元)，同比增长-0.45%。长期险保费收入7016.66万元(寿险账套6270.32万元，养老险账套746.34万元)。保户投资款31021.43万元。企业年金累计供款80245.00万元。赔款支出16463.35万元，同比增长27.06%；理赔人次18.65万人，同比增长9.71%。

【渠道建设】 创新渠道建设是业务增长的有力手段，2010年平安养老保险江苏分公司在渠道建设方面采取了一系列有效措施。在队伍训练与培养方面，每月召开“新人沙龙”，实现新人成长进度实时追踪；设立“新人加油站”，

为新人培训创造新的平台；举办首次跨渠道外勤队伍授课大比武，涌现一批优秀讲师和优秀课程；定期组织追踪网络课程的学习。在营销企划与业务推动方面，由市场部牵头统一进行了农信社、极短期险的专项推动；推行实施客户询价授权委托书制度，改变展业习惯，规范询报价；首次策划并实施跨渠道“客户800”专项推动；与后线合作建立COR与激励相结合的多元化业务支持和管控体系；组织综合金融产品专项培训；做好长险项目的立项及项目基金的管理。

【内部管控】 平安养老保险江苏分公司在日常业务开展工作中，制定了严格的管理制度，依法履行相关的审批备案程序；继续加强内部合规制度的建设和稽核监察工作，同时积极宣导合规政策，提高全体员工的合规经营意识，有效降低和防范公司经营活动中各种合规风险，促进公司各项工作顺利、有效的开展，确保公司业务持续、健康、稳定的发展。

【企业文化】 2010年3月，中国平安正式启动主题为“绿色承诺·平安中国”的低碳100行动计划，努力将100条低碳举措贯彻和落实到公司经营管理、业务发展、员工日常办公等具体工作中，从我做起，倡导环保理念，实现低碳运营，推动绿色金融，促进可持续发展，从运营、业务和公益等方面，全方位、多层次地开展绿色行动，致力于建设中国绿色金融的领先企业。在集团及总公司的统一部署下，平安养老保险江苏分公司积极在自身的经营管理过程中贯彻执行“低碳100”行动计划，与此同时，还利用客户服务节的契机，以低碳环保的电子邮件形式，向所有客户宣传低碳理念，积极倡导可持续的环保生活理念。

2010年5月30日，在南京河西奥体滨江公园举办了第四届客户服务节的主题开幕式活动。此次主题开幕式活动不仅邀请到众多客户及公司员工家庭的少年儿童参加玩具义卖，将所得款项通过爱德基金会捐赠给西部失学儿童，同时，还组织参与活动的少年儿童以“绿色、低碳、环保”为主题，手工绘制风筝，放飞建立绿色地球的美好愿景。

【履行社会责任】 平安养老保险江苏分公司积极参与江苏省保险学会组织的《保险知识普及丛书》赠书活动，贯彻落实保险宣传“三进入”(进学校、进社区、进农村)工作。同时，将保险宣传工作的触角延展至广大的企业客户，使保险教育工作“进企业”，推动保险宣传的“四进入”。充分发挥团体保险拥有广泛企业客户群体的优势，利用客户服务节的契机，多次邀请专家学者、专业讲师走进企业，为客户单位的广大员工送课上门，宣传保险知识，解读金融保险政策。2010年8月，邀请国内著名经济学家、国金证券首席分析师金岩石博士赴重点客户单位——南京某大型集团，为其宣讲以宏观经济走势对客户所在行业影响为主题的专题讲座，从专业的视角解读客户所关注的问题，加强了客户单位对于保险行业在历次经济变革中发挥重大作用的认同感。平安养老保险江苏分公司通过电视媒体宣传，普及企业年金专业知识。与江苏教育电视台《保险周刊》栏目合作，通过该栏目，由公司领导及专业年金投资人员对企业年金的发展、制度以及运作流程进行了专业、详尽的解读，分别于10月23日及10月30日在江苏教育电视台播出了以“走进平安养老，关注企业年金”为主题的专题节目，有效宣传了企业年金的专业知识，促进了年金市场的良性发展。

5月30日，平安养老在南京河西奥体滨江公园举办了以“环保低碳·爱心义卖”为主题的第四届客户服务节开幕式活动

【重大活动】 6月15日，平安养老保险江苏分公司年中会在南京召开，分公司总经理吴非、副总经理於文清、陈新、陆思东以及公司各部门、机构负责人出席了会议，对2010年上半年的工作进行了总结，并对下半年各项任务进行了规划。

9月24~25日，第三届平安养老保险江苏分公司授课大比武在南京举办，此次活动旨在交流心得，培养新人，建设队伍，分公司市场部经理宋军出席并担任评委。

12月30~31日，平安养老保险江苏分公司年终会在南京金太隆大酒店召开，会议对2010年平安养老保险江苏分公司的工作进行了总结，并就2011年的经营规划进行了详细的交流。分公司总经理吴非、副总经理於文清、陈新、陆思东以及公司各部门、机构负责人出席了会议。

【重大承保】 7月，平安养老保险江苏分公司承保江苏苏美达集团公司企业年金共计705万元。

10月，平安养老保险江苏分公司作为投资管理人为江苏省电力公司承保企业年金5.9亿元，受托加投资管理规模位居江苏市场第一。

2010年，平安养老保险江苏分公司签约国网电力科学研究院、沛县农信社千万集合计划项目。

2010年，平安养老保险江苏分公司持续承保江苏中烟工业公司企业年金共计3160万元。

【重大赔付】 2月20日，平安养老险南通中心支公司给付被保险人杜某受益人保险金共404397.56元。杜某所在公司于2009年9月4日投保平安养老团体意外险，2010年1月26日，杜某在道达重工船舶分段施工现场，帮助师傅拉卷尺进行测量时，不小心从3米高脚手架摔下，头部着地，当即被工友送启东市第四人民医院进行抢救，后转至南通大学附属医院进行抢救，不治身亡。

5月18日，平安养老险南通中心支公司给付被保险人李某受益人保险金共计566207.9元。李某所在公司于2009年9月17日投保平安养老团体意外险，2010年3月11日下午3点，李某在成都新东客火车站建设工地进行打磨工作，取下保护性安全带向高处攀爬时，失足摔倒，由于打磨点附近正在进行地基建设，李某滚落至下方六米深洞中，后抢救无效死亡。

11月30日，平安养老险南通中心支公司给付被保险人秦某受益人保险金共计400932.4元。通州振华设备安装集团有限公司2010年3月17投保公司团体意外险，2010年11月26日该公司员工秦某在一汽大众安装工地二楼进行安装工作，用液压车推拉IKM模锻进行运送安装过程中，推动液压车前进用力过猛，意外从9米高2楼空洞摔下，单位立即将秦某送医院，抢救无效死亡。

12月13日，平安养老险南通中心支公司给付被保险人杨某受益人保险金共计400461.72元。通州市祥盛钢结构工程有限公司2010年5月12投保公司团体意外险，2010年10月15日上午7时左右，该公司员工杨某在单位承包工地安装彩板，在移动过程中不慎从高约4-5米处摔下，头部着地，受伤后昏迷，意识丧失，当即送医院抢救无效死亡。

## 华泰人寿保险股份有限公司江苏分公司

【概况】 2010年，华泰人寿江苏分公司在省委省政府、江苏保监局以及总公司的正确领导下，狠抓业务发展及品质管理，转变发展方式、调整业务结构、完善内控管理，深入推进分支机构标准化建设，并在全辖范围内大力开展精神文明创建工作，实现了经济效益和社会效益的同步增长，接连荣获江苏省精神文明建设工作先进单位、南京市文明单位、江苏省平安金融单位、中国保险精英圆桌大会最佳诚信经营奖等多项荣誉，继2008年、2009年之后，连续三年荣膺全国系统最佳分支机构奖项。

【经营业绩】 2010年，华泰人寿江苏分公司各项业务健康持续发展，全年共实现保费收入11.02亿元，同比增长15.63%，其中：个险新单保费收入2.32亿元，同比增长9.43%；银保收入7.06亿元，同比增长7%；团险保费收入0.13亿元；续期保费收入1.59亿元。

【渠道建设】 在业务结构方面，华泰人寿江苏分公司个险渠道自2月份开始停售万能险，主推“吉庆年年”、“吉祥年年”等分红型产品，全面扭转了同期万能险独大的销售格局；银保渠道施行了“期、趸缴并重，侧重于期缴推动”的经营政策，全省上下统一思想、积极进行产品销售转型，逐步向分红型保障型业务结构发展，实现期缴保费0.54亿元，同比增长81%，公司业务内涵价值得到显著改善。在狠抓经营管理、业务发展的同时，华泰人寿江苏分公司响应国家“三农”号召积极推进乡镇网点铺设，进一步加强了机构网点建设。

全面实施标准化建设。一方面抓规范和标准建设。在工作中，江苏分公司不断健全机构建设标准，修订汇编了《华泰人寿保险股份有限公司江苏分公司分支机构建设手册》，对机构建设中涉及到的经营场所的选址、装修、办公设备配置等建设工作都给到了具体的标准和方法，包括对操作中容易遇到的问题及注意事项都给与了说明。另一方面抓“软、硬实力”提升，进一步加强了人员管理和培训，提升干部员工的综合素质、服务意识、工作技能，使其各项能力与公司快速发展的实际需要相匹配，公司整体的软实力及核心竞争力得到了保障和提升。

贯彻落实《人身保险业务基本服务规定》。江苏分公司在各级分支机构营业大厅设置了服务指南、服务流程及投保提示书等展示介绍，帮助客户及时了解服务环节和服务内容；在显著位置设置了意见箱、公示了本公司的服务监督电话，并通过规范职场管理、统一设置服务标识、统一签署营销员合规承诺书，以现场检查、机构自查、电话抽查等多种方式，切实保障投保人、被保险人和受益人利益。

持续推进乡镇网点铺设。在总公司和监管部门的支持下，公司全年新开设乡镇营销服务部40家，全省分支机构达到100余家，经营覆盖面进一步提高，网点布局更加完善。

【内部管控】 通过贯彻落实国家政策法规，坚持业务发展、内部管控两手抓的经营方针，华泰人寿江苏分公司内控机制得到强化，风险得到有效控制，被评为江苏省“平安金融单位”。一是加强内审人员配备，增配了法律合规和内部审计两个专岗人员，进一步完善了公司内控管理架构。二是加强法律合规教育，增进全员合规意识。公司先后组织全员对“两个准则”、《保险机构案件责任追究指导意见》、《保险公司内部控制基本准则》等监管文件以及反洗钱相关法律法规进行了学习教育。三是制定、下发了《乡镇营销服务部管理办法》等多项规章制度完善内控制度建设，组织开展内部审计、风险排查、内控评估及反洗钱工作检查、“小金库”专项治理等专项工作，对全辖分支机构进行了合规风险监测、识别及评估，加强了风险管控力度。

【企业文化】 2010年，华泰人寿江苏分公司继续积极开展文明单位创建工作，通过加强党工团建设、开展创先争优活动、提升客户服务水平等活动载体，内强素质、外树形象，实现了经济效益和社会效益的共同发展。

积极开展党工团建设，发挥党组织、工会、团委在公司发展中模范带头和凝聚作用，营造了和谐、进取的工作氛围，为公司发展增添了活力。开展创

4月15日，华泰人寿江苏分公司赵曙光、孙巾云荣获总公司“感动华泰五大人物”光荣称号

先争优活动，要求全辖各级机构时刻保持一流的精神风貌、打造一流的干部队伍、创造一流的工作业绩，通过开展争创先进集体、文明科室、明星支公司、AAA级中心支公司等形式各异的活动方式，激励广大干部员工积极进取、干事创业、奋发向上，推动公司业务健康快速发展。热心社会公益活动，三周年庆典时，本着“勤俭节约，不铺张浪费”的原则，公司未举行盛大的司庆典礼及宴会等活动，而是将节省下来的两万多元费用捐赠给了秦淮区22户特困家庭，为共建和谐新社会贡献力量。通过开展文明单位创建活动，江苏分公司有效地提升了综合实力，树立了良好的社会形象。

【重大活动】 1月1日，华泰人寿江苏分公司开门红首爆日以预收8544万元规模保费的成绩再一次刷新了华泰人寿全国系统首爆日保费记录。

1月，为了推进公司持续健康发展，根据全省国民经济及寿险业发展情况，结合公司实际情况，华泰人寿江苏分公司制定了第二个三年发展规划，并将“注重业务品质、提升业务内含价值、建设又好又快的成熟型分公司”的目标写入了规划。

2月3日，华泰人寿江苏分公司荣获江苏省依法质量维权环省行“服务质量先进单位”。

3月16日，华泰保险主要股东美国ACE集团董事长兼首席执行官Evan Greenberg莅临江苏视察。在此期间，Greenberg会晤了江苏省委省政府主要领导，随后在总公司总经理殷晓松的陪同下视察了华泰人寿江苏分公司，并对江苏分公司短短三年时间取得的优异成绩给予了充分的肯定，赞许江苏分公司是华泰系统“杰出的明星机构”。

3月，为庆祝公司成立三周年，华泰人寿江苏分公司未举行盛大的庆典、仪式，而是通过举办“华泰送保障、情系秦淮家”爱心捐赠、茶话会、客户联谊会、送保险进社区等公益活动以及“我与华泰共成长”演讲比赛、编制“三周年司庆纪念画册”等十项举措，以别具意义的另一种方式为分公司三周年纪念日庆生。

4月15日，华泰人寿保险公司“感动华泰五大人物”评选结果揭晓，江苏分公司赵曙光、孙巾云两位员工当选。

4月16日，《金融时报》、和讯网等业内主流媒体的4名记者来到华泰人寿江苏分公司本部及部分三级机构进行了调研采访，对江苏分公司开业三年来的成绩给予了高度评价，并发表专文对此进行了报道。

4月，为了完善保护被保险人利益的工作机制、提升公司服务水平，华泰人寿江苏分公司通过规范职场管理、统一设置服务标识、统一签署营销员合规承诺书，并以现场检查、机构自查、电话抽查等多种方式，全面贯彻实施保监会《人身保险业务基本服务规定》，切实保护投保人、被保险人和受益人利益。

6月1日至7月中旬，华泰人寿江苏分公司积极配合人民银行南京分行对分公司及辖内12家中心支公司2009年反洗钱工作情况进行了检查，并按反洗钱相关法律法规对各分支机构进行了反洗钱业务培训、对不足之处进行了整改。

6月中旬，南京师范大学在江苏省银行业、证券业、保险业三大金融领域各挑选一家优秀公司共创南师大实习基地，经过综合评选，华泰人寿江苏分公司作为保险业的代表与南师大签署了共建合作协议。

6月26日至27日，在中国共产党建党八十九周年之际，华泰人寿江苏分公司为进一步加强全员爱国主义和革命传统教育，加强党建工作，组织分公司本部全体党员及入党积极分子赴红色教育基地大别山开展红色爱国主义教育活动。广大党员及入党积极分子在大别山革命纪念馆的革命烈士纪念碑前，举行了“红色之旅　人生课堂”的仪式，重温革命历史，缅怀革命先烈。

7月6日、8月10日，江苏保监局核准华泰人寿南京中心支公司桠溪营销服务部等40家营销服务部开业。至此，江苏分公司全省分支机构突破100家。

7月10日，华泰人寿江苏分公司荣获第七届中国保险精英圆桌大会“最佳诚信经营奖”。

8月8日，华泰人寿江苏分公司全省四级机构业务技能专项培训在南京举行，分公司总经理室成员、部分三级机构负责人及全省新筹及弱体四级机构负责人等50多人参加了此次培训。此次培训主要内容是四级机构如何搭建营销团队、细化业务流程、把握经营节点等。

9月25日，中共南京市委、南京市人民政府授予华泰人寿江苏分公司2007~2009年度南京市文明单位。

9月25日，华泰人寿江苏分公司荣获2007~2009年度南京市文明单位。

10月12~27日，华泰人寿江苏分公司财务部、运营部及内控合规部针对各中支2010年反洗钱工作以及小金库专项治理工作情况进行了联合检查。

11月份，华泰人寿江苏分公司荣获江苏省“平安金融单位”称号。

12月11日，华泰人寿江苏分公司被中共江苏省委、江苏省人民政府授予2007~2009年度“江苏省精神文明建设工作先进单位”荣誉称号，成为华泰系统内第一家获得省、市文明单位的省分公司。

12月11日，华泰人寿江苏分公司荣获2007~2009年度江苏省精神文明建设工作先进单位。

12月11~12日，华泰人寿江苏分公司2010年工作总结暨2011年工作部署会议在南京国际会议大酒店隆重召开，全辖近200名员工参加了会议，江苏保监局局长谢宪等领导出席了大会。

12月15日上午，江苏省人大代表、政协委员一行六十余人莅临华泰人寿江苏分公司视察。

【重大承保】 1月6日，无锡客户周某投保华泰人寿江苏分公司银保产品安心盈利终身寿险，趸交保费205万元。

3月27日，常州客户陶某投保华泰人寿江苏分公司银保产品安心稳健两全保险，趸交保费300万元。

7月15日，苏州客户吴某投保华泰人寿江苏分公司银保产品安心盈利终身寿险，趸交保费500万元。

8月24日，无锡客户李某投保华泰人寿江苏分公司银保产品安心盈利终身寿险，趸交保费200万元。

9月9日，无锡客户邹某投保华泰人寿江苏分公司意外险产品，保额700万元。

【重大赔付】 5月20日，华泰人寿江苏分公司赔付被保险人季某159900元。季某于2010年1月6日在徐州为本人投保了一份安心稳健两全保险(分红型)，保额为159900元。2010年4月4日，被保险人季某驾驶摩托车因交通事故意外身故。

5月10日，华泰人寿江苏分公司赔付被保险人陈某12万元。陈某于2008年9月10日在扬州为本人投保了一份财智人生终身寿险(万能型)A款，保额为12万元。2010年4月25日，被保险人陈某横穿马路时被三轮摩托车撞倒，经抢救无效死亡。

7月20日，华泰人寿江苏分公司赔付被保险人严某12万元。严某于2008年9月16日在常州为本人投保了一份财智人生终身寿险(万能型)A款，保额12万元。2010年6月18日，被保险人严某在金坛市被他人所杀。

8月10日，华泰人寿江苏分公司赔付被保险人吕某重疾保险金22000元及身故保险金12万元，共计142000元。吕某于2008年11月22日在盐城为本人投保了一份财智人生终身寿险(万能型)A款，保额12万元。2009年11月22日被保险人吕某被确诊为肺肿瘤，于2010年6月30日不治身故。

8月25日，华泰人寿江苏分公司赔付被保险人赵某12万元。姚某于2010年3月23日为其配偶赵某在南京投保了一份财智人生终身寿险（万能型)C款，保额12万元。2010年8月24日，被保险人赵某所乘飞机于伊春机场坠落，赵某遇难身故。华泰人寿江苏分公司在事发后不到16小时时间内赔付金额12万元，成为全国首家完成理赔给付的保险公司。

【公益活动】 3月15日，华泰人寿江苏分公司在三周年之际，结合“3·15”消费者权益保护日契机，在南京市瑞金路小区开展了新保险法公益宣传活动，并就保险常识、保险咨询等内容向小区群众进行了宣传普及。

9月9日至12日，为深化南京市文明城市创建成果，华泰人寿江苏分公司先后组织30余人次积极参加“你扔我捡”环卫志愿活动，协助环卫及城管部门清扫、整理龙蟠中路人行道周边的环境卫生。

【教育培训】 5月15至16日，华泰人寿江苏分公司举行了保险基础知识培训会议，各中支运营契约岗及综合内勤人员近40人参加了此次学习。会议对四月份续期工作进行了总结，对五、六月的续期工作尤其是怎样应对六月份的农忙和逐单追踪体系作出了指导及部署，并对即将出台的银保基本法进行了介绍及探讨。

7月18日，华泰人寿江苏分公司在公司会议室举行了内勤培训会议，会议就OA系统操作、计算机日常操作故障、反洗钱相关知识及监管动态进行了交流培训。

9月17~18日，华泰人寿江苏分公司反洗钱培训班在江苏饭店举行，分公司反洗钱工作办公室成员、全辖财务部、运营部负责人及运营柜面人员参加了培训，人行南京分行反洗钱专家受邀出席会议并对反洗钱政策法规作了专题报告。

【对外交流】 4月8~10日，华泰人寿山东分公司中层管理干部及各中支一把手在总经理葛斌的率领下，来到江苏分公司交流学习，随后又前往无锡、徐州两地继续观摩，并就基础管理、队伍管理和代理人培训等方面进行了交流。

3月16日，美国ACE集团总裁Evan Greenberg莅临华泰人寿江苏分公司视察

5月17日，华泰人寿主要股东美国ACE集团寿险亚太区总裁谭硕伦、印尼ACE总经理Tham.CheeK Kong及印尼ACE代理人渠道负责人Kosen一行，莅临华泰人寿江苏分公司交流考察，并分赴南京和宿迁两地进行了参观调研，并深入基层了解三四级机构网点发展情况。

## 招商信诺人寿保险有限公司江苏分公司

【概况】 招商信诺人寿江苏分公司于2007年3月正式成立。在江苏保监局的正确领导和总公司的指导下，招商信诺人寿江苏分公司一直诚信规范经营和不断致力于保险产品和管理模式的创新，为江苏的广大消费者提供广泛多样的保险产品和以优质的服务满足了客户多元化的需求。

【经营业绩】 2010年招商信诺人寿江苏分公司实现当年保费收入36554万元(《企业会计准则第2号解释》前的保费口径，下同)，其中银保渠道为23805万元，其他渠道保费收入为12749万元。总体经营业绩有较大发展。

【渠道建设】 银行保险和电话营销是招商信诺人寿江苏分公司目前两个主要的业务渠道。银行保险渠道方面，在2010年初以寿险市场的变化及满足客户的保障需求为着眼点，加强了对保障型保险产品的开发和销售，在银保渠道推出了稳得利五年期趸缴分红产品、尊贵版珍爱一生重大疾病保障计划以及短期健康险和短期意外险产品，销售情况良好。

电话营销渠道方面，除继续向客户销售短期健康险和短期意外险外，还根据保险市场和公司的业务发展情况，继续推动期交保障型和储蓄型产品的销售，如定期两全险附加癌症险和附加重疾险。除此之外，进行保额递增型保险产品的销售，更好地满足客户的保障需求。

【内部管控】 在监管机关的理解和支持下，招商信诺根据自身产品和渠道特点，目前采取的是集中统一的管理模式，将分支机构的营运和管理职能，比如核保、理赔、保单管理、客服、财务和人力资源等都统一到总公司，实施集中化、扁平化管理，取得了良好效果。这种集中统一的管理模式有利于节约成本、提高决策执行效率、加强内控风险管理和加强销售质量的控制。招商信诺人寿江苏分公司执行总公司集中统一的管理模式，分公司的主要营运和管理职能均在总公司进行。根据相关法律法规的规定，招商信诺总公司建立了符合公司自身业务模式的内控合规管理体系。招商信诺人寿江苏分公司整体合规工作由总公司法律合规部直线管理。随着公司业务的发展，为加强对分公司内控合规工作的管理，总公司于2010年第三季度在分公司设立了专门的合规岗位，负责分公司的合规事务。

2010年，招商信诺人寿江苏分公司继续保持着规范经营。根据新的监管要求以及公司自身业务发展情况，进一步健全和完善了公司内控合规制度和提高了公司经营管理水平。

【企业文化】 信，信誉来源于在中国长达200多年的渊远历史背景；诺，承诺来自于强大的资本后盾和股东实力。招商信诺一直秉承着“诚信百年、一诺千金”的传统和追求，为广大客户提供优质的保险服务。

【重大活动】 7月，招商信诺人寿江苏分公司办公地点由鼓楼区山西路1号银河国际大厦26楼C座搬迁至鼓楼区鼓楼街88号绿地广场701室。

【重大赔付】 2010年2月，招商信诺人寿江苏分公司赔付被保险人薄某45.1万元。薄某于2008年投保招商信诺意外险和附加医疗险，2008年7月4日发生交通事故，不幸造成残疾。

【教育培训】 招商信诺人寿江苏分公司高度重视法律合规工作和反洗钱工作。分公司定期组织对全体分公司员工的法律合规和反洗钱工作培训。2010年8月到12月期间，分公司开展了8场次的法律合规培训。

## 联泰大都会人寿保险有限公司江苏分公司

【经营业绩】 个险营销业务　截至2010年底，联泰大都会人寿江苏分公司全省人力255人，其中，南京代理人146人，无锡代理人109人。全省共达成保费14637605元，达成率为126.3%，南京机构完成保费8613329元，达成率107%，无锡完成保费6024276，达成率168%，南京外资排名达到第四名，无锡为第六名。2010年新推出1个产品，进一步丰富了公司的产品线，更好地满足客户需求。

银行保险业务　银行保险业务渠道2010年全年实现保费收入9689.33万元，同比2009年，实现业务增长382.47%。其中趸交保费8339.27万元，期交保费2122.77万元，续期保费1350.06万元。1~12月份，南京银保渠道全年新单保费收入在当地外资市场排名第五，2010年，无锡银保渠道占当地市场份额38%，开业的第三年，即取得了全年新单保费收入在当地外资市场排名第一的好成绩，有效提升了联泰大都会的品牌形象和市场占有率。

寿险行政服务　2010年，江苏分公司共受理理赔申请42件，共计赔付总额152.5万元；其中，受理重疾理赔14件，核准赔付120.5万元，最高个案15万元，被保险人平均患病年龄35.7岁，赔付原因均为癌症。从保单生效到确诊平均时间为16个月；赔付死亡案例6例，赔付金额30万。

由于公司制定了严格的各渠道销售资料审核制度、品质管理制度及各种照会的追踪体系，各渠道业务品质优秀，目前为止江苏分公司无重大投诉案例及群体退保案件的产生。

机构拓展　2010年4月7日，苏州支公司正式成立，并于4月22日举行盛大的开业典礼及媒体新闻发布会；中国保险监督管理委员会于2010年7月13日批准南通营销服务部筹建。目前筹备工作正在开展。

【渠道建设】 个险营销业务　代理人渠道本着以客户需求为导向，为客户提供科学、合理的财务规划为原则，向广大中国公民提供高质量的金融理财服务。2010年4月起，代理人渠道启用老A培训计划。该计划是应未来团队发展需求推出的，旨在打造一支专业的、高素质的、符合联泰大都会未来发展需求的金融团队。2010年有三位伙伴成功入围CEO CUP，自开业以来首次产生三位MDRT，分别为左军、佟雪飞、马兵。在业务发展方面，2010年启动了少儿七彩童年、天宁祈福、客户庆生会、客户酬谢酒会等多项客户互动活动，场面生动，客户反映热烈，江苏代理人专业、热情、执着的形象给客户留下生动印象。在人员管理方面，江苏255名代理人，100%双证上岗，新人90天计划，专业的一对一培训辅导，为代理人职涯发展奠定扎实基础。代理人岗前培训长达21天，远远超过行业规定要求。在代理人销售管理方面，严格把控保单品质、销售品质，并将职业道德规范、反洗钱规范等课程纳入代理人LPTC课程。公司对保险营销员日常行为进行规范管理，包括业务品质管理办法、孤儿单分配管理办法、签收条回收管理办法、投诉管理办法等行为规范管理办法，以规范和约束保险营销员的展业行为，确保控制经营中的风险。公司内部制定了严格的销售资料管理办法，保险营销员所使用的所有宣传材料和行销辅助品，包括名片均为总公司统一设计、印制。

银行保险业务　2010年，联泰大都会人寿江苏分公司银保积极开拓机构、发展渠道，先后与工商银行、招商银行、江苏银行、南京银行、民生银行、上海银行、星展银行等银行达成一致，精诚合作，业绩平台突飞猛涨。

长期以来，江苏分公司银保一直坚持以期缴保障类产品为核心的产品策略，所销售的期缴产品有别于目前银保市场偏重储蓄功能的主流产品，更侧重于寿险、养老、医疗等保险保障功能；另外，将保险产品纳入银行“财富管理”体系，借助专业理财工具FNA系统，针对不同目标客户群财务安全的需求，致力于为处于不同人生阶段、面临不同财务问题的广大客户，提供相应的财务安全解决方案。

同时，还邀请各领域专家和学者，组织了“健康养生”、“欢乐童年”等各种主题的客户增值服务活动，并在全省推广了“花果园”项目，现场气氛活跃，受到客户的一致认可，成功地实现了多元化的业务推动模式。

【内部控制】　联泰大都会人寿江苏分公司执行严格的回访制度及操作流程，设立了公开、全面的电话服务平台、信函及来访等多个渠道受理内外客户的投诉。为使投诉、信访的受理、处理及时有效，公司根据案件的类型、影响范围，制定了“三级响应”制度，制度明确了各阶段各岗位的工作职责，特别强调重大案件由公司总裁、各部门负责人组成的客户投诉委员会把关。

【企业文化】　联泰大都会人寿江苏分公司员工的核心价值观中提倡：正直与诚信，建立个人责任感。公司销售人员入职培训中，服务品质观念的建立为重点培训内容之一。所有销售过程的诚信体现均通过专业培训得以贯彻落实。

4月7日，联泰大都会苏州机构开业

【重大活动】　1月，南京市“保险业年度价值榜”评选结果揭晓，联泰大都会人寿江苏分公司荣膺“南京市最具创新力保险公司”称号。

2月5日，联泰大都会人寿江苏分公司举行一年一度的迎新晚会。

3月15日，联泰大都会人寿江苏分公司参加了由江苏省暨南京市工商局和消协联合举办的“3·15”国际消费者权益日大型广场活动。顾问行销渠道组织了一个理财团队在活动现场设立保险理财咨询台，为消费者服务。

4月，联泰大都会无锡营销服务部顾问行销渠道成立。首批销售伙伴20位。

4月，联泰大都会人寿江苏分公司举办三周年庆祝晚会。

5月，联泰大都会人寿江苏分公司参加第二届“南京少儿博览会”，并在活动现场向参加活动的儿童家长免费赠送保险。

6月至8月，全国第一届搜狐家庭保险案例大赛中，联泰大都会人寿江苏分公司谢晓春、刘先平、戚翩、项振四位代理人获得入围奖项。

7月16~17日，联泰大都会江苏银保在南京苏美达大酒店举行了半年度银保业务总结会，同时也开办了首届“金理财”BOSS堂聚会活动。

7月22日，联泰大都会人寿江苏分公司协办的第二届河西CBD金融大讲坛在金陵会议中心中山厅举行。江苏分公司总经理胡沙率公司部门主管、代理人等共计35人参加了本次论坛。

5月25日至8月31日，联泰大都会举办了七彩童年绘画邀请赛，活动分为幼儿组涂鸦赛、少儿组设计赛两类。据网站统计，此次活动共有16328个注册用户参与，浏览关注的网络点击量更是数十万次，开创了联泰大都会网站流量之最。

【重大承保】　5月21日，联泰大都会人寿江苏分公司承保虞某花样年华终身寿险，保额250万元，年交保费65859元。

10月14日，联泰大都会人寿江苏分公司通过招商银行承保杨某财富稳

5月,联泰大都会江苏分公司参加第二届"南京少儿博览会",并在活动现场向参加活动的儿童家长免费赠送保险

赢两全保险(分红型),保额354万元,年交保费300万元。

【重大赔付】 5月25日,联泰大都会人寿江苏分公司赔付被保险人李某重大疾病保险金15万元。李某于2010年3月确诊为"乙状结肠癌"。

11月18日,联泰大都会人寿江苏分公司赔付被保险人孙某身故保险金15万元。

【公益活动】 4月27日下午,分公司三周年之际,联泰大都会人寿江苏分公司总经理胡沙、副总经理宋杰率领分公司部门主管和员工代表一行十人来到婷婷聋童幼儿园看望孩子们,除了给孩子们带来一些日常生活用品外,还一起和孩子们玩了很多精彩的互动节目。

5月27日下午,联泰大都会人寿江苏分公司参与由南京市商务局主办的"为劳模送保险"的活动,一次性为劳模提供了10万元的意外保险。

【教育培训】 11月20日,联泰大都会人寿江苏分公司携手南京报业集团在南京浦口区大华锦绣华城商务中心成功举办了《周末报》"小记者走近联泰大都会"专题理财讲座,近百名小记者和家长参加了此次讲座。在轻松愉快的氛围中,联泰大都会资深理财顾问王剑龙向小记者们灌输了正确的消费观和理财观,细心讲解如何为孩子成长和教育做好规划,引起家长的共鸣。

## 瑞泰人寿保险有限公司江苏分公司

【概况】 瑞泰人寿江苏分公司成立于2007年4月,是瑞泰人寿第一家省级分公司。公司自成立以来,始终坚持科学发展、规范经营、严格内控、诚信服务的原则,积极承担社会责任,为促进保险业持续健康发展、树立良好的行业风气做出了积极的贡献。

瑞泰人寿销售的产品以投资型保险产品为主,融合市场实践和消费者需求,不断推出为中国客户量身订做的保险理财一体化解决方案和提供高品质的服务,致力于成为中国金融市场长期投资理财解决方案的领导者。

【经营业绩】 瑞泰人寿江苏分公司2010年以投资型保险产品为主要销售产品,2010年共计达成保费616.66万元,其中投连险占总保费的59.52%,万能险占总保费的27.89%。

【渠道建设】 瑞泰人寿江苏分公司在总公司带领下,在全体员工的努力下,2010年积极开拓江苏市场及销售渠道,与深圳发展银行续签了兼业代理协议,并在销售中严格规范销售,得到深发展、华夏、中信等银行渠道及各保险代理公司等第三方专业渠道的一致好评。

【内部管控】 瑞泰人寿江苏分公司在加强渠道及公司渠道顾问的专业知识及销售技能的同时,在2010年工作中坚持按照监管部门及总公司相关规定,加强风险销售及操作流程中的风险控制,提升销售团队整体素质,通过完善操作流程如使用产品说明书、投保提示、风险测评表、100%电话回访等,做到防微杜渐,合规经营。

【企业文化】 瑞泰人寿倡导"4+1"的企业文化,即秉持"诚信、责任、尊重、追求卓越"的四大价值观,并贯彻以销售业绩为主导的执行力。

【重大活动】 11月10日,瑞泰人寿总公司在北京举行了企业新标识、新战略发布仪式,江苏分公司配合总公司宣传部门第一时间在省内多家媒体发布相关了信息,更好地对外宣传了公司股东实力和公司新LOGO新战略。

【公益活动】 4月22日,瑞泰人寿江苏分公司向青海玉树捐款1450元。

## 正德人寿保险股份有限公司江苏分公司

【概况】 正德人寿保险股份有限公司江苏分公司成立于2007年9月5日,现辖五个分公司职能部门(人事行政部、财务部、业务管理部、银邮业务部、个人业务部)和营业本部、六家三级机构(连云港中心支公司、镇江中心支公司、南通中心支公司、盐城中心支公司、无锡中心支公司、徐州中心支公司)、三家四级机构(东海营销服务部、赣榆营销服务部、如东营销服务部)。

正德人寿江苏分公司秉承"正扬诚信、立德为民"的核心经营理念,遵照"低调、内敛、务实、高效"的工作原则和"有所为者有其位、有所得"、"能者上、平者让、庸者下"的用人政策,以"诚信、卓越、专业、创新、实践、发展”的企业精神融入江苏保险市场。

2010年，正德人寿江苏分公司严格执行监管部门的各项经营要求，紧跟总公司战略部署，夯实基础、把握主动、明确目标、扎实措施、合力攻坚、强势奋进，保持了业务持续、健康发展。全年实现保费收入14.82亿元。各项工作严格按照监管部门和总公司相关规章制度要求开展，坚持“依法合规、科学经营”，努力探索业务发展新思路，积极引进适合公司发展的合格人才，夯实基础管理。在严格执行总公司各项政策的同时，结合江苏寿险市场的实际情况，抓好机构建设，营造良好公司内部工作环境，充分体现出“领导为员工服务、二线为一线服务、全员为客户服务、公司为社会服务”。

【经营业绩】 2010年，正德人寿江苏分公司坚持依法合规经营底线和“有条件要上，没有条件、创造条件也要上”的艰苦奋斗精神，认真履行“抓内控、防风险；抓业务品质、促精细化管理，向两核要效益”，累计承保保费收入14.8亿元，同比增长198.59%，系统内保费贡献率达28.84%。其中，银邮首期保费收入14.3亿元，银邮续期保费收入3772万元，个险首期保费收入511.36万元，个险续期保费收入593.53万元。

【渠道建设】 目前，正德人寿江苏分公司的销售渠道包括个人代理销售渠道、银邮兼业代理销售渠道、中介业务销售渠道等，成功开拓邮储银行、农业银行、江苏银行、民生银行等渠道。同时，在2009年合作渠道的基础上，2010年4月已和浦发银行达成合作协议，且目前正积极地和交通银行沟通合作。

【内部管控】 正德人寿江苏分公司始终坚持依法合规经营。按照总公司要求组织全省银邮业务部经理认真学习保监会处罚其他公司的通报，加强风险管控；认真学习总公司下发的各类关于依法合规经营相关材料，根据材料组织不同层级的培训，并组织考试。各地全年未发生违规问题。

【企业文化】 核心理念：正扬诚信、立德为民。

企业精神：诚信、卓越、专业、创新、实践、发展。

工作原则：低调、内敛、务实、高效。

竞争理念：以诚取信、以德取胜、服务最好、理赔最快。

用人原则：有所为者有其位、有所为者有所得。

服务准则：领导为员工服务、二线为一线服务、全员为客户服务、公司为社会服务。

企业愿景：把正德人寿建设成为一家让消费者满意，股东放心，员工幸福的一流寿险公司和百年老店。

【党建工作开展】 2010年12月31日，正德人寿召开全体党员大会，宣布中国共产党正德人寿保险股份有限公司委员会成立，选举产生了由张洪涛、戴凤举、陈英柳三位同志组成的首届党委委员，张洪涛任党委书记、戴凤举任纪委书记。

6月，正德人寿董事长张洪涛(左)拜会江苏保监局谢宪局长(右)

【重大活动】 1月8日，正德人寿江苏分公司召开2010年续期工作部署会议。分公司总经理室成员和各部门经理、各中支总经理、个人业务部负责人及续期岗人员等共同参加了本次会议。会议要求各机构要把客户利益放在第一位，做好续期工作。

3月15日，正德人寿盐城中心支公司参加盐城市保险行业协会组织的保险走向市场、服务社会大型宣传活动。

3月24日，经过盐城市政府、金融办和市保险行业协会的审核，正德人寿盐城中心支公司成功获得政府百万元发展专项引导资金。

4月1日到9月30日，正德人寿江苏分公司经过精心准备、成效显著，以绝对优势被江苏银行总行授予“2010年最佳辅导奖”，这是2010年11月份江苏银行年度颁奖晚会中，颁发给保险公司的唯一奖项，也是系统内第一个获得合作银行嘉奖的机构。

4月16日，正德人寿南通中心支公司全体员工去南浔进行企业文化、团队建设的培训。

4月19日，正德人寿无锡中心支公司全体员工进行“人道万人捐”活动，并将善款交至当地红十字会。

5月17日，正德人寿江苏分公司召开“大干45天·冲刺四个亿”业务动员(部署)大会，分公司及各中支总经理、银邮业务系列全体干部员工、分公司人事行政部、财务部、业务管理部经理参加了会议。会上，分公司总经理马云山同志传达了总公司会议精神。

5月19日，正德人寿徐州中心支公司召开了全体内外勤员工庆祝成立一周年活动。

6月11~12日，为进一步促进公司依法合规经营，推动业务稳健发展，实现2010年公司战略目标，正德人寿董事长兼总裁(CEO)张洪涛亲赴江苏分公司视察指导工作，视察期间张洪涛拜会了江苏保监局局长谢宪等领导。

8月30~31日，正德人寿江苏分公

司召开“个人业务战略研讨（动员）会议”，分公司总经理室、各部门经理和个人业务部全体员工、各中支总经理和个人业务负责人共30人参加了本次会议。会议围绕“树信心、控风险、重品质、稳发展”主题，阐述了公司所具备的各项优势，明确要把江苏个险做实做好，真正成为系统内“业务品质最好，风险管控做好”的机构。

9月8日，正德人寿江苏分公司及各分支机构举行系列活动，共同庆祝分公司成立四周年。

11月5日，正德人寿江苏分公司及各分支机构举行系列活动，共同庆祝总公司成立四周年。

11月9~14日，“金融系统反腐倡廉建设展南京巡展”在南京国展中心隆重举行，正德人寿江苏分公司全体内外勤员工在总经理室带领下，分两批计105人次参加了本次巡展。

12月31日，正德人寿召开全体党员大会，宣布中国共产党正德人寿保险股份有限公司委员会成立，选举产生了由张洪涛、戴风举、陈英柳三位同志组成的首届党委委员，张洪涛任党委书记，戴风举任纪委书记。

【重大承保】 1月，正德人寿南通中心支公司承保银邮龙盛保险，保险费200万元。

3月，正德人寿南通中心支公司承保银邮龙盛保险，保险费300万元。

6月，正德人寿南通中心支公司承保银邮龙盛保险，保险费220万元。

8月，正德人寿无锡中心支公司承保银邮龙盛保险，保险费80万元。

【公益活动】 4月15日，正德人寿江苏分公司员工自发向西南旱区捐款现金5660元；

4月21日，正德人寿江苏分公司员工自发向青海玉树地震灾区捐款现金7220元；

4月29日，正德人寿江苏分公司员工自发向中国扶贫基金会捐款现金5000元；

7月19日，正德人寿江苏分公司参加盐城市举行的“关爱生命，拯救白血病儿童”活动，向盐城市兴炎泰康扶贫基金会筹备办公室捐款现金20000元；

8月16日，正德人寿江苏分公司员工自发向甘肃舟曲泥石流灾区捐款现金6459元。

【教育培训】 6月1日，正德人寿江苏分公司与连云港市邮政共同举办连云港邮政大型培训；

7月5日，正德人寿江苏分公司与徐州市江苏银行共同举办徐州江苏银行大型培训；

7月9日、9月21日，正德人寿江苏分公司与南京市邮政共同举办南京邮政大型培训；

7月20日，正德人寿江苏分公司与丹阳市邮政共同举办丹阳邮政大型培训；

10月18日，正德人寿江苏分公司与盐城市邮政共同举办盐城邮政大型启动培训；

11月28日，正德人寿江苏分公司与南通市邮政共同举办南通邮政大型培训；

12月1日，正德人寿江苏分公司与南京市六合区邮政共同举办六合农行大型培训；

12月7日，正德人寿江苏分公司与高淳县邮政共同举办高淳邮政大型培训。

## 中德安联人寿保险有限公司江苏分公司

【概况】 中德安联人寿保险有限公司江苏分公司于2007年10月24日在南京正式成立，是中德安联继上海、广东、浙江、四川、深圳之后成立的第六个分公司。在地方政府和监管机构的正确领导和大力支持下，中德安联人寿江苏分公司先后完成了南京、苏州、常州、南通、盐城、徐州和无锡营销服务的开设工作，并逐步拓展和完善在江苏省内的服务网络，为更多的客户提供优质的保险产品和服务。2010年，中德安联人寿江苏分公司在2009年工作的基础上，进一步加强了经营管理建设，鼓励创新管理手段，提高了服务能力和行业竞争力。

【经营业绩】 2010年，中德安联人寿江苏分公司累计实现保费收入11087.87万元，其中新单规模保费收入7897.90万元，个险新单规模保费2098.43万元，银代业务新单规模保费5505.83万元。期缴保费显著增长，保障型产品销售比例大幅提高。

【渠道建设】 2010年，中德安联人寿江苏分公司顺应外部金融环境的形势，将业务重点转向期缴的效益性产品和风险保障型产品的销售。

【内部管控】 2010年，中德安联人寿江苏分公司在狠抓业务的同时，不断加强对销售团队和内勤人员的管理，坚持合法合规经营，降低公司经营中可能存在的各种风险。

11月，正德人寿江苏分公司参加金融系统反腐倡廉巡展合影

12 月 10 日，中德安联人寿江苏分公司无锡营销服务部开业

【企业文化】 2010 年，中德安联人寿江苏分公司为推行公司价值观而不懈努力，管理层团队首先担负起践行价值观的责任，并且影响更多员工向符合公司价值观的方向改进。通过一系列"践行我们的企业价值观"的体验式学习和管理人员潜移默化的影响，参加者通过自我反思、经验交流更好地优化学习成果。

【重大活动】 12 月 10 日，经中国保险监督管理委员会江苏监管局批准，中德安联人寿保险有限公司江苏分公司无锡营销服务部正式开业。

12 月 11 日，经中国保险监督管理委员会江苏监管局批准，中德安联人寿保险有限公司江苏分公司徐州营销服务部正式开业。

【重大承保】 5 月 7 日，钱某向中德安德人寿江苏分公司投保了"安联安享金生终身年金保险(分红型)"，期交保费 61.24 万元，缴费期限 5 年。

7 月 8 日，石某向中德安德人寿江苏分公司投保了"安联安裕丰财(Ⅲ)两全保险(分红型)"，期交保费 50 万元，缴费期限 10 年。

【重大赔付】 7 月 20 日，中德安德人寿常州营销服务部赔付被保险人潘某身故保险金 21 万元。潘某，服务业一般内勤，2008 年 1 月 30 日投保"安联安盈世家投资连结保险"，趸缴保费 20 万元。2010 年 2 月 6 日在美国身故，事发时被保险人系乘坐他人驾驶的车辆时出险。

【公益活动】 11 月 29 日，中德安联人寿江苏分公司汪天瞳、汤学勇、顾春燕、何娟等员工赴民工子弟学校江东门小学，开展儿童安全课堂教育。

## 华夏人寿保险股份有限公司江苏分公司

【概况】 经过三年发展，华夏人寿江苏分公司已经拥有 8 家中心支公司、12 家营销服务部及 5 家支公司，拥有 350 余名内勤员工及近 4000 名销售人员，初步完成了全省的网点架构布局。2010 年公司实现年度规模保费 3.3 亿元，价值类保费 2.97 亿元，计划达成率 113%。

华夏人寿江苏分公司在业务快速发展的同时，十分注重企业文化建设和对员工成长的关怀。从分公司提出的"六要六不要"口号到全司倡导的"鹰雁文化"理念，再到江苏分公司三周年司庆活动上提出了鹰雁文化框架下以"感恩、责任、创新、进取"为核心的企业人文精神，公司企业文化的不断升华，为全司营造出了精益求精、和谐团结的美好氛围，为公司未来的发展提供了强而有力的内涵支撑。

2010 年是华夏客服节品牌建立的元年。2010 年 6 月至 10 月，华夏人寿江苏分公司开展了以"低碳生活，小行为，大改变！"为主题的客户服务节。通过"华夏杯"短信及微博竞赛、摄影比赛等活动，贯彻华夏人寿倡导的企业公民责任，将政府和公众关心的环境问题与保险结合起来，引导社会公众关注、认识低碳生活，率先举起"保卫环境"的战旗，将客服节做得更有深度，更加富有内涵，脱离传统的客服节活动形式，带领客户与自然零距离接触，走出礼堂、酒店，迈向自然的怀抱。

华夏人寿在发展中始终秉持"传递爱与责任"的核心价值观。江苏分公司自开业起即启动"华夏栋梁助学计划"，每年资助南京梅园中学十名品学兼优的贫困学生 3 万元助学基金。2010 年 11 月，华夏人寿江苏分公司已累计募捐善款 12 万元，已助部分学子顺利考上了理想的大学。

【经营业绩】 华夏人寿江苏分公司 2010 年实现年度规模保费 3.32 亿元。个险渠道 2010 年规模保费 1.55 亿元，停售了华夏栋梁少儿两全保险，增加五福临门保险(分红型)。银保渠道 2010 年实现规模保费 0.96 亿元，停售了盛世鲲鹏两全保险（趸交），新增健康版(同庆+同康)期缴产品。团险渠道 2010 年实现规模保费 0.62 亿元，新增家福乐 B 款和至尊宝(江苏版)两款产品。经代渠道 2010 年实现规模保费 0.16 亿元，新增鑫囍年年产品。

【渠道建设】 2010 年，华夏人寿江苏分公司增设了电销渠道。2010 年个险渠道人力平台在 4000 人左右，业务月平台在 25 万元以上的营服有 6 家，在 15 万元到 25 万元之间的营服有 7 家；团险渠道外勤总计 40 余人，2010 年共完成短险保费 4210 万元；银保渠道外勤人力共 110 人，2010 年完成期交保费 5800 万元。此外，江苏分公司多元渠道(经代与电销)也在 2010 年取得了较大的发展。

【内部管控】 华夏人寿江苏分公司设立了内审合规管理委员会，通过自纠自查等一系列措施全面推进合规建设。2010 年，通过对全省分支机构进行合规检查，对各中支开业以来合规经营情况进行了深刻的检视，针对查出的问题提出了整改要求。分公司内控合规工作也存在一些待改进的环节：(1) 某些干

部员工存在“重业务、轻内控合规”的思想意识；(2) 内控合规方面的约束与惩罚机制有待进一步完善。

【企业文化】 华夏人寿江苏分公司2010年在企业文化方面也取得了长足的发展，开设了企业文化专题培训，使全体内勤深刻体会企业文化的内涵及作用。分公司的企业文化电子半月刊——《华夏家园》自2010年5月11日起共发行18期，通过员工及团队实例宣传公司的鹰雁文化。分公司创办的《一周经营动态》对每周的业务达成情况进行通报。月刊电子版《理赔期刊》对每月结案的理赔情况进行通报的同时，每期都刊登健康小贴士，让员工了解更多的健康常识。

【重大活动】 1月4日，华夏人寿江苏分公司召开2010年全省新年视频特别晨会，会议上分公司总经理室成员、8位中支总、员工代表分别祝愿2010年江苏分公司在市场环境日趋严峻的情况下，能够实现“专业经营 价值成长”。

1月27日，华夏人寿江苏分公司召开2009年度工作会议，分公司总经理室、分公司室主任以上成员、中支班子成员、中支个团银负责人参加了此次会议。会议上，副总经理(主持工作)陈旺做了题为《商盈华夏 价值成长》的报告。个团银分管总及财务负责人就2009年工作进行了总结分析，并由各分管总对2010年工作进行了布署。

5月26日，华夏人寿江苏分公司电销中心在金山大厦12楼举办开业庆典。总公司副总经理张剑敏、分公司副总经理(主持工作)陈旺以及各部门经理、电销中心优秀的业务伙伴近70人出席了此次盛会。

7月17日，华夏人寿江苏分公司2010年 “爱生活，爱自然——低碳生活，小行为、大改变”客服节隆重开幕。

11月5日，华夏人寿江苏分公司召开三周年司庆特别晨会。分公司总经理室全体成员、分公司及8家中支全体内勤参加了本次晨会。会上，副总经理(主持工作) 陈旺对公司成立三年以来的发展历程做了总结，并对未来三年公司的发展目标进行了具体规划和展望。

11月17~19日，普华永道事务所经理刘淑艳为首的调研小组以及总公司战略发展部梁树春对华夏人寿江苏分公司开展了为期三天的实地调研，调研的主要内容为通过与分公司领导、部门长、业务主管的访谈，了解分公司个险系列渠道的发展情况，收集相关数据，并最终为个险发展提出建设性建议与发展方案。

12月12日，华夏人寿宣布个险“五福临门”新产品的发布。“五福临门”是公司首创保额分红产品，将保额分红与万能账户进行结合，并获得“2010杰出保险创新奖”。该产品无需体检与契调，实行特别少儿风险保额；透过年度红利增加保额，特设年终红利；全部盈余参与分红，保额复利递增，是高中端客户首选理财新平台。

12月20日，华夏人寿江苏分公司在分公司会议室召开了2011年开门红视频启动会。

【重大承保】 1月11日，华夏人寿江苏分公司承保了中国国电集团公司谏壁发电厂“华夏福佑一生团体重大疾病保险”，总保费1070万元。

【重大赔付】 9月27日，华夏人寿无锡中心支公司赔付被保险人姚某身故保险金30万元。姚某于2009年12月10日由其所在单位投保华夏团体意外伤害保险及意外团体伤害医疗保险，保费765元。2010年9月17日，在工作期间不慎被船舱内滚落下来的带钢夹压导致其当场死亡。

11月29日，华夏人寿江苏分公司赔付被保险人蒋某身故保险金20万元。蒋某于2010年5月7日由其所在单位投保了华夏团体意外伤害保险和意外团体伤害医疗保险，保费240元。2010年10月2日乘坐别人的摩托车时不慎发生车祸，经医院抢救无效身故。

12月1日，华夏人寿南通中心支公司赔付被保险人汤某身故保险金20万元。汤某于2010年3月6日由其所在单位投保了华夏团体意外伤害保险和意外团体伤害医疗保险，保费400元。2010年9月14日驾驶二轮摩托车时不慎发生交通事故，经医院抢救无效身故。

【对外交流】 1月31日，华夏人寿江苏分公司副总经理陈旺、副总经理徐健邀请省保监局领导、保险协会中介委员会以及江苏华邦等20余家合作代理公司召开研讨会。会议总结了2009年的合作历程，研讨了2010年的发展计划与合作方向。

2月2日，华夏人寿江苏分公司召开江苏保险记者座谈会。

10月9日，华夏人寿江苏分公司团险部与南京鼓楼区人民法院联合举

5月26日，华夏人寿总分公司领导在电销中心开业仪式上与员工合影

办了自助卡保险经营中有关法律问题的研讨会。

10 月 12 日，江苏万联保险代理公司总经理邵春携业务精英一行 20 余人到华夏人寿江苏分公司参观交流。双方就保险中介未来发展的趋势进行了交流。

10 月 20 日，江苏盛大众联保险代理公司总经理赵建玉、副总经理刘迎军一行到华夏人寿江苏分公司参观交流，增进了双方的合作与交流。

## 中国人民人寿保险股份有限公司江苏省分公司

【概况】 人民人寿江苏省分公司是国有控股保险公司。截至 2010 年底，下设综合部、计划财务部、业务管理部、个人保险部、团体保险部、银行保险部、互动业务部、合规监察部 8 个部门，拥有省分公司营业部、苏州、常州、扬州、南通、徐州、盐城、宿迁、无锡、泰州、镇江、淮安、连云港 13 家三级机构，设立四级机构 48 家。全省内勤员工 339 人，销售外勤队伍近 6000 人。

【经营业绩】 2010 年实现规模保费 70.3 亿元，达成年度目标 156.2%。其中，个险完成 4.27 亿元，团险 2.11 亿元，银保完成 59.25 亿元，其他渠道 4.67 亿元。95%以上业务是传统的分红型产品。

【渠道建设】 一是坚持银保业务的主渠道地位。实现合作渠道多元化、银邮网点最大化、队伍配置科学化、人员专业化、管理规范化。二是加速发展个险业务，以农网建设为突破口加强队伍建设。三是强化互动渠道的战略地位。进一步加强产、健兄弟公司之间的交流与合作，加大资源共享的力度与深度。四是团险渠道规模和短险效益并重，强化创费能力，保证经营利润。

【内部管控】 按总公司“三零四平五赢利”的要求，江苏省分公司开源节流并举。在业务发展的同时，省分公司上下坚决贯彻艰苦奋斗，勤俭建司的传统。在努力降低市场销售成本的同时，坚决压缩行政开支，杜绝铺张浪费，有效地控制了管理成本，经营效益明显提升。省分公司密切关注三级机构的经营状况，实行费差损超标一票否决。

自公司开业以来，江苏省公司高度重视风险管理和合规经营工作。省分公司总经理室率先垂范，将合规工作放在经营管理的中心位置。通过会议、培训、审计、制度规范和现场检查等方式，对全省的合规工作进行统筹和管理。特别是今年下半年，省公司组织各业务渠道和后援部门，集中时间对各三级机构进行了深入细致的风险排查，并限期进行整改，收到了比较好的效果。

【企业文化】 随着公司的不断发展壮大，江苏省分公司的内外勤队伍也不断成长，员工素质不断提高，精神风貌奋发向上。全体员工秉承“以人为本，和谐奋进”的企业宗旨，大力弘扬肯吃苦、肯奉献、肯拼搏的精神，保持创业的激情和艰苦奋斗的传统，形成了团结奋进、群策群力、一心一意谋发展的良好氛围。员工的积极性、执行力和创造力得到了充分的发挥，为公司的发展注入了活力。

【党建工作开展】 江苏省分公司各机构建立了党组织，并健全了党的组织生活制度。党的思想建设和组织建设不断加强，党员的教育管理及新党员的发展工作稳步推进。并注重在工作中发挥党员的政治核心作用和战斗堡垒作用。

积极开展党风廉政建设，坚持常抓不懈，警钟长鸣。坚持以制度规范各级干部行为，认真落实党员领导干部廉洁自律的各项规定。切实加强党内监督，并将组织监督和群众监督结合起来。

【重大活动】 2 月 9 日，人民人寿江苏省分公司 2010 年工作会议在南京顺利召开。

2 月 21 日，江苏省分公司总经理冶思松率领江苏省分公司总经理室成员向江苏保监局汇报工作。

2 月 22 日，中国人民人寿保险股份有限公司泰州中心支公司正式开业。

3 月 6~7 日，人民人寿江苏省分公司工会与女工委利用双休日组织女工踏青郊游，欢庆三八国际妇女节。

3 月 6 日，全国人保系统邮储渠道培训在江苏圆满结束。

3 月 24 日，人民人寿江苏省分公司达成规模保费 25.09 亿元，达成年度目标的 55.77%，提前一周实现了总经理室年初制定的一季度开门红目标。

4 月 15 日，中国人民人寿保险股份有限公司淮安中心支公司正式开业。

5 月 10~11 日，人民人寿江苏省分公司在扬州举办综合管理与合规经营培训班。

5 月 26 日，中国人民人寿保险股份有限公司连云港中心支公司正式开业。

6 月 11~12 日，中国人民保险集团副总裁、中国人民人寿保险公司总裁李良温到江苏进行工作调研，对江苏省分公司的发展表示肯定；对江苏广大员工在竞争激烈的环境中，不畏困难，艰苦创业表示慰问；对人民人寿在市场上创出了品牌，做出了成绩，表示祝贺。

7 月 18 日，人民人寿江苏省分公司在扬州召开半年工作会议暨“超越行动”动员大会。

8 月 18 日，人民人寿江苏省分公司突破保费 45 亿元，达成年计划的 101.78%，提前四个半月完成总公司下达的年度目标。

8 月 23~25 日，人民人寿江苏省分公司举办 2010 年团险渠道工作会议。

9 月 6 日，人民人寿江苏省分公司总保费规模突破 50 亿元，达成年度目标的 125%。

9 月 9 日，中国人民人寿保险股份有限公司副总裁兰亚东与江苏省分公司班子召开电话会议回顾前一阶段的工作，布置落实四季度工作，指导江苏省分公司努力创先争优。

12 月 5 日，人民人寿江苏省分公司召开年度工作会议，分析发展潜力，规划 2011 年目标，落实开门红的具体工作布置。

12 月 7 日，人民人寿江苏省分公司召开年度合规工作会议，对 2010 年全省合规工作进行总结并对 2011 年合规工作进行布置。

【重大承保】 1 月，常州某发电厂投保人民人寿江苏省分公司年金险，保费

8500585元。

2月,苏州某银行投保人民人寿江苏省分公司寿险、医疗险,保费10207319元。

2月,江阴某造船厂投保人民人寿江苏省分公司年金险,保费3000万元。

6月,江阴某钢铁厂投保人民人寿江苏省分公司年金险,保费600万元。

7月,徐州某置业公司投保人民人寿江苏省分公司年金险,保费500万元。

9月,苏州某发电厂投保人民人寿江苏省分公司年金险,保费8619780元;投保医疗险,保费6271504元。

【重大赔付】 6月8日,人民人寿苏州中心支公司赔付被保险人30万元。被保险人于2010年4月4日在承建的石家庄钢铁有限公司项目中,行走时不慎被汽吊撞伤致头颈部重伤,后经医院抢救无效死亡。

6月21日,人民人寿江苏省分公司赔付人民币20万元。2009年8月5日,被保险人因感觉肚子疼痛剧烈,去省中医院检查并立即住院手术治疗,术后病理示:宫内膜样癌(高-中分化),宫颈CINI-II级。被保险人2010年5月25日向公司申请重大疾病保险金。

8月6日,人民人寿南通中心支公司赔付人民币20万元。2010年7月2日晚上18时被保险人下河游泳不慎溺水身亡。

8月20日,人民人寿南通中心支公司赔付被保险人25万元。6月19日晚21时15分被保险人下班时不慎从高约1米处坠落,头部着地,经杭州市西湖区第二人民医院抢救后转入解放军一一七医院抢救无效,于2010年6月20日1时左右宣告死亡。

10月20日,人民人寿扬州中心支公司赔付被保险人王某35万元。王某于2010年6月19日在石羊集团西安邦淇制油公司内新建地下输送设备安装工地施工时,不慎碰到太阳灯下的电线,导致触电身亡。

10月21日,人民人寿扬州中心支公司赔付35万元。2010年8月10日被保人刘希春在工地作业时,不慎从高空坠落,经宁晋县第三医院120急救车医生确认已经死亡。

11月22日,人民人寿江苏省分公司赔付被保险人20万元。2010年7月初,被保险人因感觉右腹部疼痛,去江苏省肿瘤医院检查并住院手术治疗,术后病理示隆起型管状乳头状腺癌。被保险人2010年11月4日向公司申请重大疾病保险金。

【教育培训】 4月1~2日,人民人寿江苏省分公司在南京海军指挥学院召开“红色长城”个险队伍建设启动大会,三级机构个险分管总、四级机构负责人就做大做强个险队伍进行了深入探讨、学习,为全省人力增长奠定了基础。

7月、8月,人民人寿江苏省分公司在常州、南京分别举办了全省职业训练资格认证及培训工作,对全省90位职业训练申报人员进行了系统培训及认证,提升各项基本管理技能,强化综合管理意识。

9月12~14日,人民人寿江苏省分公司在南京海军指挥学院举办全省农网负责人培训班,来自全省53位经严格挑选面试的农网负责人就农网建设意义、建设措施和建设方法进行了全面学习,为公司农网的快速发展积累了优秀人才。

## 英大泰和人寿保险股份有限公司江苏分公司

【概况】 2010年是英大泰和人寿保险股份有限公司成功引进战略投资者后第一个完整的经营年度,是总公司制定全新的经营思路、方针、政策后的关键一年,也是总公司实现2011年腾飞目标前的关键一年,分公司作为总公司的“创业者”,对总公司实现“价值最大化”的目标具有重要作用。一年来,在总公司正确领导和股东单位的大力支持下,英大泰和人寿江苏分公司全体员工共同努力,面对激烈的市场竞争,全面开展各项工作,按照总公司“加权保费”的经营考核导向,合理安排业务节奏,一切以业务发展为中心,加强基础管理,坚持控制经营风险,取得了一定的成绩。

【经营业绩】 2010年,英大泰和人寿江苏分公司累计实现规模保费收入2.31亿元,其中个险新契约规模保费742.44万元,团险规模保费2805.29万元;银保规模保费19088.5万元,续期业务454.04万元。按照保障范围划分,新契约总保费22603.12万元,其中意外伤害险为762.03万元、健康险为130.77万元、寿险为21710.31万元,分别占3.37%,0.58%,96.05%。

【渠道建设】 全面推进机构筹建进程。2010年以来,英大泰和人寿江苏分公司加快机构筹建的步伐,在苏南、苏中、苏北地区进行网点的合理布局,完成了扬州、徐州、南通、盐城中心支公司和江阴、江都、高邮营销服务部的筹建。

提前半年完成团险加权保费计划。按照总公司“利润导向”的销售策略和“加权保费”考核的引导作用,英大泰和人寿江苏分公司员工福利部在股东单位的大力支持和总公司的大力协助下,于上半年顺利完成全年加权保费计划。下半年,员工福利部通过加强队伍建设、强化内部管理等方法,以有效的激励方案为手段,大力拓展各项社会业务,为全面完成规模保费年度计划进行了不懈的努力。

稳步发展银行保险业务。英大泰和人寿江苏分公司自开业以来,销售渠道一直较少,并且对招商银行的依赖性较大。2010年,公司对组织架构进行了调整和完善后,加大了渠道开拓和维护的力度,多次与相关渠道开展训练营活动,有力地提升了网点产能和活动率,在维护好工商银行、招商银行、建设银行渠道关系的同时,大力开拓农业银行渠道,顺利签署了省级合作协议。

加强营销基础管理,稳健推进个人业务发展。英大泰和人寿江苏分公司2010年个人代理渠道以组织发展为主线,狠抓基础管理,不断提升营销经营管理水平。一是贯彻总公司个人业务经营思路,严格按照人员引进标准和队伍筹建计划,探索采用电话营销等方式积极进行增员。积极实施“主顾开拓”方案,适当调整了机构负责人,加强各层级人员的合法合规培训和业务技能培训,努力提高活动率和人均产能。二是继续推出“万元人力俱乐部”方案,通过绩优人员和队伍的培养，推动销售队伍展业。

【内部管控】 英大泰和人寿江苏分公司一直坚持"合规经营"的要求，遵守国家各项法律规范，全面执行公司各项规章制度，在大力发展业务的同时，始终坚持合法、合规，未出现任何违规、违纪事件。强化承保风险管理，完善客户服务体系。在新契约承保过程中，严格执行总公司契约回访管理规定，坚持对新契约保单进行百分百回访。为了强化退保风险管理，分公司制定了保全退保审核管理、离职业务人员客户电话回访等服务措施，加强对孤儿保单的服务。制定了续期客户缴费激励方案，推动在职单客户的催收工作，并通过电话、短信形式对客户提供服务。

【企业文化】 英大泰和人寿江苏分公司秉承国家电网稳健与开拓并举的工作作风，倡导沟通和交流的理念，坚持简单务实的工作作风，各部门精诚团结，工作密切配合，员工兢兢业业，无私奉献。

江苏分公司严格执行总公司"企业文化"建设的决策和决定，注重分公司员工思想文化建设，及时传达总公司的规划和策略，帮助员工将个人职业生涯规划和公司发展进行有机结合。

【重大活动】 1月18日，英大泰和人寿总公司副总经理陈国榕在业务管理部负责人陪同下到江苏分公司进行调研和指导。江苏分公司就江苏的经济和保险业发展状况、江苏分公司2009年度经营状况以及下一阶段工作重点和分公司的需求等相关问题进行了汇报。陈国榕充分肯定了江苏分公司取得的成绩，现场解释了分公司的部分疑问，并勉励全体人员再接再厉，努力工作。在结束分公司本部调研后，总公司领导当天驱车前往无锡中心支公司，对三级机构的管理和经营情况进行调研。

2月10日，英大泰和人寿江苏分公司2010年度工作会议在分公司职场隆重举行，分公司全体员工和无锡、江宁机构的负责人参加了会议。会议阐述了总公司的经营思路和策略，明确了奋斗目标和方向，充分调动了员工的积极性和创造性。

3月18日，英大泰和人寿总公司谢清辉顾问、个险部许光惠主任、闵欣处长一行三人莅临无锡中心支公司调研指导工作。许光惠主任作了"关注我们的舞台"为主题的讲座。

4月8~10日，英大泰和人寿总公司董事长、党组书记李友谊在总公司总经理工作部、员工福利部负责人的陪同下莅临江苏，拜访监管部门和股东单位，并到分公司指导工作。李友谊一行首先拜访了江苏保监局局长谢宪、局长助理阎波和寿险处处长蒋正忠。随后，到股东单位——江苏省电力公司，与冯军总经理进行了亲切会谈。之后，来到国家电网电力科学研究院与总经理肖世杰、党委书记王彦亮、副总经理奚国富以及财务部、人力资源部负责人等进行了会谈。4月9日下午，李友谊一行到江苏分公司视察，与分公司部门副经理以上人员进行座谈。并前往江宁营销服务部进行实地考察。

江苏保监局局长谢宪(右)会见英大人寿董事长李友谊(左)

7月3日，为纪念中国共产党成立89周年，江苏分公司直属临时党委组织参观爱国主义教育基地，进一步弘扬爱国主义精神，深入贯彻落实科学发展观。党员们集体参观了渡江纪念馆，重温了雁翎队打击日寇的光荣历史，学习了雁翎队奋勇抗敌的精神风貌，各党支部争相咏唱红歌。

7月12~13日，英大泰和人寿总公司总经理庄荣璇到江苏分公司调研指导工作。庄荣璇一行视察了分公司职场，并与分公司主要负责人和有关部门人员进行了深入座谈。

7月28日上午11时，由于拆迁施工不慎引起丙烯管道泄漏，南京栖霞区发生一起重大爆燃事件，共13人死亡、300多人受伤。事故发生后，英大泰和人寿江苏分公司迅速启动了应急方案，立即配合江苏保监局及时排查投保客户信息。通过排查，发现客户单位"南京百沃电器设备有限公司"一名职工在"7·28"爆燃事故中遭受重伤，公司立即启动绿色赔付通道，为受害客户提供最优质的保险服务。

8月9日，英大泰和人寿江阴营销服务部正式开业。

9月9日，英大泰和人寿个险"智尊久福"年金保险上市首发，这是公司改进产品开发流程后推出的首个个险产品，也是专门面向国家电网公司股东客户开发的首款股东专属养老保险产品。该产品最长可领取年金至99岁。

10月8日，英大泰和人寿江苏分公司由中山路268号汇杰广场11楼搬至南京市建邺区庐山路188号新地中心12楼。

11月18日，英大泰和人寿总公司人力资源部副主任侯瑞及副处长白春雨到江苏分公司开展2010年度领导干部考核工作。分公司组织召开了干部考评大会，分公司全体内勤员工及三四级机构负责人参加了此次大会。会后总公司考核组按照考核要求分别与分公司

领导班子成员、部门经理、三四级机构负责人和部分员工进行了访谈，听取了干部员工对班子成员的意见和建议。

【重大承保】 1月1日，英大泰和人寿江苏分公司承保了江苏省社会保险基金管理中心江苏省电力公司代办处的英大元庆团体年金保险（分红型）共计165.62万元。

3月19日，英大泰和人寿江苏分公司在招行无锡分行新区支行网点承保万能险元鑫199.6万元。

3月30日，英大泰和人寿江苏分公司承保江苏省社会保险基金管理中心江苏省电力公司代办处的团体意外伤害保险，保费共计322.82万元。

4月24日，英大泰和人寿江苏分公司在华夏银行无锡分行营业部网点承保万能险元鑫200万元。

4月28日，英大泰和人寿江苏分公司在招行南京分行月牙湖支行网点承保万能险元鑫100万元。

4月30日，英大泰和人寿江苏分公司承保江苏海宁电力实业公司的英大元庆团体年金保险（分红型），保费共计523.48万元。

5月12日，英大泰和人寿江苏分公司在建行南京直属支行湖北路分理处承保万能险元鑫200万元。

5月20日，英大泰和人寿江苏分公司承保江苏海宁电力实业公司的英大元庆团体年金保险（分红型），保费共计308.94万元。

11月10日，英大泰和人寿江苏分公司在招行无锡分行新区支行网点承保万能险元鑫200万元。

【重大赔付】 1月1日，英大泰和人寿江苏分公司赔付被保险人唐某30万元。唐某购买了英大团体意外伤害保险，保额为30万元。2010年1月1日，唐某在工作中不慎触电身故，属于意外死亡。

1月17日，英大泰和人寿江苏分公司赔付被保险人徐某5万元。徐某投保了英大团体意外伤害保险，保额为5万元。2010年1月17日，徐某驾驶的电动车与小货车发生碰撞，本人严重受伤，送医院抢救无效后死亡。

4月15日，英大泰和人寿江苏分公司赔付被保险人陈某10万元。陈某投保英大团体女性疾病保险，保额为10万元。投保人及被保险人陈某因乳房肿块入院治疗，被确诊为右乳浸润性导管癌，属于重大疾病。

7月1日，英大泰和人寿江苏分公司赔付被保险人蓝某10万元。投保人购买了英大团体意外伤害保险，保额为20万元。蓝某在湖北出差时，乘坐当地小轿车与客车相撞，导致身故。

9月29日，英大泰和人寿江苏分公司赔付被保险人吕某10万元。投保人购买了英大团体女性疾病保险，保额为10万元。2010年4月，被保险人吕某因月经不调入院治疗，于4月16日检查确诊为子宫内膜癌，属于重大疾病。

9月29日，英大泰和人寿江苏分公司赔付被保险人于某10万元。投保人购买英大团体女性疾病保险，保额为10万元。后被保险人于某因乳房肿块入院治疗，被确诊为右乳浸润性导管癌，属于重大疾病。

## 信泰人寿保险股份有限公司江苏分公司

【概况】 2010年是信泰人寿江苏分公司不平凡的一年，在江苏保监局关心指导下，在总公司的正确领导下，业务快速发展。截至2010年底已开业三级机构包括：泰州营销服务部、扬州营销服务部、盐城营销服务部、徐州营销服务部、无锡中心支公司、常州中心支公司、南通中心支公司、镇江中心支公司等八家三级机构。已开设四级机构分别为：南京沿江、浦口营销服务部；泰州（本部）、泰州泰兴、泰州高港营销服务部，泰州兴化、泰州姜堰、泰州靖江营业部；扬州（本部）、宝应、仪征营销服务部，扬州广陵、扬州高邮、扬州江都营业部；盐城（本部）、大丰、射阳营销服务部，盐城建湖、盐城东台营业部；徐州本部，徐州沛县、徐州铜山营业部，无锡本部、常州本部、南通本部、镇江本部等合计26家四级机构。基本完成公司在江苏寿险市场的发展布局。个险营销外勤1305人，银保外勤245人，中介业务部外勤8人，后援队伍258人。

【经营业绩】 2010年，信泰人寿江苏分公司实现保费77357.15万元，其中个险保费收入3353.16万元，团险保费收入396.21万元。银保保费收入73339.26万元，系统内银保保费一直排名第一，中介保费收入268.52万元。

【渠道建设】 信泰人寿江苏分公司目前主要有个险、银保、团险、中介行销四大营销渠道，力求为客户提供全方位和多元化的保险服务。银保销售渠道主要通过与中行、工行、农行、建行、招行、邮储等银行的合作来实现多渠道经营发展的目标，中介渠道也已成功开拓了范华、华康、华邦等知名中介代理公司作为主要渠道。

【内部控制】 2010年，信泰人寿江苏分公司建立健全规章制度，做到各项执行有据可依。自开业以来，分公司在执行总公司的各项规章制度中充分考虑分公司的实际情况，制定并下发了包括行政管理、人事管理、运营管理、营销管理、培训管理、财务管理等在内的各项规章制度，印发了《信泰人寿江苏分公司财务管理制度》、《信泰人寿江苏分公司行政管理制度》、《信泰人寿江苏分公司人力资源制度》、《信泰人寿江苏分公司运营管理制度》、《信泰人寿江苏分公司营销管理制度》、《信泰人寿江苏分公司培训管理制度》、《信泰人寿江苏分公司内部控制管理制度》、《信泰人寿江苏分公司反洗钱控制制度》、《信泰人寿江苏分公司品质管理办法》等制度，并认真遵照执行。

专设合规岗，努力实践依法合规经营思路，促进企业更健康发展。信泰人寿江苏分公司作为新的保险主体自进驻江苏保险市场以来就十分重视合法、合规经营，组织员工认真学习相关法律法规，了解经济形势发展动态以及监管政策变化，积极有效应对当前严峻的全球经济形势。2010年以来，由合规人员对公司日常合规工作进行相关预警，并为业务发展提供合规管理的指导和意见。从而进一步加强公司的合规经营意识，为公司的健康持续发展提供有力的保护，使得公司的各项工作真正做到依法合规，持续稳健经营。

【企业文化】 信泰人寿一直秉承“恒信稳健 厚德 致远”的企业精神，主张“艰苦创业、甘于奉献、激情乐观、勇往直前”的创业精神，力争做稳健于世的百年金控蓝筹。2010年，信泰人寿江苏分公司通过举办“国学与企业文化”征文比赛、三八节女性关爱活动、员工旅游、生日献礼、“3·15”客服节、为玉树地震募捐等活动，在公司中很好地营造了浓厚的文化氛围，增强了员工凝聚力，使全体员工充分认识企业文化建设的重要意义。

【重大活动】 4月30日，信泰人寿徐州营销服务部在徐州保协的组织下，号召员工支援灾区，共计捐款4600元。

5月，信泰人寿泰州中支2010年被江苏省平安金融创建活动领导小组命名为“平安金融单位”。

8月，为弘扬国学文化，信泰人寿各机构第二届客户服务节暨首届少儿国学文化节拉开帷幕。

11月3日，信泰人寿江苏分公司从南京市白下区中山南路8号苏豪大厦16楼迁至南京市建邺区庐山路188号之南京新地中心9楼。

【重大承保】 5月28日，投保人王某向信泰人寿江苏分公司投保金瑞两全保险，保费收入300万元。

8月10日，投保人董某向信泰人寿江苏分公司投保金瑞两全保险，保费收入110万元。

【重大赔付】 4月15日，信泰人寿江苏分公司赔付被保险人潘某意外伤残保额30万元。潘某，7月2日在俄罗斯伊尔库茨克工地上发生意外不慎从高处坠落，先后在俄罗斯当地医院及南通市第一人民医院住院治疗，诊断为严重的复合损伤、严重的闭合性脊骨外伤并发症，脊髓、颅脑、胸廓等多处损伤，并致两下肢瘫痪。

8月27日，信泰人寿江苏分公司赔付被保险人杨某身故保险金124651.96元。被保险人杨某因“发现左颈前部肿块一周”于2009年11月25日至12月1日在江苏省苏北人民医院住院诊断为“肺癌伴颈部淋巴结转移”，于2010年7月21日医治无效在家中病故。

## 中英人寿保险有限公司江苏分公司

【概况】 中英人寿保险有限公司江苏分公司成立于2008年1月11日，是中英人寿在国内开设的第八家分公司，也是中英人寿在华东地区发展的重要机构。中英人寿江苏分公司以南京为中心，业务范围覆盖全省，目前已在扬州、南通、徐州、无锡等设立营销服务部。

中英人寿江苏分公司奉行总公司专业、高效的多元化营销策略，实行“经代营销、银行保险、团体保险、直销与电话行销”四大营销渠道并进，积极创新寿险产品的销售模式，以全新、专业的形象立足江苏保险市场，立志为提升江苏保险业的整体运营水准做出积极努力。

在顺利跨越了中英人寿“10×10×10战略”部署后，江苏分公司迎来了中英人寿新的5年战略规划，除了力争达成各项经营目标之外，江苏分公司更将秉承中英人寿“C.A.R.E”文化精髓，以关怀社会、服务大众为己任，以快速的行动力在江苏省内迅速深入发展，致力于将国际专业化的寿险服务传遍江苏大地，为省内不同类别的客户，以及其不同层面的需求提供最优质、最完善的寿险服务和全面的财务保障。

【经营业绩】 2010年中英人寿江苏分公司共实现保费37928.16万元，同比增长28.45%，新单保费33376万元，同比增长17.87%。在监管部门与总公司的大力帮助与指导下，江苏分公司扬州、南通、徐州三家地级市机构的业绩均同比稳步增长，并在2010年新开设了无锡营销服务部。银保、经代、团险、电销四大业务渠道日趋成熟，合作渠道进一步拓展。经过三年的市场经营，公司培养了一批优秀的内、外勤保险业人才，确保公司业绩合规、高效、稳健的发展。

【渠道建设】 2010年，中英人寿江苏分公司“银保、团险、经代、直销与电话行销”四大业务渠道齐头并进，渠道经营规模与业务品质与2009年相比有明显的提升和较快的发展。

银保渠道 2010年，中英人寿江苏分公司银保渠道有效整合柜面(OTC)、财富保障计划(IA)、房贷险项目(MRTA)的资源，提高经营效率，全面达成各项经营指标。产品线日臻完善，从分红到万能，从储蓄型养老保险到保障型产品，形成了完善的产品体系。在渠道合作中，深耕渠道建设与外部关系维护，提高合作融和度，创新销售模式，有效推动业务开展。2010年江苏分公司银保渠道在中行、交行渠道业务的份额名列前茅。

经代渠道 2010年中英人寿江苏分公司经代渠道通过“提供高素质的顾问式服务，满足客户对保险的不同需要”的价值主张，培养了一批优秀的经代公司。江苏分公司经代渠道始终本着以“服务的心态导入市场”的宗旨，积极响应总公司号召，在全省积极推动《中英人寿经代中介机构品质管理办法》，

6月11日，中英人寿江苏分公司在南京玄武区红山外来工子弟学校建立“中英爱心图书馆”

取得了良好的效果，同时协助合作的经代公司也提升了专业素质及服务水平。

团险渠道　2010年中英人寿江苏分公司团险渠道在与银行开展对公寿险合作方面取得了喜人的成绩，网均产能提升逾30%，并连续两年在银行系统内及公司系统内名列第一。2010年，团险渠道在团队成员重组、推动模式创新及业务渠道整合等方面也都实现了飞跃式发展。在团队成员重组方面，引进优秀人才的同时注重新人的塑造与培养；在推动模式创新方面，既保有了惯常的竞赛模式，也建立了具有中英团险特色的荣誉体系；在业务渠道整合方面，大力发展已趋成熟的银团项目，进一步重点扶植中介渠道，稳步提升既有业务平台，最终形成团队成长健康有序、业务品质渐进优化、多渠道业务齐头并进的经营态势。

直销与电话行销渠道　2010年，中英人寿江苏分公司直销与电话行销渠道严抓销售规范管理，确保业务品质，各项KPI指标均优于公司标准。通过调整产品结构、强化名单管理等措施，有效带动了团队的氛围。经过近3年的经营与沉淀，江苏分公司直销与电话行销渠道培养了一批定着性强、向心力强且产能稳步上升的骨干人员。此外，直销与电话行销渠道还开展了省内异地呼业务，先后成功拔打了无锡、苏州、扬州等地区，业绩稳步攀升，为2011年拓展全省业务奠定了扎实的基础和丰富经验。

【内部管控】　2010年，中英人寿江苏分公司按照中国保险监督管理委员会《寿险公司内部控制评估办法》及其实施细则的要求和程序，采取了调查、分析、符合性测试和实质性测试、观察等方法进行内部控制评估，在控制环境和风险识别与评估上有着较好的内部控制体系。

【企业文化】　中英人寿以Care in Every Home（关爱万家）为企业愿景，以C.A.R.E.（关爱）为企业文化的核心价值观（Core Value），演绎出团队情（Collaboration）、行动力（Action）、务实性（Result-oriented）、关怀心（Empathy）的中英文化，成为企业持续、高速发展的坚实基础和源动力。

【重大活动】　1月28日，中英人寿江苏分公司团险渠道与江苏省工行顺利签订银团项目合作协议。

3月13日，中英人寿南通营销服务部负责人及分公司渠道行政部经理受邀参加南通经济广播电台经济频道的访谈节目，向南通市民介绍公司产品及特色服务。

4月7日、4月22日，中英人寿江苏分公司分别在江阴和南京两地举办高端客户访谈会，与公司高端客户就品牌、产品、渠道和服务几个方面零距离交流。

5月5日，中英人寿南通营销服务部在2009年度反洗钱工作中表现突出，荣获三等奖，受到中国人民银行南通市中心支行的通报表扬。

5月28~29日，中英人寿江苏分公司经代渠道举办荣誉表彰大会暨"高手培训班"，向参会的10余家经代公司负责人及近50位业务精英传达公司企业文化和经营理念。

6月4~5日，中英人寿江苏分公司组织全体员工遨游上海世博会。

6月9日，中英人寿无锡营销服务部顺利通过无锡保险行业协会现场验收。8月30日，正式揭牌成立。

6月30日，中英人寿江苏分公司团险渠道与交通银行无锡分行签订银团项目合作协议。

7月20日，中英人寿扬州营销服务部荣获由扬州市平安金融创建活动领导小组颁发的"平安金融（单位）"荣誉称号。

8月12日，中英人寿扬州营销服务负责人及江苏分公司客服部经理受邀参加扬州市政府纠风办与扬州广播电台联合主办的《行风热线》节目。

8月13日，中英人寿徐州营销服务部荣获由徐州市平安金融创建活动领导小组颁发的"平安金融（单位）"荣誉称号。

8月15日，中英人寿江苏电销中心异地外呼项目启动，先后拔打了无锡，苏州，扬州等地区，为2011年拓展全省业务奠定了基础和经验。

10月17日，中英人寿江苏分公司召开了"2010年绩效研讨会暨五年规划战略会议"，深入剖析分公司下一步整体工作思路并规划未来发展方向。

10月26日，交通银行——中英人寿《安居无忧房贷保障计划》启动会在江苏省交行成功举行。

11月1日，中英人寿江苏电销中心启用962028短号进行外呼，增强了客户对中英人寿电话销售模式的信任，并避免了客户被不法分子盗用公司名义进行欺诈的风险。

11月24日，中英人寿江苏分公司在新职场南京新地中心举办隆重的揭牌仪式。总裁办助理总裁马旭、江苏分公司总经理邵静以及江苏分公司的全体伙伴参加仪式。

12月20日，中英人寿徐州营销服务部收到客户王先生送来的"服务热情，客户至上"的锦旗，对中英人寿热忱、高效的工作态度表示感谢。

【重大承保】　8月11日，南通客户张女士投保中英人寿金苹果两全保险（分红型）C款，保险期间5年，保额238.65万，趸缴保费222万元。

10月14日，苏州客户赵女士投保中英人寿优越人生两全保险（分红型）B款、缴费期限20年，保险期间30年，保额144万元，年缴保费151084.8元。

12月4日，南京客户徐女士投保中英人寿金蜜桔两全保险（分红型）、缴费期限5年、保险期间10年，保额22万，年缴保费20万元。

【重大赔付】　1月29日，中英人寿江苏分公司向被保险人顾某指定受益人赔付保险金10万元。顾某生前曾投保中英附加意外伤害保险。2009年8月3日在靖江从事瓦工作业时，顾某被砌房现场塌陷的顶棚砸中身故。

9月23日，中英人寿江苏分公司给付被保险人王某受益人身故受益金10万元。王某生前曾投保中英附加意外伤害保险，保额10万元。2010年8月31日，王某在泰兴厂区内被铲车碰撞后死亡。

12月22日，中英人寿江苏分公司给付被保险人李某受益人身故保险金

10万元。李某生前曾投保中英附加意外伤害保险，保额10万元。2010年10月5日，李某在安徽全椒骑电动车撞到路边树木致颅脑损伤死亡。

【对外交流】 6月15日，交通银行扬州分行联合中英人寿扬州营销服务部在江都大酒店举办了“百年交行 金享无价”贵宾客户投资鉴赏活动。活动介绍了世界流行的“OK理财法”，并向与会客户推介了中英人寿“优越人生”产品。

8月20日，中英人寿江苏分公司举办2010年“中英杯”高尔夫巡回赛南京站比赛，近百位高尔夫爱好者齐聚南京银杏湖高尔夫俱乐部，体验高尔夫运动的魅力，同时也展现公司最具价值的品牌服务。此次“中英杯”高尔夫巡回赛由10场分赛和1场年终总决赛构成，分赛历经8、9两月，陆续在中英人寿已开设的机构的十个省(市)份进行。分赛中脱颖而出的40名选手，参加年底举办的“中英杯”高尔夫巡回赛总决赛。

【公益活动】 6月11日，中英人寿江苏分公司“真暖行动营”志愿者走进玄武区红山外来工子弟学校，为学校建立了“中英爱心图书馆”，并同时举办了图书捐赠仪式和“中英爱心图书馆”挂牌仪式。此次活动标志着“中英关爱日”全国统一行动江苏站活动正式启动。

11月18~19日，中英人寿江苏分公司在徐州市丰县赵庄镇中心小学举办“星星点灯·关爱留守儿童公益计划”——江苏站关爱小屋揭牌仪式，并组织公司及社会志愿者近20人在该小学进行为期两天的支教活动。

【教育培训】 4月14日，中英人寿江苏分公司特邀江苏圣典律师事务所律师到分公司就《劳动合同法》进行培训讲座。

4月21日，中英人寿江苏分公司举办“金融与理财基础”培训班，由银保发展部徐经理做为主讲，向员工普及初级经济学知识，并学习如何通过国家经济发展走势规划个人理财策略。

7月1日，中英人寿江苏分公司人事行政部邀请南京智联易才人力资源顾问有限公司的客服人员，在南京珠江职场培训教室举办了关于南京地区五险一金的培训讲座。分公司电销人员参加了培训。这次的培训，不但让渠道员工了解了基础的社保知识，还使大家对公司所承诺的在员工满意度上做出的努力有了更深的体会。

12月11日，中英人寿江苏分公司举办领导力课程《辅导技巧》培训，进一步提高各级主管辅导员工的技能，建立和加深使用辅导技巧的行为和能力的意识，深化公司的I.C.A.R.E.企业文化。

12月16日，中英人寿江苏分公司在年度体检活动结束后，邀请了爱康国宾体检中心的体检专家，就分公司员工今年度体检中出现的健康问题进行讲解。

## 长城人寿保险股份有限公司江苏分公司

【概况】 2010年，长城人寿江苏分公司按照公司的发展规划，在内部管理、渠道开拓、合规管控、队伍培养等方面日趋成熟，并逐步完善。坚持以发展为统领，持续关注队伍建设，狠抓业务品质管理，江苏分公司实现了2010年的跨越式发展。在2010-2011年度“镇江市消费者信得过单位”评选中，长城保险镇江中支喜获“镇江市消费者信得过单位”荣誉称号。

【经营业绩】 2010年度，长城人寿江苏分公司共实现寿险首年保费2.56亿元，同比增长74%，其中个险1532万元，同比增长147%，银保趸交1.9亿元，保费同比增长56.1%，期交2533万元，保费同比增长49.96%。

【渠道建设】 2010年，长城人寿江苏分公司在成立之初的无锡、镇江、南通三家中心支公司基础上，开设了常州、宿迁两家中心支公司，泰兴、大丰、丹阳、武进、射阳、东台、通州、沭阳八家营销服务部。截至12月底，江苏机构已达到22家。2010年江苏分公司用半年时间实现“再造一个江苏”、实现机构数量“翻番”。同时在2010年底增设了经代中介业务，初步完成了苏南与苏中地区的战略布局。

【内部管控】 长城人寿江苏分公司自2008年成立以来，对于暴露出的合规问题一直采取不姑息、不包庇的态度，本着解决问题，加强内控的态度进行合规管理工作。在经营管理工作中，不断加强内控管理，防范经营风险。2010年公司加强制度建设，强化内控管理。出台了《责任追究办法实施细则》，加强对违法违规行为的处罚力度；通过出台《分支机构管理细则》，加强公司对所辖机构的管理力度，包含了分支机构的组织架构、报告制度、财务管理、员工管理、审计等内控的各个方面。细则的出台为规范分支机构经营管理，防范经营风险，促进公司健康、稳定地可持续发展奠定坚实基础。

2010年公司及下辖机构的合规经营情况总体良好。分公司及下辖机构未受到任何行政处罚。

【企业文化】 企业是树，文化是根。长城人寿江苏分公司积极响应总公司以“关注责任、聚焦服务、强化管理、支持业务”这一发展主题为主旋律的企业文化建设活动，2010年度江苏分公司组织了长城人文论坛、学雷锋演讲和“萌芽100”爱心图书室捐赠公益启动等一系列活动，公司上下形式了“人人讲贡献、人人讲发展”的良好氛围。同时，先后成立了“客户服务中心、营销员服务中心”，有统筹、有组织地为客户提供便捷的服务与人文关怀。建立和规范了员工培训体系，在业内首创了《合规宣传手册》的形式，向公司管理层、内勤员工、个险营销员、银保业务员进行了针对性的合规宣传和培训。公司内外勤员工为了共同的目标抱团打拼市场，使长城保险在竞争激烈的江苏市场争得了一席之地。

【履行社会责任】 4月20日，长城人寿江苏分公司党支部、总经理室积极响应总公司党委的号召，利用午休时间组织召开青海玉树抗震救灾募捐特别会议，号召各级管理人员、中共党员和全体员工积极行动起来，献出爱心，内外勤员工均主动前往捐款现场，积极为灾

长城保险合规巡讲会议现场

区重建工作捐助善款，帮助地震灾区人民克服困难，战胜灾害，重建家园。

11 月份，长城人寿江苏分公司积极响应江苏省保险行业协会号召，主动保护保险活动当事人的合法权益，防范截留挪用保费和非法侵占客户保险金等风险，建立健全打击“假保单”的长效社会监督机制，促进公司业务品质又好又快发展。积极参加“关注你的保险保障　关注您的保险保单”的活动。

【党建工作开展】 长城人寿江苏分公司坚持围绕经营抓党建、抓好党建促发展的工作思路，把党建工作同公司发展紧密结合起来。江苏分公司深入贯彻学习党的十七大、十七届五中全会精神，以科学发展观为各项工作开展的根本指导思想，切实发挥党员干部的先锋模范作用和战斗堡垒作用，进一步加强全体员工的凝聚力和战斗力。分公司始终坚持总公司党委的正确领导，立足党建工作，以党建促公司业务发展，以党建促员工发展，以党建促公司全面发展。

长城人寿江苏分公司党委班子成员认真学习 2010 年总公司下发了《2010 年度分公司“四好班子”创建与评选方案》，三位班子成员紧紧围绕“政治素质好、经营业绩好、团结协作好、作风形象好”开展工作。同时注重基层党建。截至目前共有党员人数 40 名，其中党员组织关系转入本组织的 13 名，预备党员 1 名；申请入党人员 18 名，其中 2 名被列为发展对象。在有条件的三级机构成立党小组，以党小组为单位开展组织工作，开展党员教育活动，从 5 月起开展为期一年的“四强四优”创先争优活动，以迎接建党 90 周年。以推行《长城保险党委开展争创“四强”党组织争做“四优”共产党员活动实施方案》为契机，大力推进“争先创优”。经常召开了党建工作会议，强调了加强党的基层组织建设的重要性及必要性，提出了如何加强党建工作的方式方法，强化了全体党员目标意识。

【重大活动】 6 月 18 日，长城人寿江苏分公司总经理顾兵一行赴江苏保监局苏州监管分局拜访了副局长王春平及相关领导，双方就目前苏州寿险市场、长城保险在苏州的发展思路等问题进行了深入交流。

8 月 11 日，长城人寿泰兴营销服务部顺利取得营业执照，成为分公司 2010 年第一家正式开业的机构。

9 月 19 日，长城人寿大丰营销服务部顺利取得营业执照，进入正式营业阶段。这是 2010 年以来，江苏分公司成功开设的第二家新机构，至此，江苏分公司已开设 6 家中支、6 家四级机构。

10 月 15 日，长城人寿常州中支顺利取得营业执照，进入正式营业阶段。这是 2010 年以来，分公司为成功开设的第一家中支，也是江苏分公司成功开设的第三家新机构，至此，江苏分公司已开设 7 家中支和 6 家四级机构。

11 月 15~16 日，长城人寿通州、射阳营销服务部相继取得当地工商局颁发的营业执照，进入正式营业阶段，这是 2010 年以来，江苏分公司成功开设的第五、第六家新机构，至此，江苏分公司已开设 7 家中支、9 家四级机构。

12 月 11 日，长城人寿公司总经理董利平、副总经理兼首席营销官林卫国一行赴江苏分公司指导工作，拜访了江苏保监局领导。

【重大承保】 1 月 17 日，全国开门红之际，长城人寿江苏分公司以速报标保 113 万元，实现了分公司个险业务发展的新跨越。

2 月 28 日，长城人寿南通机构 1 个月达成 1919 万元趸缴保费。

【重大赔付】 1 月 11~13 日，长城人寿江苏分公司 72 小时办结了一笔21 万元的银保客户理赔案。

【公益活动】 3 月 15 日，长城人寿镇江中支参与市政府、市消协等部门组织的以“消费与发展”为主题的大型宣传活动，提高了广大市民对“长城保险”的认知度。

8 月 11 日，长城人寿常州中心支公司(筹)全体人员召开了一次特别早会，向舟曲灾区同胞捐款。

【教育培训】 1 月 18 日至 3 月 31 日，长城人寿江苏分公司全辖开展商业贿赂学习和自查自纠工作。

2 月 25~26 日，长城人寿江苏分公司教育训练部在泰州举办了首期“企业家圆梦计划——筑梦之路AS 养成训练”培训班。来自 10 家机构的 46 位伙伴参加了本次培训。

2 月 26 日，长城人寿江苏分公司在泰州召开全省个险管理干部、续期系列、运营系列人员现场会，分公司总经理顾兵全程参会，会议就成立“江苏分公司个险业务品质管理小组”、推行“江苏分公司个险业务品质管理体系 (试行)”进行研讨并宣导。

3 月 6~7 日，长城人寿江苏分公司教育训练部举办了 “AS 养成训练种子讲师培训班”，全省所有各机构的组训、讲师、兼职讲师共计 17 人参加了培训。

4 月 9~12 日，长城人寿江苏分公司全省运营系列人员技能暨续期实作培训班在镇江举办，来自全省10家机构的运营柜面人员、保全员、协管员及分公司运营服务部全体人员共计21人参加了培训。

7月9日，长城人寿江苏分公司党建工作会议在南京顺利召开。全省党员、入党积极分子及积极向党组织靠拢的群众近30人出席了会议。

9月10~11日，全省38名组训、讲师参加了长城人寿江苏分公司教育训练部在南京举办的“闪耀2010 教师节组训讲师特训营”。形式多样的培训内容让每一位学员受益匪浅。

9月14日，长城人寿风险合规部组织的分支机构法律合规巡讲，在江苏分公司进行。

## 金盛人寿保险有限公司江苏分公司

【概况】 金盛人寿保险江苏分公司成立于2008年4月1日，目前业务运营范围已覆盖南京、无锡、常州、苏州、扬州等江苏重要经济发达城市。江苏分公司秉承“重新定义/引领标准”的全新品牌精神和“关心、安心、贴心”的品牌态度，承袭股东AXA安盛集团审慎的风险管理文化，长期坚持于财务保障和财富管理的核心业务，专注于为客户量身打造子女教育、退休规划、健康保障和财富管理这“四大支柱”系列的财富规划解决方案和服务，并率先引入专业“360°私人理财需求分析”工具，坚持以客户需求为导向，致力提升“说到做到，值得信赖”的客户关系。

【经营业绩】 金盛保险江苏分公司2010年全年完成总规模保费14101.63万元，折合标准保费7460万元，较2009年4720万元提升了187%，其中长险保费6666万元，较2009年提升41%，退保保费100万元，13个月保费继续率81%，25个月保费继续率79%，短险赔付率10%。总公司非常重视发挥运营的自我调节功能，对分公司各项管理不仅提供专业化的指导并对相应考核有明确的指标要求：客户满意度70%，渠道满意度70%，13个月滚动继续率80%，滚动赎回率20%。

公司2010年费用执行情况。2010年江苏分公司南京和苏锡常四个机构费用执行均控制在预算内，预算执行率达93%；全年共发生固定费用1204万元，占全年新单标准保费(NBI)比例为16%。

公司2010年的创新情况。金盛保险作为目前中国市场上第一家在个险渠道中启用理财需求分析服务的公司，从销售环节到后台运营全流程严格管理，实施建立以信任为基石的客户关系。公司致力于各项产品的研发，2010年推出全新的“关心、安心、贴心”营销理念，并引入“幸福理财”模式。

2010年底在册营销员347人，其中按区域划分南京81人、苏州49人、常州112人、无锡61人、扬州44人，各渠道占比分别为：个人代理72%、银邮代理20%、公司直销8%。

12月31日，金盛人寿江苏分公司推出一款全新分红型保险产品——金盛稳添金两全(分红型)保险，于2011年1月1日正式上线。

【渠道建设】 总公司引进安盛集团亚太寿险区域中心多元化销售渠道(包括专职代理人、理财顾问、团险、银行保险等)发展蓝图，借鉴安盛集团在亚太区销售管理的成功经验，以创造公司价值为导向管理销售团队。各个销售渠道发展蓝图(基本法)明确了销售渠道发展架构、薪酬制度、考核体系等政策和流程。

金盛保险总公司对代理人、理财顾问、银保及团险营销人员的甄选、签约、解约、薪酬、考核、档案管理和经营行为规范均建立统一的书面程序。江苏分公司对营销人员的招聘、签约进行严格把关，对营销人员的薪酬、考核及品质管理严格依照各渠道基本法和《营销人员品质管理规定》的规定执行。

2010年5月，总公司更新了《营销人员品质管理规定》，明确了各渠道营销人员的违规类别、违规行为及违规处理措施。对于发生了《营销人员品质管理规定》中列举的违规行为，公司将会对营销人员进行相应的处理，如返还佣金及相关利益、警告、记过、降级、终止合同、通报监管部门、追究法律责任等措施。

总公司建立健全了培训管理制度和培训体系，对照中国保监会要求，为各营销渠道新进销售人员提供专业化入职培训，定期对销售人员进行专业培训和职业道德教育。2010年在销售渠道继续推广客户财务需求分析项目，规范销售行为并为客户提供合适的保险服务。

公司的宣传资料由总公司市场部统一设计，经合规部审核符合监管要求后，将印刷文件发放至分公司市场部，由分公司市场部负责印刷和保管，各部门按需领用，不存在私自设计和印刷的情况。

【内部管控】 总公司对江苏分公司设置了完善的考核指标，包括业绩指标、盈利率指标、费用率指标、续保率、员工满意度、营销员满意度等指标，全面考核分公司的经营管理。同时，总公司对分公司的年度经营计划和财务预算实行审批制，分公司按月对预算执行情况进行分析并调整年内预算余额的分配，以确保全年预算控制得到有效执行。总公司对分公司的业务经营设置一定的权限，并通过完善的内部审计制度对分公司的权限执行情况进行定期审核及回顾，对于超越分公司权限的重大事项将通过公司相应的管理委员会讨论通过。

总公司根据业务发展速度、规模及经营管理的具体情况，本着合理、精简、高效的原则设置、调整部门。部门和岗位设置遵循相互监督、相互制约、协调运作的原则；组织结构中明确各岗位的报告关系，确保管理人员能够得到履行职责需要的信息。

为提高营运效率和加强风险管理，总公司对业务(包括产品开发、营销管理、核保理赔、客户服务热线、再保险)、财务、投资、信息技术和人力资源等职能实施共享服务管理，为分公司业务发展提供后援支持。分公司职能则集中于销售和客户服务。总公司负责在各项业务和管理活动中统筹制定明确的内部控制政策，规定内部控制的原则和基本要求，并通过专责管理委员会传达

11月20日，金盛人寿江苏分公司在南京举行了第一届“至尊客户”真情回馈活动

给各分支机构以及相关适用业务部门，指导员工实施风险控制措施。总公司实施全面授权管理制度，覆盖资金控制、投资管理、费用管理、税务管理、核保、理赔、保单服务、再保险管理、人力资源管理等，明确各级职能的权限范围和执行程序。

江苏分公司总经理室下设营运部、财务部、人力资源部、理财顾问部、代理人发展部、银行保险部、团险部和培训部等功能部门。各功能部门独立运作，同时相互配合，通过每月管理层会议、及不同部门的管理会议进行有效沟通。

【企业文化】 在企业文化方面，金盛保险不断向员工传达风险管理、内部控制、合规经营的重要性。员工入司培训包含了风险管理、内部控制、合规手册等重要内容，员工手册同样包含以上内容。另外，通过组织专题培训(如反洗钱制度和流程)等方式，提高员工合规意识和风险管理意识。

公司对任何蓄意违规行为采取零容忍度政策。安盛集团亚洲人寿《合规与道德规范手册》中的一系列制度明确规定了基本行为标准。这些制度包括：行为准则、合规与道德准则、利益冲突制度、礼品与招待制度、保密制度、隐私制度、安盛亚太控股公司股权与期权交易制度、反洗钱与反恐怖融资部门、欺诈控制制度(即“对欺诈零容忍度”)、举报制度。

江苏分公司在人事管理方面，建立了员工薪酬、培训、绩效考核、晋升等激励政策，使用适当的绩效评价工具对员工的表现进行评价，并保证评价标准运用的一致性。公司对员工的绩效表现进行定期评估，时间通常定在试用期满时和每一年度的年中和年末。如果员工调换工作职责/岗位或得到提升，也须进行评估。部门经理负责对下属的工作进行评估，评估结果作为确定个人工资奖金、培训计划、提升和职业发展等的参考依据。

江苏分公司根据工作需要和岗位特征安排培训，帮助员工不断提高自身业务素质和水平，逐步提升分公司管理水平和能力。对于管理层员工，定期安排领导力管理培训；对于新经理人，安排新经理人管理指导培训；对于新员工，安排入职培训，以帮助员工增加对公司组织、经营、文化和行为规范等方面的了解。公司为员工提供考试资助，员工参加LOMA考试以及有关专业考试，并报销发生的相关考试费、材料费。对于顺利通过考试的员工，公司还给予一定的现金奖励，此项规定旨在提高员工专业水平和工作胜任能力。

【重大活动】 4月1月，金盛人寿江苏分公司隆重举行二周年司庆活动。

4月6日，金盛人寿江苏分公司工会委员会正式成立。

5月5日，金盛人寿江苏分公司与南京银行股份有限公司签定合作协议。

7月1日，金盛人寿江苏分公司与广东发展银行南京分行签定合作协议。

11月3日，金盛人寿扬州营销服务部举办开业典礼。扬州市保险行业协会秘书长蒋汉春、扬州市金融办主任张彤、金盛人寿保险有限公司总裁及首席执行官Jamie McCarry、金盛人寿华东区总经理王伟、金盛人寿江苏分公司总经理周敏等参加了开业仪式。

11月20日，金盛人寿江苏分公司在南京鸿帆温泉会所举行了第一届“至尊客户”真情回馈活动。

12月20日，金盛人寿亚太区总裁Mike Bishop、华东区总经理王伟到南京，参加江苏分公司四季度业务激励赛活动及2011年开门红活动。

12月31日，金盛人寿江苏分公司推出一款全新分红型保险产品——金盛稳添金两全(分红型)保险。

12月，金盛人寿无锡营销服务部负责人殷文上任。

12月，金盛人寿苏州营销服务部负责人丁易上任。

【重大承保】 1月1日，金盛人寿江苏分公司与艾志工业技术集团有限公司签定团体意外伤害、意外医疗、重大疾病、门诊医疗、住院医疗等保险合同，总人数2000人，保费120万元。

3月7日，金盛人寿江苏分公司与中国铁路工会南京办事处工作委员会签定团体意外伤害、重大疾病保险合同，总人数7214人，保费15万元。

4月14日，金盛人寿江苏分公司与南京公证天业会计事务所有限公司南京分公司，签定团体意外伤害、定期寿险、重大疾病、门诊医疗、住院医疗保险合同，总人数110人，保费94600元。

9月19日，金盛人寿江苏分公司与江阴长隆化纤有限公司签定团体保险意外伤害、意外医疗合同，总人数197人，保费89100元。

【重大赔付】 2010年10月，金盛人寿常州营销服务部赔付被保险人应某46.18万元。应某生前投保了金盛人寿投资连结保险及重大疾病保险。8月4日，应某因原发性肝癌身故。

【公益活动】 6月1日，金盛人寿无锡

营销服务部组织全体后勤员工为儿童福利院的小朋友们献爱心送温暖活动，为小朋友们送出了一份温情。

9月11日，金盛人寿江苏分公司组织员工约50名利用休假时间，参加了由《金陵晚报》策划的“捡起每片垃圾，让紫金山畅快呼吸”第549期的“虎凤蝶”公益行动。

10月16日，金盛人寿苏州营销服务部和常州营销服务部，在金秋重阳之际为养老院的孤寡老人们送去祝福和心意。

**【教育培训】** 9月9~10日，金盛人寿江苏分公司举办了讲师技能培训班，提升了讲师队伍技能。

12月4~5日，金盛人寿江苏分公司在国家级溱湖湿地公园举办了营销渠道团队建设及专业技能培训。

## 太平养老保险股份有限公司江苏分公司

**【概况】** 2010年，是太平养老保险公司实现打平赢利愿景的一年，江苏分公司党委坚持集团统一路线，认真贯彻落实“调结构、保品质、促增长，确保打平赢利”的十五字方针，认真梳理条线业务，优化资源结构，努力开拓品质业务，确保了各项业务指标平衡发展。

**【经营业绩】** 2010年，太平养老保险江苏分公司企业年金到账资产4.69亿元，受托管理资产4.4亿元，投资管理资产2.59亿元。截至2010年12月，江苏分公司企业年金签约客户数442家，到账年金资产26.3亿元，受托管理资产23.73亿元，投资管理资产12.07亿元，累计管理账户数105612个。

**【渠道建设】** 2010年，太平养老和工行建立了全面的合作关系，进一步加强了通过银行渠道开拓优质客户的途径；同时，分公司成立了中介部，全面经营管理保险中介公司方面业务，努力争取各方优质客户。

**【内部管控】** 2010年，是太平养老保险江苏分公司成立的第三年，分公司各项内部目标是实现流程规范化，管理制度化，基本实现公司运转科学化。按着既定的目标，分公司利用每周一次的内部培训，重点从合规管理，财务管理，业务管理及客户服务等方面进行了多次培训及考核，全面促进内部管理质量提升。

**【企业文化】** 太平养老保险江苏分公司注重企业文化建设，积极开展专业技能竞赛，评比客户服务明星，适时开展各种有益活动，打造积极向上的内部环境。每月为员工组织“庆生日会”，“三八节”组织女员工踏青等活动，增强员工凝聚力和归属感；组织爱国主义教育、情系子弟兵、参加江苏保险业红歌比赛以及参加太平集团企业文化演讲比赛等，陶冶情操。

**【履行社会责任】** 太平养老保险江苏分公司积极参加社会实践活动，2010年1月，分公司成立关心下一代工作委员会，配合、支持新街口街道“关工委”工作；3月，积极参加“3·15”行业义务咨询活动、赴江心洲义务植树，建立“太平生态园”；5月，赴新街口敬老院做义工，热情为老人送温暖。

**【党建工作开展】** 一是完善太平养老保险江苏分公司党委组织架构，配备书记、组织委员和宣传委员；二是积极开展分公司党员争先创优活动；三是充分利用“七一”、发展新党员等时机开展党内民主活动；四是利用季度经营分析会，适时开展批评与自我批评活动。

**【重大活动】** 1月5日，太平养老保险江苏分公司组织召开年度业务启动大会，全面贯彻集团“调结构、保品质、促增长，确保打平赢利”的十五字方针。

5月25日，太平养老保险江苏分公司申请筹建苏州营业部，并于8月27日得到苏州监管分局的批复同意筹建；2011年3月4日获苏州监管分局批复同意开业。

6月30日，太平养老保险江苏分公司申请在业务范围中增加“团体人寿保险业务”，并于7月15日得到江苏保监局同意报备。

## 太平洋安泰人寿保险有限公司江苏分公司

**【概况】** 太平洋安泰人寿保险有限公司江苏分公司于2008年5月29日获中国保监会批准开业，并于同年6月获得了江苏保监局颁发的“经营保险业务许可证”，于2008年9月设立了第一个营销服务部——金山营销服务部。2010年，江苏分公司继续坚持“打造规范、诚信与专业的品牌；吸引并培养杰出人才；建立科学、标准与高效的流程及运作体系；追求稳健、持续的成长和发展”这一发展主旨，坚持一步一个脚印，不断夯实基础，努力建设独具特色的营销体系。

**【经营业绩】** 2010年，太平洋安泰人寿江苏分公司实现规模保费3182.46万元，标准保费653.33万元，同比增长分别为132.9%和90.48%。2010年新增客户7206人，同比增长645.96%。

2010年，公司对现有重疾保障计划进行升级，借此提升产品的保障功能和业务的内涵价值，先后推出“顶梁柱”和“俏佳人”两款重疾保障计划。

**【渠道建设】** 太平洋安泰人寿江苏分公司主要通过个人代理渠道和兼业代理渠道销售产品和服务。

2010年，江苏分公司个人代理渠道以组织发展为主，加强队伍建设和基础管理，保证渠道产能稳步提高；重点发展体现寿险业核心优势以及满足消费者保障需求的业务，以风险保障型和长期储蓄型业务为发展重点，积极改善产品结构。

江苏分公司综合营销部负责推动银保和团险业务的发展，以建设银行代理销售为重点，稳固交通银行、农业银行渠道；从产品研发、团队管理、培训体系、运营流程等各方面入手，逐步引导银保代理渠道的业务由投资型产品向风险保障型和长期储蓄型产品转换。

**【内部管控】** 在风险控制方面，太平洋

安泰人寿江苏分公司高度重视合规经营,认真遵守各项监管规定。公司现有的风险管理体系主要由三道防线构成,有效地控制合规及运营风险:第一道防线为分公司管理层和各个一线部门,通过遵守监管部门的规定和执行公司的制度、标准作业流程来控制风险;第二道防线为分公司的风险管理人员,负责制定和推动落实分公司的合规政策,同时协助一线部门做好合规风险的控制工作;第三道是公司的内审部门,负责对一线和二线工作的有效性进行检查和评估,确保所有风险控制措施有效执行。

【企业文化】 太平洋安泰人寿的愿景是:"成为中国最好的保险公司",使命是:"以卓越的绩效,提供高品质的寿险服务,成为客户的最佳选择",核心价值观是:"诚信、专业、创新、合作、客户导向",经营理念是:"投资于人、建立互信、坚持稳健、追求卓越"。

太平洋安泰人寿将"正直诚信、品质导向、客户导向、积极主动、促进团队成功"作为员工的核心能力要求,一方面,通过将核心能力放入员工年度绩效考核的形式来加强文化的建设;另一方面,江苏分公司通过形式多样的活动加强员工的沟通和交流,将企业文化建设落到实处,如:通过早会形式加强了分公司员工之间的工作交流,提高工作水平,让员工充分地展示自我,增强自信;每个月组织两次不同专题的培训,提高员工的专业知识和技能,培养良好的职业素养,在分公司内部形成浓厚的学习氛围;组织员工进行了竞技性质的野外拓展训练,加强员工间跨部门的沟通与合作。

【获奖】 11月,江苏省"2009年度平安金融创建先进单位"评选结果揭晓,太平洋安泰人寿江苏分公司凭借在服务导向、品质导向等方面独有的经营管理特色和在履行社会责任等方面的突出表现,被江苏省平安金融创建活动领导小组评为"平安金融(单位)"。

12月,太平洋安泰人寿江苏分公司与南京市建邺区民政局合作了"抗风险 保民生"低保对象意外伤害保险项目,并因此被建邺区委、区政府评为"优秀金融创新企业"。

【履行社会责任】 太平洋安泰人寿江苏分公司重视履行企业社会责任,自成立以来一直援助由贫困家庭子女组成的下关区良山民工子弟小学。2010年,江苏分公司将"大手牵小手"慈善公益活动的范围扩大,并创新了活动形式,使活动能够真正地服务于社会。

6月5日世界环境日,太平洋安泰人寿江苏分公司在南京科技馆举行了"崇尚绿色生活 低碳减排从我做起"——百名"环保小天使"签名暨免费参观南京科技馆活动,邀请了南京五个社区的近百名儿童和一直对口援助的下关区良山民工子弟小学的20位学生代表参加。通过公益的形式增强小朋友们的环保责任意识,让小朋友们度过了一个有意义的儿童节。

6月5日世界环境日,太平洋安泰人寿江苏分公司在南京科技馆举行了"崇尚绿色生活 低碳减排从我做起"——百名"环保小天使"签名暨免费参观南京科技馆活动

12月,为响应南京市建邺区"慈善一日捐"的倡议,太平洋安泰人寿江苏分公司捐助3万元,用于援助家庭生活困难的儿童。

2010年太平洋安泰人寿江苏分公司在关注民生、服务地方建设方面也做了积极的探索。2010年11月,太平洋安泰人寿江苏分公司与南京市建邺区民政局共同合作,启动了"抗风险,保民生"项目。通过提供商业意外伤害保险与政府的社会救助相结合的方式,为区内近六千位低保困难群众提供更为全面的保障。通过这一金融创新工作,太平洋安泰人寿江苏分公司在实践中发挥了保险的"社会稳定器"作用,有效地通过经济杠杆协调有关部门管理和化解社会矛盾,提高社会管理效率,促进社会和谐稳定。

【党建工作开展】 2010年,太平洋安泰人寿江苏分公司党支部一方面重视组织发展工作,考察并向上级党委推荐了两位入党积极分子,获得批准;另一方面,通过各种活动形式,提高党员的思想觉悟和党性修养。4月,玉树地震发生后,党支部立即号召党员同志向灾区捐款,支部内5位党员积极参与,共捐款2450元。12月,党支部组织党员参观南京大屠杀遇难同胞纪念馆。

2010年底,根据上级党委的要求,党支部组织了一次专题生活会。会议以公司在股权变动关键期间党员同志应该如何发挥自身先锋模范带头作用为主题,要求党员同志端正思想,增强责任感,为公司股权变革过程中的平稳过渡贡献力量。

【重大活动】 8月25日,太平洋安泰人寿江苏分公司银保渠道期缴业务提前四个月完成年度任务的100.5%。

9月,太平洋安泰人寿江苏分公司出台了《"孤儿"保单处理暂行办法》,以完善续期业务管理工作体系。这项工作由代理人业务部负责进行，旨在加强分公司客户资源管理，提升对客户的服务品质，促进业务的持续发展。

10月18日，太平洋安泰人寿江苏分公司与建设银行江苏省分行"金色启航"业务推动会在南京中业大酒店举行，江苏分公司总经理汤峰、总经理助理陈永华以及建设银行江苏省分行机构部孙玉伦总经理、部分支行分管行长出席了本次业务推动会。

10月31日，太平洋安泰人寿江苏分公司全体员工在山田度假区举行仪式和活动，庆祝太平洋安泰人寿保险公司成立12周年。

11月，江苏省"2009年度平安金融创建先进单位"评选结果揭晓，太平洋安泰人寿江苏分公司凭借在服务导向、品质导向等方面独有的经营管理特色和在履行社会责任等方面的突出表现，荣获由江苏省平安金融创建活动领导小组颁发的"平安金融(单位)"荣誉奖牌。

11月，江苏省保监局表彰了一批江苏保险业"十二五"规划优秀课题研究成果，太平洋安泰人寿江苏分公司《代理人流失成因及对策研究》获得表彰。

**【重大承保】** 3月11日，太平洋安泰人寿江苏分公司承保一份保额100万元，保费100万元的银保趸缴保单，承保险种为"金利多两全"保险。这是江苏分公司成立以来签下的首个百万大单。

**【公益活动】** 6月5日世界环境日，太平洋安泰人寿江苏分公司在南京科技馆举行了"崇尚绿色生活　低碳减排从我做起"——百名"环保小天使"签名暨免费参观南京科技馆活动，邀请了南京五个社区的近百名儿童和一直对口援助的下关区良山民工子弟小学的20位学生代表参加。通过公益的形式增强小朋友们的环保责任意识，让小朋友们度过了一个有意义的儿童节。

**【教育培训】** 3月，太平洋安泰人寿江苏分公司给每位内勤员工发放了一本反洗钱知识宣传读本——《警惕身边的洗钱陷阱　远离犯罪》，要求员工自觉学习反洗钱知识，增强法律和自我保护意识。

11月25日下午，太平洋安泰人寿江苏分公司和南京市建邺区民政局合作的"抗风险，保民生"低保对象意外伤害保险项目正式启动，双方签署了合作协议

4月20日，太平洋安泰人寿江苏分公司举行了2010年度员工培训启动会，分公司总经理汤峰做了关于企业文化的首场培训，对"企业的愿景与员工的职业生涯"、"职业素质结构"、"正确的人生观和企业价值观"三方面做了详细的阐述。

5月11日，太平洋安泰人寿江苏分公司总经理助理陈永华给分公司内勤员工做了主题为"影响力"的培训。

5月17日，太平洋安泰人寿江苏分公司代理人业务部在金山职场举办新产品"亲亲宝贝两全保险(分红型)"培训。南京业务区的同仁全部参加，共同学习并相互交流。

6月8日，太平洋安泰人寿江苏分公司针对内勤员工组织了反洗钱培训，由分公司综合行政部主管杨爽主讲。培训内容包括洗钱的形式及其危害性，反洗钱的意义，公司与反洗钱相关的组织架构和内控政策等。此外还重点讲解了客户身份识别、可疑交易报告、客户身份资料及交易记录保存等反洗钱关键环节的注意事项。

6月22日，太平洋安泰人寿江苏分公司按照总公司要求，安排员工通过网络学习公司的《案件问责制度》，并在学习后进行了网络考试。

6月29日至7月1日，太平洋安泰人寿江苏分公司举行了为期三天的兼职讲师封闭式培训，由总公司代理人业务部训练发展处讲师主讲。

7月15日，太平洋安泰人寿江苏分公司组织员工学习《人身保险业务基本服务规定》，由客户服务主管郑征主讲，对《服务规定》中关于合同保全、理赔服务及投诉处理等内容进行了重点介绍。

7月23日，太平洋安泰人寿总公司综合业务部在南京组织江苏分公司银保渠道进行知识培训，主题为《如何进行有效沟通》。

9月19日，太平洋安泰人寿江苏分公司组织员工学习公司的《礼品款待及反贿赂政策》，由综合行政部主管杨爽讲解，并要求员工自觉遵守相关政策与规定。

11月5日，太平洋安泰人寿总公司策略发展部对江苏分公司通讯员进行了培训，培训的内容主要关于公司新闻的采访与写作、媒体突发事件应对两个方面。

11月24日，太平洋安泰人寿江苏分公司总经理汤峰对所有内勤员工进行了主题为"金字塔写作"的公文写作培训。

## 幸福人寿保险股份有限公司江苏分公司

**【概况】** 2010年是幸福人寿江苏分公

司第一个三年规划的收官之年，也是困难较多、压力较大的一年。面对复杂多变的内外部形势，在总公司和江苏保监局的正确领导下，分公司干部员工上下团结一心，奋力拼搏，攻坚克难，以科学发展观为统领，以经济效益为中心，强化内控管理，坚持依法合规经营，较好地完成全年各项既定任务，为“第二个”三年发展奠定了良好的基础。

【经营业绩】 2010年，幸福人寿江苏分公司全年实现规模保费35935.87万元，同比增长131%。其中，个险新契约实现规模保费1692.4万元，同比增长497%，折合标准保费1664.84万元，同比增长492%，个险续期保费49.53万元，13个月继续率为24%；团险实现规模保费1881.37万元，同比增长567.75%；银保实现规模保费32312.57万元，其中续期保费1670.73万元，13个月继续率为93%。

【渠道建设】 在各渠道发展中，个险渠道遵循营销规律，把握业务发展节奏，通过夯实和提升有效人力平台，加大培训力度，加强对机构的指导，促进业务队伍健康发展，使业务快速发展，从7月份开始保费收入跃入百万元以上平台，进而鼓舞了士气，振奋了全公司员工的信心。与此同时，个险渠道还通过强化基础管理和系统化运作来改善队伍体能，打造了一支绩优团队。

银保渠道继续发挥了建行主渠道作用，按照总公司的发展思路，积极进行业务结构调整，主推期缴产品销售。期间，克服费用调整、银行手续费提高、媒体曝光、新政出台等困难，实现规模保费25786万元，期缴保费收入3794万元，在建行渠道南京地区保费收入排名第二；其他渠道开拓工作也取得进展，招商银行渠道已有保费收入，工行渠道正积极推进。

团体渠道除中介个险保费收入达成全年任务目标，尤其是短险，取得快速发展，业务结构明显好转，业务团队逐渐壮大，内外勤的数量和专业技能上都有了长足的进展。直销业务、意外险渠道均取得一定进展，实现保费收入1716万元，其中短险458万元，达成率114.5%。

【内部管控】 公司不断发展，对加强管理和防范风险的要求也更高，各项经营和管理工作要更加规范化，尤其要更加注重对分支机构的风险管控。一是借助ISO内审工作，在全系统开展了自查自检工作，对存在的问题，及时进行整改纠正，使ISO规范管理的理念深入各项工作中；二是制定分公司绩效考核管理办法和机构负责人考核管理办法，组织开展了以季度和年度相结合的考核方式，通过考核，有效评估了机构和人员的成绩和不足，对年终任务未达标的机构负责人要求主动提出书面辞职申请，以此不断地提高工作效率和质量；三是针对发展中容易产生的问题，尤其是业务条线，分公司制定下发以及转办的业务品质管理办法、新型产品信息披露管理办法、合规经营管理办法等，对解决问题提供制度化的指导，做到有章可循。

【企业文化】 幸福人寿江苏分公司积极推进企业文化建设，不断完善企业文化建设体系内涵，推动企业文化在职场建设、市场营销、员工培训等方面的应用，举办了幸福人寿客服节等活动，积极与江苏教育电视台《保险周刊》栏目合作，加大品牌宣传力度，使公司的品牌形象不断提升。

【履行社会责任】 12月19日，幸福人寿江苏分公司与南京市志愿艺术团向位于瑞金北村的“真美好”老年公寓的老人送上慰问品和精彩的演出，南京地区的报纸、电视等新闻媒体记者对活动进行了采访。

【党建工作开展】 根据上级党组织的要求认真开展党建工作。幸福人寿江苏分公司加强党的组织建设和党员教育工作，成立了党委、工会、共青团组织，在盐城中支建立了支部，并在南通、无锡成立了工会组织，党的组织架构和各级工会组织正在逐渐健全；加强反腐倡廉工作，各级党组织积极推进惩治和预防腐败体系建设，认真执行党风廉政建设责任制的标准和要求，组织党员干部认真学习“廉政准则”、“52个不准”等，开展廉洁从业教育，增强党员、特别是各级党员领导干部廉洁自律意识；深入开展学习实践科学发展观活动，分公司党委召开了党员领导干部民主生活会，落实了总公司工会关于开展“四强四优”和劳动竞赛活动的有关精神，将党建工作、工会工作与业务实践相结合，促进员工爱岗敬业、创新发展。

【重大活动】 4月23日，幸福人寿江苏分公司召开2010年工作会议，燕辉作了题为《狠抓业务发展　注重结构调整　提升经济效益　为全面完成2010年经营任务而努力奋斗》的报告，会议对2009年先进集体、优秀员工进行了表彰，燕辉与各部门、机构负责人签订2010年工作目标责任书，各机构负责人、分公司内勤员工、团险、银保分区经理以上人员参加。

6月3日，幸福人寿江苏分公司开始接受总公司ISO内审组的内部审查，并于6月4日并召开末次会议，反馈检查情况。

6月7日，盐城保险行业协会对幸福人寿盐城中心支公司进行开业验收，盐城中心支公司各项筹备均符合检查要求，顺利通过验收，并于7月12日取得工商营业执照，正式开业。

7月1日，幸福人寿江苏分公司召开“创先争优庆七一”主题座谈会，燕辉要求全体党员要紧密结合正在开展的创先争优活动，不断开创分公司党的建设新局面，深入推动各项业务科学发展，总经理室成员、全体党员、入党积极分子参加。

7月28日，无锡保险行业协会对幸福人寿无锡中心支公司进行开业验收，无锡中心支公司各项筹备均符合检查要求，顺利通过验收，并于8月18日取得工商营业执照，正式开业。

9月2日，幸福人寿江苏分公司接待总公司核保部韩增红一行前来调研，并召开运营工作座谈会，燕辉、夏焱及运营部有关人员参加。同日，韩增红一行前往盐城中心支公司调研，夏焱陪同。

9月6~9日，幸福人寿江苏分公司接受总公司ISO内审组对江苏分公司的第二次内部审核，并于9月9日召开

12月19日，幸福人寿江苏分公司与南京市志愿艺术团向位于瑞金北村的“真美好”老年公寓的老人送上慰问品和精彩的演出

全体会议，听取总公司内审组组长作迎接ISO9001质量管理体系外审验收辅导报告，并召开内审末次会议，通报检查中发现的问题及整改意见。

9月15日，幸福人寿江苏分公司召开《冲刺100天，为完成年度经营计划而奋斗》会议，各机构、各部门作了工作汇报，明确后100天的经营目标以及为达到经营目标拟采取的具体工作措施，会议讨论了拟下发执行的《绩效考核管理办法》和《机构负责人薪酬绩效挂钩考核办法》，燕辉、夏焱、郭战宁及各部门各机构负责人、分公司部分内勤员工参加。

9月16~18日，幸福人寿江苏分公司接受总公司计划财务部对开业以来的保险收付费业务、网银付费业务、会计档案管理、财务印章管理、会计基础的规范、集中核算实务、单证管理等会计基础工作的检查。

9月20日，幸福人寿江苏分公司召开2010年度党员领导干部民主生活会，对照《中国共产党党员领导干部廉洁从政若干准则》52个标准，查找班子和个人在廉洁从政方面存在的问题，党委成员燕辉、郭战宁参加，党办主任及夏焱列席。

10月13日，幸福人寿江苏分公司与招商银行南京分行联合召开“招商银行—幸福人寿银保业务推动会”，招行南京分行副行长王庆、各分行分管行长、绩优理财经理以及总公司银行保险部张国勤、分公司燕辉、夏焱以及银行保险部员工参加。

10月14日，幸福人寿江苏分公司燕辉与前来调研的总公司培训中心史鲁芬座谈业务培训工作，郭战宁、有关部门负责人及业务部门培训岗参加。

11月3~4日，幸福人寿江苏分公司接受江苏保监局进行的银保业务现场检查，燕辉、夏焱及银行保险部相关人员向检查组汇报工作。

11月13日，幸福人寿江苏分公司组织全体内外勤员工参加了由金融工作办公室、人民银行、江苏保监局等单位主办的“金融系统反腐倡廉建设”南京巡展活动。

11月16~17日，幸福人寿江苏分公司向人民银行南京分行反洗钱现场检查组汇报反洗钱工作并接受检查，夏焱、人事行政部负责人及相关人员参加。

11月23~24日，幸福人寿江苏分公司接待总公司理赔部方彤一行前来检查指导工作，夏焱向检查组汇报分公司理赔工作情况，运营管理部负责人参加。

12月3日，江苏保监局检查组李祥俊处长一行莅临江苏分公司，通报银保投诉现场检查情况，燕辉、夏焱及银保部负责人参加。

12月7日，扬州保险行业协会对幸福人寿扬州中心支公司进行开业验收，扬州中心支公司各项筹备均符合检查要求，顺利通过验收，并于12月22日取得工商营业执照，正式开业。

【重大承保】 12月16日，南京钢铁四通运输有限责任公司向幸福人寿江苏分公司投保了“幸福团体养老年金保险(分红型，B款)”，总保费510.85万元。

【重大赔付】 1月13日，幸福人寿江苏分公司向被保险人徐秀红的法定身故受益人支付赔款人民币14万元。2009年6月19日被保险人徐秀红为其本人投保了幸福人寿“幸福福多宝两全保险(分红型)”产品，保险费14万元。2009年9月10日20:30左右，保险人的丈夫董崇义下班回家后，发现徐秀红趴在床上、面部青紫，随后急忙120电话请求急救，后医务人员赶到进行抢救，但经抢救未能成功。

【对外交流】 11月30日，幸福人寿江苏分公司总经理燕辉拜会中国信达资产管理公司江苏分公司总经理彭朗辉、信达财险江苏分公司筹备组组长蒋耀良，商谈业务合作事宜。

【教育培训】 3月21日，幸福人寿江苏分公司根据ISO质量管理内审要求、结合总公司法律合规部2010年工作计划，举办了反洗钱知识培训，并通过培训提高了员工的法律合规意识，提升了分公司内控内管水平，全体内外勤员工参加。

7月16日，幸福人寿江苏分公司举办“珍惜生命，关爱健康”健康知识培训，希望通过培训改变员工重治疗轻预防的观念，提高员工自我救护及疾病预防意识，并学习职场人员职业病防治及其他保健知识，全体内勤人员参加。

10月21日，幸福人寿江苏分公司根据人民银行反洗钱宣传月的要求，结合分公司2010年反洗钱计划，举办了反洗钱知识培训，加强员工反洗钱意识，全体内外勤员工参加。

## 阳光人寿保险股份有限公司江苏分公司

【概况】 阳光人寿保险股份有限公司江苏分公司自2008年8月正式开业以来，各项工作得到了江苏保监局、省行业协会和保险学会的大力支持。在总公

司的指导及全体同仁的精诚协作下，2010年分公司各项基础管理工作取得了历史性突破。江苏分公司积极响应监管部门的要求，全体干部员工励精图治、努力拼搏，在阳光文化的指引下，坚持“每月成长一点点”的理念，夯实基础，稳步推进，各条线内外部排名全面实现阳光保险总公司“前进1/2”战略目标。

截至2010年底，江苏分公司共开设10家中心支公司，24家四级机构获准开业。

【经营业绩】 2010年，阳光人寿江苏分公司达成年度总保费9.44亿元，同比增长270.5%，市场排名第12位；年度新单保费达成8.58亿元，同比增长242.2%，市场排名第10位；年度新单期缴保费达成2.11亿元，同比增长88.5%，位列江苏市场八强。

个险业务 阳光人寿营销渠道根据客户的不同年龄阶段和保险保障需求进行细分，推出一系列(大富翁、财富宝等分红型)产品，各款产品市场反映较好，呈现良好的销售态势。2010年江苏分公司实现年度个险总保费1.8亿元，同比增长128.7%；新单保费1.3亿元，同比增长70.4%，其中新单期缴保费1.25亿元，同比增长69.3%，位列市场第七位。成为阳光系统内首个年度保费过亿元的分公司。

银保业务 阳光人寿江苏分公司银保渠道根据市场需求、客户偏好，不断优化产品结构(新推阳光普照E款)。2010年实现银保渠道总保费7.1亿元，同比增长357.9%；新单保费6.8亿元，其中，新单期缴规模保费6033万元，趸交规模保费6.22亿元。

团险业务 阳光人寿江苏分公司的团险业务方向以效益型意外险为拓展目标，在意外险的组合方案设计、渠道建设上大力投入，通过两年的努力已建立起相对成熟的主销产品体系和合作渠道网络，2010年团险渠道共承保短险保费1970万元，其中意外险保费1822万元，同比增长60.9%。在总、分公司的要求和指导下，大力开展个销团业务，全年实现个销团保费278.6万元。

经代业务 根据总、分公司经营方向及要求，阳光人寿江苏分公司针对性地选择合作商，根据不同市场及合作商推动万能险、养老年金、少儿险等产品，产品市场反映较好，全年实现标准保费收入590.8万元。

电销业务 阳光人寿江苏分公司电销渠道根据自身的销售特点及市场需求，不断调整产品结构，市场反响良好。2010年，全省承保年化保费收入3784.7万元，实现江苏电销业务的突破性进展。

【渠道建设】 个险渠道 截至2010年12月底，阳光人寿江苏分公司营销人力达4574人，持证率100%。其中南京地区700人，南通中心支公司营销员539人，常州中心支公司268人，泰州中心支公司414人，苏州中心支公司270人，盐城中心支公司541人，镇江中心支公司345人，无锡中心支公司309人，徐州中心支公司430人，扬州中心支公司439人，连云港中心支公司319人，全面实现江苏分公司的人力大发展。

银保渠道 2010年，阳光人寿江苏分公司银保销售网络布局南京、南通、常州、镇江、苏州、盐城、徐州、泰州、扬州9市，在部分较成熟区域正逐步向郊县延伸。经过两年多的布局，阳光银保先后与工商银行、农业银行、建设银行、中国银行、邮政银行、浦发银行、东亚银行确立了业务合作关系，并针对各银行的不同特点，制定独特的合作方案，加强渠道的拓展，构建阳光的核心优势。逐步形成国内五大银行巨头为主要发展渠道、利用股份制银行开拓高端业务的发展格局。

团险渠道 阳光人寿江苏分公司团险部以建设精英团队为目标，通过搭建精干高效的后援团队和销售团队，积极开拓直销业务的同时，借助代理经纪渠道全面拓展意外险业务。在总公司的要求和指导下，团险部与营销部合作，开展一系列个销团交叉销售的尝试，实现了内部资源的有效整合。

经代渠道 根据总、分公司经营方向及要求，经代部在选择合作商时，始终将业务品质放在发展的第一目标上，确保稳健经营；同时积极推动代理公司的讲师建设，建立稳定的业务平台，力争实现合作双方的共同成长。

电销渠道 阳光保险集团东区电销中心总部设在江苏无锡。2010年，阳光人寿江苏分公司开呼电销业务的有南京、无锡、苏州三家机构，南通、常州预计于2011年初相继开呼。各电销开呼机构均设有稳定的落地服务平台，目前电销保单的递送及保全申请等，都是采取快递公司上门服务的方式，快速便捷的服务赢得了广大客户的好评。

【内部管控】 阳光人寿江苏分公司始终坚持“依法经营、诚信服务”的理念，在各级监管部门的检查中都获得了好评。如：江苏省保险学会组织的“营销员后续教育情况”调查，保监的合规经营检查，央行的反洗钱检查等等。

【企业文化】 阳光保险一直坚持以企业文化引领、整合、规范和推动企业的发展，将企业文化作为企业发展的制高点。江苏分公司在“阳光文化”的指引下，结合江苏经营实际，在全省开展“阳光文化深化工程”系列活动，每年选定一个主题，将阳光文化落实到基层、外勤队伍中去。2010年开展的“职业化行为规范”活动得到了总公司、集团公司、监管单位的一致好品，并获评阳光保险集团“创新实践奖”。

【履行社会责任】 崇尚关爱，积极承担社会责任，用实际行动回馈社会，造福市民，一直是江苏阳光人始终秉承的理念。在青海玉树发生地震后，阳光人寿江苏分公司立即在全省开展针对玉树地震灾区的爱心捐赠活动，共筹集善款72191.70元，并在第一时间通过江苏省红十字会把善款送到灾区。

【党建工作开展】 阳光人寿江苏分公司党委于2009年5月正式成立，在总公司党委的领导下，高度重视基层党组织的建设，并定期举办各项活动。7月1日，在建党89周年之际，召开全省党员大会，并吸纳8名新党员。会议结束以后，江苏分公司全体共产党员集体至南京雨花台烈士陵园，庄严宣誓。公司党委还于2010年7月获评深圳市委党组织评选的“先进基层党组织”荣誉称号。

【重大活动】 1月27日，阳光人寿通州、东台、沛县、扬中支公司取得江苏保监局获准开业批复。

3月2日，阳光人寿宝应支公司取得江苏保监局获准开业批复。

3月3日，阳光人寿江苏分公司首届校园招聘现场宣讲会在公司培训教室召开。

3月5日，阳光人寿江阴支公司取得江苏保监局获准开业批复。

5月11日，阳光人寿江苏分公司正式启动“阳光文化深化工程”之“员工职业化行为规范”的活动。为了能在全省全面推展该项活动，由总经理室成员亲自带队分为四个宣导小组奔赴机构进行为期三天的现场宣导。

5月11日，江苏阳光产销寿业务启动视频会议在阳光财险江苏分公司会议室召开，此次会议的召开标志着江苏产销寿业务试点工作的全面启动。

5月24日，阳光寿险总公司总裁室李平坤莅临常州中支以及下辖机构进行工作调研，随后，与分公司管理干部开展工作研讨。为了深入基层、了解一线，李平坤于25日参加了南京本部的营销早会。

5月25日，阳光保险集团副总裁张家扬、寿险副董事长兼副总裁宁首波赴江苏保监局进行工作拜会，并至分公司职场进行调研并指导工作。

5月29日，阳光人寿江苏分公司举办“有阳光 更美好——阳光人寿江苏分公司首届客户服务节开幕式”，并邀请当地主流媒体出席开幕式。

5月31日，阳光人寿江苏分公司召开“超越发展 永续经营”学习、反思研讨会，分公司总经理室成员、全省三级机构负责人以及分公司部门负责人参加此次会议，对董事长“超越发展 永续经营”会议上的讲话，进行深入反思、研讨。

7月20日，由省财贸轻纺工会主办的“争创工人先锋号”授牌仪式在镇江句容隆重举行，阳光人寿保险股份有限公司江苏分公司南京本部、镇江中支荣获“工人先锋号”荣誉称号。

8月4日，阳光人寿江苏分公司“员工职业化行为规范形象大使”选拔赛在南京顺利召开，最终评选出冠、亚、季军男女各一名，至此，“员工职业化行为规范”的推广正式落下帷幕。

9月28日，阳光人寿江苏分公司组织全省综合管理部负责人、运营管理部负责人及所有反洗钱岗位体系人员，进行了一次反洗钱基础知识的培训。

9月28日，阳光人寿连云港中心支公司取得江苏保监局获准开业批复。

10月15日，阳光人寿高邮、句容支公司取得江苏保监局获准开业批复。

10月21日，阳光人寿江苏分公司在南京东郊国宾馆举办第三届高峰会，来自全省各中支近300名内外勤营销将士参会，寿险总裁室营销副总监李平坤莅临本次盛会并作重要讲话。

11月1日，中国人民银行南京分行反洗钱非现场检查小组至阳光人寿江苏分公司进行反洗钱工作非现场评估，检查组对公司反洗钱工作充分肯定。

11月8~9日，阳光保险集团董事长张维功赴江苏徐州，展开为期两天的“二五”规划调研工作。

12月10日，阳光人寿张家港支公司、吴江支公司取得江苏保监局获准开业批复。

12月21~23日，阳光人寿江苏分公司召开全省营销年度经营管理大会，所有三级机构负责人、营销部经理(培训负责人)、营业区经理及部经理以上销售主管共250人参加会议。

12月23~24日，阳光人寿江苏分公司召开“2010年员工大会”，全省内勤员工、银保、团险客户经理以及保全专员共聚扬州，当晚举行盛大晚宴。

【重大承保】 1月4日，投保人钱某在苏州中支投保阳光人寿添富年年两全保险B款(分红型)，保费40万元，保额277600元。

2月23日，投保人王某在南通中支投保阳光人寿阳光普照两全保险C款(分红型)2单，每单保费100万元，每单保额108.5万元。

5月11日，投保人潘某在苏州中支投保阳光人寿阳光普照两全保险D款(分红型)3单，每单保费100万元，每单保额112.5万元。

【重大赔付】 1月19日，阳光人寿江苏分公司赔付被保险人沈某重大疾病保险金10万元。沈某于2008年12月投保金色阳光888保险及附加提前给付重大疾病保险，保额10万元。2009年12月因“甲状腺乳头状癌”住院治疗。2010年1月提交理赔申请。

3月16日，阳光人寿江苏分公司赔付被保险人田某8万元。田某于2009年7月投保阳光人寿财富双账户附加万能重疾保险，重疾保额8万元。2010年3月，田某被确诊为“胃癌”并手术治疗，于3月13日向公司申请理赔，在接到报案后公司理赔人员立即展

5月29日，阳光人寿江苏分公司首届客户服务节正式启动

9月13日，阳光人寿江苏分公司快速理赔得到客户肯定

开前置调查，并在被保险人申请理赔后三日内结案。

3月30日，阳光人寿江苏分公司赔付被保险人孙某12万元。孙某于2009年5月投保阳光人寿财富双账户保险，保额12万元。2010年2月，因车祸身故。公司在受益人递交理赔材料两天内结案。

8月27日，阳光人寿江苏分公司赔付被保险人高某受益人12万元。高某于2009年4月投保阳光人寿财富双账户保险，保额12万元。被保险人于2010年7月发生车祸并于次日身故，当时即向公司报案。接到报案后公司立即展开前置调查，未见责任免除事项。受益人于2010年8月27日提出理赔申请，接到理赔申请后公司迅速进行理赔处理并于当日审核结案。

9月9日，阳光人寿江苏分公司赔付被保险人朱某12万元。被保险人朱某不幸罹患"乳腺癌"，住院期间向公司报案，报案当日理赔人员携水果及慰问卡进行住院探视并告知相关索赔事宜。随后，朱某递交了索赔申请，接到索赔申请后公司迅速进行理赔处理并于第三日审核结案，赔付被保险人重疾保险金12万元整。

10月14日，阳光人寿江苏分公司赔付被保险人范某16万元。被保险人范某于2010年1月投保阳光人寿鸿福齐添年金保险(分红型)，保额16万元。范某于2010年9月因"车祸"身故，受益人于当日电话报案。经理赔人员前置调查，未发现责任免除事项。受益人于2010年10月13日提出理赔申请，接到理赔申请后公司迅速进行理赔处理并于次日审核结案，赔付被保险人身故保险金16万元整。

【对外交流】 10月11~18日，受台湾东森保险集团邀请，阳光人寿江苏分公司总经理储良、经代部负责人殷勇赴台湾进行为期7天的业务考察，重点对东森保险代理公司电视销售的发展、销售运作、售后服务进行考察，了解其未来发展目标和规划以及在大陆保险市场的发展。

【公益活动】 4月23日，在阳光人寿江苏分公司总经理室的倡导下，由人事行政部组织，在全省范围举行了大型的针对玉树地震灾区的爱心捐赠活动。共筹集善款72191.70元。

5月26日，阳光人寿江苏分公司参与联合主办"2010红五月保险送劳模活动"，向组委会提供人身意外险100万元，用于赠送商贸系统劳模。

5月30日，阳光人寿常州中支在青枫公园开展"5·31"世界无烟日公益活动，宣传吸烟的危害，组织志愿者在公园捡垃圾、烟头，有效地宣传了保险的公益形象。

【教育培训】 3月17~19日，阳光人寿江苏分公司培训部在南京卓美酒店举办了首期代理人授权种子讲师培训班，来自全省10家中支的42名外勤导师参加了培训。

5月10~12日，阳光人寿江苏分公司培训部在南京八卦洲渡假山庄举办了首期AS/SAS主管晋升培训班，全省共有25位新晋升主管参训。

5月11日，阳光人寿江苏分公司正式启动"阳光文化深化工程"之"员工职业化行为规范"的活动，对全省员工进行职业化行为标准的培训，此次活动通过指导和规范全省内、外勤员工和干部的职业行为，进一步学习和重温阳光文化的深厚内涵。

6月11~13日，阳光人寿江苏分公司培训部在常州国防园举办了第一期新人雏鹰腾飞班，此次培训的参训对象为4、5月入司且在5月入围阳光之星的TA和CA，来自全省10家中支的60名新人参加了培训，截至12月10日，共举办五次新人雏鹰腾飞班。

## 长生人寿保险有限公司江苏分公司

【概况】 2010年是长生人寿保险有限公司江苏分公司开业后的第二年，在股东双方的大力支持下，在董事会的正确领导下，江苏分公司管理层和全体员工齐心协力，迅速铺设分支机构，稳步壮大组织规模，销售业绩大幅增长。

【经营业绩】 2010年，长生人寿江苏分公司总保费收入7250563.95元(折合标准保费2742929.57元)，较2009年增长1838.85%。截至2010年底，公司筹设的苏州、南京和常州3家市级营销服务部相继顺利开业。未来随着分支机构的不断拓展，公司将逐渐把业务范围覆盖江苏省。

【渠道建设及产品开发】 2010年，长生人寿江苏分公司完成了个险、中介、团险等三大营销渠道的构建，力求全方位为客户提供服务。同时公司以市场需求为导向，面向不同客户族群设计有针对性的各类产品，截至2010年底，公司在售产品71个，其中个险40个，银保产品3个，团险产品28个，产品涉及保障、养老及医疗等诸多领域，力求为江苏客户提供丰富、周到、快捷和优质的保险服务。

【内部管控】 长生人寿始终把加强内部控制，防范经营风险为可持续发展生命线，公司坚持一手抓发展，一手抓合规，不断加强公司内控体系建设。2010年，公司通过完善内部组织架构、修改相应规章制度、加强合规管理等举措，加强对公司的合规管控，营造了良好的合规氛围。

【企业文化】 长生人寿自成立以来一直秉持“以人为本，专业经营，诚信服务，回报社会”的经营理念，作为该经营理念的具体体现，公司以“一切为了客户”作为行动指针，并且始终以“成为中国市场上最受客户信赖的寿险公司”做为发展目标，团结一致，努力前行。

## 国华人寿保险股份有限公司江苏分公司

【概况】 国华人寿保险股份有限公司江苏分公司成立于2009年5月，公司位于南京市白下区游府西街46号南京市广播电视大学19楼，总部位于上海，是由中国保险监督管理委员会批准设立的全国性、股份制寿险公司。国华人寿由国内大型上市公司天茂集团等六家资金实力雄厚的企业发起组建。公司主要经营各类人寿保险、健康保险、意外伤害保险等人身保险业务；上述业务的再保险业务；国家法律、法规允许的保险资金运用业务以及经中国保监会批准的其他业务。

国华人寿江苏分公司在“稳健、可持续发展”的公司发展思路指导下，坚持决策经营和监督分离的治理结构与全面的风险内控体系，确保企业的稳健发展；以“关爱零距离，服务无止境”服务理念为原则，最大限度地保障客户利益，努力为每一位客户提供专业而全面的服务。分公司目前开设及批筹南通、无锡、徐州、镇江、扬州、常州等6家中心支公司，初步实现全省性机构布局。

国华人寿江苏分公司弘扬“诚信、专业、创新、共赢”的企业精神，通过扎扎实实、精益求精、坚韧不拔的奋斗，以高品质的金融保险服务努力改善和提升人们的生活，促进经济与社会和谐、稳定、快速发展；力争成为一个规模适度、品质优良，最能为客户、员工、股东创造价值的保险公司。

【经营业绩】 国华人寿江苏分公司银行保险部目前在售产品包含：国华华瑞丰年两全保险（分红型）B款、国华华瑞丰年两全保险（分红型）B款（2009）及国华华瑞丰年两全保险（分红型）A款。银行保险部2010年销售业绩为18471.20万元，市场份额0.48%，同比增长440594.18%。

团体保险部目前在售产品包含：国华人寿团体意外险、国华人寿综合交通意外伤害保险卡单（十二生肖卡和畅行无忧卡）。团体保险部2010年销售业绩为644万元，市场份额1.568%，同比增长956.78%。

营销经代部目前在售产品包含：国华盛世年年两全保险（分红型）、国华财富增值终身寿险（万能型）及国华终身寿险（分红型）（2009）。营销经代部2010年销售业绩为80.22万元，市场份额0.01%，同比增长822.04%。

【渠道建设】 国华人寿江苏分公司设有银行保险部、团体保险部及营销经代部三个业务部门。国华人寿已开业的机构中，南通中心支公司开设有银行保险部及个险部，无锡及徐州中心支公司仅设有银行保险部。

【内部管控】 为加强公司内部控制建设，提高公司风险防范能力和经营管理水平，促进公司合规、稳健、有效经营，保护公司和被保险人等其他利益相关者合法权益，国华人寿江苏分公司根据《保险法》、《企业内部控制基本规范》和其他相关规定制定了《国华人寿企业内部控制基本规范》，并建立了《关联交易管理暂行办法》、《风险管理方针》、《风险管理策略》、《风险分类办法》、《各业务系列风险点提示》、《内部风险控制指南》等各项内控制度，对个人营销、银行保险、团体保险、财务管理、运营管理、续期管理（契约、核保、核赔、客服）、企划、行政管理等风险领域的风险识别、风险分析方法、风险控制目标做出了明确定义，在日常业务操作中贯彻执行，但执行方面仍然存在不足，尚未达到最佳期望效果。

【企业文化】 国华人寿的企业精神为：诚信、专业、创新、共赢。核心价值观为：人本、贵和、尚德、有为。公司司训：以人为本，以和为贵，以德为先，奋发有为；诚信规范，专业求精，开拓创新，和谐共赢。公司秉承“关爱零距离，服务无止境”的服务宗旨，继续通过全方位、多渠道和差异化的服务模式，为客户提供专业化、全面化的服务，使客户能够“携手国华，人生无忧”。

【重大活动】 4月23日，国华人寿江苏分公司电销中心在国华江苏职场举行剪彩仪式，分公司总经理蔡立新、新渠道部负责人汤蓉及江苏职场的全体员工参加仪式。

5月1日，国华人寿江苏分公司根据总公司要求，与其余七个省市同时启动“看世博，把世界带回家”活动，邀请数位幸运者体验上海世博之旅。并最终于2010年9月对260多名幸运客户进行了兑奖，其中共30多名一等奖获奖客户参加了由国华人寿组织的“2010国华人寿上海世博游”。

5月18日，国华人寿南通中心支公司正式开业，国华人寿保险股份有限公司江苏分公司总经理蔡立新及南通市行业协会相关领导、南通市农行及市工行的相关部门领导出席了开业庆典。

5月28日，国华人寿江苏分公司一周年庆典暨季度工作会议在宁举行。总公司总裁付永进，副总裁康南翔，总监吴卫国及相关部门领导来宁参加。省工行和省农行的相关领导及各合作公司均到席参加。

5月24日，国华人寿无锡中心支公司正式开业，国华人寿江苏分公司总经理蔡立新及无锡市行业协会有关领导出席了开业庆典。

国华人寿江苏分公司客服节上，江苏省中医院专家作“健康行”讲座

7月9日，国华人寿徐州中支开业庆典在徐州颖都新锦江酒店隆重举行。分公司总经理蔡立新、银保部经理殷志强、财务部经理李华及相关部门领导参加了此次庆典活动，同时参加此次庆典的还有徐州保协秘书长权泰猛、徐州工行、农行、建行、邮储银行的各位领导以及同业的相关领导。

9月16日，国华人寿江苏分公司收到总公司转发的8月11日保监厅发〔2010〕59号“关于积极参加贯彻落实两个准则知识竞赛活动的通知”，接到通知后，公司高度重视本次知识竞赛。分公司综合管理部组织江苏分公司全体工作人员参加了竞赛，截至2010年9月30日，问卷已经全部收回。

8月22日，国华人寿江苏分公司首届客户服务节在南京正式启动。国华人寿总公司运营部总经理姚凯、江苏分公司总经理蔡立新、江苏省保险行业协会秘书长濮阳等出席启动仪式。启动仪式上，江苏分公司运营部服务明星代表分公司宣读了十大服务承诺。启动仪式后，江苏省中医院的专家带来了以“运动人生，健康无忧”为主题的健康讲座。

9月28日，由《中国保险报》江苏记者站牵线，为探索保险中介和保险公司的深度合作，国华人寿江苏分公司与11家保险中介联手，举办了主题为“收获金秋”的论坛，本论坛开启了江苏保险公司与中介深度合作的新路子，搭建了一个新的思想碰撞的平台，分享了创新的智慧火花。

12月16日，经过了81天的辛苦筹备，国华人寿南通中心支公司个险正式在南通寿险市场亮相。

【重大承保】 2月4日，客户在农业银行玄武支行逸仙桥支行投保国华人寿银保产品，保费共计62万元。

2月22日，客户在工商银行汉府支行长江路分理处投保国华人寿银保产品，保费共计58万元。

8月4日，客户在工商银行汉府支行长江路分理处投保国华人寿银保产品，保费共计72万元。

8月13日，客户在中国农业银行崇川支行钟秀分理处投保国华人寿银保产品，保费共计50万元。

12月20日，客户在无锡银保二部投保国华人寿银保产品，保费共计82万元。

12月22日，客户在宜兴营业部投保国华人寿银保产品，保费共计150万元。

## 中国人寿养老保险股份有限公司江苏省分公司

【概况】 2010年，中国人寿养老险江苏省分公司在2009年工作的基础上，充分发挥中国人寿的综合资源优势，着力建设企业年金业务可持续发展的架构和平台，继续提升与中国人寿江苏省分公司的合作互动水平，不断巩固和优化与银行渠道的合作，积极探索开拓新的合作渠道；着力加强服务，努力提高客户服务的能力和水平；着力加强以队伍建设为主要内容的基础建设，各项工作均取得显著进展。

【经营业绩】 2010年，中国人寿养老险江苏省分公司累计新增中标规模9.6亿元(其中，中标受托管理规模5.02亿元，中标投资管理规模4.58亿元)，中标账户管理数10427户；累计到账资金规模8.04亿元(其中，受托管理业务到账资金规模5.4亿元，投资管理业务到账资金规模2.63亿元)，账户管理业务生效账户数8869户。根据省人力资源和社会保障厅相关数据统计，2010年，公司新增受托管理业务在江苏同业中占比为42%，新增投资管理业务在江苏同业中占比为37%。截至2010年底，公司历年累计中标和签约客户693家，基金规模51.73亿元，到账并进入投资运作的基金规模37.21亿元。

【渠道建设】 依靠中国人寿江苏省分公司销售渠道，继续提升合作互动水平。在沟通机制上，中国人寿养老险江苏省分公司与中国人寿江苏省分公司各个层面建立和落实定期沟通交流机制，力求实现工作同布置、目标同考核。在考核激励机制上，与中国人寿江苏省分公司联合制定企业年金业务推动方案、企业年金重点项目管理办法等，对市场拓展给予及时有效的支持，并在团险渠道职能考核指标中，增加对“企业年金管理基金到账规模完成率”的考核。在资源共享上，以团险、企业年金共同发展、相互促进为目标，与中国人寿江苏省分公司联合拓展客户，对暂时不具备办理企业年金条件的客户，积极将其转化为团险客户。在文化融合上，与中国人寿江苏省分公司共同举办客户服务节活动，共同组队参加由省体育局、总工会、省文明办、省妇联组织的“长三角地区城市景观越野赛”，参加省保监局举办的江苏保险业首届“唱响时代主旋律”青年歌咏比赛。

不断巩固和优化与银行渠道的合作。根据江苏企业年金市场特点和竞争状况，公司加强与工、农、中、建、交等五家重点银行的合作，联合下发业务推动方案，注重对到账指标的考核。定人定岗加强对银行推动方案落实的追踪，促进市级分行与寿险地市公司在指标落实、业务拓展上的有效衔接，进一步巩固和提升了与银行渠道的合作水平。

【内部管控】 健全各项制度。公司修订或新订了《印章管理办法》、《重点项目管理办法》、《重点客户服务管理办法》、《办公职场管理规范》、《电话礼仪规范》、《员工着装规范》、《车辆管理办法》、《驾驶人员工作规范》等，进一步健全了各项内部管理制度。

加强风险防范。公司组织开展风险排查活动，明确各个部门、各个岗位、各个流程、各个环节在政策法规、经营决策、销售支持、客户服务、综合管理、财务管理、人力资源管理等七大方面可能存在的近30个风险点，并由总经理室与各部门负责人签订《2010年度风险防范责任书》，将风险防范责任分解到各部门、各岗位，并纳入部门负责人的绩效考核。

【企业文化】 公司十分重视企业文化建设，通过建立和完善教育培训体系，不断提升公司团结向上、开拓进取的创业文化。2010年，公司制订和落实了《教育培训管理办法》、《教育培训计划》，先后组织开展了“启程2010”拓展训练、“后经济危机下的国际形势和中国外交”专题讲座、中层管理干部讲习班、全面提升综合经营管理能力大讨论等活动；选拔青年骨干参加中国人寿江苏省分公司举办的“百名青年员工素质提升培训班”；开辟“伙伴学堂”，设置“图书长廊”，为员工营造良好的学习氛围，促进员工的共同成长。

【获奖】 2010年度，中国人寿养老险江苏省分公司连续第三年被中国人寿养老保险股份有限公司评定为“经营绩效优胜奖”二等奖。

3月，中国人寿养老险江苏省分公司被中国人寿保险(集团)公司授予“用心经营、诚信服务”先进单位。

8月，中国人寿养老险江苏省分公司客户服务部被中国金融工会授予“第四届全国金融系统职工职业道德建设十佳班组”和“全国金融五一劳动奖状”称号。

10月，中国人寿养老险江苏省分公司被中国人寿保险(集团)公司授予“互动业务先进单位”。

【履行社会责任】 2009年底，中国人寿养老险江苏省分公司被省委组织部、省扶贫办列为2010-2011年度省委扶贫工作队派员单位后，一方面向总公司争取政策和资金支持，另一方面，选派了综合能力较强的同志参加扶贫工作。2010年，公司向挂钩扶贫的淮阴区凌桥乡双闸村投入扶贫资金25万元，并取得明显成效。截至2010年底，先期建设的200亩钢架大棚已经为农户带来3500元/亩的收益，加上种植香瓜6000元/亩的纯收入，农户亩均收入近万元，有14户贫困户基本实现脱贫。

【党建工作开展】 2010年，公司坚持实行每周一党委会例会制度和每季度党委理论中心组学习制度，认真落实《2010年党风廉政建设责任制任务分解落实方案》，组织党员干部学习《中国共产党党员领导干部廉洁从政若干准则》、《保险机构案件责任追究指导意见》、《保险从业人员行为准则》等规定，积极开展三八妇女节活动、七一党员活动。创先争优活动开展以来，公司加强对活动的组织领导，组织党员学习十七届四中、五中全会精神，组织员工观看电影《第一书记》、参加全国保险业先进典型事迹巡回报告会、全国金融系统反腐倡廉建设南京巡展等活动。

【重大活动】 1月13日，中国人寿养老险江苏省分公司领导班子成员梅国洪、童贞平、陈健、许彬向省政府金融办汇报2009年工作。

3月4~5日，中国人寿养老险江苏省分公司副总经理(主持工作)梅国洪赴苏州拜访江苏保监局苏南监管组、苏州市保险行业协会。

3月24日，国务院派驻中国人寿集团公司监事会主席魏礼江、集团公司副总裁王思东一行到中国人寿养老险江苏省分公司视察指导，并亲切看望公司干部员工。

4月1日，中国人寿集团公司总裁杨超到中国人寿养老险江苏省分公司视察指导，并亲切看望公司干部员工。

5月12日，中国人寿养老险江苏省分公司副总经理童贞平参加省政府办公厅组织召开的2010年淮阴区“五方挂钩”帮扶协调小组会。

5月26日，中国人寿养老险江苏省分公司副总经理(主持工作)梅国洪、总经理助理陈健参加省国资委组织召开的省部属企业负责人座谈会，代表公司对江苏省“十二五”规划以及如何加快养老保险事业发展、健全社会保障制度提出建议。

3月24日，国务院派驻中国人寿集团公司监事会魏礼江主席莅临中国人寿养老险江苏省分公司视察

4月1日，中国人寿保险(集团)公司杨超总裁莅临中国人寿养老险江苏省分公司视察并与全体员工合影

6月12日，中国人寿养老险江苏省分公司与寿险江苏省分公司、财险江苏省分公司联合举办2010年“中国人寿杯”苏州市幼儿童车比赛，此次活动是公司2010年“国寿客户节”系列活动之一。

7月29日，中国人寿养老险江苏省分公司副总经理(主持工作)梅国洪赴太仓市拜访市委书记、副市长等相关领导，争取地方政府的政策支持。

8月31日至9月1日，中国人寿养老险江苏省分公司副总经理(主持工作)梅国洪出席邳州信用社企业年金受托管理合同签约仪式。

11月19日，中国人寿养老险江苏省分公司与寿险江苏省分公司联合组队参加省保监局举办的江苏保险业首届“唱响时代主旋律”青年歌咏比赛，并获得一等奖。

11月30日，中国人寿养老险江苏省分公司与中国民生银行南京分行、博时基金管理有限公司等企业年金基金管理机构在南京举行江苏丹阳农村合作银行企业年金计划启动仪式。

12月1日，中国人寿养老险江苏省分公司召开党委班子民主生活会。总公司党委书记王建、监察部副总经理荣晓英等参加民主生活会，并对党风廉政建设工作、创先争优活动进行检查指导。

12月27日，中国人寿养老险江苏省分公司副总经理(主持工作)梅国洪、总经理助理陈健向省人力资源和社会保障厅汇报中国人寿投资管理资格整合和投资管理业务移交工作开展情况，并送达人力资源和社会保障部的相关文函。

【教育培训】 1月8~10日，中国人寿养老险江苏省分公司组织员工开展“启程2010”拓展训练，旨在培育“创新、进取、学习、成长”的团队文化。

1月27日，中国人寿养老险江苏省分公司与寿险江苏省分公司、财险江苏省分公司联合邀请中国外交部驻欧盟使团公使衔参赞王亚军为干部员工作“后经济危机下的国际形势和中国外交”的专题报告。

3月18日，中国人寿养老险江苏省分公司与寿险江苏省分公司联合邀请国务院发展研究中心宏观经济研究部研究员、第一研究室主任、发展研究中心学术委员会副秘书长张立群为中国人寿高端客户作2010年中国经济形势专题报告。

11月10日，中国人寿养老险江苏省分公司组织员工观看电影《第一书记》，学习沈浩同志的先进事迹，推进创先争优活动的开展。

## 平安健康保险股份有限公司江苏分公司

【概况】 平安健康保险股份有限公司是中国平安集团旗下的专业健康保险公司，2005年6月13日经中国保险监督管理委员会批准设立，主要业务范围包括各类健康保险业务、意外伤害保险业务、政府委托管理健康保险业务、健康咨询服务业务、健康保险再保险业务等，公司注册资本人民币6.25亿元，总部设在中国上海。

平安健康保险公司成立以来始终秉承“规范经营、专业运作、诚信服务”的方针，重视学习和借鉴国外先进理念和技术，积极参与国家医疗卫生体制改革，探索商业健康保险发展的成功模式，通过产品和服务创新，增强自身服务社会的能力，努力为增进客户健康，保障家庭生活，促进经济发展和社会和谐服务。

平安健康保险公司拥有国际化的专业团队和丰富健康险业务管理经验，目前公司已建立了全球医疗服务协作网络和客户服务响应系统，能够为团体和个人客户提供完整的医疗保障、健康保健、专家咨询和紧急救助等保健计划和保险产品，公司拥有完善的管理信息系统，能够提供24小时中英双语电话咨询服务，平安急难救助系统覆盖全球主要国家和地区。

平安健康保险公司将依托中国平安集团的综合优势，不断提高专业管理水平，增强自主创新能力，完善专业技术体系，不断拓宽服务领域，努力建设专业化、国际化的健康保险。

平安健康保险股份有限公司江苏分公司2010年10月13日正式开业。

【经营业绩】 截至2010年底，平安健康保险江苏分公司业绩保费458.93万元。

【渠道建设】 平安健康保险股份有限公司江苏分公司依托集团强大的开户资源，着力建设内部产、寿、养渠道，建立良好的内部渠道平台。同时，积极发展中介等外部渠道资源。

【内部管控】 平安健康保险股份有限公司自设立之初，就开始按照平安集团既有的内控管理框架建设了自身的内控管理体系。在规划筹建健康险江苏分公司的各项工作时，也首先提出要尽快建立并逐步完善分公司内部管理和风

10 月 26 日，平安健康江苏分公司在南京太和紫金大酒店隆重举行开业庆典

险管理的各项制度，切实从基层操作层面的各项环节入手，将每一个业务流程都纳入到内控管理体系当中，做到有法可依、有章可循。根据《中华人民共和国保险法》、《健康保险管理办法》、《保险公司合规风险管理指导意见(征求意见稿)》等相关文件的要求，以契约、核保、理赔、财务到人事行政作业等各项业务流程为基础，制定了多项内部管理的规章制度和风险管理制度。这些制度包括了业务运营管理、财务管理、人事行政管理、合规管理、内部审计等多个方面。初步建立了涵盖外部法律合规、市场经营，内部业务管理和运营要求的多层次、全方位的风险管理体系。

在此基础上，公司坚决贯彻集团"守法+1"的要求，继续强化公司内部管理，使健康险公司成为江苏保险行业具备健全内部管理制度的楷模和标兵。

【企业文化建设】 中国平安在发展历程中，吸收了中华民族优秀传统文化和西方现代管理思想的精华，逐步形成了独具特色的企业文化，体现为中西合璧、古今贯通、知行合一的特点，定位于造就"以优秀的传统文化为基础，以追求卓越为过程，以价值最大化为导向，做一个高尚和有价值的人"。

集团董事长马明哲重新细化了平安企业文化 18 年来的演进轨迹，将其分为五个阶段：第一阶段：创业精神(1988 年)；第二阶段：儒家思想(1992 年；思想观)；第三阶段：国际战略(1994 年；发展观)；第四阶段：价值文化(1999 年；价值观)；第五阶段：执行/制度(2002 年；行为观)。2006 年，根据集团综合金融的战略目标，平安文化的发展观进一步描述为追求"领先"的文化，要求每个机构搭建"领先"的平台，要求在制定战略和计划时，要以"领先"为最核心的目标，在选拔人才、配置资源时，要以是否有利于实现领先为基本原则，在问责考核时，要以是否达到或靠拢"领先"为核心评判标准。

纵观这些年，经过感性感悟、理性思索等阶段，平安文化不断完善升华，始终与时俱进，在战略和策略上永葆先知、先觉、先行。每个时期，平安根据当时的形势和需要，找到新的方法，共同探讨、完善文化内涵，平安的企业文化就是这样一点一滴不断积累、丰富起来的。

【重大活动】 9 月 27 日，中国保监会江苏保监局下发《关于同意平安健康保险股份有限公司江苏分公司开业的批复》，2010 年 9 月 30 日领取了经营保险业务许可证。2010 年 10 月 13 日，平安健康保险股份有限公司江苏分公司取得营业执照。2010 年 10 月 26 日，平安健康保险股份有限公司江苏分公司在南京太和紫金大酒店隆重举行开业庆典。这是中国平安健康险专业公司引进战略合作伙伴南非最大健康险公司 Discovery 同时进行全国布局的第四家省级分公司，也是江苏省第三家专业健康险公司。江苏保监局局长助理朱金渭、人身保险管理处处长蒋正忠、行业协会等领导出席开业典礼并做重要讲话。

【重大承保】 12 月 30 日，中国农业银行股份有限公司宿迁分行向平安健康保险江苏分公司投保了平安长期特定医疗团体医疗保险，总保费 400 万元。

## 安邦人寿保险股份有限公司江苏分公司

【概况】 安邦人寿保险股份有限公司(以下简称安邦人寿)是一家于 2010 年 6 月经中国保险监督管理委员会正式批准设立的全国性人寿保险公司，由安邦财产保险股份有限公司等 5 家企业共同发起，注册资本为人民币 5 亿元，注册地为北京市。安邦人寿主营人寿保险、健康保险和意外伤害保险等保险业务、上述业务的再保险业务经中国保险监督管理委员会批准的其他业务。在安邦财险的成功模式的支持下，安邦人寿建立起了一支年轻化、专业化、有从业经验、有管理能力和业务水平的员工队伍，同时建立了专业的保险营销员队伍，并通过高效的多元化销售体系，为客户提供从传统的储蓄型、保障型产品，到非传统的分红型、投资型产品的一系列寿险服务和全面的财务保障。安邦保险的理念是"客户至上、客户增值"，安邦的目标是"客户满意、监管放心、公司壮大"，为了执行安邦的理念，完成安邦的目标，安邦人寿将逐步实现"网络现代化、服务家文化、管理军事化、队伍高端化"，成为全国最有价值的人寿保险公司。

安邦人寿江苏分公司 2010 年 10 月通过江苏保监局验收，于 2010 年 11 月 8 日获得开业批复。安邦人寿江苏分公司是安邦人寿在全国首批设立的省级分公司，由原任安邦人寿保险股份有限公司个险部总经理王金图担任安邦人寿江苏分公司总经理一职，全面负责分公司日常经营管理工作。安邦人寿江苏分公司将在安邦集团化资源共享、团队协作等战略发展要求下，借助财险公

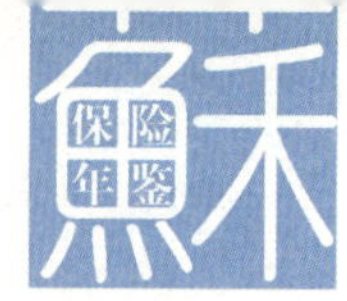

司的网络优势、团队优势、品牌优势，按照事业部人财物集中、扁平化垂直管理至基层营业单位的精神，开展机构队伍建设、信息系统建设、客户服务平台、产品研发能力、风险管理机制等方面各项工作，使江苏分公司成尽快为江苏省内保险业独具特色、经营专业化、队伍高素质、产品多样化、内含价值高、盈利性强的人寿保险公司。

【企业文化】 安邦保险崇尚“水”的哲学，水代表源源不断的智慧；安邦保险崇尚“互联网”文化，是实现客户和公司双赢的基础；安邦保险崇尚“家”文化，让每一个安邦成员沐浴在亲情之中。三种文化构建安邦“和谐文化”。

安邦的经营理念：凭借智慧，遵循规律；随需而变，马上就办；简单高效，团队合作；互联支持，共赢未来。安邦的价值观：客户增值，员工增值，股东增值；求真，求实，求善。安邦的行为准则：阳光做事，快乐做人；以德行定取舍、以能力定职位、以贡献定薪酬。安邦相信：平台+文化+机制=成功。安邦的企业精神：无论发展到何时，安邦都要保持“三零”精神，第一个“零”是零成本；第二个“零”是零管理；第三个“零”是零精神。

【重大活动】 8月，安邦人寿保险股份有限公司江苏分公司(筹)筹备组成立，着手开展分公司筹备工作；

10月26日，安邦人寿保险股份有限公司江苏分公司(筹)接受中国保监会江苏监管局领导验收；

11月8日，安邦人寿保险股份有限公司江苏分公司获得开业批复。

(上接第108页)

询问应当制作《调查笔录》，《调查笔录》应当交被调查人核对；对没有阅读能力的，应当向其宣读。笔录如有差错、遗漏，应当允许其更正或者补充。经核对无误后，由被调查人逐页在笔录上签名或者盖章。调查人员应当在笔录的最后签名。被调查人拒绝签名或者盖章的，应当在笔录上注明。

第二十七条 调查人员对涉嫌违法的物品进行现场勘验时，应当有当事人在场，并制作《现场勘验笔录》；当事人拒绝到场的，应当在《现场勘验笔录》中注明。

第二十八条 抽样取证，应当有当事人在场，并开具物品清单，由调查人员和当事人签名或者盖章。

第二十九条 对可能被转移、隐匿或者毁损的文件和资料可以予以封存。

第三十条 在证据可能灭失或者以后难以取得的情况下，可以采取先行登记保存措施。

采取先行登记保存措施，应当填写《先行登记保存证据审批书》，并由中国保监会负责人或者派出机构负责人批准。

第三十一条 先行登记保存证据的，应当签发《先行登记保存证物通知书》，填写《登记保存物品清单》，由当事人签字或者盖章确认，并加封中国保监会或者派出机构先行登记保存封条，就地由当事人保存。

登记保存证据期间，当事人或者有关人员不得损毁、销毁或者转移证据。

对于先行登记保存的证据，应当在7日内作出处理决定。

第三十二条 案件调查部门可以委托其他派出机构协助调查、取证，但必须出具书面委托证明，受委托的派出机构应当积极予以协助。

第三十三条 案件调查部门可以聘请资信良好的会计师事务所和律师事务所等社会中介机构参与调查，但必须要求其出具专业报告。

第三十四条 对有证据证明已经或者可能转移、隐匿违法资金等涉案财产或者隐匿、伪造、损毁重要证据的，经中国保监会主要负责人或者派出机构主要负责人批准，可以申请人民法院予以冻结或者查封。

第三节 移交

第三十五条 案件调查终结，案件调查部门应当制作《案件调查报告书》，报部门负责人批准。《案件调查报告书》至少应当包括下列内容：

(一)当事人的基本情况；

(二)调查的基本情况及相关证据；

(三)处理建议及相关依据。

前款“处理建议”包括给予行政处罚、不予行政处罚、不应给予行政处罚或者移送司法机关处理的建议。

第三十六条 案件调查终结后，案件调查部门认为需要予以行政处罚的，应当将《案件移交书》、《行政处罚立案审批表》、《案件调查报告书》、相关证据等案件卷宗材料一并移交案件审理部门。

第三十七条 案件审理部门依法对案件卷宗材料进行审查，卷宗不够规范的，退回案件调查部门补充完善后再行移交。

第三十八条 案件调查部门在调查过程中发现违法事实涉嫌犯罪，依法需要追究刑事责任的，应当依照《行政执法机关移送涉嫌犯罪案件的规定》、《中国保监会关于在行政执法中及时移送涉嫌犯罪案件的规定》及其它相关规定，及时向司法机关移送。

(下转第194页)

IANGSU BAOXIAN NIANJIAN

# 保险中介

# 江苏省保险中介发展综述

**【保险中介概况】** 2010年，江苏省内保险公司通过保险中介渠道实现保费收入841亿元，同比增长23.67%，占全省总保费收入的72.39%。保险中介机构和保险营销员共实现业务收入82.99亿元，同比增长18.40%，专业中介机构整体亏损115万元。截至2010年末，全省共有保险专业中介法人机构153家，兼业代理机构9514家，营销员17.62万人。整体来说，全省保险中介市场主体趋于稳定，业务发展相对平稳，业务收入除专业机构外持续增长。

**【保险中介市场运行特点】** *专业中介主体数量趋于稳定，兼业机构增长迅速。*2010年以来，江苏保监局根据新监管规定从严审核机构设立申请材料，防止机构盲目扩张，同时积极督促现有机构按规定完成增资手续。截至2010年末，全省共有保险专业中介法人机构153家，在全国排名第四。其中，保险代理公司135家，保险经纪公司7家，保险公估公司11家。2010年末，保险专业中介机构注册资本总额4.56亿元，较上年末增长71.43%，总资产3.65亿元，较上年末增长15.14%。2010年，江苏保监局实施银行类保险兼业代理机构资格自主申报制度，在提升银行类兼业机构持证率上效果显著，银邮类机构共5299家，较上年末增长95.03%。全省保险兼业代理机构数量较上年末增长76.32%。保险营销员17.62万人，较上年末减少6.87%，全省保险营销员持证率继续保持100%。

*各渠道业务相对平稳，银邮、车商渠道增幅显著。*2010年，全省保险中介渠道共实现保费收入841.62亿元，同比增长23.67%，占全省总保费收入的72.39%。其中保险营销员实现保费322.73亿元，同比增长17.14%，占全省总保费收入的27.76%。兼业代理渠道实现保费487.23亿元，同比增长29.86%，占全省总保费收入的41.91%。银邮销售呈现较快发展势头，实现保费338.62亿元，同比增长27.38%。车商渠道实现保费62.55亿元，同比增长54.33%，继续保持高速增长态势。专业代理渠道实现保费30.34亿元，在全省保费中占2.50%，保费结构仍以财产险为主(79.88%)。经纪渠道实现保费9.84亿元，在全省保费中占0.85%。公估渠道共处理案件数约16万件，其中机动车辆险案件占比93.25%。

*业务结构进一步优化，专业价值显现。*保险专业中介机构业务结构进一步优化，其专业价值、对保险业发展的作用逐步显现。一方面，经代渠道业务结构进一步优化，非车险发展迅速。2010年末，经代渠道非车险业务占比由2009年末的43.49%增长到50.41%，提升了近7个百分点。2010年，经代渠道实现的船舶险、责任险、企财险、工程险保费分别占全省财险相关险种保费的30.53%、26.61%、25.83%、25.66%。另一方面，近年来江苏保险专业中介机构在化解民事纠纷、缓解社会矛盾、维护社会稳定方面发挥了积极作用。如：恒泰经纪致力于环境污染、安全生产、医疗等多个责任保险的推广；远东海领经纪、海尚代理推动燃油污染险及船舶保险创新；联合经纪开展校园安全教育培训提高校方风险管理水平；江泰经纪安排省内多条轨道工程项目保险；诚信代理开展意外险卡单精细化理赔提高服务水平；泛华公估、民太安公估在南京“7·28”爆燃事故等多起灾害事故中公正及时地开展查勘估损工作等。

**【保险中介存在问题】** 虽然近年来全省保险中介行业发展取得了一定的成绩，但总体来说保险中介市场还处于发展的起步阶段，在保持良好发展态势的同时也存在着不少问题。全年江苏保监局共受理中介业务类信访投诉48件，开展中介市场检查24次，合计对机构警告8家次，罚款88.3万元；对个人警告10人次，罚款25.9万元。

*保险公司中介业务违规问题较为突出。*通过2010年全国开展的保险公司中介业务专项检查结果表明，保险公司基层机构及其工作人员通过中介业务违法操作，谋取小集体和个人利益，是中介市场混乱的主要原因和矛盾的主要方面。表现在三个方面：一是中介业务真实性问题，如部分保险公司将直销业务转为中介业务甚至杜撰中介业务；二是非法套取资金问题，个别公司通过虚开中介发票或用其他发票报销等方式虚列费用，违规套取资金；三是虚挂人力，个别保险公司通过盗用、租用资格证书或不及时注销离司人员等形式虚挂人力，列支佣金或手续费，虚增成本。此外，个别公司委托无证机构代理保险业务的情形也不同程度地存在。这些违法行为尽管反映在一些基层机构，但具有一定的代表性和普遍性，危害极大，不仅增加了公司的经营成本，同时还损害了消费者的利益，性质严重，不加以整治将严重影响保险业的社会形象和可持续发展，必须出重拳、动真格，持之以恒，常抓不懈。

*专业中介机构风险防范工作比较薄弱。*保险专业中介资本实力弱小，对保险消费者的责任承担能力较差，但接触面广、影响宽。一旦出现问题，保险中介市场的风险极易在行业内部传导和向社会蔓延，危及行业诚信形象和社会稳定。近年来的监管实践表明，保险中介市场不是没有风险，而是可以酿成大风险；不但可能酿成保险业内风险，甚至可能酿成危及社会稳定的风险。2010年全省中介市场就出现了几起性质比较恶劣的案件：南通地区某机构以保险产品为载体进行的非法集资活动；江苏环球保险代理在经营保险代理业务许可证被吊销后仍然非法经营、买卖发票；兴化地区发现的私印保险公司单证等。另外，还发现个别省内外中介机构非法跨界展业。目前江苏保监局已联合公安部门对相关案件进行了严肃查处，受害人均得到了相应赔偿，后续事宜已妥善处理，未出现群体性事件。

*兼业代理机构违规行为有所抬头。*保险兼业代理机构在扩大保险覆盖面、完善保险市场机制、提升保险业服务和谐社会建设水平上发挥了重要作用，截至2010年底，全省有效兼业代理机构已接近1万家，代理保费占总保费收入的41.91%。但在发展过程中，兼业代理的不规范经营暴露出多种问题，引发较大的争议，一定程度上扰乱了保险市场的健康有序发展。一是无证或超范围经营情况仍然存在。目前银行类机构已基本做到持证经营，但由于分布松散及管理不到位，部分农村信用社的申报工作依

然较为缓慢，车商、票务代理等机构持证率仍然较低。二是兼业机构的销售服务过程缺乏必要指导和监督，欺诈误导、代签名、暗箱操作理赔等情形屡有发生，严重侵害被保险人和保险公司利益。三是部分兼业机构利用渠道优势，以手中掌握的保险业务为筹码，诱导保险公司的恶性价格竞争，索要高额手续费，严重扰乱了保险市场的正常秩序。四是兼业代理机构数量多、分布广、行业复杂，所代理的保险公司又未能切实履行对兼业代理机构的日常管理职能，监管部门难以实施经常性，覆盖面广的动态监管，造成了兼业代理机构的违法违规行为长期存在，积重难返，亟待规范。

现行保险营销体制弊端日益显现。随着社会环境的不断进步，江苏保险发展进入新的阶段，保险营销员管理的一些体制机制性矛盾和问题开始显现。管理粗放、大进大出、素质不高、关系不顺等问题比较突出。现行保险营销模式一方面通过多层级利益链条，激励保险营销员大量“招募”新人，另一方面通过高首佣低续期的佣金方案，引导保险营销员重业务数量轻业务质量。同时，保险营销员法律地位不明确，法规培训和诚信建设力度不够，使其缺乏职业归属感和公司认同度，这些问题相互作用，不可避免地造成保险营销员以利益为导向的短期行为较为严重，具体表现为销售误导、频繁跳槽等侵害被保险人利益的行为，严重损害了保险业形象，降低人们对保险的认同度和有效需求，导致保险业丧失可持续发展的经济基础和社会基础。

## 江苏华邦保险代理有限公司

【概况】 2010年公司克服了后金融危机带来的影响，保费规模、机构发展和管理水平都上了一个新的台阶。在企业文化建设方面，江苏华邦保险代理有限公司合唱队作为保险中介公司的唯一代表，在江苏保险业“唱响时代主旋律”青年歌咏比赛活动中荣获优秀奖和整场比赛唯一的“特别奖”。

【经营业绩】 2010年江苏华邦保险代理有限公司共实现保费14207.36万元，其中人身险保费10176.42万元，财产险保费4030.94万元，保单件数8.6735万件。

【渠道建设】 9月14~15日，江苏华邦保险代理有限公司抽调全省部分机构的组训在宜兴召开新产品研讨会。此次研讨会是公司总部首次将组训工作会议放在苏南进行，标志着公司正式向苏南市场进军的计划正在推进。

10月27日下午，在江苏保险大厦的3楼多功能厅，华邦保险代理与阳光人寿总对总合作的签字仪式正式举行，来自华邦保险代理中的广州恒华、湖南腾顺、湖南众鑫、山东四方华邦、山东福鑫华邦、湘潭湘电、浙江安盟等多家联盟机构和来自阳光人寿中的广东分公司、湖南分公司、山东分公司、浙江分公司、江苏分公司的领导以及从北京赶来的阳光人寿总部领导出席了签字仪式。

【内部管控】 江苏华邦保险代理有限公司2010年首次经营管理会于1月17~20日在南京召开，本次经管会的主要议程是总结2009的工作情况、规划2010年的工作计划。在会议进行的过程中，来自各个分支机构的负责人首先对2009年的工作情况作了汇报和经验交流，总部对将要进行修改的《江苏华邦保险代理有限公司业务人员基本管理办法》、《江苏华邦保险代理有限公司续收管理办法》、《江苏华邦保险代理有限公司组训人员管理办法》作了情况说明，参会的各分支机构的负责人对这三个基本管理办法的内容进行了研讨并提出修改意见。

4月16日，华邦二战区的所有主管共56人，在“淮安唐人街农家庄园”，参加为期3天的“点燃工作激情、打造高效团队”拓展训练，本次培训以体验式户外训练为主，通过交流、分享，再整合交流内容提升自我。不但课程的设计、形式、内容上与以往的不同，而且在情感上、心理上、智商上都得到提升。

7月27-29日，江苏华邦保险代理有限公司在南京航天白楼宾馆举行了全省各级骨干培训，邀请了专业培训机构著名讲师——臧其超老师来到训练营授课，旨在2010年下半年为华邦“打造巅峰团队”。

【企业文化】 江苏华邦保险代理有限公司第九届“华邦之夜”高峰年会于3月5-9日在南京召开，本届高峰年会是公司成立以来规格最高、规模最大、参会人员最多的高峰年会，共有来自全国16家保险代理公司的优秀代表近400人参加了表彰和联欢活动。江苏保监局中介处领导、江苏省保险学会秘书长宫秋平应邀出席表彰大会并为“华邦之夜”高峰年会揭幕，这是江苏保监局的领导首次出席保险代理公司的表彰活动。

9月11日，盐城片区7家机构阜宁分公司、大丰分公司、响水分公司、盐城分公司、建湖分公司、东恒分公司、滨海分公司齐聚盐城市委党校会议厅，召开红歌大赛暨“金九银十”业务启动大会。

江苏华邦保险代理李萍萍荣获2010中国保险业十大“全圆桌奖”之最佳“感动服务”奖

3月5–9日，第九届华邦之夜高峰年会在南京召开

【荣誉奖励】 第七届中国保险精英圆桌大会(CMF)暨保险人物颁奖典礼于7月8–10日在苏州博览中心举行，本届圆桌会分别评选出了2010中国保险业十大"金圆桌奖"之个人品牌、2010中国保险业十大"金圆桌奖"之团队品牌和2010中国保险业十大"金圆桌奖"之经理人品牌等奖项，来自华邦保险代理启东分公司的李萍萍女士，荣获2010中国保险业十大"金圆桌奖"之经理人品牌之最佳"感动服务"奖，这也是华邦保险代理成立以来首次获得此项殊荣。

【社会责任】 由江苏省保险学会牵头组织，南京大学，东南大学，南京审计学院，南京财经大学等在宁几所高校的博士生导师、教授等专家参加的"关于改革完善保险营销体制"研讨会于2010年6月8日下午在江苏华邦保险代理有限公司会议室召开。

【党建工作开展】 为热烈庆祝中国共产党成立89周年，由中共赣榆县委宣传部主办、中共赣榆县委县级机关工委承办、江苏华邦保险代理赣榆分公司协办的庆祝中国共产党建党89周年大型文艺晚会——"颂歌献给党"于6月30日晚在县影剧院广场举行。

【其它】 4月2日下午，来自香港康宏理财的几位高管与合伙人来到华邦总部进行访问，来访目的主要是进一步洽谈合作事宜。香港康宏理财集团成立于1993年，目前，香港康宏理财与超过50家的国际金融机构合作，作为香港保险中介行业的领导者，康宏现有专业顾问人数逾1400人，是香港最庞大的专业独立理财顾问队伍。在下午的交谈中，双方带着深度合作的诚意，对合作的前景和合作的方式进行了深入的交流，华邦的财务顾问与法律顾问也参加了双方的商讨。

(上接第190页)

## 第四章 处 罚

第一节 审理

第三十九条 案件审理部门受理案件后，从调查程序、违法事实认定、行为定性、证据采信、处罚种类与幅度等方面对案件进行审理。其中重大、复杂的案件，应当由案件审理部门集体讨论决定。

第四十条 案件审理后，案件审理部门应当制作《案件审理报告》，根据案件有关情况分别提出以下处理意见：

(一)案件主要事实不清或者主要证据不足的，退回案件调查部门补充调查；

(二)不构成行政违法的，不予处罚；

(三)虽构成行政违法但情节轻微可不予行政处罚，需要采取非行政处罚监管措施的，交由案件调查部门处理；

(四)应当予以行政处罚的，提出处罚意见；

(五)涉嫌构成犯罪的，移送司法机关。

第二节 权利告知

第四十一条 拟作出行政处罚决定的，案件审理部门应当在作出决定前向当事人进行权利告知。

告知应当制作《行政处罚事先告知书》，告知当事人拟作出行政处罚决定的事实、理由及依据，并告知当事人有权进行陈述和申辩。

第四十二条 当事人有权进行陈述和申辩。自《行政处罚事先告知书》送达之日起10日内，未行使陈述权、申辩权的，视为放弃权利。

第四十三条 当事人要求陈述和申辩的，应当提交书面材料。当事人有特殊情况，经中国保监会或者派出机构批准，可以适当延长提交书面材料的期限。

(下转第237页)

IANGSU BAOXIAN NIANJIAN

# 社团组织

# 江苏省保险学会

【《江苏保险》改版升级】 强化会刊品牌意识，围绕思想性、指导性、可读性和实用性的总体要求，以《江苏保险》出刊200期为契机，对《江苏保险》进行全面改版升级，并努力克服资金缺乏、稿源质量不高等诸多困难，实现当月出刊。一系列措施地实施，使得《江苏保险》版面设置日益合理，文稿质量不断提高，刊物影响逐步扩大，会刊品牌意识逐渐形成。

改版后的刊物一是围绕当时社会特别是保险业的热点问题、中心工作进行编辑报道，较全面地展现了江苏保险业的发展重点、动态。二是积极交流保险学术研究成果，为保险业发展提供智力支持。三是大力宣传保险业的服务保障功能、不断提升江苏保险业的行业形象。

【改版江苏保险网】 以真实性、引领性、及时性、全面性为原则，注重网络宣传效应，全面改版江苏保险网，设置监管动态、行业资讯、领导讲话、数据统计等栏目。改版后的网站力求做到贴近会员、贴近市场、贴近实际，联合已经改版升级的《江苏保险》期刊，形成“一刊一网”的联合平台，对外提升江苏保险业的形象，对内促进行业科学发展。

【公开出版《保险知识普及丛书》(1~10册)】 消费者的利益能否得到切实保护，直接关系保险业的兴衰成败。保护保险消费者利益始终是保险业的出发点和落脚点。在资金有限的情况下，省保险学会组织会员公司编写《保险知识普及丛书》，聘请专业人员对所编写内容进行卡通配图，并联系出版社，争取公开刊号，使得《保险知识普及丛书》第一套《知道不知道》(1~10册)结集成册，公开出版。

根据保监会关于保险“进学校、进社区、进农村”精神，在江苏保监局的业务指导下、在省社科联的大力支持下，省保险学会联合江苏省消费者协会、江苏省教育学会、江苏省保险行业协会以及各会员单位，3月16日举行了保险知识普及丛书赠阅启动仪式，9月16日举办了以南京为主会场，苏州、徐州、盐城为分会场的保险消费者教育丛书大赠送活动。全省各类渠道赠阅丛书数量合计达到万余套10万余册。赠送活动得到了省金融办、江苏保监局、省民政厅、社科联等单位领导的高度肯定和赞扬，《新华日报》、《扬子晚报》、《现代快报》、《金陵晚报》、《南京晨报》，江苏教育台、省广播电台等新闻媒体都对此次活动进行了报道。

【开展低碳保险研究】 低碳经济是以低能耗、低污染、低排放为基础的经济模式，是人类社会继农业文明、工业文明之后的又一次重大进步。2010年3月，生态环保、可持续发展成为两会的主题，提出了要推动我国经济社会低碳发展。为了响应发展低碳经济社会发展的号召，同时也为江苏保险业面向低碳经济时代转变发展方式、推进服务创新提供支持，省保险学会采取了三步走措施：

1月18日，江苏保监局、省保险学会新春联谊会暨学会新会长上任宣布会在南京举行

第一步：举办征文评选活动。4月份，省保险学会举办了“低碳经济与保险创新”征文评选活动，得到各保险研究所及广大会员单位的积极参与。活动共征集到论文28篇，并择优汇集成册，编印下发。第二步：召开理论研讨会。7月份，省保险学会举办了“低碳经济与保险创新”研讨会，邀请江苏大学工商管理学院谭中明教授作“低碳经济与保险”讲座。第三步：组织实地考察。研讨会结束后，省保险学会组织有关参会人员进行了低碳经济与保险创新实地学习考察。

【理论研究】 2010年，“一会五所”(保险学会与5所大学建立的保险类研究所)理论研究平台搭建完毕，并陆续开展了一些联合调研工作，并取得初步成果，“一会五所”产学研究一体化理论研究平台效果初步显现。

6月，省保险学会组织小额保险研究所、医疗保险研究所、中国人寿养老公司对徐州养老产业现状进行调研，形成了《商业保险介入养老产业可行性研究》。《商业保险介入养老产业可行性研究》先后被江苏人口学会会刊、江苏省老龄学会会刊、《保险实践与探索》等刊物刊用，并在华东地区保险学会工作交流会上作经验交流。

8月，省保险学会组织保险教育研究所、小额保险研究所、医疗保险研究所、保险精算研究所对江苏保险后续教育现状进行调研，并形成了《构建江苏保险后续教育体系的调研报告》。《构建江苏保险后续教育体系的调研报告》已形成正式文件向江苏保监局报告。

省保险学会联合部分保险研究所人员，共同完成了省社科联立项课题《低碳经济条件下保险经营与产品创新研究》。

【保险志、年鉴采编工作】 自2009年，江苏省二轮《保险志》修志工作正式部署以来，截至2010年7月底，87家采编单位已全部报送了材料。至2010年底，省保险学会已通过人民银行南京分行、江苏保监局、省档案馆、图书馆、保险公司等多种渠道收集资料近150万字，图片资料300多张。2010年底，修志工作已基本完成篇目设计、资料收集及大事记章节的撰写。

5月，省保险学会高标准地完成了《中国保险年鉴江苏版》的编辑报送；9月份，按时完成《江苏保险年鉴》的编辑印发工作。

省保险学会全力配合江苏保监局有关部门，完成了《2009江苏保险业发展报告》出版工作。

【加强和改善学会内部管理】 根据保监会对学会建设提出的“专业化、职业化、规范化”精神，本着机构精简、责任分明、人员精干的原则，2010年，省保险学会对秘书处人员和内部岗位进行了必要的调整。同时，为全面评价员工工作成绩，提升学会服务质量，努力建设和谐高效的团队，根据上级主管部门有关“创先争优”活动的考核标准及学会有关制度要求，制定了《德能勤绩量化年度考核民意测评表》，考核内容涉及德、能、勤、绩四个方面，以无记名方式进行，采取百分制，分优秀、良好、一般、需要改进四档，通过建立科学、规范、全面、合理的测评机制，促使全体员工进一步恪尽职守，拼搏努力，以良好的风貌和更高的效率推动各项工作顺利开展。

【规范财务管理，合理使用会费】 2010年，坚持强化统筹管理，全面落实部门预算，做到量入为出，合理使用，严格按照上一年度常务理事会批准的财务预算开展财务工作，以保持收支平衡、略有结余为基本目标，保持了各项工作的正常顺利进行。

## 组织机构设置（截至2010年12月）

会　长：刘安林

副会长：华　山　孔　兵　谭　宁　袁雪楼　陈玉龙　汪涤凡　沈子昌　赵永斌　裴　平　汪祖杰　闫海峰

秘书长：宫秋平

副秘书长：吴尚忠

常务理事：张　东　吴　军　张　建　彭江山　杨林春　单　勇　秦国民　张立辉　李　刚　邱家洋　冶思松　姚青利　张　军　黄希武　李晓浦　金永光　叶永军　张延军　於文清　王绍发　朱印法　马云山　俞　卫　顾　兵　胡　沙　王松林　史志红　朱　旗　袁　寒　韩安萍　周　敏　贺　力　汤　峰　薛亚军　赵哲明　陈　旺　许春猛　陈正银　钱　江　储　良　郭　新　梅国洪　凌　阳　朱　洁　孟善彬　刘亚耕　肖　炜　于　润　张　晓　王　雷　徐林南　濮　阳

7月21日，江苏保险志修志工作研究暨“低碳经济与保险创新”研讨会在南京召开

秘书处机构设置：

综合部：张义萍　葛长娟

学术部：偶　见　张瑜英　殷甜甜

教育培训部：孙　珍　孙辰皓

编志办公室：许　芬　李　哲

会员单位：

中国人民财产保险股份有限公司江苏省分公司

中国人寿保险股份有限公司江苏省分公司

中国太平洋财产保险股份有限公司江苏分公司

中国太平洋人寿保险股份有限公司江苏分公司

中国平安财产保险股份有限公司江苏分公司

中国平安人寿保险股份有限公司江苏分公司

天安保险股份有限公司江苏省分公司

大众保险股份有限公司江苏分公司

华泰财产保险股份有限公司江苏省分公司

新华人寿保险股份有限公司江苏分公司

泰康人寿保险股份有限公司江苏分公司

中国出口信用保险公司江苏分公司

中华联合财产保险公司江苏分公司

太平人寿保险有限公司江苏分公司

中国大地财产保险股份有限公司江苏分公司

民生人寿保险股份有限公司江苏分公司

永安财产保险股份有限公司江苏分公司

华安财产保险股份有限公司江苏分公司

生命人寿保险股份有限公司江苏分公司

安邦财产保险股份有限公司江苏分公司

合众人寿保险股份有限公司江苏分公司

信诚人寿保险有限公司江苏省分公司

太平保险有限公司江苏分公司

海康人寿保险有限公司江苏分公司

中宏人寿保险有限公司江苏分公司

国泰人寿保险有限责任公司江苏分公司

阳光财产保险股份有限公司江苏省分公司

海尔纽约人寿保险有限公司江苏分公司

恒安标准人寿保险有限公司江苏分公司

中银保险有限公司江苏分公司

光大永明人寿保险有限公司南京分公司

都邦财产保险股份有限公司江苏分公司

华泰人寿保险股份有限公司江苏分公司

联泰大都会人寿保险有限公司江苏分公司

美国友邦保险有限公司江苏分公司

中德安联人寿保险有限公司江苏分公司

中国人民健康保险股份有限公司江苏分公司

民安保险（中国）有限公司江苏分公司

中英人寿保险有限公司江苏分公司

中意人寿保险有限公司江苏省分公司

英大泰和人寿保险股份有限公司江苏分公司

华夏人寿保险股份有限公司江苏分公司

长城人寿保险股份有限公司江苏分公司

金盛人寿保险有限公司江苏分公司

渤海财产保险股份有限公司江苏分公司

中国人寿财产保险股份有限公司江苏省分公司
永诚财产保险股份有限公司江苏分公司
安诚财产保险股份有限公司江苏分公司
信泰人寿保险股份有限公司江苏分公司
中国人民人寿保险股份有限公司江苏省分公司
嘉禾人寿保险股份有限公司江苏分公司
华农财产保险股份有限公司江苏省分公司
招商信诺人寿保险有限公司江苏分公司
太平洋安泰保险股份有限公司江苏分公司
平安养老保险股份有限公司江苏分公司
太平养老保险股份有限公司江苏分公司
阳光人寿保险股份有限公司江苏分公司
正德人寿保险股份有限公司江苏分公司
中国人寿养老保险股份有限公司江苏省分公司
紫金财产保险股份有限公司江苏分公司
中国太平洋财产保险股份有限公司常州分公司
中国太平洋财产保险股份有限公司无锡分公司
苏州市保险学会　无锡市保险学会
常州市保险学会　镇江市保险学会
徐州市保险学会　扬州市保险学会
连云港市保险学会　南京大学商学院
南京审计学院金融学院
南京财经大学金融学院
东南大学公共卫生学院
江苏华邦保险代理有限公司

【大事记】 1月18日，江苏保监局、省保险学会新春联谊会暨学会新会长上任宣布会在中国人寿大楼隆重举行。中国人寿江苏省分公司总经理刘安林任学会会长。

3月16日，由江苏省保险学会主办的《保险知识普及丛书》赠阅启动仪式暨《江苏保险》发刊200期庆典在宁隆重举行。

3月22日上午，江苏省社会组织深入学习实践科学发展观活动总结表彰大会在南京召开。此次受表彰的先进社会组织有71个，其中，保险行业2个，分别为省保险学会和苏州市保险行业协会。

4月14日，江苏省保险学会与南京财经大学金融学院联合组建的“南京财经大学保险精算研究所”举行揭牌仪式。6月1日，又与东南大学公共卫生学院合作的“东南大学医疗保险研究所”正式揭牌。

6月25日，“低碳经济时代的金融业创新——2010年金融业创新论坛”在南京召开，论坛由省金融学会主办，来自省内金融监管机关、金融机构、金融高校100多名领导、专家、学者参加了会议。

7月21日下午，江苏省保险学会在宁召开《江苏保险志》修志工作研究暨“低碳经济与保险创新”研讨会。学会主办“低碳经济与保险创新”征文活动，得到各保险研究所、广大会员单位的积极响应和参与。经专家组成的评委会对应征论文进行评选，共评出一等奖1篇，二等奖2篇，三等奖3篇，组织奖3名。

9月16日，以南京为主会场，苏州、徐州、盐城三市为分会场的“保险消费者教育丛书大赠送仪式”成功举办。江苏省保险学会将精心编印的1万余套10万余册《保险知识普及丛书》(第一分册)，通过省消费者协会、省教育学会，向中小学、街道、社区居委会、农村村委员会免费赠阅。

11月9~14日，由江苏保监局联合主办、江苏省保险学会、人保财险江苏省分公司、太平洋财险江苏分公司等单位协办的全国金融系统反腐倡廉建设展南京巡展在国展中心举行，全省保险业共约6000余人参观了巡展。

12月15日，江苏省社科联公布2010年度“社科应用研究精品工程”优秀成果名单，江苏省经济学会、江苏省保险学会联合报送的《关于我省政策性农业保险工作的考察报告》荣获优秀成果一等奖。

江苏省保险学会与南京大学合作的“江苏保险教育研究所”正式揭牌

## 江苏省保险行业协会

【深入开展创先争优活动】 围绕强化党支部功能，推动行业发展；加强思想政治工作，注重加强对党员的教育培训；将争创工作和协会的工作任务及激发协会工作人员工作积极性紧密联系；以党支部为坚强核心，强化自身建设；增强责任意识，坚持用以人为本、强化服务的理念来指导工作。

【组织签订自律公约】 产险方面，针对原有公约，协会根据市场的变化积极调整，按照玻璃等行业的实际情况及时调整行业自律要求。2010年，协会组织在第九届产险公司总经理峰会上就全省财产险规范经营和自律公约发出倡议。签订了《江苏省非车财产险“见费出单”行业自律公约》，并在第十届峰会上对其进行了修订，以此为基础进行了行业的标准制定和系统开发。

寿险方面，协会组织在宁的68家保险公司签订了《航意险自律公约》，公约要求“各公司支付给兼业代理机构单笔手续费的支付比例不得超过该笔业务保单保费的40%”，并要求公司需与取得合法代理资格的中介机构签订代理协议，与代理机构之间手续费的结算必须通过结算中心进行。

中介方面，组织签订了《江苏省保险公司中介业务自律公约》；组织各保险专业中介机构讨论制定了《江苏省保险专业中介机构自律公约》，在全省中介机构工作"恳谈会"上宣读并通过。公约要求通过行业自律的手段督促中介机构依法合规经营，杜绝与保险公司的虚假业务往来，对进一步规范保险公司中介业务经营行为，加强保险公司与保险中介机构之间深层次的合作产生了积极的影响。

协会在上年引入以会计师事务所等独立第三方为主要力量进行产险自律检查，收到良好效果的基础上，2010年除坚持对车险、非车险进行专项检查外，还将引入第三方检查扩展至航意险，对检查中暴露出的手续费率超标、系统对接不完整、收取保费滞后等问题，要求公司立即整改。通过自律检查，公司数据不真实现象得到有效遏制，违约情况处于递减态势，市场秩序和主体经营状况明显好转。

**【保单有奖查询试点工作】** 在江苏保监局的领导下，协会牵头6家寿险公司开展了江苏省人身保险个人保单信息有奖查询试点工作。

**【推进江苏省机动车交强险地区差别费率工作】** 协会牵头组织人保财险等5家合计市场份额超过70%的省级分公司，对江苏省2008年以来交强险经营状况及亏损原因进行了全面客观的分析，论证了在江苏实施交强险地区差别费率的必要性与可行性，在科学测算的基础上向保险监管部门及中国保险行业协会提出了在江苏实行地区费率因子的建议。协会于2010年11月1日顺利承办了江苏省交强险地区差别费率工作会议，中国保监会、江苏保监局、中国保险行业协会、全国交强险工作组参加会议，并研究确定了全省交强险差别费率方案，江苏交强险的差别费率工作迈出了坚实的一步。

**【完善和创新信息平台】** 完成摩托车、拖拉机交强险的系统上线工作，解决了高风险车辆承保难的问题。完成了全省商业车险的全面上线，实现了对车险的全面管理功能。开发"车辆价格信息库"全自动比对系统和江苏省财产险市场情况采集系统。

中国保监会周延礼(右二)调研江苏省车险快速理赔中心

**【推广中介代理手续费结算中心】** 协会在去年试点车险手续费集中结算的基础上，于2010年将非车险及航意险纳入手续费集中结算体系。此项工作不仅使保险公司和中介机构的手续费结算行为时刻处于监控之中，杜绝违规行为，在提升行业盈利水平的同时有力地保证了国家税收，还将手续费从费用中剥离出来，降低了自律检查对于贴费行为认定的难度，为自律检查做好了前期准备。2010年结算中心实现车险手续费结算20065万元，付款操作4417笔，审核发票4824张；非车险手续费结算4276万元，付款操作919笔，审核发票1103张。航意险手续费结算116万余元。

**【推动车险理赔人员持证上岗】** 协会在全国率先开展车险理赔人员的持证上岗工作，制定了《江苏省理赔人员管理规定》，并于2010年6月正式开考。协会还出台《江苏省机动车辆保险理赔人员从业基本资格电子化考试管理暂行办法》及《江苏省机动车辆保险理赔人员考试方案》，完善相关制度，保证考试顺利实施。

**【兼业代理资格初审工作】** 协会按照江苏保监局要求，协助开展保险兼业代理机构审核的初审工作。全年累计开展审核工作49次，初审兼业代理机构5434家，批复5347家，进一步规范保险兼业代理机构审核流程，协助监管部门加快行政审批工作流程，积极助推公司的业务发展。

**【行业沟通协调】** 协会建立行业内部争议和以保险合同纠纷为主要内容的调解处理机制，组织行业间的交流、研讨与合作，构筑行业沟通平台，创造和谐行业环境。

举办"恳谈会"，搭建合作的良好平台。协会举办了主题为"规范、包容、共赢"的"第四届全省保险专业中介机构工作恳谈会"，会议宣读通过了《江苏省保险专业中介机构自律公约》，中介委员会与6家保险公司签订了专属销售协议。江苏保监局局长谢宪、局长助理王宝敏莅临会议指导，充分肯定了"恳谈会"在促进双方交流合作方面的重要作用，并对进一步规范保险公司中介业务经营行为，加强深层次的合作提出了希望。健全信访工作机制，妥善处理投诉咨询。协会按照江苏保监局《保险行业协会信访工作指引》的要求，专人专项归口负责办理举报投诉，及时联系相关公司对案件进行调解，积极协调投诉人与保险公司之间的纠纷，努力化解矛盾，对举报投诉案件进行核实并作出恰当处理，对咨询案例做好解答工作。开展医保合作，促使行业合作共赢。协会自2005年在南京协议设立定点医院以来，共有28家医疗机构成为江苏保险业的合作定点医院。2010年，协会对定点医院管理委员会进行了改选，并拟定了新的定点医院协议，目前所有协议已全部签订完毕。

江苏省保险行业协会召开第十届产险总经理峰会

【贯彻落实“两个准则”】 将贯彻落实“两个准则”与行风建设相结合。逐步推进从业人员诚信管理工作，严格把关专业中介机构高管资格审查，加强电子化考试中心管理。

江苏省保险行业协会组织机构设置

会　长：华　山

副会长：刘安林　孔　兵

秘书长：濮　阳

理　事：孙益民　郑晓敏　焦祖滨
张　东　郭建明　吴　军
黄　亮　谭　宁　吴有华
汪涤凡　蒋殿明　张宇生
吴国安　蔡培德　林文军
陈沪平　潘传峰　陈玉龙
吴伟民　王　辉　刘　涌
张伟勇　陈志标　张立辉
刘剑锋　单　勇　金海霞
秦国民　朱金和　史智宏
朱荣明　李　刚　詹晓峰
居　辉　李　明　朱　旗
周益群　张　军　朱　莉
叶永军　袁　欣　史　晋
赵哲明　林海斌　郭　新
商应楷　陈世杰　朱印法
车　辕　徐瑞昇　李　彤
袁　寒　颜舟燕　韩安萍
宋　纲　张　巍　刘锦虎
钱　江　董　慧　陈正银
朱长宏　黄希武　韩　微
于弘元　徐正广　沈子昌
赵永斌　钱明庆　王　笋
祝　艳　吴锡麟　金永光
顾满林　许春猛　吴　蓓
陈　旺　顾　兵　雷　坚
周　敏　王绍发　司存功
邱家洋　刘　东　李晓浦
张　蕾　沈庆宏　戎　锋
王松林　刘　浩　薛亚军
尹　君　冶思松　康　伟
刘　刚　王志国　冯乃宪
汤　峰　吴　非　单友明
储　良　陈东鹏　马云山
燕　辉　夏　焱　辛均林
蔡立新　马志兴　廖永祺
渡边芳章　梅国洪　孟善彬

秘书处机构设置：

办公室：孙　健　马骏君　钟爱敏
郭顺芳　刘建平

寿险部：束　怡　杨　忠　林　晨

产险部：张　鹏　丁　正　陆　英
袁　元　姜　鑫　朱　喆
李忠良　柯　华　金　晶

中介部：袁　辉　孙玉兰　康乐子

考试中心：董翠兰　孟晓君　何春香
袁　平　李　达　曹　越

会员单位：

中国人民财产保险股份有限公司江苏省分公司
中国人寿保险股份有限公司江苏省分公司
中国太平洋财产保险股份有限公司江苏分公司
中国太平洋人寿保险股份有限公司江苏分公司
中国平安财产保险股份有限公司江苏分公司
中国平安人寿保险股份有限公司江苏分公司
天安保险股份有限公司江苏省分公司
大众保险股份有限公司江苏分公司
华泰财产保险股份有限公司江苏省分公司
新华人寿保险股份有限公司江苏分公司
泰康人寿保险股份有限公司江苏分公司
中国出口信用保险公司江苏分公司
中华联合财产保险公司江苏分公司
太平人寿保险有限公司江苏分公司
中国大地财产保险股份有限公司江苏分公司
民生人寿保险股份有限公司江苏分公司
永安财产保险股份有限公司江苏分公司
华安财产保险股份有限公司江苏分公司
生命人寿保险股份有限公司江苏分公司
安邦财产保险股份有限公司江苏分公司
合众人寿保险股份有限公司江苏分公司
信诚人寿保险有限公司江苏省分公司
太平保险有限公司江苏分公司
海康人寿保险有限公司江苏分公司
中宏人寿保险有限公司江苏分公司
国泰人寿保险有限责任公司江苏分公司
阳光财产保险股份有限公司江苏省分公司
海尔纽约人寿保险有限公司江苏分公司
恒安标准人寿保险有限公司江苏分公司
中银保险有限公司江苏分公司
天平汽车保险股份有限公司江苏分公司
光大永明人寿保险有限公司南京分公司
都邦财产保险股份有限公司江苏分公司
华泰人寿保险股份有限公司江苏分公司
联泰大都会人寿保险有限公司江苏分公司
美国友邦保险有限公司江苏分公司
中德安联人寿保险有限公司江苏分公司
中国人民健康保险股份有限公司江苏分公司
民安保险(中国)有限公司江苏分公司
中英人寿保险有限公司江苏分公司
中意人寿保险有限公司江苏省分公司
英大泰和人寿保险股份有限公司江苏分公司
华夏人寿保险股份有限公司江苏分公司
长城人寿保险股份有限公司江苏分公司
瑞泰人寿保险有限公司江苏分公司

金盛人寿保险有限公司江苏分公司
渤海财产保险股份有限公司江苏分公司
中国人寿财产保险股份有限公司江苏省分公司
永诚财产保险股份有限公司江苏分公司
长安责任保险股份有限公司江苏省分公司
安诚财产保险股份有限公司江苏分公司
信泰人寿保险股份有限公司江苏分公司
中国人民人寿保险股份有限公司江苏省分公司
嘉禾人寿保险股份有限公司江苏分公司
华农财产保险股份有限公司江苏省分公司
和谐健康保险股份有限公司江苏分公司
招商信诺人寿保险有限公司江苏分公司
太平洋安泰保险股份有限公司江苏分公司
平安养老保险股份有限公司江苏分公司
太平养老保险股份有限公司江苏分公司
阳光人寿保险股份有限公司江苏分公司
正德人寿保险股份有限公司江苏分公司
幸福人寿保险股份有限公司江苏分公司
国华人寿保险股份有限公司江苏分公司
国泰财产保险有限责任公司江苏分公司
长生人寿保险有限公司江苏分公司
中国人寿养老险公司江苏省分公司
紫金财产保险股份有限公司江苏分公司
英大泰和财产保险股份有限公司江苏分公司

【大事记】 3月1日，江苏省保险行业协会召开"人身保险个人保单信息有奖查询活动"新闻发布会。

4月21日，省行业协会濮阳秘书长参加省物价局召开的省级保险行业协会座谈会，就省物价局关于展开全省行业协会收费专项检查做了经验介绍。

4月28日，江苏省保险行业协会召开第九届产险峰会，秘书长濮阳主持会议，江苏保监局副局长宋志华莅临会议指导，全省25家省级产险公司总经理和15家地市协会秘书长参加会议。

5月17日，江苏省保险行业协会召开贯彻落实两个准则暨行风监督员座谈会，秘书长濮阳主持会议，江苏保监局人教处处长王宝敏莅临指导，部分公司代表和行风监督员参加了会议。

9月28日，江苏省保险行业协会召开第十届产险公司总经理峰会，江苏保监局副局长宋志华莅临大会，全省各产险公司总经理参加会议，会议由省协会书长濮阳秘主持。

10月12日，中保协在无锡召开第十六届海峡两岸及港澳保险业交流与合作会议，省协会秘书长濮阳受邀参加。

11月1日，江苏省保险行业协会协助中国保险行业协会在无锡举办江苏交强险地区差别费率工作会议，江苏保监局副局长葛翎莅临会议指导。

11月3日，江苏保监局局长谢宪、副局长葛翎、副局长朱金渭、局长助理王宝敏及各处室负责人莅临协会调研考察。

12月4日，"依法质量维权环省行"启动仪式在南京举行，省协会濮阳秘书长参加了开幕式。

12月13日，江苏省保险行业召开南京地区保险专业中介机构工作例会，南京地区各保险中介机构负责人参加了会议。

2月26日，民政部"全国先进社团组织表彰大会"，江苏省保险行业协会被授予"先进社团组织"光荣称号，江苏省保险行业协会濮阳秘书长出席表彰大会并接受民政部颁发的奖牌

## 无锡市保险学会

【学会组织建设】 近几年来，随着保险事业的蓬勃发展，无锡市保险主体迅速壮大。因此，发展新会员单位成为摆在保险学会面前的重要课题。然而，由于部分保险公司所受传统保险文化的熏陶不够，对保险理论研究与保险文化传播缺乏详细的了解，行业意识比较薄弱，市场观念存有片面，未能引起足够重视。因此导致学会的功能作用未能充分发挥，活动的频度和力度存有不足。在这种情况下，保险学会主动与各非会员公司沟通、争取，半年多中发展了11家新会员，加强了保险学会自身建设，扩大了学会的影响力，为今后的工作顺利开展奠定了基础。使保险学会全体会员单位与秘书处紧密结合、协调一致，增强了学会的凝聚力。

【完善学会各项管理制度】 2010年是学会秘书处常态专职化的第一年，学会内部各种新制度条例都需要制定。学会秘书处根据学会章程制定与完善一系列应有的管理条例制度，如《无锡市保险学会会费缴纳管理办法》、《无锡市保险学会会员制度》、《无锡市保险学会信息交流管理制度》等，这一系列制度的订立，为学会的组织建设提供保障，使学会工作更加规范化。

【保险课题研究和学术研讨活动】 2010年，学会秘书处发挥学科优势，联系国内外形式的新变化、新特点和无锡新一轮发展面临的新情况、新问题，有计划地组织开展保险学术研究，取得了一批新成果，包括许多篇重要论文。

【编纂出版了首部《无锡保险年鉴》】
《无锡保险年鉴》是由无锡市金融办公室牵头，无锡市保险行业协会、无锡市保险学会联合主编，由无锡市保险学会具体承办的资料性年度刊物。其出版目的是为了全面、真实的记载无锡保险业发展历程，帮助社会各界了解和把握保险业发展态势的需求，推动无锡保险市场主体相互学习和借鉴，并为保险经营管理者提供决策依据，促进无锡保险事业又好又快发展。《无锡保险年鉴2010》是《无锡保险年鉴》的第一册，省市各级领导均高度重视并纷纷题词祝贺。该书的出版，填补了无锡百年保险史的空白。

【参加上级组织各项活动】 学会积极配合上级组织与部门完成各项工作。包括配合无锡市民政局完成年度检查报告工作，配合无锡市社科联完成了2010年度无锡市“社科应用研究精品工程”工作以及无锡市第十届哲学社会科学优秀成果评奖工作，配合江苏保监局完成了江苏保险业“十二五”重点课题研究工作，配合省保险学会完成《江苏保险志》中关于无锡市保险学会版块的编纂工作，配合江苏省治理“小金库”工作领导小组完成社会团体自查自纠情况报告工作，参加了无锡市科技金融发展研讨会，参加省学会“低碳经济与保险创新”研讨会，参加无锡市第七届社会科学普及周活动，参加市社科联组织的学习研讨会等。

无锡市保险学会组织机构设置

会　长：张泰立

常务副会长兼秘书长：华　晓

无锡市保险学会会员单位：

中国人保、中国人寿、太保财险、太保寿险、平安财险、平安寿险、中华联合、阳光财保、天安保险、大众保险、永安保险、泰康人寿、新华人寿、安邦保险、中银保险、都邦财保、太平保险、人保健康、人保寿险、人寿财险、天平汽车、华泰人寿、正德人寿

## 徐州市保险学会

【组织开展保险理论研讨活动】 2010年是“十一五”收官之年，“十二五”谋局之年。学会秘书处根据新形势、新任务、新目标，开展以“科学发展与改革创新”为中心议题的保险理论研讨征文活动。各会员单位积极响应，有的单位把理论研究的课题与年度任务结合起来有效地促进了撰写工作的落实；有的单位建立了激励机制，把撰写论文得奖情况与单位的奖励相结合；有的单位提出专门要求，把撰写论文作为班子成员的考核结合起来，要求每人一篇落到实处；有的单位把撰写论文与培训骨干结合起来，召开会议布置任务作为骨干培训的一项重要内容；有的单位为了把好质量关还召开专门的理论研讨会，把单位选出的优秀论文上报到学会参加选评；有的单位对有写作能力，又热心参与的同志专题布置，使征文工作有了落实的基础。全年共收到论文121篇，是学会开展征文工作以来最多的一年。人保财险、中国人寿、太保寿险、平安产险、平安寿险5家公司征文都在15篇以上。最多的中国人寿达22篇，人保财险达20篇，太保财险、永安2家公司各5篇，天安公司4篇，中华联合、华泰财险各3篇，国寿财险、大地、泰康、长安、正德公司各2篇，阳光财险、华安、渤海、江泰、学会秘书处各1篇。

2010年论文篇数多，特点也很突出。一是主题鲜明，与时俱进，突出针对性。121篇文章有90多篇都围绕着保险创新而展开的，文章有时代性，有针对性，对解决当前保险界存在的问题有较好的导向作用。二是内容丰富，涉及面广，具有较好的实用性。内容非常丰富，涉及保险的展业、理赔、财务核算、企业文化、人员培训、防治风险等方方面面的问题，有些好的做法很有实用价值。三是领导参与，榜样示范，具有较好的带动性。这次征文活动共有20家会员单位参加，其中有8家公司的领导带头写了文章，尤其是人保财险、平安财险和永安三家公司的班子成员都撰写了文章，表现出极好的带头作用。四是作者广泛，上下参与，具有鲜明的群众性。这次论文作者有120人，有领导14名，中层干部32人，一线人员80多名。其中刘星源同志一人写了3篇，郭立言、杜娟、李光军、徐燕、李小鹏、俞璐等6名同志每人都写了2篇，表现出极大的热情和对学会工作支持的积极性。五是数量多、质量好，具有较好的导向性。大多数文章内容充实结合实际，能较好起到导向作用。

为了进一步促进这项活动的开展，学会组织有经验的同志开展论文评奖活动。评出人保李丹写的《以科学发展观为指导促进诚信宣传和手段创新》、国寿曹祥玲和王清合写的《强化教育培训，提升竞争能力》、太保寿险张为云撰写的《强化保险创新能力，增强核心竞争力》和平安寿险王依凡撰写的《我国寿险业现状及发展对策研究》四篇文章为一等奖；评出李敏、孙清雷、梁宁宁、王辉、周奇、刘星源、陈利华、邓世环、王宜等九篇文章为二等奖；评出29篇文章为三等奖；评出5篇推荐奖和14名领导干部的参与贡献奖。人保财险、国寿、太

徐州市保险学会和国寿组织赠书活动

保寿险、平安产险、平安寿险被评为最佳组织奖；太保财险、永安、天安、中华联合、华泰财险被评为优秀组织奖；国寿财险、大地、正德、长安、泰康被评为组织奖。11月5日在中国人寿徐州分公司召开论文研讨及表彰大会，向受奖的单位和个人发放奖状和奖金。会后还将获奖征文汇集成第十一期上、下两册，共计589页，发送到理事和作者及有关单位领导手中。

11月5日，徐州市保险学会向论文优秀组织奖颁奖

**【科普宣传活动】** 5月15日和9月18日，两次组织会员单位有关人员参加省、市科普宣传周活动，通过发放保险材料，面对面解答群众对保险的有关问题，扩大保险影响，提高群众对保险的认知，较好树立了行业形象。由于组织有力、积极参与、效果较好，2010年被市社科联授予“社会科学普及先进单位”。

学会开展把保险知识送进学校、农村、街道三进入的活动。9月16日学会与国寿徐州市分公司举行“保险知识丛书”赠书活动，农村网点、街道、学校代表接受赠送，会上有社科联领导和民政局领导讲了话肯定了这次活动的意义和作用，并希望经常开展下去。有受赠单位的代表发了言，表示要好好学习把保险宣传经常化、具体化，让保险知识得到普及，使保险知识从学生抓起，在基层广为传播，为徐州市保险业的发展营造良好环境。

**【《徐州保险年鉴》编印和《徐州保险信息参考》编辑工作】** 《徐州保险年鉴》记载徐州市保险业发展的历程，为业内外同仁和部门领导了解全市保险业发展情况提供资料。《徐州保险年鉴》由六部分组成。在年鉴编制过程中，各会员单位积极配合，大力支持，为本书如期完成起到了很大作用。目前《徐州保险年鉴》已编印九本。《徐州保险信息参考》是各会员单位之间相互交流的平台，在信息大发展的时代，学会搭建信息平台，传播保险信息，开拓保险思路，促进事业发展。《信息参考》每年12期，学会理事每人一份，达到相互交流的效果。

**【组织会员代表参加“盈利模式与竞争优势”专题讲座】** 11月26日，组织会员代表50人参加由徐州地势坤企业管理顾问有限公司邀请德鲁克管理学院特约讲师、北京大学经济学学士、管理学博士包刚升关于“盈利模式与竞争优势”的专题讲座。针对“企业为什么难以获得高利润”、“企业利润的来源到底是什么”和“如何从根本上实现企业盈利能力的突破”这些企业决策者极为关注的问题，专家在讲座中给予解答，并提出了一个全新的盈利模式，帮助企业实现以利润为中心的企业价值系统再造。

**【参加养老服务中心建设专题调研】** 6月9~13日，省保险学会联合东南大学医疗保险研究所、南京审计学院小额保险研究所、中国人寿养老保险江苏分公司，到徐州开展养老服务中心建设的专题调研。中国人寿徐州分公司、徐州市保险学会作为调研组成员全程参加考察调研。调研形式包括座谈、走访、参观和调查问卷等，先后听取徐州老龄办、徐州市保险学会、徐州国寿的相关情况介绍，考察了一个社区养老院、一个公办养老院、两个民办养老院，并分别召开了座谈交流会。老龄办领导和从事养老行业的人员表示，此次调研课题现实意义重大，期待形成引领性理论成果，使保险业真正做到服务经济发展、服务民生改善、服务社会稳定。基于对徐州养老服务状况的调查，7月形成了《商业保险介入养老产业可行性研究》的报告，刊在《江苏保险》等刊物上，并参与多地交流，对养老服务中心建设起到良好的导向作用。

**【继续进行《徐州保险志》编纂，为《江苏保险志》、《江苏保险年鉴》提供应有资料】** 徐州保险志自启动以来，得到单位领导的高度重视，大部分单位初稿已完成上报学会秘书处。秘书处对全志的概述和保险业汇总的部分也基本完成。

**徐州市保险学会组织机构设置**

会　长：邹卫中

秘书长：刘纪忠

常务理事：朱徐阳　王承义　李　丹　冉正源　龚培圣　曹祥玲　刘忠贺　陈士均　陈海燕　张为云　王新仁　汤继平　亓　浩　王　斐　孙志远　李忠良　刘　斌　朱传平　张　勇　钱惠云　胡家友　孟　新　陈　卓　王文中　王开勇　于　威　杜振海　李国玉　刘永恒　张　牧　孟　平　毕建辉　陈书德　谢　佳　葛孝林　张桂泽

会员单位：

人保财险徐州市分公司

中国人寿徐州市分公司

太保财险徐州中心支公司

太保寿险徐州中心支公司

平安财险徐州中心支公司

平安人寿徐州中心支公司

天安保险徐州中心支公司

泰康人寿徐州中心支公司

大众保险徐州中心支公司

新华人寿徐州中心支公司

中华联合财险徐州中心支公司
太平人寿徐州中心支公司
华泰财险徐州中心支公司
太平保险徐州中心支公司
永安保险徐州中心支公司
安邦保险徐州中心支公司
大地财险徐州中心支公司
阳光财险徐州中心支公司
华安财险徐州中心支公司
嘉禾人寿徐州中心支公司
都邦财险徐州中心支公司
人保寿险徐州中心支公司
中国人寿财险徐州中心支公司
渤海财险徐州中心支公司
合众人寿徐州中心支公司
华泰人寿徐州中心支公司
中银保险徐州中心支公司
江泰经纪徐州分公司
和谐健康保险徐州营销服务部
长安责任徐州中心支公司
信泰人寿徐州营销服务部
正德人寿徐州中心支公司

## 常州市保险学会

常州市保险学会在常州市社科联的领导下，在省保险学会和市金融学会的指导下，在各会员公司的支持配合下，围绕保险业为地方经济服务和为人民提供保险保障这个中心开展工作，取得一定的进步，收到比较好的效果，现将2010年度工作小结如下：

【召开第四届会员代表会议】 6月24日下午，常州市保险学会在常州保险大厦四楼会议室召开常州市保险学会第四次会员代表会议暨《常州保险志》首发式，51家团体会员的公司领导或者代表出席会议。会议由常州市社科联副主席周晓东主持，学会第三届秘书长郭文昌代表王笋会长作了《常州市保险学会第三届理事会的工作报告》；会议通过了会前经过广泛征求意见的第四届理事会组成人员名单，51家团体会员的主要领导担任理事，蒋旭担任会长，龚永敏、王峰、喻一峰、殷辉、成炜、张挺和金锋担任副会长，郭文昌担任秘书长。

江苏省保险学会秘书长宫秋平代表省保险学会就常州市保险学会顺利换届表示祝贺，同时就如何做好保险学会工作和搭建保险学会的六大平台作了工作指导。常州市金融学会秘书长曹燕就加强金融学会与保险学会的合作提出了较好的建议。常州市地方志办公室副主任王援对《常州保险志》的顺利出版发行表示祝贺，同时指出《常州保险志》具有质量好和效率高两大特点，是编写地方专业志的典范。人保财险常州分公司总经理蒋旭会长代表新一届理事会作了表态性发言。会议结束前，常州市社科联副主席周晓东就如何加强学会建设提出五点要求，希望常州保险学会努力工作，成为常州市社科联系统学会工作的先进学会，为常州市保险业又好又快的发展发挥作用。

【组织出版《常州保险志》】 为总结常州保险业从1913年以来近100年的历史，填补常州市保险业一直缺乏一部比较完整的《常州保险志》的空白，经常州市地方志办公室批准和指导，常州市保险学会组织精干人员和在常的所有保险公司的编写人员一起开展编写《常州保险志》工作，经过一年多努力，30余万字的稿件和80多版面的彩页在2010年3月已经完成，5月获得常州市地方志办公室审定通过，6月送方志出版社审稿通过并公开出版发行。《常州保险志》不仅有商业保险志，而且还有社会保险志，同时还有人物志，这是《常州保险志》的创新和亮点。《中国保险报》、《常州日报》和中国常州网等媒体作了报道和宣传。

【举办《保险营销方案策划》讲座】 为提高在常保险公司的保险销售能力，更好地为地方经济和广大市民提供保险保障服务，常州市保险学会邀请中国人保金牌讲师桂滨于5月20日下午在市保险大厦3楼会议室作《保险营销方案策划》讲座，43家保险公司的150多人参加听课。桂滨围绕保险营销方案策划的目标、实施的方法和途径以及达到的效果分析等几个方面作了详细的讲解。同时结合业务发展的时间进度，通过已经取得成功的案例重点讲解“疯狂一二三、突破四五六、走过七八九、辉煌四季度”的保险营销方案的具体策划，特别是通过运用“写给营销员妈妈的一封信”的成功营销方案策划的讲解将课程推向高潮，受到与会保险同仁的充分肯定。课后许多人留下与他交流，并有3家保险公司当场表示要请他到公司讲课。

【参加市社科联组织的各项活动】 保险学会积极参加主管单位——常州市社科联组织的各项活动。近年来参加了社会科学进企业、农村、社区等活动，先后到常州电台和多个企业和社区开展保险咨询活动。还参加市社科联组织的专题调研、合理化建议、征文和优秀社科成果评选等活动，在为地方经济发展出谋划策的同时，也扩大和提升了常州保险业的形象和地位。

【参加省保险学会和市金融学会活动】

作为省保险学会和市金融学会的团体会员，积极参加两会组织的各项活动，如参加学术报告会、专题研讨会、课

常州换届改选

题研究和优秀论文评比，增加了常州市保险业同仁学习交流的机会，取得了一些成果。

**常州市保险学会组织机构设置**

会　长：蒋　旭

副会长：龚永敏　王　峰　陆美琴　俞一峰　殷　辉　成　炜　张　挺　金　锋

秘书长：郭文昌

常务理事：蒋　旭　龚永敏　王　峰　陆美琴　俞一峰　殷　辉　成　炜　张　挺　王广辉　金　锋　王年宝　谈文兴　杨建中　潘俊铭　张　秦　李云峰　吴　氢　徐　玮　孙书强　黄显学　金明辉　林云生　卞东杰　汤文英　胡文飞　袁龙才　凌志华　施　延　吴公荣　花锡青　施翀赟　吴昌发　钱　健　王兴中　谈小浩　施　军　徐佳程　冯企荣　顾亚光　何华平　章志新　徐海东　陈　群　高　震　苏继戎　陈　飞　褚文峰　郭文昌

秘书处机构设置：兼职人员2人

会员单位：

人保财险常州分公司
国寿常州分公司
太保产险常州分公司
太保寿险常州分公司
平安产险常州中心支公司
平安寿险常州中心支公司
天安保险常州中心支公司
泰康人寿常州中心支公司
新华人寿常州中心支公司
大众保险常州中心支公司
平衡保险代理公司
中华联合常州中心支公司
永安保险常州中心支公司
常信保险经纪公司
太平产险常州中心支公司
太平人寿常州中心支公司
华安产险常州中心支公司
生命人寿常州中心支公司
安邦保险常州中心支公司
出口信用保险常州办事处
合众人寿常州中心支公司
都邦保险常州中心支公司
民生人寿常州中心支公司
信诚人寿常州营销服务部
永诚产险常州中心支公司
中宏人寿常州营销服务部
海尔人寿常州营销服务部
大地保险常州中心支公司
海康人寿常州营销服务部
阳光产险常州中心支公司
国泰人寿常州营销服务部
华泰人寿常州中心支公司
中银保险常州中心支公司
和谐健康保险常州中心支公司
平安养老常州中心支公司
民安保险常州中心支公司
渤海产险常州中心支公司
华农产险常州中心支公司
恒安标准人寿常州营销服务部
友邦保险常州营销服务部
国寿产险常州中心支公司
中德安联常州营销服务部
安诚保险常州中心支公司
人保人寿常州中心支公司
长安保险常州中心支公司
华夏人寿常州中心支公司
金盛人寿常州营销服务部
阳光人寿常州中心支公司
信泰人寿常州中心支公司
天平保险常州中心支公司
紫金保险常州中心支公司
光大永明常州中心支公司
长城人寿常州中心支公司
长城人寿常州营销服务部

## 苏州市保险学会

**【召开苏州市保险学会五届二次常务理事会】** 学会于6月12日特以通讯形式召开了苏州市保险学会五届二次常务理事会，对新入会单位的入会申请、新增副会长、常务理事和理事、副秘书长调整人选、学会工作报告等事项提交常务理事会进行讨论。一致通过新增会员单位2个（中国人保人寿苏州中心支公司、苏州网络科技有限公司）；新增副会长、常务理事和理事15名；副秘书长8名，同时，审议通过苏州市保险学会2009年度工作总结及2010年下半年工作安排。

**【《苏州保险志》出版发行】** 《苏州保险志》在各单位领导的大力支持下，经编委人员的辛勤工作，通过4年努力，顺利完成出版工作。1月13日学会在中国人寿保险公司苏州分公司举行《苏州保险志》首发仪式，参加本次会议的领导有苏州市政协原副主席、学会名誉会长孙中浩、苏州市委宣传部副部长、苏州市社科联主席高志罡，江苏保监局苏南监管组组长王春平等。市有关单位和各保险公司代表也出席了会议。

**【成立保险讲师团】** 根据理事会提议，为加强保险业务交流和社会宣传，学会以各保险公司的理论研讨积极分子为主体，组织业内不同专业的专家组成“保险讲师团”。经各单位推荐和学会秘书处审定，由16名专业人才组成了苏州市保险学会讲师团，并于5月19日召开了成立大会。苏州保监分局副局长王春平、苏州大学贝政新教授、省保险学会学术部主任偶见应邀出席会议。会上学会向他们颁发了聘书并合影留念。后举行了以贯彻新《保险法》为内容的论文交流。

**【“保险业为苏州‘三区三城’建设服务”征文比赛活动】** 根据苏州市委、市政府在全市范围深入开展‘三区三城’建设活动要求，学会开展了“保险业为苏州‘三区三城’建设服务”征文比赛活动。至11月共收到各会员单位的论文33篇，12月底由专家评选出一等奖2名，二等奖3名，三等奖3名，优秀奖6名。

**【《苏州城乡一体化发展综合配套改革中保险业的创新与探索》课题研究】**

根据苏州市委、市政府《城乡一体化发展综合配套改革》目标的要求，为使保险业积极主动地参与城乡一体建设，更好发挥保险业的风险防范、经济补偿、社会管理功能，8月，苏州保监分局委托学会和苏州大学共同研究《苏州城乡一体化发展综合配套改革中保险业的创新与探索》的课题。从8月份开始，学会和讲师团的部分人员经过

11月，苏州市保险学会举行秘书长联席会议暨"保险业为苏州《三区三城》建设服务"征文比赛颁奖仪式

三个月的调研，年前课题初稿已经完成。拟在2011年5月完成课题研究，出版成册。

【举行《保险知识普及丛书》赠送活动】

根据江苏保监局的统一部署和省保险学会[2010]3号文件的要求，苏州市保险学会会同行业协会对此项活动进行了认真地讨论和准备，9月16日上午在苏州工业园区青少年活动中心举行了《普及保险知识，构建和谐社会》保险教育丛书大赠送活动。由于计划周密，分工明确，相互合作，各负其责，顺利地完成了任务。市保监分局、市金融办、市社科联、市民政局、市消协、市教育学会和苏州工业园区教育局领导参加赠书会议，参加受书单位的有苏州工业园区辖区内的各中、小学校、技术学校和青少年活动中心29所；苏州工业园湖东、湖西社区28个；参加活动的还有苏州大学的学生和小学学生，共近300人。赠书单位有8家保险公司，赠送丛书达700余套。有64名代表上台在保险公司领导手中接过了保险丛书。

【编印《苏州保险信息》】《苏州保险信息》上年进行改版后，增加了"业务交流"、"案例分析"等栏目，使保险信息内容更具学术性、知识性和趣味性。2010年共编印《苏州保险信息》12期，刊用各单位的来稿282篇，稿件的数量和质量有所提高。在"信息导航"、"管理策略"、"文书摘录"等栏目中刊登有重要参考价值的短文100余篇。学会在年内还评选出2009~2010年优秀信息员并予表彰和奖励。

【组织会员单位工作人员赴安徽参观】

6月18-20日，苏州市保险学会组织各会员单位15名代表和学会工作人员赴安徽徽州古镇参观采风。主要参观绩溪龙川胡氏宗祠；明太祖朱元璋的民间行宫——紫园；新安江天然山水画廊；绩溪龙川和西递古村落。

苏州市保险学会组织机构设置

会　长：徐林南

秘书长：胡月美

常务理事：沈丽敏　张晓刚　孙海洋
夏建阳　邹宣戈　徐　彬
蒋　雷　丁建峰　刘　勇
吴国红　蔡永清　徐　峰
任克彪　吴修平　华　巍
史智宏　任兴根　曹义勇
朱金和　陈家悦　朱君毅
沈明计　陈德林　徐林南
胡月美　赵忠良

秘书处机构设置：工作人员3人

会员单位：

中国人民财产保险公司苏州市分公司
中国太平洋财产保险股份有限公司苏州分公司
中国平安财产保险股份有限公司苏州分公司
天安保险股份有限公司苏州中心支公司
大众保险股份有限公司苏州分公司
中华联合财产保险股份有限公司苏州中心支公司
太平保险有限公司苏州中心支公司
永安财产保险股份有限公司苏州中心支公司
华安财产保险股份有限公司苏州中心支公司
中国大地财产保险有限公司苏州中心支公司
阳光财产保险股份有限公司苏州中心支公司
都邦财产保险股份有限公司苏州中心支公司
中银保险有限公司苏州中心支公司
中国人寿财产保险股份有限公司苏州市中心支公司
中国人寿保险股份有限公司苏州市分公司
中国太平洋人寿保险股份有限公司苏州中心支公司
中国平安人寿保险股份有限公司苏州中心支公司
美国友邦保险有限公司苏州中心支公司
太平人寿保险有限公司苏州分公司
希尔保险代理公司
中国人寿江苏省分公司培训中心
苏州未来科技网络有限公司
中国人民人寿保险股份有限公司苏州中心支公司。

## 连云港市保险学会

2010年度，连云港市保险学会在社团管理机关和市社科联的领导指导下，以党的十七大精神为指针，认真学习贯彻全国、全省保险工作会议精神和市委市政府关于高举中国特色社会主义伟大旗帜，以邓小平理论和"三个代表"重要思想为指导，深入贯彻落实科学发展观，积极抢抓江苏沿海开发和长三角一体化机遇，以推动科学发展、建设幸福港城为主题的指导思想，团结广大会员单位积极开展工作，在学会思想建设和组织建设等方面取得明显成效，荣获连云港市社科联"2010年度先进学会"。

【完成学会换届工作】　经过认真筹备，

连云港市保险学会于7月2日召开第五次会员代表大会。市社科联、民政局、省保险学会、市金融学会的领导到会并讲话。大会通过修改后的学会章程，选举产生第五届理事会及常务理事会。新一届学会新增加中国人寿财险和都邦财险连云港中心支公司两家单位会员。新的一届理事会有理事56名，常务理事12名。中国人寿保险股份有限公司连云港市分公司总经理夏欣欣当选会长。

在会长夏欣欣主持召开的五届一次常务理事会上，研究讨论了新一届学会理事会主要工作安排和学会会费管理办法和会费标准，并形成会议纪要。会议认为，新的一届理事会要认真贯彻执行中国保监会《关于加强保险业社团组织建设的指导意见》，依据学会章程积极开展工作，落实学会常务理事会通过的各项工作计划，努力实现把学会办成大家庭、搭建大平台、立足大服务、打造大品牌的目标，促进连云港市保险业又好又快、健康持续发展。

【组织编制连云港保险业"十二五"发展规划纲要】 根据江苏保监局《关于开展江苏保险业"十二五"规划编制工作有关事项的通知》(苏保监发[2010]42号文件)要求，为了集中行业的智慧和力量，更好地开展连云港保险业"十二五"规划编制工作，分别于四月中旬和八月中旬，学会秘书处与行业协会秘书处联合向市各保险公司发出通知，请各公司主要负责人要加强领导，明确责任部门，组织专门人员科学谋划本公司的"十二五"发展规划。要认真总结"十一五"期间的发展成绩、经验和存在的突出问题，在深入研究的基础上，提出"十二五"期间的主要发展指标和拟采取的重点改革创新措施。8月下旬召开专门会议研讨发展规划，目前规划纲要编制工作已进入业内评审阶段。

【组织编纂《连云港保险年鉴》和《连云港保险志》】 编纂《连云港保险年鉴》是保险事业发展的史料记载和积累的需要，也是为每年的《连云港市年鉴》和第二轮《连云港市志》编纂提供资料，并为编纂《连云港保险志》打好基础。8月26日，专门召开由市各保险公司办公室主任和编纂人员参加的规划年鉴方志工作会议，部署启动编纂工作，请市方志办专家讲课辅导。夏欣欣会长参加会议并提出"科学严谨、通力合作、讲求质量"要求。

【编出《学会工作动态》电子版】 为加强与各会员单位交流沟通，学会秘书处以《学会工作动态》电子版方式，每月编出一期。

**连云港市保险学会组织机构设置**

会　长：夏欣欣
第一副会长：朱礼荣
副会长：李　明　李　强　黄晓升
　　　　王成中　沈　涛　王长利
秘书长：周益华
常务理事：夏欣欣　朱礼荣　李　明
　　　　李　强　黄晓升　王成中
　　　　沈　涛　王长利　刘厚亮
　　　　曹鸿燕　尹广志　周益华

会员单位：
人保财险连云港市分公司
中国人寿连云港市分公司
太保财险连云港中心支公司
太保寿险连云港中心支公司
平安财险连云港中心支公司
平安寿险连云港中心支公司
天安保险连云港中心支公司
泰康人寿连云港中心支公司
都邦财险连云港中心支公司
中国人寿财险连云港市中心支公司

7月2日，连云港市保险学会第五次会员代表大会在连云港举行

## 镇江市保险学会

2010年，在中国保险学会、江苏保监局、江苏省保险学会、镇江市政府和市民政局、市社科联等主管部门的领导和支持下，镇江市保险学会以科学发展观为统领，以改革创新为动力，围绕镇江市保险业改革和发展的形势，坚持贴近实际，为业界提供服务，卓有成效地开展学会各项工作。

2010年9月，镇江市保险学会由于在工作中积极开拓创新，成果显著，经镇江市社科联推荐，被全国大中城市社科联工作会议主席团授予"全国大中城市先进学会"称号。

【会刊《保险新观察》工作】 《保险新观察》改版后的的定位是以政府领导、险企高管、职业经理、高校教师为主要阅读对象；着力打造前沿、深度、实战、互动四大特点。努力把它做成一本汇聚保险精英智慧，交流保险品牌建设，促进行业形象提升的期刊，改版两年来，在国内保险业界产生了较大较好的影响。

【完成《镇江保险年鉴》(2010)的编印】 2010年，市保险学会秘书处继续认真组织并完成《镇江保险年鉴》(2010)的编撰和发行工作。《镇江保险年鉴》是按年度编印的一套全面反映镇江保险市场状况，记载镇江保险事业发展历程的

3月7日，镇江市保险学会召开《健全政策农业保险制度研究》专家评审会

资料性工具书。2010版《镇江保险年鉴》在内容和编排形式上做了调整和补充，更加全面和详实。

【发布《2009镇江保险市场情势报告》】 从2008年起，市保险学会就开始发布《镇江保险市场情势报告》，重点对前一年的镇江保险市场运行状况作明晰、现实、全面的剖析和深刻的总结，并为政府、各保险机构提供资料丰富、数据准确的信息，对研究镇江经济发展规律，制定未来发展规划具有重要的参考价值。

【完成"建立和完善江苏省镇江市农业保险制度研究"课题】 学会与江苏大学保险研究所合作，从2008年底就制订了课题研究计划并开始实施，对江苏省农业保险的发展前景、业务模式、政府作为、营销机制等方面进行深入研究。经过一年多时间的艰苦工作，该课题的各项内容在2010年已全部完成，并邀请全国知名保险专家、学者进行了项目鉴定，专家组认为，该课题研究成果完成了课题研究设定的目标，课题成果达到了省内领先水平和国内先进水平。同时，中国保险学会、江苏省保险学会和人保财险江苏省分公司都为该课题进行了项目评价，均给予了较高的评语。该课题完成后，已分别报送国务院农业部、农业发展研究中心、中国保监会、江苏省人民政府、江苏保监局和镇江市人民政府等领导机关，供其参考。

【启动续编《镇江保险志（2004~2010）》的工作】 2005年，《镇江保险志（1871~2003）》正式出版发行，这是镇江市第一部全面记述保险业发展史的地方性志书。这本志书上限追溯到事物发端1871年，下限为2003年，反映了镇江保险业从单一主体进入多元化主体发展的整个历程。

镇江市保险经营主体不断增加，保险业蓬勃发展，根据省、市有关修志精神，为了真实客观地记录镇江市保险业发展历程，以达到"存史、资政、教化"功能，经与市保险行业协会研究商议，决定开展续编《镇江保险志（2004~2010）》的工作。续编工作于2010年已全面启动，为2011年完成志书的编撰、印刷出版各项工作奠定了良好的基础。

【贯彻镇江市第七届社科普及宣传周实施方案】 2010年，社科普及宣传周的主题是"传播生态文明理念，共建和谐美好镇江"。根据市社科联的要求，市保险学会面向社会，组织保险公司开展保险知识宣传咨询服务活动，最大限度地吸引公众积极参与，增强社科普及活动绩效。同时，还组织"低碳经济与保险"笔会，进行理论探讨活动。

【"低碳经济与保险创新"研讨会】 为响应2010年全国两会提出的推动我国经济社会低碳发展的号召，为全省保险业面向低碳经济时代转变发展方式，推进服务创新提供智力支持，省保险学会决定举办"低碳经济与保险创新"研讨会，并要求市学会协办，镇江市保险学会主要做了以下几项工作：1.会议定在镇江召开，针对会议要求，在接待住宿、考察诸项工作方面，积极安排落实。2.请江苏大学金融保险系主任谭中明教授作了"低碳经济与保险"的专题讲座。3.积极参与省学会组织的"低碳经济与保险"征文活动，并上报了五篇论文，其中两篇获二等奖，一篇获三等奖，获奖论文数量列各单位之首。

【参加学术交流活动】 6月，应中国保险学会邀请，镇江市保险学会参加了主题为"转变方式：保险业可持续发展的现实选择"的"中国保险学会2010学术年会"和"2010年全国保险学会工作会议"。

2010年，市保险学会参加了由安徽保险学会主办的"华东地区保险理论研讨暨学会工作交流会"。镇江市保险学会被大会指定作了"低碳经济与保险公司的经营创新"的专题发言，并介绍学会工作经验。

5月，参加"保险期刊编辑工作研讨会"。经江苏、浙江、山东、北京、上海、福建、广西、广东、深圳、宁波、镇江等11家保险学会策划组织的"保险期刊编辑工作研讨会"第二次会议于2010年5月在南宁举行。

积极参与人保财险江苏省分公司2010年保费收入突破百亿的宣传报道工作。2010年，人保财险江苏省分公司保费收入突破百亿元，成为中国人保系统和全国保险行业第一个百亿元省级财产险公司。经"江苏人保突破百亿元"庆典筹备组的邀请，市保险学会作为该活动的宣传顾问，通过《保险新观察》期刊对庆典活动进行报道。在具体实施过程中，从庆典各项活动的策划文案到庆典当日的各项活动跟踪记录，在期刊上全方位进行报道，受到了关注和好评。

接待省内外兄弟学会观摩学习。2010年，浙江、青岛、无锡、连云港等市保险学会相继到市保险学会学习和观摩编撰《保险志》、《保险年鉴》及开展保险学术研讨活动等项工作，大大加强兄弟学会之间的工作交流，也提高了镇江市保险学会更好地为会员公司服务的积极性和责任心。

开展保险课题研究和学术研讨活动。2010年，市保险学会秘书处有计划地开展学术研究和组织撰稿，在国家核心期刊《保险研究》和《中国保险》、《江苏保险》、《上海保险》刊登由市保险学会组稿的多篇学术论文。

安排接待"南京审计学院金融学院2010年大学生暑期社会实践活动"。根据南京审计学院的要求,镇江市保险学会安排接待了为时三天的"南京审计学院金融学院2010年大学生暑期社会实践活动",在有关财险、寿险公司的大力支持下,顺利完成"南审"关于大学生实践活动的实施预案的各项调研和考察活动。参与社会实践的大学生收益多多,受到南京审计学院领导及带队老师的一致好评,也为学会今后组织此类活动积累了宝贵的经验。

【学会组织建设】 2010年,学会坚持全心全意为会员单位服务的宗旨,积极做好发展新会员单位的工作,到2010年底,学会会员单位已达26家,并吸纳个人会员100余名。

镇江市保险学会组织机构设置

会　长:戎　军

第一副会长:黄　俊

秘书长:刘　亮

常务理事:尹东浩　王永祥　王海波　刘　亮　戎　军　严建俊　冷吉义　张　劼　张雪冰　杨宁国　杨铁牛　邱海萍　陆　静　陈　艳　陈丽珍　周　武　周　昭　周绿林　孟庆飙　赵世界　莫群飞　黄　俊　董静波　蒋月胜　韩建玲　鲁勇军　褚和平　谭中明

会员单位:

人保财险镇江市分公司

中国人寿镇江市分公司

太平洋财险镇江中心支公司

太平洋人寿镇江中心支公司

平安财险镇江中心支公司

平安人寿镇江中心支公司

天安保险镇江中心支公司

大众保险镇江中心支公司

泰康人寿镇江中心支公司

新华人寿镇江中心支公司

永安财险镇江中心支公司

安邦财险镇江中心支公司

华安财险镇江中心支公司

太平人寿镇江中心支公司

大地财险镇江中心支公司

阳光财险镇江中心支公司

中国人寿财险镇江市中心支公司

阳光人寿镇江中心支公司

华夏人寿镇江中心支公司

长城人寿镇江中心支公司

人民人寿镇江中心支公司

民安财险镇江中心支公司

江苏大学财经学院

江苏大学工商管理学院

镇江市保险行业协会

5月27日,镇江市保险学会与江苏大学保险研究所合作的《机动车辆保险状况调查报告》获市政府社科成果三等奖

## 无锡市保险行业协会

【概况】 2010年,无锡保险协会根据中国保监会和江苏保监局关于加强保险行业协会建设的指导意见注重两手抓:一手抓自身建设,一手抓规范市场发展。取得了较好的成绩,整个保险行业保费收入131.4亿元,同比增长18.01%,其中财产险业务保持快速发展趋势,保费收入41.2亿元,同比增长29.83%,人身险保费收入90.2亿元,同比增长13.29%,寿险新单期交业务同比增长15.94%。

【协会自身建设】 2010年,协会依托行业力量,围绕行业发展的重点、热点、难点问题开展工作,切实增强提供服务的主动性和针对性,努力为会员单位、保险消费者及决策机关提供服务。加强内部组织建设。一是制订和完善规章制度,为全面衡量和评估员工的工作绩效,努力提高办事效率,促进员工奋发努力,更好地做好本职工作,制订了《无锡市保险行业协会员工岗位职责》、《无锡市保险行业协会员工考核办法》。平时要求每一员工在每周的例会上汇报上周的工作和本周的工作打算。二是要求每一员工必须收集和学习有关的法律法规和政策,做到处理问题有根有据。

【规范无锡保险市场】 随着保险业对整个社会渗透度的提高和功能的拓展,处理好社会、行业、公司、保险消费者之间的关系已经成为日益重要的课题。为了处理好这些关系,保险行业协会必须以科学发展观为指导,以《反不正当竞争法》、《反垄断法》、新《保险法》和保险有关的行政法规为准绳,为真正落实国家改革开放政策和维护好无锡的投资环境为基点,力争真正成为加强行业自律、维护公平竞争的载体;成为保险同业及行业间交流、合作的平台;成为保险经营者与政府沟通的桥梁;成为加强行业宣传、联结社会的窗口。为此,协会重点抓好两项工作:一是提高行业自律工作的针对性和有效性;二是重视与当地政府有关部门的沟通协调。2010年,协会开展4次自律检查,为使这些检查做到公平、公正和公开,聘请长江会计

事务所参与到检查中来。从检查情况来看，问题性质相对较轻，违规公司数量在减少。各公司在监管要求越来越严格的大背景下，越来越注重合规经营、风险管控，无论是在业务承保上，还是在公司经营内控上，都有很大进步，行业的自律作用也越来越明显。为了将行业自律工作抓得更扎实，对原有的车险自律公约在广泛征求意见的基础上作了修改，2010年商业车辆险赔付率比上年同期下降16.67%，汽车交强险赔付率比上年同期下降10.57%，实现近几年来的首次盈利。同时，新订了非车险自律公约、理赔自律公约、保险公司中介业务自律公约和航意险自律公约。为能使自律公约更完善，更具可操作性，与市政府金融办一起每季召开经济分析会。并联合制订了《无锡市保险行业2010年先进集体、展业明星、服务明星评选办法》和《无锡市保险专业中介公司2010年先进集体、展业明星、服务明星评选办法》。

【主动承担政府赋予的任务及履行行业的社会责任，将行业工作融入政府大工程中】 与中院和交警支队联系沟通，积极发挥服务社会的功能。经与无锡市公安局交巡警支队充分协商，开通移动警务通，取消手工填写《道路交通事故认定书》。交巡警支队还起草《关于实施交通事故当场简易程序处理的工作规范》，于10月22日通过会签。适应无锡道路交通快速发展的需要，扩大快速理赔点，增设"新区分中心"，实施办公室和有关设施不收租金的模式。经过与中院民一庭座谈讨论，出台《关于审理交通事故损害赔偿案件若干问题的指导意见》。该指导意见就"道路交通事故侵权赔偿责任的认定"、"当事人权利及案件审理的规定"、"证据的审核及赔偿项目的认定"、"诉讼费及因诉讼支出的其他费用负担"等四个方面作出四十条规定。

【服务经济社会发展】 为助推地方经济社会发展，协会为推开政府倡导的新险种、新领域做好协调工作，2010年，保险业为社会承担各类风险责任17283亿元（不含寿险），累计支付赔款与给付30.6亿元。同时，安全生产责任险、科技责任保险和环境污染责任险等新险种及政策性险种在全市推开。科技责任保险、环境污染责任保险分别承担237亿元、3.2亿元风险保障，太保、人保、大地、天安、平安、紫金六家产险公司充分发挥风险保障功能，为无锡地铁1号、2号线建设承担210.47亿元风险。2010年，人保产险无锡分公司会同太保财险、中华联合保险公司承办政策性农业保险已进入常态化运营，全市累计承保水稻90.77万亩、小麦76.23万亩、油菜7.1万亩，能繁母猪2.98万头、奶牛3325头，承保蔬菜大棚6615亩。2010年有5141户农民获得各类赔偿464万元。2010年，无锡的科技责任保险为高新技术企业承担278亿元的生产经营风险，已发生赔款334.58万元。环境污染责任保险有215家企业参保，保障规模达3.28亿元，投保户数和保险金额均居全国领先地位。安全生产责任保险等新险种由培育期进入成长期，承担了巨额风险，2010年，安全生产责任保险保额达387亿元，共计赔款1491万元。

10月12日，第十六届海峡两岸及港澳保险业交流与合作会议在无锡隆重召开

【加强业内外交流沟通】 为切实维护无锡保险消费者合法权益，营造平稳和谐的保险市场环境，市消费者权益保护委员会与市保险行业协会共同研究构想，创新服务，在无锡市保险行业协会、中国人民保险股份有限公司无锡分公司、中国人寿保险股份有限公司无锡分公司成立了消费维权12315监督（联络）站。这一举措扩展了行业协会与社会沟通的工作空间，增强了行业协会维权协调力度，有利于及时快速、协调解决广大消费者对保险公司在承保、理赔等项工作中的投诉案件，保护消费者的权益不受损害。根据《中国保监会信访工作办法》和《江苏保监局保险行业协会信访工作指引》的要求，结合无锡市保险行业的实际，制订无锡市保险行业协会信访工作办法，明确信访工作的职责、流程、落实时限等相关责任，对社会公布行业监督投诉电话，落实业务工作岗2名同志负责处理投诉和信访工作，对一般性投诉信件和电话，当时或当天给予答复和解决，对需要通过公司协调解决的投诉，一般不超过3个工作日。为了加强与海外的交流合作，配合中保协办好"第十六届海峡两岸及港澳保险业交流合作会议"与"保险行业协会职能与作用研讨会"，无锡协会自8月份开始，做了大量细致工作，并及时与市政府积极沟通，得到市政府的大力支持。中国保监会副主席周延礼出席会议并致辞。两岸四地会长共同开启开幕式。江苏省政府副秘书长汪泉、江苏保监局局长谢宪、无锡市委副书记赵旻出席会议。无锡市政府副市长王国中在"第十六届海峡两岸及港澳保险业交流合作会议"上致欢迎辞。会议得到来自港、澳、台、大陆及海外的200余名保险同仁好评。

**无锡市保险行业协会组织机构设置**

会　长：于敬东

秘书长：尤玲娜

常务理事（按姓氏笔划排序）：

于敬东　尤玲娜　包加顺
兰青松　左振华　乔文良
朱　洁　张泰立　陈爱国

吴耀宇　胡熙斐

秘书处机构设置：
综合管理科：万林敏　王锡生
业务联络科：胡文烨
结算中心：范香芳　周　彬
考试中心：徐　森

会员单位：
中国人民财产保险股份有限公司无锡分公司
中国太平洋财产保险股份有限公司无锡分公司
中国平安财产保险股份有限公司无锡分公司
天安保险股份有限公司无锡中心支公司
大众保险股份有限公司无锡中心支公司
中华联合财产保险股份有限公司无锡中心支公司
永安财产保险股份有限公司无锡中心支公司
中国大地财产保险股份有限公司无锡中心支公司
华安财产保险股份有限公司无锡中心支公司
安邦财产保险股份有限公司无锡中心支公司
阳光财产保险股份有限公司无锡中心支公司
华泰财产保险股份有限公司无锡中心支公司
太平保险有限公司无锡中心支公司
都邦财产保险股份有限公司无锡中心支公司
中国人寿财产保险股份有限公司无锡市中心支公司
民安保险(中国)有限公司无锡中心支公司
渤海财产保险股份有限公司无锡中心支公司
华农财产保险股份有限公司无锡中心支公司
中银保险股份有限公司无锡中心支公司
天平汽车保险股份有限公司江苏分公司无锡营销服务部
安诚财产保险股份有限公司无锡中心支公司
长安责任保险股份有限公司无锡市中心支公司

中级人民法院和无锡市保险行业协会联合召开道路交通事故损害赔偿案件审判实务研讨会

紫金财产保险股份有限公司无锡中心支公司
三井住友海上火灾保险(中国)有限公司江苏分公司
中国人寿保险股份有限公司无锡市分公司
中国太平洋人寿保险股份有限公司无锡分公司
中国平安人寿保险股份有限公司无锡中心支公司
新华人寿保险股份有限公司无锡中心支公司
泰康人寿保险股份有限公司无锡中心支公司
太平人寿保险有限公司无锡中心支公司
民生人寿保险股份有限公司无锡中心支公司
生命人寿保险股份有限公司无锡中心支公司
海康人寿保险有限公司江苏分公司无锡营销服务部
合众人寿保险股份有限公司无锡中心支公司
信诚人寿保险有限公司江苏省分公司无锡营销服务部
中宏人寿保险股份有限公司江苏分公司无锡营销服务部
海尔纽约人寿保险有限公司江苏分公司无锡营销服务部
中意人寿保险有限公司江苏省分公司无锡营销服务部
国泰人寿保险有限责任公司无锡营销服务部
嘉禾人寿保险股份有限公司无锡中心支公司
恒安标准人寿保险有限公司江苏分公司无锡营销服务部
美国友邦保险有限公司江苏分公司无锡营销服务部
瑞泰人寿保险股份有限公司江苏分公司无锡营销服务部
中国人民健康保险股份有限公司无锡中心支公司
光大永明人寿保险有限公司江苏分公司无锡中心支公司
平安养老保险股份有限公司无锡中心支公司
华泰人寿保险股份有限公司无锡中心支公司
和谐健康保险股份有限公司无锡中心支公司
长城人寿保险股份有限公司无锡中心支公司
英大泰和人寿保险股份有限公司无锡中心支公司
华夏人寿保险股份有限公司无锡中心支公司
金盛人寿保险有限公司江苏分公司无锡营销服务部
联泰大都会人寿保险有限公司江苏分公司无锡营销服务部
阳光人寿保险股份有限公司无锡中心支公司
正德人寿保险股份有限公司无锡中心支公司
中国人民人寿保险股份有限公司无锡中心支公司
信泰人寿保险股份有限公司无锡中心

支公司
国华人寿江苏分公司无锡中心支公司
中英人寿保险有限公司江苏分公司无锡营销服务部
幸福人寿保险股份有限公司无锡中心支公司
中德安联人寿保险有限公司无锡营销服务部

## 徐州市保险行业协会

【协会自身建设】 建立健全组织体系。根据会员单位和行业、社会的需求，设立综合部(考试中心)、产险部、寿险部、中介部；协会在7个县区成立产、寿险计14个自律委员会，协助保险行业协会开展工作。

文字综合工作。2010年，协会发文55件，上报文件性文字材料87份，认真做好各类会议、座谈会的会议纪要，且无出现差错；全年召开行业内外会议、座谈会议近百次，涉及协会工作的各个方面。

严格遵守财务制度，及时划拨考试费用。协会秘书处设立财务专户，配备专职人员管理财务，实行账款分人管理，按要求设置账薄，编制报表，确保会计资料的合法、真实、准确和完整。

开展行风评议活动，抓好廉洁自律工作。协会与政府纠风办协作，组织各保险公司认真开展民主评议保险业行风活动，紧密结合行业实际，突出解决共性问题，促进了诚信建设和行业的和谐发展。

信息统计报送工作。为提高会员每月业务数据报表的报送效率和质量，协会出台报送业务报表考核标准，确保全年全行业业务信息的及时发布反馈。

验收通过中德安联、国华人寿、紫金产险、光大永明、爱建保险代理等公司，并接纳以上公司和7家保险专业中介公司为协会理事单位。此外，完成江苏保监局交办的中介发票验证等工作。

【促进保险市场规范】 以整顿机动车辆为抓手，规范财产险市场秩序。摩托车、拖拉机交强险承保工作作为重中之重，始终抓住不放。制定完善公约细则。抓防范，有效控制行业风险。认真做好车险“见费出单”工作的各项任务。全年，全市保险快速理赔处理中心处理2000元以下案件达18000余件。认真开展寿险业务销售误导专项检查工作，切实规范人身险市场的健康发展。构筑完整的行业自律体系，着力规范中介市场。

【提升服务，塑造行业形象】 提升服务层次，倾听行业呼声。保险业的发展离不开社会各行业的支持和联系，协会积极主动寻求建立对口联络渠道，加强与行业外的部门协作。

重视信访投诉，构建行业和谐局面。2010年，协会共受理信访投诉383件，其中，产险158件、寿险225件，已结案377件，结案率93%。完成江苏保监局交办的投诉案件10起，并在第一时间处理结案并上报书面材料，结案率100%。

加强部门合作，搭建交流平台。协会不断加强与市金融办、市农机局、市文明委、市人行、市银监局、市财政局及银行业协会等单位的沟通交流，通过联合发文、联席会议、组织检查等形式开展了“平安金融”创建、“打击非法集资”等系列专题活动，积极配合市政府党史办做好《徐州年鉴》编撰工作。

引导宣传，积极塑造健康和谐的行业形象。一年来，协会把提高保险行业形象，自觉地为会员公司服务，主动地帮助会员公司排忧解难，维护会员公司的利益，作为协会重要工作之一来抓，作为协会秘书处每位同志应尽的职责认真做好。

### 徐州市保险行业协会机构设置

会　长：陈海燕
副会长：冉正源　朱徐阳
秘书长：权泰猛
理　事：王新仁　王文忠　王开勇
刘　斌　孙月梅　刘　亮
邵　军　梁　勇　陈书德
葛振华　林永俊　杜振海
王　恒　葛孝林　赵梦珂
缪锦标　彭　炜　朱　伟
瞿洪砚　王　翔　刘志刚
董　洋　王志国　刘忠贺
邹卫中　孙志远　顾爱治
高洪涛　张　勇　朱传平
李国玉　钱惠云　胡家友
刘永恒　孟　新　于　葳
陈　卓　王　冰　亓　浩
闫　军　孙　腾　韩运镇
张桂泽　岳　媛　赵兴民
赵宝山　刘　伟　冯　毅
孙晓东

秘书处机构设置：
产险部：郑宗峰(主任)
寿险部：曹祥玲(主任)
王　键(秘书)
综合管理部：张海松(主任)
张淑玲　张晓行
郑　滨
中介业务部：童小红(主任)

会员单位：
中国人寿徐州分公司
太保人寿徐州分公司
平安人寿徐州分公司
泰康人寿徐州分公司
新华人寿徐州分公司
太平人寿徐州分公司
生命人寿徐州分公司
民生人寿徐州分公司
合众人寿徐州分公司
嘉禾人寿徐州分公司
华泰人寿徐州分公司
友邦人寿徐州分公司
华夏人寿徐州分公司
人保寿险徐州分公司
恒安标准徐州分公司
和谐健康徐州分公司
正德人寿徐州分公司
信泰人寿徐州分公司
海康人寿徐州分公司
中英人寿徐州分公司
阳光人寿徐州分公司
光大永明徐州分公司
国华人寿徐州分公司
中德安联徐州分公司
英大人寿徐州分公司
人保财险徐州分公司
太保产险徐州分公司
平安产险徐州分公司
天安保险徐州分公司
大众保险徐州分公司
中华联合徐州分公司
华泰产险徐州分公司

永安保险徐州分公司
阳光产险徐州分公司
大地产险徐州分公司
华安保险徐州分公司
都邦保险徐州分公司
安邦保险徐州分公司
国寿产险徐州分公司
太平产险徐州分公司
安诚产险徐州分公司
渤海产险徐州分公司
中银保险徐州分公司
长安责任徐州分公司
紫金保险徐州分公司
江泰保险经纪有限公司徐州分公司
华康保险代理徐州分公司
徐州民兴保险代理有限责任公司
东恒保险代理徐州分公司
徐州恒诺保险代理有限公司
华邦保险代理徐州分公司
徐州华能保险代理有限公司
徐州蓝惠保险代理有限公司

## 常州市保险行业协会

【行业自律】 (一)车险自律。2010年,协会以“巩固自律成果,延伸自律区域,维护客户权益”为总体目标,以业务非正常高增长、展业成本高、综合赔付率高、市场不良反映呼声高的“四高”指标为关注重点,将开展全面检查转变为重点抽查,并深入溧阳、金坛等县级市开展市场调研工作。

3月2~4日,协会在江苏保监局产险处要求和具体指导下,开展为期三天的摩托车交强险专项自律检查。

5月~6月,协会根据江苏保监局领导指示精神并结合市场反映实际,聘请会计师事务所先后对常州市三家产险公司开展第三方车险自律检查工作。检查发现,个别公司仍存在虚列费用、将直销业务转变为专业代理套取手续费等违规、违约经营情况。为此,协会有针对性地约谈相关公司主要负责人,通报检查情况,要求着力整改,最后形成自律检查报告与第三方出具的审计报告一并报送保监局产险处。

4月底、5月初及10月底,协会先后三次深入溧阳(两次)、金坛(一次)调研,重点关注车商兼业代理、摩托车交强险合规承保等情况。调研除走访各产险公司在两地设立的分支机构外,更深入车商经营场所,宣导监管部门和自律公约规定的有关合规经营政策,引导车商正确开展车险兼业代理业务。5月13日,协会在太保产险金坛支公司首次组织召开金坛各产险公司经理座谈会,初步建立金坛产险市场沟通交流机制。调研结束后,协会针对两地车险自律执行情况,下发《关于进一步规范溧阳产险市场车险承保工作的通知》、《金坛市产险公司经理座谈会纪要》。

2010年,协会按江苏保监局自律要求和省协会统一部署,抓源头建设并纳入车险公约,一方面严把承保关,督促各产险公司依照“车辆价格信息库”全自动对比系统、“车险理赔信息平台”等确定费率,从而进一步提高车险辆均保费,降低小赔案数量,另一方面严把理赔关,联合市交巡警支队、相关媒体、并通过媒体动员全社会参与打假,打击虚假赔案同时充分发挥震慑作用。

随着车险监管、自律工作稳步推进,在全行业共同努力下,车险市场秩序初步规范,扭转了全行业亏损的不利局面,据不完全统计,全市产险业盈利近1.5亿元。

(二)非车财产险自律。自2010年7月1日起,协会在《常州市非车险行业自律公约2009版》、《常州市非车财产险“见费出单”行业自律公约》基础上,借鉴苏州、无锡成功经验,形成《常州市非车险行业自律公约2010版》及相关补充规定,报经江苏保监局产险处、法制处审核批准后,召集全市各产险公司、专业中介机构共同签署执行,进一步加大非车险自律力度,通过加强企财险系列费率管控,有效遏制了保费流失,初步改变了以往保费低增长、保额高增长的局面,提高了保费充足率。10月,协会按照江苏保监局、省协会统一部署,积极贯彻落实非车险见费出单、非车险理赔查询平台建设等工作要求。

(三)银代业务自律。银代业务占据寿险业务半壁江山,贴近百姓生活,影响力较大,是行业内外关注的焦点。监管部门多次行文规范,协会寿险自律始终将其作为重点,自2009年12月22日,市银监分局下发《关于加强银行代理保险业务合规管理的通知》以来,一方面协会与市银监局、银行业协会建立了长效沟通机制,及时通报银行销售人员误导消费、保险公司暗贴代理手续费等情况,协作规范银行代理保险业务,另一方面坚持正面舆论引导,借助媒体正面报道,消除疑惑使客户放心投保。11月,协会按照江苏保监局统一部署,开展银代业务自律检查,巩固自律成果同时查找存在的不足,维护被保险人合法权益,督促各保险公司及合作银行合规开展业务。

(四)中介行业自律。按江苏保监局统一部署,保险中介行业自律采取“三步走”模式,即“开展保险主体中介业务自律——建立中介自律组织—开展中介行业自律”。自2010年6月1日起,协会召集全市各保险公司共同签署执行《常

12月22日,江苏保监局王宝敏局长助理一行莅常调研指导

9月15日，常州市保险行业协会、武进区法院、区公安局联合召开交通事故损害赔偿纠纷案件联动调解机制正式运行以来的首次工作例会

州市保险公司中介业务自律公约》，迈出中介自律坚实一步。7月，协会遵循“先整顿，后自律”的原则，派员对在常州市设立机构的11家保险中介机构开展走访调研，了解总体经营现状，帮助机构寻找经营发展、内控管理等方面存在的不足，要求各公司按照监管部门规定及时整改。11月，协会成立中介部，至此，中介自律组织筹建工作已准备就绪。

**【着力提升协调功能，争取地方政府对行业支持】** (一)顺利开展年度目标管理考核工作。年初，经与市政府财经处联系并请示分管市领导，完成市政府委托组织的2009年度保险系统目标管理考核，市政府秘书长赵忠齐、财经处处长钱旭健一行亲自到理事会颁奖并发表重要讲话。6月，协会又制订2010年度考核方案并报市政府同意后下发各会员公司。11月20日，市政府办公室下发《市政府办公室关于印发〈常州市银行业金融机构扩大有效信贷投入、支持服务企业2010年度专项奖励考核意见〉的通知》(常政办发[2010]161号文)，明确由市保险行业协会负责保险系统目标管理考核工作及2010年度目标考核奖励额度。

(二)深化与公安交管部门合作。一是建立恳谈会制度，分别于5月20日、9月16日两次召开保险、交警深化合作恳谈会，就共同关注的问题进行协商并提出可行性方案。二是修改联合打击醉酒肇事、逃逸、骗赔等奖励方案，形成《关于对查获酒后驾车肇事等案件奖励办法的实施细则补充规定》。三是以遵循保险监管部门关于防范理赔环节风险相关规定为前提，拟通过驻点民警、驻点保险公司、驻点汽修厂形成合力，尝试建立车险直赔申请制度。四是协助武进区公安局建立常州市第四家交通事故理赔服务中心(东大门点)，加大快速理赔网络建设。

(三)联动法院建立涉诉交通事故损害赔偿调解机制。3月，协会进一步加强与武进区法院、区公安局协作配合，率先以武进区为试点成功构建涉诉交通事故损害赔偿纠纷案件联动调解机制，以“五联动五确保”实现三方共同调处交通事故纠纷的“一站式服务”，及时有效地化解矛盾纠纷，达到法院、公安、保险业和当事人之间“四赢”的良好效果，走出了一条便利、高效、低成本化解交通事故纠纷的新路子。截至12月8日，交通事故巡回法庭共受理交通事故损害赔偿案件及追偿案件639件，结案589件，其中调解、撤诉469件，调解撤诉率达79.63%，调撤率上升同时，判决上诉案件明显减少，仅为17件，而以往的判决案件上诉率达80%以上，平均审理天数为24.1天，减免诉讼费300余万元，所调解成功的案件中，以兑付赔偿款2700万元，仅有24件案件申请强制执行(被执行人主要为个人)，而以往的调撤率仅30%左右、审理天数为75天。另外，因武进法院的试点成功，很大程度上影响了其他区法院的调解、判决方式，其他法院较上年同期减少了约400件保险合同纠纷案件。

武进区试点的成功引起了各方关注，省高院、省公安厅、江苏保监局相关领导(或派员)亲临调研、指导。10月18日，由市委政法委牵头，市法院、公安局、司法局、保险协会联合下发《关于建立交通事故损害赔偿纠纷联动调解机制的若干意见》(常中法[2010]106号文)。至此，全市四方联动调解机制形成。

为确保联动调解机制平稳健康运行，协会遵循“成熟一个、建立一个”的原则，以区(县、市)为单位，逐步开展筹建工作。12月29日，“新北区道路交通事故纠纷联动调解工作推进会”在新北区法院召开，市保险协会、新北区法院、区司法局、市交巡警支队新北大队四方联动机制正式启动。

2010年6月30日，协会秘书长和市中院民二庭庭长何继祥分别代表各自行业、单位共同签署《和谐共建协议》，以市委综治委逐步建立和完善多元矛盾纠纷解决机制，着力构建和谐保险环境为宗旨，为深入推进突发、重大、疑难保险纠纷化解及充分发挥社会管理功能，协调建立保险纠纷调处机制，本着互相学习、互相协助、互相配合、互相促进、共同提高的原则，推进和谐共建活动。

(四)与市检察院协调，维护行业声誉。2010年上半年，市检察院查出关于武进区某银行与保险公司合作开展银代业务时，存在商业贿赂违法行为，协会了解情况后得知保险公司在事件中处于被动地位，随即与市检察院职务犯罪预防处、市银监分局监察室负责人沟通，力陈理由，经努力，市检察院最终将该事件定性为银行方面索贿，全力保护了保险公司干部、员工，维护了行业信誉。

(五)分期开展平安金融创建工作。2010年是全行业开展平安金融创建三年计划中的第二年，协会根据计划安排，动员并帮助参与创建公司完成创建各阶段任务，协助人民银行进行年度考核验收工作。

(六)持续开展放心消费创建工作。年初，常州市保险行业及人保财险常州市分公司、中国人寿常州市分公司经过连续两年努力，分别获得江苏省放心消费行业和省放心消费单位称号。2010年，太保产险、太保寿险、平安产险、人寿产险等四家公司参与了保险业第二批省级放心消费单位创建。目前，平安产险和人寿产险已通过由省、市创建办组织的预验收，本年度创建工作已近尾声。

【加强维权服务】 维护会员单位合法权益。年内，在江苏保监局指导下，协会进一步协调改善司法、舆论环境，成效显著。司法系统、新闻媒体与保险业合作更加密切，沟通更加频繁，尤其通过与法院、公安建立损害赔偿纠纷联动调解机制，保险公司的权益得到有效保护；新闻媒体也逐渐改变以往“我行我素”的作风，凡遇专业性强、有争议的新闻报道，大都征求行业协会的意见，或采访完相关公司后赴协会对秘书长进行采访，协会坚持实事求是，耐心解答，力争扭转部分记者因先入为主而产生调查不全面甚至偏听偏信的状况，必要时直接与媒体领导联系，如实反映，争取支持，千方百计维护行业的声誉和利益。

维护保险消费者合法权益。全年，协会共接受各类投诉近57件，办结率在95%以上，其中妥善处理市政府信访办交办的投诉两件。产险方面主要反映理赔不及时、对理赔金额有异议、交强险承保等问题；寿险方面则以人员流动、合同纠纷及银代业务误导消费居多。对于客户及营销员的投诉，协会集中精力予以处理。针对投诉者的诉求，协会一方面倾听反映，做好记录，尽量做到不扩大，不扩散，不刺激。另一方面及时与有关公司有关部门联系，尽可能争取合理解决，化解矛盾和分歧，尽量避免发生群体上访、群体退保等恶性事件，避免因处理不及时而产生不良后果，影响行业形象。

【促进沟通交流】 组织召开各级会议，密切会员单位交流。2010年，协会共组织召开理事会1次、会长办公会3次、产险公司总经理联席会议四次(其中两次为产险、中介机构总经理联席会议)、寿险公司总经理联席会议一次，并多次召开办公室主任、车险自律执行小组、非车险自律执行小组、银代自律执行小组以及根据实际情况召开部分公司分管负责人、相关部门负责人座谈会等会议，传达贯彻江苏保监局、省协会文件精神，协商并签署各类自律公约，交流各阶段市场动向。

协会自身积极参与各项交流活动。协会按要求参加江苏保监局、市委市政府组织召开的各类会议，积极参与省协会组织的学习考察活动，通过电话、邮件等方式与兄弟协会交流，互通有无，探究适合常州市保险业发展的新路子。

【整合宣传资源，正面引导舆论宣传】 连续十年开展保险好新闻评比活动。年初，协会对2009年度保险好新闻进行评选颁奖，按惯例邀请全市各主流媒体的主要领导作为评委参加评选，共评出获奖报纸、广播、电视作品40余件，有40余位记者和编辑获奖。此举加强了保险行业与各主流媒体的联系，也提高了记者们拍摄、采写保险新闻的积极性，更以此建立良好的沟通机制，一旦遇到市民关心的热点问题，主动与协会沟通，协会及时按相关法律法规规定作出解答，尽可能避免或消除因客户不理解存在的矛盾隐患。12月下旬，协会完成2010年度保险好新闻评选工作，共评出获奖报纸、广播、电视作品29件，有58位(次)记者和编辑获奖。据不完全统计，全年全市各主流媒体共刊发、播出保险新闻200余篇(条)，在树立行业形象，宣传保险知识，提升保险信誉，创建和谐宣传环境等方面发挥了作用。

以《常州晚报》为试点，深化与市各主流媒体合作。长期以来，常州市保险业与《常州晚报》先后以多种形式进行合作，从起初的保险专刊到2008-2009年度连续与晚报副刊部合作开展“我的保险故事”征文比赛，树立良好的行业形象同时，也使广大市民感受到保险的意义和作用，从而提高保险消费意识和自觉性。2010年，协会整合全行业宣传资源，转变合作模式，先行在《常州晚报》试点开设“家与保险”专栏，积极创建“保险宣传五个一工程”，以“列举一个案例、讲述一个故事、推出一个产品、影响一批读者、带动一个行业”为目标进行保险宣传，每周一期，内容涉及保险承保、理赔等各环节，通过一个个真实生动的故事为广大市民释疑解难。

《常州保险信息》期刊编辑工作。按江苏保监局关于协会开展宣传信息工作要求，协会每月编辑发行一期《常州保险信息》，期刊内容分图文信息和统计数据两部分。图文信息部分开设保险监管、会员动态、协会工作、业界资讯等栏目，并开设“青年论坛”栏目，该栏目由常州市保险学会组稿，每月发表学术论文；统计数据部分由协会按要求将各保险主体当月、当年度累计经营数据搜集汇总，形成统计报表，为江苏保监局、市政府统计部门、各会员公司以及协会自身开展经营分析工作提供数据支持。

开展常州保险志编撰工作。2010年4月，《常州保险志(1913~2009)》编撰完成，由方志出版社出版发行，填补了常州市行业地方志中无保险志的空白，记载了常州市保险业从无到有的发展历程。本次《常州保险志》由常州市保险学

9月16日，常州市保险行业、交巡警支队深化合作恳谈会

会主编，保险协会信息、统计人员在编撰过程中做了大量的资料采集工作，为常州市第一部保险志按时出版发挥了应有的作用。

【协会服务工作】 协会以服务为中心，各项工作均围绕服务会员单位、服务保险消费者、服务主管部门开展，除以上各项工作外，亦开展了以下几方面服务工作：

一是做好电考服务工作。按江苏保监局要求，2010年协会进一步加强了对电考中心的管理，加强对考生们考风考纪的教育，严格执行考场纪律。每季度向保监局中介处报送一份情况报告。协会尽可能满足公司需求，安排考试。据统计，全年共安排14077人（次）参加代理人资格考试，通过率为64.38%，为广大考生提供了服务。此外，电考中心继续承办广州信平委托的部分从业人员资格考试，为广大考生就近提供便利。

二是开展中介手续费结算工作。结算中心工作顺利开展，已经成为行业自律的重要保障和不可或缺的环节。全年，结算中心共为22家保险公司以及211家中介机构提供3670笔结算服务。共结算手续费8909.37万元，其中：车险7258.11万元，非车险1651.26万元；专业代理1598.87万元，兼业代理7310.50万元。经过审核的合格发票3778张。

三是做好接待服务工作。2010年，江苏保监局各处室领导、工作人员多次来常调研、指导、检查工作，市政府分管领导及有关部门也到协会调研指导，协会受会员公司之托，协助他们做好与有关方面的沟通联络，有关会议的会务准备，确保他们在常州顺利地开展工作。

四是做好保监局交办的其他各项工作。受保监局委托，协会主要开展了机构预验收、高管问卷调查、全省保险业行风监督员续聘以及各项市场调研工作，均保质保量完成，在规定时间内形成报告报送保监局。

【加强自身组织建设和内部管理】 加强人员配备。至年底，协会共有专职工作人员9人，均为大专以上学历，其中本科学历6人，平均年龄不到32岁，符合监管部门年轻化、专业化、职业化的要求。协会秘书处由秘书长全面负责，其他8位工作人员分别承担产险、寿险、中介、电考中心、结算中心、财务、人事行政、统计、信息等各项工作，一人多岗，相互协作，通过实践，逐步提高发现、分析、解决问题的能力。

建立健全内部管理制度。按照江苏保监局要求，为更好地发挥服务功能，修订《常州市保险行业协会财务管理办法》、《常州市保险行业协会费用缴纳标准》，制订《常州市保险行业协会秘书处岗位职责》（试行），建立会长办公会制度和协会内部工作例会制度。通过一系列办法和制度的建立，使得协会开展工作更有据可依；通过科学合理设置岗位、明确岗位职责，提升了办事效率；通过会长办公会和内部工作例会制度建立，加强了集体领导，调动了员工工作积极性，使得协会工作更全面、更客观。

改善办公环境。为展现行业形象，便于统一管理，加强各部门协作，协会扩展、修缮办公场所，增添文化气息，电子化考试中心由10楼搬迁至11楼（协会办公所在楼层），与协会合署办公。

## 常州市保险行业协会组织机构设置

理事长：喻一峰

秘书长：孟金贵

常务理事：蒋　旭　高新华　王　峰　陆美琴　喻一峰　朱从文　谈文兴　成　炜　张　挺　王广辉　金　锋　杨建中　李云峰　潘俊铭　吴昌发　钱　健　杨　勇　吴　氢　王兴中　徐　玮　谈小浩　汤　淏　孙书强　施　军　黄显学　王胜利　金明辉　王年宝　徐佳程　林云生　卞东杰　李　平　尹　军　朱珮雯　韩　松　顾亚光　施翀赟　汤文英　胡文飞　凌志华　冯企荣　袁龙才　徐海东　施　延　花锡青　吴公荣　陈　群　苏继戎　章志新　王棋中　何华平　高　震　陈　飞　褚文峰

秘书处机构设置：

财产保险部：钱骏峰

人身保险部：杨　帆

中介部：韩燕平

综合部：孟金贵　杨　帆　钱骏峰　张　珏　陈　业　李明伟

电考中心：孟　陈　李明伟

结算中心：韩燕平　陈　业　施春霞

会员单位：

中国人民财产保险股份有限公司常州市分公司

中国人寿保险股份有限公司常州市分公司

中国太平洋财产保险股份有限公司常州分公司

中国太平洋人寿保险股份有限公司常州分公司

中国平安财产保险股份有限公司常州中心支公司

中国平安人寿保险股份有限公司常州中心支公司

天安保险股份有限公司常州中心支公司

泰康人寿保险股份有限公司常州中心支公司

新华人寿保险股份有限公司常州中心支公司

大众保险股份有限公司常州中心支公司

中华联合财产保险股份有限公司常州中心支公司

太平人寿保险有限公司常州中心支公司

永安财产保险股份有限公司常州中心支公司

太平保险有限公司常州中心支公司

华安财产保险股份有限公司常州中心支公司

生命人寿保险股份有限公司常州中心支公司

安邦财产保险股份有限公司常州中心支公司

合众人寿保险股份有限公司常州中心支公司

都邦财产保险股份有限公司常州中心支公司

民生人寿保险股份有限公司常州中心支公司

信诚人寿保险有限公司江苏省分公司常州营销服务部

永诚财产保险股份有限公司常州中心支公司

中宏人寿保险有限公司江苏分公司常

州市营销服务部

海尔纽约人寿保险有限公司常州营销服务部

中国大地财产保险股份有限公司常州中心支公司

海康人寿保险有限公司江苏分公司常州营销服务部

阳光财产保险股份有限公司常州中心支公司

国泰人寿保险有限责任公司江苏分公司常州营销服务部

华泰人寿保险股份有限公司常州中心支公司

和谐健康保险股份有限公司常州中心支公司

民安保险(中国)有限公司常州中心支公司

中银保险有限公司常州中心支公司

恒安标准人寿保险有限公司江苏分公司常州营销服务部

渤海财产保险股份有限公司常州中心支公司

平安养老保险股份有限公司常州中心支公司

中德安联人寿保险有限公司江苏分公司常州营销服务部

美国友邦保险有限公司江苏分公司常州营销服务部

中国人寿财产保险股份有限公司常州市中心支公司

中国人民人寿保险股份有限公司常州中心支公司

安诚财产保险股份有限公司常州中心支公司

长安责任保险股份有限公司常州市中心支公司

华夏人寿保险股份有限公司常州中心支公司

阳光人寿保险股份有限公司常州中心支公司

金盛人寿保险有限公司江苏分公司常州营销服务部

华农财产保险股份有限公司常州中心支公司

信泰人寿保险股份有限公司常州中心支公司

天平汽车保险股份有限公司常州中心支公司

紫金财产保险股份有限公司常州中心支公司

## 苏州市保险行业协会

【概况】 2010年,在江苏保监局的关心指导下,在苏州保监分局的推动支持下,在全体会员公司的共同配合下,苏州市保险行业协会(以下简称"协会")继续深入贯彻落实科学发展观,紧紧围绕自律和服务两大基本职能,主动创新,锐意进取,推进行业持续稳健发展。截至12月31日,全市累计实现保费收入193亿元,同比增长30.07%。其中,财产险保费收入71.88亿元,同比增长36.88%;人身险保费收入121.12亿元,同比增长26.34%。保险赔款和给付总额44.80亿元,同比下降10.52%。其中产险赔付30.64亿元,比上年同期上升7.39%;寿险赔款和给付14.16亿元,比上年同期下降34.26%。

【扩大行业自律】 扩大自律范畴。结合财、寿险市场实际和监管要求,协会在修订、完善车险、企财险及银保业务自律公约的基础上,在全省率先出台"车险理赔自律公约",进一步规范经营秩序,提高行业赢利能力。

创新检查方式。协会先后聘请会计师事务所和专业保险公估公司独立开展车险及理赔、企财险及银保业务专项检查工作,切实提高检查的公信力和效率。

突出检查内容。协会在车险及理赔、企财险及银保业务自律检查中突出重点,有的放矢,确保自律公约执行力。全年共组织自律检查4次,通报保险公司31家次,处罚31家次,有效规范市场,为下一步行业发展奠定了基础。

【加强行业文化建设】 勇担社会责任,自觉履行义务。2010年,协会组织保险行业参与政府倡导的"平安金融"、"文明单位"、"行风评议"等创建活动以及"文明城市"志愿者服务活动,为全市精神文明建设做出了积极贡献。经六届四次常务理事会审议通过,协会向世博会苏州馆和市"见义勇为"基金会共计捐款50万元,受到市政府及相关部门对保险行业的充分肯定。

贯彻《行为准则》,深化行风建设。协会认真贯彻落实《保险从业人员行为准则实施细则》,并组织各公司开展书面测试、知识问答等多种活动,在行业内掀起学《准则》、懂《准则》、守《准则》的热潮。协会还定期召开专题座谈会,邀请行风监督员、客户代表参加,倾听大家对保险业现状的意见和建议;面向社会开展《我对保险有话说》百姓征文活动,搭建保险业和社会各界互动的平台。

表彰先进典型,树立诚信品牌。2010年年初,协会召开苏州保险业第五届"保险明星"、"保险服务形象大使"表彰大会,树立保险业良好风尚。

普及保险知识,扩大社会影响。举办大型宣传活动,增强市民保险意识。组织保险业参加市政府"金融创新推介

7月8日,第七届中国保险精英圆桌大会在苏州召开,苏州市保险行业协会秘书长张爱华当选"2009中国保险年度人物"

会”，举办“3·15”现场咨询等活动，向60多家学校、社区以及数十名大学生赠送1000多套《保险知识普及丛书》，进一步深化保险“三进入”工作。利用网络、报刊、电视台、电台、社区橱窗等各类载体，多措并举，宣传保险行业。开展人身险保单查询工作，有效增强市民的保险意识和自我防范意识。

【优化服务，健全工作机制】 创新多方交流协作机制。一是在全省率先与法院、司法局、交巡警支队合作建立道路交通事故保险合同纠纷诉前快速调处机制，大大提高了理赔服务效率，降低了事故当事人的诉讼成本。2010年通过诉前调解机制共受理案件865件，涉案金额10152万元，其中调解成功530件，涉案金额8026万元，调解结案金额6174万元。二是与公安交警部门合作，在全国率先建立道路交通事故信息平台，进一步提升事故处理能力和车险理赔服务效率。三是完善四家道路交通事故保险理赔服务中心工作机制，进一步提高服务效率，目前每天接待事故定损车达480辆，占全市交通事故的42%。四是与公安经侦联手建立联络员制度，共同打击保险诈骗。同时，与政府相关部门合作，积极推广科技保险、环境污染责任保险、养老机构及居家养老护理责任险及参与医疗卫生体制改革等。

深化行业内沟通交流机制。协会以各类会议为主要交流形式，加强会员单位之间信息沟通、经验交流、协调运作，举办“和谐杯”乒乓球比赛，并组织保险公司高管人员赴美考察等。在协会的争取努力下，第七届中国保险精英圆桌大会于年7月在苏州举办，共有4000多人参会。协会作为承办单位，主动协调，积极参与，有力地促进了苏州保险业与其他地区同行的沟通交流。

健全代理手续费结算机制。2010年9月1日起，全市企财险代理手续费结算纳入协会结算中心功能，有效防范代理业务风险，提高经营数据真实性和行业赢利能力。

完善考试中心考务管理机制。为满足各公司需求，协会2010年增加考试机位13个，配置3名专职工作人员，

苏州市道路交通事故快速处理信息平台全面启动

保证考务工作顺利开展。全年共组织保险代理从业人员资格考试593场，参考人数达26683人，考试通过率为70.84%；换发资格证5495本；发放展业证15564本；接考1177人次参加人身保险资格考试。

【投诉调解和保险诈骗举报案件处理】

2010年，协会累计受理投诉369件，其中产险194件，占总量的53%；寿险175件，占总量的47%；共接到关于保险诈骗的电话咨询70多件，举报5件，已处理2件，涉案金额达13万元，并对2名举报人兑现奖励共计1.18万元。同时，通过定期召开的专题分析会，督促保险公司不断完善内控机制，降低投诉案件数量和保险诈骗案件发生的可能性。

【自身科学化建设】 2010年5月，协会在会员单位的支持下，将办公职场迁至工业园区，并进行了简单的装修，改善了办公环境，提升了协会形象。

协会秘书处以“大服务、大发展、大创新”的工作思路为指引，大力加强队伍建设，进一步健全规章制度，强化激励考核，不断提高工作效率和服务能力。

在江苏保监局党委和苏州保监分局党委的领导下，协会党支部大力加强党建基础工作，健全组织架构，加快党员发展步伐，开展党员教育培养。同时，以“创先争优”为抓手，开展各类寓教于乐的活动，充分发挥党支部的战斗堡垒作用和党员的先锋模范作用。

2010年，协会先后被授予“全国先进社会组织”、江苏省社会组织深入学习实践科学发展观活动“先进单位”、苏州市创建消费放心城市长效管理工作“示范行业”、“苏州市消费维权标杆协会”、“消费者满意单位”等光荣称号。

苏州市保险行业协会组织机构设置

理事长：张晓刚

秘书长：张爱华

常务理事：沈丽敏 孙海洋 夏建阳 邹宣戈 徐彬 柯峰 蒋雷 胡艳阳 徐彩萍 陈钢 蔡永清 徐锋 俞为明 华巍 陈德林 王堃 孙辉 吴圣梅 吴国红 张瑞武 杨光 曹义勇 苏键川 钱廖 闫健 王法林 詹诚 王晓燕 唐健 朱君毅 钱明庆 李晓刚 陈家悦 曹燕东 陆思东 吴宇超 王苏生 顾欣 陈鸣 曲学全 李红芳 岳炜 王乃华 丁易 陆生权 李元京 刘勇 吕旭南 孟云 苏广山 方磊 小林孝

秘书处机构设置：

综合管理部：张颖 李洁 朱晓华

业务联络部：李剑 马国强 张小平

考试中心：钱圣明 周磊 金梅珍

会员单位：
中国人民财产保险股份有限公司苏州市分公司
中国人寿保险股份有限公司苏州市分公司
中国太平洋财产保险股份有限公司苏州分公司
中国太平洋人寿保险股份有限公司苏州分公司
中国平安财产保险股份有限公司苏州分公司
中国平安人寿保险股份有限公司苏州中心支公司
天安保险股份有限公司苏州中心支公司
大众保险股份有限公司苏州分公司
华泰财产保险股份有限公司苏州中心支公司
新华人寿保险股份有限公司苏州中心支公司
泰康人寿保险股份有限公司苏州中心支公司
美国友邦保险有限公司苏州中心支公司
中华联合财产保险股份有限公司苏州中心支公司
信诚人寿保险有限公司苏州营销服务部
太平财产保险有限公司苏州分公司
太平人寿保险有限公司苏州分公司
民生人寿保险股份有限公司苏州中心支公司
永安财产保险股份有限公司苏州中心支公司
生命人寿保险股份有限公司苏州中心支公司
华安财产保险股份有限公司苏州中心支公司
中国大地财产保险股份有限公司苏州中心支公司
安邦财产保险股份有限公司苏州分公司
阳光财产保险股份有限公司苏州中心支公司
国泰人寿保险有限责任公司苏州营销服务部
都邦财产保险股份有限公司苏州中心支公司
天平汽车保险股份有限公司苏州中心支公司
永诚财产保险股份有限公司苏州中心支公司
海尔纽约人寿保险有限公司苏州营销服务部
光大永明人寿保险有限公司苏州中心支公司
中宏人寿保险有限公司苏州市营销服务部
中银保险有限公司苏州中心支公司
民安保险(中国)有限公司苏州中心支公司
渤海财产保险股份有限公司苏州中心支公司
中德安联人寿保险有限公司苏州营销服务部
中国人寿财产保险股份有限公司苏州市中心支公司
和谐健康保险股份有限公司苏州中心支公司
平安养老保险股份有限公司苏州中心支公司
华夏人寿保险股份有限公司苏州中心支公司
华泰人寿保险股份有限公司苏州中心支公司
中国人民健康保险股份有限公司苏州中心支公司
安诚财产保险股份有限公司苏州中心支公司
华农财产保险股份有限公司险苏州中心支公司
中国人民人寿保险股份有限公司苏州中心支公司
恒安标准人寿保险有限公司苏州营销服务部
中意人寿保险有限公司苏州营销服务部
长安责任保险股份有限公司苏州市中心支公司
金盛人寿保险有限公司苏州营销服务部
三星财产保险（中国）有限公司苏州分公司
阳光人寿保险股份有限公司苏州中心支公司
长城人寿保险股份有限公司苏州中心支公司
幸福人寿保险股份有限公司苏州中心支公司
紫金财产保险股份有限公司苏州中心支公司
联泰大都会人寿保险股份有限公司苏州支公司
日本财产保险（中国）有限公司江苏分公司

## 南通市保险行业协会

【行业自律引导有序竞争】 2010年，南通市保险行业协会根据全市保险主体不断增加、保险规模不断扩大的实际情况，制定完善了交强险自律公约、非车险自律公约、银保自律公约，并分别组织交强险自律检查、非车险自律检查、产险公司手续费自律检查以及银保专项销售自律检查，取得良好效果。

针对一度出现的摩托车、拖拉机交强险承保难、投诉多等问题，协会积极与有关各方沟通，多次组织召开产险专业委员会会议，分析原因，商讨应对措施，按各公司全年全险种的市场份额，对摩托车交强险进行划分，落实相应责任。3月，协会对所属六县(市、区)摩托车、拖拉机交强险承保情况进行检查。对问题比较严重的如东、通州地区进行暗访，针对存在问题，协会向市政府、发改委作了专题汇报，由市发改委牵头召集协会、通州区政府、如东县政府召开专项协调会，明确责任，分区把关，切实解决了摩托车投保难的问题。上级要求7月1日起车险“见费出单”，协会根据这一新要求，及时召集各产险公司研究，统一思想，进一步强调各公司按全险种市场份额落实责任，不得拒保交强险，并加强检查，确保交强险市场的正常运行。

变型拖拉机原先由华农独家承保，但下半年由于种种原因，该公司退出承保，一时间信访、投诉较多，社会反映强烈。协会及时向市政府、市发改委、市农委汇报这一情况，争取支持，并同农机部门协调，重申变拖承保要符合国家两个安全技术标准，最终取得他们的理解和支持，使这一问题得到解决。

下半年，协会开展产险公司手续费自律检查。由会计师事务所作为第三方，对全市各产险公司的手续费进行了检查。对手续费违规的个别公司，协会通报批评，扣罚违约金，并要求限时整改，较好地规范了市场运作。

针对一些寿险公司存在销售误导的情况，协会一方面与有关公司进行沟通，要求其限期整改，一方面召开寿险公司专门会议，要求各公司规范经营，维护好寿险市场秩序。同时，还制定《南

通市银代业务自律公约》。

针对涉及海门、如皋、启东三个地区7家寿险公司恶意挖角的违规行为，协会秘书长带领工作人员下县区约谈相关公司总经理，并召开座谈会，通过沟通协调，提高大家的认识。对违反自律公约，越级上访的公司进行通报批评并扣罚违约金。同时对一些拒不接受处罚的公司，协会及时向江苏保监局汇报，最终实施了处罚，并向全行业进行通报，取得良好的教育震慑效果。

【公平公正处理违规行为】 2010年上半年，协会在非车险自律检查过程中，发现已被保险监管部门注销经营许可证的江苏环球代理公司继续在南通地区开展经营业务，即向江苏保监局做汇报，并协助江苏保监局进行调查，打击了非法机构的非法经营活动，纯洁了市场，落实了打“三假”的要求。

5月，有人举报南通泛华代理公司销售假保单，机构负责人杨建冬涉嫌诈骗，违法金额高达1700多万元，涉及保户120多户，群访人数60~70人，社会影响很大。协会接到举报后，及时向江苏保监局和南通市政府做汇报，并积极配合江苏保监局进行调查，走访市崇川区经侦大队、市发改委金融办，认真接待上访人员，组织泛华集团有关领导参会解决问题，并将事情的处理情况每天向江苏保监局汇报，最终由泛华集团赔付被骗人保费，维护了广大受害人的利益，化解了社会矛盾。

年底，有些公司反映政府机动车辆保险采购招标费率不一的问题，协会与市政府招标办及市各保险公司多方沟通，并召开产险专业委员会会议，最终商定了费率执行原则。初步测算，这一费率的执行，提高了各公司保费充足率，降低了手续费，使全市产险公司全年车险收益高达4~5亿元。

【围绕中心工作提高服务能力】 做好各项接待工作，扩大保险业在社会上的影响。5月底，南通市政协副主席张永凯、顾裕岳率市政协港澳台侨(外事)委员会的20多位委员视察了南通保险业。协会会长季金忠汇报了南通保险行业的现状、去年以来协会工作以及当前协会工作的重点和难点，并与张建华秘书长一起一一解答了委员们提出的问题。委员们在获得比较满意的答案的同时，也对南通保险业的情况有了进一步的了解和理解。

组织召开协会五届二次常务理事会。11月初，协会召开南通市保险行业协会第五届二次常务理事会，汇报了协会工作情况，会上作了财务报告及本协会租赁装修情况报告，研究了增加中小型保险公司在常务理事会中的名额，研究建立保险纠纷调解机制，研究中介公司和县域公司的自律问题，此外还研究了协会的宣传、交流以及秘书处组织架构和人员问题。

充分发挥“桥梁”作用，为政府出谋划策。2010年，协会秘书长参加了南通市金融保险“十二五”规划的制定，协会工作人员参加了“南通市现代金融服务业规划前期研究座谈会”，为政府出谋划策。协会还为政府招商引资提供数据，为政府提供方便。充分发挥协会政协委员参政议政的作用，协会政协委员在南通市“两会”期间提交了有关保险业建设与发展的提案，受到政府有关部门的重视。

5月，市政协副主席张永凯、顾裕岳率市政协港澳台侨(外事)委员会视察南通保险业

【加强协会建设】 注重提高协会工作人员素质。2010年，协会先后选派两名工作人员参加中国保险行业协会组织的新《保险法》培训，提高他们的业务能力，更好地服务会员公司。年底，协会派工作人员参加中国人身保险资格考试总结会暨寿险管理师年会，了解业内资格考试基本情况，总结交流寿险公司职业资格考试的经验。

完善信访制度，妥善处理信访投诉。年初，根据江苏保监局下发的《保险行业协会信访工作指引》要求，协会组织人员认真学习，从信访机制建立健全、制度完善、人员落实等方面提出明确要求。协会还制定《信访工作机构和职责》、《投诉受理程序》、《信访事项处理意见书》等规章制度和信访材料，并设定信访投诉责任岗责任人和信访投诉电话。本着“积极、慎重、稳妥”的态度，协会对每件信函、电话投诉或上门来访，都做到件件有着落、事事有回音。2010年，共受理投诉案件318例，其中，产险公司263例，寿险公司55例，成功解决投诉案件316起，结案率为99.4%。有效维护了保险公司和客户的合法权益，也维护了行业信誉。

加强考试中心软硬件建设。2010年协会投入4万多元，对考试中心软硬件进行优化配置：更换服务器，更新考场摄像头，增加了身份证识别系统。协会严格考试管理制度，严肃考风考纪，把好报名审核关、入场校验关和考场监察关。2010年共接受保险代理从业人员资格考试报名17652人次，合格11076人，及格率62.75%，更换新证2561本。有2个公司因违反考场纪律分别停考整顿15天；有8人次在考试入场前因人证不符被清退；有3人替考被做作弊处理，并在两年内限制其考试；有6人因不遵守考场纪律作0分处理。

建立南通市保险纠纷调处中心。2010年，协会根据江苏保监局关于建立调解机制的要求，在学习苏州市保险行业协会建立调处中心的先进经验基础上，与南通市司法局、南通崇川区调处中心、南通市中级人民法院进行多次沟通，建立了南通市保险纠纷调处中心。

南通车险代理手续费结算中心。为规范南通机动车辆保险中介代理手续费支付行为，促进保险主体公平竞争，市保险行业协会参照江苏省保险行业协会成立车险代理手续费结算中心的运行办法，于4月1日成立南通车险代理手续费结算中心。截至年底，通过车险代理手续费结算中心结算的产险公司已达22家，专、兼业代理公司127家，共结算952笔，结算金额达3166.45万元。

【保险外宣】 2010年，协会继续加大对保险宣传的投入力度，努力在市级新闻媒体上搭建保险宣传平台，为各保险公司提供宣传服务，取得了良好的社会效果。

市保险行业协会与南通人民广播电台联合开办的《保险在您身边》专题节目，从2009年4月18日开播以来运行正常，播出情况良好，使南通保险业在社会上的影响不断扩大，整体形象大大提升，有力地推进了南通保险业的健康稳定跨越发展。协会及时召开《保险在您身边》节目专题策划会，要求充分利用协会提供的宣传平台，集思广益，共同谋划，办好、办活《保险在您身边》节目，把南通保险业的宣传向纵深推进。2010年暑期，南通电视台牵手南通市精神文明建设指导委员会、南通电影发行放映公司共同举办“魅力影院进社区”活动，将百部优秀电影送到市民身边。这为各保险公司展示本公司形象，宣传本公司产品提供一个极好机会。协会专门就保险如何进社区，搞好自身宣传的工作进行策划。南通电视台详细介绍活动方案，包括电影进社区的安排、保险公司到现场展示宣传、广告宣传服务套餐等内容，并与各公司进行了交流探讨。

协会内部刊物《南通保险》2010年出现了四个变化：一是出版方式由会员公司轮流协办改为协会主办；二是版面由32页增加到40页，栏目也由几个增加到20多个，全年用稿795篇，比上年增幅60%；三是封面彩页宣传均衡有序，全年封面彩页宣传了45家会员公司，占会员总数的83%；四是发行量由原来的几百册增加到1600册，辐射面更广，达到了“内通信息，外树形象”的预期宣传效果。内部宣传的另一个平台——协会网站经常发布行业内发生的大事、要事，通报行业自律情况、保险数据等。并在网站上开设保险营销员信息查询专区，增强保险营销员持证上岗的公开化和透明度，提升全市保险业的整体形象。

11月26日，江苏保监局在南通调研南通市保险市场

## 南通市市保险协会组织机构设置

会　长：季金忠

秘书长：张建华

常务理事：人保财险南通市分公司总经理　李　旭

太平洋产险南通中心支公司总经理　朱伯春

平安产险南通中心支公司总经理　杨晓迪

天安产险南通中心支公司总经理　顾祖平

中华联合南通中心支公司总经理　杜炳冲

国寿财险南通中心支公司总经理　赵建平

太平产险南通中心支公司总经理　高　鹏

阳光产险南通中心支公司总经理　刘建平

中国人寿南通市分公司总经理　徐展华

太平洋人寿南通中心支公司总经理　季金忠

平安人寿南通中心支公司总经理　勾希光

新华人寿南通中心支公司总经理　朱　健

人民人寿南通中心支公司总经理　孙　磊

民生人寿南通中心支公司总经理　李　军

太平人寿南通中心支公司总经理　刘　峰

中宏人寿南通营销服务部总经理　金　伟

南通市保险行业协会秘书长　张建华

秘书处机构设置：

综合部：任丽华　高海棠　李珊珊　王　霞

业务管理部：王晓如　花新培　徐　峰

考试中心：曹宇坤　白锡义

会员单位：

中国人民财产保险股份有限公司南通市分公司

中国人寿保险股份有限公司南通市分公司

中国太平洋财产保险股份有限公司南

通中心支公司
中国太平洋人寿保险股份有限公司南通中心支公司
中国平安财产保险股份有限公司南通中心支公司
中国平安人寿保险股份有限公司南通中心支公司
天安保险股份有限公司南通中心支公司
泰康人寿保险股份有限公司南通中心支公司
大众保险股份有限公司南通中心支公司
华泰财产保险股份有限公司南通中心支公司
中华联合财产保险股份有限公司南通中心支公司
太平财产保险股份有限公司南通中心支公司
太平人寿保险股份有限公司南通中心支公司
中国大地财产保险股份有限公司南通中心支公司
永安财产保险股份有限公司南通中心支公司
民生人寿保险股份有限公司南通中心支公司
华安财产保险股份有限公司南通中心支公司
合众人寿保险股份有限公司南通中心支公司
安邦财产保险股份有限公司南通中心支公司
阳光财产保险股份有限公司南通中心支公司
生命人寿保险股份有限公司南通中心支公司
都邦财产保险股份有限公司南通中心支公司
海康人寿保险有限公司江苏分公司南通营销服务部
嘉禾人寿保险股份有限公司江苏分公司南通营销服务部
美国友邦人寿保险有限公司江苏分公司南通营销服务部
恒安标准人寿保险有限公司江苏分公司南通营销服务部
光大永明人寿保险有限公司江苏分公司南通中心支公司
国泰人寿保险有限责任公司江苏分公司南通营销服务部
信诚人寿保险有限责任公司江苏分公司南通营销服务部
江泰保险经纪股份有限公司南通分公司
中宏人寿保险有限公司江苏分公司南通营销服务部
中银保险有限公司南通中心支公司
中国人民健康保险股份有限责任公司南通营销服务部
平安养老保险股份有限公司南通中心支公司
民安保险(中国)有限公司南通中心支公司
中国人寿财产保险股份有限公司南通中心支公司
渤海财产保险股份有限公司南通中心支公司
中国人民人寿保险股份有限公司南通中心支公司
和谐健康保险有限公司南通营销服务部
正德人寿保险股份有限公司南通中心支公司
华农财产保险股份有限公司南通中心支公司
中英人寿保险股份有限公司江苏分公司南通营销服务部
永诚财产保险股份有限公司南通中心支公司
阳光人寿保险股份有限公司南通中心支公司
华夏人寿保险股份有限公司南通中心支公司
信泰人寿保险股份有限公司南通中心支公司
江苏宁价保险公估有限公司南通分公司
长安责任保险股份有限公司南通中心支公司
长城人寿保险股份有限公司南通中心支公司
安诚财产保险股份有限公司南通中心支公司
中德安联人寿保险有限公司江苏分公司南通营销服务部
幸福人寿保险股份有限公司南通中心支公司
华泰人寿保险股份有限公司南通中心支公司
江苏永诚保险代理有限公司
上海环亚保险经纪有限公司南通分公司

## 连云港市保险行业协会

【协会主要工作】（一）协会顺利进行换届选举。2010年6月17日下午，连云港市保险行业协会在云台宾馆召开换届大会，江苏保监局副处长蒋汉春、科长孙惠，连云港市金融办主任李洪、市民政局处长陈卫出席会议，全市25家保险机构负责人参加会议。根据《协会章程》的有关规定，参会理事进行无记名投票选举，经会议选举产生协会第五届常务理事会，经无记名投票选举产生第五届理事会理事长、第五届理事会秘书长。

（二）进一步规范交强险的承保工作，特别是摩托车和拖拉机交强险的承保问题。年初，按照江苏保监局的有关指示精神，协会制订摩托车和拖拉机交强险的承保方案，为稳定连云港保险市场起到了积极作用；8月，按照江苏保监局的统一部署，协会积极开展财险公司风险排查工作，在市公安部门和农机部门的大力支持下，对在连云港市上牌年审的摩托车和拖拉机使用的外地保单进行风险排查，并及时将排查结果上报保监局。

（三）进一步规范企财险和车险的经营行为。各财产险公司为扭转财险行业连续亏损的尴尬局面，4月底和5月底，分别协商出台《企业财产保险实施细则》和《机动车辆保险2010年实施细则》，不仅降低了消费者的道德风险，也增强了财险公司的抗风险能力，为提高财险行业整体经营效益打下了坚实基础。

（四）进一步规范连云港市财产险招投标经营行为。为了更好地合理开发利用有限的保险资源，促进行业整体效益的提高，保证财产险招投标业务的公平、公正，9月3日，经各财险公司协商制订《连云港市保险行业协会财产险招投标管理规定》(连保协发[2010]33号)。

（五）进一步规范连云港市短期人身险市场秩序，实现产、寿险短期人身险业务联动，2010年9月28日，各寿险公司协商签订了《连云港市寿险公司短期人身险自律公约》。

（六）加强保险代理人电子化考试工作管理。保险代理人电子化考试管理工作一直是协会长抓不懈的一项重要工作。全年,协会共计召开3次考试中心考务管理工作会议,进一步规范考试组织工作、考场纪律、报名等有关事项,修订了《连云港市保险代理人电子化考试中心管理规定》。《管理规定》中,对资料报送、开考人数、考试流程等做出了详细规定;并建立送考管理员制度和试行流动监考制度,该制度的实施促进了考试中心的透明化管理,受到各寿险公司的好评。

(七)开展企财险自律检查工作。遵照江苏保监局的要求,并结合连云港市的实际情况,5月10–17日,连云港市非车险自律检查小组组织对全市各财产险公司企财险经营情况开展自律检查。检查结束后,经自律检查小组组长单位、自律检查领导小组多次会议商定,最终确认有3家公司6笔业务存在违约行为,并按照《连云港市保险业非车险行业自律公约》的相关规定,对违约公司进行了扣减违约保证金的处理。

(八)按照《连云港市寿险公司人员同业流动自律公约2009版》的相关规定,2010年3月16日至4月9日,连云港市寿险公司人员同业流动自律检查小组组织对全市寿险公司进行自律检查,重点检查寿险公司营销员持双证(资格证、展业证)办理业务代码情况。经查,有3家公司存有违规行为,并按照相关规定对违约公司进行了扣减违约保证金的处理。

(九)做好车险和企财险专业(兼业)代理手续费的结算工作。连云港市手续费结算中心于2009年10月成立,2010年共为12家财险公司、80余家专业(兼业)代理机构提供结算服务,共计结算手续费2725万元。

(十)做好银保业务销售误导专项自律检查工作。遵照江苏保监局的要求,并结合连云港市的实际情况,协会于11月12–17日,对全市各开展银邮代理业务的公司开展自律检查,并对检查中发现的问题分类进行处理,按时完成保监局交办的任务。

(十一)完成保监局委托的对筹建机构开业预验收工作。4月16日、7月28日、9月17日协会按照保监局要求分别对人保人寿、生命人寿、阳光人寿连云港中心支公司筹建处的营业场所、单证管理、业务系统、财务系统、计算机系统管理及人员管理等方面进行现场检验,并及时形成预验收报告上报保监局,经保监局批准,三家公司已在规定的时间内顺利开业。协会还协助保监局对泰康人寿和华康代理两家公司的保险个人代理人进行回访调查。

(十二)开展人身保险个人保单信息有奖查询活动。3月3日和7月4日,分别在《苍梧晚报》第二版投放了由省协会统一内容的广告。活动期间,协会工作人员分别走访参加活动的单位,并听取各家活动负责人对活动开展情况的介绍。

(十三)和市相关部门联合发文,促进保险业发展。1.为进一步加强全市医患纠纷调解工作和医疗责任保险制度建设,6月17日,协会和市卫生局、市司法局联合发文《关于印发〈加强医患纠纷人民调解和医疗责任保险制度建设若干问题的规定(试行)〉的通知》。2.为及时化解因交通事故产生的民事纠纷和社会矛盾,维护事故当事人的合法权益,7月19日,协会与市社会综治委办公室、市中级人民法院、市公安局、市司法联合发文《关于印发〈连云港市道路交通事故民事损害赔偿纠纷人民调解工作实施办法(试行)〉的通知》。3.为深入贯彻落实《国务院关于进一步促进中小企业发展的若干意见》,9月19日,协会与中国人民银行连云港市中心支行、银监会连云港监管分局联合发文《关于转发〈中国人民银行、银监会、证监会、保监会关于进一步做好中小企业金融服务工作的若干意见的通知〉的通知》。

【协会日常工作】 2010年,协会始终把提高保险行业形象,自觉地为会员公司服务,主动地帮助会员公司排忧解难,维护会员公司的利益,作为协会重要工作之一来抓。

(一)严格自律。1.为提高行业自律意识,协会组织了全市各保险公司总经理外出学习考察,通过学习交流,增强依法合规的经营理念。2.协会在2010年先后出台了三项自律协议,补充完善两项自律协议。3.公平公正严格处理违约经营。协会在查处违约工作中,较好地坚持依法合规、多方联动、公平公正、露头就打及激励与约束相结合的工作方法。2010年协会共发出6份处理通知(有1份属上年),分别对违犯自律协议的5家公司和相关人员进行通报或扣除违约金,使业内无序竞争、同行嫉妒、相互指责行为基本克服。

(二)依法维权,做好服务。1.充分发挥纽带作用,主动与市委、市政府等的有关部门沟通交流,维护保险行业的正当权益。2.协调处理好保险公司与客户的矛盾,协会以"一切从客户出发、一切为客户着想、一切对客户负责、一切叫客户满意"的"四个一切"服务宗旨协调处理好客户每一件投诉。2010年协会共收到群众来信来访案件50余次,来电咨询400余次,经过协会秘书处的积极协调,各类投诉都得到圆满解决,保障了保险公司和消费者的合法权益,为建设和谐社会发挥了积极作用。

(三)做好协调,促进发展。1.积极与地方党政等部门进行交流、沟通,尽力为各会员公司的经营创造良好的外部环境,协会多次与市政府、市公安局、市人民银行、市工商局、市农业局、市消费者协会、市治理商业贿赂领导小组等部门联系,进行交流和沟通,取得他们对协会工作的理解和支持。2.加大宣传力度,努力提高连云港市保险行业的形象,协会秘书处抓住"3·15消费日"的时机,积极组织会员公司开展广场宣传工作,展现保险行业整体服务水平,让更多的市民认识到保险对于稳定社会和造福人民的重要作用,进一步提高了民众对保险的认识。3.通过多种途径建立与新闻媒体的友好关系,增加保险行业的正面宣传报道、减少负面曝光。4.加强与市消费者协会的联系,处理好每件保险投诉,缩小投诉的社会影响面,由于协会的工作深入,现全市保险业在市消费者协会已有四名常务理事。

(四)相互交流,增进友谊。1.加强行业内部的交流与协调,努力实现市场竞争的良性循环。全年协会共召开了1次理事会、3次常务理事工作会议、4次产险总经理峰会、3次寿险总经理峰会,1次保险公司和中介代理公司会议、11次机动车自律执行小组会议、6次产险非车险自律工作会议、3次中介委员会委员会议、1次办公室主任会

议。对会员之间的信息沟通和一些重大问题及时进行磋商，解决会员之间出现的分歧和矛盾，为促进保险业健康发展起到了积极作用，并促进了同业公司的友好相待。2.及时做好会员公司经营数据的统计分析工作，按月做好业务统计和上报工作，并应会员公司的要求发至公司，为会员公司提供一个信息共享平台。

【高起点规范行业协会运作模式】 高起点地规范行业协会的运作模式尤为重要，协会不懈地加强自身建设，努力提高协会的执行能力和服务水平。

加强协会制度建设。2010年是协会换届后的第一年，协会进一步完善了各项内部制度，先后制订秘书处工作制度、财务管理规定、会议制度、电子化考试中心报考制度及考场纪律等多项管理规定和制度，以确保协会工作的正常运行。

加强协会内部团结，协会的重大事项都经过常务理会讨论决定，处理重大问题都坚持公平、公开、透明；针对投诉和被投诉的公司，协会坚持奖罚分明，会员公司之间有了矛盾，协会都出面沟通协调，提倡大事讲原则、小事讲风格，和谐共事。

【存在问题和不足】 一是工作的专业化、规范化和标准化有待加强，工作人员的专业知识和管理技能应进一步提升。二是在新签订的自律协议执行的过程中，仍发现有少数人在钻空子，个别公司违约行为时有发生。三是对寿险市场的关注力度较小，寿险公司目前正处于人员流失严重，增员难，业务发展难的调整阶段，有待协会组织各家寿险公司共同研讨解决方案。

连云港市保险行业协会组织机构设置

理事长：朱礼荣

秘书长：尹广志

理　事：夏欣欣　李　明　李　强　邹文盛　王成中　沈　涛　王长利　王　东　孟宪根　刘海举　王　勇　戴天禺　刘厚亮　顾　斌　霍丽丽　樊永生　曹鸿燕　龚　凯　顾军明　刘咏萍　郁光辉　董洪霞　吴晓松　黄　冲　雷　星　顾建国

秘书处机构设置：

办公室：王　琴

产险部：孙竹松

寿险部：王　琴

中介部：董　毅

考试中心：苏　亮

结算中心：张凤斋

会员单位：

中国人民财产保险股份有限公司连云港市分公司

中国人寿保险股份有限公司连云港市分公司

中国太平洋财产保险股份有限公司连云港中心支公司

中国太平洋人寿保险股份有限公司连云港中心支公司

中国平安财产保险股份有限公司连云港中心支公司

中国平安人寿保险股份有限公司连云港中心支公司

天安保险股份有限公司连云港中心支公司

泰康人寿保险股份有限公司连云港中心支公司

中华联合财产保险公司连云港中心支公司

华安财产保险股份有限公司连云港中心支公司

安邦财产保险股份有限公司连云港中心支公司

阳光财产保险股份有限公司连云港中心支公司

民生人寿保险股份有限公司连云港中心支公司

都邦财产保险股份有限公司连云港中心支公司

中国大地财产保险股份有限公司连云港中心支公司

中银保险有限公司连云港中心支公司

太平财产保险有限公司连云港中心支公司

中国人寿财产保险股份有限公司连云港市中心支公司

太平人寿保险有限公司连云港中心支公司

正德人寿保险股份有限公司连云港中心支公司

合众人寿保险股份有限公司连云港中心支公司

新华人寿保险股份有限公司连云港中心支公司

长安责任保险股份有限公司连云港中心支公司

华泰人寿保险股份有限公司连云港中心支公司

中国人民人寿保险股份有限公司连云港中心支公司

生命人寿保险股份有限公司连云港中心支公司

阳光人寿保险股份有限公司连云港中心支公司

## 淮安市保险行业协会

【着力规范市场秩序】 进一步增强行业自律意识。全年先后召开总经理高峰会12次，专题研讨会4次，采取多种形式加强从业人员特别是高级管理人员法律法规和监管政策的学习与贯彻。

进一步健全行业自律体系。根据行业发展现状，组织对产寿险高峰会的议事制度进行修改，为行业自律提供更加详细的制度保障。建立中介高峰会，加强对中介方面的自律管理，推动中介公司合规经营。同时，针对县区行业自律的薄弱环节，组织县区自律委员会换届选举工作，并根据县区自律工作的要求，重新修订自律委员会的职责，加强县区自律工作的力度。

进一步完善行业自律标准。为提升行业自律工作的层次，细化自律标准，协会对以往自律公约进行完善和修改，相继组织签署《淮安市机动车辆保险行业自律公约2010年补充协议（一）》及《补充协议二》、《淮安市摩托车交强险市场份额比例集中承保工作方案》、《淮安市财产险自主经营承诺书》等，确保行业自律符合行业的规范发展。

进一步加强市场自律检查。在市场发展相对平稳，经营秩序明显好转的情况下，协会突出车险与银邮代理业务两条工作主线，积极组织开展行业自律检查，切实加强各保险主体对行业自律严肃性和必要性的认识。全年，协会组织了两次财产险自律检查、两次银保误导销售自律检查、两次摩托车交强险承保专项检查。

妥善化解交强险承保难题。2010年，交强险承保难、投诉多的问题成为社会矛盾的一个热点。年初，协会一方面与市农机局协调，出台拖拉机交强险承保意见；另一方面根据江苏保监局意见，协会针对交强险承保问题在自律公约中进行了补充，制定摩托车、拖拉机交强险市场份额比例承保方案。同时在全省首家根据市场份额印发《承保指南》，使在淮各家财产险公司共同承担社会责任，并通过交管部门发放，较好解决交强险承保难的问题。

成功启动代理业务手续费统一结算工作。全年共结算1202笔中介业务，结算代理保费金额1.54亿元，支付手续费1250万元。因代理资格过期、超代理范围、超手续费标准等原因拒绝支付近20起，涉及核减手续费金额30余万元，有力规范了财险市场，降低了公司经营费用，规范了财产险公司代理业务手续费支付行为。

【履行服务职能】 加强与有关部门的协调工作，为行业发展创造良好的外部环境。协调市环保局出台环境污染责任险试点方案，推动环境污染责任保险在淮试点工作的开展，拓展保险服务领域；协调媒体正确宣传报道，营造良好舆论环境，发挥新闻媒体的正面宣传和引导作用；协调市人行调研银保业务，分析银行保险业务存在的主要问题及未来发展前景，为全市银保市场的健康平稳发展提供保障。协调市质监局在全省率先探索建立农业保险(种植业)标准化服务制度，进一步提高淮安农险在全国的影响力。

认真做好保险信访投诉工作，及时化解矛盾和纠纷。全年协会共接到投诉咨询电话400余人次，接待来访90人次，人民来信20余件，协会本着合法、合理、合情的原则做好调解工作，绝大部分信访投诉均得到妥善处理，有效维护了保险人和被保险人的合法权益。

加强行业内外交流工作，促进行业健康和谐发展。协会利用各种机会，采取多种形式及时向市委、市政府和金融办汇报工作，反映保险业发展过程中遇到的问题，提出保险业发展的意见，加强与相关部门的密切联系和交流，进一步增强各级领导和各部门对保险的了解，赢得了各级领导对保险的重视和支持。协会全年以“保险业科学发展座谈会”、“营造健康发展环境专题讨论会”、“行业自律务虚会”等形式召开十余场行业发展的交流研讨会，深入了解全市保险业发展过程中遇到的问题，研讨解决思路。

广泛开展行业宣传工作，提升保险行业社会美誉度。组织行业在“3·15”当日开展“放心消费创优年”诚信宣传活动，让社会各界了解2010年保险业诚信创建的主题和内容；组织寿险公司开展“人身保险个人保单信息有奖查询”，提高保险业服务水平，加大打击假保单的力度；组织保险公司向学校、街道、村委会和图书馆等社会各界开展《保险知识普及丛书大赠送》，促使社会各界深入认识、了解、学习保险知识。

加强代理人考试管理工作，把好代理人从业入口关。协会加强考试中心管理工作，完善考场设施，严肃考试纪律，严守工作制度，坚决杜绝各类舞弊事件发生，全年为近8500人提供考试服务，办理展业证7200余本，有力提高了代理人队伍素质，为合规展业打下了坚实基础。

做好新设保险机构预验收工作，协助保监局把好准入关。协会依照江苏保监局有关“新设保险机构(预)验收”的要求，加强对新设机构筹建工作指导，切实保证新设机构预验收工作质量。

2010年淮安市保险工作会议

【协会自身建设】 2010年，协会全面夯实基础建设，完善各项规章制度、细化工作分工、完善机构设置，使协会工作更加制度化、规范化、科学化。同时还根据江苏保监局有关协会工作考核办法的内容，细化落实到协会秘书处每个人，推动协会工作的进步。此外，协会还从四个方面加强自身建设：

一是开展党建工作。为解决部分保险从业人员的党员关系归属问题，发挥党员的先锋模范带头作用，建立和完善党组织在保险行业的战斗堡垒。协会启动地市级保险行业协会党建工作，在向江苏保监局党委、市委组织部企工委汇报后，得到肯定与大力支持。在接到批准成立淮安市保险行业协会党支部的通知后（苏保监党委字[2010]17号和淮组复[2010]30号文件)，协会于12月6日召开党支部成立大会，选举出支部书记。

二是公开会费使用。为加强对协会会费的监督和管理，充分保障会员公司对会费使用情况的知情权，保证每一笔会费使用的合理性、必要性，协会成立由会员公司总经理、财务经理、会计人员组成会费审查小组，主动向会员公司公开会费收支情况。

三是建立评价制度。为提高保险行业社会形象，增强保险行业规范经营意识，加强保险行业建设，经征求会员公司同意，在广泛采纳会员公司反馈意见的基础上，制定《淮安市保险行业协会

淮安保险行业荣获省级放心消费示范行业称号

会员公司评价方案（试行）》，此方案得到江苏保监局和市金融办的肯定。

四是启动档案建设。档案作为一种信息资源，是协会工作的真实记录，是与协会同步发展的无形资产，是一种宝贵的精神财富。协会启动档案建设工作，全面对近十年来协会的文件资料进行详细梳理，分类归档，重现协会发展历程。

【推进诚信建设】 深入开展诚信教育。2010年在全行业开展了“保险从业人员行业准则”专题教育活动，提高从业人员合规经营意识，进一步规范员工职业操守。

加强代理人管理工作。对全市7000多名代理人“两证”持有率开展检查，确保持证率达100%，确保代理人持证上岗、亮证展业的诚信要求被贯彻落实，为诚信营销打好基础。

举办代理人评比活动。以“敬业爱岗、严于律己、尊重保户、诚信服务”为基本条件，以规范保险代理人职业行为、树立行业典型形象、弘扬优秀代理人精神为目的，在全市代理人中开展“优秀保险代理人”评比活动，共评选出了94名优秀保险代理人。

申创全省“平安金融”行业。结合全省“平安金融”创建活动，通过安装摄像探头、CK报警、制度建立健全等方式提高全市保险机构“软件、硬件”水平，提升保险消费环境安全度。

**淮安市保险行业协会组织机构设置**

理 事 长：高新华

副理事长：支养淮；高　巍

秘 书 长：顾志明

副秘书长：欧长友

理　　事：夏善忠　祖忠阳　陈　敏　朱向阳　王士柏　蔡谢群　陶化宝　陆　剑　胡向荣　孙亚东　赵建玉　陈允志　王　昭　施大海　殷振炎　汤月梅

秘书处机构设置：

综合部：王彬森　徐礼云　支焕南

业务部：朱海明

考试中心：邱文梅　黄立云

会员单位：

人保财险淮安市分公司
中国人寿淮安市分公司
太平洋产险淮安中心支公司
太平洋人寿淮安中心支公司
平安财险淮安中心支公司
平安人寿淮安中心支公司
天安保险淮安中心支公司
泰康人寿淮安中心支公司
中华联合财险淮安中心支公司
太平人寿淮安中心支公司
大地财险淮安中心支公司
合众人寿淮安中心支公司
华安财险淮安中心支公司
新华人寿淮安中心支公司
安邦财险淮安中心支公司
人保寿险淮安中心支公司
阳光财险淮安中心支公司
江苏华邦代理淮安分公司
中国人寿财险淮安中心支公司
江苏盛大众联代理公司
渤海财险淮安中心支公司
江苏中诚销售公司
都邦财险淮安中心支公司
江苏金鑫销售公司
中银保险淮安中心支公司
江苏爱建代理公司
长安责任淮安中心支公司
江苏恒瑞达代理公司

## 盐城市保险行业协会

【行业自律】 围绕监管要求，严把自律关。协会以中国保监会70号文件为抓手，紧密围绕“维护行业利益，确保扭亏增效”的行业发展目标，将规范车险市场发展作为着力点，根据市场经营现状和发展实际，对《盐城市机动车辆保险行业自律公约08版》进行修改和补充完善，取消交强险手续费支付、提高高风险车型保费充足率、降低车险经营风险，车险综合成本率从2009年的116%下降到2010年底的102%，较2009年减亏9317万元。协会制定《盐城市非车财产险行业自律公约》和《非车财产险“见费出单”自律公约》。2010年底市产险行业顺利实现盈利2800万元；紧紧把握中国保监会《保险从业人员行为准则》和中国保险行业协会《保险从业人员行为准则实施细则》、江苏保监局、江苏银监局2008年122号文件及2010年36号文件出台的契机，以银邮代理业务合规经营、营销员队伍建设为重点，修订完善了以《盐城市银行代理保险业务自律公约》（2011版）、《盐城市银行代理保险业务自律决议》、《保险营销员管理实施细则》（2010版）、《盐城市保险营销员业内流动自律公约》（2010版）、《盐城市违规保险营销员行业惩戒自律公约》为基础的自律体系，在制度上确保行业自律更加贴合行业的发展实际。

加强组织引导，严把渠道关。随着当地保险市场的快速发展，县域自律及中介自律的要求日益迫切。协会通过"建立组织架构、制定规章制度、强化渠道管理"的铺设模式，积极搭建县域、中介自律组织架构及交流平台，历时2个月完成了7个县（市）产、寿险自律组织的铺设工作，成立县域自律执行委员会。根据江苏保监局加强中介监管的要求及市场发展形势，设立协会专业中介委员会，逐步吸纳8家保险代理法人机构和1家分支机构成为协会会员。先后出台《盐城市保险行业协会县域保险自律执行委员会工作条例》和《工作职责》、《盐城市保险行业协会中介专业委员会工作规则》、《盐城市保险中介专业机构自律公约》，让行业自律的触角有效覆盖保险业务经营管理的各个领域，使公司的经营在行业内做到自身管控有章可循，有章可依，形成了全局联动、城乡一体的自律态势，弥补盐城市多年来县域自律及中介机构行业自律的空白，促进了行业健康和谐发展。

抓好督导检查，严把实效关。协会积极完善行业督查机制，继续巩固和加强与第三方的合作制度，引入会计师事务所直接参与交强险承保工作自律检查及非车财产险行业自律检查，累计核查车辆交强险保单54464笔、非车险检查涉及金额7546万元，经产险自律执行小组研究，对违法拒保、违约经营的保险公司进行了自律处罚；多渠道多方面规范银邮代理业务，进行银邮代理业务的综合治理。与市银监局、银行业协会通力合作，组织开展了全市寿险行业银保业务专项检查2次，对26家银行网点进行明查暗访，围绕银邮兼业代理单位销售资格、双方合作协议、销售人员资格和培训管理等内容多次开展自查自纠工作，查找问题、分析原因、落实整改。特别是在2010年江苏保监局部署的省银保业务销售误导专项自律检查工作中，协会认真谋划、周密部署，取得了扎扎实实的成效，成绩斐然。协会还积极发挥手续费结算中心职能，全年累计结算7915.12万元，其中产险3895.42万元，寿险4019.7万元，为构建"人守法、事合规"的行业内控体系打下坚实的基础。

**【创新加快发展新举措】** 紧扣团委建设环节，促进组织职能深化。为充分调动全市保险业广大青年员工的工作热情，发挥共青团的组织桥梁和纽带作用，由协会申请，在共青团盐城市委的悉心指导下，于2010年11月4日成立共青团盐城市保险行业协会委员会，组织隶属于盐城市社会组织团工委。团委成员由协会、人保财险、中国人寿等21家保险机构团书记计23人组成。旨在通过行业团建工作，加强对行业内团员青年的教育和管理，引导行业团组织和团员青年形成合力，服务行业促发展、服务青年聚合力、服务社会树形象，提升行业发展活力。

紧扣人民调解环节，降低市场经营风险。城市化进程的日益推进使道路交通安全已成为社会关注的焦点。为提高全市交通事故处理效率，协会在积极开展交通事故快速理赔中心工作的同时，3月与市交巡警支队、人保财险盐城市分公司先行试点开展交通事故人民调解工作，在取得成效的基础上，8月会同市综治办、法院、公安部门联合发文，出台《关于在全市交通事故损害赔偿处理中推行人民调解制度的实施意见》，在全市（县）范围内，各级产险机构进驻交警支队事故科进行驻点办公并参与交通事故损害赔偿人民调解委员会调解工作。全年累计调解各类案件56起，作为首家试点的人保公司仅此项工作减少水分赔付185万元，成为全省交通事故人民调解工作的典型和模板。

紧扣社会民生环节，维护行业发展稳定。以车辆保险特别是交强险承保维稳工作为重点，面对具体问题，排除不利因素，积极与市政府、农工办、农业机械局、客管处、农机监理所等部门协调合作，研究制定并组织实施盐城市摩托车、拖拉机交强险按区域承保方案及市区出租车车辆保险承保办法，并通过推广农机驾驶员意外伤害保险，合理上浮出租车行业整体车险费率，打造市区出租车驾驶员诚信平台，实行出租车驾驶员"黑名单"制度等一系列有效措施，有效缓解了农机、出租车承保难、保险公司承保亏损的局面。特别是出租车车辆保险总体赔付率从2009年的265%降低至113%，探索出了一条化解社会矛盾、权衡行业利益的"共赢"之路。

**【营造稳步发展新形象】** 强化诚信建设，提高知晓率。行业坚持"以行风抓诚信，以诚信促发展"的指导思想，切实把行风建设与当前中心工作、学习先进典型、争先创优活动等结合起来，进一步深化行风建设效能。通过定期组织召开座谈会，实行行风监督员议事制度，突出民主评议行风"回头看"、行业放心消费创建等工作，倾听社会呼声、查找存在问题、改进工作作风、提高服务质量，实现行风建设工作的常态化和制度化，形成行政监管、自律督导、企业内控和社会监督的全方位、多层次建设体系，为促进全市保险业持续健康发展提供强有力的支持。

推进行业合作，提高参与率。充分发挥协会的桥梁纽带作用，加强与政府有关部门的工作对接，争取政府部门的

保险知识普及丛书赠书仪式

重视，为保险业的发展创造环境。认真承办市政协六届三次会议提案，针对委员提议，进行调查了解，化解矛盾、解决问题。密切行业合作，与市人行、银行业、证券业组织开展“平安金融创建”、“金融行业文明单位创建”等活动。活动中，参创的33家市级保险公司全部荣获“平安金融单位”称号。积极参与2009年度十大金融人物评选活动，加大行业宣传力度，提高保险企业知名度。加强与大众报业集团、电视台等新闻媒体的沟通，形成良好的合作关系，强化正面宣传报道，扩大行业影响，减少负面效应，将行业发展提升到一个新的高度。

开展主题活动，提高受惠率。以“诚心、放心、爱心”为年度宣传组织活动主题，按照部署，在全市范围面向全市各级政府、学校、企事业单位，开展《保险知识普及丛书》赠书活动，共捐书8000本，提升全民保险知识水平和风险防范意识。认真开展盐城市保险服务宣传月活动，借助评选盐城市保险行业第四届“优秀保险个人代理人”及“保险十大明星”的契机，向社会展现行业队伍的风采，极大地激发了全行业从业人员的热情。积极参与组织“关爱生命，拯救白血病儿童”爱心慈善演唱会，活动中向白血病儿童捐款20多万元，展示了盐城市保险业的良好形象和整体素质。

**【整合资源与强化服务】** 严格要求，在“完善好”上做文章。面对新形势的要求，协会及时修订《盐城市保险行业协会章程》，进一步建立健全协会规章制度、工作流程，明确职责、规范行为，制定《盐城市保险行业协会议事规则》，充分发挥各主体议事决策权，营造民主、公平的行业发展氛围；按照江苏保监局规范保险社团财务管理的要求，切实加强协会财务内控制度建设，结合市政府纠风办、物价局联合对协会收费项目的专项检查，积极开展“小金库”专项治理和财务“回头看”工作，强化内、外部督查，确保会计资料的合法、真实、准确和完整；在行业管理上，成立盐城市保险行业协会协调工作委员会，建立会员公司考核评价机制，确保协会各项工作流转有序、落到实处；转变协会发展固有模式，加强协会秘书处队伍建设，加强市场调研，落实行业性课题研究工作，强化秘书处工作人员法律法规等专业知识的学习和应用，提升应对各类复杂情况的能力，在协会内部开展创先争优活动，激发秘书处工作人员的工作激情和动力。

注重实效，在“落实好”上下功夫。在江苏保监局的授权下，2010年对幸福人寿、中宏人寿、泛华保险代理公司等3家机构进行开业预验收，对阜宁安康代理公司进行许可证到期换证预审核等工作。通过实地核查、现场谈话、考试摸底、影像留存、文字记录等流程，切实提高预验收、预审核工作的质量，确保工作不留死角。全面开展产、寿险风险排查工作，紧抓打击“三假”、“个人保单有奖查询”、“打击非法集资”等工作，防范行业在业务发展、队伍管理、内控合规等方面风险。工作中，产险累计核查保单3000余份，责令违规挂牌机构拆牌5家。寿险发现假保单案件1起。共向市公安局经侦支队报案2件。特别是在排查范军旗假保单案件中，协会思想重视行动快，按照江苏保监局的紧急电话指示精神，迅速部署行业排查工作，主动跟进，密切关注，采取有效措施，切实维护了人民群众的切身利益和保险行业的合法权益，防范和化解了行业风险。

创新思路，在“服务好”上见成效。认真组织保险代理人资格考试工作，通过督促公司考前培训，加强考务流程管理，以制定《互动双向测评办法》、设立考场流动监考员、出台《盐城市保险个人代理人资格考试违规处理办法》等一系列有效措施，实施协会、考生、参考单位“三位一体”的监督机制，确保考试公平、公正、公开、严格。协会还积极推进保险从业人员参加寿险管理师、理财师和规划师等资格考试。2010年春、秋季考试累计参考218人次，通过63人次；认真开展信访受理工作，全年共接受社会各类信访投诉240件，协调解决226件，结案率达94%。根据信访数量较大、矛盾较为突出的特点，协会不断完善信访投诉受理机制，制订信访案件异动追踪制度，与江苏保监局法制处、产险处等相关部门形成信息对接机制，对重点问题、异动情况实行上报制度，有效化解社会矛盾，维护了消费者权益。

滨海县县城自律委员会成立会议

盐城市保险行业协会组织机构设置

会　长：姜志斌

秘书长：朱志旺

常务理事：姜志斌　朱志旺　曹志平　王　军　陈旭东　沃　军　殷　辉

秘书处机构设置：

综合管理部：王　晶　蔡中源　沈　洁　吉粉巧　刘书青

电子化考试中心：李晨辉　许　琳

会员单位：

中国人民财产保险股份有限公司盐城市分公司

中国人寿保险股份有限公司盐城市分公司

中国太平洋财产保险股份有限公司盐城中心支公司

中国太平洋人寿保险股份有限公司盐城中心支公司

11月4日，共青团盐城市保险行业委员会成立大会

中国平安财产保险股份有限公司盐城中心支公司
中国平安人寿保险股份有限公司盐城中心支公司
天安保险股份有限公司盐城中心支公司
新华人寿保险股份有限公司盐城中心支公司
中华联合财产保险公司盐城中心支公司
太平人寿保险有限公司盐城中心支公司
泰康人寿保险股份有限公司盐城中心支公司
民生人寿保险股份有限公司盐城中心支公司
合众人寿保险股份有限公司盐城中心支公司
华安财产保险股份有限公司盐城中心支公司
安邦财产保险股份有限公司盐城中心支公司
生命人寿保险股份有限公司盐城中心支公司
中国大地财产保险股份有限公司盐城中心支公司
阳光财产保险股份有限公司盐城中心支公司
嘉禾人寿保险股份有限公司江苏分公司盐城营销服务部
中银保险有限公司盐城中心支公司
中国人寿财产保险股份有限公司盐城市中心支公司
华泰人寿保险股份有限公司盐城中心支公司
渤海财产保险股份有限公司盐城中心支公司
恒安标准人寿保险有限公司江苏分公司盐城营销服务部
都邦财产保险股份有限公司盐城中心支公司
华夏人寿保险股份有限公司盐城中心支公司
信泰人寿保险股份有限公司江苏分公司盐城营销服务部
中国人民人寿保险股份有限公司盐城中心支公司
中德安联保险有限公司江苏分公司盐城营销服务部
阳光人寿保险股份有限公司盐城中心支公司
正德人寿保险股份有限公司盐城中心支公司
长城人寿保险股份有限公司盐城中心支公司
长安责任保险股份有限公司盐城中心支公司
平安养老保险股份有限公司盐城中心支公司
幸福人寿保险股份有限公司盐城中心支公司
中宏人寿保险有限公司江苏分公司盐城营销服务部
盐城中易保险代理有限公司
盐城星华保险代理有限公司
江苏后羿新诚保险代理有限公司
江苏宏泰保险代理有限公司
盐城万帮保险代理有限公司
江苏人和安邦代理有限公司
盐城泰和保险代理有限公司
江苏金阳光保险代理有限公司
江苏华邦保险代理有限公司盐城分公司

## 扬州市保险行业协会

**【以规范市场秩序为重点强化行业自律】** 修订完善各项自律公约。按照全省组织签定的自律标准，结合扬州市保险业发展实际，扬州市协会对机动车辆保险和非车财产险自律公约作了修订完善，先后组织签定《扬州市机动车辆保险行业自律公约2009版补充协定》、《补充协定(二)》和《扬州市非车财产险“见费出单”行业自律公约》。车险的两个补充协定要求各公司按照监管规定认真做好交强险承保工作，并明确取消交强险手续费，规定警车、普通囚车按照其行驶证适用对应的机关非营业客车费率。《非车险见费出单自律公约》明确了非车险见费出单的操作标准、操作流程等，制定了相关违约责任。

组织开展产险行业自律专项检查。根据江苏保监局的统一部署和要求，扬州市协会组织力量，集中时间，并继续引入第三方对全市23家财产保险公司财产险业务进行自律检查。通过检查，可以看出各产险公司对车险、非车险各项自律公约都十分重视，公约执行情况总体良好。但在检查中也发现一些问题，如优惠系数使用不准确、经营费用数据不真实等，协会按照行业自律公约对违约公司进行了违约处理，并要求相关公司认真做好整改工作。引入独立第三方介入行业自律检查，是江苏保监局探索解决长期以来保险行业协会自律检查权威性不高、专业性不强、公正性遭怀疑等难题的尝试，实施两年多来大大提高了自律检查的权威性与公正性，弥补了监管力量不足的缺陷，达到延伸“监管之手”的目标。

组织开展银保业务自律检查。根据《关于开展银保业务销售误导专项自律检查的紧急通知》(苏保监办发〔2010〕105号)要求，协会于11月9日至13日组织对全市各人身险公司1-9月银行保险业务进行了自律检查。从检查的总体情况来看，扬州市银保市场的基本面是好的，销售误导、夸大收益等违规行为得

到有效遏制，市场秩序逐步规范，但各人身险公司与各银行签定的手续费标准高低不一，且均高于自律公约的有关规定。协会将在江苏保监局的指导下，规范手续费支付，促进银行保险业务健康有序发展。

积极建立中介自律组织，开展中介行业自律。为加强中介行业自律，经四届二次常务理事会同意，协会成立了扬州市保险行业协会中介专业委员会，选举产生主任委员，领导中介会员开展自律工作。并于9月27日组织签定《扬州市保险专业中介机构自律公约》，这是扬州市保险市场组织签定的第一个专业中介类自律公约。公约明确了要按照规定向保险公司开据《保险中介服务统一发票》、不得为保险公司虚开《保险中介服务统一发票》等相关自律规范，并制定违约处理细则，有效规范了专业中介市场秩序。

积极协调处理摩托车交强险问题。由于摩托车交强险业务处于严重亏损等多方面原因，2009年底以来，各产险公司均不愿承保摩托车交强险业务，造成广大摩托车车主投保难，信访投诉量不断上升。协会多次召开产险公司总经理联席会议进行协调，决定从1月25日起在全市对摩托车交强险实行按市场份额比例承保。该措施的实施，有效缓解了摩托车交强险购买难的问题，保护了广大群众及摩托车车主的合法权益，维护了社会稳定。同时，还根据7月1日起摩托车交强险承保进行系统出单的新规定，对摩托车交强险承保方案进行及时调整，将全市辖分为6个区域集中承保，由前6家业务规模较大的公司负责承办，其他公司按照市场份额分配承保数量，由各公司在柜面自行承保。

【以公司需求为导向提高服务能力】

与市委、市政府沟通协调，争取政策支持。2010年，协会多次向市政府做了书面汇报，内容涵盖全省保险业情况通报会精神、全市保险业运行情况、安排就业人员情况、保险业发展面临的形势以及恳请市政府帮助解决的问题等，争取政府及相关部门对保险业工作的支持。

组织开展科技保险调研工作。会同市金融办、市财政局等相关部门以及人保财险赴苏州、无锡两地，就科技保险试点情况进行专题调研，并由市金融办牵头向市政府提交关于推进科技保险工作的请示，已获市政府同意。

主动提供信息服务，引导行业服务地方经济发展。协会积极与政府相关部门沟通联系，掌握全市经济发展动向，以行业信息特刊的形式印发《扬州市2010年重点项目投资计划》，涉及工业、农林水利、综合交通、城建及生态环保等328个项目，总投资规模2587亿元，其中2010年计划投资756亿元，帮助公司有针对性地拓展业务，促进保险产品与市场需求有机结合。主动为会员公司提供信息服务、引导行业服务地方经济社会发展的做法，得到江苏保监局谢宪局长等几位领导的批示肯定，也得到各会员公司的认可。

举办管理人员培训班，提高依法合规经营意识。为进一步提高全市保险机构高级管理人员依法合规经营意识，促进扬州保险业又好又快发展，协会分别于10月中下旬举办全市财产保险公司、人身保险公司管理人员培训班，邀请江苏保监局有关同志现场授课。全市各保险公司的领导班子成员、县级机构负责人、业管部经理及保险专业中介机构负责人近200人参加了培训。通过培训，使全体管理人员认清了保险业依法合规经营、防范化解风险、保护保险消费者利益工作的重要性和必要性，同时也进一步提高了管理人员的业务素质和理论水平。

改版信息期刊，提升行业形象。2010年，协会对《扬州保险信息》进行全新改版，并将封面彩版印刷。改版后的《扬州保险信息》新增"理论研究"、"八面来风"、"保险课堂"等多个子栏目，进一步丰富了期刊内容，提高了期刊的可读性。赠阅范围也进行了扩大，每期都及时寄送给江苏保监局、市委、市政府等各机关部门和各公司领导班子成员、各级管理骨干。

【完成江苏保监局委托的各项工作】

完成机构预验收工作。严格按照江苏保监局有关文件要求，认真完成对新设保险公司、保险中介机构的预验收核查工作，及时形成报告材料上报江苏保监局，为江苏保监局批准设立机构提供了详实依据。2010年共对金盛人寿、英大泰和、幸福人寿等3家保险公司和华鹏、大童等2家中介机构进行预验收。

积极完成江苏保监局委托的高管问卷调查工作。定期开展保险机构高管人员问卷调查，是江苏保监局全面了解保险市场信息的创新举措。协会按照江苏保监局的要求，将每季度高管调查问卷及时分发至各保险公司，要求各公司主要负责人按照内容实事求是填写，并及时将调查问卷报送给江苏保监局，为江苏保监局更好地了解和掌握扬州保险市场动态奠定了坚实的基础。

继续做好保险代理人电子化考试工作。严格执行《江苏省保险行业协会电子化考试中心及分中心工作流程》等相关规定，严肃考场纪律，加强内部管理，不断提升考场的管理和服务水平，顺利完成各场次代理人考试工作。2010年，共组织考试498场，考试人数10404人，通过6697人，通过率为64.37%。

【加强与政府部门的工作联动】 组织做好拖拉机交强险费率调整工作。与市金融办、市农机局联合出台了《关于切实做好拖拉机交强险和农机政策性保险实施工作的意见》，加快推进拖拉机交强险和农机政策性保险工作，切实服务"三农"发展。

积极参与全市平安金融创建工作。协会根据全市平安金融创建领导小组的部署和要求，积极组织会员公司落实创建活动的各项措施，努力构建人防、技防、物防"三位一体"的防范体系，打造良好的保险生态环境。

组织全行业集中走进扬州广播电台"行风热线"栏目。"行风热线"是由扬州市纠风办与市广电总台联合主办的大型新闻直播节目，主要邀请职能部门负责人上线与群众互动，在广大市民中具有较大影响力。2010年，协会以及全市2009年底前成立的44家保险公司集中走进扬州广播电台"行风热线"栏目，接受市民在线咨询，答疑解惑。此次集中上线，进一步普及了保险知识，宣传了保险的功能作用，提升了行业社会形象。

与市中级法院探索建立道损类案件调解机制。近年，随着经济社会的发展，道损类案件显著增多，纠纷以案件的形式大量涌入法院，受案量的剧增与司法资源的有限，难免带来纠纷解决的迟延与案件的积压，而调解具有明显的程序快捷、对抗程度低等优点，同时由于调解处理结果是在法院主持下，在双方当事人互谅互让的基础上达成的，故易于得到双方当事人的承认和自觉履行，有助于案件的妥善处理。协会与市中级法院通过召开专题座谈会等形式，建立健全相关机制，促进道损类案件调解工作的顺利开展。

【协会自身建设】 与保险学会秘书处合署办公。扬州市保险学会自1993年11月成立以来，在保险理论研究和学术交流方面开展了一系列活动，对促进扬州保险业的持续健康发展做出了贡献。由于多方面原因，保险学会多年来基本处于停滞状态。经两会主管部门同意，协会与学会秘书处现合署办公，利用协会现有工作平台，实行两块牌子、一套班子，共同发挥好协会的自律与服务、学会的研究与服务的职能。

调整秘书处内设机构。为适应行业自律和为会员服务工作的需要，加快秘书处职业化、专业化建设，提高服务会员公司的能力和水平，协会对秘书处内设机构进行了重新调整，将综合管理部改为办公室，设立手续费结算中心，并根据秘书处工作架构，完善了各部门、各岗位工作职责，强化了秘书处员工的工作责任感。

完善秘书处制度建设。为加强协会秘书处的管理，做到用制度管人、管事，使秘书处工作做到有章可循，对原有秘书处规章制度进行修订和补充。新制定的《扬州市保险行业协会管理制度汇编》共12项，包括《人事管理办法》、《考勤制度》、《会议制度》、《考核管理办法》等，这些规章制度的修订完善，有力地推动秘书处的规范发展。

注重学习培训，提高员工整体素质。坚持学习制度，多次组织秘书处员工集中开展学习培训，重点学习法律法规、监管政策和行业自律公约等，以提高秘书处工作人员的政策水平、工作能力、服务意识。同时还定期购买保险专业书籍，供员工学习提高，并鼓励员工继续学习深造，取得更高一级学历，提高秘书处员工的整体素质。

### 扬州市保险行业协会组织机构设置

理事长：张建平

秘书长：蒋汉春

副秘书长：姚步阶

常务理事：杨玉宏　张建平　吴　华　刘　枫　马　勇　徐有林　江海东　姚顺利　谢　飞　周立军　蒋汉春

秘书处机构设置：

办公室：吴小峰　殷　瑛

业务部：倪　亮　孙　阳

考试中心：刘珊珊　陈　凯

会员单位：

中国人民财产保险股份有限公司扬州市分公司
中国人寿保险股份有限公司扬州市分公司
中国太平洋财产保险股份有限公司扬州中心支公司
中国太平洋人寿保险股份有限公司扬州中心支公司
中国平安财产保险股份有限公司扬州中心支公司
中国平安人寿保险股份有限公司扬州中心支公司
泰康人寿保险股份有限公司扬州中心支公司
天安保险股份有限公司扬州中心支公司
新华人寿保险股份有限公司扬州中心支公司
大众保险股份有限公司扬州中心支公司
中华联合财产保险股份有限公司扬州中心支公司
民生人寿保险股份有限公司扬州中心支公司
生命人寿保险股份有限公司扬州中心支公司
中国大地财产保险股份有限公司扬州中心支公司
永安保险股份有限公司扬州中心支公司
华安财产保险股份有限公司扬州中心支公司
太平人寿保险有限公司扬州中心支公司
太平财产保险有限公司扬州中心支公司
安邦保险股份有限公司扬州中心支公司
合众人寿保险股份有限公司扬州中心支公司
阳光财产保险股份有限公司扬州中心支公司
恒安标准人寿保险有限公司江苏分公司扬州营销服务部
嘉禾人寿保险股份有限公司江苏分公司扬州营销服务部
都邦财产保险股份有限公司扬州中心支公司
华泰人寿保险股份有限公司扬州中心支公司
华泰财产保险股份有限公司扬州中心支公司
中国人寿财产保险股份有限公司扬州市中心支公司
国泰人寿保险有限责任公司江苏分公司扬州营销服务部
海康人寿保险有限公司江苏分公司扬州营销服务部
永诚财产保险股份有限公司扬州中心支公司
渤海财产保险股份有限公司扬州中心支公司
信泰人寿保险股份有限公司江苏分公司扬州营销服务部
光大永明人寿保险有限公司扬州中心支公司
中国人民人寿保险股份有限公司扬州中心支公司
华农财产保险股份有限公司扬州中心支公司
美国友邦保险有限公司江苏分公司扬州营销服务部
中宏人寿保险有限公司江苏分公司扬州市营销服务部
民安保险（中国）有限公司扬州中心支公司
中银保险扬州中心支公司
安诚财产保险股份有限公司扬州中心支公司
长安责任保险股份有限公司扬州市中心支公司
平安养老保险股份有限公司扬州中心支公司
中英人寿保险有限公司江苏分公司扬州营销服务部
中意人寿保险有限公司江苏省分公司

扬州营销服务部

阳光人寿保险股份有限公司扬州中心支公司

天平汽车保险股份有限公司扬州中心支公司

中国人民健康保险股份有限公司扬州中心支公司

紫金财产保险股份有限公司扬州中心支公司

江苏泛华联创保险代理有限公司扬州分公司

江苏万事安保险代理有限公司

扬州公平保险代理有限公司

扬州嘉惠保险代理有限公司

江苏华鹏保险代理有限公司扬州分公司

## 镇江市保险行业协会

【推进行业持续快速健康发展】 保险机构有序增加。截至2010年末，全市现有保险地市级机构49家，其中产、寿险公司各22家，专业中介机构5家(其中法人机构2家)，兼业代理网点535个。保险从业人员11891人，其中正式员工2350人，营销员8481人，兼业代理人1060多人。保险业务持续快速发展。2010年全行业共收取保费54.04亿元，比上年增长32.6%，其中产险保费11.38亿元，比上年增长35.5%，寿险保费42.66亿元，比上年增长31.8%。

【以规范市场为重点强化行业自律】 建立和完善行规行约。协会出台或修订补充12部自律公约或行业规定，为全行业共同遵守监管规定，规范经营秩序，提供了自律依据。

持续组织行业自律检查。协会全面采用聘请会计师事务所为独立第三方，聘请行风监督员为暗访检查员，组织开展7次全市规模的自律检查，依约查处违约行为。

提升检查后的服务水平。协会将自律检查由处罚转为以整改服务为目的。2010年根据两次银保业务检查中发现银行网点代理许可证和代理人资格证混乱、无证或过期失效的情况较普遍的情况，协会通过检查，对现有网点逐一登记核实，为各寿险公司提供银保代理建档管理服务。针对财产险公司代理手续费支付存在的问题，协会在成立车险手续费结算中心的基础上，将非车险手续费也纳入中心统一结算。

【加强行业协调】 协调解决交强险投保难矛盾。协会一方面引导保险公司承担社会责任，不得拒保交强险；另一方面倡导公司合理调整承保方案，努力提升公司的经营水平和盈利能力。对摩托车、拖拉机交强险，协会采用按市场份额进行集中承保的方式，缓解投保难的矛盾。

【深入开展信用建设】 坚持开展创优评选活动。协会开展了第三届保险业诚信服务创优评选活动，评选出12家先进单位、150名先进个人和优秀营销员，在业内外进行广泛宣传表彰。同时部署第四届“保险业诚信服务创优活动”。

创建英模表彰奖励基金。为彰显行业形象，弘扬革命英雄主义，协会制定了《镇江保险业英模表彰奖励制度》，并通过各公司捐助设立了奖励基金。

发挥行风监督员作用。协会与每个监督员保持密切联系，每季度召开行风通报会。协会与社会各界需沟通的事宜，均得到行风监督员的帮助和支持，取得了很好的效果。

组织参加地方创建活动。协会先后组织公司参加了：全省开展的“平安金融”创建活动，参与公司2010年全部考核达标；全省开展的“放心消费”创建活动，创建活动的公司均按期完成达标工作；镇江市开展的“企业诚信经营联盟”等活动。

【加强与政府沟通支持行业发展】 针对社会对车险投诉较多，协会及时向市金融办和分管领导汇报，并与市政府信访办、12345热线、市工商局、物价局、消协沟通，做好正面宣传工作，取得理解和支持。

镇江市车险理赔中心移交市公安交警直管后，协会仍然协助交警部门做好管理工作。

协会配合市农委继续做好农业保险试点工作；组织法院与公司召开座谈会，推进保险诉案的调解工作；与市公安经警大队联动，建立“打三假”的协同机制；会同市安监局推行高危行业责任险的试点工作；协助市卫生局做好医院医疗责任保险的推进工作；配合市环保局开展环境污染责任保险；配合市住建局做好建工责任保险工作；配合市政府招标采购中心做好党政机关事业单位保险招标工作。

【加强业内协调管理】 建立有效的协商平台。协会充分利用议事规则和协商机制，先后组织召开各类协商会达40多次，及时对业内的矛盾和分歧进行沟通、协调，为创造和谐的内部环境做出努力。

稳妥处理各类投诉案件。全年协会共接待咨询信访投诉1979件，其中投诉立案45件。对各类投诉或来访，做到件件有着落，事事有回复。

营销员管理工作。协会以行业自律公约为依据，从营销员申办展业证登记着手，对不符合流动条件的，坚决予以制止；对违反行业规定的营销员，协会采用自律谈话、业内警告和列入黑名单的办法，促进了营销员队伍的健康发展。

信息交流工作。协会利用每月编发的《简报》、《信息剪辑》、《业务统计报表》及协会网站等信息交流平台，及时反映镇江保险业的发展动态、交流同业经验、宣传法规政策。

【完成监管委托事项】 协会积极履行辅助管理职能，认真做好保监局授权委托的各项工作任务。按时完成新机构预验收工作、高管人员调查工作、专项检查配合工作。认真组织保险代理人从业资格考试工作和资格证换发工作，全年共组织8782人参加考试，通过5301人，合格率60.36%，共换发资格证1234本。

【协会自身建设】 2010年协会新增会员公司4个，现共有会员单位40个。协会秘书处共6名工作人员，每人身兼数职，工作量较大，但都恪尽职守，不断学习进取，增强政治意识、责任意识、服务意识和工作技能，努力完成好各项工作任务。

### 镇江市保险行业协会组织机构设置

理事长(会长):黄　俊(中国人寿保险股份有限公司镇江分公司　总经理)

秘书长:褚和平

常务理事:戎　军(中国人民财产保险股份有限公司镇江分公司总经理)

杨宁国（太平洋财产保险股份有限公司镇江中心支公司总经理)

韩建玲（太平洋人寿保险股份有限公司镇江中心支公司总经理)

张雪冰（平安财产保险股份有限公司镇江中心支公司总经理)

张　劼（平安人寿保险股份有限公司镇江中心支公司总经理)

秘书处机构设置:办公室、镇江考试分中心

会员单位:

中国人民财产保险股份有限公司镇江市分公司

中国人寿保险股份有限公司镇江市分公司

中国太平洋财产保险股份有限公司镇江中心支公司

中国太平洋人寿保险股份有限公司镇江中心支公司

中国平安财产保险股份有限公司镇江中心支公司

中国平安人寿保险股份有限公司镇江中心支公司

新华人寿保险股份有限公司镇江中心支公司

天安保险股份有限公司镇江中心支公司

大众保险股份有限公司镇江中心支公司

泰康人寿保险股份有限公司镇江中心支公司

中华联合财产保险股份有限公司镇江中心支公司

永安财产保险股份有限公司镇江中心支公司

太平人寿保险有限公司镇江中心支公司

安邦财产保险股份有限公司镇江中心支公司

民生人寿保险股份有限公司镇江中心支公司

合众人寿保险股份有限公司镇江中心支公司

阳光财产保险股份有限公司镇江中心支公司

生命人寿保险股份有限公司镇江中心支公司

都邦财产保险股份有限公司镇江中心支公司

镇江市保险学会

中宏人寿保险有限公司镇江营销服务部

大地财产保险股份有限公司镇江中心支公司

华泰财产保险股份有限公司镇江中心支公司

中银保险有限公司镇江中心支公司

嘉禾人寿保险股份有限公司镇江营销服务部

海康人寿保险股份有限公司镇江营销服务部

华夏人寿保险股份有限公司镇江中心支公司

国泰人寿保险有限责任公司镇江营销服务部

正德人寿保险股份有限公司镇江中心支公司

太平财产保险有限公司镇江中心支公司

中国人寿财产保险股份有限公司镇江中心支公司

民安保险(中国)有限公司镇江中心支公司

长城人寿保险股份有限公司镇江中心支公司

安诚财产保险股份有限公司镇江中心支公司

阳光人寿保险股份有限公司镇江中心支公司

永诚财产保险股份有限公司镇江中心支公司

渤海财产保险股份有限公司镇江中心支公司

中国人民人寿保险股份有限公司镇江中心支公司

华泰人寿保险股份有限公司镇江中心支公司

长安责任保险股份有限公司镇江中心支公司

## 泰州市保险行业协会

**【加强行业自律】** 进一步规范产险市场秩序。2010年协会组织各产险公司签订《泰州市非车保险行业自律公约补充协议》、《泰州市非车财产险“见费出单”行业自律公约》和《泰州市保险行业意外险自律公约》，对进一步规范财产险市场秩序起到积极作用。

开展产险自律检查。根据江苏保监局的部署,协会对各产险公司车险业务、非车险业务、机动车交强险以及摩托车、拖拉机交强险承保情况进行多轮专项检查，对存在违规情况的部分公司按规定进行了相应处罚,并作业内通报。

加强寿险行业人员流动管理以及营销员招聘管理。组织召开寿险公司总经理高峰会，会上审议通过并签署《泰州市人身保险公司同业流动自律公约》和《泰州市保险营销员招聘管理自律公约》。

开展寿险银保业务销售误导专项自律检查。按照江苏保监局统一部署，协会组织开展全市银保业务销售误导专项自律检查,第一时间成立自律检查领导小组、工作小组及暗访小组,制订出台《检查实施方案》,并及时召开自律检查工作会议，对相关工作进行部署。检查结束后，对检查情况进行了汇总，并向江苏保监局作了书面汇报。

加强中介自律组织建设及行业自律。组织召开泰州市首次保险中介机构工作会议,会上讨论通过《泰州市保险行业协会中介专业委员会规程》和《泰州市保险中介机构自律公约》,提名产生第一届主任委员和副主任委员名单。

抓财产险大型商业标的招标业务行业自律。协会积极参与协调市安监局企业安全生产责任保险、新浦化工财产和货运保险等招投标业务,强调行业自律有关要求,避免了恶性竞争,规范了市场行为,取得良好效果。另外,还与市环保局就全市环境污染责任保险推广工作进行了商谈,并达成基本共识。

**【组织开展“泰州市保险业风险防控自查月”活动】** 针对新华人寿发生的“王

付荣案件”，年初协会组织开展“泰州市保险业风险防范自查月”活动，要求各公司认真做好“五查”，即对业务风险、财务风险、制度风险、人员风险和区域风险等五个方面进行自查。各公司对此次自查月活动高度重视，成立了活动领导小组和工作小组，制订了实施方案，认真开展自查自纠，并形成书面材料报至协会。协会对各单位自查情况进行整理汇总，并向市政府作了汇报。

【深入开展保险业宣传活动】 利用新闻媒体进行广泛宣传。按照省协会的部署，组织6家人身险公司开展“人身保险个人保单信息有奖查询活动”，统一在《泰州晚报》上发布活动启事和中奖公告，向社会公众介绍活动的参与形式以及意义。定期向《泰州日报》“金融专版”投稿，内容包括保险知识、产品简介、行业动态、活动报道等。

积极开展“3·15”消费维权宣传活动。协会与市工商局、市消费者协会联合开展2010年“消费与服务”年主题活动，牵头组织10多家保险公司参加广场服务咨询活动，向广大市民提供各类保险咨询服务。还与市放心消费办、市消协联合开展保险行业放心消费创建活动，积极营造和谐放心的保险行业消费环境。另外，利用“消费维权监督站”这一平台，及时处理保险信访投诉，并向投诉人及咨询者宣传保险知识，介绍保险承保和理赔流程，解答疑难问题。

开展保险业“三进入”宣传活动。按照省学会、省协会有关文件要求，协会结合市社科联科普宣传周开幕式活动，制作横幅和展板，深入普及保险知识，宣传报道保险业发展动态、支持地方经济建设新举措以及公益活动开展情况。同时，还牵头组织保险公司在科普宣传周开幕式上向南京理工大学泰州学院、街道办及村委会等单位赠送了数百册《保险知识普及丛书》。

【为会员公司服务】 开展法律法规培训教育。为加强各保险公司高管人员的法律意识和依法合规经营意识，推动保险公司规范运作，协会举办泰州市保险业首次法律法规培训班，邀请保监局相关处室负责人来泰授课，为参训者讲解保险法律法规及监管规定，取得很好效果。

组织开展保险业法律诉讼研讨活动。协会与市中院两次联合召开保险业法律诉讼研讨会。会上重点就新保险法的法律适用问题与保险业密切相关的问题作了详细论述与解答。会后，与市中院联合出台《关于切实加强诉调保调工作对接妥善调处交通事故损害赔偿纠纷的指导意见》、《关于建立涉诉保险合同矛盾纠纷联动化解机制的暂行办法》。

成立保险行业劳动争议调解工作中心。按照市劳动争议调解工作会议精神，协会与市劳动和社会保障局积极协调沟通有关工作，成立了保险行业劳动争议调解工作中心。

联合举办地税知识讲座。协会邀请市地方税务局相关职能部门负责人，结合保险业的行业特点，为各公司财务负责人作了一场关于保险纳税方面的专题讲座。

做好手续费结算工作。2010年1月，结算中心成立并正式运营。全年共为18家保险公司以及96家保险代理机构提供了手续费结算服务，共支付手续费4300万元。

代理人考试相关工作。为加强考场、考纪及考务管理，协会购置了手机信号屏蔽仪、二代身份证识别仪。为切实提高服务水平，同时出台了《关于保险中介从业人员基本资格考试及换证管理工作有关事项的通知》，进一步规范了考试及换证管理工作。全年总场次为471场，共有11943人报名参加考试，通过7109人，通过率为59.5%。

信息服务及业务统计分析。为深入宣传泰州保险，提升保险行业整体形象，2010年《泰州保险》期刊先后增加一些反映保险市场热点问题的栏目，及时刊登各公司的专题通讯报道，取得很好的宣传效果。每月按时将会员公司业务统计报表汇总上报省协会，并及时提供给各会员公司参考借鉴。

【协调解决突出问题】 解决摩托车交强险承保问题。为确保泰州地区摩托车交强险承保工作顺利开展，协会多次与市交警支队、车管所以及各县市交警大队、车管所进行沟通协调，制定具体承保方案，先采取统一集中承保的方式，由各公司轮流到车管所窗口值班出单。后根据实际情况，由协会统一印制分配单送到车管所指定窗口进行发放。

解决拖拉机交强险承保问题。按照省政府金融办、江苏保监局、省农机局有关文件要求，经与市农委多次研究协商，并报请市分管领导同意，协会联合市农机监理所下发了《关于切实做好泰州地区拖拉机交强险承保工作的通知》，决定采用全行业共同分担社会责任的方式，按2009年各公司全险种市场份额进行比例分摊，制定了实施方案。

解决泰州市出租车保险难问题。协会多次与市运管处、市出租车协会、各出租车公司及保险公司召开协调会，最终由华安产险泰州中心支公司从2010年1月份开始承保市区所有出租车业务，并协助该公司定期召开保险情况工作例会，通报出租车承保及理赔情况，

泰州市保险业法律法规培训班

加强交流,总结经验,通过采取有效的安全措施,切实做好出租车承保及理赔工作。

加强理赔中心的管理。定期召开中心工作人员月度例会及各产险公司相关负责人会议,通报中心运行情况及存在问题,并商议解决办法。

解决保险纠纷问题。协会与市中级人民法院建立交通事故处理调解员机制,要求各产险公司安排一名具体人员负责交通事故案件的调解工作。另外,协会与市中级人民法院联合建立了涉诉保险合同矛盾纠纷联动化解机制,指派专人负责协助调解保险合同纠纷案件。

协助江苏保监局及当地政府有关部门解决泰兴"4·29"事件。对于"4·29"事件受害小孩家长冲砸保险公司职场的不理智行为,协会协助江苏保监局、当地政府与家长代表进行协调沟通,妥善处理相关事宜。此外,还协调处理泰康人寿、华夏人寿两家公司泰兴地区客户家属冲砸公司职场的恶性事件。

及时处理关于保险行业的负面报道。协会积极加强与当地政府及新闻媒体的交流沟通,及时处理关于泰兴"4·29"事件、新华"王付荣案件"等负面报道,为泰州市保险行业的健康稳定发展营造良好的舆论环境。

**【信访投诉处理及其他工作】** 及时处理保险信访投诉。全年共接到各类信访投诉263件,其中上门投诉37件,电话投诉191件,保监局转办投诉8件,市政府有关部门转办投诉10件,书面投诉3件,网络投诉14件。接到投诉后,协会及时向有关公司了解情况、查清事实、作出处理,并将处理结果及时反馈投诉人。对于保监局转办的投诉,立即派工作人员到有关公司进行调查,弄清事实真相,并将调查结果和处理意见及时向保监局、政府有关部门作书面汇报。还积极协助保监局做好信访投诉的现场检查工作,并按季度汇报全市信访投诉情况。另外,协会与市政府合作建有两个网上投诉平台,一个是市长邮箱,一个是泰州网络新闻发言人,有关保险方面的投诉均可及时得到处理及答复。

深入开展社会治安综合治理和平安建设工作。按照市综治委工作要求,结合泰州市保险业实际情况,协会进一步加强综治工作组织领导,印发2010年工作计划,积极参与"平安金融"创建活动,组织各保险公司签订责任状,对保险公司"平安金融"创建工作进行现场检查,督促保险公司抓好安全防范工作。

深入贯彻落实保险行业"两个准则"。召开由部分公司业务渠道负责人、管理干部、营销员代表及行风监督员参加的专题座谈会,深入学习"两个准则"的主要内容,汇报交流经验做法及典型事例。

加强诚信体系建设。在市信用办的指导下,协会在新增设的网站上开通保险营销员诚信状况查询系统。

做好保险中介机构预验收工作。在江苏保监局的指导下,协会对华康保险代理泰兴营业部等4家保险中介分支机构进行了预验收,并将验收情况报保监局。

积极申报有关评比资料。按照市政府有关部门的通知要求,协会积极申报本单位的有关资料。经过评比,先后获得"全省放心消费创建工作先进单位"、"泰州市社会组织管理工作先进单位"和"泰州市社科工作先进协会"等荣誉称号。

提高协会工作人员综合素质。协会安排部分工作人员到保险公司进行为期3个月的业务学习,以提高他们的业务知识水平和工作能力。

### 泰州市保险行业协会组织机构设置

理事长:谈　健
秘书长:蒋汉春
常务理事:石卫星　孟　昶　吴　熊
　　　　　谈　健　裴晓明　辛朝晖
　　　　　赵富洋　李建华

秘书处机构设置:
综合部:于惠武
产险工作部:高　翔
寿险工作部:胥雨辰
手续费结算中心:冯太康　赵　明
考试中心:梁　杰　薛　倩

会员单位:
中国人民财产保险股份有限公司泰州市分公司
中国人寿保险股份有限公司泰州市分公司
太平洋财产保险股份有限公司泰州中心支公司
太平洋人寿保险股份有限公司泰州中心支公司
中国平安财产保险股份有限公司泰州中心支公司
中国平安人寿保险股份有限公司泰州中心支公司
天安保险股份有限公司泰州中心支公司
新华人寿保险股份有限公司泰州中心支公司
泰康人寿保险股份有限公司泰州中心支公司
中华联合财产保险股份有限公司泰州中心支公司
民生人寿保险股份有限公司泰州中心支公司
中国大地财产保险股份有限公司泰州中心支公司
华安财产保险股份有限公司泰州中心支公司
永安财产保险股份有限公司泰州中心支公司
太平人寿保险有限公司泰州中心支公司
生命人寿保险股份有限公司泰州中心支公司
安邦财产保险股份有限公司泰州中心支公司
阳光财产保险股份有限公司泰州中心支公司
合众人寿保险股份有限公司泰州中心支公司
都邦财产保险股份有限公司泰州中心支公司
中国人寿财产保险股份有限公司泰州市中心支公司
中国人民健康保险股份有限公司泰州中心支公司
华泰财产保险股份有限公司泰州中心支公司
太平财产保险有限公司泰州中心支公司
民安保险(中国)有限公司泰州中心支公司
美国友邦保险有限公司江苏分公司泰州营销服务部
信泰人寿保险股份有限公司江苏分公司泰州营销服务部
嘉禾人寿保险股份有限公司江苏分公

司泰州营销服务部

华夏人寿保险股份有限公司泰州中心支公司

华泰人寿保险股份有限公司泰州中心支公司

国泰人寿保险有限责任公司江苏分公司泰州营销服务部

中银保险有限公司泰州中心支公司

阳光人寿保险股份有限公司泰州中心支公司

长安责任保险股份有限公司泰州市中心支公司

渤海财产保险股份有限公司泰州中心支公司

长城人寿保险股份有限公司泰州中心支公司

中国人民人寿保险股份有限公司泰州中心支公司

紫金财产保险股份有限公司泰州中心支公司

## 宿迁市保险行业协会

【维护保险市场经营秩序】 以巩固车险市场为龙头，进一步规范财产保险市场秩序。19次召开财险公司会议，分别制定车险和非车险承保自律协议，严禁恶性、无序的价格竞争，降低展业成本；其次，通过13次明查暗访，对各公司执行公约情况进行监督检查，建立车险个人手续费结算中心；完善理赔自律机制，提高理赔质量，各保险主体全天候24小时提供理赔服务，公开向社会作限时理赔承诺。尤其在宿迁市“9·7”特大暴雨灾害中，全市各公司全部启动“查勘理赔应急预案”。

以整治银邮市场为抓手，进一步规范了人身险市场秩序。修改和补充了《宿迁市银行代理保险业务自律公约》(2010版)，建立寿险公司全市统一的履约保证金制度;开展银保业务销售误导专项检查。

以中介机构自律为关键，进一步规范代理市场秩序。组织全市各中介机构签订《宿迁市保险专业中介机构自律公约》和《宿迁市保险中介诚信宣言》，并选举宿迁市保险行业协会保险中介工作自律委员会主任、委员。

以净化县区市场为突破口，进一步延伸自律的触角。协会制订并通过《宿迁市保险行业协会县级保险机构自律小组工作日常工作规则(暂行)》，在泗阳、泗洪、沭阳3个县，分别建立产险、寿险2个自律工作小组，并选举组长和副组长，以强化县级保险市场自律工作。

【围绕热点难点问题开展组织、协调工作】 上下努力，使10多万辆拖拉机、60多万辆摩托车交强险承保得到保障。协会13次发出通知、17次召开财险总经理会和业管经理会，2次按市场占比分配了摩托车、拖拉机销售任务。

左右协调，推进交通事故人民调解工作进程，使机动车保险案件中存在的分歧与争议达成了共识。协会牵头召开“宿迁市交通事故调解委员会推动工作座谈会”，就推进交通事故人民调解工作进程，解决机动车保险案件中存在的分歧与争议，避免单方委托评估，营造车险经营公平、公正、合理的法律环境等问题达成共识。

调研解剖房贷险高额经营费用问题。针对各种严重不对等的“银保合作协议”、“银保合作补充协议”，使各财产保险公司房贷险保费的35%以上被银行以手续费的名义巧取的情况。协会除通过新闻媒体向社会发出财险公司苦不堪言的呼吁外，还积极与宿迁银监局沟通，提出严格管控的建议。

【争取市委市政府对保险业支持】 协会坚持定期向分管市领导和职能部门汇报工作。全年，先后提交6份相关报告和意见建议，得到强有力的理解和支持。

一是宿迁市政府已将保险业纳入综合考核范围。协会与宿迁市人民政府金融办公室一起，研究制定《宿迁市2010年度保险工作综合考核办法》(宿政办发[2010]130号)。被评议为前3名的公司，由市政府颁发“保险服务年度先进单位”奖牌。

二是市、县政府用行政手段促进摩托车、拖拉机交强险承保工作。协会向市政府提交《关于做好我市摩托车交强险工作的意见和建议》后，2009年底，市政府下发《市政府关于切实做好摩托车交强险工作的有关通知》。

三是促成“2010年江苏省农业保险工作会议”在宿迁市召开。4月6-7日，由江苏省政府金融办公室召开的“2010年江苏省农业保险工作会议”在宿迁市召开。

四是营造有利于保险业发展的宣传环境。协会积极与各新闻媒体协调，减少负面报道；按期编发12期《宿迁保险信息》，全年，有20多篇稿件被《中国保险报》、中国保险网、《江苏保险》期刊和地方媒体采用。

【开展社会活动】 开展《保险知识普及丛书》赠书活动。开展贯彻落实“两个准则”活动。召开了贯彻落实“两个准则”主题座谈会，各保险公司宿迁市公司分管纪检、监察或内控制度建设的负责人参加了会议。协办“2010年江苏省老年人体育节闭幕式宿迁分会场暨宿迁市老年人健身操(舞)精品展示活动”。22家产寿险公司开展平安金融创建活动。

【矛盾和纠纷化解工作】 2010年，宿迁市保协共接待群众来信、来电和来访案件300件(未含1196件咨询类来电、来访案件)，95%以上的案件得到化解和有效解答，群众较为满意。

【协会自身建设】 加强协会制度建设。建立健全投诉台账、保险代理人信用管理规定、人员流动管理规定、秘书工作人员守则、工作制度、岗位责任制、议事制度、会议制度、财务管理制度、代理人考试中心管理制度、手续费结算中心管理制度等，进一步完善和规范各专业委员会职责。

顺利完成秘书长更换工作。在江苏保监局局长助理王宝敏等领导的主持下，协会创新秘书长选举办法，引入了前期驻点调研、现场演讲答辩、差额民主票决等机制，并对新任秘书长实行试用期考核制度。

加强财务管理。协会秘书处设立专户，配备专职人员管理财务，按要求设置账簿，编制报表，确保会计资料完整；严格执行核批制度。

强化一线调研。10月，分别深入20多家产寿险公司调研，听取意见和工作建议30多条。

受江苏保监局委托，完成对宿迁紫金财险、长城人寿开业验收工作。

保险代理人电子化考试工作进展顺利。2010年度，接受保险公司集体以及个人报考10319人次，参考率96.82%，通过人数6888人，通过率为68.94%。其中，农村营销员考试2670人，参考人数2631人，通过人数1980人，通过率75.26%。

## 宿迁市保险行业协会组织机构设置

理事长：王　卓

秘书长：武士琦

常务理事：王　卓　吴　超　孟洪祥
杨光强　卢士军　高　明
周　刚　苏文然　秦　伟
陈　强　陈爱国　胡　耀
魏　波　丁淮清　朱　勇
杨　琦　马　强　张海燕
刘跃虎　范方尧　吴　龙

秘书处机构设置：综合管理部、业务部、电子化考试中心、手续费结算中心

会员单位：

中国人民财产保险股份有限公司宿迁分公司

中国人寿保险股份有限公司宿迁分公司

中国平安财产保险股份有限公司宿迁中心支公司

天安保险股份有限公司宿迁中心支公司

太平洋人寿保险股份有限公司宿迁中心支公司

平安人寿保险股份有限公司宿迁中心支公司

中华联合财产保险股份有限公司宿迁中心支公司

安邦财产保险股份有限公司宿迁中心支公司

华安财产保险股份有限公司宿迁中心支公司

泰康人寿保险股份有限公司宿迁中心支公司

阳光财产保险股份有限公司宿迁中心支公司

太平洋财险保险股份有限公司宿迁中心支公司

大地财产保险股份有限公司宿迁中心支公司

中国人寿财险保险股份有限公司宿迁中心支公司

都邦保险股份有限公司宿迁中心支公司

渤海财产保险股份有限公司宿迁中心支公司

合众人寿保险股份有限公司宿迁中心支公司

人民人寿保险股份有限公司宿迁中心支公司

华泰人寿保险股份有限公司宿迁中心支公司

长安责任保险股份有限公司宿迁中心支公司

太平人寿保险股份有限公司宿迁中心支公司

长城人寿保险股份有限公司宿迁中心支公司

紫金保险股份有限公司宿迁中心支公司

(上接第 194 页)

案件审理部门应当充分听取当事人的意见，对当事人提出的事实、理由和证据，认真进行复核。当事人提出的事实、理由或者证据成立的，应当予以采纳。

不得因当事人申辩而加重处罚。

第四十四条　拟作出行政处罚决定的事实、理由、依据有改变的，应当重新制作《行政处罚事先告知书》并送达当事人。

第三节　听证

第四十五条　案件审理部门拟作出下列行政处罚的，应当在《行政处罚事先告知书》中　并告知当事人有要求举行听证的权利：

(一) 对保险机构及保险资产管理机构法人处以 100 万元以上的罚款或者对其分支机构处以 20 万元以上的罚款；对保险中介机构法人处以 30 万元以上的罚款或者对其分支机构处以 10 万元以上的罚款；

(二)对个人处以 5 万元以上的罚款；

(三)限制业务范围；

(四)责令停止接受新业务；

(五)责令停业整顿；

(六)吊销业务许可证；

(七)撤销外国保险机构驻华代表机构；

(八)撤销任职资格、从业资格，或者吊销资格证书；

(九)责令撤换外国保险机构驻华代表机构的首席代表；

(十)禁止进入保险业；

(十一)法律、行政法规和中国保监会规章规定可以要求听证的其他处罚。

第四十六条　当事人要求听证的，应当自《行政处罚事先告知书》送达之日起 3 日内提出。

当事人也可以选择陈述和申辩。当事人选择陈述和申辩的，案件审理部门应当依照本规定第四十三条的规定予以复核。

第四十七条　当事人要求听证的，案件审理部门应当确定听证主持人。

第四十八条　听证主持人在听证程序中可以行使下列职权：

(一)决定举行听证的时间和地点;

(二)决定听证的延期、中止或者终结;

(三)询问听证参加人;

(四)调取并审核有关证据;

(五)维护听证秩序,对违反听证秩序的人员进行警告,情节严重者,可以责令其退场;

第四十九条　听证主持人在听证程序中应当承担下列义务:

(一)公开、公正地履行主持听证职责,保证当事人依法行使陈述权、申辩权和质证权;

(二)保守听证案件涉及的国家秘密、商业秘密和个人隐私;

(三)不得徇私枉法,包庇纵容违法行为。

第五十条　听证记录员在听证程序中应当承担下列义务:

(一)将《行政处罚听证通知书》及时送达当事人及相关人员;

(二)应当认真、如实制作听证笔录;

(三)保守听证案件涉及的国家秘密、商业秘密和个人隐私。

第五十一条　案件调查人员、当事人、第三人、委托代理人、证人、鉴定人、勘验人、翻译人员是听证参加人。

第五十二条　当事人享有下列权利:

(一)申请听证主持人回避;

(二)亲自参加听证或者委托一至两名代理人参加听证;

(三)就案件调查人员提出的事实、证据和依据进行申辩;

(四)就案件的证据向调查人员及其证人进行质证;

(五)听证结束前进行最后陈述;

(六)审核听证笔录。

第五十三条　当事人和其他听证参加人应当承担下列义务:

(一)按时参加听证;

(二)依法举证;

(三)如实回答听证主持人的询问;

(四)遵守听证秩序。

第五十四条　案件审理部门根据听证主持人的决定,确定听证的时间和地点后,应当制作《行政处罚听证通知书》,在举行听证7日前送达当事人及其他听证参加人。

第五十五条　与听证案件有利害关系的其他公民、法人或者组织可以申请参加听证。

第五十六条　当事人委托他人代理参加听证的,应当向听证主持人提交由其本人签名或者盖章的授权委托书。

授权委托书应当载明委托事项及权限。

第五十七条　案件调查人员应当参加听证,向听证主持人提出当事人违法的事实、证据和行政处罚建议。

第五十八条　听证主持人可以通知与听证案件有关的证人、鉴定人、勘验人、翻译人员参加听证。

第五十九条　听证公开举行的,听证主持人应当在办公地点先期公告当事人姓名或者名称、案由、听证时间和地点。

对涉及国家秘密、商业秘密或者个人隐私不公开举行听证的案件,听证主持人应当向当事人说明不公开听证的理由。

第六十条　听证开始前,听证记录员应当查明听证参加人是否到场,并宣布以下听证纪律:

(一)未经听证主持人允许不得发言、提问;

(二)未经听证主持人允许不得录音、录像和摄影;

(三)未经听证主持人允许听证参加人不得退场;

(四)不得大声喧哗,不得鼓掌、哄闹或者进行其他妨碍听证秩序的活动。

第六十一条　听证主持人核对听证参加人身份,宣布听证主持人、听证记录员名单,告知听证参加人在听证中的权利义务,询问当事人是否申请听证主持人回避。

第六十二条　听证应当按照下列程序进行:

(一)听证主持人宣布听证开始,宣布案由;

(二)案件调查人员提出当事人违法的事实、证据、行政处罚的依据和建议等;

(三)当事人及其委托代理人就调查人员提出的违法事实、证据、行政处罚的依据和建议进行申辩,并可以出示无违法事实、违法事实较轻,或者减轻、免除行政处罚的证据材料;



(下转第252页)

IANGSU BAOXIAN NIANJIAN

# 理论研究

# 低碳经济条件下江苏保险经营与产品创新研究

江苏省保险学会低碳保险研究课题组

低碳经济，是指在可持续发展理念指导下，通过技术创新、制度创新、产业转型、新能源开发等多种手段，尽可能地减少煤炭石油等高碳能源消耗，减少温室气体排放，达到经济社会发展与生态环境保护双赢的一种经济发展形态。

国际能源署(IEA)认为，21世纪正在发生一场新的工业革命，称做能源革命和环境革命。2008年联合国环境规划署还将当年"世界环境日"主题确定为"转变传统观念，推行低碳经济"。江苏作为正处于工业化、城市化加速发展阶段的经济大省，实现碳排放控制目标，发展低碳经济迫在眉睫，江苏省委书记梁保华在2010年10月24日所召开的"生态省建设工作会议"上指出：建设生态文明是党的十七大提出的战略任务，既关系到可持续发展，又关系到人民生活，功在当代，利在千秋。肩负着为地方经济发展保驾护航和提高自身经营效益双重责任的江苏保险业，在江苏经济转型升级这场重大变革中，应当充分运用商业保险机制的市场化调控作用，通过保险理念创新、产品创新、渠道创新、服务创新，积极应对新型风险，对绿色制造和研发提供有力的保险支持，引导民众生活方式低碳化，促进低碳经济的发展。

## 一、低碳经济引发催生保险保障新格局

### (一)产业结构的调整要求保险业作出适应性反应

江苏工业驱动型的碳排放特征显著，三次产业结构中，工业比重明显过大、结构偏重。根据《江苏省应对气候变化方案》，冶金、石化、电力、建材等高物耗、高能耗行业占到整个制造业70%以上；2008年六大高耗能行业规模以上工业企业的能源消耗总量达17506万吨标准煤，占全部规模以上工业企业能源消费总量的比重高达80.9%。国务院在2007年提出淘汰一批高耗能产业的落后产能后，于2010年4月7日又提出进一步加强淘汰落后产能的通知。目前江苏经济正处于由依赖物质资源消耗向创新驱动转变的第三次转型时期，地方政府积极推动主导产业向高端环节攀升，培育软件、光伏、新材料等具备千亿规模的高新技术产业集群，在宿迁、常熟、昆山试点"低碳城市"，将南京河西新城打造成世界级低碳新城，拟将苏州新城工业园、江阴经济开发区靖江园区打造成"低碳经济示范区"，在盐城、连云港、南通三市打造"可再生能源生产化基地"，预计到2013年，江苏新能源、新医药、新材料、环保、软件和服务外包、新传感网六大新兴产业销售收入可达1.6~1.8万亿元，占到全省工业经济总量的1/4强。根据江苏省发改委、省环保厅起草的《江苏省"十二五"低碳经济发展规划》，江苏省"十二五"期间将完成包括优化经济发展、深化水和大气等主要污染物减排、强化水污染防治工作、工业废气治理和机动车排气污染防治、污染源稳定达标排放、城市内河整治、农村环境连片整治等环境保护十三大类主要任务，重点实施污染减排、清水、蓝天、城市环境综合整治、农村环境综合整治、工业污染防治、生态环境保护、核与辐射安全监控等八大类工程项目。根据经济发展预测，"十二五"期间，江苏省环保投资约占GDP的3.4%，环保投资总额将达到6000亿元以上[1]。能耗低、污染小、就业容量大的金融、保险、物流、咨询、广播、旅游、新闻、医疗、家政、技术服务等现代服务业，亦将成为我省第二产业转移的目标领域。

"低碳城市"、"低碳经济示范区"、"可再生能源基地"的建设，一些新型产业迅速取代传统产业成为江苏经济发展的支柱，使得保险业面临的保险资源发生巨大的调整，保险企业在经济低碳化革命中，必须根据保险资源的变化，适时调整自己的产品开发战略与销售战略，在为低碳经济发展服务过程中迅速找准自己的经济增长点。

### (二)低碳经济的发展长期效应使得保障需求结构发生变化

从产业形成和集聚看，低碳科技创新有利于形成和促进新的主导产业形成，传统"高碳能源"保持运转的工业系统和公共服务系统逐步使用新能源，一些传统的工业风险降低，而核泄漏等可能发生巨灾的特殊风险的保险需求将会升高，保险企业对于低碳经济体系下产品的开发与定位将会面临新的课题。(1)从财产保险角度看，财产保险所经营的风险主要来源于自然风险，而各种保单所承保的自然风险中，洪水、暴风、暴雨、冰雹、雪灾等风险大部分与气候有关，不仅占据了财产保险标的损失的大部分，也是引发机动车辆险、责任险等保险事故的重要诱因。进入了低碳经济时代后，传统行业的保险市场规模缩小，倘若保险企业不能迅速转向新的客户群，将会面临巨大的市场风险。(2)从人身保险角度看，气候的改善一方面意味着在自然灾害的发生频率和烈度降低的同时，被保险人因灾死亡和受伤的概率降低；另一方面，气候的改善使得人们的生活环境质量提高，人类的健康状况将发生根本性变化，人的寿命也会因此而得到延长，对老龄护理保险、养老保险的需求将剧增。

### (三)低碳经济理念更新、人们生活方式转变拓展了保险



1.李莉、范圣楠、闫艳、高杰.江苏把环保规划列入四大基础规划"十二五"完成13类任务[N].中国环境报，2010-10-13。

经营新领域

随着低碳理念深入人心,"低碳生活" 逐渐成为一种生活方式,这种生活习惯的改变,不仅会带来由需求引起的生产领域的风险改变,而且会造成生活领域风险构成的变化。如有车族出于环保的考虑,在出行时尽量选择公共交通,使得公路上行驶车辆的总量减少, 并因此带来交通事故总量相对降低的正面效应;但由于有更多的人选择公共交通工具出行,公共交通相关场所的人群密集度增加, 则会增加群死群伤事故发生的频率, 或者因拥挤踩踏导致伤亡的风险和遭遇恐怖袭击引发大规模伤亡的风险。

**二、低碳经济下江苏保险产业可持续发展的SWOT分析**

低碳经济所包含的节能减排、环境因子使其与传统经济存在着内涵上的区别,低碳经济被称为"崭新的金矿",蕴涵着巨大的市场商机。保险业作为经济社会的一部分,与低碳经济发展之间存在着相互依存、相互影响的互动关系,在低碳经济发展中,既存在优势(strengths)和机会(opportunities),也存在劣势(weaknesses)、威胁(threats)。

(一)优势(Strengths)

1.保险业本身就属于低碳行业。服务业碳密度只有能源行业的碳密度的1/10左右[2],从保险业的产业特征来看,保险业的"生产"主要依赖于保险精算技术和信息技术。保险产业是知识密集型、技术密集型和智力密集型产业,更符合低碳经济的产业要求,更适宜在低碳经济下发展壮大。

2.江苏拥有良好的保险市场基础。2009年度,江苏境内保险公司总数已有70家,实现保费907.73亿元,2010年有望突破1000亿元,总规模位居全国前列。为全省提供10万亿元财产风险保障,7万亿元人身险保障。全省产险公司综合成本率低于全国2.2个百分点,在全国率先建立农险的商业再保险和政府巨灾保险准备金相结合的大灾风险防范机制,创造了"联办共保"江苏模式,率先建立"调保结合、先调解后理赔、以保促调"的医疗责任保险新模式。

3.保险涉及面广,创新空间大。低碳经济的发展所不断暴露出的风险,为保险险种开发创新提供了巨大的空间,会有力地拉动保险业的发展。(1)创新型制造技术、新型低能耗建筑材料研发投入大、科技含量高,研发成果的运用面临众多不确定性风险。为了规避和减少研发、营运失败、对社会产生的责任而对市场经营主体带来的负面效应, 可以在低碳技术的研发和运用中引入科技保险、创业保险和责任保险;(2)通过商业化的保险机制,大力支持先进煤电、核电等重大能源装备制造技术,$CO_2$捕集、利用与封存技术等低碳技术的发展。(3)服务业的发展、新型职业的产生并逐渐规模化,对人们的生活产生深刻的影响,将催生各种职业责任保险。

4、新型保险项目已有成功经验。(1)为落实《国家中长期科学和技术发展规划纲要(2006~2020)》,支持高新技术企业发展,促进自主创新战略的实施,国家科技部与保监会于2006年末联合下发《关于进一步加强和改善对高新技术企业保险服务有关问题的通知》,联合推出科技保险。2007年7月,苏州、无锡作为科技保险创新试点城市,已开办产品研发责任保险、关键研发设备保险、高新技术企业小额贷款保证保险等十多个险种。2007年苏州高新技术开发区被确定为科技保险创新实验区。(2)2009年江苏在全国率先试行以责任保险替代安全生产风险抵押金的新机制, 无锡市成为环境污染责任保险首批试点城市。太湖沿岸66家企业投保了环境污染保险。江苏船舶油污责任保险,有效保额已达到13.5亿元[3]。

5.初步建立了聚内联外的合作平台。江苏省保险学会与南京大学、东南大学、南京审计学院、南京财经大学、江苏大学合作成立了保险教育研究所、医疗保险研究所、小额保险研究所、保险精算研究所、保险研究所,形成产学研一体化的研究平台,并开展了江苏政策性农业保险考察、江苏农村保险市场调查、江苏农村小额人身保险调查、构建江苏保险后续教育体系调查、商业保险介入养老产业可行性调查等活动,2010年7月,召开了"低碳经济与保险创新"理论研讨会;江苏省保险行业协会在江苏保监局支持下,建立了保险法律专家委员会,定期对业内的保险诉讼案件及法律实务问题予以研究。

(二)劣势(Weaknesses)

1.对于低碳保险的技术和经验不足。我国保险产业的发展,一直是粗放型的,风险评估和量化技术还比较落后、简单。随着经济发展方式由"高碳"向"低碳"转变,影响保险业发展战略的竞争、客户、技术等环境发生了深层次变化,保险行业对此变化的结构、方向、影响力尚不能充分预测,加之江苏境内大多保险公司非法人机构, 缺乏适应于低碳经济整体的发展规划。随着利润考核力度的加大,保险公司对新险种的开办将更为审慎,试水低碳保险的积极性不高。

2.保险从业人员整体素质不高,专业性人才缺乏。全省保险公司内部管理人员中, 本科以上学历者只占总人数的37.2%,中高职称者仅占7%[4],原从事过保险工作和保险科班出身的专业人才只占很小的一部分, 熟悉低碳保险业务的专业人才基本空白。大多营销员仅有初高中文化,且营销队伍年龄老化现象严重,与其他金融机构相比,保险代理人总体水平偏低,创新意识不强,接受新事物能力差。

3."补偿标的解锁"导致利润空间压缩。传统的财产保险核赔以恢复保险标的使用价值为依归,"被保险人要回到原来的位置,就要替换他所失去的东西,他只有在获偿金额能够满足这一目的时候才算获得了充分补偿"[5]。此种核赔原则可以视为"补偿标的锁定"原则。而在低碳经济条件下,一方面新技术和更高效率的工艺出现,产品更新换代频率加快,使得部分损失因零部件停产而不得不整体报废, 另一方面随着新技术的不断采用,国家会不断强制在用产品提前淘汰,使得产品生

2.江苏低碳经济的发展思路与对策建议[J/OL].城市规划网,2010-09-28。

3.江苏保监局、江苏省保险学会.江苏保险年鉴 2010。

4.江苏保监局、江苏省保险学会.江苏保险年鉴 2010。

5.Malcolm A. Clarke 著,何美欢、吴志攀等译.保险合同法[M].北京:北京大学出版社,2002.750。

命周期短于设计。发生保险事故后，以修复为主导的核赔原则将会在相当程度上被以整体更新为主的赔偿原则所取代，“补偿标的解锁”导致保险赔偿数额的提高。

（三）机会（Opportunities）

1.政府政策引导。2010年3月26日，中国人民银行会同中宣部、财政部、文化部、广电总局、新闻出版总署、银监会、证监会和保监会联合发布《关于金融支持文化产业振兴和发展繁荣的指导意见》，其中提到了关于保险支持文化产业振兴和发展的作用。我国未建立起知识产权预防保护机制，知识产权保险处于完全缺位的状态，有巨大的需求和发展空间。保监会与财政部还分别发出《关于加强和改善对高新技术企业保险服务有关问题的通知》和《关于进一步支持出口信用保险为高新技术企业提供服务的通知》。罗志军省长在“生态省建设工作会议”上明确要求“积极推行环境污染责任保险试点”。江苏财政厅《关于对高效设施农业保险实施保费奖励政策的通知》确定，自2010年起，提高省财政对高效设施农业保险奖励标准。在法规层面，《江苏省建筑节能管理办法》等地方规章颁布和施行；2010年9月29日，国务院法制办农林司会同水利部、环保部在上海召开了《太湖管理条例》立法工作座谈会[6]，环境污染责任保险立法条款已纳入国务院2010年一类立法计划项目[7]。

2. 低碳技术的发展为保险公司提供了巨大的投资空间。低碳项目建设的科技含量高、周期长、资金需求量大，而保险业集聚了大量资金，特别是寿险公司集聚的资金具有明显的长期性和稳定性特征。保险业完全有能力参与一批国家重点建设的低碳项目，参与筹建或者入股上海、北京、天津碳交易市场，或者组建以战略新兴产业为主要投资方向的产业基金，甚至直接投资研发节能环保的新型技术，在低碳项目建设中发挥投资生力军作用。2010年3月，中国平安集团和江苏天楹集团签订战略合作协议，平安集团一期投入资金2.4亿元，扶持江苏天楹集团在垃圾焚烧发电产业领域的发展[8]。

3. 一些传统的未被重视的保险项目出现巨大发展空间。森林保险试点以来，承保面低、规模较小、发展缓慢。低碳经济的兴起，为拓展森林保险创造了更多有利因素。针对我省碳吸收水平从2000年的89.4%下降到2008年的40.9%、碳汇能力下降显著的现状，梁保华书记在“生态省建设工作会议”提出，进一步提升“绿色江苏”建设水平，深入实施绿色江苏林业行动等重大生态工程，广泛开展植树造林，重点抓好沿海、沿江、沿湖、沿河、沿路生态防护林和村镇绿色建设，增加森林蓄积量，提高森林覆盖率和固碳能力。植树造林将被纳入地区经济发展战略规划目标和政府业绩考核的重要内容，森林产业将成为绿色江苏建设的重要动力。

4.随着低碳经济的发展衍生出新型保险需求。1997年12月，联合国政府间气候变化专门委员会通过了《联合国气候变化框架公约》的第一个附加协议，即《京都议定书》，把市场机制作为解决二氧化碳为代表的温室气体减排问题的新路径，即把二氧化碳排放权作为一种商品，从而形成了二氧化碳排放权的交易，称为“碳交易”。碳交易规模未来有望超过石油交易规模而成为世界第一大交易品种[9]。碳交易引发出信用保险、保证保险等一系列需求。

（四）威胁（Threats）

1.新型风险缺乏充分的统计数据。保险经营必须充分估计风险，良好的意愿和社会公益性也不可能绕过风险可保和能保这个障碍。（1）目前低碳经济尚处于初步发展阶段，相当多的低碳技术尚处于应用转化阶段，商业应用前景难以准确评估，技术的不确定增加了保险公司评估风险的难度。（2）低碳经济项目往往开发周期相对较长，科研开发和技术转化成本较高，涉及风险因素较多，产品价值较高，生产技术专业，涉及面广，恢复成本高。甚至同一客户在不同的发展阶段也有着不同的风险。（3）保险业大多没有相对应的人才根据低碳行业的整体风险特征，在对具体客户、具体项目核保中有效识别风险。（4）低碳经济下高新技术不断采用，其风险点、出险概率缺乏充分的统计数据，也无传统经验可循，导致保险公司在险种创新、风险管理、精算统计上面临着更大的不确定性。（5）在知识产权保险中，知识产权是无形财产，价值具有不确定性，需要运用无形资产评估法对其价值进行有效评估。（6）科技企业往往采用尖端的新型技术，在科技企业出险之后的损失原因判定和损失程度鉴定上，能够提供技术鉴定的部门较少，或者鉴定部门与企业本身存在一定的利益关系，鉴定和定损相对困难。

2.道德风险、心理风险概率将会明显提高。随着低碳经济发展，监管法规、核心技术以及消费行为的变化，对许多行业和企业的风险状况会产生巨大影响。（1）一些传统的优势行业将会迅速消失，水泥、电力、煤炭、纺织行业等淘汰率大幅提高。（2）处于初级发展阶段的新型能源产业，行业标准和技术不成熟，即使现在采用最新的装备和工艺，也可能会被迅速淘汰。在我国，中小企业是高新技术企业的主要群体，许多是私人或个人合伙开办，管理不规范，创办企业具有一定的投机性。（3）低碳经济中新兴的、有巨大发展潜力的朝阳行业本身，风险控制难度也不小。从我国目前已将盲目发展的风电设备制造业列为限制发展对象的政策调控举措已见其端倪。（4）在人身险方面，由于结构性失业，失业者自杀、自残、延宕住院等现象将会增多。经验显示，无论是产险领域还是寿险领域，淘汰产业、资金链断裂的企业发生道德风险和心理风险的概率明显提高。

3.民众保险意识淡薄，与江苏经济发展不相适应。江苏保费规模虽一直处于全国前列，但保险深度、保险密度一直不高，2009年保险深度（保费占GDP比例）仅为2.66%，保险

---

6.国务院法制办召开《太湖管理条例》立法工作座谈会[J/OL].太湖网，2010-10-11。

7.环境责任保险国家层面立法有望启动[N].法制日报，2010年09月21日。

8.中国平安联手江苏天楹发展垃圾焚烧发电项目[J/OL].中国江苏 2010-03-22。

9.李真、卢德坤、杨晓静.构建碳金融体系抢占未来制高点[N].经济参考报，2010年04月07日。

密度(人均保费)仅为1175.13元[10],不仅与发达国家相比存在着相当大的差距,也与其他省份存在较大差距,表明江苏经济虽较为发达,但民众对保险业的认知程度、接受程度还相当不够。

保险产业在低碳经济下发展的SWOT分析图

表1

| | 优势(S) | 劣势 |
|---|---|---|
| 内部条件 | 1.保险业本身就属于低碳行业<br>2.江苏具有良好的保险市场基础<br>3.保险涉及面广,创新空间大<br>4.新型保险项目已有成功经验<br>5.初步建立了聚内联外的合作平台 | 1.对于低碳保险的技术和经验不足技术和经验不足<br>2.保险从业人员整体素质不高,专业性人才缺乏<br>3."补偿标的解锁"导致利润空间压缩。 |
| | 机会(O) | 威胁(T) |
| 外部条件 | 1、政府政策引导<br>2、低碳技术的发展为保险公司提供了巨大的投资空间<br>3.一些传统的未被重视的保险项目出现巨大发展空间<br>4.随着低碳经济的发展衍生出新型保险需求 | 1.新型风险缺乏充分的统计数据<br>2.道德风险、心理风险概率将会明显提高<br>3、民众保险意识淡薄,与江苏经济发展不相适应 |

### 三、江苏保险产业"低碳"竞争力的构建

低碳经济作为新一轮经济转型升级的突破口,具有广阔的发展前景,为江苏保险业带来新的机遇与挑战,作为市场发育相对成熟的江苏保险,业者的稳健经营迫切要求转变经济发展方式,在低碳经济发展中找寻新的经济亮点,利用现有条件合理配置内部资源,推广绿色保险,彰显保险业的社会责任,扩大市场容量,吸引媒体正面关注,提升社会声誉,实现经营发展与社会效益的双赢。

(一)将保险业发展融入低碳经济的整体发展战略框架之中

低碳经济的核心是依靠技术创新和制度创新实施的一场能源革命。低碳经济具有很强的社会效应,保险是对新兴产业发展具有保障意义的公共和半公共产品,与经济政策价值取向相一致,政府得将保险业发展政策作为制度创新的一项内容融入低碳经济的整体发展战略框架之中,运用供给指向型经济政策,对保险产业经济活动主动干预,解决产业经济活动中存在的"市场失灵"问题,以提高保险对低碳经济发展的供给能力和改善供给结构,提高保险资源配置效率。

1.政府以行政手段直接对保险经济活动和资源配置进行直接干预。对于环境责任保险、森林保险等风险高的险种,借鉴政策性农险的成功经验实行保险与政府联办共保形式,随经验成熟逐渐提高商业保险比重。

2.依靠利益导向间接引导保险企业按照政府产业政策目标方向发展。(1)制定税收优惠政策,对涉及低碳经济的险种,适当减免税收,减轻保险企业的成本压力;(2)研究建立在重大专项、国家科技计划经费中列支科技保险费和财政对自主创新首台(套)产品实施保费补贴的相关政策;(3)支持地方科技主管部门创新科研经费使用方式,制订支持科技保险发展的措施;(4)将企业科技保险保费计入高新技术企业研究与开发费用核算范围。

3.以立法的方式规范保险经济活动以保证产业政策目标的实现。对于对宏观经济具有一定作用和影响的险种,实行地方性强制保险扩大保险保障的深度和广度,以利于保险公司聚合大量的同类风险标的,防止逆选择,广泛分散风险,稳定经营成果;同时,保险公司也能发挥规模经济优势降低经营成本,使保险费率得以降低,有利于减轻投保者的经济负担,刺激低碳保险需求,进一步增强保险供给能力,增进整个社会的福利水平。

(二)更新保险服务方式,发展保险电子商务

建立与投保人、同业、银行及认证中心等合作伙伴相联系的更为高效的B2C电子商务平台,与公司的事务处理系统、代理系统、呼叫中心融为一体,能够及时为客户提供服务,包括客户在网络上获取最新政策等相关信息,以及公司对客户询问的及时答复、客户在线业务的实时处理。(1)积极整合经营资源,架构大集中、大综合、大营销的展业模式,整合人力物力资源,实现资源的合理重组和集约化配置。(2)创造简捷化、快节奏、高效率的服务方式,尽可能利用电子邮件、自动传真、语音电话、短信息服务等现代通信手段,在核保、核赔和保全等环节推行无纸化办公,为客户提供电子保单、电子投保书、电子提示函等自助服务。(3)大力发展电话销售、网络销售和交叉销售模式,发挥直销渠道的成本优势、代理渠道的服务优势,剥离高能耗、低产出的环节,最大限度地节约营销成本和资源,达到快捷、高效、低成本运转的目的。

(三)运用费率杠杆,鼓励低碳行动

保险业与低碳经济之间具有良性互动作用,保险公司核保时,应根据保险标的风险因环保程度而呈现出的差异实行差别费率。通过调高高耗能保险标的或行为人的保费,对低耗能保险标的或行为人实施保费优待,一定程度上可以促使高能耗、高污染产品进行结构转型,同时也能够有效淘汰落后产

10.江苏保监局、江苏省保险学会.江苏保险年鉴(2010)。

能，从而进一步加快低碳化进程。(1)在车险中，针对不同排放量的机动车辆设立不同保费档次，促使潜在车主选择低排量交通工具，引导小排量和使用清洁能源的汽车消费，从而促进汽车产业向环保方向转型。天平保险已于2009年11月开始尝试开拓环保型车险，依据行车里程和区域设计产品，给予行车里程少、行车区域固定的客户以更多的保费优惠，引导客户绿色出行。中国平安也正积极开发车险费率与环保指标联动的绿色车险产品[11]。(2)在企业财产保险客户的选择上，应逐渐由单纯的风险选择向风险选择与环保评价选择并重转变。重点识别和挖掘成长性高、环保执行力强的优质企业，通过费率优惠和风险管理将他们培育成支撑其未来发展的核心客户，对于碳减排不达标的企业提高费率，促使其开展低碳化改造。(3)在家庭综合保险中，对采用太阳能、沼气的家庭因其火灾、触电、中毒等风险概率较使用电、液化气低而给予费率优惠；根据家用电器节能和环保情况，设置不同档次保费，以鼓励消费者购买低耗能的电子设备。(4)农业种植业保险中，提高使用自然肥料者保费补贴标准。(5)在人身险中，对于不开车或年度开车时里程在一定限额以内的被保险人，因其意外发生率、疾病发生率会降低而予以费率优惠。

(四)储备相关人才积极应对低碳经济

保险公司管理层要在战略上转变观念，重视碳保险业务，重视低碳保险智力团队建设。(1)建立相应的组织机构，通过改制现有的机构或者成立新的机构，专门负责碳保险业务的开展。(2)通过新人员的招募以及现有人力资源的重组和培训，逐步构建适合开展碳保险业务的团队。(3)制订详细低碳保险人才的培养计划，加强对低碳保险方面的业务培训。经营管理干部的培训与历练，通常需要花费比较久的时间，技术进步和知识更新速度不断加快的现实条件下，倘无详细的培养计划，即使现有适用人才也会被低碳经济的发展所边缘化，从而导致公司被淡出低碳保险市场。(4)聘请和储备一些低碳专家和专业人员充当外部顾问，参与保险项目投标和承保中的指标评估、承保计划制定等。

(五)充分发挥保险社团的职能作用

1.保险学会进一步做好理论先导的基础性工作。(1)国外尤其是欧美国家低碳经济发展迅速，理念更新很快，江苏省保险学会可以借助“一会五所”理论研究平台，研究低碳企业的风险规律，分析低碳经济发展动态，介绍国外低碳保险经验、有关低碳保险的规章制度。(2)联合保险公司、科研机构、中介机构和科技企业建立低碳保险产品创新机制，针对低碳领域风险特点，开发新险种，对低碳技术发展和应用提供保险支持。(3)与金融学会、城市金融学会、国际金融学会联合研究创新科技风险管理机制与服务。(4)研究保险资金支持国家高技术产业发展的机制和措施，探索保险资金参与国家高新技术产业开发区基础设施建设、战略性新型产业的培育与发展、创业投资以及国家重大科技项目投资的方式方法。(5)广泛开展消费者教育，为低碳保险业务的开展创造良好的市场环境。

2.保险行业协会应建设成为行业信息枢纽。(1)低碳保险产品定价，由于出险率、损失率等经验数据匮乏，新产品开发缺少数据支撑和精算支持，加之低碳承保风险的多样性和特殊性，容易导致条款费率缺乏科学性，进而产生较大的经营风险，需要加强行业合作，增强费率条款制定的科学性和可靠性。保险行业协会可以通过集合所有成员公司的损失经验数据，建立数据样本，为各公司开发险种提供技术依据。同时对保险公司(含其总公司)制定费率提出建议，为成员公司提供管理方面的咨询服务等。(2)在市场竞争条件下，一部分高风险标的难以通过正常途径获得保险保障。对这些遭到保险公司拒保的高风险投保者，在其仍具有可保性的前提下，可由行业协会组织建立与标准市场相补充的剩余市场，即按各保险公司正常市场份额来分派其承保数量，或者结成共保体共同承保。(3)密切关注有关部门公布的产能过剩关键数据指标，参考有关研究机构、投资咨询公司的研究成果，对于污染物排放与碳排放大、能源消耗高、环境和资源负面影响大、节能减排和环保压力大的环境敏感型行业，告诫会员公司把握时机，有计划、有步骤地主动退出保险业务，对欲进入的会员公司予以警示，并在防范“道德风险”和保险欺诈方面广泛开展合作。

**四、低碳经济条件下保险险种的开发**

2009年的中央经济工作会议明确提出，要培育和发展新能源、节能环保、新材料、新医药、生物育种、信息网络、新能源汽车等战略性新兴产业，推进产业结构调整。这些战略性新兴产业是新兴科技与新兴产业的深度融合，既代表着科技创新的方向，也代表着产业发展的方向，我省计划在“十二五”期间，初步构建低碳经济产业体系，围绕可再生能源利用、新能源设备制造、智能电网改造三大重点，加速培育一批核心竞争力强的大企业大集团，打造更为完整的低碳产业链，使新能源产业成为江苏的战略先导产业和支柱产业。保险业应加强对这些产业风险的研究力度，力争项目进展到哪里，保险服务就跟进到哪里，尽快融入低碳经济发展中，培植未来的优质客户群体和利润增长点。

(一)完善传统险种设计，适应低碳经济新要求

1.森林保险。据测定，一亩林木，每天可吸收$CO_2$67kg，释放$O_2$49kg，是无与伦比的空气净化器。建设城市绿化工程，多渠道拓展绿化空间，营造城市森林，是提高城市碳汇能力的重要措施。江苏森林资源少，森林覆盖率低。截至2008年底，全省森林覆盖率为18.1%。而森林面临的风险较大，截至2009年底，全国共发生森林火灾8808起，其中重大火灾35起，特大火灾1起，受害森林面积68.97万亩。保险业应该充分利用有利的政策环境，加强与农林、城建等部门之间的协调配合，深入林场、林地调查研究，不断完善林业保险条款和工作措施，建立森林巨灾风险分散机制，提高保险保障水平，为推进林业发展和提高森林覆盖率提供有效的风险保障。

2.环境责任保险。环境责任保险又被称为“绿色保险”，以被保险人发生污染水、土地或空气等污染事故对第三者造成的损害依法应承担的赔偿责任为标的的一种保险。随着低碳



11.响应政协一号提案国内外险企助推中国绿色车险[J/OL].中国金融网，2010年3月27日。

经济发展，环境污染风险单位已经发生了重大变化，核电厂、大型城市污水处理厂、新型生物、新医药等新型产业给环境安全带来新隐患，需要针对这些新的环境责任风险研究具有针对性的责任保险产品。

(二)开发新型保险，化解低碳社会新风险

1.科技保险。低碳技术集中于创新型制造技术、新型低能耗建筑材料等，其研发投入大、科技含量高，研发成果的运用面临众多不确定性风险。保险公司应根据科技企业行业特点、发展阶段、生产规模、产品属性的不同，抗风险能力的强弱，开发针对性强的保险产品，全方位管理生产、研发、人员、交易链、信用链等方面的风险，满足科技企业实际需要，为科技企业的发展提供风险保障。

2.知识产权保险。低碳经济条件下，企业技术更新不断加快，创新成为未来经济社会发展的新动力，知识产权已成为企业提高核心竞争力的重要手段。然而，随着知识产权客体的不断扩大和授予量的不断增加，知识产权纠纷愈来愈多，解决知识产权争端的费用十分昂贵，设计、开发知识产权保险具有现实基础。知识产权保险一般包括：(1)知识产权侵权责任保险，亦称知识产权侵权辩护费用补偿保险 (Defense Cost and Damages Reimbursement Insurance)。用于偿付在应诉知识产权侵权诉讼时所必须支出的诉讼费用，不仅包括律师费还包括在产生损害的情况下应由被保险人支付的损害赔偿金。知识产权侵权责任保险可细分为专利侵权责任保险、商标侵权责任保险、版权侵权责任保险、广告侵权责任保险等等。(2)知识产权财产保险，亦称知识产权执行保险(intellectual property enforcement insurance)或"对抗"侵权的知识产权保险(infringement abatement insurance)。其承保的经济损失是被保险人因为提起侵权指控支出诉讼费用而导致的现有财产利益的减少。当有第三方侵犯被保险人的知识产权时，被保险人与第三方发生法律纠纷，从而发生的一系列法律诉讼、反诉讼等费用，保险公司将按合同约定对这些费用进行赔偿。

3.碳交易保险。很多大型清洁能源投资项目可以将自己未用完的碳信用出售给需要更多碳信用的企业，然而新能源项目本身在整个运营过程中面临着诸多风险，可能导致项目失败或未完成，从而影响碳信用交付。在建设阶段往往因价格浮动等风险因素面临着投资项目不能如期启动的风险，同时也面临着火灾等灾害风险；在运营阶段，则面临财产损失、机械损坏和业务中断的风险；除此之外还包括政治风险、破产风险、特定的技术效能风险和天气风险。这些风险都可能影响到企业碳信用交付的顺利进行。(1)碳交易信用保险：可以为碳交易合同或者碳减排购买协议的买方提供保险，如果买方在交纳保险后不能如期获得协议上规定数量的CERs(Certified Emissions Reductions，核证的减排量)，保险公司将会按照约定提供赔偿；(2)CDM(Clean Development Mechanism，清洁发展机制)项目保险：如果企业不能将具有开发潜力的项目开发为CDM项目，将会获得保险赔偿。CDM项目保险可为项目业主或融资方提供担保和承担风险，将风险转移到保险市场，以保证碳减排额的交付，相当于为交付作了"信用增级"。(3)碳资产的CDS(Credit Default Swap，信用违约互换)：将碳交易保险与碳资产证券化结合形成碳资产的CDS，即对债权人所拥有债权的一种保险。

4.非正常碳排放保险。按照传统理解，$CO_2$非为自然环境污染源，环境责任保险关注行为对环境造成的直接污染(可视性污染)，因此非正常燃烧和泄漏所导致的非正常碳排放不为环境责任保险范围。在低碳经济条件下，《京都议定书》把二氧化碳排放权作为一种商品，总量控制是碳交易的前提和目的。当自然灾害和意外事故引起非正常碳排放后，排放者即使其事故本身财产损失得到保险赔偿，但因排放权丧失而不得恢复生产。可以开发非正常碳排放保险，给予其所丧失的碳排放权以经济补偿。

5.新型职业责任保险。低碳经济发展，金融、保险、咨询、物流、老年护理、法律服务、保健服务、形像设计、美容护理等知识型服务业发展加快，各种职业都有自身的风险和特点，而服务业大多依凭服务者的知识和技能，一般不需作较大金额的经济投资，基本不具职业责任风险担保物，被服务者在接受服务过程中因服务者过失所受到的损害，需要通过适当的制度安排获得补偿，以维护社会和谐。职业责任保险是以各种专业技术人员在其从事专业技术性工作时，因工作上的疏忽或过失，造成第三者人身损害或财产损失，依法需要由其承担的经济赔偿责任为保险标的的保险。目前，全球责任保险占财产险业务总量的平均比重已超过15%，一些发达国家约占30%，美国则高达50%左右。保险业应针对各种服务业风险特点，丰富职业责任保险品类，增强职业责任保险产品的科学性和市场适应性。

**参考文献：**

[1]赵燕妮.我国保险电子商务发展对策分析[J].商业时代，2009，(31).

[2]万幸、钱凯.浅析电子商务保险的未来发展[J].经营管理者，2009，(17).

[3]郁佳敏、周一良、瞿兵.电子商务保险前瞻[J].上海保险，2009，(4).

[4]徐思云、孙晓然.电子商务的发展对提升保险公司核心竞争力的影响[J].经营管理者，2009，(8).

[5]刘玉红.保险公司内部控制问题研究[J].中国商界(上半月)，2010，(3).

[6]张旋.关于加强保险公司内部控制制度建设的思考[J].保险职业学院学报，2009，(5).

[7]赖秀丽.对完善保险公司内部控制的思考[J].黑龙江科技信息，2009，(2).

[8]文龙.对保险业服务低碳经济的几点思考[N].中国保险报，2010-5-25.

[9]宏生、曹庆生.绿色江苏：以资源小省博弈大产业[J].江苏林业产业，2009(9)：46-47.

[10]周红雨、陈维.环境污染责任保险制度现状及对策[J].中国保险，2010(3)：29-31.

[11]张绪风.发展责任险需要产业政策支持[J].中国保险，2005(06).

[12]祁雪、沈双莉、李明强.我国开展知识产权保险初探[J].保险研究2006(8).

**课题组人员组成**

组　长:宫秋平(江苏省保险学会秘书长,高级经济师)

成　员:偶　见(江苏省保险学会学术部主任,高级经济师)

路　云(东南大学医疗保险研究所,博士)

刘　妍(南京审计学院小额保险研究所所长,博士)

刘玉焕(南京审计学院老师、硕士)

许　芬(《江苏保险》执行编辑)

# 我国农村小额保险经营模式研究[1]

刘　妍

传统商业保险在利润的驱使下，通常偏重于相对富裕的群体,忽视了最需要危险分摊的弱势民众,这对保险制度本身无疑是个挑战。因而当小额保险在一些发展中国家成功推广时,这种依据公认的国际惯例运营的,由多种不同实体为中低收入者提供保险的创新形式很快受到广泛关注。近年来,在中国保监会的组织和推动下，国内多家保险公司开始积极调研和启动农村小额保险市场，通过为低收入群体建立风险保障机制,农村小额保险日益成为减轻低收群体的贫困和脆弱性、增强其抵御风险冲击能力的重要手段，在推进保险服务和金融服务的普惠性方面发挥着重要作用，有效发挥了保险经济"助动器"和社会"稳定器"的功能,有助于构建农村和谐社会、建设社会主义新农村。因此,深入研究农村小额保险问题具有重要的现实指导意义。

我国农村小额保险尚处于起步和探索阶段，实践中存在诸多亟待解决的问题，而解决问题的关键在于寻找有效的经营模式[2]。刘万(2008),徐淑芳、彭华(2008)通过对国外农村小额保险典型模式的比较分析，认为小额保险无论采取何种形式,都应当建立包含政府、非政府组织、主流商业保险公司等在内的合作伙伴关系;赵阿兴、叶楠(2008)通过对我国农村小额保险现有经营模式的利弊比较，认为农村小额保险经营模式的选择应由不同地区、不同时期、不同经济发展状况所决定;肖明迁、陈孝劲(2009)进一步结合目前经济社会和保险发展的现状,建议在小额保险发展初期,选择政府支持的半商业模式为主,保险公司主导的商业模式为辅,探索多种主体合作模式的思路来开展小额保险。苑为、杨明亮(2009)论证了构建以小额保险为核心的新农村风险管理体系的必要性，建议全面分析现有的小额保险计划和实践,选择可行的制度模式。现有研究通常停留在国际或国内已有模式的利弊比较，对于现实选择也仅仅进行了初步的探讨,缺乏深入分析。本文基于我国农村小额保险开展现状及存在的主要问题，借鉴国外成功经验,建议在小额保险发展初期采取政府主导下的经营模式,并探讨了该模式下农村小额保险运行机制的具体构想。

## 一、我国农村小额保险现状及存在的问题

小额保险业务在我国农村地区的发展历史较短。2008年6月,我国保监会出台了《农村小额人身保险试点方案》,标志着低收入农民缺乏基本风险保障的问题将从商业保险层面得到一定程度的解决。2008年8月,我国保险业同时在四川、江西、河南、甘肃等九个省(区)启动农村小额保险试点工作。截止到2008年年底,参与小额保险试点的国寿、太保、平安、泰康4家保险公司共承保239万农民的人身及财产风险，实现保单126万余件,保费收入共4212万元,人均保费17.62元,为农民提供了近280亿元的风险保障。2009年,在总结首批试点经验的基础上,农村小额保险试点覆盖面进一步扩展至19个省(区),产品也由先期推出的9款增加至14款[3]。可见,小额保险在创新产品和维护农村家庭经济安全方面取得了较好成效，但笔者在江苏泰州、徐州等地农村的前期调研结果表明,当前农村小额保险开展过程中存在诸多亟待解决的问题:

### (一)低收入人群支付能力与保险意识有限

低收入人群,特别是农民收入呈季节性特征,可支配收入有限,很难有足够的经济能力去承担高额保费。从调研结果来看,愿意承担50元以下年缴保费的占调查总数65%;愿意承担50~100元年缴保费的占25%;愿意承担100元以上年缴保费的

---

1.本文系南京审计学院校级科研项目《江苏农村小额保险发展策略及路径研究》(NSK2009/C11)成果之一。

2.这一点已经被国外成功经验所证明。在国外,早期的小额保险一般由民间组织发起,或由非政府组织提供,参保人数有限且保障程度较低。随着小额保险的发展,其作用和市场前景逐渐被政府以及保险公司所认识,从而形成了更为有效的经营模式,为越来越多的低收入人群提供更为全面的保障。

3.目前,我国农村小额保险类型主要包括小额健康保险、小额意外伤害保险、小额养老保险、小额农业保险、小额信用保险等,具体险种为:疾病综合保险、重大疾病保险、住院医疗保险、意外伤害伤残(死亡)保险、意外伤害附加医疗险、失能收入险、定期或终期寿险、生死两全保险、年金保险、农作物保险、家畜(家禽)保险、家庭财产保险、信贷保险等。

仅占10%。此外，低收入人群保险认知能力较差，通常缺乏保险意识，且对保险公司缺乏信任。调研结果显示，83%的被调查者对保险有一定的了解，但是比较了解的仅占15.5%；46%的被调查者对保险公司缺乏信任，认为保险不值得购买。

（二）保险公司运行成本偏高

目前，作为小额保险供给方的保险公司面临的最大问题是如何保证小额保险计划的可持续发展，获得可持续发展的关键在于小额保险能够为低收入人群提供切实有效的保障与服务。但是保障范围越大、服务越精细，成本就越高。一方面，农村小额保险产品并不是现有险种的简单复制，保险公司为开发适销对路的产品必须增加投入；另一方面，由于保险公司在农村设立的营业网点较少，加上交通设施不发达，在展业、承保、理赔过程必将耗费大量的人力与财力，导致农村小额保险的运营成本整体偏高。

（三）相关法律法规体系缺失

目前，我国还没有构建相对完善的法律法规体系来为农村小额保险创造良好的外部环境。在小额保险范围、经营主体资格、保险人权利义务、会计核算制度、财政补贴和税收优惠方面仍处于探索阶段，这不利于小额保险在农村长期开展如农村的平均保费和展业成本等与城市差别很大，而农村小额保险营销人员却与城市营销人员承担着相同的税收负担，显然不尽合理，即使小额保险争取到政策优惠，也应有相应的险种、范围认定标准，实施主体法律地位等相关的配套法律，防止优惠政策被滥用。

从上文分析可以明确，在我国农村小额保险发展初期，需求、供给以及制度环境构建方面均面临着挑战，这不仅仅会影响供求双方的积极性，更重要的是会危及到农村小额保险的可持续发展。目前首当其冲要解决的是如何寻求更为有效的经营模式，从而为低收入人群提供充分的保障。

## 二、国外农村小额保险经营模式分析

小额保险既是小额金融的重要组成部分，也是一种有效的金融扶贫手段。目前全世界已有一百多个发展中国家建立了较为健全的小额保险制度，为低收入人群提供保障服务。从国外农村小额保险发展的实践看[4]，主要有以下几种模式：

（一）合作代理模式

自20世纪70年代以来，小额金融机构通过贷款给低收入人群获得利润的同时，也面临着越来越大的经营风险。为此，小额金融机构积极通过保险机制化解贷款风险，从而形成了合作代理模式。保险公司主要负责产品开发与定价，通过小额金融机构将小额保险提供给客户；小额金融机构则因拥有与低收入家庭接触的便利条件，负责销售、承保、保费收取、理赔与清算。该模式下，小额金融机构可以获得佣金收入或利润分成；保险公司可以快捷地进入低收入市场，并能迅速掌握客户的风险状况，从而有针对性地开发产品；投保人可以享受到受管制的保险机构提供的保险服务，且能从集团定价中获得优惠。但这种代理关系并不稳定，小额金融机构一旦不愿代理，保险公司将丧失已有客户；另外由于保险产品与代理人的主营业务（如贷款）挂钩，非借款客户难以获得保险服务。

（二）非政府组织（NGO）援助模式

国际上采用NGO援助模式比较成功且影响较大的是塔塔友邦。塔塔友邦与目标市场中具有良好社会影响的NGO建立合作关系，作为有偿服务，NGO负责推荐当地有可能成为优秀代理人的人选，从而创造了一个让小额保险代理人向低收入市场推广小额保险的体系。该模式下，保险公司主导小额保险产品的设计与服务，利用NGO现有资源，保险公司可降低经营成本；但这种模式对保险公司要求较高，在成本控制、销售渠道建设、精算假设、理赔与服务的平衡问题等方面都需要很高的管理水平，这就导致公司需要反复尝试，面临的经营风险较大，取得盈亏平衡需要较长的时间。

（三）基于社区的模式

该模式下，小额保险的供给者并非保险公司，而是为开展小额保险专门成立的互助组织。目前，这种基于社区模式的小额保险特别是小额健康保险受到了国际劳工组织的消除无保障与贫困的策略与手段项目，以及法国非政府组织国际发展中心CIDR等机构和NGO的资金和技术援助。典型模式如西部非洲的互助卫生组织（MHO）。该模式能够较快获知低收入人群的保障需求、交易成本较低、可以有效规避道德风险与逆选择；但客户规模较小、缺乏专业性，且保障水平有限。

（四）国际经验及其启示

在国外小额保险的发展中，政府、NGO，以及一些援助机构发挥了积极的作用，从不同侧面推动了小额保险的发展。但其中由非正规供给者（例如互助组织、社区组织等）主导的模式，通常自下而上产生，带有很强的自发性，游离在保险监管之外，并不适合我国采用。目前国内较受关注的四种模式效果不甚理想[5]。从我国在农村推广保险的实践看来，无论是农业保险、新农合，还是新农保，在发展初期均离不开政府的支持，而政府在小额保险发展初期的作用也已经被国际成功经验所证明。基于现实最具可行性的角度，建议在农村小额保险起步阶段，积极探索政府主导下的商业保险经营模式。

## 三、建立政府主导下的农村小额保险经营模式的依据

政府主导下的农村小额保险经营模式是指基于一定的社会管理需要，政府参与组织、动员农村低收入人群投保，但不负责保险公司的经营风险，保险公司本着保本微利的原则自主经营、自负盈亏。具体而言，政府根据低收入人群状况以及社会管理的需要，提出产品需求或保障方案，继而寻求合适的保险公司，并利用其公信力，组织低收入人群投保。保险公司则负责产

---

4.国外经营模式部分对现有资料进行了整理与分析。资料来源：梁涛、方力主编《农村小额人身保险》；国际小额保险中心对全球100个最贫穷国家发展现状的研究报告（2007年4月）。

5.目前，我国农村小额保险常见的四种经营模式各有弊端：以纯商业化模式运作，仅有为数不多的保险公司有能力经营；以互助保险经营模式运作，通常无法面对巨灾风险；以合作方式运作，目前在农村又难以寻求到合适的合作组织；以小额信贷捆绑模式运作，则面临着产品单一的问题。

品开发、精算、核保、理赔、服务与风险管理等。该模式由于有政府的参与，在低收入人群中的可信度较高，政府提供保费补贴也使得销售环节变得相对简单，它既可以发挥商业保险的专业优势，又可以发挥小额保险的社会性，通常能以较低的成本，在较短的时间内扩大保险覆盖面。当前在我国建立政府主导下的农村小额保险经营模式的依据包括以下两点：

（一）服务对象的特殊性

低收入人群不仅收入低，而且现金流不确定，他们对风险的抵抗能力远远弱于富裕阶层，具有更为强烈的风险保障需求。然而，他们通常处于非正规就业状态，难以得到社会保险的覆盖，也往往被主流商业保险公司所忽视。以低收入人群为服务对象的农村小额保险如何才能实现快速发展，并为广大低收入人群提供持续保障？就目前看来，单纯依靠商业保险公司经营难以成功，因为保险公司面对大规模分散的小额保险，操作成本与交易难度较大，且保险公司一直定位于为富裕及经济尚可者服务，接触低收入人群的机会较少，很难保证产品及服务的有效性；而单纯依靠低收入人群自愿投保、自担保费，小额保险的覆盖面也难以扩大。因此在农村小额保险起步阶段，政府理应发挥主导作用，充分调动低收入人群和保险公司的积极性，确保这一制度的快速、健康发展。

（二）政府有向公民提供社会保护的职责

社会保护旨在通过一系列公共措施向其成员提供各种保护，然而，全世界有一半的人口被排除在社会保护之外。目前，很多国家正在尝试将社会保障由正规经济部门向传统经济部门延伸，小额保险被作为扩大社会保护战略的机制之一，通过社区、商业保险公司或其他社会民间组织为排除在社会保障之外的人提供保险。在个别国家，小额保险计划已经被纳入社会保护实施过程中。在塞内加尔，国家社会保护战略将小额保险计划定义为扩大社会保护服务的重要机制；在卢旺达和加纳，国家在全国实施基于地区和社区互助组织的健康社会保护计划。实践证明，被纳入社会保护范围内的小额保险计划在扩大覆盖面方面更有效率。

**四、政府主导下的农村小额保险的政府行为分析**

低收入人群保险的缺乏要求加快农村小额保险发展，而服务对象的特殊性与政府的职能则要求在农村小额保险发展初期，政府发挥主导作用，通过资金、立法等方面的支持，可以在一定程度上解决农民的保费负担，降低保险公司的销售成本，充分调动低收入人群与商业保险公司的积极性，推动农村小额保险的发展。

（一）资金支持

1.政府采取减免税收、提供税收激励等措施，可以促使保险公司为低收入人群提供保险服务。许多国家政府充分利用税收优惠政策，鼓励小额保险的推广和发展。如在日本，简易保险业务在日本邮政民营化以前，无须缴纳商业保险的“法人税”。民营化以后，国家实行“国库缴纳金制度”、“市町村缴纳金制度”，给予简易保险业务新的优惠税收政策。在近100年的时间里，日本始终给予税收方面的优惠政策，弥补了邮政部门经营简易保险业务的高额成本，并为简易保险产品费率的降低提供了财政支撑，这是日本简易保险业务能够持续发展并取得成功的重要原因。我国政府可以考虑为农村小额保险供给者提供适度的税收优惠，激励保险公司经营农村小额保险的积极性。

2.政府提供保费补贴，鼓励低收入人群参加农村小额保险。一些国家的政府参与到小额保险主体的经营管理中，并提供保费补贴及其他支持。在哥伦比亚，政府提供津贴，使低收入人群能够购买健康保险，这甚至促进了小额保险供应商之间的竞争，惠及低收入人群。在印度南部的卡纳塔卡，政府与私营企业成立“合作社农民医疗保健信托会”，并向合作社团提供资金、补助、贷款及技术帮助，确保大部分低收入者能够以较低的保费加入信托会。建议我国政府根据不同地区农村的经济发展情况及财政负担能力提供不同程度的保费补贴，这必然会提高低收入人群的参保积极性，有利于小额保险业务的经营状况，同时也有利于保险公司迅速提高自身品牌的渗透率。

（二）立法支持

从国外小额保险政策来看，一些国家通过立法形式建立小额保险，推动小额保险的发展，效果十分明显；也有的国家，其小额保险的经营主体并不在保险法要求的条件下经营，而是通过制定小额保险机构的特殊法律，规范其经营。如日本政府于1916年颁布的《简易人寿保险法》，对简易保险业务进行单独监管。该项法律从简易人寿保险业务的事业目的、经营原则、产品类型、服务类型、资金运用等方面进行了规定。建议我国出台相关法规，明确政府办理农村小额保险的指导思想和基本原则，并作具体规定。

**五、政府主导下的农村小额保险运行机制的构想**

（一）资金来源。从我国实际出发，如果要开展政府主导下的农村小额保险，政府可能难以承担巨大的补贴负担，因此，可以考虑拓宽筹资渠道。比如，政府可以将以往的救济和补贴转化为保费补贴；在条件成熟时建立低收入人群保险风险基金，其筹集可考虑从以下渠道：从国家和地方政府已设立的“农业风险基金”中列支一部分，从民政和水利部门每年安排的救灾、防洪费用中划归一部分，从社会各界捐赠中拿出一部分，从农产品流通渠道中征收一部分。

（二）保费收取。不同的保费收取方式会影响单位交易成本，而决定保费收取模式的关键因素是客户的具体情况以及其能否获得其他服务。为了使小额保险业务切实可行，国际小额保险经营者把“交易成本最小化、客户服务最大化”作为小额保险保费收取的基本目标。目前，我国农村小额保险实践中可结合现有（如新农合）政策，利用已有渠道进行费用收取与保险金的赔付（给付），便捷的同时也能减少渠道开支，从而在一定程度上降低保险公司的销售成本。

（三）产品设计。产品设计方面除了要考虑结合农村市场的特点，满足低收入人群需求以外，还需要结合社会管理的目的和初衷，满足政府的需求，使政府有积极性参与组织、推动投保；保费应相对低廉同时也要保证保险公司具有一定的盈利可能。

（四）理赔与服务。考虑到小额保险覆盖地区相对欠发达且距离中心城市较远，保险公司应充分利用营销服务部和电话服务中心、短信、网络、信函以及营销服务部客户服务人员、驻村服务员的现场服务，提高客户服务需求的响应速度，确保政府管理目标的实现，提高参保率。

（五）人才培养。低收入人群面临风险的特殊性、复杂性决定了农村小额保险经营技术的特殊要求。技术是保险经营和监管的重要要素，而发展保险技术的关键又是人才。因此，为了农村小额保险事业的顺利开展，一定要重视和开展对相关技术人才的培养，通过代培、委陪、函授等多种方式培养农村小额保险业务骨干，确保业务的顺利开展以及高效的监管。

小额保险兼有社会性与经济性，它既可以定位于为没有社会保险的低收入人群提供保障，发挥社会保险的作用，也可以向低收入人群提供商业保险，因此其经营模式有多种选择。就我国目前而言，农村小额保险尚处于起步阶段，建议保险公司通过适度的政策支持、精细的专业管理相结合，为低收入人群提供多样化的小额保险产品。

**参考文献：**

[1]郭丽军.论低收入人群的风险需求与小额保险供给模式选择[J].财政研究，2009(6).

[2]梁涛，方力.农村小额人身保险[M].中国财政经济出版社，2008(1).

[3]刘万.国际小额保险模式问题研究[J].保险研究，2008(12).

[4]庹国柱，王德宝.关于我国农村小额人身保险的几个重要问题[J].中国保险，2009(11).

[5]袁春兰，谢玉梅.我国农村小额保险发展的思路[J].农业经济，2008(9).

[6]肖明迁，陈孝劲.我国保险发展模式的探讨[J].海南金融，2009(3).

[7]徐淑芳，彭华.小额保险经营模式研究[J].金融理论与实践，2008(10).

[8]苑为，杨明亮.构建以小额保险为核心的新农村风险管理体系[J].经济管理，2009，(5).

[9]张翼飞，李琼，杨博.从历史深处看小额保险的产生与发展[J].上海保险，2008(12).

[10]赵阿兴，叶楠.我国农村小额保险经营模式的利弊分析[J].保险研究，2008(8).

[11]Jim Roth, Michael J.McCord, and Dominic Liber. “The Landscape of Micro-insurance in the World’s 100 Poorest Countries”.The Micro-insurance Centre,LIC,April 2007.



# 保险代理人流失成因及对策研究

唐　剑

个人保险代理人对我国保险业尤其是寿险业的发展起到了举足轻重的作用。中国保监会资料显示，截止2008年末，全国共有保险代理人256.05万人；保险代理人2008年度共实现保费收入3380亿元，占总保费收入的34.55%。

但是，波士顿咨询公司公布的调研报告显示，中国的保险行业代理人总体流失率每年高于50%，其中保险公司第一年流失率高达70%~80%。保险代理人为保险业的发展做出了不可磨灭的贡献，但是如此高的流失率又将给社会、保险公司及投保客户带来风险，这与保险业快速发展的趋势极不协调。

## 一、保险代理人流失的外部因素

### （一）保险代理人法律地位的界定不明

保险代理在民事代理法律体系中属于委托代理，保险公司和代理人之间是代理关系，双方是平等关系的法律主体。但是目前保险公司对代理人的管理又采行政管理方式，保险代理人常常觉得自己的地位很尴尬，角色定位不清。

代理人和保险公司之间签订的是代理合同，俗称保险公司的“外勤人员”，而保险公司的正式员工即“内勤人员”与公司签订的是劳动合同。“内勤”与“外勤”虽然只是一字之差，却反射出保险公司与两者关系的差别。在保险公司内部也形成了典型的二元劳动市场。“内勤”是正式员工，占据了各职能部门的岗位，不直接从事保险销售业务，有稳定的收入，享受各种社会保障和公司的各项福利待遇，形成了一级劳动市场。而保险代理人是“外勤”，没有底薪，保险公司也不负责代理人的人事档案、社会保障，他们也享受不到公司给予正式员工的各项福利待遇，这就形成了二级劳动市场。

虽然从法律的角度看保险代理人和保险公司之间签订的委托代理合同，但是由于保险代理人与保险公司正式员工在同一个职场上班，同样接受保险公司的管理，为保险公司创造收益，却不能享受同等的社会保障和福利待遇。这种二元劳动市场的存在，导致内部公平的丧失，保险代理人从内心产生不平衡。法律地位的不明确和角色定位不清，导致保险代理人的权利和义务难以界定，使得保险代理人缺乏自我激励的动力，职业忠诚度大大降低。

### （二）公众的保险意识不强

保险销售属于非实物销售，因为保险产品保障的风险具有不可预知性，并不会常常发生。客户即便投保了，在短时间内也很难对保险产品有消费体验，客户花了钱却没有消费体验，这就大大降低了客户的消费动力。

目前，公众的保险意识还不是很强，保险代理人面对的大多数客户都不太懂得保险的意义，因此保险代理人常常遭到拒绝，虽然客户拜访量很大，但是真正能成功签单的并不多。保险代理人为了生存必须不停地开发新的客户，面对更多的拒绝。保险代理人面临的是遭受客户拒绝和没有收入来源的双重心理压力，因而极容易离职。

(三)社会对保险代理人的认可度不高

尽管保险行业已经发展了几十年，但公众的风险防范意识还很薄弱，存在一种“风险不会降临在我身上的”侥幸心理。我国保险密度和保险深度与发达国家之间相差甚远，公众对保险、对保险行业和保险代理人的认可度都不高，对保险代理人产生“歧视”的态度，保险代理人在社会上处于明显的弱势地位。

造成这种局面有多方面的原因：(1)公众的偏见。由于保险意识缺乏，社会公众对保险的社会价值和意义不了解，片面地认为保险无用，代理人为赚钱而骗人投保；(2)代理人的违规行为。一些保险代理人由于自身的各种违规操作和误导行为降低了整个行业的诚信度；(3)媒体的正面宣传与负面报道不平衡。媒体较少对保险行业正面宣传，而个别保险代理人违规行为的过度曝光，对社会公众产生一种误导，认为保险代理人都是缺乏诚信的，放大了因个别保险代理人不诚信而给社会带来的负面影响力。(4)保险公司的消极态度。目前，保险行业的社会形象不佳，但是保险公司也没有尽最大的努力对保险代理人的形象进行正面积极的宣传，而是采取一种放任的态度。

职业的社会价值直接影响着职业忠诚度。由于社会认同度低，保险代理人在展业过程中产生了很重的心理压力，缺乏职业的荣誉感，导致了代理人队伍的高脱落率。

马斯洛的需求层次理论将人的需求分为生理需求、安全需求、社交需求、尊重的需求和自我实现的需求五个层次，一般来说，只有较低层次的需求得到满足后，较高层次的需求才会有足够的活力驱动行为。其中，尊重需求既包括对成就或自我价值的个人感觉，也包括他人对自己的认可与尊重。保险代理人的社会认可度不高，尊重的需求也得不到满足，也因此影响了自我实现的需求的满足感。

(四)行业内部流动过于频繁

随着我国经济的快速发展，保险在市场经济中功能作用不断释放，保险业的整体面貌发生了深刻变化，保险公司也由最初的一家垄断，发展成如今的“百家争鸣”的局面。截至2009年底，全国共有保险集团公司8家，保险公司122家，保险资产管理公司10家。仍不断有新公司成立，还有一部分正在积极筹建。

每一家新公司成立，都需要大量的保险代理人开拓市场。为吸引优秀保险代理人的加盟，新成立的保险公司增员、考核、晋升等政策比市场上原有保险公司更优厚。由于保险代理人和保险公司之间仅仅是代理的关系，如果没有强大的企业文化来保障代理人对公司的忠诚度，那么，在可预见的利益面前，代理人往往会“重利轻义”，与新成立的公司签订代理合同。

## 二、保险代理人流失的内部管理原因

(一)招募甄选过于随意

保险公司的保费收入大部分是靠保险代理人展业获得，要提高公司的业绩，就需要招募越来越多的保险代理人。因而保险公司非常注重代理人人力指标，采取的是人海战术。为了能招募到保险代理人，一方面招募的门槛很低，另一方面在招募过程中存在随意承诺的现象。

年龄、学历、保险代理人资格考试是进入保险行业的门槛。年龄和学历的要求本身并不高，资格考试才是真正的关卡，但是这个考试形式大于内容，考题非常简单，且对参加考试人员的参考次数没有限制，可以多次参加，直到考过为止。过低的职业进入门槛最终导致保险代理人的素质普遍不高。

保险公司在招募环节过于随意，虽有面试，但也流于形式，并不考虑前来应试者的动机，使一些本不想从事该职业，而恰好又没有找到合适工作的人加入保险代理人队伍。这些人虽然也能通过保险代理人资格考试、与保险公司签订代理合同，但由于他们内心并不认可这个职业，一旦有了其他的工作机会，就会马上离职。

招募环节还存在随意承诺的现象。除高级业务经理、营管处经理由保险公司业务部门直接面试招募外，其他普通的保险代理人通常由业务经理、高级业务经理或营管处经理面试。因为公司对业务主管有增员考核要求，业务主管在增员时常把关不严或以公司名义随意承诺，夸大保险代理人的收益和职业发展前景。很多不明真相的人进入后发现事实并非如此，于是产生被欺骗的感觉。这样的心态使得他们对公司的忠诚度下降，为以后的流失埋下伏笔。

(二)辅导培训力度不足

辅导培训是保险公司对代理人进行管理的重要环节，是提高代理人素质、水平和能力的主要途径。但是目前保险公司对代理人的辅导培训在内容、针对性方面还存在着不足。

1.培训内容缺乏系统性。保险公司的培训主要内容是产品的介绍和销售技巧，涵盖面比较窄。经过培训的保险代理人，由于缺乏系统的保险学、营销学、金融学、法学和医学方面的知识，在展业过程中，对于客户提出的一些问题不能很好的解答，也无法设计出适合不同客户的计划书，不能满足投保人对理财计划、风险防范等多方面的服务要求；在遭到客户拒绝时，抗挫折能力不够，心理压力大，导致代理人怀疑自己是否真的适合做一名保险代理人，而产生离职的想法。

2.培训方式缺乏针对性。因为职业的进入门槛比较低，保险代理人队伍的层次性和差异化比较大，他们对知识的接受能力也不一样。而保险公司对新老代理人、不同文化水平的代理人采用的是统一内容、填鸭式的培训，必然无法满足所有保险代理人的需求。

3.培训目的过分功利性。保险公司的培训常常以短期利益为目标，将重点过多地放在销售技巧、增员话术上，甚至将很多培训的时间用于教代理人如何利用公司的各种竞赛、奖励政策获得更多利益，而忽视对代理人诚信的教育、服务观念的培养和职业生涯规划的指导。在这样的培训导向下，保险代理人会片面追求短期的利益，甚至使用缺乏诚信的做法以实现短期业绩的达成，忽视客户关系的培养与后期的服务。这样的培训犹如“饮鸩止渴”，保险代理人对短期利益的过度追求，必将影响他们长期从事保险营销事业的信念。

4.主管辅导不到位。新进的保险代理人除了接受保险公司提供的共性的培训外，更多知识和能力的获得来自他们的直辖主管，主管和普通代理人之间形成了一种师徒关系。这就要求主管有足够的能力和时间去辅导和关心新进代理人，但很多主管增员能力很强，而对新增人员辅导和关心却不够；也有的主管自己开拓业务的能力很强，而辅导新人的能力不足。主顾开拓是新进代理人最通常的做法，主管也会要求他们通过亲朋好友开出几张保单，但是主管对他们拜访陌生客户的陪访和辅导做的很少，使得新进代理人开发完主顾后就没有业务可做。保险公司对代理人是按照季度考核的，第一次季度考核新进代理人通常能够利用主顾开拓的单子通过，但接下来的考核因为他们新客户开拓能力不够而失败，导致新进代理人不能适应考核而离职。这也是保险代理人半年内的离职率要高于前三个月的原因。

(三)薪酬福利待遇差

1.收入不稳定。保险代理人与保险公司签订的是代理合同，没有底薪，其收入来源于佣金，如果不出单，就没有收入。收入不稳定，很难对代理人的心理产生了连续的和确定的刺激，没有心理刺激就很难形成条件反射，无法建立稳定的工作习惯和工作状态。收入的不稳定造成了潜在的离职意向。

2.缺少社会保障。保险公司与保险代理人并不是雇佣劳动关系而是委托代理关系，所以从法律角度讲，保险公司没有责任和义务为保险代理人购买社会保障。虽然保险公司也向代理人提供商业保险，但那些都是短期的险种，一般是在代理人和保险公司存在代理关系并且能完成一定的业绩时才能享用。因而保险代理人缺乏社会保障而觉得工作没有安全感，会产生离职的想法。

3.缺乏其他福利。保险代理人不享受保险公司正式员工的福利待遇，不享受各种带薪假、节假日礼金、医疗保健、文化旅游等福利。

(四)现行佣金提取方式不合理

目前佣金提取方式，首期佣金一般占到保费的30%-35%，第二年续期佣金占15%左右，逐年递减，5年内提完。佣金提取期限远短于缴费期限。这种设计使得一些保险代理人更看重新业务的拓展，甚至于不顾一切追求首期高额佣金，而无意长期服务于客户。这种佣金提取方式不利于代理人长久服务于保险行业。

(五)企业文化的作用被忽视

1. 保险公司对保险代理人的管理过分关注代理人的业绩，忽视通过企业文化的宣传引导和影响保险代理人，导致保险代理人认为企业的文化就是追求利益，只以保费论英雄，对所服务的保险公司缺乏认同感。

2.缺乏积极向上的非正式组织。代理人组织本身是比较松散的，为了增加这种松散组织的凝聚力，需要引导培养一些积极的非正式组织，使保险代理人的精神有所依托，加强大家的互相帮助，提高他们对保险公司的归属感和忠诚度。

## 三、代理人流失问题对策研究

保险代理人流失，不仅影响着保险业的繁荣发展，给保险公司、投保人等都带来了风险。其背后的原因也不是简单的保险公司的管理和代理人本身的问题。要解决保险代理人流失率高的问题，需要监管部门、保险公司和保险代理人共同努力。

(一)宏观对策

1.加强行业形象的正面宣传。保险监管部门要重视行业形象的正面宣传，重视舆论的引导作用，加强与媒体的沟通和联系，利用电视、广播、报纸等各种传媒，宣传保险知识，提高大众保险意识和保险消费的理性，减少保险代理人的展业障碍，提高职业使命感和荣誉感。

2.构建多层次的考试体系。设计一整套系列化、层次化的保险代理人考试体系，拓宽考核内容，提升考核层次和级别。在资格考试的基础上，针对不同阶段的营销人员，有不同的培训、考试。通过保险代理人资格考试的人可以销售最基本的保险产品，经过一段时间的实践，可以报考针对专业险种和晋升主管的考试。保险代理人可结合自身的特点由低级到高级发展自己的生涯，促使保险代理人在通过资格考试后仍能努力进取，不断学习、进修、提高，完善素质和专业化水平，解决职业进入门槛过低，代理人大进大出的现象。

3.探索保险公司与代理人之间的新型关系。角色定位不清是代理人流失的一个重要原因，但是，目前我国保险业的发展与我国的综合国力不对称，保险主体少，但是保险市场潜力巨大，如果对保险营销人员完全采用员工管理制度，将使保险公司背负过重的经营成本，而影响保险业的发展。可在行业内试点探索推行"准员工式"管理，适当增加对保险代理人薪酬福利待遇，增强保险公司与代理人之间的关联度，统筹兼顾保障与激励的作用，通过激励和约束双重机制，达到以最小成本取得最大收益的目标。

(二)微观对策

1.完善代理人招募选聘制度。代理人招募选聘不能仅以《保险代理人管理规定(试行)》的最低标准为要求，要结合公司的发展，在学历、职业发展目标上适当提高要求。增员不仅要注重"多"更要注重"精"，要吸收高素质的人才，注重有效人力的培养。另一方面在各营销服务部或营管处设立专职的人力资源发展岗，专门关注增员选才的拓宽和追踪，做好招募选聘工作，把好第一关。人力资源管理岗涉及面试、与代理人的日常沟通、企业文化的灌输、离职面谈的工作，避免外勤主管直接招募中可能出现的随意承诺的现象。专职人力资源管理岗可以让保险公司直接掌握和了解招募的结果和后续情况。

2.完善培训体系。(1)培训内容除了保险产品、营销技巧外，增加系统的保险学、心理学、管理学、营销学、医学等知识，提高综合素养。全面的培训与学习，有利于保险代理人在展业时自如地解答客户的提问，从容而沉着地面对压力。(2)培训形式，既要有企业文化、新产品等针对所有代理人统一培训，也要有针对新人、主管晋升等不同代理人的特殊培训，尤其要重视业务主管对代理人的单独辅导与培训，提升业务主管的领导能力与管理水平，通过业务主管对保险代理人的关怀、辅导与培训，加强代理人在出单、抗压方面的能力，增加代理人的留存率。(3)培训后续追踪，要关注代理人培训结束以后的工作状态。在培训的现场，由于氛围的原因很多代理人都热情

高涨，对保险营销工作充满信心，但是培训结束后，就失去了展业的动力，如果没有培训老师或主管的及时帮助与指导，这些代理人就会逐步流失。因此，要重视培训后期的追踪，这样才能帮助保险代理人，特别是新人留存。

3.增加福利待遇。增加保险代理人的福利待遇，可以增加他们的归宿感。对业绩优秀、长期稳定服务于公司、达到一定职级的代理人增加福利保障，提供社保、公积金等。将优秀的保险代理人招聘为公司的正式员工。这样，一方面鼓励保险代理人积极进取不断晋升，并长期稳定地服务于保险公司，为公司留住人才；另一方面也可以消除这些优秀代理人的后顾之忧。

4.改革佣金制度。采取“佣金+奖金”的形式，在整体佣金水平不变的情况下，适当减少首年度佣金的比例，增加以后年度佣金的比例，增加年功服务奖金，鼓励代理人长期服务于公司。

5.重视企业文化的灌输。(1)将保险的理念、营销工作的责任与使命，保险公司诚信经营、关爱客户、满意服务的企业文化传递给保险代理人，增强他们的职业使命感和集体荣誉感。(2)建立关心保险代理人成长与发展的氛围，人力资源岗要积极与保险代理人沟通交流，及时了解他们的情绪变化，安慰和抚平他们的不良情绪，协调公司的各种力量解决保险代理人在家庭和生活中遇到的困难，让保险代理人从内心感受到关怀与温暖，从而在心理上产生对公司的认同。(3)引导和培养一些积极的非正式组织，加强代理人之间的沟通和交流，缓解心理压力，调节不良情绪，增强团队的凝聚力和代理人的归宿感。

综上所述，保险代理人高流失率的原因来自社会、制度、公司管理及代理人自身素养等各个方面，因此，需要多方着手，建立一种良性循环，使得保险代理人职业更具荣誉感，才能从根本上解决代理人高流失的问题。

**参考文献：**

1.黄英君、傅黎瑶.保险代理人流失现象探究.华商，2008，(15).

3.刘珺.保险代理人严重流失的原因及对策分析.财会月刊，2008(6).

5.中国保险监督管理委员会、韩国三星生命保险公司.中韩保险市场与保险监管。

(上接第 238 页)

(四)经听证主持人允许，案件调查人员和当事人可以就有关证据相互质证，也可以向到场的证人、鉴定人、勘验人发问；

(五)当事人作最后陈述；

(六)听证主持人宣布听证结束。

第六十三条　出现下列情形之一的，听证主持人应当延期举行听证：

(一)当事人因不可抗拒的事由无法到场的；

(二)当事人临时申请听证主持人回避的；

(三)其他应当延期的情形。

第六十四条　出现下列情形之一的，听证主持人可以中止听证：

(一)需要通知新的证人到场，调取新的证据或者需要重新鉴定、调查或者需要补充调查的；

(二)当事人因不可抗拒的事由，无法继续参加听证的；

(三)法人或者其他组织终止，尚未确定权利义务承继人；自然人丧失行为能力或者死亡，尚未确定法定代理人或者需要等待继承人表明是否参加听证的；

(四)其他应当中止听证的情形。

第六十五条　延期、中止听证的情形消失后，听证主持人应当恢复听证，并将听证的时间、地点通知听证参加人。

第六十六条　出现下列情形之一的，听证主持人应当终止听证：

(一)当事人撤回听证要求的；

(二)当事人无正当理由不参加听证，或者未经听证主持人允许中途退场的；

(三)当事人死亡、丧失行为能力或者终止满 3 个月后，未确定法定代理人或者权利义务承继人的；

(四)拟作出的行政处罚决定改变，不需要举行听证的；

(五)其他应当终结听证的情形。

当事人撤回听证要求的，听证记录员应当在听证笔录上记明，并由当事人签名或者盖章。

第六十七条　听证记录员应当如实、全面地记录听证的全过程，听证主持人和听证记录员应当在听证笔录上签名。

听证笔录应当经当事人和案件调查人员当场签名或者盖章。

当事人拒绝签名或者盖章的，听证记录员应当在听证笔录上记明情况。

第四节　处罚决定

(下转第 358 页)

ANGSU BAOXIAN NIANJIAN

# 数据统计

江苏省及各市保险业务情况表(2010)

表 2　　　　(单位:人民币百万元)

| 地区名称 | 全部业务 | | | 财产保险业务 | | | 人身保险业务 | | | 保险密度(元) | | | | 保险深度(%) | | | | 保险金额(亿元) |
|---|---|---|---|---|---|---|---|---|---|---|---|---|---|---|---|---|---|---|
| | 名次 | 保费收入 | 同比增长(%) | 名次 | 保费收入 | 同比增长(%) | 名次 | 保费收入 | 同比增长(%) | 名次 | 全部业务 | 财产保险 | 人身保险 | 名次 | 全部业务 | 财产保险 | 人身保险 | |
| 南京市 | 2 | 18457.56 | 25.29 | 2 | 5305.18 | 38.95 | 1 | 13152.38 | 20.51 | 1 | 230.72 | 66.31 | 164.40 | 2 | 3.68 | 1.06 | 2.63 | 51672.48 |
| 无锡市 | 4 | 13237.90 | 21.44 | 3 | 4264.92 | 34.57 | 4 | 8972.98 | 16.06 | 2 | 207.63 | 66.89 | 140.74 | 11 | 2.30 | 0.74 | 1.56 | 23337.02 |
| 徐州市 | 6 | 8133.58 | 37.37 | 6 | 2014.58 | 47.01 | 6 | 6119.00 | 34.47 | 9 | 94.77 | 23.47 | 71.30 | 7 | 2.84 | 0.70 | 2.13 | 14425.70 |
| 常州市 | 5 | 8677.09 | 20.48 | 4 | 2480.75 | 32.59 | 5 | 6196.34 | 16.23 | 3 | 188.91 | 54.01 | 134.90 | 5 | 2.92 | 0.83 | 2.08 | 13017.36 |
| 苏州市 | 1 | 19272.71 | 30.84 | 1 | 7372.20 | 37.77 | 2 | 11900.51 | 26.88 | 5 | 184.10 | 70.42 | 113.68 | 13 | 2.10 | 0.80 | 1.30 | 55377.85 |
| 南通市 | 3 | 13419.71 | 39.63 | 5 | 2225.97 | 35.62 | 3 | 11193.74 | 40.45 | 4 | 184.29 | 30.57 | 153.72 | 1 | 3.93 | 0.65 | 3.28 | 12236.50 |
| 连云港市 | 11 | 3291.96 | 31.83 | 11 | 935.81 | 23.06 | 11 | 2356.15 | 35.67 | 11 | 74.87 | 21.28 | 53.58 | 6 | 2.86 | 0.81 | 2.05 | 7212.22 |
| 淮安市 | 12 | 3134.92 | 26.88 | 12 | 868.11 | 32.36 | 12 | 2266.81 | 24.89 | 12 | 65.26 | 18.07 | 47.19 | 10 | 2.33 | 0.65 | 1.69 | 8188.33 |
| 盐城市 | 9 | 6343.94 | 19.69 | 9 | 1242.57 | 34.60 | 9 | 5101.37 | 16.55 | 10 | 87.33 | 17.11 | 70.23 | 8 | 2.80 | 0.55 | 2.25 | 4761.75 |
| 扬州市 | 8 | 6519.06 | 22.95 | 7 | 1318.63 | 37.49 | 8 | 5200.43 | 19.74 | 7 | 146.14 | 29.56 | 116.58 | 4 | 2.95 | 0.60 | 2.36 | 10108.75 |
| 镇江市 | 10 | 5404.69 | 34.18 | 10 | 1095.76 | 34.24 | 10 | 4308.93 | 34.16 | 6 | 173.53 | 35.18 | 138.35 | 9 | 2.76 | 0.56 | 2.20 | 9018.74 |
| 泰州市 | 7 | 6608.51 | 34.63 | 8 | 1276.49 | 36.01 | 7 | 5332.02 | 34.30 | 8 | 143.00 | 27.62 | 115.38 | 3 | 3.30 | 0.64 | 2.66 | 8731.79 |
| 宿迁市 | 13 | 2332.39 | 42.69 | 13 | 792.84 | 44.19 | 13 | 1539.55 | 41.93 | 13 | 49.39 | 16.79 | 32.60 | 11 | 2.30 | 0.78 | 1.52 | 5039.73 |
| 合计 | | 116266.40 | 28.08 | | 31193.81 | 36.57 | | 85072.59 | 25.23 | | 1477.46 | 396.40 | 1081.06 | | 2.84 | 0.79 | 2.05 | 223128.22 |

注:最后的合计栏中,全部业务经费收入和人身保险业务保费收入一项包含了中国人寿保险(集团公司)业务1432.38(百万元),此数值即为总保费与各分项和的差值。

## 江苏省财产保险分公司业务统计表(2010)

表 3

(单位:人民币百万元)

| 各地区 | 保险机构 | 保费收入 | | | | | | | | | | | 保户储金及投资款 | 赔付支出 | | | | | | | | | | | 赔案件数(万件) | 未决赔款 |
|---|---|---|---|---|---|---|---|---|---|---|---|---|---|---|---|---|---|---|---|---|---|---|---|---|---|---|
| | | 合计 | 企业财产保险 | 机动车辆保险 | 货物运输保险 | 责任保险 | 工程保险 | 信用保证保险 | 农业保险 | 短期健康保险 | 意外伤害保险 | 其他 | | 合计 | 企业财产保险 | 机动车辆保险 | 货物运输保险 | 责任保险 | 工程保险 | 信用保证保险 | 农业保险 | 短期健康保险 | 意外伤害保险 | 其他 | | |
| 全省 | 人保 | 11550.77 | 994.02 | 8470.09 | 241.66 | 504.29 | 141.13 | 28.76 | 521.71 | 62.99 | 170.78 | 415.34 | 292.48 | 4832.24 | 410.93 | 3651.77 | 90.44 | 220.73 | 20.13 | 7.09 | 193.40 | 46.97 | 38.12 | 152.66 | 86.63 | 4334.91 |
| | 太保 | 5827.73 | 710.43 | 4190.37 | 141.62 | 201.65 | 138.79 | (0.02) | 22.46 | 68.29 | 217.08 | 137.06 | (0.37) | 2227.23 | 230.05 | 1680.79 | 44.64 | 64.10 | 33.99 | 0.10 | 2.19 | 32.82 | 73.94 | 64.61 | 47.67 | 1214.07 |
| | 平保 | 4437.50 | 321.30 | 3483.76 | 65.34 | 93.65 | 40.78 | 212.38 | 0.00 | 43.86 | 91.71 | 84.72 | 0.71 | 1519.29 | 94.01 | 1289.07 | 16.34 | 25.77 | 12.54 | 6.94 | 0.00 | 10.64 | 47.21 | 16.77 | 43.23 | 1048.31 |
| | 天安 | 671.07 | 71.46 | 473.64 | 8.07 | 18.06 | 18.63 | 0.33 | 0.00 | 5.76 | 52.60 | 21.52 | 0.00 | 383.92 | 28.63 | 325.22 | 1.30 | 6.11 | 2.40 | 0.95 | 0.00 | 6.79 | 9.07 | 3.45 | 7.45 | 162.96 |
| | 大众 | 367.92 | 39.22 | 290.76 | 9.31 | 5.84 | 0.91 | 0.00 | 0.00 | 0.00 | 18.99 | 2.89 | 0.00 | 169.07 | 5.27 | 152.13 | 1.45 | 4.53 | 0.13 | 0.01 | 0.00 | 0.00 | 3.60 | 1.95 | 5.54 | 134.09 |
| | 华泰 | 187.67 | 30.72 | 100.99 | 23.38 | 8.43 | 12.67 | 0.03 | 0.00 | 0.00 | 7.11 | 4.34 | | 96.19 | 22.83 | 57.29 | 5.88 | 3.92 | 1.32 | 0.00 | 0.00 | 0.00 | 3.31 | 1.64 | 2.42 | 41.12 |
| | 信保 | 749.67 | | | | | | 749.67 | | | | 0.00 | | 247.74 | | | | | | 247.74 | | | | 0.00 | 0.01 | 659.27 |
| | 中华联合 | 1342.24 | 64.50 | 1051.78 | 10.81 | 17.32 | 1.71 | 0.15 | 85.46 | 0.43 | 50.21 | 49.87 | | 1086.26 | 44.79 | 918.05 | 3.03 | 6.44 | (0.17) | 0.00 | 66.71 | 12.78 | 14.82 | 19.81 | 27.89 | 435.01 |
| | 太平 | 320.37 | 18.47 | 266.31 | 17.78 | 3.21 | 1.74 | 0.00 | 0.00 | 0.07 | 11.86 | 0.93 | 0.00 | 153.58 | 4.18 | 137.18 | 5.07 | 2.31 | 0.25 | 0.00 | 0.00 | 0.16 | 4.03 | 0.40 | 2.57 | 77.50 |
| | 大地 | 787.68 | 41.40 | 648.28 | 11.19 | 13.96 | 14.97 | 1.43 | | 4.73 | 30.15 | 21.57 | | 328.33 | 15.60 | 282.25 | 4.17 | 7.97 | 0.32 | | | 3.63 | 9.92 | 4.47 | 4.38 | 207.56 |
| | 永安 | 412.88 | 54.99 | 285.79 | 7.07 | 12.63 | 2.14 | 0.00 | 0.00 | 0.00 | 38.16 | 12.10 | 0.00 | 257.55 | 15.35 | 210.93 | 2.20 | 4.32 | 1.90 | 0.00 | 0.00 | 0.00 | 21.49 | 1.36 | 3.01 | 95.60 |
| | 华安 | 194.71 | 7.42 | 176.12 | 0.73 | 0.36 | 2.64 | 0.00 | 0.00 | 0.16 | 4.60 | 2.68 | | 88.27 | 0.46 | 85.49 | 0.21 | 0.01 | 0.01 | (0.06) | 0.00 | 0.09 | 2.03 | 0.03 | 1.70 | 44.97 |
| | 安邦 | 912.92 | 2.37 | 903.83 | 0.81 | 0.38 | 0.40 | (0.11) | 0.00 | 0.00 | 4.58 | 0.66 | 190.05 | 548.89 | 2.51 | 543.68 | 0.03 | 1.70 | 0.00 | (0.29) | 0.00 | 0.00 | 1.18 | 0.08 | 11.75 | 151.28 |
| | 阳光 | 581.98 | 39.52 | 440.93 | 10.09 | 30.88 | 5.98 | 0.48 | 0.00 | 0.00 | 36.88 | 17.22 | 0.00 | 244.04 | 20.03 | 189.72 | 2.49 | 12.41 | 4.92 | 0.00 | 0.00 | 0.00 | 13.30 | 1.17 | 6.35 | 6.35 |
| | 都邦 | 617.40 | 71.04 | 454.92 | 9.82 | 19.73 | 5.55 | 0.00 | 0.00 | 7.11 | 36.32 | 12.91 | 0.00 | 245.79 | 4.96 | 224.95 | 1.04 | 2.45 | 2.26 | 0.00 | 0.00 | 4.34 | 4.72 | 1.07 | 5.02 | 170.82 |
| | 中银 | 222.13 | 59.39 | 112.60 | 2.19 | 4.21 | 3.02 | 6.74 | 0.00 | 5.16 | 14.55 | 14.27 | | 123.02 | 11.69 | 100.23 | 1.03 | 0.69 | 2.08 | 0.00 | 0.00 | 0.90 | 1.64 | 4.76 | 3.40 | 30.78 |
| | 天平 | 243.96 | 0.05 | 203.17 | | | | | | | 40.74 | 0.00 | | 83.21 | | 82.09 | | | | | | | 1.12 | 0.00 | 2.60 | 93.44 |
| | 永诚 | 322.97 | 54.92 | 219.02 | 1.93 | 11.42 | 9.83 | 0.70 | 0.00 | 9.27 | 13.22 | 2.66 | 0.00 | 168.28 | 6.48 | 144.72 | 0.43 | 3.65 | 0.06 | 0.00 | 0.00 | 6.58 | 5.37 | 0.99 | 3.32 | 73.75 |
| | 民安 | 133.75 | 7.39 | 83.81 | 3.69 | 2.52 | 10.97 | 0.09 | | 0.45 | 14.66 | 10.17 | 0.00 | 66.84 | 20.42 | 41.74 | 0.96 | 0.71 | 0.03 | | | 0.71 | 2.02 | 0.25 | 1.14 | 22.85 |
| | 人寿财险 | 1210.39 | 54.55 | 771.23 | 10.40 | 23.61 | 9.32 | 0.37 | 0.00 | 0.00 | 47.46 | 293.45 | 322.89 | 569.86 | 20.60 | 524.03 | 0.64 | 9.05 | 0.84 | 0.02 | 0.00 | 0.00 | 11.64 | 3.04 | 10.56 | 352.69 |
| | 渤海 | 58.60 | 0.48 | 45.71 | 0.01 | 0.12 | 0.08 | 0.00 | 0.00 | 0.00 | 12.19 | 0.01 | (3.29) | 74.02 | 0.37 | 72.80 | 0.13 | 0.36 | 0.09 | 0.00 | 0.00 | 0.00 | 0.26 | 0.01 | 0.05 | 12.90 |
| | 安诚 | 181.83 | 6.18 | 164.74 | 1.29 | 1.42 | 1.98 | 0.01 | 0.00 | 0.00 | 5.45 | 0.76 | 0.00 | 77.23 | 1.35 | 73.16 | 0.04 | 0.11 | 0.63 | 0.00 | 0.00 | 0.00 | 1.93 | 0.01 | 2.07 | 2.56 |
| | 华农 | 61.57 | 3.88 | 42.76 | 0.56 | 0.71 | 0.12 | | 2.29 | | 10.38 | 0.87 | | 46.73 | 0.86 | 43.45 | | 0.02 | | | 1.83 | | 0.56 | 0.01 | 0.64 | 15.20 |
| | 长安责任 | 420.53 | 15.27 | 328.13 | 6.38 | 16.10 | 0.52 | 0.00 | 0.00 | 0.00 | 42.20 | 11.93 | 0.00 | 150.06 | 3.45 | 136.40 | 1.77 | 1.54 | 0.18 | 0.00 | 0.00 | 0.00 | 6.39 | 0.33 | 2.51 | 46.19 |
| | 三星火灾 | 96.58 | 44.95 | 0.79 | 39.71 | 1.54 | 2.15 | 0.10 | 0.00 | 0.00 | 7.34 | 0.00 | 0.00 | 16.23 | 6.99 | 0.02 | 8.55 | 0.15 | 0.21 | 0.00 | 0.00 | 0.00 | 0.31 | 0.00 | 0.06 | 28.55 |
| | 紫金 | 390.39 | 39.09 | 214.39 | 11.70 | 15.98 | 21.83 | 2.02 | 43.0[illegible] | 2.44 | 28.60 | 11.33 | 0.00 | 43.66 | 4.68 | 15.44 | 0.93 | 0.26 | 0.37 | 0.00 | 17.37 | 0.68 | 2.33 | 1.60 | 0.57 | 30.30 |
| | 国泰 | 14.59 | 9.20 | 0.77 | 1.27 | 3.01 | 0.33 | 0.00 | 0.0[illegible] | 0.00 | 0.00 | 0.01 | | 0.22 | 0.05 | 0.14 | 0.00 | 0.02 | 0.01 | 0.00 | 0.00 | 0.00 | 0.00 | 0.00 | 0.00 | 0.33 |
| | 日本财产 | 18.09 | 8.71 | 0.00 | 3.08 | 5.43 | 0.53 | 0.00 | 0.0[illegible] | 0.00 | 0.34 | 0.00 | 0.00 | 0.05 | 0.05 | 0.00 | 0.00 | 0.00 | 0.00 | 0.00 | 0.00 | 0.00 | 0.00 | 0.00 | 0.00 | 0.44 |
| | 英大泰和 | 42.67 | 4.09 | 3.77 | 0.32 | 0.04 | 0.38 | 33.04 | | | | 1.03 | | 0.07 | | 0.07 | | | | | | | | 0.00 | 0.01 | 0.00 |
| | 乐爱金 | 44.14 | 26.26 | | 10.46 | 4.99 | 1.45 | 0.02 | | 0.14 | 0.82 | 0.00 | | 3.48 | 1.11 | | 1.90 | 0.47 | | | | | 0.00 | 0.00 | 0.03 | 5.83 |
| | 小计 | 32424.70 | 2801.27 | 23428.46 | 650.67 | 1021.49 | 450.55 | 1036.19 | 674.[illegible]3 | 221.86 | 1008.98 | 1130.30 | 802.47 | 13851.35 | 977.70 | 10982.81 | 194.67 | 379.80 | 84.50 | 262.50 | 281.50 | 127.09 | 280.31 | 280.47 | 282.58 | 9650.46 |

## 南京市财产保险分公司业务统计表(2010)

表 4

（单位：人民币百万元）

| 各地区 | 保险机构 | 保费收入 | | | | | | | | | | | 保户储金及投资款 | 赔付支出 | | | | | | | | | | | 赔案件数（万件） | 未决赔款 |
|---|---|---|---|---|---|---|---|---|---|---|---|---|---|---|---|---|---|---|---|---|---|---|---|---|---|---|
| | | 合计 | 企业财产保险 | 机动车辆保险 | 货物运输保险 | 责任保险 | 工程保险 | 信用保证保险 | 农业保险 | 短期健康保险 | 意外伤害保险 | 其他 | | 合计 | 企业财产保险 | 机动车辆保险 | 货物运输保险 | 责任保险 | 工程保险 | 信用保证保险 | 农业保险 | 短期健康保险 | 意外伤害保险 | 其他 | | |
| 南京市 | 人保 | 2380.09 | 153.00 | 1742.57 | 79.42 | 109.68 | 56.68 | 5.39 | 26.81 | 13.31 | 36.42 | 156.81 | 47.00 | 896.01 | 49.90 | 683.30 | 38.39 | 39.84 | 11.86 | 0.36 | 8.72 | 9.49 | 6.29 | 47.86 | 20.82 | 1237.58 |
| | 太保 | 619.50 | 103.14 | 358.14 | 21.75 | 38.68 | 33.31 | 0.77 | 0.00 | 9.24 | 23.06 | 31.41 | 0.00 | 225.17 | 18.59 | 152.23 | 3.11 | 15.88 | 13.83 | 0.85 | 0.00 | 4.81 | 7.99 | 7.88 | 5.22 | 163.77 |
| | 平保 | 798.26 | 83.31 | 543.15 | 21.61 | 28.21 | 16.44 | 48.83 | 0.00 | 3.79 | 13.91 | 39.01 | 0.40 | 279.36 | 29.48 | 204.67 | 5.43 | 10.16 | 8.01 | 3.07 | 0.00 | 1.32 | 4.90 | 12.32 | 8.29 | 188.35 |
| | 天安 | 70.63 | 11.32 | 30.79 | 1.43 | 5.82 | 1.80 | 0.50 | 0.00 | 1.53 | 6.72 | 10.72 | 0.00 | 30.93 | 2.58 | 18.28 | 0.11 | 4.10 | 1.88 | 0.00 | 0.00 | 1.39 | 1.27 | 1.32 | 0.70 | 15.14 |
| | 大众 | 27.27 | 1.43 | 19.22 | 0.90 | 0.90 | 0.00 | 0.00 | 0.00 | 0.00 | 4.78 | 0.04 | 0.00 | 15.40 | 0.36 | 10.86 | 0.16 | 3.30 | 0.07 | 0.00 | 0.00 | 0.00 | 0.62 | 0.03 | 0.41 | 6.42 |
| | 华泰 | 87.85 | 14.26 | 40.25 | 20.66 | 3.43 | 6.69 | (0.01) | | | 0.65 | 1.92 | | 35.43 | 7.40 | 23.45 | 2.62 | 0.92 | 0.97 | | | | 0.03 | 0.04 | 1.26 | 11.58 |
| | 信保 | 211.23 | | | | | | 211.23 | | | | 0.00 | | 98.25 | | | | | | 98.25 | | | | 0.00 | 0.01 | 270.49 |
| | 中华联合 | 193.53 | 10.44 | 146.09 | 1.54 | 4.97 | 0.12 | 0.03 | 0.00 | 1.53 | 6.07 | 22.74 | | 138.09 | 7.15 | 114.76 | 0.50 | 1.16 | (0.41) | 0.00 | 0.00 | 2.42 | 1.36 | 11.15 | 4.45 | 61.00 |
| | 太平 | 21.45 | 2.96 | 14.93 | 2.40 | 0.57 | 0.01 | | | 0.03 | 0.52 | 0.03 | | 14.89 | 0.62 | 11.76 | 1.84 | 0.41 | 0.00 | 0.00 | 0.00 | 0.00 | 0.25 | 0.01 | 0.29 | 6.73 |
| | 大地 | 37.52 | 3.55 | 27.05 | 0.80 | 0.39 | 0.43 | | | 0.01 | 0.84 | 4.45 | | 21.22 | 0.93 | 18.63 | 0.01 | 0.64 | 0.21 | | | 0.00 | 0.17 | 0.63 | 0.12 | 13.57 |
| | 永安 | 67.38 | 11.26 | 42.52 | 3.20 | 5.42 | 0.28 | 0.00 | 0.00 | 0.00 | 4.45 | 0.25 | 0.00 | 34.53 | 4.61 | 25.76 | 0.20 | 2.50 | 0.09 | 0.00 | 0.00 | 0.00 | 1.18 | 0.19 | 0.47 | 13.38 |
| | 华安 | 26.24 | 0.93 | 24.81 | 0.18 | 0.05 | 0.01 | 0.00 | 0.00 | 0.03 | 0.23 | 0.00 | | 18.10 | 0.00 | 18.00 | 0.00 | 0.01 | 0.00 | (0.06) | 0.00 | 0.00 | 0.14 | 0.01 | 0.47 | 6.30 |
| | 安邦 | 71.37 | 0.04 | 71.23 | 0.00 | 0.00 | 0.00 | 0.00 | 0.00 | 0.00 | 0.01 | 0.09 | 75.30 | 76.21 | 0.22 | 76.63 | 0.00 | 0.00 | 0.00 | (0.72) | 0.00 | 0.00 | 0.03 | 0.05 | 1.60 | 11.72 |
| | 阳光 | 47.15 | 3.94 | 35.07 | 0.66 | 1.52 | 0.71 | 0.13 | 0.00 | 0.00 | 2.90 | 2.22 | 0.00 | 30.06 | 3.30 | 19.76 | 0.95 | 1.72 | 2.96 | 0.00 | 0.00 | 0.00 | 1.26 | 0.11 | 0.73 | 17.54 |
| | 都邦 | 124.48 | 15.45 | 91.78 | 4.75 | 7.47 | 0.36 | 0.00 | 0.00 | 0.56 | 3.36 | 0.75 | | 45.47 | 1.27 | 39.66 | 0.37 | 1.43 | 1.22 | 0.00 | 0.00 | 0.49 | 1.00 | 0.03 | 9.73 | 35.16 |
| | 中银 | 28.20 | 14.58 | 8.20 | 0.54 | 0.31 | 0.59 | 0.66 | 0.00 | 0.68 | 2.00 | 0.64 | | 11.95 | 1.84 | 7.31 | 0.22 | 0.19 | 2.04 | 0.00 | 0.00 | 0.06 | 0.04 | 0.25 | 0.39 | 1.94 |
| | 天平 | 134.34 | 0.00 | 100.27 | | | | | | | 34.07 | 0.00 | | 40.41 | | 39.57 | | | | | | | 0.84 | 0.00 | 1.07 | 56.48 |
| | 永诚 | 113.14 | 40.85 | 50.75 | 0.58 | 2.33 | 7.99 | 0.00 | 0.00 | 7.53 | 2.15 | 0.96 | | 61.93 | 4.18 | 47.71 | 0.13 | 2.99 | 0.06 | 0.00 | 0.00 | 5.07 | 1.79 | 0.00 | 0.83 | 23.67 |
| | 民安 | 28.41 | 0.84 | 9.14 | 1.91 | 0.47 | 8.94 | | | 0.10 | 1.61 | 5.40 | 0.00 | 8.39 | 0.10 | 7.39 | 0.16 | 0.06 | 0.03 | | | 0.55 | 0.10 | 0.00 | 0.23 | 5.10 |
| | 人寿财险 | 88.37 | 3.64 | 57.48 | 0.81 | 1.24 | 4.01 | 0.00 | 0.00 | 0.00 | 1.51 | 19.68 | 44.02 | 43.41 | 0.37 | 41.73 | 0.02 | 0.10 | 0.00 | 0.00 | 0.00 | 0.00 | 0.25 | 0.94 | 1.11 | 48.87 |
| | 渤海 | 0.21 | 0.01 | 0.20 | 0.00 | 0.00 | 0.00 | 0.00 | 0.00 | 0.00 | 0.00 | 0.00 | 0.00 | 17.05 | 0.00 | 17.00 | 0.00 | 0.00 | 0.00 | 0.00 | 0.00 | 0.00 | 0.05 | 0.00 | 0.00 | 0.00 |
| | 安诚 | 14.21 | 0.08 | 14.08 | 0.00 | 0.00 | 0.00 | 0.00 | 0.00 | 0.00 | 0.05 | 0.00 | 0.00 | 11.56 | 0.00 | 11.51 | 0.02 | 0.00 | 0.00 | 0.00 | 0.00 | 0.00 | 0.03 | 0.00 | 0.28 | 0.20 |
| | 华农 | 5.00 | 0.71 | 3.95 | 0.09 | 0.01 | 0.12 | | | | 0.11 | 0.01 | | 11.26 | 0.45 | 10.78 | | | | | | | 0.03 | 0.00 | 0.10 | 1.02 |
| | 长安责任 | 45.25 | 9.66 | 20.28 | 0.27 | 2.35 | 0.35 | 0.00 | 0.00 | 0.00 | 11.70 | 0.64 | 0.00 | 27.27 | 0.81 | 22.49 | 0.79 | 0.47 | 0.15 | 0.00 | 0.00 | 0.00 | 2.55 | 0.01 | 0.24 | 4.66 |
| | 紫金 | 179.98 | 20.17 | 60.60 | 7.89 | 10.22 | 13.08 | 1.62 | 37.52 | 1.87 | 18.99 | 8.02 | 0.00 | 29.09 | 4.07 | 4.71 | 0.37 | 0.17 | 0.35 | 0.00 | 16.98 | 0.65 | 0.19 | 1.60 | 0.28 | 18.43 |
| | 国泰 | 14.59 | 9.20 | 0.77 | 1.27 | 3.01 | 0.33 | 0.00 | 0.00 | 0.00 | 0.00 | 0.01 | | 0.22 | 0.05 | 0.14 | 0.00 | 0.02 | 0.01 | 0.00 | 0.00 | 0.00 | 0.00 | 0.00 | 0.00 | 0.33 |
| | 英大泰和 | 42.67 | 4.09 | 3.77 | 0.32 | 0.04 | 0.38 | 33.04 | | | | 1.03 | | 0.07 | | 0.07 | | | | | | | | 0.00 | 0.01 | 0.00 |
| | 乐爱金 | 44.14 | 26.26 | | 10.46 | 4.99 | 1.45 | 0.02 | | 0.14 | 0.82 | 0.00 | | 3.48 | 1.11 | | 1.90 | 0.47 | | | | | | 0.00 | 0.03 | 5.83 |
| | 小计 | 5522.46 | 545.12 | 3517.09 | 183.44 | 232.08 | 154.08 | 302.21 | 64.33 | 40.35 | 176.93 | 306.83 | 166.72 | 2225.21 | 139.39 | 1628.16 | 57.30 | 86.54 | 43.33 | 101.75 | 25.70 | 26.25 | 32.36 | 84.43 | 59.14 | 2225.26 |

## 无锡市财产保险分公司业务统计表(2010)

表 5

(单位:人民币百万元)

| 各地区 | 保险机构 | 保费收入 合计 | 保费收入 企业财产保险 | 保费收入 机动车辆保险 | 保费收入 货物运输保险 | 保费收入 责任保险 | 保费收入 工程保险 | 保费收入 信用保证保险 | 保费收入 农业保险 | 保费收入 短期健康保险 | 保费收入 意外伤害保险 | 保费收入 其他 | 保户储金及投资款 | 赔付支出 合计 | 赔付支出 企业财产保险 | 赔付支出 机动车辆保险 | 赔付支出 货物运输保险 | 赔付支出 责任保险 | 赔付支出 工程保险 | 赔付支出 信用保证保险 | 赔付支出 农业保险 | 赔付支出 短期健康保险 | 赔付支出 意外伤害保险 | 赔付支出 其他 | 赔案件数(万件) | 未决赔款 |
|---|---|---|---|---|---|---|---|---|---|---|---|---|---|---|---|---|---|---|---|---|---|---|---|---|---|---|
| 无锡市 | 人保 | 1366.18 | 156.76 | 1049.11 | 25.34 | 48.81 | 40.52 | 7.34 | 9.73 | 2.81 | 9.07 | 16.69 | 28.43 | 565.96 | 68.48 | 451.02 | 12.95 | 17.69 | 2.69 | 3.23 | 1.10 | 3.26 | 1.92 | 3.62 | 10.70 | 418.91 |
| | 太保 | 879.87 | 112.10 | 621.24 | 23.76 | 30.81 | 30.05 | (0.48) | 4.43 | 9.77 | 27.05 | 21.14 | (0.02) | 340.34 | 27.10 | 261.86 | 8.34 | 8.32 | 2.13 | (0.03) | 0.38 | 6.94 | 10.96 | 14.34 | 7.48 | 145.53 |
| | 平保 | 710.50 | 38.33 | 581.10 | 5.85 | 5.33 | 1.49 | 54.76 | 0.00 | 5.52 | 9.92 | 8.20 | 0.00 | 233.90 | 16.87 | 205.24 | 1.05 | 1.70 | 0.36 | 1.84 | 0.00 | 0.88 | 4.39 | 1.57 | 6.91 | 138.02 |
| | 天安 | 99.50 | 8.06 | 67.63 | 1.98 | 1.68 | 14.67 | 0.22 | 0.00 | 0.87 | 2.92 | 1.47 | 0.00 | 58.86 | 5.07 | 52.29 | 0.11 | 0.25 | 0.00 | 0.00 | 0.00 | 0.86 | 0.25 | 0.03 | 0.96 | 29.35 |
| | 大众 | 51.28 | 5.61 | 40.03 | 3.21 | 0.72 | 0.34 | 0.00 | 0.00 | 0.00 | 0.89 | 0.48 | 0.00 | 25.45 | 0.29 | 22.38 | 0.79 | 0.17 | 0.00 | 0.00 | 0.00 | 0.00 | 0.34 | 1.48 | 0.64 | 16.36 |
| | 华泰 | 27.43 | 3.32 | 19.90 | 0.25 | 0.35 | 2.64 | | | | 0.71 | 0.26 | | 11.12 | 1.55 | 9.27 | 0.05 | | | | | | 0.25 | 0.00 | 0.34 | 8.96 |
| | 信保 | 102.12 | | | | | | 102.12 | | | | 0.00 | | 36.06 | | | | | | 36.06 | | | | 0.00 | 0.00 | 170.35 |
| | 中华联合 | 339.04 | 15.28 | 301.62 | 4.27 | 3.88 | 0.33 | 0.22 | 3.04 | 1.45 | 5.28 | 3.67 | | 168.38 | 7.19 | 153.23 | 1.40 | 0.86 | 0.00 | 0.00 | 0.14 | 1.47 | 3.17 | 0.92 | 6.07 | 73.13 |
| | 太平 | 72.15 | 2.27 | 67.02 | 0.25 | 0.06 | 0.22 | | | 0.00 | 2.33 | 0.00 | | 23.16 | 0.70 | 21.98 | 0.48 | 0.00 | 0.00 | 0.00 | 0.00 | 0.00 | | 0.00 | 0.43 | 19.28 |
| | 大地 | 73.65 | 8.34 | 40.24 | 4.51 | 2.50 | 12.98 | 0.05 | | 0.54 | 3.48 | 1.01 | | 26.43 | 3.11 | 19.44 | 0.88 | 1.34 | 0.02 | | | 0.22 | 1.41 | 0.01 | 0.41 | 13.29 |
| | 永安 | 60.27 | 4.60 | 50.72 | 0.23 | 1.98 | 0.39 | 0.00 | 0.00 | 0.00 | 2.43 | (0.08) | 0.00 | 31.44 | 0.77 | 29.15 | 0.01 | 0.45 | 0.00 | 0.00 | 0.00 | 0.00 | 1.04 | 0.02 | 0.40 | 16.99 |
| | 华安 | 28.24 | 2.39 | 23.20 | 0.02 | 0.00 | 1.80 | 0.00 | 0.00 | 0.00 | 0.47 | 0.36 | | 11.14 | 0.03 | 10.98 | 0.00 | 0.00 | 0.00 | 0.00 | 0.00 | 0.00 | 0.13 | 0.00 | 0.23 | 4.11 |
| | 安邦 | 63.25 | 0.49 | 62.15 | 0.47 | 0.04 | 0.00 | (0.01) | 0.00 | 0.00 | 0.11 | 0.00 | 1.66 | 45.55 | 0.30 | 44.88 | 0.00 | 0.00 | 0.00 | 0.00 | 0.00 | 0.00 | 0.37 | 0.00 | 1.09 | 11.10 |
| | 阳光 | 102.57 | 10.76 | 67.84 | 2.07 | 9.40 | 4.75 | 0.35 | 0.00 | 0.00 | 5.12 | 2.28 | 0.00 | 38.90 | 4.31 | 27.35 | 0.09 | 3.59 | 1.93 | 0.00 | 0.00 | 0.00 | 1.62 | 0.01 | 1.35 | 27.55 |
| | 都邦 | 72.93 | 7.12 | 58.18 | 0.99 | 2.73 | 0.80 | 0.00 | 0.00 | 1.03 | 1.71 | 0.37 | 0.00 | 25.05 | 0.31 | 22.94 | 0.10 | 0.15 | 0.29 | 0.00 | 0.00 | 0.72 | 0.50 | 0.04 | 0.47 | 19.34 |
| | 中银 | 20.68 | 5.04 | 11.05 | 0.34 | 2.77 | 0.00 | (0.05) | 0.00 | 0.19 | 0.93 | 0.41 | | 11.01 | 2.43 | 7.94 | 0.31 | 0.22 | 0.00 | 0.00 | 0.00 | 0.03 | 0.01 | 0.07 | 0.29 | 5.03 |
| | 天平 | 11.36 | 0.00 | 11.36 | | | | | | | 0.00 | 0.00 | | 2.95 | | 2.95 | | | | | | | 0.00 | 0.00 | 0.15 | 2.80 |
| | 永诚 | 32.68 | 3.66 | 21.20 | 0.80 | 0.89 | 0.00 | 0.70 | 0.00 | 1.00 | 3.90 | 0.53 | | 17.85 | 0.37 | 14.55 | 0.01 | 0.15 | | | | 0.77 | 1.99 | 0.01 | 0.39 | 6.46 |
| | 民安 | 16.25 | 2.20 | 13.33 | 0.13 | 0.06 | | | | | 0.44 | 0.09 | | 26.76 | 18.40 | 8.18 | | 0.02 | | | | | 0.15 | 0.01 | 0.22 | 3.58 |
| | 人寿财险 | 140.62 | 12.31 | 89.76 | 1.55 | 3.94 | 0.38 | 0.00 | 0.00 | 0.00 | 1.91 | 30.77 | | 50.67 | 1.41 | 46.72 | 0.10 | 1.04 | 0.01 | 0.00 | 0.00 | 0.00 | 0.78 | 0.61 | 2.90 | 40.67 |
| | 渤海 | 4.97 | 0.00 | 4.95 | 0.01 | 0.00 | 0.00 | 0.00 | 0.00 | 0.00 | 0.01 | 0.00 | (2.48) | 9.78 | 0.00 | 9.68 | 0.00 | 0.00 | 0.00 | 0.00 | 0.00 | 0.00 | 0.09 | 0.01 | 0.01 | 1.90 |
| | 安诚 | 18.27 | 0.78 | 17.17 | 0.07 | 0.01 | 0.00 | 0.00 | 0.00 | 0.00 | 0.24 | 0.00 | 0.00 | 10.74 | 0.13 | 10.32 | 0.01 | 0.00 | 0.00 | 0.00 | 0.00 | 0.00 | 0.28 | 0.00 | 0.23 | 0.34 |
| | 华农 | 4.87 | 0.80 | 2.82 | 0.10 | 0.01 | | | | | 0.30 | 0.84 | | 3.24 | 0.22 | 2.88 | | | | | | | 0.13 | 0.01 | 0.06 | 0.71 |
| | 长安责任 | 30.02 | 1.40 | 24.91 | 0.03 | 2.74 | 0.00 | 0.00 | 0.00 | 0.00 | 0.61 | 0.33 | 0.00 | 10.30 | 0.19 | 9.89 | 0.00 | 0.05 | 0.00 | 0.00 | 0.00 | 0.00 | 0.17 | 0.00 | 0.12 | 2.67 |
| | 紫金 | 39.68 | 2.06 | 34.57 | 0.02 | 0.22 | 2.17 | 0.19 | 0.00 | 0.03 | 0.42 | 0.00 | 0.00 | 1.94 | 0.02 | 1.78 | 0.00 | 0.00 | 0.00 | 0.00 | 0.00 | 0.00 | 0.14 | 0.00 | 0.00 | 2.66 |
| | 小计 | 4368.38 | 403.68 | 3281.10 | 76.25 | 118.93 | 113.53 | 165.41 | 17.20 | 23.21 | 80.25 | 88.82 | 27.59 | 1786.98 | 159.25 | 1446.90 | 26.68 | 36.00 | 7.43 | 41.10 | 1.62 | 15.15 | 30.09 | 22.76 | 41.85 | 1179.09 |

## 徐州市财产保险分公司业务统计表(2010)

表 6

(单位:人民币百万元)

| 各地区 | 保险机构 | 保费收入 | | | | | | | | | | | 保户储金及投资款 | 赔付支出 | | | | | | | | | | | 赔案件数(万件) | 未决赔款 |
|---|---|---|---|---|---|---|---|---|---|---|---|---|---|---|---|---|---|---|---|---|---|---|---|---|---|---|
| | | 合计 | 企业财产保险 | 机动车辆保险 | 货物运输保险 | 责任保险 | 工程保险 | 信用保证保险 | 农业保险 | 短期健康保险 | 意外伤害保险 | 其他 | | 合计 | 企业财产保险 | 机动车辆保险 | 货物运输保险 | 责任保险 | 工程保险 | 信用保证保险 | 农业保险 | 短期健康保险 | 意外伤害保险 | 其他 | | |
| 徐州市 | 人保 | 660.70 | 29.26 | 514.79 | 9.00 | 11.90 | 3.80 | 0.00 | 80.30 | 0.64 | 7.88 | 3.13 | 14.47 | 276.59 | 2.29 | 217.81 | 1.13 | 4.38 | 0.22 | 0.00 | 46.15 | 0.52 | 2.43 | 1.66 | 3.22 | 296.54 |
| | 太保 | 493.16 | 23.26 | 439.64 | 2.13 | 13.23 | 2.90 | (0.11) | 0.00 | 2.18 | 8.32 | 1.61 | 0.00 | 136.52 | 5.27 | 123.74 | 1.74 | 1.04 | 0.21 | 0.00 | 0.00 | 2.18 | 2.01 | 0.33 | 2.41 | 88.24 |
| | 平保 | 276.00 | 13.66 | 251.22 | 0.01 | 1.72 | 1.36 | 0.12 | 0.00 | 5.80 | 2.14 | (0.03) | 0.13 | 75.81 | 1.52 | 69.79 | 0.00 | 0.28 | 0.00 | 0.02 | 0.00 | 1.94 | 2.23 | 0.03 | 2.31 | 67.04 |
| | 天安 | 31.96 | 0.53 | 25.51 | 0.00 | 0.50 | 0.00 | 0.00 | 0.00 | 0.10 | 4.13 | 1.19 | 0.00 | 17.44 | 0.21 | 16.61 | 0.00 | 0.04 | 0.00 | 0.00 | 0.00 | 0.12 | 0.32 | 0.14 | 0.30 | 5.80 |
| | 大众 | 26.83 | 1.37 | 25.17 | 0.01 | 0.08 | 0.00 | 0.00 | 0.00 | 0.00 | 0.16 | 0.04 | 0.00 | 10.76 | 0.21 | 9.98 | 0.00 | 0.09 | 0.05 | 0.00 | 0.00 | 0.00 | 0.43 | 0.00 | 0.42 | 62.40 |
| | 华泰 | 22.55 | 8.84 | 11.15 | 0.14 | 0.69 | 1.02 | | | | 0.32 | 0.39 | | 5.00 | 1.20 | 3.49 | 0.01 | 0.10 | | | | | 0.20 | 0.00 | 0.09 | 4.02 |
| | 信保 | 13.96 | | | | | | 13.96 | | | | 0.00 | | 14.70 | | | | | | 14.70 | | | | 0.00 | | |
| | 中华联合 | 38.41 | 0.15 | 35.24 | 0.07 | 1.48 | 0.00 | 0.00 | 0.00 | 0.19 | 1.29 | (0.01) | | 70.68 | 0.50 | 68.07 | 0.06 | 0.75 | 0.00 | 0.00 | 0.00 | 0.40 | 0.90 | 0.00 | 0.96 | 30.00 |
| | 太平 | 17.32 | 0.61 | 15.69 | 0.42 | 0.08 | 0.00 | | | 0.00 | 0.52 | 0.00 | | 5.07 | 0.00 | 4.93 | 0.00 | 0.01 | 0.00 | 0.00 | 0.00 | 0.00 | 0.13 | 0.00 | 0.08 | 4.22 |
| | 大地 | 96.45 | 3.06 | 81.47 | 0.00 | 1.35 | 0.00 | | | 3.73 | 5.39 | 1.45 | | 35.54 | 0.26 | 27.68 | 0.00 | 1.20 | 0.00 | | | 3.10 | 2.07 | 1.23 | 0.50 | 26.93 |
| | 永安 | 31.41 | 2.29 | 26.79 | 0.15 | 0.60 | 0.29 | 0.00 | 0.00 | 0.00 | 0.85 | 0.44 | 0.00 | 16.87 | 0.15 | 15.73 | 0.04 | 0.10 | 0.00 | 0.00 | 0.00 | 0.00 | 0.84 | 0.01 | 0.18 | 7.69 |
| | 华安 | 15.20 | 1.11 | 13.47 | 0.00 | 0.01 | 0.29 | 0.00 | 0.00 | 0.00 | 0.32 | 0.00 | | 3.30 | 0.00 | 3.09 | 0.00 | 0.00 | 0.00 | 0.00 | 0.00 | 0.00 | 0.21 | 0.00 | 0.07 | 2.50 |
| | 安邦 | 65.70 | 0.00 | 65.70 | 0.00 | 0.00 | 0.00 | 0.00 | 0.00 | 0.00 | 0.00 | 0.00 | 20.71 | 28.19 | 0.00 | 28.12 | 0.00 | 0.07 | 0.00 | 0.00 | 0.00 | 0.00 | 0.00 | 0.00 | 0.55 | 10.52 |
| | 阳光 | 48.55 | 2.97 | 43.31 | 0.04 | 1.24 | 0.00 | 0.00 | 0.00 | 0.00 | 0.79 | 0.20 | 0.00 | 12.94 | 0.02 | 11.95 | 0.00 | 0.31 | 0.00 | 0.00 | 0.00 | 0.00 | 0.25 | 0.41 | 0.26 | 11.24 |
| | 都邦 | 35.28 | 4.99 | 28.44 | 0.05 | 0.32 | 0.00 | 0.00 | 0.00 | 0.10 | 1.34 | 0.04 | 0.00 | 13.10 | 0.19 | 12.55 | 0.00 | 0.03 | 0.00 | 0.00 | 0.00 | 0.07 | 0.25 | 0.01 | 0.28 | 10.77 |
| | 中银 | 8.93 | 1.53 | 5.97 | 0.01 | 0.07 | 0.19 | 0.01 | 0.00 | 0.70 | 0.37 | 0.08 | | 9.75 | 0.58 | 8.88 | 0.01 | 0.06 | 0.00 | 0.00 | 0.00 | 0.17 | 0.04 | 0.01 | 0.27 | 1.25 |
| | 人寿财险 | 110.67 | 1.18 | 61.91 | 1.00 | 0.85 | 0.00 | 0.00 | 0.00 | 0.00 | 7.63 | 38.10 | 12.46 | 41.63 | 0.04 | 40.24 | 0.08 | 0.03 | 0.00 | 0.00 | 0.00 | 0.00 | 1.20 | 0.04 | 1.21 | 25.88 |
| | 渤海 | 9.15 | 0.01 | 9.11 | 0.00 | 0.00 | 0.00 | 0.00 | 0.00 | 0.00 | 0.03 | 0.00 | (0.15) | 3.57 | 0.00 | 3.57 | 0.00 | 0.00 | 0.00 | 0.00 | 0.00 | 0.00 | 0.00 | 0.00 | 0.01 | 1.80 |
| | 安诚 | 26.62 | 0.92 | 23.16 | 0.09 | 0.00 | 0.01 | 0.00 | 0.00 | 0.00 | 1.92 | 0.52 | 0.00 | 10.63 | 0.00 | 10.31 | 0.00 | 0.03 | 0.00 | 0.00 | 0.00 | 0.00 | 0.28 | 0.01 | 0.19 | 0.27 |
| | 长安责任 | 11.39 | 0.29 | 9.24 | 0.09 | 0.57 | 0.00 | 0.00 | 0.00 | 0.00 | 0.27 | 0.93 | 0.00 | 2.71 | 0.02 | 2.55 | 0.00 | 0.01 | 0.00 | 0.00 | 0.00 | 0.00 | 0.13 | 0.00 | 0.05 | 1.45 |
| | 紫金 | 32.41 | 3.61 | 25.17 | 0.00 | 1.57 | 0.00 | 0.00 | 1.05 | 0.29 | 0.67 | 0.05 | 0.00 | 1.61 | 0.08 | 1.25 | 0.00 | 0.00 | 0.00 | 0.00 | 0.03 | 0.00 | 0.25 | 0.00 | 0.00 | 2.45 |
| | 小计 | 2072.65 | 99.64 | 1712.15 | 13.21 | 36.26 | 9.86 | 13.98 | 81.35 | 13.73 | 44.34 | 48.13 | 47.62 | 792.41 | 12.54 | 680.34 | 3.07 | 8.53 | 0.48 | 14.72 | 46.18 | 8.50 | 14.17 | 3.88 | 13.36 | 661.01 |

表 7

## 常州市财产保险分公司业务统计表(2010)

(单位:人民币百万元)

| 各地区 | 保险机构 | 保费收入 | | | | | | | | | | | 保户储金及投资款 | 赔付支出 | | | | | | | | | | | 赔案件数(万件) | 未决赔款 |
|---|---|---|---|---|---|---|---|---|---|---|---|---|---|---|---|---|---|---|---|---|---|---|---|---|---|---|
| | | 合计 | 企业财产保险 | 机动车辆保险 | 货物运输保险 | 责任保险 | 工程保险 | 信用保证保险 | 农业保险 | 短期健康保险 | 意外伤害保险 | 其他 | | 合计 | 企业财产保险 | 机动车辆保险 | 货物运输保险 | 责任保险 | 工程保险 | 信用保证保险 | 农业保险 | 短期健康保险 | 意外伤害保险 | 其他 | | |
| 常州市 | 人保 | 790.86 | 103.13 | 587.16 | 15.84 | 43.45 | 4.63 | 0.38 | 15.54 | 4.14 | 7.32 | 9.27 | 20.12 | 318.21 | 30.94 | 249.18 | 4.70 | 21.93 | 0.38 | 0.04 | 3.25 | 3.27 | 1.86 | 2.66 | 4.87 | 336.16 |
| | 太保 | 589.32 | 75.79 | 449.77 | 17.79 | 6.93 | 14.54 | (0.28) | 0.00 | 5.66 | 10.20 | 8.92 | 0.00 | 199.88 | 27.54 | 157.91 | 3.45 | 1.68 | 2.52 | 0.01 | 0.00 | 2.56 | 2.62 | 1.59 | 3.93 | 148.73 |
| | 平保 | 262.34 | 14.20 | 224.01 | 6.06 | 2.49 | 2.78 | 4.37 | 0.00 | 2.74 | 4.12 | 1.57 | 0.01 | 91.51 | 4.20 | 81.71 | 0.69 | 0.84 | 0.23 | 1.79 | 0.00 | 0.59 | 1.42 | 0.04 | 2.29 | 66.88 |
| | 天安 | 49.30 | 3.41 | 38.62 | 0.81 | 0.62 | 0.05 | 0.00 | 0.00 | 0.58 | 2.19 | 3.02 | 0.00 | 31.20 | 1.18 | 27.37 | 0.12 | 0.08 | 0.17 | (0.08) | 0.00 | 0.76 | 1.18 | 0.42 | 0.55 | 12.66 |
| | 大众 | 31.21 | 2.34 | 26.44 | 0.37 | 0.08 | 0.01 | 0.00 | 0.00 | 0.00 | 1.79 | 0.18 | 0.00 | 18.87 | 0.41 | 17.22 | 0.10 | 0.14 | 0.00 | 0.00 | 0.00 | 0.00 | 0.97 | 0.03 | 0.47 | 9.04 |
| | 信保 | 104.06 | | | | | | 104.06 | | | | 0.00 | | 36.21 | | | | | | 36.21 | | | | 0.00 | | 34.47 |
| | 中华联合 | 129.36 | 11.29 | 102.43 | 0.94 | 1.56 | 0.00 | 0.00 | 4.89 | 2.13 | 3.80 | 2.32 | | 106.12 | 8.72 | 92.81 | 0.26 | 0.57 | 0.00 | 0.00 | 0.98 | 1.69 | 0.72 | 0.37 | 2.63 | 43.84 |
| | 太平 | 14.66 | 1.01 | 8.24 | 4.15 | 0.33 | 0.39 | | | 0.00 | 0.46 | 0.08 | | 7.08 | 0.01 | 6.50 | 0.17 | 0.00 | 0.00 | 0.00 | 0.00 | 0.00 | 0.38 | 0.02 | 0.08 | 7.04 |
| | 大地 | 147.83 | 4.27 | 135.30 | 1.46 | 1.66 | 0.97 | | | 0.00 | 3.31 | 0.86 | | 47.12 | 0.56 | 44.53 | 0.07 | 0.86 | 0.00 | | | 0.00 | 1.09 | 0.01 | 0.77 | 32.18 |
| | 永安 | 46.85 | 2.65 | 37.81 | 0.74 | 0.63 | 0.00 | 0.00 | 0.00 | 0.00 | 3.28 | 1.74 | 0.00 | 40.27 | 0.78 | 36.67 | (0.36) | 0.33 | 0.00 | 0.00 | 0.00 | 0.00 | 2.16 | 0.69 | 0.49 | 14.32 |
| | 华安 | 2.94 | 0.13 | 2.35 | 0.00 | 0.02 | 0.02 | 0.00 | 0.00 | 0.00 | 0.42 | 0.00 | | 4.21 | 0.00 | 4.07 | 0.00 | 0.00 | 0.00 | 0.00 | 0.00 | 0.00 | 0.14 | 0.00 | 0.06 | 1.38 |
| | 安邦 | 56.43 | 0.25 | 55.72 | 0.03 | 0.03 | 0.00 | (0.05) | 0.00 | 0.00 | 0.11 | 0.34 | 1.42 | 60.13 | 0.02 | 59.89 | 0.00 | 0.04 | 0.00 | 0.00 | 0.00 | 0.00 | 0.16 | 0.02 | 1.69 | 8.43 |
| | 阳光 | 29.18 | 0.64 | 27.47 | 0.28 | 0.30 | 0.00 | 0.00 | 0.00 | 0.00 | 0.39 | 0.10 | 0.00 | 13.92 | 0.06 | 13.60 | 0.02 | 0.00 | 0.00 | 0.00 | 0.00 | 0.00 | 0.22 | 0.02 | 0.40 | 7.01 |
| | 都邦 | 38.74 | 4.06 | 24.43 | 0.21 | 1.60 | 0.57 | 0.00 | 0.00 | 2.22 | 4.85 | 0.80 | 0.00 | 24.34 | 0.16 | 22.77 | 0.09 | 0.20 | 0.03 | 0.00 | 0.00 | 0.76 | 0.13 | 0.20 | 0.39 | 15.02 |
| | 中银 | 12.42 | 3.44 | 7.24 | 0.04 | 0.29 | 0.00 | 0.07 | 0.00 | 0.47 | 0.53 | 0.34 | | 4.61 | 0.08 | 4.39 | 0.00 | 0.00 | 0.00 | 0.00 | 0.00 | 0.12 | 0.02 | 0.00 | 0.14 | 1.77 |
| | 天平 | 14.76 | 0.05 | 14.55 | | | | | | | 0.16 | 0.00 | | 1.92 | | 1.91 | | | | | | | 0.01 | 0.00 | 0.08 | 3.09 |
| | 永诚 | 19.35 | 0.49 | 17.61 | 0.29 | 0.70 | | | | 0.05 | 0.21 | 0.00 | | 14.47 | 0.35 | 13.51 | 0.12 | 0.04 | | | | 0.15 | 0.23 | 0.07 | 0.24 | 4.22 |
| | 民安 | 17.58 | 0.96 | 12.84 | 0.09 | 0.01 | | | | 0.30 | 3.38 | 0.00 | 0.00 | 7.54 | 0.53 | 6.36 | 0.14 | | | | | 0.12 | 0.39 | 0.00 | 0.14 | 2.72 |
| | 人寿财险 | 84.06 | 5.01 | 56.23 | 0.43 | 1.60 | 0.29 | 0.34 | 0.00 | 0.00 | 3.68 | 16.48 | 27.58 | 36.58 | 1.65 | 33.23 | 0.04 | 0.30 | 0.09 | 0.01 | 0.00 | 0.00 | 1.08 | 0.18 | 0.72 | 18.21 |
| | 渤海 | 3.06 | 0.19 | 2.81 | 0.00 | 0.01 | 0.00 | 0.00 | 0.00 | 0.00 | 0.05 | 0.00 | 0.00 | 5.85 | 0.01 | 5.77 | 0.00 | 0.00 | 0.00 | 0.00 | 0.00 | 0.00 | 0.07 | 0.00 | 0.00 | 1.00 |
| | 安诚 | 22.37 | 0.02 | 22.08 | 0.01 | 0.01 | 0.00 | 0.00 | 0.00 | 0.00 | 0.25 | 0.00 | 0.00 | 12.50 | 0.61 | 11.31 | 0.00 | 0.01 | 0.03 | 0.00 | 0.00 | 0.00 | 0.54 | 0.00 | 0.31 | 0.39 |
| | 华农 | 12.12 | 1.17 | 9.90 | 0.22 | 0.61 | | | | | 0.21 | 0.01 | | 3.11 | 0.16 | 2.91 | | | | | | | 0.04 | 0.00 | 0.05 | 1.68 |
| | 长安责任 | 50.29 | 0.25 | 47.76 | 0.60 | 0.97 | 0.00 | 0.00 | 0.00 | 0.00 | 0.69 | 0.02 | 0.00 | 24.34 | 0.17 | 22.87 | 0.06 | 0.27 | 0.03 | 0.00 | 0.00 | 0.00 | 0.89 | 0.05 | 0.42 | 5.30 |
| | 紫金 | 23.55 | 4.22 | 14.49 | 0.29 | 1.80 | 0.32 | 0.00 | 0.00 | 0.13 | 2.07 | 0.23 | 0.00 | 1.65 | 0.21 | 0.70 | 0.56 | 0.03 | 0.02 | 0.00 | 0.00 | 0.00 | 0.13 | 0.00 | 0.04 | 0.86 |
| | 小计 | 2552.64 | 238.97 | 1925.26 | 50.65 | 65.70 | 24.57 | 108.89 | 20.43 | 18.42 | 53.47 | 46.28 | 49.13 | 1111.64 | 78.35 | 917.19 | 10.23 | 27.32 | 3.50 | 37.98 | 4.23 | 10.02 | 16.45 | 6.37 | 20.76 | 776.40 |

表 8

## 苏州市财产保险分公司业务统计表(2010)

(单位:人民币百万元)

| 各地区 | 保险机构 | 保费收入 | | | | | | | | | | | 保户储金及投资款 | 赔付支出 | | | | | | | | | | | 赔案件数(万件) | 未决赔款 |
|---|---|---|---|---|---|---|---|---|---|---|---|---|---|---|---|---|---|---|---|---|---|---|---|---|---|---|
| | | 合计 | 企业财产保险 | 机动车辆保险 | 货物运输保险 | 责任保险 | 工程保险 | 信用保证保险 | 农业保险 | 短期健康保险 | 意外伤害保险 | 其他 | | 合计 | 企业财产保险 | 机动车辆保险 | 货物运输保险 | 责任保险 | 工程保险 | 信用保证保险 | 农业保险 | 短期健康保险 | 意外伤害保险 | 其他 | | |
| 苏州市 | 人保 | 2436.24 | 299.65 | 1814.27 | 44.94 | 163.14 | 23.76 | 12.45 | 11.41 | 11.63 | 31.60 | 23.39 | 86.12 | 1019.45 | 151.29 | 754.88 | 14.36 | 74.93 | 0.19 | 0.28 | 1.02 | 4.91 | 7.58 | 10.01 | 24.45 | 718.89 |
| | 太保 | 2148.01 | 269.08 | 1518.09 | 55.24 | 96.11 | 50.18 | 0.50 | 18.03 | 31.83 | 92.22 | 16.73 | (0.34) | 846.53 | 97.81 | 630.76 | 18.91 | 33.15 | 13.67 | 0.06 | 1.81 | 11.45 | 35.94 | 2.97 | 21.97 | 440.18 |
| | 平保 | 1317.84 | 111.97 | 993.91 | 20.26 | 39.95 | 13.99 | 78.27 | 0.00 | 19.38 | 31.51 | 8.60 | 0.04 | 477.20 | 24.87 | 404.65 | 7.40 | 8.22 | 1.24 | 0.46 | 0.00 | 3.51 | 26.07 | 0.78 | 16.48 | 256.02 |
| | 天安 | 119.75 | 19.57 | 89.57 | 0.65 | 2.13 | 0.97 | (0.54) | 0.00 | 1.02 | 6.05 | 0.33 | 0.00 | 76.98 | 7.08 | 67.48 | 0.59 | 0.28 | 0.00 | (0.02) | 0.00 | 0.83 | 0.64 | 0.10 | 2.25 | 30.39 |
| | 大众 | 134.55 | 15.90 | 110.40 | 0.75 | 2.95 | 0.44 | 0.00 | 0.00 | 0.00 | 3.82 | 0.29 | 0.00 | 54.66 | 2.99 | 50.18 | 0.06 | 0.76 | 0.01 | 0.01 | 0.00 | 0.00 | 0.59 | 0.06 | 0.02 | 2.48 |
| | 华泰 | 14.29 | 3.16 | 1.37 | 1.75 | 3.45 | 2.32 | | | | 1.78 | 0.46 | | 24.64 | 11.94 | 6.53 | 2.34 | 2.89 | 0.35 | | | | 0.59 | 0.00 | 0.33 | 5.02 |
| | 信保 | 185.53 | | | | | | 185.53 | | | | 0.00 | | 43.57 | | | | | | 43.57 | | | | 0.00 | | 173.39 |
| | 中华联合 | 220.53 | 10.32 | 195.54 | 3.08 | 1.87 | 0.38 | 0.00 | 0.00 | 1.73 | 7.55 | 0.06 | | 127.41 | 3.52 | 119.55 | 0.35 | 0.66 | 0.00 | 0.00 | 0.00 | 1.44 | 1.82 | 0.07 | 5.20 | 51.23 |
| | 太平 | 102.73 | 5.80 | 82.62 | 8.09 | 1.51 | 0.18 | 0.00 | 0.00 | 0.03 | 3.74 | 0.76 | 0.00 | 49.22 | 1.73 | 42.42 | 2.41 | 1.47 | 0.15 | 0.00 | 0.00 | 0.16 | 0.66 | 0.22 | 0.93 | 0.00 |
| | 大地 | 52.05 | 10.23 | 36.86 | 0.43 | 0.91 | 0.30 | 0.74 | | 0.01 | 2.01 | 0.56 | | 33.98 | 6.33 | 25.44 | 0.08 | 1.60 | 0.04 | | | 0.01 | 0.32 | 0.16 | 0.66 | 16.90 |
| | 永安 | 69.87 | 25.34 | 32.64 | 0.39 | 1.54 | 0.96 | 0.00 | 0.00 | 0.00 | 7.27 | 1.73 | 0.00 | 43.93 | 4.99 | 34.98 | 0.11 | 0.53 | 0.04 | 0.00 | 0.00 | 0.00 | 3.20 | 0.08 | 0.65 | 10.27 |
| | 华安 | 17.36 | 1.15 | 15.22 | 0.38 | 0.10 | 0.08 | 0.00 | 0.00 | 0.00 | 0.33 | 0.10 | | 13.11 | 0.00 | 12.67 | 0.00 | 0.00 | 0.00 | 0.00 | 0.00 | 0.00 | 0.44 | 0.00 | 0.32 | 4.34 |
| | 安邦 | 30.86 | 0.47 | 29.69 | 0.18 | 0.00 | 0.29 | (0.04) | 0.00 | 0.00 | 0.27 | 0.00 | 2.72 | 42.42 | 0.59 | 41.18 | 0.00 | 0.00 | 0.00 | 0.43 | 0.00 | 0.00 | 0.22 | 0.00 | 1.10 | 6.27 |
| | 阳光 | 73.77 | 13.01 | 34.89 | 3.20 | 8.63 | 0.04 | 0.00 | 0.00 | 0.00 | 12.74 | 1.26 | 0.00 | 41.18 | 8.97 | 26.96 | 0.84 | 2.59 | 0.03 | 0.00 | 0.00 | 0.00 | 1.78 | 0.01 | 1.07 | 15.34 |
| | 都邦 | 146.46 | 22.44 | 108.24 | 1.61 | 2.50 | 0.56 | 0.00 | 0.00 | 1.16 | 7.82 | 2.13 | 0.00 | 60.66 | 1.10 | 57.00 | 0.20 | 0.26 | 0.19 | 0.00 | 0.00 | 1.02 | 0.84 | 0.05 | 1.78 | 35.60 |
| | 中银 | 34.75 | 12.65 | 14.79 | 0.04 | 0.08 | 1.97 | 1.11 | 0.00 | 0.80 | 2.65 | 0.66 | | 15.67 | 1.92 | 12.71 | 0.08 | 0.13 | 0.00 | 0.00 | 0.00 | 0.00 | 0.72 | 0.11 | 0.65 | 3.73 |
| | 天平 | 62.41 | 0.00 | 62.41 | | | | | | | 0.00 | 0.00 | | 36.20 | | 35.95 | | | | | | | 0.25 | 0.00 | 1.24 | 24.66 |
| | 永诚 | 86.17 | 7.78 | 71.20 | 0.15 | 2.76 | 1.70 | | | 0.37 | 1.26 | 0.95 | | 39.48 | 0.55 | 37.53 | 0.17 | 0.06 | | | | 0.30 | 0.61 | 0.26 | 1.20 | 19.62 |
| | 民安 | 13.12 | 1.56 | 9.42 | 0.28 | 0.44 | 0.10 | 0.09 | | 0.02 | 1.16 | 0.05 | 0.00 | 6.84 | 0.97 | 4.50 | 0.00 | 0.55 | 0.00 | | | 0.02 | 0.80 | 0.00 | 0.18 | 3.34 |
| | 人寿财险 | 171.70 | 12.43 | 109.52 | 3.57 | 4.50 | 2.12 | 0.00 | 0.00 | 0.00 | 4.63 | 34.93 | 29.43 | 91.29 | 2.75 | 82.43 | 0.18 | 3.89 | 0.18 | 0.00 | 0.00 | 0.00 | 1.76 | 0.10 | 0.28 | 47.26 |
| | 渤海 | 0.17 | 0.00 | 0.17 | 0.00 | 0.00 | 0.00 | 0.00 | 0.00 | 0.00 | 0.00 | 0.00 | 0.00 | 10.78 | 0.22 | 10.12 | 0.12 | 0.30 | 0.00 | 0.00 | 0.00 | 0.00 | 0.02 | 0.00 | 0.00 | 0.00 |
| | 安诚 | 37.13 | 2.29 | 30.43 | 0.26 | 0.44 | 1.37 | 0.01 | 0.00 | 0.00 | 2.33 | 0.00 | 0.00 | 18.64 | 0.42 | 17.37 | 0.00 | 0.00 | 0.44 | 0.00 | 0.00 | 0.00 | 0.41 | 0.00 | 0.59 | 0.77 |
| | 华农 | 1.10 | 0.37 | 0.70 | | | | | | | 0.03 | 0.00 | | 5.71 | 0.01 | 5.67 | | 0.02 | | | | | 0.01 | 0.00 | 0.09 | 0.52 |
| | 长安责任 | 29.28 | 0.34 | 25.36 | 0.66 | 0.61 | 0.00 | 0.00 | 0.00 | 0.00 | 2.29 | 0.02 | 0.00 | 19.40 | 2.00 | 16.47 | 0.00 | 0.01 | 0.00 | 0.00 | 0.00 | 0.00 | 0.92 | 0.00 | 0.32 | 2.92 |
| | 三星火灾 | 96.58 | 44.95 | 0.79 | 39.71 | 1.54 | 2.15 | 0.10 | 0.00 | 0.00 | 7.34 | 0.00 | 0.00 | 16.23 | 6.99 | 0.02 | 8.55 | 0.15 | 0.21 | 0.00 | 0.00 | 0.00 | 0.31 | 0.00 | 0.06 | 28.55 |
| | 紫金 | 52.42 | 4.60 | 37.17 | 3.08 | 0.91 | 4.45 | 0.19 | 0.00 | 0.02 | 1.82 | 0.18 | 0.00 | 4.68 | 0.06 | 4.56 | 0.00 | 0.05 | 0.00 | 0.00 | 0.00 | 0.00 | 0.01 | 0.00 | 0.18 | 2.07 |
| | 日本财产 | 18.09 | 8.71 | 0.00 | 3.08 | 5.43 | 0.53 | 0.00 | 0.00 | 0.00 | 0.34 | 0.00 | 0.00 | 0.05 | 0.05 | 0.00 | 0.00 | 0.00 | 0.00 | 0.00 | 0.00 | 0.00 | 0.00 | 0.00 | 0.00 | 0.44 |
| | 小计 | 7672.76 | 903.77 | 5425.27 | 191.78 | 341.50 | 108.84 | 278.41 | 29.44 | 68.00 | 232.56 | 93.19 | 117.97 | 3219.91 | 339.15 | 2502.01 | 56.75 | 132.50 | 16.74 | 44.79 | 2.83 | 23.65 | 86.51 | 14.98 | 84.46 | 1929.16 |

## 南通市财产保险分公司业务统计表(2010)

表 9

(单位:人民币百万元)

| 各地区 | 保险机构 | 保费收入 | | | | | | | | | | | 保户储金及投资款 | 赔付支出 | | | | | | | | | | | 赔案件数(万件) | 未决赔款 |
|---|---|---|---|---|---|---|---|---|---|---|---|---|---|---|---|---|---|---|---|---|---|---|---|---|---|---|
| | | 合计 | 企业财产保险 | 机动车辆保险 | 货物运输保险 | 责任保险 | 工程保险 | 信用保证保险 | 农业保险 | 短期健康保险 | 意外伤害保险 | 其他 | | 合计 | 企业财产保险 | 机动车辆保险 | 货物运输保险 | 责任保险 | 工程保险 | 信用保证保险 | 农业保险 | 短期健康保险 | 意外伤害保险 | 其他 | | |
| 南通市 | 人保 | 778.21 | 46.66 | 565.67 | 8.02 | 24.59 | 1.63 | 0.47 | 64.51 | 2.17 | 17.45 | 47.04 | 32.77 | 327.99 | 18.24 | 248.42 | 1.56 | 11.08 | 1.28 | 0.18 | 17.70 | 1.86 | 2.99 | 24.68 | 5.78 | 241.29 |
| | 太保 | 243.11 | 23.66 | 189.22 | 4.26 | 1.86 | 3.74 | (0.01) | 0.00 | 3.03 | 10.66 | 6.69 | 0.00 | 94.28 | 6.22 | 79.85 | 0.79 | 0.37 | 0.66 | 0.00 | 0.00 | 1.24 | 3.07 | 2.08 | 1.77 | 46.27 |
| | 平保 | 302.18 | 15.76 | 251.93 | 2.77 | 4.80 | 4.10 | 8.07 | 0.00 | 1.61 | 7.92 | 5.22 | 0.10 | 83.68 | 3.77 | 73.46 | 0.47 | 2.49 | 0.00 | 0.24 | 0.00 | 0.36 | 2.68 | 0.21 | 2.23 | 109.76 |
| | 天安 | 87.92 | 12.24 | 58.85 | 1.48 | 1.19 | 0.09 | (0.03) | 0.00 | 1.06 | 10.96 | 2.08 | 0.00 | 48.38 | 3.75 | 39.13 | 0.27 | 0.41 | 0.00 | 0.00 | 0.00 | 1.01 | 2.40 | 1.41 | 0.91 | 20.63 |
| | 大众 | 52.74 | 9.10 | 33.40 | 3.38 | 1.00 | 0.00 | 0.00 | 0.00 | 0.00 | 4.30 | 1.56 | 0.00 | 22.41 | 0.69 | 20.73 | 0.34 | 0.05 | 0.00 | 0.00 | 0.00 | 0.00 | 0.29 | 0.31 | 0.58 | 0.01 |
| | 华泰 | 11.60 | 0.26 | 10.27 | | | | 0.04 | | | 1.02 | 0.01 | | 5.81 | 0.08 | 5.39 | 0.02 | | | | | | 0.32 | 0.00 | 0.19 | 4.76 |
| | 信保 | 73.10 | | | | | | 73.10 | | | | 0.00 | | 7.28 | | | | | | 7.28 | | | | 0.00 | | 10.57 |
| | 中华联合 | 97.86 | 3.87 | 77.05 | 0.62 | 0.53 | 0.00 | 0.00 | [illegible] | 0.46 | 6.78 | 3.54 | | 81.13 | 1.02 | 72.31 | 0.19 | 0.63 | 0.00 | 0.00 | 3.62 | 1.20 | 1.14 | 1.02 | 2.66 | 32.51 |
| | 太平 | 29.78 | 1.45 | 26.43 | 0.25 | 0.23 | 0.56 | | | 0.00 | 0.86 | 0.00 | | 19.70 | 0.54 | 18.07 | 0.05 | 0.22 | 0.10 | 0.00 | 0.00 | 0.00 | 0.72 | 0.00 | 0.30 | 17.46 |
| | 大地 | 28.67 | 0.33 | 26.05 | 0.47 | 0.25 | 0.01 | | | 0.00 | 0.91 | 0.65 | | 34.53 | 1.19 | 30.13 | 1.93 | 0.10 | 0.00 | | | 0.00 | 0.79 | 0.39 | 0.40 | 14.92 |
| | 永安 | 44.92 | 4.86 | 25.80 | 0.39 | 0.30 | 0.10 | 0.00 | 0.00 | 0.00 | 12.57 | 0.90 | 0.00 | 35.07 | 1.43 | 21.40 | 0.03 | 0.13 | 1.48 | 0.00 | 0.00 | 0.00 | 10.56 | 0.04 | 0.34 | 10.67 |
| | 华安 | 20.18 | 0.54 | 19.58 | 0.00 | 0.00 | 0.00 | 0.00 | 0.00 | 0.00 | 0.05 | 0.01 | | 4.48 | 0.00 | 4.45 | 0.00 | 0.00 | 0.00 | 0.00 | 0.00 | 0.00 | 0.03 | 0.00 | 0.10 | 5.40 |
| | 安邦 | 91.04 | 0.38 | 88.97 | 0.00 | 0.01 | 0.00 | 0.00 | 0.00 | 0.00 | 1.68 | 0.00 | 0.48 | 52.65 | 0.12 | 52.46 | 0.00 | 0.00 | 0.00 | 0.00 | 0.00 | 0.00 | 0.07 | 0.00 | 1.37 | 16.37 |
| | 阳光 | 94.15 | 3.60 | 69.45 | 3.14 | 4.50 | 0.48 | 0.00 | 0.00 | 0.00 | 6.21 | 6.77 | 0.00 | 33.09 | 0.59 | 26.05 | 0.23 | 2.50 | 0.00 | 0.00 | 0.00 | 0.00 | 3.34 | 0.38 | 0.93 | 23.87 |
| | 都邦 | 37.16 | 1.93 | 26.25 | 0.95 | 0.20 | 0.12 | 0.00 | 0.00 | 0.28 | 6.95 | 0.48 | 0.00 | 13.59 | 0.08 | 11.88 | 0.04 | 0.00 | 0.04 | 0.00 | 0.00 | 0.36 | 1.12 | 0.07 | 0.24 | 10.63 |
| | 中银 | 28.44 | 4.88 | 15.03 | 0.16 | 0.18 | 0.01 | 1.10 | 0.00 | 0.97 | 0.94 | 5.17 | | 15.52 | 2.51 | 8.86 | 0.06 | 0.01 | 0.00 | 0.00 | 0.00 | 0.36 | 0.19 | 3.53 | 0.40 | 2.95 |
| | 天平 | 7.59 | 0.00 | 5.60 | | | | | | | 1.99 | 0.00 | | 0.11 | | 0.11 | | | | | | | -0.00 | 0.00 | 0.03 | 1.29 |
| | 永诚 | 36.11 | 1.56 | 27.08 | 0.03 | 2.64 | 0.14 | | | 0.05 | 4.45 | 0.16 | | 21.48 | 0.07 | 20.60 | | 0.31 | | | | 0.03 | 0.47 | 0.00 | 0.39 | 10.78 |
| | 民安 | 13.19 | 0.48 | 9.42 | 0.26 | 0.05 | 0.15 | | | 0.01 | 0.36 | 2.46 | 0.00 | 8.53 | 0.12 | 7.44 | 0.64 | 0.02 | | | | | 0.31 | 0.00 | 0.15 | 3.19 |
| | 人寿财险 | 146.23 | 3.18 | 88.10 | 0.61 | 2.24 | 0.70 | 0.03 | 0.00 | 0.00 | 11.82 | 39.55 | 17.17 | 61.89 | 0.48 | 58.27 | 0.09 | 0.92 | 0.01 | 0.01 | 0.00 | 0.00 | 1.74 | 0.37 | 1.13 | 30.72 |
| | 渤海 | 0.17 | 0.00 | 0.17 | 0.00 | 0.00 | 0.00 | 0.00 | 0.00 | 0.00 | 0.00 | 0.00 | 0.00 | 2.40 | 0.00 | 2.40 | 0.00 | 0.00 | 0.00 | 0.00 | 0.00 | 0.00 | 0.00 | 0.00 | 0.00 | 0.20 |
| | 安诚 | 30.78 | 1.07 | 28.53 | 0.60 | 0.19 | 0.00 | 0.00 | 0.00 | 0.00 | 0.15 | 0.24 | 0.00 | 5.32 | 0.03 | 5.20 | 0.00 | 0.01 | 0.00 | 0.00 | 0.00 | 0.00 | 0.08 | 0.00 | 0.27 | 0.21 |
| | 华农 | 23.55 | 0.25 | 13.84 | 0.15 | | | | 2.29 | | 7.01 | 0.01 | | 18.46 | 0.02 | 16.36 | | | | | 1.83 | | 0.25 | 0.00 | 0.26 | 8.03 |
| | 长安责任 | 56.62 | 0.32 | 43.83 | 1.92 | 0.31 | 0.00 | 0.00 | 0.00 | 0.00 | 8.36 | 1.88 | 0.00 | 22.03 | 0.00 | 21.33 | 0.12 | 0.09 | 0.00 | 0.00 | 0.00 | 0.00 | 0.38 | 0.11 | 0.47 | 6.40 |
| | 紫金 | 25.90 | 2.44 | 19.16 | 0.25 | 0.35 | 0.43 | 0.00 | 0.00 | 0.07 | 2.12 | 1.08 | 0.00 | 1.41 | 0.20 | 1.07 | 0.00 | 0.01 | 0.00 | 0.00 | 0.00 | 0.02 | 0.11 | 0.00 | 0.03 | 1.51 |
| | 小计 | 2361.20 | 138.82 | 1719.68 | 29.71 | 45.42 | 12.26 | 82.77 | 71.81 | 9.71 | 125.52 | 125.50 | 50.52 | 1021.22 | 41.15 | 845.37 | 6.83 | 19.35 | 3.57 | 7.71 | 23.15 | 6.44 | 33.05 | 34.60 | 20.93 | 630.40 |

## 连云港市财产保险分公司业务统计表(2010)

表 10

(单位:人民币百万元)

| 各地区 | 保险机构 | 保费收入 | | | | | | | | | | | 保户储金及投资款 | 赔付支出 | | | | | | | | | | | 赔案件数(万件) | 未决赔款 |
|---|---|---|---|---|---|---|---|---|---|---|---|---|---|---|---|---|---|---|---|---|---|---|---|---|---|---|
| | | 合计 | 企业财产保险 | 机动车辆保险 | 货物运输保险 | 责任保险 | 工程保险 | 信用保证保险 | 农业保险 | 短期健康保险 | 意外伤害保险 | 其他 | | 合计 | 企业财产保险 | 机动车辆保险 | 货物运输保险 | 责任保险 | 工程保险 | 信用保证保险 | 农业保险 | 短期健康保险 | 意外伤害保险 | 其他 | | |
| 连云港市 | 人保 | 445.72 | 22.48 | 317.05 | 11.61 | 14.20 | 1.95 | 0.04 | 50.82 | 3.35 | 7.75 | 16.47 | 10.42 | 174.92 | 4.40 | 137.14 | 2.27 | 5.86 | 0.01 | 0.00 | 16.89 | 1.95 | 1.63 | 4.77 | 2.05 | 184.11 |
| | 太保 | 125.47 | 14.17 | 100.88 | 0.87 | 1.87 | 0.48 | (0.13) | 0.00 | 0.52 | 3.33 | 3.48 | 0.00 | 50.89 | 4.53 | 43.87 | 0.38 | 0.62 | 0.00 | 0.00 | 0.00 | 0.35 | 1.01 | 0.13 | 0.91 | 19.14 |
| | 平保 | 81.42 | 4.62 | 72.32 | 0.75 | 0.13 | 0.00 | 0.29 | 0.00 | 0.42 | 2.64 | 0.25 | 0.01 | 26.37 | 0.74 | 24.55 | 0.02 | 0.04 | 0.81 | 0.00 | 0.00 | 0.04 | 0.15 | 0.02 | 0.59 | 23.28 |
| | 天安 | 38.58 | 3.93 | 31.62 | 0.08 | 0.82 | 0.00 | 0.00 | 0.00 | 0.18 | 1.80 | 0.15 | 0.00 | 22.71 | 1.45 | 20.91 | 0.00 | 0.01 | 0.00 | 0.00 | 0.00 | 0.11 | 0.23 | 0.00 | 0.37 | 8.01 |
| | 华泰 | 0.02 | | 0.02 | | | | | | | | 0.00 | | 0.14 | | 0.14 | | | | | | | | 0.00 | | |
| | 信保 | 3.31 | | | | | | 3.31 | | | | 0.00 | | 0.00 | | | | | | 0.00 | | | | 0.00 | | |
| | 中华联合 | 24.03 | 0.68 | 19.85 | 0.00 | 0.29 | 0.00 | (0.10) | 0.00 | 0.25 | 2.63 | 0.43 | | 35.48 | 0.11 | 34.47 | 0.00 | 0.02 | 0.00 | 0.00 | 0.00 | 0.37 | 0.51 | 0.00 | 0.78 | 15.73 |
| | 太平 | 6.03 | 0.22 | 4.75 | 0.04 | 0.08 | 0.01 | | | 0.00 | 0.93 | 0.00 | | 7.81 | 0.00 | 7.70 | 0.00 | 0.00 | 0.00 | 0.00 | 0.00 | 0.00 | 0.11 | 0.00 | 0.11 | 6.41 |
| | 大地 | 33.92 | 1.81 | 25.67 | 0.27 | 2.17 | 0.00 | | | 0.01 | 0.70 | 3.29 | | 9.62 | 0.16 | 8.31 | 0.00 | 0.70 | 0.00 | | | 0.00 | 0.19 | 0.26 | 0.12 | 4.86 |
| | 华安 | 7.12 | 0.01 | 6.04 | 0.00 | 0.00 | 0.00 | 0.00 | 0.00 | 0.13 | 0.21 | 0.73 | | 6.81 | 0.00 | 6.28 | 0.00 | 0.00 | 0.00 | 0.00 | 0.00 | 0.09 | 0.43 | 0.01 | 0.08 | 1.36 |
| | 安邦 | 69.38 | 0.00 | 69.38 | 0.00 | 0.00 | 0.00 | 0.00 | 0.00 | 0.00 | 0.00 | 0.00 | 0.04 | 20.68 | 0.00 | 20.14 | 0.00 | 0.54 | 0.00 | 0.00 | 0.00 | 0.00 | 0.00 | 0.00 | 0.44 | 11.84 |
| | 阳光 | 24.62 | 0.08 | 21.48 | 0.31 | 1.90 | 0.00 | 0.00 | 0.00 | 0.00 | 0.83 | 0.02 | 0.00 | 12.92 | 0.01 | 11.82 | 0.05 | 0.59 | 0.00 | 0.00 | 0.00 | 0.00 | 0.44 | 0.01 | 0.21 | 9.64 |
| | 都邦 | 14.93 | 1.49 | 11.08 | 0.20 | 0.22 | 0.35 | 0.00 | 0.00 | 0.11 | 0.56 | 0.92 | 0.00 | 3.48 | 0.07 | 3.17 | 0.00 | 0.00 | 0.19 | 0.00 | 0.00 | 0.05 | 0.00 | 0.00 | 0.09 | 2.47 |
| | 中银 | 10.97 | 3.06 | 5.96 | 0.13 | 0.34 | 0.00 | 0.03 | 0.00 | 0.39 | 0.52 | 0.54 | | 6.68 | 0.11 | 6.47 | 0.00 | 0.03 | 0.00 | 0.00 | 0.00 | 0.03 | 0.04 | 0.00 | 0.22 | 1.78 |
| | 人寿财险 | 62.48 | 2.14 | 40.64 | 0.45 | 0.89 | 0.55 | 0.00 | 0.00 | 0.00 | 2.52 | 15.29 | 31.88 | 38.71 | 11.46 | 25.97 | 0.01 | 0.76 | 0.01 | 0.00 | 0.00 | 0.00 | 0.38 | 0.12 | 0.76 | 11.44 |
| | 渤海 | 0.00 | 0.00 | 0.00 | 0.00 | 0.00 | 0.00 | 0.00 | 0.00 | 0.00 | 0.00 | 0.00 | (0.30) | 1.03 | 0.00 | 1.03 | 0.00 | 0.00 | 0.00 | 0.00 | 0.00 | 0.00 | 0.00 | 0.00 | 0.00 | 0.00 |
| | 长安责任 | 17.87 | 0.12 | 15.91 | 0.08 | 1.06 | 0.00 | 0.00 | 0.00 | 0.00 | 0.28 | 0.42 | 0.00 | 2.49 | 0.00 | 2.42 | 0.00 | 0.01 | 0.00 | 0.00 | 0.00 | 0.00 | 0.06 | 0.00 | 0.09 | 2.40 |
| | 小计 | 965.87 | 54.81 | 742.65 | 14.79 | 23.97 | 3.34 | 3.44 | 50.82 | 5.36 | 24.70 | 41.99 | 42.05 | 420.74 | 23.04 | 354.39 | 2.73 | 9.18 | 1.02 | 0.00 | 16.89 | 2.99 | 5.18 | 5.32 | 6.82 | 302.47 |

表 11

## 淮安市财产保险分公司业务统计表(2010)

(单位:人民币百万元)

| 各地区 | 保险机构 | 保费收入 | | | | | | | | | | | 保户储金及投资款 | 赔付支出 | | | | | | | | | | | 赔案件数(万件) | 未决赔款 |
|---|---|---|---|---|---|---|---|---|---|---|---|---|---|---|---|---|---|---|---|---|---|---|---|---|---|---|
| | | 合计 | 企业财产保险 | 机动车辆保险 | 货物运输保险 | 责任保险 | 工程保险 | 信用保证保险 | 农业保险 | 短期健康保险 | 意外伤害保险 | 其他 | | 合计 | 企业财产保险 | 机动车辆保险 | 货物运输保险 | 责任保险 | 工程保险 | 信用保证保险 | 农业保险 | 短期健康保险 | 意外伤害保险 | 其他 | | |
| 淮安市 | 人保 | 302.74 | 28.58 | 241.29 | 4.98 | 11.61 | 0.94 | 0.46 | 0.02 | 3.67 | 7.15 | 4.04 | 8.12 | 147.55 | 10.00 | 118.72 | 1.06 | 7.36 | 0.03 | 0.09 | 2.91 | 2.89 | 1.23 | 3.26 | 2.08 | 130.76 |
| | 太保 | 127.13 | 7.60 | 104.73 | 1.05 | 4.31 | 0.72 | (0.16) | 0.00 | 0.93 | 4.47 | 3.48 | 0.00 | 53.15 | 5.58 | 43.85 | 0.52 | 0.87 | 0.00 | 0.00 | 0.00 | 0.58 | 1.69 | 0.06 | 0.70 | 19.60 |
| | 平保 | 103.76 | 5.33 | 90.30 | 0.68 | 1.48 | 0.07 | (0.11) | 0.00 | 1.42 | 4.18 | 0.41 | 0.02 | 39.22 | 2.16 | 34.81 | 0.02 | 0.67 | 0.10 | 0.00 | 0.00 | 0.79 | 0.66 | 0.01 | 0.70 | 23.40 |
| | 天安 | 27.50 | 1.45 | 20.47 | 0.23 | 0.54 | 0.00 | 0.02 | 0.00 | 0.14 | 4.64 | 0.01 | 0.00 | 14.19 | 0.58 | 12.66 | 0.00 | 0.01 | 0.00 | 0.00 | 0.00 | 0.28 | 0.66 | 0.00 | 0.22 | 6.99 |
| | 信保 | 4.45 | | | | | | 4.45 | | | | 0.00 | | 9.28 | | | | | | 9.28 | | | | 0.00 | | |
| | 中华联合 | 107.55 | 3.13 | 41.42 | 0.00 | 0.59 | 0.00 | 0.00 | 56.95 | 0.88 | 4.23 | 0.35 | | 114.15 | 0.83 | 56.20 | 0.00 | 0.57 | 0.00 | 0.00 | 54.18 | 0.84 | 1.43 | 0.10 | 1.41 | 22.80 |
| | 大地 | 30.77 | 0.99 | 26.40 | 0.01 | 0.07 | 0.10 | | | 0.00 | 0.89 | 2.31 | | 12.55 | 0.05 | 10.84 | 0.00 | 0.21 | 0.00 | | | 0.00 | 0.26 | 1.19 | 0.14 | 5.50 |
| | 华安 | 14.09 | 0.00 | 13.95 | 0.02 | 0.00 | 0.00 | 0.00 | 0.00 | 0.00 | 0.05 | 0.07 | | 4.94 | 0.00 | 4.94 | 0.00 | 0.00 | 0.00 | 0.00 | 0.00 | 0.00 | 0.00 | 0.00 | 0.06 | 2.72 |
| | 安邦 | 52.52 | 0.00 | 52.15 | 0.01 | 0.00 | 0.00 | 0.00 | 0.00 | 0.00 | 0.36 | 0.00 | 8.48 | 26.78 | 0.00 | 26.74 | 0.03 | 0.00 | 0.00 | 0.00 | 0.00 | 0.00 | 0.01 | 0.00 | 0.53 | 5.58 |
| | 阳光 | 32.57 | 0.55 | 30.08 | 0.21 | 0.31 | 0.00 | 0.00 | 0.00 | 0.00 | 1.13 | 0.29 | 0.00 | 7.90 | 0.03 | 7.25 | 0.05 | 0.00 | 0.00 | 0.00 | 0.00 | 0.00 | 0.57 | 0.00 | 0.26 | 8.67 |
| | 都邦 | 16.29 | 1.42 | 11.85 | 0.01 | 1.74 | 0.00 | 0.00 | 0.00 | 0.13 | 0.89 | 0.25 | 0.00 | 7.60 | 1.19 | 5.74 | 0.00 | 0.26 | 0.01 | 0.00 | 0.00 | 0.11 | 0.29 | 0.00 | 0.09 | 3.58 |
| | 中银 | 5.33 | 1.71 | 1.63 | 0.06 | 0.00 | 0.01 | 0.00 | 0.00 | 0.28 | 0.66 | 0.98 | | 0.94 | 0.11 | 0.81 | 0.00 | 0.00 | 0.00 | 0.00 | 0.00 | 0.02 | 0.00 | 0.00 | 0.03 | 0.32 |
| | 人寿财险 | 52.84 | 1.00 | 35.92 | 0.43 | 0.57 | 0.00 | 0.00 | 0.00 | 0.00 | 0.62 | 14.30 | 14.63 | 32.90 | 0.17 | 31.47 | 0.03 | 0.26 | 0.00 | 0.00 | 0.00 | 0.00 | 0.93 | 0.04 | 0.40 | 16.11 |
| | 渤海 | 9.84 | 0.00 | 8.89 | 0.00 | 0.01 | 0.00 | 0.00 | 0.00 | 0.00 | 0.94 | 0.00 | 0.00 | 2.81 | 0.00 | 2.72 | 0.00 | 0.00 | 0.09 | 0.00 | 0.00 | 0.00 | 0.00 | 0.00 | 0.01 | 3.70 |
| | 长安责任 | 19.59 | 0.49 | 15.65 | 0.33 | 0.70 | 0.00 | 0.00 | 0.00 | 0.00 | 1.20 | 1.22 | 0.00 | 3.21 | 0.08 | 2.89 | 0.00 | 0.15 | 0.00 | 0.00 | 0.00 | 0.00 | 0.09 | 0.00 | 0.07 | 1.69 |
| | 小计 | 906.97 | 52.25 | 694.73 | 8.02 | 21.93 | 1.84 | 4.66 | 56.97 | 7.45 | 31.41 | 27.71 | 31.25 | 477.17 | 20.78 | 359.64 | 1.71 | 10.36 | 0.23 | 9.37 | 57.09 | 5.51 | 7.82 | 4.66 | 6.70 | 251.42 |

## 盐城市财产保险分公司业务统计表(2010)

表 12

(单位:人民币百万元)

| 各地区 | 保险机构 | 保费收入 | | | | | | | | | | | 保户储金及投资款 | 赔付支出 | | | | | | | | | | | 赔案件数(万件) | 未决赔款 |
|---|---|---|---|---|---|---|---|---|---|---|---|---|---|---|---|---|---|---|---|---|---|---|---|---|---|---|
| | | 合计 | 企业财产保险 | 机动车辆保险 | 货物运输保险 | 责任保险 | 工程保险 | 信用保证保险 | 农业保险 | 短期健康保险 | 意外伤害保险 | 其他 | | 合计 | 企业财产保险 | 机动车辆保险 | 货物运输保险 | 责任保险 | 工程保险 | 信用保证保险 | 农业保险 | 短期健康保险 | 意外伤害保险 | 其他 | | |
| 盐城市 | 人保 | 563.75 | 37.77 | 383.64 | 8.81 | 18.73 | 1.66 | 0.15 | 88.65 | 2.86 | 7.92 | 13.56 | 12.68 | 267.99 | 7.14 | 202.16 | 3.11 | 7.51 | 2.31 | 0.10 | 38.45 | 1.78 | 2.08 | 3.35 | 3.09 | 174.86 |
| | 太保 | 110.98 | 9.73 | 94.29 | 2.13 | 1.68 | 0.04 | (0.01) | 0.00 | 0.65 | 2.27 | 0.20 | 0.00 | 53.12 | 5.28 | 46.12 | 1.06 | 0.24 | 0.34 | (0.85) | 0.00 | 0.17 | 0.75 | 0.01 | 0.75 | 18.91 |
| | 平保 | 135.56 | 9.59 | 111.55 | 1.15 | 6.60 | 0.00 | 0.23 | 0.00 | 0.31 | 5.26 | 0.87 | 0.00 | 53.09 | 0.45 | 49.52 | 0.26 | 0.92 | 0.00 | 0.06 | 0.00 | 0.20 | 1.67 | 0.01 | 0.79 | 47.12 |
| | 天安 | 20.89 | 0.26 | 17.48 | 0.02 | 1.54 | 0.14 | 0.00 | 0.00 | 0.14 | 1.31 | 0.00 | 0.00 | 13.15 | 0.04 | 12.83 | 0.00 | 0.11 | 0.00 | 0.00 | 0.00 | 0.04 | 0.13 | 0.00 | 0.16 | 3.18 |
| | 信保 | 7.56 | | | | | | 7.56 | | | | 0.00 | | (0.08) | | | | | | (0.08) | | | | 0.00 | | |
| | 中华联合 | 45.89 | 3.92 | 17.87 | 0.09 | 0.74 | 0.21 | 0.00 | 15.57 | 0.78 | 4.32 | 2.39 | | 54.78 | 0.63 | 42.98 | 0.21 | 0.52 | 0.24 | 0.00 | 7.79 | 0.81 | 1.45 | 0.15 | 1.19 | 24.88 |
| | 大地 | 29.33 | 0.09 | 29.10 | 0.00 | 0.00 | 0.00 | | | 0.00 | 0.09 | 0.05 | | 18.07 | 0.00 | 17.71 | 0.00 | 0.17 | 0.00 | | | 0.00 | 0.09 | 0.10 | 0.13 | 13.45 |
| | 华安 | 3.01 | 0.03 | 2.83 | 0.00 | 0.15 | 0.00 | 0.00 | 0.00 | 0.00 | 0.00 | 0.00 | | 4.66 | 0.00 | 4.65 | 0.00 | 0.00 | 0.01 | 0.00 | 0.00 | 0.00 | 0.00 | 0.00 | 0.06 | 2.71 |
| | 安邦 | 247.04 | 0.13 | 246.53 | 0.01 | 0.03 | 0.00 | 0.00 | 0.00 | 0.00 | 0.34 | 0.00 | 0.27 | 107.76 | 0.11 | 106.92 | 0.00 | 0.72 | 0.00 | 0.00 | 0.00 | 0.00 | 0.01 | 0.00 | 1.82 | 45.09 |
| | 阳光 | 13.27 | 0.63 | 11.95 | 0.01 | 0.17 | 0.00 | 0.00 | 0.00 | 0.00 | 0.49 | 0.02 | 0.00 | 10.12 | 0.99 | 8.75 | 0.00 | 0.01 | 0.00 | 0.00 | 0.00 | 0.00 | 0.37 | 0.00 | 0.14 | 9.81 |
| | 都邦 | 13.73 | 1.03 | 11.57 | 0.08 | 0.18 | 0.00 | 0.00 | 0.00 | 0.16 | 0.70 | 0.01 | 0.00 | 8.04 | 0.00 | 7.82 | 0.00 | 0.08 | 0.00 | 0.00 | 0.00 | 0.12 | 0.02 | 0.00 | 0.10 | 4.01 |
| | 中银 | 6.90 | 2.94 | 3.06 | 0.23 | 0.06 | 0.00 | 0.00 | 0.00 | 0.03 | 0.39 | 0.19 | | 8.95 | 0.12 | 8.80 | 0.01 | 0.00 | 0.00 | 0.00 | 0.00 | 0.00 | 0.02 | 0.00 | 0.12 | 0.69 |
| | 人寿财险 | 45.97 | 1.02 | 31.66 | 0.08 | 0.36 | 0.83 | 0.00 | 0.00 | 0.00 | 0.67 | 11.35 | 10.58 | 40.80 | 0.19 | 39.46 | 0.01 | 0.38 | 0.47 | 0.00 | 0.00 | 0.00 | 0.23 | 0.06 | 0.40 | 30.69 |
| | 渤海 | 0.47 | 0.00 | 0.47 | 0.00 | 0.00 | 0.00 | 0.00 | 0.00 | 0.00 | 0.00 | 0.00 | 0.00 | 4.15 | 0.00 | 4.14 | 0.01 | 0.00 | 0.00 | 0.00 | 0.00 | 0.00 | 0.00 | 0.00 | 0.00 | 0.00 |
| | 长安责任 | 27.55 | 0.07 | 23.36 | 1.59 | 1.63 | 0.00 | 0.00 | 0.00 | 0.00 | 0.64 | 0.26 | 0.00 | 4.78 | 0.00 | 3.96 | 0.69 | 0.01 | 0.00 | 0.00 | 0.00 | 0.00 | 0.12 | 0.00 | 0.17 | 4.62 |
| | 小计 | 1271.90 | 67.21 | 985.36 | 14.20 | 31.87 | 2.88 | 7.93 | 104.22 | 4.93 | 24.40 | 28.90 | 23.53 | 649.38 | 14.95 | 555.82 | 5.36 | 10.67 | 3.37 | (0.77) | 46.24 | 3.12 | 6.94 | 3.68 | 8.92 | 380.02 |

## 扬州市财产保险分公司业务统计表(2010)

表 13 （单位：人民币百万元）

| 各地区 | 保险机构 | 保费收入 | | | | | | | | | | | 保户储金及投资款 | 赔付支出 | | | | | | | | | | | 赔案件数（万件） | 未决赔款 |
|---|---|---|---|---|---|---|---|---|---|---|---|---|---|---|---|---|---|---|---|---|---|---|---|---|---|---|
| | | 合计 | 企业财产保险 | 机动车辆保险 | 货物运输保险 | 责任保险 | 工程保险 | 信用保证保险 | 农业保险 | 短期健康保险 | 意外伤害保险 | 其他 | | 合计 | 企业财产保险 | 机动车辆保险 | 货物运输保险 | 责任保险 | 工程保险 | 信用保证保险 | 农业保险 | 短期健康保险 | 意外伤害保险 | 其他 | | |
| 扬州市 | 人保 | 627.44 | 40.69 | 454.40 | 16.89 | 17.32 | 4.04 | 0.98 | 42.28 | 12.16 | 13.27 | 25.41 | 13.75 | 306.06 | 11.20 | 223.45 | 6.17 | 11.12 | 0.43 | 2.27 | 18.06 | 13.45 | 3.91 | 16.00 | 3.74 | 203.06 |
| | 太保 | 141.02 | 14.08 | 101.92 | 2.54 | 2.88 | 0.84 | 0.04 | 0.00 | 2.89 | 7.59 | 8.24 | (0.01) | 77.82 | 3.38 | 37.33 | 1.05 | 0.99 | 0.16 | 0.06 | 0.00 | 1.69 | 2.28 | 30.88 | 0.70 | 62.31 |
| | 平保 | 125.50 | 7.07 | 106.63 | 2.61 | 1.21 | 0.05 | 1.19 | 0.00 | 0.35 | 2.24 | 4.15 | 0.00 | 34.62 | 0.96 | 32.16 | 0.38 | 0.16 | 0.00 | 0.00 | 0.00 | 0.46 | 0.37 | 0.13 | 0.72 | 27.61 |
| | 天安 | 14.71 | 1.11 | 11.54 | 0.02 | 0.03 | 0.06 | 0.00 | 0.00 | 0.16 | 1.83 | (0.04) | 0.00 | 16.60 | 2.63 | 12.98 | 0.02 | 0.20 | 0.00 | 0.00 | 0.00 | 0.61 | 0.16 | 0.00 | 0.22 | 6.21 |
| | 大众 | 26.23 | 0.78 | 21.84 | 0.16 | 0.08 | 0.00 | 0.00 | 0.00 | 0.00 | 3.11 | 0.26 | 0.00 | 14.90 | 0.15 | 14.36 | 0.00 | 0.02 | 0.00 | 0.00 | 0.00 | 0.00 | 0.35 | 0.02 | 0.36 | 5.05 |
| | 华泰 | 15.70 | 0.43 | 13.69 | 0.09 | 0.01 | | | | | 0.19 | 1.29 | | 6.17 | 0.02 | 3.68 | 0.84 | | | | | | 0.03 | 1.60 | 0.13 | 3.69 |
| | 信保 | 6.95 | | | | | | 6.95 | | | | 0.00 | | 0.00 | | | | | | 0.00 | | | | 0.00 | | |
| | 中华联合 | 51.86 | 1.36 | 44.76 | 0.12 | 0.67 | 0.04 | 0.00 | 0.00 | 0.33 | 3.45 | 1.13 | | 48.11 | 0.41 | 45.91 | 0.06 | 0.38 | 0.00 | 0.00 | 0.00 | 0.72 | 0.38 | 0.25 | 0.76 | 18.53 |
| | 太平 | 17.19 | 1.39 | 13.33 | 0.71 | 0.34 | 0.04 | | | 0.01 | 1.36 | 0.01 | | 10.57 | 0.46 | 8.39 | 0.12 | 0.10 | 0.00 | 0.00 | 0.00 | 0.00 | 1.38 | 0.12 | 0.14 | 6.13 |
| | 大地 | 60.84 | 4.32 | 44.71 | 0.51 | 2.24 | 0.06 | | | 0.02 | 7.99 | 0.99 | | 29.45 | 1.73 | 24.23 | 0.02 | 0.50 | 0.05 | | | 0.26 | 2.66 | 0.00 | 0.44 | 14.02 |
| | 永安 | 19.72 | 0.96 | 12.09 | 0.22 | 0.38 | 0.09 | 0.00 | 0.00 | 0.00 | 3.13 | 2.85 | 0.00 | 11.92 | 0.60 | 10.20 | 0.06 | 0.05 | 0.12 | 0.00 | 0.00 | 0.00 | 0.59 | 0.30 | 0.09 | 5.79 |
| | 华安 | 25.92 | 0.22 | 24.77 | 0.04 | 0.01 | 0.00 | 0.00 | 0.00 | 0.00 | 0.75 | 0.13 | | 5.14 | 0.01 | 5.06 | 0.00 | 0.00 | 0.00 | 0.00 | 0.00 | 0.00 | 0.06 | 0.01 | 0.09 | 4.39 |
| | 安邦 | 19.86 | 0.06 | 19.61 | 0.01 | 0.02 | 0.00 | 0.00 | 0.00 | 0.00 | 0.16 | 0.00 | 2.81 | 13.04 | 0.00 | 13.01 | 0.00 | 0.02 | 0.00 | 0.00 | 0.00 | 0.00 | 0.01 | 0.00 | 0.19 | 3.47 |
| | 阳光 | 17.46 | 0.24 | 15.85 | 0.04 | 0.24 | 0.00 | 0.00 | 0.00 | 0.00 | 1.04 | 0.05 | 0.00 | 7.84 | 0.50 | 6.81 | 0.00 | 0.00 | 0.00 | 0.00 | 0.00 | 0.00 | 0.53 | 0.00 | 0.18 | 2.76 |
| | 都邦 | 14.29 | 0.94 | 9.73 | 0.15 | 0.07 | 0.02 | 0.00 | 0.00 | 0.17 | 2.55 | 0.66 | 0.00 | 7.14 | 0.15 | 6.85 | 0.00 | 0.00 | 0.00 | 0.00 | 0.00 | 0.08 | 0.06 | 0.00 | 0.11 | 2.52 |
| | 中银 | 6.84 | 1.28 | 1.28 | 0.04 | 0.03 | 0.00 | 3.81 | 0.00 | 0.05 | 0.29 | 0.06 | | 1.90 | 0.00 | 1.82 | 0.00 | 0.05 | 0.00 | 0.00 | 0.00 | 0.00 | 0.03 | 0.00 | 0.03 | 0.39 |
| | 天平 | 13.50 | 0.00 | 8.98 | | | | | | | 4.52 | 0.00 | | 1.62 | | 1.60 | | | | | | | 0.02 | 0.00 | 0.03 | 5.12 |
| | 永诚 | 17.85 | 0.53 | 14.38 | 0.06 | 1.58 | | | | 0.25 | 1.03 | 0.02 | | 9.82 | 0.96 | 7.58 | | 0.09 | | | | 0.26 | 0.28 | 0.65 | 0.17 | 5.43 |
| | 民安 | 13.53 | 0.39 | 10.04 | 0.67 | 1.47 | 0.00 | | | | 0.75 | 0.21 | 0.00 | 1.48 | | 1.33 | | 0.05 | | | | 0.00 | 0.10 | 0.00 | 0.06 | 0.95 |
| | 人寿财险 | 116.91 | 7.19 | 71.36 | 1.32 | 3.15 | 0.37 | 0.00 | 0.00 | 0.00 | 8.46 | 25.06 | 62.75 | 44.27 | 0.36 | 41.23 | 0.05 | 0.35 | 0.05 | 0.00 | 0.00 | 0.00 | 2.09 | 0.14 | 0.29 | 29.66 |
| | 渤海 | 0.01 | 0.00 | 0.01 | 0.00 | 0.00 | 0.00 | 0.00 | 0.00 | 0.00 | 0.00 | 0.00 | 0.00 | 2.83 | 0.00 | 2.82 | 0.00 | 0.00 | 0.00 | 0.00 | 0.00 | 0.00 | 0.01 | 0.00 | 0.00 | 0.00 |
| | 安诚 | 11.54 | 0.12 | 11.29 | 0.02 | 0.08 | 0.00 | 0.00 | 0.00 | 0.00 | 0.03 | 0.00 | 0.00 | 3.51 | 0.09 | 3.21 | 0.00 | 0.00 | 0.00 | 0.00 | 0.00 | 0.00 | 0.21 | 0.00 | 0.09 | 0.23 |
| | 华农 | 14.93 | 0.58 | 11.55 | | 0.08 | | | | | 2.72 | 0.00 | | 4.95 | | 4.85 | | | | | | | 0.10 | 0.00 | 0.09 | 3.25 |
| | 长安责任 | 21.93 | 0.55 | 18.53 | 0.07 | 1.67 | 0.13 | 0.00 | 0.00 | 0.00 | 0.67 | 0.31 | 0.00 | 5.17 | 0.03 | 4.82 | 0.00 | 0.09 | 0.00 | 0.00 | 0.00 | 0.00 | 0.23 | 0.00 | 0.12 | 1.91 |
| | 紫金 | 0.55 | 0.01 | 0.41 | 0.00 | 0.00 | 0.00 | 0.00 | 0.00 | 0.00 | 0.13 | 0.00 | 0.00 | 0.00 | 0.00 | 0.00 | 0.00 | 0.00 | 0.00 | 0.00 | 0.00 | 0.00 | 0.00 | 0.00 | 0.00 | 0.00 |
| | 小计 | 1402.28 | 84.30 | 1042.70 | 26.29 | 33.56 | 5.74 | 12.97 | 42.28 | 16.39 | 67.26 | 70.79 | 79.30 | 664.93 | 23.64 | 513.68 | 8.77 | 14.17 | 0.81 | 2.33 | 18.06 | 17.53 | 15.84 | 50.10 | 8.75 | 412.48 |

## 镇江市财产保险分公司业务统计表(2010)

表 14

(单位:人民币百万元)

| 各地区 | 保险机构 | 保费收入 | | | | | | | | | | | 保户储金及投资款 | 赔付支出 | | | | | | | | | | | 赔案件数(万件) | 未决赔款 |
|---|---|---|---|---|---|---|---|---|---|---|---|---|---|---|---|---|---|---|---|---|---|---|---|---|---|---|
| | | 合计 | 企业财产保险 | 机动车辆保险 | 货物运输保险 | 责任保险 | 工程保险 | 信用保证保险 | 农业保险 | 短期健康保险 | 意外伤害保险 | 其他 | | 合计 | 企业财产保险 | 机动车辆保险 | 货物运输保险 | 责任保险 | 工程保险 | 信用保证保险 | 农业保险 | 短期健康保险 | 意外伤害保险 | 其他 | | |
| 镇江市 | 人保 | 351.11 | 39.98 | 251.45 | 10.30 | 14.98 | 0.52 | 0.90 | 21.48 | 0.97 | 5.25 | 5.28 | 7.62 | 172.73 | 16.27 | 138.53 | 2.20 | 7.88 | 0.37 | 0.54 | 3.84 | 0.57 | 1.59 | 0.94 | 2.28 | 124.43 |
| | 太保 | 207.79 | 49.03 | 116.71 | 8.18 | 2.48 | 1.82 | (0.13) | 0.00 | 0.55 | 24.27 | 4.88 | 0.00 | 91.26 | 26.51 | 54.79 | 4.57 | 0.52 | 0.47 | 0.00 | 0.00 | 0.35 | 3.29 | 0.76 | 1.06 | 30.52 |
| | 平保 | 130.07 | 11.00 | 100.17 | 1.56 | 0.67 | 0.15 | 12.97 | 0.00 | 1.14 | 2.05 | 0.36 | 0.00 | 54.34 | 7.42 | 43.89 | 0.34 | 0.08 | 1.60 | 0.00 | 0.00 | 0.24 | 0.58 | 0.19 | 0.79 | 32.63 |
| | 天安 | 36.21 | 3.31 | 26.46 | 0.18 | 0.24 | 0.00 | 0.16 | 0.00 | 0.44 | 5.21 | 0.21 | 0.00 | 8.69 | 0.54 | 7.75 | 0.01 | 0.00 | 0.00 | 0.00 | 0.00 | 0.07 | 0.29 | 0.03 | 0.21 | 6.00 |
| | 大众 | 17.81 | 2.69 | 14.26 | 0.53 | 0.03 | 0.12 | 0.00 | 0.00 | 0.00 | 0.14 | 0.04 | 0.00 | 6.62 | 0.17 | 6.42 | 0.00 | 0.00 | 0.00 | 0.00 | 0.00 | 0.00 | 0.01 | 0.02 | 0.18 | 3.37 |
| | 华泰 | 3.02 | 0.15 | 2.38 | 0.18 | 0.22 | | | | | 0.09 | 0.00 | | 2.38 | | 2.23 | | 0.01 | | | | | 0.14 | 0.00 | | 0.70 |
| | 信保 | 22.85 | | | | | | 22.85 | | | | 0.00 | | 0.66 | | | | | | 0.66 | | | | 0.00 | | |
| | 中华联合 | 32.35 | 0.94 | 29.12 | 0.01 | 0.03 | 0.05 | 0.00 | 0.00 | 0.20 | 1.18 | 0.82 | | 57.49 | 0.76 | 55.55 | 0.00 | 0.10 | 0.00 | 0.00 | 0.00 | 0.34 | 0.74 | 0.00 | 0.77 | 25.52 |
| | 太平 | 26.60 | 2.49 | 22.66 | 0.44 | 0.01 | 0.33 | | | 0.00 | 0.62 | 0.05 | | 9.30 | 0.02 | 9.19 | 0.00 | 0.00 | 0.00 | 0.00 | 0.00 | 0.00 | 0.06 | 0.03 | 0.12 | 5.19 |
| | 大地 | 32.46 | 0.90 | 29.48 | 0.18 | 0.26 | 0.00 | 0.64 | | 0.00 | 0.40 | 0.60 | | 9.77 | 0.22 | 8.91 | 0.04 | 0.10 | 0.00 | | | 0.00 | 0.50 | 0.00 | 0.12 | 5.75 |
| | 永安 | 28.63 | 1.45 | 22.88 | 1.27 | 0.40 | 0.01 | 0.00 | 0.00 | 0.00 | 1.75 | 0.87 | 0.00 | 14.03 | 0.76 | 10.14 | 1.95 | 0.03 | 0.17 | 0.00 | 0.00 | 0.00 | 0.97 | 0.01 | 0.14 | 6.60 |
| | 华安 | 2.14 | 0.01 | 2.07 | 0.06 | 0.00 | 0.00 | 0.00 | 0.00 | 0.00 | 0.00 | 0.00 | | 0.89 | 0.02 | 0.77 | 0.00 | 0.00 | 0.00 | 0.00 | 0.00 | 0.00 | 0.10 | 0.00 | 0.01 | 0.50 |
| | 安邦 | 31.50 | 0.00 | 31.23 | 0.10 | 0.14 | 0.00 | (0.01) | 0.00 | 0.00 | 0.05 | (0.01) | 68.63 | 21.49 | 0.03 | 21.10 | 0.00 | 0.10 | 0.00 | 0.00 | 0.00 | 0.00 | 0.25 | 0.01 | 0.36 | 5.12 |
| | 阳光 | 36.72 | 0.37 | 35.97 | 0.03 | 0.23 | 0.00 | 0.00 | 0.00 | 0.00 | 0.12 | 0.00 | 0.00 | 8.93 | 0.18 | 8.69 | 0.04 | 0.00 | 0.00 | 0.00 | 0.00 | 0.00 | 0.02 | 0.00 | 0.33 | 8.04 |
| | 都邦 | 24.84 | 5.37 | 15.10 | 0.52 | 0.31 | 2.61 | 0.00 | 0.00 | 0.18 | 0.70 | 0.05 | 0.00 | 9.69 | 0.40 | 8.50 | 0.18 | 0.00 | 0.26 | 0.00 | 0.00 | 0.20 | 0.14 | 0.01 | 0.15 | 11.15 |
| | 中银 | 33.57 | 5.43 | 22.39 | 0.15 | 0.06 | 0.25 | 0.00 | 0.00 | 0.31 | 4.72 | 0.26 | | 27.47 | 1.99 | 24.51 | 0.34 | 0.00 | 0.04 | 0.00 | 0.00 | 0.05 | 0.53 | 0.01 | 0.63 | 7.20 |
| | 永诚 | 17.67 | 0.05 | 16.80 | 0.02 | 0.52 | | | | 0.02 | 0.22 | 0.04 | | 3.25 | | 3.24 | | 0.01 | | | | | | 0.00 | 0.10 | 3.57 |
| | 民安 | 20.31 | 0.87 | 10.25 | 0.17 | 0.02 | 1.78 | | | 0.02 | 6.61 | 0.59 | 0.00 | 3.68 | 0.30 | 3.16 | 0.02 | 0.01 | | | | 0.02 | 0.17 | 0.00 | 0.06 | 2.15 |
| | 人寿财险 | 43.35 | 0.66 | 29.69 | 0.08 | 0.73 | 0.03 | 0.00 | 0.00 | 0.00 | 0.24 | 11.92 | 19.93 | 22.20 | 1.04 | 20.49 | 0.01 | 0.15 | 0.01 | 0.00 | 0.00 | 0.00 | 0.43 | 0.07 | 0.56 | 15.28 |
| | 渤海 | 3.83 | 0.14 | 2.79 | 0.00 | 0.00 | 0.08 | 0.00 | 0.00 | 0.00 | 0.82 | 0.00 | 0.00 | 3.70 | 0.14 | 3.55 | 0.00 | 0.00 | 0.00 | 0.00 | 0.00 | 0.00 | 0.01 | 0.00 | 0.00 | 0.70 |
| | 安诚 | 20.91 | 0.90 | 18.00 | 0.24 | 0.69 | 0.60 | 0.00 | 0.00 | 0.00 | 0.48 | 0.00 | 0.00 | 4.33 | 0.07 | 3.93 | 0.01 | 0.06 | 0.16 | 0.00 | 0.00 | 0.00 | 0.10 | 0.00 | 0.11 | 0.15 |
| | 长安责任 | 25.34 | 0.61 | 23.13 | 0.58 | 0.43 | 0.00 | 0.00 | 0.00 | 0.00 | 0.40 | 0.19 | 0.00 | 3.99 | 0.00 | 3.97 | 0.00 | 0.00 | 0.00 | 0.00 | 0.00 | 0.00 | 0.02 | 0.00 | 0.10 | 2.38 |
| | 紫金 | 5.93 | 0.63 | 3.74 | 0.10 | 0.09 | 0.30 | 0.02 | 0.05 | 0.00 | 0.10 | 0.90 | 0.00 | 2.12 | 0.00 | 0.62 | 0.00 | 0.00 | 0.00 | 0.00 | 0.00 | 0.00 | 1.50 | 0.00 | 0.00 | 0.62 |
| | 小计 | 1155.01 | 126.98 | 826.73 | 24.88 | 22.54 | 8.65 | 37.40 | 21.53 | 3.83 | 55.42 | 27.05 | 96.18 | 539.01 | 56.84 | 439.93 | 9.71 | 9.05 | 3.08 | 1.20 | 3.84 | 1.84 | 11.44 | 2.08 | 8.08 | 297.57 |

## 泰州市财产保险分公司业务统计表(2010)

表 15

(单位:人民币百万元)

| 各地区 | 保险机构 | 保费收入 | | | | | | | | | | | 保户储金及投资款 | 赔付支出 | | | | | | | | | | | 赔案件数(万件) | 未决赔款 |
|---|---|---|---|---|---|---|---|---|---|---|---|---|---|---|---|---|---|---|---|---|---|---|---|---|---|---|
| | | 合计 | 企业财产保险 | 机动车辆保险 | 货物运输保险 | 责任保险 | 工程保险 | 信用保证保险 | 农业保险 | 短期健康保险 | 意外伤害保险 | 其他 | | 合计 | 企业财产保险 | 机动车辆保险 | 货物运输保险 | 责任保险 | 工程保险 | 信用保证保险 | 农业保险 | 短期健康保险 | 意外伤害保险 | 其他 | | |
| 泰州市 | 人保 | 490.19 | 28.57 | 289.62 | 5.29 | 19.10 | 0.83 | 0.13 | 65.86 | 3.81 | 10.21 | 66.77 | 7.44 | 181.74 | 9.83 | 113.74 | 2.53 | 6.66 | 0.01 | 0.00 | 10.03 | 2.19 | 3.27 | 33.48 | 2.09 | 162.42 |
| | 太保 | 127.01 | 8.49 | 81.48 | 1.86 | 0.52 | 0.16 | (0.02) | 0.00 | 0.94 | 3.37 | 30.21 | 0.00 | 44.02 | 2.16 | 35.17 | 0.71 | 0.21 | 0.00 | 0.00 | 0.00 | 0.39 | 1.80 | 3.58 | 0.66 | 27.67 |
| | 平保 | 123.87 | 5.32 | 104.86 | 2.04 | 0.72 | 0.25 | 3.12 | 0.00 | 1.08 | 2.71 | 3.77 | 0.00 | 46.02 | 1.21 | 42.30 | 0.29 | 0.00 | 0.01 | (0.53) | 0.00 | 0.23 | 1.06 | 1.45 | 0.79 | 38.74 |
| | 天安 | 41.28 | 6.08 | 27.26 | 1.18 | 1.26 | 0.49 | 0.00 | 0.00 | 0.10 | 2.76 | 2.15 | 0.00 | 24.46 | 3.40 | 19.95 | 0.06 | 0.04 | 0.35 | (0.04) | 0.00 | 0.20 | 0.50 | 0.00 | 0.33 | 9.77 |
| | 华泰 | 5.21 | 0.30 | 1.96 | 0.31 | 0.28 | | | | | 2.35 | 0.01 | | 5.50 | 0.64 | 3.11 | | | | | | | 1.75 | 0.00 | 0.08 | 2.40 |
| | 信保 | 14.13 | | | | | | 14.13 | | | | 0.00 | | 0.00 | | | | | | 0.00 | | | | 0.00 | | |
| | 中华联合 | 42.53 | 2.39 | 26.09 | 0.06 | 0.48 | 0.00 | 0.00 | 0.00 | 0.30 | 2.33 | 10.88 | | 55.58 | 13.43 | 34.31 | 0.00 | 0.12 | 0.00 | 0.00 | 0.00 | 0.84 | 1.10 | 5.78 | 0.60 | 23.97 |
| | 太平 | 12.46 | 0.27 | 10.64 | 1.03 | 0.00 | 0.00 | | | 0.00 | 0.52 | 0.00 | | 6.78 | 0.10 | 6.24 | 0.00 | 0.10 | 0.00 | 0.00 | 0.00 | 0.00 | 0.34 | 0.00 | 0.09 | 5.04 |
| | 大地 | 107.87 | 3.15 | 91.12 | 2.55 | 1.50 | 0.00 | | | 0.40 | 3.93 | 5.22 | | 30.42 | 0.04 | 27.81 | 1.14 | 0.40 | 0.00 | | | 0.04 | 0.23 | 0.76 | 0.42 | 30.60 |
| | 永安 | 43.83 | 1.58 | 34.54 | 0.48 | 1.38 | 0.02 | 0.00 | 0.00 | 0.00 | 2.43 | 3.40 | 0.00 | 29.49 | 1.26 | 26.90 | 0.16 | 0.20 | 0.00 | 0.00 | 0.00 | 0.00 | 0.95 | 0.02 | 0.25 | 9.89 |
| | 华安 | 6.20 | 0.30 | 5.22 | 0.00 | 0.01 | 0.00 | 0.00 | 0.00 | 0.00 | 0.04 | 0.63 | | 4.61 | 0.00 | 4.28 | 0.21 | 0.00 | 0.00 | 0.00 | 0.00 | 0.00 | 0.12 | 0.00 | 0.05 | 2.77 |
| | 安邦 | 60.52 | 0.21 | 58.72 | 0.00 | 0.10 | 0.11 | 0.00 | 0.00 | 0.00 | 1.38 | 0.00 | 0.27 | 27.75 | 0.00 | 27.73 | 0.00 | 0.00 | 0.00 | 0.00 | 0.00 | 0.00 | 0.02 | 0.00 | 0.54 | 9.87 |
| | 阳光 | 39.68 | 1.48 | 30.68 | 0.01 | 1.60 | 0.00 | 0.00 | 0.00 | 0.00 | 4.14 | 1.77 | 0.00 | 15.34 | 0.44 | 11.70 | 0.00 | 0.73 | 0.00 | 0.00 | 0.00 | 0.00 | 2.27 | 0.20 | 0.31 | 10.97 |
| | 都邦 | 54.29 | 4.43 | 37.53 | 0.24 | 1.88 | 0.16 | 0.00 | 0.00 | 0.46 | 3.23 | 6.36 | 0.00 | 19.79 | 0.03 | 18.49 | 0.06 | 0.01 | 0.03 | 0.00 | 0.00 | 0.22 | 0.29 | 0.66 | 0.23 | 15.38 |
| | 中银 | 21.53 | 2.06 | 15.94 | 0.45 | 0.02 | 0.00 | 0.00 | 0.00 | 0.27 | 0.44 | 2.35 | | 8.57 | 0.00 | 7.73 | 0.00 | 0.00 | 0.00 | 0.00 | 0.00 | 0.06 | 0.00 | 0.78 | 0.23 | 3.73 |
| | 民安 | 11.36 | 0.09 | 9.37 | 0.18 | 0.00 | | | | | 0.35 | 1.37 | 0.00 | 3.62 | | 3.38 | | | | | | 0.00 | 0.00 | 0.24 | 0.10 | 1.82 |
| | 人寿财险 | 71.16 | 3.02 | 47.17 | 0.04 | 3.04 | 0.04 | 0.00 | 0.00 | 0.00 | 2.48 | 15.37 | 15.26 | 30.13 | 0.60 | 27.98 | 0.01 | 0.73 | 0.01 | 0.00 | 0.00 | 0.00 | 0.44 | 0.36 | 0.50 | 22.17 |
| | 渤海 | 1.85 | 0.04 | 1.52 | 0.00 | 0.00 | 0.00 | 0.00 | 0.00 | 0.00 | 0.29 | 0.00 | (0.25) | 4.25 | 0.00 | 4.25 | 0.00 | 0.00 | 0.00 | 0.00 | 0.00 | 0.00 | 0.00 | 0.00 | 0.00 | 0.80 |
| | 长安责任 | 36.58 | 1.10 | 25.82 | 0.16 | 2.12 | 0.04 | 0.00 | 0.00 | 0.00 | 1.98 | 5.36 | 0.00 | 9.21 | 0.00 | 8.17 | 0.11 | 0.12 | 0.00 | 0.00 | 0.00 | 0.00 | 0.66 | 0.15 | 0.17 | 4.82 |
| | 紫金 | 18.62 | 1.18 | 11.31 | 0.02 | 0.48 | 1.08 | 0.00 | 2.30 | 0.03 | 1.35 | 0.87 | 0.00 | 0.53 | 0.04 | 0.49 | 0.00 | 0.00 | 0.00 | 0.00 | 0.00 | 0.00 | 0.00 | 0.00 | 0.02 | 1.44 |
| | 小计 | 1330.17 | 70.06 | 910.85 | 15.90 | 34.49 | 3.18 | 17.36 | 68.16 | 7.39 | 46.29 | 156.49 | 22.72 | 547.81 | 33.18 | 423.73 | 5.28 | 9.32 | 0.41 | (0.57) | 10.03 | 4.17 | 14.80 | 47.46 | 7.46 | 384.27 |

## 宿迁市财产保险分公司业务统计表(2010)

表 16

(单位:人民币百万元)

| 各地区 | 保险机构 | 保费收入 | | | | | | | | | | | 保户储金及投资款 | 赔付支出 | | | | | | | | | | | 赔案件数(万件) | 未决赔款 |
|---|---|---|---|---|---|---|---|---|---|---|---|---|---|---|---|---|---|---|---|---|---|---|---|---|---|---|
| | | 合计 | 企业财产保险 | 机动车辆保险 | 货物运输保险 | 责任保险 | 工程保险 | 信用保证保险 | 农业保险 | 短期健康保险 | 意外伤害保险 | 其他 | | 合计 | 企业财产保险 | 机动车辆保险 | 货物运输保险 | 责任保险 | 工程保险 | 信用保证保险 | 农业保险 | 短期健康保险 | 意外伤害保险 | 其他 | | |
| 宿迁市 | 人保 | 357.54 | 7.49 | 259.07 | 1.22 | 6.78 | 0.17 | 0.07 | 44.30 | 1.47 | 9.49 | 27.48 | 3.54 | 177.04 | 30.95 | 113.42 | 0.01 | 4.49 | 0.35 | 0.00 | 25.28 | 0.83 | 1.34 | 0.37 | 1.46 | 105.90 |
| | 太保 | 15.37 | 0.30 | 14.27 | 0.04 | 0.30 | 0.01 | 0.00 | 0.00 | 0.11 | 0.27 | 0.07 | 0.00 | 14.25 | 0.08 | 13.31 | 0.01 | 0.21 | 0.00 | 0.00 | 0.00 | 0.11 | 0.53 | 0.00 | 0.12 | 3.21 |
| | 平保 | 70.21 | 1.14 | 52.60 | 0.00 | 0.34 | 0.10 | 0.25 | 0.00 | 0.31 | 3.11 | 12.36 | 0.00 | 24.17 | 0.36 | 22.32 | 0.00 | 0.21 | 0.16 | 0.00 | 0.00 | 0.08 | 1.03 | 0.01 | 0.36 | 29.47 |
| | 天安 | 32.84 | 0.20 | 27.82 | 0.01 | 1.69 | 0.35 | 0.00 | 0.00 | 0.45 | 2.09 | 0.23 | 0.00 | 20.34 | 0.11 | 16.98 | 0.01 | 0.58 | 0.00 | 1.09 | 0.00 | 0.52 | 1.04 | 0.01 | 0.27 | 8.84 |
| | 信保 | 0.42 | | | | | | 0.42 | | | | 0.00 | | 0.00 | | | | | | 0.00 | | | | 0.00 | | |
| | 中华联合 | 19.29 | 0.73 | 14.70 | 0.00 | 0.23 | 0.58 | 0.00 | 0.00 | 0.20 | 1.30 | 1.55 | | 28.86 | 0.52 | 27.90 | 0.00 | 0.10 | 0.00 | 0.00 | 0.00 | 0.24 | 0.10 | 0.00 | 0.40 | 11.87 |
| | 大地 | 56.32 | 0.36 | 54.83 | 0.00 | 0.66 | 0.12 | | | 0.01 | 0.21 | 0.13 | | 19.90 | 1.02 | 18.59 | 0.00 | 0.15 | 0.00 | | | 0.00 | 0.14 | 0.00 | 0.15 | 15.59 |
| | 华安 | 26.06 | 0.59 | 22.61 | 0.03 | 0.01 | 0.43 | 0.00 | 0.00 | 0.00 | 1.73 | 0.66 | | 6.88 | 0.40 | 6.25 | 0.00 | 0.00 | 0.00 | 0.00 | 0.00 | 0.00 | 0.23 | 0.00 | 0.09 | 6.49 |
| | 安邦 | 53.45 | 0.34 | 52.75 | 0.00 | 0.01 | 0.00 | 0.00 | 0.00 | 0.00 | 0.11 | 0.24 | 7.26 | 26.24 | 1.12 | 24.88 | 0.00 | 0.21 | 0.00 | 0.00 | 0.00 | 0.00 | 0.03 | 0.00 | 0.47 | 5.90 |
| | 阳光 | 22.31 | 1.25 | 16.89 | 0.09 | 0.85 | 0.00 | 0.00 | 0.00 | 0.00 | 0.98 | 2.25 | 0.00 | 10.90 | 0.63 | 9.03 | 0.22 | 0.37 | 0.00 | 0.00 | 0.00 | 0.00 | 0.63 | 0.02 | 0.18 | 4.72 |
| | 都邦 | 23.98 | 0.37 | 20.74 | 0.06 | 0.51 | 0.00 | 0.00 | 0.00 | 0.55 | 1.66 | 0.09 | 0.00 | 7.84 | 0.01 | 7.58 | 0.00 | 0.03 | 0.00 | 0.00 | 0.00 | 0.14 | 0.08 | 0.00 | 0.12 | 5.19 |
| | 中银 | 3.57 | 0.79 | 0.06 | 0.00 | 0.00 | 0.00 | 0.00 | 0.00 | 0.02 | 0.11 | 2.59 | | 0.00 | 0.00 | 0.00 | 0.00 | 0.00 | 0.00 | 0.00 | 0.00 | 0.00 | 0.00 | 0.00 | 0.00 | 0.00 |
| | 人寿财险 | 76.03 | 1.77 | 51.79 | 0.03 | 0.50 | 0.00 | 0.00 | 0.00 | 0.00 | 1.29 | 20.65 | 1.76 | 35.38 | 0.08 | 34.81 | 0.01 | 0.14 | 0.00 | 0.00 | 0.00 | 0.00 | 0.33 | 0.01 | 0.30 | 15.73 |
| | 渤海 | 24.87 | 0.09 | 14.60 | 0.00 | 0.10 | 0.00 | 0.00 | 0.00 | 0.00 | 10.06 | 0.02 | (0.11) | 5.81 | 0.00 | 5.75 | 0.00 | 0.05 | 0.00 | 0.00 | 0.00 | 0.00 | 0.01 | 0.00 | 0.10 | 2.80 |
| | 长安责任 | 48.82 | 0.07 | 34.35 | 0.00 | 0.94 | 0.00 | 0.00 | 0.00 | 0.00 | 13.11 | 0.35 | 0.00 | 15.16 | 0.14 | 14.57 | 0.00 | 0.26 | 0.00 | 0.00 | 0.00 | 0.00 | 0.18 | 0.01 | 0.17 | 4.94 |
| | 紫金 | 11.33 | 0.17 | 7.75 | 0.05 | 0.34 | 0.00 | 0.00 | 2.09 | 0.00 | 0.93 | 0.00 | 0.00 | 0.63 | 0.00 | 0.26 | 0.00 | 0.00 | 0.00 | 0.00 | 0.36 | 0.01 | 0.00 | 0.00 | 0.02 | 0.26 |
| | 小计 | 842.41 | 15.66 | 644.83 | 1.53 | 13.26 | 1.76 | 0.74 | 46.39 | 3.12 | 46.45 | 68.67 | 12.45 | 393.40 | 35.42 | 315.65 | 0.26 | 6.80 | 0.51 | 1.09 | 25.64 | 1.93 | 5.67 | 0.43 | 4.21 | 220.91 |

## 江苏省人寿保险公司原保险费收入情况表(按销售渠道分类)(2010)

表 17 (单位:人民币百万元)

| 资本结构 | 公司名称 | 公司直销业务 | | 个人代理业务 | | 保险专业代理业务 | | 银行邮政代理业务 | | 其他兼业代理业务 | | 保险经纪业务 | | 合计 | |
|---|---|---|---|---|---|---|---|---|---|---|---|---|---|---|---|
| | | 本年累计 | 同比增长 | 本年累计 | 同比增长 | 本年累计 | 同比增长 | 本年累计 | 同比增长 | 本年累计 | 同比增长 | 本年累计 | 同比增长 | 本年累计 | 同比增长 |
| 中资 | 国寿股份苏分 | 3454.30 | 21.09% | 14505.84 | 15.77% | | | 11828.94 | 2.21% | 0.78 | 401.33% | | | 29789.86 | 10.51% |
| | 太保人寿苏分 | 992.30 | 14.91% | 3966.74 | 10.27% | 37.39 | 11.18% | 3997.48 | 51.64% | 39.37 | 8646.67% | | | 9033.28 | 26.68% |
| | 平安人寿苏分 | 84.28 | -59.40% | 9192.93 | 29.58% | | | 1905.63 | -2789.00% | | | | | 11182.84 | 12.44% |
| | 新华人寿苏分 | 56.03 | -19.64% | 1329.25 | 28.91% | | | 3384.60 | 37.60% | | | | | 4769.88 | 33.96% |
| | 泰康人寿苏分 | 109.03 | 48.00% | 1053.04 | 16.00% | 74.17 | -90.00% | 3556.93 | 73.00% | 4.96 | 45.00% | 13.81 | 16.00% | 4811.94 | 49.55% |
| | 太平人寿苏分 | 113.18 | 86.06% | 754.65 | 54.67% | 15.62 | -60.95% | 1970.52 | 33.16% | 1.27 | 184.38% | 13.42 | -21.96% | 2868.66 | 37.51% |
| | 民生人寿苏分 | 0.97 | -75.36% | 302.78 | 21.21% | | | 681.75 | 104.31% | 53.27 | 15.49% | 0.00 | 0.00% | 1038.77 | 62.35% |
| | 生命人寿苏分 | 16.91 | -17.51% | 242.26 | 26.24% | 5.30 | 157.57% | 615.97 | 110.09% | | | | | 880.44 | 73.43% |
| | 国寿存续苏分 | 190.72 | 55.54% | 1241.66 | -10.99% | | | | | | | | | 1432.38 | -5.62% |
| | 平安养老苏分 | 46.30 | 43.52% | | | 2.18 | -21.01% | | | 146.84 | 231.39% | 1.81 | -20.61% | 197.13 | 141.55% |
| | 合众人寿苏分 | 3.03 | 5.94% | 321.07 | 13.65% | 2.73 | | 644.67 | 16.28% | 9.70 | 13757.14% | 0.37 | | 981.57 | 16.89% |
| | 太平养老苏分 | 0.02 | 100.00% | | | | | 0.01 | 100.00% | | | | | 0.03 | 100.00% |
| | 平安健康苏分 | | | | | | | | | 4.49 | | | | 4.49 | 100.00% |
| | 人保健康苏分 | 134.22 | 53.17% | 56.11 | 89.87% | 39.21 | -83.48% | 188.97 | 632.42% | 3.49 | 215.81% | 2.50 | 610.30% | 424.50 | 11.20% |
| | 华夏人寿苏分 | 27.42 | -34.78% | 155.11 | 11.64% | 30.65 | 79.57% | 96.33 | -69.73% | 0.83 | -55.16% | 22.11 | 133.61% | 332.45 | -36.99% |
| | 正德人寿苏分 | 0.40 | -84.67% | 11.68 | -20.87% | 0.09 | -97.34% | 1469.41 | 205.83% | | | | | 1481.58 | 195.55% |
| | 信泰人寿苏分 | 0.34 | -85.15% | 62.49 | 1749.35% | 5.12 | 1749.35% | 698.96 | 318.62% | | | 0.19 | -99.44% | 767.10 | 159.91% |
| | 嘉禾人寿苏分 | 2.28 | -28.30% | 47.55 | 5.33% | 6.30 | -20.04% | 77.96 | 70.40% | 6.01 | -42.28% | | | 140.10 | 24.24% |
| | 长城人寿苏分 | 0.33 | 189.00% | 21.12 | 167.00% | | | 235.00 | 68.00% | | | | | 256.45 | 74.00% |
| | 和谐健康苏分 | 1.57 | -91.55% | | | | | 0.13 | -90.58% | | | | | 1.70 | -91.48% |
| | 人保寿险苏分 | 209.15 | 13816.00% | 380.87 | 11278.00% | 406.06 | 9311.00% | 6040.90 | 9958.00% | | | | | 7036.98 | 10086.00% |
| | 国华人寿苏分 | 0.4 | 1.50% | 0.2 | 8.86% | 9.97 | 1512.90% | 175.3 | 484.20% | 4.7 | 7.69% | 0.6 | 0.00% | 191.17 | 2015.15% |
| | 英大人寿苏分 | 28.05 | -86.84% | 11.97 | -19.80% | | | 190.69 | 2.34% | | | | | 230.71 | -44.32% |
| | 幸福人寿苏分 | 12.73 | 403.16% | 17.41 | 401.73% | 6.09 | 1094.12% | 323.12 | 20.36% | | | | | 359.35 | 30.67% |
| | 阳光人寿苏分 | 33.83 | 253.50% | 181.98 | 128.67% | 14.43 | 48.93% | 713.12 | 357.87% | 0.98 | 491.49% | | -99.07% | 944.34 | 270.47% |
| 小计 | | 5517.79 | | 33856.71 | | 655.31 | | 38796.39 | | 276.69 | | 54.81 | | 79157.70 | |

续表 17

| 资本结构 | 公司名称 | 公司直销业务 | | 个人代理业务 | | 保险专业代理业务 | | 银行邮政代理业务 | | 其他兼业代理业务 | | 保险经纪业务 | | 合计 | |
|---|---|---|---|---|---|---|---|---|---|---|---|---|---|---|---|
| | | 本年累计 | 同比增长 | 本年累计 | 同比增长 | 本年累计 | 同比增长 | 本年累计 | 同比增长 | 本年累计 | 同比增长 | 本年累计 | 同比增长 | 本年累计 | 同比增长 |
| 外资 | 中宏人寿苏分 | | | 244.90 | 36.85% | | | 0.30 | 1386.00% | | | | | 245.20 | 37.00% |
| | 太平洋安泰苏分 | 0.40 | 1619.65% | 3.76 | 18.20% | | | 27.66 | 164.54% | | | | | 31.82 | 132.89% |
| | 中德安联苏分 | 0.33 | −34.12% | 28.70 | 51.78% | 6.21 | 1.88% | 74.04 | −54.73% | 1.22 | −86.79% | 0.38 | −4.49% | 110.88 | −44.19% |
| | 金盛人寿苏分 | 25.19 | 197.65% | 60.79 | 60.46% | | | 55.04 | 64.95% | | | | | 141.02 | 76.90% |
| | 信诚人寿苏分 | 5.49 | 35.53% | 109.15 | 14.63% | 0.13 | −9.11% | 220.76 | 84.95% | | | | | 335.53 | 53.37% |
| | 中意人寿苏分 | 16.27 | 51.02% | 64.13 | 59.58% | | | 45.77 | −78.81% | | | | | 126.17 | −52.73% |
| | 光大永明苏分 | 1.08 | 83097.80% | 24.54 | 496.33% | | | 143.29 | 1019.50% | | | | | 168.91 | 898.56% |
| | 美国友邦苏分 | 10.75 | 28.88% | 356.80 | 30.40% | 0.27 | 8519.79% | 119.13 | 3.84% | | | 1.26 | 9.67% | 488.21 | 22.72% |
| | 海尔纽约苏分 | 14.56 | 32.81% | 33.55 | −1.57% | | | | | | | | | 48.11 | 6.36% |
| | 中英人寿苏分 | 23.78 | 50.80% | | | | | 355.52 | 27.19% | | | | | 379.30 | 28.45% |
| | 海康人寿苏分 | 32.02 | 15.14% | 96.29 | 4.96% | 160.82 | 13.44% | 200.36 | −38.42% | | | 1.41 | −17.54% | 490.90 | −16.57% |
| | 招商信诺苏分 | | | | | | | 238.05 | 819.00% | 127.41 | 76.00% | 0.08 | | 365.54 | 272.00% |
| | 长生人寿苏分 | 2.15 | 546.26% | 1.10 | | | | | | 4.00 | | | | 7.25 | 1838.85% |
| | 恒安标准苏分 | 16.91 | 125.76% | 75.46 | 17.75% | 82.14 | 30.14% | 97.98 | −52.89% | | | | | 272.49 | −18.27% |
| | 瑞泰人寿苏分 | | | | | 5.50 | 42.00% | 0.67 | −69.00% | | | | | 6.17 | 2.00% |
| | 华泰人寿苏分 | 4.75 | −85.34% | 365.70 | 40.17% | | | 731.84 | 10.89% | | | | | 1102.29 | 15.63% |
| | 国泰人寿苏分 | 53.95 | 44.50% | 45.12 | 4.80% | 0.39 | | 98.33 | −4.47% | | | 0.08 | 60.08% | 197.87 | 7.91% |
| | 联泰大都会苏分 | 47.51 | 56.60% | 21.96 | 169.88% | | | 96.89 | 382.47% | | | | | 166.36 | 184.11% |
| | 小计 | 255.14 | | 1531.95 | | 255.46 | | 2505.63 | | 132.63 | | 3.21 | | 4684.02 | |
| 合计 | | 5772.93 | | 35388.66 | | 910.77 | | 41302.02 | | 409.32 | | 58.02 | | 83841.72 | |

# 江苏省人身保险分公司业务统计表(2010)

表 18

(单位：人民币百万元，万件)

| | 保险机构 | 保费收入 | | | | | | | | | | | | | | | | 有效保单件数(万件) | 赔款及给付 | | | | | | | | | 退保金 | 保险金额 |
|---|---|---|---|---|---|---|---|---|---|---|---|---|---|---|---|---|---|---|---|---|---|---|---|---|---|---|---|---|---|
| | | 合计 | 个人业务 | | | | | | | 团体业务 | | | | | | | 其中:新单保费 | | 合计 | 个人业务 | | | | 团体业务 | | | | | |
| | | | 人寿保险 | | | | | 意外伤害险 | 健康险 | 人寿保险 | | | | | 意外伤害险 | 健康险 | | | | 赔款支出 | 死伤医疗给付 | 满期给付 | 年金给付 | 赔款支出 | 死伤医疗给付 | 满期给付 | 年金给付 | | |
| | | | 小计 | 普通寿险 | 分红寿险 | 投资连结保险 | 万能保险 | | | 小计 | 普通寿险 | 分红寿险 | 投资连结保险 | 万能保险 | | | | | | | | | | | | | | | |
| | 国寿股份 | 31222.24 | 26651.53 | 4547.86 | 22103.67 | 0.00 | 0.00 | 424.75 | 808.20 | 1322.71 | 44.40 | 1057.30 | 0.00 | 221.01 | 221.45 | 361.21 | 16487.15 | 1828.95 | 6750.43 | 358.01 | 396.85 | 2901.36 | 304.37 | 296.90 | 93.01 | 100.78 | 392.09 | 4148.22 | 195240243 |
| | 太保人寿 | 9033.28 | 7935.36 | 1873.02 | 6010.82 | 0.00 | 51.52 | 185.54 | 41.28 | 602.09 | 42.24 | 558.46 | 0.00 | 1.39 | 195.55 | 73.46 | 5264.18 | 910.44 | 1455.04 | 56.55 | 98.96 | 913.82 | 203.15 | 74.21 | 1.81 | 78.06 | 28.48 | 1592.47 | 687636.72 |
| | 平安人寿 | 11182.84 | 10276.91 | 685.90 | 4386.98 | 309.54 | 4894.49 | 34.72 | 786.92 | 68.89 | 6.90 | 61.99 | 0.00 | 0.00 | 11.63 | 3.77 | 2181.78 | 355.23 | 998.30 | 52.17 | 188.71 | 414.78 | 262.77 | 53.40 | 0.46 | 0.11 | 25.91 | 1234.66 | 164836311 |
| | 新华人寿 | 4769.88 | 4708.77 | 215.75 | 4177.97 | 0.00 | 315.05 | 2.62 | 2.46 | 16.12 | 6.29 | 9.83 | 0.00 | 0.00 | 15.03 | 24.88 | 2954.40 | 85.31 | 383.33 | 41.79 | 0.00 | 303.54 | 1.64 | 34.33 | 0.00 | 1.84 | 0.20 | 653.21 | 15547.85 |
| | 泰康人寿 | 4811.94 | 4617.74 | 77.57 | 3905.23 | 45.43 | 589.50 | 2.84 | 8.49 | 123.56 | 43.33 | 79.86 | 0.00 | 0.37 | 32.92 | 26.39 | 3989.87 | 23.04 | 199.92 | 4.53 | 28.12 | 105.01 | 25.54 | 30.59 | 4.45 | 0.00 | 1.67 | 756.09 | 21081.15 |
| | 美国友邦 | 488.21 | 368.72 | 88.76 | 237.96 | 11.75 | 30.25 | 15.79 | 60.59 | 4.56 | 2.25 | 0.00 | 0.01 | 2.30 | 18.95 | 19.60 | 220.94 | 12.95 | 36.06 | 6.71 | 3.77 | 0.03 | 1.95 | 23.12 | 0.48 | 0.00 | 0.00 | 53.65 | 53161.45 |
| | 太平人寿 | 2868.66 | 2629.51 | 17.52 | 2500.85 | 22.07 | 89.08 | 17.57 | 78.08 | 45.54 | 13.55 | 32.00 | 0.00 | 0.00 | 12.10 | 85.85 | 1995.70 | 50.32 | 147.94 | 12.24 | 15.79 | 4.71 | 74.06 | 37.62 | 0.51 | 1.95 | 1.08 | 583.32 | 490899.23 |
| | 民生人寿 | 1038.77 | 1033.13 | 65.16 | 956.26 | 0.00 | 11.71 | 0.56 | 4.11 | 0.01 | 0.01 | 0.00 | 0.00 | 0.00 | 0.10 | 0.86 | 712.55 | 3.36 | 47.92 | 3.81 | 7.26 | 16.26 | 19.53 | 1.06 | 0.00 | 0.00 | 0.00 | 64.51 | 14360.47 |
| | 生命人寿 | 880.44 | 858.62 | 25.08 | 788.68 | 0.00 | 44.85 | 0.54 | 4.36 | 1.16 | 0.16 | 1.00 | 0.00 | 0.00 | 13.84 | 1.91 | 118.22 | 4.39 | 252.11 | 2.08 | 5.87 | 234.40 | 5.99 | 3.77 | 0.00 | 0.00 | 0.00 | 144.52 | 22728.58 |
| | 信诚人寿 | 335.53 | 314.33 | 5.90 | 182.63 | 110.14 | 15.68 | 1.09 | 11.94 | 4.71 | 0.12 | 0.00 | 0.00 | 4.59 | 1.32 | 2.14 | 218.94 | 5.34 | 6.38 | 1.88 | 1.40 | 1.91 | 0.00 | 1.19 | 0.00 | 0.00 | 0.00 | 53.91 | 3359.43 |
| 江 | 合众人寿 | 981.57 | 948.54 | 1.81 | 836.93 | 0.00 | 109.80 | 11.23 | 15.78 | 0.32 | 0.32 | 0.00 | 0.00 | 0.00 | 2.70 | 3.02 | 714.74 | 31.66 | 105.49 | 1.95 | 9.91 | 84.61 | 7.20 | 1.81 | 0.03 | 0.00 | 0.00 | 83.71 | 50135.42 |
| | 海康人寿 | 490.90 | 462.27 | 83.33 | 260.58 | 1.71 | 116.65 | 5.32 | 23.31 | 0.00 | 0.00 | 0.00 | 0.00 | 0.00 | 0.00 | 0.00 | 258.85 | 9.44 | 30.21 | 4.62 | 4.28 | 0.00 | 21.31 | 0.00 | 0.00 | 0.00 | 0.00 | 88.61 | 10547.72 |
| 苏 | 中宏人寿 | 245.20 | 193.23 | 0.62 | 191.34 | 1.27 | 0.00 | 2.88 | 45.47 | 0.11 | 0.11 | 0.00 | 0.00 | 0.00 | 1.54 | 1.97 | 86.11 | 1.47 | 18.04 | 1.14 | 14.07 | 0.10 | 2.09 | 0.64 | 0.00 | 0.00 | 0.00 | 6.58 | 2750.93 |
| | 国泰人寿 | 197.87 | 130.40 | 7.21 | 49.71 | 0.00 | 73.47 | 0.85 | 12.20 | 2.66 | 0.00 | 0.00 | 0.00 | 2.66 | 37.53 | 14.22 | 92.40 | 4.55 | 33.98 | 0.11 | 1.14 | 0.00 | 3.09 | 29.62 | 0.00 | 0.00 | 0.02 | 77.60 | 119134.64 |
| 省 | 人保健康 | 424.50 | 240.22 | 11.48 | 0.00 | 0.00 | 228.73 | 2.03 | 2.82 | 14.54 | 14.54 | 0.00 | 0.00 | 0.00 | 26.03 | 138.87 | 179.56 | 3.11 | 472.50 | 1.53 | 1.02 | 135.42 | 0.00 | 105.76 | 0.04 | 228.73 | 0.00 | 18.35 | 211773.21 |
| | 海尔纽约 | 48.11 | 38.84 | 3.41 | 26.74 | 0.05 | 8.64 | 0.77 | 8.49 | 0.00 | 0.00 | 0.00 | 0.00 | 0.00 | 0.00 | 0.00 | 15.62 | 15.14 | 1.86 | 0.64 | 0.62 | 0.00 | 0.61 | 0.00 | 0.00 | 0.00 | 0.00 | 3.80 | 19464.73 |
| | 中意人寿 | 126.17 | 103.51 | 0.44 | 93.08 | 6.72 | 3.26 | 1.09 | 5.31 | 2.27 | 1.17 | 0.00 | 0.04 | 1.06 | 2.98 | 11.01 | 87.61 | 0.90 | 12.97 | 0.55 | 1.87 | 0.00 | 1.31 | 9.03 | 0.20 | 0.00 | 0.00 | 57.21 | 1021.76 |
| | 恒安标准 | 272.49 | 242.47 | 10.11 | 232.35 | 0.02 | 0.00 | 0.66 | 0.28 | 10.46 | 0.36 | 0.00 | 0.26 | 9.85 | 5.38 | 13.24 | 180.85 | 5.94 | 18.09 | 0.13 | 1.43 | 0.00 | 3.19 | 10.67 | 0.29 | 2.38 | 0.00 | 50.90 | 2269.26 |
| | 光大永明 | 168.91 | 164.02 | 2.34 | 115.33 | 0.27 | 46.08 | 0.26 | 3.54 | 0.13 | 0.06 | 0.07 | 0.00 | 0.00 | 0.64 | 0.32 | 151.66 | 0.35 | 1.28 | 0.18 | 0.00 | 0.86 | 0.00 | 0.24 | 0.00 | 0.00 | 0.00 | 61.34 | 1192.32 |
| | 嘉禾人寿 | 140.10 | 130.12 | 11.50 | 69.24 | 0.00 | 49.37 | 0.04 | 0.18 | 0.02 | 0.02 | 0.00 | 0.00 | 0.00 | 9.35 | 0.39 | 92.37 | 1.32 | 3.95 | 1.36 | 1.70 | 0.00 | 0.00 | 0.36 | 0.53 | 0.00 | 0.00 | 32.46 | 2548.31 |
| | 和谐健康 | 1.70 | 0.00 | 0.00 | 0.00 | 0.00 | 0.00 | 0.01 | 0.12 | 0.00 | 0.00 | 0.00 | 0.00 | 0.00 | 1.24 | 0.33 | 1.57 | 0.01 | 13.94 | 1.45 | 0.17 | 1.94 | 0.00 | 1.99 | 0.00 | 8.39 | 0.00 | 5.24 | 340.00 |
| | 平安养老 | 197.13 | 0.00 | 0.00 | 0.00 | 0.00 | 0.00 | 0.00 | 0.00 | 8.13 | 1.58 | 6.55 | 0.00 | 0.00 | 111.72 | 77.28 | 197.13 | 5.02 | 78.44 | 0.00 | 0.00 | 0.00 | 0.00 | 77.29 | 0.00 | 0.00 | 1.15 | 4.52 | 615927.70 |
| | 华泰人寿 | 1102.29 | 1083.41 | 16.91 | 793.00 | 14.74 | 258.77 | 11.65 | 2.48 | 0.79 | 0.28 | 0.00 | 0.00 | 0.51 | 1.81 | 2.15 | 942.92 | 8.05 | 12.44 | 6.09 | 4.32 | 0.00 | 0.66 | 1.31 | 0.03 | 0.00 | 0.03 | 188.32 | 10760.22 |
| | 招商信诺 | 365.54 | 282.30 | 45.36 | 156.29 | 80.65 | 0.00 | 42.92 | 40.24 | 0.00 | 0.00 | 0.00 | 0.00 | 0.00 | 0.00 | 0.08 | 318.21 | 19.56 | 8.46 | 7.41 | 0.91 | 0.00 | 0.14 | 0.00 | 0.00 | 0.00 | 0.00 | 14.01 | 25680.89 |
| | 联泰大都会 | 166.36 | 165.50 | 56.82 | 61.37 | 47.30 | 0.00 | 0.60 | 0.26 | 0.00 | 0.00 | 0.00 | 0.00 | 0.00 | 0.00 | 0.00 | 118.65 | 3.98 | 1.41 | 0.01 | 1.30 | 0.00 | 0.10 | 0.00 | 0.00 | 0.00 | 0.00 | 17.81 | 9974.64 |

续表 18

| 保险机构 | | 保费收入 | | | | | | | | | | | | | | | | 有效保单件数(万件) | 赔款及给付 | | | | | | | | | 退保金 | 保险金额 |
|---|---|---|---|---|---|---|---|---|---|---|---|---|---|---|---|---|---|---|---|---|---|---|---|---|---|---|---|---|---|
| | | 合计 | 个人业务 | | | | | | | 团体业务 | | | | | | | 其中:新单保费 | | 合计 | 个人业务 | | | | 团体业务 | | | | | |
| | | | 人寿保险 | | | | | 意外伤害险 | 健康险 | 人寿保险 | | | | | 意外伤害险 | 健康险 | | | | 赔款支出 | 死伤医疗给付 | 满期给付 | 年金给付 | 赔款支出 | 死伤医疗给付 | 满期给付 | 年金给付 | | |
| | | | 小计 | 普通寿险 | 分红寿险 | 投资连结保险 | 万能保险 | | | 小计 | 普通寿险 | 分红寿险 | 投资连结保险 | 万能保险 | | | | | | | | | | | | | | | |
| 江苏省 | 瑞泰人寿 | 6.17 | 6.17 | 0.78 | 0.00 | 3.67 | 1.72 | 0.00 | 0.00 | 0.00 | 0.00 | 0.00 | 0.00 | 0.00 | 0.00 | 0.00 | 0.00 | 0.20 | 0.00 | 0.00 | 0.00 | 0.00 | 0.00 | 0.00 | 0.00 | 0.00 | 0.00 | 7.15 | 30.75 |
| | 正德人寿 | 1481.58 | 1479.88 | 0.01 | 253.56 | 0.00 | 1226.31 | 0.07 | 1.14 | 0.20 | 0.00 | 0.20 | 0.00 | 0.00 | 0.25 | 0.04 | 1437.32 | 5.74 | 0.99 | 0.15 | 0.63 | 0.00 | 0.00 | 0.21 | 0.00 | 0.00 | 0.00 | 67.86 | 822.22 |
| | 中德安联 | 110.88 | 107.48 | 5.11 | 86.48 | 15.23 | 0.65 | 0.25 | 1.59 | 0.75 | 0.20 | 0.00 | 0.00 | 0.56 | 0.39 | 0.41 | 78.98 | 1.74 | 3.21 | 0.06 | 0.77 | 0.78 | 0.73 | 0.60 | 0.00 | 0.27 | 0.00 | 46.15 | 2708.86 |
| | 华夏人寿 | 332.45 | 266.78 | 6.55 | 162.24 | 0.00 | 98.00 | 9.91 | 8.24 | 4.07 | 0.29 | 3.78 | 0.00 | 0.00 | 24.65 | 18.80 | 47.52 | 13.95 | 15.46 | 1.37 | 2.11 | 0.00 | 0.29 | 11.70 | 0.00 | 0.00 | 0.00 | 56.20 | 124040.04 |
| | 人保寿险 | 7036.98 | 6803.47 | 2.37 | 6762.62 | 0.00 | 38.48 | 2.70 | 21.93 | 118.22 | 3.00 | 115.22 | 0.00 | 0.00 | 43.44 | 47.22 | 208.88 | 34.41 | 165.14 | 0.00 | 131.68 | 0.00 | 0.00 | 0.00 | 33.45 | 0.00 | 0.00 | 363.00 | 124281.28 |
| | 英大泰和 | 230.71 | 202.54 | 1.08 | 11.87 | 0.00 | 189.59 | 0.06 | 0.06 | 19.24 | 0.42 | 18.82 | 0.00 | 0.00 | 1.25 | 7.56 | 226.03 | 0.46 | 2.87 | 0.01 | 0.00 | 0.00 | 0.16 | 2.56 | 0.11 | 0.00 | 0.03 | 49.61 | 25286.08 |
| | 信泰人寿 | 767.10 | 763.80 | 4.30 | 750.18 | 0.00 | 9.32 | 0.25 | 0.31 | 0.05 | 0.05 | 0.00 | 0.00 | 0.00 | 1.85 | 0.84 | 274.99 | 3.18 | 2.26 | 0.09 | 0.46 | 0.02 | 0.28 | 1.31 | 0.00 | 0.00 | 0.09 | 19.72 | 101149.07 |
| | 中英人寿 | 379.30 | 371.45 | 21.00 | 273.84 | 4.03 | 72.58 | 0.70 | 2.13 | 0.21 | 0.21 | 0.00 | 0.00 | 0.00 | 2.48 | 2.33 | 332.82 | 0.00 | 2.92 | 0.00 | 0.99 | 0.00 | 0.11 | 0.00 | 1.82 | 0.00 | 0.00 | 22.02 | 1278.30 |
| | 长城人寿 | 256.45 | 255.86 | 13.94 | 231.09 | 0.00 | 10.83 | 0.20 | 0.05 | 0.12 | 0.00 | 0.12 | 0.00 | 0.00 | 0.05 | 0.16 | 234.44 | 1.57 | 1.19 | 0.77 | 0.00 | 0.00 | 0.34 | 0.09 | 0.00 | 0.00 | 0.00 | 5.48 | 953.92 |
| | 金盛人寿 | 141.02 | 113.47 | 3.40 | 61.84 | 48.23 | 0.00 | 0.51 | 1.84 | 1.17 | 1.17 | 0.00 | 0.00 | 0.00 | 11.72 | 12.31 | 118.10 | 0.51 | 8.14 | 0.14 | 0.80 | 0.00 | 0.01 | 7.19 | 0.00 | 0.00 | 0.00 | 7.49 | 49531.38 |
| | 太平养老 | 0.03 | 0.00 | 0.00 | 0.00 | 0.00 | 0.00 | 0.00 | 0.00 | 0.03 | 0.03 | 0.00 | 0.00 | 0.00 | 0.00 | 0.00 | 0.03 | 0.02 | 0.00 | 0.00 | 0.00 | 0.00 | 0.00 | 0.00 | 0.00 | 0.00 | 0.00 | 0.00 | 157.51 |
| | 太平洋安泰 | 31.82 | 31.04 | 1.00 | 2.28 | 0.22 | 27.54 | 0.11 | 0.30 | 0.00 | 0.00 | 0.00 | 0.00 | 0.00 | 0.09 | 0.27 | 30.24 | 0.21 | 0.10 | 0.03 | 0.07 | 0.00 | 0.00 | 0.00 | 0.00 | 0.00 | 0.00 | 0.71 | 358.88 |
| | 幸福人寿 | 359.35 | 340.91 | 0.58 | 287.28 | 0.00 | 53.05 | 1.30 | 0.66 | 11.47 | 0.15 | 11.32 | 0.00 | 0.00 | 3.19 | 1.84 | 342.15 | 1.39 | 0.71 | 0.05 | 0.27 | 0.00 | 0.00 | 0.40 | 0.00 | 0.00 | 0.00 | 57.89 | 2418.15 |
| | 阳光人寿 | 944.34 | 920.55 | 15.26 | 778.76 | 0.00 | 126.53 | 0.44 | 3.64 | 0.00 | 0.00 | 0.00 | 0.00 | 0.00 | 18.22 | 1.48 | 857.90 | 29.37 | 10.07 | 0.03 | 0.97 | 3.52 | 0.00 | 5.48 | 0.07 | 0.00 | 0.00 | 51.06 | 76392.37 |
| | 长生人寿 | 7.25 | 1.00 | 0.07 | 0.23 | 0.68 | 0.01 | 0.06 | 0.04 | 4.61 | 0.61 | 0.00 | 0.00 | 4.00 | 0.23 | 1.32 | 6.39 | 0.06 | 0.55 | 0.00 | 0.00 | 0.00 | 0.00 | 0.54 | 0.00 | 0.00 | 0.00 | 0.42 | 1507.36 |
| | 国华人寿 | 191.17 | 184.73 | 0.00 | 184.73 | 0.00 | 0.00 | 0.00 | 0.00 | 0.00 | 0.00 | 0.00 | 0.00 | 0.00 | 6.44 | 0.00 | 124.60 | 0.81 | 3.00 | 0.00 | 0.00 | 0.00 | 0.00 | 0.00 | 3.00 | 0.00 | 0.00 | 55.20 | 296.95 |
| | 平安健康 | 4.49 | 0.00 | 0.00 | 0.00 | 0.00 | 0.00 | 0.00 | 0.07 | 0.00 | 0.00 | 0.00 | 0.00 | 0.00 | 0.00 | 4.42 | 4.42 | 1.00 | 0.14 | 0.00 | 0.00 | 0.00 | 0.00 | 0.14 | 0.00 | 0.00 | 0.00 | 0.00 | 44.20 |
| | 合计: | 83841.72 | 75428.57 | 7929.29 | 57984.05 | 723.74 | 8791.50 | 782.89 | 2008.91 | 2388.95 | 183.81 | 1956.54 | 0.31 | 248.30 | 838.08 | 961.96 | 41906.77 | 348444 | 11307.24 | 569.65 | 928.20 | 5123.06 | 940.61 | 825.13 | 140.30 | 422.51 | 450.75 | 10804.97 | 650431951 |

注:1.合计栏中,中国人寿总保费一项包含了中国人寿保险集团业务 1432.38 百万元,此数值即为总保费与各分项和的差值,总赔付一项包含了中国人寿保险集团业务 1907.06 百万元,此数值即为总赔付与各分项和的差值。

## 南京市人身保险分公司业务统计表(2010)

表 19

(单位:人民币百万元,万件)

| 地区 | 保险机构 | 保费收入 合计 | 个人业务 人寿保险 小计 | 个人业务 人寿保险 普通寿险 | 个人业务 人寿保险 分红寿险 | 个人业务 人寿保险 投资连结保险 | 个人业务 人寿保险 万能保险 | 个人业务 意外伤害险 | 个人业务 健康险 | 团体业务 人寿保险 小计 | 团体业务 人寿保险 普通寿险 | 团体业务 人寿保险 分红寿险 | 团体业务 人寿保险 投资连结保险 | 团体业务 人寿保险 万能保险 | 团体业务 意外伤害险 | 团体业务 健康险 | 其中:新单保费 | 有效保单件数(万件) | 赔款及给付 合计 | 个人业务 赔款支出 | 个人业务 死伤医疗给付 | 个人业务 满期给付 | 个人业务 年金给付 | 团体业务 赔款支出 | 团体业务 死伤医疗给付 | 团体业务 满期给付 | 团体业务 年金给付 | 退保金 | 保险金额 |
|---|---|---|---|---|---|---|---|---|---|---|---|---|---|---|---|---|---|---|---|---|---|---|---|---|---|---|---|---|---|
| 南京市 | 国寿股份 | 3068.65 | 2318.66 | 457.98 | 1860.68 | 0.00 | 0.00 | 39.85 | 82.95 | 559.50 | [illegible]9.80 | 526.28 | 0.00 | 13.52 | 20.03 | 47.56 | 1913.21 | 124.82 | 557.52 | 34.71 | 37.61 | 277.84 | 27.77 | 30.54 | 16.21 | 2.68 | 130.16 | 788.39 | 198946.68 |
| | 太保人寿 | 746.58 | 537.42 | 155.53 | 377.67 | 0.00 | 4.21 | 13.56 | 3.56 | 165.04 | 2.36 | 162.04 | 0.00 | 0.64 | 24.54 | 2.46 | 461.72 | 99.63 | 151.43 | 5.45 | 9.62 | 98.97 | 10.12 | 4.14 | 0.23 | 10.34 | 12.54 | 426.87 | 82245.28 |
| | 平安人寿 | 2145.27 | 1879.31 | 147.37 | 895.01 | 77.81 | 759.12 | 7.06 | 202.71 | 53.64 | 6.40 | 47.24 | 0.00 | 0.00 | 1.88 | 0.67 | 572.55 | 61.70 | 270.78 | 6.56 | 35.93 | 98.59 | 100.77 | 14.63 | 0.27 | 0.03 | 14.00 | 296.80 | 470843.58 |
| | 新华人寿 | 714.08 | 688.56 | 48.22 | 577.24 | 0.00 | 63.09 | 0.44 | 0.37 | 12.00 | 6.25 | 5.75 | 0.00 | 0.00 | 2.07 | 10.65 | 370.16 | 13.42 | 55.97 | 7.13 | 0.00 | 35.70 | 0.61 | 10.84 | 0.00 | 1.49 | 0.20 | 171.69 | 3195.72 |
| | 泰康人寿 | 671.53 | 556.87 | 16.93 | 341.18 | 4.82 | 193.94 | 0.86 | 0.99 | 91.63 | 25.12 | 66.14 | 0.00 | 0.37 | 8.41 | 12.76 | 574.06 | 3.19 | 36.01 | 0.69 | 3.81 | 12.04 | 2.40 | 13.33 | 2.37 | 0.00 | 1.36 | 139.40 | 11057.01 |
| | 美国友邦 | 61.26 | 48.15 | 9.92 | 35.78 | 1.27 | 1.18 | 3.04 | 4.93 | 0.35 | 0.35 | 0.00 | 0.00 | 0.00 | 1.89 | 2.91 | 39.52 | 1.39 | 5.43 | 1.01 | 0.05 | 0.00 | 0.04 | 4.10 | 0.23 | 0.00 | 0.00 | 3.71 | 7163.62 |
| | 太平人寿 | 333.24 | 248.70 | 2.28 | 246.09 | 0.14 | 0.19 | 2.00 | 11.67 | 19.58 | 2.69 | 17.29 | 0.00 | 0.00 | 3.03 | 47.87 | 210.03 | 5.89 | 22.45 | 1.63 | 2.05 | 0.06 | 8.56 | 9.23 | 0.38 | 0.42 | 0.11 | 127.66 | 32426.97 |
| | 民生人寿 | 103.11 | 103.77 | 11.18 | 84.75 | 0.00 | 7.84 | 0.01 | 0.13 | 0.01 | 0.01 | 0.00 | 0.00 | 0.00 | (0.98) | 0.16 | 69.45 | 0.09 | 9.71 | 0.08 | 0.77 | 7.06 | 1.34 | 0.45 | 0.00 | 0.00 | 0.00 | 16.41 | 1624.78 |
| | 生命人寿 | 86.43 | 81.07 | 2.70 | 74.07 | 0.00 | 4.30 | 0.07 | 0.28 | 0.08 | 0.08 | 0.00 | 0.00 | 0.00 | 4.29 | 0.65 | 17.19 | 0.44 | 85.43 | 0.14 | 0.43 | 83.02 | 0.42 | 1.42 | 0.00 | 0.00 | 0.00 | 15.70 | 11378.57 |
| | 信诚人寿 | 158.15 | 146.18 | 2.90 | 79.32 | 55.22 | 8.74 | 0.48 | 5.82 | 4.62 | 0.04 | 0.00 | 0.00 | 4.59 | 0.27 | 0.78 | 112.75 | 2.27 | 2.34 | 0.57 | 0.56 | 0.71 | 0.00 | 0.50 | 0.00 | 0.00 | 0.00 | 23.48 | 1237.91 |
| | 合众人寿 | 239.12 | 221.47 | 0.10 | 212.98 | 0.00 | 8.39 | 9.80 | 2.24 | 0.32 | 0.32 | 0.00 | 0.00 | 0.00 | 2.33 | 2.95 | 211.70 | 12.59 | 12.15 | 0.86 | 0.93 | 8.44 | 0.59 | 1.30 | 0.03 | 0.00 | 0.00 | 24.94 | 33291.95 |
| | 海康人寿 | 254.07 | 235.14 | 72.93 | 137.49 | 0.46 | 24.26 | 3.34 | 15.59 | 0.00 | 0.00 | 0.00 | 0.00 | 0.00 | 0.00 | 0.00 | 84.00 | 5.72 | 25.11 | 2.47 | 3.66 | 0.00 | 18.98 | 0.00 | 0.00 | 0.00 | 0.00 | 31.88 | 6529.56 |
| | 中宏人寿 | 99.81 | 80.00 | 0.14 | 79.62 | 0.23 | 0.00 | 1.09 | 17.69 | 0.05 | 0.05 | 0.00 | 0.00 | 0.00 | 0.42 | 0.57 | 30.42 | 0.43 | 4.74 | 0.42 | 3.07 | 0.10 | 1.04 | 0.11 | 0.00 | 0.00 | 0.00 | 2.37 | 875.67 |
| | 国泰人寿 | 29.45 | 22.57 | 1.17 | 12.15 | 0.00 | 9.25 | 0.11 | 1.86 | 1.58 | 0.00 | 0.00 | 0.00 | 1.58 | 1.97 | 1.37 | 11.93 | 0.81 | 3.99 | 0.08 | 0.20 | 0.00 | 0.53 | 3.17 | 0.00 | 0.00 | 0.00 | 16.25 | 7113.48 |
| | 人保健康 | 175.33 | 68.65 | 2.85 | 0.00 | 0.00 | 65.80 | 0.14 | 0.97 | 1.82 | 1.82 | 0.00 | 0.00 | 0.00 | 5.70 | 98.05 | 105.56 | 1.24 | 195.94 | 0.29 | 0.39 | 104.17 | 0.00 | 67.07 | 0.04 | 23.98 | 0.00 | 4.81 | 14216537 |
| | 海尔纽约 | 26.37 | 21.34 | 1.30 | 16.62 | 0.02 | 3.40 | 0.40 | 4.63 | 0.00 | 0.00 | 0.00 | 0.00 | 0.00 | 0.00 | 0.00 | 7.69 | 7.76 | 0.96 | 0.31 | 0.34 | 0.00 | 0.31 | 0.00 | 0.00 | 0.00 | 0.00 | 2.36 | 10088.48 |
| | 中意人寿 | 44.19 | 35.42 | 0.12 | 34.30 | 0.73 | 0.27 | 0.31 | 1.30 | 0.76 | 0.37 | 0.00 | 0.04 | 0.35 | 1.37 | 5.02 | 34.55 | 0.23 | 4.96 | 0.18 | 0.20 | 0.00 | 0.36 | 4.21 | 0.00 | 0.00 | 0.00 | 9.41 | 256.89 |
| | 恒安人寿 | 95.71 | 90.74 | 2.18 | 88.56 | 0.00 | 0.00 | 0.09 | 0.04 | 0.09 | 0.09 | 0.00 | 0.00 | 0.00 | 1.87 | 2.87 | 51.25 | 3.15 | 6.17 | 0.01 | 0.47 | 0.00 | 1.45 | 4.24 | 0.00 | 0.00 | 0.00 | 16.80 | 796.10 |
| | 光大永明 | 99.13 | 97.30 | 1.39 | 69.36 | 0.07 | 26.48 | 0.07 | 0.95 | 0.05 | 0.05 | 0.00 | 0.00 | 0.00 | 0.50 | 0.25 | 94.80 | 0.23 | 0.72 | 0.08 | 0.00 | 0.41 | 0.00 | 0.23 | 0.00 | 0.00 | 0.00 | 15.59 | 892.81 |
| | 嘉禾人寿 | 43.73 | 36.24 | 1.31 | 20.00 | 0.00 | 14.93 | 0.00 | 0.00 | 0.00 | 0.00 | 0.00 | 0.00 | 0.00 | 7.48 | 0.01 | 39.44 | 0.24 | 0.77 | 0.26 | 0.26 | 0.00 | 0.04 | 0.21 | 0.21 | 0.00 | 0.00 | 12.42 | 289.01 |
| | 和谐健康 | 0.80 | 0.00 | 0.00 | 0.00 | 0.00 | 0.00 | 0.00 | 0.02 | 0.00 | 0.00 | 0.00 | 0.00 | 0.00 | 0.46 | 0.32 | 0.78 | 0.01 | 1.13 | 0.11 | 0.00 | 0.00 | 0.00 | 0.86 | 0.00 | 0.16 | 0.00 | 0.13 | 160.00 |
| | 平安养老 | 49.82 | 0.00 | 0.00 | 0.00 | 0.00 | 0.00 | 0.00 | 0.00 | (0.13) | 0.00 | (0.13) | 0.00 | 0.00 | 25.42 | 24.53 | 49.82 | 1.31 | 21.62 | 0.00 | 0.00 | 0.00 | 0.00 | 21.51 | 0.00 | 0.00 | 0.11 | 0.72 | 13642988 |
| | 华泰人寿 | 194.34 | 190.62 | 2.67 | 155.09 | 0.00 | 32.86 | 0.78 | 0.36 | 0.69 | 0.18 | 0.00 | 0.00 | 0.51 | 0.54 | 1.35 | 169.41 | 0.84 | 1.80 | 0.31 | 0.36 | 0.00 | 0.41 | 0.65 | 0.03 | 0.00 | 0.03 | 57.08 | 2691.54 |
| | 招商信诺 | 365.54 | 282.30 | 45.36 | 156.29 | 80.65 | 0.00 | 42.92 | 40.24 | 0.00 | 0.00 | 0.00 | 0.00 | 0.00 | 0.00 | 0.08 | 318.21 | 19.56 | 8.46 | 7.41 | 0.91 | 0.00 | 0.14 | 0.00 | 0.00 | 0.00 | 0.00 | 14.01 | 25680.89 |
| | 联泰大都会 | 94.39 | 93.64 | 54.93 | 28.42 | 10.29 | 0.00 | 0.53 | 0.22 | 0.00 | 0.00 | 0.00 | 0.00 | 0.00 | 0.00 | 0.00 | 54.27 | 3.82 | 1.38 | 0.01 | 1.26 | 0.00 | 0.10 | 0.00 | 0.00 | 0.00 | 0.00 | 7.24 | 9336.38 |

续表 19

| 地区 | 保险机构 | 保费收入 | | | | | | | | | | | | | | | | 有效保单件数（万件） | 赔款及给付 | | | | | | | | | 退保金 | 保险金额 |
|---|---|---|---|---|---|---|---|---|---|---|---|---|---|---|---|---|---|---|---|---|---|---|---|---|---|---|---|---|---|
| | | 合计 | 个人业务 | | | | | | | 团体业务 | | | | | | | 其中：新单保费 | | 合计 | 个人业务 | | | | 团体业务 | | | | | |
| | | | 人寿保险 | | | | | 意外伤害险 | 健康险 | 人寿保险 | | | | | 意外伤害险 | 健康险 | | | | | | | | | | | | | |
| | | | 小计 | 普通寿险 | 分红寿险 | 投资连结保险 | 万能保险 | | | 小计 | 普通寿险 | 分红寿险 | 投资连结保险 | 万能保险 | | | | | | 赔款支出 | 死伤医疗给付 | 满期给付 | 年金给付 | 赔款支出 | 死伤医疗给付 | 满期给付 | 年金给付 | | |
| 南京市 | 瑞泰人寿 | 5.94 | 5.94 | 0.78 | 0.00 | 3.67 | 1.49 | 0.00 | 0.00 | 0.00 | 0.00 | 0.00 | 0.00 | 0.00 | 0.00 | 0.00 | 0.00 | 0.20 | 0.00 | 0.00 | 0.00 | 0.00 | 0.00 | 0.00 | 0.00 | 0.00 | 0.00 | 7.05 | 30.51 |
| 南京市 | 正德人寿 | 674.78 | 674.56 | 0.00 | 114.33 | 0.00 | 560.23 | 0.00 | 0.13 | 0.01 | 0.00 | 0.01 | 0.00 | 0.00 | 0.06 | 0.02 | 666.89 | 2.40 | 0.25 | 0.00 | 0.24 | 0.00 | 0.00 | 0.01 | 0.00 | 0.00 | 0.00 | 23.13 | 254.67 |
| 南京市 | 中德安联 | 19.84 | 17.64 | 1.69 | 12.72 | 2.76 | 0.48 | 0.08 | 0.59 | 0.75 | 0.20 | 0.00 | 0.00 | 0.56 | 0.38 | 0.40 | 11.19 | 0.34 | 1.66 | 0.01 | 0.14 | 0.02 | 0.62 | 0.60 | 0.00 | 0.27 | 0.00 | 11.47 | 1823.36 |
| 南京市 | 华夏人寿 | 84.96 | 39.99 | 2.46 | 28.63 | 0.00 | 8.90 | 9.03 | 3.36 | 3.89 | 0.10 | 3.78 | 0.00 | 0.00 | 14.12 | 14.57 | 32.58 | 5.11 | 9.27 | 1.19 | 0.17 | 0.00 | 0.27 | 7.66 | 0.00 | 0.00 | 0.00 | 10.64 | 75542.93 |
| 南京市 | 人保寿险 | 785.38 | 748.80 | 0.04 | 745.07 | 0.00 | 3.69 | 0.11 | 6.56 | 12.57 | 0.54 | 12.03 | 0.00 | 0.00 | 3.76 | 13.58 | 29.91 | 2.49 | 16.15 | 0.00 | 10.84 | 0.00 | 0.00 | 0.00 | 5.31 | 0.00 | 0.00 | 18.02 | 16023.40 |
| 南京市 | 英大泰和 | 192.04 | 163.95 | 0.44 | 7.65 | 0.00 | 155.86 | 0.02 | 0.02 | 19.24 | 0.42 | 18.82 | 0.00 | 0.00 | 1.25 | 7.56 | 189.90 | 0.33 | 2.80 | 0.00 | 0.00 | 0.00 | 0.10 | 2.56 | 0.11 | 0.00 | 0.03 | 30.48 | 21047.81 |
| 南京市 | 信泰人寿 | 157.00 | 154.97 | 0.33 | 153.77 | 0.00 | 0.86 | 0.00 | 0.02 | 0.05 | 0.05 | 0.00 | 0.00 | 0.00 | 1.18 | 0.78 | 201.00 | 0.37 | 1.22 | 0.00 | 0.00 | 0.01 | 0.10 | 1.11 | 0.00 | 0.00 | 0.00 | 4.71 | 42625.34 |
| 南京市 | 中英人寿 | 264.74 | 257.07 | 19.83 | 168.60 | 4.03 | 64.61 | 0.58 | 2.13 | 0.21 | 0.21 | 0.00 | 0.00 | 0.00 | 2.45 | 2.30 | 223.56 | 0.00 | 2.63 | 0.00 | 0.71 | 0.00 | 0.11 | 0.00 | 1.81 | 0.00 | 0.00 | 15.30 | 1018.82 |
| 南京市 | 长城人寿 | 101.05 | 100.72 | 0.60 | 94.01 | 0.00 | 6.10 | 0.00 | 0.00 | 0.12 | 0.00 | 0.12 | 0.00 | 0.00 | 0.05 | 0.16 | 93.74 | 0.44 | 0.48 | 0.35 | 0.00 | 0.00 | 0.04 | 0.09 | 0.00 | 0.00 | 0.00 | 2.70 | 336.04 |
| 南京市 | 金盛人寿 | 36.90 | 30.50 | 0.86 | 11.61 | 18.03 | 0.00 | 0.08 | 0.40 | 0.27 | 0.27 | 0.00 | 0.00 | 0.00 | 1.15 | 4.50 | 27.94 | 0.12 | 2.18 | 0.01 | 0.16 | 0.00 | 0.01 | 2.00 | 0.00 | 0.00 | 0.00 | 1.85 | 8765.32 |
| 南京市 | 太平养老 | 0.03 | 0.00 | 0.00 | 0.00 | 0.00 | 0.00 | 0.00 | 0.00 | 0.03 | 0.03 | 0.00 | 0.00 | 0.00 | 0.00 | 0.00 | 0.03 | 0.02 | 0.00 | 0.00 | 0.00 | 0.00 | 0.00 | 0.00 | 0.00 | 0.00 | 0.00 | 0.00 | 157.51 |
| 南京市 | 太平洋安泰 | 31.82 | 31.04 | 1.00 | 2.28 | 0.22 | 27.54 | 0.11 | 0.30 | 0.00 | 0.00 | 0.00 | 0.00 | 0.00 | 0.09 | 0.27 | 30.24 | 0.21 | 0.10 | 0.03 | 0.07 | 0.00 | 0.00 | 0.00 | 0.00 | 0.00 | 0.00 | 0.71 | 358.88 |
| 南京市 | 幸福人寿 | 261.34 | 250.26 | 0.00 | 249.74 | 0.00 | 0.52 | 1.26 | 0.39 | 6.45 | 0.13 | 6.32 | 0.00 | 0.00 | 1.86 | 1.12 | 244.41 | 0.76 | 0.61 | 0.04 | 0.26 | 0.00 | 0.00 | 0.31 | 0.00 | 0.00 | 0.00 | 24.45 | 1494.31 |
| 南京市 | 阳光人寿 | 282.94 | 264.87 | 0.77 | 241.00 | 0.00 | 23.10 | 0.12 | 0.86 | 0.00 | 0.00 | 0.00 | 0.00 | 0.00 | 16.09 | 1.01 | 260.53 | 19.97 | 6.50 | 0.00 | 0.47 | 1.13 | 0.00 | 4.83 | 0.07 | 0.00 | 0.00 | 26.71 | 57080.42 |
| 南京市 | 长生人寿 | 6.39 | 0.21 | 0.01 | 0.06 | 0.13 | 0.01 | 0.01 | 0.01 | 4.61 | 0.61 | 0.00 | 0.00 | 4.00 | 0.23 | 1.32 | 6.39 | 0.03 | 0.54 | 0.00 | 0.00 | 0.00 | 0.00 | 0.54 | 0.00 | 0.00 | 0.00 | 0.00 | 1477.03 |
| 南京市 | 国华人寿 | 125.36 | 118.92 | 0.00 | 118.92 | 0.00 | 0.00 | 0.00 | 0.00 | 0.00 | 0.00 | 0.00 | 0.00 | 0.00 | 6.44 | 0.00 | 124.60 | 0.59 | 3.00 | 0.00 | 0.00 | 0.00 | 0.00 | 0.00 | 3.00 | 0.00 | 0.00 | 29.90 | 224.40 |
| 南京市 | 平安健康 | 4.49 | 0.00 | 0.00 | 0.00 | 0.00 | 0.00 | 0.00 | 0.07 | 0.00 | 0.00 | 0.00 | 0.00 | 0.00 | 0.00 | 4.42 | 4.42 | 1.00 | 0.14 | 0.00 | 0.00 | 0.00 | 0.00 | 0.14 | 0.00 | 0.00 | 0.00 | 0.00 | 44.20 |
| 南京市 | 小计： | 12935.10 | 10943.55 | 1070.29 | 7531.09 | 260.55 | 2081.62 | 138.35 | 414.37 | 960.40 | 68.53 | 865.71 | 0.04 | 26.11 | 162.61 | 315.82 | 7751.78 | 405.14 | 1534.49 | 72.43 | 115.94 | 728.27 | 177.18 | 212.45 | 30.30 | 39.37 | 158.56 | 2433.24 | 1425023.09 |

表 20

## 无锡市人身保险分公司业务统计表(2010)

(单位:人民币百万元,万件)

| 保险机构 | | 保费收入 | | | | | | | | | | | | | | | 有效保单件数(万件) | 赔款及给付 | | | | | | | | | 退保金 | 保险金额 |
|---|---|---|---|---|---|---|---|---|---|---|---|---|---|---|---|---|---|---|---|---|---|---|---|---|---|---|---|---|
| | | 合计 | 个人业务 | | | | | | | 团体业务 | | | | | | | 其中:新单保费 | | 合计 | 个人业务 | | | | 团体业务 | | | | | |
| | | | 人寿保险 | | | | | 意外伤害险 | 健康险 | 人寿保险 | | | | | 意外伤害险 | 健康险 | | | | | | | | | | | | | |
| | | | 小计 | 普通寿险 | 分红寿险 | 投资连结保险 | 万能保险 | | | 小计 | 普通寿险 | 分红寿险 | 投资连结保险 | 万能保险 | | | | | | 赔款支出 | 死伤医疗给付 | 满期给付 | 年金给付 | 赔款支出 | 死伤医疗给付 | 满期给付 | 年金给付 | | |
| 无锡市 | 国寿股份 | 3028.41 | 2714.06 | 456.79 | 2257.27 | 0.00 | 0.00 | 37.23 | 69.06 | 92.51 | 3.88 | 83.79 | 0.00 | 4.84 | 55.95 | 59.60 | 1386.06 | 116.76 | 433.27 | 35.70 | 36.42 | 204.35 | 46.90 | 42.42 | 4.11 | 0.00 | 63.37 | 520.65 | 209164.19 |
| | 太保人寿 | 1524.11 | 1309.89 | 203.19 | 1102.64 | 0.00 | 4.06 | 26.02 | 11.39 | 117.21 | 2.70 | 114.51 | 0.00 | 0.00 | 35.54 | 24.06 | 953.84 | 89.83 | 182.34 | 10.70 | 9.11 | 65.85 | 35.81 | 17.48 | 0.10 | 37.41 | 5.88 | 180.22 | 145013.88 |
| | 平安人寿 | 1254.34 | 1222.50 | 123.50 | 589.33 | 36.75 | 472.92 | 4.19 | 11.62 | 3.63 | 0.05 | 3.58 | 0.00 | 0.00 | 9.53 | 2.86 | 225.04 | 36.73 | 106.64 | 6.26 | 19.87 | 51.13 | 21.60 | 6.23 | 0.05 | 0.00 | 1.49 | 115.84 | 164077.72 |
| | 新华人寿 | 593.97 | 592.20 | 17.20 | 549.06 | 0.00 | 25.94 | 0.13 | 0.10 | 0.36 | 0.00 | 0.36 | 0.00 | 0.00 | 0.84 | 0.34 | 369.31 | 8.52 | 25.05 | 3.80 | 0.00 | 20.58 | 0.31 | 0.34 | 0.00 | 0.02 | 0.00 | 76.90 | 1622.71 |
| | 泰康人寿 | 421.25 | 409.75 | 9.33 | 354.34 | 2.06 | 44.01 | 0.33 | 0.84 | 5.99 | 3.29 | 2.70 | 0.00 | 0.00 | 1.46 | 2.87 | 298.83 | 1.37 | 32.39 | 0.44 | 2.92 | 19.06 | 4.68 | 3.56 | 1.73 | 0.00 | 0.00 | 46.85 | 726.79 |
| | 美国友邦 | 19.98 | 16.13 | 2.34 | 13.49 | 0.17 | 0.13 | 0.29 | 1.93 | 0.62 | 0.06 | 0.00 | 0.00 | 0.56 | 0.47 | 0.55 | 13.21 | 0.34 | 1.53 | 0.25 | 0.06 | 0.00 | 0.01 | 1.22 | 0.00 | 0.00 | 0.00 | 0.54 | 1454.32 |
| | 太平人寿 | 250.18 | 226.75 | 1.31 | 225.20 | 0.24 | 0.00 | 1.50 | 7.11 | 3.61 | 1.87 | 1.74 | 0.00 | 0.00 | 2.13 | 9.07 | 141.82 | 4.53 | 22.68 | 1.92 | 0.79 | 0.49 | 11.42 | 7.73 | 0.00 | 0.00 | 0.34 | 18.72 | 46098.55 |
| | 民生人寿 | 47.22 | 46.36 | 3.12 | 43.24 | 0.00 | 0.00 | 0.02 | 0.35 | 0.00 | 0.00 | 0.00 | 0.00 | 0.00 | 0.34 | 0.16 | 14.30 | 0.30 | 3.50 | 0.23 | 0.53 | 1.04 | 1.67 | 0.04 | 0.00 | 0.00 | 0.00 | 2.66 | 1398.03 |
| | 生命人寿 | 45.81 | 44.88 | 1.24 | 42.47 | 0.00 | 1.16 | 0.03 | 0.31 | 0.03 | 0.03 | 0.00 | 0.00 | 0.00 | 0.45 | 0.11 | 3.16 | 0.14 | 52.13 | 0.15 | 0.27 | 51.41 | 0.13 | 0.18 | 0.00 | 0.00 | 0.00 | 16.31 | 6163.10 |
| | 信诚人寿 | 28.54 | 26.46 | 0.56 | 18.90 | 5.69 | 1.31 | 0.10 | 1.56 | 0.01 | 0.01 | 0.00 | 0.00 | 0.00 | 0.12 | 0.29 | 10.57 | 0.61 | 0.96 | 0.32 | 0.27 | 0.26 | 0.00 | 0.12 | 0.00 | 0.00 | 0.00 | 10.40 | 285.09 |
| | 合众人寿 | 68.32 | 67.10 | 0.03 | 54.21 | 0.00 | 12.86 | 0.11 | 1.08 | 0.00 | 0.00 | 0.00 | 0.00 | 0.00 | 0.04 | 0.00 | 31.68 | 1.23 | 1.31 | 0.08 | 0.56 | 0.00 | 0.64 | 0.03 | 0.00 | 0.00 | 0.00 | 5.41 | 1534.12 |
| | 海康人寿 | 67.11 | 60.42 | 5.72 | 29.68 | 0.96 | 24.06 | 1.41 | 5.28 | 0.00 | 0.00 | 0.00 | 0.00 | 0.00 | 0.00 | 0.00 | 32.25 | 1.67 | 3.15 | 1.86 | 0.35 | 0.00 | 0.94 | 0.00 | 0.00 | 0.00 | 0.00 | 20.82 | 2638.58 |
| | 中宏人寿 | 63.80 | 50.57 | 0.17 | 50.41 | 0.00 | 0.00 | 0.65 | 11.99 | 0.00 | 0.00 | 0.00 | 0.00 | 0.00 | 0.29 | 0.28 | 23.99 | 0.41 | 8.01 | 0.71 | 6.62 | 0.00 | 0.62 | 0.08 | 0.00 | 0.00 | 0.00 | 1.45 | 596.75 |
| | 国泰人寿 | 22.29 | 16.68 | 0.73 | 8.51 | 0.00 | 7.43 | 0.09 | 1.46 | 0.08 | 0.00 | 0.00 | 0.00 | 0.08 | 2.82 | 1.16 | 10.80 | 0.65 | 3.12 | 0.00 | 0.17 | 0.00 | 0.37 | 2.57 | 0.00 | 0.00 | 0.00 | 8.55 | 4902.00 |
| | 人保健康 | 85.61 | 57.61 | 1.51 | 0.00 | 0.00 | 56.10 | 0.21 | 0.24 | 12.72 | 12.72 | 0.00 | 0.00 | 0.00 | 4.88 | 9.95 | 27.55 | 0.37 | 226.42 | 0.03 | 0.25 | 24.40 | 0.00 | 10.39 | 0.00 | 191.35 | 0.00 | 4.61 | 1982.66 |
| | 海尔纽约 | 10.57 | 8.69 | 1.72 | 4.54 | 0.03 | 2.40 | 0.17 | 1.71 | 0.00 | 0.00 | 0.00 | 0.00 | 0.00 | 0.00 | 0.00 | 5.03 | 2.94 | 0.17 | 0.10 | 0.00 | 0.00 | 0.07 | 0.00 | 0.00 | 0.00 | 0.00 | 0.44 | 4247.78 |
| | 中意人寿 | 44.45 | 37.40 | 0.18 | 30.50 | 4.66 | 2.05 | 0.39 | 2.13 | 0.99 | 0.28 | 0.00 | 0.00 | 0.71 | 0.73 | 2.81 | 26.96 | 0.32 | 4.71 | 0.24 | 1.65 | 0.00 | 0.54 | 2.08 | 0.20 | 0.00 | 0.00 | 25.29 | 376.13 |
| | 恒安标准 | 24.24 | 14.93 | 1.18 | 13.75 | 0.01 | 0.00 | 0.09 | 0.06 | 0.40 | 0.14 | 0.00 | 0.26 | 0.00 | 1.24 | 7.53 | 16.77 | 0.28 | 5.75 | 0.04 | 0.32 | 0.00 | 0.31 | 4.98 | 0.10 | 0.00 | 0.00 | 10.02 | 175.18 |
| | 光大永明 | 4.75 | 4.02 | 0.19 | 2.97 | 0.02 | 0.84 | 0.07 | 0.60 | 0.00 | 0.00 | 0.00 | 0.00 | 0.00 | 0.03 | 0.02 | 1.29 | 0.03 | 0.24 | 0.06 | 0.00 | 0.17 | 0.00 | 0.02 | 0.00 | 0.00 | 0.00 | 0.93 | 51.05 |
| | 嘉禾人寿 | 7.10 | 6.56 | 1.61 | 3.20 | 0.00 | 1.74 | 0.00 | 0.01 | 0.00 | 0.00 | 0.00 | 0.00 | 0.00 | 0.42 | 0.11 | 3.45 | 0.03 | 0.36 | 0.07 | 0.07 | 0.00 | 0.00 | 0.11 | 0.11 | 0.00 | 0.00 | 4.16 | 283.74 |
| | 和谐健康 | 0.04 | 0.00 | 0.00 | 0.00 | 0.00 | 0.00 | 0.00 | 0.00 | 0.00 | 0.00 | 0.00 | 0.00 | 0.00 | 0.04 | 0.00 | 0.04 | 0.00 | 0.98 | 0.00 | 0.01 | 0.00 | 0.00 | 0.14 | 0.00 | 0.83 | 0.00 | 1.75 | 8.00 |
| | 平安养老 | 16.01 | 0.00 | 0.00 | 0.00 | 0.00 | 0.00 | 0.00 | 0.00 | 0.00 | 0.00 | 0.00 | 0.00 | 0.00 | 9.83 | 6.18 | 16.01 | 0.55 | 6.41 | 0.00 | 0.00 | 0.00 | 0.00 | 6.41 | 0.00 | 0.00 | 0.00 | 0.00 | 33385.18 |
| | 华泰人寿 | 267.32 | 265.86 | 1.15 | 230.94 | 2.58 | 31.18 | 1.09 | 0.18 | 0.00 | 0.00 | 0.00 | 0.00 | 0.00 | 0.13 | 0.06 | 250.64 | 1.12 | 0.68 | 0.32 | 0.28 | 0.00 | 0.00 | 0.08 | 0.00 | 0.00 | 0.00 | 46.97 | 1077.65 |
| | 联泰大都会 | 59.73 | 59.62 | 1.88 | 23.53 | 34.22 | 0.00 | 0.07 | 0.04 | 0.00 | 0.00 | 0.00 | 0.00 | 0.00 | 0.00 | 0.00 | 52.14 | 0.13 | 0.03 | 0.00 | 0.03 | 0.00 | 0.00 | 0.00 | 0.00 | 0.00 | 0.00 | 10.43 | 547.85 |
| | 瑞泰人寿 | 0.23 | 0.23 | 0.00 | 0.00 | 0.00 | 0.23 | 0.00 | 0.00 | 0.00 | 0.00 | 0.00 | 0.00 | 0.00 | 0.00 | 0.00 | 0.00 | 0.00 | 0.00 | 0.00 | 0.00 | 0.00 | 0.00 | 0.00 | 0.00 | 0.00 | 0.00 | 0.10 | 0.24 |

续表 20

| 保险机构 | | 保费收入 | | | | | | | | | | | | | | | | 有效保单件数(万件) | 赔款及给付 | | | | | | | | | | 退保金 | 保险金额 |
|---|---|---|---|---|---|---|---|---|---|---|---|---|---|---|---|---|---|---|---|---|---|---|---|---|---|---|---|---|---|---|
| | | 合计 | 个人业务 | | | | | | | 团体业务 | | | | | | | 其中：新单保费 | | 合计 | 个人业务 | | | | 团体业务 | | | | | |
| | | | 人寿保险 | | | | | 意外伤害险 | 健康险 | 人寿保险 | | | | | 意外伤害险 | 健康险 | | | | | | | | | | | | | |
| | | | 小计 | 普通寿险 | 分红寿险 | 投资连结保险 | 万能保险 | | | 小计 | 普通寿险 | 分红寿险 | 投资连结保险 | 万能保险 | | | | | | 赔款支出 | 死伤医疗给付 | 满期给付 | 年金给付 | 赔款支出 | 死伤医疗给付 | 满期给付 | 年金给付 | | |
| 无锡市 | 正德人寿 | 120.15 | 120.06 | 0.00 | 20.76 | 0.00 | 99.30 | 0.00 | 0.02 | 0.07 | 0.00 | 0.07 | 0.00 | 0.00 | 0.00 | 0.00 | 115.00 | 0.36 | 0.02 | 0.00 | 0.02 | 0.00 | 0.00 | 0.00 | 0.00 | 0.00 | 0.00 | 2.41 | 39.93 |
| | 中德安联 | 0.67 | 0.61 | 0.07 | 0.55 | 0.00 | 0.00 | 0.02 | 0.04 | 0.00 | 0.00 | 0.00 | 0.00 | 0.00 | 0.00 | 0.00 | 0.67 | 0.02 | 0.00 | 0.00 | 0.00 | 0.00 | 0.00 | 0.00 | 0.00 | 0.00 | 0.00 | 0.00 | 21.22 |
| | 华夏人寿 | 33.08 | 30.97 | 0.10 | 24.47 | 0.00 | 6.40 | 0.08 | 0.32 | 0.00 | 0.00 | 0.00 | 0.00 | 0.00 | 1.19 | 0.52 | 1.71 | 0.84 | 1.27 | 0.01 | 0.29 | 0.00 | 0.00 | 0.96 | 0.00 | 0.00 | 0.00 | 3.29 | 2443.64 |
| | 人保寿险 | 519.16 | 469.77 | 0.04 | 468.26 | 0.00 | 1.47 | 0.16 | 2.07 | 39.27 | 0.03 | 39.24 | 0.00 | 0.00 | 4.38 | 3.51 | 47.16 | 1.28 | 13.03 | 0.00 | 10.55 | 0.00 | 0.00 | 0.00 | 2.48 | 0.00 | 0.00 | 16.49 | 6490.42 |
| | 英大泰和 | 35.92 | 35.84 | 0.58 | 3.98 | 0.00 | 31.28 | 0.04 | 0.04 | 0.00 | 0.00 | 0.00 | 0.00 | 0.00 | 0.00 | 0.00 | 33.38 | 0.13 | 0.07 | 0.01 | 0.00 | 0.00 | 0.06 | 0.00 | 0.00 | 0.00 | 0.00 | 19.13 | 3936.87 |
| | 信泰人寿 | 72.98 | 72.72 | 1.02 | 71.70 | 0.00 | 0.00 | 0.13 | 0.11 | 0.00 | 0.00 | 0.00 | 0.00 | 0.00 | 0.01 | 0.01 | 2.00 | 0.27 | 0.11 | 0.06 | 0.06 | 0.00 | 0.00 | 0.00 | 0.00 | 0.00 | 0.00 | 2.82 | 6624.92 |
| | 中英人寿 | 0.86 | 0.86 | 0.00 | 0.74 | 0.00 | 0.12 | 0.00 | 0.00 | 0.00 | 0.00 | 0.00 | 0.00 | 0.00 | 0.00 | 0.00 | 0.86 | 0.00 | 0.00 | 0.00 | 0.00 | 0.00 | 0.00 | 0.00 | 0.00 | 0.00 | 0.00 | 0.74 | 2.06 |
| | 长城人寿 | 55.18 | 55.16 | 1.79 | 52.41 | 0.00 | 0.96 | 0.02 | 0.00 | 0.00 | 0.00 | 0.00 | 0.00 | 0.00 | 0.00 | 0.00 | 48.91 | 0.32 | 0.12 | 0.02 | 0.00 | 0.00 | 0.10 | 0.00 | 0.00 | 0.00 | 0.00 | 1.25 | 124.76 |
| | 金盛人寿 | 29.94 | 22.62 | 1.17 | 9.73 | 11.71 | 0.00 | 0.17 | 0.62 | 0.29 | 0.29 | 0.00 | 0.00 | 0.00 | 2.95 | 3.29 | 25.08 | 0.13 | 3.21 | 0.08 | 0.07 | 0.00 | 0.00 | 3.06 | 0.00 | 0.00 | 0.00 | 1.56 | 26089.50 |
| | 幸福人寿 | 1.02 | 0.90 | 0.00 | 0.90 | 0.00 | 0.00 | 0.00 | 0.11 | 0.00 | 0.00 | 0.00 | 0.00 | 0.00 | 0.00 | 0.01 | 1.02 | 0.03 | 0.00 | 0.00 | 0.00 | 0.00 | 0.00 | 0.00 | 0.00 | 0.00 | 0.00 | 0.00 | 4.50 |
| | 阳光人寿 | 31.19 | 29.52 | 12.51 | 8.88 | 0.00 | 8.13 | 0.03 | 1.50 | 0.00 | 0.00 | 0.00 | 0.00 | 0.00 | 0.11 | 0.03 | 26.42 | 1.77 | 0.13 | 0.00 | 0.01 | 0.07 | 0.00 | 0.05 | 0.00 | 0.00 | 0.00 | 1.30 | 2966.63 |
| | 国华人寿 | 14.00 | 14.00 | 0.00 | 14.00 | 0.00 | 0.00 | 0.00 | 0.00 | 0.00 | 0.00 | 0.00 | 0.00 | 0.00 | 0.00 | 0.00 | 0.00 | 0.04 | 0.00 | 0.00 | 0.00 | 0.00 | 0.00 | 0.00 | 0.00 | 0.00 | 0.00 | 0.10 | 2.25 |
| | 小计： | 8869.52 | 8111.69 | 851.93 | 6324.59 | 99.09 | 836.09 | 74.85 | 133.88 | 277.80 | 25.37 | 245.99 | 0.26 | 6.18 | 135.93 | 135.38 | 4216.95 | 274.07 | 1139.81 | 63.46 | 91.56 | 438.79 | 126.18 | 110.26 | 8.88 | 229.61 | 71.07 | 1179.10 | 676558.01 |

## 徐州市人身保险分公司业务统计表(2010)

表 21

(单位:人民币百万元,万件)

| 保险机构 | | 保费收入 | | | | | | | | | | | | | | | | 有效保单件数(万件) | 赔款及给付 | | | | | | | | | 退保金 | 保险全额 |
|---|---|---|---|---|---|---|---|---|---|---|---|---|---|---|---|---|---|---|---|---|---|---|---|---|---|---|---|---|---|
| | | 合计 | 个人业务 | | | | | | | 团体业务 | | | | | | | 其中:新单保费 | | 合计 | 个人业务 | | | | 团体业务 | | | | | |
| | | | 人寿保险 | | | | | 意外伤害险 | 健康险 | 人寿保险 | | | | | 意外伤害险 | 健康险 | | | | 赔款支出 | 死伤医疗给付 | 满期给付 | 年金给付 | 赔款支出 | 死伤医疗给付 | 满期给付 | 年金给付 | | |
| | | | 小计 | 普通寿险 | 分红寿险 | 投资连结保险 | 万能保险 | | | 小计 | 普通寿险 | 分红寿险 | 投资连结保险 | 万能保险 | | | | | | | | | | | | | | | |
| 徐州市 | 国寿股份 | 2457.02 | 2275.68 | 435.13 | 1840.54 | 0.00 | 0.00 | 36.95 | 75.27 | 44.26 | 2.17 | 42.10 | 0.00 | 0.00 | 8.13 | 16.72 | 1350.18 | 197.86 | 332.33 | 33.66 | 37.07 | 228.04 | 13.59 | 16.71 | 1.13 | 0.16 | 1.96 | 294.08 | 144857.81 |
| | 太保人寿 | 1064.33 | 982.66 | 300.53 | 681.46 | 0.00 | 0.67 | 12.13 | 2.31 | 59.67 | 0.18 | 59.49 | 0.00 | 0.00 | 6.50 | 1.06 | 536.16 | 88.81 | 181.66 | 5.01 | 13.97 | 153.39 | 6.51 | 1.56 | 0.00 | 1.10 | 0.12 | 165.22 | 24884.17 |
| | 平安人寿 | 369.70 | 325.03 | 27.93 | 135.43 | 8.46 | 153.21 | 1.33 | 43.22 | 0.13 | 0.12 | 0.01 | 0.00 | 0.00 | 0.00 | 0.00 | 62.78 | 18.49 | 51.42 | 3.55 | 10.61 | 15.67 | 20.68 | 1.42 | 0.00 | 0.00 | (0.51) | 70.71 | 29617.52 |
| | 新华人寿 | 297.77 | 296.24 | 11.17 | 270.50 | 0.00 | 14.58 | 0.04 | 0.12 | 0.38 | 0.02 | 0.36 | 0.00 | 0.00 | 0.78 | 0.20 | 140.53 | 7.09 | 19.70 | 2.44 | 0.00 | 16.85 | 0.09 | 0.33 | 0.00 | 0.00 | 0.00 | 77.58 | 791.10 |
| | 泰康人寿 | 303.47 | 299.71 | 6.72 | 263.28 | 1.03 | 28.67 | 0.19 | 1.00 | 0.29 | 0.10 | 0.20 | 0.00 | 0.00 | 1.26 | 1.02 | 249.45 | 1.77 | 7.17 | 0.72 | 2.04 | 1.31 | 2.11 | 0.98 | 0.01 | 0.00 | 0.00 | 54.92 | 758.79 |
| | 美国友邦 | 9.70 | 6.62 | 1.15 | 5.32 | 0.08 | 0.06 | 0.66 | 2.18 | 0.00 | 0.00 | 0.00 | 0.00 | 0.00 | 0.13 | 0.10 | 5.43 | 0.66 | 0.85 | 0.53 | 0.18 | 0.00 | 0.04 | 0.10 | 0.00 | 0.00 | 0.00 | 0.41 | 934.01 |
| | 太平人寿 | 69.14 | 61.01 | 0.86 | 60.14 | 0.01 | 0.00 | 1.17 | 4.00 | 0.24 | 0.09 | 0.15 | 0.00 | 0.00 | 1.41 | 1.30 | 37.92 | 3.04 | 9.00 | 1.74 | 1.71 | 0.23 | 1.91 | 2.94 | 0.01 | 0.45 | 0.00 | 32.91 | 13000.81 |
| | 民生人寿 | 57.00 | 56.26 | 8.45 | 47.81 | 0.00 | 0.00 | 0.06 | 0.52 | 0.00 | 0.00 | 0.00 | 0.00 | 0.00 | 0.09 | 0.07 | 36.37 | 0.29 | 3.39 | 0.54 | 0.62 | 0.07 | 1.81 | 0.35 | 0.00 | 0.00 | 0.00 | 5.02 | 1320.05 |
| | 生命人寿 | 97.88 | 96.77 | 3.05 | 90.93 | 0.00 | 2.80 | 0.02 | 0.34 | 0.00 | 0.00 | 0.00 | 0.00 | 0.00 | 0.61 | 0.14 | 11.05 | 0.65 | 4.64 | 0.16 | 1.18 | 2.63 | 0.55 | 0.12 | 0.00 | 0.00 | 0.00 | 13.92 | 696.07 |
| | 合众人寿 | 26.45 | 25.83 | 0.10 | 21.52 | 0.00 | 4.21 | 0.06 | 0.53 | 0.00 | 0.00 | 0.00 | 0.00 | 0.00 | 0.02 | 0.01 | 18.28 | 1.08 | 0.64 | 0.07 | 0.22 | 0.00 | 0.29 | 0.07 | 0.00 | 0.00 | 0.00 | 5.06 | 936.77 |
| | 海康人寿 | 18.78 | 18.51 | 0.13 | 10.58 | 0.00 | 7.80 | 0.07 | 0.20 | 0.00 | 0.00 | 0.00 | 0.00 | 0.00 | 0.00 | 0.00 | 16.42 | 0.18 | 0.29 | 0.04 | 0.02 | 0.00 | 0.23 | 0.00 | 0.00 | 0.00 | 0.00 | 1.33 | 100.13 |
| | 恒安标准 | 23.64 | 23.49 | 1.39 | 22.10 | 0.00 | 0.00 | 0.10 | 0.05 | 0.00 | 0.00 | 0.00 | 0.00 | 0.00 | 0.00 | 0.00 | 17.79 | 0.31 | 0.48 | 0.02 | 0.25 | 0.00 | 0.22 | 0.00 | 0.00 | 0.00 | 0.00 | 3.11 | 262.80 |
| | 光大永明 | 2.18 | 2.06 | 0.00 | 1.91 | 0.00 | 0.15 | 0.02 | 0.11 | 0.00 | 0.00 | 0.00 | 0.00 | 0.00 | 0.00 | 0.00 | 2.18 | 0.02 | 0.00 | 0.00 | 0.00 | 0.00 | 0.00 | 0.00 | 0.00 | 0.00 | 0.00 | 0.00 | 15.37 |
| | 嘉禾人寿 | 13.50 | 13.44 | 1.10 | 6.04 | 0.00 | 6.30 | 0.01 | 0.03 | 0.00 | 0.00 | 0.00 | 0.00 | 0.00 | 0.02 | 0.01 | 6.89 | 0.07 | 0.36 | 0.14 | 0.14 | 0.00 | 0.00 | 0.03 | 0.03 | 0.00 | 0.00 | 3.25 | 306.53 |
| | 和谐健康 | 0.13 | 0.00 | 0.00 | 0.00 | 0.00 | 0.00 | 0.01 | 0.09 | 0.00 | 0.00 | 0.00 | 0.00 | 0.00 | 0.03 | 0.00 | 0.03 | 0.00 | 0.36 | 0.00 | 0.07 | 0.00 | 0.00 | 0.08 | 0.00 | 0.21 | 0.00 | 0.72 | 26.00 |
| | 平安养老 | 5.86 | 0.00 | 0.00 | 0.00 | 0.00 | 0.00 | 0.00 | 0.00 | 0.00 | 0.00 | 0.00 | 0.00 | 0.00 | 3.41 | 2.45 | 5.86 | 0.20 | 2.78 | 0.00 | 0.00 | 0.00 | 0.00 | 2.75 | 0.00 | 0.00 | 0.03 | 0.00 | 13040.83 |
| | 华泰人寿 | 144.97 | 140.42 | 3.30 | 83.08 | 8.66 | 45.37 | 2.82 | 0.92 | 0.00 | 0.00 | 0.00 | 0.00 | 0.00 | 0.63 | 0.18 | 110.17 | 1.66 | 3.19 | 1.85 | 1.04 | 0.00 | 0.09 | 0.21 | 0.00 | 0.00 | 0.00 | 17.03 | 2820.96 |
| | 正德人寿 | 136.04 | 135.77 | 0.01 | 39.41 | 0.00 | 96.35 | 0.02 | 0.22 | 0.03 | 0.00 | 0.03 | 0.00 | 0.00 | 0.00 | 0.00 | 130.19 | 0.70 | 0.03 | 0.02 | 0.01 | 0.00 | 0.00 | 0.00 | 0.00 | 0.00 | 0.00 | 2.56 | 104.24 |
| | 中德安联 | 0.33 | 0.31 | 0.00 | 0.31 | 0.00 | 0.00 | 0.00 | 0.02 | 0.00 | 0.00 | 0.00 | 0.00 | 0.00 | 0.00 | 0.00 | 0.33 | 0.00 | 0.00 | 0.00 | 0.00 | 0.00 | 0.00 | 0.00 | 0.00 | 0.00 | 0.00 | 0.00 | 5.73 |
| | 华夏人寿 | 31.94 | 29.62 | 0.56 | 15.55 | 0.00 | 13.51 | 0.05 | 0.70 | 0.00 | 0.00 | 0.00 | 0.00 | 0.00 | 1.29 | 0.28 | 1.58 | 1.42 | 1.26 | 0.03 | 0.38 | 0.00 | 0.00 | 0.85 | 0.00 | 0.00 | 0.00 | 5.77 | 1152.46 |
| | 人保寿险 | 713.25 | 680.82 | 0.81 | 673.79 | 0.00 | 6.22 | 0.15 | 1.58 | 9.16 | 0.25 | 8.91 | 0.00 | 0.00 | 13.44 | 8.10 | 30.70 | 4.60 | 17.38 | 0.00 | 11.19 | 0.00 | 0.00 | 0.00 | 6.19 | 0.00 | 0.00 | 27.00 | 9518.24 |
| | 信泰人寿 | 93.69 | 93.60 | 0.57 | 91.35 | 0.00 | 1.68 | 0.00 | 0.02 | 0.00 | 0.00 | 0.00 | 0.00 | 0.00 | 0.04 | 0.02 | 6.00 | 0.50 | 0.15 | 0.02 | 0.01 | 0.01 | 0.03 | 0.07 | 0.00 | 0.00 | 0.00 | 2.10 | 11101.05 |
| | 中英人寿 | 41.02 | 40.94 | 0.38 | 35.66 | 0.00 | 4.90 | 0.04 | 0.00 | 0.00 | 0.00 | 0.00 | 0.00 | 0.00 | 0.02 | 0.02 | 39.14 | 0.00 | 0.16 | 0.00 | 0.15 | 0.00 | 0.00 | 0.00 | 0.01 | 0.00 | 0.00 | 3.23 | 65.73 |
| | 阳光人寿 | 82.91 | 82.58 | 0.16 | 74.90 | 0.00 | 7.52 | 0.01 | 0.10 | 0.00 | 0.00 | 0.00 | 0.00 | 0.00 | 0.17 | 0.06 | 76.85 | 0.91 | 0.35 | 0.00 | 0.01 | 0.32 | 0.00 | 0.02 | 0.00 | 0.00 | 0.00 | 3.26 | 1567.04 |
| | 国华人寿 | 0.24 | 0.24 | 0.00 | 0.24 | 0.00 | 0.00 | 0.00 | 0.00 | 0.00 | 0.00 | 0.00 | 0.00 | 0.00 | 0.00 | 0.00 | 0.00 | 0.00 | 0.00 | 0.00 | 0.00 | 0.00 | 0.00 | 0.00 | 0.00 | 0.00 | 0.00 | 0.00 | 3.70 |
| | 小计: | 6060.93 | 5687.60 | 803.51 | 4471.87 | 18.24 | 393.98 | 55.90 | 133.53 | 114.17 | 2.93 | 111.24 | 0.00 | 0.00 | 37.98 | 31.74 | 2892.28 | 330.34 | 637.57 | 50.55 | 80.88 | 418.51 | 48.15 | 28.58 | 7.38 | 1.93 | 1.59 | 789.17 | 257887.89 |

## 常州市人身保险分公司业务统计表(2010)

表 22　　(单位:人民币百万元,万件)

| 保险机构 | | 保费收入 | | | | | | | | | | | | | | | | 有效保单件数(万件) | 赔款及给付 | | | | | | | | | 退保金 | 保险金额 |
|---|---|---|---|---|---|---|---|---|---|---|---|---|---|---|---|---|---|---|---|---|---|---|---|---|---|---|---|---|---|
| | | 合计 | 个人业务 | | | | | | | 团体业务 | | | | | | | 其中:新单保费 | | 合计 | 个人业务 | | | | 团体业务 | | | | | |
| | | | 人寿保险 | | | | | 意外伤害险 | 健康险 | 人寿保险 | | | | | 意外伤害险 | 健康险 | | | | | | | | | | | | | |
| | | | 小计 | 普通寿险 | 分红寿险 | 投资连结保险 | 万能保险 | | | 小计 | 普通寿险 | 分红寿险 | 投资连结保险 | 万能保险 | | | | | | 赔款支出 | 死伤医疗给付 | 满期给付 | 年金给付 | 赔款支出 | 死伤医疗给付 | 满期给付 | 年金给付 | | |
| 常州市 | 国寿股份 | 1972.71 | 1781.76 | 310.30 | 1471.46 | 0.00 | 0.00 | 28.86 | 43.38 | 83.83 | 4.18 | 75.12 | 0.00 | 4.53 | 14.92 | 19.96 | 1038.60 | 87.45 | 345.40 | 23.06 | 23.39 | 152.22 | 19.45 | 24.93 | 1.39 | 2.07 | 98.89 | 227.34 | 102582.62 |
| | 太保人寿 | 803.26 | 697.94 | 209.78 | 479.50 | 0.00 | 8.66 | 18.24 | 2.82 | 55.08 | 5.60 | 49.48 | 0.00 | 0.00 | 19.59 | 9.58 | 366.82 | 87.05 | 136.56 | 6.12 | 13.40 | 61.83 | 44.24 | 7.24 | 0.25 | 1.32 | 2.16 | 107.63 | 172091.94 |
| | 平安人寿 | 905.15 | 892.08 | 113.75 | 357.66 | 44.25 | 376.42 | 3.16 | 9.83 | 0.05 | 0.05 | 0.00 | 0.00 | 0.00 | 0.02 | 0.01 | 199.56 | 25.98 | 76.36 | 4.87 | 13.79 | 29.63 | 23.57 | 3.58 | 0.01 | 0.00 | 0.91 | 81.99 | 44903.64 |
| | 新华人寿 | 508.61 | 502.61 | 23.85 | 444.76 | 0.00 | 34.00 | 0.32 | 0.19 | 0.63 | 0.00 | 0.62 | 0.00 | 0.00 | 2.66 | 2.20 | 346.58 | 7.04 | 54.70 | 3.86 | 0.00 | 48.14 | 0.07 | 2.63 | 0.00 | 0.00 | 0.00 | 44.46 | 2097.77 |
| | 泰康人寿 | 381.12 | 370.15 | 8.52 | 304.43 | 8.85 | 48.35 | 0.20 | 0.87 | 8.43 | 7.79 | 0.64 | 0.00 | 0.00 | 0.87 | 0.61 | 304.77 | 1.20 | 12.08 | 0.52 | 1.60 | 6.96 | 2.20 | 0.56 | 0.24 | 0.00 | 0.00 | 59.43 | 654.12 |
| | 美国友邦 | 13.84 | 12.51 | 1.07 | 11.35 | 0.00 | 0.08 | 0.16 | 0.83 | 0.02 | 0.02 | 0.00 | 0.00 | 0.00 | 0.14 | 0.18 | 11.35 | 0.23 | 0.27 | 0.08 | 0.02 | 0.00 | 0.00 | 0.17 | 0.00 | 0.00 | 0.00 | 0.37 | 494.31 |
| | 太平人寿 | 135.15 | 125.37 | 0.50 | 124.86 | 0.01 | 0.00 | 1.06 | 5.00 | 0.58 | 0.14 | 0.44 | 0.00 | 0.00 | 0.13 | 3.01 | 78.16 | 3.14 | 7.61 | 0.70 | 1.50 | 0.12 | 4.10 | 1.19 | 0.00 | 0.00 | 0.00 | 15.30 | 2765.82 |
| | 民生人寿 | 14.94 | 14.67 | 5.06 | 9.61 | 0.00 | 0.00 | 0.04 | 0.15 | 0.00 | 0.00 | 0.00 | 0.00 | 0.00 | 0.06 | 0.03 | 3.53 | 0.09 | 3.16 | 0.09 | 0.10 | 0.00 | 2.96 | 0.01 | 0.00 | 0.00 | 0.00 | 0.94 | 534.67 |
| | 生命人寿 | 92.32 | 86.74 | 7.70 | 72.14 | 0.00 | 6.90 | 0.20 | 1.85 | 1.01 | 0.01 | 1.00 | 0.00 | 0.00 | 1.98 | 0.53 | 29.55 | 0.44 | 46.38 | 0.92 | 1.02 | 42.40 | 1.45 | 0.58 | 0.00 | 0.00 | 0.00 | 13.38 | 1745.93 |
| | 信诚人寿 | 51.56 | 49.29 | 0.30 | 33.15 | 14.32 | 1.53 | 0.13 | 1.49 | 0.05 | 0.05 | 0.00 | 0.00 | 0.00 | 0.30 | 0.29 | 27.93 | 0.74 | 0.88 | 0.08 | 0.30 | 0.27 | 0.00 | 0.22 | 0.00 | 0.00 | 0.00 | 4.96 | 556.65 |
| | 合众人寿 | 69.74 | 66.83 | 0.26 | 55.48 | 0.00 | 11.09 | 0.15 | 2.58 | 0.00 | 0.00 | 0.00 | 0.00 | 0.00 | 0.14 | 0.04 | 42.26 | 1.89 | 12.78 | 0.14 | 0.72 | 10.97 | 0.84 | 0.11 | 0.00 | 0.00 | 0.00 | 5.52 | 2720.64 |
| | 海康人寿 | 72.66 | 70.89 | 1.60 | 32.41 | 0.11 | 36.77 | 0.34 | 1.43 | 0.00 | 0.00 | 0.00 | 0.00 | 0.00 | 0.00 | 0.00 | 61.42 | 0.67 | 0.59 | 0.14 | 0.07 | 0.00 | 0.38 | 0.00 | 0.00 | 0.00 | 0.00 | 21.76 | 764.13 |
| | 中宏人寿 | 20.34 | 16.05 | 0.07 | 14.96 | 1.02 | 0.00 | 0.22 | 3.49 | 0.01 | 0.01 | 0.00 | 0.00 | 0.00 | 0.27 | 0.30 | 6.77 | 0.08 | 0.99 | 0.00 | 0.70 | 0.00 | 0.16 | 0.13 | 0.00 | 0.00 | 0.00 | 0.64 | 244.32 |
| | 国泰人寿 | 36.84 | 33.50 | 0.32 | 3.08 | 0.00 | 30.10 | 0.04 | 0.48 | 0.00 | 0.00 | 0.00 | 0.00 | 0.00 | 2.35 | 0.48 | 4.97 | 0.23 | 1.68 | 0.00 | 0.12 | 0.00 | 0.19 | 1.37 | 0.00 | 0.00 | 0.00 | 11.86 | 4324.54 |
| | 海尔纽约 | 6.41 | 5.12 | 0.20 | 3.51 | 0.00 | 1.41 | 0.11 | 1.18 | 0.00 | 0.00 | 0.00 | 0.00 | 0.00 | 0.00 | 0.00 | 2.32 | 1.94 | 0.34 | 0.06 | 0.12 | 0.00 | 0.16 | 0.00 | 0.00 | 0.00 | 0.00 | 0.46 | 2272.04 |
| | 恒安标准 | 19.92 | 18.45 | 0.89 | 17.56 | 0.00 | 0.00 | 0.07 | 0.03 | 0.03 | 0.03 | 0.00 | 0.00 | 0.00 | 0.46 | 0.88 | 14.51 | 0.24 | 0.57 | 0.01 | 0.06 | 0.00 | 0.18 | 0.21 | 0.10 | 0.00 | 0.00 | 4.18 | 131.39 |
| | 光大永明 | 0.07 | 0.06 | 0.00 | 0.04 | 0.00 | 0.01 | 0.00 | 0.01 | 0.00 | 0.00 | 0.00 | 0.00 | 0.00 | 0.00 | 0.00 | 0.07 | 0.00 | 0.00 | 0.00 | 0.00 | 0.00 | 0.00 | 0.00 | 0.00 | 0.00 | 0.00 | 0.00 | 1.20 |
| | 和谐健康 | 0.11 | 0.00 | 0.00 | 0.00 | 0.00 | 0.00 | 0.00 | 0.01 | 0.00 | 0.00 | 0.00 | 0.00 | 0.00 | 0.10 | 0.00 | 0.10 | 0.00 | 2.66 | 0.00 | 0.08 | 1.94 | 0.00 | 0.05 | 0.00 | 0.59 | 0.00 | 2.03 | 22.00 |
| | 平安养老 | 24.34 | 0.00 | 0.00 | 0.00 | 0.00 | 0.00 | 0.00 | 0.00 | 6.93 | 0.51 | 6.42 | 0.00 | 0.00 | 10.63 | 6.78 | 24.34 | 0.33 | 4.58 | 0.00 | 0.00 | 0.00 | 0.00 | 4.41 | 0.00 | 0.00 | 0.17 | 2.12 | 26269.94 |
| | 华泰人寿 | 106.23 | 104.75 | 2.89 | 71.11 | 0.00 | 30.74 | 1.15 | 0.30 | 0.00 | 0.00 | 0.00 | 0.00 | 0.00 | 0.02 | 0.01 | 79.93 | 0.53 | 1.18 | 0.64 | 0.36 | 0.00 | 0.16 | 0.02 | 0.00 | 0.00 | 0.00 | 34.78 | 857.36 |
| | 中德安联 | 27.11 | 26.58 | 1.65 | 21.55 | 3.35 | 0.03 | 0.08 | 0.45 | 0.00 | 0.00 | 0.00 | 0.00 | 0.00 | 0.00 | 0.00 | 19.29 | 0.39 | 0.66 | 0.02 | 0.26 | 0.33 | 0.05 | 0.00 | 0.00 | 0.00 | 0.00 | 20.87 | 338.07 |
| | 华夏人寿 | 19.38 | 16.39 | 0.20 | 8.07 | 0.00 | 8.11 | 0.04 | 0.27 | 0.01 | 0.01 | 0.00 | 0.00 | 0.00 | 1.75 | 0.93 | 2.69 | 0.53 | 0.61 | 0.01 | 0.08 | 0.00 | 0.00 | 0.52 | 0.00 | 0.00 | 0.00 | 6.69 | 1766.58 |
| | 人保寿险 | 585.43 | 571.90 | 0.10 | 567.53 | 0.00 | 4.27 | 0.47 | 0.39 | 9.78 | 0.03 | 9.75 | 0.00 | 0.00 | 1.42 | 1.47 | 12.67 | 2.25 | 12.34 | 0.00 | 11.59 | 0.00 | 0.00 | 0.00 | 0.74 | 0.00 | 0.00 | 20.76 | 8799.64 |
| | 信泰人寿 | 85.96 | 85.93 | 0.35 | 85.58 | 0.00 | 0.00 | 0.02 | 0.02 | 0.00 | 0.00 | 0.00 | 0.00 | 0.00 | 0.00 | 0.00 | 0.00 | 0.23 | 0.01 | 0.00 | 0.00 | 0.00 | 0.00 | 0.00 | 0.00 | 0.00 | 0.00 | 2.39 | 4330.54 |
| | 长城人寿 | 0.89 | 0.88 | 0.19 | 0.69 | 0.00 | 0.00 | 0.01 | 0.00 | 0.00 | 0.00 | 0.00 | 0.00 | 0.00 | 0.00 | 0.00 | 0.89 | 0.01 | 0.00 | 0.00 | 0.00 | 0.00 | 0.00 | 0.00 | 0.00 | 0.00 | 0.00 | 0.00 | 18.73 |
| | 金盛人寿 | 43.79 | 42.11 | 0.65 | 28.26 | 13.19 | 0.00 | 0.15 | 0.41 | 0.02 | 0.02 | 0.00 | 0.00 | 0.00 | 0.59 | 0.52 | 38.02 | 0.18 | 0.71 | 0.03 | 0.46 | 0.00 | 0.00 | 0.21 | 0.00 | 0.00 | 0.00 | 2.03 | 578.98 |
| | 阳光人寿 | 126.47 | 125.86 | 0.07 | 117.57 | 0.00 | 8.23 | 0.04 | 0.12 | 0.00 | 0.00 | 0.00 | 0.00 | 0.00 | 0.32 | 0.14 | 116.92 | 0.77 | 0.60 | 0.00 | 0.01 | 0.45 | 0.00 | 0.15 | 0.00 | 0.00 | 0.00 | 2.00 | 1646.89 |
| | 长生人寿 | 0.10 | 0.10 | 0.00 | 0.00 | 0.10 | 0.00 | 0.00 | 0.00 | 0.00 | 0.00 | 0.00 | 0.00 | 0.00 | 0.00 | 0.00 | 0.00 | 0.00 | 0.00 | 0.00 | 0.00 | 0.00 | 0.00 | 0.00 | 0.00 | 0.00 | 0.00 | 0.00 | 0.12 |
| | 小计: | 6124.45 | 5718.50 | 690.28 | 4336.31 | 85.20 | 606.70 | 55.25 | 77.59 | 166.44 | 18.44 | 143.48 | 0.00 | 4.53 | 58.72 | 47.95 | 2834.02 | 223.64 | 723.69 | 41.38 | 69.74 | 355.24 | 100.17 | 48.30 | 2.74 | 3.98 | 102.13 | 693.89 | 382657.22 |

表 23

# 苏州市人身保险分公司业务统计表(2010)

(单位:人民币百万元,万件)

| | 保险机构 | 保费收入 | | | | | | | | | | | | | | | | 有效保单件数(万件) | 赔款及给付 | | | | | | | | | 退保金 | 保险金额 |
|---|---|---|---|---|---|---|---|---|---|---|---|---|---|---|---|---|---|---|---|---|---|---|---|---|---|---|---|---|---|
| | | 合计 | 个人业务 | | | | | | | 团体业务 | | | | | | | 其中:新单保费 | | 合计 | 个人业务 | | | | 团体业务 | | | | | |
| | | | 人寿保险 | | | | | 意外伤害险 | 健康险 | 人寿保险 | | | | | 意外伤害险 | 健康险 | | | | | | | | | | | | | |
| | | | 小计 | 普通寿险 | 分红寿险 | 投资连结保险 | 万能保险 | | | 小计 | 普通寿险 | 分红寿险 | 投资连结保险 | 万能保险 | | | | | | 赔款支出 | 死伤医疗给付 | 满期给付 | 年金给付 | 赔款支出 | 死伤医疗给付 | 满期给付 | 年金给付 | | |
| 苏州市 | 国寿股份 | 3723.21 | 3237.43 | 402.40 | 2835.03 | 0.00 | 0.00 | 51.02 | 80.31 | 246.78 | 6.34 | 79.77 | 0.00 | 160.67 | 45.67 | 62.01 | 2174.42 | 136.03 | 580.09 | 34.75 | 29.16 | 280.16 | 50.28 | 63.49 | 6.38 | 82.76 | 33.11 | 824.97 | 302944.73 |
| | 太保人寿 | 2028.12 | 1737.80 | 243.00 | 1477.41 | 0.00 | 17.38 | 39.27 | 13.19 | 147.60 | 7.71 | 139.26 | 0.00 | 0.63 | 64.78 | 25.48 | 1443.26 | 270.00 | 226.66 | 12.93 | 11.35 | 90.72 | 60.12 | 25.01 | 1.02 | 19.78 | 5.72 | 390.65 | 164350.47 |
| | 平安人寿 | 1723.03 | 1595.08 | 123.46 | 725.06 | 59.96 | 686.60 | 8.02 | 113.75 | 6.06 | 0.03 | 6.03 | 0.00 | 0.00 | 0.07 | 0.05 | 366.97 | 43.93 | 126.85 | 6.45 | 22.78 | 64.34 | 18.96 | 12.51 | 0.02 | 0.00 | 1.79 | 222.35 | 532271.79 |
| | 新华人寿 | 628.98 | 626.40 | 25.84 | 574.72 | 0.00 | 25.85 | 0.60 | 0.37 | 0.18 | 0.00 | 0.18 | 0.00 | 0.00 | 1.04 | 0.39 | 411.70 | 8.85 | 7.40 | 3.69 | 0.00 | 2.83 | 0.25 | 0.53 | 0.00 | 0.09 | 0.00 | 42.38 | 1881.69 |
| | 泰康人寿 | 233.80 | 219.99 | 4.36 | 170.78 | 12.53 | 32.33 | 0.27 | 0.56 | 1.32 | 0.58 | 0.74 | 0.00 | 0.00 | 7.95 | 3.72 | 187.89 | 0.80 | 22.24 | 0.19 | 1.17 | 12.13 | 1.93 | 6.81 | 0.01 | 0.00 | 0.01 | 185.22 | 523.29 |
| | 美国友邦 | 337.19 | 243.79 | 69.88 | 135.26 | 10.11 | 28.55 | 11.01 | 47.92 | 3.50 | 1.75 | 0.00 | 0.01 | 1.74 | 15.70 | 15.26 | 114.93 | 9.41 | 27.03 | 4.51 | 3.10 | 0.03 | 1.83 | 17.31 | 0.24 | 0.00 | 0.00 | 46.31 | 41361.12 |
| | 太平人寿 | 1167.30 | 1111.84 | 5.71 | 996.32 | 21.04 | 88.78 | 5.89 | 22.43 | 10.03 | 3.13 | 1.90 | 0.00 | 0.00 | 3.81 | 13.30 | 935.47 | 9.32 | 40.22 | 2.76 | 1.61 | 0.68 | 21.31 | 13.83 | 0.00 | 0.01 | 0.03 | 249.00 | 28106.11 |
| | 民生人寿 | 19.30 | 19.06 | 2.75 | 16.31 | 0.00 | 0.00 | 0.02 | 0.19 | 0.00 | 0.00 | 0.00 | 0.00 | 0.00 | 0.02 | 0.01 | 3.30 | 0.04 | 1.61 | 0.15 | 0.25 | 0.00 | 1.21 | 0.01 | 0.00 | 0.00 | 0.00 | 1.47 | 542.13 |
| | 生命人寿 | 67.42 | 67.16 | 0.67 | 64.32 | 0.00 | 2.17 | 0.05 | 0.05 | 0.00 | 0.00 | 0.00 | 0.00 | 0.00 | 0.13 | 0.03 | 5.89 | 0.21 | 14.20 | 0.01 | 0.06 | 13.89 | 0.21 | 0.02 | 0.00 | 0.00 | 0.00 | 54.08 | 226.94 |
| | 信诚人寿 | 60.57 | 56.11 | 1.98 | 24.21 | 25.82 | 4.10 | 0.34 | 2.72 | 0.03 | 0.03 | 0.00 | 0.00 | 0.00 | 0.60 | 0.76 | 33.23 | 1.37 | 2.01 | 0.88 | 0.22 | 0.57 | 0.00 | 0.34 | 0.00 | 0.00 | 0.00 | 13.58 | 1019.75 |
| | 中宏人寿 | 33.05 | 25.01 | 0.16 | 24.83 | 0.02 | 0.00 | 0.58 | 6.37 | 0.06 | 0.06 | 0.00 | 0.00 | 0.00 | 0.38 | 0.66 | 13.14 | 0.27 | 1.78 | 0.00 | 1.44 | 0.00 | 0.19 | 0.15 | 0.00 | 0.00 | 0.00 | 0.92 | 675.80 |
| | 国泰人寿 | 78.15 | 33.05 | 3.08 | 13.53 | 0.00 | 16.44 | 0.44 | 4.46 | 1.01 | 0.00 | 0.00 | 0.00 | 1.01 | 28.84 | 10.36 | 49.94 | 1.02 | 22.64 | 0.00 | 0.26 | 0.00 | 1.33 | 21.03 | 0.00 | 0.00 | 0.02 | 38.10 | 98736.74 |
| | 人保健康 | 10.81 | 4.79 | 0.57 | 0.00 | 0.00 | 4.22 | 0.41 | 0.50 | 0.00 | 0.00 | 0.00 | 0.00 | 0.00 | 3.28 | 1.83 | 5.11 | 0.16 | 7.02 | 0.14 | 0.00 | 1.12 | 0.00 | 3.09 | 0.00 | 2.67 | 0.00 | 2.09 | 16636.34 |
| | 海尔纽约 | 2.31 | 1.85 | 0.11 | 1.18 | 0.00 | 0.55 | 0.05 | 0.42 | 0.00 | 0.00 | 0.00 | 0.00 | 0.00 | 0.00 | 0.00 | 0.22 | 1.19 | 0.21 | 0.04 | 0.10 | 0.00 | 0.06 | 0.00 | 0.00 | 0.00 | 0.00 | 0.28 | 1446.28 |
| | 中意人寿 | 17.29 | 11.77 | 0.12 | 10.49 | 0.60 | 0.56 | 0.25 | 0.76 | 0.52 | 0.52 | 0.00 | 0.00 | 0.00 | 0.85 | 3.15 | 14.05 | 0.15 | 2.89 | 0.06 | 0.00 | 0.00 | 0.09 | 2.74 | 0.00 | 0.00 | 0.00 | 18.55 | 209.00 |
| | 恒安标准 | 25.57 | 24.56 | 0.85 | 23.70 | 0.00 | 0.00 | 0.07 | 0.01 | 0.06 | 0.06 | 0.00 | 0.00 | 0.00 | 0.54 | 0.34 | 20.39 | 0.30 | 0.53 | 0.01 | 0.00 | 0.00 | 0.12 | 0.32 | 0.09 | 0.00 | 0.00 | 2.40 | 337.82 |
| | 光大永明 | 55.47 | 54.45 | 0.40 | 36.77 | 0.00 | 17.29 | 0.07 | 0.91 | 0.00 | 0.00 | 0.00 | 0.00 | 0.00 | 0.02 | 0.01 | 49.92 | 0.00 | 0.11 | 0.02 | 0.00 | 0.10 | 0.00 | 0.00 | 0.00 | 0.00 | 0.00 | 41.51 | 110.22 |
| | 和谐健康 | 0.52 | 0.00 | 0.00 | 0.00 | 0.00 | 0.00 | 0.00 | 0.00 | 0.00 | 0.00 | 0.00 | 0.00 | 0.00 | 0.51 | 0.01 | 0.52 | 0.00 | 7.95 | 1.34 | 0.01 | 0.00 | 0.00 | 0.00 | 0.00 | 6.60 | 0.00 | 0.24 | 104.00 |
| | 平安养老 | 39.27 | 0.00 | 0.00 | 0.00 | 0.00 | 0.00 | 0.00 | 0.00 | 0.66 | 0.40 | 0.26 | 0.00 | 0.00 | 22.08 | 16.53 | 39.27 | 0.92 | 16.99 | 0.00 | 0.00 | 0.00 | 0.00 | 16.69 | 0.00 | 0.00 | 0.30 | 1.48 | 277486.58 |
| | 华泰人寿 | 48.56 | 47.05 | 1.23 | 18.84 | 0.00 | 26.99 | 0.43 | 0.08 | 0.10 | 0.10 | 0.00 | 0.00 | 0.00 | 0.41 | 0.49 | 42.97 | 0.30 | 0.56 | 0.22 | 0.00 | 0.00 | 0.00 | 0.34 | 0.00 | 0.00 | 0.00 | 2.04 | 1565.36 |
| | 联泰大都会 | 12.24 | 12.24 | 0.02 | 9.43 | 2.79 | 0.00 | 0.00 | 0.00 | 0.00 | 0.00 | 0.00 | 0.00 | 0.00 | 0.00 | 0.00 | 12.24 | 0.03 | 0.00 | 0.00 | 0.00 | 0.00 | 0.00 | 0.00 | 0.00 | 0.00 | 0.00 | 0.14 | 90.41 |
| | 中德安联 | 18.72 | 18.55 | 0.71 | 14.38 | 3.41 | 0.06 | 0.03 | 0.14 | 0.00 | 0.00 | 0.00 | 0.00 | 0.00 | 0.00 | 0.00 | 12.27 | 0.14 | 0.22 | 0.01 | 0.11 | 0.07 | 0.03 | 0.00 | 0.00 | 0.00 | 0.00 | 8.41 | 160.65 |
| | 华夏人寿 | 22.10 | 18.36 | 0.54 | 11.33 | 0.00 | 6.49 | 0.04 | 0.42 | 0.16 | 0.16 | 0.00 | 0.00 | 0.00 | 1.82 | 1.29 | 3.28 | 0.75 | 0.89 | 0.01 | 0.08 | 0.00 | 0.01 | 0.80 | 0.00 | 0.00 | 0.00 | 7.64 | 36133.56 |
| | 人保寿险 | 1050.36 | 1017.12 | 0.23 | 1009.13 | 0.00 | 7.76 | 0.29 | 8.37 | 11.68 | 0.64 | 11.04 | 0.00 | 0.00 | 4.56 | 8.34 | 24.58 | 2.56 | 20.54 | 0.00 | 11.03 | 0.00 | 0.00 | 0.00 | 9.51 | 0.00 | 0.00 | 219.07 | 19823.41 |

续表 23

| 保险机构 | | 保费收入 | | | | | | | | | | | | | | | | 有效保单件数(万件) | 赔款及给付 | | | | | | | | | 退保金 | 保险金额 |
|---|---|---|---|---|---|---|---|---|---|---|---|---|---|---|---|---|---|---|---|---|---|---|---|---|---|---|---|---|---|
| | | 合计 | 个人业务 | | | | | | | 团体业务 | | | | | | | 其中:新单保费 | | 合计 | 个人业务 | | | | 团体业务 | | | | | |
| | | | 人寿保险 | | | | | 意外伤害险 | 健康险 | 人寿保险 | | | | | 意外伤害险 | 健康险 | | | | 赔款支出 | 死伤医疗给付 | 满期给付 | 年金给付 | 赔款支出 | 死伤医疗给付 | 满期给付 | 年金给付 | | |
| | | | 小计 | 普通寿险 | 分红寿险 | 投资连结保险 | 万能保险 | | | 小计 | 普通寿险 | 分红寿险 | 投资连结保险 | 万能保险 | | | | | | | | | | | | | | | |
| 苏州市 | 长城人寿 | 14.20 | 14.16 | 2.27 | 8.72 | 0.00 | 3.17 | 0.04 | 0.01 | 0.00 | 0.00 | 0.00 | 0.00 | 0.00 | 0.00 | 0.00 | 13.42 | 0.08 | 0.02 | 0.01 | 0.00 | 0.00 | 0.01 | 0.00 | 0.00 | 0.00 | 0.00 | 0.69 | 61.61 |
| | 金盛人寿 | 29.83 | 17.78 | 0.67 | 12.09 | 5.02 | 0.00 | 0.10 | 0.40 | 0.58 | 0.58 | 0.00 | 0.00 | 0.00 | 6.98 | 3.99 | 26.50 | 0.06 | 2.04 | 0.01 | 0.11 | 0.00 | 0.00 | 1.92 | 0.00 | 0.00 | 0.00 | 2.05 | 14032.03 |
| | 幸福人寿 | 77.00 | 69.90 | 0.58 | 23.08 | 0.00 | 46.24 | 0.02 | 0.08 | 5.02 | 0.02 | 5.00 | 0.00 | 0.00 | 1.33 | 0.67 | 77.01 | 0.29 | 0.10 | 0.01 | 0.01 | 0.00 | 0.00 | 0.09 | 0.00 | 0.00 | 0.00 | 33.19 | 831.06 |
| | 阳光人寿 | 74.80 | 74.33 | 0.91 | 66.76 | 0.00 | 6.66 | 0.06 | 0.24 | 0.00 | 0.00 | 0.00 | 0.00 | 0.00 | 0.12 | 0.05 | 71.86 | 0.65 | 0.14 | 0.01 | 0.03 | 0.11 | 0.00 | 0.00 | 0.00 | 0.00 | 0.00 | 8.69 | 981.91 |
| | 长生人寿 | 0.77 | 0.69 | 0.06 | 0.17 | 0.45 | 0.00 | 0.05 | 0.03 | 0.00 | 0.00 | .0.00 | 0.00 | 0.00 | 0.00 | 0.00 | 0.00 | 0.03 | 0.00 | 0.00 | 0.00 | 0.00 | 0.00 | 0.00 | 0.00 | 0.00 | 0.00 | 0.42 | 30.21 |
| | 小计: | 11599.95 | 10360.31 | 892.56 | 8303.85 | 141.74 | 1022.16 | 119.41 | 304.70 | 435.35 | 27.11 | 244.18 | 0.01 | 164.05 | 211.48 | 168.71 | 6153.73 | 488.86 | 1132.96 | 68.20 | 82.86 | 466.75 | 157.93 | 187.04 | 17.28 | 111.92 | 40.98 | 2417.91 | 1541115.66 |

## 南通市人身保险分公司业务统计表(2010)

表 24

(单位:人民币百万元,万件)

| 保险机构 | | 保费收入 | | | | | | | | | | | | | | | | 有效保单件数(万件) | 赔款及给付 | | | | | | | | | 退保金 | 保险金额 |
|---|---|---|---|---|---|---|---|---|---|---|---|---|---|---|---|---|---|---|---|---|---|---|---|---|---|---|---|---|---|
| | | 合计 | 个人业务 | | | | | | | 团体业务 | | | | | | | 其中:新单保费 | | 合计 | 个人业务 | | | | 团体业务 | | | | | |
| | | | 人寿保险 | | | | | 意外伤害险 | 健康险 | 人寿保险 | | | | | 意外伤害险 | 健康险 | | | | 赔款支出 | 死伤医疗给付 | 满期给付 | 年金给付 | 赔款支出 | 死伤医疗给付 | 满期给付 | 年金给付 | | |
| | | | 小计 | 普通寿险 | 分红寿险 | 投资连结保险 | 万能保险 | | | 小计 | 普通寿险 | 分红寿险 | 投资连结保险 | 万能保险 | | | | | | | | | | | | | | | |
| 南通市 | 国寿股份 | 3658.59 | 3463.12 | 334.52 | 3128.60 | 0.00 | 0.00 | 40.52 | 51.05 | 65.07 | 1.34 | 63.74 | 0.00 | 0.00 | 16.18 | 22.64 | 2432.74 | 185.33 | 544.57 | 33.11 | 37.41 | 372.03 | 32.45 | 30.47 | 0.22 | 0.00 | 38.88 | 203.73 | 150611.73 |
| | 太保人寿 | 748.11 | 700.30 | 72.66 | 625.18 | 0.00 | 2.46 | 21.11 | 1.22 | 12.28 | 2.90 | 9.38 | 0.00 | 0.00 | 10.63 | 2.56 | 522.07 | 39.46 | 162.99 | 3.11 | 7.21 | 139.88 | 6.58 | 3.53 | 0.04 | 2.20 | 0.44 | 51.64 | 14512.68 |
| | 平安人寿 | 1912.83 | 1798.64 | 56.92 | 713.29 | 47.56 | 980.87 | 3.54 | 105.50 | 5.11 | 0.06 | 5.05 | 0.00 | 0.00 | 0.03 | 0.01 | 345.03 | 54.26 | 126.19 | 6.66 | 25.27 | 60.14 | 23.03 | 8.20 | 0.07 | 0.00 | 2.82 | 116.87 | 88639.37 |
| | 新华人寿 | 946.99 | 940.74 | 28.82 | 848.32 | 0.00 | 63.61 | 0.54 | 0.72 | 1.12 | 0.01 | 1.12 | 0.00 | 0.00 | 2.87 | 1.00 | 660.23 | 14.45 | 100.14 | 9.01 | 0.00 | 89.14 | 0.23 | 1.54 | 0.00 | 0.23 | 0.00 | 80.70 | 2432.36 |
| | 泰康人寿 | 809.42 | 800.10 | 3.66 | 762.88 | 14.40 | 19.17 | 0.14 | 0.69 | 3.43 | 0.33 | 3.09 | 0.00 | 0.00 | 4.12 | 0.94 | 748.09 | 4.11 | 28.16 | 0.19 | 4.39 | 20.63 | 1.85 | 1.09 | 0.01 | 0.00 | 0.00 | 79.97 | 2385.60 |
| | 美国友邦 | 26.51 | 24.30 | 2.30 | 21.78 | 0.10 | 0.12 | 0.37 | 1.21 | 0.02 | 0.02 | 0.00 | 0.00 | 0.00 | 0.36 | 0.26 | 20.61 | 0.53 | 0.55 | 0.20 | 0.20 | 0.00 | 0.03 | 0.12 | 0.00 | 0.00 | 0.00 | 1.84 | 953.36 |
| | 太平人寿 | 193.29 | 183.29 | 1.52 | 181.74 | 0.03 | 0.00 | 0.66 | 3.56 | 2.72 | 0.38 | 2.34 | 0.00 | 0.00 | 0.44 | 2.62 | 132.22 | 3.92 | 9.50 | 0.35 | 2.00 | 0.84 | 4.97 | 0.68 | 0.04 | 0.63 | 0.00 | 29.34 | 301842.45 |
| | 民生人寿 | 463.39 | 462.13 | 4.91 | 453.34 | 0.00 | 3.88 | 0.05 | 0.77 | 0.00 | 0.00 | 0.00 | 0.00 | 0.00 | 0.28 | 0.15 | 392.12 | 1.07 | 5.37 | 0.49 | 1.72 | 0.00 | 3.10 | 0.06 | 0.00 | 0.00 | 0.00 | 15.44 | 3037.49 |
| | 生命人寿 | 143.36 | 139.11 | 1.16 | 131.86 | 0.00 | 6.09 | 0.02 | 0.21 | 0.00 | 0.00 | 0.00 | 0.00 | 0.00 | 4.00 | 0.01 | 9.55 | 0.59 | 2.62 | 0.09 | 0.52 | 0.89 | 0.36 | 0.76 | 0.00 | 0.00 | 0.00 | 6.59 | 258.42 |
| | 信诚人寿 | 31.68 | 31.38 | 0.14 | 22.50 | 8.74 | 0.00 | 0.02 | 0.27 | 0.00 | 0.00 | 0.00 | 0.00 | 0.00 | 0.01 | 0.01 | 29.43 | 0.30 | 0.19 | 0.02 | 0.07 | 0.11 | 0.00 | 0.00 | 0.00 | 0.00 | 0.00 | 1.46 | 173.76 |

续表 24

| 保险机构 | | 保费收入 | | | | | | | | | | | | | | | | 有效保单件数（万件） | 赔款及给付 | | | | | | | | | 退保金 | 保险金额 |
|---|---|---|---|---|---|---|---|---|---|---|---|---|---|---|---|---|---|---|---|---|---|---|---|---|---|---|---|---|---|
| | | 合计 | 个人业务 | | | | | | | 团体业务 | | | | | | | 其中：新单保费 | | 合计 | 个人业务 | | | | 团体业务 | | | | | |
| | | | 人寿保险 | | | | | 意外伤害险 | 健康险 | 人寿保险 | | | | | 意外伤害险 | 健康险 | | | | | | | | | | | | | |
| | | | 小计 | 普通寿险 | 分红寿险 | 投资连结保险 | 万能保险 | | | 小计 | 普通寿险 | 分红寿险 | 投资连结保险 | 万能保险 | | | | | | 赔款支出 | 死伤医疗给付 | 满期给付 | 年金给付 | 赔款支出 | 死伤医疗给付 | 满期给付 | 年金给付 | | |
| 南通市 | 合众人寿 | 251.62 | 249.61 | 0.21 | 229.14 | 0.00 | 20.26 | 0.30 | 1.70 | 0.00 | 0.00 | 0.00 | 0.00 | 0.00 | 0.01 | 0.00 | 205.98 | 6.07 | 57.70 | 0.19 | 3.47 | 52.59 | 1.37 | 0.08 | 0.00 | 0.00 | 0.00 | 8.56 | 4164.38 |
| | 海康人寿 | 52.76 | 52.05 | 2.78 | 32.91 | 0.18 | 16.18 | 0.09 | 0.62 | 0.00 | 0.00 | 0.00 | 0.00 | 0.00 | 0.00 | 0.00 | 45.07 | 0.87 | 0.54 | 0.09 | 0.14 | 0.00 | 0.31 | 0.00 | 0.00 | 0.00 | 0.00 | 6.38 | 373.03 |
| | 中宏人寿 | 9.29 | 7.64 | 0.01 | 7.63 | 0.00 | 0.00 | 0.07 | 1.51 | 0.00 | 0.00 | 0.00 | 0.00 | 0.00 | 0.04 | 0.04 | 3.43 | 0.07 | 0.43 | 0.00 | 0.38 | 0.00 | 0.00 | 0.05 | 0.00 | 0.00 | 0.00 | 0.37 | 77.05 |
| | 国泰人寿 | 11.00 | 8.23 | 0.56 | 6.79 | 0.00 | 0.88 | 0.08 | 1.52 | 0.00 | 0.00 | 0.00 | 0.00 | 0.00 | 0.70 | 0.47 | 7.58 | 1.19 | 1.14 | 0.02 | 0.13 | 0.00 | 0.27 | 0.72 | 0.00 | 0.00 | 0.00 | 2.10 | 1897.25 |
| | 人保健康 | 52.86 | 49.26 | 1.84 | 0.00 | 0.00 | 47.42 | 0.21 | 0.28 | 0.00 | 0.00 | 0.00 | 0.00 | 0.00 | 2.16 | 0.95 | 3.11 | 0.30 | 14.23 | 0.39 | 0.24 | 1.89 | 0.00 | 1.54 | 0.00 | 10.17 | 0.00 | 2.71 | 4351.08 |
| | 恒安标准 | 57.84 | 46.70 | 1.47 | 45.23 | 0.00 | 0.00 | 0.10 | 0.05 | 9.85 | 0.01 | 0.00 | 0.00 | 9.85 | 0.63 | 0.52 | 45.31 | 1.00 | 3.78 | 0.02 | 0.22 | 0.00 | 0.53 | 0.64 | 0.00 | 2.37 | 0.00 | 6.40 | 279.34 |
| | 光大永明 | 4.27 | 3.61 | 0.30 | 2.47 | 0.18 | 0.66 | 0.02 | 0.54 | 0.07 | 0.00 | 0.07 | 0.00 | 0.00 | 0.01 | 0.02 | 0.67 | 0.01 | 0.20 | 0.02 | 0.00 | 0.18 | 0.00 | 0.00 | 0.00 | 0.00 | 0.00 | 3.10 | 17.98 |
| | 嘉禾人寿 | 27.15 | 26.77 | 2.13 | 15.87 | 0.00 | 8.77 | 0.01 | 0.04 | 0.02 | 0.02 | 0.00 | 0.00 | 0.00 | 0.28 | 0.03 | 15.62 | 0.77 | 0.94 | 0.37 | 0.54 | 0.00 | 0.00 | 0.02 | 0.02 | 0.00 | 0.00 | 3.32 | 561.16 |
| | 和谐健康 | 0.10 | 0.00 | 0.00 | 0.00 | 0.00 | 0.00 | 0.00 | 0.00 | 0.00 | 0.00 | 0.00 | 0.00 | 0.00 | 0.10 | 0.00 | 0.10 | 0.00 | 0.86 | 0.00 | 0.00 | 0.00 | 0.00 | 0.86 | 0.00 | 0.00 | 0.00 | 0.37 | 20.00 |
| | 平安养老 | 40.41 | 0.00 | 0.00 | 0.00 | 0.00 | 0.00 | 0.00 | 0.00 | 0.67 | 0.67 | 0.00 | 0.00 | 0.00 | 25.56 | 14.18 | 40.41 | 0.75 | 16.76 | 0.00 | 0.00 | 0.00 | 0.00 | 16.72 | 0.00 | 0.00 | 0.04 | 0.06 | 68039.64 |
| | 华泰人寿 | 21.21 | 21.09 | 0.14 | 19.27 | 0.00 | 1.69 | 0.09 | 0.02 | 0.00 | 0.00 | 0.00 | 0.00 | 0.00 | 0.00 | 0.00 | 20.74 | 0.14 | 0.01 | 0.01 | 0.00 | 0.00 | 0.00 | 0.00 | 0.00 | 0.00 | 0.00 | 0.16 | 95.69 |
| | 正德人寿 | 128.48 | 128.29 | 0.00 | 35.26 | 0.00 | 93.03 | 0.00 | 0.16 | 0.00 | 0.00 | 0.00 | 0.00 | 0.00 | 0.02 | 0.01 | 120.63 | 0.45 | 0.17 | 0.02 | 0.13 | 0.00 | 0.00 | 0.02 | 0.00 | 0.00 | 0.00 | 16.03 | 106.93 |
| | 中德安联 | 26.92 | 26.65 | 0.52 | 23.13 | 2.96 | 0.04 | 0.03 | 0.22 | 0.00 | 0.00 | 0.00 | 0.00 | 0.00 | 0.02 | 0.01 | 22.01 | 0.50 | 0.40 | 0.01 | 0.23 | 0.14 | 0.03 | 0.00 | 0.00 | 0.00 | 0.00 | 3.17 | 211.69 |
| | 华夏人寿 | 31.13 | 29.96 | 0.22 | 28.62 | 0.00 | 1.13 | 0.01 | 0.35 | 0.00 | 0.00 | 0.00 | 0.00 | 0.00 | 0.62 | 0.18 | 0.80 | 1.88 | 0.43 | 0.01 | 0.20 | 0.00 | 0.00 | 0.22 | 0.00 | 0.00 | 0.00 | 1.02 | 818.54 |
| | 人保寿险 | 1015.36 | 1002.52 | 0.38 | 990.94 | 0.00 | 11.20 | 0.43 | 0.93 | 3.29 | 0.43 | 2.86 | 0.00 | 0.00 | 5.52 | 2.67 | 11.48 | 5.94 | 14.60 | 0.00 | 12.32 | 0.00 | 0.00 | 0.00 | 2.28 | 0.00 | 0.00 | 9.09 | 16850.64 |
| | 信泰人寿 | 100.41 | 100.41 | 0.01 | 100.40 | 0.00 | 0.00 | 0.00 | 0.00 | 0.00 | 0.00 | 0.00 | 0.00 | 0.00 | (0.01) | (0.00) | (0.01) | 4426 | 0.00 | 0.00 | 0.00 | 0.00 | 0.00 | 0.00 | 0.00 | 0.00 | 0.00 | 1.27 | 3706.14 |
| | 中英人寿 | 29.44 | 29.36 | 0.57 | 28.79 | 0.00 | 0.00 | 0.06 | 0.00 | 0.00 | 0.00 | 0.00 | 0.00 | 0.00 | 0.01 | 0.01 | 27.81 | 0.00 | 0.11 | 0.00 | 0.11 | 0.00 | 0.00 | 0.00 | 0.00 | 0.00 | 0.00 | 0.82 | 123.60 |
| | 长城人寿 | 57.92 | 57.87 | 2.21 | 55.05 | 0.00 | 0.61 | 0.04 | 0.01 | 0.00 | 0.00 | 0.00 | 0.00 | 0.00 | 0.00 | 0.00 | 53.08 | 0.35 | 0.17 | 0.15 | 0.00 | 0.00 | 0.02 | 0.00 | 0.00 | 0.00 | 0.00 | 0.68 | 137.74 |
| | 幸福人寿 | 13.26 | 13.22 | 0.00 | 7.04 | 0.00 | 6.18 | 0.00 | 0.03 | 0.00 | 0.00 | 0.00 | 0.00 | 0.00 | 0.00 | 0.01 | 12.98 | 0.09 | 0.00 | 0.00 | 0.00 | 0.00 | 0.00 | 0.00 | 0.00 | 0.00 | 0.00 | 0.21 | 58.56 |
| | 阳光人寿 | 141.35 | 140.73 | 0.19 | 113.49 | 0.00 | 27.05 | 0.04 | 0.14 | 0.00 | 0.00 | 0.00 | 0.00 | 0.00 | 0.43 | 0.02 | 121.99 | 1.92 | 0.81 | 0.00 | 0.16 | 0.56 | 0.00 | 0.09 | 0.00 | 0.00 | 0.00 | 2.74 | 4154.47 |
| | 国华人寿 | 51.57 | 51.57 | 0.00 | 51.57 | 0.00 | 0.00 | 0.00 | 0.00 | 0.00 | 0.00 | 0.00 | 0.00 | 0.00 | 0.00 | 0.00 | 0.00 | 0.18 | 0.00 | 0.00 | 0.00 | 0.00 | 0.00 | 0.00 | 0.00 | 0.00 | 0.00 | 25.20 | 66.60 |
| | 小计： | 11058.51 | 10588.65 | 520.15 | 8683.07 | 74.15 | 1311.28 | 68.56 | 173.31 | 103.67 | 6.17 | 87.65 | 0.00 | 9.85 | 75.00 | 49.31 | 6050.88 | 326.94 | 1093.58 | 54.51 | 97.06 | 739.02 | 75.13 | 67.42 | 2.67 | 15.60 | 42.18 | 681.34 | 670863.04 |

## 连云港市人身保险分公司业务统计表(2010)

表 25

(单位：人民币百万元，万件)

| 保险机构 | | 保费收入 | | | | | | | | | | | | | | | | 有效保单件数(万件) | 赔款及给付 | | | | | | | | | 退保金 | 保险金额 |
|---|---|---|---|---|---|---|---|---|---|---|---|---|---|---|---|---|---|---|---|---|---|---|---|---|---|---|---|---|---|
| | | 合计 | 个人业务 | | | | | | | 团体业务 | | | | | | | 其中：新单保费 | | 合计 | 个人业务 | | | | 团体业务 | | | | | |
| | | | 人寿保险 | | | | | 意外伤害险 | 健康险 | 人寿保险 | | | | | 意外伤害险 | 健康险 | | | | | | | | | | | | | |
| | | | 小计 | 普通寿险 | 分红寿险 | 投资连结保险 | 万能保险 | | | 小计 | 普通寿险 | 分红寿险 | 投资连结保险 | 万能保险 | | | | | | 赔款支出 | 死伤医疗给付 | 满期给付 | 年金给付 | 赔款支出 | 死伤医疗给付 | 满期给付 | 年金给付 | | |
| 连云港市 | 国寿股份 | 1258.28 | 1131.87 | 189.08 | 942.78 | 0.00 | 0.00 | 22.62 | 43.72 | 46.64 | 1.15 | 45.50 | 0.00 | 0.00 | 5.31 | 8.12 | 699.28 | 94.41 | 184.40 | 14.14 | 15.85 | 133.74 | 10.67 | 8.05 | 1.86 | 0.00 | 0.08 | 151.32 | 59276.09 |
| | 太保人寿 | 278.15 | 258.91 | 114.57 | 141.18 | 0.00 | 3.16 | 10.33 | 1.18 | 4.11 | 0.08 | 4.03 | 0.00 | 0.00 | 2.82 | 0.80 | 102.09 | 35.82 | 42.66 | 2.30 | 4.06 | 30.67 | 3.43 | 1.75 | 0.15 | 0.12 | 0.18 | 58.16 | 11752.52 |
| | 平安人寿 | 240.03 | 217.27 | 11.51 | 58.97 | 0.01 | 146.78 | 0.69 | 22.07 | 0.00 | 0.00 | 0.00 | 0.00 | 0.00 | 0.00 | 0.00 | 25.70 | 7.99 | 17.20 | 1.48 | 3.75 | 5.45 | 6.37 | 0.11 | 0.00 | 0.00 | 0.04 | 33.46 | 8622.29 |
| | 新华人寿 | 61.43 | 61.03 | 0.74 | 54.61 | 0.00 | 5.68 | 0.00 | 0.01 | 0.24 | 0.00 | 0.24 | 0.00 | 0.00 | 0.10 | 0.03 | 50.64 | 0.67 | 0.06 | 0.02 | 0.00 | 0.00 | 0.01 | 0.03 | 0.00 | 0.00 | 0.00 | 1.52 | 266.94 |
| | 泰康人寿 | 182.84 | 179.71 | 4.38 | 146.00 | 0.27 | 29.06 | 0.17 | 0.75 | 0.00 | 0.00 | 0.00 | 0.00 | 0.00 | 1.60 | 0.59 | 131.83 | 1.16 | 10.73 | 0.54 | 1.01 | 6.99 | 1.50 | 0.69 | 0.00 | 0.00 | 0.00 | 24.59 | 605.79 |
| | 太平人寿 | 37.87 | 28.81 | 0.03 | 28.78 | 0.00 | 0.00 | 0.29 | 1.00 | 7.79 | 0.00 | 7.79 | 0.00 | 0.00 | 0.00 | 0.00 | 31.68 | 0.71 | 0.72 | 0.06 | 0.04 | 0.00 | 0.61 | 0.01 | 0.00 | 0.00 | 0.00 | 0.44 | 427.90 |
| | 民生人寿 | 19.63 | 19.27 | 6.79 | 12.47 | 0.00 | 0.00 | 0.04 | 0.22 | 0.00 | 0.00 | 0.00 | 0.00 | 0.00 | 0.05 | 0.05 | 6.15 | 0.26 | 1.39 | 0.19 | 0.29 | 0.00 | 0.90 | 0.01 | 0.00 | 0.00 | 0.00 | 0.72 | 784.06 |
| | 生命人寿 | 2.40 | 2.40 | 0.09 | 1.77 | 0.00 | 0.54 | 0.00 | 0.00 | 0.00 | 0.00 | 0.00 | 0.00 | 0.00 | 0.00 | 0.00 | 2.40 | 0.04 | 0.54 | 0.00 | 0.00 | 0.12 | 0.42 | 0.00 | 0.00 | 0.00 | 0.00 | 0.02 | 25.03 |
| | 合众人寿 | 6.35 | 6.05 | 0.00 | 5.50 | 0.00 | 0.55 | 0.03 | 0.27 | 0.00 | 0.00 | 0.00 | 0.00 | 0.00 | 0.00 | 0.00 | 3.46 | 0.30 | 0.42 | 0.17 | 0.00 | 0.24 | 0.01 | 0.00 | 0.00 | 0.00 | 0.00 | 0.23 | 393.05 |
| | 华泰人寿 | 9.76 | 9.33 | 0.51 | 3.42 | 0.00 | 5.40 | 0.41 | 0.02 | 0.00 | 0.00 | 0.00 | 0.00 | 0.00 | 0.00 | 0.00 | 7.91 | 0.23 | 0.37 | 0.22 | 0.15 | 0.00 | 0.00 | 0.00 | 0.00 | 0.00 | 0.00 | 0.52 | 339.50 |
| | 正德人寿 | 113.63 | 112.93 | 0.00 | 21.41 | 0.00 | 91.52 | 0.03 | 0.42 | 0.09 | 0.00 | 0.09 | 0.00 | 0.00 | 0.15 | 0.01 | 104.90 | 0.25 | 0.35 | 0.05 | 0.12 | 0.00 | 0.00 | 0.18 | 0.00 | 0.00 | 0.00 | 12.60 | 173.26 |
| | 人保寿险 | 114.48 | 111.89 | 0.04 | 111.85 | 0.00 | 0.00 | 0.03 | 0.17 | 0.27 | 0.11 | 0.16 | 0.00 | 0.00 | 0.73 | 1.39 | 2.39 | 0.67 | 10.02 | 0.00 | 10.00 | 0.00 | 0.00 | 0.00 | 0.02 | 0.00 | 0.00 | 0.56 | 2897.14 |
| | 阳光人寿 | 1.23 | 1.20 | 0.02 | 0.40 | 0.00 | 0.78 | 0.00 | 0.02 | 0.00 | 0.00 | 0.00 | 0.00 | 0.00 | 0.00 | 0.00 | 1.23 | 0.06 | 0.00 | 0.00 | 0.00 | 0.00 | 0.00 | 0.00 | 0.00 | 0.00 | 0.00 | 0.03 | 64.30 |
| | 小计： | 2326.09 | 2140.66 | 327.77 | 1529.15 | 0.28 | 283.46 | 34.65 | 69.86 | 59.15 | 1.35 | 57.80 | 0.00 | 0.00 | 10.78 | 10.99 | 1169.64 | 142.57 | 268.84 | 19.16 | 35.27 | 177.21 | 23.91 | 10.83 | 2.03 | 0.12 | 0.30 | 284.16 | 85627.87 |

## 淮安市人身保险分公司业务统计表(2010)

表 26

(单位:人民币百万元,万件)

| 保险机构 | | 保费收入 | | | | | | | | | | | | | | | | 有效保单件数(万件) | 赔款及给付 | | | | | | | | | 退保金 | 保险金额 |
|---|---|---|---|---|---|---|---|---|---|---|---|---|---|---|---|---|---|---|---|---|---|---|---|---|---|---|---|---|---|
| | | 合计 | 个人业务 | | | | | | | 团体业务 | | | | | | | 其中:新单保费 | | 合计 | 个人业务 | | | | 团体业务 | | | | | |
| | | | 人寿保险 | | | | | 意外伤害险 | 健康险 | 人寿保险 | | | | | 意外伤害险 | 健康险 | | | | | | | | | | | | | |
| | | | 小计 | 普通寿险 | 分红寿险 | 投资连结保险 | 万能保险 | | | 小计 | 普通寿险 | 分红寿险 | 投资连结保险 | 万能保险 | | | | | | 赔款支出 | 死伤医疗给付 | 满期给付 | 年金给付 | 赔款支出 | 死伤医疗给付 | 满期给付 | 年金给付 | | |
| 淮安市 | 国寿股份 | 1240.72 | 1144.20 | 222.04 | 922.16 | 0.00 | 0.00 | 18.36 | 42.24 | 11.17 | 0.32 | 10.35 | 0.00 | 0.00 | 8.74 | 16.01 | 649.80 | 109.47 | 203.44 | 15.91 | 19.83 | 139.83 | 9.26 | 18.02 | 0.48 | 0.00 | 0.11 | 163.80 | 181857.21 |
| | 太保人寿 | 205.13 | 180.39 | 64.24 | 115.35 | 0.00 | 0.80 | 7.33 | 0.90 | 14.01 | 14.01 | 0.00 | 0.00 | 0.00 | 2.17 | 0.32 | 110.31 | 37.54 | 34.89 | 2.57 | 3.72 | 25.99 | 0.62 | 1.95 | 0.01 | 0.03 | 0.01 | 27.83 | 7814.75 |
| | 平安人寿 | 194.71 | 174.17 | 8.12 | 101.03 | 0.16 | 64.86 | 0.42 | 20.11 | 0.01 | 0.01 | 0.00 | 0.00 | 0.00 | 0.00 | 0.00 | 63.64 | 8.02 | 19.34 | 1.07 | 3.59 | 9.70 | 4.87 | 0.10 | 0.00 | 0.00 | 0.01 | 17.62 | 3489.11 |
| | 新华人寿 | 12.64 | 12.39 | 0.34 | 11.66 | 0.00 | 0.39 | 0.01 | 0.02 | 0.00 | 0.00 | 0.00 | 0.00 | 0.00 | 0.18 | 0.05 | 12.56 | 0.15 | 0.03 | 0.00 | 0.00 | 0.00 | 0.00 | 0.03 | 0.00 | 0.00 | 0.00 | 0.24 | 73.06 |
| | 泰康人寿 | 382.18 | 381.09 | 3.35 | 352.61 | 0.04 | 25.10 | 0.06 | 0.23 | 0.00 | 0.00 | 0.00 | 0.00 | 0.00 | 0.57 | 0.22 | 338.42 | 2.29 | 5.16 | 0.11 | 1.65 | 2.09 | 1.20 | 0.12 | 0.00 | 0.00 | 0.00 | 44.04 | 772.91 |
| | 太平人寿 | 75.99 | 65.22 | 0.19 | 65.01 | 0.02 | 0.00 | 0.25 | 1.91 | 0.19 | 0.19 | 0.00 | 0.00 | 0.00 | 1.02 | 7.40 | 49.75 | 1.96 | 3.97 | 0.12 | 0.74 | 0.00 | 2.42 | 0.05 | 0.06 | 0.00 | 0.58 | 31.08 | 1229.20 |
| | 生命人寿 | 3.97 | 3.97 | 0.06 | 3.49 | 0.00 | 0.41 | 0.00 | 0.00 | 0.00 | 0.00 | 0.00 | 0.00 | 0.00 | 0.00 | 0.00 | 1.90 | 0.04 | 0.41 | 0.00 | 0.00 | 0.11 | 0.30 | 0.00 | 0.00 | 0.00 | 0.00 | 0.00 | 20.56 |
| | 合众人寿 | 3.63 | 3.42 | 0.01 | 2.81 | 0.00 | 0.60 | 0.02 | 0.20 | 0.00 | 0.00 | 0.00 | 0.00 | 0.00 | 0.00 | 0.00 | 1.69 | 0.13 | 0.23 | 0.00 | 0.06 | 0.00 | 0.17 | 0.00 | 0.00 | 0.00 | 0.00 | 0.17 | 156.83 |
| | 人保寿险 | 108.99 | 107.87 | 0.01 | 107.86 | 0.00 | 0.00 | 0.03 | 0.03 | 0.47 | 0.02 | 0.45 | 0.00 | 0.00 | 0.22 | 0.37 | 1.06 | 0.76 | 10.01 | 0.00 | 10.00 | 0.00 | 0.00 | 0.00 | 0.00 | 0.00 | 0.00 | 0.57 | 1369.01 |
| | 小计: | 2227.95 | 2072.72 | 298.36 | 1681.98 | 0.21 | 92.16 | 26.48 | 65.64 | 25.84 | 15.05 | 10.80 | 0.00 | 0.00 | 12.91 | 24.37 | 1229.14 | 160.37 | 277.48 | 19.79 | 39.58 | 177.72 | 18.82 | 20.26 | 0.57 | 0.03 | 0.71 | 285.34 | 196782.64 |

## 盐城市人身保险分公司业务统计表(2010)

表 27　　　　(单位:人民币百万元,万件)

| 保险机构 | | 保费收入 | | | | | | | | | | | | | | | | 有效保单件数(万件) | 赔款及给付 | | | | | | | | | 退保金 | 保险金额 |
|---|---|---|---|---|---|---|---|---|---|---|---|---|---|---|---|---|---|---|---|---|---|---|---|---|---|---|---|---|---|
| | | 合计 | 个人业务 | | | | | | | 团体业务 | | | | | | | 其中:新单保费 | | 合计 | 个人业务 | | | | 团体业务 | | | | | |
| | | | 人寿保险 | | | | | 意外伤害险 | 健康险 | 人寿保险 | | | | | 意外伤害险 | 健康险 | | | | | | | | | | | | | |
| | | | 小计 | 普通寿险 | 分红寿险 | 投资连结保险 | 万能保险 | | | 小计 | 普通寿险 | 分红寿险 | 投资连结保险 | 万能保险 | | | | | | 赔款支出 | 死伤医疗给付 | 满期给付 | 年金给付 | 赔款支出 | 死伤医疗给付 | 满期给付 | 年金给付 | | |
| 盐城市 | 国寿股份 | 2140.39 | 1981.69 | 424.23 | 1557.47 | 0.00 | 0.00 | 38.77 | 59.79 | 43.72 | 0.82 | 37.02 | 0.00 | 5.89 | 10.19 | 6.22 | 1121.16 | 252.12 | 409.63 | 28.63 | 39.23 | 299.32 | 17.35 | 13.41 | 0.66 | 0.99 | 10.04 | 196.69 | 112997.56 |
| | 太保人寿 | 355.67 | 342.05 | 166.85 | 171.27 | 0.00 | 3.93 | 6.05 | 0.66 | 0.18 | 0.18 | 0.00 | 0.00 | 0.00 | 5.67 | 1.05 | 102.62 | 36.34 | 105.00 | 1.18 | 7.01 | 93.02 | 2.44 | 1.28 | 0.00 | 0.01 | 0.06 | 21.05 | 11197.17 |
| | 平安人寿 | 920.53 | 834.56 | 19.44 | 304.98 | 8.33 | 501.81 | 2.66 | 83.07 | 0.12 | 0.07 | 0.05 | 0.00 | 0.00 | 0.03 | 0.09 | 104.61 | 39.85 | 76.35 | 6.30 | 23.83 | 27.74 | 13.61 | 1.74 | 0.00 | 0.00 | 3.13 | 112.89 | 52807.42 |
| | 新华人寿 | 223.00 | 221.47 | 9.40 | 201.38 | 0.00 | 10.69 | 0.22 | 0.07 | 0.32 | 0.00 | 0.32 | 0.00 | 0.00 | 0.76 | 0.16 | 140.36 | 7.41 | 20.30 | 2.48 | 0.00 | 17.24 | 0.01 | 0.57 | 0.00 | 0.00 | 0.00 | 20.64 | 607.36 |
| | 泰康人寿 | 355.34 | 353.20 | 3.52 | 312.10 | 0.58 | 37.01 | 0.12 | 0.36 | 0.05 | 0.05 | 0.00 | 0.00 | 0.00 | 0.98 | 0.63 | 298.86 | 2.18 | 8.32 | 0.20 | 2.34 | 3.80 | 1.37 | 0.60 | 0.00 | 0.00 | 0.00 | 29.79 | 718.31 |
| | 太平人寿 | 135.51 | 129.33 | 0.77 | 128.51 | 0.05 | 0.00 | 1.38 | 4.71 | 0.05 | 0.01 | 0.04 | 0.00 | 0.00 | 0.03 | 0.01 | 81.23 | 4.72 | 6.98 | 0.63 | 0.96 | 0.46 | 4.49 | 0.44 | 0.00 | 0.00 | 0.00 | 17.18 | 2048.32 |
| | 民生人寿 | 124.22 | 123.12 | 8.38 | 114.74 | 0.00 | 0.00 | 0.08 | 0.70 | 0.00 | 0.00 | 0.00 | 0.00 | 0.00 | 0.19 | 0.12 | 64.51 | 0.54 | 7.83 | 0.35 | 1.63 | 3.79 | 2.03 | 0.04 | 0.00 | 0.00 | 0.00 | 13.64 | 2357.58 |
| | 生命人寿 | 81.87 | 80.71 | 2.68 | 68.95 | 0.00 | 9.08 | 0.05 | 0.46 | 0.00 | 0.00 | 0.00 | 0.00 | 0.00 | 0.60 | 0.05 | 11.63 | 0.62 | 3.60 | 0.20 | 1.01 | 1.84 | 0.52 | 0.02 | 0.00 | 0.00 | 0.00 | 6.75 | 484.79 |
| | 合众人寿 | 121.00 | 117.46 | 0.59 | 92.76 | 0.00 | 24.11 | 0.43 | 2.97 | 0.00 | 0.00 | 0.00 | 0.00 | 0.00 | 0.13 | 0.02 | 69.79 | 4.01 | 15.57 | 0.21 | 1.70 | 12.37 | 1.18 | 0.11 | 0.00 | 0.00 | 0.00 | 10.62 | 2902.92 |
| | 中宏人寿 | 0.45 | 0.33 | 0.00 | 0.33 | 0.00 | 0.00 | 0.00 | 0.11 | 0.00 | 0.00 | 0.00 | 0.00 | 0.00 | 0.00 | 0.00 | 0.45 | 0.01 | 0.00 | 0.00 | 0.00 | 0.00 | 0.00 | 0.00 | 0.00 | 0.00 | 0.00 | 0.00 | 12.13 |
| | 恒安标准 | 10.71 | 10.64 | 1.11 | 9.53 | 0.00 | 0.00 | 0.05 | 0.01 | 0.00 | 0.00 | 0.00 | 0.00 | 0.00 | 0.00 | 0.00 | 5.44 | 0.31 | 0.27 | 0.02 | 0.06 | 0.00 | 0.19 | 0.00 | 0.00 | 0.00 | 0.00 | 4.03 | 89.96 |
| | 嘉禾人寿 | 15.34 | 15.29 | 2.92 | 4.96 | 0.00 | 7.41 | 0.01 | 0.04 | 0.00 | 0.00 | 0.00 | 0.00 | 0.00 | 0.00 | 0.00 | 6.06 | 0.07 | 0.22 | 0.02 | 0.19 | 0.00 | 0.00 | 0.01 | 0.01 | 0.00 | 0.00 | 2.21 | 358.11 |
| | 平安养老 | 8.03 | 0.00 | 0.00 | 0.00 | 0.00 | 0.00 | 0.00 | 0.00 | 0.00 | 0.00 | 0.00 | 0.00 | 0.00 | 5.96 | 2.07 | 8.03 | 0.39 | 3.67 | 0.00 | 0.00 | 0.00 | 0.00 | 3.67 | 0.00 | 0.00 | 0.00 | 0.00 | 19883.51 |
| | 华泰人寿 | 47.79 | 46.65 | 1.22 | 21.19 | 2.50 | 21.74 | 1.04 | 0.10 | 0.00 | 0.00 | 0.00 | 0.00 | 0.00 | 0.00 | 0.00 | 29.78 | 0.64 | 1.46 | 0.68 | 0.78 | 0.00 | 0.00 | 0.00 | 0.00 | 0.00 | 0.00 | 12.81 | 749.73 |
| | 正德人寿 | 107.14 | 107.02 | 0.00 | 12.55 | 0.00 | 94.47 | 0.01 | 0.10 | 0.00 | 0.00 | 0.00 | 0.00 | 0.00 | 0.01 | 0.00 | 106.09 | 0.64 | 0.06 | 0.06 | 0.00 | 0.00 | 0.00 | 0.00 | 0.00 | 0.00 | 0.00 | 4.79 | 85.34 |
| | 中德安联 | 17.27 | 17.13 | 0.47 | 13.85 | 2.75 | 0.06 | 0.01 | 0.13 | 0.00 | 0.00 | 0.00 | 0.00 | 0.00 | 0.00 | 0.00 | 13.22 | 0.34 | 0.25 | 0.01 | 0.02 | 0.21 | 0.01 | 0.00 | 0.00 | 0.00 | 0.00 | 2.24 | 148.14 |
| | 华夏人寿 | 34.82 | 32.63 | 1.10 | 15.32 | 0.00 | 16.21 | 0.08 | 1.01 | 0.00 | 0.00 | 0.00 | 0.00 | 0.00 | 0.89 | 0.21 | 1.11 | 1.33 | 0.37 | 0.02 | 0.18 | 0.00 | 0.00 | 0.17 | 0.00 | 0.00 | 0.00 | 8.32 | 1048.03 |
| | 人保寿险 | 276.27 | 272.01 | 0.11 | 270.55 | 0.00 | 1.35 | 0.14 | 0.34 | 1.14 | 0.10 | 1.04 | 0.00 | 0.00 | 1.25 | 1.39 | 3.78 | 4.16 | 11.60 | 0.00 | 10.86 | 0.01 | 0.00 | 0.00 | 0.75 | 0.00 | 0.00 | 13.54 | 5099.24 |
| | 信泰人寿 | 54.92 | 54.87 | 0.38 | 53.88 | 0.00 | 0.61 | 0.03 | 0.02 | 0.00 | 0.00 | 0.00 | 0.00 | 0.00 | 0.00 | 0.00 | 1.00 | 0.45 | 0.09 | 0.00 | 0.00 | 0.00 | 0.01 | 0.08 | 0.00 | 0.00 | 0.00 | 1.19 | 6411.54 |
| | 长城人寿 | 5.46 | 5.41 | 1.29 | 4.12 | 0.00 | 0.00 | 0.04 | 0.01 | 0.00 | 0.00 | 0.00 | 0.00 | 0.00 | 0.00 | 0.00 | 4.97 | 0.10 | 0.24 | 0.22 | 0.00 | 0.00 | 0.01 | 0.00 | 0.00 | 0.00 | 0.00 | 0.06 | 87.49 |
| | 幸福人寿 | 5.66 | 5.56 | 0.00 | 5.47 | 0.00 | 0.09 | 0.02 | 0.05 | 0.00 | 0.00 | 0.00 | 0.00 | 0.00 | 0.00 | 0.03 | 5.66 | 0.18 | 0.00 | 0.00 | 0.00 | 0.00 | 0.00 | 0.00 | 0.00 | 0.00 | 0.00 | 0.04 | 24.99 |
| | 阳光人寿 | 30.65 | 30.26 | 0.17 | 15.62 | 0.00 | 14.47 | 0.07 | 0.21 | 0.00 | 0.00 | 0.00 | 0.00 | 0.00 | 0.11 | 0.00 | 25.95 | 0.93 | 0.31 | 0.02 | 0.14 | 0.08 | 0.00 | 0.07 | 0.00 | 0.00 | 0.00 | 1.16 | 1759.04 |
| | 小计: | 5072.04 | 4781.41 | 644.62 | 3379.53 | 14.22 | 743.04 | 51.25 | 154.93 | 45.58 | 1.23 | 38.47 | 0.00 | 5.89 | 26.81 | 12.07 | 2206.31 | 357.34 | 672.13 | 41.23 | 89.96 | 459.89 | 43.22 | 22.19 | 1.41 | 1.01 | 13.24 | 479.63 | 221878.67 |

表 28

# 扬州市人身保险分公司业务统计表(2010)

(单位:人民币百万元,万件)

| 保险机构 | | 保费收入 | | | | | | | | | | | | | | | | 有效保单件数(万件) | 赔款及给付 | | | | | | | | | 退保金 | 保险金额 |
|---|---|---|---|---|---|---|---|---|---|---|---|---|---|---|---|---|---|---|---|---|---|---|---|---|---|---|---|---|---|
| | | 合计 | 个人业务 | | | | | | | 团体业务 | | | | | | | 其中:新单保费 | | 合计 | 个人业务 | | | | 团体业务 | | | | | |
| | | | 人寿保险 | | | | | 意外伤害险 | 健康险 | 人寿保险 | | | | | 意外伤害险 | 健康险 | | | | 赔款支出 | 死伤医疗给付 | 满期给付 | 年金给付 | 赔款支出 | 死伤医疗给付 | 满期给付 | 年金给付 | | |
| | | | 小计 | 普通寿险 | 分红寿险 | 投资连结保险 | 万能保险 | | | 小十 | 普通寿险 | 分红寿险 | 投资连结保险 | 万能保险 | | | | | | | | | | | | | | | |
| 扬州市 | 国寿股份 | 2433.08 | 2222.45 | 380.84 | 1841.60 | 0.00 | 0.00 | 27.50 | 100.31 | 26.47 | 1.20 | 25.27 | 0.00 | 0.00 | 15.76 | 40.59 | 1282.02 | 148.99 | 438.66 | 30.83 | 33.82 | 305.57 | 23.68 | 17.32 | 23.97 | 0.00 | 3.48 | 274.57 | 139311.00 |
| | 太保人寿 | 407.20 | 357.66 | 97.05 | 257.20 | 0.00 | 3.41 | 9.25 | 2.20 | 24.96 | 5.65 | 19.18 | 0.00 | 0.13 | 10.17 | 2.97 | 208.90 | 43.52 | 110.75 | 2.49 | 6.32 | 77.17 | 15.62 | 4.83 | 0.00 | 3.85 | 0.46 | 70.00 | 25372.05 |
| | 平安人寿 | 407.90 | 348.54 | 22.79 | 121.47 | 8.12 | 196.16 | 1.09 | 58.11 | 0.07 | 0.07 | 0.00 | 0.00 | 0.00 | 0.05 | 0.04 | 54.18 | 17.04 | 42.42 | 3.34 | 8.49 | 14.12 | 14.04 | 1.93 | 0.04 | 0.06 | 0.40 | 32.93 | 49644.85 |
| | 新华人寿 | 290.61 | 280.64 | 12.11 | 252.20 | 0.00 | 16.33 | 0.13 | 0.21 | 0.10 | 0.01 | 0.09 | 0.00 | 0.00 | 0.70 | 8.83 | 198.11 | 6.15 | 39.08 | 2.89 | 0.00 | 24.18 | 0.03 | 11.97 | 0.00 | 0.00 | 0.00 | 36.06 | 725.17 |
| | 泰康人寿 | 266.42 | 252.32 | 6.09 | 206.01 | 0.42 | 39.81 | 0.13 | 0.70 | 7.37 | 4.33 | 3.04 | 0.00 | 0.00 | 3.93 | 1.97 | 208.76 | 1.10 | 9.29 | 0.38 | 2.06 | 4.05 | 1.45 | 1.29 | 0.05 | 0.00 | 0.01 | 32.38 | 1159.16 |
| | 美国友邦 | 10.15 | 9.43 | 0.50 | 8.83 | 0.00 | 0.10 | 0.09 | 0.40 | 0.03 | 0.03 | 0.00 | 0.00 | 0.00 | 0.03 | 0.18 | 8.94 | 0.11 | 0.19 | 0.05 | 0.09 | 0.00 | 0.00 | 0.05 | 0.00 | 0.00 | 0.00 | 0.09 | 211.10 |
| | 太平人寿 | 223.52 | 216.08 | 2.28 | 213.72 | 0.08 | 0.00 | 1.09 | 6.23 | 0.08 | 0.02 | 0.06 | 0.00 | 0.00 | 0.03 | 0.01 | 163.69 | 5.20 | 7.97 | 0.54 | 1.72 | 1.19 | 4.26 | 0.25 | 0.00 | 0.00 | 0.01 | 19.33 | 2293.88 |
| | 民生人寿 | 45.01 | 44.27 | 5.02 | 39.26 | 0.00 | (0.01) | 0.15 | 0.61 | 0.00 | 0.00 | 0.00 | 0.00 | 0.00 | (0.05) | 0.03 | 16.62 | 0.30 | 4.10 | 0.33 | 0.66 | 1.61 | 1.45 | 0.05 | 0.00 | 0.00 | 0.00 | 2.41 | 1041.38 |
| | 生命人寿 | 95.85 | 94.16 | 1.76 | 90.52 | 0.00 | 1.87 | 0.04 | 0.45 | 0.04 | 0.04 | 0.00 | 0.00 | 0.00 | 0.87 | 0.30 | 5.12 | 0.39 | 30.98 | 0.21 | 0.45 | 29.56 | 0.19 | 0.57 | 0.00 | 0.00 | 0.00 | 9.79 | 1006.32 |
| | 合众人寿 | 60.57 | 58.50 | 0.29 | 47.91 | 0.00 | 10.30 | 0.12 | 1.96 | 0.00 | 0.00 | 0.00 | 0.00 | 0.00 | 0.00 | 0.00 | 37.79 | 1.31 | 1.84 | 0.08 | 0.82 | 0.00 | 0.89 | 0.06 | 0.00 | 0.00 | 0.00 | 4.87 | 1349.35 |
| | 海康人寿 | 11.63 | 11.37 | 0.15 | 3.89 | 0.00 | 7.33 | 0.07 | 0.19 | 0.01 | 0.00 | 0.00 | 0.00 | 0.00 | 0.00 | 0.00 | 10.60 | 0.17 | 0.08 | 0.02 | 0.02 | 0.00 | 0.04 | 0.00 | 0.00 | 0.00 | 0.00 | 5.77 | 111.08 |
| | 中宏人寿 | 4.56 | 3.47 | 0.01 | 3.46 | 0.00 | 0.00 | 0.07 | 0.99 | 0.00 | 0.00 | 0.00 | 0.00 | 0.00 | 0.02 | 0.02 | 2.79 | 0.07 | 0.19 | 0.00 | 0.16 | 0.00 | 0.00 | 0.02 | 0.00 | 0.00 | 0.00 | 0.19 | 67.53 |
| | 国泰人寿 | 4.54 | 2.89 | 0.61 | 1.39 | 0.00 | 0.88 | 0.05 | 0.93 | 0.00 | 0.00 | 0.00 | 0.00 | 0.00 | 0.48 | 0.19 | 2.21 | 0.30 | 0.64 | 0.00 | 0.05 | 0.00 | 0.20 | 0.38 | 0.00 | 0.00 | 0.00 | 0.35 | 1080.20 |
| | 人保健康 | 42.46 | 33.99 | 1.28 | 0.00 | 0.00 | 32.71 | 0.26 | 0.28 | 0.01 | 0.00 | 0.00 | 0.00 | 0.00 | 5.01 | 2.92 | 8.06 | 0.30 | 5.03 | 0.05 | 0.08 | 2.14 | 0.00 | 2.20 | 0.00 | 0.56 | 0.00 | 1.43 | 19562.33 |
| | 海尔纽约 | 2.44 | 1.85 | 0.08 | 0.89 | 0.00 | 0.88 | 0.04 | 0.55 | 0.00 | 0.00 | 0.00 | 0.00 | 0.00 | 0.00 | 0.00 | 0.37 | 1.31 | 0.19 | 0.13 | 0.06 | 0.00 | 0.00 | 0.00 | 0.00 | 0.00 | 0.00 | 0.26 | 1410.15 |
| | 中意人寿 | 20.25 | 18.92 | 0.02 | 17.78 | 0.74 | 0.38 | 0.14 | 1.13 | 0.00 | 0.00 | 0.00 | 0.00 | 0.00 | 0.03 | 0.03 | 12.05 | 0.19 | 0.41 | 0.06 | 0.02 | 0.00 | 0.33 | 0.00 | 0.00 | 0.00 | 0.00 | 3.96 | 179.75 |
| | 恒安标准 | 14.88 | 12.97 | 1.04 | 11.92 | 0.01 | 0.00 | 0.08 | 0.03 | 0.04 | 0.04 | 0.00 | 0.00 | 0.00 | 0.64 | 1.11 | 9.39 | 0.36 | 0.53 | 0.00 | 0.05 | 0.00 | 0.18 | 0.28 | 0.00 | 0.00 | 0.00 | 3.97 | 196.67 |
| | 光大永明 | 3.03 | 2.52 | 0.06 | 1.81 | 0.00 | 0.65 | 0.01 | 0.42 | 0.00 | 0.00 | 0.00 | 0.00 | 0.00 | 0.07 | 0.02 | 2.72 | 0.06 | 0.01 | 0.00 | 0.00 | 0.01 | 0.00 | 0.00 | 0.00 | 0.00 | 0.00 | 0.20 | 103.69 |
| | 嘉禾人寿 | 13.03 | 11.66 | 1.08 | 6.64 | 0.00 | 3.94 | 0.00 | 0.00 | 0.00 | 0.00 | 0.00 | 0.00 | 0.00 | 1.14 | 0.23 | 7.92 | 0.04 | 0.53 | 0.11 | 0.11 | 0.00 | 0.00 | 0.15 | 0.15 | 0.00 | 0.00 | 3.44 | 492.76 |
| | 平安养老 | 7.23 | 0.01 | 0.00 | 0.00 | 0.00 | 0.00 | 0.00 | 0.00 | 0.01 | 0.00 | 0.00 | 0.00 | 0.00 | 4.73 | 2.50 | 7.24 | 0.27 | 2.55 | 0.00 | 0.00 | 0.00 | 0.00 | 2.55 | 0.00 | 0.00 | 0.00 | 0.14 | 25395.54 |
| | 华泰人寿 | 64.20 | 63.47 | 0.76 | 44.10 | 0.00 | 18.61 | 0.54 | 0.19 | 0.00 | 0.00 | 0.00 | 0.00 | 0.00 | 0.00 | 0.00 | 54.55 | 0.36 | 0.89 | 0.36 | 0.54 | 0.00 | 0.00 | 0.00 | 0.00 | 0.00 | 0.00 | 12.63 | 426.56 |

续表 28

| 保险机构 | | 保费收入 | | | | | | | | | | | | | | | | 有效保单件数(万件) | 赔款及给付 | | | | | | | | | 退保金 | 保险金额 |
|---|---|---|---|---|---|---|---|---|---|---|---|---|---|---|---|---|---|---|---|---|---|---|---|---|---|---|---|---|---|
| | | 合计 | 个人业务 | | | | | | | 团体业务 | | | | | | | 其中:新单保费 | | 合计 | 个人业务 | | | | 团体业务 | | | | | |
| | | | 人寿保险 | | | | | 意外伤害险 | 健康险 | 人寿保险 | | | | | 意外伤害险 | 健康险 | | | | | | | | | | | | | |
| | | | 小计 | 普通寿险 | 分红寿险 | 投资连结保险 | 万能保险 | | | 小计 | 普通寿险 | 分红寿险 | 投资连结保险 | 万能保险 | | | | | | 赔款支出 | 死伤医疗给付 | 满期给付 | 年金给付 | 赔款支出 | 死伤医疗给付 | 满期给付 | 年金给付 | | |
| 扬州市 | 人保寿险 | 562.24 | 544.86 | 0.45 | 543.26 | 0.00 | 1.15 | 0.67 | 1.20 | 9.55 | 0.10 | 9.45 | 0.00 | 0.00 | 3.28 | 2.68 | 15.51 | 3.02 | 14.20 | 0.00 | 11.03 | 0.02 | 0.00 | 0.00 | 3.17 | 0.00 | 0.00 | 11.88 | 11777.76 |
| | 英大泰和 | 2.75 | 2.75 | 0.06 | 0.24 | 0.00 | 2.45 | 0.00 | 0.00 | 0.00 | 0.00 | 0.00 | 0.00 | 0.00 | 0.00 | 0.00 | 2.75 | 0.00 | 0.00 | 0.00 | 0.00 | 0.00 | 0.00 | 0.00 | 0.00 | 0.00 | 0.00 | 0.00 | 301.40 |
| | 信泰人寿 | 60.70 | 60.02 | 0.61 | 57.04 | 0.00 | 2.36 | (0.00) | 0.04 | 0.00 | 0.00 | 0.00 | 0.00 | 0.00 | 0.61 | 0.03 | 64.00 | 0.26 | 0.19 | 0.00 | 0.12 | 0.00 | 0.04 | 0.03 | 0.00 | 0.00 | 0.00 | 1.75 | 9939.89 |
| | 中英人寿 | 43.24 | 43.22 | 0.22 | 40.05 | 0.00 | 2.95 | 0.02 | 0.00 | 0.00 | 0.00 | 0.00 | 0.00 | 0.00 | 0.00 | 0.00 | 41.45 | 0.00 | 0.02 | 0.00 | 0.02 | 0.00 | 0.00 | 0.00 | 0.00 | 0.00 | 0.00 | 1.93 | 68.09 |
| | 金盛人寿 | 0.55 | 0.47 | 0.05 | 0.15 | 0.27 | 0.00 | 0.01 | 0.02 | 0.00 | 0.00 | 0.00 | 0.00 | 0.00 | 0.05 | 0.02 | 0.55 | 0.01 | 0.00 | 0.00 | 0.00 | 0.00 | 0.00 | 0.00 | 0.00 | 0.00 | 0.00 | 0.00 | 65.55 |
| | 幸福人寿 | 1.07 | 1.07 | 0.00 | 1.05 | 0.00 | 0.02 | 0.00 | 0.00 | 0.01 | 0.00 | 0.00 | 0.00 | 0.00 | 0.00 | 0.00 | 1.07 | 0.04 | 0.00 | 0.00 | 0.00 | 0.00 | 0.00 | 0.00 | 0.00 | 0.00 | 0.00 | 0.00 | 4.73 |
| | 阳光人寿 | 17.65 | 17.25 | 0.22 | 7.95 | 0.00 | 9.07 | 0.00 | 0.13 | 0.00 | 0.00 | 0.00 | 0.00 | 0.00 | 0.21 | 0.06 | 15.76 | 0.68 | 0.05 | 0.00 | 0.00 | 0.03 | 0.00 | 0.01 | 0.00 | 0.00 | 0.00 | 0.50 | 1892.14 |
| | 小计: | 5116.78 | 4716.78 | 535.44 | 3820.35 | 9.64 | 351.35 | 41.57 | 177.27 | 68.75 | 11.50 | 57.11 | 0.01 | 0.13 | 47.75 | 64.72 | 2443.11 | 231.54 | 710.79 | 41.89 | 66.70 | 459.67 | 62.41 | 43.96 | 27.38 | 4.47 | 4.37 | 530.84 | 295190.08 |

表 29

镇江市人身保险分公司业务统计表(2010)

(单位:人民币百万元,万件)

| 保险机构 | | 保费收入 | | | | | | | | | | | | | | | | | 有效保单件数(万件) | 赔款及给付 | | | | | | | | | 退保金 | 保险金额 |
|---|---|---|---|---|---|---|---|---|---|---|---|---|---|---|---|---|---|---|---|---|---|---|---|---|---|---|---|---|---|---|
| | | 合计 | 个人业务 | | | | | | | 团体业务 | | | | | | | | 其中:新单保费 | | 合计 | 个人业务 | | | | 团体业务 | | | | | |
| | | | 人寿保险 | | | | | 意外伤害险 | 健康险 | 人寿保险 | | | | | 意外伤害险 | 健康险 | | | | | | | | | | | | | | |
| | | | 小计 | 普通寿险 | 分红寿险 | 投资连结保险 | 万能保险 | | | 小计 | 普通寿险 | 分红寿险 | 投资连结保险 | 万能保险 | | | | | | 赔款支出 | 死伤医疗给付 | 满期给付 | 年金给付 | 赔款支出 | 死伤医疗给付 | 满期给付 | 年金给付 | | |
| 镇江市 | 国寿股份 | 1706.52 | 1559.87 | 291.27 | 1268.61 | 0.00 | 0.00 | 26.75 | 43.70 | 59.93 | 1.35 | 30.71 | 0.00 | 27.87 | 8.28 | 7.99 | 888.71 | 105.59 | 246.58 | 23.16 | 32.63 | 141.86 | 20.15 | 8.36 | 0.27 | 11.73 | 8.44 | 209.51 | 143124.57 |
| | 太保人寿 | 326.90 | 309.17 | 83.21 | 225.80 | 0.00 | 0.16 | 5.60 | 0.60 | 1.84 | 0.75 | 1.08 | 0.00 | 0.00 | 8.16 | 1.53 | 177.51 | 30.07 | 46.89 | 1.23 | 6.30 | 24.69 | 10.43 | 1.85 | 0.00 | 1.81 | 0.58 | 53.47 | 10173.11 |
| | 平安人寿 | 570.87 | 506.96 | 15.12 | 165.89 | 17.89 | 308.06 | 1.14 | 62.66 | 0.05 | 0.02 | 0.03 | 0.00 | 0.00 | 0.03 | 0.03 | 52.56 | 20.32 | 46.67 | 2.47 | 10.49 | 20.14 | 9.90 | 1.91 | 0.00 | 0.00 | 1.75 | 64.41 | 186395.39 |
| | 新华人寿 | 143.67 | 141.87 | 13.17 | 106.18 | 0.00 | 22.52 | 0.05 | 0.06 | 0.27 | 0.00 | 0.27 | 0.00 | 0.00 | 0.87 | 0.56 | 58.69 | 3.80 | 15.01 | 1.97 | 0.00 | 12.63 | 0.01 | 0.40 | 0.00 | 0.00 | 0.00 | 9.42 | 855.80 |
| | 泰康人寿 | 287.33 | 281.43 | 4.91 | 239.35 | 0.09 | 37.08 | 0.20 | 0.87 | 3.97 | 0.69 | 3.28 | 0.00 | 0.00 | 0.51 | 0.34 | 217.43 | 1.24 | 16.20 | 0.31 | 1.76 | 10.96 | 2.09 | 0.77 | 0.00 | 0.00 | 0.29 | 35.49 | 648.08 |
| | 太平人寿 | 71.80 | 65.46 | 0.42 | 65.04 | 0.01 | 0.00 | 0.82 | 3.90 | 0.27 | 0.03 | 0.25 | 0.00 | 0.00 | 0.08 | 1.26 | 27.24 | 2.55 | 7.58 | 0.44 | 1.52 | 0.46 | 3.64 | 1.07 | 0.02 | 0.44 | 0.01 | 20.95 | 58197.09 |
| | 民生人寿 | 120.41 | 120.04 | 2.85 | 117.18 | 0.00 | 0.00 | 0.05 | 0.19 | 0.06 | 0.00 | 0.00 | 0.00 | 0.00 | 0.07 | 0.07 | 99.05 | 0.19 | 2.52 | 1.18 | 0.26 | 0.00 | 1.02 | 0.06 | 0.00 | 0.00 | 0.00 | 2.43 | 918.12 |
| | 生命人寿 | 73.08 | 72.83 | 1.64 | 67.52 | 0.00 | 3.67 | 0.02 | 0.07 | 0.00 | 0.00 | 0.00 | 0.00 | 0.00 | 0.11 | 0.04 | 12.81 | 0.46 | 1.34 | 0.02 | 0.09 | 0.38 | 0.81 | 0.04 | 0.00 | 0.00 | 0.00 | 2.67 | 342.54 |
| | 信诚人寿 | 5.04 | 4.91 | 0.03 | 4.53 | 0.35 | 0.00 | 0.01 | 0.08 | 0.00 | 0.00 | 0.00 | 0.00 | 0.00 | 0.02 | 0.01 | 5.04 | 0.07 | 0.00 | 0.00 | 0.00 | 0.00 | 0.00 | 0.00 | 0.00 | 0.00 | 0.00 | 0.02 | 86.28 |
| | 合众人寿 | 11.22 | 10.73 | 0.01 | 7.65 | 0.00 | 3.07 | 0.03 | 0.46 | 0.00 | 0.00 | 0.00 | 0.00 | 0.00 | 0.01 | 0.00 | 3.65 | 0.63 | 0.64 | 0.03 | 0.36 | 0.00 | 0.24 | 0.01 | 0.00 | 0.00 | 0.00 | 11.74 | 524.38 |
| | 海康人寿 | 13.89 | 13.89 | 0.02 | 13.62 | 0.00 | 0.25 | 0.00 | 0.00 | 0.00 | 0.00 | 0.00 | 0.00 | 0.00 | 0.00 | 0.00 | 9.09 | 0.15 | 0.45 | 0.00 | 0.02 | 0.00 | 0.43 | 0.00 | 0.00 | 0.00 | 0.00 | 0.67 | 31.21 |
| 镇江市 | 中宏人寿 | 13.90 | 10.16 | 0.06 | 10.10 | 0.00 | 0.00 | 0.20 | 3.32 | 0.00 | 0.00 | 0.00 | 0.00 | 0.00 | 0.12 | 0.10 | 5.12 | 0.12 | 1.89 | 0.00 | 1.71 | 0.00 | 0.09 | 0.10 | 0.00 | 0.00 | 0.00 | 0.64 | 201.69 |
| | 国泰人寿 | 13.04 | 11.86 | 0.41 | 3.20 | 0.00 | 8.24 | 0.02 | 0.81 | 0.00 | 0.00 | 0.00 | 0.00 | 0.00 | 0.20 | 0.16 | 3.33 | 0.19 | 0.61 | 0.00 | 0.13 | 0.00 | 0.15 | 0.33 | 0.00 | 0.00 | 0.00 | 0.24 | 814.90 |
| | 嘉禾人寿 | 16.64 | 16.57 | 1.07 | 10.65 | 0.00 | 4.85 | 0.01 | 0.05 | 0.00 | 0.00 | 0.00 | 0.00 | 0.00 | 0.01 | 0.00 | 11.45 | 0.07 | 0.60 | 0.30 | 0.30 | 0.00 | 0.00 | 0.00 | 0.00 | 0.00 | 0.00 | 3.23 | 196.41 |
| | 平安养老 | 6.16 | 0.00 | 0.00 | 0.00 | 0.00 | 0.00 | 0.00 | 0.00 | 0.00 | 0.00 | 0.00 | 0.00 | 0.00 | 4.10 | 2.06 | 6.16 | 0.30 | 3.08 | 0.00 | 0.00 | 0.00 | 0.00 | 2.58 | 0.00 | 0.00 | 0.50 | 0.00 | 15996.60 |
| | 华泰人寿 | 36.16 | 35.63 | 0.47 | 21.38 | 1.00 | 12.79 | 0.39 | 0.04 | 0.00 | 0.00 | 0.00 | 0.00 | 0.00 | 0.05 | 0.05 | 33.94 | 0.29 | 0.31 | 0.13 | 0.18 | 0.00 | 0.00 | 0.00 | 0.00 | 0.00 | 0.00 | 0.78 | 450.00 |
| | 正德人寿 | 201.36 | 201.25 | 0.00 | 9.84 | 0.00 | 191.41 | 0.01 | 0.09 | 0.00 | 0.00 | 0.00 | 0.00 | 0.00 | 0.01 | 0.00 | 193.62 | 0.95 | 0.11 | 0.00 | 0.11 | 0.00 | 0.00 | 0.00 | 0.00 | 0.00 | 0.00 | 6.34 | 57.84 |
| | 华夏人寿 | 43.39 | 41.52 | 0.98 | 18.44 | 0.00 | 22.10 | 0.16 | 1.32 | 0.00 | 0.00 | 0.00 | 0.00 | 0.00 | 0.30 | 0.09 | 0.39 | 1.17 | 0.68 | 0.06 | 0.46 | 0.00 | 0.00 | 0.15 | 0.00 | 0.00 | 0.00 | 8.27 | 2235.34 |
| | 人保寿险 | 411.59 | 394.55 | 0.01 | 394.42 | 0.00 | 0.12 | 0.05 | 0.04 | 15.44 | 0.61 | 14.83 | 0.00 | 0.00 | 1.05 | 0.46 | 16.95 | 1.85 | 11.00 | 0.00 | 10.30 | 0.00 | 0.00 | 0.00 | 0.70 | 0.00 | 0.00 | 7.90 | 2556.90 |
| | 信泰人寿 | 55.91 | 55.90 | 0.04 | 55.85 | 0.00 | 0.00 | 0.01 | 0.00 | 0.00 | 0.00 | 0.00 | 0.00 | 0.00 | 0.00 | 0.00 | 1.00 | 0.26 | 0.00 | 0.00 | 0.00 | 0.00 | 0.00 | 0.00 | 0.00 | 0.00 | 0.00 | 0.82 | 3361.90 |
| | 长城人寿 | 5.09 | 5.04 | 3.64 | 1.40 | 0.00 | 0.00 | 0.04 | 0.01 | 0.00 | 0.00 | 0.00 | 0.00 | 0.00 | 0.00 | 0.00 | 3.21 | 0.12 | 0.16 | 0.01 | 0.00 | 0.00 | 0.15 | 0.00 | 0.00 | 0.00 | 0.00 | 0.08 | 100.44 |
| | 阳光人寿 | 115.71 | 114.93 | 0.10 | 102.23 | 0.00 | 12.60 | 0.05 | 0.15 | 0.00 | 0.00 | 0.00 | 0.00 | 0.00 | 0.47 | 0.11 | 105.73 | 1.01 | 0.96 | 0.00 | 0.13 | 0.60 | 0.00 | 0.22 | 0.00 | 0.00 | 0.00 | 3.41 | 2449.28 |
| | 小计: | 4249.70 | 3974.57 | 419.42 | 2908.89 | 19.33 | 626.92 | 35.61 | 118.42 | 81.78 | 3.46 | 50.45 | 0.00 | 27.87 | 24.46 | 14.88 | 1932.67 | 171.41 | 403.26 | 31.32 | 66.74 | 211.73 | 49.13 | 17.83 | 0.99 | 13.97 | 11.56 | 442.51 | 429717.86 |

## 泰州市人身保险分公司业务统计表(2010)

表 30

(单位:人民币百万元,万件)

| 地区 | 保险机构 | 保费收入 | | | | | | | | | | | | | | | | 有效保单件数(万件) | 赔款及给付 | | | | | | | | | 退保金 | 保险金额 |
|---|---|---|---|---|---|---|---|---|---|---|---|---|---|---|---|---|---|---|---|---|---|---|---|---|---|---|---|---|---|
| | | 合计 | 个人业务 | | | | | | | 团体业务 | | | | | | | 其中:新单保费 | | 合计 | 个人业务 | | | | 团体业务 | | | | | |
| | | | 人寿保险 | | | | | 意外伤害险 | 健康险 | 人寿保险 | | | | | 意外伤害险 | 健康险 | | | | | | | | | | | | | |
| | | | 小计 | 普通寿险 | 分红寿险 | 投资连结保险 | 万能保险 | | | 小计 | 普通寿险 | 分红寿险 | 投资连结保险 | 万能保险 | | | | | | 赔款支出 | 死伤医疗给付 | 满期给付 | 年金给付 | 赔款支出 | 死伤医疗给付 | 满期给付 | 年金给付 | | |
| 泰州市 | 国寿股份 | 2312.59 | 2111.23 | 492.07 | 1619.16 | 0.00 | 0.00 | 36.70 | 76.72 | 31.45 | 0.91 | 26.83 | 0.00 | 3.71 | 8.87 | 47.62 | 1152.23 | 167.17 | 469.00 | 35.76 | 43.21 | 313.91 | 25.29 | 11.56 | 36.30 | 0.40 | 2.57 | 206.42 | 150219.44 |
| | 太保人寿 | 345.06 | 328.19 | 106.16 | 220.12 | 0.00 | 1.90 | 10.21 | 0.66 | 0.09 | 0.09 | 0.00 | 0.00 | 0.00 | 4.46 | 1.46 | 160.18 | 36.19 | 63.69 | 2.41 | 4.94 | 46.04 | 6.93 | 2.97 | 0.02 | 0.08 | 0.32 | 19.05 | 12544.55 |
| | 平安人寿 | 451.26 | 405.31 | 15.24 | 183.65 | 0.20 | 206.22 | 1.06 | 44.87 | 0.02 | 0.02 | 0.00 | 0.00 | 0.00 | 0.00 | 0.00 | 98.18 | 17.00 | 33.55 | 2.63 | 8.77 | 15.95 | 5.06 | 1.04 | 0.00 | 0.02 | 0.08 | 61.69 | 14701.47 |
| | 新华人寿 | 348.14 | 344.61 | 24.89 | 287.34 | 0.00 | 32.38 | 0.16 | 0.22 | 0.52 | 0.00 | 0.52 | 0.00 | 0.00 | 2.16 | 0.48 | 195.52 | 7.75 | 45.90 | 4.50 | 0.00 | 36.26 | 0.02 | 5.12 | 0.00 | 0.00 | 0.00 | 91.62 | 998.18 |
| | 泰康人寿 | 400.76 | 397.98 | 3.74 | 349.52 | 0.35 | 44.36 | 0.12 | 0.41 | 1.07 | 1.05 | 0.03 | 0.00 | 0.00 | 0.76 | 0.42 | 334.29 | 1.95 | 7.22 | 0.12 | 2.32 | 2.18 | 2.01 | 0.57 | 0.01 | 0.00 | 0.00 | 13.46 | 784.34 |
| | 美国友邦 | 9.57 | 7.81 | 1.59 | 6.15 | 0.03 | 0.04 | 0.17 | 1.18 | 0.02 | 0.02 | 0.00 | 0.00 | 0.00 | 0.23 | 0.17 | 6.94 | 0.27 | 0.21 | 0.09 | 0.06 | 0.00 | 0.00 | 0.05 | 0.01 | 0.00 | 0.00 | 0.37 | 589.61 |
| | 太平人寿 | 155.21 | 148.01 | 1.63 | 145.82 | 0.44 | 0.11 | 1.25 | 5.94 | 0.00 | 0.00 | 0.00 | 0.00 | 0.00 | 0.00 | 0.00 | 87.96 | 4.84 | 9.06 | 1.23 | 1.09 | 0.19 | 6.37 | 0.18 | 0.00 | 0.00 | 0.00 | 21.21 | 2181.19 |
| | 民生人寿 | 24.56 | 24.19 | 6.63 | 17.56 | 0.00 | 0.00 | 0.03 | 0.28 | 0.00 | 0.00 | 0.00 | 0.00 | 0.00 | 0.03 | 0.02 | 7.15 | 0.19 | 5.35 | 0.18 | 0.43 | 2.69 | 2.05 | 0.00 | 0.00 | 0.00 | 0.00 | 3.37 | 802.19 |
| | 生命人寿 | 90.05 | 88.83 | 2.32 | 80.64 | 0.00 | 5.87 | 0.04 | 0.34 | 0.00 | 0.00 | 0.00 | 0.00 | 0.00 | 0.79 | 0.06 | 7.98 | 0.37 | 9.85 | 0.18 | 0.84 | 8.15 | 0.63 | 0.05 | 0.00 | 0.00 | 0.00 | 5.30 | 380.30 |
| | 合众人寿 | 113.95 | 112.50 | 0.20 | 99.15 | 0.00 | 13.15 | 0.12 | 1.31 | 0.00 | 0.00 | 0.00 | 0.00 | 0.00 | 0.01 | 0.00 | 83.13 | 2.03 | 1.77 | 0.10 | 0.99 | 0.00 | 0.64 | 0.04 | 0.00 | 0.00 | 0.00 | 5.81 | 1657.11 |
| | 国泰人寿 | 2.55 | 1.62 | 0.32 | 1.05 | 0.00 | 0.25 | 0.02 | 0.68 | 0.00 | 0.00 | 0.00 | 0.00 | 0.00 | 0.18 | 0.05 | 1.64 | 0.16 | 0.17 | 0.00 | 0.07 | 0.00 | 0.04 | 0.04 | 0.00 | 0.00 | 0.00 | 0.16 | 265.52 |
| | 人保健康 | 57.43 | 25.91 | 3.43 | 0.00 | 0.00 | 22.48 | 0.80 | 0.55 | 0.00 | 0.00 | 0.00 | 0.00 | 0.00 | 5.00 | 25.17 | 30.17 | 0.74 | 23.86 | 0.63 | 0.06 | 1.70 | 0.00 | 21.47 | 0.00 | 0.00 | 0.00 | 2.70 | 27075.43 |
| | 嘉禾人寿 | 3.61 | 3.59 | 0.28 | 1.88 | 0.00 | 1.43 | 0.00 | 0.01 | 0.00 | 0.00 | 0.00 | 0.00 | 0.00 | 0.00 | 0.00 | 1.53 | 0.03 | 0.17 | 0.08 | 0.08 | 0.00 | 0.00 | 0.00 | 0.00 | 0.00 | 0.00 | 0.43 | 60.59 |
| | 华泰人寿 | 111.78 | 110.97 | 0.80 | 97.49 | 0.00 | 12.68 | 0.64 | 0.13 | 0.00 | 0.00 | 0.00 | 0.00 | 0.00 | 0.03 | 0.01 | 102.98 | 0.74 | 0.61 | 0.37 | 0.24 | 0.00 | 0.00 | 0.00 | 0.00 | 0.00 | 0.00 | 1.53 | 632.53 |
| | 华夏人寿 | 31.65 | 27.35 | 0.39 | 11.81 | 0.00 | 15.15 | 0.42 | 0.49 | 0.01 | 0.01 | 0.00 | 0.00 | 0.00 | 2.67 | 0.72 | 3.40 | 0.93 | 0.69 | 0.05 | 0.27 | 0.00 | 0.00 | 0.37 | 0.00 | 0.00 | 0.00 | 4.55 | 2898.96 |
| | 人保寿险 | 678.74 | 670.92 | 0.03 | 670.77 | 0.00 | 0.12 | 0.07 | 0.05 | 5.46 | 0.00 | 5.46 | 0.00 | 0.00 | 1.70 | 0.54 | 7.70 | 3.52 | 10.36 | 0.00 | 10.17 | 0.00 | 0.00 | 0.00 | 0.19 | 0.00 | 0.00 | 7.02 | 2314.28 |
| | 信泰人寿 | 85.53 | 85.40 | 0.99 | 80.61 | 0.00 | 3.81 | 0.06 | 0.07 | 0.00 | 0.00 | 0.00 | 0.00 | 0.00 | 0.00 | 0.00 | 0.00 | 0.40 | 0.48 | 0.01 | 0.27 | 0.01 | 0.10 | 0.02 | 0.00 | 0.00 | 0.09 | 2.67 | 13047.74 |
| | 长城人寿 | 16.47 | 16.45 | 1.80 | 14.65 | 0.00 | 0.00 | 0.02 | 0.00 | 0.00 | 0.00 | 0.00 | 0.00 | 0.00 | 0.00 | 0.00 | 16.22 | 0.13 | 0.01 | 0.00 | 0.00 | 0.00 | 0.00 | 0.00 | 0.00 | 0.00 | 0.00 | 0.03 | 82.61 |
| | 阳光人寿 | 39.44 | 39.03 | 0.13 | 29.95 | 0.00 | 8.95 | 0.03 | 0.17 | 0.00 | 0.00 | 0.00 | 0.00 | 0.00 | 0.19 | 0.03 | 34.67 | 0.70 | 0.21 | 0.00 | 0.01 | 0.16 | 0.00 | 0.04 | 0.00 | 0.00 | 0.00 | 1.27 | 1830.25 |
| | 小计: | 5278.34 | 4949.88 | 662.65 | 3917.33 | 1.01 | 368.89 | 51.92 | 134.08 | 38.64 | 2.10 | 32.84 | 0.00 | 3.71 | 27.08 | 76.73 | 2331.89 | 245.11 | 682.16 | 48.35 | 73.82 | 427.23 | 49.16 | 43.52 | 36.53 | 0.50 | 3.06 | 448.68 | 233066.30 |

表 31

## 宿迁市人身保险分公司业务统计表(2010)

(单位:人民币百万元,万件)

| 保险机构 | | 保费收入 | | | | | | | | | | | | | | | | | 有效保单件数(万件) | 赔款及给付 | | | | | | | | | 退保金 | 保险金额 |
|---|---|---|---|---|---|---|---|---|---|---|---|---|---|---|---|---|---|---|---|---|---|---|---|---|---|---|---|---|---|---|
| | | 合计 | 个人业务 | | | | | | | 团体业务 | | | | | | | 其中:新单保费 | | 合计 | 个人业务 | | | | 团体业务 | | | | | |
| | | | 人寿保险 | | | | | 意外伤害险 | 健康险 | 人寿保险 | | | | | 意外伤害险 | 健康险 | | | | | | | | | | | | | | |
| | | | 小计 | 普通寿险 | 分红寿险 | 投资连结保险 | 万能保险 | | | 小计 | 普通寿险 | 分红寿险 | 投资连结保险 | 万能保险 | | | | | | 赔款支出 | 死伤医疗给付 | 满期给付 | 年金给付 | 赔款支出 | 死伤医疗给付 | 满期给付 | 年金给付 | | |
| 宿迁市 | 国寿股份 | 789.69 | 709.52 | 151.21 | 558.31 | 0.00 | 0.00 | 19.62 | 39.70 | 11.26 | 0.45 | 10.81 | 0.00 | 0.00 | 3.42 | 6.17 | 398.74 | 102.94 | 98.48 | 14.57 | 11.22 | 52.49 | 7.54 | 11.62 | 0.03 | 0.00 | 1.01 | 86.75 | 56508.80 |
| | 太保人寿 | 200.67 | 192.99 | 56.24 | 136.03 | 0.00 | 0.71 | 6.44 | 0.59 | 0.00 | 0.00 | 0.00 | 0.00 | 0.00 | 0.53 | 0.12 | 118.71 | 16.19 | 9.51 | 1.05 | 1.96 | 5.59 | 0.29 | 0.63 | 0.00 | 0.00 | 0.00 | 20.67 | 5684.16 |
| | 平安人寿 | 87.22 | 77.46 | 0.75 | 35.21 | 0.04 | 41.46 | 0.36 | 9.40 | 0.00 | 0.00 | 0.00 | 0.00 | 0.00 | 0.00 | 0.00 | 10.98 | 3.92 | 4.54 | 0.53 | 1.54 | 2.17 | 0.30 | 0.00 | 0.00 | 0.00 | 0.00 | 7.10 | 2348.96 |
| | 泰康人寿 | 116.47 | 115.43 | 2.05 | 102.76 | 0.00 | 10.62 | 0.05 | 0.23 | 0.00 | 0.00 | 0.00 | 0.00 | 0.00 | 0.49 | 0.28 | 97.19 | 0.67 | 4.95 | 0.11 | 1.06 | 2.81 | 0.74 | 0.22 | 0.00 | 0.00 | 0.00 | 10.55 | 286.97 |
| | 太平人寿 | 20.46 | 19.64 | 0.03 | 19.61 | 0.00 | 0.00 | 0.20 | 0.62 | 0.00 | 0.00 | 0.00 | 0.00 | 0.00 | 0.00 | 0.00 | 18.52 | 0.49 | 0.20 | 0.11 | 0.07 | 0.00 | 0.00 | 0.02 | 0.00 | 0.00 | 0.00 | 0.19 | 280.93 |
| | 合众人寿 | 9.59 | 9.04 | 0.01 | 7.82 | 0.00 | 1.21 | 0.06 | 0.48 | 0.00 | 0.00 | 0.00 | 0.00 | 0.00 | 0.01 | 0.00 | 5.35 | 0.40 | 0.44 | 0.02 | 0.08 | 0.00 | 0.34 | 0.00 | 0.00 | 0.00 | 0.00 | 0.80 | 503.92 |
| | 华泰人寿 | 49.97 | 47.57 | 1.76 | 27.08 | 0.00 | 18.73 | 2.28 | 0.13 | 0.00 | 0.00 | 0.00 | 0.00 | 0.00 | 0.00 | 0.00 | 39.90 | 1.20 | 1.37 | 0.98 | 0.39 | 0.00 | 0.00 | 0.00 | 0.00 | 0.00 | 0.00 | 2.00 | 1571.75 |
| | 人保寿险 | 215.73 | 210.44 | 0.12 | 209.19 | 0.00 | 1.13 | 0.10 | 0.20 | 0.14 | 0.14 | 0.00 | 0.00 | 0.00 | 2.13 | 2.72 | 4.99 | 1.31 | 3.90 | 0.00 | 1.79 | 0.00 | 0.00 | 0.00 | 2.11 | 0.00 | 0.00 | 11.10 | 20761.20 |
| | 长城人寿 | 0.19 | 0.19 | 0.14 | 0.05 | 0.00 | 0.00 | 0.00 | 0.00 | 0.00 | 0.00 | 0.00 | 0.00 | 0.00 | 0.00 | 0.00 | 0.00 | 0.01 | 0.00 | 0.00 | 0.00 | 0.00 | 0.00 | 0.00 | 0.00 | 0.00 | 0.00 | 0.00 | 4.50 |
| | 小计: | 1489.99 | 1382.27 | 212.30 | 1096.06 | 0.04 | 73.86 | 29.10 | 51.35 | 11.40 | 0.59 | 10.81 | 0.00 | 0.00 | 6.58 | 9.29 | 694.39 | 127.13 | 123.40 | 17.37 | 18.11 | 63.06 | 9.21 | 12.50 | 2.14 | 0.00 | 1.01 | 139.16 | 87951.18 |

江苏省财产险公司市场份额表(2010)

表 32 (单位:人民币百万元)

| 本地区各分公司 | 保费收入 | 占比(%) |
|---|---|---|
| 人保 | 11550.77 | 35.62 |
| 太保 | 5827.74 | 17.97 |
| 平保 | 4437.51 | 13.69 |
| 天安 | 671.07 | 2.07 |
| 大众 | 367.92 | 1.13 |
| 华泰 | 187.67 | 0.58 |
| 信保 | 749.67 | 2.31 |
| 中华联合 | 1342.23 | 4.14 |
| 太平 | 320.37 | 0.99 |
| 大地 | 787.68 | 2.43 |
| 永安 | 412.88 | 1.27 |
| 华安 | 194.70 | 0.60 |
| 安邦 | 912.92 | 2.82 |
| 阳光 | 582 | 1.79 |
| 中银 | 222.13 | 0.69 |
| 都邦 | 617.40 | 1.90 |
| 天平 | 243.96 | 0.75 |
| 永诚 | 322.97 | 1.00 |
| 民安 | 133.75 | 0.41 |
| 渤海 | 58.60 | 0.18 |
| 国寿财险 | 1210.39 | 3.73 |
| 安诚 | 181.83 | 0.56 |
| 华农 | 61.57 | 0.19 |
| 长安责任 | 420.53 | 1.30 |
| 三星火灾 | 96.58 | 0.30 |
| 紫金 | 390.37 | 1.20 |
| 乐爱金 | 44.14 | 0.14 |
| 国泰 | 14.59 | 0.04 |
| 日本财产 | 18.09 | 0.06 |
| 英大泰和 | 42.67 | 0.13 |
| 合计 | 32424.70 | 100.00 |

江苏省人身险公司市场份额表(2010)

表 33

(单位:人民币百万元)

| 本地区各分公司 | 保费收入 | 占比(%) |
|---|---|---|
| 国寿(含集团存续) | 31222.24 | 37.24 |
| 太保 | 9033.28 | 10.77 |
| 平保 | 11182.84 | 13.34 |
| 新华 | 4769.88 | 5.69 |
| 泰康 | 4811.94 | 5.74 |
| 友邦 | 488.21 | 0.58 |
| 太平 | 2868.66 | 3.42 |
| 民生 | 1038.77 | 1.24 |
| 生命 | 880.44 | 1.05 |
| 信诚 | 335.53 | 0.40 |
| 合众 | 981.57 | 1.17 |
| 海康 | 490.90 | 0.59 |
| 中宏 | 245.20 | 0.29 |
| 国泰 | 197.87 | 0.24 |
| 人保健康 | 424.50 | 0.51 |
| 海尔纽约 | 48.11 | 0.06 |
| 中意 | 126.17 | 0.15 |
| 恒安标准 | 272.49 | 0.33 |
| 光大永明 | 168.91 | 0.20 |
| 嘉禾 | 140.10 | 0.17 |
| 和谐健康 | 1.70 | 0.00 |
| 平安养老 | 197.13 | 0.24 |
| 华泰 | 1102.29 | 1.31 |
| 招商信诺 | 365.54 | 0.44 |
| 联泰大都会 | 166.36 | 0.20 |
| 瑞泰 | 6.17 | 0.01 |
| 正德 | 1481.58 | 1.77 |
| 中德安联 | 110.88 | 0.13 |
| 华夏 | 332.45 | 0.40 |
| 人保寿险 | 7036.98 | 8.39 |
| 英大泰和 | 230.71 | 0.28 |
| 信泰 | 767.10 | 0.91 |
| 中英 | 379.30 | 0.45 |
| 长城 | 256.45 | 0.31 |
| 金盛 | 141.02 | 0.17 |
| 太平养老 | 0.03 | 0.00 |
| 太平洋安泰 | 31.82 | 0.04 |
| 幸福 | 359.35 | 0.43 |
| 阳光 | 944.34 | 1.13 |
| 长生 | 7.25 | 0.01 |
| 国华 | 191.17 | 0.23 |
| 平安健康 | 4.49 | 0.01 |
| 合计: | 83841.72 | 100.00 |

## 江苏省养老保险公司企业年金业务情况表(2010)

表 34

单位:人民币百万元

| 公司名称 | 企业年金到账缴费 | 受托管理资产 | 投资管理资产 | 账户管理数 |
|---|---|---|---|---|
| 太平养老 | 2632.61 | 2373.45 | 1206.96 | 105612 |
| 平安养老 | 837.40 | 581.99 | 3083.91 | 2720 |
| 国寿养老 | 804.15 | 670.26 | 456.98 | 10269 |
| 泰康养老 | 47.97 | 23.34 | 34.60 | 3388 |
| 合计 | 4322.13 | 3649.04 | 4782.45 | 121989 |

## 江苏省历年保险业务发展情况表(1990~2010)

表 35

单位:人民币亿元

| 年度 | 保费收入 | | | | | | | 赔(给)付支出 | | | | | | |
|---|---|---|---|---|---|---|---|---|---|---|---|---|---|---|
| | 总保费收入 | 财产险保费 | 人身险 | | | | | 总赔款支出 | 财产险 | 人身险 | | | | |
| | | | 合计 | 寿险 | 小计 | 意外险 | 健康险 | | | 合计 | 寿险 | 小计 | 意外险 | 健康险 |
| 2010 | 1162.66 | 311.94 | 850.72 | 792.49 | 58.23 | 18.43 | 39.80 | 251.57 | 134.43 | 117.14 | 113.07 | 4.07 | – | – |
| 2009 | 907.73 | 228.41 | 679.32 | 624.71 | 54.61 | 21.01 | 33.60 | 273.53 | 127.38 | 146.15 | 121.96 | 24.19 | – | – |
| 2008 | 775.49 | 180.92 | 594.57 | 535.14 | 59.43 | 19.46 | 39.97 | 261.50 | 118.06 | 143.44 | 122.31 | 21.13 | – | – |
| 2007 | 578.89 | 156.85 | 422.04 | 381.18 | 40.86 | 15.72 | 25.13 | 183.47 | 81.15 | 102.32 | 85.05 | 17.17 | – | – |
| 2006 | 503.31 | 121.45 | 381.86 | 341.23 | 40.63 | 12.79 | 27.84 | 165.14 | 78.44 | 86.70 | 66.02 | 20.68 | – | – |
| 2005 | 433.34 | 93.52 | 339.82 | 309.17 | 30.65 | 10.86 | 19.79 | 111.24 | 53.32 | 57.92 | 45.20 | 12.72 | – | – |
| 2004 | 415.96 | 82.41 | 333.54 | 310.16 | 23.38 | 9.50 | 13.88 | 112.45 | 43.55 | 68.90 | 60.62 | 8.27 | 2.77 | 5.51 |
| 2003 | 380.06 | 61.99 | 318.07 | 303.89 | 14.18 | 7.00 | 7.18 | 82.81 | 39.35 | 43.46 | 37.68 | 5.78 | 1.71 | 4.08 |
| 2002 | 278.40 | 55.89 | 222.52 | 212.85 | 9.67 | 4.23 | 5.44 | 54.23 | 28.76 | 25.46 | 21.34 | 4.13 | 1.17 | 2.95 |
| 2001 | 179.04 | 47.53 | 131.51 | 122.92 | 8.59 | 3.99 | 4.59 | 36.23 | 21.83 | 14.40 | 11.09 | 3.31 | 1.23 | 2.07 |
| 2000 | 131.93 | 40.43 | 91.50 | 84.61 | 6.89 | 4.04 | 2.85 | 34.13 | 20.35 | 13.78 | 11.71 | 2.07 | 0.98 | 1.09 |
| 1999 | 117.59 | 36.73 | 80.86 | 75.28 | 5.58 | 3.42 | 2.17 | 31.25 | 18.36 | 12.89 | 10.71 | 2.17 | 0.94 | 1.24 |
| 1998 | 99.58 | 35.10 | 64.48 | 59.64 | 4.83 | 2.84 | 1.99 | 28.03 | 16.45 | 11.58 | 9.41 | 2.17 | 1.04 | 1.13 |
| 1997 | 84.35 | 34.25 | 50.10 | 46.22 | 3.87 | 2.63 | 1.25 | 23.75 | 15.32 | 8.43 | 6.88 | 1.56 | 0.96 | 0.60 |
| 1996 | 54.60 | 30.87 | 23.72 | 20.76 | 2.96 | 2.87 | 0.09 | 22.31 | 14.57 | 7.74 | – | – | – | – |
| 1995 | 41.16 | 25.50 | 15.66 | 13.53 | 2.13 | – | – | 18.10 | 13.21 | 4.89 | 3.89 | 1.00 | – | – |
| 1994 | 34.01 | 20.43 | 13.59 | 11.72 | 1.87 | – | – | 18.33 | 12.91 | 5.42 | 4.50 | 0.92 | – | – |
| 1993 | 29.10 | 16.90 | 12.20 | 10.70 | 1.50 | – | – | 13.59 | 10.38 | 3.21 | 2.56 | 0.65 | – | – |
| 1992 | 21.56 | 12.31 | 9.24 | 8.16 | 1.07 | – | – | 20.87 | 18.66 | 2.21 | 1.74 | 0.47 | – | – |
| 1991 | 13.41 | 8.53 | 4.89 | 4.17 | 0.72 | – | – | 14.36 | 12.97 | 1.39 | 1.03 | 0.36 | – | – |
| 1990 | 10.16 | 7.35 | 2.81 | 2.18 | 0.63 | 0.56 | 0.07 | 4.07 | 3.41 | 0.67 | 0.38 | 0.29 | – | – |

### 江苏保险与国民经济和社会发展关系表(2006~2010)

表 36

| 项目 | 数量 \ 年度 | 2006 | 2007 | 2008 | 2009 | 2010 |
|---|---|---|---|---|---|---|
| 地区生产总值(亿元) | 总计 | 21645.08 | 25560.10 | 30312.61 | 34061.19 | 40903.34 |
| | 第一产业 | 1545.01 | 1726.08 | 2100.00 | 2201.64 | 2539.59 |
| | 第二产业 | 12250.84 | 14285.82 | 16663.81 | 18416.13 | 21753.93 |
| | 第三产业 | 7849.23 | 9548.20 | 11548.80 | 13443.42 | 16609.82 |
| 年末人口(万人) | 总计 | 7549.5 | 7624.50 | 7676.50 | 7724.50 | 7869.34 |
| | 城镇 | 3918.19 | 4056.23 | 4168.48 | 4294.82 | 4767.63 |
| | 乡村 | 3631.31 | 3568.27 | 3508.02 | 3429.68 | 3101.71 |
| 居民生活 | 城镇居民人均可支配收入(元) | 14084 | 16378 | 18680 | 20552 | 22944 |
| | 农村居民人均纯收入(元) | 5813 | 6561 | 7357 | 8004 | 9118 |
| | 城镇居民人均生活消费支出(元) | 9629 | 10715 | 11978 | 13153 | 14357 |
| | 农村居民人均生活消费支出(元) | 4135 | 4792 | 5328 | 5797 | 6543 |
| | 城乡居民存款余额(亿元) | 12455 | 13213 | 16917 | 20303 | 23533 |
| | 居民人均储蓄存款(元) | 16138 | 17070 | 21782 | 25996 | 29652 |
| 保费收入(亿元) | 总计 | 503.31 | 578.89 | 775.49 | 907.73 | 1162.66 |
| | 财产险 | 121.45 | 156.85 | 180.92 | 228.41 | 311.94 |
| | 寿险 | 341.23 | 381.18 | 535.14 | 624.71 | 792.49 |
| | 意外险和健康险 | 40.62 | 40.86 | 59.43 | 54.61 | 58.23 |
| 赔付给付金额(亿元) | 总计 | 165.14 | 183.47 | 261.50 | 275.53 | 251.57 |
| | 财产险 | 78.44 | 81.25 | 118.06 | 127.38 | 134.43 |
| | 寿险 | 66.02 | 85.05 | 122.31 | 121.96 | 113.07 |
| | 意外险和健康险 | 20.68 | 17.17 | 21.13 | 24.19 | 4.07 |
| 保险深度(%) | 总保费 | 2.33 | 2.26 | 2.56 | 2.66 | 2.84 |
| | 财产险 | 0.56 | 0.61 | 0.60 | 0.67 | 0.79 |
| | 人身险 | 1.77 | 1.65 | 1.96 | 1.99 | 2.05 |
| 保险密度(元) | 总保费 | 666.68 | 759.25 | 1010.21 | 1175.13 | 1477.46 |
| | 财产险 | 160.87 | 205.71 | 235.68 | 295.69 | 396.40 |
| | 人身险 | 505.81 | 553.54 | 774.53 | 879.44 | 1081.06 |

### 江苏省级财产保险公司机构、人员结构统计表(2010)

表 37

| 各地区保险机构 | | 总机构数 | 年末分支机构数 | | 总人数 | 男 | 女 | 文化结构 | | | | 专业技术职称 | | | 年龄结构 | | | 年末保险代理人数 |
|---|---|---|---|---|---|---|---|---|---|---|---|---|---|---|---|---|---|---|
| | | | 市、县机构数 | 营销服务部数 | | | | 博士 | 硕士 | 本科 | 大专及以下 | 高级 | 中级 | 初级 | 35岁以下 | 36~45岁 | 46岁以上 | |
| 江苏省公司 | 人保 | 1 | | | 136 | 99 | 37 | 2 | 31 | 84 | 19 | 29 | 39 | 13 | 38 | 43 | 55 | |
| | 太保 | 7 | 6 | | 338 | 156 | 182 | | 10 | 136 | 192 | 4 | 41 | 35 | 180 | 104 | 54 | |
| | 平保 | 1 | | | 328 | 169 | 159 | | 27 | 220 | 81 | | 7 | 36 | 279 | 35 | 14 | |
| | 天安 | 1 | | | 58 | 39 | 19 | | 6 | 34 | 18 | 2 | 6 | 3 | 31 | 19 | 8 | |
| | 大众 | 7 | 6 | | 50 | 24 | 26 | | 1 | 13 | 36 | 2 | 1 | | 24 | 14 | 12 | 324 |
| | 华泰 | 12 | 7 | 4 | 197 | 104 | 93 | | 9 | 73 | 115 | 1 | 7 | 3 | 81 | 93 | 23 | |

续表 37

| 各地区保险机构 | | 总机构数 | 年末分支机构数 | | 总人数 | 男 | 女 | 文化结构 | | | | 专业技术职称 | | | 年龄结构 | | | 年末保险代理人数 |
|---|---|---|---|---|---|---|---|---|---|---|---|---|---|---|---|---|---|---|
| | | | 市、县机构数 | 营销服务部数 | | | | 博士 | 硕士 | 本科 | 大专及以下 | 高级 | 中级 | 初级 | 35岁以下 | 36~45岁 | 46岁以上 | |
| 江苏省公司 | 信保 | 2 | 1 | | 147 | 97 | 50 | | 70 | 70 | 7 | | | | 131 | 12 | 4 | |
| | 中华联合 | 1 | | | 268 | 103 | 165 | | 4 | 91 | 173 | 5 | 14 | 39 | 208 | 43 | 17 | |
| | 太平 | 1 | | | 61 | 30 | 31 | | | 23 | 38 | | 6 | 4 | 31 | 14 | 16 | |
| | 大地 | 1 | | | 62 | 35 | 27 | | 4 | 36 | 22 | 2 | 9 | 8 | 46 | 7 | 9 | |
| | 永安 | 1 | | | 70 | 40 | 30 | | 2 | 35 | 33 | | 3 | 7 | 41 | 17 | 12 | |
| | 华安 | 7 | | 6 | 85 | 52 | 33 | | | 48 | 37 | 1 | 10 | 11 | 66 | 12 | 7 | 17 |
| | 安邦 | 1 | | | 174 | 89 | 85 | | 3 | 128 | 43 | | 21 | 37 | 126 | 46 | 2 | |
| | 阳光 | 5 | 2 | 2 | 162 | 75 | 87 | | 5 | 84 | 73 | | 15 | 7 | 102 | 32 | 28 | |
| | 都邦 | 1 | | | 73 | 43 | 30 | | 4 | 46 | 23 | 15 | 9 | 4 | 55 | 13 | 5 | |
| | 中银 | 2 | 1 | | 60 | 34 | 26 | | 7 | 38 | 15 | | 14 | 2 | 41 | 13 | 6 | |
| | 天平 | 1 | | | 46 | 24 | 22 | | 1 | 21 | 24 | | | | 36 | 5 | 5 | |
| | 永诚 | 1 | | | 79 | 35 | 44 | | 3 | 45 | 31 | | 9 | 4 | 59 | 14 | 6 | |
| | 民安 | 1 | | | 45 | 28 | 17 | | 4 | 29 | 12 | | 9 | 1 | 29 | 10 | 6 | |
| | 人寿财险 | 1 | | | 109 | 45 | 64 | | 5 | 85 | 19 | 4 | 13 | 3 | 84 | 17 | 8 | |
| | 渤海 | 1 | | | 32 | 21 | 11 | | | 20 | 12 | | 5 | | 24 | 4 | 4 | |
| | 安诚 | 1 | | | 54 | 27 | 27 | | 3 | 23 | 28 | 2 | 10 | 1 | 31 | 15 | 8 | |
| | 华农 | 16 | 5 | 10 | 42 | 24 | 18 | | 2 | 14 | 26 | 2 | 4 | 1 | 22 | 15 | 5 | |
| | 长安责任 | 2 | 1 | | 115 | 87 | 28 | | 3 | 35 | 77 | | 10 | 5 | 86 | 15 | 14 | |
| | 紫金 | 3 | 2 | | 113 | 59 | 54 | 1 | 4 | 41 | 67 | 1 | 8 | 2 | 56 | 38 | 19 | 16 |
| | 国泰 | 1 | | | 23 | 12 | 11 | | 1 | 18 | 4 | | 5 | 12 | 20 | 1 | 2 | |
| | 英大泰和 | 1 | | | 33 | 20 | 13 | | 4 | 24 | 5 | | 6 | 2 | 21 | 11 | 11 | |
| | 三星火灾 | 1 | | | 9 | 4 | 5 | | | 7 | 2 | 1 | | | 8 | 1 | | 1 |
| | 日本财产 | 1 | | | 34 | 12 | 22 | | 3 | 31 | | | | | 30 | 3 | 1 | |
| | 小计 | 82 | 31 | 22 | 3003 | 1587 | 1416 | 3 | 216 | 1552 | 1232 | 71 | 281 | 240 | 1986 | 666 | 361 | 358 |
| 南京市公司 | 人保 | 23 | 10 | 13 | 354 | 206 | 148 | | 8 | 184 | 162 | 6 | 93 | 122 | 76 | 136 | 142 | |
| | 平保 | 8 | 2 | 6 | 187 | 78 | 109 | | 3 | 46 | 138 | | | | 111 | 49 | 27 | |
| | 天安 | 8 | 3 | 5 | 79 | 40 | 39 | | | 19 | 60 | | 3 | 3 | 40 | 25 | 14 | 26 |
| | 大众 | 3 | 3 | | 19 | 9 | 10 | | | 4 | 15 | 1 | | | 9 | 6 | 4 | 14 |
| | 华泰 | 1 | | 1 | 93 | 50 | 43 | | 7 | 44 | 42 | 1 | 5 | 2 | 41 | 42 | 10 | |
| | 中华联合 | 12 | 3 | 9 | 224 | 78 | 146 | | | 58 | 166 | | 4 | 12 | 143 | 53 | 28 | 180 |
| | 大地 | 3 | 2 | 1 | 15 | 9 | 6 | | | 2 | 13 | | | | 9 | 4 | 2 | |
| | 永安 | 4 | 3 | 1 | 83 | 28 | 55 | | | 13 | 70 | | 5 | 9 | 41 | 27 | 15 | |
| | 安邦 | 11 | 2 | 9 | 17 | 9 | 8 | | | 13 | 4 | | 2 | 3 | 15 | 2 | | 110 |
| | 都邦 | 3 | 3 | | 151 | 66 | 85 | | 1 | 39 | 111 | | 3 | 2 | 93 | 52 | 6 | 29 |
| | 永诚 | 1 | 1 | | 16 | 9 | 7 | | | 6 | 10 | | 1 | | 7 | 6 | 3 | |
| | 民安 | 1 | 1 | | 33 | 16 | 17 | | | 5 | 28 | | | | 20 | 12 | 1 | |
| | 人寿财险 | 10 | 10 | | 93 | 49 | 44 | | | 31 | 62 | | 3 | 7 | 55 | 28 | 10 | 62 |
| | 渤海 | 1 | 1 | | 2 | 2 | | | | 1 | 1 | | | | 2 | | | |
| | 安诚 | 1 | 1 | | 21 | 11 | 10 | | | 5 | 16 | | 1 | | 18 | 2 | 1 | |
| | 长安责任 | 4 | 4 | | 29 | 10 | 19 | | | 4 | 25 | | 2 | 1 | 17 | 8 | 4 | |
| | 小计 | 94 | 49 | 45 | 1416 | 670 | 746 | | 19 | 474 | 923 | 8 | 122 | 161 | 697 | 452 | 267 | 421 |

续表 37

| 各地区 | 保险机构 | 总机构数 | 年末分支机构数 | | 总人数 | 男 | 女 | 文化结构 | | | | 专业技术职称 | | | 年龄结构 | | | 年末保险代理人数 |
|---|---|---|---|---|---|---|---|---|---|---|---|---|---|---|---|---|---|---|
| | | | 市、县机构数 | 营销服务部数 | | | | 博士 | 硕士 | 本科 | 大专及以下 | 高级 | 中级 | 初级 | 35岁以下 | 36~45岁 | 46岁以上 | |
| 无锡市公司 | 人保 | 153 | 52 | 101 | 278 | 140 | 138 | | 2 | 142 | 134 | 4 | 49 | 90 | 87 | 102 | 89 | |
| | 太保 | 30 | 6 | 24 | 318 | 138 | 180 | | 3 | 132 | 183 | | 47 | 92 | 144 | 113 | 61 | 122 |
| | 平保 | 32 | 5 | 27 | 456 | 282 | 186 | | 5 | 293 | 170 | | 6 | 34 | 375 | 69 | 24 | |
| | 天安 | 6 | 4 | 2 | 120 | 55 | 65 | | 1 | 27 | 92 | | 5 | 6 | 59 | 37 | 22 | 227 |
| | 大众 | 6 | 4 | 2 | 83 | 34 | 49 | | 1 | 14 | 68 | | 6 | 5 | 39 | 31 | 13 | 35 |
| | 华泰 | 2 | 1 | 1 | 22 | 12 | 10 | | | 10 | 12 | | 1 | | 12 | 8 | 2 | |
| | 信保 | 1 | 1 | | 15 | 9 | 6 | | 7 | 8 | | | | | 14 | 1 | | |
| | 中华联合 | 7 | 7 | | 257 | 118 | 139 | | 1 | 63 | 193 | | 21 | 18 | 146 | 66 | 45 | 276 |
| | 太平 | 3 | 3 | | 83 | 41 | 42 | | | 11 | 72 | | 2 | 5 | 43 | 34 | 6 | |
| | 大地 | 4 | 3 | 1 | 59 | 31 | 28 | | | 21 | 38 | | 2 | 2 | 35 | 18 | 6 | |
| | 永安 | 7 | 3 | 4 | 80 | 47 | 33 | | | 5 | 75 | | 4 | 7 | 28 | 40 | 12 | |
| | 华安 | 5 | 3 | 2 | 29 | 15 | 14 | | | 8 | 21 | | | | 20 | 8 | 1 | 1 |
| | 安邦 | 7 | 3 | 4 | 69 | 35 | 34 | | 3 | 28 | 38 | | | | 43 | 21 | 5 | 68 |
| | 阳光 | 4 | 4 | | 93 | 45 | 48 | | 1 | 37 | 55 | | 5 | 2 | 47 | 35 | 11 | 15 |
| | 都邦 | 3 | 3 | | 90 | 40 | 50 | | | 18 | 72 | | | 4 | 59 | 26 | 5 | |
| | 中银 | 1 | 1 | | 14 | 6 | 8 | | 1 | 7 | 6 | | 1 | | 5 | 7 | 2 | |
| | 天平 | 1 | 1 | | 17 | 10 | 7 | | | 10 | 7 | | 1 | | 13 | 4 | | |
| | 永诚 | 1 | 1 | | 23 | 7 | 16 | | | 6 | 17 | | 1 | 1 | 11 | 9 | 3 | |
| | 民安 | 3 | 3 | | 38 | 22 | 16 | | | 10 | 28 | 1 | 4 | 10 | 22 | 13 | 3 | |
| | 人寿财险 | 5 | 5 | | 152 | 60 | 92 | | | 40 | 112 | | 5 | 5 | 90 | 47 | 15 | 116 |
| | 渤海 | 3 | 1 | 2 | 7 | 2 | 5 | | | | 7 | | | | 5 | 1 | 1 | 1 |
| | 安诚 | 3 | 3 | | 44 | 23 | 21 | | | 8 | 36 | | | | 25 | 12 | 7 | 19 |
| | 华农 | 3 | 1 | 2 | 14 | 6 | 8 | | | 3 | 11 | | | 2 | 4 | 6 | 4 | |
| | 长安责任 | 3 | 3 | | 29 | 12 | 17 | | | 8 | 21 | | 2 | 2 | 19 | 5 | 5 | 6 |
| | 紫金 | 1 | 1 | | 72 | 36 | 36 | | 2 | 18 | 52 | 1 | 3 | 6 | 44 | 20 | 8 | |
| | 小计 | 294 | 122 | 172 | 2474 | 1226 | 1248 | | 27 | 927 | 1520 | 6 | 165 | 291 | 1389 | 733 | 350 | 886 |
| 徐州市公司 | 人保 | 122 | 13 | 109 | 175 | 128 | 47 | | | | | 2 | 34 | 85 | 18 | 61 | 96 | |
| | 太保 | 9 | 9 | | 228 | 120 | 108 | | 1 | 53 | 174 | | 8 | 25 | 109 | 83 | 36 | 364 |
| | 平保 | 7 | | 7 | 127 | 72 | 55 | | 1 | 43 | 83 | | 1 | 6 | 75 | 40 | 12 | |
| | 天安 | 7 | 2 | 5 | 48 | 27 | 21 | | | 12 | 36 | | 1 | 2 | 28 | 13 | 7 | 32 |
| | 大众 | 2 | 1 | 1 | 29 | 12 | 17 | | | 7 | 22 | 2 | 6 | 5 | 20 | 9 | | 24 |
| | 华泰 | 1 | 1 | | 20 | 9 | 11 | | | 2 | 18 | | 1 | 1 | 4 | 13 | 3 | |
| | 中华联合 | 11 | 8 | 3 | 77 | 40 | 37 | | 2 | 29 | 110 | | 4 | 1 | 40 | 23 | 14 | 31 |
| | 太平 | 2 | 2 | | 26 | 10 | 16 | | 1 | 6 | 19 | 2 | 1 | | 12 | 9 | 5 | |
| | 大地 | 12 | 5 | 7 | 102 | 49 | 53 | | | 32 | 70 | | 3 | 2 | 51 | 35 | 16 | |
| | 永安 | 4 | 3 | 1 | 62 | 27 | 35 | | 1 | 15 | 46 | | 6 | 1 | 34 | 22 | 6 | |
| | 华安 | 3 | 1 | 2 | 17 | 12 | 5 | | | 4 | 13 | | | | 11 | 3 | 3 | |
| | 安邦 | 6 | 1 | 5 | 48 | 28 | 20 | | | 31 | 17 | | 12 | 22 | 36 | 8 | 4 | 41 |
| | 阳光 | 4 | 1 | 3 | 49 | 26 | 23 | | 1 | 9 | 39 | | 1 | 1 | 22 | 19 | 8 | 23 |
| | 都邦 | 2 | 1 | 1 | 45 | 18 | 27 | | | 9 | 36 | | | 3 | 25 | 19 | 1 | |
| | 中银 | 1 | 1 | | 11 | 5 | 6 | | 1 | 6 | 4 | | | 2 | 8 | 3 | | |

数据统计

续表 37

| 各地区保险机构 | | 总机构数 | 年末分支机构数 | | 总人数 | 男 | 女 | 文化结构 | | | | 专业技术职称 | | | 年龄结构 | | | 年末保险代理人数 |
|---|---|---|---|---|---|---|---|---|---|---|---|---|---|---|---|---|---|---|
| | | | 市、县机构数 | 营销服务部数 | | | | 博士 | 硕士 | 本科 | 大专及以下 | 高级 | 中级 | 初级 | 35岁以下 | 36~45岁 | 46岁以上 | |
| 徐州市公司 | 人寿财险 | 9 | 9 | | 81 | 43 | 38 | | 1 | 28 | 52 | | 2 | 4 | 42 | 32 | 7 | 98 |
| | 渤海 | 1 | 1 | | 6 | 4 | 2 | | | 2 | 4 | | | | 5 | | 1 | 7 |
| | 安诚 | 2 | 2 | | 50 | 24 | 26 | | | 10 | 40 | | 2 | | 30 | 18 | 2 | 8 |
| | 长安责任 | 1 | 1 | | 17 | 8 | 9 | | | 10 | 7 | | 2 | | 8 | 7 | 2 | 2 |
| | 紫金 | 1 | 1 | | 77 | 36 | 41 | | 3 | 20 | 54 | 1 | | | 41 | 30 | 6 | |
| | 小计 | 207 | 63 | 144 | 1295 | 698 | 597 | | 12 | 328 | 844 | 7 | 84 | 160 | 619 | 447 | 229 | 630 |
| 常州市公司 | 人保 | 73 | 27 | 46 | 207 | 130 | 77 | | 1 | 104 | 102 | 11 | 42 | 76 | 32 | 104 | 71 | |
| | 太保 | 14 | 8 | 6 | 288 | 123 | 165 | | | 111 | 177 | | 25 | 36 | 166 | 75 | 47 | 491 |
| | 平保 | 3 | | 3 | 123 | 60 | 63 | | 1 | 67 | 55 | | 2 | 5 | 87 | 25 | 11 | |
| | 天安 | 8 | 4 | 4 | 79 | 37 | 42 | | | 13 | 66 | | 4 | 2 | 41 | 24 | 14 | 153 |
| | 大众 | 5 | 1 | 4 | 49 | 24 | 25 | | | 6 | 43 | | 4 | 2 | 21 | 17 | 11 | 31 |
| | 信保 | 1 | 1 | | 14 | 11 | 3 | | 8 | 6 | 0 | | | | 12 | 2 | | |
| | 中华联合 | 11 | 8 | 3 | 170 | 66 | 104 | | | 49 | 121 | | 6 | 9 | 77 | 60 | 33 | 23 |
| | 太平 | 2 | 1 | 1 | 28 | 14 | 14 | | | 9 | 19 | | 2 | | 10 | 15 | 3 | |
| | 大地 | 4 | 3 | 1 | 106 | 48 | 58 | | 1 | 29 | 76 | | 6 | 2 | 57 | 35 | 14 | |
| | 永安 | 5 | 1 | 4 | 112 | 50 | 62 | | 1 | 12 | 99 | | 5 | 12 | 42 | 50 | 20 | |
| | 华安 | 4 | 1 | 3 | 13 | 7 | 6 | | | 3 | 10 | | | | 6 | 7 | | |
| | 安邦 | 7 | 3 | 4 | 66 | 34 | 32 | | | 40 | 26 | 1 | | 1 | 47 | 16 | 3 | 58 |
| | 阳光 | 4 | 3 | 1 | 65 | 38 | 27 | | 1 | 28 | 36 | | 4 | 1 | 35 | 22 | 8 | 42 |
| | 都邦 | 5 | 3 | 2 | 62 | 29 | 33 | | | 12 | 50 | | | 2 | 28 | 26 | 8 | |
| | 中银 | 1 | 1 | | 9 | 7 | 2 | | | 6 | 3 | | 2 | 2 | 3 | 2 | 4 | |
| | 天平 | 1 | 1 | | 10 | 5 | 5 | | | 2 | 8 | | | | 8 | 2 | | |
| | 永诚 | 1 | 1 | | 19 | 12 | 7 | | | 10 | 9 | | | | 11 | 7 | 1 | |
| | 民安 | 1 | 1 | | 34 | 15 | 19 | | | 8 | 26 | | | | 18 | 14 | 2 | |
| | 人寿财险 | 5 | 5 | | 84 | 41 | 43 | | 1 | 29 | 54 | | 4 | 13 | 40 | 38 | 6 | 81 |
| | 渤海 | 2 | 1 | 1 | 3 | 1 | 2 | | | 1 | 2 | | | | 2 | 1 | | 3 |
| | 安诚 | 1 | 1 | | 32 | 16 | 16 | | | 4 | 28 | 1 | 1 | 1 | 16 | 12 | 4 | |
| | 华农 | 1 | 1 | | 18 | 9 | 9 | | | | 18 | | | | 12 | 2 | 4 | |
| | 长安责任 | 4 | 4 | | 41 | 16 | 25 | | | 8 | 33 | | | 1 | 20 | 16 | 5 | |
| | 紫金 | 2 | 2 | | 65 | 37 | 28 | | | 24 | 41 | 1 | 3 | 3 | 41 | 20 | 4 | |
| | 小计 | 165 | 82 | 83 | 1697 | 830 | 867 | | 14 | 581 | 1102 | 14 | 110 | 168 | 832 | 592 | 273 | 882 |
| 苏州市公司 | 人保 | 200 | 46 | 154 | 409 | 267 | 142 | | 8 | 169 | 232 | 7 | 76 | 144 | 87 | 163 | 159 | |
| | 太保 | 50 | 12 | 38 | 758 | 357 | 401 | | 4 | 211 | 543 | 4 | 41 | 95 | 463 | 188 | 107 | 798 |
| | 平保 | 21 | 5 | 16 | 872 | 478 | 394 | | 12 | 510 | 350 | | 7 | 78 | 696 | 140 | 36 | 196 |
| | 天安 | 15 | 9 | 6 | 174 | 87 | 87 | | | 30 | 144 | 1 | 7 | 14 | 81 | 65 | 28 | 54 |
| | 大众 | 5 | 5 | | 148 | 69 | 79 | | | 22 | 126 | | 5 | 9 | 69 | 59 | 20 | 145 |
| | 华泰 | 3 | 1 | 2 | 18 | 7 | 11 | | 1 | 6 | 11 | | | | 6 | 9 | 3 | |
| | 信保 | 1 | 1 | | 19 | 12 | 7 | | 12 | 5 | 2 | | | | 17 | | 2 | |
| | 中华联合 | 16 | 10 | 6 | 198 | 95 | 103 | | 1 | 38 | 159 | | 9 | 17 | 106 | 81 | 11 | 37 |
| | 太平 | 6 | 6 | | 173 | 64 | 109 | | 1 | 37 | 135 | 1 | 5 | 9 | 110 | 52 | 11 | |
| | 大地 | 8 | 8 | | 76 | 43 | 33 | | | 24 | 52 | | 2 | 4 | 33 | 30 | 13 | |

续表 37

| 各地区保险机构 | | 总机构数 | 年末分支机构数 | | 总人数 | 男 | 女 | 文化结构 | | | | 专业技术职称 | | | 年龄结构 | | | 年末保险代理人数 |
|---|---|---|---|---|---|---|---|---|---|---|---|---|---|---|---|---|---|---|
| | | | 市、县机构数 | 营销服务部数 | | | | 博士 | 硕士 | 本科 | 大专及以下 | 高级 | 中级 | 初级 | 35岁以下 | 36~45岁 | 46岁以上 | |
| 苏州市公司 | 永安 | 9 | 5 | 4 | 124 | 57 | 67 | | 3 | 21 | 100 | | 3 | 15 | 53 | 47 | 24 | |
| | 华安 | 6 | 1 | 5 | 40 | 19 | 21 | | | 13 | 27 | | | | 26 | 12 | 2 | |
| | 安邦 | 6 | 1 | 5 | 87 | 45 | 42 | | 5 | 40 | 42 | | | 9 | 63 | 24 | | 30 |
| | 阳光 | 8 | 8 | | 103 | 47 | 56 | | | 29 | 74 | 1 | 4 | 7 | 68 | 22 | 13 | 2 |
| | 都邦 | 10 | 9 | 1 | 212 | 100 | 112 | | | 25 | 187 | 3 | 6 | 10 | 109 | 90 | 13 | 101 |
| | 中银 | 6 | 6 | | 24 | 14 | 10 | | 1 | 13 | 10 | | 2 | 2 | 11 | 10 | 3 | |
| | 天平 | 1 | 1 | | 47 | 25 | 22 | | | 16 | 31 | | 2 | | 41 | 4 | 2 | |
| | 永诚 | 6 | 6 | | 73 | 41 | 32 | | | 21 | 52 | | 4 | 1 | 40 | 25 | 8 | |
| | 民安 | 3 | 3 | | 34 | 19 | 15 | | | 11 | 23 | | | | 22 | 9 | 3 | |
| | 人寿财险 | 9 | 9 | | 178 | 74 | 104 | | | 50 | 128 | | 5 | 8 | 94 | 58 | 26 | 105 |
| | 渤海 | 1 | 1 | | 3 | 2 | 1 | | | 2 | 1 | | 1 | | 3 | | | |
| | 安诚 | 3 | 3 | | 66 | 29 | 37 | | | 12 | 54 | | 4 | | 35 | 23 | 8 | 2 |
| | 华农 | 5 | 1 | 4 | 4 | 4 | | | | 3 | 1 | | | | 2 | 1 | 1 | |
| | 长安责任 | 6 | 6 | | 52 | 23 | 29 | | | 14 | 38 | | 1 | 5 | 30 | 18 | 4 | 3 |
| | 紫金 | 4 | 4 | | 126 | 80 | 46 | | | 42 | 84 | 2 | 3 | | 78 | 37 | 11 | 78 |
| | 国泰 | 1 | | 1 | 14 | 8 | 6 | | 1 | 7 | 6 | | | 6 | 13 | 1 | | |
| | 小计 | 409 | 167 | 242 | 4032 | 2066 | 1966 | | 49 | 1371 | 2612 | 19 | 187 | 433 | 2356 | 1168 | 508 | 1355 |
| 南通市公司 | 人保 | 103 | 18 | 85 | 203 | 138 | 65 | | 2 | 58 | 143 | 8 | 70 | 61 | 14 | 75 | 114 | |
| | 太保 | 7 | 7 | | 168 | 73 | 95 | | 1 | 19 | 148 | | 13 | 8 | 73 | 62 | 33 | 41 |
| | 平保 | 6 | 0 | 6 | 155 | 74 | 81 | | 2 | 63 | 90 | | 3 | 5 | 101 | 36 | 18 | |
| | 天安 | 9 | 7 | 2 | 127 | 57 | 70 | | | 28 | 99 | 1 | 9 | 11 | 52 | 53 | 22 | 191 |
| | 大众 | 6 | 3 | 3 | 65 | 27 | 38 | | | 13 | 52 | | 2 | | 33 | 23 | 9 | 46 |
| | 华泰 | 1 | 1 | | 10 | 6 | 4 | | | 3 | 7 | | | | 6 | 3 | 1 | |
| | 信保 | 1 | 1 | | 10 | 7 | 3 | | 6 | 3 | 1 | | | | 9 | 1 | | |
| | 中华联合 | 16 | 7 | 9 | 145 | 67 | 78 | | 5 | 11 | 129 | | 11 | 8 | 72 | 55 | 18 | |
| | 太平 | 4 | 4 | | 46 | 17 | 29 | | | 5 | 41 | | 2 | 1 | 25 | 13 | 8 | |
| | 大地 | 5 | 5 | | 40 | 18 | 22 | | | 13 | 27 | 1 | 3 | 3 | 19 | 13 | 8 | |
| | 永安 | 7 | 3 | 4 | 100 | 38 | 62 | | | 9 | 91 | | 17 | 19 | 53 | 15 | 32 | |
| | 华安 | 1 | 1 | | 11 | 6 | 5 | | | 5 | 6 | | | | 8 | 2 | 1 | 5 |
| | 安邦 | 9 | 1 | 8 | 70 | 31 | 39 | | | 36 | 34 | | | | 61 | 9 | | 16 |
| | 阳光 | 9 | 9 | | 105 | 45 | 60 | | 1 | 20 | 84 | | 2 | 2 | 45 | 40 | 20 | 10 |
| | 都邦 | 5 | 2 | 3 | 47 | 28 | 19 | | | 10 | 37 | | | 1 | 27 | 15 | 5 | |
| | 中银 | 1 | 1 | | 13 | 6 | 7 | | | 3 | 10 | | 4 | 1 | 8 | 5 | | |
| | 天平 | 1 | 1 | | 8 | 3 | 5 | | | 3 | 5 | | | | 6 | | 2 | |
| | 永诚 | 3 | 3 | | 37 | 10 | 27 | | 1 | 14 | 22 | | | 2 | 20 | 14 | 3 | |
| | 民安 | 1 | 1 | | 24 | 12 | 12 | | | 5 | 19 | 1 | | 14 | 10 | | | |
| | 人寿财险 | 8 | 8 | | 119 | 58 | 61 | | 1 | 39 | 79 | 1 | 10 | 2 | 64 | 33 | 22 | 196 |
| | 渤海 | 1 | 1 | | 2 | 2 | | | | 1 | 1 | | 1 | | 1 | | 1 | |

数据统计

续表 37

| 各地区 | 保险机构 | 总机构数 | 年末分支机构数：市、县机构数 | 年末分支机构数：营销服务部数 | 总人数 | 男 | 女 | 文化结构：博士 | 文化结构：硕士 | 文化结构：本科 | 文化结构：大专及以下 | 专业技术职称：高级 | 专业技术职称：中级 | 专业技术职称：初级 | 年龄结构：35岁以下 | 年龄结构：36~45岁 | 年龄结构：46岁以上 | 年末保险代理人数 |
|---|---|---|---|---|---|---|---|---|---|---|---|---|---|---|---|---|---|---|
| 南通市公司 | 安诚 | 2 | 2 | | 60 | 27 | 33 | | | 8 | 52 | | 3 | 1 | 31 | 16 | 13 | |
| | 华农 | 2 | 1 | 1 | 19 | 8 | 11 | | | 7 | 12 | | 2 | 1 | 11 | 6 | 2 | |
| | 长安责任 | 4 | 4 | | 34 | 10 | 24 | | 1 | 6 | 27 | | 4 | 2 | 21 | 9 | 4 | 32 |
| | 紫金 | 2 | 2 | | 95 | 52 | 43 | | | 26 | 69 | | | 3 | 57 | 30 | 8 | 73 |
| | 小计 | 214 | 93 | 121 | 1713 | 820 | 893 | | 20 | 408 | 1285 | 12 | 156 | 145 | 827 | 528 | 344 | 610 |
| 连云港市公司 | 人保 | 97 | 12 | 85 | 152 | 106 | 46 | | 1 | 83 | 68 | 3 | 36 | 44 | 22 | 68 | 52 | |
| | 太保 | 6 | 6 | | 119 | 72 | 47 | | 2 | 35 | 82 | | 14 | 10 | 50 | 39 | 30 | 43 |
| | 平保 | 5 | | 5 | 72 | 38 | 34 | | 1 | 28 | 43 | | | 1 | 40 | 26 | 6 | |
| | 天安 | 7 | 1 | 6 | 67 | 32 | 35 | | | 14 | 53 | | 3 | 2 | 29 | 30 | 8 | 70 |
| | 中华联合 | 8 | 6 | 2 | 53 | 25 | 28 | | | 11 | 42 | | 3 | 6 | 29 | 16 | 8 | 32 |
| | 太平 | 2 | 2 | | 12 | 7 | 5 | | | 2 | 10 | | | 2 | 5 | 5 | 2 | |
| | 大地 | 4 | 3 | 1 | 21 | 11 | 10 | | | 7 | 14 | | 3 | 1 | 12 | 4 | 5 | |
| | 华安 | 2 | 1 | 1 | 11 | 8 | 3 | | | 5 | 6 | | | | 7 | 4 | | 3 |
| | 安邦 | 5 | 1 | 4 | 30 | 16 | 14 | | | 16 | 14 | | | | 20 | 9 | 1 | 30 |
| | 阳光 | 4 | 1 | 3 | 36 | 22 | 14 | | | 8 | 28 | | 6 | 2 | 14 | 14 | 8 | |
| | 都邦 | 2 | 1 | 1 | 23 | 15 | 8 | | | 7 | 16 | | | 4 | 10 | 10 | 3 | |
| | 中银 | 1 | 1 | | 10 | 4 | 6 | | | 4 | 6 | | 1 | | 6 | 4 | | |
| | 人寿财险 | 6 | 6 | | 61 | 32 | 29 | | 1 | 26 | 34 | | | 6 | 44 | 12 | 5 | 18 |
| | 渤海 | 1 | 1 | | 2 | 1 | 1 | | | 0 | 2 | | | | 2 | | | |
| | 长安责任 | 1 | 1 | | 12 | 2 | 10 | | | 5 | 7 | | 2 | 1 | 8 | 2 | 2 | |
| | 小计 | 151 | 43 | 108 | 681 | 391 | 290 | | 5 | 251 | 425 | 3 | 68 | 79 | 298 | 243 | 130 | 196 |
| 淮安市公司 | 人保 | 111 | 8 | 103 | 156 | 114 | 42 | | 1 | 55 | 100 | | 47 | 71 | 15 | 61 | 80 | |
| | 太保 | 7 | 7 | | 102 | 45 | 57 | | 1 | 11 | 90 | | 9 | | 48 | 38 | 16 | 116 |
| | 平保 | 6 | | 6 | 85 | 53 | 32 | | 2 | 32 | 51 | | 1 | 4 | 58 | 21 | 6 | |
| | 天安 | 6 | 1 | 5 | 44 | 22 | 22 | | | 9 | 35 | | 4 | 3 | 18 | 21 | 5 | 66 |
| | 中华联合 | 9 | 9 | | 143 | 69 | 74 | | | 13 | 130 | | 7 | 1 | 75 | 55 | 13 | 125 |
| | 大地 | 4 | 1 | 3 | 32 | 14 | 18 | | | 10 | 22 | | 1 | 3 | 16 | 10 | 6 | |
| | 华安 | 2 | 1 | 1 | 8 | 5 | 3 | | | 3 | 5 | | | | 6 | 1 | 1 | |
| | 安邦 | 5 | 1 | 4 | 36 | 22 | 14 | | | 18 | 18 | | | | 30 | 6 | | 98 |
| | 阳光 | 4 | 1 | 3 | 43 | 28 | 15 | | 1 | 16 | 26 | | 1 | 2 | 20 | 14 | 9 | 10 |
| | 都邦 | 1 | 1 | | 23 | 16 | 7 | | | 7 | 16 | | | 2 | 12 | 10 | 1 | |
| | 中银 | 1 | 1 | | 5 | 2 | 3 | | | 1 | 4 | | 1 | | 1 | 3 | 1 | |
| | 人寿财险 | 7 | 7 | | 81 | 47 | 34 | | | 24 | 57 | 1 | 5 | 2 | 17 | 59 | 5 | 24 |
| | 渤海 | 1 | 1 | | 8 | 3 | 5 | | | 4 | 4 | | 1 | | 5 | 3 | | 5 |
| | 长安责任 | 2 | 2 | | 21 | 15 | 6 | | | 5 | 16 | | | | 7 | 10 | 4 | 31 |
| | 小计 | 166 | 41 | 125 | 787 | 455 | 332 | | 5 | 208 | 574 | 1 | 77 | 88 | 328 | 312 | 147 | 475 |
| 盐城市公司 | 人保 | 157 | 20 | 137 | 207 | 166 | 41 | | 2 | 84 | 121 | 5 | 83 | 69 | 23 | 92 | 92 | |
| | 太保 | 7 | 5 | 2 | 96 | 44 | 52 | | | 18 | 78 | 1 | 8 | 13 | 48 | 33 | 15 | 43 |
| | 平保 | 8 | | 8 | 118 | 60 | 58 | | | 44 | 74 | | 3 | 7 | 63 | 48 | 7 | |
| | 天安 | 9 | 1 | 8 | 25 | 8 | 17 | | | 5 | 20 | | 3 | 2 | 11 | 10 | 4 | 67 |
| | 中华联合 | 9 | 9 | | 91 | 45 | 46 | | | 20 | 71 | 1 | 9 | 6 | 43 | 30 | 18 | 44 |

续表 37

| 各地区保险机构 | | 总机构数 | 年末分支机构数 | | 总人数 | 男 | 女 | 文化结构 | | | | 专业技术职称 | | | 年龄结构 | | | 年末保险代理人数 |
|---|---|---|---|---|---|---|---|---|---|---|---|---|---|---|---|---|---|---|
| | | | 市、县机构数 | 营销服务部数 | | | | 博士 | 硕士 | 本科 | 大专及以下 | 高级 | 中级 | 初级 | 35岁以下 | 36~45岁 | 46岁以上 | |
| 盐城市公司 | 大地 | 2 | 1 | 1 | 13 | 9 | 4 | | | 4 | 9 | | | 2 | 6 | 2 | 5 | |
| | 华安 | 2 | 1 | 1 | 6 | 3 | 3 | | | 4 | 2 | | | | 2 | 2 | 2 | |
| | 安邦 | 11 | 2 | 9 | 113 | 52 | 61 | | | 39 | 74 | | | | 79 | 32 | 2 | 129 |
| | 阳光 | 3 | 3 | | 37 | 26 | 11 | | | 5 | 32 | | 4 | 1 | 14 | 14 | 9 | |
| | 都邦 | 1 | 1 | | 23 | 14 | 9 | | | 7 | 16 | | | 4 | 11 | 10 | 2 | |
| | 中银 | 1 | 1 | | 8 | 3 | 5 | | | 3 | 5 | | 2 | | 2 | 4 | 2 | |
| | 人寿财险 | 9 | 9 | | 83 | 43 | 40 | | | 30 | 53 | | 5 | 8 | 40 | 35 | 8 | 61 |
| | 渤海 | 1 | 1 | | 7 | 4 | 3 | | | 2 | 5 | | 1 | | 4 | 3 | | 1 |
| | 长安责任 | 1 | 1 | | 16 | 10 | 6 | | | 6 | 10 | | 2 | | 10 | 4 | 2 | |
| | 小计 | 221 | 55 | 166 | 843 | 487 | 356 | | 2 | 271 | 570 | 7 | 120 | 112 | 356 | 319 | 168 | 345 |
| 扬州市公司 | 人保 | 29 | 21 | 8 | 198 | 140 | 58 | | 5 | 97 | 96 | 4 | 58 | 53 | 46 | 90 | 62 | |
| | 太保 | 6 | 6 | | 121 | 46 | 75 | | | 24 | 97 | | 12 | 12 | 40 | 52 | 29 | 23 |
| | 平保 | 4 | | 4 | 95 | 49 | 46 | | | 31 | 64 | | 1 | 7 | 55 | 32 | 8 | |
| | 天安 | 5 | 2 | 3 | 36 | 16 | 20 | | | 4 | 32 | | 1 | 1 | 25 | 6 | 5 | 1 |
| | 大众 | 4 | 1 | 3 | 37 | 17 | 20 | | | 7 | 30 | | | | 17 | 17 | 3 | |
| | 华泰 | 1 | 1 | | 14 | 7 | 7 | | | 4 | 10 | | | | 7 | 7 | | |
| | 中华联合 | 5 | 4 | 1 | 68 | 35 | 33 | | | 14 | 54 | | 3 | 15 | 38 | 20 | 10 | 55 |
| | 太平 | 3 | 3 | | 30 | 12 | 18 | | | 8 | 22 | | | | 7 | 18 | 5 | |
| | 大地 | 5 | 5 | | 75 | 38 | 37 | | | 16 | 59 | | 2 | 5 | 38 | 17 | 20 | |
| | 永安 | 4 | 2 | 2 | 32 | 16 | 16 | | | 7 | 25 | | 3 | 2 | 18 | 11 | 3 | |
| | 华安 | 5 | 1 | 4 | 18 | 8 | 10 | | | 6 | 12 | | | | 11 | 5 | 2 | |
| | 安邦 | 5 | 1 | 4 | 34 | 17 | 17 | | 1 | 13 | 20 | | | | 18 | 12 | 4 | 24 |
| | 阳光 | 3 | 1 | 2 | 35 | 18 | 17 | | | 9 | 26 | | | 2 | 18 | 13 | 4 | 24 |
| | 都邦 | 1 | 1 | | 19 | 11 | 8 | | | 5 | 14 | | | 1 | 11 | 7 | 1 | |
| | 中银 | 1 | 1 | | 7 | 1 | 6 | | 1 | 6 | | | 1 | | 4 | 3 | | |
| | 天平 | 1 | 1 | | 6 | 2 | 4 | | | 1 | 5 | | | | 5 | 1 | | |
| | 永诚 | 2 | 1 | 1 | 21 | 9 | 12 | | | 6 | 15 | | 2 | | 10 | 10 | 1 | 6 |
| | 民安 | 1 | 1 | | 23 | 10 | 13 | | | 6 | 17 | | 2 | 2 | 12 | 3 | 8 | |
| | 人寿财险 | 7 | 7 | | 80 | 33 | 47 | | 2 | 40 | 38 | | 12 | 17 | 54 | 23 | 3 | 53 |
| | 渤海 | 1 | 1 | | 2 | 1 | 1 | | | 0 | 2 | | | | 1 | | 1 | |
| | 安诚 | 1 | 1 | | 21 | 9 | 12 | | | 3 | 18 | | 2 | | 11 | 10 | | 13 |
| | 华农 | 4 | 1 | 3 | 21 | 9 | 12 | | | 2 | 19 | | 1 | 2 | 9 | 8 | 4 | |
| | 长安责任 | 2 | 2 | | 26 | 10 | 16 | | | 7 | 19 | | 3 | 1 | 14 | 9 | 3 | |
| | 紫金 | 1 | 1 | | 35 | 18 | 17 | | | 16 | 19 | | | 9 | 22 | 11 | 2 | |
| | 小计 | 101 | 66 | 35 | 1054 | 532 | 522 | | 9 | 332 | 713 | 4 | 103 | 129 | 491 | 385 | 178 | 199 |
| 镇江市公司 | 人保 | 70 | 19 | 51 | 141 | 89 | 52 | | 3 | 44 | 94 | 2 | 37 | 53 | 14 | 65 | 62 | |
| | 太保 | 6 | 6 | | 157 | 83 | 74 | | 1 | 41 | 115 | | 13 | 13 | 74 | 48 | 35 | |
| | 平保 | 4 | | 4 | 95 | 42 | 53 | | | 38 | 57 | | 2 | 3 | 59 | 28 | 8 | |
| | 天安 | 4 | 2 | 2 | 60 | 38 | 22 | | | 10 | 50 | | 2 | 4 | 21 | 30 | 9 | 43 |
| | 大众 | 4 | 1 | 3 | 34 | 17 | 17 | | | 5 | 29 | 1 | 2 | 5 | 10 | 21 | 3 | |
| | 华泰 | 1 | 1 | | 8 | 6 | 2 | | 1 | 2 | 5 | | | | 2 | 4 | 2 | |

续表 37

| 各地区保险机构 | | 总机构数 | 年末分支机构数 | | 总人数 | 男 | 女 | 文化结构 | | | | 专业技术职称 | | | 年龄结构 | | | 年末保险代理人数 |
|---|---|---|---|---|---|---|---|---|---|---|---|---|---|---|---|---|---|---|
| | | | 市、县机构数 | 营销服务部数 | | | | 博士 | 硕士 | 本科 | 大专及以下 | 高级 | 中级 | 初级 | 35岁以下 | 36~45岁 | 46岁以上 | |
| 镇江市公司 | 中华联合 | 4 | 4 | | 61 | 29 | 32 | | | 13 | 48 | | 5 | 4 | 32 | 21 | 8 | |
| | 太平 | 2 | 1 | 1 | 35 | 13 | 22 | | | 4 | 31 | | | 2 | 18 | 11 | 6 | |
| | 大地 | 4 | 1 | 3 | 27 | 17 | 10 | | | 4 | 23 | | 3 | 2 | 12 | 10 | 5 | |
| | 永安 | 5 | 2 | 3 | 50 | 23 | 27 | | | 8 | 42 | | 6 | 10 | 19 | 23 | 8 | |
| | 华安 | 2 | 1 | 1 | 11 | 7 | 4 | | | 5 | 6 | | | | 8 | 2 | 1 | 1 |
| | 安邦 | 5 | 1 | 4 | 39 | 19 | 20 | | 1 | 16 | 22 | | | | 22 | 14 | 3 | 24 |
| | 阳光 | 4 | 1 | 3 | 41 | 22 | 19 | | | 10 | 31 | | 3 | 1 | 19 | 20 | 2 | |
| | 都邦 | 2 | 1 | 1 | 37 | 15 | 22 | | | 8 | 29 | | 1 | 5 | 17 | 16 | 4 | |
| | 中银 | 2 | 2 | | 17 | 10 | 7 | | | 10 | 7 | | 2 | | 9 | 6 | 2 | |
| | 永诚 | 1 | 1 | | 16 | 6 | 10 | | | 9 | 7 | | 1 | 1 | 11 | 4 | 1 | |
| | 民安 | 1 | 1 | | 27 | 16 | 11 | | | 5 | 22 | | 7 | 3 | 13 | 10 | 4 | |
| | 人寿财险 | 4 | 4 | | 52 | 20 | 32 | | | 11 | 41 | | 6 | 5 | 31 | 16 | 5 | 51 |
| | 渤海 | 1 | 1 | | 6 | 4 | 2 | | | 2 | 4 | | 1 | | 1 | 4 | 1 | 3 |
| | 安诚 | 1 | 1 | | 29 | 9 | 20 | | | 2 | 27 | | 5 | 1 | 10 | 13 | 6 | 1 |
| | 长安责任 | 2 | 2 | | 23 | 10 | 13 | | | 7 | 16 | | 2 | | 16 | 5 | 2 | 5 |
| | 紫金 | 1 | 1 | | 30 | 8 | 22 | | 1 | 8 | 21 | 1 | 2 | | 18 | 11 | 1 | 0 |
| | 小计 | 130 | 54 | 76 | 996 | 503 | 493 | | 7 | 262 | 727 | 4 | 100 | 112 | 436 | 382 | 178 | 128 |
| 泰州市公司 | 人保 | 15 | 15 | 249 | 149 | 100 | 49 | | | | | 2 | 20 | 63 | 34 | 70 | 45 | |
| | 太保 | 6 | 6 | | 116 | 48 | 68 | | 1 | 16 | 99 | 1 | 5 | | 48 | 41 | 27 | |
| | 平保 | 5 | | 5 | 90 | 47 | 43 | | | 29 | 61 | | | 5 | 59 | 24 | 7 | |
| | 天安 | 5 | 3 | 2 | 68 | 34 | 34 | | | 14 | 54 | | 5 | 10 | 28 | 26 | 14 | 84 |
| | 华泰 | 1 | 1 | | 12 | 7 | 5 | | | 2 | 10 | | | | 3 | 7 | 2 | |
| | 中华联合 | 6 | 6 | | 77 | 38 | 39 | | | 14 | 63 | | 6 | 9 | 38 | 31 | 8 | 24 |
| | 太平 | 1 | 1 | | 19 | 8 | 11 | | | 1 | 18 | | | | 12 | 7 | | |
| | 大地 | 5 | 4 | 1 | 84 | 54 | 30 | | | 19 | 65 | 1 | 4 | | 48 | 23 | 13 | |
| | 永安 | 5 | 4 | 1 | 60 | 25 | 35 | | | 8 | 52 | | | 2 | 41 | 14 | 5 | |
| | 华安 | 2 | 1 | 1 | 8 | 5 | 3 | | | 4 | 4 | | | | 5 | 2 | 1 | 1 |
| | 安邦 | 6 | 1 | 5 | 30 | 12 | 18 | | | 24 | 6 | | | | 26 | 4 | | 25 |
| | 阳光 | 5 | 5 | | 58 | 23 | 35 | | | 16 | 42 | | 4 | 3 | 26 | 21 | 11 | 48 |
| | 都邦 | 6 | 4 | 2 | 77 | 35 | 42 | | | 10 | 67 | | 1 | 6 | 25 | 49 | 3 | 14 |
| | 中银 | 1 | 1 | | 12 | 8 | 4 | | | 6 | 6 | | | 2 | 8 | 3 | 1 | |
| | 民安 | 1 | 1 | | 19 | 9 | 10 | | | 3 | 16 | | 1 | | 11 | 6 | 2 | |
| | 人寿财险 | 6 | 6 | | 61 | 39 | 22 | | | 27 | 34 | | 4 | 12 | 31 | 26 | 4 | 16 |
| | 渤海 | 2 | 1 | 1 | 6 | 3 | 3 | | | 2 | 4 | | | | 6 | | | |
| | 长安责任 | 3 | 3 | | 28 | 11 | 17 | | | 8 | 20 | | 2 | 1 | 18 | 8 | 2 | 9 |
| | 紫金 | 1 | 1 | | 57 | 27 | 30 | | | 32 | 25 | | 3 | 5 | 40 | 15 | 2 | 24 |
| | 小计 | 82 | 64 | 18 | 1031 | 533 | 498 | | 1 | 235 | 646 | 4 | 55 | 118 | 507 | 377 | 147 | 245 |
| 宿迁市公司 | 人保 | 14 | 8 | 6 | 87 | 67 | 20 | | 3 | 44 | 40 | | 26 | 17 | 25 | 36 | 26 | |
| | 太保 | 4 | 4 | | 31 | 15 | 16 | | 2 | 5 | 24 | | 2 | | 18 | 10 | 3 | 3 |
| | 平保 | 4 | | 4 | 58 | 29 | 29 | | | 25 | 33 | | | 3 | 44 | 10 | 4 | |
| | 天安 | 5 | 2 | 3 | 53 | 24 | 29 | | | 7 | 46 | | 5 | 2 | 25 | 21 | 7 | 77 |
| | 中华联合 | 5 | 5 | | 48 | 21 | 27 | | | 14 | 34 | | 2 | 4 | 25 | 21 | 2 | 57 |

续表 37

| 各地区保险机构 | | 总机构数 | 年末分支机构数 | | 总人数 | 男 | 女 | 文化结构 | | | | 专业技术职称 | | | 年龄结构 | | | 年末保险代理人数 |
|---|---|---|---|---|---|---|---|---|---|---|---|---|---|---|---|---|---|---|
| | | | 市、县机构数 | 营销服务部数 | | | | 博士 | 硕士 | 本科 | 大专及以下 | 高级 | 中级 | 初级 | 35岁以下 | 36~45岁 | 46岁以上 | |
| 宿迁市公司 | 大地 | 5 | 2 | 3 | 42 | 25 | 17 | | | 8 | 34 | | 1 | 1 | 27 | 9 | 6 | |
| | 华安 | 4 | 1 | 3 | 19 | 10 | 9 | | | 8 | 11 | | | | 11 | 8 | | 16 |
| | 安邦 | 4 | 1 | 3 | 39 | 20 | 19 | | | 31 | 8 | 1 | 2 | 6 | 28 | 8 | 3 | 34 |
| | 阳光 | 4 | 2 | 2 | 49 | 21 | 28 | | | 11 | 38 | | 5 | 1 | 26 | 20 | 3 | 35 |
| | 都邦 | 2 | 1 | 1 | 35 | 17 | 18 | | 1 | 3 | 31 | | | 1 | 20 | 15 | | |
| | 人寿财险 | 4 | 4 | | 60 | 30 | 30 | | | 23 | 37 | 1 | | 7 | 29 | 23 | 8 | 53 |
| | 渤海 | 1 | 1 | | 7 | 4 | 3 | | | 4 | 3 | | 1 | | 3 | 4 | | 10 |
| | 长安责任 | 2 | 2 | | 23 | 13 | 10 | | | 7 | 16 | | 2 | 2 | 10 | 11 | 2 | 54 |
| | 紫金 | 1 | 1 | | 54 | 31 | 23 | | | 18 | 37 | | | 10 | 38 | 11 | 6 | |
| | 小计 | 59 | 34 | 25 | 605 | 327 | 278 | | 6 | 208 | 392 | 2 | 46 | 54 | 329 | 207 | 70 | 339 |
| 合计 | 人保 | 1168 | 269 | 898 | 2852 | 1890 | 962 | 2 | 67 | 1148 | 1311 | 83 | 710 | 961 | 531 | 1166 | 1145 | |
| | 太保 | 159 | 88 | 70 | 2840 | 1320 | 1520 | | 26 | 812 | 2002 | 10 | 238 | 339 | 1461 | 886 | 493 | 2044 |
| | 平保 | 114 | 12 | 101 | 3234 | 1531 | 1426 | | 54 | 1469 | 1350 | | 33 | 194 | 2102 | 583 | 188 | |
| | 天安 | 95 | 41 | 53 | 1038 | 516 | 522 | | 7 | 226 | 805 | 4 | 58 | 65 | 491 | 380 | 167 | 1091 |
| | 大众 | 42 | 25 | 16 | 514 | 233 | 281 | | 2 | 91 | 421 | 6 | 26 | 26 | 242 | 197 | 75 | 619 |
| | 华泰 | 24 | 15 | 8 | 394 | 208 | 186 | | 18 | 146 | 230 | 2 | 14 | 6 | 162 | 186 | 46 | |
| | 信保 | 6 | 5 | | 205 | 136 | 69 | | 103 | 92 | 10 | | | | 183 | 16 | 6 | |
| | 中华联合 | 120 | 86 | 33 | 1880 | 829 | 1051 | | 13 | 438 | 1493 | 6 | 104 | 149 | 1072 | 575 | 233 | 884 |
| | 太平 | 26 | 23 | 2 | 513 | 216 | 297 | | 2 | 106 | 405 | 3 | 18 | 23 | 273 | 178 | 62 | |
| | 大地 | 66 | 43 | 22 | 754 | 401 | 353 | | 5 | 225 | 524 | 4 | 39 | 35 | 409 | 217 | 128 | |
| | 永安 | 51 | 26 | 24 | 773 | 351 | 422 | | 7 | 133 | 633 | | 52 | 84 | 370 | 266 | 137 | |
| | 华安 | 45 | 14 | 30 | 276 | 157 | 119 | | | 116 | 160 | 1 | 10 | 11 | 187 | 68 | 21 | 44 |
| | 安邦 | 88 | 19 | 68 | 852 | 429 | 423 | | 13 | 473 | 366 | 2 | 37 | 78 | 614 | 211 | 27 | 687 |
| | 阳光 | 61 | 41 | 19 | 876 | 436 | 440 | | 10 | 282 | 584 | 1 | 54 | 32 | 456 | 286 | 134 | 209 |
| | 都邦 | 44 | 31 | 12 | 917 | 447 | 470 | | 6 | 206 | 705 | 18 | 20 | 49 | 502 | 358 | 57 | 144 |
| | 中银 | 19 | 18 | | 190 | 100 | 90 | | 11 | 103 | 76 | | 30 | 11 | 106 | 63 | 21 | |
| | 天平 | 6 | 5 | | 134 | 69 | 65 | | 1 | 53 | 80 | | | | 109 | 16 | 9 | |
| | 永诚 | 16 | 14 | 1 | 284 | 129 | 155 | | 4 | 117 | 163 | | 18 | 9 | 169 | 89 | 26 | 6 |
| | 民安 | 13 | 12 | | 277 | 147 | 130 | | 4 | 82 | 191 | 1 | 24 | 16 | 161 | 87 | 29 | |
| | 人寿财险 | 90 | 89 | | 1294 | 614 | 680 | | 11 | 483 | 800 | 7 | 74 | 99 | 715 | 447 | 132 | 934 |
| | 渤海 | 18 | 13 | 4 | 93 | 54 | 39 | | | 41 | 52 | | 11 | | 64 | 20 | 9 | 30 |
| | 安诚 | 15 | 14 | | 377 | 175 | 202 | | 3 | 75 | 299 | 3 | 28 | 4 | 207 | 121 | 49 | 43 |
| | 华农 | 31 | 10 | 20 | 118 | 60 | 58 | | 2 | 29 | 87 | 2 | 7 | 6 | 60 | 38 | 20 | |
| | 长安责任 | 36 | 35 | | 466 | 237 | 229 | | 4 | 130 | 332 | | 34 | 21 | 284 | 127 | 55 | 142 |
| | 三星火灾 | 1 | | | 9 | 4 | 5 | | | 7 | 2 | 1 | | | 8 | 1 | | 1 |
| | 紫金 | 17 | 16 | | 724 | 384 | 340 | 1 | 10 | 245 | 469 | 7 | 22 | 38 | 435 | 223 | 67 | 191 |
| | 国泰 | 2 | | 1 | 37 | 20 | 17 | | 2 | 25 | 10 | | 5 | 18 | 33 | 2 | 2 | |
| | 日本财产 | 1 | | | 34 | 12 | 22 | | 3 | 31 | | | | | 30 | 3 | 1 | |
| | 英大泰和 | 1 | | | 33 | 20 | 13 | | 4 | 24 | 5 | | 6 | 2 | 21 | 11 | 11 | |
| | 小计 | 2375 | 964 | 1382 | 21988 | 11125 | 10586 | 3 | 392 | 7408 | 13565 | 161 | 1672 | 2276 | 11457 | 6821 | 3350 | 7069 |

数据统计

江苏省级人寿保险公司机构、人员结构统计表(2010)

表 38

| 公司名称 | | 总机构数 | 年末分支机构数 | | 总人数 | 男 | 女 | 文化结构 | | | | 专业技术职称 | | | 年龄结构 | | | 年末保险代理人数 |
|---|---|---|---|---|---|---|---|---|---|---|---|---|---|---|---|---|---|---|
| | | | 市、县机构数 | 营销服务部数 | | | | 博士 | 硕士 | 本科 | 大专及以下 | 高级 | 中级 | 初级 | 35岁以下 | 36~45岁 | 46岁以上 | |
| 江苏省公司 | 国寿股份 | 1 | | | 480 | 211 | 269 | | 37 | 348 | 95 | 18 | 68 | 150 | 356 | 68 | 56 | |
| | 太保人寿 | 1 | | | 165 | 76 | 89 | | 6 | 120 | 39 | 2 | 25 | 129 | 103 | 42 | 20 | |
| | 平安人寿 | 16 | 3 | 12 | 518 | 253 | 265 | | 30 | 334 | 154 | 1 | 12 | 12 | 367 | 122 | 29 | 3976 |
| | 新华人寿 | 1 | | | 166 | 76 | 90 | | 23 | 111 | 32 | 2 | 16 | 10 | 132 | 29 | 5 | |
| | 泰康人寿 | 1 | | | 479 | 154 | 325 | | 28 | 202 | 249 | | | | 365 | 90 | 24 | |
| | 美国友邦 | 1 | | | 141 | 52 | 89 | | 11 | 98 | 32 | | | | 103 | 30 | 8 | |
| | 太平人寿 | 1 | | | 184 | 75 | 109 | | 4 | 112 | 68 | 1 | 3 | 3 | 154 | 28 | 2 | |
| | 民生人寿 | 1 | | | 86 | 41 | 45 | | 2 | 53 | 31 | | 7 | 5 | 61 | 20 | 5 | |
| | 生命人寿 | 1 | | | 159 | 71 | 88 | | 3 | 82 | 74 | | | | 103 | 42 | 14 | |
| | 信诚人寿 | 1 | | | 131 | 52 | 79 | | 5 | 63 | 63 | 2 | 6 | 3 | 91 | 32 | 8 | |
| | 合众人寿 | 1 | | | 124 | 54 | 70 | | 8 | 67 | 49 | 1 | 1 | 3 | 99 | 22 | 3 | 138 |
| | 海康人寿 | 2 | | 1 | 70 | 13 | 57 | | 0 | 33 | 37 | 1 | 8 | 4 | 51 | 18 | 1 | 96 |
| | 中宏人寿 | 1 | | | 40 | 13 | 27 | | 2 | 14 | 24 | 10 | 9 | 12 | 22 | 16 | 2 | 508 |
| | 国泰人寿 | 2 | | 1 | 58 | 22 | 36 | | 2 | 36 | 20 | 3 | 18 | 5 | 47 | 9 | 2 | 55 |
| | 人保健康 | 3 | | 2 | 89 | 38 | 51 | | 7 | 50 | 32 | 1 | 9 | 3 | 51 | 26 | 12 | 96 |
| | 海尔纽约 | 1 | | | 13 | 4 | 9 | | 1 | 10 | 2 | | 4 | 1 | 12 | | 1 | |
| | 中意人寿 | 1 | | | 56 | 29 | 27 | | 2 | 40 | 14 | 5 | 8 | 4 | 45 | 10 | 1 | 952 |
| | 恒安标准 | 1 | | | 76 | 29 | 47 | | 7 | 48 | 21 | | 3 | 3 | 61 | 14 | 1 | |
| | 光大永明 | 1 | | | 50 | 19 | 31 | | 2 | 31 | 17 | | | | 34 | 14 | 2 | |
| | 嘉禾人寿 | 1 | | | 41 | 22 | 19 | | 1 | 24 | 16 | | 3 | 1 | 30 | 11 | | 1 |
| | 和谐健康 | 1 | | | 28 | 11 | 17 | | 2 | 15 | 11 | | 5 | 1 | 23 | 2 | 3 | 7 |
| | 平安养老 | 1 | | | 133 | 52 | 81 | | 3 | 78 | 52 | 5 | 8 | 2 | 99 | 28 | 6 | |
| | 华泰人寿 | 1 | | | 52 | 26 | 26 | | 1 | 42 | 9 | 3 | 6 | | 38 | 7 | 7 | |
| | 招商信诺 | 1 | | | 23 | 11 | 12 | | 1 | 9 | 13 | | | | 19 | 4 | | |
| | 联泰大都会 | 1 | | | 75 | 26 | 49 | | 5 | 37 | 33 | | | | 48 | 26 | 1 | |
| | 瑞泰人寿 | 1 | | | 17 | 7 | 10 | | | 14 | 3 | | | | 9 | 6 | 2 | |
| | 正德人寿 | 1 | | | 68 | 27 | 41 | | | 22 | 46 | 1 | 3 | 1 | 49 | 12 | 7 | |
| | 中德安联 | 1 | | | 24 | 10 | 14 | | | 16 | 8 | 2 | | | 20 | 4 | | |
| | 华夏人寿 | 3 | | 2 | 99 | 52 | 47 | | 3 | 56 | 40 | 2 | 8 | 89 | 64 | 18 | 17 | |
| | 人保寿险 | 1 | | | 61 | 33 | 28 | | 5 | 47 | 9 | 1 | 12 | | 39 | 14 | 8 | |
| | 英大泰和 | 1 | | | 50 | 32 | 18 | | 6 | 37 | 7 | 1 | 12 | 2 | 27 | 19 | 4 | |
| | 信泰人寿 | 1 | | | 82 | 39 | 43 | | 4 | 58 | 20 | | 4 | 1 | 65 | 16 | 1 | |
| | 中英人寿 | 1 | | | 39 | 18 | 21 | | 1 | 28 | 10 | | | | 27 | 10 | 2 | 48 |
| | 长城人寿 | 1 | | | 150 | 73 | 77 | | 4 | 80 | 66 | | 6 | 2 | 110 | 31 | 9 | |
| | 金盛人寿 | 1 | | | 106 | 38 | 68 | | 8 | 43 | 55 | | | | 84 | 18 | 4 | |
| | 太平养老 | 1 | | | 124 | 49 | 75 | | 11 | 80 | 33 | 1 | 2 | 1 | 89 | 29 | 6 | |
| | 太平洋安泰 | 2 | | 1 | 41 | 18 | 23 | | 2 | 25 | 14 | 1 | 10 | | 34 | 6 | 1 | 94 |
| | 幸福人寿 | 3 | 1 | 1 | 119 | 41 | 78 | | 5 | 35 | 79 | | | | 61 | 41 | 17 | 92 |
| | 阳光人寿 | 3 | 2 | | 141 | 65 | 76 | | 6 | 86 | 49 | | 3 | 3 | 112 | 25 | 4 | 700 |
| | 长生人寿 | 1 | | | 13 | 7 | 6 | | 1 | 6 | 6 | | | | 12 | | 1 | |

续表 38

| 公司名称 | | 总机构数 | 年末分支机构数 | | 总人数 | 男 | 女 | 文化结构 | | | | 专业技术职称 | | | 年龄结构 | | | 年末保险代理人数 |
|---|---|---|---|---|---|---|---|---|---|---|---|---|---|---|---|---|---|---|
| | | | 市、县机构数 | 营销服务部数 | | | | 博士 | 硕士 | 本科 | 大专及以下 | 高级 | 中级 | 初级 | 35岁以下 | 36~45岁 | 46岁以上 | |
| 江苏省公司 | 国华人寿 | 1 | | | 62 | 27 | 35 | | 1 | 31 | 30 | | 1 | | 50 | 9 | 3 | 25 |
| | 国寿养老 | 1 | | | 26 | 18 | 8 | | 4 | 21 | 1 | | 6 | 19 | 18 | 4 | 4 | |
| | 平安健康 | 1 | | | 19 | 9 | 10 | | 1 | 16 | 2 | | 1 | 2 | 16 | 3 | | |
| | 安邦人寿 | 1 | | | 20 | 2 | 8 | | 2 | 13 | 5 | 1 | 4 | 2 | 14 | 5 | 1 | 7 |
| | 小计： | 67 | 6 | 20 | 4698 | 2005 | 2693 | | 257 | 2771 | 1670 | 65 | 291 | 473 | 3414 | 980 | 304 | 6795 |
| 南京市公司 | 国寿股份 | 92 | 12 | 80 | 464 | 195 | 269 | 1 | 19 | 273 | 171 | 2 | 65 | 90 | 201 | 164 | 99 | |
| | 太保人寿 | 27 | 10 | 17 | 228 | 78 | 150 | | 4 | 66 | 158 | 1 | 8 | 46 | 115 | 82 | 31 | |
| | 新华人寿 | 7 | 4 | 3 | 36 | 22 | 14 | | | 24 | 12 | | 1 | | 29 | 7 | | 738 |
| | 泰康人寿 | 12 | 9 | 3 | 50 | 25 | 25 | | | 20 | 30 | | | | 35 | 13 | 2 | 542 |
| | 美国友邦 | 3 | | 3 | 48 | 17 | 31 | | 4 | 24 | 20 | | | | 40 | 7 | 1 | 358 |
| | 太平人寿 | 2 | | 2 | 15 | 10 | 5 | | | 10 | 5 | | 1 | | 12 | 3 | | 200 |
| | 民生人寿 | 2 | | 2 | 23 | 5 | 18 | | | 4 | 19 | | | | 14 | 6 | 3 | 22 |
| | 生命人寿 | 5 | | 5 | 24 | 11 | 13 | | | 10 | 14 | | | | 13 | 11 | | 265 |
| | 信诚人寿 | 1 | 1 | | 13 | 3 | 10 | | | 4 | 9 | | | | 8 | 5 | | 197 |
| | 合众人寿 | 5 | 1 | 4 | 15 | 10 | 5 | | 1 | 6 | 8 | | | | 15 | | | |
| | 海尔纽约 | 1 | | 1 | 35 | 5 | 30 | | | 1 | 34 | | | | 33 | 2 | | 45 |
| | 中意人寿 | 1 | | 1 | 9 | 4 | 5 | | | 5 | 4 | | | | 7 | 2 | | 145 |
| | 恒安标准 | 1 | | 1 | 4 | 2 | 2 | | | 3 | 1 | | | | 3 | | 1 | 27 |
| | 光大永明 | 2 | | 2 | 2 | 1 | 1 | | | 1 | 1 | | | | 2 | | | 96 |
| | 华泰人寿 | 6 | 1 | 5 | 75 | 21 | 54 | | 1 | 30 | 44 | 1 | 2 | 2 | 55 | 18 | 2 | 512 |
| | 中德安联 | 1 | 1 | | 12 | 5 | 7 | | | 4 | 8 | | | | 10 | | 2 | 255 |
| | 人保寿险 | 3 | 1 | 2 | 13 | 7 | 6 | | | 9 | 4 | | | 2 | 6 | 6 | 1 | 147 |
| | 英大泰和 | 2 | | 2 | 4 | 2 | 2 | | | 4 | | | | | 4 | | | 48 |
| | 信泰人寿 | 2 | | 2 | 38 | 7 | 31 | | | 13 | 25 | | | | 35 | 2 | 1 | 4 |
| | 中英人寿 | 1 | 1 | | 9 | 2 | 7 | | | 3 | 6 | | | | 7 | 1 | 1 | 61 |
| | 长城人寿 | 1 | | 1 | 5 | 4 | 1 | | | 2 | 3 | | | | 3 | 1 | 1 | 80 |
| | 长生人寿 | 1 | | 1 | 3 | 1 | 2 | | | 3 | | | | | 3 | | | 27 |
| | 小计： | 178 | 41 | 137 | 1125 | 437 | 688 | 1 | 29 | 519 | 576 | 4 | 77 | 140 | 650 | 330 | 145 | 3769 |
| 无锡市公司 | 国寿股份 | 150 | 10 | 140 | 489 | 213 | 276 | | 3 | 228 | 258 | 1 | 32 | 48 | 242 | 160 | 87 | |
| | 太保人寿 | 41 | 7 | 34 | 394 | 139 | 255 | | 2 | 124 | 268 | | 28 | 60 | 195 | 135 | 64 | 1633 |
| | 平安人寿 | 31 | 3 | 28 | 223 | 83 | 140 | | 7 | 138 | 78 | 2 | 5 | 12 | 184 | 33 | 6 | 2659 |
| | 新华人寿 | 4 | 2 | 2 | 51 | 18 | 33 | | 1 | 31 | 19 | | 1 | 3 | 40 | 10 | 1 | 441 |
| | 泰康人寿 | 16 | 2 | 14 | 148 | 50 | 98 | | | 36 | 112 | | | | 102 | 40 | 6 | 742 |
| | 美国友邦 | 3 | | 3 | 33 | 15 | 18 | | | 14 | 19 | | | | 24 | 8 | 1 | 134 |
| | 太平人寿 | 4 | 3 | 1 | 86 | 38 | 48 | | 1 | 35 | 50 | | 2 | 5 | 69 | 15 | 2 | 169 |
| | 民生人寿 | 4 | 2 | 2 | 36 | 19 | 17 | | | 12 | 24 | | 4 | 2 | 23 | 8 | 5 | 291 |
| | 生命人寿 | 4 | 1 | 3 | 55 | 19 | 36 | | | 12 | 43 | | | | 39 | 12 | 4 | 199 |
| | 信诚人寿 | 3 | 3 | | 14 | 6 | 8 | | 1 | 5 | 8 | | | | 9 | 5 | | 93 |
| | 合众人寿 | 4 | 1 | 3 | 32 | 15 | 17 | | | 8 | 24 | | | 1 | 26 | 3 | 3 | 64 |
| | 海康人寿 | 3 | | 3 | 35 | 13 | 22 | | | 17 | 18 | | 2 | 4 | 25 | 9 | 1 | 241 |

续表 38

| 公司名称 | | 总机构数 | 年末分支机构数 | | 总人数 | 男 | 女 | 文化结构 | | | | 专业技术职称 | | | 年龄结构 | | | 年末保险代理人数 |
|---|---|---|---|---|---|---|---|---|---|---|---|---|---|---|---|---|---|---|
| | | | 市、县机构数 | 营销服务部数 | | | | 博士 | 硕士 | 本科 | 大专及以下 | 高级 | 中级 | 初级 | 35岁以下 | 36~45岁 | 46岁以上 | |
| 无锡市公司 | 中宏人寿 | 1 | | 1 | 18 | 8 | 10 | | | 5 | 13 | 1 | | 3 | 11 | 5 | 2 | 452 |
| | 国泰人寿 | 1 | | 1 | 41 | 19 | 22 | | | 15 | 26 | | 4 | 6 | 34 | 5 | 2 | 110 |
| | 人保健康 | 1 | | 1 | 38 | 16 | 22 | | 1 | 15 | 22 | | 1 | | 24 | 13 | 1 | 268 |
| | 海尔纽约 | 1 | | 1 | 12 | 5 | 7 | | | 7 | 5 | | 1 | 1 | 9 | 3 | | 25 |
| | 中意人寿 | 3 | 1 | 2 | 25 | 11 | 14 | | | 14 | 11 | | 3 | 5 | 19 | 6 | | 359 |
| | 恒安标准 | 2 | | 2 | 34 | 15 | 19 | | | 16 | 18 | | | 1 | 32 | 2 | | 45 |
| | 光大永明 | 1 | 1 | | 10 | 5 | 5 | | | 5 | 5 | | | | 5 | 4 | 1 | 33 |
| | 嘉禾人寿 | 2 | 1 | 1 | 13 | 6 | 7 | | | 5 | 8 | | | 1 | 8 | 5 | | 43 |
| | 和谐健康 | 1 | 1 | | 16 | 8 | 8 | | 1 | 6 | 9 | | 1 | 1 | 9 | 6 | 1 | 13 |
| | 平安养老 | 1 | 1 | | 25 | 8 | 17 | | 1 | 15 | 9 | | | 4 | 19 | 4 | 2 | |
| | 华泰人寿 | 6 | 4 | 2 | 85 | 36 | 49 | | | 19 | 66 | | 2 | 1 | 55 | 18 | 12 | 469 |
| | 联泰大都会 | 1 | | 1 | 38 | 19 | 19 | | | 15 | 23 | | | | 33 | 5 | | |
| | 瑞泰人寿 | 1 | | 1 | 4 | 1 | 3 | | 1 | 2 | 1 | | | | 1 | 2 | 1 | |
| | 正德人寿 | 1 | 1 | | 18 | 5 | 13 | | | 5 | 13 | | | 1 | 11 | 6 | 1 | |
| | 中德安联 | 1 | 1 | | 4 | 2 | 2 | | | 2 | 2 | | | | 4 | | | 138 |
| | 华夏人寿 | 2 | 1 | 1 | 28 | 10 | 18 | | | 10 | 18 | | | 28 | 17 | 9 | 2 | |
| | 人保寿险 | 3 | 3 | | 23 | 12 | 11 | | | 11 | 12 | | | 2 | 13 | 7 | 3 | 274 |
| | 英大泰和 | 3 | 1 | 2 | 12 | 6 | 6 | | | 11 | 1 | | 3 | 2 | 8 | 4 | | 9 |
| | 信泰人寿 | 1 | 1 | | 45 | 19 | 26 | | | 11 | 34 | | | | 34 | 9 | 2 | 437 |
| | 中英人寿 | 1 | 1 | | 3 | 1 | 2 | | | 1 | 2 | | | | 1 | 2 | | 10 |
| | 长城人寿 | 2 | 1 | 1 | 48 | 18 | 30 | | | 14 | 34 | | 1 | 1 | 32 | 13 | 3 | 197 |
| | 金盛人寿 | 1 | | 1 | 78 | 28 | 50 | | 1 | 15 | 62 | | | | 65 | 12 | 1 | 171 |
| | 幸福人寿 | 1 | | 1 | 19 | 12 | 7 | | 1 | 5 | 13 | | | | 14 | 5 | | 177 |
| | 阳光人寿 | 3 | 3 | | 31 | 16 | 15 | | | 22 | 9 | | | 2 | 24 | 4 | 3 | 309 |
| | 国华人寿 | 1 | 1 | | 17 | 9 | 8 | | | 5 | 12 | | | | 12 | 5 | | 12 |
| | 小计： | 309 | 57 | 252 | 2281 | 923 | 1358 | | 21 | 911 | 1349 | 4 | 90 | 194 | 1472 | 592 | 217 | 10217 |
| 徐州市公司 | 国寿股份 | 120 | 12 | 108 | 434 | 217 | 217 | | 3 | 212 | 219 | 3 | 22 | 50 | 244 | 132 | 58 | |
| | 太保人寿 | 66 | 8 | 58 | 392 | 122 | 270 | | 1 | 97 | 294 | 2 | 18 | 56 | 229 | 124 | 39 | |
| | 平安人寿 | 11 | 2 | 9 | 130 | 63 | 67 | | 1 | 81 | 48 | 1 | 9 | 8 | 104 | 19 | 7 | 1685 |
| | 新华人寿 | 5 | 1 | 4 | 41 | 16 | 25 | | | 21 | 20 | | 1 | 1 | 25 | 14 | 2 | 292 |
| | 泰康人寿 | 9 | 7 | 2 | 143 | 39 | 104 | | 1 | 26 | 116 | | | | 96 | 40 | 7 | 375 |
| | 美国友邦 | 2 | | 2 | 27 | 10 | 17 | | | 13 | 14 | | | | 21 | 6 | | 289 |
| | 太平人寿 | 4 | 2 | 2 | 49 | 21 | 28 | | | 20 | 29 | | | | 34 | 15 | | 164 |
| | 民生人寿 | 5 | 1 | 4 | 35 | 14 | 21 | | | 10 | 25 | | 2 | 1 | 22 | 11 | 2 | 126 |
| | 生命人寿 | 5 | 1 | 4 | 86 | 29 | 57 | | | 19 | 67 | | | | 48 | 33 | 5 | 492 |
| | 合众人寿 | 4 | 1 | 3 | 30 | 18 | 12 | | 2 | 10 | 18 | | | 1 | 20 | 9 | 1 | 96 |
| | 海康人寿 | 1 | | 1 | 17 | 4 | 13 | | | 10 | 7 | | 1 | | 14 | 3 | | 28 |
| | 恒安标准 | 1 | | 1 | 165 | 50 | 115 | | 3 | 29 | 133 | | | 1 | 105 | 53 | 7 | 142 |
| | 光大永明 | 2 | 1 | 1 | 20 | 7 | 13 | | | 10 | 10 | | | | 11 | 7 | 2 | 123 |
| | 嘉禾人寿 | 2 | | 2 | 15 | 5 | 10 | | | 6 | 9 | | 1 | 2 | 9 | 5 | 1 | 150 |
| | 和谐健康 | 1 | 1 | | 20 | 12 | 8 | | | 8 | 12 | | 2 | 4 | 11 | 6 | 3 | 12 |

续表 38

| 公司名称 | | 总机构数 | 年末分支机构数 | | 总人数 | 男 | 女 | 文化结构 | | | | 专业技术职称 | | | 年龄结构 | | | 年末保险代理人数 |
|---|---|---|---|---|---|---|---|---|---|---|---|---|---|---|---|---|---|---|
| | | | 市、县机构数 | 营销服务部数 | | | | 博士 | 硕士 | 本科 | 大专及以下 | 高级 | 中级 | 初级 | 35岁以下 | 36~45岁 | 46岁以上 | |
| 徐州市公司 | 平安养老 | 1 | 1 | | 9 | 6 | 3 | | | 6 | 3 | | | 1 | 4 | 4 | 1 | |
| | 华泰人寿 | 8 | 5 | 3 | 86 | 32 | 54 | | 1 | 28 | 57 | | | 1 | 60 | 24 | 2 | 1758 |
| | 正德人寿 | 1 | 1 | | 29 | 4 | 25 | | | 11 | 18 | | 1 | | 16 | 9 | 4 | |
| | 中德安联 | 1 | 1 | | 9 | 6 | 3 | | | 3 | 6 | | | | 9 | | | 52 |
| | 华夏人寿 | 4 | 1 | 3 | 34 | 16 | 18 | | | 15 | 19 | | | 34 | 29 | 5 | | |
| | 人保寿险 | 12 | 8 | 4 | 27 | 17 | 10 | | | 8 | 19 | | 1 | | 6 | 18 | 3 | 1262 |
| | 信泰人寿 | 3 | 1 | 2 | 56 | 17 | 39 | | 1 | 12 | 43 | | | | 39 | 17 | | 90 |
| | 中英人寿 | 1 | 1 | | 3 | 2 | 1 | | | 2 | 1 | | | | 2 | 1 | | 15 |
| | 长城人寿 | 1 | 1 | | | | | | | | | | | | | | | |
| | 阳光人寿 | 2 | 2 | | 60 | 24 | 36 | | | 20 | 40 | | 1 | 1 | 43 | 14 | 3 | 430 |
| | 国华人寿 | 1 | 1 | | 13 | 9 | 4 | | | 5 | 8 | | | | 8 | 5 | | 7 |
| | 小计： | 273 | 60 | 213 | 1930 | 760 | 1170 | | 13 | 682 | 1235 | 6 | 59 | 161 | 1209 | 574 | 147 | 7588 |
| 常州市公司 | 国寿股份 | 73 | 7 | 66 | 369 | 174 | 195 | | 3 | 188 | 178 | | 36 | 58 | 164 | 132 | 73 | |
| | 太保人寿 | 22 | 7 | 15 | 298 | 93 | 205 | | 1 | 114 | 183 | | 25 | 82 | 162 | 86 | 50 | 1880 |
| | 平安人寿 | 18 | 3 | 15 | 173 | 75 | 98 | | | 93 | 80 | | | | 121 | 47 | 5 | 1513 |
| | 新华人寿 | 7 | 2 | 5 | 56 | 21 | 35 | | | 28 | 28 | 6 | 8 | 1 | 41 | 10 | 5 | 478 |
| | 泰康人寿 | 11 | 3 | 8 | 125 | 39 | 86 | | 1 | 36 | 88 | | | | 89 | 31 | 5 | 498 |
| | 美国友邦 | 1 | | 1 | 19 | 7 | 12 | | 1 | 7 | 11 | | | | 13 | 6 | | 73 |
| | 太平人寿 | 4 | 1 | 3 | 73 | 28 | 45 | | 1 | 29 | 43 | | 2 | | 52 | 18 | 3 | 132 |
| | 民生人寿 | 3 | 1 | 2 | 16 | 8 | 8 | | | 7 | 9 | | | | 13 | 3 | | 19 |
| | 生命人寿 | 5 | 1 | 4 | 76 | 29 | 47 | | | 21 | 55 | | | | 59 | 13 | 4 | 439 |
| | 信诚人寿 | 2 | 2 | | 14 | 6 | 8 | | | 10 | 4 | | | | 9 | 4 | 1 | 89 |
| | 合众人寿 | 5 | 1 | 4 | 35 | 16 | 19 | | | 21 | 14 | | | | 28 | 6 | 1 | 135 |
| | 海康人寿 | 2 | | 2 | 29 | 11 | 18 | | 1 | 13 | 15 | | 2 | | 20 | 9 | | 57 |
| | 中宏人寿 | 1 | | 1 | 11 | 3 | 8 | | | 9 | 2 | | 2 | 2 | 9 | 2 | | 161 |
| | 国泰人寿 | 1 | | 1 | 19 | 13 | 6 | | 1 | 16 | 2 | | 5 | 3 | 17 | 1 | 1 | 9 |
| | 海尔纽约 | 1 | | 1 | 10 | 2 | 8 | | 1 | 4 | 5 | | 1 | 4 | 5 | 3 | 2 | 27 |
| | 恒安标准 | 1 | | 1 | 26 | 10 | 16 | | 1 | 8 | 17 | | | 1 | 18 | 8 | | 44 |
| | 光大永明 | 1 | 1 | | 15 | 7 | 8 | | | 7 | 8 | | | | 8 | 4 | 3 | 84 |
| | 和谐健康 | 1 | 1 | | 19 | 5 | 14 | | | 5 | 14 | | 1 | 3 | 12 | 3 | 4 | 10 |
| | 平安养老 | 1 | 1 | | 13 | 4 | 9 | | | 9 | 4 | | | 1 | 10 | 3 | | |
| | 华泰人寿 | 5 | 1 | 4 | 56 | 21 | 35 | | 1 | 22 | 33 | 1 | 5 | 3 | 29 | 19 | 8 | 439 |
| | 联泰大都会 | 1 | | 1 | 1 | | 1 | | | | 1 | | | | | 1 | | |
| | 中德安联 | 1 | 1 | | 9 | 3 | 6 | | | 5 | 4 | | | | 7 | 2 | | 67 |
| | 华夏人寿 | 2 | 1 | 1 | 27 | 9 | 18 | | | 17 | 10 | | 3 | 24 | 20 | 7 | | |
| | 人保寿险 | 5 | 2 | 3 | 30 | 14 | 16 | | | 16 | 14 | | 1 | 4 | 19 | 9 | 2 | 102 |
| | 信泰人寿 | 1 | 1 | | 32 | 16 | 16 | | | 10 | 22 | | | | 22 | 7 | 3 | 73 |
| | 长城人寿 | 2 | 1 | 1 | 13 | 9 | 4 | | | 8 | 5 | | 1 | | 10 | 3 | | 156 |
| | 金盛人寿 | 1 | | 1 | 128 | 50 | 78 | | | 39 | 89 | | | | 101 | 24 | 3 | 135 |
| | 阳光人寿 | 3 | 3 | | 36 | 17 | 19 | | 1 | 15 | 20 | | 2 | 1 | 31 | 5 | | 268 |
| | 长生人寿 | 1 | | 1 | 8 | 4 | 4 | | | 6 | 2 | | | | 5 | 3 | | 124 |
| | 小计： | 182 | 41 | 141 | 1736 | 694 | 1042 | | 13 | 763 | 960 | 7 | 94 | 187 | 1094 | 469 | 173 | 7012 |

续表 38

| 地区 | 公司名称 | 总机构数 | 年末分支机构数 | | 总人数 | 男 | 女 | 文化结构 | | | | 专业技术职称 | | | 年龄结构 | | | 年末保险代理人数 |
|---|---|---|---|---|---|---|---|---|---|---|---|---|---|---|---|---|---|---|
| | | | 市、县机构数 | 营销服务部数 | | | | 博士 | 硕士 | 本科 | 大专及以下 | 高级 | 中级 | 初级 | 35岁以下 | 36~45岁 | 46岁以上 | |
| 苏州市公司 | 国寿股份 | 175 | 11 | 164 | 618 | 255 | 363 | | 14 | 269 | 335 | 1 | 63 | 100 | 269 | 209 | 140 | |
| | 太保人寿 | 38 | 9 | 29 | 470 | 177 | 293 | | 4 | 200 | 266 | 2 | 23 | 34 | 289 | 130 | 51 | 2371 |
| | 平安人寿 | 34 | 5 | 29 | 281 | 168 | 113 | | 7 | 234 | 40 | | | | 240 | 34 | 7 | 4085 |
| | 新华人寿 | 6 | 1 | 5 | 52 | 24 | 28 | | 1 | 35 | 16 | | | 2 | 45 | 7 | | 376 |
| | 泰康人寿 | 10 | 6 | 4 | 142 | 56 | 86 | | | 39 | 103 | | | | 100 | 32 | 10 | 198 |
| | 美国友邦 | 13 | 1 | 12 | 99 | 35 | 64 | | 2 | 44 | 53 | | | | 81 | 18 | | 1573 |
| | 太平人寿 | 9 | 6 | 3 | 352 | 125 | 227 | | 4 | 143 | 205 | | 10 | 8 | 259 | 86 | 7 | 698 |
| | 民生人寿 | 5 | 1 | 4 | 20 | 6 | 14 | | | 5 | 15 | | | 1 | 15 | 5 | | 24 |
| | 生命人寿 | 4 | 1 | 3 | 93 | 42 | 51 | | 1 | 26 | 66 | | | | 66 | 19 | 8 | 284 |
| | 信诚人寿 | 5 | 5 | | 25 | 6 | 19 | | | 12 | 13 | | | | 15 | 6 | 4 | 97 |
| | 中宏人寿 | 2 | | 2 | 19 | 6 | 13 | | 2 | 10 | 7 | 1 | 6 | 3 | 13 | 6 | | 383 |
| | 国泰人寿 | 2 | | 2 | 87 | 40 | 47 | | 2 | 48 | 37 | | 4 | 5 | 75 | 8 | 4 | 83 |
| | 人保健康 | 1 | | 1 | 17 | 9 | 8 | | | 8 | 9 | | | 2 | 11 | 3 | 3 | 39 |
| | 海尔纽约 | 1 | | 1 | 4 | 2 | 2 | | | 2 | 2 | | | | 3 | 1 | | 5 |
| | 中意人寿 | 2 | | 2 | 16 | 7 | 9 | | | 5 | 11 | | | 1 | 15 | 1 | | 160 |
| | 恒安标准 | 1 | | 1 | 28 | 9 | 19 | | | 16 | 12 | | | 1 | 23 | 3 | 2 | 53 |
| | 光大永明 | 1 | 1 | | 21 | 9 | 12 | | | 11 | 10 | | | | 19 | 2 | | |
| | 和谐健康 | 3 | 1 | 2 | 38 | 14 | 24 | | | 17 | 21 | | 3 | 4 | 21 | 11 | 6 | 15 |
| | 平安养老 | 1 | 1 | | 40 | 11 | 29 | | 1 | 21 | 18 | | | | 28 | 10 | 2 | |
| | 华泰人寿 | 6 | 3 | 3 | 63 | 28 | 35 | | | 20 | 43 | | 1 | 2 | 39 | 17 | 7 | 593 |
| | 联泰大都会 | 1 | 1 | | 15 | 4 | 11 | | 1 | 8 | 6 | | | | 13 | 2 | | |
| | 中德安联 | 1 | 1 | | 11 | 4 | 7 | | 1 | 5 | 5 | | | | 6 | 3 | 2 | 43 |
| | 华夏人寿 | 4 | 1 | 3 | 32 | 15 | 17 | | 1 | 15 | 16 | | 1 | 31 | 24 | 6 | 2 | |
| | 人保寿险 | 6 | 3 | 3 | 125 | 55 | 70 | | 2 | 21 | 102 | | 2 | 6 | 70 | 41 | 14 | 602 |
| | 长城人寿 | 2 | 1 | 1 | 36 | 16 | 20 | | | 11 | 25 | | | | 32 | 2 | 2 | 65 |
| | 金盛人寿 | 1 | | 1 | 62 | 21 | 41 | | 2 | 12 | 48 | | | | 50 | 9 | 3 | |
| | 幸福人寿 | 2 | 1 | 1 | 61 | 33 | 28 | | 1 | 30 | 30 | | | | 45 | 14 | 2 | 537 |
| | 阳光人寿 | 2 | 2 | | 47 | 16 | 31 | | 1 | 23 | 23 | | | 1 | 44 | 2 | 1 | 270 |
| | 长生人寿 | 1 | | 1 | 17 | 10 | 7 | | 1 | 10 | 6 | | | | 17 | | | 151 |
| | 小计： | 339 | 62 | 277 | 2891 | 1203 | 1688 | | 48 | 1300 | 1543 | 4 | 113 | 201 | 1927 | 687 | 277 | 12705 |
| 南通市公司 | 国寿股份 | 102 | 7 | 95 | 570 | 232 | 338 | | 4 | 283 | 283 | 4 | 64 | 42 | 303 | 182 | 85 | |
| | 太保人寿 | 24 | 7 | 17 | 200 | 62 | 138 | | 1 | 52 | 147 | 1 | 13 | 59 | 79 | 88 | 33 | |
| | 平安人寿 | 36 | 3 | 33 | 315 | 149 | 166 | | | 226 | 89 | | 4 | 6 | 248 | 61 | 6 | 3803 |
| | 新华人寿 | 8 | 2 | 6 | 70 | 34 | 36 | | | 46 | 24 | 2 | 8 | 1 | 61 | 6 | 3 | 770 |
| | 泰康人寿 | 10 | 6 | 4 | 205 | 63 | 142 | | 1 | 44 | 160 | | | | 128 | 60 | 17 | 267 |
| | 美国友邦 | 3 | | 3 | 35 | 10 | 25 | | | 13 | 22 | | | | 22 | 13 | | 91 |
| | 太平人寿 | 6 | 2 | 4 | 78 | 25 | 53 | | | 27 | 51 | | 2 | 8 | 48 | 28 | 2 | 214 |
| | 民生人寿 | 7 | 2 | 5 | 93 | 32 | 61 | | | 23 | 70 | | 2 | 1 | 52 | 35 | 6 | 640 |
| | 生命人寿 | 5 | 1 | 4 | 97 | 27 | 70 | | | 19 | 78 | | | | 50 | 37 | 10 | 223 |
| | 信诚人寿 | 3 | 3 | | 16 | 10 | 6 | | | 9 | 7 | | | | 13 | 3 | 0 | 137 |

续表 38

| 公司名称 | | 总机构数 | 年末分支机构数 | | 总人数 | 男 | 女 | 文化结构 | | | | 专业技术职称 | | | 年龄结构 | | | 年末保险代理人数 |
|---|---|---|---|---|---|---|---|---|---|---|---|---|---|---|---|---|---|---|
| | | | 市、县机构数 | 营销服务部数 | | | | 博士 | 硕士 | 本科 | 大专及以下 | 高级 | 中级 | 初级 | 35岁以下 | 36~45岁 | 46岁以上 | |
| 南通市公司 | 合众人寿 | 7 | 1 | 6 | 66 | 29 | 37 | | | 29 | 37 | | | 1 | 48 | 16 | 2 | 220 |
| | 海康人寿 | 1 | | 1 | 20 | 5 | 15 | | | 6 | 14 | | | 2 | 11 | 8 | 1 | 27 |
| | 中宏人寿 | 1 | | 1 | 9 | 4 | 5 | | | | 9 | | | 3 | 6 | 3 | | 111 |
| | 国泰人寿 | 1 | | 1 | 26 | 10 | 16 | | | 12 | 14 | | | 4 | 22 | | 4 | 57 |
| | 人保健康 | 1 | | 1 | 34 | 15 | 19 | | | 12 | 22 | | 1 | 1 | 17 | 15 | 2 | 107 |
| | 恒安标准 | 3 | | 3 | 36 | 11 | 25 | | | 18 | 18 | | | 1 | 20 | 13 | 3 | 114 |
| | 光大永明 | 1 | 1 | | 12 | 4 | 8 | | | 7 | 5 | | | | 5 | 4 | 3 | 7 |
| | 嘉禾人寿 | 4 | | 4 | 23 | 10 | 13 | | | 11 | 12 | | 2 | 4 | 15 | 8 | | 169 |
| | 和谐健康 | 1 | 1 | | 15 | 7 | 8 | | | 4 | 11 | | 1 | 1 | 10 | 2 | 3 | 13 |
| | 平安养老 | 1 | 1 | | 30 | 12 | 18 | | | 20 | 10 | | | 1 | 17 | 11 | 2 | |
| | 华泰人寿 | 4 | 1 | 3 | 40 | 20 | 20 | | | 10 | 30 | | 1 | 1 | 22 | 17 | 1 | 73 |
| | 联泰大都会 | 1 | | 1 | 8 | 4 | 4 | | | 5 | 3 | | | | 7 | 1 | | |
| | 正德人寿 | 2 | 1 | 1 | 32 | 15 | 17 | | | 13 | 19 | | 2 | | 22 | 6 | 4 | |
| | 中德安联 | 1 | 1 | | 8 | 5 | 3 | | | 4 | 4 | | | | 5 | 3 | | 129 |
| | 华夏人寿 | 1 | 1 | | 19 | 7 | 12 | | | 8 | 11 | | | 19 | 12 | 3 | 4 | |
| | 人保寿险 | 5 | 3 | 2 | 44 | 21 | 23 | | | 24 | 20 | | 1 | 3 | 20 | 18 | 6 | 1002 |
| | 信泰人寿 | 1 | 1 | | 44 | 13 | 31 | | | 13 | 31 | | | | 28 | 10 | 6 | 44 |
| | 中英人寿 | 1 | 1 | | 3 | 1 | 2 | | | 2 | 1 | | | | 2 | 1 | | 8 |
| | 长城人寿 | 3 | 1 | 2 | 53 | 20 | 33 | | 1 | 13 | 39 | | | | 30 | 16 | 7 | 141 |
| | 幸福人寿 | 1 | | 1 | 28 | 12 | 16 | | | 16 | 12 | | | | 19 | 9 | | 179 |
| | 阳光人寿 | 6 | 6 | | 65 | 17 | 48 | | | 28 | 37 | 1 | 1 | 1 | 45 | 16 | 4 | 539 |
| | 国华人寿 | 1 | 1 | | 37 | 13 | 24 | | | 6 | 31 | | | | 20 | 16 | 1 | 24 |
| | 小计： | 252 | 54 | 198 | 2331 | 899 | 1432 | | 7 | 1003 | 1321 | 8 | 102 | 159 | 1407 | 709 | 215 | 9109 |
| 连云港市公司 | 国寿股份 | 75 | 6 | 69 | 271 | 131 | 140 | | 1 | 162 | 108 | | 33 | 36 | 136 | 98 | 37 | |
| | 太保人寿 | 52 | 6 | 46 | 195 | 76 | 119 | | | 70 | 125 | 1 | 7 | 47 | 86 | 80 | 29 | 9 |
| | 平安人寿 | 6 | 1 | 5 | 80 | 44 | 36 | | 2 | 46 | 32 | | 1 | 1 | 62 | 17 | 1 | 761 |
| | 新华人寿 | 3 | 1 | 2 | 25 | 13 | 12 | | | 15 | 10 | | 1 | | 16 | 9 | | 209 |
| | 泰康人寿 | 20 | 6 | 14 | 112 | 37 | 75 | | | 30 | 82 | | | | 59 | 42 | 11 | 664 |
| | 太平人寿 | 3 | 2 | 1 | 34 | 15 | 19 | | | 16 | 18 | | | | 28 | 6 | | 127 |
| | 民生人寿 | 3 | 1 | 2 | 21 | 13 | 8 | | | 10 | 11 | | 2 | 2 | 14 | 7 | | 220 |
| | 生命人寿 | 1 | 1 | | 18 | 8 | 10 | | | 10 | 8 | | | | 9 | 9 | | 370 |
| | 合众人寿 | 3 | 1 | 2 | 17 | 9 | 8 | | | 12 | 5 | | | | 11 | 6 | | 84 |
| | 华泰人寿 | 5 | 3 | 2 | 37 | 16 | 21 | | | 13 | 24 | | | 1 | 21 | 11 | 5 | 524 |
| | 正德人寿 | 3 | 1 | 2 | 37 | 16 | 21 | | | 13 | 24 | | 1 | | 21 | 13 | 3 | |
| | 人保寿险 | 6 | 6 | | 23 | 14 | 9 | | | 14 | 9 | | | | 10 | 8 | 5 | 64 |
| | 阳光人寿 | 1 | 1 | | 13 | 8 | 5 | | | 6 | 7 | | | | 10 | 3 | | 319 |
| | 小计： | 181 | 36 | 145 | 883 | 400 | 483 | | 3 | 417 | 463 | 1 | 45 | 87 | 483 | 309 | 91 | 3351 |

数据统计

续表 38

| 公司名称 | | 总机构数 | 年末分支机构数 | | 总人数 | 男 | 女 | 文化结构 | | | | 专业技术职称 | | | 年龄结构 | | | 年末保险代理人数 |
|---|---|---|---|---|---|---|---|---|---|---|---|---|---|---|---|---|---|---|
| | | | 市、县机构数 | 营销服务部数 | | | | 博士 | 硕士 | 本科 | 大专及以下 | 高级 | 中级 | 初级 | 35岁以下 | 36~45岁 | 46岁以上 | |
| 淮安市公司 | 国寿股份 | 129 | 7 | 122 | 273 | 146 | 127 | | | 129 | 144 | | 24 | 37 | 133 | 89 | 51 | |
| | 太保人寿 | 51 | 7 | 44 | 144 | 58 | 86 | | | 44 | 100 | 1 | 10 | 48 | 76 | 54 | 14 | |
| | 平安人寿 | 7 | 1 | 6 | 85 | 41 | 44 | | | 44 | 41 | | | | 60 | 23 | 2 | 502 |
| | 新华人寿 | 1 | 1 | | 14 | 9 | 5 | | 1 | 13 | 0 | | 1 | 2 | 12 | 2 | | 79 |
| | 泰康人寿 | 11 | 6 | 5 | 132 | 36 | 96 | | | 22 | 110 | | | | 60 | 58 | 14 | 362 |
| | 太平人寿 | 4 | 2 | 2 | 47 | 19 | 28 | | | 22 | 25 | | | | 34 | 12 | 1 | 67 |
| | 生命人寿 | 1 | 1 | | 52 | 20 | 32 | | | 16 | 36 | | | | 42 | 9 | 1 | 399 |
| | 合众人寿 | 3 | 1 | 2 | 17 | 10 | 7 | | | 11 | 6 | | 1 | | 10 | 7 | | 85 |
| | 人保寿险 | 1 | 1 | | 9 | 6 | 3 | | | 6 | 3 | | 3 | 4 | 2 | 6 | 1 | 151 |
| | 阳光人寿 | 1 | 1 | | 7 | 6 | 1 | | | 6 | 1 | | | | 5 | 2 | | |
| | 小计： | 209 | 28 | 181 | 780 | 351 | 429 | | 1 | 313 | 466 | 1 | 39 | 91 | 434 | 262 | 84 | 1645 |
| 盐城市公司 | 国寿股份 | 220 | 10 | 210 | 523 | 272 | 251 | | 1 | 189 | 333 | | 74 | 76 | 223 | 203 | 97 | |
| | 太保人寿 | 79 | 8 | 71 | 169 | 64 | 105 | | | 43 | 126 | 1 | 8 | 49 | 72 | 77 | 20 | |
| | 平安人寿 | 18 | 2 | 16 | 241 | 143 | 98 | | | 136 | 105 | | 3 | 4 | 185 | 49 | 7 | 3451 |
| | 新华人寿 | 5 | 1 | 4 | 37 | 22 | 15 | | | 16 | 21 | | 2 | 4 | 21 | 16 | | 383 |
| | 泰康人寿 | 26 | 7 | 19 | 152 | 47 | 105 | | 1 | 20 | 131 | | | | 73 | 61 | 18 | 588 |
| | 太平人寿 | 6 | 3 | 3 | 88 | 35 | 53 | | 1 | 27 | 60 | | | 1 | 48 | 36 | 4 | 211 |
| | 民生人寿 | 6 | 1 | 5 | 59 | 19 | 40 | | | 12 | 47 | | 2 | | 28 | 24 | 7 | 390 |
| | 生命人寿 | 6 | 1 | 5 | 110 | 32 | 78 | | | 18 | 92 | | | | 58 | 42 | 10 | 667 |
| | 合众人寿 | 9 | 1 | 8 | 63 | 26 | 37 | | | 16 | 47 | 1 | 2 | 1 | 38 | 23 | 2 | 387 |
| | 中宏人寿 | 1 | | 1 | 8 | 3 | 5 | | | 6 | 2 | | | 2 | 4 | 3 | 1 | 80 |
| | 恒安标准 | 2 | | 2 | 22 | 8 | 14 | | | 5 | 17 | | | 1 | 11 | 11 | | 78 |
| | 嘉禾人寿 | 4 | | 4 | 17 | 4 | 13 | | | 5 | 12 | | | 1 | 12 | 4 | 1 | 239 |
| | 平安养老 | 1 | 1 | | 15 | 6 | 9 | | | 6 | 9 | | 1 | 1 | 9 | 4 | 2 | |
| | 华泰人寿 | 7 | 4 | 3 | 52 | 24 | 28 | | | 21 | 31 | 1 | 9 | 2 | 30 | 19 | 3 | 806 |
| | 正德人寿 | 1 | 1 | | 22 | 5 | 17 | | | 5 | 17 | | 2 | 2 | 13 | 9 | | |
| | 中德安联 | 1 | 1 | | 11 | 5 | 6 | | | 4 | 7 | | | | 4 | 5 | 2 | 166 |
| | 华夏人寿 | 4 | 1 | 3 | 31 | 15 | 16 | | | 8 | 23 | | | 31 | 20 | 9 | 2 | |
| | 人保寿险 | 6 | 6 | | 23 | 13 | 10 | | | 6 | 17 | | 2 | 2 | 7 | 16 | | 314 |
| | 信泰人寿 | 5 | 1 | 4 | 58 | 20 | 38 | | | 17 | 41 | | | | 35 | 22 | 1 | 320 |
| | 长城人寿 | 4 | 1 | 3 | 56 | 17 | 39 | | | 14 | 42 | | 1 | | 29 | 23 | 4 | 303 |
| | 幸福人寿 | 2 | 1 | 1 | 27 | 10 | 17 | | | 15 | 12 | | | | 13 | 12 | 2 | 757 |
| | 阳光人寿 | 4 | 4 | | 51 | 26 | 25 | | | 24 | 27 | | 1 | 3 | 39 | 12 | | 541 |
| | 小计： | 417 | 55 | 362 | 1835 | 816 | 1019 | | 3 | 613 | 1219 | 3 | 107 | 180 | 972 | 680 | 183 | 9681 |
| 扬州市公司 | 国寿股份 | 88 | 5 | 83 | 493 | 245 | 248 | | 10 | 231 | 252 | | 43 | 33 | 237 | 185 | 71 | |
| | 太保人寿 | 32 | 2 | 30 | 223 | 70 | 153 | | | 55 | 168 | 1 | 9 | 49 | 113 | 83 | 27 | |
| | 平安人寿 | 13 | 2 | 11 | 116 | 48 | 68 | | | 60 | 56 | | 1 | 1 | 78 | 31 | 7 | 993 |
| | 新华人寿 | 3 | 1 | 2 | 37 | 18 | 19 | | | 20 | 17 | | 1 | | 32 | 5 | | 289 |
| | 泰康人寿 | 16 | 6 | 10 | 141 | 49 | 92 | | 1 | 36 | 104 | | | | 100 | 38 | 3 | 376 |
| | 美国友邦 | 1 | | 1 | 17 | 8 | 9 | | | 7 | 10 | / | / | / | 11 | 6 | | 49 |
| | 太平人寿 | 7 | 2 | 5 | 94 | 19 | 75 | | | 19 | 75 | | 1 | | 62 | 31 | 1 | 231 |

续表 38

| 公司名称 | | 总机构数 | 年末分支机构数 | | 总人数 | 男 | 女 | 文化结构 | | | | 专业技术职称 | | | 年龄结构 | | | 年末保险代理人数 |
|---|---|---|---|---|---|---|---|---|---|---|---|---|---|---|---|---|---|---|
| | | | 市、县机构数 | 营销服务部数 | | | | 博士 | 硕士 | 本科 | 大专及以下 | 高级 | 中级 | 初级 | 35岁以下 | 36~45岁 | 46岁以上 | |
| 扬州市公司 | 民生人寿 | 5 | 2 | 3 | 25 | 9 | 16 | | | 8 | 17 | | 2 | 1 | 17 | 7 | 1 | 168 |
| | 生命人寿 | 7 | 1 | 6 | 125 | 39 | 86 | | | 24 | 101 | | | | 75 | 35 | 15 | 173 |
| | 合众人寿 | 7 | 1 | 6 | 50 | 21 | 29 | | 1 | 14 | 35 | | | | 31 | 18 | 1 | 140 |
| | 海康人寿 | 1 | | 1 | 13 | 4 | 9 | | | 7 | 6 | | | | 9 | 4 | | 65 |
| | 中宏人寿 | 1 | | 1 | 9 | 5 | 4 | | | 5 | 4 | | | 3 | 5 | 4 | | 169 |
| | 国泰人寿 | 1 | – | 1 | 15 | 6 | 9 | | | 10 | 5 | | | 3 | 13 | 2 | | 43 |
| | 人保健康 | 2 | | 2 | 32 | 10 | 22 | | 2 | 8 | 22 | | 2 | 3 | 15 | 15 | 2 | 109 |
| | 海尔纽约 | 1 | | 1 | 3 | | 3 | | | 3 | | | | | 3 | | | 13 |
| | 中意人寿 | 2 | | 2 | 20 | 9 | 11 | | 2 | 6 | 12 | | 1 | | 13 | 6 | 1 | 288 |
| | 恒安标准 | 2 | | 2 | 23 | 11 | 12 | | | 20 | 3 | | | 1 | 19 | 4 | | 41 |
| | 光大永明 | 2 | 1 | 1 | 18 | 11 | 7 | | | 11 | 7 | | | | 10 | 7 | 1 | 183 |
| | 嘉禾人寿 | 4 | | 4 | 13 | 5 | 8 | | | 2 | 11 | | | 1 | 7 | 5 | 1 | 12 |
| | 平安养老 | 1 | 1 | | 12 | 2 | 10 | | | 2 | 10 | | 1 | 1 | 6 | 6 | | |
| | 华泰人寿 | 5 | 1 | 4 | 43 | 16 | 27 | | 1 | 8 | 34 | | 2 | | 22 | 18 | 3 | 432 |
| | 人保寿险 | 5 | 1 | 4 | 23 | 10 | 13 | | | 14 | 9 | | 1 | 3 | 15 | 6 | 2 | 606 |
| | 英大泰和 | 2 | 1 | 1 | 13 | 8 | 5 | | | 11 | 2 | | 1 | | 11 | 2 | | 34 |
| | 信泰人寿 | 6 | 1 | 5 | 54 | 20 | 34 | | | 16 | 38 | | | | 36 | 13 | 5 | 146 |
| | 中英人寿 | 1 | 1 | | 3 | | 3 | | | 2 | 1 | | | | | 3 | | 8 |
| | 金盛人寿 | 1 | | 1 | 56 | 15 | 41 | | 1 | 16 | 39 | | | | 41 | 15 | | |
| | 幸福人寿 | 1 | | 1 | 13 | 10 | 3 | | | 13 | | | | | 11 | 2 | | 617 |
| | 阳光人寿 | 3 | 3 | | 39 | 17 | 22 | | 1 | 12 | 26 | | | | 24 | 14 | 1 | 439 |
| | 小计： | 220 | 32 | 188 | 1723 | 685 | 1038 | | 19 | 640 | 1064 | 1 | 65 | 99 | 1016 | 565 | 142 | 5624 |
| 镇江市公司 | 国寿股份 | 61 | 7 | 54 | 335 | 154 | 181 | | 2 | 188 | 145 | 3 | 47 | 34 | 159 | 124 | 52 | |
| | 太保人寿 | 32 | 3 | 29 | 149 | 53 | 96 | | 4 | 38 | 107 | 1 | 10 | 49 | 72 | 49 | 28 | |
| | 平安人寿 | 20 | 1 | 19 | 147 | 71 | 76 | | 1 | 78 | 68 | | 6 | 3 | 107 | 36 | 4 | 1171 |
| | 新华人寿 | 4 | | 4 | 35 | 18 | 17 | | 1 | 21 | 13 | | 6 | 1 | 26 | 9 | | 285 |
| | 泰康人寿 | 9 | 3 | 6 | 95 | 29 | 66 | | | 2 | 93 | | | | 62 | 29 | 4 | 466 |
| | 太平人寿 | 4 | 2 | 2 | 51 | 23 | 28 | | | 22 | 29 | 1 | 1 | | 34 | 15 | 2 | 119 |
| | 民生人寿 | 4 | 1 | 3 | 43 | 14 | 29 | | | 11 | 32 | | 2 | 4 | 28 | 12 | 3 | 194 |
| | 生命人寿 | 5 | 1 | 4 | 79 | 18 | 61 | | | 18 | 61 | | | | 50 | 26 | 3 | 332 |
| | 信诚人寿 | 1 | 1 | | 9 | 5 | 4 | | 1 | 3 | 5 | | | | 5 | 3 | 1 | 50 |
| | 合众人寿 | 4 | 1 | 3 | 15 | 5 | 10 | | | 9 | 6 | | | 1 | 12 | 2 | 1 | 49 |
| | 海康人寿 | 1 | | 1 | 11 | 3 | 8 | | | 4 | 7 | | | | 7 | 4 | | |
| | 中宏人寿 | 1 | | 1 | 10 | 6 | 4 | | 1 | 5 | 4 | | | 5 | 4 | 5 | 1 | 157 |
| | 国泰人寿 | 1 | | 1 | 19 | 12 | 7 | | | 12 | 7 | | 1 | 2 | 17 | 1 | 1 | 76 |
| | 嘉禾人寿 | 1 | | 1 | 10 | 3 | 7 | | | 5 | 5 | | | | 5 | 4 | 1 | 64 |
| | 平安养老 | 1 | 1 | | 9 | 3 | 6 | | | 4 | 5 | | | | 7 | 2 | | |
| | 华泰人寿 | 4 | 3 | 1 | 31 | 12 | 19 | | | 15 | 16 | | 1 | 1 | 22 | 8 | 1 | 263 |
| | 正德人寿 | 1 | 1 | 0 | 31 | 10 | 21 | | | 8 | 23 | | 2 | 2 | 19 | 9 | 3 | |
| | 华夏人寿 | 4 | 1 | 3 | 37 | 15 | 22 | | | 19 | 18 | | 2 | 35 | 24 | 11 | 2 | |

数据统计

续表38

| 公司名称 | | 总机构数 | 年末分支机构数 | | 总人数 | 男 | 女 | 文化结构 | | | | 专业技术职称 | | | 年龄结构 | | | 年末保险代理人数 |
|---|---|---|---|---|---|---|---|---|---|---|---|---|---|---|---|---|---|---|
| | | | 市、县机构数 | 营销服务部数 | | | | 博士 | 硕士 | 本科 | 大专及以下 | 高级 | 中级 | 初级 | 35岁以下 | 36~45岁 | 46岁以上 | |
| 镇江市公司 | 人保寿险 | 4 | 4 | | 17 | 7 | 10 | | | 13 | 4 | | 2 | | 7 | 10 | | 48 |
| | 信泰人寿 | 1 | 1 | | 44 | 15 | 29 | | | 5 | 39 | | | | 23 | 16 | 5 | 31 |
| | 长城人寿 | 3 | 1 | 2 | 20 | 7 | 13 | | | 9 | 11 | | 1 | | 9 | 9 | 2 | 235 |
| | 阳光人寿 | 4 | 4 | | 44 | 16 | 28 | | | 24 | 20 | | 1 | 4 | 31 | 10 | 3 | 345 |
| | 小计： | 170 | 36 | 134 | 1241 | 499 | 742 | | 10 | 513 | 718 | 5 | 82 | 141 | 730 | 394 | 117 | 3885 |
| 泰州市公司 | 国寿股份 | 144 | 5 | 139 | 486 | 223 | 263 | | 2 | 248 | 236 | 1 | 17 | 48 | 253 | 170 | 63 | |
| | 太保人寿 | 48 | 5 | 43 | 156 | 55 | 101 | | | 47 | 109 | 1 | 8 | 51 | 70 | 70 | 16 | |
| | 平安人寿 | 15 | 1 | 14 | 133 | 58 | 75 | | 1 | 70 | 62 | | 5 | 5 | 95 | 33 | 5 | 953 |
| | 新华人寿 | 6 | | 6 | 65 | 32 | 33 | | | 41 | 24 | | 2 | 1 | 59 | 5 | 1 | 508 |
| | 泰康人寿 | 21 | 5 | 16 | 132 | 29 | 103 | | 1 | 30 | 101 | | | | 84 | 45 | 3 | 622 |
| | 美国友邦 | 1 | | 1 | 19 | 5 | 14 | | | 10 | 9 | | | | 14 | 5 | | 159 |
| | 太平人寿 | 4 | 1 | 3 | 67 | 31 | 36 | | | 29 | 38 | | | 6 | 50 | 16 | 1 | 159 |
| | 民生人寿 | 6 | 1 | 5 | 24 | 9 | 15 | | | 7 | 17 | | 2 | | 16 | 7 | 1 | 184 |
| | 生命人寿 | 6 | 1 | 5 | 83 | 20 | 63 | | | 24 | 59 | | | | 43 | 38 | 2 | 318 |
| | 合众人寿 | 6 | 1 | 5 | 41 | 15 | 26 | | | 15 | 26 | | | | 28 | 13 | | 182 |
| | 国泰人寿 | 1 | | 1 | 14 | 9 | 5 | | | 7 | 7 | | 2 | 5 | 13 | | 1 | 54 |
| | 人保健康 | 1 | 1 | | 36 | 13 | 23 | | | 6 | 30 | | 2 | | 13 | 20 | 3 | 387 |
| | 中意人寿 | 1 | 1 | | 11 | 3 | 8 | | | 5 | 6 | | | | 6 | 4 | 1 | |
| | 嘉禾人寿 | 2 | | 2 | 15 | 8 | 7 | | | 6 | 9 | | | 2 | 12 | 3 | | 172 |
| | 华泰人寿 | 6 | 4 | 2 | 64 | 23 | 41 | | | 15 | 49 | | | 1 | 43 | 21 | | 962 |
| | 华夏人寿 | 2 | 1 | 1 | 30 | 13 | 17 | | | 15 | 15 | | 1 | 29 | 21 | 6 | 3 | |
| | 人保寿险 | 4 | 4 | | 35 | 16 | 19 | | | 13 | 22 | | 3 | 1 | 21 | 12 | 2 | 41 |
| | 信泰人寿 | 6 | 1 | 5 | 66 | 23 | 43 | | | 12 | 54 | | 1 | | 40 | 23 | 3 | 160 |
| | 长城人寿 | 3 | 1 | 2 | 53 | 18 | 35 | | | 18 | 35 | | | | 32 | 17 | 4 | 227 |
| | 阳光人寿 | 4 | 4 | | 45 | 17 | 28 | | 1 | 15 | 29 | | 1 | 3 | 31 | 13 | 1 | 414 |
| | 小计： | 287 | 37 | 250 | 1575 | 620 | 955 | | 5 | 633 | 937 | 2 | 44 | 152 | 944 | 521 | 110 | 5502 |
| 宿迁市公司 | 国寿股份 | 70 | 4 | 66 | 262 | 136 | 126 | | 1 | 77 | 184 | | 8 | 11 | 138 | 97 | 27 | |
| | 太保人寿 | 8 | 3 | 5 | 127 | 41 | 86 | | | 37 | 91 | 1 | 12 | 39 | 69 | 48 | 10 | |
| | 平安人寿 | 5 | 1 | 4 | 36 | 17 | 19 | | | 19 | 17 | | | | 28 | 8 | | 533 |
| | 泰康人寿 | 6 | 3 | 3 | 75 | 16 | 59 | | | 14 | 61 | | | | 46 | 27 | 2 | 284 |
| | 太平人寿 | 3 | 3 | | 35 | 18 | 17 | | | 17 | 18 | | | 1 | 31 | 4 | | 95 |
| | 合众人寿 | 4 | 1 | 3 | 17 | 10 | 7 | | | 8 | 9 | | | | 12 | 4 | 1 | 77 |
| | 华泰人寿 | 5 | 5 | | 57 | 25 | 32 | | | 17 | 40 | | | 1 | 39 | 17 | 1 | 1505 |
| | 人保寿险 | 4 | 2 | 2 | 13 | 9 | 4 | | | 5 | 8 | | | | 6 | 6 | 1 | 600 |
| | 长城人寿 | 2 | 1 | 1 | 12 | 4 | 8 | | | 5 | 7 | | 1 | | 8 | 3 | 1 | 102 |
| | 小计： | 107 | 23 | 84 | 634 | 276 | 358 | | 1 | 199 | 434 | 1 | 21 | 52 | 377 | 214 | 43 | 3196 |
| 合计 | 国寿股份 | 1500 | 103 | 1396 | 6067 | 2804 | 3263 | 1 | 100 | 3025 | 2941 | 33 | 596 | 813 | 3058 | 2013 | 996 | |
| | 太保人寿 | 521 | 82 | 438 | 3310 | 1164 | 2146 | | 23 | 1107 | 2180 | 15 | 204 | 798 | 1730 | 1148 | 432 | 5893 |
| | 平安人寿 | 230 | 28 | 201 | 2478 | 1213 | 1265 | | 49 | 1559 | 870 | 4 | 46 | 52 | 1879 | 513 | 86 | 26085 |
| | 新华人寿 | 60 | 16 | 43 | 685 | 323 | 362 | | 27 | 422 | 236 | 10 | 48 | 26 | 539 | 129 | 17 | 4848 |
| | 泰康人寿 | 178 | 69 | 108 | 2131 | 669 | 1462 | | 34 | 557 | 1540 | | | | 1399 | 606 | 126 | 5984 |

续表 38

| 公司名称 | | 总机构数 | 年末分支机构数 | | 总人数 | 男 | 女 | 文化结构 | | | | 专业技术职称 | | | 年龄结构 | | | 年末保险代理人数 |
|---|---|---|---|---|---|---|---|---|---|---|---|---|---|---|---|---|---|---|
| | | | 市、县机构数 | 营销服务部数 | | | | 博士 | 硕士 | 本科 | 大专及以下 | 高级 | 中级 | 初级 | 35岁以下 | 36~45岁 | 46岁以上 | |
| 合计 | 美国友邦 | 28 | 1 | 26 | 438 | 159 | 279 | | 18 | 230 | 190 | | | | 329 | 99 | 10 | 2726 |
| | 太平人寿 | 61 | 29 | 31 | 1253 | 482 | 771 | | 11 | 528 | 714 | 2 | 22 | 32 | 915 | 313 | 25 | 2586 |
| | 民生人寿 | 51 | 13 | 37 | 481 | 189 | 292 | | 2 | 162 | 317 | | 25 | 17 | 303 | 145 | 33 | 2278 |
| | 生命人寿 | 55 | 11 | 43 | 1057 | 365 | 692 | | 4 | 299 | 754 | | | | 655 | 326 | 76 | 4161 |
| | 信诚人寿 | 16 | 15 | | 222 | 88 | 134 | | 7 | 106 | 109 | 2 | 6 | 3 | 150 | 58 | 14 | 663 |
| | 合众人寿 | 62 | 12 | 49 | 522 | 238 | 284 | | 12 | 226 | 284 | 2 | 4 | 8 | 378 | 129 | 15 | 1657 |
| | 海康人寿 | 11 | | 10 | 195 | 53 | 142 | | 1 | 90 | 104 | 1 | 13 | 10 | 137 | 55 | 3 | 514 |
| | 中宏人寿 | 9 | | 8 | 124 | 48 | 76 | | 5 | 54 | 65 | 12 | 17 | 33 | 74 | 44 | 6 | 2021 |
| | 国泰人寿 | 10 | | 9 | 279 | 131 | 148 | | 5 | 156 | 118 | 3 | 34 | 33 | 238 | 26 | 15 | 487 |
| | 人保健康 | 9 | 1 | 7 | 246 | 101 | 145 | | 10 | 99 | 137 | 1 | 15 | 9 | 131 | 92 | 23 | 1006 |
| | 海尔纽约 | 6 | | 5 | 77 | 18 | 59 | | 2 | 27 | 48 | | 6 | 6 | 65 | 9 | 3 | 115 |
| | 中意人寿 | 10 | 2 | 7 | 137 | 63 | 74 | | 4 | 75 | 58 | 5 | 12 | 10 | 105 | 29 | 3 | 1904 |
| | 恒安标准 | 14 | | 13 | 414 | 145 | 269 | | 11 | 163 | 240 | | 3 | 10 | 292 | 108 | 14 | 544 |
| | 光大永明 | 11 | 6 | 4 | 148 | 63 | 85 | | 2 | 83 | 63 | | | | 94 | 42 | 12 | 526 |
| | 嘉禾人寿 | 20 | 1 | 18 | 147 | 63 | 84 | | 1 | 64 | 82 | | 6 | 12 | 98 | 45 | 4 | 850 |
| | 和谐健康 | 8 | 5 | 2 | 136 | 57 | 79 | | 3 | 55 | 78 | | 13 | 14 | 86 | 30 | 20 | 70 |
| | 平安养老 | 9 | 8 | | 286 | 104 | 182 | | 5 | 161 | 120 | 5 | 10 | 11 | 199 | 72 | 15 | |
| | 华泰人寿 | 68 | 35 | 32 | 741 | 300 | 441 | | 5 | 260 | 476 | 6 | 29 | 16 | 475 | 214 | 52 | 8336 |
| | 招商信诺 | 1 | | | 23 | 11 | 12 | | 1 | 9 | 13 | | | | 19 | 4 | | |
| | 联泰大都会 | 5 | 1 | 3 | 137 | 53 | 84 | | 6 | 65 | 66 | | | | 101 | 35 | 1 | |
| | 瑞泰人寿 | 2 | | 1 | 21 | 8 | 13 | | 1 | 16 | 4 | | | | 10 | 8 | 3 | |
| | 正德人寿 | 10 | 6 | 3 | 237 | 82 | 155 | | | 77 | 160 | 1 | 11 | 6 | 151 | 64 | 22 | |
| | 中德安联 | 8 | 7 | | 88 | 40 | 48 | | 1 | 43 | 44 | 2 | | | 65 | 17 | 6 | 850 |
| | 华夏人寿 | 26 | 8 | 17 | 337 | 152 | 185 | | 4 | 163 | 170 | 2 | 15 | 320 | 231 | 74 | 32 | |
| | 人保寿险 | 65 | 44 | 20 | 466 | 234 | 232 | | 7 | 207 | 252 | 1 | 28 | 27 | 241 | 177 | 48 | 5213 |
| | 英大泰和 | 8 | 2 | 5 | 79 | 48 | 31 | | 6 | 63 | 10 | 1 | 16 | 4 | 50 | 25 | 4 | 91 |
| | 信泰人寿 | 27 | 8 | 18 | 519 | 189 | 330 | | 5 | 167 | 347 | | 5 | 1 | 357 | 135 | 27 | 1305 |
| | 中英人寿 | 6 | 5 | | 60 | 24 | 36 | | 1 | 38 | 21 | | | | 39 | 18 | 3 | 150 |
| | 长城人寿 | 24 | 9 | 14 | 446 | 186 | 260 | | 5 | 174 | 267 | | 11 | 3 | 295 | 118 | 33 | 1506 |
| | 金盛人寿 | 5 | | 4 | 430 | 152 | 278 | | 12 | 125 | 293 | | | | 341 | 78 | 11 | 306 |
| | 太平养老 | 1 | | | 124 | 49 | 75 | | 11 | 80 | 33 | 1 | 2 | 1 | 89 | 29 | 6 | |
| | 太平洋安泰 | 2 | | 1 | 41 | 18 | 23 | | 2 | 25 | 14 | 1 | 10 | | 34 | 6 | 1 | 94 |
| | 幸福人寿 | 10 | 3 | 6 | 267 | 118 | 149 | | 7 | 114 | 146 | | | | 163 | 83 | 21 | 2359 |
| | 阳光人寿 | 36 | 35 | | 579 | 245 | 334 | | 10 | 281 | 288 | 1 | 10 | 19 | 439 | 120 | 20 | 4574 |
| | 长生人寿 | 4 | | 3 | 41 | 22 | 19 | | 2 | 25 | 14 | | | | 37 | 3 | 1 | 302 |
| | 国华人寿 | 4 | 3 | | 129 | 58 | 71 | | 1 | 47 | 81 | | 1 | 0 | 90 | 35 | 4 | 68 |
| | 国寿养老 | 1 | | | 26 | 18 | 8 | | 4 | 21 | 1 | | 6 | 19 | 18 | 4 | 4 | |
| | 平安健康 | 1 | | | 19 | 9 | 10 | | 1 | 16 | 2 | | 1 | 2 | 16 | 3 | | |
| | 安邦人寿 | 1 | | | 20 | 12 | 8 | | 2 | 13 | 5 | 1 | 4 | 2 | 14 | 5 | 1 | 7 |
| | 小计： | 3194 | 568 | 2582 | 25663 | 10568 | 15095 | 1 | 430 | 11277 | 13955 | 112 | 1229 | 2317 | 16129 | 7286 | 2248 | 90079 |

## 江苏地区各保险中介基本情况(2010)

表 39

(单位:人民币百万元)

| 中介机构名称 | 成立时间 | 总部所在地 | 注册资本 | 股东单位数(个) | 职工人数(个) | 法定代表人 | 资产 | 负债 | 所有者权益 | 保险业务收入 | 营业收入 | 营业支出 | 营业利润 | 利润总额 | 净利润 |
|---|---|---|---|---|---|---|---|---|---|---|---|---|---|---|---|
| 江苏永诚保险代理有限公司 | 2003-7-14 | 南通 | 2.00 | | 192 | 钱亚明 | 2.52 | 2.36 | 0.16 | 8.80 | 28.31 | | 0.01 | 0.30 | 0.29 |
| 江苏华邦保险代理有限公司 | 2001-6-14 | 南京 | 10.00 | | 934 | 刘亚耕 | 12.27 | 2.36 | 9.92 | 26.40 | 37.87 | | -0.19 | 0.07 | 0.26 |
| 江苏福泰保险代理有限公司 | 2006.3.30 | 南京 | 2.00 | | 129 | 陈大帮 | 2.49 | 2.50 | -0.01 | 14.39 | 21.96 | | 0.03 | 0.13 | 0.10 |
| 南京苏协保险代理有限公司 | 2008-7-31 | 南京 | 0.50 | | 7 | 孙　平 | 0.84 | 0.29 | 0.55 | 1.93 | 9.86 | | -0.32 | -0.34 | -0.01 |
| 江苏诚信保险代理有限公司 | 2001-6-26 | 南京 | 2.00 | | 906 | 范　腾 | 1.20 | 1.00 | 0.20 | 22.45 | 34.68 | | 0.10 | 0.29 | 0.20 |
| 南京一迪保险代理有限公司 | 2004-12-15 | 南京 | 0.50 | | 209 | 王　海 | 1.16 | 2.37 | -1.21 | 10.87 | 15.69 | | 0.04 | 0.39 | 0.35 |
| 南京大平保险代理有限公司 | 2006-6-15 | 南京 | 0.50 | | 132 | 黄雪芳 | 0.75 | 2.27 | -1.52 | 10.44 | 12.45 | | 0.05 | 0.13 | 0.08 |
| 扬州公平保险代理有限公司 | 2005-10-8 | 扬州 | 0.50 | | 83 | 张学华 | 1.29 | 0.90 | 0.38 | 3.27 | 22.21 | | -0.06 | 0.22 | 0.28 |
| 南京诚志保险代理有限公司 | 2007-10-9 | 南京 | 0.50 | | 93 | 娄昕达 | 0.50 | 0.40 | 0.10 | 3.55 | 5.41 | | 0.16 | 0.51 | 0.34 |
| 江苏兴华保险代理有限公司 | 2004-12-15 | 常熟 | 2.00 | | 29 | 顾志刚 | 3.23 | 2.52 | 0.72 | 4.39 | 7.46 | | 0.03 | 0.05 | 0.03 |
| 徐州民兴保险代理有限公司 | 2005-9-12 | 徐州 | 0.50 | | 95 | 赵兴民 | 0.48 | 0.49 | -0.01 | 1.90 | 8.46 | | -0.04 | 0.23 | 0.27 |
| 江苏平衡保险代理有限公司 | 2003-8-4 | 常州 | 2.00 | | 493 | 许　菁 | 2.00 | 2.89 | -0.89 | 3.67 | 6.98 | | -0.09 | -0.09 | 0.00 |
| 南京富邦安泰保险代理有限公司 | 2004-8-4 | 南京 | 2.50 | | 25 | 朱　泉 | 1.84 | 1.35 | 0.49 | 0.83 | 1.28 | | -0.01 | -0.21 | -0.20 |
| 南通苏通保险代理有限公司 | 2006-7-14 | 南通 | 0.50 | | 116 | 吴　伟 | 0.64 | 2.15 | -1.51 | 0.79 | 7.28 | | 0.04 | 0.15 | 0.11 |
| 盐城市中易保险代理有限公司 | 2006-10-9 | 盐城 | 0.50 | | 8 | 徐国宁 | 0.95 | 3.64 | -2.69 | 0.62 | 6.26 | | 0.01 | 0.45 | 0.44 |
| 无锡万盛保险代理有限公司 | 2006-2-21 | 无锡 | 0.50 | | 241 | 许振芳 | 2.25 | 4.97 | -2.72 | 3.50 | 7.02 | | 0.48 | 1.00 | 0.51 |
| 苏州华成保险代理有限公司 | 2004-6-29 | 苏州 | 3.00 | | 35 | 蒋元生 | 4.94 | 5.33 | -0.39 | 5.04 | 4.57 | | 0.40 | 0.95 | 0.56 |
| 南京恒生保险代理有限公司 | 2004-9-16 | 南京 | 0.50 | | 16 | 李崇宁 | 0.37 | 0.28 | 0.09 | 5.03 | 6.51 | | -0.03 | 0.04 | 0.07 |
| 江苏敏梅保险代理有限公司 | 2009-4-1 | 南京 | 2.00 | | 10 | 徐　艳 | 1.91 | 4.83 | -2.92 | 26.40 | 4.54 | | -0.09 | -0.19 | -0.10 |
| 江苏广汇保险代理有限公司 | 2003-8-6 | 苏州 | 2.00 | | 56 | 金　新 | 2.14 | 2.23 | -0.08 | 3.25 | 4.43 | | 0.09 | 0.16 | 0.07 |
| 江苏汇丰保险代理有限公司 | 2002-4-17 | 南京 | 5.00 | | 300 | 韩翠霞 | 3.91 | 4.64 | -0.73 | 4.83 | 5.81 | | 0.02 | 0.21 | 0.20 |
| 江阴市颖达保险代理有限公司 | 2007-6-28 | 江阴 | 0.50 | | 6 | 张　莉 | 5.06 | 7.82 | -2.76 | 5.12 | 5.42 | | 2.64 | 5.89 | 3.25 |
| 南京界和保险代理有限公司 | 2008-9-25 | 南京 | 0.50 | | 37 | 邱樟贵 | 0.45 | 0.68 | -0.24 | 8.37 | 6.20 | | 0.02 | 0.02 | 0.00 |
| 苏州宏鑫保险代理有限责任公司 | 2007-9-21 | 苏州 | 0.50 | | 19 | 陈德明 | 0.50 | 0.64 | -0.14 | 2.30 | 4.14 | | 0.02 | 0.02 | 0.00 |
| 连云港民安保险代理有限公司 | 2005-5-12 | 连云港 | 0.50 | | 466 | 何庆武 | 0.50 | 0.51 | -0.01 | 12.28 | 4.30 | | -0.10 | 0.01 | 0.10 |
| 扬州万事安保险代理有限公司 | 2005-5-12 | 扬州 | 0.50 | | 37 | 李永坚 | 0.38 | 1.81 | -1.43 | 11.22 | 4.64 | | -0.04 | -0.04 | 0.00 |
| 盐城泰和保险代理有限公司 | 2003-4-24 | 盐城 | 0.80 | | 17 | 邓丰高 | 0.83 | 2.27 | -1.44 | 3.81 | 2.61 | | -0.29 | -0.26 | 0.03 |
| 江苏世纪通保险代理有限公司 | 2009-1-12 | 南京 | 2.00 | | 5 | 王召芬 | 2.00 | 2.01 | -0.01 | 2.14 | 1.94 | | 0.00 | 0.00 | 0.00 |
| 南京誉凯保险代理有限公司 | 2008-6-18 | 南京 | 0.50 | | 13 | 李　海 | 0.83 | 1.53 | -0.71 | 1.28 | 3.14 | | -1.59 | -2.69 | -1.10 |
| 淮安金鑫保险代理有限公司 | 2006-7-25 | 淮安 | 2.00 | | 55 | 殷振炎 | 1.83 | 4.56 | -2.73 | 6.09 | 6.40 | | -0.08 | -0.01 | 0.07 |
| 无锡华美保险代理有限公司 | 2004-4-1 | 无锡 | 0.50 | | 78 | 党慧碧 | 0.35 | 2.05 | -1.70 | 4.08 | 3.32 | | -0.03 | -0.06 | -0.03 |
| 宿迁市恒创保险代理有限公司 | 2006-10-9 | 宿迁 | 0.50 | | 200 | 臧　磊 | 0.62 | 2.39 | -1.77 | 0.10 | 4.23 | | -0.08 | 0.04 | 0.12 |
| 江苏东恒保险代理有限公司 | 2001-6-25 | 南京 | 0.50 | | 38 | 周惠平 | 1.23 | 1.73 | -0.50 | 1.72 | 2.08 | | 0.01 | 0.03 | 0.02 |
| 南京佳诚保险代理有限公司 | 2004-12-13 | 南京 | 2.00 | | 90 | 蒋文理 | 2.24 | 1.55 | 0.69 | 4.13 | 2.76 | | 0.06 | 0.13 | 0.07 |
| 江苏盛大众联保险代理有限公司 | 2004-9-16 | 淮安 | 2.00 | | 197 | 赵建玉 | 1.85 | 3.95 | -2.10 | 4.34 | 4.06 | | 0.03 | 0.06 | 0.02 |
| 南京中江保险代理有限公司 | 2005-6-30 | 南京 | 0.50 | | 23 | 赵　文 | 0.49 | 0.40 | 0.10 | 0.17 | 0.39 | | -0.07 | -0.04 | 0.03 |
| 江苏新润保险代理有限公司 | 2002-3-13 | 南京 | 2.00 | | 81 | 史福明 | 1.05 | 2.31 | -1.26 | 4.66 | 2.21 | | -0.08 | -0.07 | 0.00 |
| 苏州希尔保险代理有限公司 | 2002-4-23 | 苏州 | 2.00 | | 15 | 刘　勇 | 2.00 | 0.91 | 1.09 | 2.45 | 3.03 | | 0.06 | 0.15 | 0.09 |

续表 39

| 中介机构名称 | 成立时间 | 总部所在地 | 注册资本 | 股东单位数(个) | 职工人数(个) | 法定代表人 | 资产 | 负债 | 所有者权益 | 保险业务收入 | 营业收入 | 营业支出 | 营业利润 | 利润总额 | 净利润 |
|---|---|---|---|---|---|---|---|---|---|---|---|---|---|---|---|
| 江苏统一保险代理有限公司 | 2003-8-13 | 无锡 | 2.00 | | 18 | 张雪燕 | 2.56 | 2.34 | 0.21 | 2.84 | 2.48 | | 0.00 | 0.02 | 0.01 |
| 江苏恒宇保险代理有限公司 | 2006-4-5 | 南京 | 0.55 | | 72 | 翟传谨 | 0.71 | 0.90 | −0.19 | 6.32 | 2.58 | | 0.02 | 0.03 | 0.01 |
| 无锡市瑞达信保险代理有限公司 | 2006.12.29 | 无锡 | 0.50 | | 13 | 韩志军 | 0.56 | 0.64 | −0.08 | 1.92 | 2.09 | | 0.09 | 0.10 | 0.01 |
| 江苏东泰保险代理有限公司 | 2002-4-3 | 南京 | 2.25 | | 31 | 徐建民 | 1.05 | 1.09 | −0.04 | 5.41 | 1.05 | | 0.01 | 0.08 | 0.07 |
| 苏州铭诚保险代理有限公司 | 2003-7-23 | 苏州 | 0.50 | | 83 | 袁 琳 | 0.33 | 1.88 | −1.56 | 2.47 | 1.71 | | 0.03 | −0.19 | −0.22 |
| 南京安吉利保险代理有限公司 | 2004-11-9 | 南京 | 0.50 | | 138 | 张 莉 | 0.19 | 0.18 | 0.01 | 3.22 | 1.60 | | 0.04 | −0.00 | −0.04 |
| 无锡新天地保险代理有限公司 | 2005-9-29 | 无锡 | 0.50 | | 3 | 潘 汀 | 0.76 | 0.90 | −0.14 | 4.06 | 1.89 | | 0.09 | 0.12 | 0.03 |
| 江苏博达保险代理有限公司 | 2003-7-14 | 连云港 | 1.00 | | 72 | 凌 晖 | 1.04 | 11.01 | −9.96 | 1.24 | 3.30 | | 0.00 | 0.28 | 0.28 |
| 南京江盛保险代理有限公司 | 2008-8-15 | 南京 | 0.60 | | 12 | 金晓兵 | 0.59 | 0.56 | 0.03 | 9.89 | 1.59 | | 0.03 | 0.05 | 0.02 |
| 江苏信益保险代理有限公司 | 2003-8-6 | 苏州 | 3.00 | | 8 | 周国良 | 2.60 | 2.48 | 0.12 | 5.27 | 1.69 | | 0.04 | 0.07 | 0.03 |
| 镇江江天民生保险代理有限责任公司 | 2007-8-21 | 镇江 | 0.50 | | 53 | 吴志秀 | 1.07 | 3.35 | −2.28 | 2.41 | 3.19 | | −0.11 | −0.01 | 0.11 |
| 南京成跃保险代理有限公司 | 2007-5-25 | 南京 | 0.50 | | 40 | 徐娟 | 0.48 | 2.44 | −1.97 | 14.15 | 3.12 | | 0.00 | −0.02 | −0.02 |
| 苏州百佳保险代理有限公司 | 2006-6-2 | 苏州 | 0.50 | | 11 | 陈川德 | 0.32 | 0.67 | −0.35 | 3.42 | 1.02 | | 0.04 | −0.02 | −0.06 |
| 徐州恒诺保险代理有限公司 | 2005-4-29 | 徐州 | 0.60 | | 134 | 刘伟(男) | 0.38 | 0.40 | −0.03 | 1.50 | 1.59 | | 0.00 | −0.03 | −0.03 |
| 江苏东方保险代理有限公司 | 2003-8-13 | 南京 | 0.50 | | 6 | 沈永翔 | 0.50 | 2.50 | −2.00 | 2.53 | 1.32 | | 0.01 | 0.01 | 0.00 |
| 南京益通保险代理有限公司 | 2004-3-2 | 南京 | 0.50 | | 24 | 李一彤 | 0.61 | 0.61 | 0.00 | 0.40 | 0.84 | | 0.01 | 0.00 | −0.00 |
| 苏州辛安保险代理有限公司 | 2004-4-30 | 苏州 | 0.50 | | 5 | 杨丽君 | 0.40 | 0.43 | −0.03 | 0.43 | 0.59 | | 0.01 | 0.05 | 0.03 |
| 常州市陈文钊保险代理有限公司 | 2005-6-2 | 常州 | 0.50 | | 10 | 陈文钊 | 0.63 | 2.26 | −1.63 | 1.70 | 1.23 | | 0.09 | 0.26 | 0.17 |
| 苏州亚联保险代理有限公司 | 2008-9-25 | 苏州 | 0.50 | | 4 | 漆采华 | 0.50 | 4.57 | −4.07 | 1.30 | 1.36 | | 0.30 | 0.30 | 0.00 |
| 徐州华能保险代理有限公司 | 2006-9-6 | 徐州 | 0.50 | | 7 | 宋 静 | 0.50 | 0.22 | 0.28 | 0.63 | 0.48 | | 0.04 | 0.06 | 0.02 |
| 南京海尚保险代理有限公司 | 2008-8-28 | 南京 | 1.00 | | 7 | 郭新荣 | 1.56 | 2.16 | −0.61 | 1.47 | 1.33 | | 0.18 | 0.32 | 0.14 |
| 江苏首信保险代理有限公司 | 2003-8-6 | 无锡 | 2.00 | | 5 | 袁珉芝 | 2.41 | 2.31 | 0.10 | 1.77 | 1.24 | | 0.00 | −0.25 | −0.25 |
| 无锡诚安保险代理有限责任公司 | 2004-10-11 | 无锡 | 0.60 | | 5 | 邵伯松 | 0.83 | 0.78 | 0.05 | 1.15 | 0.89 | | 0.08 | 0.52 | 0.44 |
| 徐州蓝惠保险代理有限公司 | 2009-7-8 | 徐州 | 0.50 | | 10 | 孙晓东 | 3.68 | 3.16 | 0.51 | 2.15 | 0.64 | | 0.10 | 0.10 | 0.00 |
| 泰州普尔保险代理有限公司 | 2006-4-10 | 泰州 | 0.50 | | 42 | 鲁小兵 | 0.59 | 0.59 | 0.00 | 0.37 | 1.04 | | 0.01 | 0.02 | 0.01 |
| 吴江名成保险代理有限公司 | 2007-10-30 | 苏州 | 0.50 | | 26 | 钮连荣 | 0.45 | 0.48 | −0.03 | 0.85 | 0.73 | | 0.02 | 0.03 | 0.00 |
| 江苏金阳光保险代理有限公司 | 2004-11-9 | 盐城 | 2.00 | | 109 | 蒯本蓉 | 1.86 | 2.66 | −0.80 | 3.91 | 1.62 | | 0.02 | 0.04 | 0.02 |
| 连云港顺联保险代理有限公司 | 2007-10-19 | 连云港 | 0.50 | | 7 | 刘臻瑾 | 0.50 | 0.36 | 0.14 | 0.68 | 0.61 | | 0.00 | 0.00 | 0.00 |
| 南京天博保险代理有限公司 | 2004-6-9 | 南京 | 0.50 | | 6 | 袁凌云 | 0.57 | 0.55 | 0.02 | 1.08 | 0.53 | | 0.04 | 0.05 | 0.01 |
| 苏州赛华保险代理有限公司 | 2006-3-30 | 苏州 | 0.50 | | 9 | 冯 芸 | 0.60 | 0.56 | 0.04 | 0.66 | 0.89 | | 0.00 | 0.00 | 0.00 |
| 盐城新诚保险代理有限公司 | 2005-6-30 | 盐城 | 1.00 | | 26 | 宋晓全 | 0.44 | 1.10 | −0.66 | 0.88 | 1.30 | | −0.38 | −0.70 | −0.33 |
| 江苏恒瑞达保险代理有限公司 | 2008-3-17 | 淮安 | 3.00 | | 60 | 汤月梅 | 3.15 | 3.04 | 0.12 | 5.06 | 2.39 | | −0.15 | −0.42 | −0.27 |
| 南京众达保险代理有限公司 | 2007-7-6 | 南京 | 0.51 | | 42 | 董卫民 | 0.62 | 22.93 | −22.31 | 5.49 | 1.30 | | 0.37 | 0.32 | −0.06 |
| 苏州金鹰保险代理有限公司 | 2004-1-8 | 苏州 | 0.50 | | 20 | 陈 丽 | 1.17 | 1.05 | 0.13 | 0.56 | 0.64 | | −0.04 | 0.13 | 0.17 |
| 扬州嘉惠保险代理有限公司 | 2006-7-24 | 扬州 | 0.50 | | 4 | 周 云 | 0.65 | 2.22 | −1.58 | 1.18 | 1.19 | | 0.08 | 0.18 | 0.10 |
| 江苏大童保险代理有限公司 | 2003-8-6 | 南京 | 3.00 | | 300 | 庞 涛 | 1.86 | 0.83 | 1.03 | 7.02 | 2.24 | | −0.62 | −3.15 | −2.53 |
| 常州华尊保险代理有限公司 | 2005-6-30 | 常州 | 2.00 | | 108 | 陶 涛 | 0.26 | 0.18 | 0.08 | 4.51 | 2.50 | | −0.59 | −2.25 | −1.66 |
| 江苏泛华联创保险代理有限公司 | 2008-8-15 | 南京 | 3.00 | | 378 | 吴荣雄 | 0.66 | 0.90 | −0.24 | 14.56 | 2.57 | | −1.01 | −4.61 | −3.60 |
| 盐城嘉德保险代理有限公司 | 2006-3-2 | 盐城 | 0.50 | | 36 | 刘 青 | 0.40 | 0.37 | 0.03 | 0.20 | 0.10 | | 0.00 | 0.00 | −0.00 |
| 南京泰恒保险代理有限公司 | 2004-12-13 | 南京 | 0.50 | | 47 | 李贵龙 | 0.22 | 0.90 | −0.67 | 0.68 | 0.06 | | −0.04 | −0.10 | −0.06 |
| 江苏宁凯保险代理有限公司 | 2009-9-8 | 南京 | 2.00 | | 77 | 鲍秀玲 | 2.10 | 2.01 | 0.09 | 7.24 | 0.40 | | 0.00 | 0.01 | 0.01 |

续表 39

| 中介机构名称 | 成立时间 | 总部所在地 | 注册资本 | 股东单位数(个) | 职工人数(个) | 法定代表人 | 资产 | 负债 | 所有者权益 | 保险业务收入 | 营业收入 | 营业支出 | 营业利润 | 利润总额 | 净利润 |
|---|---|---|---|---|---|---|---|---|---|---|---|---|---|---|---|
| 苏州崇爱保险代理有限公司 | 2006-12-15 | 苏州 | 2.00 | | 41 | 曹美玲 | 0.70 | 1.11 | -0.40 | 1.24 | 0.48 | | 0.00 | -0.30 | -0.29 |
| 江苏宏泰保险代理有限公司 | 2004-1-17 | 盐城 | 2.00 | | 45 | 刘红玲 | 1.74 | 1.70 | 0.04 | 0.70 | 0.80 | | -0.05 | 0.09 | 0.14 |
| 淮安中诚保险代理有限公司 | 2003-5-26 | 淮安 | 1.20 | | 213 | 陈允志 | 1.18 | 3.12 | -1.94 | 1.44 | 1.53 | | 0.01 | 0.02 | 0.01 |
| 盐城人和安邦保险代理有限公司 | 2004-10-28 | 盐城 | 0.50 | | 28 | 凌嘉功 | 0.25 | 2.63 | -2.38 | 0.00 | 0.37 | | 0.00 | -0.01 | -0.01 |
| 靖江苏靖保险代理有限公司 | 2008-7-31 | 泰州 | 2.00 | | 15 | 吕　健 | 2.00 | 1.89 | 0.11 | 1.08 | 0.26 | | -0.02 | 0.01 | 0.03 |
| 南京太和保险代理有限公司 | 2006-8-7 | 南京 | 0.50 | | 4 | 居拯民 | 0.49 | 0.70 | -0.22 | 0.41 | 0.26 | | 0.13 | 0.16 | 0.03 |
| 苏州东江保险代理有限公司 | 2009-7-18 | 太仓 | 2.00 | | 8 | 王建春 | 2.04 | 2.43 | -0.39 | 1.01 | 0.35 | | 0.21 | 0.24 | 0.02 |
| 苏州市惠尔保险代理有限公司 | 2005-6-7 | 苏州 | 0.50 | | 6 | 施益民 | 0.47 | 0.43 | 0.04 | 0.54 | 0.24 | | -0.04 | -0.03 | 0.01 |
| 南京通鼎保险代理有限公司 | 2008-5-7 | 南京 | 0.50 | | 32 | 宋雁雁 | 0.33 | 1.99 | -1.66 | 1.66 | 0.26 | | -0.01 | -0.05 | -0.04 |
| 南京华为保险代理有限公司 | 2008-9-25 | 南京 | 0.50 | | 13 | 张爱军 | 0.35 | 0.11 | 0.24 | 0.38 | 0.25 | | 0.00 | -0.00 | 0.00 |
| 泰州华鹏保险代理有限公司 | 2009-7-8 | 泰州 | 2.00 | | 108 | 帅映珍 | 1.30 | 0.93 | 0.38 | 2.88 | 0.77 | | -1.67 | -2.45 | -0.78 |
| 苏州林安保险代理有限公司 | 2004-10-11 | 昆山 | 1.00 | | 4 | 潘佩珍 | 0.85 | 0.70 | 0.14 | 0.04 | 0.08 | | -0.02 | -0.08 | -0.06 |
| 盐城环宇保险代理有限公司 | 2005-7-26 | 盐城 | 0.50 | | 4 | 程　勇 | 0.41 | 0.41 | 0.00 | 0.31 | 0.04 | | 0.00 | 0.00 | 0.00 |
| 盐城康爱保险代理有限公司 | 2005-6-2 | 盐城 | 0.50 | | 14 | 张子生 | 0.50 | 0.22 | 0.28 | 0.09 | 0.06 | | -0.02 | -0.02 | 0.00 |
| 盐城万帮保险代理有限公司 | 2005-6-28 | 盐城 | 0.50 | | 45 | 王学翠 | 0.42 | 0.40 | 0.02 | 0.83 | 0.72 | | -0.01 | -0.02 | -0.02 |
| 南京开明保险代理有限公司 | 2007-11-9 | 南京 | 0.51 | | 4 | 谢　斌 | 0.38 | 0.20 | 0.17 | 0.01 | 0.13 | | -0.06 | -0.19 | -0.13 |
| 盐城惠康保险代理有限公司 | 2005-2-5 | 盐城 | 0.50 | | 32 | 王　军 | 0.46 | 0.48 | -0.02 | 0.48 | 0.38 | | 0.00 | 0.00 | 0.00 |
| 江苏板桥保险代理有限公司 | 2009-9-8 | 泰州 | 2.00 | | 11 | 赵继兰 | 2.00 | 2.21 | -0.21 | 1.42 | 0.11 | | 0.10 | 0.11 | 0.00 |
| 苏州宝诚保险代理有限公司 | 2006-1-5 | 苏州 | 0.50 | | 4 | 林　琳 | 0.49 | 0.48 | 0.01 | 0.08 | 0.16 | | 0.00 | 0.00 | 0.00 |
| 南京国瀚保险代理有限公司 | 2005-10-27 | 南京 | 2.00 | | 49 | 汪龙勤 | 0.49 | 0.40 | 0.09 | 0.41 | 0.34 | | -0.36 | -0.58 | -0.21 |
| 南京惠多利保险代理有限公司 | 2008-6-11 | 南京 | 0.50 | | 4 | 王　君 | 0.45 | 0.41 | 0.04 | 0.67 | 0.14 | | -0.02 | 0.02 | 0.04 |
| 南通立德保险代理有限公司 | 2007-10-9 | 南通 | 0.50 | | 16 | 崔景祥 | 0.30 | 1.78 | -1.48 | 0.80 | 0.25 | | -0.02 | -0.05 | -0.03 |
| 南通合安保险代理有限公司 | 2008-7-7 | 南通 | 0.50 | | 6 | 施晓峰 | 0.50 | 0.50 | 0.00 | 0.20 | 0.05 | | 0.00 | 0.00 | 0.00 |
| 盐城双双飞保险代理有限公司 | 2006-2-21 | 盐城 | 0.50 | | 11 | 陆晓英 | 0.47 | 0.45 | 0.03 | 0.05 | 0.04 | | -0.03 | -0.04 | -0.00 |
| 江苏爱建保险代理有限公司 | 2009-7-8 | 淮安 | 2.00 | | 11 | 丁广和 | 2.67 | 2.80 | -0.13 | 0.65 | 0.09 | | 0.08 | -0.25 | -0.33 |
| 南京新达新保险代理有限公司 | 2006-9-18 | 南京 | 1.00 | | 6 | 吕　萍 | 0.70 | 0.73 | -0.03 | 0.38 | 0.09 | | -0.05 | -0.05 | -0.00 |
| 盐城星华保险代理有限公司 | 2009-5-27 | 盐城 | 1.00 | | 31 | 高建飞 | 1.10 | 0.93 | 0.16 | 0.88 | 0.28 | | 0.00 | 0.03 | 0.03 |
| 昆山丰盛保险代理有限公司 | 2009-4-1 | 昆山 | 0.50 | | 59 | 董峰如 | 0.43 | 0.44 | -0.01 | 0.73 | 0.08 | | 0.00 | -0.03 | -0.03 |
| 江苏中天龙保险代理有限公司 | 2002-4-2 | 南京 | 2.00 | | 2 | 隆晓辉 | 1.13 | 1.12 | 0.01 | 0.06 | 0.05 | | 0.00 | 0.04 | 0.04 |
| 江苏顺和安保险代理有限公司 | 2005-3-9 | 南京 | 2.00 | | 4 | 吕德宝 | 1.90 | 1.92 | -0.02 | 0.59 | 0.02 | | 0.00 | 0.01 | 0.00 |
| 盐城中顺保险代理有限公司 | 2008-8-15 | 盐城 | 0.50 | | 8 | 吴　妍 | 0.50 | 0.48 | 0.02 | 0.08 | 0.08 | | 0.00 | 0.00 | 0.00 |
| 南京舜安保险代理有限公司 | 2004-11-9 | 南京 | 0.50 | | 5 | 许　舜 | 0.39 | 0.36 | 0.03 | 0.17 | 0.02 | | 0.09 | 0.05 | -0.05 |
| 江苏安康保险代理有限公司 | 2005-10-19 | 盐城 | 2.00 | | 41 | 晏江宁 | 1.39 | 2.21 | -0.83 | 0.30 | 0.06 | | 0.02 | 0.02 | -0.00 |
| 苏州和元保险代理有限公司 | 2008-8-28 | 苏州 | 0.50 | | 6 | 王元平 | 0.44 | 0.32 | 0.12 | 0.35 | 0.01 | | -0.28 | -0.76 | -0.48 |
| 盐城市荣泰保险代理有限公司 | 2003-8-6 | 盐城 | 0.50 | | 3 | 刘建文 | 0.58 | 0.54 | 0.04 | 0.06 | 0.04 | | -0.05 | -0.06 | -0.01 |
| 南京鑫磐保险代理有限公司 | 2008-7-7 | 南京 | 0.50 | | 4 | 李明华 | 0.20 | 1.25 | -1.05 | 0.15 | 0.01 | | -0.50 | -0.50 | 0.00 |
| 江苏华信保险代理有限公司 | 2002-4-2 | 太仓 | 2.00 | | 4 | 叶　锋 | 0.84 | 0.84 | 0.00 | 0.00 | 0.00 | | -0.01 | -0.07 | -0.07 |
| 恒泰保险经纪有限公司 | 2001-6-22 | 南京 | 54.00 | | 104 | 徐祖坚 | 93.20 | 80.28 | 12.92 | 35.79 | 23.93 | | 2.84 | 3.64 | 0.81 |
| 江苏远东海领保险经纪有限公司 | 2004-12-1 | 南京 | 10.00 | | 18 | 李贯珊 | 15.05 | 10.90 | 4.14 | 5.45 | 4.34 | | -0.56 | -0.08 | 0.48 |
| 江苏东吴保险经纪有限公司 | 2008-12-23 | 苏州 | 5.00 | | 16 | 唐少文 | 5.34 | 6.92 | -1.57 | 3.40 | 1.31 | | 0.63 | 0.72 | 0.09 |
| 江苏常信保险经纪有限公司 | 2008-2-20 | 常州 | 5.00 | | 8 | 潘俊铭 | 3.09 | 3.02 | 0.07 | 1.31 | 0.78 | | -0.03 | -0.20 | -0.18 |

续表 39

| 中介机构名称 | 成立时间 | 总部所在地 | 注册资本 | 股东单位数(个) | 职工人数(个) | 法定代表人 | 资产 | 负债 | 所有者权益 | 保险业务收入 | 营业收入 | 营业支出 | 营业利润 | 利润总额 | 净利润 |
|---|---|---|---|---|---|---|---|---|---|---|---|---|---|---|---|
| 江苏定律保险经纪有限公司 | 2005-8-1 | 南通 | 5.18 | | 20 | 朱旭东 | 1.50 | 3.68 | -2.18 | 3.32 | 1.35 | | 0.58 | 0.52 | -0.06 |
| 江苏方正保险公估有限公司 | 2004-7-1 | 南京 | 4.00 | | 38 | 陈 英 | 2.45 | 2.29 | 0.16 | 4.29 | 3.59 | | 0.06 | 0.35 | 0.29 |
| 江苏智德保险公估有限公司 | 2002-4-1 | 南京 | 2.00 | | 19 | 刘 飚 | 2.34 | 1.80 | 0.53 | 1.20 | 2.90 | | -0.35 | -0.13 | 0.21 |
| 江苏远东海平保险公估有限公司 | 2006-5-26 | 南京 | 2.00 | | 11 | 茅光华 | 3.35 | 3.27 | 0.07 | 4.69 | 2.89 | | 0.41 | 1.07 | 0.66 |
| 南京金典保险公估有限公司 | 2004-12-10 | 南京 | 2.00 | | 15 | 方 青 | 1.42 | 1.46 | -0.04 | 0.98 | 2.04 | | 0.00 | -0.05 | -0.05 |
| 江苏顺诚保险公估有限公司 | 2007-3-13 | 苏州 | 2.00 | | 19 | 沈国强 | 1.79 | 1.77 | 0.02 | 1.95 | 1.92 | | -0.01 | 0.01 | 0.03 |
| 南京阳光智恒保险公估有限公司 | 2005-3-24 | 南京 | 2.00 | | 6 | 杨晓峰 | 2.32 | 2.66 | -0.34 | 1.34 | 0.82 | | 0.31 | 0.60 | 0.29 |
| 江苏苏禾保险公估有限公司 | 2006-10-30 | 南京 | 2.00 | | 10 | 王 毅 | 2.07 | 3.14 | -1.08 | 0.53 | 0.75 | | -0.28 | -0.25 | 0.03 |
| 江苏中恒保险公估有限公司 | 2003-7-14 | 南京 | 2.06 | | 34 | 李 政 | 2.37 | 2.38 | -0.01 | 0.12 | 0.56 | | -0.01 | 0.05 | 0.05 |
| 江苏宁价保险公估有限公司 | 2003-8-8 | 南京 | 2.20 | | 35 | 胡修云 | 2.20 | 2.95 | -0.75 | 1.02 | 0.50 | | -0.58 | -0.58 | 0.00 |
| 苏州众信保险公估有限公司 | 2003-8-8 | 苏州 | 0.60 | | 6 | 张雨歌 | 0.41 | 0.26 | 0.14 | 0.01 | 0.18 | | 0.00 | 0.00 | 0.00 |
| 苏州娄江保险公估有限公司 | 2004-6-23 | 太仓 | 0.50 | | 7 | 朱豪杰 | 0.66 | 0.67 | -0.01 | 1.85 | 0.15 | | 0.13 | 0.19 | 0.06 |

江苏高等院校保险专业设置情况(2010)

表 40 (单位:个)

| 校 名 | 电 话 | 地 址 | 邮政编码 | 所设系或专业 | 在校学员 | | | | | | 师资力量 | | | | |
|---|---|---|---|---|---|---|---|---|---|---|---|---|---|---|---|
| | | | | | 总计 | 博士 | 硕士 | 学士 | 大专 | 中专 | 总计 | 教授 | 副教授 | 讲师 | 助教 |
| 南京大学 | 025-83593881 | 南京市汉口路22号 | 210093 | 金融与保险学系 | 83 | 4 | 42 | 37 | | | 8 | 3 | 2 | 3 | |
| 南京审计学院 | 025-58318533 | 南京市浦口区珠江镇雨山西路86号 | 211815 | 保险学专业 | 305 | | | 305 | | | 10 | 2 | 2 | 4 | 2 |
| 东南大学公共卫生学院 | 025-83272561 | 南京市丁家桥87号 | 210009 | 医疗保险系 | 136 | | 20 | 116 | | | 8 | 2 | 4 | 2 | |
| 南京财经大学 | 025-84028242 | 南京市亚东新城区文苑路3号 | 210046 | 保险系 | 479 | | 10 | 469 | | | 10 | 3 | 2 | 5 | |
| 江苏大学 | 0511 -88797611 | 镇江市学府路301号 | 212013 | 金融保险系 | 201 | | 2 | 199 | | | 8 | 1 | 2 | 5 | |

长三角地区城市保险费收入情况表(2001~2010)

表 41 (货币单位:人民币亿元)

| 城市 | 年度 | | 2001 | 2002 | 2003 | 2004 | 2005 | 2006 | 2007 | 2008 | 2009 | 2010 |
|---|---|---|---|---|---|---|---|---|---|---|---|---|
| 上海 | 保费 | 小计 | 180.3580 | 238.7699 | 291.6425 | 307.1420 | 334.0417 | 408.1186 | 486.0607 | 604.0521 | 665.0259 | 734.7693 |
| | | 财产险 | 40.0427 | 45.4570 | 58.9934 | 74.8136 | 88.4763 | 102.4581 | 106.0385 | 135.5336 | 151.8070 | 194.8731 |
| | | 寿险 | 130.1391 | 178.2994 | 207.9160 | 204.4188 | 214.2639 | 265.2947 | 331.2518 | 382.4445 | 458.3952 | 506.7136 |
| | | 意外健康 | 10.1762 | 15.0135 | 24.7331 | 27.9096 | 21.3015 | 40.3658 | 48.7704 | 86.0740 | 54.8237 | 33.1826 |
| 南京 | 保费 | 小计 | 35.0257 | 54.7668 | 69.8967 | 70.3384 | 72.4637 | 94.1577 | 103.1370 | 132.4025 | 147.3203 | 184.5756 |
| | | 财产险 | 8.0822 | 9.0707 | 11.2723 | 13.9602 | 16.1604 | 20.3540 | 27.9029 | 31.2127 | 38.1803 | 53.0518 |
| | | 寿险 | 25.0339 | 43.0842 | 53.5483 | 49.5489 | 50.4936 | 65.9127 | 67.5328 | 87.5526 | 98.8047 | 99.8316 |
| | | 意外健康 | 1.9092 | 2.6119 | 5.0761 | 6.8293 | 5.8097 | 7.8910 | 7.7013 | 13.6372 | 10.3353 | 31.6922 |

续表 41

| 城市 | 年度 | | 2001 | 2002 | 2003 | 2004 | 2005 | 2006 | 2007 | 2008 | 2009 | 2010 |
|---|---|---|---|---|---|---|---|---|---|---|---|---|
| 苏州 | 保费 | 小计 | 29.6468 | 46.7822 | 63.6712 | 68.2507 | 75.7143 | 83.8477 | 96.6545 | 124.0301 | 147.3027 | 192.7271 |
| | | 财产险 | 9.4379 | 11.3374 | 14.1520 | 18.6763 | 21.4042 | 28.8982 | 37.1284 | 42.8819 | 53.5112 | 73.7220 |
| | | 寿险 | 18.8798 | 33.5099 | 46.2893 | 46.3904 | 48.6343 | 48.8206 | 52.3360 | 72.1922 | 84.8407 | 99.2494 |
| | | 意外健康 | 1.3291 | 1.9349 | 3.2359 | 3.1840 | 5.6758 | 6.1289 | 7.1901 | 8.9560 | 8.9508 | 19.7557 |
| 无锡 | 保费 | 小计 | 27.5072 | 44.3796 | 57.5212 | 55.6058 | 57.3911 | 66.1603 | 76.2266 | 92.3193 | 109.0078 | 132.3790 |
| | | 财产险 | 7.2235 | 8.4755 | 9.3692 | 12.8943 | 14.0982 | 17.6518 | 21.8323 | 25.1791 | 31.6922 | 42.6492 |
| | | 寿险 | 19.0162 | 34.4897 | 45.3288 | 38.9801 | 39.5415 | 42.5418 | 49.7129 | 56.5714 | 69.3963 | 78.3388 |
| | | 意外健康 | 1.2675 | 1.4144 | 2.8232 | 3.7314 | 3.7514 | 5.9667 | 4.6814 | 10.5688 | 7.9193 | 11.3910 |
| 常州 | 保费 | 小计 | 16.2622 | 25.7183 | 32.0268 | 32.9747 | 37.4883 | 42.0861 | 47.8829 | 61.9539 | 72.0236 | 86.7709 |
| | | 财产险 | 4.4898 | 5.7762 | 5.7572 | 7.7034 | 7.8404 | 11.1047 | 13.7467 | 15.1800 | 18.7103 | 24.8075 |
| | | 寿险 | 10.7967 | 18.7113 | 24.0732 | 22.5733 | 26.7626 | 27.5213 | 30.4427 | 42.9018 | 49.4744 | 55.5207 |
| | | 意外健康 | 0.9757 | 1.2308 | 2.1964 | 2.6980 | 2.8853 | 3.4601 | 3.6935 | 3.8721 | 3.8389 | 6.4427 |
| 镇江 | 保费 | 小计 | 7.9723 | 12.0695 | 17.1670 | 16.9805 | 19.6275 | 21.8533 | 25.3236 | 32.1073 | 40.2797 | 54.0469 |
| | | 财产险 | 2.3709 | 2.7453 | 3.1408 | 3.7548 | 3.9554 | 4.6748 | 5.6903 | 6.7654 | 8.1626 | 10.9576 |
| | | 寿险 | 5.2912 | 8.7943 | 12.9577 | 11.9042 | 14.2102 | 15.4760 | 17.8404 | 23.4712 | 29.9246 | 38.9276 |
| | | 意外健康 | 0.3102 | 0.5299 | 1.0685 | 1.3215 | 1.4619 | 1.7025 | 1.7929 | 1.8707 | 2.1925 | 4.1617 |
| 南通 | 保费 | 小计 | 12.6491 | 20.8959 | 31.6344 | 33.9642 | 36.6017 | 44.5570 | 53.5700 | 77.4080 | 96.1118 | 134.1971 |
| | | 财产险 | 3.3877 | 3.7082 | 4.0773 | 5.4028 | 6.3033 | 8.4791 | 10.7758 | 12.6913 | 16.4136 | 22.2597 |
| | | 寿险 | 8.6053 | 16.0644 | 25.6147 | 26.2495 | 27.7778 | 33.0702 | 39.5707 | 57.4825 | 75.2608 | 104.8498 |
| | | 意外健康 | 0.6561 | 1.1233 | 1.9424 | 2.3119 | 2.5206 | 3.0077 | 3.2235 | 7.2342 | 4.4374 | 7.0876 |
| 扬州 | 保费 | 小计 | 11.1346 | 17.0048 | 24.0503 | 22.7797 | 26.7272 | 30.4600 | 34.0559 | 44.0885 | 53.0228 | 65.1906 |
| | | 财产险 | 2.5306 | 2.9425 | 3.0622 | 3.8782 | 4.2925 | 5.4135 | 6.5219 | 7.5672 | 9.5907 | 13.1863 |
| | | 寿险 | 8.1132 | 13.3814 | 19.7039 | 17.1015 | 20.4302 | 22.2813 | 24.4135 | 33.6322 | 39.1534 | 46.4798 |
| | | 意外健康 | 0.4908 | 0.6809 | 1.2842 | 1.8000 | 2.0045 | 2.7652 | 3.1205 | 2.8891 | 4.2787 | 5.5245 |
| 泰州 | 保费 | 小计 | 8.5151 | 12.4576 | 18.0762 | 19.7714 | 23.7089 | 27.0354 | 29.5484 | 39.6332 | 49.0874 | 66.0851 |
| | | 财产险 | 1.8349 | 2.1806 | 2.2110 | 2.9815 | 3.5086 | 4.8585 | 6.2817 | 6.9747 | 9.3852 | 12.7649 |
| | | 寿险 | 6.2678 | 9.6508 | 14.7543 | 15.1900 | 18.5145 | 19.9191 | 21.0510 | 29.9894 | 36.5233 | 49.1125 |
| | | 意外健康 | 0.4124 | 0.6262 | 1.1109 | 1.5999 | 1.6858 | 2.2578 | 2.2157 | 2.6691 | 3.1789 | 4.2077 |
| 杭州 | 保费 | 小计 | 39.6076 | 50.2929 | 65.8353 | 71.1664 | 72.5381 | 83.5612 | 107.4192 | 147.6782 | 158.4213 | 178.3595 |
| | | 财产险 | 12.2921 | 14.4610 | 18.0477 | 23.3375 | 27.3246 | 32.2330 | 42.3832 | 49.4245 | 59.3634 | 79.9662 |
| | | 寿险 | 25.3764 | 32.5925 | 43.2069 | 43.0995 | 38.9324 | 44.2416 | 56.9691 | 86.6034 | 87.9336 | 86.3072 |
| | | 意外健康 | 1.9391 | 3.2394 | 4.5807 | 4.7294 | 6.2811 | 7.0866 | 8.0669 | 11.6503 | 11.1243 | 12.0816 |
| 宁波 | 保费 | 小计 | 27.4518 | 31.1830 | 35.7803 | 47.1930 | 51.1768 | 58.9514 | 72.2219 | 87.1073 | 103.3650 | 144.0615 |
| | | 财产险 | 9.6589 | 11.2117 | 13.3934 | 19.1815 | 22.3692 | 27.0770 | 34.4267 | 40.3431 | 52.8541 | 66.2002 |
| | | 寿险 | 16.9303 | 18.1715 | 19.7209 | 23.9101 | 24.5785 | 26.7729 | 32.6365 | 41.0661 | 46.2856 | 71.0269 |
| | | 意外健康 | 0.8626 | 1.7998 | 2.6660 | 4.1014 | 4.2291 | 5.1015 | 5.1587 | 5.6981 | 4.2253 | 6.8344 |
| 嘉兴 | 保费 | 小计 | 12.2170 | 18.7099 | 22.6334 | 24.7619 | 26.7792 | 30.8611 | 36.1625 | 48.9141 | 50.9579 | 60.1588 |
| | | 财产险 | 4.0007 | 4.7737 | 5.5153 | 7.0976 | 8.0592 | 9.8091 | 12.4463 | 14.2124 | 16.7965 | 22.3219 |
| | | 寿险 | 7.5492 | 12.8982 | 15.5115 | 15.6694 | 16.4270 | 17.8928 | 21.0824 | 31.0631 | 29.8650 | 34.1552 |
| | | 意外健康 | 0.6671 | 1.0380 | 1.6066 | 1.9949 | 2.2930 | 3.1592 | 2.6338 | 3.6386 | 4.2964 | 3.6817 |
| 湖州 | 保费 | 小计 | 7.4949 | 11.2788 | 13.3779 | 14.8498 | 15.8377 | 17.4764 | 20.0169 | 29.2403 | 30.5141 | 36.8863 |
| | | 财产险 | 2.4868 | 2.8864 | 3.2054 | 4.0506 | 4.6937 | 5.4864 | 7.0306 | 8.3069 | 10.5983 | 14.1156 |
| | | 寿险 | 4.6072 | 7.7990 | 9.2272 | 9.7294 | 9.7818 | 10.5570 | 11.4546 | 19.1441 | 17.6395 | 20.3913 |
| | | 意外健康 | 0.4009 | 0.5934 | 0.9453 | 1.0698 | 1.3622 | 1.4343 | 1.5317 | 1.7893 | 2.2763 | 2.3794 |

续表 41

| 城市 | 年度 | | 2001 | 2002 | 2003 | 2004 | 2005 | 2006 | 2007 | 2008 | 2009 | 2010 |
|---|---|---|---|---|---|---|---|---|---|---|---|---|
| 绍兴 | 保费 | 小计 | 12.8923 | 19.0898 | 20.9089 | 22.7083 | 24.7664 | 29.2190 | 35.1496 | 41.7197 | 47.6017 | 55.5707 |
| | | 财产险 | 4.4666 | 5.3182 | 5.2376 | 6.8853 | 8.3100 | 10.3260 | 13.7899 | 15.3965 | 18.3015 | 23.8230 |
| | | 寿险 | 7.5297 | 12.1410 | 13.7412 | 13.8985 | 14.0688 | 16.2893 | 19.2102 | 23.3381 | 26.0099 | 28.5293 |
| | | 意外健康 | 0.8960 | 1.6306 | 1.9301 | 1.9245 | 2.3876 | 2.6037 | 2.1495 | 2.9851 | 3.2903 | 3.2184 |
| 舟山 | 保费 | 小计 | 3.8230 | 5.6198 | 7.0761 | 7.5070 | 8.7527 | 10.0706 | 11.7383 | 15.5878 | 16.0513 | 16.9956 |
| | | 财产险 | 1.2388 | 1.4728 | 1.9373 | 2.3681 | 3.2493 | 3.9261 | 4.6208 | 5.4642 | 6.3837 | 7.7946 |
| | | 寿险 | 2.3824 | 3.8820 | 4.8352 | 4.6911 | 4.9208 | 5.4225 | 6.2255 | 8.8662 | 8.5862 | 8.1929 |
| | | 意外健康 | 0.2018 | 0.2650 | 0.3036 | 0.4468 | 0.5826 | 0.7220 | 0.8920 | 1.2574 | 1.0814 | 1.0081 |
| 台州 | 保费 | 小计 | 12.7304 | 17.4345 | 20.4080 | 24.3007 | 27.3527 | 33.4642 | 40.0507 | 52.2000 | 57.9162 | 67.5699 |
| | | 财产险 | 4.3548 | 5.1815 | 6.0647 | 7.7731 | 9.6756 | 12.6807 | 16.4723 | 19.1052 | 23.0500 | 29.3268 |
| | | 寿险 | 7.2075 | 10.8926 | 12.5486 | 14.4451 | 15.2996 | 17.7200 | 20.2497 | 28.5473 | 30.3606 | 33.6766 |
| | | 意外健康 | 1.1681 | 1.3604 | 1.7947 | 2.0825 | 2.3775 | 3.0635 | 3.3287 | 4.5475 | 4.5056 | 4.5665 |
| 合计 | 保费 | 小计 | 445.2880 | 626.4533 | 791.7062 | 840.2945 | 910.9680 | 1,081.8800 | 1,275.2187 | 1,630.4423 | 1,844.0095 | 2210.3439 |
| | | 财产险 | 117.8989 | 136.9987 | 165.4368 | 214.7588 | 249.7209 | 305.4310 | 367.0883 | 436.2387 | 524.8006 | 691.8204 |
| | | 寿险 | 303.7259 | 454.3622 | 568.9777 | 557.7998 | 584.6375 | 679.7338 | 801.9798 | 1,024.8661 | 1,188.4538 | 1361.3032 |
| | | 意外健康 | 13.4866 | 35.0924 | 57.2977 | 67.7349 | 66.6096 | 96.7165 | 106.1506 | 169.3375 | 130.7551 | 157.2203 |

注：根据 2002~2011 年《中国保险年鉴》和其他有关的统计数据进行整理。

### 全国各地区原保险保费收入情况表 (2010)

表.42

| 地区 | 原保险保费收入 | 财产保险 | 寿险 | 意外险 | 健康险 |
|---|---|---|---|---|---|
| 全国 | 145279714.60 | 38956424.70 | 96795093.43 | 2753537.94 | 6774658.47 |
| 北京 | 9664550.65 | 2123030.12 | 6764897.96 | 136956.82 | 639665.74 |
| 天津 | 2140074.43 | 651335.45 | 1339098.16 | 33782.72 | 115858.10 |
| 河北 | 7464041.36 | 1929059.18 | 5135948.94 | 103785.57 | 295247.67 |
| 辽宁 | 4538131.73 | 1185761.26 | 3060398.62 | 61791.47 | 230180.38 |
| 大连 | 1510482.49 | 435649.33 | 973973.19 | 26214.41 | 74645.57 |
| 上海 | 8838593.41 | 1892201.38 | 6306123.31 | 149832.07 | 490436.65 |
| 江苏 | 11626736.01 | 3119064.97 | 7804138.20 | 259615.18 | 443917.66 |
| 浙江 | 6903428.91 | 2594736.65 | 3865770.70 | 172877.10 | 270044.47 |
| 宁波 | 1440614.77 | 661979.99 | 709927.30 | 30548.86 | 38158.62 |
| 福建 | 3460657.01 | 998918.00 | 2178948.37 | 77938.21 | 204852.43 |
| 厦门 | 775466.53 | 282012.95 | 437363.72 | 15880.03 | 40209.82 |
| 山东 | 8762161.50 | 2415716.12 | 5695021.71 | 185487.73 | 465935.94 |
| 青岛 | 1538525.65 | 495450.84 | 928477.77 | 22792.40 | 91804.64 |
| 广东 | 12317606.32 | 3090578.26 | 8401480.47 | 240755.42 | 584792.17 |
| 深圳 | 3614914.96 | 1205660.56 | 2165466.04 | 79287.98 | 164500.38 |
| 海南 | 479475.76 | 178486.17 | 272465.56 | 10918.56 | 17605.48 |
| 山西 | 3652982.88 | 929384.88 | 2535938.48 | 49317.25 | 138342.27 |
| 吉林 | 2392486.26 | 608862.29 | 1659264.10 | 28478.60 | 95881.26 |
| 黑龙江 | 3432219.94 | 718572.37 | 2544900.40 | 49287.07 | 119460.10 |

续表 42

| 地区 | 原保险保费收入 | 财产保险 | 寿险 | 意外险 | 健康险 |
|---|---|---|---|---|---|
| 安徽 | 4382486.74 | 1196167.49 | 2955144.47 | 57426.84 | 173747.95 |
| 江西 | 2532587.17 | 692438.35 | 1692060.88 | 44075.62 | 104012.32 |
| 河南 | 7932837.71 | 1347209.82 | 6183362.88 | 91933.17 | 310331.84 |
| 湖北 | 5003281.78 | 982092.30 | 3722611.32 | 89302.23 | 209275.92 |
| 湖南 | 4385284.33 | 1006965.45 | 3056954.21 | 98253.54 | 223111.13 |
| 重庆 | 3210768.69 | 659595.53 | 2357665.89 | 77162.64 | 116344.63 |
| 四川 | 7657702.30 | 1915556.72 | 5226406.63 | 172797.93 | 342941.03 |
| 贵州 | 1226271.16 | 469215.92 | 676991.56 | 37161.16 | 42902.51 |
| 云南 | 2356815.14 | 942197.80 | 1174070.34 | 81012.74 | 159534.26 |
| 西藏 | 50585.33 | 41122.88 | 4294.67 | 3084.46 | 2083.33 |
| 陕西 | 3338080.29 | 854237.23 | 2286499.16 | 60966.44 | 136377.47 |
| 甘肃 | 1463353.77 | 388223.64 | 989820.81 | 26553.03 | 58756.28 |
| 青海 | 256967.98 | 103795.06 | 134204.99 | 7444.28 | 11523.65 |
| 宁夏 | 527466.25 | 175019.64 | 294573.06 | 14248.51 | 43625.04 |
| 新疆 | 1909238.66 | 630009.80 | 1086009.18 | 49292.36 | 143927.32 |
| 内蒙古 | 2155372.16 | 962681.94 | 1065873.63 | 45016.66 | 81799.93 |
| 广西 | 1909353.58 | 657646.83 | 1100780.10 | 59626.82 | 91299.83 |
| 全国本级 | 428110.95 | 415787.55 | 8166.65 | 2632.08 | 1524.67 |

注：1.全国本级是指集团、总公司开展的业务，不计入任何地区。
2.上述数据来源于各公司报送的保险数据，未经审计。

### 全国保险业经营数据表(2010)

表 43　　单位：万元

| 项目 | 数值 |
|---|---|
| 原保险保费收入 | 145279714.60 |
| 1、财产险 | 38956424.71 |
| 2、人身险 | 106323289.80 |
| (1)寿险 | 96795093.43 |
| (2)健康险 | 6774658.47 |
| (3)人身意外伤害险 | 2753537.94 |
| 养老保险公司企业年金缴费 | 3574376.60 |
| 原保险赔付支出 | 32004291.64 |
| 1、财产险 | 17560273.50 |
| 2、人身险 | 14444018.14 |
| (1)寿险 | 11089892.04 |
| (2)健康险 | 2640219.87 |
| (3)人身意外伤害险 | 713906.23 |
| 业务及管理费 | 15383514.70 |
| 银行存款 | 139099714.30 |

续表 43

| 投资 | 321366512.90 |
|---|---|
| 资产总额 | 504816086.50 |
| 养老保险公司企业年金受托管理资产 | 10391435.90 |
| 养老保险公司企业年金投资管理资产 | 7089593.60 |

注:1."原保险保费收入"为按《企业会计准则(2006)》设置的统计指标,指保险企业确认的原保险合同保费收入。

2."原保险赔付支出"为按《企业会计准则(2006)》设置的统计指标,指保险企业支付的原保险合同赔付款项。

3.原保险保费收入、原保险赔付支出和业务及管理费为本年累计数,银行存款、投资和资产总额为月末数据。

4.银行存款包括活期存款、定期存款、存出保证金和存出资本保证金。

5.养老保险公司企业年金缴费指养老保险公司根据《企业年金试行办法》和《企业年金基 金管理试行办法》有关规定,作为企业年金受托管理人在与委托人签署受托合同后,收到的已缴存到托管账户的企业年金金额。

6.养老保险公司企业年金受托管理资产指养老保险公司累计受托管理的企业年金财产净值,以托管人的估值金额为准,不含缴费已到帐但未配置到个人账户的资产。

7.养老保险公司企业年金投资管理资产指养老保险公司累计投资管理的企业年金财产净值,以托管人的估值金额为准,不含缴费已到帐但未配置到个人账户的资产。

8.养老保险公司企业年金缴费为本年累计数,养老保险公司企业年金受托管理资产和养老保险公司企业年金投资管理资产为季度末数据。

9.养老保险公司企业年金缴费、养老保险公司企业年金受托管理资产、养老保险公司企业年金投资管理资产的统计频度暂为季度报。

10.上述数据来源于各公司报送的保险数据,未经审计的原保险合同保费收入。

## 全国财产保险公司原保险保费收入情况表(2010)

表 44　　　　单位:万元

| 资本结构 | 公司名称 | 合计 |
|---|---|---|
| 中资 | 人保股份 | 15393002.48 |
| | 大地财产 | 1381722.22 |
| | 出口信用 | 890787.44 |
| | 中华联合 | 1933630.93 |
| | 太保财 | 5152903.87 |
| | 平安财 | 6211569.32 |
| 中资 | 华泰 | 385146.59 |
| | 天安 | 802773.48 |
| | 大众 | 172513.40 |
| | 华安 | 396610.84 |
| | 永安 | 578996.38 |
| | 太平保险 | 534906.25 |
| | 民安 | 167347.35 |
| | 中银保险 | 249173.20 |
| | 安信农业 | 63563.15 |
| | 永诚 | 540013.12 |
| | 安邦 | 703028.38 |
| | 信达财险 | 35078.98 |
| | 安华农业 | 258800.45 |
| | 天平车险 | 314738.93 |
| | 阳光财产 | 1063557.52 |
| | 阳光农业 | 140949.09 |
| | 都邦 | 357550.06 |

续表 44

| 资本结构 | 公司名称 | 合计 |
|---|---|---|
| 中资 | 渤海 | 118715.09 |
| | 华农 | 14559.35 |
| | 国寿财产 | 1126548.15 |
| | 安诚 | 155461.24 |
| | 长安责任 | 161697.46 |
| | 国元农业 | 126101.25 |
| | 鼎和财产 | 66009.26 |
| | 中煤财产 | 1.60 |
| | 英大财产 | 175442.48 |
| | 浙商财产 | 106916.41 |
| | 紫金财产 | 60823.36 |
| | 小计 | 39840639.06 |
| 外资 | 美亚 | 102112.42 |
| | 东京海上 | 41334.89 |
| | 丰泰 | 17519.81 |
| | 太阳联合 | 16275.58 |
| | 丘博保险 | 14438.12 |
| | 三井住友 | 40530.22 |
| | 三星 | 36212.58 |
| | 安联 | 30241.36 |
| | 日本财产 | 18357.03 |
| | 利宝互助 | 38147.22 |
| | 安盟 | 6844.48 |
| | 苏黎世 | 18751.19 |
| | 现代财产 | 11131.64 |
| | 中意财产 | 19282.46 |
| | 爱和谊 | 3102.25 |
| | 国泰财产 | 6968.16 |
| | 日本兴亚 | 2505.14 |
| | 乐爱金 | 4414.18 |
| | 富邦财险 | 124.81 |
| | 小计 | 428293.54 |
| 合计 | | 40268932.60 |

注:1.原保险保费收入为本年累计数,数据来源于各产险公司报送保监会月报数据。

2.原保险保费收入为各产险公司内部管理报表数据,未经审计,各产险公司不对该数据的用途及由此带来的后果承担任何法律责任。

3.美亚包括美亚上海、美亚广州、美亚深圳。

4.由于计算的四舍五入问题,各产险公司原保险保费收入可能存在细微的误差。

全国人寿保险公司原保险保费收入情况表(2010)

表 45

单位:万元

| 资本结构 | 公司名称 | 合计 |
| --- | --- | --- |
| 中资 | 国寿股份 | 33303976.82 |
|  | 太保寿 | 9199986.53 |
|  | 平安寿 | 15906385.46 |
|  | 新华 | 9364308.41 |
|  | 泰康 | 8676459.71 |
|  | 太平人寿 | 3302455.39 |
|  | 民生人寿 | 812945.38 |
|  | 生命人寿 | 1531810.03 |
|  | 国寿存续 | 1454087.05 |
|  | 平安养老 | 518380.55 |
|  | 中融人寿 | 93608.75 |
|  | 合众人寿 | 772221.75 |
|  | 太平养老 | 2216.19 |
|  | 平安健康 | 19975.46 |
|  | 人保健康 | 928960.82 |
|  | 华夏人寿 | 363593.20 |
|  | 正德人寿 | 513230.34 |
|  | 信泰 | 214468.25 |
|  | 嘉禾人寿 | 452038.61 |
|  | 长城 | 251538.57 |
|  | 昆仑健康 | 17608.94 |
|  | 和谐健康 | 278.95 |
|  | 人保寿险 | 8242551.92 |
|  | 国华 | 399573.76 |
|  | 国寿养老 | 0 |
|  | 长江养老 | 0 |
|  | 英大人寿 | 320480.86 |
|  | 泰康养老 | 0 |
|  | 幸福人寿 | 608918.81 |
|  | 阳光人寿 | 1516893.07 |
|  | 百年人寿 | 102105.28 |
|  | 中邮人寿 | 202959.76 |
|  | 安邦人寿 | 103.02 |
|  | 小计 | 99094121.63 |
| 外资 | 中宏人寿 | 200698.01 |
|  | 太平洋安泰 | 103915.88 |
|  | 中德安联 | 154536.28 |
|  | 金盛 | 117786.78 |
|  | 信诚 | 541415.53 |
|  | 交银康联 | 71286.81 |
|  | 恒康天安 | 37536.60 |
|  | 中意 | 614610.65 |
|  | 光大永明 | 510595.43 |
|  | 友邦 | 847033.18 |

续表 44

| 资本结构 | 公司名称 | 合计 |
| --- | --- | --- |
| 外资 | 海尔纽约 | 46774.07 |
| | 首创安泰 | 130076.87 |
| | 中英人寿 | 492545.30 |
| | 海康人寿 | 171970.75 |
| | 招商信诺 | 323564.05 |
| | 长生人寿 | 27032.04 |
| | 恒安标准 | 151033.09 |
| | 瑞泰人寿 | 135211.44 |
| | 中美大都会 | 253967.76 |
| | 中法人寿 | 22238.50 |
| | 华泰人寿 | 606414.03 |
| | 国泰人寿 | 61861.47 |
| | 联泰大都会 | 165712.40 |
| | 中航三星 | 34195.29 |
| | 中新大东方 | 50968.24 |
| | 新光海航 | 11702.98 |
| | 汇丰人寿 | 15853.25 |
| | 君龙人寿 | 14173.76 |
| | 小计 | 5914710.45 |
| 合计 | | 105008832.10 |

注：1.原保险保费收入为本年累计数，数据来源于各寿险公司报送保监会月报数据。

2.原保险保费收入为各寿险公司内部管理报表数据，未经审计，各寿险公司不对该数据的用途及由此带来的后果承担任何法律责任。

3.友邦合计包括友邦上海、友邦广州、友邦深圳、友邦北京、友邦苏州、友邦东莞和友邦江门。

4.由于计算的四舍五入问题，各寿险公司原保险保费收入可能存在细微的误差。

5.本表反映各公司开办的保险业务，因太平养老、国寿养老、长江养老、泰康养老未开办此类业务，故表中不反映上述四家公司数据。

## 全国养老保险公司企业年金业务情况表(2010)

表 46

单位：万元

| 公司名称 | 企业年金缴费 | 受托管理资产 | 投资管理资产 |
| --- | --- | --- | --- |
| 太平养老 | 382060.00 | 1391827.20 | 1842563.90 |
| 平安养老 | 1023549.40 | 2980689.80 | 3844788.20 |
| 国寿养老 | 1736170.70 | 3189501.00 | |
| 长江养老 | 326907.80 | 2603752.30 | 1402241.40 |
| 泰康养老 | 105688.50 | 225665.60 | |
| 合计 | 3574376.60 | 10391435.90 | 7089593.60 |

注：1.企业年金缴费、受托管理资产、投资管理资产的统计口径见附件一。

2.以上数据来源于各养老保险公司报送保监会统计报表数据，未经审计，目前统计频度暂为季度报。

3.上海市企业年金中心将上海市企业年金资产整体移交给长江养老并由其设立的企业年金过渡计划，已于2011年年初完成转换。

ANGSU BAOXIAN NIANJIAN

# 文件选编

# 省政府办公厅关于做好2010年农业保险试点工作的通知

(2010年3月31日)

各市、县人民政府,省各委、办、厅、局,省各直属单位:

为认真贯彻落实《中共中央国务院关于加大统筹城乡发展力度进一步夯实农业农村发展基础的若干意见》(中发〔2010〕1号)和《中共江苏省委江苏省人民政府关于提高统筹城乡发展水平进一步夯实"三农"发展基础的若干意见》(苏发〔2010〕1号),稳步推进农业保险,完善农业保险经营模式和发展机制,促进我省农业、农村经济较快发展,现就做好2010年全省农业保险试点工作通知如下:

**一、总体要求**

以"三个代表"重要思想和科学发展观为指导,围绕全面推进社会主义新农村建设与构建和谐社会,坚持"科学发展、统筹兼顾、政府扶持、市场运作、投保自愿"的原则,巩固试点成果,完善工作机制,规范管理办法,提升服务能力,增强参与主体的社会责任,确保我省农业保险健康发展。

**二、工作要点**

(一)稳步推进农业保险商业化运作 2010年,全省农业保险试点工作继续以省辖市为单位开展。在巩固"联办共保"运行模式的基础上,稳步推进农业保险商业化运作。从2010年秋季作物开始,政府和保险公司的风险责任承担比例调整为5:5。今后,根据我省农业保险试点工作开展情况,逐步提高经办保险公司承担风险责任的比例,政府有关部门要做好扶持、推动和监管工作。

(二)稳定财政保费补贴政策

1.对水稻、小麦、棉花、玉米、油菜等五个主要种植业参保品种,各级财政保费补贴原则上不低于70%。其中,中央财政补贴35%,省级财政补贴25%,差额部分由市、县财政根据实际情况给予补贴。

2.对主要养殖业保险,各级财政根据参保品种确定保费补贴比例。能繁母猪保险保费补贴比例原则上不低于80%;奶牛保险保费补贴比例原则上不低于60%。其中,省级财政保费补贴比例为:苏南地区20%,苏中地区30%,苏北地区50%。省级财政补贴与应补贴的差额部分由市、县财政部门给予补贴。对能繁母猪年投保超过5万头(含5万头)的生猪养殖大县,省财政在原有补贴比例基础上再增加10%的保费补贴。

3.对其他种植业、养殖业参保品种以及高效设施农业参保品种,省级财政保费补贴比照以上主要养殖业参保品种的保费补贴标准执行;对农机具和渔船、渔民保险试点的财政保费补贴政策按相关管理办法执行。

(三)坚持全省统一的条款费率

2009年,省金融办下发了《关于完善江苏省政策性农业保险条款的通知》(苏金融办发〔2009〕30号),各地要继续执行该文件明确的统一条款、责任和费率,不得随意变更。今后,要研究建立费率浮动机制,对连续参保未发生风险的农户,应缴保费可在基准费率基础上适当下浮。

(四)进一步扩大农业保险覆盖面

1.巩固发展水稻、小麦、棉花、玉米、油菜、能繁母猪和奶牛7个主要种植业、养殖业品种保险。主要种植业品种承保面保持在80%以上,对能繁母猪和奶牛应努力做到"应保尽保"。

2.积极开展高效设施农业保险试点。大力发展设施园艺、规模畜牧业、特色水产业保险和相关产品责任保险。高效设施农业保险(含能繁母猪和奶牛保险)保费收入应努力达到农业保险保费收入的14%以上。对高效设施农业保险工作推进较好的地区,省财政将给予一定比例的保费奖励,具体奖励办法由省财政厅另行制订。

3.大力推进农机具保险试点。继续做好兼用型拖拉机交强险和联合收割机第三者责任险试点工作,农业保险经办机构不得拒保或变相拒保农机保险试点险种。从2010年起,新增拖拉机、联合收割机司乘人员意外伤害保险为农机保险试点财政保费补贴险种,司乘人员意外伤害保险,每台机械限1人投保。

4.积极推进渔业保险试点。继续完善渔民、渔船互助保险运行机制,不断扩大渔业保险承保面;加强保费资金核算和管理,确保资金安全;强化风险管控,防范和化解大灾风险;降低管理费提取比例,提高风险基金积累。

5.探索建立农村金融银保合作机制。鼓励各地积极探索通过保险手段来化解农村信贷风险的有效途径,建立农业保险与农村信贷相结合的银保互动机制,促进农村金融市场发展。

(五)加强农业保险资金管理

1.扎实做好农户应交保费收缴工作。基层组织在动员农户参保的过程中,要充分尊重农户意愿,不得以任何手段强制农民参加保险,也不得将是否参加保险与政府对农民的各种补贴挂钩。禁止村组干部为辖区内农户代垫、代交农户应交保费。

2.加强能繁母猪保险理赔资金支付管理。基于能繁母猪保险的特性,各地财政应与承办保险公司协商建立能繁母猪理赔周转金制度,原则上每季度结算一次,加快理赔进程,确保取信于民。

3.合理提取和使用农业保险管理费。管理费总额应控制在总保费的15%以内，主要用于农业保险的宣传推动、查勘定损、理赔等相关工作费用支出。管理费具体计提和使用按照《省财政厅关于农业保险试点政府保费资金会计核算有关事项的通知》(苏财外金〔2008〕74号)和《省财政厅关于加强农业保险管理费使用和管理的通知》(苏财外金〔2010〕2号)执行。

4.完善政府巨灾风险准备金制度。2010年,调整政府与保险公司风险责任承担比例以后,各县(市、区)上缴市政府巨灾风险准备金比例不变。各市应进一步加强巨灾风险准备金预算的管理,严肃执行财经纪律,在综合考虑当地农业经济发展水平、保险覆盖面、保证程度等因素的基础上,按年度编制巨灾风险准备金预算。各地要严格按照规定及时充实该项基金,切实增强农业保险抗风险能力。

(六)重视养殖业理赔中的畜禽无害化处理因疫病死亡的能繁母猪、生猪及奶牛,必须严格实施无害化处理。无害化处理的费用从理赔费用中列支,最高不得超过50元/头。

**三、组织实施**

(一)加强组织领导。省农业保险领导小组成员单位要充分发挥职能作用,切实加强对农业保险试点的组织协调、工作指导和监督检查,确保农业保险试点各项政策落到实处。各地农业保险领导小组要认真履行职责,抓好前端服务,及时协调解决试点中出现的新情况、新问题。要建立农业保险信息统计月报制度,定期将农业保险的承保、损失、理赔、管理费使用等数据由市汇总后报省农业保险试点领导小组办公室。各经办保险公司要努力增强农业保险服务能力，建立有效的农业保险服务网络,将农业保险服务关口前移至涉农一线,使农民在防疫咨询、投保服务、灾后理赔时能在第一时间得到服务。要在符合国家有关规定的基础上,鼓励开展以险养险。各地在办理政府采购商业保险业务时，可优先考虑承办农业保险业务的保险公司。

(二)切实做好宣传发动工作。各地要联合当地经办保险公司,利用各种新闻媒体做好宣传发动工作,增强广大农民群众的保险意识和风险防范意识,引导农民积极参加农业保险。

(三)高度重视投诉案件处理工作。各地要重视农业保险投诉及来访接待工作，对农业保险投诉案件要及时进行分类登记和认真处理,做到事事有受理,件件有回答;对复杂案件,要集体研究,制订方案,妥善处理。各市农业保险领导小组要在4月30日前将2010年农业保险实施方案及承保协议报省农业保险领导小组办公室。

江苏省环境保护厅　中国保险监督管理委员会江苏监管局
江苏省人民政府金融工作办公室

# 关于推进环境污染责任保险试点工作的意见

(2010年1月8日)

各市、县(市)金融办、环保局,各财产保险公司省级分公司,各保险行业协会:

为贯彻落实环保部、中国保监会《关于环境污染责任保险工作的指导意见》(环发〔2007〕189号)以及全国环境污染责任保险试点工作会议精神,建立健全我省环境污染风险管理制度,现就开展我省环境污染责任保险试点工作提出如下意见。

**一、指导思想**

以科学发展观为指导，深入贯彻落实党的十七大精神，坚持以强化环境风险管理、减少污染事故纠纷、稳定社会经济秩序为目标,建立完善风险评估、损失评估、责任认定、事故处理、资金赔付等各项机制,努力探索环境污染责任保险可持续发展的途径,积极稳妥地推进试点工作,切实推动我省环保工作的历史性转变。

**二、基本原则**

(一)政府推动,市场运作。各地金融办、环保部门、保险行业协会要积极向当地政府汇报并协调有关部门，加强联动，制定工作方案,推进辖区内环境污染责任保险制度的实施;保险公司积极开发环境污染责任保险产品，按市场经济法律法规要求履行保险人的责任;投保企业加强环境风险管理,主动如实报告有关信息。

(二)严格监管,稳健经营。环保部门加强对重点污染企业、项目的环境监管,积极引导企业投保环境污染责任保险,推动建立风险评估和损失评定专业机构，探索建立保险和环境安全的良性互动机制；保险监管机构对承保的保险公司依法加强监管,维护正常的市场秩序,同时引导公司加快产品创新和服务创新,提供可靠的风险保障;保险行业协会主动配合地方政府及环保部门加强宣传，提高企业环保责任意识和风险防范意识,督促承保公司严格自律,维护参保企业合法权益。

(三)风险可控,多方共赢。环境污染责任保险具有风险识别和量化技术难度大等特点。为确保环境污染责任保险的健康发展和社会稳定,在保险自愿原则下,可选择保险经纪公司参与,多家保险公司共保的方式,也可由有条件的保险公司独立承保。承保公司要加强内部管控,完善承保、理赔流程制度,

提供适合省情的保险服务，拓宽保险服务新领域；参保企业运用保险机制防范化解污染事故造成的经营风险，承担社会责任，保障受害群众合法权益。

（四）突出重点，逐步提高。现阶段环境污染责任保险，以各地重点监控企业为主，承保标的根据企业经营规模和环境风险等级分成若干档次，在逐步建立配套标准和法规制度的基础上，由低保障向高保障过渡。

**三、主要内容**

试点范围：各地结合本地区实际，以地市为单位，选择部分企业先行试点，循序渐进，积累经验，为全面推进奠定基础。

工作目标：通过一到两年的试点，初步建立环境污染责任保险制度，保险覆盖面不断扩大，保障能力不断增强，风险评估、损失评估、责任认定、事故处理、资金赔付等各项机制不断健全，在有效应对环境污染事件中发挥积极作用。

**四、保障措施**

（一）加强领导，推动环境污染责任保险工作机制的建立。由省环保厅、省金融办、江苏保监局等单位建立环境污染责任保险联席会议机制。联席会议由省环保厅负责召集，联席会议有关单位按照联席会议的要求，各负其责，齐抓共管，实现信息共享、风险共防，共同推进环境污染责任保险的实施。各地金融办、环保部门和保险行业协会要高度重视环境污染责任保险试点工作，建立试点工作机制，取得地方政府及相关部门的支持，完善相关法规和规章制度，将环境污染责任保险制度作为有效保障公众人身、财产安全和强化企业环境管理的手段，并纳入当地突发事件应急工作体系。

（二）各司其职，推动环境污染责任保险工作的开展。各级环保部门、保险行业协会和保险公司要做好相关的政策和技术研究，重点解决风险评估、损失评估、责任范围、赔偿限额、索赔时效等关键问题，切实增强环境污染责任保险的可操作性。保险机构要积极稳妥地开展环境污染责任保险试点工作，要从有利于环保事业发展的高度出发，在保险监管机构的监管下，按照有关法律法规和操作规程，结合环保发展趋势和企业实际情况，制订出切实可行的保险试点工作方案。一是制订符合环保市场需求的保险条款；二是对投保企业的环境风险进行科学评估，按环境风险类别进行划分，建立科学完善的费率体系，真正体现高风险高费率、低风险低费率原则；三是加强对企业防范污染事故的指导与督促，切实履行风险管理职能；四是严格执行环境污染事故的承保和理赔程序，一旦事故发生后及时介入，确保应赔款项及时支付给受害者，提高保险业形象和信誉。

（三）广泛宣传，确保环境污染责任保险试点工作做出成效。要加大宣传力度，积极开展关于环境污染责任保险的宣传工作，使企业充分认识到投保的重要性和对自身的益处，逐步形成企业主动投保的氛围，确保环境污染责任保险试点工作取得成效。

以下均为中国保险监督管理委员会江苏监管局发文

## 关于在全省保险业深入开展文明单位创建活动的通知

（2010年2月3日）

各保险公司省级分公司、各保险行业协会：

近年来，江苏保险业积极开展精神文明创建活动，涌现出一批国家级、省部级、地市级文明单位，在提升行业形象、推进保险业务发展方面发挥了重要作用。

2010年，省文明委将金融服务业作为文明创建新的增长点。1月26日，省文明办、江苏银监局、江苏证监局、江苏保监局联合发出通知，要求在全省金融行业深入开展文明单位创建活动。为积极稳妥开展文明创建活动，进一步推进全省保险业精神文明建设，结合我省行业实际，现提出以下要求：

**一、提高认知度，将文明创建工作摆上重要位置。**文明体现在方方面面，对保险业而言，既包括服务礼仪、服务效率，更包括合规经营、承担社会责任等诸多内容。深入开展文明创建活动，既是构建和谐社会的重要载体，更是保险企业的份内事、日常事、应该做好的事。各级保险机构要充分认识开展文明创建活动的重要意义，积极主动参加文明创建活动，以创建树形象，以创建促发展。

**二、增强参与度，积极主动投入文明创建活动中。**这次文明创建，我们将以省行业为单位申报江苏省文明、先进行业，各保险公司省级分公司须于3月31日前向保监局提出书面参评申请。8月份，省文明办将委托专业机构进行行业文明服务公众满意度测评。各保险公司省级分公司要将文明创建纳入年度目标管理，落实到为被保险人提供优质规范服务上，制订实施方案，加强宣传发动，切实做到系统各层各级全员参与。

**三、坚持常态化，建立文明创建长效机制。**根据省文明办统一部署，文明创建，三年一个周期，一年抓服务品牌评选，一年抓满意度测评，一年抓文明行业、单位评选。各级保险机构要切实找准业务工作与创建工作的结合点，精心设计活动载体，建立健全文明创建的长效机制，努力把文明行业、单位作为基本尺度、基本规范、基本导向。

各保险行业协会负责协会自身和当地保险中介机构的创建及申报工作。各单位书面参评申请报送江苏保监局人事教育处（文明办），联系人：夏建荣，电话：025-86793972、13770318488，传真 86793915。

## 关于迅速开展交强险承保情况行业自律检查的紧急通知

（2010 年 2 月 26 日）

各保险行业协会：

为了进一步贯彻 2010 年 1 月 7 号江苏保监局召开各地市保险行业协会“关于摩托车、拖拉机交强险的会议纪要”和《关于切实做好拖拉机交强险的通知》（苏金融办发〔2009〕34 号）的文件精神，维护机动车投保人合法权益，各行业协会应对本地区全辖各产险公司的交强险承保情况进行检查，现将有关事项通知如下：

**一、检查对象及范围**

各公司 2010 年 1 月 1 日至 2 月 26 日的交强险承保情况。

**二、检查时间**

2010 年 3 月 1 日-10 日。

**三、检查安排和要求**

1、各协会应按照当地的行业自律公约和自律检查标准制定检查方案，重点检查摩托车和拖拉机交强险承保情况。

2、各协会要指定一名联络人员，负责在检查过程中做好与我局的报告联络工作。

3、各协会要将联络人员姓名、联系方式和检查方案在 2 月 28 日中午 12 点前报送我局。

## 关于印发《江苏省保险专业中介机构行政许可及报告事项申报指引》的通知

（2010 年 3 月 8 日）

各保险专业中介机构：

为规范和指导保险专业中介机构办理行政许可及事后报告事项，提高行政审批效率，促进行政审批工作公开透明，我局根据《中国保监会行政许可事项实施规程》等相关法律法规和规范性文件，制定了保险专业中介机构行政许可及报告事项申报指引，现印发给你们，请认真遵照执行。

### 保险专业中介机构行政许可及报告事项申报指引

为规范和指导保险专业中介机构办理行政许可及报告事项，提高行政审批效率，使行政审批工作公开透明，根据《中国保监会行政许可事项实施规程》、《保险专业代理机构监管规定》、《保险经纪机构监管规定》、《保险公估机构监管规定》及其他相关法律法规和规范性文件，制定本指引。

**一、适用范围**

本指引适用于在江苏省内设立的保险代理机构、保险经纪机构、保险公估机构的法人机构及相应分支机构。

**二、主要申报事项**

（一）行政许可

1、机构类

（1）代理机构及其分支机构（分公司、营业部）的设立；

（2）经纪机构及其分支机构（分公司、营业部）的设立；

（3）公估机构及其分支机构（分公司、营业部）的设立。

2、高级管理人员类

代理、经纪、公估机构的董事长、执行董事、总经理、副总经理及其分支机构负责人的任职。

3、其他类

（1）代理、经纪机构的解散；

（2）代理、经纪机构的分立、合并、变更组织形式；

（3）代理、经纪、公估机构动用保证金。

（二）报告类事项

1、代理、经纪、公估机构及其分支机构名称变更；

2、代理、经纪、公估机构及其分支机构地址变更；

3、代理、经纪、公估机构主要股东的变更；

4、代理、经纪、公估机构注册资本的变更；

5、代理、经纪、公估机构修改公司章程；

6、代理、经纪、公估机构撤销分支机构；

7、公估机构合并、分立、变更组织形式；

8、公估机构的解散。

**三、申报指引**

（一）行政许可申报指引

1、行政许可上报材料需一式两份交到我局法制处。

2、行政许可事项申请应为正式文件，并使用“请示”文体。申请文件应准确说明申请原因、内容等。

3、所有表格填写内容须用计算机打印，并加盖印章方为有效。

4、新设机构的注册资本须为实缴货币资本，对于注册资本不满足现行规定要求的机构，应主动采取措施增加注册资本达到相关要求，且增资形式必须为实缴货币出资。

5、新设机构股东为自然人的需填写《股东个人简历表》，并需同时提供最近三年的个人信用报告以及公安部门出具的无犯罪记录证明；若受过法律、行政法规处罚，须另附材料说明具体情况。

6、拟设机构可行性报告应科学、全面、具体、可行、具体内容应包括市场分析、财务分析、业务发展计划等方面情况。

7、内部管理制度，包括组织机构、业务管理制度、财务制度，信息化管理制度、反洗钱内控制度以及业务服务标准等，需完整、有效。

（1）组织框架，应列明股东会、董事会、董事长、总经理、下设部门等的框架结构；

（2）业务管理制度，应包括业务操作基本流程、业务管理模式等；

（3）财务制度，应包括对现金、支票、发票等的管理制度，以及企业基本的财务管理制度；

（4）信息化管理制度，应包括制订业务、财务流程的信息化管理流程，还应配备保险中介业务和财务管理软件，加强保险中介业务档案的电子化管理。

8、机构高级管理人员包括法人公司的董事长或执行董事、总经理、副总经理、分支机构负责人。申报材料应严格按照任职资格申请表填写，并加盖公司公章，相关证明材料（如身份证、学历证书、工作证明、资格证书等）复印件直接附在简历后面，并应保证复印材料真实、有效、完整、清晰。

9、办公场所的选择不得是居民住宅，所有权证明或租赁合同应真实、有效、完整、清晰（可提供复印件），如为转租需提供产权人同意转租的证明。

10、计算机软硬件配备应符合《关于加强保险中介机构信息化建设的通知》（保监发〔2007〕28号）的要求。

11、中介法人机构需配备一名专职的财务人员，并持有会计上岗证，公司业务人员需持有资格证书。

12、动用保证金申请表需提交以下材料：

（1）减少注册资本或出资的，须提交工商变更登记证明材料；

（2）投保职业责任保险的，应提交职业责任保险的保单复印件；

（3）因其他原因动用的，应提交相应说明材料。

同时涉及其他事项变更的，还应提交相关说明材料。

13、代理、经纪机构解散的，除提交股东大会、股东会或者全体合伙人的解散决议、清算组织及其负责人情况、清算方案外，还需缴回许可证，并于清算结束后提交清算报告。

（二）报告类事项申报指引

1、报告类事项先到相关的工商等其他相关部门办理后，在规定时限内向江苏保监局进行书面报告。

2、上述变更事项报告时需同时附以下材料：书面报告、有关决议或者决定、修改后的公司章程或者合伙协议、相关证明材料。

（1）变更名称的，还应报送企业名称核准通知书复印件，或是提供新的营业执照复印件；

（2）变更地址的，还应报送租赁合同、房产证明、新的营业执照复印件；

（3）变更注册资本、变更股东或者出资人、变更股权结构或者出资比例的，还应报送转让协议书、依法设立的验资机构出具的验资证明、新增自然人股东或者合伙人的身份证明复印件和《自然人股东简历表》，新增非自然人股东的营业执照副本复印件及加盖单位财务印章的最近1年财务报表；

（4）撤销分支机构的，还应报送工商部门出具的撤销分支机构核准通知书复印件；

（5）减少注册资本或者出资、撤销分支机构的，应当提交已经在报纸上公告的证明；

（6）涉及许可证记载事项变更的，应当自变更事项发生之日起1个月内领取新许可证；

3、公估机构的解散需提交解散申请书、股东会决议、清算方案等其他材料，并缴回许可证。清算结束后，向我局提交清算报告。

**四、其他事项**

1、关于许可证到期申请延续的问题。代理机构、经纪机构、公估机构的许可证有效期为3年，申请许可证延续的机构，应当在有效期届满30日前向我局提交许可证延续申请。我局将根据情况实施换证前现场调查工作，以进一步核实该机构是否实际具备继续经营能力、是否存在重大违法违规的行为。

2、关于高管任职资格审核，我局将从2010年起实施任职前考试制度，重点考察是否具有履行职责所需要的经营管理能力，是否熟悉保险法律、行政法规和中国保监会的相关规定。考试形式为闭卷，考试内容涵盖《保险法》、《保险专业代理机构监管规定》、《保险经纪机构监管规定》、《保险公估机构监管规定》及其他中介规范性文件，保险理论知识与实务等。考试成绩将作为是否核准高管任职资格的重要参考。

3、新设机构股东为保险公司员工的，应当书面告知所在保险公司；股东为保险公司、保险中介机构的董事或者高级管理人员的，应当取得所在公司股东会或股东大会的同意。

4、对于股权发生重大变更的，原则上不得以变更股权的方式变相新设机构，我局将采取风险提示谈话、股东承诺书、现场验收等方式加强监管。

附注：具体申报依据《中华人民共和国保险法》、《中国保监会行政许可事项实施规程》、《保险专业代理机构监管规定》、《保险经纪机构监管规定》、《保险公估机构监管规定》,上报要求及表格样式具体参照《关于贯彻落实〈保险专业代理机构监管规定〉、〈保险经纪机构监管规定〉、〈保险公估机构监管规定〉有关事宜的通知》(保监发〔2009〕130号),相关文件可在保监会官方网站 www.circ.gov.cn 上查询。

# 关于转发《关于加强银行代理寿险业务结构调整促进银行代理寿险业务健康发展的通知》的通知

(2010年3月22日)

各银监分局,各寿险公司、养老险公司、健康险公司省级分公司,各国有商业银行江苏省分行,江苏银行,南京银行,江苏省农村信用社联合社,各股份制商业银行南京分行,各城市商业银行南京分行,中国邮政储蓄银行江苏省分行,江苏省内各外资银行,南京市各农村中小金融机构,江苏省银行业协会、各保险行业协会:

近年来,银行代理寿险业务取得较快发展,在满足客户多样化保险需求、提高保险保障能力、促进银行多元化经营等方面发挥了积极的作用。但伴随着银行代理寿险业务的快速发展,银保业务结构不合理、长期储蓄和风险保障的保险本质功能发挥不充分等问题日益突出。为此,保监会、银监会联合下发《关于加强银行代理寿险业务结构调整促进银行代理寿险业务健康发展的通知》(保监发〔2010〕4号)。为贯彻好文件精神,推动江苏银行代理寿险业务又好又快发展,现将文件转发给你们,并结合江苏实际提出以下贯彻意见,请一并遵照执行。

**一、加强代理资格的管理。**各银行业金融机构应对现有的代理销售寿险业务网点进行全面梳理,根据代销寿险产品的风险、复杂程度、网点风险管控能力和投入产出分析,选择具备条件的网点授权开办代理销售寿险业务,并按规定取得兼业代理资格,对不具备销售条件和风险管控能力的网点应限期收回代理销售寿险业务的授权。各保险公司、银行业金融机构均应对拟建立代理合作关系的合作对象资质信誉进行审慎的尽职调查,并定期对合作对象的合规经营、售后服务、产品宣传、培训、投诉处理等方面情况进行后评价。各保险公司、银行业金融机构发现合作对象有重大风险或者行政处罚事项的,应及时向上级机构、江苏保监局、江苏银监局报告,省级分支机构应将辖内合作对象的上述事项向总部(总行)报告。

**二、加强银行代理寿险业务销售行为管控。**保险公司应加强对客户信息真实性的审核,采用必要的技术手段甄别银保客户信息,切实提高客户回访成功率。对因投保人自身提供虚假信息而导致回访不成功的业务,保险公司不得承保;对因合作银行提供客户不实信息而导致回访不成功的业务,保险公司应督促合作银行及时提供客户原始信息,并可以不支付相应代理手续费。

**三、严格执行持证上岗制度。**各银行业金融机构应加强对各网点代理销售保险人员的资格管理,对目前无持有保险代理从业资格证书人员的网点,应尽快通过从其他网点调剂、组织参加资格考试等方式,限期予以解决。

**四、加强培训管理工作。**各保险公司、银行业金融机构应进一步强化银保业务培训,确保培训资料不得含有误导性内容。保险公司和代理银行均应建立银行代理寿险业务销售人员培训档案,培训档案应记载参训人员名单、培训时间与地点、签到簿、授课讲义等内容,授课讲义和签到簿应由培训讲师、培训组织人员签名。

**五、加强兼业代理合同、手续费支付管理。**各保险公司、银行业金融机构应根据文件要求,认真审查现有兼业代理合同的内容,对不符合监管要求的应尽快予以修订完善,明确双方的权利义务、违约责任和培训、客户后续服务管理、手续费标准、手续费支付对象和方式、应急保障机制、客户投诉处理程序等。省级以下的保险公司、银行分支机构不得签订保险兼业代理合同,不得以补充协议或者其他方式变更省级机构签署的兼业代理合同内容。保险公司与代理银行应公平合理确定手续费标准,可以根据销售模式、地区差异制定差别化手续费率。各保险公司省级分公司应严格执行集中支付代理手续费的规定,不得将代理手续费下划到下级分支机构。

**六、完善客户投诉处理机制。**保险公司和代理银行应根据规定制订统一的、联动的客户投诉处理机制,最先接到客户投诉的保险公司或者代理银行应切实履行客户投诉处理工作第一接待人、第一责任人的义务,不得推诿,合作单位应积极跟进,妥善处理客户投诉及各类突发事件,共同维护好客户合法权益。保险公司与代理银行均应定期对客户投诉案例进行总结分析,查找问题产生的原因并制订整改完善措施。

**七、加强银行业与寿险业的沟通交流。**保险、银行监管部门将加大合作力度,不断完善监管合作机制,形成监管合力,切实维护好银保市场秩序。银行业协会、保险行业协会应加强沟通交流,搭建行业交流平台,及时分析研究银行代理寿险业务发展中出现的问题。银行业协会、保险行业协会可以根据市场实际,组织会员单位制定行业自律公约,并负责监督执行。

本通知自印发之日起执行,此前有关文件内容与本通知不相符的,依照本通知执行。

附件:《关于加强银行代理寿险业务结构调整促进银行代理寿险业务健康发展的通知》(保监发〔2010〕4号)

# 关于进一步规范保险中介从业人员基本资格考试管理工作的通知

（2010 年 3 月 26 日）

各保险行业协会：

近年来，我省保险中介从业人员基本资格电子化考试工作在各保险行业协会的认真组织、严格监督下取得了显著的成绩，为提升保险中介从业人员专业知识水平、提高保险中介从业人员队伍执业素质发挥了积极的作用。各考试中心总体上工作有序、运转良好，但也有少数考试中心在考务管理方面还存在一定的问题。为进一步规范保险中介从业人员基本资格电子化考试中心考务管理工作，促进电子化考试稳定运行，现将有关事项通知如下：

**一、统一考试日和考试场次。**原则上今后每日为各考试中心抽取 3 场考试试题。取消周六、周日加场考试，如果有特殊需求，应提前 5 个工作日单独以文件形式向我局申请。

**二、合理安排考场。**原则上各考试中心应提前一周公布下周的考试计划，包括考试场次、报考公司及人数。考试场次由考试中心工作人员根据辖区的报考情况安排，每日上场考试满员后方可安排下场考试。禁止任何组织与个人通过“包场”的形式参加考试。

**三、严肃考风考纪。**各考试中心应当严格按照相关要求加大对舞弊人员的查处力度，对于考场交头接耳、翻查资料和短信的，在警告无效后应记为舞弊；对于查实代考的，应将报考人员记为舞弊；对有组织的舞弊行为，应当自发现之日起 5 个工作日内将有关情况书面报告我局。

**四、建立考试中心主任考核机制。**各考试中心应设立专职考试中心主任岗位，考试中心主任应当具有高度的事业心和责任感，具有一定的学历水平和管理经验。各协会每年应在广泛征求会员公司意见的基础上对考试中心主任工作进行考核，考核不合格者必须及时调换，考试中心主任任职期限最长不得超过三年。各协会更换考试中心主任，应当自作出决定之日起 5 个工作日内将新任考试中心主任有关情况书面报告我局。

**五、规范各项收费行为。**各考试中心收取各项费用必须获得当地物价部门的同意，获得收费许可后据实向付费方开具合法的正规发票。

本通知自下发之日起执行。

# 关于开展江苏保险业“十二五”规划编制工作有关事项的通知

（2010 年 3 月 29 日）

各保险公司省级分公司、各保险学会：

“十二五”时期是全面落实科学发展观、构建社会主义和谐社会的重要时期，是江苏保险业加快发展方式转变、提高增长质量和效益的关键时期。科学编制并有效实施江苏保险业“十二五”规划，对于加强和改善保险监管、促进江苏保险业实现全面协调可持续发展具有重要意义。为了集中行业的智慧和力量，更好地开展江苏保险业“十二五”规划编制工作，现将有关事项通知如下：

**一、加强组织领导。**江苏保监局成立“十二五”规划编制工作领导小组，负责对全省保险业规划编制工作进行总体部署和指导。领导小组办公室设在保监局统计研究处。各保险公司省级分公司要成立以主要负责人为组长的规划编制工作领导小组，加强组织领导，制定工作方案，明确责任部门，组织专门人员，科学谋划本公司的“十二五”发展规划，确保规划编制工作所需人员和经费。

**二、高度重视规划编制工作。**各公司要认真总结“十一五”期间的发展成绩、发展经验和存在的突出问题，在深入研究的基础上，提出“十二五”期间的主要发展指标和拟采取的重点改革创新措施。要以“十二五”规划的研究编制工作为契机，切实转变保险业发展方式，推动建立以创新为动力、以内生增长为活力的发展模式，加快提高行业整体竞争力。

**三、开展重点课题研究。**各公司要结合各自发展实际，确定重点课题研究内容。研究课题可以从课题备选目录(见附件1)中选择,也可以结合各公司发展实际,选择对本公司未来发展具有重大影响的研究课题。各公司至少应选择并申报一篇重点课题研究报告。各保险学会要充分利用自身和院校科研机构的学术力量,组织开展本地区"十二五"期间保险业发展相关专项课题研究,并向保监局提交不少于一篇重点课题研究报告。

四、各公司、各学会应于4月15日前将"十二五"重点研究课题申报表(见附件2)加盖单位印章后上报我局,并于6月底前上报课题研究最终报告。我局将组织开展全省保险业"十二五"规划课题重点课题研究成果评审活动,优秀课题成果将在行业内进行通报并向社会发布。

联系人:夏绍峰　电话:025-86793929　传真:025-86793967

附件:1、江苏保险业"十二五"研究课题备选目录

2、江苏保险业"十二五"重点研究课题申报表

**附件1**

**江苏保险业"十二五"研究课题备选目录**

一、"十二五"时期保险业发展环境分析(包括经济环境、社会环境、政策环境、法律环境等)。

二、"十二五"时期财产保险(人身保险)市场发展研究。

三、"十二五"时期保险中介市场发展研究。

四、"十二五"时期财产险公司盈利模式研究。

五、"十二五"时期寿险业务结构调整研究。

六、"十二五"时期保险业务创新研究。

七、"十二五"时期保险公司内控管理机制研究。

八、"十二五"时期保护保险消费者利益机制研究。

九、"十二五"时期保险营销体制改革研究。

十、"十二五"时期保险行业信息化建设研究。

**附件2**

**江苏保险业"十二五"重点研究课题申报表**

| 单位名称 | | | |
|---|---|---|---|
| 单位负责人 | | 联系电话 | |
| 责任部门 | | | |
| 部门负责人 | | 联系电话 | |
| 申报课题名称 | | | |

# 关于贯彻落实《保险机构案件责任追究指导意见》的通知

(2010年4月13日)

各保险公司省级分公司:

为进一步贯彻落实《保险机构案件责任追究指导意见》(保监发[2010]12号,以下简称《指导意见》),根据保监会要求,结合我省保险业实际情况,现将有关问题通知如下:

**一、各公司应于6月30日前将总公司制定的案件责任追究办法及分公司贯彻落实措施向我局报送。**

**二、各公司最迟应于2010年7月1日起,正式施行案件责任追究办法。**

**三、各公司应按照下列要求做好案件责任追究情况的报告工作:**

(一)报告方式和时限

案件责任追究情况采取专报和季报两种报告方式,自7月1日起正式报送。

1、专报。各省级分公司将涉及本级及所属分支机构的案件责任追究情况在做出追究决定后的5日(指工作日,下同)内以专报形式报送我局。

2、季报。季报填列报告期内案件责任追究情况。各省级分公司应当在季末及时汇总辖区内案件责任追究情况,在季后7日内向我局报送(首期季报于三季度后7日内报送)。

各省级分公司报送案件责任追究季报时,可以随同司法案件季报一并报送。

(二)报告的主要内容

专报的主要内容包括案件责任追究情况、案件基本情况、案件查处情况。其中,案件责任追究情况包括责任追究对象、责任追究结果等,同时应附案件责任追究决定书复印件。案件基本情况包括发案机构、涉案人员、案件性质、涉案金额、损失金额、基本案情及危害程度等。案件查处情况包括立案调查的机关及所采取的措施、涉案机构的应对措施、司法判决或行政处罚等案件处理情况(详见附件1)。

季报主要包括案件责任追究统计报表和分析报告两方面内容。统计报表的内容主要包括报告期内被问责机构家次、案件责任追究对象人次等信息(详见附件2)。分析报告主要对本辖区报告期内案件责任追究状况及案件责任追究办法的执行情况进行分析,尤其是要重点说明未按要求进行责任追究的案件的原因。同时提出进一步做好案件责任追究工作的措施和建议。

若在报告期内未发生案件责任追究事项,各省级分公司也应采取零报告。

(三)报送要求

各省级分公司应当真实、准确、及时报送案件责任追究信息,不得迟报、漏报、瞒报、拒报。报送的案件责任追究信息应当由分公司主要负责人签字确认,并加盖公章。签字与公章应同时签具。

(四)其他要求

各省级分公司应当指定专门职能部门负责案件责任追究信息的收集、整理和报送工作,指定该部门的负责人作为案件责任追究信息报送负责人,并指定相关人员为案件责任追究信息报送联系人。

各省级分公司应于2010年4月30日前,将案件责任追究信息报送部门、案件责任追究信息报送负责人,以及案件责任追究信息报送联系人情况(详见附件3)向我局报送。相关情况若有变动,应在10日内向我局报告。

依据《保险公司管理规定》,总公司直管分支机构的案件责任追究情况,由省级分公司统一汇总报送。

**四、监督检查**

(一)我局将认真审核各省级分公司报送的案件责任追究报告,如存在未按要求对有关案件责任人员进行责任追究的,将退回报告要求重新上报。

(二)我局将加强对各保险分支机构案件责任追究办法执行情况的监督检查,对重大案件多发或者未按照监管要求严格执行案件责任追究办法的,列为重点关注对象,加强监管。

(三)我局将对保险分支机构案件责任追究情况定期在行业内进行通报。

各公司报送书面报告应当以扫描件(PDF格式)通过OA系统发送至江苏保监局法制处。发送书面报告的同时应同时报送报告及报表的电子版。

各省级分公司在执行过程中如有问题,请及时与我局法制处联系。

## 关于印发《全省保险行业协会秘书处工作考核办法(试行)》的通知

(2010年4月19日)

全省各保险行业协会:

为加强我省保险行业协会建设和管理,促进行业发展,结合我省保险行业协会实际情况,现将《全省保险行业协会秘书处工作考核办法(试行)》(以下简称《办法》)印发给你们,并将有关要求通知如下:

一、各协会要将《办法》转发给各会员单位,并认真组织学习。

二、各协会要认真对照《办法》的有关要求和考核内容,查找工作中的不足和薄弱环节,认真开展工作。

三、《办法》自发布之日起执行。江苏保监局将从今年起对各协会秘书处工作进行定期或不定期考核。

## 全省保险行业协会秘书处工作考核办法

(试 行)

**一、目的和原则**

第一条 为加强对全省各保险行业协会工作的指导和管理,逐步建立起适应协会发展的管理和考核机制,促进各保险行业协会更好地履行职责,根据保监会《关于加强保险社团组织建设的指导意见》(保监发〔2007〕118号)和江苏保监局《关于进一步加强全省保险行业协会建设的指导意见》(苏保监发〔2009〕118号)等有关规定,按照"客观公正、规范管理,服务至上,鼓励创新"的原则,制定本考核办法。

**二、考核对象和时间**

第二条 考核对象为全省各保险行业协会秘书处及其秘书长和副秘书长。

第三条 12个月为一个综合考核周期。每年1月至12月底为一个综合考核年度。

**三、考核内容和评分标准**

第四条 考核内容充分体现科学发展观的要求,围绕"自律、维权、协调、交流、宣传"五项职能,测评范围为保监局、各会员单位、行协工作人员和当地政府相关部门。考核内容采取定性考核与定量考核相结合,总分值为100分。各类别和各单项分值的确定,根据形势发展和工作重点变化作相应调整。

第五条 考核权重。保监局测评得分权重为35%;各会员单位测评得分权重为35%(如协会设有常务理事单位,常务理事单位考评权重占50%,其它各会员单位考评权重50%,上述两者加权得分占协会工作考评得分35%);协会工作人员测评得分权重为15%;当地政府相关部门测评得分权重为15%。上述四项权重得分相加为被测评行业协会秘书处当年考核的最终得分。

具体测评内容见附件。

**四、考核方式与评价**

第六条　考核由江苏保监局具体组织实施。江苏保监局对省及省辖市保险行业协会秘书处进行考核；设立监管分局的地市，由监管分局对辖内所有保险行业协会秘书处进行考核；县(市)级保险行业协会秘书处可委托当地省辖市协会参照本办法考核。

第七条　年度考核每年年末组织一次，日常考核根据情况可随机进行。

第八条　各协会秘书处按照《保险行业协会秘书处工作考核评价表》内容，结合自身实际工作情况进行自评，并提交自评报告。秘书长向理事会作年度或阶段述职报告，并向保监局提交书面报告。

第九条　会员单位和秘书处工作人员填写《保险行业协会秘书处工作考核评价表》和《保险行业协会秘书长工作情况测评表》，对协会秘书处整体工作、秘书长和副秘书长履行职责情况进行民主测评。

第十条　请当地政府相关部门填写《保险行业协会秘书长工作情况测评表》，对秘书长、副秘书长履行职责情况进行民主测评。

第十一条　江苏保监局机关各处室按照《保险行业协会秘书处工作考核评价表》内容对被测评协会秘书处进行考核打分。

第十二条　办公室和人教处根据各协会秘书处自评和民主测评情况，汇总确定协会秘书处及其秘书长和副秘书长的最终考核结果。

第十三条　考核分为优秀、良好、达标、不达标四个档次。其中85分以上为优秀协会，70分-85分为良好协会，60分—70分为达标协会，60分以下的为不达标协会。秘书处及其秘书长和副秘书长考核参照考核结果和各民主测评结果进行综合评定，分为优秀、良好、称职、不称职四个档次。

第十四条　江苏保监局每年对年度工作绩效考核结果为优秀的协会秘书处和个人予以表扬。

对考核不达标的协会秘书处，要求限期整改，限期内整改不到位的，进行全行业通报；对考核不达标或不称职的秘书长和副秘书长，根据实际情况给予通报批评、警告或建议召开会员大会予以撤换。

第十五条　在考核过程中弄虚作假的，经核实后，考核结果无效，按考核不达标和不称职处理。

第十六条　对在行业自律工作、协会主要领导任前审批、财务管理、廉政建设工作等方面存在重大失误的，实行“一票否决”，建议对其秘书长予以撤换。

**五、附则**

第十七条　本办法由江苏保监局负责解释。

第十八条　本办法自公布之日起实施。

附件一：保险行业协会秘书处工作考核评价表(保监局测评)；

附件二：保险行业协会秘书处工作考核评价表(会员单位测评和协会自评)；

附件三：保险行业协会秘书长工作情况测评表(秘书处工作人员测评)；

附件四：保险行业协会秘书长工作情况测评表(当地政府相关部门测评)。

**附件一：**

**保险行业协会秘书处工作考核评价表**

| 考核类别 | | 考核内容 | 评分处室 | 评分 | 总分组 |
|---|---|---|---|---|---|
| 组织建设 20分 | | 组织体系健全，协会权力机构、执行机构、办事机构组建及其职责划分情况(5分) | 办公室人教处 | | |
| | | 及时召开会员代表大会、理事会和常务理事会会议，积极发挥各级组织民主决策作用(5分) | | | |
| | | 重大事项经过集体研究决定情况，理事会议事规则的履行情况(5分) | | | |
| | | 重大事项报告执行情况(5分) | | | |
| 日常工作 60分 | 自律 12分 | 组织签订自律公约，约束不正当竞争行为(3分) | 机关各处室 | | |
| | | 自律公约内容是否科学合理、切实可行，符合有关法规政策要求，所签公约的业务领域是否突出重点、反映市场热点和难点问题(3分) | | | |
| | | 对违约会员依约处罚情况，对超出公约内容的违法违规问题是否及时上报监管部门(2分) | | | |
| | | 对已签订公约的补充、完善情况(2分) | | | |
| | | 自律保证金的收缴和管理使用情况(2分) | | | |
| | 维权 9分 | 反映行业呼声，向有关党政或监管部门反映市场矛盾和问题，并提出解决问题的意见和建议情况(3分) | 机关各处室 | | |
| | | 参与有关论证，代表保险行业提出政策、立法和行业规划等方面的建议情况(3分) | | | |
| | | 维护行业利益，制止和纠正侵害会员权益的不当管理、处罚等行为的情况(3分) | | | |

续表

| 考核类别 | 考核内容 | | 评分处室 | 评分 | 总分组 |
|---|---|---|---|---|---|
| 日常工作<br>60分 | 协调<br>15分 | 协调处理、解决行业内部会员之间、会员与保险从业人员的各种矛盾，建立行业内部争议创建和谐行业的情况(3分) | 机关各处室 | | |
| | | 协调保险业与有关行业经营者及社会组织以及会员与保险消费者和社会公众的关系，创造良好的社会环境(3分) | | | |
| | | 投诉咨询电话的设立、公布、专岗人员的确立和咨询投诉档案的建立情况，保险合同纠纷快速调处机制建立情况(3分) | | | |
| | | 投诉案件的办结率情况和重大投诉案件上报保险监管部门情况，监管部门批转投诉案件的调查处理情况(3分) | | | |
| | | 就行业反映的问题及时与有关部门沟通，定期向地方党政、保监局汇报保险业重大举措及发展情况，为行业发展创造宽松和谐有利的环境情况(3分) | | | |
| | 交流<br>8分 | 建立会员间信息联系交流平台或渠道，组织会员间业务、技术和经验交流，促进资源共享(2分) | 机关各处室 | | |
| | | 组织与其他行业协会之间交流情况(2分) | | | |
| | | 组织行业内交流情况，网站、信息刊物的创办和编发，向监管部门信息的报送等情况(2分) | | | |
| | | 行业性发展经验的总结交流情况(2分) | | | |
| | 宣传<br>10分 | 行业宣传工作计划制订和执行情况(2分) | 机关各处室 | | |
| | | 举办大型行业性展览宣传咨询活动情况(2分) | | | |
| | | 整合行业宣传力量，对保险法律法规、保险业重要文件和重大方针政策的宣传、总结以及理论研讨情况(2分) | | | |
| | | 建立新闻报道突发事件应急处理机制；正确引导新闻媒体对保险业的报道，应对和处理损害保险行业整体利益的负面宣传和不实报道的情况(2分) | | | |
| | | 表彰优秀从业人员，宣传先进事迹和典型经验，树立保险业的良好形象(2分) | | | |
| | 服务<br>6分 | 组织开展营销员资格考试、资格证书发放等情况(3分) | 办公室人教处 | | |
| | | 为会员提供行业业务统计报表情况(3分) | | | |
| 内部管理<br>20分 | 制度建设<br>10分 | 建立健全经费、人员、固定资产等方面的规章管理制度(2分) | | | |
| | | 秘书处内部职责分工和责任落实情况(2分) | | | |
| | | 廉政建设制度和执行情况(3分) | | | |
| | | 任职规划和工作总结向江苏保监局报送情况(3分) | | | |
| | 财务管理<br>10分 | 财务管理制度健全，账目管理清晰(3分) | | | |
| | | 每年制定财务预算，开支严格按照预算执行，定期向会员单位公布预算执行情况(4分) | | | |
| | | 会计和出纳执行财务管理制度情况，会计资料的合法、真实、准确、完整情况(3分) | | | |
| 总　分 | | | | | |

| 考核期间总体表现 | 优秀 | 良好 | 一般 | 较差 |
|---|---|---|---|---|
| | | | | |

注：1、测评范围为保监局相关处室。

2、该表将结合行业协会自评表、会员单位考评表基础上得出最终得分。

3、该表占行协秘书处工作考评体系权重35%。

附件二：

**保险行业协会秘书处工作考核评价表**

| 考核类别 | | 考核内容 | 评分 | 总分 |
|---|---|---|---|---|
| 组织建设 20分 | | 组织体系健全，协会权力机构、执行机构、办事机构组建及其职责划分情况（5分） | | |
| | | 及时召开会员代表大会、理事会和常务理事会会议，积极发挥各级组织民主决策作用（5分） | | |
| | | 重大事项经过集体研究决定情况，理事会议事规则的履行情况（5分） | | |
| | | 重大事项报告执行情况（5分） | | |
| 日常工作 60分 | 自律12分 | 组织签订自律公约，约束不正当竞争行为（3分） | | |
| | | 自律公约内容是否科学合理、切实可行，符合有关法规政策要求，所签公约的业务领域是否突出重点、反映市场热点和难点问题（3分） | | |
| | | 对违约会员依约处罚情况，对超出公约内容的违法违规问题是否及时上报监管部门（2分） | | |
| | | 对已签订公约的补充、完善情况（2分） | | |
| | | 自律保证金的收缴和管理使用情况（2分） | | |
| | 维权9分 | 反映行业呼声，向有关党政或监管部门反映市场矛盾和问题，并提出解决问题的意见和建议情况（3分） | | |
| | | 参与有关论证，代表保险行业提出政策、立法和行业规划等方面的建议情况（3分） | | |
| | | 维护行业利益，制止和纠正侵害会员权益的不当管理、处罚等行为的情况（3分） | | |
| | 协调15分 | 协调处理、解决行业内部会员之间、会员与保险从业人员的各种矛盾，建立行业内部争议创建和谐行业的情况（3分） | | |
| | | 协调保险业与有关行业经营者及社会组织以及会员与保险消费者和社会公众的关系，创造良好的社会环境（3分） | | |
| | | 投诉咨询电话的设立、公布、专岗人员的确立和咨询投诉档案的建立情况，保险合同纠纷快速调处机制建立情况（3分） | | |
| | | 投诉案件的办结率情况和重大投诉案件上报保险监管部门情况，监管部门批转投诉案件的调查处理情况（3分） | | |
| | | 就行业反映的问题及时与有关部门沟通，定期向地方党政、保监局汇报保险业重大举措及发展情况，为行业发展创造宽松和谐有利的环境情况（3分） | | |
| | 交流8分 | 建立会员间信息联系交流平台或渠道，组织会员间业务、技术和经验交流，促进资源共享（2分） | | |
| | | 组织与其他行业协会之间交流情况（2分） | | |
| | | 组织行业内交流情况，网站、信息刊物的创办和编发，向监管部门信息的报送等情况（2分） | | |
| | | 行业性发展经验的总结交流情况（2分） | | |
| | 宣传10分 | 行业宣传工作计划制订和执行情况（2分） | | |
| | | 举办大型行业性展览宣传咨询活动情况（2分） | | |
| | | 整合行业宣传力量，对保险法律法规、保险业重要文件和重大方针政策的宣传、总结以及理论研讨情况（2分） | | |
| | | 建立新闻报道突发事件应急处理机制；正确引导新闻媒体对保险业的报道，应对和处理损害保险行业整体利益的负面宣传和不实报道的情况（2分） | | |
| | | 表彰优秀从业人员，宣传先进事迹和典型经验，树立保险业的良好形象（2分） | | |
| | 服务6分 | 组织开展营销员资格考试、资格证书发放等情况（3分） | | |
| | | 为会员提供行业业务统计报表情况（3分） | | |

续表

| 考核类别 | 考核内容 | | 评分 | 总分 |
|---|---|---|---|---|
| 内部管理<br>20分 | 制度建设<br>10分 | 建立健全经费、人员、固定资产等方面的规章管理制度(2分) | | |
| | | 秘书处内部职责分工和责任落实情况(2分) | | |
| | | 廉政建设制度和执行情况(3分) | | |
| | | 任职规划和工作总结向江苏保监局报送情况(3分) | | |
| | 财务管理<br>10分 | 财务管理制度健全,账目管理清晰(3分) | | |
| | | 每年制定财务预算,开支严格按照预算执行,定期向会员单位公布预算执行情况(4分) | | |
| | | 会计和出纳执行财务管理制度情况,会计资料的合法、真实、准确、完整情况(3分) | | |
| 总　　分 | | | | |

| 考核期间总体表现 | 优秀 | 良好 | 一般 | 较差 |
|---|---|---|---|---|
| | | | | |

注:1、测评范围为各会员单位和各行业协会秘书长自评。

2、如协会设有常务理事,常务理事单位考评得分占50%,其他各会员单位考评得分50%,上述两者加权得分占行协秘书处工作考评体系权重35%。

3、各行业协会自评结果不参加考核评分,仅作为考核参考。

附件三:

**保险行业协会秘书长工作情况测评表**

| 项目 | 考评内容 | 评分 | 总分 |
|---|---|---|---|
| 领导能力<br>(20分) | 决策水平和判断能力(5分) | | |
| | 对协会工作有长期规划并持续推进情况(5分) | | |
| | 以身作则,协会员工的信任和支持(10分) | | |
| 服务能力<br>(35分) | 积极参与政府和保监局的政策论证,提出保险业政策、立法和行业规划等方面的建议(7分) | | |
| | 积极开展调查研究,及时向保监局和政府反映保险市场存在的问题,并提出解决意见和建议(7分) | | |
| | 整合行业资源,争取有利于保险业发展的社会环境和政策环境(7分) | | |
| | 受理保险咨询和投诉,及时上报重大投诉案件,做好保监局批转的投诉案件调查处理工作(7分) | | |
| | 整合宣传资源,大力提高公众保险意识,强化市场主体法律意识,正面引导舆论宣传(7分) | | |
| 沟通能力<br>(20分) | 与上级监管部门报告和沟通情况(5分) | | |
| | 与当地政府相关部门报告和沟通情况(5分) | | |
| | 与会员单位的日常交流情况(5分) | | |
| | 及时召开会员代表大会、理事会和常务理事会会议,积极发挥各级组织民主决策作用(5分) | | |
| 内部管理<br>(25分) | 树立廉洁风气,防止社团腐败,维护行业形象(5分) | | |
| | 建立健全规章管理制度情况(5分) | | |
| | 秘书处内部职责分工和责任落实情况(5分) | | |
| | 经费、人员、固定资产等方面的规章管理执行情况(5分) | | |
| | 对协会工作人员制定培训计划并进行定期培训(5分) | | |
| 总分 | | | |

| 考核期间总体表现 | 优秀 | 良好 | 一般 | 较差 |
|---|---|---|---|---|
| | | | | |

注:1、测评范围为协会工作人员。

2、该表占行协工作考评体系权重15%。

附件四：

保险行业协会秘书长工作情况测评表

| 姓名 | | 出生年月 | | 现任职务 | | 任职时间 | |
|---|---|---|---|---|---|---|---|
| 任职期间总体表现 | 优秀 | 良好 | 一般 | 较差 | | | |
| | | | | | | | |

注：1、测评范围为当地政府相关部门。

2、定性指标量化标准：优秀10分；良好8分；一般6分；较差0分。

3、该表占行协工作考评体系权重15%。

# 关于实施银行类保险兼业代理机构资格自主申报制度的通知

（2010年5月12日）

各政策性银行江苏省(南京)分行、国有商业银行江苏省分行、股份制商业银行南京分行，江苏银行，江苏省农村信用联合社，南京银行，各城市商业银行南京分行，邮政储蓄银行江苏省分行，各在宁外资银行，江苏省内其他银行类金融机构：

近年来，银行类保险兼业代理机构作为保险中介市场的重要组成部分，为我省保险业的快速发展做出了贡献。银行业和保险业通过优势互补、互利共赢，为客户提供了更全面的金融保险服务。但随着银行保险兼业代理业务的迅速发展，也出现了银行类保险兼业代理机构无证经营、超范围经营、不按规定使用保险中介统一服务发票等问题。特别是现行的保险兼业代理资格委托保险公司代申报模式环节较多，资料传递耗时，存在重复申报、错误申报等问题，不利于银行加强自身风险控制。

为解决上述问题，加强对银行类保险兼业代理机构的源头管理，规范银行类保险兼业代理机构的行为，维护保险兼业代理市场秩序，提高银行类保险兼业代理资格审核工作的效率和服务水平，根据《保险法》和《保险兼业代理机构管理暂行办法》等有关法律法规，结合江苏实际，我局决定对银行类保险兼业代理机构审核管理办法进行调整，将原先的委托保险公司代为申报方式变更为银行类保险兼业代理机构资格自主申报。现将有关要求通知如下：

**一、申报单位**

从2010年6月1日起，银行类机构申报保险兼业代理资格，省级分行或省级管辖行的注册地在南京市的，由其省级机构直接向我局提出申请，南京银行、江苏银行下属分支机构由总行直接向我局提出申请。农村合作银行及注册地在南京以外的其它银行仍采用保险公司代为申报的方式不变。

**二、申报材料**

为进一步优化操作流程，提高银行自主申报工作的效率，我局决定对于银行类机构申请保险兼业代理资格时所需提供的书面材料予以简化。银行类机构申请保险兼业代理资格时，拟办理保险兼业代理业务的分支机构的营业执照、组织机构代码证、保险代理业务人员资格证书复印件暂不需提交，仅提交汇总清单即可，但上述材料仍是兼业代理资格申报所规定的审核内容，必须留存备查。

（一）银行类机构申请保险兼业代理资格，应当向我局提交下列材料：

1、《保险兼业代理业务资格申请书》和《保险兼业代理机构设立申请表》；

2、办理保险兼业代理业务的分支机构的汇总情况清单(含电子版)；

3、保险代理业务人员汇总清单(含电子版)；

4、保险兼业代理资格申报电脑数据盘。

各银行法人机构或省级机构应建立保险兼业代理业务管理制度并于第一次申报时一同报送。

（二）银行类保险兼业代理机构申请变更许可证记载内容，应当向我局提交下列材料：

1、《保险兼业代理许可证变更申请表》汇总(含电子版)；

2、变更后的营业执照副本复印件；

3、变更后的组织机构代码证副本复印件；

4、原保险兼业代理许可证；

5、保险兼业代理资格申报电脑数据盘。

（三）银行类保险兼业代理机构申请延续保险兼业代理资格，可于许可证到期前二个月向我局提出申请，应当向我局提交下列材料：

1、《保险兼业代理许可证延续申请表》；

2、保险代理业务人员汇总清单(含电子版)；

3、原保险兼业代理许可证；

4、原保险兼业代理许可证有效期内接受保险监管、工商、税务等部门监督检查以及处罚情况的说明；

5、代理业务人员继续教育证明；

6、前3年内本机构履行保险代理合同的情况说明；

7、保险兼业代理资格申报电脑数据盘。

（四）银行类保险兼业代理机构申请补发许可证，应当向我局提交下列材料：

1、《保险兼业代理许可证补发申请表》；

2、补证机构的营业执照副本复印件；

3、补证机构的组织机构代码证副本复印件；

4、许可证遗失公告声明。

**三、审批流程**

我局自收到书面申请材料之日起 5 日内作出是否受理的决定。自受理之日起 20 日内作出核准或者不予核准的决定。作出核准保险兼业代理资格决定的，我局将向申请人颁发许可证。决定不予受理或不予核准的，我局将通知申请人并说明理由。行政许可结果可在江苏保监局网站查询。

特此通知

附件：1、保险兼业代理业务资格申请书；

2、保险兼业代理机构设立申请表；

3、办理保险代理业务分支机构汇总情况清单；

4、办理保险代理业务人员汇总清单；

5、保险兼业代理许可证变更申请汇总表；

6、保险兼业代理业务许可证换发申请表；

7、保险兼业代理许可证补发申请汇总表。

# 关于再次开展风险排查工作的通知

（2010 年 5 月 14 日）

各人身保险公司省级分公司：

2009年年底，我局下发了《关于整顿规范团体保险经营行为的通知》(苏保监发[2009]174 号)，要求公司排查团体保险业务经营中可能存在的问题和风险，并及时整改。今年年初，保监会下发了《关于人身保险公司开展风险排查的通知》(保监寿险[2010]106 号)，部署分支机构重点排查销售误导、非正常退保、资金被挪用以及利用公司管理漏洞进行非法集资等操作风险。但从各公司上报的自查报告看，风险排查工作还不彻底，主要存在以下三个问题：一是未全面、真实反映辖内机构单证管理等环节风险实际情况；二是没有定量反映风险排查情况及存在的问题；三是对发现的问题没有制定具体有效的整改措施。另外，部分公司对实际风险排查工作督促乏力，没有对风险排查情况进行相应的复查或抽查工作，导致风险排查流于形式、走过场。

防范风险是今年寿险公司的重点工作，也是实现行业持续健康发展的保证。为贯彻落实好 4 月 13 日全省人身险公司总经理会议精神，现对各公司重新开展风险排查工作通知如下：

一、各公司应在全辖范围内重新对辖内机构截至 2009 年底的各项经营风险进行系统性的排查，重点清查单证管理、销售误导、非正常退保、资金被挪用以及利用公司管理漏洞进行非法集资等操作风险，每个环节发现的问题要具体落实到保单号，并针对排查出的问题制订整改方案。单证管理是公司防范截留保费等风险的基础手段，各公司应按照附表要求，逐一清查各类单证使用管理情况，各类单证库存数、领用数、使用数、已领用但未使用数应账实相符。银保渠道的单证清查应取得各银行分支机构的配合和支持，确保各类单证处于可控状态。

二、各公司要以此为契机，督促辖内各分支机构按照制订的整改方案认真进行整改，并针对发现的隐患及时完善内控制度，防止类似问题再次发生。

三、各公司应于 2010 年 6 月 30 日前将风险排查报告及报表(详见附件)报送江苏保监局，风险排查报告内容应包括风险排查工作开展情况、重点风险排查见底情况及存在的问题和整改方案、整改情况等。下半年，江苏保监局将组织对分公司风险排查情况进行抽查。对信访举报或监管部门检查发现的问题，如果公司已经自查发现、及时整改并向保监局报告备案的，可从轻处罚。

# 关于开展江苏保险业统计执法大检查工作的通知

（2010 年 7 月 2 日）

各保险公司省级分公司：

根据中国保监会《关于开展保险业统计执法大检查工作的通知》(保监厅发〔2010〕50 号)和江苏省统计局、江苏省监察厅、江苏省司法厅、国家统计局江苏调查总队《关于联合开展统计法和统计违法违纪行为处分规定贯彻执行情况大检查的通知》(苏统〔2010〕41 号)精神，我局决定在辖区内开展保险业《统计法》、《统计违法违纪行为处分规定》贯彻执行情况大检查。现将有关事项通知如下：

**一、组织领导**

江苏保监局已成立江苏保险业统计执法大检查工作领导小组，朱金渭局长助理担任领导小组组长，领导小组办公室设在江苏保监局统计研究处，承担统计执法大检查的具体工作。

各保险公司省级分公司应成立由分管统计工作的公司领导担任组长的统计执法大检查工作领导小组，并指定相应职能部门负责具体工作。

**二、检查方式**

本次统计执法大检查采取公司自查和保监局抽查相结合的方式进行，以公司自查为主。在各公司全面自查的基础上，我局将有针对性地对部分公司进行抽查。

**三、检查内容**

（一）统计违法行为及其查处情况。主要检查 2008 年以来发生的统计违法违纪行为。重点检查是否存在报送业务、财务统计数据不真实、不准确、不完整、不及时等问题，以及是否存在打击报复统计人员的情况。数据真实性方面，财产险公司侧重于对车险业务和大型商业风险项目业务的检查，人身险公司侧重于对团险业务和银保业务的检查，重点检查保费收入、理赔数据和成本费用等项目的数据真实性。

（二）统计工作组织领导和保障措施。重点检查各级保险机构及其负责人依法领导统计工作，指定或设置统计机构、充实统计力量，支持统计机构和统计人员独立行使统计调查、统计报告和统计监督职权的情况。

**四、时间安排**

（一）自查阶段（7 月）

各公司及其各级分支机构，要严格按照《统计法》、《统计违法违纪行为处分规定》和本通知的要求，制定自查工作计划，提出明确具体的自查内容，认真开展自查，切实查找影响本单位统计工作的突出矛盾和问题，制订整改措施及整改时间表。

（二）抽查阶段（7~8 月）

江苏保监局将根据各公司的自查情况，组织检查组对部分公司及其分支机构进行抽查。此外，江苏省统计局、司法厅、监察厅和国家统计局江苏调查总队将组成联合检查组，对省内部分单位进行抽查。

（三）处理和总结阶段（9 月）

我局将对江苏保险业统计执法大检查工作进行认真总结，并将有关情况报中国保监会和江苏省统计执法大检查领导小组办公室。同时，我局将严格按照法律法规及有关规定，本着“自查从宽，被查从严”的原则，认真处理统计执法大检查中发现的统计违法违纪行为。

凡是在自查阶段由自己主动查出、报告并能认真纠正、整改的，统计违法违纪情节较轻的可免于处罚或处理，情节较重的也可酌情从轻或减轻处罚或处理。凡在国家和地方政府有关部门抽查中查出的统计违法行为，要依法严肃处理。

**五、工作要求**

（一）此次统计执法大检查涉及面广，时间要求紧，检查内容多。各公司要严格按照通知要求，及时成立统计执法大检查工作领导小组，认真开展自查自纠。

（二）各公司应如实填报保险公司统计执法大检查自查表（见附件），随同自查报告（含整改措施及整改时间表）一起，加盖公司印章后，于 7 月 31 日前报我局统计研究处。同时将自查表和自查报告的电子版通过江苏保险业信息化网络平台报送我局统计研究处。

# 关于进一步加强能繁母猪保险业务管理的通知

（2010 年 7 月 21 日）

人保产险江苏省分公司、中华联合江苏分公司、太保产险苏州分公司、太保产险无锡分公司、紫金产险江苏分公司：

能繁母猪保险是保险业贯彻落实《国务院关于促进生猪生产发展稳定市场供应的意见》而开办的一项重要险种。切实做好能繁母猪保险试点工作是积极发挥保险功能、履行保险业社会责任的基本要求。保监会对能繁母猪保险试点及其业务开展情况高度重视。根据保监会统一部署，近期我局对省内部分地区能繁母猪保险经营情况进行了专项检查，发现部分保险机构在能繁母猪保险经营中，存在验险与核保工作不到位、未严格执行现场查勘要求、理赔定损缺乏明确标准、无害化处理监督不到位、未按规定进行公示、经营费用投入不足等问题。

为进一步规范能繁母猪保险经营行为，推动该试点业务健康有序发展，防范道德风险，保护养殖户利益，现针对上述问题，并结合我省能繁母猪保险业务经营特点，对经办能繁母猪保险业务的公司提出如下要求：

一、各公司要高度重视能繁母猪保险试点工作。一是进一步加强相关内控制度建设，制定相关规定，落实责任人，加大对能繁母猪保险业务的管理力度；二是进一步加强组织机构与人才队伍建设，切实提高服务能力；要确保理赔款项与经营费用及时、足额投入，保证能繁母猪保险的承保、理赔工作顺利开展。

二、各公司要严格按照《江苏省政策性农业保险实务规程（试行）》（苏金融办发〔2009〕9 号）和《江苏省政策性农业保险能繁母猪养殖保险条款》的规定，及时组织下辖分支机构开展能繁母猪保险业务自查自纠，及时纠正不规范做法，进一步提高能繁母猪保险业务的规范运作水平。

三、各公司要加强能繁母猪保险承保管理工作。核保前，应当组织人员对投保标的进行抽查验险，防范不足量投保、不符合条件投保等风险；对新增的、满足承保条件的能繁母猪要及时登记承保；对届至保险期限的承保标的要及时清理和续保。

四、各公司要严格按照相关规定，对每头报损的死亡母猪必须安排查勘人员进行现场查勘；对已经查勘定损的死亡母猪必须进行明显标记，并督促做好无害化处理工作，防止出现重复报损的道德风险；对查勘与标记情况应进行拍照取证。标记方法与拍照要求可以借鉴如东县的经验和做法。

五、为切实执行条款规定“若保险母猪每头保险金额高于出险时的实际价值，则以出险时的实际价值为赔偿计算标准”的内容，各公司要指导分支机构结合当地能繁母猪养殖品种及市场价格波动情况，与地方政府共同制定统一的、公正的母猪实际价值评估标准，杜绝随意评估、损害养殖户利益的行为。

六、各公司要按照规定切实做好赔付前的公示工作，接受群众监督，确保定损与理赔工作公平、公正、公开。

七、各公司要加强与地方政府合作，积极探索、总结并推广能繁母猪保险经办过程中的有效经验和做法。如对于兽医站或畜牧部门参与办理能繁母猪保险的地方，可以借鉴如东县的经验，建立考核奖励机制，促进畜牧部门加大疫病防治力度，降低能繁母猪的出险率。

八、2010 年 9 月 15 日前各公司将制度建设、责任落实、自查自纠与整改情况报告我局。我局将根据相关情况进行抽查，对自查自纠与整改不到位的机构，我局将依法严肃处理。

# 关于加强保险专业中介机构风险控制的通知

（2010 年 7 月 23 日）

各保险专业中介机构：

近年来，在全省保险专业中介机构的共同努力下，保险中介市场发展取得了显著的成绩，保险中介行业地位得到了显著的提升，为服务经济社会，服务全省保险业发展发挥了积极的作用。但是，随着中介行业人员队伍的不断壮大，服务领域的不断拓宽，部分公司逐渐暴露出经营管理环节的漏洞，有的因虚开发票帮助保险公司套取费用，扰乱市场竞争秩序，被我局吊销经营许可证；有的因制售假保单、刻制假公章、非法集资、挪用侵占保费被司法部门立案调查。为防范和化解经营风险，保护投保人、被保险人合法权益，现将进一步加强保险专业中介机构风险控制的有关要求通知如下：

**一、机构管理**

（一）法人机构应当承担对分支机构的管理责任和义务，建立健全公司内部审计及业务督导机制、发票领用登记制度、公章使用登记制度等，不得以“承包制”、收取“挂靠费”等形式设立分支机构。

（二）公司招牌、名片、宣传资料等必须含有“保险代理”、“保险销售”、“保险经纪”、“保险公估”字样，不得以“XX 保险”、“XX 保险服务”或其他含糊字样误导客户。

（三）除经营许可证登记地址以外，不得以“出单点”、“理赔中心”、“客服中心”或其他名义对外另设网点，如有需要必须向我局申请设立分支机构。

（四）法人机构、分支机构应当自取得许可证之日起 90 日内办理工商、税务登记工作，并将相关材料报告我局，逾期不办理的公司，其许可证自动失效。

（五）省内法人机构在省外设立分支机构，应当自当地保监局批复之日起 5 日内将相关材料报告我局。

（六）法人机构、省外机构在苏分公司应加强对下属分支机构的巡查，对省内下属机构的巡查原则上应每季度进行，最低不得少于半年一次。

**二、人员管理**

（一）法人机构总经理、副总经理，分支机构负责人应当切实履行管理职责，不得指定其他未经我局核准任职资格的人员代为行使职权。

（二）不得以购买保险产品、给予或承诺给予公司股权的方式招聘员工、业务人员。

（三）不得与保险公司或其他保险中介机构在职业务人员签订代理协议。

**三、业务管理**

（一）在展业过程中，应当明确告知客户所属中介机构全称，不得以“XX 保险公司”的名义从事产品销售、查勘理赔等经营活动。

（二）不得通过向客户夸大、预测公司上市前景，享受股权奖励、分红等形式开展业务。

（三）不得接受社会人员、保险公司在职人员、其他中介机构的挂单、卖单业务。

（四）不得以虚开发票的形式为保险公司套取费用，保险公司保险专业中介业务的投保单必须有相关中介机构盖章及所属业务员签字，客户告知书需经客户签字确认，作为原始投保单附件留存。

**四、财务管理**

（一）应当设立代收保费或客户资金专用账户，不得坐扣手续费、佣金，不得从该账户支付给除相关保险公司、客户以外的任何单位或个人。

（二）接受保险公司奖励、津贴、手续费、佣金，必须开具保险中介服务统一发票。

（三）支付业务员手续费、佣金，应当制作详细的发放领用清单并经相关业务员签字确认，清单必须与其所做业务对应，逐笔登记发放。

（四）不得向除本公司人员以外的单位或个人发放手续费、佣金。

（五）应当协助税务部门代收代缴业务员营业税、所得税。

进行严格的风险控制是公司能够长期稳健持续经营的重要因素，制定各项有效的规章制度是风险控制的基础，建立公司各个部门、各个岗位之间的制衡机制是风险控制的主要手段，加强法律法规学习和职业道德教育是风险控制的有效保证。各公司应当对此项工作予以高度重视，立即组织本公司及其分支机构按照本通知的各项要求逐一进行风险排查，在风险排查过程中发现问题的公司应及时整改并书面报告我局，对管控不力无法正常经营的分支机构应向我局申请办理解散手续。四季度，我局将对各公司排查情况进行抽查，对隐瞒不报、整改不力的公司依据相关法律法规进行严肃处理。

# 关于建立重大财产保险事故应急反应机制的通知

（2010 年 7 月 30 日）

各财产保险公司省级分公司：

近年来，涉及财产保险的各类重大灾害事故呈现多发趋势，为有效预防、及时发现和妥善处置此类事件，保障我省保险业健康、稳定、有序发展，维护社会稳定，我局决定建立重大财产保险事故应急反应机制，现将有关事项通知如下：

一、各公司在发生以下灾害事故后应启动应急反应机制：

（1）单次造成死亡 10 人或伤亡 20 人以上的事故；

（2）单次预估财产损失超过 1000 万元的事故；

（3）在地级以上城市城区公共区域发生的意外爆炸、大面积火灾、高层房屋垮塌等事故；

（4）气象部门发布红色警报的自然灾害；

（5）我局要求启动应急反应机制的其他灾害事故。

二、应急反应机制包括以下内容：

（1）成立本公司的应急反应小组；

（2）排查灾害事故中相关标的的承保情况；

（3）对本公司承保标的，在第一时间启动灾害事故查勘和预赔付工作；

（4）实施灾害事故损失和理赔进度日报制度（格式附后），其中灾害事故后第一次上报时间为事件发生后 6 小时内或按照我局指示，此后为每日 17:00 前；

（5）按照我局和政府相关部门要求开展其他相关工作。

三、各公司应明确重大财产保险事故应急反应联络人，并于 8 月 10 日前书面上报我局。联络人原则上应为理赔部门负责人，并设置 AB 岗，确保在紧急状态下不空岗。如联络人发生变更要在变更后 3 日内向我局报告。联络人每日应关注我省重大灾害事故发生情况，及时按照本文件要求开展信息报送、组织协调理赔等工作。

四、事故发生后，各公司应在我局的统一指挥协调下，迅速组织理赔人员开展对报案标的的查勘定损工作，原则上应在事故发生后 5 日内完成。对初步确定损失情况的投保单位及个人，应于事故发生后 7 日内启动预赔付工作，并在全部损失确定后 5 日内赔付完毕。在理赔方面，要求坚持维稳大局，做到“有报（案）必到（现场）、应赔尽赔”，为受害企业和居民提供最优质的保险服务。

各公司要重视此项工作，牢固树立风险防范意识和服务意识，不断积累总结重大灾害事故的处置经验，积极发挥保险业的损失补偿和社会管理功能，更好地为当地社会经济稳定发展和人民群众安定生活服务。

联系人：黄　庆（025－86793927）；李沛霖（025－86793930）

**附件：**

**灾害事故损失和理赔进度日报表**

报送公司：

报送日期：

| 被保险人 | 险种 | 损失项目及原因 | 预估损失金额（万元） | 理赔工作进展 | 承保机构 |
|---|---|---|---|---|---|
| | | | | | |
| | | | | | |
| | | | | | |
| | | | | | |
| | | | | | |
| | | | | | |
| | | | | | |
| | | | | | |

注：理赔工作进行到预赔或赔付阶段时应明确预赔或赔付金额。承保机构应准确到中心支公司层级。

## 关于禁止在销售交强险的过程中搭售商业保险的通知

（2010年8月6日）

各保险专业中介机构、各保险行业协会：

近期，我局多次收到有关单位和个人的报告或举报，反映个别保险专业中介机构严重违反《保险法》确定的投保自愿原则，在销售交强险过程中强制搭售各类商业保险。为规范交强险销售行为，现将有关问题明确如下：

一、禁止在销售交强险过程中搭售商业保险。销售交强险时，不得利用行政权力、股东优势地位或者职业便利以及其他不正当手段，强制或者变相强制投保人购买各类商业保险。各保险专业中介机构应立即对法人机构及分支机构的交强险销售工作进行彻底自查，纠正存在的不规范销售行为。

二、我局将对搭售行为开展检查。今后，我局如接到涉及交强险搭售商业保险的举报或者报告，将对相关保险专业中介机构进行现场检查，并严格按照《保险法》和相关保险专业中介机构监管规定进行行政处罚。

三、各保险行业协会应做好市场销售行为监测工作。一旦发现保险专业中介机构存在搭售行为的，应将掌握的有关情况及时向我局报告。

## 关于进一步加强保险公司分支机构高级管理人员和营销服务部负责人任职资格管理的通知

（2010年8月26日）

各保险公司省级分公司，各保险行业协会：

当前，我省保险公司分支机构高级管理人员和营销服务部负责人存在总量不足、结构不合理，部分人员依法合规经营意识不强和综合素质有待提高等问题，在一定程度上制约了我省保险业的持续健康发展。为进一步加强对上述人员的任职管理，引导其强化审慎经营和持续发展的理念，从根本上控制和防范人为风险，根据《保险法》、《保险公司管理规定》、《保险公司董事、监事和高级管理人员任职资格管理规定》（2010年第2号主席令）和《关于明确保险公司分支机构管理有关问题的通知》（保监发〔2010〕49号），结合我省实际，现就进一步加强对上述人员任职资格管理提出以下要求，请认真贯彻并遵照执行。

**一、加强任职管理**

（一）严格选拔任用程序。公司除考察拟任人员的从业经历、经营管理水平外，还应加强对其品行、职业操守、合规意识等方面的考察。对受过刑罚、行政处罚、行业内部处分或公司内部处分等不良记录的人员或频繁更换保险公司任职的人员，各公司要认真考察、谨慎使用，并在《任职资格申请表》中如实反映。保险公司分支机构拟任人员频繁更换任职的，应由本人提交两年内工作情况的书面说明，并解释更换任职的原因。

（二）公司不得擅自任命高管人员或具有相同职权的其他管理人员，仅具有党内或其他非行政职务的人员不得变相履行高管职责。如因特殊情况需要指定临时负责人的，临时负责时间不得超过三个月，并在决定作出之日起十日内向保监局（含苏州监管分局，下同）报告。

（三）不鼓励、不提倡一人兼任多个分支机构的经营管理职务。分支机构主要负责人原则上不兼任其他同级分支机构主要负责人；高管人员兼任下辖分支机构主要负责人的，工作应以下兼岗位为主。

（四）公司应加大对拟任人员的法规培训和合规教育力度。建立集中法规培训和合规教育制度，切实提高依法合规经营的水平，督促诚实守信、勤勉尽责、合规经营。

**二、建立动态监管机制**

（一）严把准入关。一是严格审核拟任人员的学历情况。公司应建立对拟任人员的学历审核制度，申报任职资格时，公司应提交足以证明拟任人员学历真实性的相关材料。二是加强对拟任人员履职经历的查询审核。对于高管人员变动任职的，保监局视情况向其原任职机构、原任职所在地保险行业协会

或原任职所在地监管部门实行书面征询任职意见，并将征询意见作为是否核准高管任职资格的重要依据。三是加强对拟任人员离任审计报告的审查。如拟任人员的前任职务为保险公司分支机构主持工作的高管人员，公司应提交其离任审计报告，并进行认真审查。如拟任人员存在违法违规行为，不宜申报为保险公司分支机构高管人员或营销服务部负责人的，公司不得申报，否则保监局将进行认真核实，并依法作出处理。

（二）健全拟任人员的法规测试制度。申报任职资格时，公司应提交近一个月内对中心支公司及以下拟任人员进行法规培训和测试的书面报告。对于保险公司分支机构的拟任高管，在公司测试的基础上，保监局按照逢报必考的原则，对其进行法规测试，测试成绩不合格的，予以补考，补考仍不合格的，保监局将建议公司调整拟任人员；对于拟任营销服务部负责人，其任职管理适用报告制，但应参加保监局或任职地市行业协会定期组织的法规测试，测试成绩不合格的，予以补考，补考仍不合格的，保监局将建议公司更换该负责人。

（三）完善高管人员管理信息系统。保监局高管人员信息系统的内容包括：高管人员任职资格申请材料的基本内容、职务变更情况、与该人员相关的风险提示函和监管谈话记录、离任审计报告、刑罚和行政处罚、公司内部处理记录等。公司上报高管人员信息内容应完整、准确、及时，保险公司做出内部处理的，应于做出处理之日起十日内统一由省级分公司将内部处理情况报送保监局。

**三、规范流动管理**

（一）保险公司分支机构高管人员和营销服务部主要负责人的流动应遵循依法、合理、有序的原则。公司应建立健全相关人员流动的制度。相关人员流动应按公司的正常程序办理，申请离司的应按照规定办理离职手续。

（二）分支机构高管人员和营销服务部负责人应珍惜职业生涯。拟任人员如两年内任职超过两家（含拟任）保险机构的，保监局视情况向其任职所在地保险行业协会征询意见（征询意见表见附件）。保险行业协会应对拟任人员进行客观评价，认真填写征询意见表，并于五个工作日内向保监局提交。

**附件：**

**保险公司分支机构高级管理人员和营销服务部负责人任职征询意见表**

**公司名称：** **拟任人员姓名：** **拟任职分支机构：**

| 序号 | 征询项目 | 评价内容 | 评　　价 | 备注 |
|---|---|---|---|---|
| 1 | 市场反映 | 个人能力、职业水准、诚信经营等综合素质、行业内口碑等 | 良好 □　一般 □　较差 □ | |
| 2 | 行业自律执行情况 | 参与、配合行业自律情况 | 良好 □　一般 □　较差 □ | |
| 3 | 公司内部管理情况 | 内控制度建设情况、机构及人员队伍状况等 | 良好 □　一般 □　较差 □ | |
| 4 | 有关奖惩事项 | 行业内表彰、消费者投诉案件、受刑法或行政执法部门处罚等 | | |
| 5 | 其他 | | | |
| 总体意见 | | | | |

协会填表人（签名）：　　　　　　填表日期：

协会秘书长（签名）：　　　　　　协会盖章

# 关于加快推进中介监管信息系统上线有关工作的通知

（2010年9月2日）

各保险专业中介法人机构：

中国保监会组织开发的保险专业中介机构和高管人员管理子系统、保险专业中介机构非现场监管子系统以及保险专业中介机构分类监管子系统（以下简称新系统）目前已开发完成。三个子系统具备信息采集、综合查询、统计分析等功能，同时实现了全国范围内的数据集中和信息共享，并将于近期在全国范围内推广使用。

通过该系统，保险专业中介机构可以完成行政许可的申请，实时查询行政审批工作的进展程度，了解监管意见，加强行业主体与监管部门之间的沟通和互动。中介机构还可以在线填报业务和财务数据，规范报送流程，提高数据的准确性和时效性。法人机构还可以通过查询统计功能掌握分支机构业务发展情况，提高对分支机构的管控力度。

为进一步规范监管工作流程、提高监管工作效率，现结合保监会要求将我省推进系统上线有关工作通知如下：

**一、推进工作进程表**

进入系统后，各中介法人机构首先必须仔细核对系统中公司名称、分支机构数量与名称等情况与实际情况是否相符，如有误差，请及时联系江苏保监局，否则影响公司数据整体的准确性。

（一）非现场监管子系统

9月10日前完成两次数据试报工作。一是截至7月份业务及财务数据（2010年累计数），二是截至8月份业务及财务数据（2010年累计数）。业务报表须同时报送各分支机构的数据。

非现场监管报表中的法人机构业务数据请填报法人机构本部的业务数据，无须填报法人机构整体汇总数据。

10月起，各保险专业中介机构应于每月结束后10日内（节假日不顺延）正式通过非现场监管系统向我局报送保险中介监管报表。纸质报表加盖公章后同时以快递形式寄送至我局中介处。

（二）机构和高管人员子系统

9月底前完成机构、高管人员的历史数据补录。补录时注意必须将各分支机构数据补录完整，高管人员仅需填写现任高管人员。总公司高管包括董事长、执行董事、总经理、副总经理，分支机构高管仅为分支机构负责人1人。

全部历史数据补录完成后，方可向江苏保监局提交确认。现有保险专业中介机构一旦完成信息补全，并经江苏保监局确认无误后，即可以通过新系统办理相关行政许可等业务。

苏州地区中介机构相关行政许可业务等应通过系统向苏州保监分局申报，申报事项范围请参考《关于苏州市保险机构行政许可有关问题的通知》（苏州保监发〔2010〕4号）。

**二、有关操作事项提示**

（一）系统进入

方式一：中国保监会网站 www.circ.gov.cn→保险中介监管信息系统（网页中部右侧）→左侧子系统入口：专业中介机构和高管人员管理模块、专业中介机构非现场监管模块→输入用户名、密码（培训会议所发纸条）。

方式二：直接登录 http://iir.circ.gov.cn，进入子系统入口。

（二）技术支持方式

遇疑难问题，以及用户密码出错不能进入系统等问题请采取以下联系方式：

电话：010-66288282

邮箱：iir@circ.gov.cn

QQ:1046254377

MSN:iircirc@hotmail.com

**三、几点要求**

（一）高度重视加强学习。该系统试运行结束后（预计为10月底）将正式上线，此后中介机构涉及的行政许可、非现场监管等方面业务，除须提交纸质材料以外，还必须通过该系统提交相关电子文档，否则不予受理。

（二）指定专人强化责任。各公司应指定专人承担系统相关模块的管理责任，加强系统维护工作，相关信息变更后必须及时在系统中更新。公司主要负责人作为第一责任人，要加强对各项申报数据的审核工作，对于不及时申报、多次错漏的公司，我局将追究公司主要负责人的责任。

（三）每季度结束后10日内（节假日不顺延），仍需报送发票开具情况统计报表电子版至 zhongjiechujs@163.com。

该系统培训PPT，用户操作手册已放置于 xiazaibiaoge@163.com，密码123456。

在系统上线工作中遇到问题请及时与江苏保监局联系。

联系人：

机构和高管人员子系统

张　瑾 025-86793928　李　超 025-86793978

彭孜溯 025-86793985　郭　伟 025-86793994

非现场监管子系统

杨绍慰 025-86793958　张　杰 025-86793979

## 关于积极推进环境污染责任保险试点工作的通知

（2010年9月7日）

各保险行业协会、各财产保险公司省级分公司：

为进一步推动全省环境污染责任保险试点工作，近日，省政府金融办、省环保厅和我局联合下发了《关于建立环境污染责任保险联席会议机制的通知》（苏环办〔2010〕302号），建立了包括省政府金融办、省环保厅、江苏保监局、省环境应急中心、省环境科学学会等成员单位在内的环境污染责任保险联席会议机制。同时，省环保厅制定下发了《关于印发推进环境污染责任保险试点工作实施方案的通知》（苏环办〔2010〕301号），明确了应当参加环境污染责任保险的区域和行业、企业。为切实配合环保部门落实相关文件要求，把握发展环境污染责任保险的政策契机，全面推进试点工作，现提出如下建议和要求：

**一、加强沟通协作，推动工作机制的建立和完善。**一是拟参与环境污染责任保险业务的保险公司要积极和省环保厅沟通协作，配合省环保厅做好推进全省试点的相关准备工作。二是各地行业协会、相关保险公司要积极和当地政府金融办及环保等相关部门沟通联系，推动建立地方环境污染责任保险工作小组，搭建部门协作平台。

**二、加大宣传力度，提高企业投保积极性。**一是各地保险行业协会、相关保险公司要积极向当地环保部门及企业介绍环境污染责任保险产品的具体情况，协助配合环保部门制定和落实宣传推动方案。二是相关保险公司要加大投入力度，积极借助媒体、业务培训等多种手段和形式加强环境污染责任保险宣传工作，提高企业对环境污染责任保险的认识，增强企业的风险防控意识，促进企业积极运用保险手段化解环境污染风险压力。

**三、因地制宜，推动创新保险产品和承保方案。**一是相关保险公司要对全省各地、各行业环境污染风险状况以及相关企业对环境污染风险保障的实际需求进行深入调查研究，因地制宜地创新开发适应各行业、企业迫切需要的保险产品。二是保险公司要积极发挥专业与经验优势，加强与环保部门协作，创新制定务实可行的承保方案。

**四、推动建章立制工作，促进试点持续健康发展。**一是推动环保部门将相关企业是否投保环境污染责任保险作为等级评定的标准，与行业监管密切挂钩。二是建立健全投保企业风险防控考核机制，将考核结果与费率浮动机制密切结合，促进企业提升风险管理水平；协助投保企业做好防灾防损工作，促进试点持续健康发展。

参与环境污染责任保险试点的相关保险公司省级分公司应当按季度向我局报送试点业务的进展情况；另外，在试点中遇到问题的，应当及时向我局报告。

附件：1.《关于建立环境污染责任保险联席会议机制的通知》(苏环办〔2010〕302 号)

2.《关于印发推进环境污染责任保险试点工作实施方案的通知》(苏环办〔2010〕301 号)

## 关于进一步加强保险行业协会财务管理的通知

(2010 年 9 月 16 日)

各保险行业协会：

为规范我省各保险行业协会财务管理，严肃财务纪律，保证保险行业协会工作的正常开展，充分发挥协会职能作用，现提出如下要求：

**一、合理确定会费额度，严格坚持以支定收原则。**各保险行业协会要从满足当前工作需要和适应将来的发展需要充分考虑，合理确定会费总量。会费收取原则上要以支定收。各行业协会每年初根据上一年度收支情况和本年度工作安排，做出本年度经费预算。各行业协会不得采用各种变通方式变相提高会费收取标准，会费收取应遵循合理负担、权利义务对等的原则，严禁发生采取各种违法方式收取或返还会费的行为。

**二、加强服务性收入管理。**协会按照自愿有偿原则提供服务的收费项目，应将收费项目、收费标准、收费频次和收费范围及时向会员单位公布，经理事会批准后报江苏保监局备案。收取费用后应提供相应正规票据。各项服务性收入应在财务上单独设置科目列支管理。

**三、加强自律保证金和违约金管理。**协会收取的各项自律保证金应向缴纳单位开具正规收据，并应实行专户存储、专户管理；保证金所有权属缴存的会员公司，任何机构和个人不得占用；保证金不得随意列支和挪用；保证金制度终止，其账户存款余额应及时归还缴存的会员公司。

会员公司违约按规定扣缴的违约金，各协会应单独考核，不得与秘书处费用账户混用，违约金只能用于对举报人员和单位的奖励、履行自律公约所组织检查的所需经费及经会员单位同意开支费用的其他内容。

每年年终前，各协会应将各公司缴存的保证金账户余额和违约金使用情况向会员公司公布、核对，并纳入年终审计报告，自觉接受会员单位监督。

**四、实行重大财务事项报告制度。**各协会应严格执行民政部门、监管部门及章程规定，对会费收支情况、购置重大资产以及有关票据进行严格管理，如发生以下财务事项，必须经会长同意后向监管部门进行事前报备后方可执行：

(一)汽车的租赁或购买；

(二)办公用房的租赁、购买或装修；

(三)大型会议费用；

(四)出国出境考察；

(五)大型宣传费用、赞助费；

(六)其他重大固定资产购置、报废或大额会费开支等。

**五、加强财务管理廉政建设。**各协会秘书长作为财务把关的第一负责人，要加强自身廉洁自律教育，应认真履行财务审核的职责，切实提升协会财务制度的执行力，杜绝财务管理可能产生的违法违规行为。

本文下发后，各保险行业协会应按照《关于加强各保险业社团组织建设的指导意见》(保监发〔2007〕118 号)、《关于进一步加强全省保险行业协会建设的指导意见》(苏保监发〔2009〕118 号)、《关于印发<全省保险行业协会秘书处工作考核办法(试行)>的通知》(苏保监发〔2010〕51 号)和本通知的要求，建立健全相关财务管理制度，制定和完善服务性收费、保证金和违约金管理制度，对不符合要求的原财务制度进行修改，并于2010年10月30日前将相关财务制度（电子版）通过OA系统上报江苏保监局进行备案。

江苏保监局将不定期对全省各保险行业协会财务管理情况进行抽查，并将检查情况纳入年终考核范围。对于财务管理存在严重违法违规行为的协会，将采取措施严肃追究相关人员责任。

# 关于建立和实施《江苏财产保险市场规范信息报送制度》的通知

（2010年9月30日）

各财产保险公司省级分公司：

为及时有效地掌握财产保险市场情况，规范公司经营行为，促进我省财产保险市场的健康发展，我局对2008年起实施的《车险市场规范信息反馈办法》进行了修改完善，现决定建立《江苏财产保险市场规范信息报送制度》（以下简称《信息报送制度》），并于2010年10月1日起开始实施。现就有关要求通知如下：

一、根据《信息报送制度》规定，江苏省保险行业协会由我局授权设计了《江苏财产保险市场规范信息采集系统》（以下简称《信息采集系统》）。该系统挂在省协会网站首页，具体使用方法省协会将下发《使用手册》。

《信息采集系统》填报单位分为两个层面：一是各财产保险公司省级分公司，二是全省每个地市（共13个地市）所辖的各财产保险公司地市级公司（含地市级分公司和中心支公司，下同）。

填报内容相应地分为两个层面：一是对于省级分公司，应填报全省范围内《车险手续费最高的三个地区》、《非车险（企财险）平均手续费最高的三个地区》、《非车险（企财险）实际费率最低的三个地区》和《市场情况不佳的三个地区》四项内容。二是对于地市级公司，应填报该公司所在的地级市范围内《当地车险手续费最高的三家公司》、《当地非车险（企财险）平均手续费最高的三家公司》、《当地非车险（企财险）实际费率最低的三家公司》和《当地市场情况不佳的三家公司》四项内容。

二、各公司应本着对规范江苏产险市场负责的态度高度重视此项工作，每月对全省或所在地市产险市场情况进行认真调查，按照权限范围认真填报，实事求是的反映当期当地市场情况。

三、各公司应指定一名政治素质硬、业务水平高、熟悉市场情况、工作岗位较为稳定的人员作为《信息采集系统》的填报人，并于10月15日前将信息填报人书面上报我局产险处（报送样式见附件），以后如有变更应在变更当月向我局产险处报告。我局根据各公司上报的填报人下发用户名和初始密码并对填报人信息和填报内容严格保密。

四、各公司填报人应于每月前五个工作日搜集好信息，经过公司主要负责人认可填报内容的情况下，登陆《信息采集系统》进行认真填报，10月29日前各公司应完成《信息采集系统》的首次填报。

五、各省级公司应将此文件转发给全省辖内各地市公司，确保各地市公司于10月15日前按照要求直接向我局产险处书面报送（可通过传真方式）填报人信息。

附件：《产险公司市场规范信息填报人情况表》

**附件：**

| 公司 | 填报人 | | | | | 公司主要负责人 | | |
|---|---|---|---|---|---|---|---|---|
| | 姓名 | 职务 | 办公电话 | 手机 | 电子邮箱 | 姓名 | 办公电话 | 手机 |
| | | | | | | | | |

# 关于印发《江苏保监局创先争优活动考核评价办法(试行)》的通知

(2010 年 10 月 8 日)

机关各支部、苏州分局支部,省保险行业协会、省保险学会、苏州协会支部:

根据保监会创先争优活动统一部署,经江苏保监局 2010 年第 15 次党委会研究,现将《江苏保监局创先争优活动考核评价办法(试行)》印发给你们,请遵照执行。

## 江苏保监局创先争优活动考核评价办法

(试　行)

第一条　为推动创先争优活动广泛、深入、有效开展,全面加强党的基层组织和党员队伍建设,根据《关于深入开展创先争优活动的实施方案》,结合实际,制定本办法。

第二条　本办法适用于对机关各支部、苏州分局支部和省行业协会、省保险学会、苏州行业协会支部及所属党员。

第三条　考核评价工作遵循注重实效、突出重点、客观公正的原则,既注重综合考核,又重视平时考核。

第四条　考核评价办法,先进党支部实行两级考核,优秀共产党员实行三级考核。

第五条　先进党支部的考核,实行支部自主考评打分与局创先争优活动领导小组考核打分相结合。权数分别为:自主打分 30%,考核打分 70%。

第六条　优秀共产党员的考核,实行个人自主打分、各支部考评打分与局创先争优活动领导小组考核打分相结合。权数分别为:自主打分 20%、支部打分 30%、考核打分 50%。

第七条　创建先进党支部,努力做到"五个好",即领导班子好、党员队伍好、工作机制好、工作业绩好、群众反映好。(具体考核标准详见附件 1)

第八条　争当优秀共产党员,努力做到"五带头",即带头学习提高、带头争创佳绩、带头服务群众、带头遵纪守法、带头弘扬正气。(具体考核标准详见附件 2)

第九条　各支部要高度重视,精心组织,周密部署,把开展创先争优活动作为推动行业发展的动力,制定方案、明确目标,强化措施,切实抓好落实。

第十条　各支部要按照局创先争优活动实施方案的要求,通过召开座谈会、分析会等形式,适时组织领导点评、群众评议,自主开展特色鲜明的主题活动,形成比学赶超的生动局面。

第十一条　本办法自发布之日起开始试行,由局创先争优活动领导小组办公室负责解释。

**附件 1:**

**先进党支部考核表**

**填表单位:**　　　　　　　　　　　　**日期:　　年　　月　　日**

| 考评项目 | 目标内容及考评标准 | 分值 | 自评分 | 考核分 | 总分 |
|---|---|---|---|---|---|
| 领导班子好 | 坚持民主集中制,班子健全团结。 | 5 | | | |
| | 认真落实党建工作责任制,班子成员发挥表率作用。 | 5 | | | |
| | 求真务实,开拓创新,公道正派,得到党员信赖、行业拥护、上级满意。 | 5 | | | |
| | 有较强的政治素养、群众威信和本职岗位胜任能力,是本职工作行家里手。 | 5 | | | |

续表

| 考评项目 | 目标内容及考评标准 | 分值 | 自评分 | 考核分 | 总分 |
| --- | --- | --- | --- | --- | --- |
| 党员队伍好 | 党员思想觉悟高，认真执行上级党组织的指示和决定。 | 5 | | | |
| | 党员组织纪律好，自觉接受党组织的教育和管理，自觉履行党员义务和行使党员权利，积极参加党组织和行业开展的活动。 | 5 | | | |
| | 党员业务能力优，有能够独挡一面的主查人（主办人），属于监管和管理骨干。 | 5 | | | |
| | 党员服务意识强，团结协作，服务大局，建成一批党员先锋岗、示范岗。 | 5 | | | |
| 工作机制好 | 支委会研究工作制度化、经常化，有定期会议记录，并有工作记载材料。 | 5 | | | |
| | “三会一课”、发展党员、民主评议党员、党费收缴管理等制度健全、工作规范。 | 5 | | | |
| | 结合支部实际，积极开展党员主题实践活动，使党的建设与业务工作融为一体，相互促进，共同提高。 | 5 | | | |
| | 支持工会、共青团等群团组织依照法律和章程积极开展工作，以党建带群建。 | 5 | | | |
| 工作业绩好 | 勇担对经济社会发展的责任，找准与江苏“两个率先”的结合点，在服务全局中实现行业价值、部门价值。 | 5 | | | |
| | 勇担对行业科学发展的责任，实施依法、科学、有效监管，引领行业走率先发展、协调发展、创新发展和服务民生之路。 | 5 | | | |
| | 勇担对保险消费者的责任，以防范销售误导、解决理赔难和妥善处理信访投诉为重点，逐步建立完善保护被保险人利益的工作机制。 | 5 | | | |
| | 勇担对党员群众的责任，开展精神文明创建活动，创建学习型党支部。 | 5 | | | |
| 群众反映好 | 主要工作在系统内、辖区内有较好影响。 | 4 | | | |
| | 党组织在党员群众中有较高威信。 | 4 | | | |
| | 党员在群众中有积极形象。 | 4 | | | |
| | 积极参与公益事业，践行行业社会责任。 | 4 | | | |
| | 加强思想道德修养，筑牢反腐倡廉防线。 | 4 | | | |
| 加分项目 | 当年评上国家级、省部级、地市级先进集体等荣誉的支部，分别加6、5、4分。 | | | | |
| | 创新工作在保监会或省委省政府交流或发表，加5分。 | | | | |
| | 某项工作在保监会系统内排名前5名的，加5分。 | | | | |
| 一票否决项目 | 1、党员群众有违法国家法律法规，受到刑事处罚的；2、党员群众有违反党风政纪行为，查实处理的；3、党员群众有违反计划生育等国策的； | | | | |

填表人：　　　　　　支部书记：

附件2：

**优秀共产党员考核表**

填表单位：　　　　　　日期：　年　月　日

| 考评项目 | 目标内容及考评标准 | 分值 | 自评分 | 支部分 | 考核分 | 总分 |
| --- | --- | --- | --- | --- | --- | --- |
| 带头学习提高 | 认真学习实践科学发展观，自觉坚定理想信念。 | 5 | | | | |
| | 学习经济、金融等业务知识和科学文化知识，努力提高综合素质。 | 5 | | | | |
| | 自觉学习监管法规政策，主动参加各类教育培训，提高监管专业化水平。 | 5 | | | | |
| | 制定个人学习调研计划，每年完成调研报告、研究论文不少于2篇。 | 5 | | | | |

续表

| 考评项目 | 目标内容及考评标准 | 分值 | 自评分 | 支部分 | 考核分 | 总分 |
|---|---|---|---|---|---|---|
| 带头争创佳绩 | 具有强烈的责任感和事业心，爱岗敬业、勤勉履职，能够高质量地完成本职工作。 | 5 | | | | |
| | 在急难险重任务面前，能够打头阵、当先锋，创造一流工作业绩。 | 5 | | | | |
| | 积极为监管部门自身建设和行业科学发展献计献策。 | 5 | | | | |
| | 解放思想，勇于开拓，在系统内创新开展某项工作。 | 5 | | | | |
| 带头服务群众 | 主动联系群众，帮助群众解决实际困难。 | 5 | | | | |
| | 自觉维护保险消费者正当权益，维护和树立行业良好形象。 | 5 | | | | |
| | 主动参加社会公益活动，每年参加扶贫帮困、奉献爱心、回报社会等服务活动不少于2次。 | 5 | | | | |
| | 牢固树立大局意识、服务意识，主动配合有关处室开展工作。 | 5 | | | | |
| 带头遵纪守法 | 自觉遵守党的纪律，模范遵守国家法律法规。 | 5 | | | | |
| | 严格执行保监会制定的各项规章以及局内的各项制度，模范遵守《保险监管人员行为准则》。 | 5 | | | | |
| | 保守工作秘密，严格执行工作纪律和规范道德。 | 5 | | | | |
| | 严格执行回避制度，公开、公平、公正执法。 | 5 | | | | |
| 带头弘扬正气 | 生活正派，情趣健康，自觉抵制“三俗”，不涉足不健康的娱乐场所。 | 5 | | | | |
| | 严格要求家属子女不得利用本人职权影响谋取不正当利益。 | 5 | | | | |
| | 影响和带动身边同事自觉抵制各种歪风邪气。 | 5 | | | | |
| | 坚持勤俭节约，反对铺张浪费。 | 5 | | | | |
| 加分项目 | 当年评上国家级、省部级、地市级先进个人等荣誉的，分别加6、5、4分。 | | | | | |
| | 创新工作在保监会或省委省政府交流或发表，加5分。 | | | | | |
| | 某项工作在保监会系统内排名前5名的，加5分。 | | | | | |
| 一票否决项目 | 1、违法国家法律法规，受到刑事处罚的；2、违反党风政纪行为，查实处理的；3、有违反计划生育等国策的。 | | | | | |

填表人：　　　　　　　　支部意见：　　　　　　　　支部书记：

# 关于进一步加强保险许可证管理的通知

（2010年11月4日）

各保险公司省级分公司：

为进一步加强保险分支机构保险许可证管理工作，根据《保险法》、《保险公司管理规定》和《保险许可证管理办法》等法规精神，现就有关事项通知如下：

一、各保险公司省级分公司要高度重视保险许可证管理工作，明确主管部门，切实加强许可证的管理工作。各保险公司省级分公司应指定联系人至我局办理行政许可申报、保险许可证办理等相关事宜，如联系人发生变化的，应及时报告我局。

二、各保险公司省级分公司接到本通知后，要认真开展对保险许可证管理的自查自纠工作，包括以下内容：

（一）是否存在旧证未换的情况。如有2007年9月1日以前领取的保险许可证（包括“保险营销服务许可证”），应立即至我局换证，并由省分公司出具“情况说明”，解释延误换证的原因，加盖公章后报告我局。

（二）是否将保险许可证原件放置于营业场所显著位置，以备查验。

（三）是否存在保险许可证记载事项发生变更未及时换领

新保险许可证的情况。

（四）是否存在保险许可证遗失未及时报告并补办的情况。

（五）保险许可证管理方面存在的其他问题。

各保险公司省级分公司要高度重视并切实组织好此次自查自纠工作，对自查自纠中发现的问题于2010年11月15日前报告我局。我局将对各公司保险许可证管理情况进行抽查，对许可证管理存在问题的，将依法进行处理。

## 关于做好在全省实施交强险地区差别费率改革试点的通知

（2010年11月9日）

江苏省保险行业协会：

为进一步探索完善交强险费率形成机制，促进交强险费率水平和风险的合理匹配，中国保监会已于近期批复我局（保监产险〔2010〕1235号），同意在江苏省实施交强险地区差别费率改革试点。现将试点工作的有关要求通知如下：

**一、高度重视试点工作。**交强险是我国第一个通过法律规定强制实施的险种，具有社会性、公益性和强制性等特点，自其实施以来一直受到社会各界的广泛关注。此次在江苏开展交强险地区差别费率改革试点是保监会今年的一项重点工作，是保监会充分考虑各地实际情况后做出的重要决定，江苏试点的经验将为全国实施交强险地区差别费率提供参考依据。你会必须高度重视，本着积极、稳妥的原则，全面考虑费率改革对行业和社会的影响，充分发动全行业力量，在人员、资金和时间上全力保证此项工作尽快顺利完成。

**二、加强组织人力保证。**交强险地区差别费率改革试点是一项复杂的系统工程，涉及精算、承保、理赔、财务和信息技术等多个方面。你会要尽快成立强有力的组织领导小组；并从行业内抽调精干人员，组建分工明确、科学高效的工作机构。工作机构内要根据项目需要划分若干专业工作小组，确定负责人，保证工作到岗、责任到人。

**三、确定试点工作方案。**交强险地区差别费率改革是交强险费率的一次重大调整，必须在科学精算的基础上，有计划、有步骤的推进。你会要在对行业经营数据的全面深入调研分析后，制定详尽可行的试点工作方案。方案要明确地区差别费率的框架结构和费率调整的目标区间，力求精细；要切合江苏实际，尽量适应现有信息平台和公司系统的运行环境，确保可操作性；要有预见性，充分考虑本地区风险的变化趋势，使厘定的费率调整结果能够保持相对的稳定性。方案要包括各项目完成进度表，并区分行业内部推动的工作进度和外部协调的工作进度，使试点工作做到完成早、质量高。

**四、建立沟通协调机制。**交强险的顺利实施必须依靠政府相关部门和社会各界的支持，在此次地区差别费率改革试点中要积极建立与相关单位的沟通协调机制。一是要及时将本次试点工作的背景和进展情况向省政府金融办、公安、农机、宣传等部门进行汇报，积极争取政府对于改革试点工作的支持。二是加强与中国保险行业协会、精算师事务所、交强险经营公司等单位的协调、配合，在数据分析、技术保障、系统改造等方面提供工作便利，保证试点工作及时完成。

**五、做好舆论宣传工作。**交强险费率的调整政策性强，涉及面广，关系广大群众的切身利益，你会要提前研究策划舆论宣传工作，做好宣传扎口管理，发挥宣传主导作用。要牢固掌握舆论宣传的主阵地，制定和细化舆论宣传的方案和应急预案，充分利用各种新闻媒体，通过召开新闻通报会、电视电台访谈等形式，大力宣传实施交强险地区差别费率的目的、意义和具体做法，争取社会各界的关注和支持，营造良好的舆论环境，确保试点工作的平稳实施。

## 关于妥善处置假保单案件有关事项的通知

（2010年12月16日）

各人身保险公司省级分公司：

近期，盐城地区发现伪造的某人寿保险公司的保单3份，涉及金额115000元。经初步调查，涉嫌伪造销售假保单的人员范某向邱某等人销售伪造的假保单，并在销售过程中承诺相关利益。在江苏保监局、盐城市金融办、盐城市公安局经侦支队以及盐城市保险行业协会的共同努力下，案件已得到有效处置。为妥善处置假保单案件，防范假保单犯罪风险，现将有关事项通知如下，请遵照执行。

一、各公司在日常经营中应密切关注上门或电话咨询保单信息的客户，切实提高风险防范意识。一旦发现假保单，应立即将假保单原件扣留，并向当地公安部门报案，积极协调当地公安部门对当事人进行调查询问，获取证据。

二、公司对涉嫌制售假保单人员服务的既往客户，应当进行上门回访排查，了解客户手中是否持有假保单，并同时向客户了解，周围是否还有其他人通过制售假保单嫌疑人购买公司产品，手中是否持有假保单。

三、公司对于发现的假保单情况，应当及时向江苏保监局和当地保险行业协会报告。报告内容包括发现的假保单数量，涉案金额，假保单复印件，制售假保单嫌疑人基本情况和工作经历，已经采取的处置措施，当地公安部门介入调查情况和已采取措施，以及下一步工作方案等。

四、制售假保单嫌疑人员在其他公司服务过的，相关公司应按本通知要求严格进行风险排查。

## 关于开展信访投诉及客户服务工作书面调研的通知

（2010年12月17日）

各保险公司省级分公司、各保险行业协会：

为准确掌握各公司、各行业协会信访工作情况，提高保监局监管工作针对性，我局决定在全省范围内开展一次信访投诉及客户服务工作情况的书面调研。现就有关事项通知如下：

**一、调研对象**

本次调研的对象是各保险公司省级分公司，江苏省保险行业协会、各地市保险行业协会。

**二、调研内容**

（一）保险公司方面

1、2010年度信访投诉及客户服务工作情况；

2、本公司信访工作制度、机制建设情况；

3、本公司信访投诉及客户服务工作中的经验及存在的主要问题；

4、对保监局信访处理工作的意见和建议。

（二）行业协会方面

1、《保险行业协会信访工作指引》贯彻落实情况；

2、2010年度信访工作情况；有哪些经验，存在什么问题；

3、本地保险机构信访投诉工作存在的问题；

4、对保监局信访处理工作的意见和建议。

**三、时间要求**

请各公司及保险行业协会认真撰写调研报告，并在2011年1月10日前将报告通过OA报送至江苏保监局法制处。没有开通办公平台的单位，请将书面报告以快递方式寄送至江苏保监局法制处。

联系人：郑圆媛　电话：86793942

刘金锋　电话：86793971

# 关于转发《关于进一步规范人身保险电话营销和电话约访行为的通知》的通知

（2010年12月21日）

各人身保险公司省级分公司：

为进一步规范人身保险电话营销和电话约访行为，保护保险消费者合法权益，中国保监会针对市场上出现的电话扰民、管理不规范等突出问题，印发了《关于进一步规范人身保险电话营销和电话约访行为的通知》（保监发〔2010〕99号）（以下简称"《通知》"）。现将《通知》转发给你们，并提出如下意见，请一并遵照执行。

一、各公司应高度重视《通知》的贯彻落实工作，严格按照《通知》要求，整顿规范电话营销和电话约访行为。各公司应当逐步实现全国使用一个电话营销号码，2010年12月31日前全省要统一到一个号码，2011年6月30日前实现全国统一号码，届时若达不到上述要求的，公司应停止开展电话营销业务。除营销员个人对自有客户、转介绍客户等特定群体提供保险销售或后续服务的电话约访行为之外，各公司营销员及其聘用人员一律禁止随机拨打电话约访陌生客户，或者假借公司电话营销中心名义电话约访客户。

二、各公司应于2010年12月31日前将电话营销和电话约访行为的清查情况报告我局。电话营销的清查报告内容应包括清查开展情况，呼出呼入号码、营业场所、销售区域、销售产品、销售人员持证、销售流程及管理制度、发现的问题及整改措施等情况，部分内容以报表形式报送（详见附件2），销售流程和管理制度报送电子文档；电话约访行为的清查报告内容应包括清查开展情况，原聘用人员去向、电话等设备及经营场所的处置、客户信息和资料的处置等情况。

三、此前有关文件精神与《通知》不一致的，请依照《通知》要求执行。

联系人：王前娟

联系电话：86793914

联系邮箱：shouxianchu@126.com

附件：1.《关于进一步规范人身保险电话营销和电话约访行为的通知》（保监发〔2010〕99号）

2、2009、2010年电话营销业务经营情况报表1、2

# 关于严禁以保单年检等名义约访消费者购买保险的紧急通知

（2010年12月28日）

各人身保险公司省级分公司：

近期，据江苏法制报记者反映并经我局调查核实，个别人身保险公司允许保险销售人员在居民家门上张贴《××通知函》，以"保单（含车险、财险、社保）年检"名义，约访或要求居民参加公司所谓的客户服务节等活动，借此推销保险产品。这种做法侵扰了居民的正常生活，给社会治安带来潜在隐患，也严重损害了保险业的形象。为规范保险营销行为，保护消费者合法权益，现就有关事项通知如下，请遵照执行。

一、各公司应依法合规经营，严格遵守国家法律法规和保监会的各项监管规定；

二、各公司应严格管理客户服务节、产品说明会、答谢酒会等活动，不得以任何方式欺骗、误导消费者购买保险产品；

三、各公司不得在居民家门上张贴通知函、告示，以"保单年检"等名义，约访或要求居民参加公司活动，推销保险产品。

我局将组织力量进行暗访和检查，对于违反本通知要求的公司依法予以严肃处理。

# 关于建立江苏保险市场舆情监测制度的通知

（2010年12月31日）

各保险公司省级分公司、各保险行业协会、省保险学会：

为进一步做好新闻宣传工作，增强对涉及我省保险业的舆情监测及处置工作的及时性、针对性和实效性，营造江苏保险业和谐、健康发展的良好舆论环境，经研究，决定建立江苏保险市场舆情监测及应急处置机制。现将有关事项通知下：

**一、总体指导思想**

各保险公司、行业协会要充分重视新闻宣传工作，自觉接受舆论监督、群众监督和社会监督，建立健全舆情监测机制，及时、有效地对舆情加以引导，积极应对、稳妥处置。

**二、舆情监测范围**

本制度所称舆情，是指本地区或本公司可能或已经发生的、对保险行业形象产生影响的新闻报道、网络言论或信息。可分为正面和负面两类。正面舆情是指有关保险业服务地方民生、参与社会管理等的正面新闻。负面舆情是指可能对行业产生不利影响的负面新闻。

**三、建立舆情监测网**

各保险公司和行业协会应当明确专人负责舆情监测和信息报告。舆情监测人员应适时对因特网、新闻媒体进行监测，并及时、全面汇总、收集信息，密切监控舆情动向。

以各保险公司省公司和各保险行业协会分别为纵向、横向双重信息报送线路，建立全省总体监测网，及时发现问题，及时跟踪处理。其中，各省公司负责纵向的、本公司全省的舆情监测，各行业协会负责横向的、本地区的舆情监测。

**四、建立快速报告机制**

（一）对于有利于树立行业形象的正面新闻报道，各公司和协会应当主动配合、积极参与，并在媒体公开报道前将相关信息报送至我局。

（二）对于可能对行业产生不利影响的负面新闻，各公司和协会应当高度重视、妥善沟通、积极应对，逐件落实。各保险公司和行业协会应当对监测和收集到的负面新闻及时进行研判，做到早发现、早报告、早应对、早处置。

依据舆情可能给我省保险业带来的负面影响、危害程度、紧急程度和发展势态，将负面新闻划分为三级：一级(特别严重)、二级(严重)、三级(一般)。一级是指在各大门户网、省内各主流报纸、电视、电台被连续、大篇幅负面报道，可能给行业带来特别重大的不利影响。二级是指在各大门户网、省内各主流报纸、电视、电台被负面报道，可能给行业带来较为严重的不利影响。三级是指在网站、报纸、电视、电台被负面报道，可能给行业带来一定不利影响。同时各公司、协会应当根据事态发展情况随时更新确定舆情级别并采取相应的措施。

对于一级舆情信息，各公司、协会应当在发生后的24小时内通过电子网络平台、传真、电话向我局报告，并每日报送发展态势及处理情况。对于二级舆情信息，各公司、协会应当在发生后的48小时内通过电子网络平台、传真、电话向我局报告，并向我局报告事情处理结果。对于三级舆情信息，各公司、协会应当按月汇总向我局报送相关事件及处理情况。同时，对于经过积极沟通后成功化解、未予爆光的重大负面新闻，各公司和协会也应当按月汇总后报我局。

**五、实行责任追究制度**

建立对舆情监测、跟踪处理工作不力的责任追究制度。对于各公司、协会报送舆情工作不及时、跟踪处理工作不力的，进行全辖通报批评，造成影响行业的重大后果的，追究相关公司、协会及负责人的责任。对于信息报送及时、处理得当，尤其是协助提供、处理其他公司或地区的重大舆情的，进行通报表扬。

**六、其他**

各公司、协会应当于2011年1月10日前，通过电子政务平台将本单位舆情监测工作的分管领导、责任部门负责人和经办人员名单、联系方法报送至我局，如有人员变更，应当及时报送。

我局舆情监测、协调新闻调查等工作由办公室负责。

**附件：**

**江苏保险业舆情报告表**

| 报告单位 | | | | | | |
|---|---|---|---|---|---|---|
| 级别 | 一级 | | 二级 | | 三级 | |
| 基本情况 | | | | | | |
| 应对处理情况 | | | | | | |

**填报时间：**

**填报人：**

**联系电话：** **手机：**

ANGSU BAOXIAN NIANJIAN

# 光荣榜

## 江苏省获奖单位

表 47

| 获奖单位 | 授奖单位 | 奖项名称 |
| --- | --- | --- |
| 江苏保监局 | 江苏省精神文明建设指导委员会 | 江苏省文明单位 |
| 中国人民财产保险股份有限公司江苏省分公司 | 江苏省精神文明建设指导委员会 | 江苏省精神文明建设先进单位 |
| | 江苏省人力资源和社会保障厅 | 省直管企业基本养老保险业务管理工作先进单位 |
| | 《保险文化》杂志社 | 中国保险文化管理创新奖、中国保险杰出领导力奖 |
| | 总公司 | 车险保费跨越千亿贡献奖 |
| 中国人民财产保险股份有限公司盐城市分公司<br>中国人民财产保险股份有限公司扬州市分公司 | 江苏省精神文明建设指导委员会 | 江苏省文明单位 |
| 中国人民财产保险股份有限公司苏州市分公司<br>中国人民财产保险股份有限公司徐州泉山支公司<br>中国人民财产保险股份有限公司宿迁泗洪支公司 | 江苏省精神文明建设指导委员会 | 江苏省精神文明建设先进单位 |
| 中国人民财产保险股份有限公司常州市分公司<br>中国人民财产保险股份有限公司连云港市分公司<br>中国人民财产保险股份有限公司淮安市分公司<br>中国人民财产保险股份有限公司泰州市分公司 | 江苏省精神文明建设指导委员会 | 江苏省创建文明行业工作先进行业 |
| 中国人寿保险股份有限公司江苏省分公司 | 江苏省精神文明建设指导委员会 | 江苏省创建文明行业工作先进行业 |
| | 中国金融工会 | 全国金融系统职工代表大会制度建设示范单位 |
| | 中华全国总工会 | “2010年全国亿万职工健身活动月”优秀组织奖 |
| 中国人寿保险股份有限公司苏州市分公司 | 江苏省精神文明建设指导委员会 | 江苏省文明单位 |
| 中国人寿保险股份有限公司南京市分公司<br>中国人寿保险股份有限公司徐州市分公司<br>中国人寿保险股份有限公司连云港市分公司<br>中国人寿保险股份有限公司镇江市分公司<br>中国人寿保险股份有限公司泰州市分公司<br>中国人寿保险股份有限公司宿迁市分公司 | 江苏省精神文明建设指导委员会 | 江苏省文明行业 |
| 中国人寿保险股份有限公司无锡市分公司<br>中国人寿保险股份有限公司盐城市分公司<br>中国人寿保险股份有限公司常州金坛支公司<br>中国人寿保险股份有限公司苏州常熟支公司 | 江苏省精神文明建设指导委员会 | 江苏省精神文明建设先进单位 |
| 中国人寿保险股份有限公司徐州市分公司客户服务中心工会小组 | 中华全国总工会 | 全国模范职工小家 |
| 中国太平洋财产保险股份有限公司无锡分公司<br>中国太平洋财产保险股份有限公司苏州分公司 | 江苏省精神文明建设指导委员会 | 江苏省文明单位 |
| 中国太平洋人寿保险股份有限公司江苏分公司 | 江苏省放心消费创建活动领导办公室 | 江苏省放心消费创建活动先进单位 |
| | 江苏省平安金融创建领导小组 | 江苏省平安金融(单位) |
| 中国太平洋人寿保险股份有限公司无锡分公司 | 江苏省精神文明建设指导委员会 | 江苏省精神文明建设先进单位 |
| 中国太平洋人寿保险股份有限公司苏州分公司 | 江苏省精神文明建设指导委员会 | 江苏省精神文明建设先进单位 |
| 中国太平洋人寿保险股份有限公司淮安中心支公司 | 淮安市政府、市保险协会 | 2010年度淮安市保险业放心消费创优年创建达标单位 |
| 中国平安财产保险股份有限公司江苏分公司 | 江苏省平安金融创建领导小组 | 江苏省平安金融(单位) |
| 中国平安人寿保险股份有限公司江苏分公司 | 江苏省精神文明建设指导委员会 | 江苏省精神文明建设先进单位 |
| | 中共江苏省委组织部 | 2009年度省部属企业、科研院所党建工作进步奖 |
| 新华人寿保险股份有限公司江苏分公司 | 江苏省委宣传部、省级机关工委 | 江苏省级机关第二届“万人学法”竞赛活动先进单位 |

续表 47

| 获奖单位 | 授奖单位 | 奖项名称 |
| --- | --- | --- |
| 新华人寿保险股份有限公司江苏分公司 | 新华系统 2010 年度"理赔服务管理"评优竞选 | 最佳理赔服务分公司 |
| 泰康人寿保险股份有限公司江苏分公司 | 江苏省平安金融创建活动领导小组 | 江苏省平安金融(单位) |
| | 江苏省精神文明建设指导委员会 | 江苏省精神文明建设先进单位 |
| 中国出口信用保险公司江苏分公司 | 江苏省精神文明建设指导委员会 | 江苏省文明单位 |
| | 江苏省平安金融创建活动领导小组 | 江苏省平安金融(单位) |
| | 总公司 | 优秀单位,短期出口险保额综合贡献奖,项目险业务突破奖,支持国家重点行业成果奖 |
| 中华联合财产保险股份有限公司泰州中心支公司 | 江苏省放心消费创建活动领导办公室 | 江苏省放心消费创建活动先进单位 |
| 都邦财产保险股份有限公司江苏分公司 | 《保险文化》杂志社 | 中国保险文化管理创新奖、中国保险杰出领导力奖 |
| | 江苏省精神文明建设指导委员会 | 江苏省精神文明建设先进单位 |
| 中银保险有限公司江苏分公司 | 江苏省平安金融创建活动领导小组 | 江苏省平安金融(单位) |
| 中意人寿保险有限公司江苏省分公司南京营销服务部 | 江苏省平安金融创建活动领导小组 | 江苏省平安金融(单位) |
| 光大永明人寿保险有限公司江苏分公司 | 国家九部委 | 国家级软件正版化示范企业 |
| 华泰人寿保险股份有限公司江苏分公司 | 江苏省精神文明建设指导委员会 | 江苏省精神文明建设先进单位 |
| | 中共南京市委、南京市人民政府 | 2007~2009 年度南京市文明单位 |
| | 江苏省平安金融创建活动领导小组 | 江苏省平安金融(单位) |
| | 江苏省依法质量维权环省行 | 服务质量先进单位 |
| | 第七届中国保险精英圆桌大会 | 最佳诚信经营奖 |
| 中国人寿财产保险股份有限公司江苏省分公司 | 江苏省精神文明建设指导委员会 | 江苏省精神文明建设先进单位 |
| | 总公司 | 规模效益双优奖、承保盈利贡献奖 |
| 中国人寿财产保险股份有限公司江苏省分公司电话中心 | 江苏省文明办 | "迎世博迎亚运讲文明,满意在江苏"先进集体称号 |
| 中国人寿财产保险股份有限公司江苏省分公司电话中心客服代表刘金婷 | 江苏省文明办 | "迎世博迎亚运讲文明,满意在江苏"先进个人称号 |
| 中国人寿财产保险股份有限公司南京中心支公司 | 江苏省精神文明建设指导委员会 | 江苏省文明单位 |
| 安诚财产保险股份有限公司江苏分公司 | 江苏省平安金融创建活动领导小组 | 江苏省平安金融(单位) |
| 中国人寿养老保险股份有限公司江苏省分公司客户服务部 | 中国金融工会 | "第四届全国金融系统职工职业道德建设十佳班组"和"全国金融五一劳动奖状" |
| 中国人寿养老保险股份有限公司江苏省分公司 | 中国人寿保险(集团)公司 | "用心经营、诚信服务"先进单位 |
| | | 互动业务先进单位 |

光荣榜

(上接第 252 页)

第六十八条　案件审理部门应当根据《案件调查报告书》和当事人陈述、申辩的情况及听证情况拟定《行政处罚决定书》,报中国保监会负责人或者派出机构负责人批准。

第六十九条　《行政处罚决定书》应当包括下列内容:

(一)当事人的姓名或者名称、住所;

(二)违反法律、行政法规或者规章的事实和证据;

(三)行政处罚的种类和依据;

(四)行政处罚的履行方式和期限;

(五)不服行政处罚决定,申请行政复议或者提起行政诉讼的途径和期限;

(六)作出行政处罚决定的机关名称及作出决定的日期。

第七十条　《行政处罚决定书》必须盖有作出行政处罚决定的机关的印章。

第七十一条　中国保监会及派出机构应当将《行政处罚决定书》送达当事人。

第七十二条　中国保监会或者派出机构应当在作出行政处罚决定之日起 20 日内,将行政处罚决定的内容在中国保监会或者派出机构的网站上公布。

## 第五章　执　行

第七十三条　行政处罚决定依法作出后,当事人应当在行政处罚决定规定的期限内履行。

第七十四条　当事人对中国保监会或者派出机构的行政处罚决定不服申请行政复议或者提起行政诉讼的,行政处罚不停止执行,法律另有规定的除外。

第七十五条　当事人逾期不履行行政处罚决定的,作出行政处罚决定的中国保监会或者派出机构可以采取下列措施:

(一)到期不缴纳罚款的,每日按照罚款数额的 3%加处罚款;

(二)申请人民法院强制执行;

(三)法律、行政法规规定的其他措施。

第七十六条　当事人确有经济困难,需要延期或者分期缴纳罚款的,经当事人申请和作出行政处罚决定的机关批准,可以暂缓或者分期缴纳。

第七十七条　除依法应当予以销毁的物品外,依法没收的非法财物,必须按照国家规定公开拍卖或者按照国家有关规定处理。

没收的票据交有关部门统一处理。

销毁物品,按照国家有关规定处理;没有规定的,经作出行政处罚决定的机关负责人批准,由两名以上执法人员监督销毁,并制作销毁记录。

物品处理,应当制作清单。

第七十八条　吊销业务许可证的,应当收缴业务许可证,并在中国保监会指定的报纸和中国保监会或者派出机构的网站上予以公告。

公告应当包括下列内容:

(一)被处罚机构的名称;

(二)作出处罚决定的理由和法律依据;

(三)其他需要公告的事项。

第七十九条　罚没款及没收物品的变价款,必须全部上缴国库,任何单位和个人不得截留、私分或者变相私分。

## 第六章　附　则

第八十条　本规定未规定的行政处罚程序,适用《行政处罚法》。

第八十一条　本规定期间的计算和行政处罚文书的送达,依照民事诉讼法及中国保监会关于期间、送达的规定执行。

本规定有关期限的“日”是指工作日,不含节假日。

第八十二条　本规定所称中国保监会负责人是指中国保监会主席或者经授权的副主席。

本规定所称派出机构负责人是指派出机构局长或者经授权的副局长。

第八十三条　本规定由中国保监会负责解释。

第八十四条　本规定自 2010 年 5 月 28 日起施行;中国保监会 2005 年 11 月 8 日发布的《中国保险监督管理委员会行政处罚程序规定》(保监会令〔2005〕3 号)同时废止。

ANGSU BAOXIAN NIANJIAN

# 通 讯 录

## 江苏省保险机构通讯录

表 48

| 机构名称 | 机构地址 | 邮 编 | 电 话 |
|---|---|---|---|
| 中国保监会江苏监管局 | 南京市汉中路 169 号金丝利大厦 12F | 210029 | 025-86793900 |
| 中国保监会苏州监管分局 | 苏州市工业园区苏惠路 98 号国检大厦 14F | 215021 | 0512-85667666 |
| **产险公司** | | | |
| **乐爱金财产保险(中国)有限公司** | | | |
| 乐爱金财产保险(中国)有限公司 | 江苏南京市江东中路 315 号中泰国际广场 6 幢 9 楼 | 210019 | 025-87780800 |
| **紫金财产保险股份有限公司** | | | |
| 紫金财产保险股份有限公司 | 江苏南京市建邺区兴隆大街 188 号 | 210019 | 028-8566999 |
| **中国人民财产保险股份有限公司** | | | |
| 江苏省分公司 | 南京市长江路 69 号 | 210005 | 025-84715888 |
| 南京市分公司 | 南京市龙蟠中路 69 号 | 210002 | 025-68185010 |
| 无锡市分公司 | 无锡市中山路 58 号 | 214002 | 0510-68865666 |
| 徐州市分公司 | 徐州市建国东路 17 号 | 221003 | 0516-68006007 |
| 常州市分公司 | 常州市和平南路 128 号 | 213001 | 0519-68867016 |
| 苏州市分公司 | 苏州市狮山路 16 号 | 215011 | 0512-80986008 |
| 南通市分公司 | 南通市青年中路 90 号 | 226006 | 0513-85514123 |
| 连云港市分公司 | 连云港市新浦区苍梧路 1 号 | 222006 | 0518-68077186 |
| 淮安市分公司 | 淮安市健康东路 67 号 | 223001 | 0517-80879191 |
| 盐城市分公司 | 盐城市建军东路 58 号 | 224002 | 0515-68266886 |
| 扬州市分公司 | 扬州市文昌中路 388 号 | 225001 | 0514-87348181 |
| 镇江市分公司 | 镇江市正东路 135 号 | 212003 | 0511-85589211 |
| 泰州市分公司 | 泰州市凤凰东路 80 号 | 225300 | 0523-80916801 |
| 宿迁市分公司 | 宿迁市黄河路 16 号 | 223800 | 0527-88018500 |
| **中国太平洋财产保险股份有限公司** | | | |
| 江苏分公司 | 南京市洪武路 137 号 | 210002 | 025-84514334 |
| 无锡分公司 | 无锡市崇宁路 8 号 | 214002 | 0510-82765511 |
| 徐州中心支公司 | 徐州市建国西路 59 号 | 221002 | 0516-85708512 |
| 常州分公司 | 常州市广化街 281 号 | 213001 | 0519-86627943 |
| 苏州分公司 | 苏州市干将西路 218 号 | 215002 | 0512-65218858 |
| 南通中心支公司 | 南通市人民中路 203 号 | 226001 | 0513-68095596 |
| 连云港中心支公司 | 连云港市新浦区海昌北路 48 号 | 222002 | 0518-85504941 |
| 淮安中心支公司 | 淮安市淮海东路 118 号 | 223001 | 0517-83755243 |
| 盐城中心支公司 | 盐城市西环中路 87 号 | 224001 | 0515-88351515 |
| 扬州中心支公司 | 扬州市文昌中路 540 号 | 225002 | 0514-87316104 |
| 镇江中心支公司 | 镇江市中山东路 19 号 | 212003 | 0511-84433548 |
| 泰州中心支公司 | 泰州市鼓楼南路 557 号 | 225300 | 0523-86363610 |
| 宿迁中心支公司 | 宿迁市宿城区洞庭湖路 111-13 号 | 223800 | 0527-84392968 |
| **中国平安财产保险股份有限公司** | | | |
| 江苏分公司 | 南京市正洪街 18 号东宇大厦 6-7F | 210005 | 025-84416666 |
| 南京营业一部 | 南京市龙蟠中路 77 号 3F | 210016 | 025-84780555 |
| 南京营业二部 | 南京市正洪街 18 号东宇大厦 7F | 210005 | 025-84786350 |
| 无锡分公司 | 无锡市解放北路 1 号锡州银行大厦 7F | 214001 | 0510-82767329 |
| 徐州中心支公司 | 徐州市西安南路 77 号 | 221006 | 0516-85805599 |

| 机构名称 | 机构地址 | 邮 编 | 电 话 |
|---|---|---|---|
| 常州中心支公司 | 常州市晋陵中路 590 号 | 213002 | 0519-86808135 |
| 苏州分公司 | 苏州市人民路 738 号 | 215007 | 0512-65205588 |
| 南通中心支公司 | 南通市五一路 399 号 | 226200 | 0513-81186927 |
| 连云港中心支公司 | 连云港市新浦区海连西路 3-18 号 | 222000 | 0518-85523309 |
| 淮安中心支公司 | 淮安市健康东路 9 号 | 223000 | 0517-83750655 |
| 盐城中心支公司 | 盐城市人民南路 1 号华邦国际东厦 | 224000 | 0515-88375877 |
| 扬州中心支公司 | 扬州市文昌西路 316 号来鹤台广场 110 号 | 225012 | 0514-82985309 |
| 镇江中心支公司 | 镇江市解放路 357 号 1 号楼 3F | 212001 | 0511-85022136 |
| 泰州中心支公司 | 泰州市海陵南路 295 号 | 225300 | 0523-86898962 |
| 宿迁中心支公司 | 宿迁市洪泽湖路 49 号气象局 | 223800 | 0527-84395559 |
| **天安保险股份有限公司** | | | |
| 江苏省分公司 | 南京市石鼓路 107 号华威大厦 6F | 210004 | 025-66007001 |
| 省分公司营业部 | 南京市龙蟠中路 30 号东来商务中心 3F | 210016 | 025-66007300 |
| 无锡中心支公司 | 无锡市永和路 28 号工商大楼 30F | 214023 | 0510-66961010 |
| 徐州中心支公司 | 徐州市淮海西路 255 号公交商贸大厦 4、9F | 221006 | 0516-85651300 |
| 常州中心支公司 | 常州市和平北路 132 号和平大厦 8F | 213003 | 0519-83089113 |
| 苏州中心支公司 | 苏州市高新区塔园路 133 号 1-6F | 215000 | 0512-89185219 |
| 南通中心支公司 | 南通市桃坞路 89 号苇园大厦 6F | 226006 | 0513-80106199 |
| 连云港中心支公司 | 连云港市新浦区朝阳中路 168 号祥源国际大厦 11F | 222000 | 0518-85831508 |
| 淮安中心支公司 | 淮安市健康东路 30 号联通大厦 16F | 223001 | 0517-83779115 |
| 盐城中心支公司 | 盐城市解放南路 123 号 | 224005 | 0515-88181788 |
| 扬州中心支公司 | 扬州市文昌西路 47 号 8F | 225009 | 0514-85865551 |
| 镇江中心支公司 | 镇江市黄山北路韵成大厦 B 座 | 212001 | 0511-85116050 |
| 泰州中心支公司 | 泰州市海陵南路 389 号 | 225300 | 0523-86850428 |
| 宿迁中心支公司 | 宿迁市洞庭湖路 277 号 | 223800 | 0527-88266200 |
| **大众保险股份有限公司** | | | |
| 江苏分公司 | 南京市中央路 258-8 号农垦大厦 9-10F | 210009 | 025-86633008 |
| 无锡中心支公司 | 无锡市新生路 107 号新鼎球大厦 15F | 214002 | 0510-82730188 |
| 苏州分公司 | 苏州市干将西路 389 号 | 215002 | 0512-65221888 |
| 南通中心支公司 | 南通市桃坞路 1 号 10F | 226006 | 0513-85128998 |
| 徐州中心支公司 | 徐州市民主南路 200 号 | 221003 | 0516-85800681 |
| 常州中心支公司 | 常州市晋陵北路 1 号新天地商业广场 A 座 2101 室 | 213003 | 0519-86805333 |
| 扬州中心支公司 | 扬州市文昌中路 382 号工行 3F | 225001 | 0514-87933990 |
| 镇江中心支公司 | 镇江市解放路 318 号东楼 | 212001 | 0511-85035222 |
| **华泰财产保险股份有限公司** | | | |
| 江苏省分公司 | 南京市鼓楼区中山北路 26 号新晨国际大厦 25F | 210008 | 025-83302800 |
| 无锡中心支公司 | 无锡市新区长江北路 6 号百仕达大厦 8F | 214028 | 0510-81819601 |
| 徐州中心支公司 | 徐州市苏堤南路 50 号 | 221002 | 0516-85698078 |
| 苏州中心支公司 | 苏州市干将西路 115 号东航大厦 5F | 215002 | 0512-65232057 |
| 南通中心支公司 | 南通市姚港路 6 号方天大厦 7F | 226006 | 0513-85128578 |
| 扬州中心支公司 | 扬州市邗江中路 458 号汇好数码广场 6F | 225009 | 0514-82988801 |
| 镇江中心支公司 | 镇江市润州区解放路 115 号大市口邮政局 4F | 212001 | 0511-85084538 |
| 泰州中心支公司 | 江苏省泰州市海陵区鼓楼南路 355 号金地花园 D-2 幢 5 层 | 225300 | 0523-82088901 |

续表 48

| 机构名称 | 机构地址 | 邮编 | 电话 |
|---|---|---|---|
| **中国出口信用保险公司** | | | |
| 江苏分公司 | 南京市湖南路1号凤凰广场B楼21—22F | 210009 | 025-84467532 |
| 江苏分公司营业部 | 南京市湖南路1号凤凰广场B楼21F | 210009 | 025-84467532 |
| 无锡办事处 | 无锡市人民中路123号摩天360大厦27F | 214001 | 0510-85010049 |
| 常州办事处 | 常州市新北区龙锦路1268号出入境检验检疫局12F | 213000 | 0519-85601558 |
| 苏州办事处 | 苏州市工业园区苏华路2号国际大厦15F | 215021 | 0512-67613968 |
| 南通办事处 | 南通市崇川路出入境检验检疫局5F | 226001 | 0513-87116800 |
| **中华联合财产保险公司** | | | |
| 江苏分公司 | 南京市珠江路229号 | 210018 | 025-83078097 |
| 南京营业总部 | 南京市珠江路699号东鼎大厦三号楼6F | 210000 | 025-84665678 |
| 无锡中心支公司 | 无锡市人民中路97号佳福大厦17F | 214001 | 0510-82799862 |
| 徐州中心支公司 | 徐州市泰山路东坡广场红十字院内 | 221000 | 0516-83686102 |
| 常州中心支公司 | 常州市晋陵中路515号 | 213003 | 0519-85223283 |
| 苏州中心支公司 | 苏州市三香路53-105号 | 215004 | 0512-66091621 |
| 南通中心支公司 | 南通市虹桥路66号 | 226000 | 0513-85158502 |
| 连云港中心支公司 | 连云港市新浦区建设东路88号海通集团办公楼3F | 222006 | 0518-85838353 |
| 淮安中心支公司 | 淮安市西安路168号 | 223001 | 0517-83648897 |
| 盐城中心支公司 | 盐城市太平路39号 | 224001 | 0515-88296580 |
| 扬州中心支公司 | 扬州市新城河路520号水利大厦3F | 225009 | 0514-87965107 |
| 镇江中心支公司 | 镇江市电力路39号中基大厦4F | 212002 | 0511-85293609 |
| 泰州中心支公司 | 泰州市江洲南路117号 | 225300 | 0523-86231622 |
| 宿迁中心支公司 | 宿迁市青海湖路阳光华城一期3号商铺02号 | 223800 | 0527-84387116 |
| **太平保险有限公司** | | | |
| 江苏分公司 | 南京市中山南路414号投资大厦2F | 210006 | 025-84727111 |
| 无锡中心支公司 | 无锡市隐秀路872号鑫园开发区标准写字楼A2栋7F | 214000 | 0510-82809087 |
| 徐州中心支公司 | 徐州市和平路64号帝都大厦2502、2503室 | 221000 | 0516-83816600 |
| 常州中心支公司 | 常州市南大街99号邮政大厦9F | 213000 | 0519-85159359 |
| 苏州中心支公司 | 苏州市工业园区华池街圆融时代广场24栋A座17F | 215028 | 0512-65811551 |
| 南通中心支公司 | 南通市工农路129号太平洋人寿保险2F | 226007 | 0513-85219665 |
| 连云港中心支公司 | 连云港市朝阳东路21-2号,名都广场B座806室 | 222000 | 0518-85895529 |
| 扬州中心支公司 | 扬州市文汇西路268号邗上街道服务中心新辰公寓1F | 225009 | 0514-87783150 |
| 镇江中心支公司 | 镇江市大西路286号同德大厦2F | 212000 | 0511-85287117 |
| 泰州中心支公司 | 泰州市鑫泰花园沿街商铺S1栋1-3F | 225300 | 0523-82098555 |
| **中国大地财产保险股份有限公司** | | | |
| 江苏分公司 | 南京市龙蟠中路93-8号 | 210016 | 025-68536691 |
| 江苏分公司营业部 | 南京市龙蟠中路93-9号2F | 210016 | 025-68536610 |
| 无锡中心支公司 | 无锡市清扬路91-99(太湖明珠数码大厦4F) | 214001 | 0510-85051087 |
| 徐州中心支公司 | 徐州市建国西路88号 | 221000 | 0516-85809009 |
| 常州中心支公司 | 常州市大庙弄3号华鹰大厦6楼综合部 | 213000 | 0519-88176971 |
| 苏州中心支公司 | 苏州市西环路2115号金阊区市民活动中心10F | 215000 | 0512-68095590 |
| 南通中心支公司 | 南通市孩儿巷南路50号凯旋花园14幢4F | 226001 | 0513-85050180 |
| 连云港中心支公司 | 连云港市新浦区郁洲南路88号香溢世纪综合B楼408 | 222006 | 0518-85681200 |
| 淮安中心支公司 | 淮安市淮海北路50-1号南综合办公楼3F | 223001 | 0517-83995106 |
| 盐城中心支公司 | 盐城市青年路14号国飞尚城A区13幢3F | 224000 | 0515-88587966 |

续表 48

| 机构名称 | 机构地址 | 邮 编 | 电 话 |
| --- | --- | --- | --- |
| 扬州中心支公司 | 扬州市四望亭路 326-4 号 | 225002 | 0514-85559722 |
| 镇江中心支公司 | 镇江市电力路 30 号 7F | 212000 | 0511-85950910 |
| 泰州中心支公司 | 泰州市鼓楼南路 398 号 | 225300 | 0523-86398591 |
| 宿迁中心支公司 | 宿迁市青海湖路 89-78 号 | 223800 | 0527-84395678 |
| **永安财产保险股份有限公司** | | | |
| 江苏分公司 | 南京市建邺区庐山路 158 号嘉业国际城 25F | 210012 | 025-83273551 |
| 南京营业总部 | 南京市建邺区庐山路 158 号嘉业国际城 24F | 210012 | 025-83273574 |
| 无锡中心支公司 | 无锡市水车湾 6-12 号 | 214000 | 0510-82811573 |
| 徐州中心支公司 | 徐州市中山南路 65 号轻工大厦 11、12F | 221003 | 0516-67661099 |
| 常州中心支公司 | 常州市天宁区双塔步行街 8-10 号 | 213003 | 0519-86677616 |
| 苏州中心支公司 | 苏州市高新区滨河路 325 号创业大厦 | 215000 | 0512-69373983 |
| 南通中心支公司 | 南通市文峰花苑 29 幢 2-3F | 226006 | 0513-81552677 |
| 扬州中心支公司 | 扬州市文昌中路 168 号名都华庭商务楼 5F | 225001 | 0514-87905166 |
| 镇江中心支公司 | 镇江市解放路 430 号 5F | 212001 | 0511-85030159 |
| 泰州中心支公司 | 泰州市海陵南路 315 号东楼 1F | 225300 | 0523-86392288 |
| **华安财产保险股份有限公司** | | | |
| 江苏分公司 | 南京市建邺区江东中路 311 号 21101 室 | 210012 | 025-86880888 |
| 无锡中心支公司 | 无锡市湖滨路 688 号华东大厦 11F | 214000 | 0510-81009179 |
| 徐州中心支公司 | 徐州市中山南路汉御花园商铺 04 号 | 221000 | 0516-83819536 |
| 常州中心支公司 | 常州市新市路金色新城商铺 90-92# | 213000 | 0519-85225956 |
| 苏州中心支公司 | 苏州市道前街 128 号 | 215000 | 0512-65128125 |
| 南通中心支公司 | 南通市北濠桥锦绣花园小区 1 店面附 3 室 | 226001 | 0513-85198918 |
| 连云港中心支公司 | 连云港市新浦区通灌北路三禾城中城 11 幢 107 室 | 222000 | 0518-85600769 |
| 盐城中心支公司 | 盐城市双元东路怡景商业街 15-101 号 | 224002 | 0515-88166538 |
| 淮安中心支公司 | 淮安市清浦区解放东路 57 号 | 223002 | 0517-83622808 |
| 扬州中心支公司 | 扬州市百祥路 162 号 | 225000 | 0514-87857198 |
| 镇江中心支公司 | 镇江市黄山南路天和星城 2-16 号 | 212001 | 0511-84432111 |
| 泰州中心支公司 | 泰州市南通路鹏欣丽都 17-08 号 | 225300 | 0523-86230276 |
| 宿迁中心支公司 | 宿迁市发展大道 401 号俪景豪庭 6 幢 G1001 号 | 229800 | 0527-84391005 |
| **安邦财产保险股份有限公司** | | | |
| 江苏分公司 | 南京市中山北路 30 号名人城市广场 39F | 210008 | 025-83122170 |
| 无锡中心支公司 | 无锡市解放北路 21 号 13F | 214000 | 0510-82830276 |
| 徐州中心支公司 | 徐州市建国东路 29 号人寿大楼 12F | 221000 | 0516-83909290 |
| 常州中心支公司 | 常州市关河东路 44 号大成大厦 11 楼 | 213000 | 0519-89896031 |
| 苏州分公司 | 苏州市新区狮山路 88 号 1 幢 5F | 215011 | 0512-67326800 |
| 南通中心支公司 | 南通市人民中路 203 号中南大厦 B 座 16F3-7 号 | 226001 | 0513-85158892 |
| 连云港中心支公司 | 连云港市新浦区朝阳东路 30 号凯旋广场 212 号 | 222000 | 0518-85827016 |
| 淮安中心支公司 | 淮安市健康东路与承德路交叉处中鑫上城 E327-328 室 | 223001 | 0517-83776780 |
| 盐城中心支公司 | 盐城市解放南路 188 号缤纷亚洲 5F | 224001 | 0515-88296660 |
| 扬州中心支公司 | 扬州市文昌西路南侧金茂广场 3 幢 407-411 室 | 225000 | 0514-85122219 |
| 镇江中心支公司 | 镇江市朱方路 233 号华宇大厦 1 幢 5 层 505 室 | 212001 | 0511-85900109 |
| 泰州中心支公司 | 泰州市海陵区人民西路 20 号 6F | 225300 | 0523-86395680 |
| 宿迁中心支公司 | 宿迁市青海湖路 80 号君临国际广场 8F | 223800 | 0527-84390211 |

续表 48

| 机构名称 | 机构地址 | 邮编 | 电话 |
| --- | --- | --- | --- |
| **阳光财产保险股份有限公司** | | | |
| 江苏省分公司 | 南京市中山东路145号15F | 210002 | 025-84651888 |
| 南京运营管理中心 | 南京市中山东路145号15F | 210002 | 025-84550309 |
| 无锡中心支公司 | 无锡市中山路118号置业新天地4F412室 | 214000 | 0510-82733108 |
| 徐州中心支公司 | 徐州市彭城路93号泛亚大厦9F | 221000 | 0516-82157888 |
| 常州中心支公司 | 常州市博爱路113号工商银行3,4F | 213003 | 0519-88198188 |
| 苏州中心支公司 | 苏州市邓尉路9号润捷广场北楼1608室、704室 | 215001 | 0512-68028988 |
| 南通中心支公司 | 南通市桃坞路2号友谊大厦15F | 226006 | 0513-85053800 |
| 连云港中心支公司 | 连云港市新浦区郁州南路12号万源花苑B综合楼2F | 222006 | 0518-85682988 |
| 淮安中心支公司 | 淮安市淮海南路10号华城大厦5F | 223002 | 0517-83989909 |
| 盐城中心支公司 | 盐城市盐马路21号华荟大厦5F | 224001 | 0515-88162088 |
| 扬州中心支公司 | 扬州市扬子江北路22号1幢5F | 225001 | 0514-87988199 |
| 镇江中心支公司 | 镇江市丁卯桥路108号2F | 212003 | 0511-88892755 |
| 泰州中心支公司 | 泰州市梅兰东路33号 | 225300 | 0523-86896919 |
| 宿迁中心支公司 | 宿迁市发展大道66号 | 223800 | 0527-84399808 |
| **都邦财产保险股份有限公司** | | | |
| 江苏分公司 | 南京市江东中路311号中泰国际广场05幢20F | 210019 | 025-87783022 |
| 南京营业部 | 南京市建邺区兴隆大街172-7号清竹园综合楼1-3F | 210002 | 025-68125016 |
| 无锡中心支公司 | 无锡市湖滨路77号锦绣大厦9F | 214071 | 0510-85116520 |
| 徐州中心支公司 | 徐州市民主南路200号天禄大厦6F | 221006 | 0516-87328633 |
| 常州中心支公司 | 常州市钟楼区劳动西路12号金谷大厦15F | 213002 | 0519-86619863 |
| 苏州中心支公司 | 苏州市吴中区东吴北路109-119号东吴大厦14、15F | 215128 | 0512-66037007 |
| 南通中心支公司 | 南通市崇川区工农路155号天鑫大厦7F | 226006 | 0513-85350080 |
| 连云港中心支公司 | 连云港市新浦区解放西路17号港利大厦2F | 222001 | 0518-85702973 |
| 淮安中心支公司 | 淮安市健康西路148号原海关大楼1、7F | 223100 | 0517-86283886 |
| 盐城中心支公司 | 盐城市亭湖区盐马路25号 | 224000 | 0515-88162800 |
| 扬州中心支公司 | 扬州市邗江中路428号凯旋国际大厦11F | 225009 | 0514-85860508 |
| 镇江中心支公司 | 镇江市解放路22号2号楼5F | 212001 | 0511-85911958 |
| 泰州中心支公司 | 泰州市海陵南路319号人民银行北1F | 225300 | 0523-82090018 |
| 宿迁中心支公司 | 宿迁市发展大道69号金陵名府37幢103、203 | 223800 | 0527-84390808 |
| **中银财产保险股份有限公司** | | | |
| 江苏分公司 | 南京市洪武路29号15F | 210005 | 025-84477800 |
| 无锡中心支公司 | 无锡市梁青路2号 | 214061 | 0510-85805878 |
| 徐州中心支公司 | 徐州市建国东路19号2F | 221006 | 0516-83820222 |
| 常州中心支公司 | 常州市延陵西路23-29号14F | 213003 | 0519-88165621 |
| 苏州中心支公司 | 苏州市干将西路1359号 | 215004 | 0512-62698858 |
| 南通中心支公司 | 南通市工农路198号金唐大厦3F | 226000 | 0513-83561133 |
| 连云港中心支公司 | 连云港市新浦区海昌北路46号 | 222002 | 0518-85573308 |
| 淮安中心支公司 | 淮安市健康东路73号 | 223001 | 0517-83996201 |
| 盐城中心支公司 | 盐城市建军东路20号14F | 224000 | 0515-88332156 |
| 扬州中心支公司 | 扬州市汶河南路8号 | 225000 | 0514-87366568 |
| 镇江中心支公司 | 镇江市中山西路59号 | 212000 | 0511-85218890 |
| 泰州中心支公司 | 泰州市人民西路6号3F | 225300 | 0523-85608668 |

续表 48

| 机构名称 | 机构地址 | 邮编 | 电话 |
| --- | --- | --- | --- |
| **天平汽车保险股份有限公司** | | | |
| 江苏分公司 | 南京市江宁区胜太路 109 号大才大厦 21F | 211100 | 025-83204268 |
| 无锡营销服务部 | 无锡市人民中路 123 号 4306 室 | 214000 | 0510-81807400 |
| 常州中心支公司 | 常州市国泰新都 3 幢 401-403 室 | 213003 | 0519-88121919 |
| 苏州中心支公司 | 苏州市工业园区东环路 1408 号 1 幢 1206-1209 室 | 215021 | 0512-69001008 |
| 南通中心支公司 | 南通市城山路 78 号金和大厦 B 座 508 室 | 226006 | 0513-85510050 |
| 扬州中心支公司 | 扬州市维扬区路维扬路 278 号 | 225000 | 0514-82981098 |
| **永诚财产保险股份有限公司** | | | |
| 江苏分公司 | 南京市中山路 228 号地铁大厦 15-16F | 210008 | 025-86932888 |
| 南京营业部 | 南京市珠江路 669 号-108 | 210008 | 025-84669866 |
| 常州中心支公司 | 常州市关河东路 38 号九洲环宇大厦 15FB 座 | 213000 | 0519-85223500 |
| 苏州中心支公司 | 苏州市狮山路 277 号名城花园 68 幢 | 215011 | 0512-68059008 |
| 南通中心支公司 | 南通市桃坞路 2 号友谊大厦 10F | 226006 | 0513-81121187 |
| 扬州中心支公司 | 扬州市翠岗路 58 号玫瑰香榭 3F | 225009 | 0514-87757298 |
| 镇江中心支公司 | 镇江市解放路 288 号东邦国际商务大厦 9F | 212001 | 0511-85010355 |
| **民安保险(中国)有限公司** | | | |
| 江苏分公司 | 南京市庐山路 188 号新地中心 5 楼 | 210002 | 025-84671598 |
| 南京营业部 | 南京市庐山路 188 号新地中心 5 楼 | 210019 | 025-84671598 |
| 无锡中心支公司 | 无锡市县前西街 117 号 | 214031 | 0510-82798511 |
| 常州中心支公司 | 常州市西横街 61 号常柴大厦 11F | 213000 | 0519-86811801 |
| 苏州中心支公司 | 苏州市工业园区东环路 328 号东环大厦 6 楼 | 215128 | 0512-89177758 |
| 南通中心支公司 | 南通市人民中路 20 号南通大厦 A 座 11F | 226001 | 0513-85795576 |
| 扬州中心支公司 | 扬州市望月路 328 号铂金商务楼 5F | 225012 | 0514-82982020 |
| 镇江中心支公司 | 镇江市寿邱街 8 号 3 楼 | 212000 | 0511-86110899 |
| 泰州中心支公司 | 泰州市迎春西路 59 号 | 225300 | 0523-86998178 |
| **中国人寿财产保险股份有限公司** | | | |
| 江苏省分公司 | 南京市中山东路 298 号 15-16F | 210002 | 025-84856562 |
| 南京中心支公司 | 南京市建邺区兴隆大街 170-1 号 | 210002 | 025-84667500 |
| 无锡中心支公司 | 无锡市解放南路槐古豪庭 8 号 11-13F | 214007 | 0510-82798910 |
| 徐州中心支公司 | 徐州市云龙区民主南路 69 号恩华大厦 9F | 221000 | 0516-83801717 |
| 常州中心支公司 | 常州市天宁区晋陵中路 588 号红晋大厦北楼 1-2F | 213000 | 0519-85212118 |
| 苏州中心支公司 | 苏州市桐泾北路 26 号统能大厦 1-2F | 215004 | 0512-69131127 |
| 南通中心支公司 | 南通市青年东路 7 号华艺大厦 3-4F | 226007 | 0513-68195566 |
| 连云港中心支公司 | 连云港市苍梧路 22 号兴业金色家园 14 号楼 A 座 2F | 222006 | 0518-86071969 |
| 淮安中心支公司 | 淮安市健康东路 55 号创业大厦 9-10F | 223001 | 0517-83557339 |
| 盐城中心支公司 | 盐城市盐马路 49 号 | 224000 | 0515-88579555 |
| 扬州中心支公司 | 扬州市文汇东路 138 号 | 225000 | 0514-80988808 |
| 镇江中心支公司 | 镇江市黄山南路 20 号德润大厦 10F | 212004 | 0511-85218650 |
| 泰州中心支公司 | 泰州市江洲南路 115 号 | 225300 | 0523-86998669 |
| 宿迁中心支公司 | 宿迁市太湖路兴鸿一品北门 | 223800 | 0527-84399908 |
| **渤海财产保险股份有限公司** | | | |
| 江苏分公司 | 南京市中山北路 217 号 601-612 室 | 210009 | 025-83453758 |
| 南京营业部 | 南京市中山北路 217 号 602 室 | 210009 | 025-83453768 |
| 无锡中心支公司 | 无锡市锡山区东亭镇柏庄路鑫威家园 38-7 号 | 214100 | 0510-88222310 |

续表 48

| 机构名称 | 机构地址 | 邮 编 | 电 话 |
|---|---|---|---|
| 徐州中心支公司 | 徐州市泉山区奎园小区祥悦大厦4F | 221009 | 0516-83952868 |
| 常州中心支公司 | 常州市新北区府琛商务广场1幢A区丙单元1106室 | 213002 | 0519-87209551 |
| 苏州中心支公司 | 苏州市平江区人民路3188号A幢1908室 | 215000 | 0512-68381581 |
| 南通中心支公司 | 南通市濠西路82号409室 | 226001 | 13951399116 |
| 连云港中心支公司 | 连云港市新浦区通灌南路35号华润办公楼C二区402室 | 222000 | 0518-85573033 |
| 淮安中心支公司 | 淮安市淮海北路50号清江中学北侧楼6F | 223300 | 0517-83938779 |
| 盐城中心支公司 | 盐城市西环路与大庆路交界处潘黄大厦2-3F | 224001 | 0515-88579099 |
| 扬州中心支公司 | 扬州市扬子江中路450号大唐世家903号 | 225009 | 0514-83219508 |
| 镇江中心支公司 | 镇江市中山东路嘉源大厦707室 | 212000 | 0511-85082789 |
| 泰州中心支公司 | 泰州市海陵区迎宾路188-27号 | 225300 | 0523-86998777 |
| 宿迁中心支公司 | 宿迁市君临国际广场A座7F802室 | 226007 | 0527-84390609 |
| **安诚财产保险股份有限公司** | | | |
| 江苏分公司 | 南京市建邺区庐山路158号嘉业国际城4栋801-802室 | 210012 | 025-66007610 |
| 南京市秦淮支公司 | 南京市秦淮区大明路70号 | 210007 | 025-52651087 |
| 无锡中心支公司 | 无锡市建筑西路567号宝通大厦4F | 214000 | 0510-81803624 |
| 徐州中心支公司 | 徐州市青年东路104号供水首创水务大厦14F | 221003 | 0516-83709696 |
| 常州中心支公司 | 常州市化龙巷1号恒利大厦A座4F | 213000 | 0519-88056755 |
| 苏州中心支公司 | 苏州市民治路148号 | 215006 | 0512-69335808 |
| 南通中心支公司 | 南通市外环西路49号外滩大厦5F | 226006 | 0513-81567016 |
| 扬州中心支公司 | 扬州市江阳中路43号九洲大厦5F | 225009 | 0514-82981517 |
| 镇江中心支公司 | 镇江市中山东路381号中山大厦7F | 212000 | 0511-85116333 |
| **华农财产保险股份有限公司** | | | |
| 江苏省分公司 | 南京市上海路9号水利厅后勤服务中心大楼8F | 210029 | 025-86577388 |
| 无锡中心支公司 | 无锡市滨湖区梁清路328号综合大楼5F | 214000 | 0510-85802398 |
| 常州中心支公司 | 常州市新北区府琛商务广场2幢B座3F | 213000 | 0519-85177366 |
| 苏州中心支公司 | 苏州市工业园区苏华路1号世纪金融大厦1006室 | 215021 | 0512-68365101 |
| 南通中心支公司 | 南通市崇川区工农路5号亚太大厦12楼 | 226007 | 0513-55012388 |
| 扬州中心支公司 | 扬州市邗江区新城河路188号 | 225009 | 0514-87895688 |
| **长安责任保险股份有限公司** | | | |
| 江苏省分公司 | 南京市白下区金銮巷9号华盈大厦10F | 210002 | 025-86956299 |
| 南京市中心支公司 | 南京市江宁区东山大街上元路1089号四楼 | 211100 | 025-57913908 |
| 无锡市中心支公司 | 无锡市清扬路333号南长创业大厦15F | 214007 | 0510-66072788 |
| 徐州市中心支公司 | 徐州市云龙区复兴南路247号3F | 221000 | 0516-66663158 |
| 常州市中心支公司 | 常州市博爱路72号博爱大厦10F | 213003 | 0519-83030788 |
| 苏州市中心支公司 | 苏州市金门路1299号金运商务大厦406室 | 215000 | 0512-85888881 |
| 南通市中心支公司 | 南通市崇川区人民东路159号瑞景广场4#7F | 226000 | 0513-80108159 |
| 连云港市中心支公司 | 连云港市新浦区盐河南路23号新贵都9号楼818室 | 222000 | 0518-85356899 |
| 淮安市中心支公司 | 淮安市淮海北路50号1号综合楼6F | 223002 | 0517-86287001 |
| 盐城市中心支公司 | 盐城市盐马路27号 | 224001 | 0515-88128099 |
| 扬州市中心支公司 | 扬州市广陵区运河西路230号F幢11F | 225000 | 0514-85581588 |
| 镇江市中心支公司 | 镇江市京口区中山东路45号华星大厦15F | 212001 | 0511-85118700 |
| 泰州市中心支公司 | 泰州市江州南路90号胜家宾馆4F | 225300 | 0523-82121069 |
| 宿迁市中心支公司 | 宿迁市人民大道1号群众大厦8F | 223800 | 0527-88280237 |

续表 48

| 机构名称 | 机构地址 | 邮编 | 电话 |
|---|---|---|---|
| **三星火灾海上保险(中国)有限公司** | | | |
| 苏州分公司 | 苏州市华池街时代广场24幢苏州国际金融中心503室 | 215028 | 0512-62925969 |
| **乐爱金财产保险(中国)有限公司** | | | |
| 江苏省分公司 | 南京市江东中路315号中泰国际广场6栋9F | 210019 | 025-87780888 |
| **紫金财产保险股份有限公司** | | | |
| 江苏分公司 | 南京市珠江路1号珠江壹号大厦43F | 210008 | 025-51850108 |
| 无锡市分公司 | 无锡市崇安区人民中路97号佳福大厦16F1600室 | 214000 | 0510-82738922 |
| 徐州市分公司 | 徐州市泰山路9号 | 221000 | 0516-85902111 |
| 常州市分公司 | 常州市新北区通江中路301号新惠大厦13F | 213022 | 0519-83089080 |
| 苏州市分公司 | 苏州市干将西路515号11F | 215004 | 0512-69325225 |
| 南通市分公司 | 南通市城山路129号4号楼3F | 226000 | 0513-89198080 |
| 扬州市分公司 | 扬州市文汇西路209号扬州邮政大厦2F | 225012 | 0514-85100298 |
| 镇江市分公司 | 镇江市大西路120号4号楼3F | 212000 | 0511-89982999 |
| 泰州市分公司 | 泰州市凤凰东路98号 | 225300 | 0523-82216888 |
| 宿迁市分公司 | 宿迁市发展大道64号新闻中心3F | 223800 | 0527-88266900 |
| **国泰财产保险有限责任公司** | | | |
| 江苏分公司 | 南京市玄武区中山路268号汇杰广场6F | 210008 | 025-83715188 |
| 昆山营销服务部 | 昆山市前进中路180号创业大厦10F | 215300 | 0512-57300300 |
| **日本财产保险(中国)有限公司** | | | |
| 江苏分公司 | 苏州工业园区旺墩路188号建屋大厦16F1602室 | 215123 | 0512-62969918 |
| **英大泰和财产保险股份有限公司** | | | |
| 江苏分公司 | 南京市白下区汉中路1号南京国际金融中心21F | 210005 | 025-66007999 |
| **寿险公司** | | | |
| **中国人寿保险股份有限公司** | | | |
| 江苏省分公司 | 南京市中山东路298号 | 210002 | 025-84856018 |
| 南京市分公司 | 南京市汉中路88号 | 210029 | 025-84785696 |
| 无锡市分公司 | 无锡市梁青路4号 | 214061 | 0510-85818103 |
| 徐州市分公司 | 徐州市建国东路407号 | 221009 | 0516-83823701 |
| 常州市分公司 | 常州市和平北路11号 | 213001 | 0519-88114332 |
| 苏州市分公司 | 苏州市狮山路103号 | 215011 | 0512-68077010 |
| 南通市分公司 | 南通市环西路华威园7号楼 | 226001 | 0513-85100621 |
| 连云港市分公司 | 连云港市海连中路8号 | 222001 | 0518-85521812 |
| 淮安市分公司 | 淮安市淮海东路20号 | 223001 | 0517-83750993 |
| 盐城市分公司 | 盐城市太平路101号 | 224000 | 0515-89963166 |
| 扬州市分公司 | 扬州市文昌中路543号 | 225002 | 0514-87340908 |
| 镇江市分公司 | 镇江市正东路148号 | 212003 | 0511-84408583 |
| 泰州市分公司 | 泰州市人民西路28号 | 225300 | 0523-86218939 |
| 宿迁市分公司 | 宿迁市洪泽湖路148号 | 223800 | 0527-84399608 |
| **中国太平洋人寿保险股份有限公司** | | | |
| 江苏分公司 | 南京市洪武路137号太平洋大厦 | 210000 | 025-84551501 |
| 南京中心支公司 | 南京市江宁区东山东大街529号第4F | 210002 | 025-84551689 |
| 无锡分公司 | 无锡市县前东街86号 | 214005 | 0510-82750105 |
| 徐州中心支公司 | 徐州市淮海西路金穗大厦B座 | 221000 | 0516-85587805 |
| 常州分公司 | 常州市广化街281号 | 213001 | 0519-86816608 |

续表 48

| 机构名称 | 机构地址 | 邮编 | 电话 |
| --- | --- | --- | --- |
| 苏州分公司 | 苏州市干将西路 218 号 | 215002 | 0512-65218868 |
| 南通中心支公司 | 南通市工农路 129 号 | 226007 | 0513-85018305 |
| 连云港中心支公司 | 连云港市新浦区海昌北路 48 号 | 222002 | 0518-85503666 |
| 淮安中心支公司 | 淮安市淮海东路 118 号 | 223001 | 0517-83776001 |
| 盐城中心支公司 | 盐城市大庆中路 9 号 | 224001 | 0515-88437503 |
| 扬州中心支公司 | 扬州市文昌中路 542 号 | 225002 | 0514-87361355 |
| 镇江中心支公司 | 镇江中山东路 19 号 | 212003 | 0511-88990707 |
| 泰州中心支公司 | 泰州市鼓楼南路 559 号 | 225300 | 0523-86363123 |
| 宿迁中心支公司 | 宿迁市青海湖路 80 号君临国际广场 A 座 3F | 223800 | 0527-84228177 |
| **中国平安人寿保险股份有限公司** | | | |
| 江苏分公司 | 南京市长江路 99 号长江贸易大楼 3F | 210005 | 4008866338 |
| 无锡中心支公司 | 无锡市崇安区中山路 343 号 12 楼、16 楼(H、I、楼)房、18 楼 | 214001 | 0510-82709108 |
| 徐州中心支公司 | 徐州市淮海西路 150 号 | 221002 | 0516-85835011 |
| 常州中心支公司 | 常州市延陵西路 29 号投资广场 20F | 213003 | 0519-88110701 |
| 苏州中心支公司 | 苏州市工业园区苏雅路 388 号新天翔商业广场 16F | 215021 | 0512-65119319 |
| 南通中心支公司 | 南通市青年东路 86 号 | 226006 | 0513-85018028 |
| 连云港中心支公司 | 连云港市新浦区海连西路 7-2 号 | 222003 | 0518-85406328 |
| 淮安中心支公司 | 淮安市健康西路 146-2 号 | 223001 | 0517-83649618 |
| 盐城中心支公司 | 盐城市迎宾南路 80 号 | 224005 | 0515-88350628 |
| 扬州中心支公司 | 扬州市扬子江中路 771 号 | 225009 | 0514-87863028 |
| 镇江中心支公司 | 镇江市长江路 11 号滨江银座 7F | 212001 | 0511-89881001 |
| 泰州中心支公司 | 泰州市迎春西路 69 号 3F | 225300 | 0523-86335918 |
| 宿迁中心支公司 | 宿迁市洪泽湖路 49 号 | 223800 | 0527-84359263 |
| **新华人寿保险股份有限公司** | | | |
| 江苏分公司 | 南京市洪武路 198 号城开大厦 3 楼、A 幢 15F | 210002 | 025-52209600 |
| 南京中心支公司 | 南京市洪武路 198 号城开大厦 3F | 210002 | 025-52209600 |
| 无锡中心支公司 | 无锡市永乐路 29 号新天地休闲广场 1 号楼 4、5、10F | 214023 | 0510-85059705 |
| 徐州中心支公司 | 徐州市西安北路 6 号恒茂大厦 5F | 221000 | 0516-85730936 |
| 常州中心支公司 | 常州市南大街 28 号商务楼 C 座 5、6F | 213000 | 0519-85217955 |
| 苏州中心支公司 | 苏州市干将东路 599 号 4F | 215002 | 0512-69335567 |
| 南通中心支公司 | 南通市崇川区城山路 78 号金和大厦 2、3、5F | 226006 | 0513-85226117 |
| 连云港中心支公司 | 连云港市新浦区郁州北路 77 号 1-107 | 222002 | 0518-85600690 |
| 淮安中心支公司 | 淮安市淮海北路 30 号电信 2 号楼 3F | 223001 | 0517-83995810 |
| 盐城中心支公司 | 盐城市人民中路 2 号 5、6、7F | 224000 | 0515-89818300 |
| 扬州中心支公司 | 扬州市文昌中路 338 号 3、4F(建行琼花支行西侧) | 225002 | 0514-87355113 |
| 镇江中心支公司 | 镇江市解放路 288 号东邦国际商务大厦 5、7F | 212000 | 0511-85294990 |
| 泰州中心支公司 | 泰州市东进东路 118 号锦泰商城东楼 5、6F | 225300 | 0523-86398619 |
| **泰康人寿保险股份有限公司** | | | |
| 江苏分公司 | 南京市白下区龙蟠中路 323 号 | 210001 | 025-84470666 |
| 南京营销本部 | 南京市白下区龙蟠中路 323 号 | 210001 | 025-84470839 |
| 无锡中心支公司 | 无锡市梁青路 118 号华邸国际大厦 10F | 214062 | 0510-85819062 |
| 徐州中心支公司 | 徐州市西安南路 2 号 | 221006 | 0516-85799218 |
| 常州中心支公司 | 常州市关河西路 180 号恒远大厦 3F | 213002 | 0519-88128955 |
| 苏州中心支公司 | 苏州市高新区邓尉路润捷广场 11F | 215013 | 0512-68710015 |

续表 48

| 机构名称 | 机构地址 | 邮 编 | 电 话 |
|---|---|---|---|
| 南通中心支公司 | 南通市外环西路 49 号外滩大厦 11F | 216000 | 0513-85294911 |
| 连云港中心支公司 | 连云港市新浦区朝阳中路 77 号 | 222000 | 0518-86079000 |
| 淮安中心支公司 | 淮安市淮海北路 50 号清江中学 2 号楼 5F | 223001 | 0517-83319811 |
| 盐城中心支公司 | 盐城市解放南路 199 号阳光大厦 D 段 5F | 224005 | 0515-88418708 |
| 扬州中心支公司 | 扬州市文昌西路 47 号 9F | 225009 | 0514-87957361 |
| 镇江中心支公司 | 镇江市电力路 28 号工行城西支行 6F | 212002 | 0511-85296303 |
| 泰州中心支公司 | 泰州市青年北路 63 号 | 225300 | 0523-86216933 |
| 宿迁中心支公司 | 宿迁市发展大道 17 号 | 223800 | 0527-84219531 |
| **美国友邦保险有限公司** | | | |
| 江苏分公司 | 南京市建邺区庐山路 188 号南京新地中心 15F1507-1511 | 210019 | 025-83260088 |
| 南京营销服务部 | 南京市北京东路 4 号江苏广电城大厦 23F2301 室 | 210008 | 025-83260088 |
| 无锡营销服务部 | 无锡市保利广场 8 号第 25F | 214005 | 0510-82327558 |
| 徐州营销服务部 | 徐州市彭城路商业区 3 号楼 5F | 221000 | 0516-83737588 |
| 常州营销服务部 | 常州市延陵西路 15 号(嘉宏世纪大厦)6-1F612 单元 | 213003 | 0519-88887998 |
| 苏州中心支公司 | 苏州市三香路 353 号 | 215004 | 0512-65225558 |
| 南通营销服务部 | 南通市跃龙路跃龙公寓 B 座 1、2F | 226001 | 0513-85798588 |
| 扬州营销服务部 | 扬州市文昌西路 56 号公元国际大厦 8F819-822 单元 | 225002 | 0514-82982388 |
| 泰州营销服务部 | 泰州市海陵区青年北路 58 号 304-315 室 | 225300 | 0523-86216508 |
| **太平人寿保险有限公司** | | | |
| 江苏分公司 | 南京市洪武北路 55 号置地广场 5、24、26F | 210005 | 025-84512111 |
| 南京本部 | 南京市洪武北路 55 号置地广场 5F | 210005 | 025-84512111 |
| 无锡中心支公司 | 无锡市北大街 1 号华锦大厦 6F | 214005 | 0510-68869058 |
| 徐州中心支公司 | 徐州市淮海西路 120 号颖都大厦 9-10F | 221002 | 0516-87321898 |
| 常州中心支公司 | 常州市南大街 99 号邮政大厦 8-9F | 213003 | 0519-68859696 |
| 苏州分公司 | 苏州市狮山路 35 号金河国际大厦 13、15、29F | 215011 | 0512-68415888 |
| 南通中心支公司 | 南通市人民中路 95 号纺织大厦 5F | 226001 | 0513-68002021 |
| 连云港中心支公司 | 连云港市新浦区海昌南路 28 号 5、6、7F | 222001 | 0518-86071599 |
| 淮安中心支公司 | 淮安市淮海南路 65 号淮信大厦 4F | 223002 | 0517-83348888 |
| 盐城中心支公司 | 盐城市太平路 39 号 3-4F | 224005 | 0515-68666000 |
| 扬州中心支公司 | 扬州市文昌西路 56 号公元国际大厦 9F | 225009 | 0514-85881088 |
| 镇江中心支公司 | 镇江市解放路 22 号 3-5F | 212002 | 0511-88989988 |
| 泰州中心支公司 | 泰州市海陵区鼓楼北路 2 号 | 225300 | 0523-80813311 |
| 宿迁中心支公司 | 宿迁市宿城区发展大道 99 号 5 号楼 4F | 223800 | 0527-88280606 |
| **民生人寿保险股份有限公司** | | | |
| 江苏分公司 | 南京市鼓楼区山西路 8 号金山大厦 A32F | 210009 | 025-84662666 |
| 无锡中心支公司 | 无锡市五爱路 81 号 B4F | 214031 | 0510-88666000 |
| 徐州中心支公司 | 徐州市解放北路 3 号汇金时代 A 座 5F | 221002 | 0516-85809970 |
| 常州中心支公司 | 常州市南大街 28 号商务楼 C 座 4F | 213000 | 0519-86811729 |
| 苏州中心支公司 | 苏州市侍其巷 1 号 4-5F | 215002 | 0512-65163952 |
| 南通中心支公司 | 南通市跃龙路 71 号濠河名邸商办 302 室 | 226006 | 0513-85322181 |
| 连云港中心支公司 | 连云港市通灌北路 188 号东新绿苑 A5 幢 | 222004 | 0518-85600619 |
| 盐城中心支公司 | 盐城市盐马路 25 号 3F | 224005 | 0515-88370889 |
| 扬州中心支公司 | 扬州市汶河北路 145 号 2F | 225001 | 0514-87315031 |
| 镇江中心支公司 | 镇江市中山东路 423 号 7F | 212004 | 0511-89882300 |

续表 48

| 机构名称 | 机构地址 | 邮 编 | 电 话 |
|---|---|---|---|
| 泰州中心支公司 | 泰州市海陵区鼓楼北路1号4F | 225300 | 0523-86329232 |
| **生命人寿保险股份有限公司** | | | |
| 江苏分公司 | 南京市洪武路29号东方金融大厦16、17F | 210005 | 025-86956888 |
| 南京本部 | 南京市汉中路185号鸿运大厦8F | 210029 | 025-66615101 |
| 无锡中心支公司 | 无锡市崇安区解放西路195号华通大厦6F | 214001 | 0510-88662588 |
| 徐州中心支公司 | 徐州市民主南路119号3F | 221000 | 0516-82160112 |
| 常州中心支公司 | 常州市武青北路58号 | 213002 | 0519-88015500 |
| 苏州中心支公司 | 苏州市东环路1400号开元大厦10F | 215021 | 0512-88168666 |
| 南通中心支公司 | 南通市青年西路208号海关大厦12、13F | 226001 | 0513-81566315 |
| 连云港中心支公司 | 连云港市新浦区朝阳中路29号假日大厦7F | 222000 | 0518-85355535 |
| 淮安中心支公司 | 淮安市淮海北路107号随想园2期201室 | 223001 | 0517-86219680 |
| 盐城中心支公司 | 盐城市毓龙东路26号图书馆3-4F | 224000 | 0515-88123507 |
| 扬州中心支公司 | 扬州市扬子江中路742-3号 | 225009 | 0514-85108866 |
| 镇江中心支公司 | 镇江市解放路430号和盛大厦6F | 212001 | 0511-85118833 |
| 泰州中心支公司 | 泰州市鼓楼南路355号金地商务大厦6F | 225300 | 0523-82111999 |
| **信诚人寿保险股份有限公司** | | | |
| 江苏分公司 | 南京市中山路268号汇杰广场19F | 210008 | 025-83196899 |
| 南京营销服务部 | 南京市中山北路88号建伟大厦12F | 210008 | 025-83338688 |
| 无锡营销服务部 | 无锡市北大街22号禾嘉大厦513室 | 214001 | 0510-82616333 |
| 常州营销服务部 | 常州市延陵西路99号嘉业国贸大厦18F | 213003 | 0519-86618199 |
| 苏州营销服务部 | 苏州市桐泾北路8号红星商务楼4F8402-8408 | 215000 | 0512-68411666 |
| 南通营销服务部 | 南通市人民东路6号王府大厦B楼6F | 226001 | 0513-85065999 |
| 镇江营销服务部 | 镇江市中山路381号中山大厦14F | 212000 | 0511-85226322 |
| **合众人寿保险股份有限公司** | | | |
| 江苏分公司 | 南京市珠江路88号新世界中心A座16F | 210008 | 025-84535858 |
| 南京管理本部 | 南京市珠江路88号新世界中心A座16F | 210008 | 025-84535858 |
| 无锡中心支公司 | 无锡市人民中路97号5F | 214001 | 0510-82740909 |
| 徐州中心支公司 | 徐州市中山南路16号 | 221006 | 0516-85901268 |
| 常州中心支公司 | 常州市玉隆花园7号楼6F | 213000 | 0519-86618300 |
| 南通中心支公司 | 南通市姚港路6号方天大厦601室 | 226000 | 0513-85159911 |
| 连云港中心支公司 | 连云港市南极南路19号5F | 222004 | 0518-85358882 |
| 淮安中心支公司 | 淮安北路38号乐园大厦17F | 223001 | 0517-83938823 |
| 盐城中心支公司 | 盐城市迎宾南路83号国飞尚城七区2F | 224000 | 0515-88348388 |
| 扬州中心支公司 | 扬子江北路22号1幢301室 | 225002 | 0514-87363079 |
| 镇江中心支公司 | 镇江市电力路30号 | 212001 | 0511-85083688 |
| 泰州中心支公司 | 泰州市海陵区青年北路219号8F810~816室 | 225300 | 0523-86218316 |
| 宿迁中心支公司 | 宿迁市市府东路府东大厦12、14F | 223800 | 0527-84220298 |
| **海康人寿保险有限公司** | | | |
| 江苏分公司 | 南京市中山东路288号新世纪大厦51F | 210002 | 025-84404868 |
| 无锡营销服务部 | 无锡市解放北路1号金马大厦22A | 214002 | 0510-82804868 |
| 徐州营销服务部 | 徐州市西安北路6号恒茂大厦16F1608至1613室 | 221006 | 0516-66664868 |
| 常州营销服务部 | 常州市关河东路66号九洲环宇A座18F？ | 213003 | 0519-86184868 |
| 南通营销服务部 | 南通市崇川区人民东路159号瑞景商贸广场4号楼9F | 226001 | 0513-85524868 |
| 扬州营销服务部 | 扬州市扬子江北路22号新贵城邦401-406室 | 225000 | 0514-87354868 |

续表 48

| 机构名称 | 机构地址 | 邮编 | 电话 |
| --- | --- | --- | --- |
| 镇江营销服务部 | 镇江市中山西路 100 号明珠大厦 611 室 | 212004 | 0511-85221056 |
| **中宏人寿保险有限公司** | | | |
| 江苏分公司 | 南京市洪武路 29 号东方金融大厦第 5、6、7F | 210005 | 025-84546366 |
| 无锡市中心支公司 | 无锡市中山路 555# 聚丰园大酒店 4F | 214005 | 0510-82762020 |
| 常州市营销服务部 | 常州市延陵中路 678 号消防指挥中心 4、5F | 213003 | 0519-88101199 |
| 苏州市营销服务部 | 苏州市干将路 879 号瑞基大厦 201 室 | 215006 | 0512-65234688 |
| 南通市营销服务部 | 南通市人民东路 159 号瑞景商贸广场 4 幢 3F | 226001 | 0513-83573088 |
| 盐城市营销服务部 | 盐城市青年路盛世华城 20 号楼 3F303 室 | 224005 | 0515-89913666 |
| 扬州市营销服务部 | 扬州市邗江中路 428 号(凯旋国际大厦)8F | 225009 | 0514-87319977 |
| 镇江市营销服务部 | 镇江市中山东路 25 号京口教育大厦 13F | 212001 | 0511-88989095 |
| **国泰人寿保险有限责任公司** | | | |
| 江苏分公司 | 南京市中山路 268 号汇杰广场 5F | 210008 | 025-83718688 |
| 无锡营销服务部 | 无锡市解放北路站前商贸城 5 号楼 12F | 214001 | 0510-82322838 |
| 常州营销服务部 | 常州市延陵西路 15 号嘉宏世纪大厦 12F | 213000 | 0519-88118798 |
| 苏州营销服务部 | 苏州市人民路 1058 号房地产大厦 5F | 215000 | 0512-65120928 |
| 南通营销服务部 | 南通市环城西路 16 号飞马大厦 4F | 226001 | 0513-85050118 |
| 扬州营销服务部 | 扬州市文昌西路 56 号公元国际大厦 5F521~525 | 225009 | 0514-82961788 |
| 镇江营销服务部 | 镇江市大西路 120 号 3F | 212000 | 0511-85226538 |
| 泰州营销服务部 | 泰州市青年北路 58 号金通梅园 5F | 225300 | 0523-86998958 |
| **中国人民健康保险股份有限公司** | | | |
| 江苏分公司 | 南京市中山路 228 号地铁大厦 8F | 210008 | 025-83212999 |
| 无锡中心支公司 | 无锡市中山路 58 号保险大厦 12F | 214002 | 0510-82826311 |
| 苏州中心支公司 | 苏州市平江区干将西路 236 号 | 215002 | 0512-65813605 |
| 南通营销服务部 | 南通市青年西路 43 号新海通大厦 10F | 226000 | 0513-81566018 |
| 扬州中心支公司 | 扬州市江阳中路 433 号金天城商务中心 18F | 225002 | 0514-82981003 |
| 泰州中心支公司 | 泰州市海陵区海陵南路 47 号 | 225300 | 0523-82198222 |
| **海尔纽约人寿保险公司** | | | |
| 江苏分公司 | 南京市中山路 268 号汇杰广场 20F | 210008 | 025-84713818 |
| 无锡营销服务部 | 无锡市南长区清扬路 99 号数码广场 6F618 | 214023 | 0510-85031678 |
| 常州营销服务部 | 常州市关河东路 66 号九洲环宇商务广场 13F1318 室 | 213017 | 0519-85229555 |
| 苏州营销服务部 | 苏州市干将东路 566 号宏盛大厦 5F511-512 室 | 215005 | 0512-69161999 |
| 扬州营销服务部 | 扬州市邗江区润扬广场商务楼 6 栋 9019 室 | 225003 | 0514-87886372 |
| **中意人寿保险有限公司** | | | |
| 江苏分公司 | 南京市中山东路 288 号 A 座 43F | 210000 | 025-86903888 |
| 南京营销服务部 | 南京市中山东路 288 号 A 座 7F | 210000 | 025-86900878 |
| 无锡营销服务部 | 无锡市中山路 359 号东方广场 B 座 8F | 214001 | 0510-80186706 |
| 苏州营销服务部 | 苏州市狮山路 88 号金河国际 16F | 215011 | 0512-68187533 |
| 扬州营销服务部 | 扬州市文昌西路 56 号公元国际大厦 308-318 | 225009 | 0514-85861699 |
| 泰州中心支公司 | 泰州市鹏欣丽都 7 幢 4F | 225300 | 0523-82195799 |
| **恒安标准人寿保险有限公司** | | | |
| 江苏分公司 | 南京市中山南路 49 号商茂世纪广场 38F | 210005 | 025-66673888 |
| 南京第一营销服务部 | 南京市中山路 338 号苏粮国际大厦 18F | 210008 | 025-68189355 |
| 无锡营销服务部 | 无锡市中山路 343 号商业大厦 A 座 29F | 214001 | 0510-68918188 |
| 徐州营销服务部 | 徐州市民主南路 69 号恩华大厦 10F | 221009 | 0516-83903888 |

续表 48

| 机构名称 | 机构地址 | 邮 编 | 电 话 |
| --- | --- | --- | --- |
| 常州营销服务部 | 常州市延陵西路 19 号嘉宏世纪大厦 30F | 213000 | 0519-88029088 |
| 苏州营销服务部 | 苏州干将西路 93 号国涛商务大厦 7F | 215005 | 0512-68316088 |
| 南通营销服务部 | 南通市姚港路 2 号七彩豪庭商办楼 5F | 226001 | 0513-80107088 |
| 盐城营销服务部 | 盐城市毓龙东路 57 号新阜大厦 2F | 224001 | 0515-83356488 |
| 扬州营销服务部 | 扬州市文汇路 209 号邮政大楼 2F | 225009 | 0514-87370188 |
| **光大永明人寿保险有限公司** | | | |
| 江苏分公司 | 南京市中山东路 18 号南京国际贸易中心 30F | 210005 | 025-66671188 |
| 南京洪武营销服务部 | 南京市汉中路 180 号星汉大厦 21FD 座 | 210029 | 025-86989880 |
| 无锡中心支公司 | 无锡市复兴路 121 号益鹏大厦 6F | 214001 | 0510-68918268 |
| 徐州中心支公司 | 徐州市建国东路 111 号广达大厦 11F | 221000 | 0516-66662289 |
| 常州中心支公司 | 常州市晋陵北路 1 号 A 座新天地商业广场 22F | 213002 | 0519-83088602 |
| 南通中心支公司 | 南通市跃龙路 38 号国际大厦 3F302 室 | 226001 | 0513-85799666 |
| 扬州中心支公司 | 扬州市史可法东路 8 号 | 225002 | 0514-80828555 |
| **嘉禾人寿保险股份有限公司** | | | |
| 江苏分公司 | 南京市中山路 348 号中信大厦 15F | 210008 | 025-83366688 |
| 无锡中心支公司 | 无锡市石皮路 7 号国联物资大楼 2、3F | 214000 | 0510-82703950 |
| 徐州营销服务部 | 徐州市淮海西路公交商贸大厦 8F | 221006 | 0516-66663777 |
| 南通营销服务部 | 南通市虹桥路 66 号 1、4F | 226000 | 0513-89012666 |
| 盐城营销服务部 | 盐城市盐马路 9 号 | 224000 | 0515-83066099 |
| 扬州营销服务部 | 扬州市邗江中路 479 号联合广场 A 座 10F | 225009 | 0514-87922201 |
| 镇江营销服务部 | 镇江市中山东路 189 号诚和大厦 13F | 212000 | 0511-85936901 |
| 泰州营销服务部 | 泰州市海陵区海陵北路 288 号 2F2 单元 | 225400 | 0523-89996598 |
| **和谐健康保险股份有限公司** | | | |
| 江苏分公司 | 南京市建邺区云龙山路 88 号烽火科技大厦 A 座 13F | 210019 | 025-86995230 |
| 无锡中心支公司 | 无锡市复兴路 155 号 10F | 214001 | 0510-80212921 |
| 徐州营销服务部 | 徐州市淮海西路 29 号华隆财富大厦 18F | 221006 | 0516-85790209 |
| 常州中心支公司 | 常州市新市路 1 号药监大厦 6F | 213000 | 0519-86810299 |
| 苏州中心支公司 | 苏州市新区狮山路 88 号金河国际中心 1 幢 5F516-518 室 | 215011 | 0512-67326887 |
| 南通营销服务部 | 南通市桃坞路 1 号浦发大厦 11F | 226001 | 0513-85057398 |
| **平安养老保险股份有限公司** | | | |
| 江苏分公司 | 南京市中山东路 218 号长安国际中心 4F | 210002 | 4008866338 |
| 无锡中心支公司 | 无锡市中山路 343 号东方广场 A 座 16F | 214016 | 0510-82718688 |
| 徐州中心支公司 | 徐州市淮海西路 150 号 5F | 221002 | 0516-85833409 |
| 常州中心支公司 | 常州市延陵西路 29 号投资广场 23F | 213000 | 0519-88136681 |
| 苏州中心支公司 | 苏州市干将东路 566 号宏盛大 6F | 215005 | 0512-69162377 |
| 南通中心支公司 | 南通市工农路 168 号文峰大厦 18F | 226007 | 0513-85018096 |
| 盐城中心支公司 | 盐城市迎宾南路 80 号 | 224001 | 0515-88388200 |
| 扬州中心支公司 | 扬州市扬子江北路 771 号 | 225009 | 0514-87863011 |
| 镇江中心支公司 | 镇江市长江路 11 号(滨江银座)6F | 212001 | 0511-89881012 |
| **华泰人寿保险股份有限公司** | | | |
| 江苏分公司 | 南京市秦淮区小心桥东街 18 号 | 210006 | 025-52310399 |
| 南京中心支公司 | 南京市白下区游府西街 46 号南京广播电视大学教学楼 12F | 210002 | 025-84536766 |
| 无锡中心支公司 | 无锡市水车湾 6-9 号 | 214000 | 0510-82811618 |
| 徐州中心支公司 | 徐州市建国西路 75 号财富广场 A 座 6F | 221006 | 0516-85902699 |

续表 48

| 机构名称 | 机构地址 | 邮编 | 电话 |
| --- | --- | --- | --- |
| 常州中心支公司 | 常州市关河东路66号九州环宇20F | 213003 | 0519-85223999 |
| 苏州中心支公司 | 苏州市工业园区娄葑镇东环路1408号1幢20F | 215021 | 0512-65128301 |
| 南通中心支公司 | 南通市濠西路78号汉庭酒店3F | 226006 | 0513-89011300 |
| 连云港中心支公司 | 连云港市新浦区通灌北路39号5F | 222000 | 0518-85683030 |
| 盐城中心支公司 | 盐城市亭湖区毓龙西路52号盐城中学综合楼3F | 224001 | 0515-89873966 |
| 扬州中心支公司 | 扬州市扬子江中路718号 | 225009 | 0514-82985686 |
| 镇江中心支公司 | 镇江市解放南路68号 | 212001 | 0511-85221978 |
| 泰州中心支公司 | 泰州市海陵区东进西路95号 | 225300 | 0523-82789800 |
| 宿迁中心支公司 | 宿迁市宿城区洪泽湖路8号东来假日酒店2F | 223800 | 0527-81880201 |
| **招商信诺人寿保险有限公司** | | | |
| 江苏分公司 | 南京市鼓楼街88号绿地广场701室 | 210008 | 025-66620536 |
| **联泰大都会人寿保险有限公司** | | | |
| 江苏分公司 | 南京市山西路8号金山大厦A楼10、20F | 210009 | 025-83329688 |
| 无锡营销服务部 | 无锡市中山路359号吟春大厦17FD、E单元 | 214001 | 0510-82760060 |
| 苏州营销服务部 | 苏州市新区狮山路88号金河国际中心11F1112 | 215011 | 0512-68185136 |
| 南通营销服务部 | 南通市人民东路159号瑞景广场4号楼1001室 | 226000 | 0513-89012929 |
| **瑞泰人寿保险有限公司** | | | |
| 江苏分公司 | 南京市山西路8号金山大厦A座27F02-07单元 | 210009 | 025-66678888 |
| 无锡营销服务部 | 无锡市人民中路123号摩天360-3706室 | 214001 | 0510-82747296 |
| **正德人寿保险股份有限公司** | | | |
| 江苏分公司 | 南京市玄武区龙蟠中路23号南1-3F | 210016 | 025-68551666 |
| 无锡中心支公司 | 无锡市滨湖区新梁溪人家136号 | 214071 | 0510-85139862 |
| 徐州中心支公司 | 徐州市青年路181号1幢 | 221000 | 0516-83616000 |
| 南通中心支公司 | 南通市城山路34号5F | 226000 | 0513-89015027 |
| 连云港中心支公司 | 连云港市新浦区瀛洲路28号众兴华庭A2号楼 | 222000 | 0518-85861555 |
| 盐城中心支公司 | 盐城市建军中路21号国贸大厦12、14F | 224000 | 0515-83071899 |
| 镇江中心支公司 | 镇江市大西路347号3F | 212002 | 0511-85930080 |
| **中德安联人寿保险有限公司** | | | |
| 江苏分公司 | 南京市中山北路105-6号中环国际广场11F | 210009 | 025-83212020 |
| 南京营销服务部 | 南京市中山北路105-6号中环国际广场11F | 210009 | 025-83453522 |
| 无锡营销服务部 | 无锡市中山路531号红豆国际广场8F | 214002 | 0510-81807335 |
| 徐州营销服务部 | 徐州市和平路64号帝都大厦裙楼414室 | 221000 | 0516-83900291 |
| 常州营销服务部 | 常州市西横街61号常柴大厦5F | 213003 | 0519-86811388 |
| 苏州营销服务部 | 苏州工业园区苏华路2号1幢国际大厦8F | 215021 | 0512-69368577 |
| 南通营销服务部 | 南通市工农路249号都市豪庭11F1103室 | 226007 | 0513-81181991 |
| 盐城营销服务部 | 盐城市建军中路21号国贸大厦10-11F | 224001 | 0515-83068003 |
| **华夏人寿保险股份有限公司** | | | |
| 江苏分公司 | 南京市山西路8号金山大厦A座12、29-30F | 210009 | 025-83249019 |
| 无锡中心支公司 | 无锡市新生路新鼎球大厦6、11F | 214002 | 0510-82718271 |
| 徐州中心支公司 | 徐州市中山北路久隆花园1号410-2 | 221000 | 0516-85935058 |
| 常州中心支公司 | 常州市横兴弄鹏欣丽都3-4F | 213000 | 0519-89892266 |
| 苏州中心支公司 | 苏州市学士街175号 | 215002 | 0512-88866899 |
| 南通中心支公司 | 南通市人民中路22号南通大厦19F | 226000 | 0513-85797358 |
| 盐城中心支公司 | 盐城市中茵海华广场11号楼第6F及717室 | 224001 | 0515-83700001 |

续表 48

| 机构名称 | 机构地址 | 邮编 | 电话 |
|---|---|---|---|
| 镇江中心支公司 | 镇江市运河南路4号南1-5F | 212004 | 0511-85117099 |
| 泰州中心支公司 | 泰州市税务桥东街9号 | 225300 | 0523-82196068 |
| **中国人民人寿保险股份有限公司** | | | |
| 江苏省分公司 | 南京市长江路69号保险大厦19F | 210005 | 025-86978801 |
| 南京市新街口支公司 | 南京市白下区中山南路321#现代大厦25F | 210001 | 025-86951801 |
| 无锡中心支公司 | 无锡市崇安区兴源中路100号4F | 214007 | 0510-66968006 |
| 徐州中心支公司 | 徐州市淮海西路197号4F | 221006 | 0516-82165900 |
| 常州中心支公司 | 常州市武青北路1号金汇大厦5F | 213003 | 0519-88017828 |
| 苏州中心支公司 | 苏州市高新区狮山路22号人才广场1101室 | 215004 | 0512-87775500 |
| 南通中心支公司 | 南通市青年中路90号 | 226000 | 0513-80113299 |
| 连云港中心支公司 | 连云港市新浦区解放西路6号老办公楼4-5F和广电1期1F | 222000 | 0518-85351999 |
| 淮安中心支公司 | 淮安市清河区健康西路51号新世纪大厦7F701-710 | 223001 | 0517-80856661 |
| 盐城中心支公司 | 盐城市开放大道51号5幢综合楼A楼2F | 224002 | 0515-88195299 |
| 扬州中心支公司 | 扬州市邗江中路469号5F | 225009 | 0514-85866350 |
| 镇江中心支公司 | 镇江市中山东路45号华星大厦第7F701 | 212001 | 0511-85895123 |
| 泰州中心支公司 | 泰州市海陵区凤凰东路68号建工大厦7F、15F、16F | 225300 | 0523-80729008 |
| 宿迁中心支公司 | 宿迁市洪泽湖路124号中奥商务大厦5FA、B、1FA3 | 223800 | 0527-88106811 |
| **英大泰和人寿保险股份有限公司** | | | |
| 江苏分公司 | 南京市建邺区庐山路188号新地中心12F | 210019 | 025-86968600 |
| 无锡中心支公司 | 无锡市新生路107号新鼎球大厦9F | 214002 | 0510-66076000 |
| 徐州中心支公司 | 徐州市淮海西路29号财富大厦20F | 221002 | 0516-66662206 |
| 南通中心支公司 | 南通市外环西路49号外滩大厦2F | 226000 | 0513-80103000 |
| 盐城中心支公司 | 盐城市盐都新区娱乐村2组(盐都新区开元路2号) | 224005 | 0515-88128308 |
| 扬州中心支公司 | 扬州市邗江中路428号凯旋国际大厦6F | 225000 | 0514-85555488 |
| **信泰人寿保险股份有限公司** | | | |
| 江苏分公司 | 南京市建邺区庐山路188号南京新地中心9F | 210019 | 025-68536111 |
| 无锡中心支公司 | 无锡市解放北路21-10A | 214002 | 0510-66101061 |
| 徐州营销服务部 | 徐州市民主路69号江苏恩华药业股份有限公司大厦第6F | 221000 | 0516-83907678 |
| 常州中心支公司 | 常州市小沿河商办楼3F301-303、4F401-403 | 213000 | 0519-88018188 |
| 南通中心支公司 | 南通市工农路56号第4、5F | 226008 | 0513-81121629 |
| 盐城营销服务部 | 盐城市建军中路59号中茵.海华广场2号楼南301号 | 224001 | 0515-83068999 |
| 扬州营销服务部 | 扬州市文昌东路堡尼商务大厦7F | 225000 | 0514-87370767 |
| 镇江中心支公司 | 镇江市电力路39号金江花园1号综合楼5F、6F606-607 | 212000 | 0511-85907888 |
| 泰州营销服务部 | 泰州市鼓楼北路1号泰州书城5F | 225300 | 0523-86998228 |
| **中英人寿保险有限公司** | | | |
| 江苏分公司 | 南京市建邺区庐山路188号南京新地中心8F | 210019 | 025-66670088 |
| 南京营销服务部 | 南京市珠江路222号长发科技大厦17F | 210018 | 025-83115680 |
| 无锡营销服务部 | 无锡市北大街22号禾嘉大厦415单元 | 214000 | 0510-66613631 |
| 徐州营销服务部 | 徐州市恒茂国际商务中心6F606-610室 | 221006 | 0516-66663651 |
| 南通营销服务部 | 南通市人民中路71号润友大厦13F | 226001 | 0513-80112651 |
| 扬州营销服务部 | 扬州市维扬区文昌西路56号公元国际大厦12A08、12A10 | 225009 | 0514-85559051 |
| **长城人寿保险股份有限公司** | | | |
| 江苏分公司 | 南京市洪武路29号 | 210005 | 025-84555601 |

续表 48

| 机构名称 | 机构地址 | 邮编 | 电话 |
| --- | --- | --- | --- |
| 无锡中心支公司 | 无锡市复兴路155号无锡机械工业公司大厦4F | 214001 | 0510-82790591 |
| 苏州中心支公司 | 苏州市阊胥路130号金洲大厦9FA4室 | 215002 | 0512-65508675 |
| 南通中心支公司 | 南通市人民中路203号(中南大厦)17F | 226001 | 0513-85798610 |
| 盐城中心支公司 | 盐城市盐马路20号华兴嘉园综合楼3F302室 | 224001 | 0515-83066001 |
| 镇江中心支公司 | 镇江市大西路286号同德里大厦3F | 212002 | 0511-85295801 |
| 泰州中心支公司 | 泰州市海陵区坡子街2单元A-606、A-607 | 225300 | 0523-86156633 |
| 宿迁中心支公司 | 宿迁市西湖路328号城宇大厦B座9F | 223800 | 0527-81889707 |
| **金盛人寿保险有限公司** | | | |
| 江苏分公司 | 南京市鼓楼区山西路1号苏宁银河国际广场17F | 210009 | 025-66622288 |
| 无锡营销服务部 | 无锡市人民中路220号财富大厦26F | 214001 | 0510-81189086 |
| 常州营销服务部 | 常州市广化街20号丰臣海悦广场17F | 213001 | 0519-89962666 |
| 苏州营销服务部 | 苏州市狮山路88号金河国际中心27F | 215011 | 0512-68187988 |
| 扬州营销服务部 | 扬州市兴城西路191号金缘国际大厦10F | 225009 | 0514-85882010 |
| **太平养老保险股份有限公司** | | | |
| 江苏分公司 | 南京市洪武北路55号置地广场26F | 210005 | 025-86983288 |
| 苏州营业部 | 苏州市西环路2718号海弘大厦6F | 215008 | 0512-88607108 |
| **太平洋安泰人寿保险有限公司** | | | |
| 江苏分公司 | 南京市建邺区奥体大街120号紫金西城中心4幢4F | 210019 | 025-58866088 |
| 南京金山营销服务部 | 南京市鼓楼区山西路8号金山大厦A座24F2401-12室 | 210009 | 025-58522288 |
| **幸福人寿保险股份有限公司** | | | |
| 江苏分公司 | 南京市上海路3号 | 210029 | 025-86905868 |
| 苏州中心支公司 | 苏州市工业园区苏惠路98号15F | 215021 | 0512-86669309 |
| 南通中心支公司 | 南通市工农路5号亚太大厦8、11F | 226001 | 0513-80106822 |
| 盐城中心支公司 | 盐城市人民中路80号悦达都市花园东园商办楼4F | 224001 | 0515-88128158 |
| 扬州中心支公司 | 扬州市邗江北路68号“旺角中心”5F东 | 225009 | 0514-85065988 |
| **阳光人寿保险股份有限公司** | | | |
| 江苏分公司 | 南京市山西路68号颐和商厦3F | 210009 | 025-83566000 |
| 南京本部 | 南京市山西路68号颐和商厦3F | 210009 | 025-83566120 |
| 无锡中心支公司 | 无锡市中山路159号时代中心大厦7F | 214002 | 0510-82718669 |
| 徐州中心支公司 | 徐州市彭城路93号泛亚大厦9F | 221000 | 0516-66663300 |
| 常州中心支公司 | 常州市新丰街20号天安城市酒店650 | 213002 | 0519-89990988 |
| 苏州中心支公司 | 苏州市高新区邓尉路9号润捷广场北楼1605室 | 215011 | 0512-69370918 |
| 南通中心支公司 | 南通市南大街290号崇川大厦3F | 226000 | 0513-85158588 |
| 连云港中心支公司 | 连云港市新浦区通灌北路103号万源大厦5F | 222000 | 0518-86097017 |
| 淮安中心支公司 | 淮安市健康东路98号农行综合楼6F | 223001 | 13952308133 |
| 盐城中心支公司 | 盐城市盐马路21号华荟大厦1幢5F | 224005 | 0515-68822880 |
| 扬州中心支公司 | 扬州市扬子江北路22号1栋5F | 225001 | 0514-85822588 |
| 镇江中心支公司 | 镇江市梦溪路2号船院空调2F | 212001 | 0511-84436228 |
| 泰州中心支公司 | 泰州市海陵区东进东路金鹰天地G7写字楼3F | 225300 | 0523-86390666 |
| **长生人寿保险有限公司** | | | |
| 江苏分公司 | 南京市江东中路311号中泰国际广场5幢1209—1211室 | 210019 | 025-87792908 |
| 南京营销服务部 | 南京市鼓楼区山西路8号金山大厦A座22F2203-05室 | 210009 | 025-83208708 |
| 常州营销服务部 | 常州市钟楼区西横街61号常柴大厦601-606室、612室 | 213000 | 0519-86812380 |

续表 48

| 机构名称 | 机构地址 | 邮 编 | 电 话 |
| --- | --- | --- | --- |
| 苏州营销服务部 | 苏州新区邓尉路 9 号润捷广场北楼 1908 室 | 215011 | 0512-68028756 |
| 南通营销服务部(筹) | 南通市工农路 155 号天鑫大厦 310-312 室 | 226001 | 0519-55012899 |
| **国华人寿保险股份有限公司** | | | |
| 江苏分公司 | 南京市白下区游府西街 46 号 19F | 210002 | 025-82212666 |
| 无锡中心支公司 | 无锡市南长区永乐路新天地写字楼 904--905 | 214000 | 0510-85043001 |
| 南通中心支公司 | 南通市青年中路 111 号通明大厦 3F | 226000 | 0513-85331201 |
| 徐州中心支公司 | 徐州市中山北路 8 号金地国际商务中心 420 室 | 221000 | 0516-81910689 |
| **中国人寿养老保险股份有限公司** | | | |
| 江苏省分公司 | 南京市中山东路 298 号中国人寿大厦 12F | 210002 | 025-84856009 |
| **平安健康保险股份有限公司** | | | |
| 江苏分公司 | 南京市白下区中山东路 218 号长安国际中心 5F507 | 210002 | 025-85496008 |
| **安邦人寿保险股份有限公司** | | | |
| 江苏分公司 | 南京市鼓楼区中山北路 30 号名人酒店 37F | 210008 | 025-85651960 |
| **中介公司** | | | |
| 华邦保险代理有限公司 | 南京市江东中路 311 号中泰国际广场 3 幢 2 单元 21F | 210000 | 025-87712578 |
| **保险学会** | | | |
| 江苏省保险学会 | 南京市白下区中山东路 298 号中国人寿 8F | 210002 | 025-84709772 |
| 无锡市保险学会 | 无锡市中山路 58 号 | 214005 | 0510-82769828 |
| 徐州市保险学会 | 徐州市建国东路 29 号国寿大厦 15F | 221003 | 0516-83823738 |
| 常州市保险学会 | 常州市和平南路 128 号保险大厦 803 室 | 213001 | 0519-88102621 |
| 苏州市保险学会 | 苏州市狮山路 16 号 | 215011 | 0512-80986003 |
| 连云港市保险学会 | 连云港市新浦苍梧路 1 号 | 222006 | 0518-85805766 |
| 扬州市保险学会 | 扬州市史可法东路 8 号(人保培训中心) | 225002 | 0514-87329258 |
| 镇江市保险学会 | 镇江市健康路 11 号 | 212001 | 0511-85636906 |
| **保险行业协会** | | | |
| 江苏省保险行业协会 | 南京市中山东路 18 号国际贸易中心 2111 室 | 210005 | 025-84791911 |
| 无锡市保险行业协会 | 无锡市五爱路 33 号人民银行无锡市中心支行大楼 17F | 214002 | 0510-82759483 |
| 徐州市保险行业协会 | 徐州市奎园小区望月园 3 号楼 3F | 221009 | 0516-83953397 |
| 常州市保险行业协会 | 常州市和平北路 132 号和平假日大饭店 1108-1109 室 | 213003 | 0519-88889001 |
| 苏州市保险行业协会 | 苏州工业园区苏雅路 388 号新天翔商业广场 A 栋 1509 室 | 215004 | 0512-68362086 |
| 南通市保险行业协会 | 南通市跃龙南路 28 号跃龙楼 6F | 226001 | 0513-81125095 |
| 连云港市保险行业协会 | 连云港市新浦区通灌北路 43 号农行大厦 12F | 222002 | 0518-85510600 |
| 淮安市保险行业协会 | 淮安市淮海东路 20 号中国人寿大楼 5F | 223001 | 0517-83756599 |
| 盐城市保险行业协会 | 盐城市迎宾北路 79 号(市劳动保险处 3F) | 224001 | 0515-88398321 |
| 扬州市保险行业协会 | 扬州市史可法东路 8 号(人保培训中心) | 225002 | 0514-87329258 |
| 镇江市保险行业协会 | 镇江市中山西路 53 号(丹徒人保大厦 8、9F) | 212005 | 0511-85213358 |
| 泰州市保险行业协会 | 泰州市青年北路 16 号(原外贸公司 4F) | 225300 | 0523-82098578 |
| 宿迁市保险行业协会 | 宿迁市发展大道 64 号 4F | 223800 | 0527-81885009 |

# 索引

## 说明

一、本索引采用条目分析法编制，按汉语拼音顺序排列，同音字按声调排列，音调相同按笔画排列，音调形相同则按下一字的音序排列。

二、特载、数据统计、文件选编、光荣榜和通讯录未作索引。

三、本索引标引词一般采用中心词。

四、索引词后的数字表示内容所在页码，数字后的字母 a、b 分别表示左栏、右栏。

### A



### B



### C



### D



### G

# W



# X



# Y



# Z